Fluent Python

전문가를 위한 파이썬 2판

| 표지 설명 |

표지 동물은 나마쿠아사막도마뱀(학명: *Pedioplanis namaquensis*)으로, 나미비아의 건조한 초원 지대와 준사막 지역 전역에서 볼 수 있다.

나마쿠아사막도마뱀은 검은 몸통에 등줄기를 따라 내려가는 흰 줄 네 개가 있고, 갈색 다리에 흰 점이 있으며, 배는 흰색이고, 분홍빛을 띤 긴 갈색 꼬리가 있다. 낮에 활동하는 도마뱀 중 가장 빠른 무리에 속하며 작은 곤충을 먹고 산다. 모래 자갈이 있는 평지에 흩어져 거주한다. 암컷은 11월에 3~5개의 알을 낳으며, 겨울에는 잡목 뿌리 밑으로 굴을 파고 들어가 동면한다.

나마쿠아사막도마뱀은 현재 '최소관심종'으로 분류된다. 오라일리 책 표지에 나오는 많은 동물은 멸종 위기에 처해 있다. 이들 모두 지구 생태계에 중요한 종이다.

표지 그림은 존 조지 우드의 『Natural History』에 실린 흑백 판화 작품을 바탕으로 캐런 몽고메리가 그렸다.

전문가를 위한 파이썬(2판)

간단하고, 명료하고, 효율적인 파이썬 프로그래밍

초판 1쇄 발행 2016년 8월 12일
2판 1쇄 발행 2024년 11월 30일

지은이 루시아누 하말류 / **옮긴이** 강권학 / **펴낸이** 전태호
펴낸곳 한빛미디어(주) / **주소** 서울시 서대문구 연희로2길 62 한빛미디어(주) IT출판2부
전화 02-325-5544 / **팩스** 02-336-7124
등록 1999년 6월 24일 제25100-2017-000058호 / **ISBN** 979-11-6921-177-2 93000

총괄 송경석 / **책임편집** 박지영 / **기획·편집** 안정민 / **교정** 김가영
베타리더 강민재, 강찬석, 김채윤, 박소현, 이장훈, 최민주
디자인 표지 박정우 내지 최연희 / **전산편집** 도담북스
영업 김형진, 장경환, 조유미 / **마케팅** 박상용, 한종진, 이행은, 김선아, 고광일, 성화정, 김한솔 / **제작** 박성우, 김정우

이 책에 대한 의견이나 오탈자 및 잘못된 내용은 출판사 홈페이지나 아래 이메일로 알려주십시오.
파본은 구매처에서 교환하실 수 있습니다. 책값은 뒤표지에 표시되어 있습니다.
한빛미디어 홈페이지 www.hanbit.co.kr / 이메일 ask@hanbit.co.kr

지금 하지 않으면 할 수 없는 일이 있습니다.
책으로 펴내고 싶은 아이디어나 원고를 메일(writer@hanbit.co.kr)로 보내주세요.
한빛미디어(주)는 여러분의 소중한 경험과 지식을 기다리고 있습니다.

Fluent Python

전문가를 위한 파이썬 2판

O'REILLY®　한빛미디어
Hanbit Media, Inc.

지은이 루시아누 하말류 Luciano Ramalho

넷스케이프가 상장되던 1998년부터 파이썬으로 프로그래밍한 개발자다. 2015년에 소트웍스 Thoughtworks에 입사했으며 현재 상파울루 사무소의 수석 컨설턴트다. 미국, 유럽, 아시아에서 열리는 파이썬 행사에서 키노트, 연설, 강연을 해 왔고 고 앤 엘릭서 Go and Elixir 콘퍼런스에서도 언어 설계에 주안점을 두어 발표한 바 있다. 파이썬 소프트웨어 재단의 특별 회원이며 브라질 최초의 해커 공간인 '가로아 해커 클럽' Garoa Hacker Clube의 공동 설립자다.

옮긴이 강권학 gonagi@gmail.com

중앙대학교 컴퓨터공학과에서 학사와 석사 학위를 받았다. 국방과학연구소, 퓨쳐시스템, 안철수연구소에서 13년간 개발자, 보안전문가, 프로젝트 관리자로 근무했으며, 2009년 4월 호주 멜버른에 iGonagi Pty. Ltd.를 설립하고 아이폰 애플리케이션을 개발하고 있다. 『만들면서 배우는 아이폰 게임 프로그래밍』을 공동으로 저술했고, 『게임 디자인 레벨업 가이드(공역)』, 『헤드 퍼스트 파이썬』, 『안드로이드 시큐리티 인터널』, 『헤드 퍼스트 자바스크립트 프로그래밍』, 『비즈니스를 위한 데이터 과학』, 『헤드 퍼스트 C』, 『iPhone 3D Programming』, 『iPhone Programming(공역)』(이상 한빛미디어) 등을 번역했다.

이미 제목이 모든 것을 말해 주고 있습니다. 이 책은 파이썬 전문가가 되기 위한 필수 교재로서, 고급 기능 구현에 필요한 거의 모든 내용을 체계적으로 다룹니다. 그리고 각 개념을 작동 원리부터 구체적인 구현 방법까지 세심하게 설명합니다. 파이썬의 심화 내용을 다루는 자료가 흔하지 않아 매번 검색해서 필요한 내용을 찾기가 어려웠는데, 이 책은 모든 내용을 한곳에 잘 모아둔 데서 또 다른 가치가 있다고 생각합니다. 파이썬의 아름다움을 느끼고, 직접 코드로 표현하고 싶다면 꼭 읽어보길 추천합니다.

강민재, 성균관대학교 전자전기공학부

파이썬 3.5를 기반으로 설명했던 1판과는 달리, 2판에서는 3.10부터 추가된 파이썬 내부 함수와 정의된 기능에 관한 부분이 추가되었습니다. 특히 파이썬으로 프로그램 구현 시 고려할 만한 주제를 각 부로 나눴기 때문에 관심 있는 영역만 골라서 읽을 수 있습니다. 이 책의 서두에서 언급하듯이, 사실 파이썬 공부를 막 시작하거나 파이썬에 대해서 제대로 알지 못하는 상태에서 이 책을 처음 접하게 되면 분명 어렵다고 느낄 겁니다. 하지만 파이썬을 전문적으로 활용해 보고자 하는 욕구가 생길 때쯤에 이 책을 읽기 시작하면 전문가가 되기 위한 좋은 참고서가 될 것으로 생각합니다.

강찬석, LG전자 소프트웨어 엔지니어

런던에서 데이터 과학자로 3년 차 근무 중입니다. 주 언어로 파이썬을 사용하고 공부하면서 여러 커뮤니티에서 이 책을 추천하는 것을 보곤 했습니다. 부트캠프나 온라인 강의는 초급 개발자로서 학습을 시작하기에 유용했습니다만, 중급자에게는 경험에서 배울 수 있는 영역이 (주 업무 환경에 맞춰) 편향되는 경향이 있었습니다. 교과서와도 같은 이 책을 순서대로 따라 읽고 예제 코드를 베타테스트하면서 흩어져 있던 지식 구조를 다시 얽어 쌓는 데 도움이 되었으며, 그 과정에서 제가 부족하거나 놓친 부분은 무엇이었는지 빈 곳을 찾을 수 있는 계기가 되었습니다. 저자의 경험과 지식을 잘 정렬하고 편집하신 덕분에 방대한 분량을 공부하는 데 보다 효과적으로 접근할 수 있었습니다. 출판과 번역 과정에 노력하신 모든 분께 감사합니다.

김채윤, NHS England 데이터 과학자

『전문가를 위한 파이썬(2판)』은 파이썬의 설계 철학과 패러다임을 기반으로 다양한 문법을 깊이 있게 소개합니다. 기본을 넘어 고급 개념과 언어의 설계를 더 깊이 배우고 싶은 분들께 추천합니다.

박소현, 데이터 엔지니어

파이썬에 관한 1,000페이지가 넘는 책은 처음 보는 것 같습니다. 분량이 방대한 이유는 그만큼 설명이 상세하기 때문이죠. 책 제목에서도 알 수 있듯 이 책은 파이썬 중고급 개발자를 위한 전문서입니다. 단순히 코드 문법을 배우는 게 아니라 데이터 구조체, 프로토콜 등 아주 세부적으로 뜯어봅니다. 게다가 2판에서는 1판의 부족했던 부분을 매우 많이 보강했습니다. 차례대로 쭉 읽기보다는 내가 더 깊게 공부해야 할 부분을 그때그때 펴 보시는 걸 추천합니다. 실력을 한 단계 높일 수 있을 겁니다.

이장훈, 데브옵스 엔지니어

파이썬을 이만큼 깊이 있게 다룬 책은 흔하지 않습니다. 중고급 개발자로 나아가는 데 있어 탄탄한 중간 디딤돌이 되어 줄 책입니다.

최민주, 레인보우브레인 선임연구원

> 계획은 다음과 같다. 누군가 여러분이 이해하지 못하는 기능을 사용한다면, 그냥 쏴버리는 것이다. 이는 새로운 기능을 배우는 것보다 쉽다. 머지않아 살아남은 프로그래머들은 쉽게 이해할 수 있는 파이썬 0.9.6의 일부 기능만 사용할 것이다.[1]
>
> – 팀 피터스Tim Peters
> 전설적인 개발자이자 '파이썬의 선Zen of Python' 저자

파이썬 공식 튜토리얼은 '파이썬은 배우기 쉽고 강력한 프로그래밍 언어'라는 설명으로 시작한다(https://fpy.li/p-2). 이 말은 사실이지만, 명심할 부분이 있다. 파이썬 언어가 배우고 사용하기 쉬운 만큼 파이썬의 막강한 기능 중 일부만 사용하는 프로그래머가 많기 때문이다.

프로그래밍 경험자는 단 몇 시간만 배우면 쓸 만한 파이썬 코드를 작성할 수 있다. 처음 배운 기능을 몇 주 혹은 몇 달 사용하며 경험을 쌓는 동안, 많은 개발자는 이전에 배운 다른 언어의 장점을 파이썬 코드에 적용하게 된다. 파이썬으로 처음 프로그래밍을 시작하는 경우에도 학교나 입문서에서는 파이썬 고유의 기능을 사용하지 않고 프로그래밍을 설명한다.

다른 언어를 배운 적이 있는 프로그래머들에게 파이썬을 소개하는 강사 입장에서 보면 또 다른 문제가 있다. 사람들은 자신이 아는 것에만 집착한다는 점이다. 이 책에서는 이러한 문제도 살펴보려고 한다. 다른 언어를 사용해 본 개발자는 누구나 파이썬도 정규 표현식을 지원할 것으로 생각하고 관련 문서를 찾아본다. 그러나 이전에 튜플 언패킹tuple unpacking이나 디스크립터descriptor에 관해 들어 보지 못했다면 이들을 찾아볼 생각도 할 수 없고, 파이썬에만 있는 이런 기능을 사용하지도 않을 것이다.

이 책은 파이썬을 소개하는 단순 매뉴얼이 아니다. 이 책에서는 파이썬에만 있거나 다른 언어에서는 찾아볼 수 없는 파이썬 언어 고유의 기능을 주로 살펴본다. 그리고 파이썬 언어의 핵심

---

1 2002년 12월 23일 comp.lang.python 유즈넷 그룹에 올린 'C 언어 프로그래밍에 대한 통렬한 비판(Acrimony in c.l.p.)'(https://fpy.li/p-1)에서 발췌했다.

요소와 일부 라이브러리를 살펴본다. 파이썬 패키지 인덱스에는 6만 개 이상의 유용한 라이브러리가 있지만, 이 책에서는 기본 라이브러리 외에는 거의 다루지 않는다.

대상 독자

이 책은 파이썬 3를 능숙하게 다루고자 하는 파이썬 실무 개발자를 위해 썼다. 모든 예제 코드는 파이썬 3.10에서 테스트했으며, 대부분의 코드는 파이썬 3.8과 3.9에서도 테스트했다. 특별히 파이썬 3.10이 필요한 경우에는 별도로 명시했다.

파이썬에 관한 이해가 부족한 독자라면 파이썬 공식 튜토리얼(`https://fpy.li/p-3`)을 참조하라. 공식 튜토리얼에서 설명하는 내용 중 일부 새로운 기능을 제외하고는 이 책에서 다루지 않는다.

추천하지 않는 독자

이제 막 파이썬 공부를 시작했다면 이 책의 내용을 이해하기 어려울 것이다. 그뿐만 아니라 파이썬을 제대로 알지 못하는 상태에서 이 책의 내용을 접하게 되면 모든 파이썬 스크립트에서 특별 메서드 및 메타프로그래밍metaprogramming 기법을 사용해야 한다고 오해할 수도 있다. 성급한 추상화는 성급한 최적화만큼 나쁘다.

구성

이 책은 다섯 개의 부로 구성했다. 독자 여러분 모두 1장은 읽어 보기를 권한다. 어느 정도 실력을 갖춘 독자라면 1장을 읽은 후에는 어느 장으로 바로 넘어가도 이해하는 데 문제가 없겠지만, 간혹 앞부분을 다 읽었다고 가정하고 진행하는 부분이 있다. 1부에서 5부까지를 각각 책 안의 책으로 생각해도 좋다.

이 책에서는 어떤 기능을 직접 구현하기 전에 그 기능의 사용법을 강조한다. 예를 들어 1부 2장에서는 collections.deque를 포함해 파이썬에서 제공되는 여러 시퀀스형을 사용하는 방법을 설명하지만, 사용자 정의 시퀀스$^{user-defined\ sequence}$를 만드는 방법은 3부에 가서야 설명한다. 3부에서는 collections.abc를 이용해 추상 베이스 클래스$^{abstract\ base\ class}$(ABC)를 활용하는 방법도 설명하지만, ABC를 직접 구현하는 방법은 3부 뒷부분에 가서야 설명한다. ABC를 직접 구현하기 전에 ABC에 익숙해져야 한다고 생각하기 때문이다.

이런 방식은 몇 가지 장점이 있다. 먼저, 기존에 제공되는 기능을 안다면 그 기능을 구현하는 수고를 덜 수 있다. 컬렉션 객체를 직접 구현하기보다는, 구현하는 방법의 설명은 뒤로 미루고 기존 컬렉션 클래스를 사용해 보면서 제공되는 도구를 활용하는 고급 기술에 집중할 수 있다. 그리고 ABC를 처음부터 새로 만들기보다는 기존 ABC를 상속해 사용하는 편이 좋다. 게다가 이런 추상화를 활용해 본 뒤에는 추상화를 더 쉽게 이해할 수 있다.

이 전략의 단점은 곳곳에서 책 뒷부분의 참조가 많이 나온다는 것이다. 필자가 이 방식을 선택한 이유를 이제는 잘 알 테니, 이 정도는 양해해 주리라 기대한다.

책의 각 부에서 설명하는 주제는 다음과 같다.

1부 데이터 구조체

1장에서는 파이썬 데이터 모델을 소개하고 모든 자료형의 객체가 일관성 있게 작동하게 해 주는 __repr__() 등 특별 메서드가 중요한 이유를 설명한다. 특별 메서드는 이 책 전반에 걸쳐 자세히 다룬다. 1부 나머지 장에서는 시퀀스, 매핑, 집합 등 컬렉션형의 사용, 문자열과 바이트의 차이점을 설명한다. 문자열과 바이트의 구분은 파이썬 3 개발자에게는 축복이지만, 아직 코드 기반을 파이썬 3로 옮기지 못한 파이썬 2 개발자에게는 고통스러운 부분이다. 1부에서는 명명된 튜플 팩토리와 @dataclass 데커레이터도 다룬다. 파이썬 3.10의 새로운 기능인 패턴 매칭은 2, 3, 5장의 여러 절에서 다루는데, 시퀀스 패턴, 매핑 패턴, 클래스 패턴을 설명한다. 1부 마지막 장에서는 참조, 가변성, 가비지 컬렉션 등 객체의 생명주기를 설명한다.

2부 객체로서의 함수

2부에서는 일급 객체first-class object로서의 함수를 설명한다. 일급 객체의 의미, 일급 객체가 디자인 패턴에 미치는 영향, 클로저closure를 이용해 함수 데커레이터function decorator를 구현하는 방법 등을 설명한다. 그리고 파이썬의 콜러블callable(호출 가능 속성), 함수 속성function attribute, 인트로스펙션introspection(내부 조사), 매개변수 어노테이션parameter annotation, 파이썬 3에 추가된 nonlocal 선언(상위 범위 참조) 등의 개념을 설명한다. 8장에서는 새로 등장한 주제로 함수 시그너처function signature 안에서의 자료형 힌트type hint를 소개한다.

3부 클래스와 프로토콜

5장에서 살펴본 클래스 빌더class builder를 사용하지 않고, 이제부터는 클래스를 '수작업'으로 생성한다. 다른 객체지향 언어와 마찬가지로 파이썬은 클래스 기반 프로그래밍에서 배웠던 다른 언어들이 지원하는 기능과 지원하지 않는 기능도 다수 제공한다. 각 장에서는 컬렉션, ABC, 프로토콜을 직접 만드는 방법은 물론, 적절한 때에 다중 상속하는 방법과 연산자 오버로딩을 구현하는 방법 등을 설명한다. 15장에서는 자료형 힌트를 이어서 다룬다.

4부 제어 흐름

전통적인 분기, 루프, 서브루틴 등 전통적인 순차 제어 흐름을 뛰어넘는 파이썬 언어 기능과 라이브러리를 설명한다. 먼저 제너레이터를 설명하고, 콘텍스트 관리자와 코루틴을 설명하면서 새로 추가된 까다롭지만 강력한 yield from 구문도 설명한다. 18장에서는 간단하지만 함수형 언어에서 사용하는 패턴 매칭을 이용한 멋진 예제도 보여 준다. 2판에 추가된 19장에서는 파이썬에서 동시 및 병렬 처리를 수행하는 또 다른 방법들과 그 한계, 파이썬을 웹 규모로 작동하게 하는 방법을 소개한다. 비동기 프로그래밍을 설명하는 장에서는 await, async def, async for, async with 등 핵심 언어 기능을 주로 다루고 asyncio 및 여타 프레임워크와 함께 사용하는 방법을 보여 준다.

5부 메타프로그래밍

먼저 JSON 데이터셋 등 어느 정도 구조를 갖춘 데이터를 처리하기 위해 동적으로 생성되는 속성이 있는 클래스를 만드는 기법을 알아본다. 그러고 나서 친숙한 프로퍼티 메커니즘을 설명하고, 디스크립터를 이용해 파이썬이 객체 속성에 접근하는 과정을 자세히 살펴보면서 함수, 메서드, 디스크립터 간의 관계를 설명한다. 5부 전반에 걸쳐 필드 검증 라이브러리를 단계별로 구현하면서 미묘한 문제를 찾아내고, 마지막 장에서는 고급 도구인 클래스 데커레이터와 메타클래스를 소개한다.

실습 위주의 설명

이 책에서는 대화형 파이썬 콘솔을 이용해 언어와 라이브러리를 살펴본다. 언어를 공부할 때 대화형 도구는 강력한 학습 도구이다. 특히 읽기-평가-출력 루프^{read-eval-print loop} (REPL)를 제공하지 않는, 정적으로 컴파일하는 언어에 더 익숙한 독자에게 많은 도움이 될 것이다.

파이썬 표준 패키지 중 하나인 doctest(https://fpy.li/doctest)는 콘솔 세션을 흉내 내어 표현식을 평가하고 응답이 제대로 나오는지 검증한다. 이 책 대부분의 코드와 콘솔 출력은 doctest를 이용해 검사했다. 그러나 이 책의 예제를 실행하려고 doctest를 사용하거나 공부할 필요는 없다. doctest의 핵심 기능은 대화형 파이썬 콘솔 세션에서 실행할 때 나와야 할 바람직한 화면을 정의하는 것이므로, 코드를 직접 대화형 콘솔에서 따라 해 보는 것으로 충분하다.

종종 코드를 보여 주기 전에 doctest를 이용해 하려는 일을 설명할 것이다. 어떻게 할지에 앞서 무엇을 할지를 명확히 알면 코딩에 집중하는 데 도움이 된다. 테스트 코드를 먼저 작성하는 것은 테스트 주도 개발^{test driven development} (TDD)의 기반이 되며, 특히 강의할 때 도움이 된다. doctest를 더 알고 싶다면 해당 문서(https://fpy.li/doctest)를 살펴보라.

큰 예제는 pytest로 유닛 테스트도 작성했는데, 표준 라이브러리의 unittest 모듈보다 사용하기 쉽고 강력하다. 책에 나온 대부분의 코드는 명령줄 창에서 python3 -m doctest example_script.py나 pytest 명령을 실행해 검증할 수 있다. 예제 코드 리포지터리의 루트 디렉터리에 있는 pytest.ini 파일은 pytest 명령으로 doctest를 취합하고 실행한다.

이 책의 모든 스크립트와 코드는 다음 URL에서 내려받을 수 있다. 2판 분량상 이 책에 다 싣지 못한 일부 내용은 별도 웹사이트로 옮겼으며(책 곳곳에 링크가 있다), 추가 내용 번역본은 역자 깃허브에서 별도의 파일로 제공한다.

- **예제 코드 깃허브**: https://github.com/fluentpython/example-code-2e
- **역자 예제 코드 깃허브**: https://github.com/KweonKang/fluent-python-2e-example-code
- **추가 내용 번역본 깃허브**: https://github.com/KweonKang/fluent-python-2e-extra

5년 만에 개정판을 내는 작업이 이렇게 큰일일 줄 몰랐다. 내가 필요로 할 때 언제나 자리를 지켜준 사랑하는 아내 마타 멜로Marta Mello 덕분에 가능한 일이었다. 친애하는 친구 레오나르도 로챌Leonardo Rochael은 초안 작성에서부터 최종 검토 단계에 이르기까지 다른 테크니컬 리뷰어, 독자, 편집자들로부터 받은 피드백을 정리하고 재검토하며 도와주었다. 이 두 사람이 도와주지 않았다면 이 책은 세상에 나올 수 없었을 것이다. 마타와 레오, 정말 고마워!

위르겐 크마흐Jürgen Gmach, 칼렙 해팅Caleb Hattingh, 제스 메일즈Jess Males, 레오나르도 로챌, 미로슬라프 셰디비Miroslav Šedivý는 멋진 테크니컬 리뷰 팀으로서 2판 전체 분량을 검토해 주었다. 빌 베르만Bill Behrman, 브루스 에켈Bruce Eckel, 레나토 올리베이라Renato Oliveira, 로드리고 버나르도 피멘텔Rodrigo Bernardo Pimentel은 각기 특정 부분을 검토해 주었다. 다른 관점에서 바라본 여러 제안 덕분에 이 책의 내용이 훨씬 더 좋아졌다.

2판이 조기 출간되었을 때 다음 독자분들이 오탈자를 잡아 주고 여러 제안을 보내 주었다. 귀허미 알베스Guilherme Alves, 크리스티아노 앤더슨Christiano Anderson, 콘스탄틴 바이코프Konstantin Baikov, K. 알렉스 버치K. Alex Birch, 마이클 뵈슬Michael Boesl, 루카스 브루니알티Lucas Brunialti, 서지오 코테즈Sergio Cortez, 지노 크레코Gino Crecco, 추쿠에리카 다이크Chukwuerika Dike, 후안 에스테라스Juan Esteras, 페데리코 피소Federico Fissore, 윌 프레이Will Frey, 팀 게이츠Tim Gates, 알렉산더 하거먼Alexander Hagerman, 첸 한샤오Chen Hanxiao, 샘 형Sam Hyeong, 사이먼 일린체프Simon Ilincev, 파락 칼라Parag Kalra, 팀 킹Tim King, 데이비드 콰스트David Kwast, 티나 리파인Tina Lapine, 왕펑 리Wanpeng Li, 구토 마이아Guto Maia, 스콧 마틴데일Scott Martindale, 마크 마이어Mark Meyer, 앤디 맥팔랜드Andy McFarland, 채드 매킨타이어Chad McIntire, 디에고 라바토네 올리베이라Diego Rabatone Oliveira, 프란체스코 피콜리Francesco Piccoli, 메레디스 로울스Meredith Rawls, 마이클 로빈슨Michael Robinson, 페데리코 툴라 로발레티Federico Tula Rovaletti, 투샤 사드와니Tushar Sadhwani, 아서 콘스탄티노 스카르두아Arthur Constantino Scardua, 랜달 L. 쉬와르츠Randal L. Schwartz, 아비차이 세파티Avichai Sefati, 구아난 셴Guannan Shen, 윌리암 심슨William Simpson, 비벡 바시스트Vivek Vashist, 제리 장Jerry Zhang, 폴 주라즈키Paul Zuradzki, 그 외 익명으로 남고 싶은 분들이 조기 출간 후 오탈자를 바로잡아 주었다. 이름을 기록해 두지 않아 여기에 빠진 분들에게는 죄송

한 마음을 전한다.

연구 기간 동안 마이클 앨버트Michael Albert, 파블로 아길라Pablo Aguilar, 칼렙 바렛Kaleb Barrett, 데이비드 비즐리David Beazley, J. S. O. 부에노J. S. O. Bueno, 브루스 에켈, 마틴 파울러Martin Fowler, 이반 레브키브스키Ivan Levkivskyi, 알렉스 마르텔리Alex Martelli, 피터 노빅Peter Norvig, 제바스티안 리타우Sebastian Rittau, 귀도 반 로섬Guido van Rossum, 캐럴 윌링Carol Willing, 엘러 제일스트라Jelle Zijlstra와 접촉하며 자료형, 동시성, 패턴 매칭, 메타프로그래밍을 알게 되었다.

오라일리 편집자 제프 블라이엘Jeff Bleiel, 질 레오나르도Jill Leonard, 아멜리아 블레빈스Amelia Blevins가 제안해 준 덕분에 이 책 전반에 걸쳐 이야기 전개가 부드럽게 다듬어졌다. 제프 블라이엘과 제작 편집자 대니 엘판바움Danny Elfanbaum이 이 책이 완성될 때까지 도와주었다.

이 모든 분의 통찰력과 제안 덕분에 이 책의 내용이 더 정확해지고 나아졌다. 그래도 어쩔 수 없이 필자가 만든 오탈자가 남아 있을 수 있다. 미리 죄송하다는 말씀을 드린다.

마지막으로 소트웍스 브라질에 함께 근무하는 동료들과, 특히 필자를 지원해 주고 여러모로 끝까지 이 프로젝트를 지원해 준 알렉세이 보아스Alexey Bôas에게 가슴 깊이 고마움을 전한다.

필자가 파이썬을 이해하고 이 책의 초판을 쓰는 데 도움을 주신 모든 분에게 다시 한번 고마움을 전한다. 초판이 성공하지 못했다면 2판도 없었을 것이다.

루시아누 하말류

요제프 하르트비히[Josef Hartwig]의 바우하우스 체스 세트[Bauhaus chess set]는 뛰어난 디자인의 좋은 사례다. 아름답고, 단순하고, 명료하다. 건축가의 아들이자 최고의 폰트 디자이너의 형인 귀도 반로섬은 고급 프로그래밍 언어를 디자인하여 발표했다. 필자는 파이썬 가르치는 일을 좋아한다. 아름답고, 단순하고, 명료하기 때문이다.

알렉스 마르텔리와 안나 레이븐스크로프트[Anna Ravenscroft]는 이 책의 윤곽을 잡아 주고 오라일리에 원고를 낼 수 있게 용기를 북돋아 주었다. 그들의 책에서 파이썬의 관용적인 표현을 배웠으며, 명료하고, 정확하고, 깊이 있는 책의 모델을 발견했다. 스택 오버플로우에 6,200개가 넘는 글을 올린 알렉스(`https://fpy.li/p-7`)는 파이썬 및 파이썬의 적절한 사용에 관한 통찰력이 샘솟는다.

또한 마르텔리와 레이븐스크로프트는 렌나르트 레게브로[Lennart Regebro]와 레오나르도 로챌과 함께 이 책의 테크니컬 리뷰어이기도 하다. 테크니컬 리뷰어 팀에 속한 모든 사람은 파이썬을 15년 이상 사용해 왔으며, 커뮤니티 내의 다른 개발자들과 긴밀한 관계를 유지하면서 파이썬 프로젝트에 커다란 영향을 미쳤다. 이와 함께 이 책의 초고에 관한 수백 개의 수정, 제안, 질문, 의견을 보내 주어 이 책의 가치를 엄청나게 올려주었다. 빅토르 스티너[Victor Stinner]는 21장을 친절히 검토하고 `asyncio` 유지보수자로서의 경험을 보태주었다. 지난 수개월간 이렇게 훌륭한 사람들과 작업을 한 것은 커다란 특권이자 기쁨이었다.

편집자인 메간 블란쳇[Meghan Blanchette]은 뛰어난 멘토로서, 책이 지루해지는 부분을 알려 주었고, 원고가 지연되지 않도록 지원해 주었으며, 이 책의 구성과 흐름을 개선하는 데 커다란 도움을 주었다. 메간이 휴가 간 사이 브라이언 맥도널드[Brian MacDonald]가 2부 원고의 편집을 맡아 주었다. 이 두 사람과 아틀라스[Atlas](오라일리의 출판 플랫폼으로, 필자는 이 책을 쓰면서 이 시스템을 사용하는 행운을 누렸다) 개발 및 지원 팀을 포함하여 오라일리에서 접촉한 모든 사람과 일하는 시간이 정말 즐거웠다.

마리오 도메네크 굴아트[Mario Domenech Goulart]는 이 책의 초기 원고부터 상세한 제안을 수없이 해

주었다. 그리고 데이브 포슨Dave Pawson, 일라이어스 도넬레스Elias Dorneles, 레오나르도 알렉산드레 페레이라 레이트Leonardo Alexandre Ferreira Leite, 브루스 에켈, J. S. 부에노J. S. Bueno, 라파엘 곤잘레스Rafael Goncalves, 알렉스 치아란다Alex Chiaranda, 구토 마이아, 루카스 비도Lucas Vido, 루카스 브루니알티에게서도 소중한 의견을 받았다.

지난 몇 년간 책을 써보라고 제안한 사람들은 많았지만, 그중에서도 루벤스 프라테스Rubens Prates, 오렐리오 자르가스Aurelio Jargas, 루다 모라Rudá Moura, 루벤스 알티마리Rubens Altimari가 적극적으로 제안해 주었다. 모리치오 부삽Mauricio Bussab은 필자가 첫 번째 책을 쓸 기회를 포함한 많은 기회를 제공해 주었다. 렌조 누치텔리Renzo Nuccitelli는 우리가 함께 운영하는 `python.pro.br`에 필자의 참여가 부족해질 것을 알면서도 이 책을 쓰는 내내 지원해 주었다.

브라질 파이썬 커뮤니티는 박식하고, 여유롭고, 재미있다. 파이썬 브라질 그룹(`https://fpy.li/p-9`)은 수천 명의 개발자가 참여하며, 우리 콘퍼런스에 수백 명의 사람이 몰려든다. 그중에서도 레오나르도 로챌, 아드리아노 페트리치Adriano Petrich, 대니얼 바인센처Daniel Vainsencher, 로드리고 RBP 피멘텔Rodrigo RBP Pimentel, 브루노 골라Bruno Gola, 레오나르도 산타가다Leonardo Santagada, 장 페리Jean Ferri, 로드리고 센라Rodrigo Senra, J.S. 부에노, 데이비드 콰스트, 루이즈 어버Luiz Irber, 오스발도 산타나Osvaldo Santana, 페르난도 마사노리Fernando Masanori, 헨리크 바스토스Henrique Bastos, 구스타부 니마이어Gustavo Niemayer, 페드로 워넥Pedro Werneck, 구스타부 바비에리Gustavo Barbieri, 랄로 마르틴스Lalo Martins, 다닐로 벨리니Danilo Bellini, 페드로 크로거Pedro Kroger는 파이썬주의자Pythonista로서의 필자에게 가장 큰 영향을 주었다.

도넬레스 트레미아Dorneles Tremea는 놀라운 해커로서 엄청난 시간과 지식을 제공해 주었으며 브라질 파이썬 연합의 가장 적극적인 리더였다. 그는 너무 빨리 우리 곁을 떠났다.

지난 수년간 필자의 학생들은 질문, 통찰력, 의견, 문제에 대한 창조적인 해법을 제시해 주었다. 에리코 안드레이Érico Andrei와 심플레스 콘술토리아Simples Consultoria는 필자가 파이썬 강사로 집중할 수 있게 해 주었다.

마르틴 파센^{Martijn Faassen}은 Grok에 대한 필자의 멘토로서 파이썬과 네안데르탈인에 대한 소중한 영감을 불어넣어 주었다. Zope, Plone, Pyramid와 같은 파이썬 라이브러리 행성에서 폴 에버리트^{Paul Everitt}, 크리스 맥도너^{Chris McDonough}, 트레스 시버^{Tres Seaver}, 짐 펄톤^{Jim Fulton}, 셰인 헤서웨이^{Shane Hathaway}, 렌나르트 레게브로, 앨런 루이안^{Alan Runyan}, 알렉산더 리미^{Alexander Limi}, 마르틴 피터스^{Martijn Pieters}, 고드프로이드 채펠^{Godefroid Chapelle} 등은 필자의 경력에 결정적인 영향을 미쳤다. Zope와 웹 시대 덕분에 1998년부터 필자는 파이썬으로 생계를 유지할 수 있었다. 호세 옥타비오 카스트로 네베스^{José Octavio Castro Neves}는 필자가 브라질에서 처음으로 시작한 파이썬 중심의 소프트웨어 하우스 공동 설립자였다.

다양한 파이썬 커뮤니티에서 함께 해 온 전문가가 너무도 많지만, 이미 언급한 사람들 외에 파이썬을 가르치는 새롭고 더 좋은 방법을 필자에게 가르쳐 준 스티브 홀덴^{Steve Holden}, 레이먼드 헤팅거^{Raymond Hettinger}, 앤드류 커슬링^{A. M. Kuchling}, 데이비드 비즐리^{David Beazley}, 프레드릭 룬드^{Fredrik Lundh}, 더그 헬먼^{Doug Hellmann}, 닉 코글란^{Nick Coghlan}, 마크 필그림^{Mark Pilgrim}, 마르틴 피터스, 브루스 에켈, 미켈레 시미오나토^{Michele Simionato}, 웨슬리 천^{Wesley Chun}, 브랜든 크레이그 로즈^{Brandon Craig Rhodes}, 필립 구오^{Philip Guo}, 대니얼 그린펠드^{Daniel Greenfeld}, 오드리 로이^{Audrey Roy}, 브렛 슬랫킨^{Brett Slatkin}에게 감사드린다.

이 페이지는 필자의 홈 오피스와 두 개의 연구실인 커피랩과 가로아 해커 클럽에서 작성되었다. 커피랩(`https://fpy.li/p-10`)은 브라질 상파울루의 빌라 마달레나에 있는 카페인 괴짜들의 본부이며, 가로아 해커 클럽(`https://fpy.li/p-11`)은 누구나 자유롭게 새로운 아이디어를 시험해 볼 수 있는 공개된 해커 공간이다.

가로아 커뮤니티는 영감, 기반 구조, 편안함을 제공한다. 알레프^{Aleph}가 이 책을 좋아하리라 생각한다.

어머니 마리아 루시아^{Maria Lucia}와 아버지 자이로 하말류^{Jairo Ramalho}는 늘 모든 측면에서 필자를 지원해 주셨다. 모두 함께 이 책을 보고 싶었지만, 어머니와 함께 할 수 있는 것만으로도 기쁘다.

아내 마타 멜로는 늘 일만 하는 남편을 15개월 동안 참아주었을 뿐만 아니라, 필자가 이 긴 프로젝트에서 포기하고 싶은 생각이 드는 위기의 순간을 이겨내도록 응원하고 조언해 주었다.

모두에게 감사드린다!

루시아누 하말류

● CONTENTS

PART 1 데이터 구조체

CHAPTER 1 파이썬 데이터 모델

CHAPTER 2 시퀀스의 배열

CHAPTER **3** 딕셔너리와 집합

CHAPTER 4 유니코드 텍스트와 바이트

CHAPTER 5   데이터 클래스 빌더

CHAPTER 9 데커레이터와 클로저

CHAPTER **10** 일급 함수 디자인 패턴

CHAPTER **13** 인터페이스, 프로토콜, 추상 베이스 클래스

CHAPTER 15 자료형 힌트 조금 더 알아보기

CHAPTER 16 연산자 오버로딩

PART 4 제어 흐름

CHAPTER 17 반복자, 제너레이터, 고전적인 코루틴

CHAPTER 18 with, match, else 블록

CHAPTER 20 동시 실행자

CHAPTER 21 비동기 프로그래밍

CONTENTS

CHAPTER **23** 속성 디스크립터

CHAPTER **24** 클래스 메타프로그래밍

데이터 구조체

PART **1**

데이터 구조체

파이썬 데이터 모델

> 언어 설계 미학에 대한 귀도의 감각은 놀라울 정도다. 아무도 사용하지 않을 이론적으로 아름다운 언어를 설계할 능력이 있는 훌륭한 언어 설계자를 많이 만났지만, 귀도는 이론적으로는 약간 덜 아름답더라도 프로그래밍하기 즐거운 언어를 설계할 수 있는 유례없는 능력자 중 한 사람이다.[1]
>
> — 짐 허구닌Jim Hugunin
> Jython의 창시자, AspectJ의 공동 설계자, .Net DLR 아키텍트

파이썬의 큰 장점 중 하나는 일관성이다. 한동안 파이썬으로 작업하다 보면 감각이 생겨서 새로운 기능도 어떻게 사용할지 제대로 예측할 수 있다.

그러나 파이썬 이전에 다른 객체지향object-oriented 언어를 배웠다면 `collection.len()`이 아니라 `len(collection)`을 사용하는 게 이상하게 느껴실 것이다. 이런 이상함은 빙산의 일각일 뿐이지만, 제대로 이해해야 소위 말하는 파이썬다운Pythonic 경지에 도달할 수 있다. 빙산 전체를 '파이썬 데이터 모델'이라고 하는데, 이 모델이 제공하는 API를 이용해야 여러분이 정의한 객체에 파이썬 관용구를 적용할 수 있다.

---

1 사무엘 페드로니(Samuele Pedroni)와 노엘 래핀(Noel Rappin)이 쓴 『Jython Essentials』(오라일리, 2002)의 서문으로 작성된 'Story of Jython'(`https://fpy.li/1-1`)에서 발췌했다.

데이터 모델은 파이썬을 설명하는 일종의 프레임워크로 생각할 수 있는데, 시퀀스, 반복자 iterator, 함수, 코루틴, 클래스, 콘텍스트 관리자 등 언어 자체를 구성하는 단위 간 인터페이스를 공식적으로 정의한다.

프레임워크를 사용해 코딩할 때는 프레임워크가 호출하는 메서드를 구현하는 데 많은 시간이 할애된다. 파이썬 데이터 모델을 이용해 새로운 클래스를 만들 때도 마찬가지다. 파이썬 인터프리터는 클래스에 정의된 특별 메서드를 호출해서 기본적인 연산을 수행하는데, 종종 특별 구문에 의해 호출된다. 특별 메서드 이름은 언제나 이중 언더바로 시작하고 끝난다. 예를 들어 `obj[key]` 형태로 호출하려면 이 객체는 특별 메서드 `__getitem__()`을 구현해야 한다. `my_collection[key]`의 값을 평가하기 위해 파이썬 인터프리터가 `my_collection.__getitem__(key)`를 호출하기 때문이다.

여러분이 정의한 객체를 다음과 같은 파이썬 핵심 기능에 결합하려면 해당하는 특별 메서드를 구현해야 한다.

- 컬렉션
- 속성 접근
- 반복(`async for`를 이용해 비동기 반복할 때도 마찬가지)
- 연산자 오버로딩
- 함수와 함수 및 메서드 호출
- 문자열 표현 및 포맷
- `await`를 이용한 비동기 프로그래밍
- 객체 생성 및 제거
- `with`나 `async with` 문을 이용한 관리 대상 콘텍스트

> **NOTE** 마술과 던더
>
> 특별 메서드를 마술 메서드magic method라고도 하지만, 구체적으로 `__getitem__()` 같은 특별 메서드를 언급할 때는 어떻게 불러야 할까? 필자는 저자이자 강사인 스티브 홀던Steve Holden에게 '던더dunder getitem'처럼 부르라고 배웠다. '던더'는 '앞뒤 이중 언더바double underscore before and after'를 줄인 말이므로 특별 메서드를 던더 메서드dunder method라고도 한다. 파이썬 언어 참조 문서(`https://fpy.li/1-3`)의 '어휘 분석Lexical Analysis' 장에서는 "어떤 상황에서든 명시적으로 문서화된 사용법을 따르지 않고 `__*__` 형태의 이름을 사용하면 아무런 경고 없이 코드가 오작동할 수 있다"라고 경고한다.

1.1 이번 장의 변경 사항

파이썬 데이터 모델은 상당히 안정적인 만큼, 파이썬 데이터 모델을 소개하는 이번 장에서 1판 이후 변경된 내용은 거의 없다. 다만 다음과 같은 변화가 있다.

- 1.4절 '특별 메서드 개요'에서 소개하는 표에 비동기 프로그래밍 및 새로운 기능을 지원하는 특별 메서드가 추가되었다.
- 1.3.4절 '컬렉션 API'의 특별 메서드 사용법을 보여 주는 [그림 1-2]에 파이썬 3.6부터 제공되는 `collections.abc.Collection` 추상 베이스 클래스가 추가되었다.

그리고 2판에서는 `str.format()` 메서드와 `%` 연산자를 사용하는 구식 표기법보다 읽기 쉽고 편리하도록, 파이썬 3.6부터 제공되는 **f-문자열**을 사용한다.

> **TIP** `my_fmt`를 정의한 코드와 이 문자열에 포맷 연산을 수행하는 코드가 서로 다른 곳에 있을 때는 여전히 `my_fmt.format()`을 사용한다. 예를 들어 `my_fmt`가 여러 줄로 구성되고 상수로 정의하는 편이 나을 때나, 설정 파일이나 데이터베이스에서 가져와야 할 때는 구식 표기법을 사용한다. 그러나 구식 표기법을 사용하는 예는 이 책에 많이 나오지 않는다.

1.2 파이썬다운 카드 한 벌

[예제 1-1]은 단 두 개의 특별 메서드 `__getitem__()`과 `__len__()`만으로 만드는 간단하지만 강력한 클래스 사례를 보여 준다.

예제 1-1 Card의 시퀀스로 구성한 카드 한 벌

```
import collections

Card = collections.namedtuple('Card', ['rank', 'suit'])

class FrenchDeck:
    ranks = [str(n) for n in range(2, 11)] + list('JQKA')
    suits = 'spades diamonds clubs hearts'.split()

    def __init__(self):
```

```python
        self._cards = [Card(rank, suit) for suit in self.suits
                                        for rank in self.ranks]

    def __len__(self):
        return len(self._cards)

    def __getitem__(self, position):
        return self._cards[position]
```

먼저 collections.namedtuple을 이용해 카드 한 장을 나타내는 간단한 클래스를 만든 점에 주목하자. 데이터베이스 레코드처럼 사용자 정의 메서드 없이 일련의 속성^{attribute}으로만 구성된 객체의 클래스를 정의할 때 namedtuple을 사용한다. 이 예제를 사용하면 다음 콘솔 세션에서 보는 것처럼 카드 한 장을 멋지게 표현할 수 있다.

```python
>>> beer_card = Card('7', 'diamonds')
>>> beer_card
Card(rank='7', suit='diamonds')
```

하지만, 이 예제의 핵심은 FrenchDeck 클래스다. 코드는 짧지만 막강한 기능을 담고 있다. 일단 다른 파이썬 컬렉션 객체와 마찬가지로 len() 함수를 사용해 카드 한 벌(deck)에 들어 있는 카드 수를 구할 수 있다.

```python
>>> deck = FrenchDeck()
>>> len(deck)
52
```

__getitem__() 메서드를 구현한 덕분에, 카드 한 벌(deck)에서 (첫 번째 또는 마지막 카드 등) 어떤 카드라도 쉽게 알아낼 수 있다.

```python
>>> deck[0]
Card(rank='2', suit='spades')
>>> deck[-1]
Card(rank='A', suit='hearts')
```

임의의 카드를 골라내려면 메서드를 따로 정의해야 할까? 그럴 필요가 없다. 파이썬에는 시퀀스에서 항목을 무작위로 골라내는 random.choice() 함수가 있기 때문이다. deck 객체에 다음과 같이 적용할 수 있다.

```
>>> from random import choice
>>> choice(deck)
Card(rank='3', suit='hearts')
>>> choice(deck)
Card(rank='K', suit='spades')
>>> choice(deck)
Card(rank='2', suit='clubs')
```

방금 파이썬 데이터 모델에 정의된 특별 메서드를 사용할 때의 장점 두 가지를 살펴봤다.

- 클래스 사용자는 표준 연산을 수행하는 메서드 이름을 기억할 필요가 없다('항목 수를 알아내는 메서드가 .size()였던가? .length()? 아니면 다른 메서드였나?').
- random.choice() 함수처럼, 파이썬 표준 라이브러리의 풍부한 기능을 따로 구현할 필요 없이 바로 사용할 수 있다.

이뿐만이 아니다. __getitem__() 메서드는 self._cards의 []에 작업을 위임하므로 우리가 만든 카드 한 벌(deck) 객체는 슬라이싱^{slicing}도 저절로 지원한다. 새로 생성한 deck 객체에서 앞의 카드 세 장을 고르고, 12번 인덱스에서 시작해서 한 번에 13장씩 건너뛰면서 에이스 카드만 골라내는 방법은 다음과 같다.

```
>>> deck[:3]
[Card(rank='2', suit='spades'), Card(rank='3', suit='spades'),
Card(rank='4', suit='spades')]
>>> deck[12::13]
[Card(rank='A', suit='spades'), Card(rank='A', suit='diamonds'),
Card(rank='A', suit='clubs'), Card(rank='A', suit='hearts')]
```

__getitem__() 특별 메서드를 구현했으므로 deck을 반복할 수도 있다.

```
>>> for card in deck:  # doctest: +ELLIPSIS
...         print(card)
Card(rank='2', suit='spades')
```

```
Card(rank='3', suit='spades')
Card(rank='4', suit='spades')
...
```

그리고 deck을 역순으로 반복할 수도 있다.

```
>>> for card in reversed(deck):  # doctest: +ELLIPSIS
...         print(card)
Card(rank='A', suit='hearts')
Card(rank='K', suit='hearts')
Card(rank='Q', suit='hearts')
...
```


반복은 암묵적으로 수행될 때도 많다. 컬렉션에 __contains__() 메서드가 없으면 in 연산자
가 차례대로 검색한다. 예를 들어 FrenchDeck 클래스는 반복할 수 있으므로 in 연산자를 사용
할 수 있다. 다음과 같이 확인해 보자.

```
>>> Card('Q', 'hearts') in deck
True
>>> Card('7', 'beasts') in deck
False
```

정렬은 어떨까? 일반적으로 카드는 숫자(rank)로 순위를 정하며(에이스가 제일 높음), 숫자
가 같을 때는 스페이드(제일 높음), 하트, 다이아몬드, 클로버(제일 낮음) 순으로 정한다. 이
규칙대로 카드 순위를 정하는 함수는 다음과 같다. 클로버 2는 0, 스페이드 에이스는 51을 반
환한다.

```python
    suit_values = dict(spades=3, hearts=2, diamonds=1, clubs=0)

    def spades_high(card):
        rank_value = FrenchDeck.ranks.index(card.rank)
        return rank_value * len(suit_values) + suit_values[card.suit]
```

방금 정의한 spaces_high() 함수를 이용해 카드 한 벌을 다음과 같이 오름차순으로 간단히 정렬할 수 있다.

```python
>>> for card in sorted(deck, key=spades_high):  # doctest: +ELLIPSIS
...         print(card)
Card(rank='2', suit='clubs')
Card(rank='2', suit='diamonds')
Card(rank='2', suit='hearts')
... (중간의 카드 46장은 생략)
Card(rank='A', suit='diamonds')
Card(rank='A', suit='hearts')
Card(rank='A', suit='spades')
```

FrenchDeck이 암묵적으로 object 클래스를 상속받지만, 대부분 기능은 상속보다는 데이터 모델과 구성을 활용해서 구현한다. __len__()과 __getitem__() 특별 메서드를 구현함으로써 FrenchDeck은 표준 파이썬 시퀀스처럼 작동하므로, 핵심 언어 기능으로 제공되는 반복과 슬라이싱은 물론 표준 라이브러리에서 제공하는 random.choice(), reversed(), sorted() 등을 사용할 수 있다. 객체 구성 덕분에 __len__()과 __getitem__() 구현 코드는 실제 필요한 처리 과정을 list 객체인 self_cards에 위임할 수 있다.

> **NOTE** 셔플링도 할 수 있을까?
>
> 지금까지 구현한 FrenchDeck은 카드 위치를 변경할 수 없는 **불변** 객체이므로 셔플링할 수 없다. _cards 속성을 외부에서 직접 접근하면 카드 위치를 바꿀 수 있지만, 캡슐화 원칙을 위반하게 된다. 13장에서 __setitem__() 특별 메서드를 이용해 이 문제를 간단히 해결하는 방법을 알아본다.

1.3 특별 메서드의 용도

먼저 특별 메서드는 여러분이 아니라 파이썬 인터프리터가 호출하는 메서드라는 점에 유의해야 한다. 여러분의 소스 코드에서는 `my_object.__len__()`을 직접 호출하지 않고 `len(my_object)`을 호출한다. `my_object`가 사용자 정의 클래스의 인스턴스이면, 파이썬은 여러분이 구현한 `__len__()` 메서드를 호출한다.

그러나 `list`, `str`, `bytearray` 등의 내장형이나 넘파이[NumPy] 배열 같은 확장형을 다룰 때 파이썬 인터프리터는 지름길을 선택한다. C로 작성한 파이썬 가변 크기 컬렉션은 `PyVarObject`라는 `struct` 구조체[2]를 가지는데, 이 구조체의 `ob_size` 필드에 컬렉션 항목 수가 들어 있다. 따라서 `my_object`가 내장 객체라면 `len(my_object)`는 `ob_size` 필드를 읽어 반환하므로 메서드를 호출하는 방식보다 훨씬 빠르다.

종종 특별 메서드는 암묵적으로 호출되기도 한다. 가령 `for i in x:` 문은 실제로는 `iter(x)`를 호출하는데, `__iter__()`를 사용할 수 있으면 `x.__iter__()`가 호출되고, 그렇지 않으면 `FrenchDeck`에서처럼 `x.__getitem__()`이 호출된다.

일반적으로 사용자 코드에서는 특별 메서드를 직접 호출하지 않는다. 메타프로그래밍을 하는 경우가 아니라면 사용자 코드는 대부분 특별 메서드를 구현하기는 하지만, 명시적으로 호출하지는 않는다. 다만 클래스를 정의할 때 사용자가 구현한 `__init__()` 코드 안에서 슈퍼클래스의 `__init__()` 초기화 메서드를 직접 호출하는 것은 자주 볼 수 있다.

특별 메서드를 직접 호출하고 싶다면 `len()`, `iter()`, `str()` 등 연관된 내장 함수를 호출하는 편이 좋다. 일반적으로 내장 함수는 연관된 특별 메서드를 호출하지만, 별도의 추가 기능을 제공할 때도 있다. 특히 내장형에서는 메서드 호출보다 더 빠른 방법을 사용하기도 한다. 자세한 내용은 17.3.1절 '콜러블에 `iter()` 사용하기'를 참조하라.

이제부터 다음과 같은 특별 메서드의 주요 용법을 알아보자.

- 수치형 흉내 내기
- 객체의 문자열 표현
- 객체의 불리언값
- 컬렉션 구현

---

2 C 언어에서 제공하는 `struct` 구조체는 각 필드에 이름이 있다.

1.3.1 수치형 흉내 내기

사용자 정의 객체가 덧셈(+) 등의 연산자에 응답하게 해 주는 몇몇 특별 메서드가 있다. 자세한 내용은 16장에서 다루겠지만, 여기서는 간단한 예제를 이용해 특별 메서드를 어떻게 사용하는지 간단히 살펴보자.

수학이나 물리학에서 사용하는 2차원 유클리드 벡터를 나타내는 클래스를 구현한다고 가정해보자(그림 1-1).

> **TIP** 내장된 complex 형을 이용해 2차원 벡터를 표현해도 되지만, 이렇게 클래스를 확장해서 n차원 벡터를 표현할 수도 있다. 17장에서 다차원 벡터를 표현할 때 자세히 살펴본다.

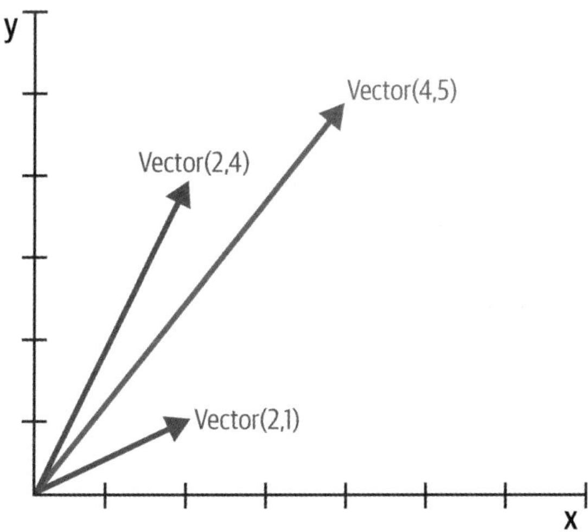

그림 1-1 2차원 벡터 덧셈 예제. Vector(2, 4) + Vector(2, 1) 연산을 수행하면 Vector(4, 5)가 된다.

먼저 콘솔에서 실행하는 세션을 작성해 이 클래스가 제공해야 할 API를 설계한다. 이렇게 하면 나중에 doctest로 테스트하기 좋다. 다음은 [그림 1-1]의 벡터 덧셈을 테스트하는 코드다.

```
>>> v1 = Vector(2, 4)
>>> v2 = Vector(2, 1)
>>> v1 + v2
Vector(4, 5)
```

덧셈 연산자(+)가 Vector 객체를 새로 만들어 콘솔에 보기 좋은 형태로 출력한다.

내장 함수 abs()는 정수나 실수의 절댓값과 복소수의 크기를 반환하므로, 여러분이 구현할 API에서 Vector 클래스의 크기를 계산하는 데 사용할 수 있다.

```
>>> v = Vector(3, 4)
>>> abs(v)
5.0
```

또한 곱셈 연산자(*)를 구현해 스칼라 곱셈scalar multiplication을 수행할 수 있다(즉 벡터에 숫자를 곱해 같은 방향의 크기가 다른 벡터 객체를 새로 만들 수 있다).

```
>>> v * 3
Vector(9, 12)
>>> abs(v * 3)
15.0
```

[예제 1-2]는 __repr__(), __abs__(), __add__(), __mul__() 특별 메서드를 이용해 방금 설명한 연산을 구현하는 Vector 클래스이다.

예제 1-2 간단한 2차원 벡터 클래스

```
    """
    vector2d.py: 특별 메서드 몇 개를 구현하는 간단한 클래스

    예를 보여 주려는 간단한 클래스이므로 에러 처리는 생략한다.
    특히 __add__()와 __mul__() 메서드는 예외 처리에 신경 써야 하는데,
    나중에 이 문제를 자세히 다룬다.

    덧셈::

        >>> v1 = Vector(2, 4)
        >>> v2 = Vector(2, 1)
        >>> v1 + v2
        Vector(4, 5)

    절댓값::
```

```
    >>> v = Vector(3, 4)
    >>> abs(v)
    5.0

스칼라 곱셈::

    >>> v * 3
    Vector(9, 12)
    >>> abs(v * 3)
    15.0
"""

import math

class Vector:

    def __init__(self, x=0, y=0):
        self.x = x
        self.y = y

    def __repr__(self):
        return f'Vector({self.x!r}, {self.y!r})'

    def __abs__(self):
        return math.hypot(self.x, self.y)

    def __bool__(self):
        return bool(abs(self))

    def __add__(self, other):
        x = self.x + other.x
        y = self.y + other.y
        return Vector(x, y)

    def __mul__(self, scalar):
        return Vector(self.x * scalar, self.y * scalar)
```

친숙한 __init__() 외에 특별 메서드 다섯 개를 더 구현했다. 이 메서드들은 클래스 내부나 doctest를 하는 콘솔 테스트 코드에서 직접 호출하지 않는다는 점에 유의하자. 앞에서 설명한 대로 대부분의 특별 메서드는 파이썬 인터프리터가 호출한다.

[예제 1-2]에서는 `__add__()`와 `__mul__()` 메서드를 이용해 덧셈(+)과 곱셈(*) 연산자를 구현한다. 두 구현 모두 Vector 객체를 새로 만들고 반환하며, 두 연산자 중 어느 쪽도 값을 바꾸지 않음에 주의하라. 단지 `self`와 `other`의 값을 읽어올 뿐이다. 중위 연산자^{infix operator}는 객체를 새로 만들고 기존 피연산자의 값을 바꾸지 않는 게 표준 작동 방식이다. 연산자의 표준 작동 방식은 16장에서 더 자세히 다룬다.

> **WARNING** [예제 1-2]에서는 벡터에 숫자를 곱하는 연산은 구현하지만, 숫자에 벡터를 구현하는 연산은 구현하지 않으므로 스칼라 곱셈의 교환법칙 특성에 위배된다. 이 문제는 16장에서 `__rmul__()` 특별 메서드를 구현해 해결한다.

다음 절에서는 Vector 클래스에 정의된 나머지 특별 메서드를 설명한다.

1.3.2 문자열 표현

`__repr__()` 특별 메서드는 조사할 객체를 문자열로 표현하기 위해 `repr()` 내장 메서드가 호출한다. 만약 `__repr__()` 메서드를 구현하지 않으면 파이썬 콘솔에서는 `<Vector object at 0x10e100070>` 형태로 Vector 인스턴스를 출력한다.

대화형 콘솔과 디버거는 `repr()` 함수를 호출해서 평가된 표현식의 결과를 화면에 보기 좋게 출력한다. 모듈로 연산자(%)를 이용한 전통적인 포매팅 방식의 `%r` 플레이스홀더^{placeholder}와, `str.format()` 메서드가 지원하는 **f-문자열**^{f-string}에 사용되는 새로운 포맷 문자열 구문(https://fpy.li/1-4)의 `!r` 변환 필드도 마찬가지로 `repr()` 함수를 호출한다.

`__repr__()` 메서드의 **f-문자열**에서는 속성값을 출력하는 데 `!r` 변환 필드를 사용했다는 점에 주의하자. `Vector(1, 2)`와 `Vector('1', '2')`는 아주 큰 차이가 있는 만큼 `!r` 변환 필드를 사용하는 편이 좋다. 생성자는 문자열이 아닌 숫자를 인수^{argument}로 받으므로, 문자열 인수를 받는 `Vector('1', '2')`는 이 예제에서 실행되지 않는다.

`__repr__()` 메서드가 반환하는 문자열은 명확해야 하며, 가능하면 표현된 객체를 재생성하는 코드와 일치해야 한다. 따라서 `Vector(3, 4)` 출력 메시지처럼, Vector 표현은 클래스 생성자를 호출하는 코드와 똑같은 모습이다.

이와는 대조적으로 __str__() 메서드는 str() 내장 함수가 호출하며 print() 함수를 암묵적으로 사용한다. __str__() 특별 메서드는 최종 사용자에게 보여 주기 적합한 형태의 문자열을 반환해야 한다.

__str__() 메서드를 꼭 구현해야 하는 것은 아니다. __str__()을 구현하지 않으면 __repr__()이 대신 호출되는데, __repr__() 메서드가 출력하는 메시지가 나쁘지 않을 때도 종종 있다. 이 책에서 __str__() 메서드를 구현하는 예제가 몇 개 있는데, 그중 하나가 [예제 5-2]다.

1.3.3 사용자 정의형의 불리언값

파이썬에도 bool 형은 있지만, if 문이나 while 문의 흐름을 제어하는 조건식 혹은 and, or, not의 피연산자로서 불리언형이 필요한 곳에는 어떠한 객체라도 사용할 수 있다. x가 **참된**truthy 값인지 **거짓된**falsy 값인지 판단하기 위해 파이썬은 bool(x) 연산을 수행하며, 이 연산은 True나 False를 반환한다.

기본적으로 사용자 정의 클래스의 인스턴스는 __bool__()이나 __len__()을 구현하지 않으면 참된 값이라고 간주한다. bool(x) 연산은 x.__bool__()을 호출해 반환된 결과를 사용한다. __bool__()이 구현되지 않으면 파이썬은 x.__len__()을 호출하는데, 이 메서드가 0을 반환하면 bool(x)는 False를, 그렇지 않으면 True를 반환한다.

여기서 구현하는 __bool__()은 개념적으로 간단하다. 벡터 크기가 0이면 False를, 아니면 True를 반환한다. __bool__() 메서드는 불리언값을 반환해야 하므로 bool(abs(self))를 이용해 크기를 불리언형으로 변환했다. 불리언값이 필요한 곳에 어떠한 객체든 사용할 수 있으므로 __bool__() 메서드 외부에서 bool()을 명시적으로 호출하는 일은 거의 없다.

__bool__() 특별 메서드 덕분에, 여러분이 정의한 객체가 파이썬 표준 라이브러리 문서의 '내장형Built-in Types'(https://fpy.li/1-6)에 정의된 참값 검사 규칙을 어떻게 따르게 되는지 확인해 보라.

> **NOTE** 다음과 같이 하면 더 빠른 Vector.__bool__() 버전을 만들 수 있다.
>
> ```
>     def __bool__(self):
>         return bool(self.x or self.y)
> ```
>
> 이 코드는 가독성은 떨어지지만 abs(), __abs__(), 제곱, 제곱근 연산이 필요 없다. __bool__()은 불리언값을 반환해야 하고 or 연산자는 두 피연산자 중 하나를 그대로 반환하므로, bool()을 이용해 명시적으로 불리언값으로 변환해야 한다. x or y 표현식에서 or 연산자는 x가 참된 값일 때는 x를, 아니면 y를 그대로 반환한다.

1.3.4 컬렉션 API

[그림 1-2]는 파이썬의 주요 컬렉션 클래스의 인터페이스를 보여 준다. 이 그림의 클래스는 모두 **추상 베이스 클래스(ABC)**다. 추상 베이스 클래스와 collections.abc 모듈은 13장에서 자세히 설명한다. 이번 절에서는 파이썬의 핵심 컬렉션 인터페이스를 훑어보고, 특별 메서드에서 어떻게 구현되는지 간략히 알아본다.

최상위 ABC는 특별 메서드를 하나씩 가진다. (파이썬 3.6의 새로운 기능인) Collection ABC는 모든 컬렉션 객체가 구현해야 할 다음 세 가지 필수 인터페이스를 통합한다.

- **Iterable**: 언패킹unpacking(https://fpy.li/1-7)과 for, 기타 반복 형태를 지원
- **Sized**: 내장 함수 len()을 지원
- **Container**: in 연산자를 지원

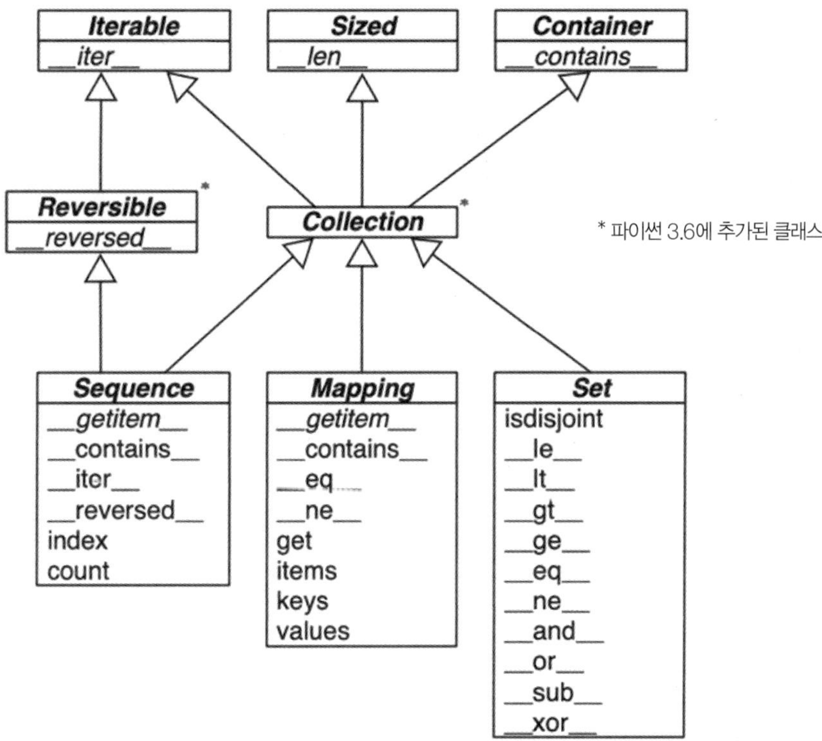

그림 1-2 핵심 컬렉션 자료형의 UML 클래스 다이어그램. 이탤릭체로 표시한 메서드는 추상[abstract] 메서드이므로 list나 dict 등의 구상[concrete] 서브클래스에서 반드시 구현해야 한다. 나머지 메서드는 구상 메서드이므로 서브클래스에서 호출할 수 있다.

파이썬에서는 컬렉션 객체가 여기 있는 ABC를 상속하지 않아도 된다. __len__() 메서드를 구현하는 모든 클래스는 Sized 인터페이스를 만족시키기 때문이다.

다음은 Collection 클래스의 주요 서브클래스 세 개다.

- Sequence : list와 str 등 내장형이 제공하는 인터페이스 정의
- Mapping : dict와 collections.defaultdict 등이 구현하는 인터페이스
- Set : set과 frozenset 내장형이 제공하는 인터페이스

여기서 Sequence만 Reversible 인터페이스를 채택하는데, 시퀀스만 항목의 순서를 지원하고 매핑과 집합은 지원하지 않기 때문이다.

Set 추상 데이터 클래스의 모든 특별 메서드는 중위 연산자를 구현한다. 예를 들어 a & b는 a 집합과 b 집합의 교집합을 구하며, 특별 메서드 __and__ ()가 구현한다.

2장과 3장에서는 표준 라이브러리 시퀀스와 매핑, 집합을 자세히 설명한다.

이제 파이썬 데이터 모델에 정의된 두 부류의 주요 특별 메서드를 알아보자.

1.4 특별 메서드 개요

파이썬 언어 참조 문서의 '데이터 모델Data Model'(https://fpy.li/dtmodel) 장에는 80개가 넘는 특별 메서드가 있다. 그중 절반 이상이 산술arithmetic, 비트bitwise, 비교comparison 연산자이다. 다음 표들을 참조해 전체적으로 살펴보자.

중위 연산자나 abs () 같은 핵심 산술 함수를 구현하는 데 필요한 메서드를 제외한 특별 메서드명은 [표 1-1]과 같다. 대부분의 메서드는 이 책을 진행하면서 설명하는데, 특히 최근에 추가된 __anext__ () 비동기 특별 메서드(파이썬 3.5에 추가)와 __init_subclass__ () 클래스 커스텀 훅customization hook (파이썬 3.6에 추가)도 다룬다.

표 1-1 특별 메서드명(연산자 제외)

범주	메서드명
문자열 / 바이트 표현	__repr__, __str__, __format__, __bytes__, __fspath__
숫자로 변환	__abs__, __bool__, __complex__, __int__, __float__, __hash__, __index__
컬렉션 에뮬레이션	__len__, __getitem__, __setitem__, __delitem__, __contains__
반복	__iter__, __aiter__, __next__, __anext__, __reversed__
콜러블 및 코루틴 실행	__call__, __await__
콘텍스트 관리	__enter__, __exit__, __aexit__, __aenter__
객체 생성 및 소멸	__new__, __init__, __del__

범주	메서드명
속성 관리	`__getattr__`, `__getattribute__`, `__setattr__`, `__delattr__`, `__dir__`
속성 디스크립터	`__get__`, `__set__`, `__delete__`, `__set_name__`
추상 베이스 클래스	`__instancecheck__`, `__subclasscheck__`
클래스 메타프로그래밍	`__prepare__`, `__init_subclass__`, `__class_getitem__`, `__mro_entries__`

특별 메서드가 지원하는 중위 연산자 및 수치[numerical] 연산자는 [표 1-2]와 같다. 여기에는 행렬곱[matrix multiplication] 중위 연산자(@)를 지원하고자 파이썬 3.5에 추가된 `__matmul__()`, `__rmatmul__()`, `__imatmul__()` 특별 메서드도 나열했는데, 16장에서 자세히 설명한다.

표 1-2 연산자에 대한 특별 메서느멍과 기호

연산자 범주	기호	메서드명
단항 수치 연산자	`-`, `+`, `abs()`	`__neg__`, `__pos__`, `__abs__`
다양한 비교 연산자	`<`, `<=`, `==`, `!=`, `>`, `>=`	`__lt__`, `__le__`, `__eq__`, `__ne__`, `__gt__`, `__ge__`
산술 연산자	`+`, `-`, `*`, `/`, `//`, `%`, `@`, `divmod()`, `round()`, `**`, `pow()`	`__add__`, `__sub__`, `__mul__`, `__truediv__`, `__floordiv__`, `__mod__`, `__matmul__`, `__divmod__`, `__round__`, `__pow__`
역순 산술 연산자	(피연산자가 연산자 뒤에 옴)	`__radd__`, `__rsub__`, `__rmul__`, `__rtruediv__`, `__rfloordiv__`, `__rmod__`, `__rdivmod__`, `__rmatmul__`, `__rdivmod__`, `__rpow__`
복합 할당 산술 연산자	`+=`, `-=`, `*=`, `/=`, `//=`, `%=`, `@=`, `**=`	`__iadd__`, `__isub__`, `__imul__`, `__itruediv__`, `__ifloordiv__`, `__imod__`, `__ipow__`
비트 연산자	`&`, `¦`, `^`, `<<`, `>>`, `~`	`__and__`, `__or__`, `__xor__`, `__lshift__`, `__rshift__`, `__invert__`
역순 비트 연산자	(피연산자가 연산자 뒤에 옴)	`__rand__`, `__ror__`, `__rxor__`, `__rlshift__`, `__rrshift__`
복합 할당 비트 연산자	`&=`, `¦=`, `^=`, `<<==`, `>>=`	`__iand__`, `__ior__`, `__ixor__`, `__ilshift__`, `__irshift__`

> **NOTE** 파이썬은 앞쪽 피연산자에 해당 특별 메서드가 정의되지 않았으면 뒤쪽 피연산자의 역순 특별 메서드를 호출한다. 복합 할당[augmented assignment]은 중위 연산자와 변수 할당을 결합한 연산자이다(예: `a += b`).
> 역순 연산자와 복합 할당 연산자는 16장에서 더 자세히 설명한다.

1.5 len( )을 메서드로 만들지 않은 이유

필자가 2013년에 핵심 개발자인 레이먼드 헤팅거^{Raymond Hettinger}에게 이 질문을 던졌을 때 돌아온 답의 핵심은 '파이썬의 선^{The Zen of Python}'(`https://fpy.li/1-8`)에서 인용한 '실용성이 순수성보다 먼저다'는 설명이었다. 1.3절 '특별 메서드의 용도'에서는 x가 내장형 인스턴스일 때 `len(x)`가 어떻게 빨리 실행되는지 설명했다. CPython의 내장 객체에 대해서는 메서드를 호출하지 않고, 길이는 단지 C 구조체의 필드를 읽어올 뿐이다. `str`, `list`, `memoryview` 등의 다양한 기본 컬렉션에서 항목 수를 가져오는 연산은 자주 발생하므로 그만큼 효율적으로 실행되어야 한다.

다시 말해 `len()`은 `abs()`와 마찬가지로 파이썬 데이터 모델의 특별 대우를 받으므로 메서드라고 부르지 않는다. 그러나 `__len__()` 특별 메서드 덕분에 여러분이 정의한 객체에서도 `len()`을 사용할 수 있다. 내장 객체의 효율성과 언어의 일관성 측면에서 봤을 때 적절한 절충안이라고 할 수 있다. 게다가 '파이썬의 선'에서는 '특별한 경우라고 해도 규칙을 어길 만큼 특별하지 않다'라고 설명한다.

> **NOTE** abs()나 len() 함수를 단항 연산자^{unary operator}로 생각한다면, 다른 객체지향 언어에서 볼 수 있는 메서드 호출 구문 대신 함수처럼 구현한 이유를 이해할 것이다. 사실 파이썬의 선조 격 언어인 ABC에는 len()에 대응하는 해시(#) 연산자가 있다(#s 형태로 호출한다). ABC 언어에서 x#s처럼 중위 연산자로 사용할 때는 s 안에 x가 나온 횟수를 계산하는데, 파이썬에서는 모든 시퀀스 s에 대해 s.count(x) 형태로 호출할 수 있다.

1.6 요약

특별 메서드를 구현하면 사용자 정의 객체도 내장 객체처럼 작동하므로 파이썬다운 표현력 있는 코딩 스타일을 사용할 수 있다.

파이썬 객체는 기본적으로 자신을 문자열 형태로 표현할 수 있어야 하는데, 디버깅 및 로그를 남기기 위한 형태와 사용자에게 보여 주기 위한 형태가 있다. 따라서 데이터 모델에 `__repr__()`과 `__str__()` 특별 메서드 두 개가 정의된다.

FrenchDeck 예제에서 보았듯이 시퀀스를 흉내 내는 데 특별 메서드가 널리 사용된다. 가령 데이터베이스 라이브러리는 쿼리 결과를 시퀀스와 비슷한 컬렉션 형태로 반환하곤 한다. 기존 시퀀스를 최대한 활용하는 방법은 2장에서 설명한다. 12장에서는 Vector 클래스를 다차원 버전으로 확장하면서 자신만의 시퀀스형을 직접 구현하는 방법을 설명한다.

연산자 오버로딩 덕분에 파이썬은 내장형에서부터 `decimal.Decimal`과 `fractions.Fraction`에 이르기까지 중위 산술 연산을 지원하는 다양한 수치형을 제공한다. **넘파이** 데이터 과학 라이브러리는 행렬과 텐서^tensor가 중위 연산자를 사용하게 해 준다. 역순 연산자와 복합 할당을 포함하는 다양한 연산자 구현 방법은 16장에서 Vector 클래스 예제를 개선하면서 설명한다.

파이썬 데이터 모델에서 제공하는 나머지 특별 메서드의 사용과 구현은 이 책 전반에 걸쳐 설명한다.

## CHAPTER 2

시퀀스의 배열

> 코드에서 감을 잡았겠지만, 여기서 설명한 연산들은 텍스트, 리스트, 테이블에도 동일하게 적용된다. 텍스트, 리스트, 테이블을 합쳐서 소위 '기차'라고 부른다. [중략] FOR 명령은 '기차'에서도 대체로 잘 작동한다.[1]
>
> — 레오 거츠Leo Geurts, 램버트 미어텐즈Lambert Meertens, 스티븐 펨버튼Steven Pembertonm
> 『ABC Programmer's Handbook』

파이썬을 만들기 전에 귀도 반 로섬Guido van Rossum은 ABC 언어에 기여했다. ABC는 초보자용 프로그래밍 환경을 개발하고자 10년간 진행된 연구 프로젝트다. ABC는 시퀀스에 대한 범용 연산, 내장된 튜플 및 매핑 자료형, 들여쓰기를 이용한 구문 구조, 변수를 선언하지 않은 강력한 자료형 검사 등 우리가 파이썬답다고 생각하는 여러 개념을 소개했다. 파이썬이 사용자 친화적인 데는 다 이유가 있다.

파이썬은 모든 시퀀스를 일관성 있게 처리하는 ABC 언어의 특징을 물려받았다. 문자열, 리스트, 바이트 시퀀스, 배열, XML 요소, 데이터베이스 결과에는 모두 반복, 슬라이싱, 정렬, 연결 등의 연산을 일관되게 적용할 수 있다.

파이썬에서 제공하는 다양한 시퀀스를 이해하면 코드를 새로 구현할 필요가 없으며, 시퀀스의 공통 인터페이스는 기존 혹은 향후에 구현될 시퀀스형을 적절히 지원하고 활용하도록 API를

---

1 레오 거츠, 램버트 미어텐스, 스티븐 펨버튼의 『ABC Programmer's Handbook』(보스코 북스, 2005), 8쪽에서 발췌했다.

정의하게 이끌어 준다.

이번 장에서는 익숙한 list에서부터 파이썬 3에 추가된 str과 byte 형에 이르기까지, 시퀀스에 일반적으로 적용되는 내용을 설명한다. 리스트, 튜플, 배열, 큐의 구체적인 내용도 이번 장에서 설명하지만, 유니코드 문자열과 바이트 시퀀스는 4장에서 다룬다. 여기서는 파이썬에서 이미 제공하는 시퀀스형을 설명하며, 사용자 정의 시퀀스형은 12장에서 설명한다.

이번 장에서 다룰 주요 내용은 다음과 같다.

- 지능형 리스트list comprehension와 기본적인 제너레이터 표현식generator expression
- 튜플을 레코드로 사용할 때와 불변 리스트immutable list로 사용할 때의 차이점
- 시퀀스 언패킹과 시퀀스 패턴
- 슬라이스에서 읽고 슬라이스에 쓰기
- 배열과 큐 등 특화된 시퀀스형

2.1 이번 장의 변경 사항

이번 장의 가장 큰 변화는 파이썬 3.10의 새로운 패턴 매칭 기능을 소개하는 2.6절 '시퀀스를 이용한 패턴 매칭'이 추가된 점이다.

그 외에는 1판 내용을 바꾸기보다는 다음과 같이 개선했다.

- 컨테이너와 균일 시퀀스의 차이를 보여 주는 새로운 다이어그램 및 시퀀스 내부 구조 설명
- list와 tuple의 성능 및 저장 특성 비교
- 가변 요소가 있는 튜플을 사용할 때의 주의점과 탐지 방법

명명된 튜플named tuple을 다루는 설명은 5.3절 '고전적인 명명된 튜플'로 옮겼다. typing. NamedTuple 및 @dataclass가 명명된 튜플과 무엇이 다른지를 설명한다.

> **NOTE** 한정된 페이지의 책에 새로운 내용이 들어갈 공간을 확보하고자 1판의 2.8절 '정렬된 시퀀스를 bisect로 관리하기'는 2판에서 빼고, 별도 웹사이트(https://fpy.li/bisect)에서 제공한다.[2]

---

2 옮긴이_ 번역본은 역자 깃허브(https://github.com/KweonKang/fluent-python-2e-extra)에서 제공한다.

2.2 내장 시퀀스 개요

파이썬 표준 라이브러리는 C로 구현된 다음과 같은 시퀀스형을 제공한다.

컨테이너 시퀀스

서로 다른 자료형의 항목을 담을 수 있는 list, tuple, collections.deque 형

균일 시퀀스

단 하나의 자료형만 담을 수 있는 str, bytes, array.array 형

컨테이너 시퀀스container sequence는 객체에 대한 참조를 담으며, 객체는 어떠한 자료형도 될 수 있지만, **균일 시퀀스**flat sequence는 객체에 대한 참조 대신 자신의 메모리 공간에 각 항목의 값을 직접 담는다(그림 2-1).

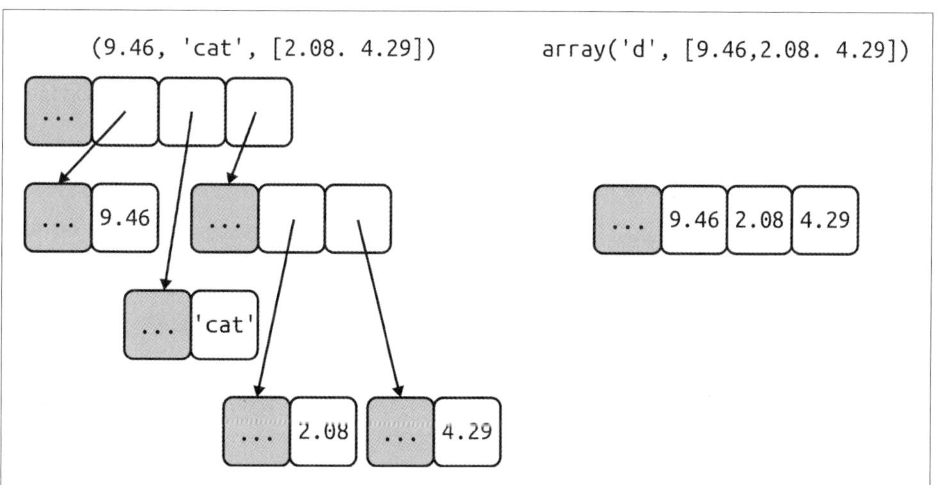

그림 2-1 각기 항목 세 개가 있는 tuple과 array를 간단히 표현한 다이어그램. 회색 셀은 메모리에 거주하는 모든 파이썬 객체에 있는 헤더이다(실제 크기는 더 크다). 왼쪽의 tuple 객체는 항목에 대한 참조를 담는데, 각 항목은 별도의 파이썬 객체로서 다른 객체에 대한 참조를 담을 수 있다(그림에서 [2.08, 4.29] 배열). 이와 반대로 오른쪽의 array 객체는 똑같은 자료형의 데이터값을 담는데, 여기서는 double 형 세 개를 담는다.

따라서 균일 시퀀스가 메모리를 더 적게 사용하지만, 바이트, 정수, 실수 등 기본적인 자료형만 담을 수 있다.

시퀀스형은 다음과 같이 가변성에 따라 분류할 수도 있다.

가변 시퀀스

list, bytearray, array.array, collections.deque 형

불변 시퀀스

tuple, str, bytes 형

[그림 2-2]를 보면 가변 시퀀스가 불변 시퀀스를 상속하면서 여러 메서드를 추가로 구현함을 알 수 있다. 내장된 구상 시퀀스형이 실제로 Sequence나 MutableSequence 추상 베이스 클래스(ABC)를 상속받지는 않지만, 이 두 추상 베이스 클래스의 **가상 서브클래스**[virtual subclass]다(13장 참조). 따라서 tuple과 list는 다음 테스트를 통과한다.

```
>>> from collections import abc
>>> issubclass(tuple, abc.Sequence)
True
>>> issubclass(list, abc.MutableSequence)
True
```

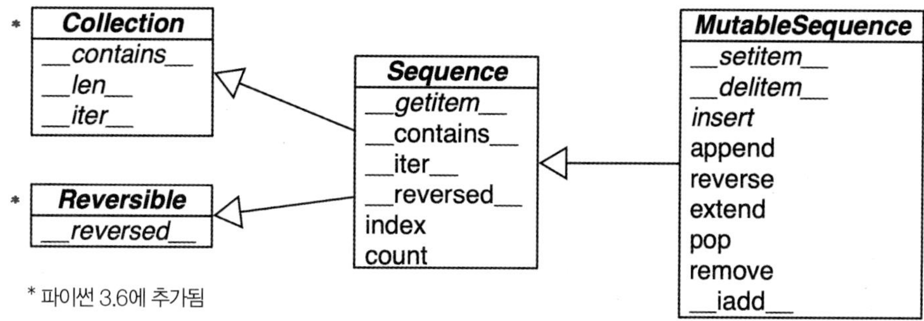

그림 2-2 collections.abc의 일부 클래스에 대한 간략한 UML 다이어그램. 슈퍼클래스는 왼쪽에 있으며 상속 관계를 나타내는 화살표는 서브클래스에서 슈퍼클래스로 향한다. 이탤릭체로 표시된 이름은 추상 클래스와 추상 메서드를 나타낸다.

자료형 하나에 '가변형과 불변형' 그리고 '컨테이너형과 균일형'을 만드는 이런 공통적인 방식을 기억해 두면, 다른 시퀀스형의 계층구조도 쉽게 가늠할 수 있다.

가장 핵심 시퀀스형은 list로, 가변적이며 혼합된 자료형을 담을 수 있다. 리스트형은 이미 잘 안다고 가정하고, 바로 지능형 리스트로 넘어가자. 지능형 리스트는 리스트를 만드는 막강한 방법이지만, 낯선 구문 때문에 그리 많이 사용되지 않는다. 지능형 리스트를 제대로 알면 제너레이터 표현식도 쉽게 이해할 수 있다. 제너레이터를 이용하면 어떠한 자료형의 시퀀스도 쉽게 채울 수 있다. 지능형 리스트와 제너레이터 표현식은 다음 절에서 설명한다.

2.3 지능형 리스트와 제너레이터 표현식

리스트형이라면 지능형 리스트, 그 외 다른 시퀀스형이라면 제너레이터 표현식을 사용해 시퀀스를 간단히 생성할 수 있다. 이런 구문을 사용하지 않는다면, 가독성이 좋고 때로는 실행 속도도 빠른 코드를 만들 기회를 놓치는 것이다.

'가독성이 좋다'는 필자의 주장을 믿을 수 없더라도, 책을 계속해 읽어나가다 보면 이 주장이 옳다는 사실을 조만간 깨닫게 될 것이다.

> **NOTE** 파이썬 프로그래머들은 지능형 리스트를 listcomp, 제너레이터 표현식을 genexp로 간략히 표현하기도 한다. 이 책에서도 해당 용어들을 사용한다.

2.3.1 지능형 리스트와 가독성

문제를 하나 내겠다. [예제 2-1]과 [예제 2-2] 중 어느 코드가 읽기 쉬운가?

예제 2-1 문자열에서 유니코드 코드 포인트 리스트 만들기

```
>>> symbols = '$¢£¥€¤'
>>> codes = []
>>> for symbol in symbols:
...         codes.append(ord(symbol))
...
>>> codes
[36, 162, 163, 165, 8364, 164]
```

예제 2-2 지능형 리스트로 문자열에서 유니코드 코드 포인트 리스트 만들기

```
>>> symbols = '$¢£¥€¤'
>>> codes = [ord(symbol) for symbol in symbols]
>>> codes
[36, 162, 163, 165, 8364, 164]
```

[예제 2-1]은 파이썬을 조금만 알아도 읽을 수 있다. 그러나 지능형 리스트를 배운 후에는 [예제 2-2]가 더 가독성이 좋다고 느낄 것이다. 의도가 명확하기 때문이다.

for 루프는 시퀀스를 읽고 개수를 세거나 어떤 항목을 골라내거나 합계를 구하는 등 아주 다양한 일에 사용할 수 있다. [예제 2-1]에서는 for 루프를 이용해 리스트를 만든다. 이와 대조적으로 지능형 리스트의 의도는 명확하다. 오로지 새로운 리스트를 만들 뿐이다.

물론 지능형 리스트를 남용해 정말 난해한 코드를 만들 수도 있다. 지능형 리스트를 사용해서 단지 한 블록의 코드를 반복 수행하는 파이썬 코드도 본 적이 있다. 생성된 리스트를 사용하지 않을 거라면, 지능형 리스트 구문을 사용하지 말아야 한다. 그리고 코드는 짧게 만들어야 한다. 지능형 리스트 구문이 두 줄을 넘어간다면 코드를 분할하거나 for 문을 이용하는 편이 더 낫다. 잘 판단하라. 글을 쓸 때와 마찬가지로, 파이썬에도 코드를 작성하는 왕도는 따로 없다.

지능형 리스트와 제너레이터 표현식 안의 지역 범위

파이썬 3에서 지능형 리스트와 제너레이터 표현식 그리고 이와 비슷한 지능형 `set`과 `dict`는 `for` 문에 할당된 변수를 유지하기 위해 고유한 지역 범위local scope를 할당받는다.

그러나 바다코끼리 연산자Walrus operator(`:=`)와 함께 할당된 변수는 함수의 지역 변수와 달리, 지능형 표현식이 반환된 뒤에도 여전히 접근할 수 있다. 'PEP 572-할당문 표현식Assignment Expression' 문서(`https://fpy.li/pep572`)는 `:=` 연산자 왼쪽의 변수에 `global`이나 `nonlocal`이 정의되지 않는 한, 이 변수를 에워싼 함수 안 어디서나 해당 변수에 접근할 수 있다고 정의한다.[3] 다음 예를 살펴보자.

```
>>> x = 'ABC'
>>> codes = [ord(x) for x in x]
>>> x          ❶
'ABC'
>>> codes
[65, 66, 67]
>>> codes = [last := ord(c) for c in x]
>>> last       ❷
67
>>> c          ❸
Traceback (most recent call last):
  File "<stdin>", line 1, in <module>
NameError: name 'c' is not defined
```

---

3 이 점을 지적해 준 티나 라파인(Tina Lapine)에게 감사드린다.

❶ x는 여전히 'ABC'에 연결된다.

❷ last가 여전히 유지된다.

❸ c는 사라졌다. c는 지능형 리스트 안에서만 존재하기 때문이다.

지능형 리스트는 항목을 필터링하고 변환함으로써 시퀀스나 기타 반복 가능한 자료형으로부터 리스트를 만든다. 다음 절에서 설명하듯이 `filter()`와 `map()` 내장 함수를 사용해서 이와 동일한 작업을 수행할 수는 있지만 가독성이 떨어진다.

2.3.2 지능형 리스트와 map( )/filter( ) 조합의 비교

지능형 리스트를 이용하면 기능적으로 제한된 파이썬 람다(`lambda`)를 사용하지 않고도 내장 함수 `map()`과 `filter()`가 수행하는 모든 작업을 구현할 수 있다. [예제 2-3]을 살펴보자.

예제 2-3 지능형 리스트로 만든 리스트와 map()/filter() 조합으로 만든 리스트

```
>>> symbols = '$¢£¥€¤'
>>> beyond_ascii = [ord(s) for s in symbols if ord(s) > 127]
>>> beyond_ascii
[162, 163, 165, 8364, 164]
>>> beyond_ascii = list(filter(lambda c: c > 127, map(ord, symbols)))
>>> beyond_ascii
[162, 163, 165, 8364, 164]
```

필자는 `map()`과 `filter()`가 동급의 지능형 리스트보다 빠르다고 생각했지만, 알렉스 마르텔리는 (적어도 이 예제에서는) 그렇지 않다고 지적했다. 예제 코드 리포지터리에 있는 `02-array-seq/listcomp_speed.py` 스크립트는 지능형 리스트와 `filter()`/`map()` 조합의 속도를 간단히 비교한다.

`map()`/`filter()` 조합은 7장에서 자세히 설명한다. 이제 지능형 리스트를 이용해 데카르트 곱Cartesian product을 계산해 보자. 데카르트 곱은 두 개 이상의 리스트에 있는 모든 항목을 이용해 만든 튜플로 구성된 리스트이다.

2.3.3 데카르트 곱

지능형 리스트는 두 개 이상의 반복 가능한 자료형의 데카르트 곱을 나타내는 일련의 리스트를 만들 수 있다. 데카르트 곱의 각 항목은 입력으로 받은 반복 가능한 데이터의 각 요소에서 만들어진 튜플로 구성된다. [그림 2-3]과 같이 생성된 리스트의 길이는 입력으로 받은 반복 가능한 데이터의 길이와 동일하다.

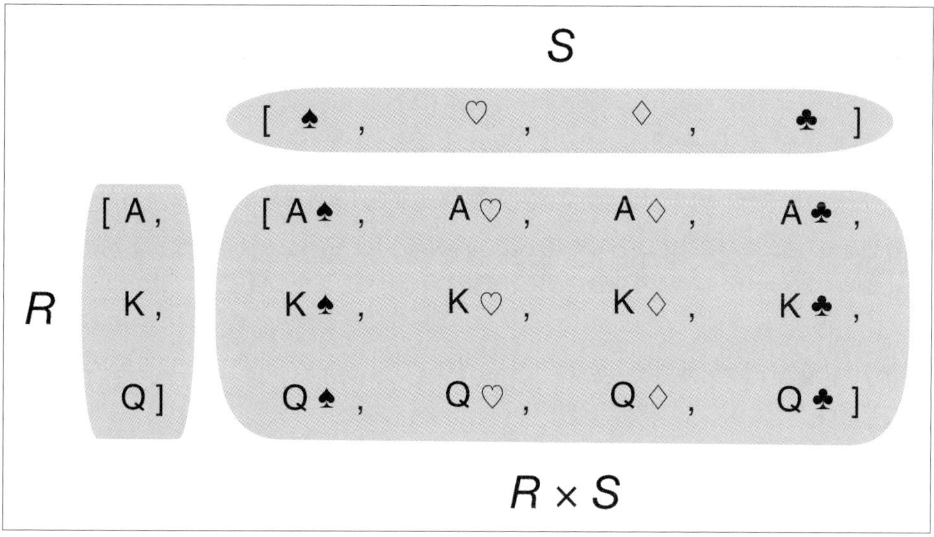

그림 2-3 세 개의 카드 순위 시퀀스(R)와 네 개의 카드 종류 시퀀스(S)로 만든 12개 쌍의 시퀀스가 있는 데카르트 곱

예를 들어 두 가지 색상과 세 가지 크기의 티셔츠 리스트를 만든다고 생각해 보자. 지능형 리스트를 이용해 생성하는 방법은 [예제 2-4]와 같다. 결국 여섯 개의 항목이 만들어진다.

예제 2-4 지능형 리스트를 이용한 데카르트 곱

```
>>> colors = ['black', 'white']
>>> sizes = ['S', 'M', 'L']
>>> tshirts = [(color, size) for color in colors for size in sizes]    ❶
>>> tshirts
[('black', 'S'), ('black', 'M'), ('black', 'L'), ('white', 'S'),
 ('white', 'M'), ('white', 'L')]
>>> for color in colors:    ❷
...         for size in sizes:
...             print((color, size))
```

```
...
('black', 'S')
('black', 'M')
('black', 'L')
('white', 'S')
('white', 'M')
('white', 'L')
>>> tshirts = [(color, size) for size in sizes  ❸
...                          for color in colors]
>>> tshirts
[('black', 'S'), ('white', 'S'), ('black', 'M'), ('white', 'M'),
 ('black', 'L'), ('white', 'L')]
```

❶ 색깔(color)과 크기(size)로 나열된 튜플 리스트를 생성한다.

❷ for 루프를 중첩해 지능형 리스트와 똑같은 순서로 색깔과 크기 쌍의 튜플 리스트를 만든다.

❸ 먼저 크기순으로 나열하고 그 안에서 색상별로 나열하려면 for 문의 순서를 바꾸면 된다. 지능형 리스트 안에서 줄을 바꾸면 그 결과가 어떤 순서로 정렬될지 더 쉽게 예상할 수 있다.

[예제 1-1]에서는 다음 표현식으로 13가지 순위와 4가지 종류로 구성된 총 52장의 카드 한 벌을 만들었다.

```
self._cards = [Card(rank, suit) for suit in self.suits
                                for rank in self.ranks]
```

지능형 리스트는 단지 리스트만 만들 수 있다. 다른 시퀀스를 만들려면 제너레이터 표현식을 사용해야 한다. 다음 절에서는 리스트 이외의 시퀀스를 생성하는 제너레이터 표현식을 간단히 살펴본다.

2.3.4 제너레이터 표현식

튜플, 배열 등의 시퀀스형을 초기화하려면 먼저 지능형 리스트를 사용할 수도 있지만, 제너레이터 표현식이 메모리를 더 적게 사용한다. 다른 생성자에 전달할 리스트를 통째로 만들지 않고 반복자 프로토콜iterator protocol을 이용해 항목을 하나씩 생성하기 때문이다.

제너레이터 표현식은 지능형 리스트와 똑같은 구문을 사용하지만, 대괄호 대신 소괄호를 사용한다.

[예제 2-5]는 튜플과 배열을 생성하는 기본적인 제너레이터 표현식이다.

예제 2-5 제너레이터 표현식으로 튜플과 배열 초기화하기

```
>>> symbols = '$¢£¥€¤'
>>> tuple(ord(symbol) for symbol in symbols)          ❶
(36, 162, 163, 165, 8364, 164)
>>> import array
>>> array.array('I', (ord(symbol) for symbol in symbols))     ❷
array('I', [36, 162, 163, 165, 8364, 164])
```

❶ 함수를 호출할 때 제너레이터 표현식이 단 하나의 인수라면, 제너레이터 표현식을 에워싼 괄호를 생략할 수 있다.

❷ array( ) 생성자는 인수를 두 개 받으므로 제너레이터 표현식 앞뒤에 반드시 괄호를 넣어야 한다. 배열 생성자의 첫 번째 인수는 배열에 들어갈 숫자를 저장할 자료형을 지정한다(2.10.1절 '배열' 참조).

[예제 2-6]은 데카르트 곱에 제너레이터 표현식을 사용해 두 가지 색상과 세 가지 크기의 티셔츠 목록을 출력한다. [예제 2-4]와 달리 여기서는 티셔츠 리스트의 여섯 개 항목을 메모리 안에 생성하지 않는다. 제너레이터 표현식은 한 번에 한 항목을 생성하도록 for 루프에 데이터를 전달하기 때문이다. 데카르트 곱을 만드는 데 사용할 리스트에 각기 천 개의 항목이 있을 때, 제너레이터 표현식을 사용하면 단지 for 루프에 전달하려고 항목이 백만 개 들어 있는 리스트를 생성하는 일을 피할 수 있다.

예제 2-6 제너레이터 표현식으로 만든 데카르트 곱

```
>>> colors = ['black', 'white']
>>> sizes = ['S', 'M', 'L']
>>> for tshirt in (f'{c} {s}' for c in colors for s in sizes):     ❶
...     print(tshirt)
...
black S
black M
black L
white S
white M
white L
```

❶ 제너레이터 표현식은 한 번에 하나의 항목만 생성하며, 티셔츠 종류 6개를 모두 담는 리스트는 만들지 않는다.

이제 파이썬에서 제공하는 또 다른 핵심 시퀀스형인 튜플을 알아보자.

2.4 불변 리스트를 뛰어넘는 튜플

파이썬 입문서 중에는 튜플을 '불변 리스트'로 설명하는 책도 있지만, 이 설명만으로는 부족하다. 튜플은 불변 리스트로 사용할 수도 있지만, 필드명이 없는 레코드로 사용할 수도 있다. 레코드로 사용하는 경우를 간과할 때가 종종 있으므로, 이를 먼저 알아보자.

2.4.1 레코드로서의 튜플

튜플은 레코드를 담는다. 튜플의 각 항목은 레코드의 필드 하나를 의미하며 항목의 위치가 의미를 결정한다.

튜플을 단지 불변 리스트로 생각한다면 때에 따라 항목의 크기와 순서가 중요할 수도 있고 그렇지 않을 수도 있다. 그러나 튜플을 필드의 집합으로 사용할 때는 보통 항목 수가 고정되며 항목의 순서가 항상 중요하다.

[예제 2-7]은 튜플을 레코드로 사용하는 예를 보여 준다. 튜플 안에서 항목의 위치가 항목의 의미를 나타내므로 튜플을 정렬하면 정보가 파괴된다는 점에 주의하라.

예제 2-7 레코드로 사용된 튜플

```
>>> lax_coordinates = (33.9425, -118.408056)          ❶
>>> city, year, pop, chg, area = ('Tokyo', 2003, 32_450, 0.66, 8014)    ❷
```

```
>>> traveler_ids = [('USA', '31195855'), ('BRA', 'CE342567'), ❸
...     ('ESP', 'XDA205856')]
>>> for passport in sorted(traveler_ids): ❹
...     print('%s/%s' % passport)  ❺
...
BRA/CE342567
ESP/XDA205856
USA/31195855
>>> for country, _ in traveler_ids:  ❻
...     print(country)
...
USA
BRA
ESP
```

❶ 로스앤젤레스 국제공항(LAX)의 위도와 경도

❷ 도쿄 지역 데이터(지명, 연도, 천 단위 인구수, 인구 변화율, 제곱킬로미터 단위 면적)

❸ (국가 코드, 여권 번호) 형태의 튜플로 구성한 리스트

❹ 리스트를 반복할 때 각 튜플에 passport 변수가 바인딩된다.

❺ 퍼센트 연산자(%)는 튜플을 이해하고 각 항목을 하나의 필드로 다룬다.

❻ for 루프는 튜플의 각 항목을 가져오는 방법을 안다(이 과정을 언패킹이라고 한다). 여기서 두 번째 항목
에는 관심이 없으므로 이름을 부여하지 않고 더미 변수^{dummy variable}를 나타내는 언더바(_)에 할당한다.

흔히 레코드는 명명된 필드로 구성된 데이터 구조체로 간주되고는 한다. 5장에서는 명명된 필드로 구성된 튜플을 만드는 방법 두 가지를 소개한다.

그런데 단지 필드에 이름을 붙이려고 번거롭게 클래스를 생성하는 과정을 거칠 필요는 없다. 특히 필드에 접근하는 데 인덱스를 사용하지 않고 언패킹하는 경우에 그렇다. [예제 2-7]에서는 단 하나의 문장으로 city, year, pop, chg, area 변수에 ('Tokyo', 2003, 32_450, 0.66, 8014)를 할당했다. 그런 다음 퍼센트 연산자(%)를 이용해 print() 함수 포맷 문자열

인수의 각 슬롯에 passport 튜플의 각 항목을 할당했다. 이 두 문장은 **튜플 언패킹**tuple unpacking 방법을 보여 준다.

이제 tuple 클래스를 불변형 list 클래스로 사용하는 방법을 알아보자.

2.4.2 불변 리스트로서의 튜플

파이썬 인터프리터와 표준 라이브러리는 튜플을 불변 리스트로 많이 사용하므로 프로그래머들은 이 방식을 따라야 한다. 이때 다음과 같은 두 가지 장점이 있다.

명확성

코드 안에 tuple이 보이면 그 리스트의 길이가 절대 바뀌지 않음을 알 수 있다.

성능

tuple은 똑같은 항목을 담은 list보다 메모리를 적게 소비하므로 파이썬 인터프리터가 최적화를 수행할 수 있다.

그러나 tuple의 불변성은 그 안에 포함된 참조에만 적용된다는 점에 주의하라. 튜플 안의 참조는 삭제되거나 바뀔 수 없다. 그러나 이러한 참조가 가변 객체를 가리키고, 해당 객체의 값이 바뀌면 tuple 값도 바뀐다.

다음 코드 조각은 처음에는 값이 똑같은 a와 b 두 개의 튜플을 생성한다. [그림 2-4]는 b 튜플의 초기 메모리 배치layout를 보여 준다.

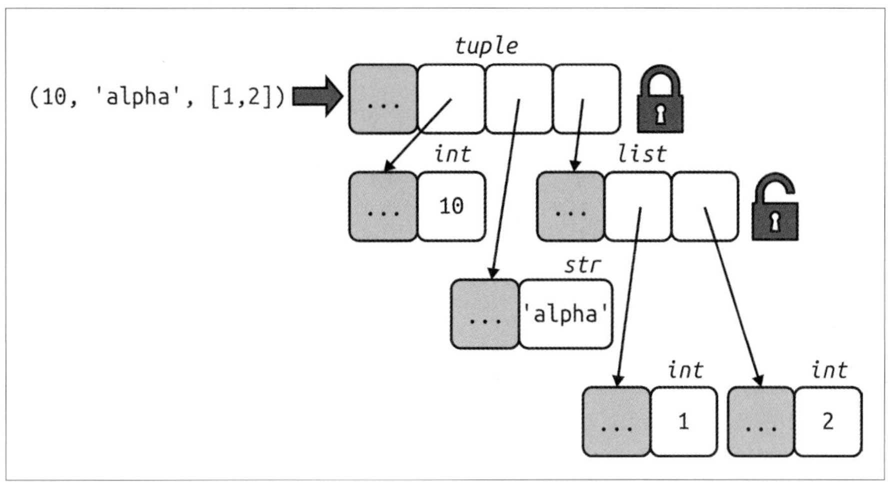

그림 2-4 튜플 내용 자체는 불변형인데, 이 말은 튜플이 항상 동일한 객체를 참조한다는 의미일 뿐이다. 그렇지만 튜플이 리스트와 같은 가변형 객체를 참조한다면, 참조된 객체의 내용은 바뀔 수 있다.

b 안의 마지막 항목이 바뀌면 b와 a는 달라진다.

```
>>> a = (10, 'alpha', [1, 2])
>>> b = (10, 'alpha', [1, 2])
>>> a == b
True
>>> b[-1].append(99)
>>> a == b
False
>>> b
(10, 'alpha', [1, 2, 99])
```

가변 항목이 있는 튜플은 버그의 원인이 될 수 있다. 3.4.1절 '해시 가능한 객체'에서 설명하겠지만, 값이 절대 바뀌지 않는 객체만 해시 가능hashable하다. 해시 불가능한 튜플은 dict 키나 set 항목으로 추가할 수 없다.

튜플(또는 어떤 객체)에 고정된 값이 있는지 명시적으로 확인하려면 hash() 내장 함수를 이용해 다음과 같이 fixed() 함수를 만들 수 있다.

```
>>> def fixed(o):
...         try:
```

```
...            hash(o)
...        except TypeError:
...            return False
...        return True
...
>>> tf = (10, 'alpha', (1, 2))
>>> tm = (10, 'alpha', [1, 2])
>>> fixed(tf)
True
>>> fixed(tm)
False
```

이 주제는 6.3.2절 '튜플의 상대적 불변성'에서 자세히 알아본다.

이러한 주의점이 있지만, 튜플은 불변 리스트로 널리 사용된다. 파이썬 핵심 개발자인 레이먼드 헤팅거가 스택 오버플로의 '파이썬에서 튜플은 리스트보다 더 효율적인가?Are tuples more efficient than lists in Python?'(https://fpy.li/2-3)라는 질문에 답변했듯이, 튜플은 리스트보다 어느 정도 성능상의 장점이 있다. 답변을 간략히 정리하면 다음과 같다.

- 튜플 리터럴을 평가하기 위해 파이썬 컴파일러는 한 번의 연산으로 튜플 상수에 대한 바이트코드를 생성한다. 그러나 리스트 리터럴의 경우, 생성된 바이트코드는 각 항목을 별도의 상수로 만들어 데이터 스택에 쌓은 후 리스트를 만든다.
- 튜플 t가 있을 때 tuple(t)는 단지 t에 대한 참조를 반환할 뿐이며 값을 복사할 필요가 없다. 이와 반대로 리스트 l에 대해 list(l) 생성자는 l의 사본을 만들어야 한다.
- 길이가 고정되므로 tuple 객체에는 필요한 만큼의 메모리가 할당된다. 한편, list 객체에는 앞으로 추가할 메모리 연산을 고려해 약간의 공간을 더 할당한다.
- 튜플 항목에 대한 참조는 튜플 구조체의 배열에 저장되지만, 리스트는 다른 곳에 저장된 참조 배열에 대한 포인터를 가진다. 현재 할당된 메모리 공간보다 항목이 더 많아지면 공간을 새로 확보하고 참조 배열을 재할당해야 하므로 이런 구조로 이루어진다. 한 번 더 간접적으로 참조하므로 CPU 캐시의 효율은 떨어진다.

2.4.3 튜플과 리스트 메서드의 비교

튜플을 불변 리스트로 사용하기도 하므로 이들의 API가 얼마나 비슷한지 알아 두면 좋다. [표 2-1]과 같이 tuple은 항목의 추가나 삭제 기능과 관련이 없는 list의 메서드를 모두 지원한다. 다만 tuple에는 최적화 때문에 __reversed__() 메서드가 제공되지 않는다. __reversed__() 메서드 없이도 reversed(my_tuple)는 작동한다.

표 2-1 리스트나 튜플에 정의된 메서드와 속성(양쪽에 모두 구현된 메서드는 생략)

메서드	리스트	튜플	설명
s.__add__(s2)	●	●	s + s2: 연결한다.
s.__iadd__(s2)	●		s += s2: 연결하고 s에 할당한다.
s.append(e)	●		마지막 요소 뒤에 e를 추가한다.
s.clear()	●		모든 항목을 삭제한다.
s.__contains__(e)	●	●	e in s
s.copy()	●		리스트를 얕게 복사한다.
s.count(e)	●	●	s 안에 e 요소가 발생한 횟수를 반환한다.
s.__delitem__(p)	●		p 위치의 항목을 삭제한다.
s.extend(it)	●		반복형 it에서 항목을 가져와 추가한다.
s.__getitem__(p)	●	●	s[p]: p 위치의 항목을 가져온다.
s.__getnewargs__()		●	pickle을 이용해 최적화된 직렬화를 지원한다.
s.index(e)	●	●	e가 처음 나타나는 위치를 찾아낸다.
s.insert(p, e)	●		p 위치에 있는 항목 앞에 e 항목을 추가한다.
s.__iter__()	●	●	반복자를 가져온다.
s.__len__()	●	●	len(s): 항목 개수를 반환한다.
s.__mul__(n)	●	●	s * n: n회 반복해 연결한다.
s.__imul__(n)	●		s *= n: n회 반복해 연결한 후 s에 저장한다.
s.__rmul__(n)	●	●	n * s: 역순 반복 연결 메서드*
s.pop([p])	●		p 위치 혹은 제일 마지막 항목을 제거하고 반환한다.
s.remove(e)	●		값이 e와 일치하는 항목을 제거한다.
s.reverse()	●		항목들을 역순으로 나열해 다시 s에 저장한다.
s.__reversed__()	●		마지막에서 첫 번째 항목까지 반복하는 반복자를 가져온다.
s.__setitem__(p, e)	●		s[p] = e: p 위치에 e 항목을 저장하고 기존 값을 덮어쓴다.**
s.sort([key], [reverse])	●		선택적인 키워드 key와 reverse에 따라 항목을 정렬하고 s에 저장한다.

* 역순 연산자는 16장에서 설명한다.

** 서브시퀀스에 덮어쓰기 위해서도 사용된다(2.7.4절 '슬라이스에 할당하기' 참조).

튜플, 리스트, 반복자 언패킹은 파이썬으로 프로그래밍할 때 관용적으로 사용하는 기능이다.

이제 언패킹을 알아보자.

2.5 시퀀스와 반복형 객체의 언패킹

언패킹은 시퀀스에서 항목을 추출할 때 불필요하고 에러를 유발하는 인덱스 사용을 피하게 해주는 중요한 기능이다. 게다가 언패킹은 반복자처럼 인덱스 표기법([])을 지원하지 않는 반복형 객체를 데이터 소스로 사용할 때도 잘 작동한다. 2.5.1절 '별표를 이용해 불필요한 항목 걸러내기'에서 설명하겠지만, 초과된 항목을 잡으려고 별표(*)를 사용한 경우가 아니라면, 반복 가능한 객체는 한 번에 하나의 항목만 생성하면 된다.

튜플 언패킹은 **병렬 할당**parallel assignment을 할 때 가장 눈에 띈다. 병렬 할당이란 다음 코드에서처럼 반복형 데이터를 변수로 구성된 튜플에 할당하는 것을 말한다.

```
>>> lax_coordinates = (33.9425, -118.408056)
>>> latitude, longitude = lax_coordinates  # 언패킹
>>> latitude
33.9425
>>> longitude
-118.408056
```

언패킹하면 임시 변수를 사용하지 않고도 두 변수의 값을 맞바꿀 수 있다.

```
>>> b, a = a, b
```

그리고 다음과 같이 함수를 호출할 때 인수 앞에 별표를 붙여서 언패킹할 수 있다.

```
>>> divmod(20, 8)
(2, 4)
>>> t = (20, 8)
>>> divmod(*t)
(2, 4)
>>> quotient, remainder = divmod(*t)
>>> quotient, remainder
(2, 4)
```

앞의 예제 코드는 언패킹하는 또 다른 사용법을 보여 주는데, 값을 여러 개 반환하는 함수를 호출 코드에서 간편히 사용하게 해 준다. 또 다른 예로 os.path.split() 함수는 (path, last_part) 튜플을 만든다.

```
>>> import os
>>> _, filename = os.path.split('/home/luciano/.ssh/id_rsa.pub')
>>> filename
'id_rsa.pub'
```

튜플을 언패킹해 일부 항목만 사용할 때도 별표를 사용할 수 있다. 이제부터 별표 사용법을 알아보자.

2.5.1 별표를 이용해 불필요한 항목 걸러내기

매개변수parameter를 별표 인수로 정의해서 임의의 초과 인수를 가져오는 방법을 지원했다. 파이썬 3에서는 이 개념을 확장해 다음과 같이 병렬 할당에도 적용한다.

```
>>> a, b, *rest = range(5)
>>> a, b, rest
(0, 1, [2, 3, 4])
>>> a, b, *rest = range(3)
>>> a, b, rest
(0, 1, [2])
>>> a, b, *rest = range(2)
>>> a, b, rest
(0, 1, [])
```

병렬 할당할 때 별표는 단 하나의 변수에만 적용할 수 있다. 하지만 변수 위치에는 제한이 없다.

```
>>> a, *body, c, d = range(5)
>>> a, body, c, d
(0, [1, 2], 3, 4)
>>> *head, b, c, d = range(5)
>>> head, b, c, d
([0, 1], 2, 3, 4)
```

2.5.2 함수 호출과 시퀀스 리터럴에서 별표로 언패킹하기

'PEP 448 – 추가된 언패킹 일반화Additional Unpacking Generalizations' 문서(https://fpy.li/pep448)
에서는 반복형 언패킹을 위한 조금 더 유연한 구문법을 제안했다. 그 내용은 '파이썬 3.5의 새
로운 기능What's New In Python 3.5'(https://fpy.li/2-4)에 잘 요약되어 있다.

함수를 호출할 때는 별표를 여러 번 사용할 수 있다.

```
>>> def fun(a, b, c, d, *rest):
...     return a, b, c, d, rest
...
>>> fun(*[1, 2], 3, *range(4, 7))
(1, 2, 3, 4, (5, 6))
```

'파이썬 3.5의 새로운 기능'의 예제에서 볼 수 있듯이 별표는 list, tuple, set 형의 리터럴을
정의할 때도 사용할 수 있다.

```
>>> *range(4), 4
(0, 1, 2, 3, 4)
>>> [*range(4), 4]
[0, 1, 2, 3, 4]
>>> {*range(4), 4, *(5, 6, 7)}
{0, 1, 2, 3, 4, 5, 6, 7}
```

PEP 448은 이중 별표(**)라는 새로운 구문법도 도입했는데, 자세한 내용은 3.2.2절 '매핑 언
패킹하기'에서 알아본다.

마지막으로 튜플 언패킹의 강력한 기능은 중첩 구조체nested structure에서도 작동한다는 점이다.

2.5.3 중첩 언패킹

언패킹할 표현식을 받는 튜플은 (a, b, (c, d))처럼 다른 튜플을 내포할 수 있으며, 파이썬
은 표현식이 중첩 구조체에 일치하면 제대로 처리한다. [예제 2-8]은 중첩 튜플nested tuple을 언
패킹하는 사례를 보여 준다.

```python
metro_areas = [
    ('Tokyo', 'JP', 36.933, (35.689722, 139.691667)),   ❶
    ('Delhi NCR', 'IN', 21.935, (28.613889, 77.208889)),
    ('Mexico City', 'MX', 20.142, (19.433333, -99.133333)),
    ('New York-Newark', 'US', 20.104, (40.808611, -74.020386)),
    ('São Paulo', 'BR', 19.649, (-23.547778, -46.635833)),
]

def main():
    print(f'{"":15} | {"latitude":>9} | {"longitude":>9}')
    for name, _, _, (lat, lon) in metro_areas:   ❷
        if lon <= 0:   ❸
            print(f'{name:15} | {lat:9.4f} | {lon:9.4f}')

if __name__ == '__main__':
    main()
```

❶ 각 튜플은 필드 네 개로 구성된 레코드를 담으며, 여기서 마지막 필드가 좌표쌍이다.

❷ 마지막 필드를 튜플에 할당함으로써 좌표를 언패킹한다.

❸ 이 조건문은 경도longitude가 음수인 서반구 도시만 출력하게 한다.

[예제 2-8]을 실행한 결과는 다음과 같다.

```
                 | latitude | longitude
Mexico City      |  19.4333 |  -99.1333
New York-Newark  |  40.8086 |  -74.0204
São Paulo        | -23.5478 |  -46.6358
```

언패킹 할당문의 대상으로 리스트를 사용할 수도 있지만 유용한 사례는 찾아보기 어렵다. 필자가 아는 유일한 사례는 다음과 같다. 단일 레코드를 반환하는 데이터베이스 쿼리가 있을 때 (예: SQL 쿼리에 **LIMIT 1** 절이 있는 경우), 다음 코드는 그 결과를 언패킹함과 동시에 결과가 하나만 있음을 보장한다.

```python
>>> [record] = query_returning_single_row()
```

레코드에 필드가 하나만 있을 때는 다음과 같이 필드를 바로 가져올 수 있다.

```
>>> [[field]] = query_returning_single_row_with_single_field()
```

앞의 두 예제는 모두 튜플에도 적용할 수 있다. 다만 단일 항목 튜플에서는 뒤에 쉼표(,)를 넣어야 한다는 특이한 구문법을 지켜야 한다. 따라서 첫 번째 예는 (record,) 두 번째 예는 ((field,),)가 되어야 한다. 두 경우 모두 쉼표가 없으면 버그가 발생한다.[4]

자, 이제부터는 시퀀스를 더 강력하게 언패킹하도록 지원하는 패턴 매칭을 알아보자.

2.6 시퀀스를 이용한 패턴 매칭

파이썬 3.10에서 가장 두드러진 기능은 'PEP 634-구조적 패턴 매칭: 세부 사항Structural Pattern Matching: Specification' 문서(https://fpy.li/pep634)에서 제안한 match/case 문을 이용한 패턴 매칭이다.

> **NOTE** 파이썬 핵심 개발자 캐롤 윌링Carol Willing은 '파이썬 3.10의 새로운 기능What's New In Python 3.10'(https://fpy.li/2-7) 문서 중 '구조적 패턴 매칭Structural Pattern Matching'(https://fpy.li/2-6) 절에서 패턴 매칭을 멋지게 설명한다. 간단히 읽어 보기 바란다. 이 책에서는 패턴 매칭 주제를 패턴 유형에 따라 3.3절 '매핑을 이용한 패턴 매칭'과 5.8절 '클래스 인스턴스 패턴 매칭'으로 나눠서 설명한다. 18.3절 '사례 연구: lis.py에서의 패턴 매칭'에서는 큰 예제를 살펴본다.

다음은 match/case를 처리하는 시퀀스 예를 보여 준다. BEEPER 440 3과 같은 형태로 일련의 단어를 명령으로 받는 로봇을 설계한다고 가정해 보자. 명령을 부분으로 분해하고 숫자를 파싱한 후에는 메시지가 ['BEEPER', 440, 3]으로 바뀐다. 이런 메시지는 다음과 같은 방법으로 처리할 수 있다.

---

4 이 점을 알려 준 레오나르도 로챌(Leonardo Rochael)에게 감사드린다.

```python
def handle_command(self, message):
    match message:  ❶
        case ['BEEPER', frequency, times]:  ❷
            self.beep(times, frequency)
        case ['NECK', angle]:  ❸
            self.rotate_neck(angle)
        case ['LED', ident, intensity]:  ❹
            self.leds[ident].set_brightness(ident, intensity)
        case ['LED', ident, red, green, blue]:  ❺
            self.leds[ident].set_color(ident, red, green, blue)
        case _:  ❻
            raise InvalidCommand(message)
```

❶ match 키워드 뒤에 나오는 표현식은 **대상**subject이다. 대상은 파이썬이 case 절에 있는 패턴에 매칭하려는 데이터다.

❷ 이 패턴은 항목 세 개가 있는 시퀀스에 매칭된다. 첫 번째 항목은 반드시 문자열 'BEEPER'이어야 하지만, 두 번째와 세 번째는 어떤 것이든 상관없다. 두 번째와 세 번째 항목은 각기 frequency와 times에 바인딩된다.

❸ 이 패턴은 첫 번째 항목이 'NECK'이고 항목이 두 개인 리스트에 매칭된다.

❹ 이 패턴은 'LED'로 시작하고 항목이 세 개인 대상에 매칭된다. 항목 수가 매칭되지 않으면 파이썬은 다음 case 문으로 넘어간다.

❺ 이번엔 'LED'로 시작하고 항목이 다섯 개인 대상에 매칭된다.

❻ 기본 case 문으로, 앞에서 나온 어떤 패턴에도 매칭되지 않는 대상은 모두가 여기에 해당된다. 잠시 후에 살펴보겠지만 언더바(_) 변수는 특별 변수이다.

표면적으로 match/case 문은 C의 switch/case 문과 비슷해 보이지만 완전히 똑같지는 않다.[5] switch 문과 달리 match 문은 구조 분해destructuring(비구조화)를 한다. 구조 분해는 파이썬에서는 새롭게 등장한 용어지만, 스칼라나 엘릭서 같이 패턴 매칭을 지원하는 언어에서는 널리 사용되고 있다.

구조 분해의 첫 번째 예로 [예제 2-8]을 match/case를 이용하도록 수정한 [예제 2-10]을 살펴보자.

---

[5] 일련의 if/elif/elif/.../else 블록은 switch/case 문의 적절한 대안이다. 수많은 버그의 원인으로 널리 알려진 후 수십 년이 지난 폴스루(fall-through, https://fpy.li/2-8)와 댕글링 else(dangling else, https://fpy.li/2-9) 문제가 있는 C 언어를 무작정 복사한 다른 언어와 달리, 파이썬은 이런 문제가 없다.

```python
metro_areas = [
    ('Tokyo', 'JP', 36.933, (35.689722, 139.691667)),
    ('Delhi NCR', 'IN', 21.935, (28.613889, 77.208889)),
    ('Mexico City', 'MX', 20.142, (19.433333, -99.133333)),
    ('New York-Newark', 'US', 20.104, (40.808611, -74.020386)),
    ('São Paulo', 'BR', 19.649, (-23.547778, -46.635833)),
]

def main():
    print(f'{"":15} | {"latitude":>9} | {"longitude":>9}')
    for record in metro_areas:
        match record:  ❶
            case [name, _, _, (lat, lon)] if lon <= 0:  ❷
                print(f'{name:15} | {lat:9.4f} | {lon:9.4f}')
```

❶ match 문의 대상은 record로서 metro_areas 리스트의 각 항목이다.

❷ case 문은 패턴과, if 키워드를 사용한 선택적 가드^{guard}의 두 부분으로 구성된다.

종합해 정리하면 대상이 다음 조건을 모두 만족할 때 패턴에 매칭된다.

1 대상이 시퀀스이다.

2 대상과 패턴의 항목 수가 같다.

3 내포중첩된 항목을 포함해 해당 항목이 매칭된다.

예를 들어 [예제 2-10]의 패턴 [name, _, _, (lat, lon)]은 항목이 네 개이고 마지막 항목은 두 개 튜플인 시퀀스에 매칭된다.

시퀀스 패턴은 튜플이나 리스트 또는 튜플과 리스트를 어떠한 형태로 중첩한 조합이든 간에 아무런 차이 없이 사용할 수 있다. 시퀀스 패턴에서는 대괄호든 소괄호든 의미가 똑같다. 다만 [예제 2-10]에서는 대괄호나 소괄호가 반복되지 않도록, 항목이 두 개인 튜플이 있는 리스트로 패턴을 작성했다.

시퀀스 패턴은 str, bytes, bytearray를 제외한 대부분 collections.abc.Sequence의 구상 혹은 가상 서브클래스의 객체에 매칭될 수 있다.

> **WARNING** match/case 안에서 str, bytes, bytearray 객체는 시퀀스로 처리되지 않는다. 마치 정수 987이 개별 숫자의 시퀀스가 아니라 하나의 값으로 처리되듯이, match 대상이 이러한 자료형이라면 하나의 **원잣값**atomic value으로 처리된다. 이 세 가지 자료형을 시퀀스로 처리하면 의도와 다르게 매칭되는 버그가 발생할 수 있다. 이러한 자료형 객체를 시퀀스 대상으로 처리하려면 match 절 안에서 명시적으로 시퀀스로 변환하면 된다. 다음 코드에서 tuple(phone)으로 변환하는 예를 참조하라.

```python
match tuple(phone):
    case ['1', *rest]:  # 북아메리카와 카리브해
        ...
    case ['2', *rest]:  # 아프리카와 일부 지역
        ...
    case ['3' | '4', *rest]:  # 유럽
        ...
```

표준 라이브러리 중 다음 자료형은 시퀀스 패턴과 호환된다.

```
list     memoryview    array.array
tuple    range         collections.deque
```

언패킹과 달리 패턴은 반복 가능하지만, 시퀀스가 아닌 자료형(반복자 등)을 구조 분해하지 않는다.

언더바(_) 기호는 패턴에서 특별한 의미가 있다. 언더바는 해당 위치의 임의의 항목 하나에 매칭되지만, 해당 항목의 값을 바인딩하지 않는다. 그리고 언더바는 패턴 하나에 여러 번 등장할 수 있는 유일한 변수이기도 하다.

다음 코드처럼 as 키워드를 사용해 패턴의 어느 부분이든 변수에 바인딩힐 수 있다.

```python
case [name, _, _, (lat, lon) as coord]:
```

매칭 대상이 ['Shanghai', 'CN', 24.9, (31.1, 121.3)]이면 이 패턴은 매칭되고 다음과 같이 변숫값variable이 설정된다.

변수	설정된 값
name	'Shanghai'
lat	31.1
lon	121.3
coord	(31.1, 121.3)

자료형 정보를 추가해 패턴을 더 구체화할 수도 있다. 예를 들어 다음 패턴은 앞의 예제와 동일하게 중첩 시퀀스 구조체와 매칭하지만, 첫 번째 항목은 str 형 객체여야 하고 튜플 안의 항목 두 개는 모두 float 형 객체여야 한다.

```
case [str(name), _, _, (float(lat), float(lon))]:
```

> **TIP** str(name)과 float(lat) 표현식은 name과 lat를 str과 float 형으로 변환하기 위해 생성자를 호출하는 것과 같은 모습이다. 그러나 패턴의 맥락에서 이러한 구문은 실행할 때 자료형을 검사한다. 앞의 패턴은 항목 0이 str 형, 항목 3이 float의 쌍인 시퀀스에 매칭한다. 그리고 항목 0의 str 형 데이터는 name 변수에, 항목 3의 float 형 데이터 두 개는 각각 lat과 lon에 바인딩된다. 따라서 str(name)이 생성자 호출 구문 형태를 띠지만 패턴 매칭할 때는 의미가 전혀 다르다. 패턴에서 임의의 클래스를 사용하는 방법은 5.8절 '클래스 인스턴스 패턴 매칭'에서 설명한다.

한편, str 형으로 시작하고 float 형 두 개로 끝나는 모든 시퀀스 대상에 매칭하려면 다음과 같이 작성할 수 있다.

```
case [str(name), *_, (float(lat), float(lon))]:
```

별표와 언더바를 연결(*_)한 표현식은 변수에 바인딩하지 않고 임의 개수의 항목에 매칭된다. *_ 대신 *extra 표현식을 사용하면 0개 이상의 항목이 있는 list 형을 extra에 바인딩한다.

선택적으로 사용하는 가드 절은 if로 시작하며 패턴이 매칭될 때만 평가된다. 패턴 안에서 바인딩된 변수를 참조할 수 있다([예제 2-10] 참조).

```
match record:
    case [name, _, _, (lat, lon)] if lon <= 0:
        print(f'{name:15} ¦ {lat:9.4f} ¦ {lon:9.4f}')
```

print() 함수로 시작되는 중첩 블록은 패턴이 매칭되고 가드 표현식이 참된 값일 때만 실행된다.

[예제 2-10]은 [예제 2-8]을 개선한 예가 아니다. 똑같은 작업을 수행하는 두 가지 방법을 비교하는 예일 뿐이다. 다음 예제는 패턴 매칭이 명확하고 간결하며 효율적인 코드를 만드는 데 어떻게 도움이 되는지 보여 준다.

2.6.1 인터프리터에서 시퀀스의 패턴 매칭

스탠퍼드 대학교Stanford University의 피터 노빅Peter Norvig 교수는 lis.py(https://fpy.li/2-11)를 작성했다. 리스프Lisp 프로그래밍 언어의 방언인 스킴Scheme의 일부를 처리할 수 있는 인터프리터로서, 132줄의 아름답고 읽기 좋은 파이썬 코드로 작성되었다. 필자는 패턴 매칭 기능을 보여 주고자 MIT-라이센스가 적용된 노빅 교수의 소스 코드를 파이썬 3.10으로 포팅했다. 이번 절에서는 if/elif와 언패킹을 사용한 노빅 교수 코드의 핵심 부분과 match/case를 사용한 코드를 비교해 본다.

lis.py의 핵심은 parse()와 evaluate() 함수 두 개로 이루어진다.[6] 파서는 괄호를 사용하는 스킴 표현식을 받아 파이썬 리스트를 반환한다. 두 개의 예를 살펴보자.

```
>>> parse('(gcd 18 45)')
['gcd', 18, 45]
>>> parse('''
```

---

6 피터 노빅의 코드에서 두 번째 함수의 이름은 eval()인데, 파이썬 내장 함수 eval()과 충돌하지 않도록 이름을 바꾸었다.

```
... (define double
...     (lambda (n)
...         (* n 2)))
... ''')
['define', 'double', ['lambda', ['n'], ['*', 'n', 2]]]
```

이렇게 출력된 리스트를 평가 함수 evaluate()가 실행한다. 첫 번째 예는 18과 45를 인수로 전달해 gcd() 함수를 호출한다. 이 함수는 두 숫자의 최대공약수를 계산해 9를 반환한다. 두 번째 예는 n을 매개변수로 받는 double()이라는 함수를 정의한다. 함수 본체는 표현식 (* n 2)이다. 스킴 언어에서 함수를 호출하면 본체의 마지막 표현식의 값이 반환된다.

여기서는 시퀀스 구조 분해에 중점을 두므로 평가하는 과정은 설명하지 않는다. lis.py가 작동하는 과정은 18.3절 '사례 연구: lis.py에서의 패턴 매칭'을 참조하라.

[예제 2-11]은 시퀀스 패턴을 보여 주도록 노빅 교수의 평가 함수를 약간 변형한 것이다.

예제 2-11 match/case를 사용하지 않고 패턴 매칭하기

```python
def evaluate(exp: Expression, env: Environment) -> Any:
    "Evaluate an expression in an environment."
    if isinstance(exp, Symbol):        # 변수 참조
        return env[exp]
    # ... 중략
    elif exp[0] == 'quote':            # (quote exp) 표현식
        (_, x) = exp
        return x
    elif exp[0] == 'if':               # (if test conseq alt) 표현식
        (_, test, consequence, alternative) = exp
        if evaluate(test, env):
            return evaluate(consequence, env)
        else:
            return evaluate(alternative, env)
    elif exp[0] == 'lambda':           # (lambda (parm…) body…) 표현식
        (_, parms, *body) = exp
        return Procedure(parms, body, env)
    elif exp[0] == 'define':
        (_, name, value_exp) = exp
        env[name] = evaluate(value_exp, env)
    # ... 후략
```

여기서 각 elif 절은 리스트의 첫 번째 항목만 검사하고, 리스트를 언패킹한 다음에 첫 번째 항목은 무시함에 주의하라. 언패킹을 많이 사용하는 코드로 미루어 보아 노빅 교수는 패턴 매칭의 팬으로 보이는데, 원래 코드는 파이썬 2용으로 작성되었다(물론 이 코드는 파이썬 3의 모든 버전에서도 작동한다).

파이썬 3.10 이상 버전에서 제공하는 match/case 문을 이용해 [예제 2-12]처럼 evaluate() 메서드를 개선할 수 있다.

예제 2-12 match/case를 이용한 패턴 매칭(파이썬 3.10 이상 버전 필요)

```python
def evaluate(exp: Expression, env: Environment) -> Any:
    "Evaluate an expression in an environment."
    match exp:
    # ... 중략
        case ['quote', x]:  ❶
            return x
        case ['if', test, consequence, alternative]:  ❷
            if evaluate(test, env):
                return evaluate(consequence, env)
            else:
                return evaluate(alternative, env)
        case ['lambda', [*parms], *body] if body:  ❸
            return Procedure(parms, body, env)
        case ['define', Symbol() as name, value_exp]:  ❹
            env[name] = evaluate(value_exp, env)
        # ... 중략
        case _:  ❺
            raise SyntaxError(lispstr(exp))
```

❶ 대상이 'quote'로 시작하는 항목 두 개의 시퀀스면 매칭된다.

❷ 대상이 'if'로 시작하는 항목 네 개의 시퀀스면 매칭된다.

❸ 대상이 'lambda'로 시작하는 항목이 세 개 이상인 시퀀스면 매칭된다. body가 비어 있지 않음을 가드가 보장한다.

❹ 대상이 'define'으로 시작하고 뒤에 Symbol 형 객체가 나오는 항목 세 개의 시퀀스면 매칭된다.

❺ 아무것도 매칭되지 않는 경우를 대비한 포괄적인 case 절을 두는 편이 좋다. 이 예제에서는 exp가 매칭되는 패턴이 없다면 표현식이 잘못된 것이므로 SyntaxError 예외를 발생시켰다.

대상이 매칭되는 패턴이 없고 마지막에 포괄적인 case 절이 없다면 match 문은 아무런 처리도 하지 않고 넘어간다. 즉, 에러 메시지는 출력되지 않지만 원하는 대로 제대로 실행되지 않는 일종의 조용한 논리 오류^{silent failure} 문제가 발생할 수 있다.

노빅 교수는 코드를 이해하기 쉽게 하고자 lis.py에서 에러 검사 부분을 일부러 배제했다. 패턴 매칭을 이용하면 에러 검사도 하면서 코드를 읽기 좋게 만들 수 있다. 예를 들어 원래 코드는 'define' 패턴에서 name이 Symbol 객체인지 확인하지 않는다. 이를 확인하려면 isinstance() 함수를 호출하고 if로 검사해야 하는데, 그러면 코드가 길어진다. [예제 2-12]가 [예제 2-11]보다 짧고도 더 안전하다.

람다를 처리하는 다른 형태의 패턴

스킴 언어는 줄임표(...)를 이용해 항목이 0번 이상 반복됨을 나타내므로 람다(lambda) 구문은 다음과 같이 정의할 수 있다.

```
(lambda (parms...) body1 body2...)
```

따라서 'lambda' 패턴은 다음과 같이 간단히 정의할 수 있다.

```
    case ['lambda', parms, *body] if body:
```

그런데 패턴을 이렇게 정의하면 다음과 같이 잘못된 대상에서 첫 번째 'x'를 포함해 모든 값이 parms 위치에 매칭된다.

```
['lambda', 'x', ['*', 'x', 2]]
```

스킴 언어에서 lambda 키워드 다음에 나오는 내포된 리스트에는 함수의 형식 인수가 들어가므로, 항목이 하나만 있을 때도 리스트 구조를 가져야 한다. 그리고 파이썬의 random.random() 함수처럼 인수를 받지 않는 함수일 때는 리스트가 비어 있을 수도 있다.

[예제 2-12]에서는 중첩 시퀀스 패턴을 이용해 'lambda' 패턴을 더 안전하게 만들었다.

```
case ['lambda', [*parms], *body] if body:
    return Procedure(parms, body, env)
```

시퀀스 패턴에서는 시퀀스마다 별표가 한 번만 나올 수 있다. 앞 패턴에서 별표는 안쪽과 바깥쪽 시퀀스에 각 한 번씩만 나왔다.

parms 앞뒤로 [*]를 추가하면 이 패턴이 처리하는 스킴 언어 구문과 더 비슷한 모양이 되고 구조도 검사하게 된다.

함수를 간단하게 정의하는 구문

스킴 언어는 내포된 lambda를 사용하지 않고도 명명된 함수를 정의하는 define 구문도 제공한다.

```
(define (name parm...) body1 body2...)
```

define 키워드 다음에 함수명(name)과 0개 이상의 매개변수명을 담은 리스트가 오고, 그다음에는 하나 이상의 표현식을 담은 함수 본체가 온다.

match 문에 다음 두 줄을 추가하면 define 문의 패턴을 매칭한다.

```
case ['define', [Symbol() as name, *parms], *body] if body:
    env[name] = Procedure(parms, body, env)
```

필자는 [예제 2-12]의 'define' 패턴 다음에 앞의 case 문을 추가하는 것을 선호한다. 두 case 문 모두에 매칭되는 대상은 없으므로 순서는 상관없다. 원래 코드에서 'define'을 매칭하는 패턴의 두 번째 요소는 반드시 Symbol 형이어야 하지만, 함수를 정의하는 간단한 방법에서는 Symbol 형으로 시작하는 시퀀스여야 한다.

이제 [예제 2-11]에 패턴 매칭을 이용하지 않고 스킴 언어의 간편한 define 구문도 지원하도록 수정할 때 얼마나 일을 많이 해야 하는지 생각해 보자. match 문은 C와 유사한 언어의 switch 문보다 훨씬 더 많은 일을 한다.

패턴 매칭은 선언적 프로그래밍의 예로서, **어떻게** 매칭할지가 아니라 **무엇을** 매칭할지를 코딩한다. [표 2-2]는 코드 모습과 데이터 모습의 예다.

표 2-2 스킴의 구문 형태와 이 구문에 매칭되는 case 패턴

스킴 구문	시퀀스 패턴
(quote exp)	['quote', exp]
(if test conseq alt)	['if', test, conseq, alt]
(lambda (parms...) body1 body2...)	['lambda', [*parms], *body] if body
(define name exp)	['define', Symbol() as name, exp]
(define (name parms…) body1 body2...)	['define', [Symbol() as name, *parms], *body] if body

노빅 교수의 evaluate() 함수를 패턴 매칭으로 리팩터링한 예를 바탕으로, match/case를 사용하면 읽기 좋고 더 안전한 코드를 작성할 수 있다는 확신을 가지길 바란다.

> **NOTE** 18.3절 '사례 연구: lis.py에서의 패턴 매칭'에서 evaluate() 함수 안의 match/case 예를 자세히 검토하면서 lis.py를 더 자세히 알아볼 것이다. 노빅 교수가 작성한 lis.py를 더 알고 싶다면 '리스프 인터프리터를 파이썬으로 작성하는 방법How to Write a (Lisp) Interpreter (in Python)'(https://fpy.li/2-12)을 참조하라.

지금까지 시퀀스의 언패킹, 구조 분해, 패턴 매칭을 간략히 살펴봤다. 다른 유형의 패턴은 뒤에 나오는 장에서 살펴본다.

s[a:b] 구문으로 시퀀스를 슬라이싱할 수 있다는 사실은 파이썬 프로그래머라면 누구나 안다. 이제 슬라이싱에 관해 잘 알려지지 않은 사실을 알아보자.

2.7 슬라이싱

파이썬에서 제공하는 list, tuple, str 그리고 모든 시퀀스형은 슬라이싱slicing 연산을 지원한다. 슬라이싱 연산은 대부분 사람이 생각하는 것보다 더 강력하다.

이번 절에서는 고급 슬라이싱 형태의 사용법을 설명한다. 사용자 정의 클래스에서 슬라이싱을

구현하는 방법은 12장에서 설명한다. 이 책의 구조가 그러하듯, 먼저 제공되는 클래스의 사용법을 알아보고 나서, 사용자 정의 클래스로 직접 구현하는 방법은 3부에서 다룬다.

2.7.1 슬라이스와 범위에 마지막 항목이 포함되지 않는 이유

슬라이스와 범위range에서 마지막 항목을 제외하는 파이썬 관례는 인덱스 번호가 0번부터 시작하는 파이썬과 C 등의 언어에서 잘 작동한다. 이러한 관례에는 다음과 같은 장점이 있다.

- 세 개의 항목을 생성하는 range(3)나 my_list[:3]처럼 중단점만 이용해 슬라이스나 범위를 지정할 때 길이를 계산하기 쉽다.
- 시작점과 중단점을 모두 지정할 때도 길이를 계산하기 쉽다. 중단점에서 시작점의 값만 빼면 된다.
- 다음 예제에서처럼, x 인덱스를 기준으로 겹침 없이 시퀀스를 분할하기 쉽다. my_list[:x]와 my_list[x:]로 지정하기만 하면 된다.

```
>>> l = [10, 20, 30, 40, 50, 60]
>>> l[:2]   # 2번 인덱스에서 분할
[10, 20]
>>> l[2:]
[30, 40, 50, 60]
>>> l[:3]   # 3번 인덱스에서 분할
[10, 20, 30]
>>> l[3:]
[40, 50, 60]
```

이 관례에 관해서는 네덜란드 컴퓨터 과학자인 에츠허르 데이크스트라Edsger Dijkstra가 '번호를 0부터 매겨야 하는 이유Why Numbering Should Start at Zero(https://fpy.li/2-32)에서 의견을 잘 이야기했다.

이제 파이썬이 어떻게 슬라이스 표기법을 처리하는지 자세히 알아보자.

2.7.2 슬라이스 객체

비밀은 아니지만 혹시나 해서 다시 한번 설명하면, s[a:b:c]는 c 스트라이드^{stride}만큼씩 항목
을 건너뛰게 한다. 스트라이드가 음수라면 거꾸로 거슬러 올라가 항목을 반환한다. 다음 예제
를 보면 이해하기 쉬울 것이다.

```
>>> s = 'bicycle'
>>> s[::3]
'bye'
>>> s[::-1]
'elcycib'
>>> s[::-2]
'eccb'
```

그리고 1장에서는 뒤섞지 않은 카드 한 벌에서 에이스 카드만 추려낼 때 deck[12::13]을 사
용했다.

```
>>> deck[12::13]
[Card(rank='A', suit='spades'), Card(rank='A', suit='diamonds'),
Card(rank='A', suit='clubs'), Card(rank='A', suit='hearts')]
```

a:b:c 표기법은 인덱스 연산을 수행하는 대괄호([]) 안에서만 사용할 수 있으며, slice(a, b, c)
객체를 생성한다. 12.5.1절 '슬라이싱 작동 방식'에서 설명하듯이, seq[start:stop:step] 표
현식을 평가하려고 파이썬은 seq.__getitem__(slice(start, stop, step))을 호출한다.
시퀀스형을 직접 구현하지 않더라도 슬라이스 객체를 알아 두면 도움이 된다. 스프레드시트에
서 셀 범위에 이름을 붙이는 것처럼 슬라이스 객체는 슬라이스에 이름을 붙이게 해 주기 때문
이다.

예를 들어 [예제 2-13]의 단순 텍스트 파일로 구성된 청구서를 파싱해야 한다고 생각해 보자.
코드에서 슬라이스를 하드코딩하는 대신 각 슬라이스에 이름을 붙일 수 있다. 각 슬라이스에
이름을 붙이면 이 예제 끝부분에 나오는 for 루프의 가독성이 얼마나 좋아지는지 보라.

```
>>> invoice = """
... 0.....6.....................................40........52...55........
... 1909 Pimoroni PiBrella                    $17.50    3    $52.50
... 1489 6mm Tactile Switch x20                $4.95    2     $9.90
... 1510 Panavise Jr. - PV-201                $28.00    1    $28.00
... 1601 PiTFT Mini Kit 320x240               $34.95    1    $34.95
... """

>>> SKU = slice(0, 6)
>>> DESCRIPTION = slice(6, 40)
>>> UNIT_PRICE = slice(40, 52)
>>> QUANTITY = slice(52, 55)
>>> ITEM_TOTAL = slice(55, None)
>>> line_items = invoice.split('\n')[2:]
>>> for item in line_items:
...     print(item[UNIT_PRICE], item[DESCRIPTION])
...
    $17.50    Pimoroni PiBrella
     $4.95    6mm Tactile Switch x20
    $28.00    Panavise Jr. - PV-201
    $34.95    PiTFT Mini Kit 320x240
```

12.5절 'Vector 버전 #2: 슬라이스 가능한 시퀀스'에서 직접 컬렉션 객체를 만드는 방법을 설명할 때 slice 객체를 다시 설명한다. 사용자 관점에서 보면 슬라이싱할 때는 다차원 슬라이스 및 생략 기호(...) 표기법 등의 기능을 사용할 수 있다. 다음 절로 넘어가서 살펴보자.

2.7.3 다차원 슬라이싱과 생략 기호

대괄호 연산자([])는 콤마로 구분해 여러 개의 인덱스나 슬라이스를 가질 수 있다. 대괄호 연산자를 처리하는 __getitem__()과 __setitem__() 특별 메서드는 a[i, j]에 들어 있는 인덱스를 튜플로 받는다. 즉, a[i, j]를 평가하려고 파이썬은 a.__getitem__((i, j))를 호출한다.

이 방법은 예를 들어 넘파이 외부 패키지에서 a[i, j] 구문으로 2차원 numpy.ndarray 배열의 항목이나 a[m:n, k:l] 구문으로 2차원 슬라이스를 가져올 때 사용한다. 이번 장 뒤쪽에 나오는 [예제 2-22]에서 이 표기법을 사용하는 예를 보여 준다.

`memoryview`를 제외한 파이썬 내장 시퀀스형은 1차원 구조이므로, 단 하나의 인덱스나 슬라이스만 지원하고 튜플은 지원하지 않는다.[7]

유니코드 U+2026인 단일 문자 생략 기호(…)가 아닌, 세 개의 마침표로 표현된 생략 기호(...)는 파이썬 파서에서 하나의 토큰으로 인식한다. 이 기호는 `Ellipsis` 객체의 별칭으로서 하나의 `ellipsis` 클래스의 객체이다.[8] 생략 기호 객체는 `f(a, ..., z)`처럼 함수의 인수나, `a[i:...]`처럼 슬라이스의 한 부분으로서 전달할 수 있다. 넘파이는 다차원 배열을 슬라이싱할 때 생략 기호를 사용한다. 예를 들어 x가 4차원 배열이면 `x[i, ...]`는 `x[i, :, :, :,]`의 약식 표기법이다. 넘파이에 관해서는 '넘파이 바로 시작하기NumPy quickstart' 문서(`https://fpy.li/2-13`)를 참조하라.

이 책의 집필 시점까지 파이썬 표준 라이브러리에서 `Ellipsis`나 다차원 인덱스 및 슬라이스를 사용하는 사례는 보지 못했다. 이 구문법은 사용자 정의 자료형이나 넘파이 등의 확장 패키지를 지원하기 위해 존재한다.

슬라이스는 시퀀스에서 정보를 추출할 뿐만 아니라 가변 시퀀스의 값을 변경할 때도 사용할 수 있다. 즉, 시퀀스 객체를 새로 만들지 않고 일부 항목의 값을 시퀀스 안에서 직접 변경한다.

2.7.4 슬라이스에 할당하기

할당문의 왼쪽에 슬라이스 표기법을 사용하거나 `del` 문의 대상 객체로 지정함으로써 가변 시퀀스를 연결하거나, 잘라 내거나, 값을 변경할 수 있다. 다음에 나오는 몇 가지 예제에서 이 표기법의 강력함을 볼 수 있다.

```
>>> l = list(range(10))
>>> l
[0, 1, 2, 3, 4, 5, 6, 7, 8, 9]
>>> l[2:5] = [20, 30]
>>> l
[0, 1, 20, 30, 5, 6, 7, 8, 9]
```

---

7 2.10.2절 '메모리 뷰'에서는 특별히 만들어진 메모리 뷰는 1차원보다 높은 차원을 가질 수 있음을 설명한다.

8 문장이 뒤바뀐 것이 아니다. 클래스인 `ellipsis`는 모두 소문자로 구성되며, 객체는 내장된 명칭 `Ellipsis`를 사용한다. `bool` 형이 모두 소문자로 되어 있지만 객체는 `True`나 `False`처럼 대문자로 시작하는 것과 마찬가지다.

```
>>> del l[5:7]
>>> l
[0, 1, 20, 30, 5, 8, 9]
>>> l[3::2] = [11, 22]
>>> l
[0, 1, 20, 11, 5, 22, 9]
>>> l[2:5] = 100 ❶
Traceback (most recent call last):
  File "<stdin>", line 1, in <module>
TypeError: can only assign an iterable
>>> l[2:5] = [100]
>>> l
[0, 1, 100, 22, 9]
```

❶ 할당문의 대상이 슬라이스일 때는 항목을 하나만 할당할 때도 할당문 오른쪽에는 반복 가능한 객체가 와야
한다.

프로그래머라면 누구나 알고 있듯이 어느 자료형의 시퀀스든 연결 연산이 많이 사용된다. 어느
파이썬 입문서든 덧셈(+)과 곱셈(*) 연산자를 이용해 시퀀스를 연결하는 방법을 설명하지만,
이 연산자가 작동하는 방식을 자세히 설명하지는 않는다. 다음 절에서는 연결 연산을 자세히
알아본다.

2.8 시퀀스에 덧셈과 곱셈 연산자 사용하기

시퀀스는 당연히 덧셈(+)과 곱셈(*) 연산자를 지원한다. 일반적으로 덧셈에서는 피연산자 두
개가 같은 자료형이어야 하며, 둘 다 변경되지는 않지만 동일한 자료형의 시퀀스가 새로 만들
어진다.

하나의 시퀀스를 여러 번 연결하려면 정수를 곱해서 표현한다. 이때도 새로운 시퀀스가 만들어
진다.

```
>>> l = [1, 2, 3]
>>> l * 5
[1, 2, 3, 1, 2, 3, 1, 2, 3, 1, 2, 3, 1, 2, 3]
>>> 5 * 'abcd'
'abcdabcdabcdabcdabcd'
```

덧셈 및 곱셈 연산자는 언제나 객체를 새로 만들고, 피연산자는 변경하지 않는다.

> **WARNING** a에 가변 항목이 있을 때 a * n과 같은 표현식을 사용하려면 주의해야 한다. 원치 않는 결과가 나올 수 있기 때문이다. 예를 들어 리스트의 리스트를 초기화할 때 my_list = [[]] * 3으로 초기화하면 동일한 내부 리스트에 대한 참조 세 개를 가진 리스트가 만들어지므로, 원치 않는 결과가 나올 수 있다.

다음 절에서는 리스트의 리스트를 초기화할 때 곱셈 연산자를 사용하면서 주의할 점을 설명한다.

2.8.1 리스트의 리스트 만들기

내포된 리스트가 있는 리스트를 초기화해야 하는 경우가 종종 있다. 예를 들어 학생들을 팀별로 묶어 리스트를 만들거나 게임판의 정사각형을 표현하는 경우가 있을 것이다. 이런 리스트를 초기화할 때는 [예제 2-14]처럼 지능형 리스트를 사용하는 편이 가장 좋다.

예제 2-14 길이가 3인 리스트 3개로 표현한 틱택토 보드

```
>>> board = [['_'] * 3 for i in range(3)]  ❶
>>> board
[['_', '_', '_'], ['_', '_', '_'], ['_', '_', '_']]
>>> board[1][2] = 'X'   ❷
>>> board
[['_', '_', '_'], ['_', '_', 'X'], ['_', '_', '_']]
```

❶ 항목이 세 개인 리스트 세 개를 담은 리스트를 생성한다. 구조를 자세히 보라.

❷ 1행 2열을 표시한 결과를 확인하라.

이와 동일하게 작동하는 코드를 [예제 2-15]처럼 작성하고 싶은 생각이 들 수도 있지만, 이 코드는 잘못되었다.

예제 2-15 동일한 리스트에 대한 세 개의 참조를 가진 리스트는 쓸모없다.

```
>>> weird_board = [['_'] * 3] * 3  ❶
>>> weird_board
[['_', '_', '_'], ['_', '_', '_'], ['_', '_', '_']]
```

```
>>> weird_board[1][2] = 'O'  ❷
>>> weird_board
[['_', '_', 'O'], ['_', '_', 'O'], ['_', '_', 'O']]
```

❶ 바깥쪽 리스트가 동일한 내부 리스트에 대한 참조 세 개를 가진다. 항목이 바뀌지 않는 한 문제는 없는 것처럼 보인다.

❷ 1행 2열을 표시해 보면, 세 개의 행이 모두 동일한 객체를 참조하는 별칭alias임을 알 수 있다.

[예제 2-15]의 코드는 본질적으로 다음과 같이 작동한다.

```
row = ['_'] * 3
board = []
for i in range(3):
    board.append(row)  ❶
```

❶ 동일한 row 객체가 board에 세 번 추가된다.

한편, [예제 2-14]의 지능형 리스트는 다음 코드와 같이 작동한다.

```
>>> board = []
>>> for i in range(3):
...     row = ['_'] * 3  ❶
...     board.append(row)
...
>>> board
[['_', '_', '_'], ['_', '_', '_'], ['_', '_', '_']]
>>> board[2][0] = 'X'
>>> board  ❷
[['_', '_', '_'], ['_', '_', '_'], ['X', '_', '_']]
```

❶ 반복할 때마다 row를 새로 만들어 board에 추가한다.

❷ 예상대로 2행만 바뀐다.

> **TIP** 이번 장에서 설명한 문제와 해결책이 잘 이해되지 않더라도 너무 걱정할 필요는 없다. 참조와 가변 객체에 대한 메커니즘과 주의할 점은 6장을 보면 명확히 이해될 것이다.

지금까지 시퀀스에 대한 평범한 덧셈 및 곱셈 연산을 설명했지만, 왼쪽에 오는 타깃 시퀀스의 가변성에 따라 상당히 다른 결과를 가져오는 +=과 *= 연산자도 있다. 다음 절에서는 이러한 복합 할당[9] 연산자가 어떻게 작동하는지 알아보자.

2.8.2 시퀀스의 복합 할당

+=과 *= 등의 복합 할당자는 첫 번째 피연산자에 따라 상당히 다르게 작동한다. 간단히 설명하려고 여기서는 덧셈 연산 할당자(+=)를 주로 다루지만, 이 개념은 곱셈 연산 할당자(*=) 등 다른 연산 할당자에도 동일하게 적용된다.

+= 연산자를 실제로 처리하는 특별 메서드는 __iadd__()이다(메서드 이름 앞에 붙는 i는 'in-place'를 의미하며 왼쪽 변수의 값을 변경시킨다). __iadd__() 메서드가 구현되지 않았다면, 파이썬은 그 대신 __add__() 메서드를 호출한다. 다음 식을 보자.

```
>>> a += b
```

a가 __iadd__() 메서드를 구현하면 해당 메서드가 호출된다. a가 list, bytearray, array.array 등 가변 시퀀스라면 a의 값이 변경된다(이 과정은 a.extend(b)와 비슷하다). 만약 a가 __iadd__() 메서드를 구현하지 않았다면 a += b 표현식은 a = a + b가 되어 먼저 a + b를 평가하고, 객체를 새로 생성한 후에 a에 할당한다. 즉, __iadd__() 메서드 구현 여부에 따라 a 변수가 가리키는 객체의 정체성이 바뀔 수도 있고 바뀌지 않을 수도 있다.

일반적으로 가변 시퀀스에 대해서는 __iadd__() 메서드를 구현해 += 연산자가 기존 객체의 내용을 변경하게 하는 편이 좋다. 불변 시퀀스의 경우 이 연산은 수행할 수 없다.

앞에서 += 연산자에 관한 내용은 *= 연산자에도 적용된다고 했는데, *= 연산자는 __imul__() 메서드를 통해 구현된다. __iadd__()와 __imul__() 특별 메서드는 16장에서 자세히 설명한다.

*= 연산자를 가변 시퀀스와 불변 시퀀스에 적용한 예는 다음과 같다.

---

9 옮긴이_ 국내에서는 보통 augmented assignment를 '증가 할당'으로 번역하지만, augmented는 '증가'뿐만 아니라 '보완'도 의미한다. 이 책에서는 augmented assignment를 '연산과 할당의 결합'이라는 뜻으로 '복합 할당'이라는 용어를 사용했다.

```
>>> l = [1, 2, 3]
>>> id(l)
4311953800    ❶
>>> l *= 2
>>> l
[1, 2, 3, 1, 2, 3]
>>> id(l)
4311953800    ❷
>>> t = (1, 2, 3)
>>> id(t)
4312681568    ❸
>>> t *= 2
>>> id(t)
4301348296    ❹
```

❶ 초기 리스트의 ID

❷ 곱셈을 수행한 후 새로운 항목이 추가되었지만 기존과 같은 객체다.

❸ 초기 튜플의 ID

❹ 곱셈을 수행한 후 새로운 튜플 객체가 만들어졌다.

새로운 항목을 추가하는 대신 항목이 추가된 시퀀스 전체를 새로 만들어 타깃 변수에 저장하므로, 불변 시퀀스에 반복해서 연결 연산을 수행하는 것은 비효율적이다.[10]

지금까지 일반적으로 += 연산자가 사용되는 예를 살펴봤다. 다음 절에서는 튜플을 이용해 '불변성'이 의미하는 재미있는 성질을 알아본다.

2.8.3 += 복합 할당 퀴즈

다음 [예제 2-16]의 코드를 콘솔에서 실행하지 말고 풀어보자. 이 두 표현식을 평가한 결과는 어떻게 될까?

---

[10] 그러나 str 객체의 작동 방식은 다르다. 실제로 루프 안에서 += 연산자를 이용해 문자열을 만드는 작업을 빈번히 수행하므로 CPython 은 이런 용법에 최적화되어 있다. str 객체는 메모리 안에 여분의 공간을 갖고 할당되므로 str 객체를 연결할 때 전체 문자열을 매번 다시 생성하지는 않는다.

```
>>> t = (1, 2, [30, 40])
>>> t[2] += [50, 60]
```

이 코드를 실행한 결과는 어떻게 될까? 다음 중 정답을 골라 보자.

    a. t는 (1, 2, [30, 40, 50, 60])이 된다.

    b. '튜플 객체는 항목 할당을 지원하지 않는다'는 메시지와 함께 TypeError가 발생한다.

    c. A와 B 둘 다 틀렸다.

    d. A와 B 둘 다 맞다.

필자가 이 문제를 처음 봤을 때는 b가 맞다고 확신했지만, 실제 정답은 d다. 즉, a와 b 모두 맞다. 파이썬 3.9 콘솔에서 이 코드를 실제 실행한 결과는 [예제 2-17]과 같다.[11]

예제 2-17 예상하지 못한 결과: t[2] 항목이 바뀌고 예외가 발생한다.

```
>>> t = (1, 2, [30, 40])
>>> t[2] += [50, 60]
Traceback (most recent call last):
  File "<stdin>", line 1, in <module>
TypeError: 'tuple' object does not support item assignment
>>> t
(1, 2, [30, 40, 50, 60])
```

'온라인 파이썬 튜터'(https://fpy.li/2-14)는 파이썬이 어떻게 작동하는지 시각적으로 보여 주는 멋진 사이트이다. [그림 2-5]는 [예제 2-17]에서 t 튜플의 초기와 최종 상태를 캡처한 화면이다.

---

[11] 두 번째 코드와 동일한 연산을 수행하도록 t[2].extend([50,60])으로 실행하면 에러가 발생하지 않는다는 독자 의견이 있었다. 하지만 여기서는 += 연산자의 기괴한 작동 과정을 설명하고자 해당 코드를 넣었다.

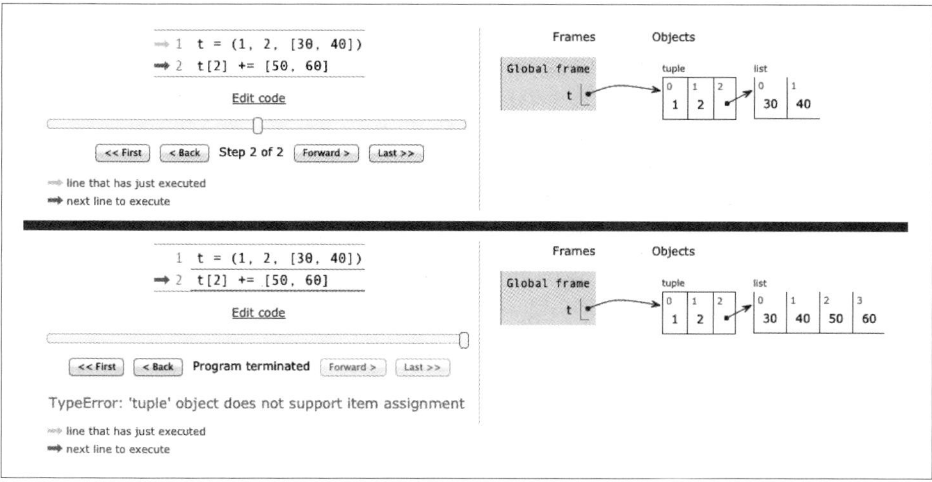

그림 2-5 튜플 할당 퀴즈의 최초 및 최종 상태(온라인 파이썬 튜터에서 생성함)

s[a] += b 표현식에 대해 파이썬이 생성한 바이트코드(예제 2-18)를 보면 어떻게 이런 일이 발생하는지 명확히 알 수 있다.

예제 2-18 s[a] += b 표현식에 대한 바이트코드

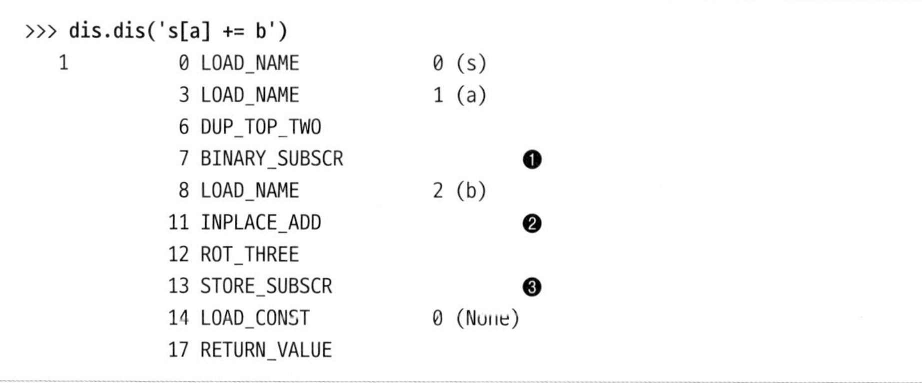

❶ s[a] 값을 스택 꼭대기top of stack(TOS)에 놓는다.

❷ TOS += b 연산을 수행한다. TOS가 가변 객체([예제 2-17]에서의 리스트)를 가리키면 이 연산은 성공한다.

❸ TOS를 s[a]에 할당한다. s가 불변 객체([예제 2-17]에서 t 튜플)이면 이 연산은 실패한다.

사실 이런 상황은 상당히 드물다. 20년 동안 파이썬을 사용하면서 필자는 실제로 이런 특성에 따른 문제로 고생하는 개발자를 본 적이 없다.

이 코드에서는 다음과 같은 세 가지 교훈을 얻을 수 있다.

- 가변 항목을 튜플에 넣는 것은 좋은 생각이 아니다.
- 복합 할당은 원자적인 연산이 아니다(앞의 예제에서 일부 연산이 수행된 후 예외가 발생했다).
- 파이썬 바이트코드는 살펴보기 그리 어렵지 않으며, 내부에서 어떤 일이 발생하는지 알아보는 데 도움이 된다.

시퀀스 연결에 덧셈과 곱셈 연산자를 사용하는 미묘한 문제를 살펴봤으니, 이제 시퀀스에 적용하는 또 다른 중요한 연산인 정렬을 알아보자.

2.9 list.sort( )와 sorted( ) 내장 함수

`list.sort()` 메서드는 사본을 만들지 않고 리스트 내부를 변경해 정렬한다. 이 메서드는 수신자[12]를 변경하고 새로운 리스트를 생성하지 않았음을 알려주기 위해 **None**을 반환한다. 이것은 파이썬 API의 중요한 관례다. 객체를 직접 변경하는 함수나 메서드는 **None**을 반환해서 객체가 변경되었고 새로운 객체가 생성되지 않았음을 호출자에게 알려 줘야 한다. `random.shuffle()` 함수도 이와 동일하게 작동한다.

> **NOTE** 객체를 직접 변경했음을 알려 주려고 **None**을 반환하는 관례에는 메서드를 연결해 호출할 수 없다는 단점이 있다. 이와 반대로 **str** 객체의 메서드처럼 새로운 객체를 반환하는 메서드는 플루언트 인터페이스 스타일로 메서드를 연결할 수 있다. 메서드 체이닝은 플루언트 인터페이스 형태를 구현하는 하나의 기법이다. 자세한 설명은 위키백과의 '플루언트 인터페이스Fluent Interface'(`https://fpy.li/2-15`)를 참조하라.

이와 반대로 `sorted()` 내장 함수는 새로운 리스트를 생성해 반환하므로, 불변 시퀀스 및 제너레이터 등 반복 가능한 모든 객체를 인수로 받을 수 있다(17장 참조). 입력받은 반복 가능한 객체의 자료형과 무관하게 `sorted()` 함수는 언제나 새로 생성한 리스트를 반환한다.

`list.sort()` 메서드와 `sorted()` 함수 모두 선택적으로 다음 두 개의 키워드를 인수로 받는다.

---

12 수신자(receiver) 객체는 메서드 호출의 대상으로서, 메서드 안에서 `self`에 바인딩된다.

reverse

이 키워드가 True이면 비교 연산을 반대로 해서 내림차순으로 반환한다. 기본값은 False다.

key

정렬에 사용할 키를 생성하기 위해 각 항목에 적용할 함수로서 인수 하나를 받는다. 예를 들어 문자열의 리스트를 정렬할 때 key=str.lower로 지정하면 대소문자를 구분하지 않고 정렬하며, key=len으로 지정하면 문자열 길이에 따라 문자열을 정렬한다. 기본값은 정체성 함수로, 항목 자체를 비교한다.

> **TIP** 선택적 키워드 매개변수인 key에는 min()과 max() 내장 함수 및 (itertools.groupby(), heapq.nlargest() 등의) 표준 라이브러리 함수를 전달할 수도 있다.

이러한 함수 및 메서드와 키워드 인수를 사용하는 방법을 알아보기 위해 다음 예제를 살펴보자. 이 예제에서는 파이썬 정렬 알고리즘이 안정적임을 알 수 있다(즉, 동등하게 비교되는 항목들의 상대적인 순서를 유지한다).[13]

```python
>>> fruits = ['grape', 'raspberry', 'apple', 'banana']
>>> sorted(fruits)
['apple', 'banana', 'grape', 'raspberry']  ❶
>>> fruits
['grape', 'raspberry', 'apple', 'banana']  ❷
>>> sorted(fruits, reverse=True)
['raspberry', 'grape', 'banana', 'apple']  ❸
>>> sorted(fruits, key=len)
['grape', 'apple', 'banana', 'raspberry']  ❹
>>> sorted(fruits, key=len, reverse=True)
['raspberry', 'banana', 'grape', 'apple']  ❺
>>> fruits
['grape', 'raspberry', 'apple', 'banana']  ❻
>>> fruits.sort()                           ❼
>>> fruits
['apple', 'banana', 'grape', 'raspberry']  ❽
```

---

13 파이썬의 기본 정렬 알고리즘은 팀 정렬(Timsort)인데, 이는 알고리즘 개발자인 팀 피터스(Tim Peters)의 이름을 따온 것이다.

❶ 알파벳순으로 정렬된 문자열들을 담은 새로운 리스트를 만든다.[14]

❷ 원래 리스트를 확인해 보면 바뀌지 않았음을 알 수 있다.

❸ 알파벳 역순으로 정렬되었다.

❹ 문자열 길이에 따라 정렬되어 새로 생성된 리스트. 정렬 알고리즘이 안정적이므로 길이가 5인 'grape'와 'apple'은 원래 순서가 유지된다.

❺ 문자열 길이의 역순으로 정렬된 문자열의 리스트. 정렬 알고리즘이 안정적이므로 'grape'가 여전히 'apple' 앞에 나옴에 따라 결과 ❹의 완전한 역순은 아니다.

❻ 지금까지 원래 fruits 리스트의 내용은 바뀌지 않았다.

❼ sort() 메서드는 원래 객체의 내용을 변경하고 None을 반환한다(None이 반환될 때 콘솔은 아무런 결과도 보여 주지 않는다).

❽ 이제 fruits 리스트가 정렬되었다.

일단 시퀀스를 정렬한 후에는 아주 효율적으로 검색할 수 있다. 다행히도 파이썬 표준 라이브러리의 bisect 모듈에서 이미 표준 이진 검색 알고리즘을 제공한다. 이 모듈에는 정렬된 시퀀스의 정렬 상태를 유지한 채로 항목을 추가하는 bisect.insort() 함수도 포함된다. 이 책의 별도 웹사이트에서 'bisect로 정렬된 시퀀스 관리하기Managing Ordered Sequences with Bisect'(https://fpy.li/bisect)를 참고하기를 바란다.[15]

이번 장에서 설명한 대부분의 내용은 리스트와 튜플뿐만 아니라 일반적인 시퀀스에 모두 적용된다. 파이썬 프로그래머들은 편리하다는 이유로 list 형을 지나치게 많이 사용하는 경향이 있다(필자도 그랬다). 예를 들어 숫자가 아주 많은 리스트를 처리할 때는 배열 사용을 고려해 봐야 한다. 이번 장의 나머지 부분에서는 리스트와 튜플 이외의 내용을 다룬다.

---

14 이 예제는 단어들이 모두 소문자이므로 정렬이 된다. 바로 다음의 WARNING 글상자를 참조하라.

15 옮긴이_ 번역본은 역자 깃허브(https://github.com/KweonKang/fluent-python-2e-extra)에서 제공한다.

2.10 리스트가 답이 아닐 때

list 형은 융통성 있고 사용하기 편하지만, 특정 요구사항에 더 잘 맞는 자료형도 있다. 예를 들어 실수를 천만 개 저장할 때는 array가 훨씬 더 효율적으로 메모리를 사용한다. 한편, 리스트의 양쪽 끝에 항목을 계속 추가할 때는 덱deque(양쪽을 사용하는 큐)이 선입 선출first in first out(FIFO)[16] 방식을 더 효율적으로 구현하는 데이터 구조체임을 알아두자.

> **TIP** 특히 항목 수가 아주 많고 item in my_collection처럼 어떤 항목이 들어 있는지 검사하는 작업을 많이 수행할 때는 my_collection을 set 형으로 구현하는 것을 고려해 보라. set 형은 항목이 들어 있는지 검사하는 과정이 최적화되어 있다. 다만 나열할 수는 있지만, 순서가 없으므로 시퀀스형이 아니다. set 형은 3장에서 자세히 설명한다.

이제부터 이 장을 마칠 때까지 리스트를 대체할 수 있는 여러 시퀀스형을 살펴본다. 먼저 배열부터 알아보자.

2.10.1 배열

리스트 안에 숫자만 들어 있다면 배열(array.array)이 리스트보다 훨씬 더 효율적이다. 배열은 pop(), insert(), extend() 등 가변 시퀀스가 제공하는 연산을 모두 지원하며, 파일에 빠르게 저장하고 읽어올 수 있는 frombytes()와 tofile() 메서드도 제공한다.

파이썬 배열은 C의 배열만큼 가볍다. [그림 2-1]에서 볼 수 있듯이, float 형 배열의 각 항목은 온전한 float 객체가 아닌, 해당 값만 기계적으로 표현한 값만 가지므로, C에서의 double 형 배열과 비슷하다. array를 생성할 때는 배열에 저장되는 각 항목의 C 기반 자료형에 대응하는 자료형 코드typecode 문자를 지정한다. 예를 들어 정수 −128에서 127까지 저장할 수 있는 signed char에 대한 자료형 코드는 b이다. array('b') 배열을 생성하면 각 항목은 단일 바이트로 저장되고 하나의 정수로 해석된다. 숫자가 아주 많은 시퀀스라면 이렇게 배열에 저장해 메모리를 많이 절약할 수 있다. 그리고 파이썬에서는 배열형에 맞지 않는 숫자는 저장할 수 없다.

---

16 FIFO는 큐의 기본 작동 방식이다.

[예제 2-19]는 무작위 실수 천만 개가 있는 배열을 생성하고, 저장하고, 로딩하는 방법을 보여 준다.

예제 2-19 커다란 실수 배열의 생성, 저장, 로딩

```
>>> from array import array  ❶
>>> from random import random
>>> floats = array('d', (random() for i in range(10**7)))  ❷
>>> floats[-1]  ❸
0.07802343889111107
>>> fp = open('floats.bin', 'wb')
>>> floats.tofile(fp)  ❹
>>> fp.close()
>>> floats2 = array('d')  ❺
>>> fp = open('floats.bin', 'rb')
>>> floats2.fromfile(fp, 10**7)  ❻
>>> fp.close()
>>> floats2[-1]  ❼
0.07802343889111107
>>> floats2 == floats  ❽
True
```

❶ array 형을 임포트^{import}한다.

❷ 반복 가능한 객체에서 배정밀도 실수(자료형 코드 'd')의 배열을 생성한다. 여기서는 제너레이터 표현식을 사용했다.

❸ 배열의 마지막 숫자를 조사한다.

❹ 배열을 이진 파일에 저장한다.

❺ 비어 있는 배정밀도 실수 배열을 생성한다.

❻ 이진 파일에서 천만 개의 숫자를 읽어온다.

❼ 배열의 마지막 숫자를 조사한다.

❽ 배열의 내용이 일치하는지 확인한다.

이 코드에서 알 수 있는 것처럼 array.tofile()과 array.fromfile() 메서드는 사용법이 간단하다. 예제 코드를 실행해 보면 아주 빠르다는 것을 알 수 있다. 간단히 실험해 보니 array.tofile() 메서드로 생성한 이진 파일에서 array.fromfile() 메서드가 배정밀도 실수 천만 개를 읽어 오는 데는 0.1초 정도 걸렸다. 이 속도는 float() 내장 함수를 이용해 파싱하면서 텍스트 파일에서 숫자를 읽어 오는 방식보다 거의 60배 빠르다. array.tofile() 메서드로 저장하면 행마다 실수 하나씩 텍스트 파일에 저장할 때보다 약 7배 빠르다. 게다가 배정밀도 실수 천만 개를 저장한 이진 파일의 크기는 80,000,000바이트(배정밀도 실수 하나에 8바이트씩이며, 오버헤드가 전혀 없다)인 반면, 동일한 데이터를 저장한 텍스트 파일의 크기는 181,515,739바이트였다.

래스터 이미지raster image처럼 이진 데이터를 표현하는 숫자 배열을 위해 파이썬에서는 bytes와 bytearray 형을 제공하는데, 이런 자료형은 4장에서 설명한다.

배열에 관해 설명한 이번 절은 list와 array.array의 기능을 비교한 [표 2-3]으로 마무리한다.

표 2-3 list와 array.array에 있는 메서드와 속성(표를 간단히 하고자 사용 중단 안내된deprecated 메서드와 object 클래스에서 구현하는 메서드는 생략)

메서드	리스트	배열	설명
s.__add__(s2)	●	●	s + s2: 연결한다.
s.__iadd__(s2)	●	●	s += s2: 연결하고 s에 할당한다.
s.append(e)	●	●	마지막 요소 뒤에 e를 추가한다.
s.byteswap()		●	엔디언 변환을 위해 배열 안의 모든 요소의 바이트 순서를 바꾼다.
s.clear()	●		모든 항목을 삭제한다.
s.__contains__(e)	●	●	e in s
s.copy()	●		리스트를 얕게 복사한다.
s.__copy__()		●	copy.copy() 메서드를 지원한다.
s.count(e)	●	●	s 안에 e 요소가 발생한 횟수를 반환한다.
s.__deepcopy__()		●	copy.deepcopy()를 최적화해 지원한다.
s.__delitem__(p)	●	●	p 위치의 요소를 삭제한다.
s.extend(it)	●	●	반복형 it에서 요소를 가져와 추가한다.
s.frombytes(b)		●	패킹된 기곗값으로 해석한 바이트 시퀀스에서 요소를 가져와 추가한다.
s.fromfile(f, n)		●	패킹된 기곗값으로 해석한 이진 파일 f에서 n 개의 항목을 가져와 추가한다.
s.fromlist(l)		●	리스트 l의 요소를 추가한다. TypeError가 한 번이라도 발생하면 아무것도 추가하지 않는다.
s.__getitem__(p)	●	●	s[p]: p 위치의 항목을 가져온다.
s.index(e)	●	●	e가 처음 나타나는 위치를 찾아낸다.

메서드	리스트	배열	설명
s.insert(p, e)	●	●	p 위치에 있는 항목 앞에 e 요소를 추가한다.
s.itemsize		●	각 배열 항목의 바이트 단위 크기
s.__iter__()	●	●	반복자를 가져온다.
s.__len__()	●	●	len(s): 항목 수를 반환한다.
s.__mul__(n)	●	●	s * n: n회 반복해 연결한다.
s.__imul__(n)	●	●	s *= n: n회 반복해 연결 후 s에 저장한다.
s.__rmul__(n)	●	●	n * s: 역순 반복 연결 메서드*
s.pop([p])	●	●	p 위치 혹은 제일 마지막 항목을 제거하고 반환한다(기본값: 마지막).
s.remove(e)	●	●	값이 e와 일치하는 요소를 제거한다.
s.reverse()	●	●	항목들의 순서를 역으로 나열해 다시 s에 저장한다.
s.__reversed__()	●		마지막부터 처음까지 반복하는 반복자를 가져온다.
s.__setitem__(p, e)	●	●	s[p] = e: p 위치에 e 요소를 저장하고, 기존 값을 덮어쓴다.
s.sort([key], [reverse])	●		선택적인 키워드 key와 reverse에 따라 항목을 정렬하고 s에 저장한다.
s.tobytes()		●	bytes 객체에 패킹된 기곗값으로 항목을 반환한다.
s.tofile(f)		●	이진 파일 f에 패킹된 기곗값으로 항목을 저장한다.
s.tolist()		●	항목을 수치형 객체로 변환해 넣은 리스트를 반환한다.
s.typecode		●	항목의 C 언어 자료형을 나타내는 한 글자짜리 문자열

* 역순 연산자는 16장에서 설명한다.

> **TIP** 파이썬 3.10까지 array 형에는 `list.sort()`처럼 배열을 직접 변경하는 메서드가 없다. 배열을 정렬하려면 `sorted()` 함수를 호출하고 배열을 다시 만들어야 한다.
>
> ```
> a = array.array(a.typecode, sorted(a))
> ```
>
> 배열의 정렬 상태를 유지하면서 항목을 추가하려면 `bisect.insort()` 함수를 사용하라(https://fpy.li/2-16).

배열을 많이 사용하면서도 메모리 뷰(memoryview)를 모른다면 무언가 중요한 부분을 놓치고 있는 것이다. 다음 절에서 메모리 뷰를 알아보자.

2.10.2 메모리 뷰

메모리 뷰(memoryview) 내장 클래스는 공유 메모리 시퀀스형으로서 bytes 형을 복사하지 않고 배열의 슬라이스를 다루게 해 준다. 이 클래스는 넘파이 라이브러리(2.10.3절 '넘파이' 참조)에서 영감을 받아 만들어졌다. 넘파이의 수석 개발자인 트래비스 올리판트^{Travis Oliphant}는 '언제 메모리 뷰를 사용해야 하는가?^{When should a memoryview be used?}'(https://fpy.li/2-17)라는 질문에 다음과 같이 답한다.

> 메모리 뷰는 본질적으로 (math를 포함하지 않은) 파이썬 자체에 들어 있는 넘파이 배열 구조체를 일반화한 깃이다. 메모리 뷰를 사용하면 복사 여사을 수행하지 않고도 PIL 이미지, SQLlite 데이터베이스, 넘파이 배열 등 데이터 구조체 간에 메모리를 공유할 수 있다. 데이터셋이 커질 때 아주 중요한 기법이다.

array 모듈과 비슷한 표기법을 사용하는 memoryview.cast() 메서드는 바이트를 이동시키지 않고 C의 자료형 변환 연산자처럼 여러 바이트로 된 데이터를 읽거나 쓰는 방식을 바꿀 수 있게 해준다. memoryview.cast()는 또 다른 memoryview 객체를 반환하며 언제나 동일한 메모리를 공유한다.

[예제 2-20]은 6바이트 배열에 대한 뷰를 여러 개 생성해 2×3 행렬과 3×2 행렬로 처리하는 방법을 보여 준다.

예제 2-20 메모리 6바이트를 1×6, 2×3, 3×2 행렬로 다루기

```
>>> from array import array
>>> octets = array('B', range(6))  ❶
>>> m1 = memoryview(octets)  ❷
>>> m1.tolist()
[0, 1, 2, 3, 4, 5]
>>> m2 = m1.cast('B', [2, 3])  ❸
>>> m2.tolist()
[[0, 1, 2], [3, 4, 5]]
>>> m3 = m1.cast('B', [3, 2])  ❹
>>> m3.tolist()
[[0, 1], [2, 3], [4, 5]]
>>> m2[1,1] = 22  ❺
```

```
>>> m3[1,1] = 33   ❻
>>> octets   ❼
array('B', [0, 1, 2, 33, 22, 5])
```

❶ 바이트 여섯 개의 배열을 생성한다(자료형 코드 'B').

❷ 이 배열로 memoryview를 생성하고 리스트로 익스포트^{export}한다.

❸ 앞에서 만든 뷰에서 2행 3열의 memoryview를 새로 만든다.

❹ 3행 2열의 memoryview를 하나 더 만든다.

❺ m2의 1행 1열 바이트를 22로 덮어쓴다.

❻ m3의 1행 1열 바이트를 33으로 덮어쓴다.

❼ 원래 배열을 출력해 메모리가 octets, m1, m2, m3에 의해 공유됨을 보여 준다.

memoryview의 강력한 기능은 메모리를 조작할 때 사용할 수도 있다. [예제 2-21]은 16비트 정수 배열에서 바이트 하나를 변경하는 방법을 보여 준다.

예제 2-21 바이트 하나를 조작해 16비트 정수 배열의 값 변경하기

```
>>> numbers = array.array('h', [-2, -1, 0, 1, 2])
>>> memv = memoryview(numbers)   ❶
>>> len(memv)
5
>>> memv[0]   ❷
-2
>>> memv_oct = memv.cast('B')   ❸
>>> memv_oct.tolist()   ❹
[254, 255, 255, 255, 0, 0, 1, 0, 2, 0]
>>> memv_oct[5] = 4   ❺
>>> numbers
array('h', [-2, -1, 1024, 1, 2])   ❻
```

❶ 16비트 정수 5개의 배열로 memoryview 객체를 만든다(자료형 코드 'h')

❷ memv는 배열에 있는 동일한 항목 5개를 참조한다.

❸ memv 요소를 바이트(자료형 코드 'B') 형으로 변환해 memv_oct를 만든다.

❹ memv_oct 요소를 바이트 10개의 리스트로 변환해 값을 조사한다.

❺ 5번 인덱스의 바이트값을 4로 설정한다.

❻ numbers 값의 변화에 주목하라. 2바이트 정수형의 최상위 바이트가 4로 바뀌면서 값이 1024가 되었다.

한편, 배열 안에서 고급 수치 처리 기법을 적용하려면 넘파이 라이브러리를 사용하는 편이 좋다. 이제 이 라이브러리를 간략히 살펴보자.

2.10.3 넘파이

이 책은 파이썬 표준 라이브러리에서 제공하는 기능에 주안점을 두고 기존 기능을 최대한 활용하도록 한다. 하지만 넘파이는 너무 훌륭한 라이브러리라서 따로 눈여겨볼 필요가 있다.

넘파이가 제공하는 고급 배열 및 행렬 연산 덕분에 파이썬이 과학 계산 애플리케이션에서 널리 쓰이게 되었다. 넘파이는 숫자뿐만 아니라 사용자 정의 레코드로 구성된 다차원 동형 배열 및 행렬을 만들고, 요소 단위에서 효율적으로 연산할 수 있게 해준다.

사이파이^{SciPy}는 넘파이를 기반으로 작성된 라이브러리로서, 선형대수학, 수치해석, 통계학에 나오는 여러 과학 계산 알고리즘을 제공한다. 사이파이는 넷립^{Netlib} 리포지터리(https://fpy.li/2-19)에서 제공하는 C 및 포트란 코드베이스를 활용함으로써 빠르고 신뢰성이 높다. 다시 말해, 사이파이는 C와 포트란으로 최적화되고 업계에서 입증된 고급 계산 함수를 대화형 파이썬 API를 통해 과학자들에게 제공한다.

[예제 2–22]는 넘파이에서 2차원 배열에 간단한 연산을 수행하는 방법을 보여 준다.

예제 2-22 numpy.ndarray에서 행과 열을 이용한 기본 연산

```
>>> import numpy as np  ❶
>>> a = np.arange(12)  ❷
>>> a
array([ 0,  1,  2,  3,  4,  5,  6,  7,  8,  9, 10, 11])
>>> type(a)
<class 'numpy.ndarray'>
>>> a.shape  ❸
(12,)
```

```python
>>> a.shape = 3, 4  ❹
>>> a
array([[ 0,  1,  2,  3],
       [ 4,  5,  6,  7],
       [ 8,  9, 10, 11]])
>>> a[2]  ❺
array([ 8,  9, 10, 11])
>>> a[2, 1]  ❻
9¹⁷
>>> a[:, 1]  ❼
array([1, 5, 9])
>>> a.transpose()  ❽
array([[ 0,  4,  8],
       [ 1,  5,  9],
       [ 2,  6, 10],
       [ 3,  7, 11]])
```

❶ 넘파이는 파이썬 표준 라이브러리가 아니므로 별도 설치 후에 임포트한다. 관례적으로 numpy는 np라는 이름으로 임포트한다.

❷ 0에서 11까지의 정수로 numpy.ndarray를 만들고 값을 나열해 확인한다.

❸ 배열의 차원을 살펴본다. 12개 항목이 있는 1차원 배열이다.

❹ 차원을 하나 추가해서 배열의 모양을 변경한 후에 결과를 확인한다.

❺ 2행을 가져온다.

❻ 2행 1열의 항목을 가져온다.

❼ 1열을 가져온다.

❽ 행렬을 전치해(행과 열을 맞바꿔서) 배열을 새로 만든다.

넘파이는 numpy.ndarray를 저장 및 판독하고 모든 항목에 어떤 연산을 수행하는 고수준 연산도 지원한다.

```python
>>> import numpy
>>> floats = numpy.loadtxt('floats-10M-lines.txt')  ❶
>>> floats[-3:]  ❷
array([ 3016362.69195522,   535281.10514262,   4566560.44373946])
>>> floats *= .5  ❸
```

---

17 옮긴이_ 최신 넘파이에서는 arange()에 요소의 자료형을 지정하지 않으면, 플랫폼 버전에 따라 플랫폼에 고유한 기본 정수형인 int32나 int64형의 정수가 생성되어, 실행 결과가 이 예제와 다를 수 있다.

```
>>> floats[-3:]
array([ 1508181.34597761,    267640.55257131,   2283280.22186973])
>>> from time import perf_counter as pc  ❹
>>> t0 = pc(); floats /= 3; pc() - t0  ❺
0.03690556302899495
>>> numpy.save('floats-10M', floats)  ❻
>>> floats2 = numpy.load('floats-10M.npy', 'r+')  ❼
>>> floats2 *= 6
>>> floats2[-3:]  ❽
memmap([ 3016362.69195522,    535281.10514262,   4566560.44373946])
```

❶ 텍스트 파일에서 실수형 숫자 1천만 개를 읽어 온다.

❷ 시퀀스 슬라이싱 표기법을 이용해 마지막 숫자 세 개를 확인한다.

❸ floats 배열의 모든 요소에 .5를 곱하고 마지막 숫자 세 개를 다시 확인한다.

❹ 고정밀 성능 측정 타이머를 임포트한다(파이썬 3.3 이상 버전부터 가능).

❺ 각 항목을 3으로 나눈다. 실수 1천만 개를 처리하는 데 40밀리초도 걸리지 않는다.

❻ 배열을 .npy 이진 파일에 저장한다.

❼ 데이터를 메모리 맵 파일memory-mapped file로 읽어 온다. 이렇게 하면 전체 배열이 메모리에 다 들어가지는 않더라도 배열을 효율적으로 슬라이싱 처리할 수 있다.

❽ 모든 요소에 6을 곱한 후 마지막 항목 세 개를 확인한다.

넘파이와 사이파이는 막강한 라이브러리이자 판다스Pandas(https://fpy.li/2-20) 및 사이킷런scikit-learn(https://fpy.li/2-21) 같은 여러 멋진 도구의 기반이다. 판다스는 비수치형 데이터를 담고 .csv, .xls, SQL 덤프, HDF5 등 여러 포맷으로 임포트/익스포트할 수 있는 효율적인 배열형을 구현한다. 사이킷런은 현재 가장 널리 사용되는 머신러닝 도구이다.

대부분의 넘파이와 사이파이 함수들은 C나 C++로 구현되며, 파이썬의 전역 인터프리터 록global interpreter lock(GIL)을 해제하므로 모든 CPU 코어를 사용할 수 있다. 대스크Dask 프로젝트(https://fpy.li/dask)는 넘파이, 판다스, 사이킷런이 클러스터로 묶인 여러 컴퓨터에서 병렬 처리할 수 있게 지원한다. 이 패키지를 제대로 설명하려면 책 한 권 분량이 필요할 정도다. 이 책은 이러한 라이브러리를 설명하지는 않지만, 최소한 넘파이 배열이라도 간단히 다루지 않는다면 파이썬 시퀀스를 제대로 살펴봤다고 할 수 없다.

표준 배열과 넘파이 배열처럼 평범한 시퀀스를 살펴봤으니, 이제부터 고전적인 list를 대체하는 전혀 다른 종류인 큐queue에 관해 알아보자.

2.10.4 덱 및 기타 큐

append()와 pop() 메서드를 사용해서 리스트를 스택이나 큐(append()와 pop(0)을 사용하면 선입 선출(FIFO) 방식으로 작동한다)로 사용할 수 있다. 그러나 리스트 앞쪽(0번 인덱스)에 삽입하거나 삭제하려면 메모리 안에서 리스트 전체를 이동시켜야 하므로 처리 부담이 크다.

덱(collections.deque) 클래스는 큐의 양쪽 어디에서든 빠르게 삽입 및 삭제할 수 있도록 설계된 스레드 안전^{thread-safe}한 양방향 큐이다. 그리고 '최근에 본 항목'이나 이와 비슷한 것들의 목록을 유지할 때도 사용할 수 있다. 덱은 최대 길이를 설정해 제한된 항목만 유지할 수도 있으므로, 덱이 꽉 찬 후에는 새로운 항목을 추가할 때 반대쪽 항목을 버린다. [예제 2-23]은 덱을 이용해 수행하는 전형적인 연산을 보여 준다.

예제 2-23 덱 이용하기

```
>>> from collections import deque
>>> dq = deque(range(10), maxlen=10)  ❶
>>> dq
deque([0, 1, 2, 3, 4, 5, 6, 7, 8, 9], maxlen=10)
>>> dq.rotate(3)  ❷
>>> dq
deque([7, 8, 9, 0, 1, 2, 3, 4, 5, 6], maxlen=10)
>>> dq.rotate(-4)
>>> dq
deque([1, 2, 3, 4, 5, 6, 7, 8, 9, 0], maxlen=10)
>>> dq.appendleft(-1)  ❸
>>> dq
deque([-1, 1, 2, 3, 4, 5, 6, 7, 8, 9], maxlen=10)
>>> dq.extend([11, 22, 33])  ❹
>>> dq
deque([3, 4, 5, 6, 7, 8, 9, 11, 22, 33], maxlen=10)
>>> dq.extendleft([10, 20, 30, 40])  ❺
>>> dq
deque([40, 30, 20, 10, 3, 4, 5, 6, 7, 8], maxlen=10)
```

❶ 선택 인수 maxlen은 덱 객체가 수용할 수 있는 최대 항목 수를 설정한다. 덱 객체를 생성할 때 읽기 전용 속성인 maxlen을 설정한다.

❷ rotate() 메서드는 양수 인수를 받으면 오른쪽 끝에 있는 항목을 왼쪽 끝으로, 음수 인수를 받으면 왼쪽 끝에 있는 항목을 오른쪽 끝으로 이동시킨다.

❸ 가득 찬 덱(len(d) == d.maxlen)에 항목을 추가하면 반대쪽 항목을 삭제한다. 여기서는 오른쪽 끝에 있는 0이 밀려 나간다.

❹ 오른쪽에 항목 세 개를 추가하면 왼쪽 끝에 있는 -1, 1, 2가 밀려 나간다.

❺ extendleft(iter)는 iter 인수에서 생성되는 항목을 덱의 왼쪽에 하나씩 차례대로 추가한다. 따라서 항목이 역순으로 추가된다.

[표 2-4]는 list와 deque에 고유한 메서드를 비교한 것이다.

덱(deque)은 대부분의 list 메서드를 구현할 뿐만 아니라 popleft()와 rotate()처럼 설계 특성에 맞는 메서드도 부가적으로 가지고 있다. 그러나 처리 성능 측면에서 주의할 점도 있다. 덱 중간에서 항목을 제거하는 연산은 그리 빠르지 않다. 덱은 양쪽 끝에 항목을 추가하거나 제거하는 연산에 최적화되었기 때문이다.

append()와 popleft() 메서드는 원자성이 있으므로 deque은 멀티스레드 애플리케이션에서 록lock을 걸지 않고도 안전하게 FIFO 큐로 사용할 수 있다.

표 2-4 list나 deque에 구현된 메서드(표를 간단히 하고자 object에서도 구현하는 메서드는 생략)

메서드	리스트	덱	설명
s.__add__(s2)	●		s + s2: 연결한다.
s.__iadd__(s2)	●	●	s += s2: 연결하고 s에 저장한다.
s.append(e)	●	●	마지막 항목 오른쪽에 요소 하나를 추가한다.
s.appendleft(e)		●	첫 번째 항목 왼쪽에 요소 하나를 추가한다.
s.clear()	●	●	모든 항목을 삭제한다.
s.__contains__(e)	●		e in s
s.copy()	●		리스트를 얕게 복사한다.
s.__copy__()		●	copy.copy() 지원(얕은 복사)
s.count(e)	●	●	e 요소가 발생한 횟수를 반환한다.
s.__delitem__(p)	●	●	p 위치의 항목을 삭제한다.
s.extend(i)	●	●	반복 가능한 i에 있는 요소를 오른쪽에 추가한다.
s.extendleft(i)		●	반복 가능한 i에 있는 요소를 왼쪽에 추가한다.

메서드	리스트	덱	설명
s.__getitem__(p)	●	●	s[p]: p 위치의 항목을 가져온다.
s.index(e)	●		처음 e가 나타난 위치를 반환한다.
s.insert(p, e)	●		p 위치의 항목 앞에 e 요소를 추가한다.
s.__iter__()	●	●	반복자를 가져온다.
s.__len__()	●	●	len(s): 항목 수를 반환한다.
s.__mul__(n)	●		s * n: n회 반복해 연결한다.
s.__imul__(n)	●		s *= n: n회 반복해 연결 후 s에 저장한다.
s.__rmul__(n)	●		n * s: 역순 반복 연결 메서드*
s.pop()	●	●	마지막 항목을 삭제하고 반환한다.**
s.popleft()		●	첫 번째 항목을 삭제하고 반환한다.
s.remove(e)	●	●	값이 e와 일치하는 요소를 제거한다.
s.reverse()	●	●	항목을 역순으로 나열해 다시 s에 저장한다.
s.__reversed__()	●	●	뒤에서부터 앞으로 나열하는 반복자를 반환한다.
s.rotate(n)		●	한쪽에 있는 n개의 항목을 반대편으로 이동한다.
s.__setitem__(p, e)	●	●	s[p] = e: p 위치에 e 값을 저장하고, 기존 값을 덮어쓴다.
s.sort([key], [reverse])	●		선택적인 키워드 key와 reverse에 따라 항목을 정렬하고 s에 저장한다.

* 역순 연산자는 16장에서 설명한다.

** a_list_pop(p)는 p 위치의 항목을 제거할 수 있지만, deque는 이 옵션을 지원하지 않는다.

파이썬 표준 라이브러리 패키지는 deque 외에도 다음과 같은 큐를 구현한다.

queue

스레드 안전한(동기화된) SimpleQueue, Queue, LifoQueue, PriorityQueue 클래스를 제공한다. 이 큐들은 스레드 간에 안전하게 통신하기 위해 사용된다. SimpleQueue를 제외한 모든 클래스는 0보다 큰 maxsize 인수를 생성자에 전달해 크기를 제한할 수 있다. 그렇지만 deque과 달리 공간이 꽉 찼을 때 항목을 버리지 않는다. 대신 다른 스레드에서 큐 안의 항목을 제거해 공간을 확보해 줄 때까지 새로운 항목의 추가를 블로킹하면서 기다린다. 따라서 활성화된 스레드 수를 조절하기 좋다.

multiprocessing

무제한 크기의 `SimpleQueue`와 제한된 크기의 `Queue`를 자체적으로 구현한다. `queue` 패키지와 아주 비슷하지만, 프로세스 간 통신을 위해 설계되었다. 작업 관리에 특화된 `multiprocessing.JoinableQueue`도 제공한다.

asyncio

`queue`와 `multiprocessing` 모듈에 있는 클래스들과 비슷한 철학을 가진 `Queue`, `LifoQueue`, `PriorityQueue`, `JoinableQueue`를 제공하는데, 이 클래스들은 비동기 프로그래밍한 때의 작업 관리에 적합하게 설계되었다.

heapq

앞에 설명한 세 모듈과 달리 `queue` 클래스를 구현하지는 않지만, 가변 시퀀스를 힙 큐나 우선순위 큐로 사용하게 해 주는 `heappush()`와 `heappop()` 등의 함수를 제공한다.

지금까지 일반적인 시퀀스형과 `list` 이외의 자료형을 전반적으로 살펴봤다. `str` 및 이진 시퀀스의 특성은 4장에서 자세히 다룬다.

2.11 요약

표준 라이브러리에서 제공하는 시퀀스형을 제대로 파악해야 간결하고, 효율적이며, 파이썬다운 코드를 작성할 수 있다.

파이썬 시퀀스는 가변형과 불변형으로 구분하기도 하지만, 균일 시퀀스와 컨테이너 시퀀스로 나눠도 도움이 된다. 균일 시퀀스는 작고, 빠르고, 사용하기 쉽지만 숫자, 문자, 바이트처럼 원자적인 데이터만 저장할 수 있다. 컨테이너 시퀀스는 융통성이 있지만, 가변 객체를 저장할 때는 예상치 못한 일이 발생할 수도 있다. 따라서 중첩 데이터 구조체와 함께 컨테이너 시퀀스를 사용할 때는 주의해야 한다.

불행히도 파이썬은 불변성을 보장해 주는 컨테이너 시퀀스형을 제공하지 않는다. 심지어 '불변형'인 튜플조차도 리스트나 사용자 정의 객체 등 가변 항목이 포함될 때는 값이 바뀔 수 있다.

지능형 리스트와 제너레이터 표현식은 시퀀스를 생성하고 초기화하는 강력한 표기법이다. 아직 이 표기법에 익숙하지 않다면 차분히 기본 사용법을 익히는 편이 좋다. 그리 어렵지 않으며 금세 이 표기법에 매료될 것이다.

파이썬에서 제공하는 튜플은 필드 이름이 없는 레코드나 불변 리스트로 사용할 수 있다. 튜플을 불변 리스트로 사용할 때는 모든 항목이 불변형일 때만 값이 바뀌지 않음에 유의해야 한다. hash(t)를 호출해 보면 값이 바뀌지 않음을 간단히 보장할 수 있다. t 안에 가변 항목이 들어 있으면 TypeError가 발생하기 때문이다.

튜플을 레코드로 사용할 때는 튜플 언패킹이 가장 안전하며, 튜플 안의 필드를 읽기 좋게 추출할 수 있다. 언패킹 연산자(*)는 튜플 외에도 문맥에 따라 리스트와 반복형에 사용할 수 있는데, 파이썬 3.5 이상 버전에서는 PEP 448(https://fpy.li/pep448)에 나온 사용 예를 적용할 수 있다. 파이썬 3.10에는 구조 분해라는 강력한 언패킹 기법을 지원하는 match/case 패턴 매칭이 추가되었다.

시퀀스 슬라이싱은 파이썬에서 즐겨 사용하는 구문 기능으로서, 사람들이 흔히 알고 있는 것보다 훨씬 더 강력하다. 넘파이에서 사용되는 다차원 슬라이싱과 생략 기호(...) 표기도 사용자 정의 시퀀스가 지원할 수 있다. 슬라이스에 할당하는 구문을 이용하면 가변 시퀀스의 편집을 멋지게 표현할 수 있다.

seq * n으로 표현되는 반복 연결은 편리하게 사용할 수 있으며, 주의해서 사용하면 가변 항목을 담은 리스트의 리스트를 초기화할 수도 있다. +=과 *= 복합 할당자는 가변/불변 시퀀스 여부에 따라 다르게 작동한다. 불변 시퀀스의 경우 복합 할당자는 새로운 시퀀스를 생성한다. 대상 시퀀스가 가변이면 일반적으로 대상 시퀀스를 직접 변경하지만, 시퀀스 구현 방식에 따라 그렇지 않을 수도 있다.

sort() 메서드와 sorted() 함수는 사용하기 쉽고, 선택적인 key 인수에 정렬 기준을 계산하는 함수를 지정할 수 있으므로 융통성도 뛰어나다. 한편, key는 min()과 max() 내장 함수와도 함께 사용할 수 있다.

파이썬 표준 라이브러리는 리스트와 튜플 외에 array.array도 제공한다. 넘파이와 사이파이는 표준 라이브러리는 아니지만, 대형 데이터셋에 수치 연산할 때는 이런 라이브러리를 약간만 알아 두어도 큰 도움이 된다.

그리고 마지막으로 기능이 풍부하고 스레드 안전한 collections.deque을 살펴보고, [표 2-4]에서는 리스트와 API를 비교했으며, 표준 라이브러리에서 제공하는 다른 큐 클래스도 간략히 알아봤다.

## CHAPTER 3

딕셔너리와 집합

> 파이썬은 기본적으로 멋진 기호로 포장된 dict이다.
>
> — 랄로 마르틴스Lalo Martins
> **초창기 디지털 유목민이자 파이썬주의자**

모든 파이썬 프로그램에는 딕셔너리가 들어 있다. dict 형은 파이썬 구현의 핵심 부분이므로, 코드에서 직접 사용하지 않아도 간접적으로나마 들어간다. 클래스와 인스턴스 속성, 모듈 네임스페이스, 함수의 키워드 인수들은 파이썬 구성 요소의 핵심으로서 메모리 안에는 딕셔너리로 표현된다. 예를 들어 __builtins__.__dict__에는 모든 내장형, 객체, 함수가 저장된다.

파이썬 dict 클래스는 중요한 역할을 맡는 만큼 상당히 최적화되어 있다. 파이썬의 고성능 딕셔너리 뒤에는 **해시 테이블**hash table이라는 엔진이 있다.

그 외 해시 테이블에 기반한 내장형에는 set과 frozenset이 있다. 이 자료형들은 다른 프로그래밍 언어에서 볼 수 있는 집합형보다 더 풍부한 API와 연산자를 제공한다. 특히 파이썬 집합은 합집합, 공집합, 부분집합 검사 등 집합 이론에 나오는 핵심 연산을 모두 구현한다. 이 연산들 덕분에 중첩 루프와 조건문을 사용하지 않고도 더욱 선언적인 방식으로 알고리즘을 표현할 수 있다.

이번 장에서 설명할 내용은 다음과 같다.

- 고급 언패킹과 패턴 매칭 등 딕셔너리와 매핑형 데이터를 만들고 처리하는 최신 구문법
- 매핑형의 공통 메서드들
- 존재하지 않는 키에 대한 특별 처리
- 표준 라이브러리에서 제공하는 dict의 여러 변형
- set과 frozenset 형
- 집합과 딕셔너리에 해시 테이블이 미치는 영향

3.1 이번 장의 변경 사항

2판에서는 주로 매핑형에 관련된 새로운 기능에 관한 설명이 추가되었다.

- 3.2절 '최신 dict 구문'에서는 |와 |= 연산자 등 파이썬 3.9 이상 버전에서 dict 형이 지원하는 향상된 언패킹 구문과 달라진 매핑 병합 방식을 설명한다.
- 3.3절 '매핑을 이용한 패턴 매칭'에서는 파이썬 3.10 이상 버전에서 match/case를 이용해 매핑하는 방법을 설명한다.
- 3.6.1절 'collections.OrderedDict 클래스'에서는 파이썬 3.6부터 dict가 삽입된 키의 순서를 유지하는 점을 고려해 dict와 OrderedDict 간의 작지만 의미 있는 차이점을 집중적으로 알아본다.
- 3.8절 '딕셔너리 뷰'와 3.12절 'dict 뷰에 대한 집합 연산'은 dict.keys, dict.items, dict.values가 반환하는 뷰 객체를 설명하고자 추가했다.

dict와 set의 기반 코드는 여전히 해시 테이블에 의존하지만, dict는 메모리 절약과 키 삽입 순서의 보존이라는 두 가지 측면에서 최적화된다. 3.9절 'dict의 작동 방식이 미치는 영향'과 3.11절 '집합의 작동 방식이 미치는 영향'에서는 이 둘을 제대로 사용하려면 알아야 할 지식을 정리한다.

> **NOTE** 2판에 상당한 분량을 새롭게 추가했고, 1판의 3.9절 'dict와 set의 내부 구조'는 별도 웹사이트 (https://fpy.li/hashint)에서 제공한다.[1] 이 문서는 다음 주제에 관한 다이어그램과 설명을 담아 갱신 하고 확장했다.

---

1 **옮긴이**_ 번역본은 역자 깃허브(https://github.com/KweonKang/fluent-python-2e-extra)에서 제공한다.

3.2 최신 dict 구문

다음 절에서는 매핑형 데이터를 생성, 언패킹, 처리하는 새로운 구문을 설명한다. 이 중 일부는 파이썬 최신 버전에 추가된 기능은 아니지만, 아직 생소한 독자들도 있을 것이다. 그 외에 ¦ 연산자는 파이썬 3.9 이상 버전에서, match/case는 파이썬 3.10에서 사용할 수 있다. 이 중 가장 오래되었지만 가장 좋은 기능부터 알아보자.

3.2.1 지능형 딕셔너리

파이썬 2.7부터는 지능형 리스트(listcomp)와 제너레이터 표현식(genexp) 구문이 지능형 딕셔너리dict comprehension(dictcomp)에 적용된다(곧 살펴보겠지만, 지능형 집합도 마찬가지다). **지능형 딕셔너리**는 키-값 쌍을 반복할 수 있는 임의의 반복형 객체를 받아 dict 객체를 생성한다. [예제 3-1]은 동일한 튜플 리스트에서 딕셔너리 객체 두 개를 만드는 지능형 리스트 사용법을 보여 준다.

예제 3-1 지능형 딕셔너리 생성 예

```
>>> dial_codes = [                                              ❶
...     (880, 'Bangladesh'),
...     (55,  'Brazil'),
...     (86,  'China'),
...     (91,  'India'),
...     (62,  'Indonesia'),
...     (81,  'Japan'),
...     (234, 'Nigeria'),
```

```
...     (92,    'Pakistan'),
...     (7,     'Russia'),
...     (1,     'United States'),
... ]
>>> country_dial = {country: code for code, country in dial_codes}  ❷
>>> country_dial
{'Bangladesh': 880, 'Brazil': 55, 'China': 86, 'India': 91, 'Indonesia': 62,
'Japan': 81, 'Nigeria': 234, 'Pakistan': 92, 'Russia': 7, 'United States': 1}
>>> {code: country.upper()                                          ❸
...     for country, code in sorted(country_dial.items())
...     if code < 70}
{55: 'BRAZIL', 62: 'INDONESIA', 7: 'RUSSIA', 1: 'UNITED STATES'}
```

❶ dial_codes와 같은 키-값 쌍의 반복형을 dict 생성자에 바로 전달할 수 있지만,

❷ 여기서는 쌍을 뒤바꿔서 country는 키, code는 값이 된다.

❸ country_dial을 이름순으로 정렬하고, 쌍을 다시 뒤바꾼 후, code가 70 미만인 쌍의 값을 대문자로 바꿔 딕셔너리를 만든다.

지능형 리스트에 익숙하다면 지능형 딕셔너리도 자연스럽게 이해될 것이다. 아직 지능형 리스트에 익숙지 않더라도, 지능형 구문을 다양한 형태로 접하고 능숙해지면 많은 도움이 된다.

3.2.2 매핑 언패킹하기

PEP 448(https://fpy.li/pep448)은 파이썬 3.5 이상 버전에서 매핑의 언패킹을 다음과 같이 개선했다.

첫째, 함수를 호출할 때 키가 모두 문자열이고 전체 인수에서 유일하게 식별할 수 있으면(고유하면), 하나 이상의 인수에 딕셔너리 언패킹 연산자(**)를 적용할 수 있다. 키워드 인수의 중복을 허용하지 않기 때문이다.

```
>>> def dump(**kwargs):
...     return kwargs
...
>>> dump(**{'x': 1}, y=2, **{'z': 3})
{'x': 1, 'y': 2, 'z': 3}
```

둘째, dict 리터럴 안에 **를 여러 번 사용할 수 있다.

```
>>> {'a': 0, **{'x': 1}, 'y': 2, **{'z': 3, 'x': 4}}
{'a': 0, 'x': 4, 'y': 2, 'z': 3}
```

이때는 중복된 키도 사용할 수 있지만, 나중에 나온 값이 먼저 나온 값을 덮어쓴다(앞의 예에서 x의 값을 확인하라).

이 구문을 이용해 매핑을 병합할 수도 있지만, 지금부터 설명할 다른 방법도 있다.

3.2.3 |을 이용한 매핑 병합

파이썬 3.9는 |와 |= 연산자를 사용해서 매핑 병합을 지원한다. 이 연산은 합집합 연산자로도 사용되므로 매핑의 병합과 의미가 상통한다.

| 연산자는 매핑을 새로 생성한다.

```
>>> d1 = {'a': 1, 'b': 3}
>>> d2 = {'a': 2, 'b': 4, 'c': 6}
>>> d1 | d2
{'a': 2, 'b': 4, 'c': 6}
```

보통 새로 만들어진 매핑은 연산자 왼쪽의 자료형으로 생성되지만(이 예제에서는 d1), 사용자 징의형을 시용하면 16장에서 설명한 연산자 오버로딩 규칙에 따라 두 번째 연산자의 자료형으로 만들어질 수도 있다.

기존 매핑의 값을 직접 변경할 때는 |= 연산자를 사용하라. 앞의 예제에서는 d1의 값이 바뀌지 않지만, 다음 예에서는 d1의 값이 바뀐다.

```
>>> d1
{'a': 1, 'b': 3}
>>> d1 |= d2
>>> d1
{'a': 2, 'b': 4, 'c': 6}
```

이제 패턴 매칭을 매핑에 적용하는 방법을 알아보자.

3.3 매핑을 이용한 패턴 매칭

match/case 문은 대상이 매핑 객체일 때도 지원한다. 매핑에 대한 패턴은 dict 리터럴처럼 보이지만, collections.abc.Mapping의 서브클래스[2]나 가상 서브클래스이면 어떠한 객체도 매칭할 수 있다.

2장에서는 시퀀스 패턴만 살펴봤지만, 다른 자료형의 패턴도 조합하거나 중첩할 수 있다. 구조 분해 덕분에 패턴 매칭은 중첩된 매핑이나 시퀀스 등 레코드 형태의 구조체(JSON API나 몽고DB^{MongoDB}, 에지DB^{EdgeDB}, PostgreSQL 등 어느 정도 구조를 갖춘 스키마가 있는 데이터베이스에서 읽어온 데이터)도 처리할 수 있는 강력한 도구가 되었다(예제 3-2). get_creators()의 간단한 자료형 힌트를 통해 이 함수가 dict 형을 인수로 받아 list 형을 반환함을 알 수 있다.

예제 3-2 creator.py: get_creators()는 미디어 레코드에서 제작자 이름을 추출한다.

```python
def get_creators(record: dict) -> list:
    match record:
        case {'type': 'book', 'api': 2, 'authors': [*names]}: ❶
            return names
        case {'type': 'book', 'api': 1, 'author': name}:  ❷
            return [name]
        case {'type': 'book'}:  ❸
            raise ValueError(f"Invalid 'book' record: {record!r}")
```

---

2 13.5.6절 'ABC의 가상 서브클래스'에서 설명하듯이, ABC의 register() 메서드를 호출해 등록된 클래스는 모두 가상 서브클래스가 된다. 파이썬/C API를 통해 구현된 자료형도 특정 비트(Py_TPFLAGS_MAPPING)를 설정하면 가상 서브클래스 자격을 지닌다(https://fpy.li/3-2).

```python
        case {'type': 'movie', 'director': name}:    ❹
            return [name]
        case _:    ❺
            raise ValueError(f'Invalid record: {record!r}')
```

❶ 'type' 키에는 'book', 'api' 키에는 2, 'authors' 키에는 시퀀스를 가진 매핑이 매칭된다. 리스트를 새로 만들어 항목을 반환한다.

❷ 'type' 키에는 'book', 'api' 키에는 1, 'author' 키에는 어떠한 객체라도 있는 매핑이 매칭된다. 객체를 리스트 안에 담아 반환한다.

❸ 'type' 키에 'book' 값이 있지만, 앞에서 매칭되지 않는 매핑은 올바르지 않으므로 ValueError 예외가 발생한다.

❹ 'type' 키에는 'movie', 'director' 키에는 단 하나의 객체를 값으로 가진 매핑이 매칭된다. 객체를 리스트 안에 담아 반환한다.

❺ 그 외의 대상은 잘못된 값이므로 ValueError가 발생한다.

[예제 3-2]는 JSON 레코드처럼 어느 정도 구조를 갖춘 데이터를 처리하는 좋은 사례를 보여준다.

- 레코드의 종류를 나타내는 필드가 포함됨(예: 'type': 'movie').
- API를 공개한 후 나중에 개선할 수 있게 스키마 버전을 나타내는 필드가 포함됨(예: 'api': 2').
- 아무 패턴에도 매칭되지 않는 경우는 물론, 특정 유형에 대해 잘못된 레코드(예: 'type'이 'book'이지만, 앞의 두 경우에 매칭되지 않음)를 탐지하도록 case 문을 구성함.

이제 doctest 예를 통해 get_creators()가 어떻게 처리하는지 알아보자.

```python
>>> b1 = dict(api=1, author='Douglas Hofstadter',
...         type='book', title='Gödel, Escher, Bach')
>>> get_creators(b1)
['Douglas Hofstadter']
>>> from collections import OrderedDict
>>> b2 = OrderedDict(api=2, type='book',
...         title='Python in a Nutshell',
...         authors='Martelli Ravenscroft Holden'.split())
>>> get_creators(b2)
['Martelli', 'Ravenscroft', 'Holden']
>>> get_creators({'type': 'book', 'pages': 770})
```

```
Traceback (most recent call last):
  ...
ValueError: Invalid 'book' record: {'type': 'book', 'pages': 770}
>>> get_creators('Spam, spam, spam')
Traceback (most recent call last):
  ...
ValueError: Invalid record: 'Spam, spam, spam'
```

b2로 받는 대상이 OrderedDict 형이긴 하지만, 패턴의 키 순서는 무관하다는 점에 유의하라.

시퀀스 패턴과 달리 매핑 패턴은 부분적으로 매칭되어도 성공한다. 앞의 doctest 예에서 b1과 b2 대상은 어떠한 'book' 패턴에도 없는 'title' 키를 갖지만, 여전히 매칭된다.

나머지 키-값 쌍을 매칭시키기 위해 **extra를 사용할 필요는 없지만, 나머짓값을 dict 형으로 가져오려면 하나의 변수 앞에 **를 붙일 수 있다. 다만 **은 패턴의 마지막 항목 앞에 와야 하며, **_은 중복되므로 사용할 수 없다. 다음의 간단한 예를 살펴보자.

```
>>> food = dict(category='ice cream', flavor='vanilla', cost=199)
>>> match food:
...     case {'category': 'ice cream', **details}:
...         print(f'Ice cream details: {details}')
...
Ice cream details: {'flavor': 'vanilla', 'cost': 199}
```

3.5절 '존재하지 않는 키의 자동 처리'에서는 defaultdict 및 기타 매핑형을 알아본다. 몇몇 매핑형에서는 존재하지 않는 항목이 실행 중에 생성되므로, 존재하지 않는 키로 __getitem__() 메서드(d[key]에 의해 호출됨)를 호출해도 검색에 성공한다. 패턴 매칭의 경우 match 문 위쪽에 있는 필요한 키가 대상에 이미 있을 때만 성공한다.

> **TIP** 패턴 매칭은 언제나 d.get(key, sentinel) 메서드를 호출하므로 존재하지 않는 키를 자동으로 처리하는 메커니즘이 작동하지 않는다. d.get() 메서드의 기본 구분 표시, 즉 센티넬(sentinel)은 사용자 데이터에 나올 수 없는 특별한 값이다.

구문과 구조체를 간략히 살펴봤으니, 이제 매핑형의 API를 알아보자.

3.4 매핑형의 표준 API

collections.abc 모듈은 dict 및 이와 유사한 자료형의 인터페이스를 정의하기 위해 Mapping과 MutableMapping 추상 베이스 클래스를 제공한다(그림 3-1).

추상 베이스 클래스의 핵심 가치는 매핑의 표준 인터페이스를 문서화 및 공식화하며, 다양한 매핑형을 지원하는 코드에서 isinstance() 테스트의 기준이 된다는 점이다.

```
>>> my_dict = {}
>>> isinstance(my_dict, abc.Mapping)
True
>>> isinstance(my_dict, abc.MutableMapping)
True
```

> **TIP** 추상 베이스 클래스의 isinstance()를 사용하는 편이 함수 인수가 정확히 dict 형인지 검사하는 것 보다 낫다. dict 이외의 매핑형도 사용할 수 있기 때문이다. 자세한 내용은 13장에서 알아본다.

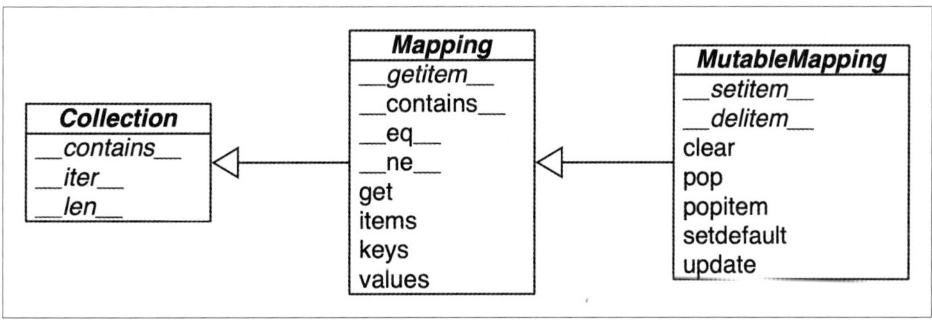

그림 3-1 collections.abc의 MutableMapping과 그 슈퍼클래스들의 UML 클래스 다이어그램. 상속 관계를 나타내는 화살표는 서브클래스에서 슈퍼클래스로 향하며, 추상 클래스와 추상 메서드는 이탤릭체로 나타냈다.

사용자 정의 매핑형을 구현하려면, 이들 추상 베이스 클래스를 상속하기보다는 collections. UserDict를 확장하거나 dict를 클래스 안에 필드로 두는 편이 더 쉽다. 표준 라이브러리의 collections.UserDict와 모든 구상 매핑 클래스는 클래스 안에 기본적인 dict 형을 필드로 포함하는데, dict 형은 해시 테이블을 이용해서 만든다. 따라서 이 클래스들 모두 키가 **해시 가능**해야 한다는 제약이 있다(값은 해시 가능할 필요 없다. 다만 키는 해시 가능해야 한다). 다음 절에서 해시 가능하다는 말의 의미를 다시 정리해 보자.

3.4.1 해시 가능한 객체

파이썬 용어집(https://fpy.li/3-3)에서는 '**해시 가능**hashable'이라는 용어를 다음과 같이 정의한다.

> 수명 주기 동안 절대 변하지 않는 해시 코드가 있고(__hash__() 메서드가 계산한다), 다른
> 객체와 비교할 수 있으면(__eq__() 메서드로 판단한다), 객체를 해시 가능하다고 한다. 값
> 이 같다고 판단되는 객체는 해시 코드[3]도 동일하다.

수치형과 균일 불변형flat immutable type(str과 bytes 형)은 모두 해시 가능하다. 컨테이너형은 자신은 물론이고 포함된 객체들도 모두 불변형일 때만 해시 가능하다. frozenset은 언제나 해시 가능하다. 포함된 모든 요소가 해시 가능해야 frozenset이 될 수 있기 때문이다. tuple은 포함된 항목이 모두 해시 가능해야만 해시 가능하다. 다음 코드에서 tt, tl, tf 튜플을 살펴보자.

```
>>> tt = (1, 2, (30, 40))
>>> hash(tt)
8027212646858338501
>>> tl = (1, 2, [30, 40])
>>> hash(tl)
Traceback (most recent call last):
  File "<stdin>", line 1, in <module>
TypeError: unhashable type: 'list'
>>> tf = (1, 2, frozenset([30, 40]))
>>> hash(tf)
-4118419923444501110
```

객체의 해시 코드는 파이썬 버전, 하드웨어 아키텍처, 보안 강화를 이유로 해시 계산에 추가된 **솔트**salt 때문에 다를 수 있다.[4] 제대로 구현된 객체의 해시 코드는 하나의 파이썬 프로세스 안에서만 일정한 값이 나온다는 것이 보장된다.

---

3 파이썬 용어집(https://fpy.li/3-3)의 '해시 가능(hashable)' 항목에서는 해시 코드(hash code) 대신 해시값(hash value)이라는 용어를 사용한다. 하지만 해시 코드는 매핑에서 자주 언급되는 개념인 만큼, 필자는 해시 코드라는 용어를 선호한다. 매핑 항목들이 키와 값으로 구성되므로, 해시 코드를 해시값이라 부르면 헷갈릴 수도 있다. 이 책에서는 해시 코드라는 용어만 사용한다.

4 'PEP 456 - 안전하고 교환 가능한 해시 알고리즘(Secure and interchangeable hash algorithm)' 문서(https://fpy.li/pep456)는 해시 알고리즘의 보안 특성과 사용된 해결책을 설명한다.

사용자 정의형은 기본적으로 해시 가능하다. id() 메서드로 해시 코드를 계산하고, 단순히 객체 ID를 비교해 동질성을 판단하는 __eq__() 메서드를 object 클래스에서 상속받기 때문이다. 내부 상태를 고려해 __eq__() 메서드를 직접 정의하는 클래스는 __hash__() 메서드가 늘 동일한 해시 코드를 반환하도록 구현했을 때만 해시 가능하다. 일반적으로 __eq__()와 __hash__() 메서드는 객체가 소멸될 때까지 변하지 않는 속성들만 고려해야 한다.

이제 파이썬에서 가장 널리 쓰이는 매핑형인 dict, defaultdict, OrderedDict의 API를 알아보자.

3.4.2 공통적인 매핑 메서드

매핑형의 기본 API는 상당히 풍부하다. [표 3-1]은 dict와, dict의 변형 중 널리 사용되는 defaultdict와 OrderedDict 클래스가 구현하는 메서드를 보여 준다(이 두 클래스는 모두 collections 모듈에 정의되어 있다).

표 3-1 매핑형 dict, collections.defaultdict, collections.OrderedDict 메서드. 간략히 설명하고자 object 클래스에서 상속받은 메서드는 생략했으며, 선택 인수는 대괄호 안에 넣었다.

메서드	dict	defaultdict	OrderedDict	설명
d.clear()	●	●	●	모든 항목을 제거한다.
d.__contains__(k)	●	●	●	k in d
d.copy()	●	●	●	얕게 복사한다.
d.__copy__()		●		copy.copy(d)를 호출했을 때, 얕게 복사하는 방법을 정의한다.
d.default_factory		●		빠진 값을 설정하기 위해 __missing__() 메서드에 호출되는 콜러블*
d.__delitem__(k)	●	●	●	del d[k]: 키가 k인 항목을 제거한다.
d.fromkeys(it, [initial])	●	●	●	선택적인 초깃값(기본값은 None)을 받아, 반복 가능한 객체의 키를 이용해 새로 매핑한다.
d.get(k, [default])	●	●	●	키가 k인 항목을 반환한다. 해당 항목이 없으면 default나 None을 반환한다.
d.__getitem__(k)	●	●	●	d[k]: 키가 k인 항목을 반환한다.

메서드	dict	defaultdict	OrderedDict	설명
d.items()	●	●	●	키-값 쌍으로 구성된 항목들의 뷰를 가져온다.
d.__iter__()	●	●	●	키 목록을 반복하는 반복자를 가져온다.
d.keys()	●	●	●	키 리스트의 뷰를 가져온다.
d.__len__()	●	●	●	len(d): 항목 수를 반환한다.
d.__missing__(k)		●		__getitem__()이 k 키를 찾을 수 없을 때 호출된다.
d.move_to_end (k, [last])			●	k 키 항목을 처음이나 끝으로 이동한다 (last의 기본값은 True).
d.__or__(other)	●	●	●	d | other 연산을 지원해 d와 other를 병합한 dict를 새로 만든다(파이썬 3.9 이상 버전).
d.__ior__(other)	●	●	●	d |= other 연산을 지원해 d에 other를 병합한다(파이썬 3.9 이상 버전).
d.pop(k, [default])	●	●	●	k 키 항목을 제거하고 반환한다. 항목이 없으면 default나 None을 반환한다.
d.popitem()	●	●	●	마지막 항목을 제거하고 제거된 (키, 값)을 반환한다.**
d.__reversed__()	●	●	●	reverse(d)를 지원하기 위해 키 목록의 역순 반복자를 가져온다.
d.__ror__(other)	●	●	●	other | d 연산을 지원하는 역순 합집합 연산자(파이썬 3.9 이상 버전)***
d.setdefault (k, [default])	●	●	●	k가 d에 있으면 d[k]를 반환하고, 아니면 d[k] = default로 설정하고 이 값을 반환한다.
d.__setitem__(k, v)	●	●	●	d[k] = v: k 키 항목의 값을 v로 설정한다.
d.update (m, [**kwargs])	●	●	●	키-값 쌍의 매핑이나 반복자 항목으로 d를 갱신한다.
d.values()	●	●	●	값 리스트의 뷰를 가져온다.

* default_factory는 메서드가 아닌 콜러블 속성으로서, defaultdict 객체를 생성할 때 사용자가 설정한다.

** OrderedDict.popitem(last=False)는 처음 삽입된 항목을 제거한다(선입 선출). 파이썬 3.10b3 버전을 기준으로 dict와 defaultdict는 last 키워드를 지원하지 않는다.

*** 역순 연산자는 16장에서 설명한다.

d.update(m) 메서드가 첫 번째 인수 m을 다루는 방식은 **덕 타이핑**duck typing의 대표적인 사례다. 먼저 m에 keys() 메서드가 있는지 확인한 후, 있으면 매핑이라고 간주한다. keys() 메서드가 없으면 update() 메서드는 m의 항목들이 키-값 쌍으로 되었다고 간주하고 m을 반복한다. 대부분의 파이썬 매핑은 update() 메서드와 같은 논리를 내부적으로 구현한다. 따라서 매핑은 다른 매핑으로 초기화하거나, 키-값 쌍을 생성하는 반복형 객체로 초기화할 수 있다.

매핑의 setdefault() 메서드는 신비롭다. 이 메서드는 똑같은 키를 여러 번 조회하지 않게 해 준다. 다음 절에서는 예제와 함께 이 메서드 사용법을 설명한다.

3.4.3 가변값의 추가와 갱신

파이썬의 **조기 실패**fail-fast 철학에 따라, 존재하지 않는 키 k로 d[k]에 접근하면 dict는 에러를 발생시킨다. KeyError를 처리하는 것보다 기본값을 사용하는 방법이 더 편리한 경우에는 d[k] 대신 d.get(k, default)를 사용한다는 것은 파이썬 개발자라면 누구나 안다. 그렇지만 가변값을 가져와 갱신하고 싶을 때는 더 좋은 방법이 있다.

텍스트의 색인을 만드는 프로그램을 생각해 보자. 각 단어를 키로 하고, 단어가 등장한 위치들의 리스트를 값으로 하는 매핑을 만든다(예제 3-3).

예제 3-3 '파이썬의 선'을 처리하는 [예제 3-4] 코드의 일부 출력 결과. 각 줄은 단어와 그 단어가 등장한 위치를 (줄 번호, 열 번호) 쌍의 리스트로 보여 준다.

```
$ python3 index0.py zen.txt
a [(19, 48), (20, 53)]
Although [(11, 1), (16, 1), (18, 1)]
ambiguity [(14, 16)]
and [(15, 23)]
are [(21, 12)]
aren [(10, 15)]
at [(16, 38)]
bad [(19, 50)]
be [(15, 14), (16, 27), (20, 50)]
beats [(11, 23)]
Beautiful [(3, 1)]
better [(3, 14), (4, 13), (5, 11), (6, 12), (7, 9), (8, 11), (17, 8), (18, 25)]
...
```

[예제 3-4]는 최적화가 덜 된 코드로, 존재하지 않는 키를 처리하는 데 `dict.get()`이 가장 좋은 방법은 아님을 보여 주는 사례다. 이 코드는 알렉스 마르텔리의 예제에서 가져왔다.[5]

예제 3-4 `index0.py`는 `dict.get()`을 사용해 색인의 단어 목록을 가져와 갱신한다. 더 좋은 해결책은 [예제 3-5]를 참조하라.

```python
"""{(단어, [등장 위치])} 구조의 색인 매핑을 만든다."""

import re
import sys

WORD_RE = re.compile(r'\w+')

index = {}
with open(sys.argv[1], encoding='utf-8') as fp:
    for line_no, line in enumerate(fp, 1):
        for match in WORD_RE.finditer(line):
            word = match.group()
            column_no = match.start() + 1
            location = (line_no, column_no)
            # 코드가 지저분하지만, 설명을 위해 이렇게 작성했다.
            occurrences = index.get(word, [])      ❶
            occurrences.append(location)           ❷
            index[word] = occurrences              ❸

# 알파벳순으로 출력한다.
for word in sorted(index, key=str.upper):          ❹
    print(word, index[word])
```

❶ word가 등장한 위치 리스트(occurrences)를 가져온다. 없으면 []를 반환한다.

❷ 새로운 위치(location)를 occurrences에 추가한다.

❸ 변경된 occurrences를 dict 형의 index에 넣는다. 이 연산 때문에 index를 한 번 더 검색한다.

❹ sorted() 함수의 key 인수에서는 str.upper()를 호출하지 않는다. 단지 해당 메서드에 대한 참조만 전달하고 sorted() 함수가 이 메서드를 이용해 정렬할 단어를 정규화하게 한다.[6]

---

5 원래 코드는 마르텔리의 '파이썬 다시 배우기(Re-learning Python)' 발표 자료(https://fpy.li/3-5)의 41번 슬라이드에 나온다. 사실 이 코드는 [예제 3-5]의 `dict.setdefault()` 예를 보여 준다.

6 이것은 메서드를 일급 함수로 사용하는 예로서, 7장의 주제이다.

[예제 3-4]에서 occurences를 다루는 세 줄은 `dict.setdefault()`를 이용해 한 줄로 바꿀 수 있다. [예제 3-5]는 마르텔리의 코드에 더 가깝다.

예제 3-5 `index.py`는 `dict.setdefault()`를 사용해 단 한 줄의 코드로 색인에서 단어를 가져와 등장 위치 목록을 갱신한다. [예제 3-4]와 비교해 보자.

```python
"""{(단어, [등장 위치])} 구조의 색인 매핑을 만든다."""

import re
import sys

WORD_RE = re.compile(r'\w+')

index = {}
with open(sys.argv[1], encoding='utf-8') as fp:
    for line_no, line in enumerate(fp, 1):
        for match in WORD_RE.finditer(line):
            word = match.group()
            column_no = match.start() + 1
            location = (line_no, column_no)
            index.setdefault(word, []).append(location)  ❶

# 알파벳순으로 출력한다.
for word in sorted(index, key=str.upper):
    print(word, index[word])
```

❶ word가 등장한 위치 리스트(occurrences)를 가져온다. 없으면 []를 반환한다. `setdefault()`는 값에 대한 객체 참조를 반환하므로 한 번 더 검색할 필요 없이 바로 값을 바꿀 수 있다.

다음 코드를 살펴보자.

```python
my_dict.setdefault(key,[]).append(new_value)
```

앞 코드가 처리하는 내용은 다음 코드와 똑같다.

```python
if key not in my_dict:
    my_dict[key] = []
my_dict[key].append(new_value)
```

다만 두 번째 코드는 key를 최소 두 번(key가 없으면 세 번) 검색하지만, 첫 번째 코드처럼 setdefault()를 이용하면 단 한 번만 검색해 모든 일을 처리할 수 있다는 점이 다르다.

이와 연관된 주제로서, 항목을 삽입할 때뿐만 아니라 어떤 방식으로든 조회할 때 키가 없으면 어떻게 처리하는지를 다음 절에서 알아보자.

3.5 존재하지 않는 키의 자동 처리

때로는 존재하지 않는 키를 검색했을 때 어떤 특별한 값을 반환하는 매핑이 있으면 편리하다. 이런 딕셔너리를 만드는 방법은 크게 두 가지다. 하나는 평범한 dict 대신 defaultdict를 사용하는 방법이고, 다른 하나는 dict 등의 매핑형을 상속해서 __missing__() 메서드를 추가하는 방법이다. 이 두 방법은 다음 각 절에서 설명한다.

3.5.1 defaultdict: 존재하지 않는 키에 대한 또 다른 대책

collections.defaultdict 객체는 d[k] 구문으로 존재하지 않는 키를 검색할 때 기본값이 있는 항목을 생성한다. [예제 3-6]은 defaultdict를 이용해 [예제 3-5]의 워드 색인 문제를 멋지게 해결하는 또 다른 방법을 보여 준다.

작동하는 방식은 다음과 같다. defaultdict 객체를 생성할 때, 존재하지 않는 키 인수로 __getitem__() 메서드를 호출할 때마다 기본값을 생성하는 데 사용되는 콜러블을 제공한다.

예를 들어 dd = defaultdict(list) 코드로 기본 defaultdict 객체를 생성한 후, dd에 존재하지 않는 키인 'new-key'로 dd['new-key'] 표현식을 실행하면 다음과 같이 처리된다.

  1 리스트를 새로 생성하기 위해 list()를 호출한다.
  2 'new-key'를 키로 사용해 새로운 리스트를 dd에 삽입한다.
  3 새로운 리스트에 대한 참조를 반환한다.

기본값을 생성하는 콜러블은 default_factory라는 객체 속성에 저장된다.

```python
"""단어가 등장한 위치를 가리키는 색인을 만든다."""

import collections
import re
import sys

WORD_RE = re.compile(r'\w+')

index = collections.defaultdict(list)        ❶
with open(sys.argv[1], encoding='utf-8') as fp:
    for line_no, line in enumerate(fp, 1):
        for match in WORD_RE.finditer(line):
            word = match.group()
            column_no = match.start() + 1
            location = (line_no, column_no)
            index[word].append(location)        ❷

# 알파벳순으로 출력한다.
for word in sorted(index, key=str.upper):
    print(word, index[word])
```

❶ list() 생성자를 default_factory로 하는 defaultdict를 생성한다.

❷ word가 index에 없으면, default_factory를 호출해 존재하지 않는 키에 대한 항목을 생성하는데, 여기서는 빈 리스트를 생성해 index[word]에 할당한 후 반환하므로 .append(location) 연산은 언제나 성공한다.

default_factory가 설정되지 않으면 키가 없을 때 흔히 볼 수 있는 KeyError가 발생한다.

> **WARNING** defaultdict의 default_factory는 __getitem__() 호출에 대한 기본값을 제공할 때만 호출되며, 다른 메서드를 통해서는 호출되지 않는다. 예를 들어 dd가 defaultdict 형이고 k가 존재하지 않는 키라면 dd[k]는 기본값을 생성하려고 default_factory를 호출하지만, dd.get(k)는 단지 None을 반환하고 k in dd는 False일 뿐이다.

defaultdict가 default_factory를 호출하게 하는 메커니즘은 실제로는 __missing__() 특별 메서드에 의존한다. 다음 절에서 이 기능을 설명한다.

3.5.2 __missing__() 메서드

매핑형은 이름만으로도 쉽게 추측할 수 있는 __missing__() 메서드를 이용해 존재하지 않는 키를 처리한다. 이 특별 메서드는 **베이스 클래스**^{base class}인 dict에는 정의되지 않았지만, dict는 이 메서드를 안다. 따라서 dict 클래스를 상속하고 __missing__() 메서드를 정의하면, dict.__getitem__() 표준 메서드가 키를 발견할 수 없을 때 KeyError를 발생시키는 대신 __missing__() 메서드를 호출한다.

검색할 때 키를 str 형으로 변환하는 매핑을 생각해 보자. 실제 IoT용 디바이스 라이브러리[7]에서 이런 사용 사례를 볼 수 있다. 이 라이브러리에서는 범용 입출력(GPIO) 핀이 있는 프로그래밍 가능한 보드(라즈베리 파이^{Raspberry Pi}나 아두이노^{Arduino} 등)의 물리적인 핀 식별자를 핀 소프트웨어 객체에 매핑하는 pins 속성이 있는 Board 객체로 표현한다. 물리적인 핀의 식별자는 단지 숫자이거나, "A0"나 "P9_12" 등의 문자열이다. 일관성을 위해 pins의 모든 키를 문자열로 표현하는 게 바람직하지만, 숫자로 핀을 조회할 수 있게 해도 편리하다. 예를 들어 my_arduino.pins[13]로 조회하면 아두이노의 13번 핀에 연결된 LED를 깜박거리게 하려고 할 때 초보자가 실수하지 않도록 해 준다.

[예제 3-7]은 숫자를 문자열로 변환하는 이런 매핑이 어떻게 작동하는지 보여 준다.

예제 3-7 비문자열 키를 검색할 때 StrKeyDict0는 찾을 수 없는 키를 문자열(str)로 변환한다.

`d[key]` 표기법으로 항목을 가져오는 테스트::

```
>>> d = StrKeyDict0([('2', 'two'), ('4', 'four')])
>>> d['2']
'two'
>>> d[4]
'four'
>>> d[1]
Traceback (most recent call last):
  ...
KeyError: '1'
```

`d.get(key)` 표기법으로 항목을 가져오는 테스트::

---

7 대표적으로 Pingo.io(https://fpy.li/3-6) 프로젝트가 있는데, 현재는 개발이 중단되었다.

```
>>> d.get('2')
'two'
>>> d.get(4)
'four'
>>> d.get(1, 'N/A')
'N/A'
```

`in` 연산자 테스트::

```
>>> 2 in d
True
>>> 1 in d
False
```

[예제 3-8]에서는 [예제 3-7]의 doctest를 통과하는 StrKeyDict0 클래스를 구현한다.

> **TIP** 사용자 정의 매핑형을 만들 때는 dict보다 collections.UserDict 클래스를 상속하는 편이 더 낫다([예제 3-9] 참조). 여기서는 단지 dict.__getitem__() 내장 메서드가 __missing__() 메서드를 지원함을 보여 주려고 dict 클래스를 상속한다.

예제 3-8 StrKeyDict0는 조회할 때 비문자열 키를 str로 변환한다([예제 3-7]의 테스트 참조).

```
class StrKeyDict0(dict):   ❶

    def __missing__(self, key):
        if isinstance(key, str):  ❷
            raise KeyError(key)
        return self[str(key)]      ❸

    def get(self, key, default=None):
        try:
            return self[key]       ❹
        except KeyError:
            return default         ❺

    def __contains__(self, key):
        return key in self.keys() or str(key) in self.keys()   ❻
```

❶ StrKeyDict0는 dict를 상속한다.

❷ key가 str 형인지 확인한다. 키가 문자열이고 존재하지 않으면 KeyError를 발생시킨다.

❸ key에서 str 객체를 만들고 조회한다.

❹ get() 메서드는 self[key] 표기법을 이용해 __getitem__() 메서드에 위임한다. 이런 방식으로 __missing__() 메서드가 작동할 기회를 준다.

❺ KeyError가 발생하면 __missing__() 메서드가 이미 실패한 것이므로 default를 반환한다.

❻ 수정하지 않은(문자열이 아닐 수 있는) 키를 검색하고 나서, 키로 생성한 문자열로 검색한다.

__missing__() 메서드 안에 isinstance(key, str) 코드가 필요한 이유를 잠시 생각해 보자.

이렇게 검사하는 부분이 없으면, 문자열이든 비문자열이든 str(k)에 대한 키가 존재할 때는 __missing__() 메서드가 아무런 문제 없이 작동한다. 그렇지만 str(k) 키가 존재하지 않으면 무한히 재귀적으로 호출된다. __missing__() 메서드의 마지막 줄 self[str(key)]가 str(key)를 이용해 __getitem__() 메서드를 호출하고, 이때 키가 없으면 __missing__() 메서드를 다시 호출하기 때문이다.

이 예제가 일관성 있게 작동하려면 __contains__() 메서드도 필요하다. k in d 연산이 __contains__() 메서드를 호출하지만, dict에서 상속받은 __contains__() 메서드는 __missing__()을 호출하지 않기 때문이다. 앞에서 구현한 __contains__() 메서드를 주의해서 살펴볼 필요가 있다. 키를 검색할 때 일반적으로 파이썬다운 스타일인 k in my_dict로 조회하지 않는다. str(key) in self 표현식을 사용하면 재귀적으로 __contains__() 메서드를 호출하기 때문이다. 재귀적 호출 문제를 피하려고 여기서는 key in self.keys()와 같이 명시적으로 키를 조회한다.

파이썬 3에서는 아주 큰 매핑의 경우에도 k in my_dict.keys() 형태의 검색 효율성이 높다. dict.keys()는 집합과 비슷한 뷰를 반환하는데, 집합에 포함되었는지를 검사하는 것은 딕셔너리만큼 빠르기 때문이다. 자세한 내용은 3.12절 ‘dict 뷰에 대한 집합 연산’을 참조하라. 하지만 k in my_dict 연산도 동일하게 작동하며, keys() 메서드를 찾는 속성 조회를 하지 않으므로 더 빠르다.

[예제 3-8]의 __contains__() 메서드 안에서 self.keys()를 사용하는 특별한 이유가 있다. StrKeyDict0는 딕셔너리 안의 모든 키가 str 형이 되도록 강제하지 않으므로, 수정하지 않은 키를 검사해야 제대로 작동한다(key in self.keys()). 이 간단한 예제의 목표는 특별한 자료형의 키를 사용하도록 하는 게 아니라, 더 ‘친절하게’ 검색하는 방법을 보여 주는 것이다.

3.5.3 표준 라이브러리의 일관성 없는 __missing__() 사용

다음 시나리오에서 존재하지 않는 키의 검색이 어떤 영향을 받는지 생각해 보자.

dict의 서브클래스

__missing__() 메서드만 구현하고 다른 메서드는 구현하지 않는 dict의 서브클래스. 이때 __missing__()은 dict에서 상속된 __getitem__()을 사용하는 d[k]에서만 호출된다.

collections.UserDict의 서브클래스

마찬가지로 __missing__() 메서드만 구현하고 다른 메서드는 구현하지 않는 collections.UserDict의 서브클래스. UserDict로부터 상속받은 get() 메서드가 __getitem__()을 호출한다. 즉 d[k]와 d.get(k)로 키 검색을 수행할 때 __missing__()이 호출될 수 있다.

가장 간단한 __getitem__()을 가진 abc.Mapping의 서브클래스

__missing__() 및 필수 추상 메서드(__missing__()을 호출하지 않는 __getitem__() 구현 포함)만 구현하는 최소한의 abc.Mapping 서브클래스. 이 클래스에서는 __missing__() 메서드가 절대 호출되지 않는다.

__missing__()을 호출하는 __getitem__()을 가진 abc.Mapping의 서브클래스

__missing__() 및 필수 추상 메서드(__missing__()을 호출하는 __getitem__() 구현 포함)를 구현하는 최소한의 abc.Mapping 서브클래스. 이 클래스에서는 d[k], d.get(k), k in d로 존재하지 않는 키를 검색할 때 __missing__() 메서드가 호출된다.

여기서 설명하는 시나리오의 작동 과정은 예제 코드의 missing.py 파일(https://fpy.li/3-7)을 참조하라.

여기서 방금 설명한 네 가지 시나리오는 최소한의 구현을 가정한다. 서브클래스가 __getitem__(), get(), __contains__()를 구현한다면, 필요에 따라 이 메서드들이 __missing__()을 사용할 수도 있고 사용하지 않을 수도 있다. 이번 절의 요점은 __missing__()을 사용하려고 표준 라이브러리의 매핑을 상속할 때는 주의해야 한다는 점이다. 슈퍼클래스가 기본적으로 작동하는 방식이 다르기 때문이다.

setdefault()와 update()의 작동 방식도 키 검색에 영향을 받는다는 사실을 잊지 말아야 한다. 마지막으로, __missing__()의 구현 논리에 따라 __setitem__()에 특별한 논리를 구현해 일관성 없거나 예기치 않은 작동을 피해야 한다. 3.6.5절 'dict 대신 UserDict 상속하기'에서는 이와 관련된 예를 보여 준다.

지금까지 dict와 defaultdict 매핑형을 살펴봤는데, 다음 절에서 설명하듯이 표준 라이브러리에서는 그 외의 매핑형도 제공한다.

3.6 dict의 변종

이번 절에서는 3.5.1절 'defaultdict: 존재하지 않는 키에 대한 또 다른 대책'에서 이미 다룬 defaultdict 이외에 표준 라이브러리가 제공하는 여러 매핑형을 간략히 알아본다.

3.6.1 collections.OrderedDict 클래스

파이썬 3.6 이후 버전부터는 내장형 dict도 키의 순서를 유지하므로, OrderedDict는 이전 파이썬 버전과의 호환성을 위해 주로 사용된다. 그렇긴 하지만 파이썬 문서에는 여전히 남아 있는 dict와 OrderedDict 간의 몇몇 차이점이 나와 있다. 일상적인 사용과 관련해 순서만 약간 변경해 정리하면 다음과 같다.

- OrderedDict는 객체가 같은지 비교하려고 대응하는 순서를 검사한다.

- OrderedDict의 popitem() 메서드는 시그너처가 다르다. 이 메서드는 어느 항목을 꺼낼지 지정하는 선택 인수를 받는다.

- OrderedDict는 move_to_end() 메서드를 이용해 항목을 마지막 위치로 효율적으로 옮긴다.

- 기본적인 dict 형은 매핑 연산에 적합하도록 설계되었으며, 삽입 순서를 유지하는 것은 부차적인 문제이다.

- OrderedDict는 연산 재정렬에 적합하도록 설계되었으며, 공간 효율성, 반복 속도, 갱신 연산의 성능은 부차적인 문제이다.

- 알고리즘적 측면에서 보면 OrderedDict는 dict보다 빈번한 재정렬 연산을 더 잘 처리할 수 있다. 따라서 (예를 들면 LRU 캐시처럼) 최근의 액세스를 추적하는 데 적합하다.

3.6.2 collections.ChainMap 클래스

ChainMap 객체는 일련의 매핑을 하나의 매핑처럼 검색할 수 있다. 검색은 생성자를 호출할 때 나열된 매핑의 순서대로 수행하고, 키가 검색되면 바로 성공하고 마친다. 다음 예제를 보자.

```
>>> d1 = dict(a=1, b=3)
>>> d2 = dict(a=2, b=4, c=6)
>>> from collections import ChainMap
>>> chain = ChainMap(d1, d2)
>>> chain['a']
1
>>> chain['c']
6
```

ChainMap 객체는 입력된 매핑을 복사하지 않고, 각 매핑에 대한 참조를 보관한다. ChainMap 객체에 값을 추가하거나 갱신하면 첫 번째 매핑에만 영향을 미친다. 앞의 예제에 이어 다음 예제를 보자.

```
>>> chain['c'] = -1
>>> d1
{'a': 1, 'b': 3, 'c': -1}
>>> d2
{'a': 2, 'b': 4, 'c': 6}
```

ChainMap은 중첩 범위를 가지는 언어의 인터프리터를 구현할 때 유용하다. 각 매핑은 범위 문맥scope context을 나타내고, 가장 안쪽에 내포된 범위부터 바깥쪽 범위 순서로 저장한다. collections 문서의 'ChainMap 객체^{ChainMap objects}' 절(https://fpy.li/3-8)에서는
ChainMap을 사용하는 여러 가지 예제를 보여 주는데, 파이썬에서 변수를 찾는 기본 규칙을 개
념적으로 표현하면 다음과 같다.

```python
import builtins
pylookup = ChainMap(locals(), globals(), vars(builtins))
```

뒤에서 살펴볼 [예제 18-14]는 간략화한 스킴 프로그래밍 언어의 인터프리터를 구현하는
ChainMap 서브클래스를 보여 준다.

3.6.3 collections.Counter 클래스

각 키에 대한 정수형 카운터가 있는 매핑형이다. 기존 키를 갱신하면 키에 대한 개수가 증가한
다. Counter 클래스는 해시 가능한 객체의 수를 세거나 다중집합^{multiset}(다음 절에서 설명)으로
사용할 수 있다. Counter 클래스는 +와 - 연산자를 구현해 합계를 종합할 수도 있고, 가장 많
이 나온 n개의 항목을 (항목, 카운터) 튜플의 리스트로 반환하는 most_common([n])과 같은
유용한 메서드도 제공한다(https://fpy.li/3-9). 다음 코드는 Counter를 이용해 단어의 글
자 수를 센다.

```python
>>> ct = collections.Counter('abracadabra')
>>> ct
Counter({'a': 5, 'b': 2, 'r': 2, 'c': 1, 'd': 1})
>>> ct.update('aaaaazzz')
>>> ct
Counter({'a': 10, 'z': 3, 'b': 2, 'r': 2, 'c': 1, 'd': 1})
>>> ct.most_common(3)
[('a', 10), ('z', 3), ('b', 2)]
```

여기서 'b'와 'r' 키 모두 세 번째로 많이 나왔지만, ct.most_common(3)는 단지 세 개 항목
만 보여 준다.

collections.Counter를 다중집합으로 사용하려면 각 키는 집합의 요소로, 카운터는 집합에
서 해당 요소가 등장한 횟수로 생각하면 된다.

3.6.4 shelve.Shelf 클래스

표준 라이브러리의 shelve 모듈은 문자열 키와 pickle 이진 포맷으로 직렬화된 파이썬 객체 간 매핑을 영구 저장하게 해 준다. 피클 단지를 선반에 올려 저장해 둔 모습을 떠올려 보면 shelve(선반)라는 이름이 자연스럽게 이해된다.

모듈 차원의 shelve.open() 함수는 shelve.Shelf 객체를 반환한다. Shelf 객체는 dbm 모듈을 기반으로 하는 간단한 키-값 구조의 DBM 데이터베이스로서 다음과 같은 특성이 있다.

- shelve.Shelf는 abc.MutableMapping 클래스를 상속하므로 매핑형이 갖춰야 할 핵심 메서드를 제공한다.
- shelve.Shelf는 sync()와 close() 등 몇몇 입출력(I/O) 관리 메서드도 제공한다.
- Shelf 객체는 콘텍스트 관리자이므로 with 블록을 이용해 사용 후 닫는 게 보장된다.
- 새로운 값이 키에 할당될 때마다 키와 값이 저장된다.
- 키는 반드시 문자열이어야 한다.
- 값은 pickle 모듈이 직렬화할 수 있는 객체여야 한다.

shelve(https://fpy.li/3-10), dbm(https://fpy.li/3-11), pickle(https://fpy.li/3-12) 모듈 문서에서 더 자세한 내용과 주의 사항을 확인할 수 있다.

> **WARNING** 파이썬 pickle은 아주 간단한 경우에는 사용하기 쉽지만 몇 가지 단점이 있다. pickle을 이용한 솔루션을 도입하기 전에 네드 배첼더Ned Batchelder의 '피클의 9가지 단점Pickle's nine flaws' 문서(https://fpy.li/3-13)를 참조하라. 네드는 이 글에서 고려해 볼 만한 다른 직렬화 포맷을 이야기한다.

OrderedDict, ChainMap, Counter, Shelf는 바로 사용할 수 있지만, 상속해서 커스터마이즈할 수도 있다. 반면 UserDict는 상속용 베이스 클래스로만 설계되었다.

3.6.5 dict 대신 UserDict 상속하기

dict보다는 UserDict를 상속해 매핑형을 만드는 편이 좋다. 매핑에 추가된 키를 모두 문자열로 저장하려고 [예제 3-8]에서 StrKeyDict0를 확장했을 때 차이를 느꼈을 것이다.

UserDict에서는 아무런 문제 없이 상속할 수 있는 메서드를 내장형에서는 단축해 구현하기 때문에 메서드를 상속하지 못하고 오버라이드^{override}해야 할 때가 종종 있다.[8] 따라서 dict보다는 UserDict를 상속하는 편이 낫다.

UserDict는 dict를 상속하지 않고, 대신 내부에 실제 항목을 담는 data라는 이름의 dict 객체가 있다. 이렇게 구현함으로써 __setitem__() 등의 특별 메서드를 구현할 때 발생하는 원치 않는 재귀적 호출 문제를 피할 수 있고, __contains__() 메서드를 간단히 구현할 수 있다. [예제 3-8]과 비교해 보자.

UserDict 덕분에 StrKeyDict(예제 3-9)는 StrKeyDict0(예제 3-8)보다 간단하지만 더 많은 일을 한다. StrKeyDict는 모든 키를 문자열(str 형)로 저장하므로 비문자열 키로 객체를 생성하거나 갱신할 때 발생할 수 있는 예기치 못한 문제를 피하게 해 주기 때문이다.

예제 3-9 StrKeyDict는 삽입, 갱신, 조회할 때 키를 항상 문자열로 변환한다.

```
import collections

class StrKeyDict(collections.UserDict):      ❶

    def __missing__(self, key):              ❷
        if isinstance(key, str):
            raise KeyError(key)
        return self[str(key)]

    def __contains__(self, key):
        return str(key) in self.data         ❸

    def __setitem__(self, key, item):
        self.data[str(key)] = item           ❹
```

❶ StrKeyDict는 UserDict를 상속한다.

❷ __missing__() 메서드는 [예제 3-8]과 똑같다.

❸ __contains__() 메서드는 더 간단하다. StrKeyDict0는 self.keys()를 호출해야 했지만, 여기서는 저장된 키가 모두 str 형이므로 self.data를 바로 조회할 수 있다.

❹ __setitem__() 메서드는 모든 키를 str 형으로 변환하므로, 연산을 self.data에 위임해 더 간단히 작성할 수 있다.

---

8 dict 등의 내장 클래스를 상속할 때 발생하는 문제는 14.3절 '내장형 상속의 문제점'에서 구체적으로 설명한다.

UserDict 클래스가 MutableMapping을 상속하므로, StrKeyDict가 온전한 매핑형이 되게 하는 다른 메서드는 결국 UserDict, MutableMapping, Mapping에서 온다. Mapping은 추상 베이스 클래스(ABC)이지만, 유용한 구상 메서드를 다수 제공한다. 특히 다음과 같은 메서드는 상당히 유용하다.

MutableMapping.update()

이 강력한 메서드는 직접 호출할 수도 있지만, 다른 매핑이나 키-값 쌍의 반복형, 또는 키워드 인수 등에서 객체를 로딩하기 위해 __init__()에서 사용할 수도 있다. 이 메서드는 항목을 추가할 때 sclf[key] = value 구문을 사용하므로 결국 서브클래스에서 구현한 __setitem__() 메서드를 호출하게 된다.

Mapping.get()

StrKeyDict0(예제 3-8)에서는 __getitem__()과 일치하는 결과를 가져오는 get() 메서드를 직접 구현해야 했지만, [예제 3-9]에서는 StrKeyDict0.get()과 완전히 똑같이 구현된 Mapping.get()을 상속받는다. 파이썬 소스 코드(https://fpy.li/3-14)를 참조하라.

> **TIP** 앙투안 피트루Antoine Pitrou는 'PEP 455 - 컬렉션에 키-변환 딕셔너리 추가Adding a key-transforming dictionary to collections' 문서(https://fpy.li/pep455) 및 TransformDict로 개선한 collections 모듈 패치를 작성했다. TransformDict는 StrKeyDict보다 범용성이 뛰어나며 키를 변환하기 전에 원래 키를 보존한다. PEP 455는 2015년 5월에 거부되었다. 그 이유는 레이먼드 헤팅거의 메시지(https://fpy.li/3-15)를 참조하라. TransformDict를 실험해 보려는 독자를 위해 필자는 issue18986(https://fpy.li/3-16) 패치를 추출해서 2판 예제 코드 리포지터리(https://fpy.li/code)의 03-dict-set/transformdict.py(https://fpy.li/3-17)에 독립 모듈로 넣어 두었다.

불변 시퀀스형이 있다는 건 알지만, 불변 매핑은 어떨까? 사실 표준 라이브러리에 불변 매핑형은 없지만, 대신 사용할 수 있는 클래스는 있다. 다음 절에서 불변 매핑에 관해 알아보자.

3.7 불변 매핑

표준 라이브러리에서 제공하는 매핑형은 모두 가변형이지만, 사용자가 실수로 매핑을 변경하지 못하도록 보장해야 할 때도 있다. 구체적인 사례는 3.5.2절 '`__missing__()` 메서드'에서 언급한 하드웨어 프로그래밍 라이브러리(대표 프로젝트: Pingo.io)에서 찾을 수 있다. `board.pins`라는 불변형 매핑은 디바이스의 물리적 범용 입출력(GPIO) 핀을 나타낸다. 하드웨어는 소프트웨어로 변경할 수 없으므로, 사용자가 실수로 `board.pins`의 내용을 변경하지 못하도록 막는 편이 좋다. 매핑에 어떠한 변경이라도 생기면 실제 물리적인 디바이스와 일치하지 않게 되기 때문이다.

`types` 모듈은 `MappingProxyType`이라는 래퍼 클래스를 제공해서, 원래 매핑의 동적인 뷰이긴 하지만 읽기 전용인 `mappingproxy` 객체를 반환한다. 따라서 원래 매핑을 변경하면 `mappingproxy`에 반영되지만, `mappingproxy`를 직접 변경할 수는 없다. [예제 3-10]은 이를 사용하는 방법을 간략히 보여 준다.

예제 3-10 dict에서 읽기 전용 mappingproxy 객체를 생성하는 MappingProxyType

```
>>> from types import MappingProxyType
>>> d = {1: 'A'}
>>> d_proxy = MappingProxyType(d)
>>> d_proxy
mappingproxy({1: 'A'})
>>> d_proxy[1]   ❶
'A'
>>> d_proxy[2] = 'x'   ❷
Traceback (most recent call last):
  File "<stdin>", line 1, in <module>
TypeError: 'mappingproxy' object does not support item assignment
>>> d[2] = 'B'
>>> d_proxy   ❸
mappingproxy({1: 'A', 2: 'B'})
>>> d_proxy[2]
'B'
```

❶ d에 있는 항목들은 d_proxy를 통해서 볼 수 있다.

❷ d_proxy를 통해서는 d를 변경할 수 없다.

❸ d_proxy는 동적이므로 d의 변경이 반영된다.

하드웨어를 프로그래밍할 때 이 클래스를 이용하는 다음과 같은 시나리오를 생각해 볼 수 있다. 구상형인 Board 서브클래스의 생성자가 pin 객체를 정의하는 매핑을 초기화하고, mappingproxy 형으로 구현된 공개 속성인 pins를 사용해 사용자에게 API를 제공한다. 이렇게 하면 사용자가 실수로 핀을 추가, 삭제, 변경할 수 없다.

다음으로, 불필요한 데이터 복사 없이 dict에서 고성능 연산을 수행하는 뷰에 관해 알아보자.

3.8 딕셔너리 뷰

dict 객체 메서드인 keys(), values(), items()는 각각 dict_keys, dict_values, dict_items 형 객체를 반환한다. 이 딕셔너리 뷰들은 dict 객체에 사용된 내부 데이터 구조체의 읽기 전용 뷰를 제공한다. 이 뷰에는 대상 dict 객체에 이미 존재하는 데이터를 복사한 리스트를 반환하는 파이썬 2 메서드들의 메모리 오버헤드가 없으며, 반복자를 반환하는 구식 메서드도 대체한다.

[예제 3-11]은 모든 딕셔너리 뷰가 제공하는 몇몇 기본 연산을 보여 준다.

예제 3-11 values() 메서드는 dict 객체의 값에 대한 뷰를 반환한다.

```
>>> d = dict(a=10, b=20, c=30)
>>> values = d.values()
>>> values
dict_values([10, 20, 30])   ❶
>>> len(values)   ❷
3
>>> list(values)   ❸
[10, 20, 30]
>>> reversed(values)   ❹
<dict_reversevalueiterator object at 0x10e9e7310>
>>> values[0]   ❺
Traceback (most recent call last):
  File "<stdin>", line 1, in <module>
TypeError: 'dict_values' object is not subscriptable
```

❶ 뷰 객체의 repr()이 객체 내용을 표시한다.

❷ 뷰의 길이를 쿼리할 수 있다.

❸ 뷰는 반복할 수 있으므로, 뷰에서 리스트를 간단히 생성할 수 있다.

❹ 뷰가 __reversed__()를 구현하므로, 사용자 정의 반복자를 반환한다.

❺ 뷰의 개별 항목을 가져오는 데 [] 연산자는 사용할 수 없다.

뷰 객체는 동적 프록시dynamic proxy이다. 원본 dict 객체의 내용이 바뀌면, 기존에 연결한 뷰에서 바뀐 내용을 바로 확인할 수 있다. [예제 3-11]에 이어 다음과 같이 실행해 볼 수 있다.

```
>>> d['z'] = 99
>>> d
{'a': 10, 'b': 20, 'c': 30, 'z': 99}
>>> values
dict_values([10, 20, 30, 99])
```

dict_keys, dict_values, dict_items는 내부용 클래스다. __builtins__이나 표준 라이브러리 모듈을 이용해 접근할 수 없고, 설령 이 객체들에 대한 참조를 얻더라도 파이썬 코드에서 그 참조를 이용해 뷰를 생성할 수는 없다.

```
>>> values_class = type({}.values())
>>> v = values_class()
Traceback (most recent call last):
  File "<stdin>", line 1, in <module>
TypeError: cannot create 'dict_values' instances
```

dict_values 클래스는 가장 간단한 딕셔너리 뷰로, __len__(), __iter__(), __reversed__() 특별 메서드만 구현한다. dict_keys와 dict_items는 이러한 특별 메서드 외에도 집합 메서드를 여러 개 구현하는데, 거의 frozenset 클래스만큼이나 많다. 집합을 살펴본 후에 3.12절 'dict 뷰에 대한 집합 연산'에서 dict_keys와 dict_items에 관해 더 알아보자.

이제 dict가 구현된 방식에 따라 알 수 있는 몇 가지 규칙과 팁을 살펴보자.

3.9 dict의 작동 방식이 미치는 영향

파이썬 dict의 해시 테이블은 아주 효율적으로 구현되었지만, 이런 설계가 미치는 영향을 잘 알아야 한다.

- 키 객체는 반드시 해시 가능해야 한다. 따라서 3.4.1절 '해시 가능한 객체'에서 설명했듯이 __hash__ ( )와 __eq__ ( )를 제대로 구현해야 한다.
- 키를 통한 항목 접근이 매우 빠르다. dict에는 수백만 개의 키가 있을 수 있지만, 파이썬은 키의 해시 코드를 계산하고 해시 테이블에 대한 인덱스를 유도함으로써 키의 위치를 바로 알아낼 수 있다. 다만, 일치하는 항목을 찾아내기 위해 몇 번 더 시도해야 할 수는 있다.
- CPython 3.6 dict의 더 밀집된 메모리 배치memory layout의 영향으로 키 순서가 유지된다(CPython 3.7부터 공식 기능이 되었다).
- 밀집된 메모리 배치에도 불구하고 dict의 메모리 사용량은 많을 수밖에 없다. 컨테이너 중 메모리 오버헤드가 가장 적은 데이터 구조는 항목에 대한 포인터를 담은 배열일 것이다.[9] 이에 비해 해시 테이블은 항목마다 저장할 데이터가 더 많고, 파이썬은 해시 테이블의 효율성을 유지하려면 적어도 1/3 정도의 테이블을 비워 놓아야 한다.
- 메모리를 절약하려면 __init__ ( ) 이외의 메서드에서 객체 속성을 생성하지 않아야 한다.

객체 속성을 언급하는 마지막 항목은 객체 속성을 특별 속성인 __dict__ (각 객체에 연결된 dict 구조체 속성)에 저장하는 파이썬 작동 방식에 기인한다.[10] 'PEP 412-키 공유 딕셔너리 Key-Sharing Dictionary' 문서(https://fpy.li/pep412)는 파이썬 3.3에서 구현되었는데, 클래스 객체가 공통 해시 테이블을 클래스에 저장하고 공유할 수 있다. 이 공통 해시 테이블은 그 클래스의 첫 번째 인스턴스 객체의 __init__ ( ) 메서드가 반환될 때의 변수명과 같은 속성이 있는 객체들이 생성될 때, 첫 번째 속성인 __dict__를 통해 공유된다. 그다음 각 객체의 __dict__는 간단한 포인터 배열을 이용해 객체 고유의 속성값만 저장한다. 그런데 객체가 __init__ ( )을 실행한 후 객체 속성을 추가하면, 파이썬은 그 객체의 __dict__에 저장할 해시 테이블을 새로 만들어야 한다(파이썬 3.3 이전에는 기본적으로 객체가 생성될 때마다 해시 테이블을 새로 만들었다). PEP 412에 따르면, 이렇게 최적화해서 객체지향 프로그램object-oriented program의 메모리 사용량을 10~20% 줄일 수 있다고 한다.

---

9 튜플이 저장되는 방식이다.

10 11.11절 '__slots__로 메모리 절약하기'에서 설명하듯이, 클래스가 __slots__ 속성을 사용하지 않을 때 __dict__를 사용한다.

밀집된 메모리 배치와 키 공유 최적화의 세부 사항은 다소 복잡하다. 자세한 정보는 별도 웹사이트의 '집합과 딕셔너리의 내부 구조Internals of sets and dicts'(https://fpy.li/hashint)를 참조하라.[11]

이제 집합을 자세히 알아보자.

3.10 집합 이론

집합은 파이썬에 새로 추가된 것은 아니지만, 아직 그리 많이 쓰이지는 않는다. set 형과 set의 불변형 버전인 frozenset은 파이썬 2.3 표준 라이브러리에 처음 소개되었고, 파이썬 2.6에서는 내장형으로 승격했다.

> **NOTE** 이 책에서 '집합'이라는 용어는 set과 frozenset을 모두 가리킨다. set 클래스에 한정된 내용을 설명할 때는 코드 서체를 사용해서 set으로 표기한다.

집합은 고유한 객체의 모음으로, 기본적으로 중복 항목을 제거하는 데 사용한다.

```python
>>> l = ['spam', 'spam', 'eggs', 'spam', 'bacon', 'eggs']
>>> set(l)
{'eggs', 'spam', 'bacon'}
>>> list(set(l))
['eggs', 'spam', 'bacon']
```

> **TIP** 중복된 항목은 제거하면서도 항목이 처음 등장한 순서를 유지하고 싶다면, 다음과 같이 dict 형을 사용할 수 있다.
>
> ```python
> >>> dict.fromkeys(l).keys()
> dict_keys(['spam', 'eggs', 'bacon'])
> >>> list(dict.fromkeys(l).keys())
> ['spam', 'eggs', 'bacon']
> ```

---

11 옮긴이_ 번역본은 역자 깃허브(https://github.com/KweonKang/fluent-python-2e-extra)에서 제공한다.

집합의 요소는 반드시 해시할 수 있어야 한다. set 형은 해시 가능하지 않으므로 set 형을 항목으로 가지는 set을 만들 수 없지만, frozenset은 해시 가능하므로 frozenset이 set 안에 요소로 들어갈 수 있다.

고유함을 보장하는 것 외에 집합형은 중위 연산자를 이용해 기본적인 집합 연산을 구현한다. 따라서 두 개의 집합 a와 b가 있을 때, a | b는 합집합, a & b는 교집합, a - b는 차집합, a ^ b는 대칭차집합symmetric difference을 계산한다. 집합 연산자를 효과적으로 사용하면 파이썬 프로그램의 코드 길이와 실행 시간을 줄일 수 있을 뿐만 아니라, 루프나 조건절이 없어지므로 코드의 가독성이 높아진다.

예를 들어 이메일 주소가 들어 있는 큰 집합(haystack)과 작은 집합(needles)이 있고, needles의 이메일 주소 중 몇 개가 haystack 안에도 있는지 알고 싶다고 가정하자. 교집합(&) 연산자 덕분에 [예제 3-12]처럼 간단하게 코딩할 수 있다.

예제 3-12 needles 항목 중 haystack 안에 있는 항목 수 구하기(둘 다 set 형)

```
found = len(needles & haystack)
```

파이프 연산자를 사용하지 않고 [예제 3-12]와 똑같은 작업을 수행하려면 [예제 3-13]와 같이 구현해야 한다.

예제 3-13 needles 항목 중 haystack 안에 들어 있는 항목 수 구하기([예제 3-12]와 같은 결과)

```
found = 0
for n in needles:
    if n in haystack:
        found += 1
```

[예제 3-12]는 [예제 3-13]보다 실행 속도가 약간 더 빠르다. 다만 [예제 3-12]의 코드는 두 객체가 모두 집합이어야 하지만, [예제 3-13]은 needles와 haystack이 반복 가능형이면 어느 객체든 사용할 수 있다. 그러나 객체가 집합형이 아니더라도 [예제 3-14]처럼 즉석에서 집합을 만들 수 있다.

```
found = len(set(needles) & set(haystack))

# 또 다른 방법
found = len(set(needles).intersection(haystack))
```

물론 [예제 3-14]에는 집합을 만드는 추가 비용이 들지만, needles나 haystack 중 하나라도 이미 집합형이라면 [예제 3-14]가 [예제 3-13]보다 더 빨리 실행될 수 있다.

앞에서 설명한 예제 모두 1천만 개의 항목이 있는 haystack 안에서 1천 개의 항목을 0.3밀리초 안에 검색할 수 있다. 즉 항목 하나를 검색하는 데 0.3마이크로초 정도 걸린다.

해시 테이블에 기반한 덕분에 집합에 속하는지를 아주 빨리 검색할 수 있다. 또한 set과 frozenset 내장형은 새로운 집합을 생성하는 연산을, set은 기존 항목을 변경하는 연산을 다양하게 제공한다. 잠시 후에 집합 연산에 관해 설명하겠지만, 먼저 구문부터 간단히 살펴보자.

3.10.1 집합 리터럴

{1}, {1, 2} 등 집합 리터럴 구문은 수학적 표기법과 같지만, 공집합은 리터럴로 표기할 수 없고 반드시 set()으로 표기해야 한다.

> **WARNING** 변덕스러운 구문법
>
> 공집합을 생성할 때는 인수 없이 생성자를 호출하는 set() 구문을 사용해야 한다. {} 구문을 사용하면 빈 딕셔너리가 생성되므로 주의해야 한다.

파이썬 3에서는 공집합 이외의 집합을 표준 문자열로 표현할 때 언제나 {} 구문을 사용한다.

```
>>> s = {1}
>>> type(s)
<class 'set'>
>>> s
{1}
>>> s.pop()
1
```

```
>>> s
set()
```

{1, 2, 3}과 같은 리터럴 set 구문은 set([1, 2, 3])처럼 생성자를 호출하는 방식보다 더 빠르고 가독성이 좋다. 생성자를 명시적으로 호출하면 파이썬이 생성자를 가져오기 위해 클래스명인 set을 찾아내고, 리스트를 생성하고, 이 리스트를 생성자에 전달해야 하므로 더 느리다. 반면 {1, 2, 3}과 같이 리터럴 집합 구문을 처리할 때 파이썬은 BUILD_SET이라는 특수 바이트코드를 실행한다.[12]

frozenset에 대한 별도의 리터럴 구문은 없으며, frozenset은 언제나 생성자를 호출해서 생성해야 한다. 파이썬 3에서의 표준 문자열 표현은 frozenset 생성자를 호출하는 모습과 동일하다. 다음의 콘솔 출력을 살펴보자.

```
>>> frozenset(range(10))
frozenset({0, 1, 2, 3, 4, 5, 6, 7, 8, 9})
```

구문에 관한 얘기가 나왔으니 말이지만, 우리에게 친숙한 지능형 리스트 개념을 이용해 집합을 생성할 수도 있다.

3.10.2 지능형 집합

지능형 집합set comprehension (**setcomp**)은 3.2.1절 '지능형 딕셔너리'에서 설명한 지능형 딕셔너리와 함께 파이썬 2.7에 추가되었다. [예제 3-15]는 지능형 집합을 이용한 간단한 예를 보여 준다.

예제 3-15 유니코드명 안에 'SIGN'이 포함된 단어가 있는 Latin-1 문자들의 집합 만들기

```
>>> from unicodedata import name        ❶
>>> {chr(i) for i in range(32, 256) if 'SIGN' in name(chr(i),'')}  ❷
{'§', '=', '¢', '#', '¤', '<', '¥', 'µ', '×', '$', '¶', '£', '©',
 '°', '+', '÷', '±', '>', '¬', '®', '%'}
```

---

12 바이트코드를 알아보는 것은 흥미롭기는 하지만, 그다지 중요하지는 않다. 집합 리터럴을 평가할 때만 속도가 향상되는데, 이 평가 과정은 파이썬 프로세스마다 최대 한 번, 즉 모듈이 처음 컴파일될 때 일어난다. 이 과정이 궁금하다면 dis 모듈에서 dis() 함수를 임포트하고 바이트코드를 디스어셈블해 보자. 예를 들어 set 리터럴에 대해서는 dis('{1}'), 생성자 호출에 대해서는 dis('set([1])')을 실행하면 된다.

❶ 문자명을 알아내기 위해 unicodedata 모듈의 name() 함수를 임포트한다.

❷ 문자명 안에 'SIGN' 단어가 포함되고 코드값이 32에서 255 사이에 있는 문자의 집합을 생성한다.

출력되는 문자의 순서는 파이썬을 실행할 때마다 달라질 수 있다. 3.4.1절 '해시 가능한 객체'
에서 설명한 대로 해시가 솔트를 사용하기 때문이다.

구문법 설명은 이것으로 마치고, 이제 집합이 작동하는 방식을 살펴보자.

3.11 집합의 작동 방식이 미치는 영향

set과 frozenset 모두 해시 테이블을 이용해 구현되므로 다음과 같은 영향을 미친다.

집합의 요소는 모두 해시 가능한 객체이어야 한다. 요소 객체들은 3.4.1절 '해시 가능한 객체'
에서 설명한 대로 __hash__()와 __eq__() 메서드를 제대로 구현해야 한다.

- 집합에 속하는지 검사하는 연산은 매우 효율적이다. 집합에는 수백만 개의 요소가 들어갈 수 있고 매칭되는
  요소를 찾으려고 몇 번 더 검색하는 오버헤드가 있을 수 있지만, 객체의 해시 코드를 계산해 테이블 인덱스
  를 바로 구할 수 있기 때문이다.
- 요소를 가리키는 포인터로 구성된 저수준 배열보다 메모리 사용량이 현저히 커진다. 저수준 배열은 메모리
  사용량은 적지만, 요소의 개수가 조금만 늘어나도 검색 속도가 크게 떨어진다.
- 요소의 순서는 집합에 추가한 순서에 따라 달라지지만, 반드시 그 순서대로 유지된다고 보장할 수 없다. 서
  로 다른 두 요소의 해시 코드가 같으면 두 요소 간의 순서는 집합에 추가한 순서로 유지된다.
- 집합에 요소를 추가하면 기존 요소들의 순서가 바뀔 수 있다. 해시 테이블이 2/3 이상 차면 효율성이 떨어
  지므로, 항목 수가 늘어남에 따라 파이썬이 테이블을 이동하고 크기를 변경하는 알고리즘 때문이다. 테이블
  크기를 조정할 때 요소를 다시 추가하므로 요소 간 순서가 달라질 수 있다.

자세한 내용은 별도 웹사이트의 '집합과 딕셔너리의 내부 구조'(https://fpy.li/hashint)를
참조하라. [13]

이제 집합이 제공하는 풍부한 연산을 살펴보자.

---

13 옮긴이_ 번역본은 역자 깃허브(https://github.com/KweonKang/fluent-python-2e-extra)에서 제공한다.

3.11.1 집합 연산

가변형과 불변형 집합에 사용할 수 있는 메서드는 [그림 3-2]와 같다. 상당수가 &와 >= 등의
연산자를 오버로드하는 특별 메서드이다. [표 3-2]는 수학 집합 연산자를 파이썬의 해당 연
산자나 메서드에 대응해 설명한다. &=와 difference_update() 등 일부 연산자와 메서드
는 대상 집합을 직접 변경한다. 이런 연산자들은 순수 수학에서는 대응하는 연산이 없으며,
frozenset에는 구현되지 않았다.

> **TIP** [표 3-2]의 중위 연산자들은 양쪽 피연산자가 모두 집합이어야 하지만, 그 외 메서드들은 하나 이상의
> 반복 가능한 인수를 받을 수 있다. 예를 들어 네 개의 컬렉션 a, b, c, d의 합집합을 구할 때 a.union(b, c,
> d) 형태로 호출할 수 있는데, a는 반드시 집합이어야 히지만 b, c, d는 해시 가능한 항목을 생성하는 어떠한
> 반복형도 될 수 있다. 기존 집합을 갱신하는 대신 반복형 데이터 네 개의 합집합을 생성해야 할 때는 {*a,
> *b, *c, *d} 구문을 사용할 수 있다. 이 구문은 PEP 448(https://fpy.li/pep448)을 구현한 파이
> 썬 3.5 이상 버전에서 사용할 수 있다.

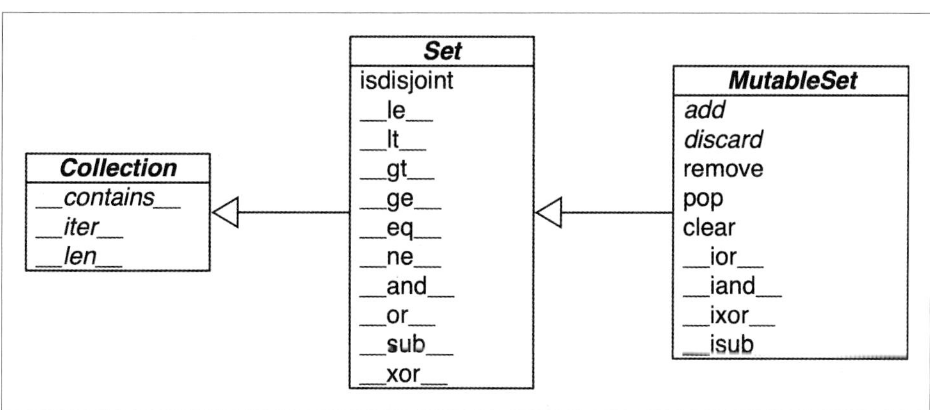

그림 3-2 collections.abc 모듈의 MutableSet과 슈퍼클래스들의 UML 클래스 다이어그램. 이탤릭체는 추상 클
래스와 추상 메서드를 나타내며, 간단히 표현하려고 역순 연산자는 생략했다.

수학 기호	파이썬 연산자	메서드	설명
$S \cap Z$	s & z	s.__and__(z)	s와 z의 교집합
	z & s	s.__rand__(z)	역순 & 연산자
		s.intersection(it, ...)	반복 가능한 it로 만들어진 집합과 s의 교집합
	s &= z	s.__iand__(z)	s와 z의 교집합으로 s를 갱신한다.
		s.intersection_update(it, ...)	반복 가능한 it로 만들어진 집합과 s의 교집합으로 s를 갱신한다.
$S \cup Z$	s ¦ z	s.__or__(z)	s와 z의 합집합
	z ¦ s	s.__ror__(z)	역순 ¦ 연산자
		s.union(it, ...)	반복 가능한 it로 만들어진 집합과 s의 합집합
	s ¦= z	s.__ior__(z)	s와 z의 합집합으로 s를 갱신한다.
		s.update(it, ...)	반복 가능한 it로 만들어진 집합과 s의 합집합으로 s를 갱신한다.
$S \setminus Z$	s - z	s.__sub__(z)	s에서 z를 뺀 차집합
	z - s	s.__rsub__(z)	역순 - 연산자
		s.difference(it, ...)	s에서 반복 가능한 it로 만들어진 집합을 뺀 차집합
	s -= z	s.__isub__(z)	s에서 z를 뺀 차집합으로 s를 갱신한다.
		s.difference_update(it, ...)	s에서 반복 가능한 it로 만들어진 집합을 뺀 차집합으로 s를 갱신한다.
$S \triangle Z$	s ^ z	s.__xor__(z)	대칭차집합(s & z의 여집합)
	z ^ s	s.__rxor__(z)	역순 ^ 연산자
		s.symmetric_difference(it)	s & set(it)의 여집합
	s ^= z	s.__ixor__(z)	s와 z의 대칭차집합으로 s를 갱신한다.
		s.symmetric_difference_update(it, ...)	반복 가능한 it로 만들어진 집합과 s의 대칭차집합으로 s를 갱신한다.

[표 3-3]은 집합의 술어predicate (True나 False를 반환하는 연산자와 메서드)를 나열한다.

표 3-3 불리언형을 반환하는 집합 비교 연산자와 메서드

수학 기호	파이썬 연산자	메서드	설명
$S \cap Z = \varnothing$		s.isdisjoint(z)	s와 z의 공통 요소가 없다.
$e \in S$	e in s	s.__contains__(e)	e가 s의 요소이다.
$S \subseteq Z$	s <= z	s.__le__(z)	s가 z의 부분집합이다.
		s.issubset(it)	s가 반복 가능한 it로 생성한 집합의 부분집합이다.
$S \subset Z$	s < z	s.__lt__(z)	s가 z의 진부분집합이다.
$S \supseteq Z$	s >= z	s.__ge__(z)	s가 z의 상위집합이다.
		s.issuperset(it)	s가 반복 가능한 it로 생성한 집합의 상위집합이다.
$S \supset Z$	s > z	s.__gt__(z)	s가 z의 진상위집합이다.

수학 집합 이론에서 유도된 연산자와 메서드 외에 set 형은 [표 3-4]와 같이 유용하게 쓰이는
여러 메서드를 구현한다.

표 3-4 그 외 집합 메서드

메서드	set	frozenset	설명
s.add(e)	●		e 요소를 s에 추가한다.
s.clear()	●		s의 요소를 모두 제거한다.
s.copy()	●	●	s의 얕은 복사
s.discard(e)	●		s 안에 e 요소가 있으면 제거한다.
s.__iter__()	●	●	s의 반복자를 반환한다.
s.__len__()	●	●	len(s)
s.pop()	●		s에서 항목 하나를 제거하고 반환한다. s가 공집합이면 KeyError가 발생한다.
s.remove(e)	●		s에서 e 항목을 제거한다. e가 s에 없으면 KeyError가 발생한다.

지금까지 집합의 기능을 전반적으로 살펴봤다. 3.8절 '딕셔너리 뷰'에서 약속한 대로 딕셔너리
뷰의 두 자료형이 frozenset과 얼마나 비슷하게 작동하는지 알아보자.

3.12 dict 뷰에 대한 집합 연산

[표 3–5]를 보면 dict 형의 keys() 와 items() 메서드가 반환하는 뷰 객체가 frozenset과
상당히 비슷함을 알 수 있다.

표 3-5 frozenset, dict_keys, dict_items가 구현하는 메서드

메서드	frozenset	dict_keys	dict_items	설명
s.__and__(z)	●	●	●	s & z (s와 z의 교집합)
s.__rand__(z)	●	●	●	역순 & 연산자
s.__contains__()	●	●	●	e in s
s.copy()	●			s의 얕은 복사
s.difference(it, ...)	●			s와 반복형 it 등의 차집합
s.intersection(it, ...)	●			s와 반복형 it 등의 교집합
s.isdisjoint(z)	●	●	●	s와 z가 서로소(공통 요소가 하나도 없음)
s.issubset(it)	●			s가 반복형 it의 부분집합
s.issuperset(it)	●			s가 반복형 it의 상위집합
s.__iter__()	●	●	●	s에 대한 반복자 반환
s.__len__()	●	●	●	len(s)
s.__or__(z)	●	●	●	s ¦ z (s와 z의 합집합)
s.__ror__()	●	●	●	역순 ¦ 연산자
s.__reversed__()		●	●	s를 역순으로 반복하는 반복자 반환
s.__rsub__(z)	●	●	●	역순 - 연산자
s.__sub__(z)	●	●	●	s - z (s에서 z를 뺀 차집합)
s.symmetric_difference(it)	●			s & set(it)의 여집합
s.union(it, …)	●			s와 반복형 it 등의 합집합
s.__xor__()	●	●	●	s ^ z (s와 z의 대칭차집합)
s.__rxor__()	●	●	●	역순 ^ 연산자

dict_keys와 dict_items는 집합 연산자 &(교집합), ¦(합집합), -(차집합), ^(대칭차집합)
를 지원하는 특별 메서드를 구현한다. 예를 들어 두 딕셔너리에 모두 존재하는 키를 알아내려
면 간단히 &를 사용할 수 있다.

```
>>> d1 = dict(a=1, b=2, c=3, d=4)
>>> d2 = dict(b=20, d=40, e=50)
>>> d1.keys() & d2.keys()
{'b', 'd'}
```

& 연산자의 반환값은 set 형이다. 게다가 딕셔너리 뷰에 구현된 집합 연산자는 set 형 객체와 호환된다. 다음 예를 보자.

```
>>> s = {'a', 'e', 'i'}
>>> d1.keys() & s
{'a'}
>>> d1.keys() | s
{'a', 'c', 'b', 'd', 'i', 'e'}
```


뷰에 집합 연산자를 사용하면 딕셔너리 내용을 조회할 때 코드에서 여러 루프와 if 문을 사용하지 않아도 된다. 파이썬이 C를 이용해 효율적으로 구현해 놓은 것을 활용하자.

이것으로 마치고 이번 장을 정리해 보자.

3.13 요약

딕셔너리는 파이썬의 핵심이다. 우리에게 익숙한 {k1: v1, k2: v2} 리터럴 구문은 수년에 걸쳐 지능형 딕셔너리는 물론이고 **을 이용한 언패킹, 패턴 매칭을 지원하도록 확장되었다.

기본적인 dict 형 외에도 표준 라이브러리는 defaultdict, ChainMap, Counter 등 특화된 매핑형을 바로 사용할 수 있게 제공한다. 이들은 모두 collections 모듈에서 제공한다. dict 형을 새로 구현하면서 OrderedDict는 예전만큼 유용하지는 않게 되었지만, 하위 버전과의 호환성을 유지하고, 동등 비교(==)에서 키 순서를 고려하는 등의 특성이 있으므로 여전히 표준 라이브러리에 남아 있다. collections 모듈에는 UserDict 클래스도 있는데, 사용자 정의 매핑형을 만드는 베이스 클래스로 사용하기 쉽다.

대부분의 매핑형은 setdefault()와 update()라는 강력한 메서드를 지원한다. setdefault() 메서드는 같은 키로 두 번 검색할 필요 없이 list 값 등 가변값이 있는 항목을 갱신할 수 있다. update() 메서드는 다른 매핑형, 키-값 쌍을 제공하는 반복형, 키워드 인수 등에서 가져온 대량의 항목으로 매핑을 채우거나 갱신할 수 있다. 또한 매핑형 생성자는 내부적으로 update() 메서드를 사용하므로 다른 매핑형, 반복형, 키워드 인수를 이용해 초기화할 수 있다. 파이썬 3.9부터는 |= 연산자를 이용해 매핑을 갱신하고, | 연산자를 이용해 두 매핑의 합집합을 담은 매핑을 새로 생성할 수 있다.

매핑에는 __missing__()이라는 영리한 특별 메서드가 있는데, __getitem__()을 호출하는 d[k] 구문을 사용할 때 키가 존재하지 않으면 사용자가 적절히 대응할 수 있게 해 준다.

collections.abc 모듈은 Mapping과 MutableMapping 추상 베이스 클래스를 표준 인터페이스로 제공하는데, 이 인터페이스는 실행 시 자료형을 검사하는 데 유용하다. types 모듈의 MappingProxyType 클래스는 매핑이 실수로 변경되지 않도록 불변형 틀을 만든다. 그리고 Set과 MutableSet에 대한 추상 베이스 클래스도 제공한다.

딕셔너리 뷰는 파이썬 3에 추가된 멋진 기능으로, dict 객체와 중복된 데이터가 있는 리스트를 생성하는 파이썬 2의 keys(), values(), items() 메서드의 메모리 낭비를 막는다. 게다가 dict_keys와 dict_items 클래스는 frozenset이 제공하는 유용한 연산자와 메서드를 지원한다.

## CHAPTER 4

유니코드 텍스트와 바이트

> 인간은 텍스트를 사용하고 컴퓨터는 바이트를 사용한다.[1]
>
> — 에스더 남Esther Nam, **트래비스 피셔**Travis Fischer
> **파이썬에서의 문자 인코딩과 유니코드**

파이썬 3부터는 인간이 사용하는 텍스트 문자열과 기계가 사용하는 원시raw 바이트 시퀀스를 엄격히 구분하기 시작했다. 암묵적으로 바이트 시퀀스를 유니코드 텍스트로 변환하던 것은 과거의 일이다. 이번 장에서는 유니코드 문자열, 바이트 시퀀스 그리고 이 둘 간의 변환에 사용되는 인코딩을 설명한다.

여러분이 파이썬으로 수행하는 작업에 따라 유니코드를 이해하는 것이 중요하지 않다고 생각할 수도 있겠지만, 문자열(str)과 바이트(bytes)를 구분하지 않고 프로그래밍할 수는 없다. 게다가 특화된 이진 시퀀스형은 '범용' 파이썬 2의 str 형에 없는 기능도 제공한다.

이번 장에서는 다음과 같은 주제를 다룬다.

- 문자, 코드 포인트code point, 바이트 표현
- 이진 시퀀스의 고유한 특징: bytes, bytearray, memoryview
- 전체 유니코드 및 레거시 문자셋에 대한 코덱

---

1 PyCon 2014 '파이썬에서의 문자 인코딩과 유니코드(Character Encoding and Unicode in Python)' 발표 중 12번째 슬라이드 (https://fpy.li/4-1), 동영상(https://fpy.li/4-2)도 있다.

- 인코딩 에러 방지 및 처리

- 텍스트 파일을 다룰 때의 모범 사례

- 기본 인코딩 및 표준 입출력 문제

- 정규화를 이용한 안전한 유니코드 텍스트 비교

- 정규화, 케이스 폴딩, 발음 구별 기호 강제 제거를 위한 유틸리티 함수

- locale과 PyUCA 라이브러리를 이용한 유니코드 텍스트의 적절한 정렬

- 유니코드 데이터베이스 안의 문자 메타데이터

- str과 bytes를 다루는 이중 모드 API

4.1 이번 장의 변경 사항

파이썬 3는 유니코드를 폭넓게 지원해 왔고 큰 변화가 없었다. 이번 장의 가장 큰 변화는 새로 추가된 4.9.1절 '이름으로 문자 찾기'다. 여기서는 유니코드 데이터베이스를 검색하는 유틸리티를 설명하는데, 명령줄^{command line}에서 원문자(예: Ⓐ)나 웃는 고양이 이모지(예: 😺)를 찾기에 아주 좋다.

사소한 변화 중 주목할 만한 점은 윈도우에서의 유니코드 지원이다. 파이썬 3.6 이후 더 개선되고 간단해졌다. 자세한 내용은 4.6.1절 '기본 인코딩에 주의하기'에서 설명한다.

새로운 내용은 아니지만 핵심 개념인 문자, 코드 포인트, 바이트부터 살펴보면서 시작하자.

> **NOTE** 2판에서는 struct 모듈에 관한 설명을 추가하여 별도 웹사이트에 'struct로 이진 레코드 파싱하기^{Parsing binary records with struct}' 문서(https://fpy.li/4-3)[2]로 제공한다.
>
> 또한 함께 제공하는 '다중 문자 이모지 만들기^{Building Multi-character Emojis}' 문서(https://fpy.li/4-4)[3]는 유니코드 문자를 조합해 국기, 무지개 깃발, 다양한 피부색의 사람, 다양한 가족 아이콘을 만드는 방법을 설명한다.

---

2 옮긴이_ 번역본은 역자 깃허브(https://github.com/KweonKang/fluent-python-2e-extra)에서 제공한다.

3 옮긴이_ 번역본은 역자 깃허브(https://github.com/KweonKang/fluent-python-2e-extra)에서 제공한다.

4.2 문자 문제

'문자열'이라는 개념은 아주 간단하다. 문자열은 문자의 열이다. 문제는 '문자'의 정의에 있다.

2021년 현재, '문자'를 가장 잘 정의한 것은 유니코드 문자다. 이에 따라 파이썬 3의 str에서 가져오는 항목도 파이썬 2의 unicode 객체에서 가져오는 항목과 마찬가지로 유니코드 문자다 (파이썬 2의 str에서 얻는 원시 바이트값이 아니다).

유니코드 표준은 문자의 단위 원소[identity]와 특정 바이트 표현을 서로 명확히 구분한다.

- 문자의 단위 원소(**코드 포인트**)는 10진수 0에서 1,114,111까지의 숫자이며, 유니코드 표준에서는 'U+' 접두사를 붙여 4자리에서 6자리 사이의 16진수로 표현한다. 예를 들어 A라는 문자는 코드 포인트 U+0041에, 유로화 기호는 U+20AC에, 음악에서 사용하는 높은음자리표는 U+1D11E에 할당되었다. 유니코드 13.0.0에서 가용한 코드 포인트의 약 13% 정도가 문자에 할당되었으며, 파이썬 3.10.0.b4에서도 이 표준을 사용한다.

- 문자를 표현하는 실제 바이트는 사용하는 **인코딩**에 따라 달라진다. 인코딩은 코드 포인트를 바이트 시퀀스로 변환하는 알고리즘이다. 문자 A(U+0041)에 대한 코드 포인트는 UTF-8 인코딩에서는 1바이트인 \x41로, UTF-16LE 인코딩에서는 2바이트인 \x41\x00로 인코딩된다. 그리고 유로화 기호(U+20AC)는 UTF-8에서는 3바이트 \xe2\x82\xac로, UTF-16LE에서는 2바이트 \xac\x20으로 인코딩된다.

코드 포인트를 바이트로 변환하는 것을 **인코딩**, 바이트를 코드 포인트로 변환하는 것을 **디코딩**이라고 한다. [예제 4-1]을 보자.

예제 4-1 인코딩과 디코딩

```
>>> s = 'café'
>>> len(s) ❶
4
>>> b = s.encode('utf8') ❷
>>> b
b'caf\xc3\xa9'  ❸
>>> len(b) ❹
5
>>> b.decode('utf8') ❺
'café'
```

❶ 'café' 문자열에는 네 개의 유니코드 문자가 있다.

❷ UTF-8 인코딩을 이용해 str을 bytes로 인코딩한다.

❸ bytes 리터럴은 접두사 b로 시작한다.

❹ bytes 형인 b는 다섯 바이트로 구성된다. é가 UTF-8에서 두 바이트로 인코딩되기 때문이다.

❺ UTF-8 인코딩을 이용해 bytes를 str로 디코딩한다.

> **TIP** bytes 시퀀스는 알아보기 어려운 기계 메모리 덤프로, 유니코드 str은 '사람'이 읽을 수 있는 텍스트로 생각하면 decode()와 encode()를 쉽게 구분할 수 있다. 그러면 bytes 시퀀스를 사람이 읽을 수 있는 텍스트로 디코딩(해독)하고, str을 저장하거나 전송하려고 bytes로 인코딩(암호화)한다는 말이 이해될 것이다.

파이썬 3의 str은 이름만 다를 뿐, 파이썬 2의 unicode 형과 상당히 비슷하다. 하지만 파이썬 3의 bytes는 단지 이전 str 형의 이름을 변경한 것이 아니며, 이와 밀접하게 연관되는 bytearray 형도 있다. 따라서 인코딩과 디코딩 문제로 넘어가기 전에 이진 시퀀스형을 살펴볼 필요가 있다.

4.3 바이트 기본 지식

새로 도입된 이진 시퀀스형은 파이썬 2의 str과 여러모로 다르다. 우선 이진 시퀀스에 사용되는 내장형은 두 가지가 있다. 파이썬 3에서 소개된 불변형인 bytes 형과, 파이썬 2.6에 추가된 가변형 bytearray 형이다.[4] 파이썬 문서에서는 bytes 형과 bytearray 형 모두를 지칭하는 바이트 문자열byte string이라는 용어를 종종 사용하는데, 이 책에서는 혼동을 피하고자 이 용어는 사용하지 않는다.

bytes와 bytearray의 각 항목은 0에서 255 사이의 정수로, 파이썬 2의 str처럼 한 문자로 구성된 문자열과는 다르다. 그러나 이진 시퀀스를 슬라이싱하면 언제나 똑같은 자료형의 이진 시퀀스가 만들어지며, 슬라이스 길이가 1일 때도 마찬가지다. [예제 4-2]를 보자.

예제 4-2 bytes와 bytearray로 저장한 5바이트 시퀀스

```
>>> cafe = bytes('café', encoding='utf_8')   ❶
>>> cafe
```

---

4 파이썬 2.6과 2.7에도 bytes 형이 있었지만 단지 str 형의 별칭이었을 뿐이다.

```
b'caf\xc3\xa9'
>>> cafe[0]    ❷
99
>>> cafe[:1]    ❸
b'c'
>>> cafe_arr = bytearray(cafe)
>>> cafe_arr    ❹
bytearray(b'caf\xc3\xa9')
>>> cafe_arr[-1:]    ❺
bytearray(b'\xa9')
```

❶ bytes는 str에 인코딩을 지정해 만들 수 있다.

❷ 각 항목은 range(256)에 들어가는 정수다.

❸ bytes를 슬라이싱해도 bytes 형이다. 슬라이스가 한 바이트일 때도 마찬가지다.

❹ bytearray에 대한 리터럴 구문은 없다. bytes 리터럴을 인수로 사용해 bytearray()로 표현한다.

❺ bytearray는 슬라이싱해도 bytearray 형이다.

> **WARNING** bytes 형인 my_bytes의 my_bytes[0]는 int 형을 반환하지만, my_bytes[:1]는 길이가 1인 bytes 객체를 반환한다는 사실이 의외일 수 있다. 오로지 str 형만 s[0] == s[:1]이 되고, 그 외 모든 파이썬 시퀀스의 항목 하나는 길이가 1인 슬라이스와 다르다.

이진 시퀀스가 실제로 정수형의 시퀀스이기는 하지만, 리터럴 표기법을 보면 실제로는 아스키 텍스트가 들어가는 경우가 많다. 따라서 각 바이트값에 따라 다음과 같이 네 가지 형태로 출력된다.

- 화면에 출력 가능한 아스키 문자(공백에서 물결표(~)까지. 십신수 코드로 32에서 126까지)는 문자 그대로 출력한다.
- 탭, 개행 문자, 캐리지 리턴, 백슬래시(\)는 이스케이프 시퀀스(\t, \n, \r, \\)로 출력한다.
- 바이트 시퀀스 안에 문자열 구분 기호 '와 "가 모두 나오면, 전체 시퀀스를 '로 구분하고 내부의 '는 \'로 이스케이프한다.[5]
- 그 외의 값들은 널 바이트를 나타내는 \x00처럼 16진수 이스케이프 시퀀스로 출력한다.

---

[5] 사소한 이야기지만, 파이썬에서 문자열 경계 기호로 사용하는 아스키 작은따옴표(')는 유니코드 표준 문자 중 APOSTROPHE라는 이름의 문자다. 워드 프로세서 등에서 쓰이는 실제 작은따옴표는 왼쪽과 오른쪽이 다른데, 왼쪽은 U+2018, 오른쪽은 U+2019이다.

그렇기 때문에 [예제 4-2]에서 `b'caf\xc3\xa9'`로 출력된다. 처음 3바이트 `b'caf'`는 출력 가능한 아스키 범위에 있지만, 나머지 두 바이트는 범위에 속하지 않기 때문이다.

`bytes`와 `bytearray`는 포매팅하는 `format()`과 `format_map()` 메서드를 제외하면 `str`이 제공하는 메서드를 모두 지원하며, `casefold()`, `isdecimal()`, `isidentifier()`, `isnumeric()`, `isprintable()`, `encode()` 등 유니코드 데이터에 관련된 메서드를 지원한다. 따라서 `endswith()`, `replace()`, `strip()`, `translate()`, `upper()` 등 친숙한 수십 개의 메서드를 `str`뿐만 아니라 `bytes` 인수에도 적용할 수 있다. 게다가 `str` 대신 이진 시퀀스로 정규 표현식을 컴파일하면 `re` 모듈에서 제공하는 정규 표현식 함수를 이진 시퀀스에도 적용할 수 있다. 파이썬 3.5부터는 다시 이진 시퀀스에 퍼센트(%) 연산자를 사용할 수 있게 되었다.[6]

이진 시퀀스는 `fromhex()`라는 `str`에 없는 클래스 메서드도 제공하는데, 이 메서드를 이용하면 공백으로 구분된 16진수 쌍을 파싱해 이진 시퀀스를 만들 수 있다.

```
>>> bytes.fromhex('31 4B CE A9')
b'1K\xce\xa9'
```

그리고 생성자에 다음과 같은 인수를 이용해 `bytes`나 `bytearray` 객체를 생성할 수 있다.

- `str()` 생성자와 `encoding` 키워드 인수
- 0에서 255 사이의 값을 제공하는 반복 가능형
- 원본 객체의 바이트를 복사해 바이트 시퀀스를 새로 생성하는 `bytes`, `bytearray`, `memoryview`, `array.array` 등 버퍼 프로토콜을 구현하는 객체

> **WARNING** 파이썬 3.5까지는 정수 하나를 전달해 `bytes()`나 `bytesarray()`를 호출함으로써 그 크기만큼 널 바이트로 초기화된 이진 시퀀스를 만들 수 있었다. 이 생성자 시그너처는 파이썬 3.5에서 사용 중단 안내되었으며, 파이썬 3.6에서는 제거되었다. 'PEP 467 – 이진 시퀀스를 위한 API의 작은 개선Minor API improvements for binary sequences' 문서(https://fpy.li/pep467)를 참조하라.

버퍼 구조의 객체로부터 이진 시퀀스를 생성하는 방법은 저수준 연산으로서, 자료형 변환이 필요할 수도 있다. [예제 4-3]을 보자.

---

[6] 파이썬 3.0부터 3.4까지는 작동하지 않아 이진 데이터를 처리해야 하는 개발자들이 고통받았다. 'PEP 461 – bytes와 bytearray에 % 포맷 추가(Adding % formatting to bytes and bytearray)' 제안서(https://fpy.li/pep461)에 따라 다시 들여왔다.

```
>>> import array
>>> numbers = array.array('h', [-2, -1, 0, 1, 2])    ❶
>>> octets = bytes(numbers)    ❷
>>> octets
b'\xfe\xff\xff\xff\x00\x00\x01\x00\x02\x00'    ❸
```

❶ 'h' 자료형 코드는 16비트 short int 형의 배열을 생성한다.

❷ octets에는 numbers를 구성하는 바이트들의 사본이 있다.

❸ 다섯 개의 short int 형을 나타내는 10바이트이다.

버퍼 구조의 객체로부터 bytes나 bytearray 객체를 생성하면 언제나 바이트를 복사한다. 이와 반대로 2.10.2절 '메모리 뷰'에서 설명했듯이 memoryview는 이진 데이터 구조체 간에 메모리를 공유하게 해 준다.

파이썬에서 제공하는 이진 시퀀스형의 기본적인 내용을 살펴보았다. 이제부터 문자열과 이진 시퀀스 간에 변환하는 방법을 알아보자.

4.4 기본 인코더/디코더

파이썬 배포본에는 텍스트를 바이트로, 혹은 그 반대로 변환하는 100여 개의 **코덱**^{codec}(인코더/디코더)이 포함된다. 각 코덱에는 utf_8과 같은 이름이 있으며 utf8, utf-8, U8 등으로 부를 때도 많다. 코덱은 open(), str.encode(), bytes.decode() 등의 함수를 호출할 때 encoding 인수에 전달해 사용할 수 있다. [예제 4-4]는 텍스트 하나를 세 개의 서로 다른 바이트 시퀀스로 인코딩한다.


```
>>> for codec in ['latin_1', 'utf_8', 'utf_16']:
...     print(codec, 'El Niño'.encode(codec), sep='\t')
...
latin_1 b'El Ni\xf1o'
utf_8   b'El Ni\xc3\xb1o'
utf_16  b'\xff\xfeE\x00l\x00 \x00N\x00i\x00\xf1\x00o\x00'
```

[그림 4-1]은 7개의 코덱을 이용해 A 문자부터 높은음자리표까지 여러 문자의 바이트 배열을 생성한 결과를 보여 준다. 마지막 세 개의 인코딩은 가변 길이, 다중바이트 인코딩이다.

char.	code point	ascii	latin1	cp1252	cp437	gb2312	utf-8	utf-16le
A	U+0041	41	41	41	41	41	41	41 00
¿	U+00BF	*	BF	BF	A8	*	C2 BF	BF 00
Ã	U+00C3	*	C3	C3	*	*	C3 83	C3 00
á	U+00E1	*	E1	E1	A0	A8 A2	C3 A1	E1 00
Ω	U+03A9	*	*	*	EA	A6 B8	CE A9	A9 03
ڿ	U+06BF	*	*	*	*	*	DA BF	BF 06
"	U+201C	*	*	93	*	A1 B0	E2 80 9C	1C 20
€	U+20AC	*	*	80	*	*	E2 82 AC	AC 20
┌	U+250C	*	*	*	DA	A9 B0	E2 94 8C	0C 25
气	U+6C14	*	*	*	*	C6 F8	E6 B0 94	14 6C
氣	U+6C23	*	*	*	*	*	E6 B0 A3	23 6C
𝄞	U+1D11E	*	*	*	*	*	F0 9D 84 9E	34 D8 1E DD

그림 4-1 문자 12개의 코드 포인트 및 7가지 인코딩으로 표현한 바이트 배열. 별표로 표시한 항목은 그 문자를 해당 인코딩으로 표현할 수 없음을 나타낸다.

[그림 4-1]의 별표는 아스키나 GB2312 같은 다중바이트 인코딩도 유니코드 문자를 모두 표현할 수 없음을 보여 준다. 그러나 UTF 인코딩들은 모든 유니코드 코드 포인트를 처리하도록 만들어졌다.

[그림 4-1]의 인코딩 예들은 다음과 같은 이유로 선택했다.

latin1(iso8859_1)

cp1252 등 다른 인코딩 및 유니코드 자체의 기반이 되는 중요한 인코딩 방식이다(latin1 바이트값은 cp1252은 물론 코드 포인트에도 그대로 나타난다).

cp1252

마이크로소프트에서 둥근 따옴표("," 등) 및 유로화 기호(€) 등을 추가해 latin1을 확장한 것이다. 'ANSI'라고 부르는 윈도우 애플리케이션들도 있지만, 실제 ANSI 표준은 아니다.

cp437

상자를 그리는 문자를 포함해 원래 IBM PC에서 사용하던 문자셋이다. 나중에 등장한 latin1과 호환되지 않는다.

gb2312

중국 본토에서 사용하는 간체자를 인코딩하는 레거시 표준이다. 아시아 언어용으로 널리 사용되던 다중바이트 인코딩 중 하나다.

utf-8

웹에서 8비트 인코딩을 하는 데 가장 널리 사용되는 인코딩 방식이다. 2022년 12월 기준 W3Techs의 '전 세계 웹사이트 문자 인코딩 사용 실태Usage of Character Encodings for Websites' 통계(`https://fpy.li/4-5`)에 따르면 97.9%의 사이트가 UTF-8을 사용한다(1판 원고를 작성하던 2014년 9월의 81.4%보다 훨씬 증가했다).

utf-16le

16비트 인코딩 체계인 UTF-16의 한 형태다. 모든 UTF-16 인코딩은 대행 쌍surrogate pair이라는 이스케이프 시퀀스를 통해 U+FFFF 이후의 코드 포인트도 지원한다.

> **WARNING** UTF-16은 1996년에 나온 기존 16비트 유니코드 1.0 인코딩(UCS-2)을 대체했다. UCS-2는 U+FFFF까지의 코드 포인트만 지원하므로, 세기가 바뀌면서 사용 중단 안내되었지만 아직도 여러 시스템에서 사용한다. 2021년 기준으로 중요한 이모지 문자를 포함해 할당된 코드 포인트의 57% 이상이 U+FFFF 위쪽에 할당되었다.

지금까지 일반적인 인코딩을 간략히 살펴봤다. 이제 인코딩과 디코딩 연산을 수행할 때 발생하는 문제를 처리하는 방법을 알아보자.

4.5 인코딩/디코딩 문제 이해하기

UnicodeError라는 범용 예외가 있지만, 일반적으로 파이썬에서는 UnicodeEncodeError(str을 이진 시퀀스로 변환할 때)나 UnicodeDecodeError(이진 시퀀스를 str로 읽어 들일 때) 같은 구체적인 예외가 발생한다. 파이썬 모듈을 로딩할 때 소스 코드가 예기치 않은 방식으로 인코딩되어 있으면 SyntaxError가 발생하기도 한다. 이 에러를 처리하는 방법은 다음 절에서 설명한다.

> **TIP** 유니코드 에러가 발생하면 우선 예외의 정확한 유형을 알아내야 한다. 에러가 UnicodeEncodeError인지, UnicodeDecodeError인지, 아니면 인코딩 문제를 지적하는 다른 에러(예: SyntaxError)인지 구체적인 유형을 알아내야 한다.

4.5.1 UnicodeEncodeError의 처리

대부분의 비UTF 코덱은 유니코드 문자의 일부만 처리할 수 있다. 텍스트를 바이트로 변환할 때 문자가 대상 인코딩에 정의되지 않았고, 인코딩 메서드나 함수의 errors 인수에 별도의 처리기가 지정되지 않았으면 UnicodeEncodeError가 발생한다. 에러 처리기를 사용하는 방법은 [예제 4-5]와 같다.

예제 4-5 바이트로 인코딩하기: 성공 및 에러 처리

```
>>> city = 'São Paulo'
>>> city.encode('utf_8')  ❶
b'S\xc3\xa3o Paulo'
>>> city.encode('utf_16')
b'\xff\xfeS\x00\xe3\x00o\x00 \x00P\x00a\x00u\x00l\x00o\x00'
>>> city.encode('iso8859_1')  ❷
b'S\xe3o Paulo'
>>> city.encode('cp437')  ❸
Traceback (most recent call last):
  File "<stdin>", line 1, in <module>
  File "/.../lib/python3.4/encodings/cp437.py", line 12, in encode
    return codecs.charmap_encode(input,errors,encoding_map)
UnicodeEncodeError: 'charmap' codec can't encode character '\xe3' in
position 1: character maps to <undefined>
```

```
>>> city.encode('cp437', errors='ignore')  ❹
b'So Paulo'
>>> city.encode('cp437', errors='replace')  ❺
b'S?o Paulo'
>>> city.encode('cp437', errors='xmlcharrefreplace')  ❻
b'S&#227;o Paulo'
```

❶ UTF 인코딩들은 모든 str을 처리할 수 있다.

❷ iso8859_1도 'São Paulo' 문자열을 처리할 수 있다.

❸ cp437은 물결표가 있는 'ã'를 인코딩할 수 없다. 기본 에러 처리기인 strict는 UnicodeEncodeError
를 발생시킨다.

❹ ignore 처리기는 인코딩할 수 없는 문자를 조용히 건너뛴다. 일반적으로 상당히 좋지 않은 방법이다.

❺ replace 처리기는 인코딩할 수 없는 문자를 물음표(?)로 치환한다. 데이터는 손실되지만, 어떤 문제가
있음을 사용자가 알 수 있게 해 준다.

❻ xmlcharrefreplace 처리기는 인코딩할 수 없는 문자를 XML 개체로 치환한다. UTF를 사용할 수 없
고 데이터가 손실되면 안 될 때는 이 처리기가 유일한 방법이다.

> **NOTE** 코덱 에러 처리는 확장할 수 있다. codecs.register_error() 함수에 에러명과 에러 처리 함수
> 명을 전달해 에러 처리기를 등록할 수 있다. 자세한 내용은 codecs.register_error() 문서(https://
> fpy.li/4-6)를 참조하라.

필자가 아는 한 아스키는 모든 인코딩의 부분집합으로, 텍스트가 아스키 문자만으로 구성되면
인코딩은 언제나 문제없이 작동한다. 파이썬 3.7에는 유니코드 텍스트가 100% 아스키인지 검
사하는 str.isascii()(https://fpy.li/4-7) 메서드가 추가되었다. 어떠한 인코딩 방식이
든 순수 아스키로 구성된 텍스트는 UnicodeEncodeError를 발생시키지 않고 바이트로 인코딩
할 수 있다.

4.5.2 UnicodeDecodeError의 처리

모든 바이트 패턴이 유효한 아스키 문자가 될 수 없으며, 모든 바이트 시퀀스가 유효한 UTF-8
이나 UTF-16 문자가 되지는 않는다. 따라서 이진 시퀀스를 텍스트로 변환할 때 해당 인코딩
의 정당한 문자로 변환할 수 없으면 UnicodeDecodeError가 발생한다.

한편 cp1252, iso8859_1, koi8_r 등 여러 레거시 8-비트 인코딩은 무작위 바이트 배열을 디코딩할 때 에러가 발생하지 않는다. 따라서 프로그램이 바이트 스트림을 잘못된 8-비트 인코딩 체계로 가정해 변환하면 쓰레기 문자가 만들어진다.

> **TIP** 깨진 문자들은 그렘린gremlin이나 '문자 깨짐'이라고 한다.

[예제 4-6]은 잘못된 코덱을 사용해 문자가 깨지거나 UnicodeDecodeError가 발생하는 예를 보여 준다.

예제 4-6 str에서 bytes로 디코딩하기: 성공 및 에러 처리

```
>>> octets = b'Montr\xe9al'   ❶
>>> octets.decode('cp1252')   ❷
'Montréal'
>>> octets.decode('iso8859_7')   ❸
'Montrιal'
>>> octets.decode('koi8_r')   ❹
'MontrИal'
>>> octets.decode('utf_8')   ❺
Traceback (most recent call last):
  File "<stdin>", line 1, in <module>
UnicodeDecodeError: 'utf-8' codec can't decode byte 0xe9 in position 5:
invalid continuation byte
>>> octets.decode('utf_8', errors='replace')   ❻
'Montr�al'
```

❶ 이 바이트들은 latin1으로 인코딩된 'Montréal'이다. '\xe9'는 'é'를 나타내는 바이트이다.

❷ Windows 1252('cp1252')는 latin1의 상위집합이므로 제대로 디코딩된다.

❸ ISO-8859-7은 그리스 문자용 코덱이므로 '\xe9'를 엉뚱하게 해석하지만, 에러는 발생하지 않는다.

❹ KOI8-R은 러시아어용 코덱으로, 여기서는 '\xe9'가 키릴 문자 'И'으로 해석된다.

❺ 'utf_8' 코덱은 octets를 UTF-8로 변환할 수 없음을 알리려고 UnicodeDecodeError를 발생시킨다.

❻ replace 에러 처리기를 사용해 '\xe9'를 '�'(코드 포인트 U+FFFD)로 치환한다. 이 문자는 알 수 없는 문자를 표현할 때 사용하는 공식 유니코드 대체 문자(REPLACEMENT CHARACTER)이다.

4.5.3 예상과 달리 인코딩된 모듈 로딩 시 발생하는 SyntaxError

파이썬 2.5부터 아스키를, 파이썬 3부터 UTF-8을 소스 코드 기본 인코딩 방식으로 사용했다. 인코딩을 선언하지 않고 UTF-8 이외의 방식으로 인코딩된 .py 모듈을 로딩하면 다음과 같은 에러 메시지가 발생한다.

```
SyntaxError: Non-UTF-8 code starting with '\xe1' in file ola.py on line
    1, but no encoding declared; see https://python.org/dev/peps/pep-0263/
    for details
```

GNU/리눅스와 macOS 시스템에서는 UTF-8을 널리 사용하므로, 아마 이 모듈은 cp1252를 사용하는 윈도우 시스템에서 생성되었을 것이다. 그렇지만 파이썬 3는 기본적으로 모든 플랫폼에서 UTF-8 인코딩을 사용하므로, 윈도우용 파이썬에서 실행해도 이 에러는 발생한다.

이 문제는 [예제 4-7]처럼 파일 꼭대기에 coding 주석을 달아 해결할 수 있다.

예제 4-7 ola.py: '헬로, 월드!' 포르투갈어 버전

```
# coding: cp1252
print('Olá, Mundo!')
```

> **TIP** 파이썬 3 소스 코드는 이제 아스키에 구애받지 않고 기본적으로 UTF-8 인코딩을 사용하므로 'cp1252'와 같은 레거시 코덱으로 인코딩된 소스 코드는 UTF-8로 변환하는 편이 좋으며 굳이 coding 주석을 사용할 필요가 없다. 사용하는 편집기가 UTF-8을 지원하지 않는다면 편집기를 바꾸기를 권한다.

소스 코드나 한 편의 시를 담은 텍스트 파일이 있는데, 인코딩을 모른다고 생각해 보자. 인코딩 방식을 어떻게 알아낼 수 있을까? 다음 절에서 그 답을 설명한다.

4.5.4 바이트 시퀀스의 인코딩 방식을 알아내는 방법

바이트 시퀀스의 인코딩 방식을 어떻게 알아낼까? 간단히 말하자면, 알아낼 수 없다. 인코딩 정보는 반드시 명시되어야 한다.

HTTP나 XML 같은 통신 프로토콜이나 파일 포맷은 내용이 어떻게 인코딩되었는지 명시하는 헤더가 있다. 바이트 스트림에 127이 넘는 값이 있다면 아스키로 인코딩되지 않았음을 알 수 있고, UTF-8과 UTF-16 인코딩으로도 생성할 수 있는 바이트 시퀀스가 한정된다.

레오의 UTF-8 디코딩 추측 비법

(이 글은 테크니컬 리뷰어 레오나르도 로챌Leonardo Rochael의 메모에서 가져왔다.)

UTF-8이 설계된 방식에 따르면, 무작위 바이트 시퀀스 또는 UTF-8 이외의 방식으로 인코딩된 정당한 바이트 시퀀스가 `UnicodeDecodeError`를 발생시키지 않고 쓰레기 문자로 디코딩되는 것은 거의 불가능하다.

UTF-8 이스케이프 시퀀스는 아스키 문자를 사용하지 않으며, 무작위 데이터가 실수로 정당한 UTF-8 문자인 것처럼 디코딩되기는 어렵기 때문이다.

따라서 어떤 바이트를 UTF-8에서 값 127 이상의 코드로 디코딩할 수 있다면, 아마 UTF-8로 인코딩되었을 가능성이 크다.

필자는 종종 레거시 백엔드 서버에 연결된 브라질 온라인 서비스를 다루는데, 먼저 UTF-8으로 디코딩을 시도한 뒤 `UnicodeDecodeError`가 발생하면 `cp1252`로 디코딩한다. 깔끔하지는 않지만 잘 작동하는 방법이다.

그렇지만 일단 바이트 스트림이 **자연어**(**평문**plain text)라고 간주되면, 자연어에도 규칙과 제한이 있다는 점을 고려해서 경험과 통계를 이용해 인코딩을 추정할 수 있다. 예를 들어 일반적으로 자연어 중간에는 널 문자가 들어가지 않으므로, `b'\x00'` 바이트가 많이 나오면 이 파일은 8비트가 아니라 16이나 32비트로 인코딩되었을 가능성이 크다. 그리고 `b'\x20\x00'` 바이트 시퀀스가 자주 나타난다면, 이 문자는 잘 사용되지 않는 U+2000(`EN QUAD` 문자)라기보다는 UTF-16LE 인코딩에서의 공백 문자(U+0020)일 가능성이 크다.

이 방법이 바로 'Chardet-범용 문자 인코딩 탐지기'Chardet – The Universal Character Encoding Detector(`https://fpy.li/4-8`)가 작동하는 방식인데, 이런 방법을 이용해서 30여 가지 인코딩 방식을 알아낸다. Chardet은 프로그램에서 사용할 수 있는 파이썬 라이브러리뿐만 아니라 `chardetect`라는 명령줄 유틸리티도 포함한다. 이번 장에서 사용한 소스 파일에 이 유틸리티를 실행한 결과는 다음과 같다.

```
$ chardetect 04-text-byte.asciidoc
04-text-byte.asciidoc: utf-8 with confidence 0.99
```

인코딩된 텍스트의 이진 시퀀스는 인코딩 정보를 명시적으로 전달하지 않지만, UTF 포맷은 텍스트 앞에 바이트 순서 표시[byte order mark](BOM)를 추가할 수 있다. 다음 절에서는 BOM을 알아보자.

4.5.5 BOM: 유용한 깨진 문자

[예제 4-4]에서 UTF-16으로 인코딩된 텍스트 앞쪽에 있는 여분의 바이트 두 개를 보았을 것이다. 해당 부분만 다시 옮겨오면 다음과 같다.

```
>>> u16 = 'El Niño'.encode('utf_16')
>>> u16
b'\xff\xfeE\x00l\x00 \x00N\x00i\x00\xf1\x00o\x00'
```

여분의 두 바이트는 앞에 나온 b'\xff\xfe'이다. 이 문자가 바로 **바이트 순서 표시(BOM)**로, 인코딩한 인텔 CPU의 리틀 엔디언[little endian] 바이트 순서를 나타낸다.

리틀 엔디언 컴퓨터에서는 코드 포인트의 최하위 바이트가 먼저 나온다. 코드 포인트가 U+0045(십진수 69)인 'E' 문자는 다음과 같이 바이트 오프셋 2와 3에 69와 0으로 인코딩되었다.

```
>>> list(u16)
[255, 254, 69, 0, 108, 0, 32, 0, 78, 0, 105, 0, 241, 0, 111, 0]
```

빅 엔디언 컴퓨터에서는 인코딩 순서가 반대로 되어 'E'가 0과 69로 인코딩된다.

혼동을 피하고자 UTF-16 인코딩은 ZERO WIDTH NO-BREAK SPACE(U+FEFF)라는 특수 문자를 인코딩된 텍스트 앞에 붙이는데, 이 문자는 화면에 출력되지 않는다. 리틀 엔디언 컴퓨터에서 이 문자는 b'\xff\xfe'(십진수 255, 254)로 인코딩된다. UTF-16에 U+FFFE에 해당하는 문자는 없으므로, 바이트 시퀀스 b'\xff\xfe'는 리틀 엔디언으로 인코딩된 ZERO WIDTH

NO-BREAK SPACE 문자를 의미하며, 코덱은 어떤 바이트 순서를 사용할지 판단할 수 있다.

UTF-16에는 리틀 엔디언을 명시하는 UTF-16LE와 빅 엔디언을 명시하는 UTF-16BE 변형
이 있다. 다음 예제에서 볼 수 있듯이 이들 변형 인코더를 사용하면 BOM을 추가하지 않는다.

```
>>> u16le = 'El Niño'.encode('utf_16le')
>>> list(u16le)
[69, 0, 108, 0, 32, 0, 78, 0, 105, 0, 241, 0, 111, 0]
>>> u16be = 'El Niño'.encode('utf_16be')
>>> list(u16be)
[0, 69, 0, 108, 0, 32, 0, 78, 0, 105, 0, 241, 0, 111]
```

BOM이 있더라도 UTF-16 코덱에 의해 걸러지므로, 텍스트로 변환한 후에는 앞에 추가된
ZERO WIDTH NO-BREAK SPACE 문자 없이 파일의 실제 내용만 가져온다. 표준에 따르면 UTF-
16 파일에 BOM이 없다면 이 파일은 UTF-16BE(빅 엔디언)로 인코딩되었다고 가정해야 한
다. 하지만 프로세서 대부분을 차지하는 인텔 x86 아키텍처가 리틀 엔디언이므로, BOM이 없
더라도 실제로는 UTF-16LE로 인코딩된 파일이 매우 많다.

엔디언 문제는 한 바이트 이상의 워드를 사용하는 UTF-16과 UTF-32에만 영향을 준다.
UTF-8은 컴퓨터의 엔디언 특성에 상관없이 동일한 바이트 시퀀스를 생성하므로 BOM이 필
요 없다는 장점이 있다. 그렇지만 윈도우 애플리케이션(특히 메모장)은 UTF-8로 인코딩할
때도 파일에 BOM을 붙인다. 마이크로소프트 엑셀은 UTF-8 파일을 탐지할 때 BOM에 의
존하며, BOM이 없으면 바이트 스트림이 윈도우 코드 페이지로 인코딩되었다고 가정한다.
BOM이 있는 UTF-8 인코딩을 파이썬 코덱 목록에서는 UTF-8-SIG라고 부른다. U+FEFF
문자를 UTF-8로 인코딩하면 세 바이트 길이의 b'\xef\xbb\xbf'가 된다. 따라서 이 세 바이
트로 시작하는 파일은 BOM이 추가된 UTF-8 파일일 가능성이 크다. 그러나 파이썬은 기본
적으로 파일이 UTF-8로 인코딩되어 있다고 가정하므로, 파일이 b'\xef\xbb\xbf' 시퀀스로
시작될 필요는 없다.

이제 파이썬 3에서 텍스트 파일을 다루는 방법을 알아보자.

4.6 텍스트 파일 다루기

텍스트 I/O를 처리하는 가장 훌륭한 방법은 '유니코드 샌드위치'(그림 4–2)다.[7] 이 말은 (파일을 읽으려고 열 때 등) 입력할 때 bytes는 가능한 한 빨리 str로 변환해야 함을 의미한다. 샌드위치에 들어가는 '고기'는 프로그램의 비즈니스 논리에 해당하는 부분이며, 여기서는 텍스트를 오로지 str 객체로서만 다룬다. 즉, 다른 처리를 하는 도중에 인코딩이나 디코딩을 하면 안 된다. 출력할 때는 가능한 한 늦게 str을 bytes로 인코딩한다. 대부분의 웹 프레임워크도 이렇게 작동하며, 처리하는 동안 bytes를 다루는 일은 거의 없다. 예를 들어 장고[Django]에서 뷰는 유니코드 str만 출력하고, 장고 자체가 응답을 bytes로 인코딩(기본값은 UTF–8)하는 일을 담당한다.

파이썬 3는 유니코드 샌드위치 모델을 따르기 쉽게 해 준다. 내장 함수 open()은 파일을 텍스트 모드로 읽고 쓸 때 필요한 모든 인코딩과 디코딩 작업을 수행하므로, `my_file.read()`에서 읽어와 `my_file.write()`에 전달하는 것은 모두 str 형 객체다.

따라서 텍스트 파일을 사용하는 일은 간단하다. 그렇지만 기본 인코딩에 의존하다 보면 뜻하지 않은 봉변을 당할 수 있다.

---

7 '유니코드 샌드위치'라는 용어는 US PyCon 2012에서 네드 배첼더의 '유니코드 실용 기법(Pragmatic Unicode)'(`https://fpy.li/4-10`)이라는 멋진 발표에서 처음으로 들었다.

그림 4-2 유니코드 샌드위치: 텍스트를 처리하는 지금까지 최고의 방법

[예제 4-8]의 콘솔 세션을 보자. 버그가 보이는가?

예제 4-8 플랫폼 인코딩 문제: 실행하는 컴퓨터에 따라 문제가 생길 수도, 아닐 수도 있다.

```
>>> open('cafe.txt', 'w', encoding='utf_8').write('café')
4
>>> open('cafe.txt').read()
'cafÃ©'
```

버그는 인코딩 지정 때문에 발생한다. 파일에 쓸 때는 UTF-8로 지정했지만, 파일을 읽을 때는 지정하지 않았다. 따라서 파이썬은 윈도우 시스템 기본 인코딩(코드 페이지 1252)으로 가정하고, 마지막 'é' 문자를 'Ã©'로 디코딩했다.

[예제 4-8]을 윈도우 10(빌드 18363)에서 파이썬 3.8.1, 64비트 버전으로 실행했을 때 이와 같은 문제가 발생했다. 기본 인코딩으로 UTF-8을 사용하는 GNU/리눅스나 macOS에서 이 코드를 실행하면 아무런 문제 없이 작동하므로, 이 코드에 문제가 없다고 생각하기 쉽다. 저장할 파일을 열 때 encoding 인수를 생략하면 기본 로케일에 따른 인코딩 방식을 사용하며, 파일을 읽을 때도 동일한 인코딩을 이용해 올바르게 읽는다. 그렇지만 [예제 4-8]은 플랫폼에 따라, 혹은 플랫폼이 동일해도 로케일에 따라 다른 바이트를 담은 파일을 생성하게 되어 호환성 문제를 일으킨다.

[예제 4-8]에서 재미있는 점은 첫 문장에서 write() 함수를 호출했을 때는 문자 네 개가 저장되었다고 나오지만, 나중에 읽을 때는 문자 다섯 개를 읽었다고 나온다는 점이다. [예제 4-9]는 [예제 4-8]을 확장해 이 문제를 자세히 설명한다.

예제 4-9 [예제 4-8]을 윈도우에서 실행해 조사하면 버그와 해결 방법을 찾을 수 있다.

```
>>> fp = open('cafe.txt', 'w', encoding='utf_8')
>>> fp  ❶
<_io.TextIOWrapper name='cafe.txt' mode='w' encoding='utf_8'>
>>> fp.write('café')  ❷
4
>>> fp.close()
>>> import os
>>> os.stat('cafe.txt').st_size  ❸
5
>>> fp2 = open('cafe.txt')
>>> fp2  ❹
<_io.TextIOWrapper name='cafe.txt' mode='r' encoding='cp1252'>
>>> fp2.encoding  ❺
'cp1252'
>>> fp2.read()  ❻
'cafÃ©'
>>> fp3 = open('cafe.txt', encoding='utf_8')  ❼
>>> fp3
<_io.TextIOWrapper name='cafe.txt' mode='r' encoding='utf_8'>
>>> fp3.read()  ❽
'café'
>>> fp4 = open('cafe.txt', 'rb')  ❾
>>> fp4                            ❿
<_io.BufferedReader name='cafe.txt'>
>>> fp4.read()  ⓫
b'caf\xc3\xa9'
```

❶ 기본적으로 open() 함수는 텍스트 모드로 작동하며 TextIOWrapper 객체를 반환한다.

❷ TextIOWrapper 객체의 write() 메서드는 저장한 유니코드 문자 수를 반환한다.

❸ os.stat( )은 파일이 5바이트라고 알려 준다. 'é'를 UTF-8로 인코딩하면 0xc3과 0xa9, 2개의 바이트가 되기 때문이다.

❹ encoding 인수를 명시하지 않고 텍스트 파일을 열면 로케일에 따라 인코딩이 설정된 TextIOWrapper 객체를 반환한다.

❺ TextIOWrapper 객체에 encoding 속성이 있으므로 조회할 수 있다. 여기서는 cp1252이다.

❻ 윈도우 cp1252 인코딩에서 0xc3은 'Ã'(물결무늬가 있는 A)로, 0xa9는 저작권 기호로 해석된다.

❼ 동일한 파일을 올바른 인코딩으로 연다.

❽ 예상한 대로 동일한 네 개의 유니코드 문자 'café'가 나온다.

❾ 'rb' 플래그는 이진 모드로 읽도록 파일을 연다.

❿ TextIOWrapper가 아니라 BufferedReader 객체가 반환된다.

⓫ 예상한 대로 이 파일을 열면 bytes가 반환된다.

> **TIP** 인코딩 방식을 알아내려고 파일 내용을 분석하는 경우가 아니라면 텍스트 파일을 이진 모드로 열지 않는 편이 좋다. 인코딩을 알아낼 때도 직접 하기보다는 **Chardet** 모듈을 사용하는 편이 좋다(4.5.4절 '바이트 시퀀스의 인코딩을 알아내는 방법' 참조). 일반적으로 래스터 그래픽 등 이진 파일을 열 때만 이진 모드를 사용해야 한다.

[예제 4-9]의 문제는 텍스트 파일을 열 때 기본 인코딩 설정에 의존하기 때문에 발생한다. 다음 절에서 설명하듯이 기본 인코딩 설정은 여러 곳에서 영향을 받는다.

4.6.1 기본 인코딩에 주의하기

파이썬에서 입출력할 때 기본 인코딩 방식은 여러 설정에 따라 영향을 받는다. [예제 4-10]의 default_encodings.py를 보자.

예제 4-10 인코딩 기본값 알아보기

```
import locale
import sys

expressions = """
        locale.getpreferredencoding()
        type(my_file)
```

```python
            my_file.encoding
            sys.stdout.isatty()
            sys.stdout.encoding
            sys.stdin.isatty()
            sys.stdin.encoding
            sys.stderr.isatty()
            sys.stderr.encoding
            sys.getdefaultencoding()
            sys.getfilesystemencoding()
        """

    my_file = open('dummy', 'w')

    for expression in expressions.split():
        value = eval(expression)
        print(f'{expression:>30} -> {value!r}')
```

GNU/리눅스(우분투 14.04에서 19.10까지)와 macOS(10.9에서 10.14까지)에서 [예제 4-10]을 실행한 결과는 똑같으며, 다음과 같이 이 시스템들의 모든 곳에서 **UTF-8** 인코딩을 사용한다.

```
$ python3 default_encodings.py
 locale.getpreferredencoding() -> 'UTF-8'
                 type(my_file) -> <class '_io.TextIOWrapper'>
              my_file.encoding -> 'UTF-8'
          sys.stdout.isatty() -> True
         sys.stdout.encoding -> 'utf-8'
           sys.stdin.isatty() -> True
          sys.stdin.encoding -> 'utf-8'
          sys.stderr.isatty() -> True
         sys.stderr.encoding -> 'utf-8'
     sys.getdefaultencoding() -> 'utf-8'
  sys.getfilesystemencoding() -> 'utf-8'
```

그렇지만 윈도우에서 실행하면 [예제 4-11]과 같은 결과가 나온다.

예제 4-11 윈도우 10 파워셸에서의 기본 인코딩(cmd.exe에서도 결과는 같다.)

```
> chcp    ❶
Active code page: 437
```

```
> python default_encodings.py                              ❷
locale.getpreferredencoding() -> 'cp1252'                  ❸
               type(my_file) -> <class '_io.TextIOWrapper'>
             my_file.encoding -> 'cp1252'                  ❹
          sys.stdout.isatty() -> True                      ❺
         sys.stdout.encoding -> 'utf-8'                    ❻
           sys.stdin.isatty() -> True
          sys.stdin.encoding -> 'utf-8'
          sys.stderr.isatty() -> True
         sys.stderr.encoding -> 'utf-8'
    sys.getdefaultencoding() -> 'utf-8'
 sys.getfilesystemencoding() -> 'utf-8'
```

❶ chcp는 콘솔의 코드 페이지(437)를 보여 준다.

❷ default_encodings.py를 실행해 결과를 콘솔에 출력한다.

❸ locale.getpreferredencoding()이 가장 중요한 설정이다.

❹ 텍스트 파일은 기본적으로 locale.getpreferredencoding()을 사용한다.

❺ 출력이 콘솔로 나가므로 sys.stdout.isatty()가 True다.

❻ sys.stdout.encoding은 chcp가 알려 준 콘솔 코드 페이지와 똑같지 않다!

이 책의 1판이 출간된 이후, 윈도우 자체 및 윈도우용 파이썬에서의 유니코드 지원이 개선되었다. 윈도우 7에서 파이썬 3.4를 실행하면 [예제 4-11]은 네 개의 다른 인코딩을 출력했다. stdout, stdin, stderr은 chcp 명령이 알려 주는 활성화된 코드 페이지와 똑같은 인코딩을 사용했지만, 파이썬 3.6에서 구현된 'PEP 528 – 윈도우 콘솔 인코딩을 UTF-8로 변경Change Windows console encoding to UTF-8' 문서(https://fpy.li/pep528)와 cmd.exe 안의 파워셸에서의 유니코드 지원(2018년 10월 윈도우 1809 이후)[8] 덕분에 지금은 모두 utf-8이 되었다. stdout이 콘솔에 출력할 때 chcp와 sys.stdout.encoding()이 서로 다른 결과를 출력하는 게 이상하지만, 출력을 파일로 리다이렉션하지 않는 한 윈도우에서 인코딩 에러 없이 유니코드 문자열을 출력할 수 있다는 것은 멋진 일이다(파일 리다이렉션은 잠시 후에 살펴본다). 그렇다고 해서 콘솔에 이모지가 모두 출력되는 것은 아니다. 이는 콘솔이 사용하는 폰트에도 영향을 받는다.

그리고 파이썬 3.6에서 구현된 'PEP 529-윈도우 파일 시스템 인코딩을 UTF-8로 변경Change

---

8 출처: '윈도우 명령줄: 유니코드와 UTF-8 출력 텍스트 버퍼(Windows Command-Line: Unicode and UTF-8 Output Text Buffer)'(https://fpy.li/4-11)

Windows filesystem encoding to UTF-8' 문서(`https://fpy.li/pep529`)에 따른 변화도 있었는데, 파일시스템 인코딩(디렉터리와 파일의 이름을 표기하는 데 사용됨)도 마이크로소프트 특유의 MBCS에서 UTF-8로 바뀌었다.

그런데 다음과 같이 [예제 4-10]의 출력을 파일로 리다이렉션하면 결과가 달라진다.

```
Z:\>python default_encodings.py > encodings.log
```

sys.stdout.isatty()은 False가 되고, sys.stdout.encoding은 locale.getpreferredencoding() 이 알려 준 값(이 컴퓨터에서는 'cp1252')이 되지만, sys.stdin.encoding과 sys.stderr. encoding은 그대로 utf-8이 된다.

> **TIP** [예제 4-12]에서는 유니코드 이스케이프인 `\N{}`를 사용해서 문자의 공식 명칭을 `\N{}` 안에 명시했다. 약간 더 길지만 의도를 명확히 알 수 있고 안전하다. 만약 해당 이름의 문자가 존재하지 않으면 파이썬이 SyntaxError를 발생시킨다. 잘못된 16진수 코드를 사용하는 것보다 훨씬 낫지만, 한참 뒤에나 알 수 있을 것이다. 16진수 코드를 쓰면 문자를 설명하는 주석을 달게 되므로, 결국 약간 긴 `\N{}` 형태도 나쁘지 않다.

다시 말해 [예제 4-12] 같은 스크립트는 콘솔에 출력할 때는 제대로 작동하지만, 파일로 리다이렉션하면 에러가 발생한다.

예제 4-12 stdout_check.py

```python
import sys
from unicodedata import name

print(sys.version)
print()
print('sys.stdout.isatty():', sys.stdout.isatty())
print('sys.stdout.encoding:', sys.stdout.encoding)
print()

test_chars = [
    '\N{HORIZONTAL ELLIPSIS}',        # cp1252에는 있지만, cp437에는 없다.
    '\N{INFINITY}',                   # cp437에는 있지만, cp1252에는 없다.
    '\N{CIRCLED NUMBER FORTY TWO}',   # cp437에도 cp1252에도 없다.
]
```

```python
for char in test_chars:
    print(f'Trying to output {name(char)}:')
    print(char)
```

[예제 4-12]는 sys.stdout.isatty()의 반환값, sys.stdout.encoding의 값 그리고 다음의 문자 세 개를 출력한다.

- '…' HORIZONTAL ELLIPSIS: CP1252에는 있지만, CP437에는 없다.

- '∞' INFINITY: CP437에는 있지만, CP1252에는 없다.

- '㊷' CIRCLED NUMBER FORTY TWO: CP1252에도 CP437에도 없다.

stdout_check.py를 파워셸이나 cmd.exe에서 실행하면 [그림 4-3]과 같이 실행된다.

```
Windows PowerShell                                                    —    □    ×
PS C:\flupy> chcp
Active code page: 437
PS C:\flupy> python stdout_check.py
3.8.1 (tags/v3.8.1:1b293b6, Dec 18 2019, 23:11:46) [MSC v.1916 64 bit (AMD64)]

sys.stdout.isatty(): True
sys.stdout.encoding: utf-8

Trying to output HORIZONTAL ELLIPSIS:
…
Trying to output INFINITY:
∞
Trying to output CIRCLED NUMBER FORTY TWO:
□
PS C:\flupy>
```

그림 4-3 파워셸에서 stdout_check.py 실행하기

chcp는 활성화된 코드 페이지가 437이라고 알려 주지만, sys.stdout.encoding 값이 UTF-8이므로 HORIZONTAL ELLIPSIS와 INFINITY 문자가 제대로 출력된다. CIRCLED NUMBER FORTY TWO 문자는 네모로 대체되었지만 아무런 에러도 발생하지 않는다. 유효한 문자로 인식되기는 했지만, 콘솔의 폰트셋에 해당 문자를 출력할 폰트가 없기 때문이다. 그러나 stdout_check.py의 출력을 파일로 리다이렉션하면 [그림 4-4]와 같이 실행된다.

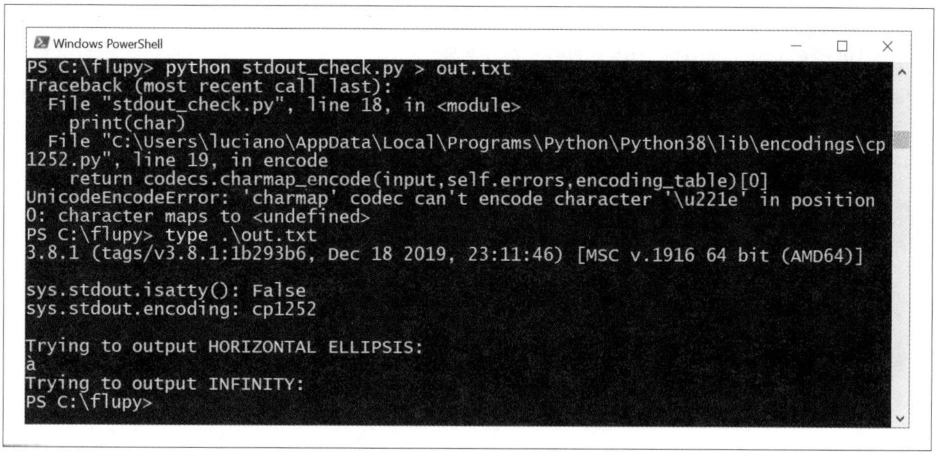

그림 4-4 파워셸에서 출력을 리다이렉션해 stdout_check.py 실행하기

[그림 4-4]에 나온 첫 번째 문제는 '\u221e' 문자를 언급한 UnicodeEncodeError이다. sys.stdout.encoding이 'cp1252'이고, 이 코드 페이지에는 INFINITY 문자가 없기 때문이다.

out.txt를 type 명령으로 출력하거나 VS 코드나 서브라임 텍스트 등의 편집기로 열었을 때 필자는 HORIZONTAL ELLIPSIS 문자 대신 'à'(LATIN SMALL LETTER A WITH GRAVE) 문자를 봤다. 알고 보니 바이트값 0x85가 CP1252에서는 '…' 문자를 나타내지만, CP437에서는 'à' 문자를 나타내기 때문이다. 따라서 활성화된 코드 페이지가 큰 도움이 되지는 않지만, 유니코드 처리에 왜 이렇게 문제가 많은지 이해하는 데는 도움이 되었다.

> **NOTE** 이 실험을 할 때 윈도우 10 OEM 버전에 US 로케일로 설정된 랩톱 컴퓨터를 사용했다. 다른 국가에 맞게 설정된 윈도우 버전은 인코딩 설정이 다를 수 있다. 예를 들어 브라질에서 윈도우 콘솔은 기본적으로 코드 페이지 437이 아닌 850을 사용한다.

이렇게 복잡하게 꼬인 기본 인코딩 문제를 정리하기 위해 [예제 4-11]의 다른 인코딩을 마지막으로 돌아보자.

- 파일을 열 때 encoding 인수를 생략하면 locale.getpreferredencoding()에서 반환된 값이 기본 인코딩으로 설정된다([예제 4-11]에서는 'cp1252').
- 파이썬 3.6 이전에는 환경 변수 PYTHONIOENCODING(https://fpy.li/4-12)이 sys.stdout / stdin / stderr의 인코딩을 설정했지만, 이제는 환경 변수 PYTHONLEGACYWINDOWSSTDIO(https://fpy.li/4-13)의 값이 비어 있으면 이 변수는 무시된다. 환경 변수가 적용되지 않을 때

는 기본 입출력의 인코딩이 대화형에서는 UTF-8, 리다이렉션된 파일 입출력에 대해서는 locale. getpreferredencoding()에서 반환된 값이 적용된다.

- 파이썬 내부에서 이진 데이터와 str 간에 암묵적으로 변환할 때는 sys.getdefaultencoding()에서 반환된 값이 사용되며, 이 값은 바꿀 수 없다.
- 파일 내용이 아닌 파일명을 인코딩/디코딩할 때는 sys.getfilesystemencoding()이 사용된다. open()을 호출할 때 파일명으로 str 형 인수를 전달하면 이 함수가 호출되고, bytes 형 인수를 전달하면 아무런 변경 없이 OS의 API를 호출한다.

> **NOTE** 리눅스나 macOS에서는 오랫동안 이 모든 인코딩이 기본적으로 UTF-8로 설정되었으므로 모든 입출력 루틴이 유니코드 문자를 처리했다. 윈도우에서는 한 시스템 안에서도 여러 다른 인코딩이 사용될 뿐만 아니라, 아스키 이외에 인코딩마다 다른 127개의 문자를 추가로 지원하는 'cp850'이나 'cp1252' 등의 코드 페이지가 일반적으로 사용된다. 따라서 윈도우 사용자들은 세심한 주의를 기울이지 않으면 인코딩 에러를 접할 가능성이 크다.

정리해 보자면 인코딩을 설정할 때는 locale.getpreferredencoding()이 반환하는 값이 가장 중요하다. 이 값이 sys.stdout / stdin / stderr과 리다이렉션된 파일을 열 때의 기본 인코딩을 설정한다. 그러나 이 API의 문서(https://fpy.li/4-14)에서는 다음과 같이 설명한다.

> **locale.getpreferredencoding(do_setlocale=True)**
>
> 사용자 환경 설정에 따라 텍스트 데이터에 사용되는 인코딩 방식을 반환한다. 사용자 환경 설정은 시스템마다 다르게 표현되며, 일부 시스템에서는 프로그래밍 방식으로 접근할 수 없으므로 이 함수는 추정치만 반환한다. [후략]

따라서 기본 인코딩 방식을 알아낼 때 이 메서드에 의존하지 않는 편이 좋다.

유니코드 샌드위치 모델을 따르고 프로그램 안에서 인코딩을 명시하면 많은 문제를 피할 수 있다. 불행히도 bytes 형을 str 형으로 제대로 변환한다고 해도 유니코드는 까다로운 존재이다. 다음 절에서는 아스키 세상에서는 간단했지만, 유니코드 세상에서는 아주 복잡한 문제인 텍스트 정규화(두 문자를 비교할 수 있도록 단일화된 표현으로 텍스트를 변환하는 작업)와 정렬을 알아본다.

4.7 유니코드 정규화로 제대로 비교하기

유니코드에는 결합 문자가 있어서 문자열 비교가 간단하지 않다. 앞 문자에 연결되는 발음 구별 기호diacritical mark는 인쇄할 때 앞 문자와 하나로 결합되어 출력된다.

예를 들어 'café'라는 문자열은 네 개나 다섯 개의 코드 포인트를 이용해 두 가지 방식으로 표현할 수 있지만 결과는 똑같이 나타난다.

```
>>> s1 = 'café'
>>> s2 = 'cafe\N{COMBINING ACUTE ACCENT}'
>>> s1, s2
('café', 'café')
>>> len(s1), len(s2)
(4, 5)
>>> s1 == s2
False
```

'e' 다음에 COMBINING ACUTE ACCENT(U+0301)를 놓으면 'é'가 된다. 유니코드 표준에서는 'é'와 'éu0301', 이 두 개의 시퀀스를 '규범적으로 동일하다'고 하며, 애플리케이션에서는 이 두 시퀀스를 동일하게 처리해야 한다. 그러나 파이썬은 서로 다른 두 개의 코드 포인트 시퀀스로 판단해서 둘이 서로 똑같지 않다고 판단한다.

이 문제를 해결하려면 unicodedata.normalize() 함수가 제공하는 유니코드 정규화를 이용해야 한다. 이 함수의 첫 번째 인수는 'NFC', 'NFD', 'NFKC', 'NFKD' 중 하나여야 하는데, 먼저 NFC와 NFD를 알아보자.

정규화 형식 C$^{Normalization\ Form\ C}$(NFC)는 코드 포인트를 조합해 가장 짧은 동일 문자열을 생성하는 반면, NFD는 조합된 문자를 기본 문자와 별도의 결합 문자로 분리한다. 다음 예제에서 알 수 있듯이, 이 두 방식 모두 문자열을 제대로 비교할 수 있게 해 준다.

```
>>> from unicodedata import normalize
>>> s1 = 'café'
>>> s2 = 'cafe\N{COMBINING ACUTE ACCENT}'
>>> len(s1), len(s2)
(4, 5)
>>> len(normalize('NFC', s1)), len(normalize('NFC', s2))
```

```
(4, 4)
>>> len(normalize('NFD', s1)), len(normalize('NFD', s2))
(5, 5)
>>> normalize('NFC', s1) == normalize('NFC', s2)
True
>>> normalize('NFD', s1) == normalize('NFD', s2)
True
```

일반적으로 서양식 키보드는 결합된 문자를 입력할 수 있으므로, 사용자가 입력하는 텍스트는 기본적으로 NFC 형태이다. 그러나 안전을 보장하려면 파일에 저장하기 전에 `normalize('NFC', user_text)`를 호출해 문자열을 청소하는 편이 좋다. NFC는 '월드 와이드 웹을 위한 문자 모델: 문자열 매칭과 검색Character Model for the World Wide Web: String Matching and Searching' 문서(`https://fpy.li/4-15`)에서 설명하듯이 웹을 위해 W3C가 추천하는 정규화 형식이기도 하다.

NFC에 의해 문자 하나가 다른 문자 하나로 정규화되는 경우도 있다. 전기 저항을 나타내는 옴(Ω) 기호는 그리스어 대문자 오메가로 정규화된다. 겉모습은 똑같지만 다르다고 판단되므로 정규화해서 뜻하지 않은 문제를 예방해야 한다.

```
>>> from unicodedata import normalize, name
>>> ohm = '\u2126'
>>> name(ohm)
'OHM SIGN'
>>> ohm_c = normalize('NFC', ohm)
>>> name(ohm_c)
'GREEK CAPITAL LETTER OMEGA'
>>> ohm == ohm_c
False
>>> normalize('NFC', ohm) == normalize('NFC', ohm_c)
True
```

나머지 두 가지 정규화 형식 NFKC와 NFKD에서 'K'는 호환성compatibility을 나타낸다. 이는 정규화의 더 강력한 형태로서, 소위 말하는 **호환 문자**compatibility character에 영향을 미친다. 하나의 문자에 대해 하나의 **규범적인** 코드를 가지는 게 유니코드의 목표 중 하나였지만, 기존 표준과의 호환성을 위해 두 번 이상 나타나는 문자들도 있다. 예를 들어 그리스 알파벳에 소문자 뮤('μ')가 코드 포인트 U+03BC(GREEK SMALL LETTER MU)로 들어 있지만, 마이크로 기호

(MICRO SIGN) 'µ'(U+00B5)가 latin1과의 상호 변환을 지원하고자 유니코드에 추가되었다. 따라서 마이크로 기호를 **호환 문자**라고 간주한다.

NFKC와 NFKD 형태에서 각 호환 문자는 포매팅 손실이 발생하더라도 **선호하는** 형태로 간주되는 하나 이상의 문자들로 구성된 **호환 분할**^{compatibility decomposition}로 치환된다. 이상적으로 포매팅은 외부 마크업^{markup}의 책임이지 유니코드의 책임이 아니다. 예를 들어 절반을 나타내는 '½'(U+00BD) 문자의 호환 분할은 세 개 문자인 '1/2'로, 마이크로 기호 'µ'(U+00B5)의 호환 분할은 소문자 뮤인 'μ'(U+03BC)로 치환된다.[9]

NFKC가 작동하는 예는 다음과 같다.

```
>>> from unicodedata import normalize, name
>>> half = '\N{VULGAR FRACTION ONE HALF}'
>>> print(half)
½
>>> normalize('NFKC', half)
'1/2'
>>> for char in normalize('NFKC', half):
...     print(char, name(char), sep='\t')
...
1  DIGIT ONE
/ FRACTION SLASH
2  DIGIT TWO
>>> four_squared = '4²'
>>> normalize('NFKC', four_squared)
'42'
>>> micro = 'µ'
>>> micro_kc = normalize('NFKC', micro)
>>> micro, micro_kc
('µ', 'μ')
>>> ord(micro), ord(micro_kc)
(181, 956)
>>> name(micro), name(micro_kc)
('MICRO SIGN', 'GREEK SMALL LETTER MU')
```

---

9 재미있게도 마이크로 기호는 호환 문자로 간주되지만, 옴 기호는 호환 문자로 간주되지 않는다. 결국 NFC는 마이크로 기호는 변경하지 않지만, 옴 기호는 대문자 오메가 문자로 변경한다. 반면에 NFKC와 NFKD는 옴과 마이크로 기호 모두 다른 문자로 변경한다.

'1/2'는 '½'의 적절한 치환이고 마이크로 기호는 실제로는 그리스어 소문자 뮤(μ)지만, '4²'를 '42'로 변환하면 의미가 달라진다. 애플리케이션에서는 '4²'를 '4²'로 저장할 수도 있지만, `normalize()` 함수는 포맷에 관해서는 전혀 모른다. 따라서 NFKC나 NFKD는 정보를 손상시키거나 왜곡할 수 있지만, 검색 및 색인 생성에 편리한 중간 형태를 만들 수 있다.

불행히도 유니코드와 관련한 모든 것은 늘 보기보다 복잡하다. VULGAR FRACTION ONE HALF에서 NFKC 정규화는 1과 2를 SOLIDUS(흔히 슬래시라고 부르며, 아스키코드 십진수 47인 문자)가 아닌 FRACTION SLASH(수학의 분수 표현에 특화된 기호)로 연결한다. 따라서 아스키 문자 세 개의 시퀀스 '1/2'를 검색하면 정규화된 유니코드 시퀀스를 찾아내지 못한다.

텍스트 검색이나 색인 생성을 위해 텍스트를 가공할 때는 케이스 폴딩이라는 연산이 도움이 된다. 다음 절에서 알아보자.

4.7.1 케이스 폴딩

케이스 폴딩^{case folding}은 본질적으로 모든 텍스트를 소문자로 변환하는 작업인데, 약간 변형할 수도 있다. `str.casefold()` 메서드가 케이스 폴딩을 지원한다.

문자열 s에 `latin1` 문자만 있으면 `s.casefold()`는 `s.lower()`와 똑같은 결과를 반환한다. 다만 두 가지 예외가 있는데, 마이크로 기호('μ')는 그리스 소문자 뮤(대부분의 폰트에서 똑같아 보인다)로, 독일어 에스체트('ß', 샤프 에스^{sharp s}라고도 한다)는 'ss'로 변환한다.

```
>>> micro = 'µ'
>>> name(micro)
'MICRO SIGN'
>>> micro_cf = micro.casefold()
>>> name(micro_cf)
'GREEK SMALL LETTER MU'
>>> micro, micro_cf
('µ', 'μ')
```

```
>>> eszett = 'ß'
>>> name(eszett)
'LATIN SMALL LETTER SHARP S'
>>> eszett_cf = eszett.casefold()
>>> eszett, eszett_cf
('ß', 'ss')
```

코드 포인트 중 거의 300개에 대해 str.casefold()와 str.lower()가 다른 결과를 반환한다.

유니코드와 관련된 모든 문제에서 그렇듯이 케이스 폴딩은 수많은 언어학적 특별 케이스를 다루는 복잡한 문제지만, 파이썬 핵심 개발팀은 대부분의 사용자가 만족할 만한 해결책을 제시하려고 노력했다.

다음 두 개 절에서는 정규화와 관련된 우리의 지식을 활용해 유틸리티 함수를 개발한다.

4.7.2 정규화된 텍스트 매칭을 위한 유틸리티 함수

지금까지 살펴봤듯이 NFC와 NFD는 안전하며 유니코드 문자열을 적절히 비교하게 해 준다. NFC는 대부분의 애플리케이션에서 사용할 수 있는 최고의 정규화된 형태이며, 대소문자 구분 없이 문자를 비교할 때는 str.casefold()가 가장 좋은 방법이다.

다양한 언어로 구성된 텍스트를 사용할 때는 [예제 4-13]에서 구현한 nfc_equal()과 fold_equal() 함수를 도구 상자에 추가해 놓으면 유용하게 쓸 수 있다.

예제 4-13 normeq.py: 정규화된 유니코드 문자열 비교

```
""" 정규화된 유니코드 문자열을 비교하기 위한 유틸리티 함수

대소문자를 구분하고 NFC를 사용할 때:

    >>> s1 = 'café'
    >>> s2 = 'cafe\u0301'
    >>> s1 == s2
    False
    >>> nfc_equal(s1, s2)
    True
    >>> nfc_equal('A', 'a')
```

```
    False
```

케이스 폴딩과 함께 NFC를 사용할 때:

```
>>> s3 = 'Straße'
>>> s4 = 'strasse'
>>> s3 == s4
False
>>> nfc_equal(s3, s4)
False
>>> fold_equal(s3, s4)
True
>>> fold_equal(s1, s2)
True
>>> fold_equal('A', 'a')
True

"""

from unicodedata import normalize

def nfc_equal(str1, str2):
    return normalize('NFC', str1) == normalize('NFC', str2)

def fold_equal(str1, str2):
    return (normalize('NFC', str1).casefold() ==
            normalize('NFC', str2).casefold())
```

유니코드 표준으로 제공되는 정규화 및 케이스 폴딩 외에, 때로는 'café'를 'cafe'로 변환하는 것처럼 더 깊이 있게 변환하는 방법도 생각해 볼 수 있다. 다음 절에서는 이러한 변환을 언제 어떻게 사용하는지 알아보자.

4.7.3 극단적인 정규화: 발음 구별 기호 제거하기

구글 검색에는 많은 기법이 사용되지만, 그중 문맥에 따라 어큐트(예: é)나 세딜라(예: ç) 등의 발음 구별 기호를 무시하는 방법도 있다. 발음 구별 기호를 제거하면 단어의 뜻이 바뀌어 검색 시 오탐이 발생할 수도 있으므로 적절한 정규화 형식은 아니다. 그렇지만 발음 구별 기호를 무시하거나 정확히 사용하지 못할 때가 흔하고 철자법 규칙이 시대에 따라 변하기도 하므로,

실제 사용되는 언어에서 어큐트 용법은 생겼다가 사라지기도 한다. 그러므로 어큐트에 너무 연연할 필요는 없다.

검색할 때 외에도 발음 구별 기호를 제거하면 (특히 라틴 언어에서) URL이 읽기 좋아진다. 위키백과에서 상파울루에 관한 문서의 URL을 살펴보자.

```
https://en.wikipedia.org/wiki/S%C3%A3o_Paulo
```

%C3%A3 부분은 URL 이스케이프처리한 부분으로, 'ã'('a' 위에 물결 표시가 있음) 문자 하나를 UTF-8로 표현한다. 다음은 철자가 틀렸지만 훨씬 더 읽기 좋다.

```
https://en.wikipedia.org/wiki/Sao_Paulo
```

문자열에서 발음 구별 기호를 모두 제거하려면 [예제 4-14]의 함수를 사용하면 된다.

예제 4-14 simplyfy.py: 발음 구별 기호를 모두 제거하는 함수

```python
import unicodedata
import string

def shave_marks(txt):
    """발음 구별 기호를 모두 제거한다."""
    norm_txt = unicodedata.normalize('NFD', txt)       ❶
    shaved = ''.join(c for c in norm_txt
                     if not unicodedata.combining(c))   ❷
    return unicodedata.normalize('NFC', shaved)         ❸
```

❶ 모든 문자를 기본 문자와 발음 구별 기호로 분해한다.

❷ 발음 구별 기호를 모두 걸러낸다.

❸ 문자를 모두 재결합한다.

shave_marks( ) 함수를 사용하는 방법은 [예제 4-15]와 같다.

```
>>> order = '"Herr Voß: • ½ cup of Œtker™ caffè latte • bowl of açaí."'
>>> shave_marks(order)
'"Herr Voß: • ½ cup of Œtker™ caffe latte • bowl of acai."'   ❶
>>> Greek = 'Ζέφυρος, Zéfiro'
>>> shave_marks(Greek)
'Ζεφυρος, Zefiro'   ❷
```

❶ 'è', 'ç', 'í' 문자만 치환되었다.

❷ 'è'와 'é'가 모두 치환되었다.

[예제 4-14]의 shave_marks() 함수는 제대로 작동하지만, 너무 심한 듯하다. 흔히 발음 구별 기호 제거는 라틴 텍스트를 순수한 아스키코드로 변환하기 위한 것인데, shave_marks() 함수는 단지 악센트만 제거해서 아스키 문자로 만들 수 없는 그리스 문자도 변경한다. 따라서 [예제 4-16]과 같이 모든 기반 문자를 분석해 기반 문자가 라틴 알파벳일 때만 연결된 표시를 제거하는 방법이 더 좋다.

예제 4-16 라틴 문자에서 발음 구별 기호를 제거하는 함수: 이 코드는 [예제 4-14]의 simplify.py 모듈의 일부이므로 import 문은 생략한다.

```python
def shave_marks_latin(txt):
    """라틴 기반 문자에서 발음 구별 기호를 모두 제거한다."""
    norm_txt = unicodedata.normalize('NFD', txt)   ❶
    latin_base = False
    keepers = []
    for c in norm_txt:
        if unicodedata.combining(c) and latin_base:   ❷
            continue  # 라틴 문자의 발음 구별 기호를 무시한다.
        keepers.append(c)   ❸
        # 결합 문자가 아니면, 이 문자를 새로운 기반 문자로 간주한다.
        if not unicodedata.combining(c):   ❹
            latin_base = c in string.ascii_letters
    shaved = ''.join(keepers)
    return unicodedata.normalize('NFC', shaved)   ❺
```

❶ 모든 문자를 기반 문자와 발음 구별 기호로 분리한다.

❷ 기반 문자가 라틴 문자일 때 발음 구별 기호를 건너뛴다.

❸ 아니면 현재 문자를 보관한다.

❹ 새로운 기반 문자를 찾아내고 라틴 문자인지 판단한다.

❺ 문자를 모두 재결합한다.

원형 따옴표, 전각 대시, 작은 점 등 서양 텍스트에서 널리 사용되는 기호들을 아스키에 해당하는 문자로 바꾸는 훨씬 더 극단적인 방법도 있다. [예제 4-17]의 `asciize()` 함수는 이와 같이 극단적으로 텍스트를 변환한다.

예제 4-17 서양 활자 기호를 아스키로 변환: 이 코드도 [예제 4-14] `simplify.py` 모듈의 일부다.

```python
single_map = str.maketrans("""‚ƒ„ˆ‹‘’“”•–—˜›""",      # ❶
                           """'f"^<''""---~>""")

multi_map = str.maketrans({   # ❷
    '€': '<euro>',
    '…': '...',
    'Æ': 'AE',
    'æ': 'ae',
    'Œ': 'OE',
    'œ': 'oe',
    '™': '(TM)',
    '‰': '<per mille>',
    '†': '**',
    '‡': '***',
})

multi_map.update(single_map)   # ❸

def dewinize(txt):
    """Win1252 기호를 아스키 문자나 시퀀스로 치환한다."""
    return txt.translate(multi_map)   # ❹

def asciize(txt):
    no_marks = shave_marks_latin(dewinize(txt))   # ❺
    no_marks = no_marks.replace('ß', 'ss')        # ❻
    return unicodedata.normalize('NFKC', no_marks)  # ❼
```

❶ 문자 대 문자 치환을 위한 매핑 테이블을 만든다.

❷ 문자 대 문자열 치환을 위한 매핑 테이블을 만든다.

❸ 매핑 테이블을 병합한다.

❹ dewinize() 함수는 아스키나 latin1 텍스트에 영향을 미치지 않으며, 마이크로소프트가 cp1252 안의 latin1에 추가한 문자들만 변경한다.

❺ dewinize()를 호출해 발음 구별 기호를 제거한다.

❻ 에스체트 'ß'를 'ss'로 치환한다(대소문자를 유지하려고 여기서는 케이스 폴딩하지 않는다).

❼ NFKC 정규화를 적용해 호환 코드 포인트로 대체된 문자열을 만든다.

[예제 4–18]은 asciize() 사용법을 보여 준다.

예제 4-18 [예제 4-17]의 asciize()를 사용하는 두 가지 예

```
>>> order = '"Herr Voß: • ½ cup of ŒtkerTM caffé latte • bowl of açaí."'
>>> dewinize(order)
'"Herr Voß: - ½ cup of OEtker(TM) caffè latte - bowl of açaí."'   ❶
>>> asciize(order)
'"Herr Voss: - 1/2 cup of OEtker(TM) caffe latte - bowl of acai."'   ❷
```

❶ dewinize()는 둥근 따옴표, 작은 점, 상표 기호(™)를 대치한다.

❷ asciize()는 dewinize()를 적용하고, 발음 구별 기호를 제거한 후, 에스체트 'ß'를 'ss'로 대치한다.

> **WARNING** 발음 구별 기호를 제거하는 규칙은 언어마다 다르다. 예를 들어 독일어에서는 'ü'를 'ue'로 대체한다. simplify.py 모듈의 asciize() 함수는 이렇게까지 정교하지 않으므로, 언어에 따라 적절하게 작동하지 않을 수도 있다. 그렇지만 포르투갈어에서는 제법 잘 작동한다.

지금까지의 설명을 정리하자면 simplify.py 모듈에서 제공하는 함수들은 표준 정규화를 넘어 텍스트를 상당히 심하게 뜯어고치므로 텍스트의 원래 의미를 잘못 바꿀 가능성이 크다. 대상 언어, 사용자, 변환된 텍스트의 사용법을 잘 아는 여러분만이 이렇게 심하게 변환해야 할지를 판단할 수 있다.

지금까지 유니코드 텍스트 정규화에 관해 충분히 살펴봤으니 이제 유니코드 정렬 문제를 알아보자.

4.8 유니코드 텍스트 정렬하기

파이썬은 각 시퀀스의 항목들을 하나하나를 비교함으로써 어떠한 자료형의 시퀀스도 정렬할 수 있다. 문자열에서는 코드 포인트를 비교한다. 그런데 이렇게 비교하면 아스키 이외의 문자를 사용할 때 원치 않는 결과가 나올 수 있다.

브라질에서 재배하는 과일 목록을 정렬한다고 생각해 보자.

```
>>> fruits = ['caju', 'atemoia', 'cajá', 'açaí', 'acerola']
>>> sorted(fruits)
['acerola', 'atemoia', 'açaí', 'caju', 'cajá']
```

정렬 결과는 현지 언어에 따라 달라진다. 그렇지만 포르투갈어 등 라틴 알파벳을 사용하는 언어에서 어큐트나 세딜라 부호는 정렬에 영향을 거의 미치지 않는다.[10] 따라서 'cajá'는 'caja'의 일종으로 간주해 'caju'보다 먼저 나와야 한다.

제대로 정렬된 fruits는 다음과 같아야 한다.

```
['açaí', 'acerola', 'atemoia', 'cajá', 'caju']
```

파이썬에서 비아스키 텍스트는 locale.strxfrm() 함수를 이용해서 변환하는 것이 표준이다. locale 모듈 문서(https://fpy.li/4-16)에 따르면 strxfrm() 함수는 문자열을 현지어 비교에 사용할 수 있는 문자열로 변환한다.

locale.strxtrm() 함수를 사용하려면 먼저 애플리케이션에 맞는 현지 언어를 설정하고, OS가 이 설정을 지원하기를 기도해야 한다. 그러면 [예제 4-19]에 나온 일련의 명령을 제대로 실행할 수 있을 것이다.

예제 4-19 locale_sort.py: locale.strxfrm() 함수를 정렬 키로 사용하기

```python
import locale
my_locale = locale.setlocale(locale.LC_COLLATE, 'pt_BR.UTF-8')
```

---

[10] 두 단어에서 발음 구별 기호만 다를 때만 발음 구별 기호가 정렬에 영향을 미친다. 이때 발음 구별 기호가 있는 단어는 평문 단어(plain word) 다음에 나온다.

```python
print(my_locale)
fruits = ['caju', 'atemoia', 'cajá', 'açaí', 'acerola']
sorted_fruits = sorted(fruits, key=locale.strxfrm)
print(sorted_fruits)
```

[예제 4-19]를 언어가 **pt_BR.UTF-8**로 설정된 GNU/리눅스(우분투 19.10)에서 실행한 결과
는 다음과 같다.

```
'pt_BR.UTF-8'
['açaí', 'acerola', 'atemoia', 'cajá', 'caju']
```

따라서 정렬할 때는 `locale.strxfrm()` 함수를 키로 사용하기 전에 `setlocale(LC_`
`COLLATE, <지역_언어>)`를 호출해야 한다.

다음과 같은 점에 주의해야 한다.

- 로케일은 시스템 전역에 영향을 미치므로 라이브러리의 `setlocale()`을 호출하는 것은 권장하지 않는다.
  애플리케이션이나 프레임워크는 프로세스를 시작할 때 지역을 설정하고, 그 후에는 변경하면 안 된다.

- `locale` 모듈이 OS에 설치되어 있어야 한다. 그렇지 않으면 `setlocale()` 함수가 `locale.Error:`
  `unsupported locale setting` 예외를 발생시킨다.

- 지역명의 철자를 알아야 한다.

- OS 제작사가 지역 언어를 올바르게 구현해 놓았어야 한다. 필자는 우분투 19.10에서는 성공적으
  로 실행했지만, macOS 10.14에서는 실패했다. macOS에서 `setlocale(LC_COLLATE, 'pt_`
  `BR.UTF-8')`을 호출했을 때는 아무런 에러 없이 `'pt_BR.UTF-8'` 문자열이 반환되었다. 그러나
  `sorted(fruits, key=locale.strxfrm)`는 `sorted(fruits)`와 똑같이 잘못된 결과가 나왔다.
  macOS에서 지역 언어를 `fr_FR`, `es_ES`, `de_DE`으로 바꿔서 실행해 봤지만, `locale.strxfrm()`은 제
  대로 실행되지 않았다.[11]

따라서 국제화된 정렬 문제에 대해 파이썬 표준 라이브러리가 작동하지만, GNU/리눅스에서
만(혹은 여러분이 윈도우 전문가라면 윈도우에서도) 잘 지원된다. 그렇더라도 로케일에 따라
달라지므로, 여전히 복잡한 배포 문제가 남아 있다.

다행히도 PyPI를 통해 제공되는 **pyuca** 라이브러리라는 더욱 간단한 해결책이 있다.

---

[11] 역시 이 문제의 해결책을 찾을 수는 없었고, 여러 사람이 동일한 문제를 제기한 사실만 확인했다. 이 책의 테크니컬 리뷰어인 알렉스 마
르텔리는 OS X 10.9가 설치된 자신의 맥에서 `setlocale()`과 `locale.strxfrm()`을 문제없이 실행했다. 결론적으로, 상황에 따라
결과가 달라질 수 있다.

4.8.1 유니코드 대조 알고리즘을 이용한 정렬

장고에 다양한 기여를 한 제임스 토버James Tauber도 이 문제를 겪고 유니코드 대조 알고리즘 Unicode Collation Algorithm(UCA)을 순수 파이썬으로만 구현한 PyUCA(https://fpy.li/4-17)를 만들었다. [예제 4-20]에서 보듯이 사용법도 간단하다.

예제 4-20 pyuca.Collator.sort_key() 메서드 사용하기

```
>>> import pyuca
>>> coll = pyuca.Collator()
>>> fruits = ['caju', 'atemoia', 'cajá', 'açaí', 'acerola']
>>> sorted_fruits = sorted(fruits, key=coll.sort_key)
>>> sorted_fruits
['açaí', 'acerola', 'atemoia', 'cajá', 'caju']
```

GNU/리눅스, macOS, 윈도우에서 테스트했고, 적어도 간단한 예제에서는 모두 잘 작동한다.

pyuca는 지역 정보를 고려하지 않는다. 정렬 방식을 커스터마이즈하려면 직접 만든 대조 테이블에 대한 경로를 Collator() 생성자에 제공하면 된다. 기본적으로는 프로젝트와 함께 제공되는 allkeys.txt(https://fpy.li/4-18)를 사용한다. 이 키 파일은 Unicode.org에서 제공하는 기본 유니코드 대조 요소 테이블Default Unicode Collation Element Table(https://fpy.li/4-19)의 복사본일 뿐이다.

> **TIP** PyICU: 유니코드 정렬을 위한 미로슬라프 셰디비Miroslav Šedivý[12]의 추천
>
> pyuca에는 개별 언어에서의 순서를 고려하지 않는 정렬 알고리즘 하나가 들어 있다. 예를 들어 Ä는 독일어에서는 A와 B 사이에 오지만, 스웨덴어에서는 Z 다음에 온다. 프로세스의 지역 언어를 바꾸지 않고도 지역 언어처럼 작동하는 PyICU(https://fpy.li/4-20)를 한 번 살펴보라. 튀르키예어에서 i/İ의 대소문자를 바꾸고 싶을 때도 필요하다. 다만 PyICU에는 컴파일할 확장 모듈이 하나 들어 있으므로, 시스템에 따라 파이썬으로만 구현된 pyuca보다 설치하기 까다로울 수 있다.

이 테이블은 유니코드 데이터베이스를 구성하는 여러 테이블 중 하나이다. 이제 유니코드 데이터베이스를 알아보자.

---

12 테크니컬 리뷰어 미로슬라프 셰디비는 다양한 언어로 프로그래밍하는 유니코드 전문가다.

4.9 유니코드 데이터베이스

유니코드 표준은 수많은 구조화된 텍스트 파일의 형태로 하나의 완전한 데이터베이스를 제공한다. 이 데이터베이스에는 코드 포인트를 문자명으로 매핑하는 테이블뿐만 아니라, 각 문자에 대한 메타데이터 및 각 문자가 서로 연관되는 방법이 담겨 있다. 예를 들어 유니코드 데이터베이스는 문자를 출력할 수 있는지, 문자인지, 십진수인지, 혹은 다른 수치형 기호인지를 기록한다. str의 isalpha(), isprintable(), isdecimal(), isnumeric() 메서드는 이 데이터베이스를 사용한다. str.casefold() 메서드도 유니코드 테이블의 정보를 사용한다.

> **NOTE** unicodedata.category(char) 함수는 유니코드 데이터베이스에서 두 글자로 구성된 char의 분류 코드를 반환한다. 상위 수준 str 메서드는 사용하기 쉽다. 예를 들어 label.isalpha()(https://fpy.li/4-21)은 label 안에 있는 문자들이 모두 Lm, Lt, Lu, Ll, Lo에 속하면 True를 반환한다. 이 코드들의 의미를 알아보려면 영문 위키피디아의 '유니코드 문자 속성^{Unicode character property}' 문서(https://fpy.li/4-23) 중 '전체 범주^{General Category}' 절(https://fpy.li/4-22)을 참조하라.

4.9.1 이름으로 문자 찾기

unicodedata 모듈에는 문자의 표준 공식 명칭을 반환하는 unicodedata.name() 등 문자 메타데이터를 반환하는 함수들이 있다. [그림 4-5]는 이 함수를 실행하는 예를 보여 준다.[13]

```
>>> from unicodedata import name
>>> name('A')
'LATIN CAPITAL LETTER A'
>>> name('ã')
'LATIN SMALL LETTER A WITH TILDE'
>>> name('♛')
'BLACK CHESS QUEEN'
>>> name('😺')
'GRINNING CAT FACE WITH SMILING EYES'
```

그림 4-5 파이썬 콘솔에서의 unicodedata.name() 실행 화면

---

[13] 이 예제는 코드 리스트가 아니라 그림으로 만들었다. 오라일리의 디지털 출판 도구가 이모지를 제대로 지원하지 않기 때문이다.

name() 함수를 이용하면 사용자들이 문자명을 검색할 수 있게 해 주는 애플리케이션을 만들 수 있다. [그림 4-6]은 하나 이상의 단어를 인수로 입력받아 유니코드 공식 명칭에 이 단어가 들어가는 문자를 나열하는 cf.py 스크립트를 명령줄에서 실행한 화면이다. cf.py 코드 전체는 [예제 4-21]에 있다.

```
$ ./cf.py cat smiling
U+1F638  😸        GRINNING CAT FACE WITH SMILING EYES
U+1F63A  😺        SMILING CAT FACE WITH OPEN MOUTH
U+1F63B  😻        SMILING CAT FACE WITH HEART-SHAPED EYES
```

그림 4-6 cf.py를 이용해 웃는 고양이 찾기

> **WARNING** 이모지 지원은 운영 체제와 애플리케이션에 따라 상당히 다르다. 최근에는 최신 리눅스 그래픽 터미널에 이어 macOS 터미널도 이모지를 매우 잘 지원한다. 윈도우 cmd.exe와 파워셸은 현재 유니코드 출력을 지원하지만, 이 책을 쓰는 2020년 1월 현재 기본 설치 상태에서는 이모지를 출력하지 않는다.[14] 테크니컬 리뷰어 레오나르도 로챌은 필자에게 마이크로소프트에서 제공하는 오픈 소스 윈도우 터미널(https://fpy.li/4-24)을 알려 주었다. 이 애플리케이션은 구형 마이크로소프트 콘솔보다 유니코드를 잘 지원하겠지만, 필자가 테스트할 시간이 없었다.

[예제 4-21]에서 query 집합 안의 단어들이 모두 문자명으로 만든 단어 리스트에 들어 있는지 검사할 때 find() 함수 안의 if 문에서 issubset() 메서드를 사용하는 것에 주목하라. 파이썬이 제공하는 풍부한 집합 API 덕분에 단어들이 존재하는지 검사하는 데 내포된 for 루프와 또 하나의 if 문을 사용할 필요가 없다

예제 4-21 cf.py: 문자 검색 유틸리티

```
#!/usr/bin/env python3
import sys
import unicodedata

START, END = ord(' '), sys.maxunicode + 1              ❶

def find(*query_words, start=START, end=END):          ❷
```

---

14 옮긴이_ 2022년 12월 기준 윈도우 11 명령줄 창에서 테스트했을 때 이모지도 잘 출력되었다.

```python
        query = {w.upper() for w in query_words}        ❸
        for code in range(start, end):
            char = chr(code)                            ❹
            name = unicodedata.name(char, None)         ❺
            if name and query.issubset(name.split()):   ❻
                print(f'U+{code:04X}\t{char}\t{name}')   ❼

def main(words):
    if words:
        find(*words)
    else:
        print('Please provide words to find.')

if __name__ == '__main__':
    main(sys.argv[1:])
```

❶ 검색할 코드 포인트 범위의 기본값을 설정한다.

❷ find()는 검색할 단어를 query_words로 받으며, 선택적으로 검색 범위도 받을 수 있다.

❸ query_words 안의 문자열을 대문자로 변환한 문자열의 집합을 만든다.

❹ code 값에 해당하는 유니코드 문자를 가져온다.

❺ 문자명을 가져온다. 코드 포인트가 할당되지 않았으면 None을 반환한다.

❻ 문자명이 있으면 단어들의 리스트로 분할하고 나서, query 집합이 해당 리스트의 부분집합인지 검사한다.

❼ U+9999 포맷의 코드 포인트, 문자, 문자명을 출력한다.

unicodedata 모듈에는 다른 재미있는 함수도 있다. 다음 절에서는 수를 나타내는 문자에서 정보를 가져오는 몇몇 함수를 알아보자.

4.9.2 수를 나타내는 문자

unicodedata 모듈에는 문자가 숫자를 나타내는지, 그렇다면 (코드 포인트 번호가 아닌) 문자가 의미하는 값은 얼마인지를 알려 주는 함수가 있다. [예제 4-22]는 str의 isdecimal()과 isnumeric() 메서드 외에 unicodedata.name()과 unicodedata.numeric()의 사용법을 보여 준다.

```python
import unicodedata
import re

re_digit = re.compile(r'\d')

sample = '1\xbc\xb2\u0969\u136b\u216b\u2466\u2480\u3285'

for char in sample:
    print(f'U+{ord(char):04x}',                          ❶
          char.center(6),                                 ❷
          're_dig' if re_digit.match(char) else '-',      ❸
          'isdig' if char.isdigit() else ' ',             ❹
          'isnum' if char.isnumeric() else '-',           ❺
          f'{unicodedata.numeric(char):5.2f}',            ❻
          unicodedata.name(char),                         ❼
          sep='\t')
```

❶ U+0000 형식의 코드 포인트

❷ 길이 6인 str의 중앙에 배치하고 나머지 공간은 공백 문자로 채움

❸ 문자가 정규 표현식 r'\d'에 매칭되면 're_dig' 출력

❹ char.isdigit()이 참이면 'isdig' 출력

❺ char.isnumeric()이 참이면 'isnum' 출력

❻ 소숫점 이하 2자리, 전체 길이 5의 형식으로 만든 숫잣값

❼ 유니코드 문자명

이 문자를 출력할 수 있는 폰트로 설정된 터미널에서 [예제 4-22]를 실행하면 [그림 4-7]과 같이 실행된다.

[그림 4-7]의 여섯 번째 열은 문자에 unicodedata.numeric(char)를 호출한 결과다. 이 열은 유니코드가 숫자를 나타내는 기호의 값을 알고 있음을 보여 준다. 따라서 타밀 숫자나 로마 숫자를 지원하는 스프레드시트 애플리케이션도 만들고 싶다면 도전해 보라!

```
$ python3 numerics_demo.py
U+0031	1	re_dig	isdig	isnum	1.00	DIGIT ONE
U+00bc	¼	-	-	isnum	0.25	VULGAR FRACTION ONE QUARTER
U+00b2	²	-	isdig	isnum	2.00	SUPERSCRIPT TWO
U+0969	३	re_dig	isdig	isnum	3.00	DEVANAGARI DIGIT THREE
U+136b	፫	-	isdig	isnum	3.00	ETHIOPIC DIGIT THREE
U+216b	XII	-	-	isnum	12.00	ROMAN NUMERAL TWELVE
U+2466	⑦	-	isdig	isnum	7.00	CIRCLED DIGIT SEVEN
U+2480	⒀	-	-	isnum	13.00	PARENTHESIZED NUMBER THIRTEEN
U+3285	㊅	-	-	isnum	6.00	CIRCLED IDEOGRAPH SIX
$
```

그림 4-7 문자의 숫잣값과 메타데이터를 보여 주는 macOS 터미널. re_dig은 문자가 정규 표현식 r'\d'에 매칭됨을 의미한다.

[그림 4-7]을 보면 정규 표현식 r'\d'가 숫자 '1'과 데바나가리[15] 숫자 3에 매칭되지만, isdigit() 함수가 숫자로 간주하는 다른 문자 몇 개는 숫자로 인식하지 못할 수도 있다. re 모듈은 유니코드만큼 똑똑하지 않다. PyPI에서 사용할 수 있는 새로운 regex 모듈은 궁극적으로 re를 대체하려고 만들어졌으며 유니코드를 더욱 잘 지원한다.[16] re 모듈은 다음 절에서 다시 살펴본다.

이번 장에서는 unicodedata 함수를 여러 개 사용했지만, 이 모듈에는 더 많은 함수가 있다. unicodedata 모듈에 관한 표준 라이브러리 문서(https://fpy.li/4-25)를 참조하라.

다음 절에서는 str과 bytes 형의 인수를 모두 받지만, 자료형에 따라 다르게 처리하는 이중 모드 API를 간단히 살펴본다.

---

15 옮긴이_ 산스크리트, 힌디어, 기타 현대 인도어의 알파벳

16 그렇지만 이 예제처럼 숫자를 인식하는 데 있어서는 re 모듈보다 더 나은 점이 없다.

4.10 이중 모드 str 및 bytes API

파이썬 표준 라이브러리에는 str과 bytes 형 인수를 모두 받으며, 자료형에 따라 다르게 작동하는 함수들이 있다. re와 os 모듈에서 몇 가지 예를 볼 수 있다.

4.10.1 정규 표현식에서의 str과 bytes

bytes 형으로 정규 표현식을 만들면 \d와 \w 같은 패턴들은 아스키 문자만 매칭되지만, str 형으로 이 패턴을 만들면 아스키 문자 외에 유니코드 숫자나 문자도 매칭된다. [예제 4-23]과 [그림 4-8]은 문자, 아스키 숫자, 위첨자, 타밀 숫자가 str과 bytes 패턴에 어떻게 매칭되는지 비교한다.

예제 4-23 ramanujan.py: 간단한 str과 bytes 정규 표현식의 작동 비교

```
import re

re_numbers_str = re.compile(r'\d+')            ❶
re_words_str = re.compile(r'\w+')
re_numbers_bytes = re.compile(rb'\d+')         ❷
re_words_bytes = re.compile(rb'\w+')

text_str = ("Ramanujan saw \u0be7\u0bed\u0be8\u0bef"    ❸
            " as 1729 = 13 + 123 = 93 + 103.")          ❹

text_bytes = text_str.encode('utf_8')          ❺

print('Text', repr(text_str), sep='\n  ')
print('Numbers')
print('  str  :', re_numbers_str.findall(text_str))        ❻
print('  bytes:', re_numbers_bytes.findall(text_bytes))    ❼
print('Words')
print('  str  :', re_words_str.findall(text_str))          ❽
print('  bytes:', re_words_bytes.findall(text_bytes))      ❾
```

❶ 앞의 두 정규 표현식은 str 형이다.

❷ 뒤의 두 정규 표현식은 bytes 형이다.

❸ 타밀 숫자로 1729를 담고 있는 검색할 유니코드 텍스트(논리적으로 닫는 괄호가 나올 때까지 행이 계속된다)

❹ 이 문자열은 컴파일 시 앞의 문자열에 연결된다. 파이썬 언어 참조 문서의 2.4.2절 '문자열 리터럴의 연결 String literal concatenation'(https://fpy.li/4-26)을 참조하라.

❺ bytes 정규 표현식을 검색하려면 bytes 문자열이 필요하다.

❻ str 패턴 r'\d+'는 타밀과 아스키 숫자에 매칭된다.

❼ bytes 패턴 rb'\d+'는 아스키 숫자에만 매칭된다.

❽ str 패턴 r'\w+'는 문자, 위첨자, 타밀, 아스키 숫자에 매칭된다.

❾ bytes 패턴 rb'\w+'는 문자와 숫자에 대한 아스키 바이트에만 매칭된다.

```
$ python3 ramanujan.py
Text
  'Ramanujan saw ௧௭௨௯ as 1729 = 1³ + 12³ = 9³ + 10³.'
Numbers
  str  : ['௧௭௨௯', '1729', '1', '12', '9', '10']
  bytes: [b'1729', b'1', b'12', b'9', b'10']
Words
  str  : ['Ramanujan', 'saw', '௧௭௨௯', 'as', '1729', '1³', '12³', '9³', '10³']
  bytes: [b'Ramanujan', b'saw', b'as', b'1729', b'1', b'12', b'9', b'10']
$
```

그림 4-8 [예제 4-23]의 ramanujan.py를 실행한 모습

[예제 4-23]은 str과 bytes의 차이를 보여 주는 사소한 예다. 정규 표현식을 str과 bytes 형에 사용할 수 있지만, bytes 형 정규 표현식을 사용하면 아스키 범위를 벗어나는 문자들은 숫자나 단어로 처리하지 않는다.

str 정규 표현식에는 \w, \W, \b, \B, \d, \D, \s, \S가 아스키 문자에만 매칭하게 만드는 re.ASCII 플래그가 있다. 자세한 내용은 re 모듈 문서(https://fpy.li/4-27)를 참조하라.

os도 중요한 이중 모드 모듈이다.

4.10.2 os 함수에서의 str과 bytes

GNU/리눅스 커널은 유니코드를 모른다. 따라서 환경에 따라 어떠한 인코딩 체계에서도 올바르지 않고 str로 디코딩할 수 없는 바이트 시퀀스로 구성된 파일명을 볼 수 있다. 특히 클라이언트의 운영 체제가 다양한 파일 서버에서는 이런 문제가 발생하기 쉽다.

이 문제를 피하고자 파일명이나 경로명을 받는 모든 os 모듈 함수는 str이나 bytes 형의 인수를 받는다. 이런 함수를 str 인수로 호출하면 인수는 sys.getfilesystemencoding() 함수로 지정된 코덱을 이용해 자동으로 변환되고, 운영 체제의 응답도 동일 코덱을 이용해 디코딩된다. 유니코드 샌드위치 모델에 따라 이렇게 처리하는 것은 타당하다.

그러나 이렇게 처리할 수 없는 파일명을 다루거나 수정해야 할 때는 bytes 인수를 os 함수에 전달해서 반환된 bytes 값을 가져올 수 있다. 파일명이나 경로명에 깨진 문자가 아무리 많더라도 이 방식을 사용할 수 있다. [예제 4-24]를 보자.

예제 4-24 str과 bytes 인수로 호출한 listdir() 함수와 결과

```
>>> os.listdir('.')   ❶
['abc.txt', 'digits-of-π.txt']
>>> os.listdir(b'.')  ❷
[b'abc.txt', b'digits-of-\xcf\x80.txt']
```

❶ 두 번째 파일명은 그리스 문자 파이가 들어간 'digits-of-π.txt'이다.

❷ bytes 형 인수를 받은 listdir() 함수는 그리스 문자 파이를 UTF-8로 인코딩한 b'\xcf\x80'을 파일명으로 반환한다.

파일이나 경로명인 문자열 혹은 bytes 시퀀스의 수작업 처리를 도와주고자 os 모듈은 os.fsencode(name_or_path)와 os.fsdecode(name_or_path)라는 특별한 인코딩/디코딩 함수를 제공한다. 파이썬 3.6 이후부터 이 함수들은 str 형, bytes 형, os.PathLike 인터페이스를 구현한 객체를 인수로 받는다.

유니코드는 아주 복잡하게 뒤얽혀 있으므로 꼼꼼히 살펴봐야 한다. 마침내 str과 bytes에 대한 탐구를 마칠 때가 되었다.

4.11 요약

'1 문자 == 1 바이트'라는 개념을 거부하면서 4장을 시작했다. 전 세계적으로 유니코드가 채택되면서, 텍스트 문자열이라는 개념은 파일에 저장된 내용을 나타내는 이진 시퀀스와 분리해야 했다. 파이썬 3은 문자열과 이진 시퀀스를 다르게 바라본다.

bytes, bytearray, memoryview 등의 이진 시퀀스형을 간략히 살펴본 후 인코딩과 디코딩을 살펴봤다. 그리고 몇 가지 코덱을 설명한 후 파이썬 소스 파일을 잘못 인코딩했을 때 발생하는 UnicodeEncodeError, UnicodeDecodeError, SyntaxError를 예방하거나 처리하는 방법을 알아봤다.

그리고 나서 메타데이터가 없을 때 인코딩을 탐지하는 이론과 방법을 살펴봤다. 이론적으로는 불가능하지만, 실제로 Chardet 패키지는 여러 주류 인코딩에 대해 텍스트의 코덱을 상당히 잘 찾아낸다. 그리고 UTF-16과 UTF-32에서 (그리고 UTF-8에서도 종종) 인코딩을 알려 주는 데 사용하는 바이트 순서 표시도 살펴봤다.

그 뒤에는 간단하지만 한 가지 주의할 점이 있는 작업인 텍스트 파일 열기 연산을 살펴봤다. 텍스트 파일을 열 때 encoding 인수가 필수 인수는 아니지만, 반드시 사용하는 편이 좋다. 인코딩을 지정하지 않으면 프로그램은 기본 인코딩이 다른 여러 플랫폼에서 호환되지 않는 '평문'을 생성한다. 그리고 파이썬이 기본적으로 사용하는 여러 인코딩 환경 설정과 이 설정을 알아내는 방법을 살펴봤다. 윈도우에서는 안타깝게도 동일 컴퓨터 안에서도 이 설정들의 값이 서로 다르며, 서로 호환되지 않을 때도 있다. 반면 GNU/리눅스와 macOS는 거의 모든 곳에서 UTF-8을 사용한다.

유니코드가 동일 문자를 여러 방식으로 표현할 수 있으므로 문자열 비교는 의외로 복잡하다. 따라서 텍스트를 매칭하려면 반드시 문자열을 정규화해야 한다. 정규화와 케이스 폴딩 외에도 악센트를 모두 제거하는 방법 등 필요에 따라 텍스트를 상당히 많이 변환하는 유틸리티 함수도 몇 가지 살펴봤다. 그리고 나서 표준 locale 모듈을 활용해 유니코드 텍스트를 제대로 정렬하는 방법과 주의할 점을 알아봤다. 또한 까다로운 로케일에 의존하지 않고 외부 pyuca 패키지를 사용해 정렬하는 방법도 설명했다.

마지막으로 유니코드 데이터베이스를 이용해 이름으로 문자를 검색하는 명령줄 프로그램도 만들었다(막강한 파이썬 덕분에 단 28줄로 만들 수 있었다). 그리고 나서 유니코드 메타데이터를 살펴보고, str과 bytes 형을 인수로 받아 각 자료형에 따라 다른 결과를 반환하는 함수를 제공하는 이중 모드 API도 간략히 설명했다.

## CHAPTER 5

데이터 클래스 빌더

> 데이터 클래스는 어린이 같다. 처음에는 그럭저럭 봐주지만, 성숙한 객체 노릇을 하려면 어느
> 정도 책임을 져야 한다.[1]
>
> — 마틴 파울러, 켄트 벡

파이썬은 기능은 거의 없고 단지 필드를 모아 놓은 간단한 클래스를 만드는 방법을 몇 가지 제
공한다. 이런 패턴을 **데이터 클래스**라고 하며, dataclasses는 이러한 패턴을 지원하는 패키지
중 하나다. 이번 장에서는 데이터 클래스를 만드는 데 사용하는 다음 세 가지 클래스 빌더를 알
아본다

collections.namedtuple

파이썬 2.6 이후부터 사용할 수 있는 가장 간단한 방법이다.

typing.NamedTuple

파이썬 3.5 이후부터 사용할 수 있고, 필드에 자료형 힌트를 명시해야 한다. 파이썬 3.6에는
class 구문이 추가되었다.

---

1 『리팩터링 2판』(한빛미디어, 2020)의 3장 '코드에서 나는 악취, 데이터 클래스'에서 인용

```
@dataclasses.dataclass
```

앞의 두 방법보다 커스터마이징하는 옵션을 더 많이 제공하며 더 복잡하다. 파이썬 3.7 이후부터 사용할 수 있다.

이 클래스 빌더를 설명한 후에는 데이터 클래스가 왜 코드 악취[code smell]의 대명사가 되었는지 설명한다. 코드 악취는 객체지향 설계가 부실할 때 나타나는 증상을 가진 코딩 패턴을 의미한다.

5.1 이번 장의 변경 사항

이번 장은 2판에 새로 추가되었다. 5.3절 '고전적인 명명된 튜플'은 1판에서 다뤘지만, 이번 장의 나머지 부분은 완전히 새로운 내용이다.

먼저 세 가지 클래스 빌더를 개념적으로 살펴보자.

5.2 데이터 클래스 빌더 개요

[예제 5-1]처럼 지리적 위치 좌표 쌍을 나타내는 간단한 클래스가 있다고 생각해 보자.

예제 5-1 class/coordinates.py

```python
class Coordinate:

    def __init__(self, lat, lon):
```

```
        self.lat = lat
        self.lon = lon
```

Coordinate 클래스는 위도와 경도 속성을 보관한다. 여기서 틀에 박힌 `__init__()` 메서드를 작성하는 일은 특히 클래스 안에 속성에 두 개 이상이면 금세 지루해진다. 각 속성을 세 번씩 언급해야 하기 때문이다! 그리고 틀에 박힌 이 코드는 파이썬 객체가 제공해야 할 기본적인 기능조차 제공하지 않는다.

```
>>> from coordinates import Coordinate
>>> moscow = Coordinate(55.76, 37.62)
>>> moscow
<coordinates.Coordinate object at 0x107142f10>   ❶
>>> location = Coordinate(55.76, 37.62)
>>> location == moscow   ❷
False
>>> (location.lat, location.lon) == (moscow.lat, moscow.lon)   ❸
True
```

❶ object로부터 상속받은 `__repr__()`은 그다지 도움 되지 않는다.

❷ 동등 비교 연산자(==)도 의미가 없다. object로부터 상속받은 `__eq__()` 메서드는 객체의 ID를 비교하기 때문이다.

❸ 두 좌표를 비교하려면 각 속성을 명시적으로 비교해야 한다.

이번 장에서 설명할 데이터 클래스 빌더는 필수적인 `__init__()`, `__repr__()`, `__eq__()` 메서드를 자동으로 구현해 줄 뿐만 아니라 여러 유용한 기능을 제공한다.

> **NOTE** 이번 장에서 설명하는 클래스 빌더들은 상속에 의존하지 않는다. `collections.namedtuple`과 `typing.NamedTuple`은 `tuple`의 서브클래스를 만든다. `@dataclass`는 클래스 데커레이터로서 클래스 계층구조에는 아무런 영향도 주지 않는다. 각각 생성하려는 클래스에 서로 다른 메타프로그래밍 기법을 사용하여 메서드와 데이터 속성을 추가한다.

namedtuple은 사용자가 지정한 이름과 필드를 가진 tuple의 서브클래스를 만드는 팩토리 함수이다. 이 함수로 Coordinate 클래스를 만드는 과정은 다음과 같다.

```
>>> from collections import namedtuple
>>> Coordinate = namedtuple('Coordinate', 'lat lon')
>>> issubclass(Coordinate, tuple)
True
>>> moscow = Coordinate(55.756, 37.617)
>>> moscow
Coordinate(lat=55.756, lon=37.617)   ❶
>>> moscow == Coordinate(lat=55.756, lon=37.617)   ❷
True
```

❶ `__repr__()`이 쓸만하게 출력한다.

❷ `__eq__()`가 의미 있게 비교한다.

더 새로운 typing.NamedTuple은 똑같은 기능을 제공하지만, 각 필드의 자료형을 지정할 수 있다.

```
>>> import typing
>>> Coordinate = typing.NamedTuple('Coordinate',
...     [('lat', float), ('lon', float)])
>>> issubclass(Coordinate, tuple)
True
>>> typing.get_type_hints(Coordinate)
{'lat': <class 'float'>, 'lon': <class 'float'>}
```

TIP 자료형과 항목명이 지정된 튜플typed named tuple은 다음과 같이 필드에 키워드 인수를 전달해 만들 수도 있다.

```
Coordinate = typing.NamedTuple('Coordinate', lat=float, lon=float)
```

이렇게 하면 가독성도 좋아지고 `**fields_and_types`로 필드와 자료형을 대응시킬 수 있다.

파이썬 3.6 이후 'PEP 526 – 변수 어노테이션 구문Syntax for Variable Annotations' 문서(`https://fpy.li/pep526`)에 명시한 대로 class 문 안에 자료형 어노테이션과 함께 typing.NamedTuple도 사용할 수 있게 되었다. 이렇게 하면 가독성도 좋아지고 메서드를 오버라이드하거나 추가하기 쉽다.

[예제 5-2]는 똑같은 Coordinate 클래스이지만, float 형 속성과 함께 55.8°N, 37.6°E과 같은 형식으로 좌표를 출력하는 __str__ 사용자 정의형이 있다.

예제 5-2 typing_namedtuple/coordinates.py

```python
from typing import NamedTuple

class Coordinate(NamedTuple):
    lat: float
    lon: float

    def __str__(self):
        ns = 'N' if self.lat >= 0 else 'S'
        we = 'E' if self.lon >= 0 else 'W'
        return f'{abs(self.lat):.1f}°{ns}, {abs(self.lon):.1f}°{we}'
```

> **WARNING** class 문 안에서 NamedTuple이 슈퍼클래스처럼 보이지만, 사실은 그렇지 않다. typing.NamedTuple은 사용자 클래스를 생성하는 과정을 커스터마이즈하는 메타클래스[2]의 고급 기능을 사용한다. 다음 예를 보자.
>
> ```python
> >>> issubclass(Coordinate, typing.NamedTuple)
> False
> >>> issubclass(Coordinate, tuple)
> True
> ```

typing.NamedTuple이 생성한 __init__() 메서드에는 class 문에 등상하는 매개변수들의 순서대로 필드들이 들어간다.

typing.NamedTuple과 마찬가지로 @dataclass 데커레이터도 PEP 526(https://fpy.li/pep526)을 지원해 인스턴스 속성을 선언하게 해 준다. 데커레이터가 변수 어노테이션을 읽고 클래스의 메서드를 자동으로 생성한다. [예제 5-3]은 @dataclass 데커레이터를 사용해 Coordinate 클래스를 정의한다. 이 두 방법을 비교해 보기 바란다.

---

2 메타클래스는 24장 '클래스 메타프로그래밍'에서 하나의 주제로 다룬다.

```python
from dataclasses import dataclass

@dataclass(frozen=True)
class Coordinate:
    lat: float
    lon: float

    def __str__(self):
        ns = 'N' if self.lat >= 0 else 'S'
        we = 'E' if self.lon >= 0 else 'W'
        return f'{abs(self.lat):.1f}°{ns}, {abs(self.lon):.1f}°{we}'
```

[예제 5-2]와 [예제 5-3]에서 정의한 클래스 본체는 똑같고 class 문 자체만 다르다는 것에 주의하자. @dataclass 데커레이터는 상속이나 메타클래스에 의존하지 않으므로 이런 메커니즘의 사용에 영향을 주지 않는다.[3] [예제 5-3]의 Coordinate 클래스는 object의 서브클래스이다.

5.2.1 주요 기능

서로 다른 데이터 클래스 빌더들 사이에는 공통점도 많은데, 정리하면 [표 5-1]과 같다.

표 5-1 세 개의 데이터 클래스 빌더 간의 기능 비교. x는 해당 데이터 클래스의 인스턴스를 나타낸다.

	namedtuple	NamedTuple	@dataclass
가변 인스턴스	아니오	아니오	예
클래스 구문	아니오	예	예
딕셔너리 생성	x._asdict()	x._asdict()	dataclasses.asdict(x)
필드명 가져오기	x._fields	x._fields	[f.name for f in dataclasses.fields(x)]
기본값 가져오기	x._field_defaults	x._field_defaults	[f.default for f in dataclasses.fields(x)]

---

[3] 클래스 데커레이터는 24장 '클래스 메타프로그래밍'에서 메타클래스와 함께 설명한다. 둘 다 상속으로는 할 수 없는 클래스 작동 방식을 커스터마이즈하게 해 준다.

	namedtuple	NamedTuple	@dataclass
필드 자료형 가져오기	N/A	x.__annotations__	x.__annotations__
변경 후 새 인스턴스 생성	x._replace(...)	x._replace(…)	dataclasses.replace(x, ...)
실행 시 새 클래스	namedtuple(...)	NamedTuple(…)	dataclasses.make_dataclass(...)

> **WARNING** typing.NamedTuple과 @dataclass로 만든 클래스들에는 필드에 대한 자료형 힌트를 담은 __annotations__ 속성이 있다. 그러나 __annotations__을 직접 읽는 것은 권장하지 않는다. 대신 파이썬 3.10에서는 inspect.get_annotations(MyClass)(https://fpy.li/5-2) 호출을, 파이썬 3.5에서 3.9까지는 typing.get_type_hints(MyClass)(https://fpy.li/5-3) 호출을 권장한다. 이 함수들이 자료형 힌트에서 전방 참조 등의 문제를 해결해 주기 때문이다. 이 주제는 15.5.1절 '런타임에서의 어노테이션 문제'에서 다룬다.

이제부터 앞에서 정리한 주요 기능을 알아보자.

가변 인스턴스

이 클래스 빌더들 간의 가장 큰 차이점은 collections.namedtuple과 typing.NamedTuple은 tuple의 서브클래스를 만들기 때문에 인스턴스가 불변형이라는 것이다. 기본적으로 @dataclass는 가변 클래스를 만든다. 그러나 [예제 5-3]에서처럼 데커레이터는 키워드 인수 frozen을 받는다. 따라서 frozen=True 옵션으로 생성된 클래스의 인스턴스를 초기화한 후에 필드에 값을 할당하면 그 클래스가 예외를 발생시킨다.

클래스 구문

typing.NamedTuple과 @dataclass만 일반적인 class 구문을 지원하므로, 생성하는 클래스에 메서드와 독스트링docstring을 더 쉽게 추가할 수 있다.

딕셔너리 생성

명명된 튜플의 두 변형(collections.namedtuple과 typing.NamedTuple)은 _asdict() 인스턴스 메서드를 사용해 데이터 클래스 인스턴스의 필드로 dict 객체를 생성하게 해 준다. dataclasses 모듈은 dict 객체를 생성하는 dataclasses.asdict() 함수를 제공한다.

필드명 및 기본값 가져오기

클래스 빌더 세 개 모두 필드명과 (설정된 경우) 기본값을 가져올 수 있게 해 준다. 명명된 튜플 클래스에서는 이 메타데이터가 _fields와 _fields_defaults 클래스 속성에 저장된다. @dataclass로 데커레이트된 클래스에서는 이 메타데이터를 dataclasses 모듈이 제공하는 fields() 함수를 이용해 가져올 수 있다. 이 함수는 name과 default 등 여러 속성이 있는 Fields 객체의 튜플을 반환한다.

필드형 가져오기

typing.NamedTuple과 @dataclass를 이용해 정의된 클래스는 __annotations__ 클래스 속성에 필드명과 자료형을 대응시키는 매핑을 가진다. 그러나 앞서 얘기한 대로 __annotations__에 직접 접근하지 말고 typing.get_type_hints() 함수를 사용하는 편이 좋다.

속성을 변경해 인스턴스 새로 만들기

명명된 튜플 객체 x가 있을 때 x._replace(**kwargs)를 호출하면 주어진 키워드 인수에 따라 변경된 속성을 가진 객체를 새로 만들어 반환한다. 모듈 수준 함수인 dataclasses.replace(x, **kwargs)도 이와 마찬가지로 @dataclass로 데커레이트된 클래스의 객체를 만들어 반환한다.

실행 시 새 클래스 생성

class 구문이 읽기는 더 좋지만 하드코딩되었다. 프레임워크에서는 실행 시 데이터 클래스를 만들어야 할 때가 있다. 이럴 때는 collections.namedtuple과 typing.NamedTuple이 제공하는 기본적인 함수 호출 구문을 사용하는 편이 좋다. 이와 똑같은 용도로 dataclasses 모듈도 make_dataclass() 함수를 제공한다.

지금까지 데이터 클래스 빌더의 주요 기능을 간략히 살펴보았다. 이제 간단한 기능부터 차례로 자세히 알아보자.

5.3 고전적인 명명된 튜플

명명된 튜플(collections.namedtuple)은 필드명, 클래스명 및 보기 좋게 출력해 주는 `__repr__()`으로 개선된 tuple 서브클래스를 만드는 팩토리이다. namedtuple로 만들어진 클래스는 튜플이 필요한 곳이면 어디든 사용할 수 있다. 실제로 튜플을 반환하는 데 쓰는 파이썬 표준 라이브러리의 여러 함수는 이제 편의상 명명된 튜플을 반환한다. 사용자 코드는 예전 그대로 사용할 수 있다.

> **TIP** namedtuple로 생성된 클래스의 인스턴스가 사용하는 메모리양은 튜플과 똑같다. 필드명이 클래스에 저장되기 때문이다.

[예제 5-4]는 도시의 정보를 담은 명명된 튜플을 정의하는 방법을 보여 준다.

예제 5-4 명명된 튜플을 사용해 정의하기

```
>>> from collections import namedtuple
>>> City = namedtuple('City', 'name country population coordinates')   ❶
>>> tokyo = City('Tokyo', 'JP', 36.933, (35.689722, 139.691667))   ❷
>>> tokyo
City(name='Tokyo', country='JP', population=36.933, coordinates=(35.689722,
139.691667))
>>> tokyo.population   ❸
36.933
>>> tokyo.coordinates
(35.689722, 139.691667)
>>> tokyo[1]
'JP'
```

❶ 명명된 튜플을 만들려면 클래스명과 필드명 리스트라는 두 인수가 필요하다. 필드명 리스트에는 문자열의 반복형이나 단일 공백으로 구분된 문자열을 사용할 수 있다.

❷ 필드값은 생성자에 쉼표로 구분된 인수로 전달해야 한다(이와 달리 tuple 생성자는 반복자 하나를 받을 수 있다).

❸ 필드는 이름이나 위치로 접근할 수 있다.

tuple 서브클래스로서 City는 비교를 위한 특별 메서드 `__eq__()`와 `__lt__()` 등을 상속받으므로 City 객체의 리스트를 정렬할 수 있다.

명명된 튜플에는 tuple로부터 상속받은 것들 외에 속성과 메서드가 몇 가지 더 있다. [예제 5-5]에는 이들 중 아주 유용한 _fields 클래스 속성, _make(iterable) 클래스 메서드, _asdict() 인스턴스 메서드를 보여 준다.

예제 5-5 명명된 튜플의 속성과 메서드([예제 5-4]에서 이어짐)

```
>>> City._fields   ❶
('name', 'country', 'population', 'location')
>>> Coordinate = namedtuple('Coordinate', 'lat lon')
>>> delhi_data = ('Delhi NCR', 'IN', 21.935, Coordinate(28.613889, 77.208889))
>>> delhi = City._make(delhi_data)   ❷
>>> delhi._asdict()   ❸
{'name': 'Delhi NCR', 'country': 'IN', 'population': 21.935, 'location':
Coordinate(lat=28.613889, lon=77.208889)}
>>> import json
>>> json.dumps(delhi._asdict())   ❹
'{"name": "Delhi NCR", "country": "IN", "population": 21.935,
"location": [28.613889, 77.208889]}'
```

❶ _fields는 클래스의 필드명을 가지는 튜플이다.

❷ _make()는 반복형에서 City 객체를 만든다. City(*delhi_data)도 똑같이 작동한다.

❸ _asdict()는 명명된 튜플 객체에서 만들어진 dict를 반환한다.

❹ _asdict()는 데이터를 JSON 포맷으로 직렬화하는 데 유용하다.

> **WARNING** 파이썬 3.7까지는 _asdict() 메서드가 OrderedDict를 반환했지만, 파이썬 3.8부터는 단순히 dict를 반환한다. 파이썬 3.8부터는 키 추가 순서가 유지되므로 별다른 문제는 없다. 그러나 꼭 OrderedDict로 되어야 할 때는 _asdict() 문서(https://fpy.li/5-4)에서 권장하는 대로 OrderedDict(x._asdict()) 코드를 이용해 반환된 결과에서 정렬된 딕셔너리를 만들면 된다.

파이썬 3.7부터 namedtuple은 defaults 키워드 전용 인수를 통해 N 항목의 반복형을 받아 클래스 가장 오른쪽 N개의 필드에 기본값을 지정할 수 있게 되었다. [예제 5-6]은 reference 필드에 기본값을 설정한 명명된 튜플인 Coordinate를 정의하는 방법을 보여 준다.

```
>>> Coordinate = namedtuple('Coordinate', 'lat lon reference', defaults=['WGS84'])
>>> Coordinate(0, 0)
Coordinate(lat=0, lon=0, reference='WGS84')
>>> Coordinate._field_defaults
{'reference': 'WGS84'}
```

5.2.1절의 '클래스 구문'에서 typing.NamedTuple과 @dataclass가 지원하는 클래스 구문이 코딩하기 더 쉽다고 설명했다. namedtuple에도 메서드를 추가할 수 있지만, 편법을 써야 한다. 이런 편법에 관심이 없다면 다음 글상자는 넘어가도 좋다.

namedtuple을 해킹하여 메서드 추가하기

1장의 [예제 1–1]에서 Card 클래스를 어떻게 만들었는지 떠올려 보자.

```
Card = collections.namedtuple('Card', ['rank', 'suit'])
```

1장 뒷부분에서는 정렬하는 spades_high() 함수를 작성했다. 정렬 논리가 Card 클래스 안에 메서드로 들어가 있으면 좋겠지만, 클래스 정의를 마치고 나서 spades_high()를 Card에 추가하려면 간단한 해킹이 필요하다. 함수를 정의하고 클래스 속성에 할당하면 된다. [예제 5-7]은 그 방법을 보여 준다.

예제 5-7 frenchdeck.doctest: 1.2절 '파이썬다운 카드 한 벌'에서 만든 namedtuple 형 Card에 속성과 메서드 추가하기

```
>>> Card.suit_values = dict(spades=3, hearts=2, diamonds=1, clubs=0)    ❶
>>> def spades_high(card):                                              ❷
...     rank_value = FrenchDeck.ranks.index(card.rank)
...     suit_value = card.suit_values[card.suit]
...     return rank_value * len(card.suit_values) + suit_value
...
>>> Card.overall_rank = spades_high                                     ❸
>>> lowest_card = Card('2', 'clubs')
>>> highest_card = Card('A', 'spades')
>>> lowest_card.overall_rank()                                          ❹
0
```

```
>>> highest_card.overall_rank()
51
```

❶ 종류별 값을 클래스 속성에 추가한다.

❷ spades_high()는 메서드로 사용할 예정이지만, 첫 번째 인수의 이름이 self가 될 필요는 없다.
어쨌든 메서드로 호출되면 수신 객체를 첫 번째 인수로 받는다.

❸ 함수를 Card 클래스의 overall_rank라는 속성에 할당한다.

❹ 제대로 작동한다!

가독성과 유지보수성을 높이려면 메서드를 class 문 안에 작성하는 편이 좋다. 그렇지만 이런 편법도 가능하다는 걸 알아두면 유용하게 쓸 수도 있다.[4]

동적 언어의 강력함을 보여 주려고 잠시 옆길로 샜다.

이제 typing.NamedTuple을 알아보자.

5.4 자료형과 항목명이 지정된 튜플

[예제 5-8]에서처럼 [예제 5-6]의 기본값 필드가 있는 Coordinate 클래스는 typing.NamedTuple을 이용해 작성할 수도 있다.

예제 5-8 typing_namedtuple/coordinates2.py

```
from typing import NamedTuple

class Coordinate(NamedTuple):
    lat: float                   ❶
    lon: float
    reference: str = 'WGS84'     ❷
```

---

[4] 루비 언어를 안다면 루비 개발자 간에 메서드 삽입 기법에 관한 찬반 논란이 있음을 알 것이다. 파이썬에서는 이런 논란이 별로 발생하지 않는다. str, list 등의 내장형에는 메서드 삽입 기법이 작동하지 않기 때문이다.

❶ 모든 인스턴스 필드가 자료형으로 어노테이트되어야 한다.

❷ reference 필드는 자료형과 기본값으로 어노테이트되었다.

typing.NamedTuple로 만든 클래스에는 collections.namedtuple도 생성하는 메서드와 tuple로부터 상속받은 메서드 이외의 다른 메서드가 없다. 유일한 차이점이 있다면 __annotations__ 클래스 속성인데, 이것은 파이썬이 실행 시 완전히 무시한다.

typing.NamedTuple의 주요 기능이 자료형 어노테이션이므로, 데이터 클래스 빌더를 더 알아보기 전에 자료형 어노테이션을 간략히 살펴보자.

5.5 자료형 힌트 기본 지식

자료형 힌트type hint(자료형 어노테이션type annotation이라고도 한다)는 함수 인수, 반환값, 변수, 속성으로 받을 값을 선언하는 방법이다. 우선, 파이썬 바이트 컴파일러와 인터프리터는 할당된 값이 선언된 자료형 힌트에 맞도록 제한하지 않는다는 점을 명심하자.

> **NOTE** 여기서는 typing.NamedTuple과 @dataclass 선언에 쓰이는 어노테이션의 구문과 의미를 이해할 수 있는 수준으로만 자료형 힌트를 설명한다. 함수 시그너처의 자료형 힌트는 8장에서, 고급 어노테이션은 15장에서 설명한다. 이번 장에서는 데이터 클래스의 필드를 어노테이트할 때 널리 사용되는 str, int, float 등 간단한 내장형 정도만 다룬다.

5.5.1 실행 시 효력 없음

파이썬 자료형 힌트를 'IDE와 자료형 검사기가 검증할 수 있는 문서'라고 생각하자. 자료형 힌트는 파이썬 프로그램의 실행 시 작동에 아무런 영향을 주지 않기 때문이다. [예제 5-9]를 보자.

예제 5-9 파이썬은 실행 시 자료형 힌트를 적용하지 않는다.

```
>>> import typing
>>> class Coordinate(typing.NamedTuple):
```

```
...       lat: float
...       lon: float
...
>>> trash = Coordinate('Ni!', None)
>>> print(trash)
Coordinate(lat='Ni!', lon=None)   ❶
```

❶ 실행 시 자료형을 검사하지 않는다!

[예제 5-9]의 코드를 파이썬 모듈에 입력하고 실행하면 무의미한 Coordinate를 출력하고 아무런 에러나 경고 메시지도 나오지 않는다.

```
$ python3 nocheck_demo.py
Coordinate(lat='Ni!', lon=None)
```

자료형 힌트는 Mypy(https://fpy.li/mypy)나 파이참 IDE(https://fpy.li/5-5)에 내장된 자료형 검사기 같은 서드파티 자료형 검사기를 지원하기 위한 기능이다. 이들은 정적 분석 도구로, 실행 중인 코드가 아닌 유휴 상태(쉬고 있는 상태)의 파이썬 소스 코드를 검사한다.

자료형 힌트가 어떤 도움이 되는지 확인하려면 코드에 이런 자료형 검사기를 실행해 보면 된다. 예를 들어 앞 예제 코드에 Mypy를 실행하면 다음과 같은 메시지가 나온다.

```
$ mypy nocheck_demo.py
nocheck_demo.py:8: error: Argument 1 to "Coordinate" has
incompatible type "str"; expected "float"
nocheck_demo.py:8: error: Argument 2 to "Coordinate" has
incompatible type "None"; expected "float"
```

이 메시지에서 알 수 있듯이 Coordinate의 정의에 따라 Mypy는 인스턴스를 생성하는 두 인수가 모두 float 형이어야 함을 알지만, trash에는 str과 None[5]을 할당하므로 에러 메시지를 출력한다.

이제 자료형 힌트의 구문과 의미에 관해 이야기해 보자.

---

[5] 자료형 힌트에서는 None이 NoneType 싱글톤(singleton)이 아니라 NoneType 자체에 대한 별칭이다. 곰곰히 생각해 보면 이상하지만, 직관적으로 잘 와닿으며 None을 반환하는 일반적인 함수 측면에서 보면 함수 반환 어노테이션을 더 쉽게 읽도록 해 준다.

5.5.2 변수 어노테이션 구문

typing.NamedTuple과 @dataclass 둘 다 PEP 526(https://fpy.li/pep526)에 정의된 변수 어노테이션 구문을 사용하며, 여기서는 class 문에서 속성을 정의할 때의 구문을 간략히 소개한다.

변수 어노테이션의 기본적인 구문은 다음과 같다.

```
<변수명>: <변수형>
```

'PEP 484-자료형 힌트Type Hints' 문시(https://fpy.li/pep484)의 '적절한 자료형 힌트Acceptable type hints' 절(https://fpy.li/5-6)에서는 어떤 자료형이 적절한지 설명하지만, 데이터 클래스를 정의할 때는 다음과 같은 자료형이 더 도움이 된다.

- 구상 클래스(str이나 FrenchDeck 등)
- 매개변수화한 컬렉션형(list[int], tuple[str, float] 등)
- typing.Optional(str이나 None이 될 수 있는 필드를 선언하는 Optional[str] 등)

변수를 값으로 초기화할 수도 있다. typing.NamedTuple이나 @dataclass 선언에 들어 있는 값은 생성자를 호출할 때 해당 속성에 대한 인수를 생략했을 때 그 속성의 기본값이 된다.

```
<변수명>: <변수형> = <기본값>
```

5.5.3 변수 어노테이션의 의미

5.5.1절 '실행 시 효력 없음'에서 설명했듯이 자료형 힌트는 실행 시 아무런 효력을 발휘하지 못한다. 그렇지만 아주 중요한 시점인 모듈 로딩 시점에 파이썬이 어노테이션을 읽고 __annotations__ 딕셔너리를 생성하는데, 이후에 typing.NamedTuple과 @dataclass가 이 딕셔너리를 이용해 클래스를 향상시킨다.

어노테이션의 의미를 알아보기 위해 일단 [예제 5-10]의 간단한 클래스에서 시작해 typing.NamedTuple과 @dataclass가 어떤 기능을 추가하는지 알아보자.

```
class DemoPlainClass:
    a: int            ❶
    b: float = 1.1    ❷
    c = 'spam'        ❸
```

❶ a가 __annotations__의 항목이 되긴 하지만 그 외에는 사용되지 않는다. 클래스에 a라는 이름의 속성이 생성되지 않는다.

❷ b는 어노테이션으로 저장되고, 값이 1.1인 클래스 속성이 된다.

❸ c는 단지 평범한 클래스 속성일 뿐 어노테이션은 아니다.

콘솔에서 이 설명을 검증해 보자. 먼저 DemoPlainClass의 __annotations__ 값을 확인하고 나서 a, b, c 속성을 읽어 보자.

```
>>> from demo_plain import DemoPlainClass
>>> DemoPlainClass.__annotations__
{'a': <class 'int'>, 'b': <class 'float'>}
>>> DemoPlainClass.a
Traceback (most recent call last):
  File "<stdin>", line 1, in <module>
AttributeError: type object 'DemoPlainClass' has no attribute 'a'
>>> DemoPlainClass.b
1.1
>>> DemoPlainClass.c
'spam'
```

__annotations__ 특별 속성은 소스 코드에 나온 자료형 힌트를 기록하기 위해 인터프리터가 생성하며, 평범한 클래스에 대해서도 생성한다.

a는 단지 어노테이션으로만 사용되며, 아무런 값도 바인딩되지 않았으므로 클래스 속성이 되지는 않는다.[6] b와 c는 값에 바인딩되었으므로 클래스 속성으로 저장된다.

이 세 속성 중 어느 것도 DemoPlainClass 인스턴스 안에 들어가지 않는다. o = DemoPlainClass() 코드로 인스턴스를 생성하면, o.a는 AttributeError 예외를 발생시키

---

6 파이썬에는 자바스크립트 설계상의 가장 큰 실수라고 할 수 있는 **undefined**라는 개념이 없다. 귀도 반 로섬에게 고마움을 전한다.

는 반면 o.b와 o.c는 클래스 속성값 1.1과 'spam'을 가져온다. 단지 평범한 파이썬 객체와 똑같이 행동한다.

typing.NamedTuple 살펴보기

[예제 5-10]의 DemoPlainClass와 똑같은 속성과 어노테이션을 이용하지만 typing. NamedTuple로 만든 클래스(예제 5-11)를 살펴보자.

예제 5-11 meaning/demo_nt.py: typing.NamedTuple로 만든 클래스

```
import typing
class DemoNTClass(typing.NamedTuple):
    a: int              ❶
    b: float = 1.1      ❷
    c = 'spam'          ❸
```

❶ a는 어노테이션이자 인스턴스 속성이 된다.

❷ b도 어노테이션이면서 기본값 1.1인 인스턴스 속성이 된다.

❸ c는 단지 평범한 클래스 속성으로서, 어떠한 어노테이션도 이 속성을 참조하지 않는다.

DemoNTClass를 조사해 보면 다음과 같은 결과가 나온다.

```
>>> from demo_nt import DemoNTClass
>>> DemoNTClass.__annotations__
{'a': <class 'int'>, 'b': <class 'float'>}
>>> DemoNTClass.a
<_collections._tuplegetter object at 0x101f0f940>
>>> DemoNTClass.b
<_collections._tuplegetter object at 0x101f0f8b0>
>>> DemoNTClass.c
'spam'
```

여기서 a와 b에 대해서 [예제 5-10]과 같은 어노테이션을 가져온다. 그러나 typing.Named Tuple은 a와 b를 클래스 속성으로 생성한다. c 속성은 'spam' 값이 있는 단지 평범한 클래스 속성이다.

a와 b 클래스 속성은 **디스크립터**이다. 디스크립터는 23장에서 설명할 고급 기능인데, 일단은 프

로퍼티 게터property getter로 생각하면 된다. 프로퍼티 게터는 인스턴스 속성을 가져오기 위해 명시적으로 ( ) 연산자를 호출하지 않아도 되는 메서드이다. 즉 여기서 a와 b는 읽기 전용 인스턴스 속성으로 작동한다는 의미인데, DemoNTClass 인스턴스는 단지 멋지게 만든 튜플이고, 튜플은 불변형이라는 점을 생각하면 앞뒤가 맞는다. 그리고 DemoNTClass는 사용자 정의된 독스트링을 가져온다.

```
>>> DemoNTClass.__doc__
'DemoNTClass(a, b)'
```

이제 DemoNTClass의 인스턴스를 살펴보자.

```
>>> nt = DemoNTClass(8)
>>> nt.a
8
>>> nt.b
1.1
>>> nt.c
'spam'
```

nt 인스턴스를 만들려면 적어도 a 인수는 DemoNTClass에 전달해야 한다. 생성자는 b 인수도 받지만, 기본값이 1.1인 선택적인 값이다. nt 객체에는 예상대로 a와 b 속성이 있지만 c 속성은 없다. 그러나 파이썬 객체가 그렇듯이 클래스에서 속성을 가져올 수 있다.

nt.a, nt.b, nt.c, 심지어 nt.z에 값을 할당해 보면 약간 다른 에러 메시지를 담은 AttributeError 예외가 발생한다. 직접 실행해 보고 메시지를 살펴보기를 바란다.

@dataclass로 어노테이트된 클래스 살펴보기

이제 [예제 5-12]를 살펴보자.

예제 5-12 meaning/demo_dc.py: @dataclass로 어노테이트된 클래스

```
from dataclasses import dataclass

@dataclass
class DemoDataClass:
```

```
    a: int         ❶
    b: float = 1.1 ❷
    c = 'spam'     ❸
```

❶ a는 어노테이션이 되고, 디스크립터가 제어하는 인스턴스 속성도 된다.

❷ b도 어노테이션이 되고, 기본값이 1.1이며 디스크립터가 제어하는 인스턴스 속성도 된다.

❸ c는 단지 평범한 클래스 속성으로서, 어떠한 어노테이션도 이 속성을 참조하지 않는다.

이제 DemoDataClass의 __annotations__, __doc__ 및 a, b, c 속성을 확인해 보자.

```
>>> from demo_dc import DemoDataClass
>>> DemoDataClass.__annotations__
{'a': <class 'int'>, 'b': <class 'float'>}
>>> DemoDataClass.__doc__
'DemoDataClass(a: int, b: float = 1.1)'
>>> DemoDataClass.a
Traceback (most recent call last):
  File "<stdin>", line 1, in <module>
AttributeError: type object 'DemoDataClass' has no attribute 'a'
>>> DemoDataClass.b
1.1
>>> DemoDataClass.c
'spam'
```

__annotations__와 __doc__은 예상대로지만, DemoDataClass에 a라는 이름의 속성이 없다. 이와 대조적으로 [예제 5-11]의 DemoNTClass에는 인스턴스에서 읽기 전용 속성으로 a를 가져오는 디스크립터(<_collections._tuplegetter>라는 신비로운 객체)기 있다. 이 값은 공개 속성이 되어 읽고 설정할 수 있다. b와 c는 클래스 속성으로 존재하는데, b는 인스턴스에 대한 기본값을 갖는 반면 c는 단지 평범한 클래스 속성이며 인스턴스에 바인딩되지 않는다.

이제 DemoDataClass의 인스턴스는 어떤지 살펴보자.

```
>>> dc = DemoDataClass(9)
>>> dc.a
9
>>> dc.b
1.1
```

```
>>> dc.c
'spam'
```

역시 a와 b는 인스턴스 속성이며 c는 인스턴스를 통해 가져올 수 있는 클래스 속성이다.

앞에서 이야기한 대로 `DemoDataClass` 인스턴스는 가변형으로, 실행할 때 자료형을 검사하지 않는다.

```
>>> dc.a = 10
>>> dc.b = 'oops'
```

심지어 다음처럼 엉뚱한 값을 할당할 수도 있다.

```
>>> dc.c = 'whatever'
>>> dc.z = 'secret stash'
```

dc 인스턴스에는 c 속성이 있지만, 이 할당문이 클래스 속성인 c를 변경하지는 않는다. 그리고 z라는 속성을 추가할 수도 있다. 파이썬에서는 일반적인 인스턴스가 클래스에는 없는 자기만의 속성을 가질 수 있다.[7]

5.6 @dataclass 추가 설명

지금까지는 간단한 @dataclass 예들만 살펴봤다. 그러나 데커레이터는 다양한 키워드 인수를 받는다. 시그너처는 다음과 같다.

```
@dataclass(*, init=True, repr=True, eq=True, order=False,
           unsafe_hash=False, frozen=False)
```

제일 앞에 나온 *는 나머지 매개변수들이 모두 키워드 전용임을 의미한다. 각 매개변수의 설명은 [표 5-2]와 같다.

---

7 3.9절 'dict의 작동 방식이 미치는 영향'에서 설명한 대로 __init__()이 실행된 후에 속성을 추가하면 __dict__를 이용한 키 공유 최적화 메커니즘의 효율을 떨어뜨린다.

표 5-2 @dataclass 데커레이터가 받는 키워드 매개변수들

매개변수	의미	기본값	설명
init	__init__() 생성	True	사용자가 __init__()을 구현하면 무시된다.
repr	__repr__() 생성	True	사용자가 __repr__()을 구현하면 무시된다.
eq	__eq__() 생성	True	사용자가 __eq__()를 구현하면 무시된다.
order	__lt__(), __le__(), __gt__(), __ge__() 생성	False	eq=False를 지정하거나 사용자가 비교 메서드 중 하나라도 구현하거나 상속받았을 때, 이 옵션을 True로 설정하면 예외가 발생한다.
unsafe_hash	__hash__() 생성	False	의미가 복잡하고 주의할 점이 많다. dataclass 문서(https://fpy.li/5-7)를 참조하라.
frozen	인스턴스를 불변형으로 만든다.	False	생성된 인스턴스의 값이 실수로 바뀌지 않게 해 주지만, 사실 인스턴스가 불변형은 아니다.*

* @dataclass는 사용자가 필드를 설정하거나 삭제할 때 AttributeError의 서브클래스인 dataclass. FrozenInstanceError 예외를 발생시키는 __setattr__()와 __delattr__() 메서드를 생성함으로써 불변형을 흉내만 낼 뿐이다.

일반적으로 기본값이 가장 유용한 설정이지만, 다음 옵션은 종종 변경할 때가 있다.

frozen=True

클래스 인스턴스가 실수로 변경되지 않게 한다.

order=True

메이디 클래스 인스턴스가 정렬될 수 있게 한다.

파이썬 객체의 동적 성질을 고려하면 기민한 프로그래머들이 frozen=True가 제공하는 보호 메커니즘을 우회하기도 그리 어렵지는 않지만, 이렇게 피하는 방법은 코드 리뷰할 때 쉽게 찾아낼 수 있어야 한다.

eq와 frozen 매개변수 둘 다 True로 설정되면 @dataclass는 적절한 __hash__() 메서드를 생성해 인스턴스가 해시 가능하게 만든다. 생성된 __hash__() 메서드는 5.6.1절 '필드 옵션'에서 설명하는 옵션으로 제외한 필드 이외의 모든 필드에서 가져온 데이터를 사용한다. 기본값인 frozen=False로 설정되면 @dataclass는 __hash__를 None으로 설정해 인스턴스가 해시

가능하지 않음을 알리고, 슈퍼클래스에서 상속받은 __hash__() 메서드를 오버라이드한다.

'PEP 557 – 데이터 클래스^{Data Classes}' 문서(https://fpy.li/pep557)는 unsafe_hash에 관해 다음과 같이 설명한다.

> 권장하지는 않지만, unsafe_hash=True 옵션을 설정해 데이터 클래스가 __hash__() 메서드를 생성하게 할 수 있다. 클래스가 논리적으로는 불변형이지만 변경을 막을 수 없을 때 이 옵션을 고려할 수 있다. 그러나 이는 특별한 경우로, 신중하게 판단해야 한다.

unsafe_hash에 관한 설명은 이 인용문으로 마친다. 이 옵션을 꼭 써야겠다면 dataclasses.dataclass 문서(https://fpy.li/5-7)를 참조하라.

생성된 데이터 클래스를 더 많이 커스터마이즈하려면 필드 수준에서 처리해야 한다.

5.6.1 필드 옵션

가장 기본적인 필드 옵션은 자료형 힌트와 함께 기본값을 제공하거나 제공하지 않는 것인데, 이 방법은 이미 살펴봤다. 선언한 인스턴스 필드는 생성된 __init__() 메서드의 매개변수가 된다. 파이썬은 기본값이 있는 매개변수 뒤에 기본값이 없는 매개변수가 오는 것을 허용하지 않으므로, 기본값이 있는 필드를 선언한 뒤에 나오는 모든 필드에도 기본값이 있어야 한다.

가변 기본값은 초보 파이썬 개발자가 자주 마주치는 버그의 원인이다. 함수 정의에 있는 가변 기본값은 그 값을 바꾸는 함수를 한 번만 호출해도 바뀌기 쉽다. 나중에 함수를 호출할 때 행동이 바뀌는데, 이 문제는 6.5.1절 '매개변수 기본값으로 부적당한 가변형'에서 알아본다. 클래스 속성은 인스턴스의 기본값으로 흔히 사용되고, 데이터 클래스에서도 마찬가지다. @dataclass 는 자료형 힌트의 기본값을 가져와 __init__() 메서드를 생성할 때 매개변수 기본값으로 사용한다. 가변 매개변수에 따른 버그를 예방하기 위해 @dataclass는 [예제 5–13]과 같은 클래스 정의를 거부한다.

예제 5-13 dataclass/club_wrong.py: 이 클래스는 ValueError 예외를 발생시킨다.

```python
@dataclass
class ClubMember:
    name: str
    guests: list = []
```

ClubMember 클래스가 있는 모듈을 로드하면 다음과 같은 에러 메시지가 나온다.

```
$ python3 club_wrong.py
Traceback (most recent call last):
  File "club_wrong.py", line 4, in <module>
    class ClubMember:
 ...중간 생략...
ValueError: mutable default <class 'list'> for field guests is not allowed:
use default_factory
```

ValueError 메시지는 문제를 설명하고 해결책을 제시한다. 바로 default_factory를 사용하는 것이다. ClubMember 문제를 수정한 코드는 [예제 5-14]와 같다.

예제 5-14 dataclass/club.py: 이 ClubMember는 제대로 작동한다.

```python
from dataclasses import dataclass, field

@dataclass
class ClubMember:
    name: str
    guests: list = field(default_factory=list)
```

[예제 5-14]의 guests 필드에서는 일반 리스트가 아니라 default_factory=list를 인수로 전달한 dataclasses.field() 함수를 호출해 기본값을 설정한다.

default_factory 매개변수는 데이터 클래스 인스턴스가 생성될 때마다 기본값을 만들기 위해 인수 없이 호출되는 함수, 클래스, 기타 콜러블을 제공할 수 있게 해 준다. 이렇게 해서 ClubMember의 모든 인스턴스가 클래스의 동일한 list를 공유하지 않고, 각 인스턴스가 자신만의 list를 가지게 해 준다. 모든 인스턴스가 동일한 list를 공유하는 경우는 드물며 버그일 가능성이 높다.

dataclasses 모듈 문서(https://fpy.li/5-9)를 둘러보면 [예제 5-15]처럼 신기한 구문으로 정의된 list 필드를 볼 수 있다.

예제 5-15 dataclass/club_generic.py: 이 ClubMember 정의가 더 정확하다.

```
from dataclasses import dataclass, field

@dataclass
class ClubMember:
    name: str
    guests: list[str] = field(default_factory=list)    ❶
```

❶ list[str]은 '문자열의 리스트'를 의미한다.

새로운 구문인 list[str]은 매개변수화된 제네릭형이다. 파이썬 3.9부터 list 내장형은 대괄호 표기법을 이용해 리스트 항목의 자료형을 지정하게 해 준다.

제네릭은 8장에서 설명한다. 일단 지금은 [예제 5-14]와 [예제 5-15]가 모두 올바르며, Mypy 자료형 검사기가 이 두 클래스 정의에 대해 에러 메시지를 출력하지 않는다는 점에 주목하자.

이 둘의 차이점은 guests: list는 guests가 어떠한 객체의 list도 될 수 있지만, guests: list[str]은 guests가 반드시 모든 항목이 str인 list여야 한다는 점이다. 이렇게 함으로써 자료형 검사기가 잘못된 항목을 리스트 안에 넣거나 읽으려는 코드에서 버그를 찾아낼 수 있다.

default_factory는 field() 함수에서 가장 널리 사용되는 옵션이지만, field() 함수는 [표 5-3]의 다른 옵션들도 사용할 수 있다.

표 5-3 field() 함수에 사용할 수 있는 키워드 인수들

옵션	의미	기본값
default	필드의 기본값	_MISSING_TYPE*
default_factory	기본값을 생성하는 무인수 함수	_MISSING_TYPE
init	필드를 __init__() 매개변수에 포함시킨다.	True
repr	필드를 __repr__()이 출력하게 한다.	True
compare	필드를 __eq__(), __lt__() 등의 비교 메서드에서 사용하게 한다.	True
hash	필드를 __hash__() 계산에 포함시킨다.	None**
metadata	사용자 정의 데이터의 매핑. @dataclass가 무시한다.	None

* dataclass._MISSING_TYPE은 구분 표싯값인 센티넬값sentinel value으로서 옵션이 제공되지 않았음을 나타낸다. None이 실제 기본값으로 널리 쓰이므로, 옵션을 설정하지 않은 경우와 구분하는 데 사용한다.

** compare=True로 설정되었을 때만 hash=None인 필드가 __hash__() 계산에 사용된다.

필드 어노테이션에서 기본값 자리를 field() 함수가 차지하므로 default 옵션이 제공된다. 예를 들어 athlete 필드의 기본값이 False이고 __repr__() 메서드가 출력하지 않게 하려면 다음과 같이 작성한다.

```
@dataclass
class ClubMember:
    name: str
    guests: list = field(default_factory=list)
    athlete: bool = field(default=False, repr=False)
```

5.6.2 초기화 후처리

@dataclass가 생성한 __init__() 메서드는 단지 전달된 인수나 기본값을 인스턴스 속성에 할당할 뿐이다. 그러나 때로는 인스턴스 초기화 외에 더 많은 일을 해야 할 때가 있다. 그럴 때 는 __post_init__() 메서드를 제공할 수 있다. 이 메서드가 있으면 @dataclass는 __post_ init__()을 호출하는 코드를 __init__() 메서드 마지막 단계에 추가한다.

일반적으로 __post_init__()은 필드를 검증하거나 다른 필드에 기반해 필드값을 계산할 때 사용한다. 이 두 가지 목적으로 사용하는 간단한 __post_init__() 예제를 살펴보자.

먼저 [예제 5-16]에서 설명한 HackerClubMember라는 ClubMember 서브클래스의 바람직한 작동 방식을 보여 주는 doctest를 살펴보자.

예제 5-16 dataclass/hackerclub.py: HackerClubMember의 doctest

```
""" ``HackerClubMember`` 객체는 선택 인수 ``handle``을 받는다.::

    >>> anna = HackerClubMember('Anna Ravenscroft', handle='AnnaRaven')
    >>> anna
    HackerClubMember(name='Anna Ravenscroft', guests=[], handle='AnnaRaven')

만약 ``handle`` 인수가 생략되면, 회원 이름의 앞 단어로 설정한다.::

    >>> leo = HackerClubMember('Leo Rochael')
    >>> leo
    HackerClubMember(name='Leo Rochael', guests=[], handle='Leo')

모든 회원은 고유한 핸들을 가져야 한다. 다음의 ``leo2``는 생성되지 않는다.
이 객체의 ``handle``이 'Leo'가 되어야 하지만,
이 핸들을 이미 ``leo``가 쓰기 때문이다.::

    >>> leo2 = HackerClubMember('Leo DaVinci')
    Traceback (most recent call last):
      ...
    ValueError: handle 'Leo' already exists.

문제를 해결하려면, 중복되지 않는 ``handle``을 명시해 ``leo2``를 생성해야 한다.::

    >>> leo2 = HackerClubMember('Leo DaVinci', handle='Neo')
    >>> leo2
    HackerClubMember(name='Leo DaVinci', guests=[], handle='Neo')
    """
```

HackerClubMember가 ClubMember로부터 name과 guests를 상속받고 handle 필드를 추가하므로, handle을 키워드 인수로 제공해야 한다. HackerClubMember에 대해 생성된 독스트링을 보면 생성자 호출할 때의 필드 순서를 알 수 있다.

```
>>> HackerClubMember.__doc__
"HackerClubMember(name: str, guests: list = <factory>, handle: str = '')"
```

앞에서 <factory>는 guests의 기본값을 생성하기 위해 어떤 콜러블이 호출됨을 나타낸다(우리 클래스에서는 list 클래스이다). 여기서 중요한 것은 handle은 지정하고 guests는 기본값을 사용하려면 handle을 키워드 인수로 전달해야 한다는 점이다.

dataclasses 모듈 문서(https://fpy.li/5-10)의 '상속Inheritance' 절에서는 여러 단계로 상속받을 때 필드 순서가 계산되는 방법을 설명한다.

> **NOTE** 14장에서는 특히 슈퍼클래스가 추상 클래스abstract class가 아닐 때 상속의 남용에 관해 이야기할 것이다. 일반적으로 데이터 클래스를 계층구조로 만드는 것은 좋지 않은 생각이지만, [예제 5-17]은 handle 필드 선언과 __post_init__() 검증에 집중하면서 코드가 짧아지므로 도움이 되었다.

[예제 5-17]은 클래스 구현을 보여 준다.

예제 5-17 dataclass/hackerclub.py: HackerClubMember 코드

```
from dataclasses import dataclass
from club import ClubMember

@dataclass
class HackerClubMember(ClubMember):                            ❶
    all_handles = set()                                        ❷
    handle: str = ''                                           ❸

    def __post_init__(self):
        cls = self.__class__                                   ❹
        if self.handle == '':                                  ❺
            self.handle = self.name.split()[0]
        if self.handle in cls.all_handles:                     ❻
            msg = f'handle {self.handle!r} already exists.'
            raise ValueError(msg)
        cls.all_handles.add(self.handle)                       ❼
```

❶ HackerClubMember는 ClubMember를 상속한다.

❷ all_handles는 클래스 속성이다.

❸ handle은 str 형인 인스턴스 속성이고 기본값이 빈 문자열이다. 기본값이 있으므로 선택 인수가 된다.

❹ 인스턴스의 클래스를 가져온다.

❺ self.handle이 빈 문자열이면 name의 앞 단어로 설정한다.

❻ self.handle이 cls.all_handles 안에 있으면 ValueError 예외를 발생시킨다.

❼ 새로운 handle을 cls.all_handles에 추가한다.

[예제 5-17]은 의도한 대로 작동하지만, 정적 자료형 검사기에겐 만족스럽지 않다. 다음 절에 서는 그 이유와 해결 방법을 알아본다.

5.6.3 자료형이 지정된 클래스 속성

[예제 5-17]을 Mypy로 자료형 검사하면 다음과 같은 에러 메시지가 나온다.

```
$ mypy hackerclub.py
hackerclub.py:37: error: Need type annotation for "all_handles"
(hint: "all_handles: Set[<type>] = ...")
Found 1 error in 1 file (checked 1 source file)
```

불행히도 Mypy(필자가 사용한 버전은 0.910이다)가 알려 준 힌트는 @dataclass 사용 측면 에서 보면 도움이 되지 않는다. 일단 Mypy는 Set을 사용하라고 권장하지만, 현재 필자는 파이썬 3.9를 사용하므로 내장 자료형인 set을 사용할 수도 있다(그리고 typing 모듈에서 Set 을 임포트하지 않아도 된다). 더 큰 문제는 all_handles에 set[...]과 같은 자료형 힌트를 추가하면 @dataclass는 이 자료형 힌트를 보고 all_handles를 인스턴스 필드로 만든다. 컬 렉션을 인스턴스 필드로 만드는 방법은 5.5.3절의 '@dataclass로 어노테이트된 클래스 살펴 보기'에서 설명했다.

PEP 526(https://fpy.li/5-11)에서 정의한 임시방편은 보기에 좋지 않다. 클래스 변수에 자료형 힌트를 추가하려면 typing.ClassVar라는 의사형^{pseudotype}을 사용해야 한다. 이 자료형 은 대괄호를 사용한 제네릭 표기법을 이용해 변수의 자료형을 설정하면서도 이 속성을 클래스 속성으로 선언한다.

자료형 검사기와 @dataclass를 모두 만족시키려면 [예제 5-17]의 all_handles를 다음과 같 이 선언해야 한다.

```
all_handles: ClassVar[set[str]] = set()
```

이 선언은 all_handles가 str의 set 형인 클래스 속성으로, 기본값은 공집합임을 의미한다.

이 어노테이션을 사용하려면 typing 모듈에서 ClassVar를 임포트해야 한다. @dataclass 데커레이터decorator는 어노테이션의 자료형에 신경 쓰지 않지만, 두 가지 예외가 있다. 그중 하나가 자료형이 ClassVar일 때인데, 이 속성에 대한 인스턴스 필드는 생성하지 않는다.

@dataclass가 자료형에 신경 쓰는 또 다른 경우는 초기화 전용 변수를 선언할 때인데, 이 주제는 다음 절에서 알아보자.

5.6.4 필드가 아닌 초기화 변수

인스턴스 필드가 아닌 인수를 __init__() 메서드에 전달해야 할 때가 있다. 그런 인수를 dataclasses 문서에서는 **초기화 전용 변수**init-only variable라고 부른다(https://fpy.li/initvar). 초기화 전용 변수를 선언하려면 dataclasses 모듈이 제공하는 의사형인 InitVar를 사용해야 하는데, 이 자료형도 typing.ClassVar와 똑같은 구문을 사용한다. 해당 문서의 예제 코드에는 데이터베이스에서 읽어와 초기화하는 필드가 있는데, 이 필드는 생성자에 전달된 데이터베이스 객체를 이용해 초기화한다. [예제 5-18]은 dataclasses 문서의 '초기화 전용 변수' 절에서 예로 든 코드이다(https://fpy.li/initvar).

예제 5-18 dataclasses 모듈 문서의 예제 코드

```
@dataclass
class C:
    i: int
    j: int = None
    database: InitVar[DatabaseType] = None

    def __post_init__(self, database):
        if self.j is None and database is not None:
            self.j = database.lookup('j')

c = C(10, database=my_database)
```

database 속성이 어떻게 선언되었는지 잘 살펴보자. InitVar는 @dataclass가 database를 일반 필드로 처리하지 못하게 한다. 이 속성은 인스턴스 속성이 되지도 않고, dataclasses. fields() 함수도 이 속성을 나열하지 않는다. 그러나 database는 생성된 __init__()에 전달되는 인수 중 하나가 되며, __post_init__()에도 전달된다. __post_init__() 메서드를 작성하려면 [예제 5-18]처럼 해당 인수를 메서드 시그너처에 추가해야 한다.

지금까지 다소 긴 @dataclass 개요를 통해 매우 유용한 여러 기능을 살펴봤다. 일부는 5.2.1절 '주요 기능'에서 세 가지 클래스 빌더를 알아볼 때 설명했다. 더 자세한 내용은 dataclasses 문서(https://fpy.li/initvar)와 PEP 526(https://fpy.li/pep526)을 참조하라.

다음 절에서는 약간 긴 @dataclass 예를 살펴본다.

5.6.5 @dataclass 예: 더블린 코어 리소스 레코드

사실 @dataclass로 클래스를 만들다 보면 지금까지 살펴본 짧은 예제들보다 필드가 더 많기 마련이다. 더블린 코어^{Dublin Core}(https://fpy.li/5-12)는 전형적인 @dataclass 예제의 기반이 된다.

> 더블린 코어 스키마는 책, CD, 예술 작품과 같은 물리적인 자원은 물론 비디오, 이미지, 웹 페이지 같은 디지털 자원을 설명하는 데 사용할 수 있는 일련의 작은 용어집이다.[8]
>
> — 더블린 코어에 관한 위키백과 설명

표준에서는 15개의 선택적 필드를 정의하는데, [예제 5-19]의 Resource 클래스는 그중 8개를 사용한다.

예제 5-19 dataclass/resource.py: 더블린 코어 용어에 기반한 Resource 클래스

```
from dataclasses import dataclass, field
from typing import Optional
from enum import Enum, auto
```

---

[8] 더블린 코어에 관한 영문 위키백과 페이지(https://fpy.li/5-13)를 참고하라.

```python
from datetime import date

class ResourceType(Enum):    ❶
    BOOK = auto()
    EBOOK = auto()
    VIDEO = auto()

@dataclass
class Resource:
    """미디어 리소스 설명"""
    identifier: str                                          ❷
    title: str = '<untitled>'                                ❸
    creators: list[str] = field(default_factory=list)
    date: Optional[date] = None                              ❹
    type: ResourceType = ResourceType.BOOK                   ❺
    description: str = ''
    language: str = ''
    subjects: list[str] = field(default_factory=list)
```

❶ Enum을 이용해 Resource.type 필드의 자료형 안전type-safe 값을 선언한다.

❷ identifier가 유일한 필수 필드이다.

❸ title은 기본값이 있는 첫 필드이다. 이후의 필드는 모두 기본값이 있어야 한다.

❹ date 값은 datetime.date 인스턴스 또는 None이다.

❺ type 필드의 기본값은 ResourceType.BOOK이다.

[예제 5-20]은 Resource 레코드를 코드에서 사용하는 방법을 보여 주는 doctest이다.

예제 5-20 dataclass/resource.py: 더블린 코어 용어에 기반한 Resource 클래스

```python
>>> description = 'Improving the design of existing code'
>>> book = Resource('978-0-13-475759-9', 'Refactoring, 2nd Edition',
...     ['Martin Fowler', 'Kent Beck'], date(2018, 11, 19),
...     ResourceType.BOOK, description, 'EN',
...     ['computer programming', 'OOP'])
>>> book  # doctest: +NORMALIZE_WHITESPACE
Resource(identifier='978-0-13-475759-9', title='Refactoring, 2nd Edition',
creators=['Martin Fowler', 'Kent Beck'], date=datetime.date(2018, 11, 19),
    type=<ResourceType.BOOK: 1>, description='Improving the design of existing
code',
    language='EN', subjects=['computer programming', 'OOP'])
```

@dataclass가 생성한 `__repr__()` 메서드도 나쁘지는 않지만, 더 읽기 쉽게 만들 수 있다. 이것이 `repr(book)`에서 원하는 형식이다.

```
>>> book  # doctest: +NORMALIZE_WHITESPACE
Resource(
    identifier = '978-0-13-475759-9',
    title = 'Refactoring, 2nd Edition',
    creators = ['Martin Fowler', 'Kent Beck'],
    date = datetime.date(2018, 11, 19),
    type = <ResourceType.BOOK: 1>,
    description = 'Improving the design of existing code',
    language = 'EN',
    subjects = ['computer programming', 'OOP'],
)
```

앞에서 보여 준 형태로 출력하게 하려면 [예제 5–21]과 같이 `__repr__()` 메서드를 정의한다. 이 예제에서는 데이터 클래스 필드의 이름을 가져오는 데 `dataclass.fields`를 이용한다.

예제 5-21 dataclass/resource_repr.py: [예제 5–19]의 Resource 클래스에 정의된 `__repr__()` 메서드

```
def __repr__(self):
    cls = self.__class__
    cls_name = cls.__name__
    indent = ' ' * 4
    res = [f'{cls_name}(']                              ❶
    for f in fields(cls):                               ❷
        value = getattr(self, f.name)                   ❸
        res.append(f'{indent}{f.name} = {value!r},')    ❹

    res.append(')')                                     ❺
    return '\n'.join(res)                               ❻
```

❶ 먼저 클래스명과 여는 소괄호(`(`)가 있는 출력 문자열을 담은 `res` 리스트를 만든다.

❷ 클래스 안의 각 필드 `f`에 다음을 반복한다.

❸ 인스턴스에서 해당 이름의 속성값을 가져온다.

❹ 속성명과 속성값으로 들여쓰기 한 줄을 추가한다. `!r`은 앞 객체의 `repr()`을 호출한다.

❺ 닫는 소괄호(`)`)를 추가한다.

❻ `res`를 가져와 여러 줄로 만들어진 문자열을 만들어 반환한다.

미국 오하이오주 더블린시에서 개최된 워크숍에서 제안된 더블린 코어에서 영감을 받은 이 예제와 함께 파이썬 데이터 클래스 빌더 설명을 마치고자 한다.

데이터 클래스는 편리하지만, 프로젝트에 과용하면 문제가 생길 수 있다. 다음 절에서 이 문제를 알아본다.

5.7 코드 악취로서의 데이터 클래스

모든 코드를 직접 작성하든 아니면 이번 상에서 실명한 클래스 빌더 중 하나를 활용해 만들두, 데이터 클래스를 구현할 때는 이 클래스가 설계상 문제점을 드러내는 신호일 수 있다는 점에 주의해야 한다.

『리팩터링 2판』(한빛미디어, 2020)의 저자인 마틴 파울러와 켄트 벡은 리팩터링이 필요함을 나타내는 코드 패턴에 관한 '코드 악취' 카탈로그를 제시했다. 이 책의 '데이터 클래스' 절에서는 다음과 같이 설명한다.

> 데이터 클래스란 데이터 필드와 게터/세터 메서드로만 구성된 클래스를 말한다. 그저 데이터 저장 용도로만 쓰이다 보니 다른 클래스가 너무 깊이까지 함부로 다룰 때가 많다.

마틴 파울러의 개인 웹사이트에는 '코드 악취'라는 제목의 글이 있다(`https://fpy.li/5-14`). 이 글에서는 **데이터 클래스**를 코드 악취 사례의 하나로 사용하고 해결 방법을 제시한다. 다음은 해당 글 전체를 옮겨온 것이다.[9]

---

[9] 운이 좋게도 필자가 마틴 파울러와 소트웍스에서 같이 근무한 덕분에 그의 글을 전제하는 허락을 받는 데 딱 20분이 걸렸다.

코드 악취

마틴 파울러

코드 악취는 보통 시스템 깊은 곳에 있는 문제를 표면에 드러내는 일종의 지표다. 이 용어는 필자의 저서 『리팩터링 2판』(한빛미디어, 2020)의 작성을 도와준 켄트 벡이 만들었다.

앞에 나온 간단한 정의는 두 가지 사소한 점을 지적한다. 첫 번째, 코드 악취는 빨리 감지할 수 있는 것(필자의 최근 표현으로는 악취를 맡을 수 있는 것)으로 정의된다. 아주 긴 메서드가 좋은 사례다. 수십 줄이 넘는 자바 코드는 단지 코드를 쳐다보기만 해도 필자의 코를 실룩거리게 한다.

두 번째, 코드 악취가 늘 문제를 나타내는 것은 아니다. 메서드가 길더라도 나쁘지 않을 수 있다. 그 안에 문제가 있는지 더 깊이 살펴봐야 한다. 본질적으로 코드 악취는 그 자체로 문제라기보다는 문제가 있음을 가리키는 지표일 때가 많다.

최고의 코드 악취는 감지하기 쉽고 대체로 실제 문제를 찾아내도록 이끌어 준다. 데이터 클래스(처리하는 코드는 없고 단지 데이터만 있는 클래스)가 좋은 사례다. 클래스를 보고 이 클래스가 어떤 작동을 해야 하는지 자문해 보라. 그러면서 처리하는 코드를 넣으며 리팩터링하게 된다. 간단한 질문과 기본적인 리팩터링은 무기력한 객체를 정말 멋진 품위가 있는 무언가로 바꾸는 중요한 시작점이 될 수 있다.

코드 악취의 장점 중 하나는 경험이 없고 진짜 문제가 있는지를 평가할 지식이 충분하지 않은 사람도 문제를 쉽게 찾아낼 수 있다는 점이다. '금주의 코드 악취'를 골라 악취를 찾아내고 선임 개발자에게 문제를 제기하라고 하는 수석 개발자들에 관한 이야기를 들었다. 한 번에 하나씩 코드 악취를 찾아내다 보면 팀원들을 더 훌륭한 개발자로 만들 수 있다.

객체지향 프로그래밍의 핵심 개념은 데이터와 행위를 클래스라는 하나의 단위에 통합하는 것이다. 클래스가 널리 쓰이지만, 그 자체로 의미 있는 작업을 수행하지 않는다면 그 인스턴스를 다루는 코드가 시스템에 산재한 메서드와 함수에 분산될 수 있다(더 심하면 중복으로 분산된다). 유지보수할 골칫거리를 만드는 비결이다. 그러므로 마틴 파울러의 리팩터링 기법은 행위를 다시 클래스 안에 넣음으로써 데이터 클래스 문제를 처리한다.

이러한 점을 염두에 두더라도, 행위를 거의 하지 않는 데이터 클래스를 만드는 게 타당한 경우가 두 가지 있다.

5.7.1 스캐폴딩으로서의 데이터 클래스

이 시나리오에서 데이터 클래스는 프로젝트나 모듈을 새로 시작하기 위한 클래스를 초기에 간단히 구현한 것이다. 시간이 지나면서 클래스는 인스턴스에 연산을 수행하려고 다른 클래스의 메서드에 의존하는 대신, 클래스 자체에 메서드를 추가한다. 스캐폴딩scaffolding은 일시적인 발판으로서, 결국에는 초기의 빌더에서 떨어져 나와 완전히 독립적인 사용자 정의 클래스가 된다.

파이썬은 간단한 문제를 해결하거나 실험할 때 사용되기도 하므로, 이럴 때는 스캐폴딩을 그대로 놔둬도 문제가 되지 않는다.

5.7.2 중간 표현으로서의 데이터 클래스

데이터 클래스는 JSON이나 기타 교환 포맷으로 익스포트될 레코드를 만들거나 시스템 경계를 넘어 방금 임포트된 데이터를 보관하는 데 도움이 될 수 있다. 파이썬 데이터 클래스 빌더는 모두 인스턴스를 평범한 dict로 변환하는 메서드나 함수를 제공하며, 언제나 생성자를 호출할 때 딕셔너리 언패킹 연산자(**)를 이용해 dict 형 데이터를 키워드 인수로 사용할 수 있다. 이러한 dict 형 데이터는 JSON 레코드와 상당히 비슷하다.

이 시나리오에서는 데이터 클래스 인스턴스의 필드가 가변형이더라도 인스턴스를 불변형 객체처럼 다루고 인스턴스의 값을 변경하지 않아야 한다. 값을 변경하면 데이터와 행위를 통합하는 객체지향 프로그래밍의 장점이 사라진다. 임포트하거나 익스포트하면서 값을 변경해야 할 때는 딕셔너리 메서드나 표준 생성자를 사용하지 않고 빌더 메서드를 직접 구현해야 한다.

이제 주제를 바꿔서, 지금까지 2.6절 '시퀀스를 이용한 패턴 매칭'과 3.3절 '매핑을 이용한 패턴 매칭'에서 설명한 시퀀스나 매핑의 패턴 매칭뿐만 아니라 모든 클래스의 인스턴스에 매칭되는 패턴을 작성하는 방법을 알아보자.

5.8 클래스 인스턴스 패턴 매칭

클래스 패턴은 클래스 인스턴스를 자료형과 (선택적으로) 속성을 이용해 매칭하도록 설계되었다.[10] 데이터 클래스뿐만 아니라 어떠한 클래스의 인스턴스도 클래스 패턴의 대상이 될 수 있다.[10]

클래스 패턴은 단순, 키워드, 위치라는 세 가지 패턴으로 나눌 수 있다. 지금부터 차례대로 알아보자.

5.8.1 단순 클래스 패턴

앞서 2.6절 '시퀀스를 이용한 패턴 매칭'에서 단순 클래스 패턴을 하위 패턴으로 사용하는 다음과 같은 예를 살펴봤다.

```
case [str(name), _, _, (float(lat), float(lon))]:
```

이 패턴은 네 개의 항목으로 구성된다. 첫 번째 항목은 str 인스턴스, 마지막 항목은 float 두 개로 구성된 튜플인 시퀀스에 매칭된다.

클래스 패턴의 구문은 생성자 호출처럼 보인다. 다음은 값을 바인딩하지 않고 float 값에 매칭되는 클래스 패턴이다(필요하면 case 문 안에서 x를 직접 참조할 수 있다).

```
match x:
    case float():
        do_something_with(x)
```

그러나 다음 코드는 버그일 가능성이 크다.

```
match x:
    case float:  # 위험하다!!!
```

---

[10] 이 내용을 여기에 넣은 이유는 이번 장이 사용자 정의 클래스를 집중적으로 설명하는 최초의 장이고, 패턴 매칭이 너무 중요한 주제라서 2부까지 기다릴 수 없기 때문이다. 클래스 정의법보다 사용법을 아는 게 더 중요하다는 게 필자의 철학이다.

```
do_something_with(x)
```

바로 앞 예제에서 `case float:`는 어느 대상에든 매칭된다. 파이썬이 `float`를 변수로 간주해 대상에 바인딩되기 때문이다.

`float(x)`와 같은 단순 패턴 구문은 특별한 경우로, PEP 634의 '클래스 패턴' 절(https://fpy.li/5-16) 마지막에 나열된 아홉 개의 선택받은 내장형에만 적용된다.

```
bytes   dict   float   frozenset   int   list   set   str   tuple
```

이들 클래스에서 생성자 인수처럼 보이는 변수는 대상에 바인딩된다. 예를 들어 `float(x)`에서 x는 전체 대상 인스턴스에 바인딩되고, 앞에서 살펴본 시퀀스 패턴의 `str(name)`에서 name은 서브패턴에 매칭되는 대상의 일부에 바인딩된다.

```
case [str(name), _, _, (float(lat), float(lon))]:
```

클래스가 아홉 개의 선택받은 내장형 중 하나가 아니면, 인수처럼 보이는 변수는 그 클래스 인스턴스의 속성들에 매칭할 패턴을 나타낸다.

5.8.2 키워드 클래스 패턴

키워드 클래스 패턴 사용법을 알아보기 위해 [예제 5-22]의 `City` 클래스와 다섯 개의 인스턴스를 살펴보자.

예제 5-22 City 클래스와 인스턴스들

```python
import typing

class City(typing.NamedTuple):
    continent: str
    name: str
    country: str
```

```python
cities = [
    City('Asia', 'Tokyo', 'JP'),
    City('Asia', 'Delhi', 'IN'),
    City('North America', 'Mexico City', 'MX'),
    City('North America', 'New York', 'US'),
    City('South America', 'São Paulo', 'BR'),
]
```

[예제 5-22]와 같이 클래스가 정의되었을 때, 다음 함수는 아시아 도시들의 리스트를 반환한다.

```python
def match_asian_cities():
    results = []
    for city in cities:
        match city:
            case City(continent='Asia'):
                results.append(city)
    return results
```

City(continent='Asia') 패턴은 나머지 다른 속성들의 값과는 무관하게 continent가 'Asia'인 City 인스턴스에 매칭된다. 이때 country 속성값을 가져오려면 다음과 같이 작성한다.

```python
def match_asian_countries():
    results = []
    for city in cities:
        match city:
            case City(continent='Asia', country=cc):
                results.append(cc)
    return results
```

City(continent='Asia', country=cc) 패턴은 이전 코드와 마찬가지로 동일한 아시아 도시들에 매칭되지만, 이번에는 cc 변수가 해당 인스턴스의 country 속성에 바인딩된다. 이 코드는 다음과 같이 패턴 변수의 이름을 country로 해도 작동한다.

```python
        match city:
            case City(continent='Asia', country=country):
                results.append(country)
```

키워드 클래스 패턴은 가독성이 매우 뛰어나며 공개 인스턴스public instance 속성이 있는 모든 클래스에서 작동하지만, 문장이 다소 장황하다.

위치positional 클래스 패턴은 이보다 편리할 때가 종종 있지만, 다음 절에서 설명하듯이 대상 클래스가 명시적으로 지원해야 한다.

5.8.3 위치 클래스 패턴

[예제 5-22]와 같이 클래스가 정의되었을 때, 다음 함수는 위치 클래스 패턴을 이용해 아시아 도시 리스트를 반환한다.

```python
def match_asian_cities_pos():
    results = []
    for city in cities:
        match city:
            case City('Asia'):
                results.append(city)
    return results
```

City('Asia') 패턴은 다른 속성값들은 무시하고 첫 번째 속성의 값이 'Asia'인 City 인스턴스에 매칭된다.

country 속성값만 모으고 싶으면 다음과 같이 작성할 수 있다.

```python
def match_asian_countries_pos():
    results = []
    for city in cities:
        match city:
            case City('Asia', _, country):
                results.append(country)
    return results
```

앞에서와 마찬가지로 City('Asia', _, country) 패턴은 똑같은 도시들에 매칭되지만, 여기서는 country 변수가 인스턴스의 세 번째 속성에 바인딩된다.

지금까지 '첫 번째'나 '세 번째' 속성이라고 이야기했는데, 이 말의 의미는 무엇일까?

City나 다른 클래스들이 위치 패턴을 사용하려면 __match_args__라는 이름의 특별한 클래스 속성이 있어야 한다. City 클래스에서는 클래스 빌더가 자동으로 __match_args__를 생성해 주는데, 값은 다음과 같다.

```
>>> City.__match_args__
('continent', 'name', 'country')
```

여기서 볼 수 있듯이 __match_args__는 위치 패턴에서 사용될 순서대로 속성들의 이름을 선언한다.

11.8절 '위치 패턴 매칭 지원'에서는 클래스 빌더를 사용하지 않고 생성하는 클래스의 __match_args__를 정의하는 코드를 작성한다.

> **TIP** 패턴에 키워드 인수와 위치 인수를 섞어 쓸 수 있다. 매칭에 사용할 인스턴스 속성의 전부가 아닌 일부 인수만 __match_args__에 나열될 수도 있다. 따라서 나열되지 않은 속성에 접근하려면 위치 인수가 아니라 키워드 인수를 써야 한다.

이제 이번 장을 마무리할 때가 되었다.

5.9 요약

이번 장의 핵심 주제는 데이터 클래스 빌더인 collections.namedtuple, typing.NamedTuple, dataclasses.dataclass이었다. 첫 번째 빌더는 팩토리 함수에 전달된 인수를, 나중에 나온 두 클래스 빌더는 자료형 힌트를 가진 class 문을 이용해 데이터 클래스를 생성한다. 특히, 자료형과 항목명이 지정된 튜플 변형 클래스(collections.namedtuple과 typing.NamedTuple)는 둘 다 tuple 서브클래스를 만들고, 이름으로 필드에 접근하는 기능을 추가하고, 필드 이름을 문자열의 튜플로 나열하는 _fields 클래스 속성을 제공한다.

그다음에는 인스턴스 데이터를 dict로 추출하는 방법, 필드의 이름과 기본값을 가져오는 방법, 기존 인스턴스를 기반으로 새 인스턴스를 만드는 방법 등 클래스 빌더 세 개의 주요 기능을 나란히 비교하며 살펴봤다.

그러면서 자료형 힌트를 처음으로 살펴보았는데, 특히 PEP 526(`https://fpy.li/pep526`)을 수용한 파이썬 3.6에 소개된 표기법을 이용해 `class` 문 안의 속성들을 어노테이트할 때 쓰는 자료형 힌트를 살펴봤다. 일반적으로 자료형 힌트의 가장 놀라운 점은 실행 시 아무런 효력이 없다는 사실일 것이다. 소스 코드를 정적으로 분석하고 오류를 탐지하고자 자료형 정보를 활용하려면 Mypy 같은 별도의 도구를 사용해야 한다. PEP 526의 구문을 개략적으로 살펴본 후에는 일반 클래스 및 `typing.NamedTuple`과 `@dataclass`로 만든 클래스에서 어노테이션이 미치는 영향을 알아봤다.

다음으로, 널리 사용되는 `@dataclass`와 `dataclasses.field()` 함수의 `default_factory` 옵션이 제공하는 기능을 알아봤다. 그리고 데이터 클래스에서 중요한 특별 의사 자료형 힌트인 `typing.ClassVar`와 `dataclasses.InitVar`를 살펴봤다. 해당 절의 뒷부분에서는 `__repr__()` 메서드 안에서 `dataclasses.fields`를 이용해 Resource 인스턴스의 속성을 반복하는 방법을 설명하고, 더블린 코어 스키마에 기반한 사례를 예제 코드로 구현했다.

그런 다음 객체지향 프로그래밍의 기본 원리를 무너뜨리는 데이터 클래스의 남용 가능성에 주의하기를 당부했다. 객체지향 프로그래밍은 데이터와 해당 데이터를 관리하는 함수를 한 클래스 안에 모으는 데서 출발한다. 논리가 없는 클래스는 잘못된 논리 구조를 암시한다.

마지막 절에서는 이번 장에서 설명한 클래스 빌더로 만든 클래스뿐만 아니라 모든 클래스의 인스턴스에서 패턴 매칭을 사용하는 방법을 알아봤다.

## CHAPTER 6

객체 참조, 가변성, 재활용

> "슬픔에 잠겨 있구나." 기사는 걱정된다는 듯이 말했다. "너를 달래줄 노래를 하나 불러줄게.
> [중략] 이 노래는 '대구의 눈Haddocks' Eyes'이라고 불린단다." "아, 노래 제목이 그건가 봐요, 그렇
> 죠?" 관심을 기울이려 애쓰면서 앨리스가 말했다. "아니, 이해를 못 하는구나." 다소 귀찮은
> 듯이 기사가 말했다. "사람들이 제목을 그렇게 부른다는 거야. 실제 제목은 '나이가 들고 든
> 사람'이야."
>
> — 루이스 캐럴Lewis Carroll
> 『거울 나라의 앨리스』

이번 장에서 설명할 내용은 앨리스와 기사 간의 대화 분위기와 비슷하다. 주제는 객체와 객체
명의 구분이다. 이름은 객체가 아니다. 이름은 별개의 것이다.

이번 장은 먼저 파이썬 변수를 은유적으로 표현하면서 시작한다. 변수는 상자에 붙인 레이블이
지, 상자 자체가 아니다. 여러분이 참조 변수를 이미 알더라도 다른 사람에게 별칭 문제를 설명
하려면 이 비유가 도움이 될 것이다.

그리고 나서 객체의 정체성identity, 값, 별칭의 개념을 이야기한다. 튜플의 놀라운 특성도 밝혀진
다. 튜플은 불변형이지만, 그 안에 들어 있는 값들은 바뀔 수 있다. 그러면서 얕은 복사와 깊은
복사를 설명한다. 그다음 주제는 참조 및 함수 매개변수이다. 가변 매개변수의 기본값 문제와
함수 호출자가 전달한 가변 인수의 안전한 처리에 관해 이야기한다.

이번 장의 마지막에서는 가비지 컬렉션, `del` 명령 및 파이썬이 불변 객체를 가지고 노는 법 몇 가지를 설명한다.

이번 장에서 설명하는 내용은 다소 무미건조하지만, 여기서 다루는 주제들은 실제 파이썬 프로그램에서 발생하는 여러 미묘한 버그의 핵심 원인이기도 하다.

6.1 이번 장의 변경 사항

이번 장에서 설명하는 내용은 아주 핵심적이며 안정적이다. 따라서 2판에서 따로 언급할 만한 변경 사항은 없다.

센티넬sentinel 객체인지를 테스트하려고 `is`를 사용하는 예제를 추가했고 `is` 연산자를 남용하지 말라는 주의 사항을 6.3.1절 '`==` 연산자와 `is` 연산자 간의 선택'의 뒷부분에 추가했다.

이번 장은 1판에서는 4부에 있었지만 '객체지향 상용구'의 앞부분보다는 2부 '데이터 구조'의 뒷부분에 들어가는 편이 자연스럽게 이어지므로 앞으로 가져왔다.

> **NOTE** 1판의 8.6절 '약한 참조'는 별도 웹사이트(`https://fpy.li/weakref`)에서 제공한다.[1]

먼저, 변수가 데이터를 저장하는 상자가 아니라는 점부터 살펴보자.

6.2 변수의 개념

필자는 1997년 MIT에서 자바 여름 강좌를 수강했다. 당시 린 안드레아 스타인Lynn Andrea Stein[2] 교수는 흔히 비유하는 '상자로서의 변수' 개념이 실제로는 객체지향 언어에서 참조 변수를 이해하는 데 방해가 된다고 강조했다. 파이썬 변수는 자바에서의 참조 변수와 같으므로 변수는 객체에 붙은 레이블이라고 생각하는 편이 좋다. 다음 예제와 그림을 보면 그 이유를 이해하는 데 도움이 될 것이다.

---

1 **옮긴이_** 번역본은 역자 깃허브(`https://github.com/KweonKang/fluent-python-2e-extra`)에서 제공한다.

2 린 안드레아 스타인은 수상 경력이 빛나는 컴퓨터 과학 교육자로서 현재 미국 올린 공과대학교(Olin College of Engineering)에서 강의한다(`https://fpy.li/6-1`).

[예제 6-1]은 '상자로서의 변수' 개념이 설명할 수 없는 간단한 코드이다. [그림 6-1]은 파이썬에서 변수를 상자에 비유하는 방식이 잘못된 이유를 보여 준다. 반면 포스트잇은 실제 변수가 작동하는 방식을 잘 나타낸다.

예제 6-1 사본이 아니라 동일한 리스트를 참조하는 변수 a와 b

```
>>> a = [1, 2, 3]   ❶
>>> b = a           ❷
>>> a.append(4)     ❸
>>> b               ❹
[1, 2, 3, 4]
```

❶ 리스트 [1, 2, 3]을 만들어 변수 a에 바인딩한다.

❷ a가 참조하는 똑같은 값에 변수 b를 바인딩한다.

❸ a가 참조하는 리스트에 항목을 하나 추가해 값을 변경한다.

❹ 변수 b를 통해 변경한 영향을 확인할 수 있다. b를 상자 a에 있는 [1, 2, 3]의 사본을 저장한 상자라고 생각하면, 이런 일은 생길 수 없다.

그림 6-1 변수를 상자로 생각하면 파이썬에서의 인수 할당을 이해할 수 없다. 대신 변수를 포스트잇으로 생각하면 [예제 6-1]을 이해하기 쉽다.

따라서 할당문 b = a는 상자 a의 내용물을 상자 b에 복사하는 게 아니다. 이미 a라는 레이블이 붙은 객체에 레이블 b를 붙이는 것이다.

스타인 교수는 할당에 관해서도 매우 신중하게 설명했다. 예를 들어 시뮬레이션하는 시소 객체를 이야기할 때 '변수 s가 시소에 할당되었다'라고 하지, 절대 '시소가 변수 s에 할당되었다'고 하지 않는다. 참조 변수를 사용할 때는 변수가 객체에 할당되었다는 표현이 객체를 변수에 할당했다는 표현보다 훨씬 더 적절하다. 결국 객체는 변수가 할당되기 전에 생성된다. [예제 6-2]는 할당문의 오른쪽이 먼저 실행된다는 점을 입증한다.

'할당한다'는 말은 상충되어 사용되므로 '바인딩한다'는 말이 적절하다. 파이썬 할당문 x = ...는 오른쪽에서 생성되거나 참조되는 객체에 x 명칭을 바인딩한다. 그리고 [예제 6-2]에서 입증하듯이 객체는 이름에 바인딩되기 전에 이미 존재해야 한다.

예제 6-2 객체가 생성된 후에야 변수들이 객체에 바인딩된다.

```
>>> class Gizmo:
...     def __init__(self):
...         print(f'Gizmo id: {id(self)}')
...
>>> x = Gizmo()
Gizmo id: 4301489152    ❶
>>> y = Gizmo() * 10     ❷
Gizmo id: 4301489432     ❸
Traceback (most recent call last):
  File "<stdin>", line 1, in <module>
TypeError: unsupported operand type(s) for *: 'Gizmo' and 'int'
>>>
>>> dir()            ❹
['Gizmo', '__builtins__', '__doc__', '__loader__', '__name__',
'__package__', '__spec__', 'x']
```

❶ Gizmo id: ... 출력 메시지는 Gizmo 인스턴스를 생성할 때 부수적으로 생성된다.

❷ Gizmo 인스턴스에 숫자를 곱하면 예외가 발생한다.

❸ 곱셈을 시도하기 전에 두 번째 Gizmo 인스턴스가 실제로 생성되었음을 입증한다.

❹ 그러나 할당문의 오른쪽이 실행되는 동안 예외가 발생했으므로 변수 y는 절대 생성되지 않는다.

TIP 파이썬에서 할당문을 이해하려면 언제나 오른쪽을 먼저 읽어야 한다. 할당문의 오른쪽에서 객체를 생성하거나 가져온다. 그 후에 레이블을 붙이듯이 할당문 왼쪽에 있는 변수가 객체에 바인딩된다. 상자는 잊어버려라.

변수는 단지 레이블일 뿐이므로 객체에 레이블을 여러 개 붙이지 못할 이유가 없다. 여러 레이블을 붙이는 것을 **별칭**이라고 하며, 다음 절에서 살펴본다.

6.3 정체성, 동질성, 별칭

루이스 캐럴은 찰스 럿위지 도지슨^{Charles Lutwidge Dodgson} 교수의 필명이다. 캐럴이 도지슨 교수와 같을 뿐만 아니라, 단 하나의 동일 인물이다. [예제 6-3]은 이 개념을 파이썬으로 표현한다.

예제 6-3 동일한 객체를 참조하는 charles와 lewis

```
>>> charles = {'name': 'Charles L. Dodgson', 'born': 1832}
>>> lewis = charles            ❶
>>> lewis is charles
True
>>> id(charles), id(lewis)     ❷
(4300473992, 4300473992)
>>> lewis['balance'] = 950     ❸
>>> charles
{'name': 'Charles L. Dodgson', 'born': 1832, 'balance': 950}
```

❶ lewis는 charles의 별칭이다.

❷ is 연산자와 id() 함수로 이 사실을 확인한다.

❸ lewis에 항목을 추가하는 것은 charles에 항목을 추가하는 것과 마찬가지다.

그런데 예를 들어 다른 누군가(알렉산더 페다첸코^{Alexander Pedachenko} 박사라고 하자)가 자신이 1832년에 태어난 찰스 L. 도지슨이라고 사칭한다고 가정하자. 그의 자격 증명이 동일할 수는 있어도 페다첸코 박사가 도지슨 교수일 수는 없다. [그림 6-2]는 이 시나리오를 보여 준다.

그림 6-2 동일한 객체에 바인딩된 charles와 lewis. 반면에 alex는 동일 내용이 있는 별도의 객체에 바인딩된다.

[예제 6-4]는 [그림 6-2]에 나온 alex 객체를 구현하고 테스트한다.

예제 6-4 alex와 charles를 비교하면 같지만, alex가 charles는 아니다.

```
>>> alex = {'name': 'Charles L. Dodgson', 'born': 1832, 'balance': 950}   ❶
>>> alex == charles        ❷
True
>>> alex is not charles    ❸
True
```

❶ alex는 charles에 할당된 객체의 복사본을 가리킨다.

❷ dict 클래스에서 __eq__()를 구현하는 방식 때문에 두 객체를 비교해서 같다고 판단한다.

❸ 그러나 이 두 객체는 서로 별개의 객체이다. a is not b로 기술하는 것은 두 객체의 정체성이 다르다고 표현하는 파이썬 방식이다.

[예제 6-3]은 별칭의 예다. 코드 안에서 lewis와 charles는 별칭이다. 두 변수가 동일 객체에 바인딩되었다. 한편 alex는 charles에 대한 별칭이 아니다. 이 두 변수는 서로 다른 별개의 객체에 바인딩되었다. alex에 바인딩된 객체와 charles에 바인딩된 객체의 값이 동일하므로 == 연산자(동치 연산자)는 동일하다고 판단하지만, 정체성은 다르다.

파이썬 언어 참조 문서(https://fpy.li/6-2)의 3.1절 '객체, 값, 자료형Objects, values and types'에서는 다음과 같이 설명한다.

> 객체의 정체성은 일단 생성된 후에는 절대 변경되지 않는다. 정체성은 메모리 내의 객체 주소라고 생각할 수 있다. is 연산자는 두 객체의 정체성을 비교한다. id() 함수는 정체성을 나타내는 정수를 반환한다.

객체 정체성의 실제 의미는 구현에 따라 다르다. CPython에서 id()는 객체의 메모리 주소를 반환하지만, 다른 파이썬 인터프리터는 메모리 주소 이외의 다른 값을 반환할 수도 있다. 다만 ID는 객체마다 고유한 레이블임을 보장하며 객체가 소멸될 때까지 절대 변하지 않는다는 점이 핵심이다.

실제로 프로그래밍할 때 id() 함수는 거의 사용하지 않는다. 정체성 검사는 주로 is 연산자를 이용해 수행하며 ID를 직접 비교하지는 않는다. 다음 절에서는 is 연산자와 == 연산자(동치 연산자)를 설명한다.

6.3.1 == 연산자와 is 연산자 간의 선택

==(동치 연산자)는 객체의 값을 비교하고, is 연산자는 객체의 정체성을 비교한다. 프로그래밍할 때는 정체성보다 값을 비교할 때가 많으므로, 파이썬 코드에서는 == 연산자를 is 연산자보다 자주 본다.

변수를 싱글톤과 비교할 때는 is 연산자를 사용해야 한다. is 연산자는 변수가 None에 바인딩되었는지를 검사하려고 사용할 때가 매우 많다. 이때 다음과 같이 사용한다.

```
x is None
```

그리고 이 표현식의 반대는 다음과 같이 작성한다.

```
x is not None
```

None은 is로 검사할 때 널리 사용되는 싱글톤이다. 센티넬 객체도 is로 많이 검사하는 싱글톤이다. 다음과 같은 방법을 이용하면 센티넬 객체를 생성하고 검사할 수 있다.

```
END_OF_DATA = object()
# ... 중략
def traverse(...):
    # ... 중략
    if node is END_OF_DATA:
        return
    # 기타
```

is 연산자는 오버로딩할 수 없으므로 파이썬이 이 값을 평가하려고 특별 메서드를 호출할 필요가 없고, 두 정수를 비교하는 정도로 연산이 간단하므로 is 연산자가 == 연산자보다 빠르다. 반면 a == b는 a.__eq__(b)의 편리 구문(문법적 설탕syntactic sugar)이다. object 객체에서 상속받은 __eq__() 메서드는 객체의 ID를 비교하므로 is 연산자와 동일한 결과를 낸다. 그러나 대부분의 내장형은 __eq__() 메서드를 오버라이드해서 객체의 속성값을 고려하고 조금 더 의미 있게 비교한다. 동치 비교 시에는 상당한 처리가 필요할 수 있다(예: 대형 컬렉션이나 깊이 중첩된 구조체를 비교하는 경우).

> **WARNING** 일반적으로 우리는 객체의 정체성보다는 동치성에 더 관심이 있다. is 연산자는 대부분 객체가 **None**이 아닌지 검사할 때 사용된다. 필자가 코드들을 검토해 봤을 때 그 외의 경우에는 대부분 잘못 사용된 것이었다. 무엇을 사용해야 할지 확실하지 않다면 ==를 사용하라. 아마도 원하는 연산이 이 연산일 것이다. 게다가 빠르지는 않더라도 **None**인지 검사할 수도 있다.

정체성과 동치성에 관한 설명을 마치기 전에, 불변성으로 유명한 tuple이 생각만큼 값이 안 변하지는 않는다는 사실을 확인해 보자.

6.3.2 튜플의 상대적 불변성

list, dict, set 등 대부분의 파이썬 컬렉션과 마찬가지로 튜플도 객체에 대한 참조를 담는다.[3] 튜플 자체는 불변형이지만, 참조된 항목이 가변형이면 참조된 항목은 변할 수 있다. 즉 튜플의 불변성은 tuple 데이터 구조체의 물리적인 내용(즉, 참조 자체)만을 말하며, 참조된 객체까지 불변성을 갖지는 않는다.

[예제 6-5]는 튜플이 참조한 가변 객체의 변경에 따라 튜플의 값이 변경되는 상황을 설명한다. 튜플 안에서 절대 변경되지 않는 것은 튜플이 담는 항목들의 정체성일 뿐이다.

예제 6-5 t1과 t2는 처음에는 동일하지만, t1 튜플 안의 가변 항목을 변경하면 달라진다.

```
>>> t1 = (1, 2, [30, 40])  ❶
>>> t2 = (1, 2, [30, 40])  ❷
```

---

3 반면 str, bytes, array.array처럼 단일형 시퀀스들은 참조 대신 문자, 바이트, 숫자 등의 데이터를 물리적으로 연속된 메모리에 저장한다.

```
>>> t1 == t2      ❸
True
>>> id(t1[-1])      ❹
4302515784
>>> t1[-1].append(99)      ❺
>>> t1
(1, 2, [30, 40, 99])
>>> id(t1[-1])      ❻
4302515784
>>> t1 == t2      ❼
False
```

❶ t1은 불변형이지만, t1[-1]은 가변형이다.

❷ t1과 항목이 같은 t2 튜플을 생성한다.

❸ 서로 다른 객체이지만, 예상대로 t1과 t2는 같다고 판단된다.

❹ t1[-1]에 있는 리스트의 정체성을 확인한다.

❺ t1[-1] 리스트를 그 자리에서 변경한다.

❻ t1[-1]의 정체성은 그대로이며 값만 변경되었다.

❼ 이제 t1과 t2는 다르다고 판단된다.

튜플의 이러한 상대적 불변성 때문에 2.8.3절 '+= 복합 할당 퀴즈' 같은 상황이 발생한다. 그리고 3.4.1절 '해시 가능한 객체'에서 보았듯이 일부 튜플이 해시 불가능한 이유이기도 하다.

동치성과 정체성 간의 차이는 객체를 복사할 때 더 큰 영향을 미친다. 사본은 ID가 다른 동일한 객체이다. 그러나 객체가 다른 객체를 담고 있을 때 복사하면 내부 객체도 복사해야 할까? 아니면 내부 객체는 공유해도 될까? 정답은 없다. 다음 절로 넘어가자.

6.4 기본 복사는 얕은 복사

리스트나 대부분의 내장 가변 컬렉션을 복사하는 가장 손쉬운 방법은 그 자료형 자체의 내장 생성자를 사용하는 것이다. 다음 예를 보자.

```
>>> l1 = [3, [55, 44], (7, 8, 9)]
>>> l2 = list(l1)      ❶
```

```
>>> l2
[3, [55, 44], (7, 8, 9)]
>>> l2 == l1          ❷
True
>>> l2 is l1          ❸
False
```

❶ list(l1)은 l1의 사본을 생성한다.

❷ 원본과 사본이 동일하다.

❸ 그러나 서로 다른 두 객체를 참조한다.

리스트 등의 가변형 시퀀스에서는 l2 = l1[:] 코드도 사본을 생성한다.

그러나 생성자나 [:]을 사용하면 **얕은 사본**shallow copy을 생성한다. 다시 말해 최상위 컨테이너는 복제하지만, 사본은 원래 컨테이너에 들어 있던 동일 객체에 대한 참조로 채워질 뿐이다. 모든 항복이 불변형이면 이 방식은 메모리를 절약하며 아무런 문제를 일으키지 않는다. 그러나 가변 항목이 들어 있으면 불쾌한 문제를 일으킬 수도 있다.

[예제 6-6]은 다른 리스트와 튜플을 담은 리스트의 얕은 사본을 생성한 후 변경하면, 참조된 객체에 어떤 영향을 미치는지 보여 준다.

> **TIP** 인터넷에 연결된 컴퓨터가 앞에 있다면 온라인 파이썬 튜터(https://fpy.li/6-3)에서 [예제 6-6]의 대화형 애니메이션을 꼭 확인해 보기 바란다. 이 책을 쓰는 현재 pythontutor.com은 준비한 예제 페이지로 바로 연결되는 링크는 지원하지 않지만, 도구가 대단히 훌륭하다. 코드를 복사해 붙여 넣고 애니메이션으로 확인해 볼 가치가 충분하다.

예제 6-6 다른 리스트를 담은 리스트의 얕은 복사. 이 코드를 온라인 파이썬 튜터에 복사해 붙여 넣고 애니메이션을 확인해 보라.

```
l1 = [3, [66, 55, 44], (7, 8, 9)]
l2 = list(l1)          ❶
l1.append(100)         ❷
l1[1].remove(55)       ❸
print('l1:', l1)
print('l2:', l2)
l2[1] += [33, 22]  ❹
l2[2] += (10, 11)  ❺
```

```python
print('l1:', l1)
print('l2:', l2)
```

❶ l2는 l1의 얕은 사본이다. 이 상태는 [그림 6-3]과 같다.

❷ l1에 100을 추가해도 l2에는 영향을 미치지 않는다.

❸ 여기서는 내부리스트 l1[1]에서 55를 제거한다. l2[1]이 l1[1]과 동일한 리스트에 바인딩되었으므로 이 코드는 l2에 영향을 미친다.

❹ l2[1]이 참조하는 리스트처럼, 가변 객체의 경우 += 연산자가 리스트를 그 자리에서 변경한다. 이 변경은 l2[1]의 별칭인 l1[1]에도 반영된다.

❺ 여기에서 += 연산자는 새로운 튜플을 만들어서 l2[2]에 다시 바인딩한다. 이 코드는 l2[2] = l2[2] + (10, 11)과 똑같다. 이제 l1과 l2의 제일 뒤에 있는 튜플은 더 이상 동일 객체가 아니다. [그림 6-4]를 참조하라.

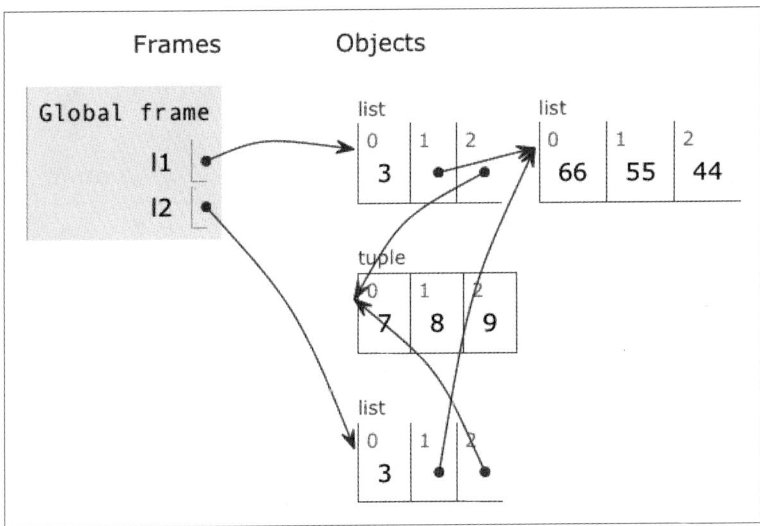

그림 6-3 [예제 6-6]에서 l2 = list(l1) 할당문을 실행한 직후의 상태. l1과 l2는 서로 다른 리스트를 참조하지만, 각 리스트는 동일한 내부 리스트 객체 [66, 55, 44]와 튜플 (7, 8, 9)를 참조한다(다이어그램은 온라인 파이썬 튜터로 생성했다).

[예제 6-7]은 [예제 6-6]을 실행한 결과다. 객체의 최종 상태는 [그림 6-4]와 같다.

예제 6-7 [예제 6-6]의 실행 결과

```
l1: [3, [66, 44], (7, 8, 9), 100]
l2: [3, [66, 44], (7, 8, 9)]
l1: [3, [66, 44, 33, 22], (7, 8, 9), 100]
l2: [3, [66, 44, 33, 22], (7, 8, 9, 10, 11)]
```

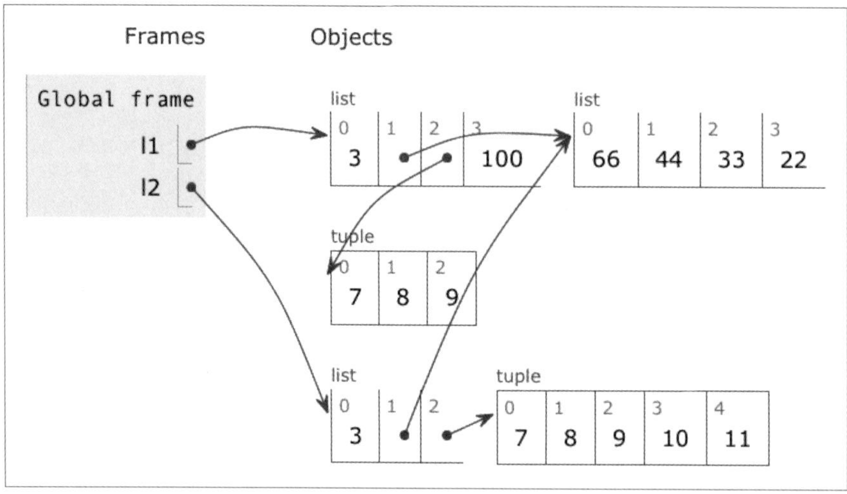

그림 6-4 l1과 l2의 최종 상태. 둘 다 여전히 리스트 객체 [66, 44, 33, 22]에 대한 참조는 공유하지만, l2[2] += (10, 11) 연산으로 새로운 튜플 (7, 8, 9, 10, 11)을 생성하면서 (7, 8, 9)를 참조하는 l1[2]와는 다른 객체를 참조하게 된다(다이어그램은 온라인 파이썬 튜터로 생성했다).

이제 얕은 복사는 수행하기 쉽지만, 여러분이 원하는 것일 수도 있고 아닐 수도 있음을 잘 알았을 것이다. 다음 절에서는 깊은 복사를 수행하는 방법을 설명한다.

6.4.1 객체의 깊은 복사와 얕은 복사

얕게 복사한다고 해서 늘 문제가 생기지는 않지만, 중첩된 객체의 참조를 공유하지 않도록 깊게 복사해야 할 때가 종종 있다. copy 모듈에서 제공하는 deepcopy() 함수는 깊은 복사를, copy() 함수는 얕은 복사를 수행한다.

[예제 6-8]을 살펴보며 copy()와 deepcopy() 사용법을 알아보자. 노선을 따라가면서 승객을 태우거나 내려주는 학교 버스를 나타내는 Bus 클래스를 간단히 정의한 예제다.

예제 6-8 승객이 승하차하는 버스

```python
class Bus:

    def __init__(self, passengers=None):
        if passengers is None:
            self.passengers = []
        else:
            self.passengers = list(passengers)

    def pick(self, name):
        self.passengers.append(name)

    def drop(self, name):
        self.passengers.remove(name)
```

[예제 6-9]와 같이 대화형 콘솔을 이용해 bus1 객체와 두 개의 사본(bus2는 얕은 사본, bus3는 깊은 사본)을 만들어 bus1이 학생(student)을 내려줄 때 어떤 일이 생기는지 보자.

예제 6-9 copy()와 deepcopy()를 사용한 영향

```python
>>> import copy
>>> bus1 = Bus(['Alice', 'Bill', 'Claire', 'David'])
>>> bus2 = copy.copy(bus1)
>>> bus3 = copy.deepcopy(bus1)
>>> id(bus1), id(bus2), id(bus3)
(4301498296, 4301499416, 4301499752)    ❶
>>> bus1.drop('Bill')
>>> bus2.passengers
['Alice', 'Claire', 'David']            ❷
>>> id(bus1.passengers), id(bus2.passengers), id(bus3.passengers)
(4302658568, 4302658568, 4302657800)    ❸
>>> bus3.passengers
['Alice', 'Bill', 'Claire', 'David']    ❹
```

❶ copy( )와 deepcopy( )를 이용해 Bus 객체 세 개를 생성한다.

❷ bus1이 'Bill'을 내려주면 bus2에서도 'Bill'이 사라진다.

❸ passengers 속성을 조사해 보면 bus1과 bus2가 동일 리스트를 공유함을 알 수 있다. bus2가 bus1의 얕은 사본이기 때문이다.

❹ bus3는 bus1의 깊은 사본이므로 passengers 속성이 별개의 리스트를 가리킨다.

일반적으로 깊은 사본을 만드는 일은 간단하지 않다는 점에 주의하라. 객체 안에 순환 참조가 있으면 단순 알고리즘은 무한 루프에 빠질 수 있다. deepcopy( ) 함수는 순환 참조를 제대로 처리하고자 이미 복사한 객체에 대한 참조를 기억한다. 순환 참조를 깊게 복사하는 예는 [예제 6-10]과 같다.

예제 6-10 순환 참조. b가 a를 참조한 후 a의 뒤에 연결되는데, deepcopy()는 a를 제대로 복사한다.

```
>>> a = [10, 20]
>>> b = [a, 30]
>>> a.append(b)
>>> a
[10, 20, [[...], 30]]
>>> from copy import deepcopy
>>> c = deepcopy(a)
>>> c
[10, 20, [[...], 30]]
```

게다가 깊은 복사가 너무 깊이 복사할 때도 있다. 예를 들어 복사하면 안 되는 외부 리소스나 싱글톤을 객체가 참조하기도 한다. copy 모듈 문서(https://fpy.li/6-4)에서 설명하는 대로 __copy__( )와 __deepcopy__( ) 특별 메서드를 구현해서 copy( )와 deepcopy( )의 작동을 제어할 수 있다.

별칭을 사용한 객체 공유 방식은 파이썬에서 매개변수 전달이 작동하는 방식과 가변형을 매개변수 기본값으로 사용할 때 발생하는 문제도 설명할 수 있다. 이 문제는 다음 절에서 알아본다.

6.5 참조로서의 함수 매개변수

파이썬은 **공유로 호출**call by sharing하는 매개변수 전달 방식만 지원한다. 이 방식은 자바스크립트, 루비, 자바(자바에서는 참조형일 때만 동일하다. 기본형은 값으로 호출call by value하는 방식을 사용한다) 등 대부분의 객체지향 언어에서 사용하는 방식과 동일하다. 공유로 호출한다는 말은 함수의 매개변수에 참조의 사본이 저장된다는 의미이다. 달리 말하면 함수 안의 매개변수가 실제 인수의 별칭이 된다.

이런 방식의 결과로, 함수는 인수로 전달받은 모든 가변 객체를 변경할 수 있지만 객체의 정체성 자체는 변경할 수 없다. 즉, 어떤 객체를 다른 객체로 바꿀 수는 없다. [예제 6-11]은 매개변수 중 하나에 += 연산자를 사용하는 간단한 함수를 보여 준다. 함수에 숫자, 리스트, 튜플을 전달하면, 전달받은 인수는 서로 다르게 영향을 받는다.

예제 6-11 함수는 전달받은 가변 객체를 수정할 수 있다.

```
>>> def f(a, b):
...     a += b
...     return a
...
>>> x = 1
>>> y = 2
>>> f(x, y)
3
>>> x, y  ❶
(1, 2)
>>> a = [1, 2]
>>> b = [3, 4]
>>> f(a, b)
[1, 2, 3, 4]
>>> a, b  ❷
([1, 2, 3, 4], [3, 4])
>>> t = (10, 20)
>>> u = (30, 40)
>>> f(t, u)  ❸
(10, 20, 30, 40)
>>> t, u
((10, 20), (30, 40))
```

❶ 숫자 x는 변경되지 않는다.

❷ 리스트 a는 변경된다.

❸ 튜플 t는 변경되지 않는다.

함수 매개변수와 관련된 또 다른 문제는 가변형 기본값 사용과 관련이 있다. 이에 관해서는 다음 절에서 설명한다.

6.5.1 매개변수 기본값으로 부적당한 가변형

기본값이 있는 선택 인수는 파이썬 함수 정의에서 아주 좋은 기능으로, 하위 호환성을 유지하며 API를 개선하게 해 준다. 그러나 매개변수 기본값으로 가변 객체를 사용하는 일은 피해야 한다.

예를 들어 설명하기 위해 [예제 6-12]에서는 [예제 6-8]의 Bus 클래스를 가져와 __init__( ) 메서드를 변경하고 HauntedBus 클래스를 정의한다. 여기서는 약간의 꾀를 부려 passengers의 기본값을 None 대신 []를 사용해 이전 __init__( ) 메서드에서 if 문으로 검사하던 부분을 생략할 수 있게 했다. 그러나 여기서는 제 꾀에 제가 넘어가는 문제가 발생한다.

예제 6-12 가변형을 기본값으로 사용할 때의 위험성을 보여 주는 간단한 클래스

```
class HauntedBus:
    """유령 승객이 출몰하는 버스 모델"""

    def __init__(self, passengers=[]):      ❶
        self.passengers = passengers        ❷

    def pick(self, name):
        self.passengers.append(name)        ❸

    def drop(self, name):
        self.passengers.remove(name)
```

❶ passengers 인수를 전달하지 않으면 이 매개변수는 기본값인 리스트 객체(처음에는 빈 리스트임)에 바인딩된다.

❷ 이 할당문은 self.passengers를 passengers에 대한 별칭으로 만들므로, passengers 인수를 전달하지 않았을 때 self.passengers를 기본값인 빈 리스트에 대한 별칭으로 설정한다.

❸ self.passengers에 remove( )와 append( ) 메서드를 사용하면, 실제로는 함수의 매개변수 기본값으로 사용되는 가변형 리스트 객체를 변경하게 된다.

[예제 6-13]은 HauntedBus가 이상하게 작동하는 모습을 보여 준다.

예제 6-13 유령 승객이 출몰하는 버스들

```
>>> bus1 = HauntedBus(['Alice', 'Bill']) ❶
>>> bus1.passengers
['Alice', 'Bill']
>>> bus1.pick('Charlie')
>>> bus1.drop('Alice')
>>> bus1.passengers    ❷
['Bill', 'Charlie']
>>> bus2 = HauntedBus()  ❸
>>> bus2.pick('Carrie')
>>> bus2.passengers
['Carrie']
>>> bus3 = HauntedBus()  ❹
>>> bus3.passengers    ❺
['Carrie']
>>> bus3.pick('Dave')
>>> bus2.passengers    ❻
['Carrie', 'Dave']
>>> bus2.passengers is bus3.passengers    ❼
True
>>> bus1.passengers    ❽
['Bill', 'Charlie']
```

❶ bus1이 승객 두 명으로 시작한다.

❷ 지금까지는 괜찮다. bus1에도 아무런 문제가 없다.

❸ 인수를 전달하지 않았으므로 기본값인 빈 리스트가 self.passengers에 할당된다.

❹ 인수를 전달하지 않았으므로 기본값인 리스트가 self.passengers에 할당된다.

❺ 기본값이 더는 빈 리스트가 아니다!

❻ bus3에 승차한 Dave가 bus2에도 나타난다.

❼ 문제는 bus2.passengers와 bus3.passengers가 동일한 리스트를 참조한다는 점이다.

❽ 그러나 bus1.passengers는 별개의 리스트이다.

명시적인 승객 리스트로 초기화되지 않은 HauntedBus 인스턴스들이 서로 동일한 승객 리스트를 공유하기 때문에 문제가 발생한다.

이런 버그는 찾아내기 쉽지 않다. [예제 6-13]에서 본 것처럼 HauntedBus 인스턴스에 승객(passengers)을 지정해 초기화할 때는 원하는 대로 작동한다. 인수를 전달하지 않고 HauntedBus 객체를 초기화할 때만 이상한 일이 발생한다. self.passengers가 passengers 매개변수 기본값의 별칭이 되기 때문이다. 문제는 객체가 정의될 때(즉, 일반적으로 모듈이 로딩될 때) 각각의 기본값이 평가되고, 기본값은 객체의 속성이 된다는 점이다. 따라서 기본값이 가변 객체일 때 이 객체를 변경하면, 변경 내용이 향후 인스턴스를 생성할 때 영향을 미친다.

[예제 6-13]의 문장들을 실행한 후 HauntedBus.__init__ 객체를 조사하면 다음과 같이 __defaults__ 속성 안에 유령 학생들이 들어 있음을 볼 수 있다.

```
>>> dir(HauntedBus.__init__)  # doctest: +ELLIPSIS
['__annotations__', '__call__', ..., '__defaults__', ...]
>>> HauntedBus.__init__.__defaults__
(['Carrie', 'Dave'],)
```

마지막으로, 다음 문장을 실행하면 bus2.passengers가 HauntedBus.__init__.__defaults__ 속성의 첫 번째 항목에 바인딩된 별칭임을 확인할 수 있다.

```
>>> HauntedBus.__init__.__defaults__[0] is bus2.passengers
True
```

가변 기본값에 관련된 이러한 문제 때문에, 가변값을 받는 매개변수의 기본값으로 None을 주로 사용한다. [예제 6-8]에서 __init__() 메서드는 passengers 인수가 None인지 확인하고, None이면 새로 만든 빈 리스트를 self.passengers에 바인딩한다. passengers 인수가 None이 아니면 제대로 인수의 사본을 만들어 self.passengers에 바인딩한다. 다음 절에서는 인수를 복사하는 습관이 좋은 이유를 설명한다.

6.5.2 가변 매개변수에 대한 방어적 프로그래밍

가변 매개변수를 받는 함수를 구현할 때는 전달된 인수가 변경되리라고 호출자가 예상할 수 있을지 신중하게 고려해야 한다.

예를 들어 구현할 함수가 dict 객체를 받아서 처리하는 동안 그 dict 객체를 변경한다면, 함수가 반환된 후에도 변경 내용이 남아 있어야 할까? 아닐까? 판단은 상황에 따라 다르다. 정말 중요한 것은 함수 구현자와 함수 호출자가 기대하는 것을 일치시키는 일이다.

이번 장에서 마지막으로 구현할 버스 예제인 TwilightBus 클래스는 승객 리스트를 코드 호출자와 공유함으로써 어떻게 호출자가 예상치 못한 일이 발생하는지 보여 준다. 클래스 구현에 앞서, 클래스 사용자의 입장에서 TwilightBus 클래스가 어떻게 작동해야 하는지 살펴보자(예제 6-14).

예제 6-14 TwilightBus가 하차시킬 때 사라지는 승객들

```
>>> basketball_team = ['Sue', 'Tina', 'Maya', 'Diana', 'Pat']   ❶
>>> bus = TwilightBus(basketball_team)   ❷
>>> bus.drop('Tina')   ❸
>>> bus.drop('Pat')
>>> basketball_team   ❹
['Sue', 'Maya', 'Diana']
```

❶ basketball_team에 학생 다섯 명이 있다.

❷ TwilightBus가 농구팀을 태운다.

❸ bus가 학생 한 명을 내려준 후 한 명이 더 내린다

❹ 버스에서 내린 학생들이 농구팀에서 사라졌다!

TwilightBus 클래스는 인터페이스 디자인에서 가장 중요한 **놀람 최소화 원칙**principle of least astonishment을 어긴다.[4] 학생이 버스에서 내린다고 해서 그 학생이 농구팀 출전 명단에서 빠진다는 것은 분명 놀랄 만한 일이다.

[예제 6-15]는 TwilightBus 클래스 구현 코드로, 문제의 원인을 알 수 있다.

---

[4] 이 법칙에 관해서는 위키백과(https://fpy.li/6-5)를 참조하라.

```python
class TwilightBus:
    """승객을 사라지게 만드는 버스 모델"""

    def __init__(self, passengers=None):
        if passengers is None:
            self.passengers = []        ❶
         else:
            self.passengers = passengers    ❷

    def pick(self, name):
        self.passengers.append(name)

    def drop(self, name):
        self.passengers.remove(name)    ❸
```

❶ 여기서는 passengers가 None일 때 빈 리스트를 새로 생성하는 신중함을 보여 준다.

❷ 그러나 할당문에 따라 self.passengers는 passengers의 별칭이 된다. 이때 passengers는 [예제 6-14]의 basketball_team처럼 __init__( )에 전달된 인수의 별칭이다.

❸ self.passengers의 remove( )나 append( ) 메서드를 사용하면, 생성자에 인수로 전달된 원래 리스트를 변경하게 된다.

여기서 문제는 bus가 생성자에 전달된 리스트의 별칭이라는 점이다. 여기서는 TwilightBus 객체 고유의 리스트를 유지했어야 했다. 해결하는 방법은 간단하다. [예제 6-8]에서 제대로 구현했듯이, __init__( ) 메서드가 passengers 인수를 받을 때 인수의 사본을 만들어 self.passengers를 초기화하면 된다.

```python
    def __init__(self, passengers=None):
        if passengers is None:
            self.passengers = []
        else:
            self.passengers = list(passengers)    ❶
```

❶ passengers 리스트의 사본을 만들거나, passengers가 리스트형이 아닐 때는 리스트형으로 변환한다.

이제 TwilightBus 객체 안에서 passenger 리스트를 변경해도 TwilightBus 객체를 초기화하려고 전달한 인수에는 아무런 영향을 미치지 않는다. 게다가 융통성도 향상된다. list() 생성자가 반복 가능한 어떠한 객체도 받을 수 있으므로, 튜플은 물론 집합이나 데이터베이스 결과 등 반복 가능한 객체는 모두 passengers 매개변수에 사용할 수 있다. 관리할 리스트를 자체적으로 생성하므로 pick()과 drop() 메서드 안에서 사용하는 remove()와 append() 메서드 지원도 보장받는다.

> TIP 인수로 받은 객체를 메서드가 변경하리라고 명시적으로 기대하지 않는 한, 클래스 안에서 인수를 변수에 할당함으로써 인수 객체에 별칭을 붙이는 것은 주의해야 한다. 확실하지 않을 때는 사본을 만들어라. 여러분이 만든 클래스 사용자들이 행복도가 더 향상될 것이다. 물론 사본을 만드는 연산이 공짜는 아니다. CPU와 메모리 자원이 필요하다. 그러나 약간 느리거나 자원을 조금 더 사용하는 API보다는 미묘한 버그가 있는 API가 더 큰 문제를 일으킨다.

이제 파이썬에서 가장 오해가 많은 del 문을 살펴보자.

6.6 del과 가비지 컬렉션

> 객체는 절대 명시적으로 제거되지 않는다. 그러나 도달할 수 없을 때 객체는 가비지 컬렉트될 수 있다.
>
> — 파이썬 언어 참조 문서 중 '데이터 모델'

첫 번째, 이상한 사실은 del은 함수가 아니라 문장이라는 점이다. del x로 쓰지 del(x)로는 쓰지 않는다. 파이썬에서는 일반적으로 x와 (x) 표현식이 같은 것을 의미하므로 함수 형태도 작동하기는 한다.

두 번째, 놀라운 사실은 del이 참조를 제거할 뿐 객체를 제거하지는 않는다는 점이다. 제거되는 변수가 객체를 참조하는 마지막 변수라면 del 문의 간접적 영향으로 파이썬 가비지 컬렉터가 객체를 메모리에서 제거할 수는 있다. 변수를 다른 객체로 바인딩하면 객체에 대한 참조 카운트가 0이 되어 객체가 제거될 수도 있다.

```
>>> a = [1, 2]    ❶
>>> b = a         ❷
>>> del a         ❸
>>> b             ❹
[1, 2]
>>> b = [3]       ❺
```

❶ 객체 [1, 2]를 생성하고 a를 여기에 바인딩한다.

❷ b를 동일한 객체 [1, 2]에 바인딩한다.

❸ 참조 a를 삭제한다.

❹ 여전히 b가 참조하므로 [1, 2]는 영향을 받지 않는다.

❺ b를 다른 객체에 바인딩하므로 [1, 2]를 가리키는 마지막 참조가 제거된다. 이제 가비지 컬렉터가 이 객체를 제거할 수 있다.

> **WARNING** __del__()이라는 특별 메서드가 있기는 하지만, 객체가 제거되도록 하지 않으며, 사용자 코드에서 직접 호출하면 안 된다. __del__()은 객체가 제거되기 직전에 외부 리소스를 해제할 기회를 주려고 파이썬 인터프리터가 호출한다. 사용자 코드에서 __del__()을 구현해야 하는 경우는 거의 없지만, 종종 파이썬 초보자들이 타당한 이유 없이 이 메서드에 시간을 쏟는다. __del__()은 제대로 사용하기 다소 까다롭다. 파이썬 언어 참조 문서의 '데이터 모델'(https://fpy.li/6-6) 장에서 __del__() 특별 메서드에 관한 설명을 참조하라.

CPython에서 가비지 컬렉션의 핵심 알고리즘은 참조 수reference count에 기반한다. 본질적으로 각 객체는 얼마나 많은 참조가 자신을 가리키는지를 나타내는 참조 수를 갖는다. 참조 수가 0이 되자마자 (정의되어 있으면) CPython이 객체의 __del__() 메서드를 호출하고, 객체에 할당된 메모리를 해제해 객체를 제거한다. CPython 2.0에는 순환 참조(그룹 안에서 서로 참조해서 참조 수가 0은 아니지만 그룹 외부에서는 참조할 수 없는 상태)에 관련된 객체 그룹을 탐지하려고 세대별 가비지 컬렉션 알고리즘generational garbage collection algorithm을 추가했다. 다른 파이썬 구현에서는 참조 수에 기반하지 않은 더 정교한 가비지 컬렉터를 사용하므로, 객체에 대한 참조가 모두 사라져도 __del__() 메서드가 바로 호출되지 않을 수 있다. __del__() 메서드의 적절한 사용과 부적절한 사용에 관해서는 제시 지류 데이비스Jesse Jiryu Davis의 'PyPy, 가비지 컬렉션, 데드락PyPy, Garbage Collection, and a Deadlock'(https://fpy.li/6-7)을 참조하라.

객체가 소멸되는 때를 보여 주려고 [예제 6-16]에서는 `weakref.finalize()`를 이용해 객체가 소멸될 때 호출되는 콜백callback 함수를 등록한다.

예제 6-16 가리키는 참조가 없을 때 객체 소멸을 지켜보기

```
>>> import weakref
>>> s1 = {1, 2, 3}
>>> s2 = s1              ❶
>>> def bye():           ❷
...     print('...like tears in the rain.')
...
>>> ender = weakref.finalize(s1, bye) ❸
>>> ender.alive  ❹
True
>>> del s1
>>> ender.alive  ❺
True
>>> s2 = 'spam'  ❻
...like tears in the rain.
>>> ender.alive
False
```

❶ s1과 s2는 동일한 집합 {1, 2, 3}을 가리키는 별칭이다.

❷ 이 함수는 제거될 객체의 메서드에 바인딩되거나 제거될 객체를 참조하면 안 된다.

❸ s1이 가리키는 객체에 `bye()` 콜백을 등록한다.

❹ `finalize()`가 호출되기 전에는 객체의 `alive` 속성이 참(True)이다.

❺ 앞에서 설명한 대로 `del`은 객체가 아니라 객체에 대한 참조를 제거한다.

❻ 마지막 참조인 s2를 다른 객체에 바인딩하면 집합 {1, 2, 3}에 도달할 수 없게 된다. 집합이 세거되고, `bye()` 콜백이 호출되고, `ender.alive`는 거짓(False)이 된다.

[예제 6-16]은 `del`이 객체를 제거하는 것이 아니고, `del`을 실행한 후 객체가 도달할 수 없게 된 결과로 객체가 제거됨을 명확히 보여 준다.

[예제 6-16]에서 집합 {1, 2, 3} 객체가 제거되는 이유가 궁금할 것이다. 어쨌든 s1 참조가 `finalize()`에 전달되었고, `finalize()` 함수는 객체를 감시하고 콜백을 호출하기 위해 객체에 대한 참조를 가져야 한다. 이 코드가 작동하는 것은 `finalize()`가 {1, 2, 3}에 대한 **약한 참조**weak reference를 가지고 있기 때문이다. 약한 참조는 참조 수를 증가시키지 않으므로, 대상 객

체가 가비지 컬렉트되는 것을 막지 않는다. 약한 참조는 애플리케이션 캐시^{cache}에서 유용하게 사용할 수 있다. 캐시가 참조하고 있다고 해서 캐시된 객체가 계속 남아 있을 필요는 없기 때문이다.

> **NOTE** 약한 참조는 아주 전문화된 주제이다. 따라서 2판에서는 빼고, 대신 별도 웹사이트에 '약한 참조'라는 주제로 게시했다(https://fpy.li/weakref).[5]

6.7 파이썬이 불변형을 갖고 노는 비법

> **NOTE** 이번 절은 읽지 않고 넘어가도 좋다. 파이썬 사용자에게는 그리 중요하지 않은 파이썬 구현에 관한 내용이며, 다른 파이썬 구현이나 심지어 CPython의 나중 버전에는 적용되지 않을 수도 있다. 그렇지만 특수한 상황에서 is 연산자를 잘못 사용하는 사용자들을 보아왔기에, 언급할 필요가 있다고 판단했다.

튜플 t에 대해 t[:]가 사본을 생성하지 않고 그 객체에 대한 참조를 반환한다는 사실을 알게 되었을 때 필자는 당황스러웠다. tuple(t)도 튜플 t에 대한 참조를 반환한다.[6] [예제 6-17] 은 이 사실을 입증한다.

예제 6-17 다른 튜플로 생성한 튜플은 사실 동일한 튜플이다.

```
>>> t1 = (1, 2, 3)
>>> t2 = tuple(t1)
>>> t2 is t1     ❶
True
>>> t3 = t1[:]
>>> t3 is t1     ❷
True
```

❶ t1과 t2가 동일한 객체에 바인딩된다.

❷ t3도 마찬가지다.

---

5 옮긴이_ 번역본은 역자 깃허브(https://github.com/KweonKang/fluent-python-2e-extra)에서 제공한다.

6 이 사실은 명확히 문서화되어 있다. 파이썬 콘솔에서 help(tuple)를 실행하면 '인수가 tuple 형이면 동일한 객체가 반환된다'는 설명이 나온다. 필자도 이 책을 쓰기 전까지는 튜플에 대한 모든 것을 안다고 생각했다.

str, bytes, frozenset 인스턴스에서도 이와 동일한 작동을 볼 수 있다. frozenset이 시퀀스가 아니므로 frozenset 형인 fs에 대해 fs[:]는 쓸 수 없지만, fs.copy()는 사본이 아니라 동일 객체에 대한 참조를 반환한다.[7]

문자열 리터럴을 공유하는 최적화 기법을 **인터닝**interning이라고 한다. CPython에서는 0, -1, 2 등 프로그램에서 자주 나타나는 숫자를 불필요하게 중복으로 생성하지 않도록 작은 정수들에도 동일한 기법을 사용한다. [예제 6-18]을 보면 동일 객체 리터럴 객체를 중복으로 생성하지 않고 공유함을 알 수 있다.

예제 6-18 스트링 리터럴은 공유 객체를 생성할 수도 있다.

```
>>> t1 = (1, 2, 3)
>>> t3 = (1, 2, 3)    ❶
>>> t3 is t1    ❷
False
>>> s1 = 'ABC'
>>> s2 = 'ABC'    ❸
>>> s2 is s1    ❹
True
```

❶ 튜플을 처음부터 새로 만든다.

❷ t1과 t3의 내용이 동일하지만 동일 객체는 아니다.

❸ 두 번째 str을 처음부터 새로 만든다.

❹ s1과 s2가 동일한 str 객체를 참조한다!

그러나 CPython이 모든 문자열과 정수를 인터닝하지는 않는다는 점에 유의해야 하며, 인터닝 기준은 구현 특성이므로 문서화되어 있지 않다.

> **WARNING** 절대로 str과 int 형의 인터닝에 의존하면 안 된다! 값을 비교할 때는 is가 아니라 ==을 사용해야 한다. 인터닝은 파이썬 인터프리터가 내부적으로 사용하는 최적화 기법일 뿐이다.

---

[7] copy() 메서드를 제공하면서도 실제로는 사본을 생성하지 않는 선의의 거짓말은 frozenset과 set 간의 인터페이스 호환성 측면에서 정당화될 수 있다. 덕분에 frozenset과 set 간의 호환성이 더 좋아진다. 어쨌든 사용자 입장에서는 두 개의 동일한 불변 객체가 공유된 참조이든 사본이든 전혀 차이가 없다.

이번 절에서 설명한 `frozenset.copy()`와 인터닝은 메모리를 절약하고 인터프리터를 더 빨리 실행되게 하는 선의의 거짓말로, 불변형에만 적용되므로 문제를 일으키지는 않는다. 아마도 동료 파이썬 개발자들과 내기할 때는 유용하게 써먹을 수 있을 것이다. [8]

이제 이번 장을 마무리할 때가 되었다.

6.8 요약

모든 파이썬 객체에는 정체성, 자료형, 값이 있다. 코드가 실행되는 동안 객체는 값만 바뀔 뿐이다. [9]

변수 두 개가 동일한 값을 가진 불변 객체를 가리킨다면(a == b가 참인 경우), 변수가 각각의 사본을 가리키는지 아니면 동일 객체에 대한 별칭인지는 중요하지 않다. 어쨌든 불변 객체는 변하지 않기 때문이다. 다만 튜플 등 불변 컬렉션은 예외다. 불변 컬렉션이 가변 항목에 대한 참조를 담는 경우, 가변 항목의 값이 바뀔 때 컬렉션의 값도 바뀐다. 실제로는 이런 상황이 흔히 발생하지 않는다. 불변 컬렉션에서 바뀌지 않는 것은 그 안에 들어 있는 객체의 정체성이다. `frozenset` 클래스는 해시 가능한 요소만 담으므로 이런 문제가 없다. 해시 가능하다는 정의 자체가 객체의 값이 변하지 않음을 의미하기 때문이다.

변수가 참조를 담고 있다는 사실은 파이썬 프로그래밍에서 실제로 다음과 같은 여러 가지 영향을 미친다.

- 단순 할당문은 사본을 생성하지 않는다.
- +=나 *= 같은 복합 할당자는 왼쪽 변수가 불변 객체에 바인딩되었을 때는 객체를 새로 생성하고, 왼쪽 변수가 가변 객체에 바인딩되었을 때는 기존 객체를 변경한다.
- 기존 변수에 새로운 값을 할당하면 기존에 바인딩되었던 객체를 변경하지 않는다. 이때는 변수가 새로운 객체에 바인딩되는데, 이것을 재바인딩rebinding이라고 한다. 그 변수가 기존 객체를 참조하는 마지막 참조였다면, 기존 객체는 가비지 컬렉트된다.

---

[8] 이 정보를 인터뷰 질문이나 자격증 시험 문제로 출제하는 터무니 없는 일이 생기지 않길 바란다. 파이썬을 아는지 확인하는 데는 이것보다 중요하고 유용한 지식과 정보들이 무한히 많다.

[9] 사실 객체의 `__class__` 속성을 변경해 객체의 클래스를 변경할 수는 있지만, 이 방법은 절대 사용하면 안 된다. 각주에서 이런 걸 설명했다는 것 자체가 후회스럽다.

- 함수 매개변수는 별칭으로 전달되므로, 함수는 인수로 전달받은 모든 가변 객체를 변경할 수 있다. 함수가 전달받은 객체를 변경하지 못하게 하려면, 함수 안에서 사본을 생성하거나 리스트 대신 튜플을 전달하는 등 불변 객체를 사용해야 한다.
- 함수 매개변수의 기본값으로 가변 객체를 사용하는 것은 위험하다. 매개변수로 전달받은 객체의 내용이 변경되면 기본값이 변경되므로, 이 기본값을 사용하는 함수가 나중에 호출될 때 영향을 받기 때문이다.

CPython에서 객체는 참조 수가 0이 되는 순간 제거된다. 그리고 순환 참조 그룹을 형성해 외부에서 참조할 수 없을 때도 제거된다.

때로는 객체가 소멸되는 것을 막지 않으면서 객체를 참조해야 하는 경우가 있다. 예를 들면 자신의 인스턴스를 모두 추적하려는 클래스가 여기에 해당한다. 이럴 때 약한 참조를 사용한다. 약한 참조는 `weakref` 모듈의 `WeakValueDictionary`, `WeakKeyDictionary`, `WeakSet` 컬렉션 및 `finalize()` 함수의 기반이 되는 저수준 메커니즘이다. 자세한 설명은 별도 웹사이트의 '약한 참조'(`https://fpy.li/weakref`)를 참조하라.[10]

---

10 옮긴이_ 번역본은 역자 깃허브(`https://github.com/KweonKang/fluent-python-2e-extra`)에서 제공한다.

객체로서의 함수

PART **2**

## CHAPTER 7

일급 객체로서의 함수

> 사람들의 어떻게 말하고 생각하든, 나는 파이썬이 함수형 언어의 영향을 많이 받았다고 생각해 본 적이 없다. C나 알골 68 같은 명령형 언어에 더 친숙하며, 함수를 일급 객체로 만들기는 했지만, 파이썬을 함수형 프로그래밍 언어로 생각하지 않았다.[1]
>
> — 귀도 반 로섬
> 파이썬의 자비로운 종신 독재자benevolent dictator for life(BDFL)

파이썬의 함수는 일급 객체다. 프로그래밍 언어 이론가들은 다음과 같은 작업을 수행할 수 있는 프로그램 개체를 **일급 객체**first-class object로 정의한다.

- 런타임runtime에 생성할 수 있다.
- 데이터 구조체의 변수나 요소에 할당할 수 있다.
- 함수 인수로 전달할 수 있다.
- 함수 결과로 반환할 수 있다.

정수, 문자열, 딕셔너리도 파이썬의 일급 객체다. 여기에 대단한 것은 없다. 함수를 일급 객체로 대접하는 것은 클로저Clojure, 엘릭서Elixir, 하스켈Haskell 같은 함수형 언어에서 핵심적인 기능이다. 그러나 일급 함수가 매우 유용하다 보니 함수형 언어라고 주장하지 않는 언어인 자바스크

---

1 귀도 반 로섬의 '파이썬의 역사(The History of Python)' 블로그 중 '파이썬의 함수형 기능의 기원(Origins of Python's Functional Features)'(https://fpy.li/7-1)에서 인용했다.

립트, 고, 자바(JDK 8 이후) 등에서도 채택되었다.

이번 장과 3부 대부분의 장에서는 함수를 객체로서 다루는 실용적인 방법을 알아본다.

> **TIP** '일급 객체로서의 함수'를 줄여서 '일급 함수'라는 용어가 널리 사용되지만, 함수 중 '최고'의 함수라는 의미로 보일 수 있으므로 이상적인 용어는 아니다. 어쨌든 파이썬에서 모든 함수는 일급이다.

7.1 이번 장의 변경 사항

7.5절 '아홉 가지 콜러블 객체'는 1판에서는 '일곱 가지 맛의 콜러블 객체'였다. 네이티브 코루틴과 비동기 제너레이터라는 두 개의 콜러블이 추가되었는데, 각기 파이썬 3.5와 3.6 버전에 추가되었다. 이 둘은 21장에서 다루지만, 나머지 콜러블들과 함께 콜러블을 전체적으로 설명하며 이번 장에서도 간단히 언급한다.

7.7.1절 '위치 전용 매개변수'가 추가되었는데, 파이썬 3.8에 추가된 기능으로서 이번 장에서 설명한다.

실행 시 함수 어노테이션에 접근하는 방법에 대한 설명은 15.5절 '런타임에 자료형 힌트 읽기'로 옮겼다. 필자가 1판을 쓸 때는 PEP 484(`https://fpy.li/pep484`)가 고려 단계에 있었고, 사람들은 다른 방식으로 어노테이션을 사용했다. 파이썬 3.5 이후부터 어노테이션은 PEP 484를 따르도록 변경되었으므로, 자료형 힌트를 설명할 때 함께 다루는 편이 적절하다.

> **WARNING** 1판에서는 함수 객체의 내부를 뜯어 보는 절이 있었는데, 너무 낮은 수준까지 내려가서 이번 장의 핵심 내용을 벗어났다. 해당 내용은 관련된 주제와 합쳐 별도 웹사이트에서 '함수 매개변수의 인트로스펙션Introspection of Function Parameters'(`https://fpy.li/7-2`) 문서로 제공한다.[2]

자, 그럼 이제부터 파이썬 함수가 어째서 완전히 갖춰진 객체인지를 알아보자.

---

2 **옮긴이_** 번역본은 역자 깃허브(`https://github.com/KweonKang/fluent-python-2e-extra`)에서 제공한다.

7.2 함수를 객체처럼 다루기

[예제 7-1]의 콘솔 세션은 파이썬 함수가 객체임을 보여 준다. 여기서 함수를 생성하고, 호출하고, __doc__ 속성을 읽고, 함수 객체 자체가 function 클래스의 객체인지 확인한다.

예제 7-1 함수를 생성해 테스트하고, 함수의 __doc__을 읽어서 자료형 확인하기

```
>>> def factorial(n): ❶
...     """returns n!"""
...     return 1 if n < 2 else n * factorial(n - 1)
...
>>> factorial(42)
1405006117752879898543142606244511569936384000000000
>>> factorial.__doc__    ❷
'returns n!'
>>> type(factorial)    ❸
<class 'function'>
```

❶ 지금 콘솔 세션에 있으므로, 함수를 '런타임'에 만들고 있는 것이다.

❷ __doc__은 함수 객체의 여러 속성 중 하나다.

❸ factorial은 function 클래스의 인스턴스이다.

__doc__ 속성은 객체의 도움말 텍스트를 생성하는 데 사용된다. 파이썬 대화형 콘솔에서 help(factorial) 문을 실행하면 [그림 7-1]과 같은 메시지를 출력한다.

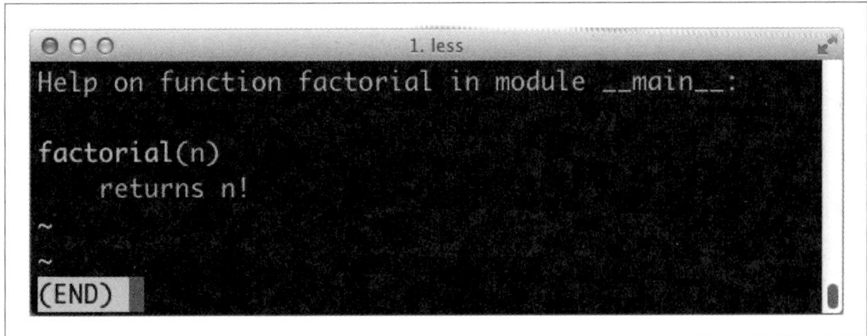

그림 7-1 factorial() 함수의 도움말 화면. 설명문은 함수 객체의 __doc__ 속성에서 가져온다.

[예제 7-2]는 함수 객체의 '일급' 특성을 보여 준다. 함수를 변수 fact에 할당하고, 이 변수명을 통해 함수를 호출한다. 그리고 factorial을 map() 함수(https://fpy.li/7-3)에 인수로 전달할 수도 있다. map(function, iterable)을 호출하면, 반복형인 두 번째 인수(이 예에서는 range(10))의 각 요소를 인수로 사용해서 첫 번째 인수에 있는 함수(function())를 호출한 결과를 항목으로 가지는 반복형이 반환된다.

예제 7-2 다른 이름을 사용해 factorial()을 호출하고, factorial을 인수로서 전달하기

```
>>> fact = factorial
>>> fact
<function factorial at 0x...>
>>> fact(5)
120
>>> map(factorial, range(11))
<map object at 0x...>
>>> list(map(factorial, range(11)))
[1, 1, 2, 6, 24, 120, 720, 5040, 40320, 362880, 3628800]
```

일급 함수가 있으면 함수형 스타일로 프로그래밍할 수 있다. 함수형 프로그래밍(https://fpy.li/7-4)의 특징 중 하나가 고위 함수인데, 여기에 관해서는 다음 절에서 설명한다.

7.3 고위 함수

함수를 인수로 받거나, 실행 결과로 함수를 반환하는 함수를 **고위 함수**higher-order function라고 한다. 대표적으로 [예제 7-2]의 map() 함수가 있다. 또 다른 예로 내장 함수 sorted()가 있는데, 2.9절 'list.sort()와 sorted() 내장 함수'에서 설명했듯이 정렬할 각 항목에 적용될 함수를 선택적인 key 인수를 이용해 제공할 수 있다. 예를 들어 단어 리스트를 길이에 따라 정렬하려면 [예제 7-3]처럼 len() 함수를 key 인수로 전달한다.

예제 7-3 단어 리스트를 길이에 따라 정렬하기

```
>>> fruits = ['strawberry', 'fig', 'apple', 'cherry', 'raspberry', 'banana']
>>> sorted(fruits, key=len)
```

```
['fig', 'apple', 'cherry', 'banana', 'raspberry', 'strawberry']
>>>
```

인수를 하나 받는 함수는 모두 key 인수로 사용할 수 있다. 예를 들어 운율 사전을 만들 때는 단어의 철자를 뒤에서부터 거꾸로 읽어 정렬하면 도움이 된다. [예제 7-4]는 리스트는 전혀 바꾸지 않고 오로지 단어의 철자를 뒤에서부터 읽어 정렬 기준으로 사용했을 뿐이다. 따라서 berry로 끝나는 단어들이 함께 나온다.

예제 7-4 단어의 글자를 뒤에서부터 읽어 단어 리스트 정렬하기

```
>>> def reverse(word):
...     return word[::-1]
>>> reverse('testing')
'gnitset'
>>> sorted(fruits, key=reverse)
['banana', 'apple', 'fig', 'raspberry', 'strawberry', 'cherry']
>>>
```

함수형 프로그래밍 세계에서는 map(), filter(), reduce(), apply() 등의 고위 함수가 널리 알려졌다. apply() 함수는 파이썬 2.3에서 사용 중단 안내되었으며, 더는 필요하지 않아서 파이썬 3에서 제거되었다. 일련의 동적인 인수로 함수를 호출해야 할 때는 apply(fn, args, kwargs) 대신 fn(*args, **kwargs)로 작성하면 된다.

map(), filter(), reduce() 고위 함수는 여전히 존재하지만, 다음 절에서 설명하듯이 대부분 더 나은 다른 방법이 있다.

7.3.1 map(), filter(), reduce()의 최신 대안

이름이 다를 수 있지만, 함수형 언어는 일반적으로 map(), filter(), reduce() 고위 함수를 제공한다. map()과 filter() 함수는 여전히 파이썬 3에 내장되었지만, 지능형 리스트와 제너레이터 표현식이 소개된 후에는 이 함수들의 중요성이 떨어졌다. 지능형 리스트나 제너레이터 표현식으로 map()과 filter()의 조합이 처리하는 작업을 표현할 수 있을 뿐만 아니라 가독성도 더 좋기 때문이다. [예제 7-5]를 보자.

예제 7-5 팩토리얼 리스트를 map()과 filter()로 생성하는 방법과 지능형 리스트로 생성하는 방법

```
>>> list(map(factorial, range(6)))    ❶
[1, 1, 2, 6, 24, 120]
>>> [factorial(n) for n in range(6)] ❷
[1, 1, 2, 6, 24, 120]
>>> list(map(factorial, filter(lambda n: n % 2, range(6)))) ❸
[1, 6, 120]
>>> [factorial(n) for n in range(6) if n % 2] ❹
[1, 6, 120]
>>>
```

❶ 0!에서 5!까지 팩토리얼 리스트를 만든다.

❷ 동일한 연산을 수행하지만, 지능형 리스트를 사용한다.

❸ map()과 filter()를 사용해 5!까지 홀수에 대한 팩토리얼 리스트를 만든다.

❹ map()과 filter()를 대체하고 lambda를 쓸 필요 없이 지능형 리스트 하나로 동일한 작업을 수행한다.

파이썬 3에서 map()과 filter()는 제너레이터(일종의 반복자)를 반환하므로, 제너레이터 표현식이 이 함수들을 직접 대체한다(파이썬 2에서는 이 함수들이 리스트를 반환하므로 listcomp가 가장 근접한 대안이다).

파이썬 2에 내장되었던 reduce() 함수는 파이썬 3에서 functools 모듈로 떨어져 나왔다. reduce()는 주로 합계를 구하는 데 사용되는데, 2003년에 배포된 파이썬 2.3부터 내장 함수로 제공되는 sum()을 사용하는 편이 낫다. sum()이 가독성과 성능이 훨씬 좋기 때문이다(예제 7-6).

예제 7-6 reduce()와 sum()을 이용해 99까지 정수 더하기

```
>>> from functools import reduce  ❶
>>> from operator import add  ❷
>>> reduce(add, range(100))    ❸
4950
>>> sum(range(100)) ❹
4950
>>>
```

❶ 파이썬 3.0부터 reduce ( )는 더는 내장 함수로 제공되지 않는다.

❷ 숫자 두 개를 더하는 함수를 생성할 필요 없이 add ( )를 임포트하면 된다.

❸ 99까지 정수를 더한다.

❹ sum ( )으로 동일 작업을 수행한다. reduce ( )와 add ( )를 임포트해 호출할 필요 없다.

> **NOTE** sum()과 reduce()는 연속된 항목에 어떤 연산을 적용해, 이전 결과를 누적하면서 일련의 값을 하나의 값으로 리듀스^{reduce}한다는 공통점이 있다.

그 외에 all ( )과 any ( ) 리듀스 내장 함수가 있다.

all(iterable)

반복형 안에 거짓된 요소가 없으면 True를 반환한다. all ([ ])는 True를 반환한다.

any(iterable)

반복형 중에 요소 하나라도 참된 값이면 True를 반환한다. any ([ ])는 False를 반환한다.

reduce ( ) 함수는 12.7절 'Vector 버전 #4: 해싱 및 더 빠른 =='에서 자세히 설명한다. 해당 절에서는 예제를 확장해 가면서 reduce ( ) 함수를 사용하기에 적절하도록 개선한다. 리듀스 함수는 반복 가능형을 집중적으로 살펴보는 17.10절 '반복형을 리듀스하는 함수들'에서 요약 설명한다.

고위 함수를 사용할 때 작은 일회용 함수를 생성하면 편리할 때도 있다. 따라서 익명 함수가 유용하게 사용된다. 다음 절에서는 익명 함수를 알아보자.

7.4 익명 함수

lambda 키워드는 파이썬 표현식 안에 익명 함수를 생성한다.

그러나 파이썬의 단순한 구문은 람다 함수의 본체가 순수한 표현식으로만 구성되도록 제한한다. 즉, 람다 본체에서는 while, try 등의 파이썬 문장을 사용할 수 없다. =를 사용한 할당문도 문장이므로 람다 안에 사용할 수 없다. :=를 사용한 새로운 할당 표현식 구문은 사용할 수 있지만, 이 표현식이 필요할 정도라면 아마 람다가 너무 복잡하고 읽기 어려운 상황일 것이므로 리팩터링해서 def를 이용해 일반 함수로 만드는 편이 낫다.

익명 함수는 인수 목록 안에서 아주 유용하게 사용된다. 예를 들어 [예제 7-7]은 철자를 거꾸로 읽어 정렬하는 [예제 7-4]의 reverse() 함수 대신 람다를 사용하도록 수정한 코드다.

예제 7-7 lambda를 이용해 철자를 거꾸로 읽어 단어 리스트를 정렬하기

```
>>> fruits = ['strawberry', 'fig', 'apple', 'cherry', 'raspberry', 'banana']
>>> sorted(fruits, key=lambda word: word[::-1])
['banana', 'apple', 'fig', 'raspberry', 'strawberry', 'cherry']
>>>
```

고위 함수의 인수로 사용하는 경우 이외에 익명 함수는 파이썬에서 거의 사용되지 않는다. 구문 제한 때문에 상당히 복잡한 작업을 수행하는 람다는 가독성이 떨어지고 사용하기 어렵다. 람다가 읽기 복잡할 때는 다음과 같이 프레드릭 런드^{Fredrik Lundh}가 제안하는 리팩터링 절차를 따라 해 보라.

프레드릭 런드의 람다 리팩터링 비법

람다 때문에 코드를 이해하기 어렵다면 다음의 리팩터링 절차를 따라 해 보라.

1 람다가 하는 일이 무엇인지 설명하는 주석을 작성한다.

2 잠시 주석을 주의 깊게 파악하고, 주석의 본질을 전달하는 이름을 생각해 낸다.

3 그 이름을 이용해 람다를 def 문으로 변경한다.

4 주석을 제거한다.

이 절차는 '함수형 프로그래밍 하우투^{Functional Programming HOWTO}'(https://fpy.li/7-5)에서 가져왔다. 반드시 읽어 보길 권한다.

---

lambda 구분은 단지 편리 구문일 뿐이다. def 문과 마찬가지로 lambda 표현식도 하나의 함수 객체를 만든다. 함수 객체는 파이썬에서 제공하는 여러 콜러블 객체 중 하나일 뿐이다. 다음 절에서 모든 콜러블 객체에 관해 알아보자.

7.5 아홉 가지 콜러블 객체

호출 연산자인 소괄호(())는 사용자 정의 함수 이외의 다른 객체에도 적용할 수 있다. 호출할 수 있는 객체인지 알아보려면 callable() 내장 함수를 사용한다. 파이썬 3.9부터 데이터 모델 문서(https://fpy.li/7-6)는 다음과 같은 아홉 가지 콜러블을 나열한다.

사용자 정의 함수

def 문이나 lambda 표현식으로 생성한다.

내장 함수

len()이나 time.strftime()처럼 C 언어로 구현된 함수(CPython의 경우)

내장 메서드

dict.get()처럼 C 언어로 구현된 메서드

메서드

클래스 본체에 정의된 함수

클래스

호출될 때 클래스는 자신의 __new__() 메서드를 실행해 인스턴스를 생성하고, __init__()으로 초기화한 후, 최종적으로 호출자에 인스턴스를 반환한다. 파이썬에는 new 연산자가 없으므로 클래스 호출은 함수 호출과 동일하다.[3]

---

3 일반적으로 클래스를 호출하면 해당 클래스의 인스턴스가 생성되지만, __new__() 메서드를 오버라이드하면 다르게 작동할 수도 있다. 22.2.3절 '__new__()를 이용해 융통성 있게 객체 생성하기'에서 이런 예제를 살펴본다.

클래스 인스턴스

클래스가 `__call__()` 메서드를 구현하면 이 클래스의 인스턴스는 함수로서 호출될 수 있다. 7.6절 '사용자 정의 콜러블형'을 참조하라.

제너레이터 함수

`yield` 키워드를 사용하는 함수나 메서드. 호출되면 제너레이터 객체를 반환한다.

네이티브 코루틴native coroutine 함수

`async def`로 정의된 함수나 메서드. 호출되면 코루틴 객체를 반환한다. 코루틴은 파이썬 3.5에 추가되었다.

비동기 제너레이터 함수

`async def`로 정의되고, 본체 안에 `yield` 문이 있는 함수나 메서드. 호출되면 `async for` 문에 사용할 비동기 제너레이터를 반환한다. 파이썬 3.6에 추가되었다.

제너레이터, 네이티브 코루틴, 비동기 제너레이터 함수는 애플리케이션 데이터를 반환하는 대신 애플리케이션 데이터를 생성하거나 의미 있는 작업을 수행하기 위해 처리가 더 필요한 객체를 반환한다는 점에서 여타 콜러블과 다르다. 제너레이터 함수는 반복자를 반환한다. 반복자와 제너레이터는 17장에서 다룬다. 네이티브 코루틴과 비동기 제너레이터 함수는 asyncio와 같은 비동기 프로그래밍 프레임워크를 사용해야 하는 객체를 반환한다. 이 둘은 21장에서 설명한다.

> **TIP** 파이썬에는 다양한 콜러블형이 존재하므로, `callable()` 내장 함수를 사용해서 호출할 수 있는 객체인지 판단하는 방법이 가장 안전하다.

```
>>> abs, str, 'Ni!'
(<built-in function abs>, <class 'str'>, 'Ni!')
>>> [callable(obj) for obj in (abs, str, 'Ni!')]
[True, True, False]
```

이제 콜러블 객체로 작동하는 클래스 인스턴스를 생성하는 방법을 알아보자.

7.6 사용자 정의 콜러블형

파이썬 함수는 실제 객체일 뿐만 아니라, 모든 파이썬 객체가 함수처럼 작동하게 할 수 있다. 단지 __call__() 인스턴스 메서드를 구현하면 된다.

[예제 7-8]은 BingoCage 클래스를 구현한다. 반복 가능 객체를 받아 객체를 생성하며, 무작위 순으로 내부에 항목들의 list를 저장한다. 객체를 호출하면 항목을 하나 꺼낸다.[4]

예제 7-8 bingocall.py: BingoCage 클래스는 단지 뒤섞인 리스트에서 항목을 골라낼 뿐이다.

```python
import random

class BingoCage:

    def __init__(self, items):
        self._items = list(items)      ❶
        random.shuffle(self._items)    ❷

    def pick(self):     ❸
        try:
            return self._items.pop()
        except IndexError:
            raise LookupError('pick from empty BingoCage')   ❹

    def __call__(self):   ❺
        return self.pick()
```

❶ __init__()은 반복 가능한 어떠한 객체라도 받는다. 지역에 사본을 만들면 인수로 전달된 리스트에 예기치 않은 부작용이 생기지 않도록 예방할 수 있다.

❷ self._items가 리스트이므로 shuffle() 메서드의 실행을 보장할 수 있다.

❸ 핵심 메서드

❹ self._items가 비어 있으면 사용자 정의 메시지를 담은 예외를 발생시킨다.

❺ bingo.pick()의 단축 형태로 bingo()를 호출하게 해 준다.

---

4 이미 random.choice()라는 함수가 있는데, 왜 BingoCage 클래스를 만드는 걸까? choice() 함수는 주어진 컬렉션에서 선택된 항목을 제거하지 않으므로, 똑같은 항목을 여러 번 반환할 수 있다. BingoCase 클래스는 인스턴스에 유일한 값들만 들어 있다면 절대 똑같은 값을 반환하지 않는다.

[예제 7-8]에서 구현한 BingoCage를 사용하는 예는 다음과 같다. bingo 객체를 어떻게 함수처럼 호출하는지, callable() 내장 함수가 이 객체를 콜러블 객체로 인식하는지 주의해서 살펴보자.

```
>>> bingo = BingoCage(range(3))
>>> bingo.pick()
1
>>> bingo()
0
>>> callable(bingo)
True
```

BingoCage 안에 값을 남겨놓은 것처럼, 호출될 때마다 변경된 내부 상태를 유지해야 하는 함수 객체는 __call__() 메서드를 구현함으로써 간단히 만들 수 있다. 이런 예로는 데커레이터가 있다. 데커레이터는 호출될 수 있어야 하고, 종종 호출된 후의 상태를 '기억'해 두거나(예: 메모이제이션^{memoization}. 값비싼 연산의 결과를 나중에 사용할 수 있도록 임시 보관한다) 복잡한 구현을 여러 메서드로 분할하는 기능이 유용하게 사용된다.

클로저^{closure}는 내부 상태를 가진 함수를 함수형 접근법으로 구현한다. 데커레이터와 마찬가지로 클로저는 9장에서 자세히 설명한다.

이제 함수 매개변수를 선언하고 인수를 전달할 수 있게 파이썬이 제공하는 강력한 구문을 알아보자.

7.7 위치 매개변수에서 키워드 전용 매개변수까지

아주 유연한 매개변수 처리 메커니즘은 파이썬 함수의 훌륭한 기능이다. 함수를 호출할 때 반복형과 매핑형을 별도의 인수로 언패킹하는 *와 **를 사용할 수 있는 것도 이 메커니즘과 밀접히 연관된다. 이 기능이 어떻게 작동하는지 알아보기 위해 [예제 7-9]의 코드와 이 클래스를 사용하는 [예제 7-10]을 살펴보자.

예제 7-9 tag() 함수가 **HTML** 요소를 생성한다. **class**가 파이썬 키워드이므로 충돌을 피하고자 **class** 속성을 전달할 때 **class_** 키워드 전용 인수를 사용한다.

```python
def tag(name, *content, class_=None, **attrs):
    """하나 이상의 HTML 태그를 생성한다."""
    if class_ is not None:
        attrs['class'] = class_
    attr_pairs = (f' {attr}="{value}"' for attr, value
                    in sorted(attrs.items()))
    attr_str = ''.join(attr_pairs)
    if content:
        elements = (f'<{name}{attr_str}>{c}</{name}>'
                    for c in content)
        return '\n'.join(elements)
    else:
        return f'<{name}{attr_str} />'
```

[예제 7-10]처럼 tag( ) 함수는 다양한 방식으로 호출할 수 있다.

예제 7-10 [예제 7-9]에서 구현한 **tag()** 함수를 호출하는 몇 가지 방법

```python
>>> tag('br') ❶
'<br />'
>>> tag('p', 'hello') ❷
'<p>hello</p>'
>>> print(tag('p', 'hello', 'world'))
<p>hello</p>
<p>world</p>
>>> tag('p', 'hello', id=33) ❸
'<p id="33">hello</p>'
>>> print(tag('p', 'hello', 'world', class_='sidebar')) ❹
<p class="sidebar">hello</p>
<p class="sidebar">world</p>
>>> tag(content='testing', name="img")  ❺
'<img content="testing" />'
>>> my_tag = {'name': 'img', 'title': 'Sunset Boulevard',
...           'src': 'sunset.jpg', 'class': 'framed'}
>>> tag(**my_tag)  ❻
'<img class="framed" src="sunset.jpg" title="Sunset Boulevard" />'
```

❶ 위치 인수 하나만 사용해서 호출하면 해당 인수를 이름으로 사용한 빈 태그를 생성한다.

❷ 첫 번째 이후의 인수들은 모두 *content 매개변수에 튜플로 들어간다.

❸ tag() 시그너처에 명시적으로 이름이 지정되지 않은 키워드 인수들은 딕셔너리로 **attrs 인수에 들어간다.

❹ class_ 매개변수만 키워드 인수로 전달된다.

❺ 첫 번째 위치 인수도 키워드로 전달할 수 있다.

❻ my_tag 딕셔너리 앞에 **를 붙이면 딕셔너리 안의 모든 항목을 별개의 인수로 전달하고, 이 인수들은 명명된 매개변수에 바인딩되는데, 명명되지 않은 나머지 인수들은 **attrs에 들어간다. 여기서는 인수로 전달되는 딕셔너리 안에 'class' 키를 쓸 수 있는데, 이 키는 문자열이므로 파이썬 예약어 class와 충돌하지 않기 때문이다.

키워드 전용 인수는 파이썬 3에 새로 추가된 기능이다. [예제 7-9]에서 class_ 매개변수는 키워드 인수로만 전달될 수 있으며, 결코 익명의 위치 인수^{positional argument}로는 전달되지 않는다. 함수를 정의할 때 키워드 전용 인수를 지정하려면 *가 붙은 인수 뒤에 이름을 지정한다. 가변 개수의 위치 인수는 지원하지 않으면서 키워드 전용 인수를 지원하고 싶다면, 다음과 같이 *만 시그너처에 포함하면 된다.

```
>>> def f(a, *, b):
...     return a, b
...
>>> f(1, b=2)
(1, 2)
>>> f(1, 2)
Traceback (most recent call last):
  File "<stdin>", line 1, in <module>
TypeError: f() takes 1 positional argument but 2 were given
```

키워드 전용 인수는 기본값을 지정하지 않아도 되며, 앞에 나온 예제에서의 b처럼 필수 인수로 만들 수 있다.

7.7.1 위치 전용 매개변수

파이썬 3.8 이후부터 사용자 정의 함수 시그너처는 위치 전용 매개변수를 지정할 수 있게 되었다. 이 기능은 내장 함수에는 늘 존재하던 기능이었다. 예를 들어 divmod(a, b)는 위치 매개변수로만 호출할 수 있고, divmod(a=10, b=4) 같은 형태로는 호출할 수 없다. 위치 전용 매개변수를 받도록 함수를 정의하려면 매개변수 목록에 /를 사용한다.

'파이썬 3.8의 새로운 기능^{What's New In Python 3.8}' 문서(`https://fpy.li/7-7`)에서 가져온 다음 예를 보면 `divmod()` 내장 함수를 어떻게 흉내 내는지 알 수 있다.

```python
def divmod(a, b, /):
    return (a // b, a % b)
```

`/` 왼쪽의 인수는 모두 위치 전용이고, 오른쪽에는 일반적인 방식으로 작동하는 인수를 지정할 수 있다.

> **WARNING** 파이썬 3.7 이전 버전에서 매개변수 목록에 `/`를 쓰면 에러가 발생한다.

예를 들어 [예제 7-9]의 `tag()` 함수를 생각해 보자. `name` 매개변수를 위치 전용으로 만들려면 다음과 같이 함수 시그너처에 `/`를 추가할 수 있다.

```python
def tag(name, /, *content, class_=None, **attrs):
    ...
```

'파이썬 3.8의 새로운 기능' 문서(`https://fpy.li/7-7`)와 'PEP 570-파이썬 위치 전용 매개변수^{Python Positional-Only Parameters}' 문서(`https://fpy.li/pep570`)에서는 위치 전용 매개변수와 관련한 다른 예제들을 볼 수 있다.

파이썬의 유연한 인수 선언 기능을 살펴봤으니, 이번 장의 나머지 부분에서는 함수형 스타일로 프로그래밍하게 해 주는 표준 라이브러리의 유용한 패키지들을 알아보자.

7.8 함수형 프로그래밍을 위한 패키지

귀도 반 로섬은 파이썬이 함수형 프로그래밍 언어를 지향하지 않았다고 공언하지만, 일급 함수, 패턴 매칭과 함께 `operator`와 `functools` 같은 패키지들의 지원 덕분에 파이썬에서도 제법 함수형 코딩 스타일을 사용할 수 있다. 다음 두 개 절에서 이 패키지들을 알아보자.

7.8.1 operator 모듈

함수형 프로그래밍을 할 때 산술 연산자를 함수로서 사용하는 게 편리한 때가 꽤 있다. 가령 팩토리얼을 구할 때 재귀적으로 함수를 호출하는 대신 숫자 시퀀스를 곱하고 싶다고 생각해 보자. 합계를 구할 때는 sum()이라는 함수가 있지만, 곱셈에 대해서는 이와 비슷한 함수가 없다. 7.3.1절 'map(), filter(), reduce()의 최신 대안'에서 설명했듯이 reduce() 함수를 사용할 수 있지만, 그러려면 시퀀스의 두 항목을 곱하는 함수가 필요하다. lambda를 이용해 이 문제를 해결하는 방법은 [예제 7-11]과 같다.

예제 7-11 reduce()와 익명 함수로 구현한 팩토리얼

```
from functools import reduce

def factorial(n):
    return reduce(lambda a, b: a*b, range(1, n+1))
```

lambda a, b: a*b 같은 사소한 익명 함수를 작성하는 수고를 덜기 위해 operator 모듈은 수십 개의 연산자에 대응되는 함수들을 제공한다. 이 함수를 이용하면 [예제 7-11]을 [예제 7-12]처럼 바꿀 수 있다.

예제 7-12 reduce()와 operator.mul로 구현한 팩토리얼

```
from functools import reduce
from operator import mul

def factorial(n):
    return reduce(mul, range(1, n+1))
```

operator 모듈은 시퀀스에서 항목을 고르는 함수와 객체에서 속성을 읽어오는 함수를 대체하기 위해 itemgetter()와 attrgetter() 같은 단순한 lambda도 제공한다.

[예제 7-13]에서 보듯이 itemgetter()는 특정 필드의 값을 기준으로 튜플의 리스트를 정렬할 때 주로 사용된다. 이 예제에서는 1번 필드인 국가 코드로 도시를 정렬해 출력한다. 본질적으로 itemgetter(1)은 주어진 컬렉션에서 1번 인덱스 항목을 반환하는 함수를 생성한다. 이것은 똑같은 작업을 하는 lambda fields: fields[1]보다 작성하고 읽기 쉽다.

```
>>> metro_data = [
...     ('Tokyo', 'JP', 36.933, (35.689722, 139.691667)),
...     ('Delhi NCR', 'IN', 21.935, (28.613889, 77.208889)),
...     ('Mexico City', 'MX', 20.142, (19.433333, -99.133333)),
...     ('New York-Newark', 'US', 20.104, (40.808611, -74.020386)),
...     ('São Paulo', 'BR', 19.649, (-23.547778, -46.635833)),
... ]
>>>
>>> from operator import itemgetter
>>> for city in sorted(metro_data, key=itemgetter(1)):
...     print(city)
...
('São Paulo', 'BR', 19.649, (-23.547778, -46.635833))
('Delhi NCR', 'IN', 21.935, (28.613889, 77.208889))
('Tokyo', 'JP', 36.933, (35.689722, 139.691667))
('Mexico City', 'MX', 20.142, (19.433333, -99.133333))
('New York-Newark', 'US', 20.104, (40.808611, -74.020386))
```

itemgetter()에 여러 개의 인덱스를 인수로 전달하면, 생성된 함수는 해당 인덱스의 값들로 구성된 튜플을 반환하므로, 키가 여러 개인 레코드를 정렬할 때 유용하다.

```
>>> cc_name = itemgetter(1, 0)
>>> for city in metro_data:
...     print(cc_name(city))
...
('JP', 'Tokyo')
('IN', 'Delhi NCR')
('MX', 'Mexico City')
('US', 'New York-Newark')
('BR', 'São Paulo')
>>>
```

itemgetter()는 [] 연산자를 사용하므로 시퀀스뿐만 아니라 매핑 및 __getitem__()을 구현한 모든 클래스를 지원한다.

itemgetter()의 형제인 attrgetter()는 이름으로 객체 속성을 추출하는 함수를 생성한다. attrgetter()에 속성명 여러 개를 인수로 전달하면, 역시 해당 속성값들로 구성된 튜플을 반환한다. 게다가 인수명에 점(.)이 포함되면 attrgetter()은 중첩 객체를 찾아서 해당 속성을 가져온다. [예제 7-14]는 이렇게 작동하는 사례를 보여 준다. attrgetter()가 점이 있는 속성을 처리하는 예를 보여 주려면 중첩 구조체를 만들어야 하므로, 콘솔 세션치고는 약간 길다.

예제 7-14 [예제 7-13]에서 정의한 metro_data라는 명명된 튜플의 리스트를 처리하는 데 attrgetter()를 사용하는 예

```
>>> from collections import namedtuple
>>> LatLon = namedtuple('LatLon', 'lat lon')   ❶
>>> Metropolis = namedtuple('Metropolis', 'name cc pop coord')   ❷
>>> metro_areas = [Metropolis(name, cc, pop, LatLon(lat, lon))   ❸
...       for name, cc, pop, (lat, lon) in metro_data]
>>> metro_areas[0]
Metropolis(name='Tokyo', cc='JP', pop=36.933, coord=LatLon(lat=35.689722,
lon=139.691667))
>>> metro_areas[0].coord.lat   ❹
35.689722
>>> from operator import attrgetter
>>> name_lat = attrgetter('name', 'coord.lat')   ❺
>>>
>>> for city in sorted(metro_areas, key=attrgetter('coord.lat')):   ❻
...       print(name_lat(city))   ❼
...
('São Paulo', -23.547778)
('Mexico City', 19.433333)
('Delhi NCR', 28.613889)
('Tokyo', 35.689722)
('New York-Newark', 40.808611)
```

❶ namedtuple을 이용해 LatLon을 생성한다.

❷ 그리고 Metropolis도 정의한다.

❸ Metropolis 인스턴스로 구성된 리스트인 metro_areas를 생성한다. (lat, lon)을 추출하기 위해 중첩 튜플을 언패킹하고, 추출된 항목으로 LatLong 객체를 생성해 Metropolis의 coord 속성에 저장한다.

❹ metro_areas[0] 요소에 접근해 위도를 가져온다.

❺ name 및 중첩 속성인 coord.lat을 가져오는 attrgetter()을 정의한다.

❻ attrgetter()를 한 번 더 사용해 위도별로 도시를 정렬한다.

❼ 도시명과 위도만 보여 주기 위해 ❺에서 정의한 attrgetter()를 사용한다.

operator에 정의된 함수 중 일부는 다음과 같다(_로 시작하는 이름은 주로 구현에 관련된 함수이므로 여기서는 생략했다).

```
>>> [name for name in dir(operator) if not name.startswith('_')]
['abs', 'add', 'and_', 'attrgetter', 'concat', 'contains',
 'countOf', 'delitem', 'eq', 'floordiv', 'ge', 'getitem', 'gt',
 'iadd', 'iand', 'iconcat', 'ifloordiv', 'ilshift', 'imatmul',
 'imod', 'imul', 'index', 'indexOf', 'inv', 'invert', 'ior',
 'ipow', 'irshift', 'is_', 'is_not', 'isub', 'itemgetter',
 'itruediv', 'ixor', 'le', 'length_hint', 'lshift', 'lt', 'matmul',
 'methodcaller', 'mod', 'mul', 'ne', 'neg', 'not_', 'or_', 'pos',
 'pow', 'rshift', 'setitem', 'sub', 'truediv', 'truth', 'xor']
```

54개의 함수 대부분은 이름으로 쉽게 내용을 추측할 수 있다. iadd와 iand처럼 i로 시작하는 함수명은 += 및 &=와 같은 복합 할당 연산자다. 이 함수들은 첫 번째 인수가 가변형이면 첫 번째 인수 객체의 내용을 변경하며, 불변형이면 i가 없는 함수와 동일하게 단지 연산 결과를 반환한다.

나머지 operator 함수 중 마지막으로 methodcaller()를 알아보자. methodcaller()는 실행 시 함수를 생성한다는 점에서 attrgetter()나 itemgetter() 함수와 비슷하다. [예제 7-15]에서 보듯이 methodcaller()가 생성한 함수는 인수로 전달받은 객체의 메서드를 호출한다.

예제 7-15 methodcaller() 사용 예. 두 번째 테스트에서는 여분의 인수들이 어떻게 바인딩되는지 보여 준다.

```
>>> from operator import methodcaller
>>> s = 'The time has come'
>>> upcase = methodcaller('upper')
>>> upcase(s)
'THE TIME HAS COME'
>>> hyphenate = methodcaller('replace', ' ', '-')
>>> hyphenate(s)
'The-time-has-come'
```

[예제 7-15]의 첫 번째 테스트는 단지 methodcaller()가 어떻게 작동하는지 보여 주려는 것이다. 만약 str.upper()를 일종의 함수처럼 사용하려면 다음과 같이 문자열을 인수로 전달해 str 클래스 메서드를 호출할 수 있다.

```
>>> str.upper(s)
'THE TIME HAS COME'
```

[예제 7-15]의 두 번째 테스트를 보면 `methodcaller()`가 `functools.partial()` 함수처럼 인수 일부를 고정할 수 있음을 알 수 있다. 인수를 고정하는 방법에 관해서는 다음 절에서 설명한다.

7.8.2 functools 모듈: partial( )로 인수 고정하기

`functools` 모듈은 여러 고위 함수를 제공한다. `reduce()` 함수는 7.3.1절 'map(), filter(), reduce()의 최신 대안'에서 이미 설명했다. 그리고 `partial()`이라는 함수가 있는데, 이 함수는 콜러블을 받고, 미리 정해진 값을 일부 인수에 바인딩해 원래 콜러블을 호출하는 새로운 콜러블을 생성한다. 이 기법은 하나 이상의 인수를 받는 함수를 그보다 더 적은 수의 인수를 받는 API 함수에 적응하기에 좋다. [예제 7-16]은 간단한 예를 보여 준다.

예제 7-16 partial()을 이용해 인수를 하나 받는 콜러블이 필요한 곳에 인수 두 개를 받는 함수를 사용하기

```
>>> from operator import mul
>>> from functools import partial
>>> triple = partial(mul, 3)  ❶
>>> triple(7)  ❷
21
>>> list(map(triple, range(1, 10)))  ❸
[3, 6, 9, 12, 15, 18, 21, 24, 27]
```

❶ `mul()` 함수의 첫 번째 위치 인수를 3으로 바인딩해 `triple()` 함수를 생성한다.

❷ 테스트해 본다.

❸ `triple()`을 `map()`에 적용한다. 이 예제에서 `mul()` 함수는 `map()`과 함께 사용할 수 없다.

4.7절 '유니코드 정규화로 제대로 비교하기'에서 설명한 `unicode.normalize()` 함수와 관련해 더 유용한 사례를 찾아볼 수 있다. 다양한 언어로 구성된 텍스트로 작업한다면, 문자열 s를 비교하거나 저장하기 전에 `unicode.normalize('NFC', s)`를 적용하는 편이 좋다. 이런 작업을 자주 수행한다면 [예제 7-17]과 같이 `nfc()` 함수를 정의해 두고 편리하게 사용할 수 있다.

예제 7-17 partial()을 이용해 유니코드 정규화하는 편리 함수 만들기

```
>>> import unicodedata, functools
>>> nfc = functools.partial(unicodedata.normalize, 'NFC')
>>> s1 = 'café'
>>> s2 = 'cafe\u0301'
>>> s1, s2
('café', 'café')
>>> s1 == s2
False
>>> nfc(s1) == nfc(s2)
True
```

partial()은 첫 번째 인수로 콜러블을, 그 뒤에는 바인딩할 위치 인수와 키워드 인수를 원하는
만큼 받는다.

[예제 7-18]은 [예제 7-9]에서 구현한 tag() 함수에 partial()을 적용해 위치 인수 하나와
키워드 인수 하나를 고정한다.

예제 7-18 [예제 7-9]의 tag() 함수에 partial()을 적용한 예

```
>>> from tagger import tag
>>> tag
<function tag at 0x10206d1e0>   ❶
>>> from functools import partial
>>> picture = partial(tag, 'img', class_='pic-frame')   ❷
>>> picture(src='wumpus.jpeg')
'<img class="pic-frame" src="wumpus.jpeg" />'   ❸
>>> picture
functools.partial(<function tag at 0x10206d1e0>, 'img', class_='pic-frame')   ❹
>>> picture.func   ❺
<function tag at 0x10206d1e0>
>>> picture.args
('img',)
>>> picture.keywords
{'class_': 'pic-frame'}
```

❶ [예제 7-9]의 tag() 함수를 임포트하고 ID를 보여 준다.

❷ tag() 함수의 첫 번째 위치 인수를 'img'로, class_ 키워드 인수를 'pic-frame'으로 고정한
  picture() 함수를 생성한다.

❸ 기대한 대로 picture()가 작동한다.

❹ partial()은 functools.partial 객체를 반환한다.[5]

❺ functools.partial 객체는 원래 함수와 고정된 인수에 접근할 수 있는 속성을 가진다.

functools.partialmethod() 함수는 partial()과 동일하지만, 메서드에 대해 작동하도록 설계되었다.

functools 모듈에는 cache와 singledispatch 등 함수 데커레이터로 사용하도록 설계된 고위 함수들도 있다. 9장에서는 이 함수들을 설명하고, 사용자 정의 데커레이터를 만드는 방법도 설명한다.

7.9 요약

이번 장의 목적은 파이썬 함수의 일급 특성에 관해 알아보는 것이었다. 기본 개념은 함수를 변수에 할당하고, 그 변수를 다른 함수에 전달하고, 데이터 구조체에 저장하고, 함수 속성에 접근하게 해 줌으로써 프레임워크와 도구가 이 속성 정보를 사용하게 해 주는 것이다.

파이썬에는 함수형 프로그래밍의 대표적인 특성인 고위 함수가 널리 사용된다. sorted(), min(), max() 내장 함수와 functools.partial 등이 파이썬에서 고위 함수로 널리 쓰인다. 지능형 리스트 및 제너레이터 표현식과 비슷한 구조체들과 sum(), all(), any() 등 내장된 리듀스 함수들이 추가됨에 따라 map(), filter(), reduce() 함수는 예전보다 사용 빈도가 떨어졌다.

lambda로 생성한 간단한 함수에서부터 __call__() 메서드를 구현하는 클래스의 인스턴스에 이르기까지, 파이썬 3.6부터 콜러블은 9가지 형태로 제공된다. 제너레이터와 코루틴은 작동하는 방식이 다른 콜러블들과는 아주 많이 다르지만, 이들도 콜러블이다. 모든 콜러블은 callable() 내장 함수가 탐지할 수 있다. 콜러블을 이용하면 키워드 전용 매개변수, 위치 전용 매개변수, 어노테이션 등의 형식 매개변수를 선언하는 풍부한 구문을 사용할 수 있다.

---

5 functools.py에 대한 소스 코드(https://fpy.li/7-9)를 보면 functools.partial 클래스는 C 언어로 구현되어 있으며, 기본적으로 C 언어 버전이 사용된다. 파이썬 3.4부터는 C 언어 버전을 사용할 수 없으면 functools 모듈 안에 순수 파이썬으로 구현된 partial() 버전이 사용된다.

마지막으로 operator 모듈에서 제공하는 몇 가지 함수와 functools.partial() 함수에 관해 설명했다. 이 함수들은 기능이 떨어지는 lambda 구문을 사용할 필요 없이 쉽게 함수형 스타일로 프로그래밍하게 해 준다.

## CHAPTER 8

함수에서의 자료형 힌트

> 파이썬은 계속 동적형 언어로 남을 것이며, 필자들은 자료형 힌트를 관례는 물론 필수 요소로
> 만들 의도가 전혀 없음을 강조하고자 한다.[1]
>
> — 귀도 반 로섬, 주카 레토살로Jukka Lehtosalo, 우카시 란가Łukasz Langa
>
> PEP 484–자료형 힌트

자료형 힌트는 2001년에 파이썬 2.2에서 자료형과 클래스를 통합(`https://fpy.li/descr101`)한 이래로 파이썬 역사에서 일어난 가장 큰 변화다. 그러나 자료형 힌트가 모든 파이썬 사용자에게 똑같은 혜택을 주는 것은 아니다. 따라서 자료형 힌트가 선택적 기능으로 제공된다.

PEP 484(`https://fpy.li/pep484`)는 함수 인수, 반환값, 변수에 명시적으로 자료형을 선언하는 구문법과 의미를 설명한다. 자료형 힌트의 목적은 코드를 실제로 실행해 보지 않고서도 정적 분석기를 이용해 파이썬 코드의 버그를 발견하기 쉽게 해 주는 데 있다.

주로 통합 개발 환경integrated development environment(IDE)과 지속적 통합continuous integration(CI)을 이용해 프로그래밍하는 전문 소프트웨어 엔지니어들이 혜택을 본다. 그러나 모든 파이썬 사용자가 이런 개발자들의 비용 대비 효과 혜택을 고루 누리는 것은 아니다.

---

1 PEP 484의 '근거와 목적(Rationale and Goals)'(`https://fpy.li/8-1`)에서 볼드체로 강조한 부분을 그대로 유지했다.

전문 소프트웨어 엔지니어들만 파이썬을 사용하지는 않는다. 과학자, 상품 거래자, 언론인, 예술가, 메이커, 분석가, 다양한 분야의 학생들도 사용한다. 정적 타이핑, 서브타이핑, 제네릭 기능이 있는 프로그래밍 언어에 경험이 없는 대부분의 사람은 자료형 힌트를 배우는 데 상당한 노력이 필요할 수 있다. 소규모의 코드베이스와 적은 인원의 팀(종종 일인팀)으로 대화형 콘솔에서 파이썬을 사용하는 환경을 고려하면, 이런 사용자들이 받는 혜택이 많지는 않다. 데이터 과학, 크레이티브 컴퓨팅, 학습 분야에서 데이터와 아이디어를 탐험하는 코드를 작성할 때는 파이썬에서 기본적으로 제공하는 동적형이 더 간단하고 표현하기 쉽다.

이번 장에서는 파이썬 함수 시그너처의 자료형 힌트에 관해 집중적으로 알아본다. 15장에서는 클래스 환경에서의 자료형 힌트와 **typing** 모듈의 여러 기능을 알아본다. 이번 장에서 주로 다룰 내용은 다음과 같다.

- Mypy를 사용한 그래듀얼 타이핑gradual typing 소개 및 실습
- 덕 타이핑과 명목적 타이핑nominal typing의 상호 보완적인 관점
- 어노테이션에 나올 수 있는 주요 자료형(이번 장의 약 60%를 차지함)
- 가변 매개변수(*args, **kwargs)에 자료형 힌트 부여하기
- 자료형 힌트와 정적형의 한계와 단점

8.1 이번 장의 변경 사항

이번 장은 완전히 새로 작성되었다. 자료형 힌트는 1판 원고를 완료한 후 파이썬 3.5에 채택된 기능이다.

PEP 484의 멋진 아이디어는 정적 타이핑 시스템의 한계를 고려해 **그래듀얼 타이핑 시스템**gradual typing system을 소개한 것이다. 먼저 그래듀얼 타이핑이 정확히 무엇인지 알아보자.

8.2 그래듀얼 타이핑 개요

PEP 484는 그래듀얼 타이핑 시스템을 파이썬에 소개했다. 그래듀얼 타이핑 시스템을 지원하는 다른 언어에는 마이크로소프트의 타입스크립트TypeScript, 다트Dart(구글이 만든 플러터Flutter

SDK의 언어), 핵[Hack](페이스북의 HHVM 가상 머신이 지원하는 일종의 PHP 방언)이 있다. Mypy 자료형 검사기 자체는 일종의 언어(자체 인터프리터가 있는 파이썬의 그래듀얼 타이핑 방언)로 시작했다. 귀도 반 로섬은 Mypy의 제작자 주카 레토살로에게 Mypy를 어노테이트된 파이썬 코드의 검사 도구로 만들어 주기를 요청했다.

그래듀얼 타이핑 시스템은 다음과 같은 특성이 있다.

선택적임

기본적으로 자료형 검사기는 코드에 자료형 힌트가 없다고 해서 경고 메시지를 출력하면 안 된다. 대신, 객체의 자료형을 결정할 수 없을 때 자료형 검사기는 객체를 **Any** 형으로 가정한다. **Any** 형은 다른 모든 자료형과 호환된다고 간주된다.

실행 시 자료형 에러를 감지하지 않음

정적 자료형 검사기, 린터[linter], IDE는 경고 메시지를 출력하기 위해 자료형 힌트를 사용한다. 자료형 힌트는 실행 시 일치하지 않는 값이 함수에 전달되거나 변수에 할당되는 것을 막지 않는다.

성능을 향상하지 않음

이론적으로는 자료형 힌트를 이용해 생성된 바이트코드를 최적화할 수 있는 데이터를 제공하지만, 2024년 8월 현재 필자가 아는 한 그 어떤 파이썬 런타임도 이런 최적화 기능을 구현하지 않았다.[2]

그래듀얼 타이핑 기능의 사용에 있어 최고의 장점은 어노테이션이 언제나 선택적이라는 점이다.

정적 타이핑 시스템에서 대부분의 자료형 제약은 표현하기 쉽다. 하지만 일부 제약은 표현하기 번거롭거나 어렵고, 심지어 표현할 수 없는 제약도 있다.[3] 테스트 커버리지도 좋고 테스트도 통과하는 멋진 코드이지만, 자료형 검사기를 만족시킬 자료형 힌트는 추가할 수 없는 경우

---

2 PyPy에 있는 JIT(just-in-time) 컴파일러에는 자료형 힌트보다 훨씬 좋은 데이터가 있다. 파이썬 프로그램이 실행되는 동안 코드를 감시하면서, 사용되는 구상형을 감지하고, 그 구상형에 대해 최적화된 머신 코드를 생성한다.

3 예를 들어 재귀적 자료형은 2021년 현재까지 지원되지 않는다. 'typing 모듈 이슈 #182 – JSON 형 정의'(Define a JSON type, `https://fpy.li/8-2`)와 'Mypy 이슈 #731 – 재귀적 자료형의 지원'(Support recursive types, `https://fpy.li/8-3`) 문서를 참조하라.

가 많다. 그것으로 족하다. 문제가 많은 자료형 힌트는 빼버리고 출시하면 된다!

모든 수준에서 자료형 힌트는 선택적이다. 패키지 통틀어 자료형 힌트가 하나도 없을 수 있고, 자료형 힌트를 사용하는 모듈에 자료형 힌트가 전혀 없는 패키지를 임포트할 때 자료형 검사기의 경고 메시지를 끌 수도 있고, 특별 주석을 추가해 검사기가 코드 안의 어떤 행은 무시하게 할 수도 있다.

> **TIP** 자료형 힌트의 100% 커버리지를 추구하다 보면 측정 수치만 보면서 제대로 생각하지 않고 자료형 힌트에만 집착하게 된다. 게다가 팀이 파이썬의 강력함과 융통성을 활용하지 못하게 된다. 어노테이션 때문에 API가 까다로워지거나 구현하기 너무 복잡해질 때는 자료형 힌트 없는 코드가 더 자연스럽다.

8.3 그래듀얼 타이핑 예

먼저 간단한 함수부터 Mypy를 사용해 자료형 힌트를 점차 추가하면서 그래듀얼 타이핑이 어떻게 작동하는지 알아보자.

> **NOTE** PEP 484와 호환되는 파이썬 자료형 검사기에는 구글의 pytype(https://fpy.li/8-4), 마이크로소프트의 Pyright(https://fpy.li/8-5), 페이스북의 Pyre (https://fpy.li/8-6)는 물론 파이참 등의 IDE에 내장된 자료형 검사기 등이 있다. 이 책의 예에서는 Mypy(https://fpy.li/mypy)를 선택했는데, 이 도구가 가장 널리 알려졌기 때문이다. 그러나 프로젝트나 팀의 특성에 따라 다른 도구가 더 잘 맞을 수도 있다. 예를 들면 pytype은 자료형 힌트를 사용하지 않은 코드를 처리해 유용한 도움말을 제공하도록 만들어졌다. Mypy보다 너그러우면서도 코드에 어노테이션을 생성해 줄 수도 있다.

개수와 함께 개수에 따른 단수나 복수형 단어로 구성된 문자열을 반환하는 show_count() 함수에 어노테이션을 추가해 보자.

```
>>> show_count(99, 'bird')
'99 birds'
>>> show_count(1, 'bird')
'1 bird'
>>> show_count(0, 'bird')
'no birds'
```

[예제 8-1]은 어노테이션이 없는 show_count( ) 함수의 소스 코드다.

예제 8-1 messages.py: 자료형 힌트 없는 show_count() 함수

```python
def show_count(count, word):
    if count == 1:
        return f'1 {word}'
    count_str = str(count) if count else 'no'
    return f'{count_str} {word}s'
```

8.3.1 Mypy로 시작하기

자료형 검사를 위해 명령행에서 messages.py 모듈에 mypy 명령을 실행한다.

```
…/no_hints/ $ pip install mypy
[중략...]
…/no_hints/ $ mypy messages.py
Success: no issues found in 1 source file
```

기본 설정으로 Mypy를 실행하면 [예제 8-1]에서 아무런 문제가 발견되지 않는다.

> **WARNING** 필자는 이 코드를 리뷰하면서 2021년 7월 현재 최신 버전인 Mypy 0.910을 사용했다. Mypy의 '소개Introduction'(https://mypy.readthedocs.io/en/stable/getting_started.html)를 보면 현재까지 공식적으로는 베타 소프트웨어다. 따라서 하위 호환성을 깨는 변경 내용이 발생할 수 있다는 설명이 있다. 2020년 4월에 이번 장을 처음 작성할 때와 2021년 현재, Mypy에서 다른 리포트가 하나 이상 있었다. 여러분이 이 책을 읽을 때쯤에는 이 책의 결과와 또 다른 결과가 나올 수 있다.[4]

함수 시그너처에 어노테이션이 없을 때, 별도 옵션을 지정하지 않고 실행하면 Mypy는 그 함수를 무시한다.

[예제 8-2]는 pytest를 이용해 유닛 테스트를 수행한다. messages_test.py 코드는 다음과 같다.

---

4 옮긴이_ 2024년 8월 기준 최신 버전인 Mypy 버전 1.11.2로 확인했을 때, 아무런 에러 없이 테스트에 성공했다.

```python
from pytest import mark

from messages import show_count

@mark.parametrize('qty, expected', [
    (1, '1 part'),
    (2, '2 parts'),
])
def test_show_count(qty, expected):
    got = show_count(qty, 'part')
    assert got == expected


def test_show_count_zero():
    got = show_count(0, 'part')
    assert got == 'no parts'
```

이제 Mypy의 안내에 따라 자료형 힌트를 추가해 보자.

8.3.2 Mypy로 더 엄격하게 검사하기

명령행 옵션 --disallow-untyped-defs를 사용하면 매개변수와 반환값에 자료형 힌트가 없는 모든 함수에 대해 에러 메시지를 출력한다.

테스트 파일에 --disallow-untyped-defs를 사용한 결과, 다음과 같이 에러 메시지 세 개와 노트 메시지 하나가 나왔다.

```
…/no_hints/ $ mypy --disallow-untyped-defs messages_test.py
messages.py:14: error: Function is missing a type annotation
messages_test.py:10: error: Function is missing a type annotation
messages_test.py:15: error: Function is missing a return type annotation
messages_test.py:15: note: Use "-> None" if function does not return a value
Found 3 errors in 2 files (checked 1 source file)
```

그래듀얼 타이핑하는 첫 단계에서 필자는 또 다른 옵션인 --disallowincomplete-defs를 선호한다. 이 옵션은 처음에 아무 메시지도 출력하지 않는다.

```
.../no_hints/ $ mypy --disallow-incomplete-defs messages_test.py
Success: no issues found in 1 source file
```

이제 messages.py 안에 있는 show_count( )에 반환형만 추가한다.

```
def show_count(count, word) -> str:
```

이것만으로도 Mypy가 이 함수를 검사하게 하기에 충분하다. 이전에 사용했던 명령행 옵션으로 messages_test.py를 검사하면 Mypy가 messages.py도 다시 검사한다.

```
.../no_hints/ $ mypy --disallow-incomplete-defs messages_test.py
messages.py:14: error: Function is missing a type annotation
for one or more arguments
Found 1 error in 1 file (checked 1 source file)
```

이제 함수 하나하나에 자료형 힌트를 점차 추가해 가면, 어노테이션이 없는 함수에 대한 경고 메시지가 없어지게 된다. 다음과 같이 시그너처에 어노테이션을 완전히 추가하면 Mypy의 에러 메시지가 없어진다.

```
def show_count(count: int, word: str) -> str:
```

> **NOTE** --disallowincomplete-defs와 같은 명령행 옵션을 일일이 입력하는 대신 Mypy 설정 파일 문서(https://fpy.li/8-8)에서 설명하는 대로 즐겨 쓰는 옵션을 환경 파일에 저장해 놓을 수 있다. 환성은 전역과 모듈별로 설정할 수 있다. 다음과 같이 간단한 mypy.ini 파일에서 시작하면 좋다.

```
[mypy]
python_version = 3.9
warn_unused_configs = True
disallow_incomplete_defs = True
```

8.3.3 매개변수 기본값

[예제 8-1]의 show_count() 함수는 규칙 명사에만 제대로 작동한다. 단지 's'를 붙여서 복수형을 만들 수 없을 때는 사용자가 다음과 같이 복수형 형태를 제공할 수 있어야 한다.

```
>>> show_count(3, 'mouse', 'mice')
'3 mice'
```

자료형 주도 개발type-driven development을 약간 해 보자. 먼저 세 번째 인수를 사용하는 테스트를 추가한다. 함수를 테스트하기 위해 반환형 힌트 추가하는 것도 잊으면 안 된다. 그렇지 않으면 Mypy가 검사하지 않기 때문이다.

```
def test_irregular() -> None:
    got = show_count(2, 'child', 'children')
    assert got == '2 children'
```

Mypy가 다음과 같이 에러를 탐지한다.

```
.../hints_2/ $ mypy messages_test.py
messages_test.py:22: error: Too many arguments for "show_count"
Found 1 error in 1 file (checked 1 source file)
```

이제 show_count()를 수정해 [예제 8-3]과 같이 선택적 매개변수 plural을 추가한다.

예제 8-3 선택적 매개변수가 있는 hints_2/messages.py의 showcount() 함수

```
def show_count(count: int, singular: str, plural: str = '') -> str:
    if count == 1:
        return f'1 {singular}'
    count_str = str(count) if count else 'no'
    if not plural:
        plural = singular + 's'
    return f'{count_str} {plural}'
```

이제 Mypy는 'Success'를 출력한다.

WARNING 오타에 의한 실수인데도 파이썬이 잡지 못하는 예를 하나 들어보겠다. 여러분도 찾아보길 바란다.

```
def hex2rgb(color=str) -> tuple[int, int, int]:
```

Mypy의 에러 리포트도 별로 도움이 안 된다.

```
colors.py:24: error: Function is missing a type
    annotation for one or more arguments
```

color 인수에 대한 자료형 힌트는 color: str로 작성해야 하는데, 실수로 color=str을 입력했다. 이것은 어노테이션이 아니라 color의 기본값으로 str을 설정한 것으로 인식된다.

필자의 경험으로는 이런 실수를 간과하기 쉬운데, 특히 복잡하게 자료형 힌트를 작성할 때 더 주의해야 한다.

자료형 힌트를 추가할 때는 다음과 같이 일관되게 띄어 쓰는 편이 좋다.

- 매개변수명과 : 사이에는 빈칸이 없고, : 다음에 빈칸을 하나 둔다.
- 매개변수명과 기본값 사이의 = 양쪽에 빈칸을 하나씩 둔다.

한편, PEP 8은 매개변수에 자료형 힌트가 없으면 = 양쪽에 빈칸이 없어야 한다고 이야기한다.

코드 스타일: flake8과 blue의 사용

그런 어리석은 규칙을 기억해 누는 내신, flake8(https://fpy.li/8-9)과 blue(https://fpy.li/8-10) 같은 도구를 사용하라. flake8은 코딩 스타일을 비롯한 여러 문제를 잡아주며, blue는 코드 포매팅 도구 black(https://fpy.li/8-11)에 내장된 규칙에 따라 소스 코드를 수정해 준다.

'표준' 코딩 스타일을 지키는 게 목적이므로 black보다는 blue 도구가 낫다. blue는 기본적으로 작은따옴표를 사용하고, 그럴 수 없을 때 큰따옴표를 쓰는 파이썬 고유의 스타일을 따르기 때문이다.

```
>>> "I prefer single quotes"
'I prefer single quotes'
```

작은따옴표를 선호하는 경향은 CPython의 `repr()`에서 두드러지게 나타난다. doctest 모듈 (https://fpy.li/doctest)도 기본적으로 작은따옴표를 사용하는 `repr()`에 의존한다.

blue 제작자 중 한 명인 배리 바르샤바[Barry Warsaw](https://fpy.li/8-12)는 PEP 8의 공동 제안자이고, 1994년부터 파이썬 핵심 개발자였으며, 2019년부터 2021년 7월 현재까지 파이썬 운영 위원회 위원을 지내왔다. 따라서 이런 전문가가 추천하는 대로 작은따옴표를 기본적으로 사용하면 좋다.

어쩔 수 없이 black을 사용해야 할 때는 `black -S` 옵션을 사용하라. 그러면 따옴표는 그대로 놔둔다.

8.3.4 None을 기본값으로 사용하기

[예제 8-3]에서 매개변수 `plural`은 `str`로 어노테이트되었고, 기본값은 `''`이므로 자료형이 충돌하지 않았다.

필자는 그 방법을 좋아하지만, `None`이 더 나을 때도 있다. 6.5.1절 '매개변수 기본값으로 부적당한 가변형'에서 설명했듯이 선택적 매개변수가 가변형을 받는다면 기본값으로 `None` 이외에는 적절한 값이 없다.

매개변수 `plural`의 기본값을 `None`으로 설정하려면 함수 시그너처가 다음과 같아야 한다.

```python
from typing import Optional

def show_count(count: int, singular: str, plural: Optional[str] = None) -> str:
```

시그너처를 뜯어보자.

- `Optional[str]`은 `plural`이 `str`이나 `None`임을 의미한다.
- 기본값으로 `None`을 명시해야 한다.

plural에 기본값을 지정하지 않으면 파이썬 런타임은 이 매개변수를 필수 인수로 처리한다. 자료형 힌트는 실행 시에는 무시된다는 사실을 잊지 말자.

이 코드를 실행하려면 typing 모듈에서 Optional을 임포트해야 한다. 자료형 X를 임포트할 때는 from typing import X 구문을 이용해 함수 시그너처의 길이를 줄이는 편이 좋다.

> **WARNING** Optional이라는 이름은 그다지 좋지 않다. 이 어노테이션을 써도 선택적 매개변수가 되지 않기 때문이다. 이 이름이 실제 의미하는 것은 기본값을 할당하는 게 선택적이라는 의미다. 여기서 Optional[str]은 매개변수의 자료형이 str이거나 NoneType일 수 있음을 의미할 뿐이다. 하스켈이나 Elm 언어에서는 이와 비슷한 용도로 **Maybe**를 사용한다.

이제 그래듀얼 타이핑의 맛을 처음으로 보았으니, **자료형**type이라는 개념이 실제로 무엇을 의미하는지를 생각해 보자.

8.4 지원되는 연산에 따라 정의되는 자료형

> 문서들에서는 자료형 개념을 다양하게 정의한다. 여기서는 자료형을 값의 집합 및 이 값에 적용할 수 있는 함수의 집합으로 생각한다.
>
> — PEP 483–**자료형 힌트 이론**The Theory of Type Hints

실무적으로는 지원되는 연산의 집합을 자료형의 결정적인 특성으로 생각하는 편이 도움이 된다.[5]

적용할 수 있는 연산의 입장에서 보면, 예를 들어 다음 함수에서 x에 사용할 수 있는 자료형은 무엇이 있을까?

---

[5] 파이썬에서는 Enum 형을 제외하고는 어떤 자료형이 가질 수 있는 값을 제한하는 구문이 없다. 예를 들어 Quantity 형을 정수 1부터 1,000 사이로 정의하거나, AirportCode 형을 세 글자의 조합으로 정의할 수 없다. 넘파이는 uint8, int16 등 기계에 밀착된 자료형을 제공하지만, 파이썬 표준 라이브러리는 값들의 아주 작은 집합(NoneType, bool)이나 아주 큰 집합(float, int, str, 튜플형 등)만 제공한다.

```
def double(x):
    return x * 2
```

매개변수 x는 int, complex, Fraction, numpy.uint32 등 뿐만 아니라 시퀀스(str, tuple, list, array), N-차원 numpy.array는 물론 int 형 인수를 받는 __mul__() 메서드를 구현하거나 상속한 어떠한 자료형도 될 수 있다.

그런데 다음의 어노테이트된 double() 함수를 생각해 보자. 일단 반환형은 무시하고, 매개변수형만 자세히 보자.

```
from collections import abc

def double(x: abc.Sequence):
    return x * 2
```

자료형 검사기는 이 코드를 거부한다. 만약 x가 abc.Sequence 형이라고 Mypy에 얘기하면, Sequence 추상 베이스 클래스(https://fpy.li/8-13)가 __mul__() 메서드를 구현하거나 상속받지 않으므로 x * 2에서 에러 메시지를 출력한다. 그러나 실행 시에는 자료형 힌트를 무시하므로 숫자는 물론 str, tuple, list, array와 같은 구상 시퀀스가 인수로 전달되면 이 코드가 작동한다. 그러나 자료형 검사기는 명시적으로 선언된 것에만 신경 쓰고, abc.Sequence 에는 __mul__() 메서드가 없다.

따라서 이번 절의 제목을 '지원되는 연산에 따라 정의되는 자료형'이라고 정했다. 파이썬 런타임은 앞에 나온 두 가지 버전의 double() 함수의 x 인수로 모든 객체를 받는다. x * 2 연산이 제대로 실행될 수도 있고, x가 곱셈 연산을 지원하지 않아서 TypeError 예외가 발생할 수도 있다. 반면에 Mypy는 어노테이트된 double() 함수의 소스 코드를 분석하면서 x * 2가 잘못되었다고 판단한다. 선언된 x: abc.Sequence 형은 이 연산을 지원하지 않기 때문이다.

그래듀얼 타이핑 시스템은 자료형에 대한 두 가지 관점의 영향을 동시에 받는다.

덕 타이핑

파이썬, 자바스크립트, 루비는 물론 객체지향 프로그래밍을 개척한 스몰톡Smalltalk이 채택한 관점. 객체는 자료형이 있지만, 매개변수를 포함한 변수는 무형이다. 사실 객체의 선언된 자료형이 무엇이든 상관없고, 그 객체가 어느 연산을 지원하는지가 중요하다. `birdie.quack()`을 호출할 수 있으면, 이 상황에서는 `birdie`가 오리다. 즉, 새가 꽥꽥 운다면, 그 새를 오리라고 생각하는 것이다. 덕 타이핑은 객체에 연산을 시도하는 실행 시에만 적용된다. 실행 시 에러가 발생하게 하는 문제가 있지만, 명목적 타이핑보다 융통성이 더 많다.[6]

명목적 타이핑

C++, 자바, C#, 파이썬 어노테이션이 채택한 관점. 객체와 변수 모두 자료형이 있다. 그러나 객체는 실행 시에만 존재하는 반면, 자료형 검사기는 변수와 매개변수가 자료형 힌트로 어노테이트된 소스 코드만 처리한다. 예를 들어 `Duck`이 `Bird`의 서브클래스이면 `Duck` 인스턴스는 `birdie: Bird`로 어노테이트된 매개변수에 할당할 수 있다. 그러나 함수 안에서 `birdie.quack()`을 호출하면 자료형 검사기가 에러로 판단한다. 명목상으로 `birdie`는 `Bird`형이고, 이 클래스에는 `quack()` 메서드가 없기 때문이다. 명목적 타이핑은 정적으로 적용되므로, 실행 시에 실제 객체가 `Duck`형인 것은 중요하지 않다. 자료형 검사기는 프로그램의 어떠한 부분도 실행하지 않고 단지 소스 코드만 읽을 뿐이다. 명목적 타이핑은 덕 타이핑보다 훨씬 더 경직되었지만, 빌드 과정에서 일부 버그를 빨리 잡아낼 수 있고, 심지어 코드를 IDE에 입력하는 동안에도 버그를 잡을 수 있다.

[예제 8-4]는 덕 타이핑과 명목적 타이핑을 대비시키는 재미있는 예로, 정적 자료형 검사와 실시간 작동을 비교해 보게 해 준다.[7]

예제 8-4 `birds.py`

```python
class Bird:
    pass

class Duck(Bird):    ❶

    def quack(self):
        print('Quack!')
```

---

6 덕 타이핑은 구조적 타이핑의 한 형태로서, 파이썬 3.8 이후부터는 `typing.Protocol`을 통해 지원한다. 프로토콜은 잠시 후 8.5.10절 '정적 프로토콜'에서 설명하고, 13장에서 자세히 다룬다.

7 상속은 남용되는 경향이 있고, 실감나지만 간단한 이런 예제에서 사용할 필요는 없다. 일단은 여기에서 동물을 이용해 서브타이핑한 간단한 예제로 만족해주길 바란다.

```python
def alert(birdie):      ❷
    birdie.quack()

def alert_duck(birdie: Duck) -> None:   ❸
    birdie.quack()

def alert_bird(birdie: Bird) -> None:   ❹
    birdie.quack()
```

❶ Duck은 Bird의 서브클래스이다.

❷ alert( )에 자료형 힌트가 없으므로 자료형 검사기가 무시한다.

❸ alert_duck( )은 Duck 형 인수를 하나 받는다.

❹ alert_bird( )는 Bird 형 인수를 하나 받는다.

Mypy로 birds.py를 검사하면 다음과 같은 문제가 발견된다.

```
.../birds/ $ mypy birds.py
birds.py:16: error: "Bird" has no attribute "quack"
Found 1 error in 1 file (checked 1 source file)
```

그저 소스 코드만 분석하므로 Mypy는 alert_bird( )에 문제가 있다고 생각한다. 자료형 힌
트는 birdie 매개변수의 자료형을 Bird로 선언했지만, 함수 안에서 birdie.quack( )을 호출
하는데, Bird 클래스에는 이 메서드가 없기 때문이다.

이제 [예제 8-5]의 birds 모듈을 이용하는 daffy.py 파일을 실행해 보자.

예제 8-5 daffy.py

```python
from birds import *

daffy = Duck()
alert(daffy)          ❶
alert_duck(daffy)     ❷
alert_bird(daffy)     ❸
```

❶ alert( )에 자료형 힌트가 없으므로 올바른 호출이다.

❷ `alert_duck()`은 Duck 형 인수를 받고, daffy는 Duck 형이므로 올바른 호출이다.

❸ `alert_bird()`는 Bird 형 인수를 받고, daffy를 Bird 형으로도 볼 수 있으므로(Bird가 Duck의 슈
퍼클래스이므로) 올바른 호출이다.

`daffy.py`에 Mypy를 실행하면 `birds.py`에 정의된 `alert_bird()` 함수를 호출하는
`quack()`와 똑같은 에러가 발생한다.

```
.../birds/ $ mypy daffy.py
birds.py:16: error: "Bird" has no attribute "quack"
Found 1 error in 1 file (checked 1 source file)
```

그러나 Mypy는 `daffy.py` 파일 자체에는 문제가 없다고 판단한다. 세 개의 함수 호출이 정당
하다고 생각한다. `daffy.py`를 실행하면 다음과 같은 결과가 나온다.

```
.../birds/ $ python3 daffy.py
Quack!
Quack!
Quack!
```

모두 잘 작동한다! 덕 타이핑이 최고다!

실행 시 파이썬은 선언된 자료형에는 신경 쓰지 않고 덕 타이핑만 사용한다. Mypy는 `alert_`
`brid()`에 에러가 있다고 판단하지만, daffy로 호출하는 것은 실행 시 정상적으로 작동한다.
제대로 작동하는 프로그램에서 정적 검사기가 에러를 찾아낸다는 사실이 파이썬주의자들에게
처음에는 놀라운 일일 수는 있다.

그러나 몇 달 후에 이 웃긴 프로그램을 확장해야 할 때 Mypy에 고마움을 느낄지도 모르겠다.
`birds`를 사용하는 [예제 8-6]의 `woody.py` 모듈을 생각해 보자.

예제 8-6 woody.py

```
from birds import *

woody = Bird()
alert(woody)
```

```
    alert_duck(woody)
    alert_bird(woody)
```

woody.py를 검사할 때 Mypy는 에러 두 가지를 찾아낸다.

```
…/birds/ $ mypy woody.py
birds.py:16: error: "Bird" has no attribute "quack"
woody.py:5: error: Argument 1 to "alert_duck" has incompatible type "Bird";
expected "Duck"
Found 2 errors in 2 files (checked 1 source file)
```

첫 번째 에러는 birds.py에 있다. alert_bird() 안에서의 birdie.quack() 호출은 이미 앞에서 보았다. 두 번째 에러는 woody.py에 있다. woody는 Bird 인스턴스이므로 alert_duck(woody)을 호출할 수 없다. alert_duck() 함수가 Duck 인스턴스를 인자로 요구하기 때문이다. 모든 Duck은 Bird이지만, 모든 Bird가 Duck은 아니다.

실행 시 woody.py 안의 호출 중 성공하는 게 없다. [예제 8-7]과 같이 콘솔 세션을 이용하면 연속해서 호출이 실패하는 모습을 잘 볼 수 있다.

예제 8-7 실행 에러 및 Mypy로 에러를 예방할 수 있었던 방법

```
>>> from birds import *
>>> woody = Bird()
>>> alert(woody)  ❶
Traceback (most recent call last):
  ...
AttributeError: 'Bird' object has no attribute 'quack'
>>>
>>> alert_duck(woody)  ❷
Traceback (most recent call last):
  ...
AttributeError: 'Bird' object has no attribute 'quack'
>>>
>>> alert_bird(woody)  ❸
Traceback (most recent call last):
  ...
AttributeError: 'Bird' object has no attribute 'quack'
```

❶ alert()에 자료형 힌트가 없으므로 Mypy가 이 에러를 탐지할 수 없었다.

❷ Mypy가 다음과 같은 메시지로 문제를 보고했다. Argument 1 to "alert_duck" has incompatible type "Bird"; expected "Duck"

❸ [예제 8-4] 이후 줄곧 Mypy가 "Bird" has no attribute "quack" 메시지로 alert_bird() 함수 본체에 잘못이 있음을 지적해 왔다.

이 간단한 실험은 덕 타이핑이 시작하기 쉽고 융통성이 높지만 지원되지 않는 연산이 실행 시 에러를 일으킬 수 있음을 잘 보여 준다. 명목적 타이핑은 실행하기 전에 에러를 탐지하지만, [예세 8-5]의 alert_bird(daffy)처럼 실제 작동하는 코드를 거부할 수 있다. 종종 제대로 작동하기는 해도 alert_bird()라는 함수 이름은 오해의 소시가 있다. 함수 안에서 객체가 quack() 메서드 지원하기를 요구하지만, 사실 Bird에는 이 메서드가 없기 때문이다.

이 간단한 예제에는 한 줄짜리 짧은 함수들만 있었지만, 실제 코드에서 함수는 더 길어진다. birdie 인수를 다른 함수에 전달할 수도 있고, 여러 함수를 거쳐 birdie 인수를 전달받을 수도 있어서 실행 시 에러의 원인을 찾아내기 어려워진다. 자료형 검사기를 사용하면 실행 시 이런 에러의 발생을 예방할 수 있다.

> **NOTE** 책에 나오는 조그만 예제에서는 자료형 힌트의 가치가 와닿지 않을 수도 있다. 그러나 코드의 양이 많아질수록 장점이 커진다. 그래서 드롭박스, 구글, 페이스북처럼 수백만 줄의 파이썬 코드를 사용하는 회사들이 자료형 힌트를 전사적으로 채택하는 것을 지원하고 지속적 통합 파이프라인 속에서 전체 파이썬 코드 베이스의 더 많은 부분을 자료형 검사하기 위해 팀과 도구에 투자해 왔다.

이번 절에서는 적절한 자료형 힌트 없이 긴단한 double() 함수에서 시작해 덕 타이핑과 명목적 타이핑에서 자료형과 연산의 관계를 알아보았다. 이제 함수 어노테이션에 사용되는 중요한 자료형들을 둘러볼 때가 되었다. 8.5.10절 '정적 프로토콜'에서 double()에 자료형 힌트를 추가하는 좋은 방법을 알아보겠지만, 그 전에 알아두어야 할 핵심 자료형들을 살펴보자.

8.5 어노테이션에 사용할 수 있는 자료형

파이썬의 거의 모든 자료형을 자료형 힌트에 사용할 수 있지만, 제약 사항과 권장 사항이 있다. 게다가 typing 모듈은 종종 깜짝 놀라게 하는 의미를 지닌 특별한 구조체를 제공한다.

이번 절에서는 어노테이션에 사용할 수 있는 주요 자료형을 알아본다.

- `typing.Any`
- 단순형과 클래스
- `typing.Optional`과 `typing.Union`
- 튜플과 매핑 등의 제네릭 컬렉션
- 추상 베이스 클래스
- 제네릭 반복형
- 매개변수화된 제네릭형과 TypeVar
- `typing.Protocols`: 정적 덕 타이핑static duck typing의 핵심
- `typing.Callable`
- `typing.NoReturn`: 이 목록의 마지막 항목으로 적절한 자료형

각 자료형을 차례대로 살펴본다. 먼저 이상하고 쓸모없을 것 같지만, 아주 중요한 자료형부터 알아보자.

8.5.1 Any 형

모든 그래듀얼 타이핑 시스템의 주춧돌인 Any 형은 **동적형**dynamic type으로도 알려졌다. 자료형 검사기가 다음과 같이 자료형이 명시되지 않은 함수를 만났다고 생각해 보자.

```
def double(x):
    return x * 2
```

그러면 자료형 검사기는 다음 코드로 간주한다.

```
def double(x: Any) -> Any:
    return x * 2
```

이 자료형 힌트는 x 인수와 반환값은 각기 서로 다른 어떠한 자료형도 될 수 있음을 의미한다. Any 형은 가능한 모든 연산을 지원한다고 간주된다. 다음 시그너처를 보며 Any와 `object`를 비교해 보자.

```
def double(x: object) -> object:
```

이 함수도 모든 자료형을 받는다. 모든 자료형이 object의 서브클래스이기 때문이다.

그러나 자료형 검사기는 다음의 함수를 거부한다.

```
def double(x: object) -> object:
    return x * 2
```

문제는 object가 __mul__() 연산을 지원하지 않는다는 점이다. Mypy는 다음과 같은 메시지를 출력한다.

```
.../birds/ $ mypy double_object.py
double_object.py:2: error: Unsupported operand types for * ("object" and "int")
Found 1 error in 1 file (checked 1 source file)
```

자료형이 더 포괄적일수록 인터페이스는 좁아진다. 즉 지원하는 연산이 더 적다는 의미다. object 클래스가 구현하는 연산은 abc.Sequence보다 적고, abc.Sequence는 abc.MutableSequence보다 구현하는 연산이 적고, abc.MutableSequence는 list보다 구현하는 연산이 적다.

그러나 Any 형은 마술처럼 자료형 계층구조에서 꼭대기와 밑바닥에 동시에 존재한다. 가장 범용 자료형이므로 n: Any 자료형 힌트가 있는 매개변수는 어떠한 자료형도 받을 수 있지만, 가장 특화된 자료형이어서 어떠한 연산도 지원한다. 자료형 검사기는 Any 형을 이와 같은 방식으로 받아들인다.

물론 가능한 연산을 모두 지원하는 자료형은 없으므로 Any 형을 사용하면 자료형 검사기가 핵심 임무(프로그램이 실행 시에 예외를 발생시키고 충돌하기 전에 잘못될 가능성이 있는 연산을 탐지하기)를 수행하지 못하게 된다.

서브타입과 일치하는 타입

전통적인 객체지향 명목적 타이핑 시스템은 **서브타입**subtype 관계에 의존한다. 클래스 T1과 서브클래스 T2가 있을 때 T2를 T1의 **서브타입**subtype-of이라고 한다. 다음 코드를 보자.

```
class T1:
    ...

class T2(T1):
    ...

def f1(p: T1) -> None:
    ...

o2 = T2()

f1(o2)  # 올바르다.
```

f1(o2)를 호출할 수 있는 것은 리스코프 치환 원칙Liskov Substitution Principle(LSP)이 적용되었기 때문이다. 바바라 리스코프Barbara Liskov[8]는 지원되는 연산의 관점에서 'T2 형 객체가 T1 형 객체를 대체하고도 여전히 프로그램이 제대로 작동할 때, T2를 T1의 서브타입이라고 한다'고 정의했다.

앞 예제 코드에 이어진 다음 코드는 LSP의 위반을 보여 준다.

```
def f2(p: T2) -> None:
    ...

o1 = T1()

f2(o1)  # 자료형 에러
```

지원되는 연산의 관점에서 보면 이 코드가 틀린 게 맞다. 서브타입 T2는 T1이 지원하는 연산을 모두 상속하고 지원해야 한다. 따라서 T1 인스턴스가 필요한 곳 어디에라도 T2 인스턴스를 대신 사용할 수 있다. 그러나 반대의 경우도 참이 되는 것은 아니다. T2는 메서드를 더 많이 구현할 수 있으므로 T2 인스턴스가 필요한 곳에는 T1 인스턴스를 사용하지 못할 수도 있다. 지원되는 연산 측면에서의 이 관계는 LSP라고도 불리는 **행위적 서브타이핑**behavioral subtyping(https://fpy.li/8-15)에 잘 나타난다.

그래듀얼 타이핑 시스템에는 **일치하는**consistent-with 관계도 있다. 이 관계는 Any 형 특별 조항과

---

[8] MIT 교수, 프로그래밍 언어 설계자, 튜링 어워드 수상자. 위키백과 바바라 리스코프(https://fpy.li/8-14)를 참조하라.

함께 서브타입 관계가 적용될 때 성립한다. 일치하는 관계의 규칙은 다음과 같다.

1 T1과 서브타입 T2가 주어지면, T2는 T1과 일치한다(리스코프 치환).

2 모든 자료형은 Any와 일치한다. Any 형으로 선언된 매개변수에는 어떠한 자료형의 객체도 전달할 수 있다.

3 Any 형은 모든 자료형에 일치한다. 다른 자료형의 매개변수가 필요한 곳에는 언제든 Any 형 객체를 전달할 수 있다.

앞에서 정의한 o1과 o2 객체가 있을 때, 규칙 2번과 3번에 따라 다음 예제 코드는 정당한 코드이다.

```python
def f3(p: Any) -> None:
    ...

o0 = object()
o1 = T1()
o2 = T2()

f3(o0)  #
f3(o1)  # 2번 규칙에 따라 모두 올바른 코드이다.
f3(o2)  #

def f4():  # 암묵적으로 반환형을 `Any`로 간주한다.
    ...

o4 = f4()  # 유추된 자료형: `Any`

f1(o4)  #
f2(o4)  # 3번 규칙에 따라 모두 올바른 코드이다.
f3(o4)  #
```

모든 그래듀얼 타이핑 시스템에는 Any 같은 와일드카드 자료형이 필요하다.

> **TIP** 자료형을 분석할 때 '유추한다'는 말은 '추측한다'는 말과 같은 의미다. 파이썬이나 다른 언어에서 사용하는 최신 자료형 검사기는 표현식에서 자료형을 유추할 수 있으므로 모든 곳에 자료형 힌트를 붙이지 않아도 된다. 예를 들어 `x = len(s) * 10` 코드를 작성하면 내장 함수 `len()`에 대한 자료형 힌트를 찾아내 x가 int 형임을 알 수 있으므로 명시적으로 자료형 힌트를 붙이지 않아도 된다.

이제 자료형 힌트에 사용되는 다른 자료형들을 알아보자.

8.5.2 단순형과 클래스

`int`, `float`, `str`, `bytes` 같은 단순형은 자료형 힌트에 바로 사용할 수 있다. FrenchDeck, Vector2d, Duck 같은 표준 라이브러리, 외부 패키지, 사용자 정의 구상 클래스들도 자료형 힌트에 사용할 수 있다.

추상 베이스 클래스도 자료형 힌트에 도움이 된다. 이 주제는 8.5.7절 '추상 베이스 클래스'에서 컬렉션형을 공부할 때 다룬다.

클래스들 사이에서 일치하는 타입은 서브타입과 비슷하게 정의된다. 즉, 서브클래스는 자신의 모든 슈퍼클래스와 **일치한다.**

그러나 '실용성이 순수성에 우선한다'는 원칙에 따라 아주 중요한 예외가 있는데, 다음에 나오는 TIP 글상자를 참조하라.

> **TIP** int는 complex와 일치함
>
> 내장형 `int`, `float`, `complex` 간에는 명목적인 서브타입 관계가 없고 각자 **object**에서 바로 상속받는 서브클래스들이다. 그러나 PEP 484(`https://fpy.li/cardxvi`)에서는 int가 float와 일치하고, float는 complex와 일치한다고 정의한다. 이것은 실무적인 입장에서 보면 타당하다. int는 float가 구현하는 연산을 모두 구현하고, 추가로 &, ¦, << 등의 비트 연산을 구현하기 때문이다. 결국 int는 complex와도 일치하게 된다. i = 3일 때, i.real은 3이고 i.imag은 0이다.

8.5.3 선택적인 자료형과 유니온형

8.3.4절 'None을 기본값으로 사용하기'에서 특별한 자료형 `Optional`을 설명했다. 해당 절에서는 다음 예제와 같이 None을 기본값으로 사용하는 문제를 해결했다.

```python
from typing import Optional

def show_count(count: int, singular: str, plural: Optional[str] = None) -> str:
```

`Optional[str]`은 사실 `Union[str, None]`의 단축형으로, `plural`의 형이 `str`이나 `None`이 될 수 있음을 의미한다.

내장 함수 ord()의 시그너처는 Union을 사용한 간단한 예를 보여 준다. str이나 bytes 형 인수를 받아 int를 반환한다.[9]

```
def ord(c: Union[str, bytes]) -> int: ...
```

다음 예는 str 형 인수를 받아 str이나 float를 반환하는 함수를 보여 준다.

```
from typing import Union

def parse_token(token: str) -> Union[str, float]:
    try:
        return float(token)
    except ValueError:
        return token
```

가능하면 Union 형을 반환하는 함수는 만들지 않는 편이 좋다. 이를 처리하려면 반환된 값을 실행 시에 검사해야 하므로 사용자에게 추가 부담을 주기 때문이다. 그렇지만 앞 예제에서 간단한 표현식 평가자를 구현하는 parse_token() 함수에는 Union 형을 사용하는 편이 타당하다.

---

[9] 엄밀히 말하면 ord()는 len(s) == 1인 str이나 bytes만 받을 수 있지만, 현재의 타이핑 시스템으로는 이 제약 사항을 표현할 수 없다.

Union[]은 적어도 두 개의 자료형을 요구한다. 내포된 Union 형은 풀어서 펼친 Union과 효과 가 똑같다. 따라서 다음의 두 자료형 힌트는 같은 의미이다.

```
Union[A, B, Union[C, D, E]]
Union[A, B, C, D, E]
```

Union은 서로 일치하지 않는 자료형으로 구성될 때 더 유용하다. 예를 들어 int가 float와 일 치하므로 Union[int, float]은 필요가 없다. 매개변수를 float 형으로 어노테이트하면 int 값도 받기 때문이다.

8.5.4 제네릭 컬렉션

파이썬 컬렉션 대부분은 여러 자료형의 객체를 동시에 포함할 수 있다. 예를 들어 list 형 안 에는 여러 자료형을 혼합해 넣을 수 있다. 그러나 실제로 이런 방법은 그리 좋지 않다. 객체를 컬렉션 안에 넣은 후에는 어떤 연산을 수행할 가능성이 높은데, 그러려면 객체들이 적어도 메 서드 하나는 공유해야 한다.[10]

제네릭형은 다루려는 항목들의 자료형을 명시하는 매개변수를 이용해 선언한다. 예를 들어 [예 제 8-8]처럼 list 안에 들어갈 요소들의 자료형을 제한하도록 매개변수를 지정할 수 있다.

예제 8-8 파이썬 3.9+에서 자료형 힌트를 지정한 tokenize()

```
def tokenize(text: str) -> list[str]:
    return text.upper().split()
```

---

10 초기 파이썬 설계에 가장 큰 영향을 준 언어인 ABC에서는 리스트가 단일한 자료형의 값을 받도록 제한되었다. 모든 항목이 처음 항목 과 똑같은 자료형이어야 한다.

파이썬 3.9+에서 이 자료형 힌트는 tokenize()가 str 형 항목들로 구성된 list를 반환함을 의미한다.

어노테이션 stuff: list와 stuff: list[Any]는 의미가 같다. 즉, stuff은 리스트인데, 각 요소는 어떠한 자료형도 될 수 있다.

> **TIP** 파이썬 3.8 이전 버전을 사용하더라도 개념은 똑같다. 그러나 이번 절에 있는 글상자 '레거시 지원과 사용이 억제된 컬렉션형들'에서 설명하듯이 제대로 작동시키려면 코드가 조금 더 많이 필요하다.

'PEP 585-표준 컬렉션에서의 제네릭형 힌트Type Hinting Generics In Standard Collections'(https://fpy.li/8-16)에서는 제네릭형 힌트를 받는 표준 라이브러리에 있는 컬렉션들을 나열한다. 다음 클래스들은 이들 중 가장 단순한 제네릭형 힌트인 container[item] 형식을 사용하는 컬렉션을 추린 것이다.

```
list        collections.deque    abc.Sequence    abc.MutableSequence
set         abc.Container        abc.Set         abc.MutableSet
frozenset   abc.Collection
```

tuple과 매핑형은 더 복잡한 자료형 힌트를 지원하는데, 해당 절에서 자세히 알아본다.

현재 버전인 파이썬 3.10까지는 array.array를 어노테이트할 좋은 방법은 없다. array.array는 배열에 정수가 저장되는지 아니면 실수가 저장되는지 결정하는 typecode 생성자 인수를 고려해야 하기 때문이다. 게다가 요소를 배열에 추가할 때 실행 시 OverflowError 예외를 방지하기 위해 정수 범위를 검사하는 것은 더 어려운 문제다. 예를 들어 typecode='B'인 array는 0에서 255까지의 int 형만 저장할 수 있다. 현재의 파이썬 정적 타이핑 시스템은 이런 난제를 해결하지 못한다.

레거시 지원과 사용이 억제된 컬렉션형들

(파이썬 3.9 이후의 버전만 사용한다면 이 글상자는 읽지 않고 넘어가도 좋다.)

파이썬 3.7과 3.8에서는 list 등의 내장 컬렉션에 [] 표기법을 사용하려면 __future__ 모듈을 임포트해야 한다(예제 8-9).

예제 8-9 파이썬 3.7+에서 자료형 힌트를 사용한 tokenize()

```
from __future__ import annotations

def tokenize(text: str) -> list[str]:
    return text.upper().split()
```

__future__는 파이썬 3.6 이전 버전에서는 작동하지 않는다. 파이썬 3.5+에서 tokenize()를 어노테이트하는 방법은 [예제 8-10]과 같다.

예제 8-10 파이썬 3.5+에서 자료형 힌트를 사용한 tokenize()

```
from typing import List

def tokenize(text: str) -> List[str]:
    return text.upper().split()
```

초기에는 제네릭형 힌트를 지원하기 위해 PEP 484 제안자들이 typing 모듈에 수십 개의 제네릭형을 만들었다. 그중 일부는 [표 8-1]과 같다. 전체 목록은 typing 문서(https://fpy.li/typing)를 참조하라.

표 8-1 컬렉션형과 이에 대응하는 자료형 힌트 목록 일부

컬렉션	대응하는 자료형 힌트
list	typing.List
set	typing.Set
frozenset	typing.FrozenSet
collections.deque	typing.Deque
collections.abc.MutableSequence	typing.MutableSequence
collections.abc.Sequence	typing.Sequence
collections.abc.Set	typing.AbstractSet
collections.abc.MutableSet	typing.MutableSet

PEP 585는 제네릭형 힌트의 사용성을 개선하고자 다음과 같이 네 단계로 구성된 다단계 프로세스를 시작했다.

1 파이썬 3.7에 from __future__ import annotations를 소개함으로써 list[str] 표기법을 이용해 표준 라이브러리 클래스를 제네릭형 힌트로 사용할 수 있게 한다.

2 이 기능을 파이썬 3.9의 기본 작동 방식으로 만들어 future 모듈을 임포트할 필요가 없게 한다.

3 typing 모듈에서 중복된 모든 제네릭형을 사용 중단 안내한다.[11] 프로그램이 파이썬 3.9 이후 버전을 타깃으로 할 때 자료형 검사기가 사용 중단 안내된 자료형들에 대한 경고를 출력하므로 파이썬 인터프리터가 이와 관련한 메시지를 출력하지는 않는다.

4 파이썬 3.9가 출시되고 5년 후(2025년)에 나오는 버전에서 중복된 제네릭형을 제거한다. 현재 추세대로라면 파이썬 파이[Python Pi]라고도 불리는 파이썬 3.14가 출시되는 시점일 것 같다.

이제 제네릭 튜플을 어노테이트하는 방법을 알아보자.

8.5.5 튜플형

튜플형을 어노테이트하는 방법은 세 가지다.

- 레코드로서의 튜플
- 명명된 필드가 있는 레코드로서의 튜플
- 불변 시퀀스로서의 튜플

레코드로서의 튜플

튜플을 레코드로 사용하려면 tuple 내장형을 사용하고 필드의 자료형을 [] 안에 선언하면 된다.

예를 들어 ('Shanghai', 24.28, 'China')처럼 도시 이름, 인구, 나라 이름으로 구성된 튜플을 받으려면 tuple[str, float, str]을 자료형 힌트로 사용하면 된다.

다음과 같이 지리 좌표 쌍을 받아서 지오해시[Geohash](https://fpy.li/8-18)를 반환하는 함수를 생각해 보자.

---

11 필자가 typing 모듈 문서에 기여한 것 중 하나는 귀도 반 로섬의 관리하에 '모듈 내용(Module Contests)'(https://fpy.li/8-17)에서 찾아낸 항목들에 사용 중단 안내를 수십 개를 추가한 것이었다.

```
>>> shanghai = 31.2304, 121.4737
>>> geohash(shanghai)
'wtw3sjq6q'
```

PyPI의 geolib 패키지를 이용해 geohash( )를 구현하는 방법은 [예제 8-11]과 같다.

예제 8-11 coordinates.py: geohash() 함수

```
from geolib import geohash as gh  # type: ignore   ❶

PRECISION = 9

def geohash(lat_lon: tuple[float, float]) -> str:   ❷
    return gh.encode(*lat_lon, PRECISION)
```

❶ geolib 패키지에 자료형 힌트가 없다고 Mypy가 경고 메시지를 출력하지 않도록 막는 코멘트이다.

❷ 두 개의 float 필드로 구성된 tuple로 어노테이트된 lat_lon 매개변수

> **TIP** 파이썬 3.9 전에는 typing.Tuple을 임포트해 자료형 힌트에 사용했다. 현재는 사용 중단 안내되었지만, 적어도 2024까지는 표준 라이브러리에 남아 있을 예정이다.

명명된 필드로서의 튜플

필드가 많거나 프로그램의 여러 곳에서 사용하는 구체적인 자료형의 튜플로 어노테이트할 때, 필자는 5장에서 설명한 typing.NamedTuple을 사용하길 권장한다. [예제 8-12]는 명명된 튜플을 사용하도록 [예제 8-11]을 변경한 것이다.

예제 8-12 coordinates_named.py: 명명된 튜플 Coordinates와 geohash() 함수

```
from typing import NamedTuple from geolib
import geohash as gh  # type: ignore

PRECISION = 9

class Coordinate(NamedTuple):
    lat: float
```

```python
    lon: float

def geohash(lat_lon: Coordinate) -> str:
    return gh.encode(*lat_lon, PRECISION)
```

5.2절 '데이터 클래스 빌더 개요'에서 설명했듯이 typing.NamedTuple은 tuple의 서브클래스를 생성하는 팩토리이므로 Coordinate는 tuple[float, float]과 일치하지만, 그 반대는 성립하지 않는다. Coordinate는 asdict() 등 NamedTuple이 추가한 메서드 및 사용자가 정의한 메서드를 갖기 때문이다.

따라서 다음과 같이 정의된 display() 함수에 Coordinate 인스턴스를 전달해도 자료형 안전하다.

```python
def display(lat_lon: tuple[float, float]) -> str:
    lat, lon = lat_lon
    ns = 'N' if lat >= 0 else 'S'
    ew = 'E' if lon >= 0 else 'W'
    return f'{abs(lat):0.1f}°{ns}, {abs(lon):0.1f}°{ew}'
```

불변 시퀀스로서의 튜플

불변 리스트로 사용되는 불특정 길이의 튜플로 어노테이트하려면, 자료형 하나를 지정하고, 그 뒤에 쉼표와 ...(파이썬의 말줄임 표시 토큰으로, 마침표 세 개로 구성된다. 유니코드 U+2026 HORIZONTAL ELLIPSIS가 아니다)를 붙이면 된다.

예를 들어 tuple[int, ...]는 int 요소들로 구성된 튜플이다.

말줄임 표시는 하나 이상의 요소를 받는다는 의미다. 임의 길이의 튜플에 각기 다른 자료형 필드를 명시하는 방법은 없다.

stuff: tuple[Any, ...]와 stuff: tuple 어노테이션의 의미는 같다. stuff은 임의 객체의 불특정 길이 튜플을 나타낸다.

다음은 시퀀스를 튜플 리스트 형태로 표현된 표로 변환하는 columnize() 함수이다. 항목을 열에 맞춰 출력하기에 좋다.

```python
>>> animals = 'drake fawn heron ibex koala lynx tahr xerus yak zapus'.split()
>>> table = columnize(animals)
>>> table
[('drake', 'koala', 'yak'), ('fawn', 'lynx', 'zapus'), ('heron', 'tahr'),
 ('ibex', 'xerus')]
>>> for row in table:
...     print(''.join(f'{word:10}' for word in row))
...
drake     koala     yak
fawn      lynx      zapus
heron     tahr
ibex      xerus
```

[예제 8-13]은 columnize() 함수의 구현을 보여 준다. 반환형 list[tuple[str, ...]]에 주목하라.

예제 8-13 columnize.py: 문자열로 구성된 튜플의 리스트를 반환한다.

```python
from collections.abc import Sequence

def columnize(
    sequence: Sequence[str], num_columns: int = 0
) -> list[tuple[str, ...]]:
    if num_columns == 0:
        num_columns = round(len(sequence) ** 0.5)
    num_rows, remainder = divmod(len(sequence), num_columns)
    num_rows += bool(remainder)
    return [tuple(sequence[i::num_rows]) for i in range(num_rows)]
```

8.5.6 제네릭 매핑

제네릭 매핑형은 MappingType[KeyType, ValueType] 형태로 어노테이트된다. 파이썬 3.9+에서 내장형 dict, collections의 매핑형들, collections.abc가 이 표기법을 사용할 수 있다. 이전 버전에서는 8.5.4절의 글상자 '레거시 지원과 사용이 억제된 컬렉션형들'에서 설명한 대로 typing.Dict나 typing 모듈의 그 외 매핑형을 사용해야 한다.

[예제 8-14]는 유니코드 문자를 이름으로 검색하기 위해 역색인(https://fpy.li/8-19)을
반환하는 함수를 사용하는 예를 보여 준다. 이 코드는 [예제 4-21]의 변형으로, 서버 측 코드
로 사용하기에 알맞다(21장에서 설명한다).

유니코드 문자 코드의 시작과 끝을 주면 name_index() 함수는 dict[str, set[str]]를 반
환하는데, 이 딕셔너리는 각 단어를 이름에 해당 단어가 포함된 유니코드 문자에 매핑한 역색
인이다. 예를 들어 32에서부터 64까지 아스키 문자를 인덱싱한 후, 'SIGN'과 'DIGIT'에 매핑
된 문자들과, 'DIGIT EIGHT'이라는 이름을 가진 문자를 찾는 방법은 다음과 같다.

```
>>> index = name_index(32, 65)
>>> index['SIGN']
{'$', '>', '=', '+', '<', '%', '#'}
>>> index['DIGIT']
{'8', '5', '6', '2', '3', '0', '1', '4', '7', '9'}
>>> index['DIGIT'] & index['EIGHT']
{'8'}
```

[예제 8-14]는 charindex.py 파일 안의 name_index() 함수의 소스 코드를 보여 준다.
dict[] 형 힌트 외에 이 예제에서는 이 책에 처음 나오는 기능 세 가지를 보여 준다.

예제 8-14 charindex.py

```
import sys
import re
import unicodedata
from collections.abc import Iterator

RE_WORD = re.compile(r'\w+')
STOP_CODE = sys.maxunicode + 1

def tokenize(text: str) -> Iterator[str]:      ❶
    """대문자로 변환한 단어들의 반복자를 반환한다."""
    for match in RE_WORD.finditer(text):
        yield match.group().upper()

def name_index(start: int = 32, end: int = STOP_CODE) -> dict[str, set[str]]:
    index: dict[str, set[str]] = {}      ❷
    for char in (chr(i) for i in range(start, end)):
```

```
        if name := unicodedata.name(char, ''):  ❸
            for word in tokenize(name):
                index.setdefault(word, set()).add(char)
    return index
```

❶ tokenize()는 제너레이터 함수다. 제너레이터는 17장에서 자세히 다룬다.

❷ 지역변수 index가 어노테이트되었다. 자료형 힌트를 붙이지 않았다면 Mypy가 Need type annotation for 'index' (hint: "index: dict[<type>, <type>] = ...") 메시지를 출력한다.

❸ if 조건문에 바다코끼리 연산자 :=를 사용했다. unicodedata.name()을 호출한 결과를 name에 할당하고 전체 표현식이 결과가 된다. 결과가 ''이면, 거짓된 값으로 판단되어 index를 갱신하지 않는다.[12]

> **NOTE** dict를 레코드로 사용할 때는 키는 모두 str 형으로, 값은 키에 따라 여러 자료형을 사용하기를 권장한다. 이와 관련한 내용은 15.3절 'TypedDict'에서 설명한다.

8.5.7 추상 베이스 클래스

> 줄 때는 엄격하게 하고, 받을 때는 너그럽게 하라.
>
> — 포스텔Postel의 법칙('견고성 원칙'이라고도 함)

[표 8-1]은 collections.abc의 여러 추상 클래스를 나열한다. 이상적으로 함수는 구상형이 아니라 거기에 나열된 추상형(파이썬 3.9 전에는 그에 대응하는 typing 모듈 클래스들)의 인수를 받아야 한다.

다음 함수 시그너처를 생각해 보자.

```
from collections.abc import Mapping

def name2hex(name: str, color_map: Mapping[str, int]) -> str:
```

---

[12] 몇몇 예제에서 적절할 때 :=를 사용했지만, 이 책에서는 해당 연산을 다루지 않는다. 자세한 내용은 PEP 572 문서(https://fpy.li/pep572)를 참조하라.

abc.Mapping을 사용하면 호출자는 dict, defaultdict, ChainMap, UserDict의 서브클래스, 혹은 모든 Mapping 서브클래스의 인스턴스로 호출할 수 있다. 반면에 다음 시그너처를 생각해 보자.

```
def name2hex(name: str, color_map: dict[str, int]) -> str:
```

이제 color_map은 dict 형이나, defaultDict나 OrderedDict 같은 dict의 서브클래스 만 받을 수 있다. 특이한 점은 UserDict는 사용자 정의 매핑형을 만들 때 권장하는 방법 이지만(3.6.5절 'dict 대신 UserDict 상속하기' 참조), 자료형 검사기는 color_map이 collections.UserDict 서브클래스의 인스턴스를 받으면 통과시키지 않는다. UserDict가 dict의 서브클래스가 아니므로 Mypy는 UserDict나 이 클래스를 상속한 클래스의 인스턴스 를 거부한다. 두 클래스 모두 abc.MutableMapping의 서브클래스로[13], 자매 관계다.

따라서 일반적으로 매개변수 자료형 힌트를 지정할 때는 dict(혹은 레거시 코드에서는 typing.Dict)보다는 abc.Mapping이나 abc.MutableMapping을 사용하는 편이 좋다. name2hex() 함수가 color_map 인수를 변경할 필요가 없으면, color_map의 자료형 힌트 로 abc.Mapping을 지정하는 것이 가장 정확한 방법이다. abc.Mapping으로 지정하면 호출자 가 인수로 전달할 객체가 Mapping이 아니라 MutableMapping의 메서드인 setdefault, pop, update() 등의 메서드까지 구현할 필요가 없기 때문이다. 이것은 포스텔의 법칙에서 두 번째 부분인 "받을 때는 너그럽게 하라"에 해당한다.

또한 포스텔의 법칙은 줄 때는 엄격히 해야 한다고 이야기한다. 함수 반환값은 언제나 객체이 므로, 8.5.4절 '제네릭 컬렉션'에서 다음과 같이 list[str]을 사용한 예처럼, 반환형 힌트는 구상 클래스여야 한다.

```
def tokenize(text: str) -> list[str]:
    return text.upper().split()
```

파이썬 문서는 typing.List 항목(https://fpy.li/8-20)에서 다음과 같이 설명한다.

---

13 사실 dict는 abc.MutableMapping의 가상 서브클래스이다. 가상 서브클래스 개념은 13장에서 설명한다. 일단 지금은 dict 가 C 언어로 구현되어 object로부터만 상속받고 abc.MutableMapping으로부터는 아무것도 상속받는 게 없기는 하지만, issubclass(dict, abc.MutableMapping)가 True라고만 알아두자.

비슷한 설명이 typing.Dict 항목(https://fpy.li/8-21)과 typing.Set 항목(https://fpy.li/8-22)에도 나온다.

내장 컬렉션은 물론 collections.abc의 대부분의 추상 베이스 클래스와 collections의 여러 구상 클래스는 파이썬 3.9부터 collections.deque[str]과 같은 제네릭형 힌트를 지원한다는 사실을 기억해 두자. 이에 대응되는 typing 모듈 컬렉션들은 파이썬 3.8 이전 버전을 지원하도록 작성된 코드에서만 필요하다. 제네릭화된 클래스의 전체 목록은 PEP 585 문서의 '구현Implementation' 절(https://fpy.li/8-16)에 있다.

자료형 힌트에서 추상 베이스 클래스(ABC) 설명을 마치기 전에 numbers ABC에 관해 알아보자.

수치형 탑의 몰락

numbers 패키지(https://fpy.li/8-24)는 'PEP 3141-수치형의 계층구조A Type Hierarchy for Numbers'(https://fpy.li/pep3141)에서 설명한 소위 **수치형 탑**numeric tower을 정의한다. 이 탑은 꼭대기 Number에서 시작해 한 줄로 내려오는 ABC 계층을 이룬다.

- Number
- Complex
- Real
- Rational
- Integral

이 ABC들은 실행 시 자료형 검사에서는 완벽히 작동하지만, 정적 검사에서는 지원하지 않는다. PEP 484의 '수치형 탑Numeric Tower' 절(https://fpy.li/cardxvi)은 numbers ABC를 수용하지 않고, 8.5.2절의 TIP 글상자에서 설명했듯이 complex, float, int 내장형을 특별하게 다룬다.

이 문제는 프로토콜과 ABC를 자세히 비교하는 13.6.8절 'numbers ABC와 수치형 프로토콜'
에서 다시 설명한다.

사실 정적 자료형 검사를 위해 수치형 인수를 어노테이트하려면 다음과 같이 몇 가지 방법이
있다.

1 PEP 488에서 권장한 대로 구상형인 int, float, complex 중 하나를 사용한다.

2 Union[float, Decimal, Fraction]처럼 유니온형을 선언한다.

3 구상형으로 하드코딩하는 것을 피하고 싶으면, 13.6.2절 '런타임에 검사할 수 있는 정적 프로토콜'에서 설
명한 대로, SupportsFloat 등의 수치형 프로토콜을 사용하라.

수치형 프로토콜을 이해하려면 먼저 뒤에 나오는 8.5.10절 '정적 프로토콜'을 알아야 한다.

일단 자료형 힌트에 매우 유용하게 사용되는 반복형 ABC인 Iterable에 관해 알아보자.

8.5.8 반복형

앞에서 인용한 typing.List 문서(https://fpy.li/8-20)에서는 함수 매개변수 자료형 힌
트에 Sequence와 Iterable을 사용하기를 권장한다.

Iterable을 매개변수 자료형 힌트로 사용하는 예는 표준 라이브러리 math.fsum() 함수의 시
그너처에서 볼 수 있다.

```
def fsum(__seq. Iterablc[float]) -> float·
```

> **TIP** 스텁 파일과 Typeshed 프로젝트
>
> 현재 버전인 파이썬 3.10까지는 표준 라이브러리에 어노테이션이 붙어 있지 않지만, Mypy, 파이참 등은
> Typeshed 프로젝트(https://fpy.li/8-26)에서 필요한 자료형 힌트를 찾아낼 수 있다. 이 프로젝트는
> **스텁 파일**stub file 형태로 자료형 힌트를 제공하는데, 이 파일은 마치 C 언어의 헤더 파일처럼 구현 코드 없이
> 어노테이트된 함수와 메서드 시그너처를 담고 확장자가 .pyi인 특별한 소스 파일이다.
> math.fsum() 함수의 시그너처는 /stdlib/2and3/math.pyi(https://fpy.li/8-27)에 있다. 이 함수
> 의 매개변수 __seq 앞에 있는 언더바는 PEP 484 관례에 따라 위치 전용 매개변수에 사용된다. 자세한 내
> 용은 8.6절 '위치 전용과 가변 매개변수의 어노테이션'을 참조하라.

[예제 8-15]는 tuple[str, str] 형의 항목들을 생성하는 Iterable 매개변수를 사용하는 또 다른 예이다. 함수를 사용하는 방법은 다음과 같다.

```
>>> l33t = [('a', '4'), ('e', '3'), ('i', '1'), ('o', '0')]
>>> text = 'mad skilled noob powned leet'
>>> from replacer import zip_replace
>>> zip_replace(text, l33t)
'm4d sk1ll3d n00b p0wn3d l33t'
```

[예제 8-15]는 이 함수가 어떻게 구현되었는지 보여 준다.

예제 8-15 replacer.py

```
from collections.abc import Iterable

FromTo = tuple[str, str]    ❶

def zip_replace(text: str, changes: Iterable[FromTo]) -> str:    ❷
    for from_, to in changes:
        text = text.replace(from_, to)
    return text
```

❶ FromTo는 자료형 별칭^{type alias}으로, 여기에서는 tuple[str, str]를 FromTo에 할당해 zip_replace()의 시그너처를 조금 더 읽기 좋게 했다.

❷ changes는 Iterable[FromTo] 형으로, Iterable[tuple[str, str]]과 똑같지만, 더 짧고 읽기 좋다.

> **TIP 파이썬 3.10에서의 명시적 자료형 별칭**
>
> 'PEP 613–명시적 자료형 별칭^{Explicit Type Aliases}'(https://fpy.li/pep613)은 TypeAlias라는 특별한 자료형을 소개했는데, 보기 좋고 자료형 검사하기 쉽게 자료형 별칭을 만드는 할당문을 만들 수 있다. 파이썬 3.10부터는 TypeAlias를 이용해 명시적으로 자료형 별칭을 만들기를 권장한다.
>
> ```
> from typing import TypeAlias
>
> FromTo: TypeAlias = tuple[str, str]
> ```

abc.Iterable과 abc.Sequence

math.fsum()과 replacer.zip_replace() 함수 둘 다 결과를 반환하려면 Iterable 형의 인수를 모두 반복해야 한다. 그러나 itertools.cycle 제너레이터와 같은 무한 반복형을 입력으로 받으면, 이런 함수는 시스템 메모리를 소진하고 파이썬 프로세스가 충돌하게 한다. 결과를 반환하려면 입력된 Iterable을 모두 처리해야 하는 함수들에는 이러한 위험성이 있지만, 최신 파이썬에서는 Iterable을 입력받는 함수들을 제공한다. 호출자에 미리 생성한 시퀀스 대신 제너레이터를 전달할 방법을 제공함으로써 입력 항목의 수가 많을 때 메모리를 아주 많이 절약하게 해 준다.

한편 [예제 8-13]의 columnize() 함수는 Iterable이 아니라 Sequence 매개변수를 받아야 한다. 행의 수를 미리 계산하려면 입력의 길이를 알아야 하기 때문이다.

Sequence와 마찬가지로 Iterable도 매개변수형으로 아주 유용하게 사용된다. 그러나 반환형으로서는 너무 모호하다. 함수는 반환하는 자료형을 조금 더 구체적으로 명시할 필요가 있다.

Iterable과 밀접한 관련이 있는 Iterator 형을 [예제 8-14]에서 사용했다. 이 주제는 제너레이터와 고전적인 반복자에 관해 설명하는 17장에서 자세히 다룬다.

8.5.9 매개변수화된 제네릭과 TypeVar

매개변수화된 제네릭은 list[T] 형태로 작성한 제네릭형으로, T는 특정 자료형에 바인딩될 자료형 변수를 나타낸다. 이렇게 해서 매개변수형이 결과형에 반영된다.

[예제 8-16]은 인수 두 개를 받는 sample() 함수를 정의하는데, 첫 번째 인수는 요소가 T 형인 Sequence, 두 번째는 int 형이다. 이 함수는 첫 번째 인수에서 무작위로 뽑은 동일한 T 형의 요소로 구성된 list를 반환한다.

[예제 8-16]은 이 함수가 어떻게 구현되었는지 보여 준다.

예제 8-16 sample.py

```python
from collections.abc import Sequence
from random import shuffle
from typing import TypeVar
```

```python
T = TypeVar('T')

def sample(population: Sequence[T], size: int) -> list[T]:
    if size < 1:
        raise ValueError('size must be >= 1')
    result = list(population)
    shuffle(result)
    return result[:size]
```

다음은 sample()에서 자료형 변수를 사용한 이유를 보여 주는 두 가지 예다.

- Sequence[int]와 일치하는 tuple[int, ...] 자료형 인수로 호출하면 자료형 매개변수가 int이므로, 반환형은 list[int]가 된다.
- Sequence[str]과 일치하는 str 형 인수로 호출하면 자료형 매개변수가 str이므로, 반환형은 list[str]이 된다.

또 다른 예로 표준 라이브러리의 statistics.mode() 함수가 있는데, 이 함수는 수열에서 가장 빈번히 나오는 데이터를 반환한다.

해당 함수의 문서(https://fpy.li/8-28)에서는 다음과 같은 사용 예를 보여 준다.

```python
>>> mode([1, 1, 2, 3, 3, 3, 3, 4])
3
```

TypeVar를 사용하지 않았다면 mode()는 [예제 8-17]과 같은 시그너처를 가졌을 것이다.

예제 8-17 mode_float.py: float 및 서브클래스에서 작동하는 mode()[14]

```python
from collections import Counter
from collections.abc import Iterable

def mode(data: Iterable[float]) -> float:
    pairs = Counter(data).most_common(1)
    if len(pairs) == 0:
        raise ValueError('no mode for empty data')
    return pairs[0][0]
```

mode()는 주로 int나 float 값에 사용하지만, 파이썬에는 다른 수치형도 있으므로 반환형은 주어진 Iterable 요소의 자료형을 따르는 게 바람직하다. TypeVar를 이용하면 이 시그너처를 개선할 수 있다. 간단하지만 틀린 매개변수화한 시그너처에서 시작해 보자.

```python
from collections.abc import Iterable
from typing import TypeVar

T = TypeVar('T')

def mode(data: Iterable[T]) -> T:
```

시그너처에 처음 나타날 때 매개변수 T는 어떠한 자료형도 될 수 있다. 그러나 두 번째 나타날 때는 첫 번째와 똑같은 자료형이 되어야 한다.

따라서 모든 반복형은 Iterable[T]와 일치하는 자료형이 되는데, collections.Counter가 처리힐 수 없는 헤시 불가능한 자료형이 반복형도 포함된다. 따라서 T에 할당할 수 있는 자료형을 제한해야 하는데, 두 가지 제한 방법을 다음 두 개의 절에서 각각 살펴본다.

제한된 TypeVar

TypeVar는 위치 인수를 추가로 받아 자료형 매개변수를 제한할 수 있다. 그래서 특정 수치형만 받도록 mode()의 시그너처를 다음과 같이 개선할 수 있다.

---

14 여기에 있는 구현 코드는 파이썬 표준 라이브러리 statistics 모듈(https://fpy.li/ 8-29) 코드보다 간단하다.

```python
from collections.abc import Iterable
from decimal import Decimal
from fractions import Fraction
from typing import TypeVar

NumberT = TypeVar('NumberT', float, Decimal, Fraction)

def mode(data: Iterable[NumberT]) -> NumberT:
```

이 코드가 더 낫다. 실제로 이 코드는 2020년 5월 25일 현재 typeshed에 있는 statistics.
pyi 스텁 파일(https://fpy.li/8-30)의 mode()의 시그너처다.

그런데 statistics.mode() 문서(https://fpy.li/8-28)에는 다음과 같은 예제가 있다.

```python
>>> mode(["red", "blue", "blue", "red", "green", "red", "red"])
'red'
```

급한 불을 끄기 위해 일단 str을 NumberT 정의에 추가할 수 있다.

```python
NumberT = TypeVar('NumberT', float, Decimal, Fraction, str)
```

이렇게 변경하면 작동은 하지만, str 형도 받으므로 NumberT라는 이름은 오해의 소지가 있다.
게다가 mode()가 새로운 자료형도 다뤄야 하는 일이 생길 때마다 목록에 자료형을 계속 추가
할 수는 없다. TypeVar의 또 다른 기능을 이용하면 훨씬 더 유연하게 해결할 수 있는데, 이 방
법은 다음 소절에서 다룬다.

바운드 TypeVar

[예제 8-17]의 mode()의 본체를 보면 Counter 클래스가 순위를 매기는 데 사용됨을 알 수 있
다. Counter가 dict에 기반하므로 반복형의 요소인 data의 형은 해시 가능해야 한다.

일단 다음 시그너처가 작동은 하는 것 같다.

```python
from collections.abc import Iterable, Hashable

def mode(data: Iterable[Hashable]) -> Hashable:
```

그런데 문제는 반환된 항목의 자료형이 Hashable이라는 점이다. Hashable은 __hash__() 메서드만 구현하는 ABC이다. 따라서 자료형 검사기는 반환된 값으로 hash() 이외의 연산은 아무것도 허용하지 않으므로, 이 객체는 그리 쓸모가 없다.

이 문제를 해결하려면 TypeVar의 또 다른 선택적 매개변수인 bound 키워드 매개변수를 사용해야 한다. 이 변수는 인수 자료형의 상한선을 설정한다. [예제 8-18]에서는 bound=Hashable로 설정했는데, 매개변수가 Hashable이나 Hashable의 하위 자료형이 될 수 있음을 의미한다.[15]

예제 8 18 mode_hashable.py [예제 8-17]과 같지만 융통성이 더 많은 시그너처

```python
from collections import Counter
from collections.abc import Iterable, Hashable
from typing import TypeVar

HashableT = TypeVar('HashableT', bound=Hashable)

def mode(data: Iterable[HashableT]) -> HashableT:
    pairs = Counter(data).most_common(1)
    if len(pairs) == 0:
        raise ValueError('no mode for empty data')
    return pairs[0][0]
```

정리하면 다음과 같이 요약할 수 있다.

- 제한된 자료형 변수는 TypeVar 선언에 명시된 자료형 중 하나로 설정될 수 있다.
- 바운드 자료형 변수는 표현식으로부터 유도된 자료형으로 설정될 수 있다. 유도된 자료형이 TypeVar의 bound 키워드 인수에 선언된 바운드형과 일치하면 된다.

> **WARNING** 바인딩된 TypeVar를 선언하는 키워드 인수의 이름이 bound여서 혼란의 여지가 있다. 일반적으로 값을 변수에 할당하는 것을 파이썬 참조 관점에서는 '이름을 값에 바인딩한다'라고 하기 때문이다. 키워드 인수의 이름이 boundary였다면 덜 혼란스러웠을 것이다.

---

[15] 필자가 이 해결책을 typeshed에 기여했다. 그렇기 때문에 2020년 5월 26일 현재 mode()가 statistics.pyi(https://fpy.li/8-32)에 어노테이트되어 있다.

typing.TypeVar 생성자에는 covariant와 contravariant라는 선택적 매개변수도 있는데, 여기에 관해서는 15.7절 '변이성'에서 설명한다.

이제 TypeVar 소개의 마지막 순서로 AnyStr을 알아보자.

AnyStr로 미리 정의된 자료형 변수

typing 모듈에는 AnyStr이라는 미리 정의된 자료형 변수가 있다. 이 변수는 다음과 같이 정의된다.

```
AnyStr = TypeVar('AnyStr', bytes, str)
```

AnyStr은 bytes나 str 형을 인수로 받고 주어진 자료형의 값을 반환하는 여러 함수에 사용된다.

이제 파이썬 3.8의 새로운 기능으로 제공되어 자료형 힌트를 파이썬답게 지원하게 해 주는 typing.Protocol에 관해 알아보자.

8.5.10 정적 프로토콜

NOTE 객체지향 프로그래밍에서 '프로토콜'이라는 개념은 오래전 스몰토크 시대부터 비공식 인터페이스를 의미했으며, 초창기부터 이 개념은 파이썬의 핵심이었다. 그러나 자료형 힌트에서 프로토콜은 자료형 검사기가 검증할 수 있게 인터페이스를 정의하는 typing.Protocol의 서브클래스를 말한다. 이 두 가지 프로토콜은 13장에서 다루며, 여기에서는 함수 어노테이션과 관련해서 간단히 알아본다.

'PEP 544-프로토콜: 구조적 서브타이핑(정적 덕 타이핑)Protocols: Structural subtyping (static duck typing)'(https://fpy.li/pep544)에서 제안한 Protocol 형은 Go 언어의 인터페이스와 비슷하다. 프로토콜은 하나 이상의 메서드를 명시해 정의되는데, 자료형 검사기는 그 프로토콜이 필요한 곳에 해당 메서드들이 구현되었는지 검사한다.

파이썬에서 프로토콜은 typing.Protocol의 서브클래스를 작성해 정의한다. 그러나 프로토콜을 **구현**하는 클래스는 그 프로토콜을 구현한 클래스를 상속하거나, 등록하거나, 어떠한 관계를 선언할 필요가 없다. 적당한 프로토콜형을 찾아내 해당 프로토콜을 지키게 하는 일은 자료형 검사기에 달렸다.

Protocol과 TypeVar 덕분에 해결할 수 있는 문제를 알아보자. 다음과 같이 반복형 it에서 가장 큰 n 개의 요소를 반환하는 top(it, n) 함수를 만든다고 하자.

```
>>> top([4, 1, 5, 2, 6, 7, 3], 3)
[7, 6, 5]
>>> l = 'mango pear apple kiwi banana'.split()
>>> top(l, 3)
['pear', 'mango', 'kiwi']
>>>
>>> l2 = [(len(s), s) for s in l]
>>> l2
[(5, 'mango'), (4, 'pear'), (5, 'apple'), (4, 'kiwi'), (6, 'banana')]
>>> top(l2, 3)
[(6, 'banana'), (5, 'mango'), (5, 'apple')]
```

매개변수화된 제네릭 top() 함수의 시그너처는 [예제 8-19]와 같을 것이다.

예제 8-19 정의되지 않은 T 형 매개변수가 있는 top() 함수

```python
def top(series: Iterable[T], length: int) -> list[T]:
    ordered = sorted(series, reverse=True)
    return ordered[:length]
```

문제는 T를 어떻게 제한할 것인가이다. series가 sorted() 함수를 사용할 수 있어야 하므로 Any나 object가 될 수는 없다. sorted() 내장 함수는 Iterable[Any]를 받기는 하지만, 선택적 매개변수 key가 각 요소에서 임의의 정렬 키를 계산하는 함수를 받기 때문이다. key 인수를 제공하지 않는 평범한 객체의 리스트를 sorted()에 전달하면 어떻게 될까? 한번 시노해 보자.

```
>>> l = [object() for _ in range(4)]
>>> l
[<object object at 0x10fc2fca0>, <object object at 0x10fc2fbb0>, <object object at
0x10fc2fbc0>, <object object at 0x10fc2fbd0>]
>>> sorted(l)
Traceback (most recent call last):
  File "<stdin>", line 1, in <module>
TypeError: '<' not supported between instances of 'object' and 'object'
```

에러 메시지를 보면 sorted()가 반복형의 요소들에 < 연산자를 사용함을 알 수 있다. 단지 이 연산자만 사용할까? 간단한 실험을 하나 더 해 보자.[16]

```
>>> class Spam:
...     def __init__(self, n): self.n = n
...     def __lt__(self, other): return self.n < other.n
...     def __repr__(self): return f'Spam({self.n})'
...
>>> l = [Spam(n) for n in range(5, 0, -1)]
>>> l
[Spam(5), Spam(4), Spam(3), Spam(2), Spam(1)]
>>> sorted(l)
[Spam(1), Spam(2), Spam(3), Spam(4), Spam(5)]
```

이 실험에서는 Spam이 __lt__() 메서드(< 연산자를 지원하는 특별 메서드)를 구현하므로 리스트를 정렬할 수 있음을 알 수 있다.

따라서 [예제 8-19]의 T 형 매개변수는 __lt__() 메서드를 구현하는 자료형으로 제한되어야 한다. [예제 8-18]에서는 __hash__()를 구현하는 자료형 매개변수가 필요했으므로 자료형 매개변수의 상위 한계로서 typing.Hashable을 사용할 수 있었다. 그러나 이제는 typing이나 abc에 미리 정의된 자료형이 없으므로, 그런 자료형을 하나 만들어야 한다.

[예제 8-20]은 Protocol의 일종으로, SupportsLessThan 프로토콜을 새로 정의한다.

예제 8-20 comparable.py: SupportsLessThan 프로토콜형

```
from typing import Protocol, Any

class SupportsLessThan(Protocol):    ❶
    def __lt__(self, other: Any) -> bool: ...    ❷
```

❶ 프로토콜은 typing.Protocol의 서브클래스이다.

❷ 프로토콜의 본체는 하나 이상의 메서드 정의를 담고 있다. 메서드 정의 본체에는 말줄임 표시(...)가 포함된다.

---

[16] 방금 필자가 했듯이 대화형 콘솔을 열어 덕 타이핑을 활용해 언어의 기능을 탐험하는 게 얼마나 멋진 일인가. 이렇게 탐험하는 방법을 지원하지 않는 언어를 사용할 때 이 기능이 정말 아쉽게 느껴진다.

자료형 T가 프로토콜 P에 정의된 메서드의 시그너처에 맞춰 모두 구현하면 T가 P에 일치한다.

앞에서 정의된 SupportsLessThan이 있을 때 [예제 8-21]과 같이 제대로 작동하는 top()을 정의할 수 있다.

예제 8-21 top.py: bound=SupportsLessThan으로 정의된 TypeVar를 이용해 정의한 top() 함수

```python
from collections.abc import Iterable
from typing import TypeVar

from comparable import SupportsLessThan

LT = TypeVar('LT', bound=SupportsLessThan)

def top(series: Iterable[LT], length: int) -> list[LT]:
    ordered = sorted(series, reverse=True)
    return ordered[:length]
```

top() 함수를 실행해 보자. [예제 8-22]는 pytest를 이용한 테스트 코드의 일부다. 먼저 제너레이터 표현식으로 top()을 호출해 tuple[int, str]을 생성하고, 그다음에는 object의 리스트로 호출한다. object의 리스트로 호출할 때는 TypeError 예외가 발생할 것이다.

예제 8-22 top_test.py: top() 테스트 코드의 일부

```python
from collections.abc import Iterator
from typing import TYPE_CHECKING    ❶

import pytest

from top import top

# 중략

def test_top_tuples() -> None:
    fruit = 'mango pear apple kiwi banana'.split()
    series: Iterator[tuple[int, str]] = (    ❷
        (len(s), s) for s in fruit)
    length = 3
    expected = [(6, 'banana'), (5, 'mango'), (5, 'apple')]
    result = top(series, length)
```

```python
    if TYPE_CHECKING:        ❸
        reveal_type(series)  ❹
        reveal_type(expected)
        reveal_type(result)
    assert result == expected

# 고의적으로 자료형 에러 발생시키기
def test_top_objects_error() -> None:
    series = [object() for _ in range(4)]
    if TYPE_CHECKING:
        reveal_type(series)
    with pytest.raises(TypeError) as excinfo:
        top(series, 3)      ❺
    assert "'<' not supported" in str(excinfo.value)
```

---

❶ 실행 시 typing.TYPE_CHECKING 상수는 언제나 False이지만, 자료형을 검사할 때 자료형 검사기는 True라고 간주한다.

❷ series 변수의 자료형을 명시적으로 선언해서 Mypy 출력 메시지를 읽기 좋게 만든다.[17]

❸ 이 if 문은 테스트를 실행할 때 다음의 세 줄이 실행되지 않게 한다.

❹ reveal_type()은 파이썬 프로그램 실행 시에는 호출할 수 없다. 일반 함수가 아니라 Mypy에서 디버깅용으로 제공하는 함수이기 때문이다. 그래서 import 문도 없다. Mypy는 reveal_type()에 전달된 인수의 유추된 자료형을 디버그 메시지로 출력한다.

❺ Mypy는 이 행에 에러가 있다는 메시지를 출력할 것이다.

앞의 테스트는 top.py에 자료형 힌트가 있든 없든, 어쨌든 통과한다. 조금 더 정확히 말하면 필자가 Mypy로 테스트 파일을 검사했을 때 TypeVar가 의도한 대로 작동하는 모습을 볼 수 있었다. [예제 8-23]에서 mypy 명령의 실행 결과를 확인하라.

> **WARNING** 2021년 7월 기준 mypy 0.910 버전에서 reveal_type()은 몇몇 경우에 필자가 선언한 자료형 대신 호환되는 자료형을 보여 주었다. 예를 들어 abc.Iterator를 사용했는데, typing.Iterator로 출력하는 일이 몇 군데서 발생했다. 이런 사소한 문제가 있긴 하지만, Mypy가 출력하는 메시지는 많은 도움이 된다. Mypy의 사소한 문제는 조만간 해결되리라 생각한다.

---

17 자료형 힌트가 없었다면 Mypy는 series의 자료형을 Generator[Tuple[builtins.int, buil tins.str*], None, None]으로 유추했을 것이다. 이 자료형은 상당히 길지만, Iterator[tuple[int, str]]와 일치한다. 자세한 내용은 17.12절 '제네릭 반복형'에서 설명한다.

```
.../comparable/ $ mypy top_test.py
top_test.py:32: note:
    Revealed type is "typing.Iterator[Tuple[builtins.int, builtins.str]]"   ❶
top_test.py:33: note:
    Revealed type is "builtins.list[Tuple[builtins.int, builtins.str]]"
top_test.py:34: note:
    Revealed type is "builtins.list[Tuple[builtins.int, builtins.str]]"   ❷
top_test.py:41: note:
    Revealed type is "builtins.list[builtins.object*]"   ❸
top_test.py:43: error:
    Value of type variable "LT" of "top" cannot be "object"   ❹
Found 1 error in 1 file (checked 1 source file)
```

❶ test_top_tuples() 함수 안에서, reveal_type(series)는 명시적으로 선언된 대로 Iterator[tuple[int, str]] 형임을 보여 준다.

❷ reveal_type(result)을 이용해 top()이 원하는 자료형을 반환함을 알 수 있다. result는 series에 전달한 인수와 동일한 list[tuple[int, str]] 형이다.

❸ test_top_objects_error()에서, reveal_type(series)는 series의 자료형을 list[object*]이라고 보여 준다. Mypy는 유추된 자료형 앞에 *를 붙인다. 이 테스트에서는 series의 자료형을 어노테이트하지 않았다.

❹ 이 테스트에서 의도한 대로 Mypy가 에러를 감지한다. Iterable series 요소의 자료형은 object가 될 수 없고, 반드시 SupportsLessThan 형이어야 하기 때문이다.

프로토콜형이 ABC보다 좋은 점은 어떤 프로토콜형과 일치한다고 특별히 선언할 필요 없다는 것이다. 따라서 기존 자료형이나 우리가 통제할 수 없는 코드에서 구현된 자료형을 활용해 프로토콜을 생성할 수 있다. 즉, SupportsLessThan 형의 매개변수가 필요한 곳에 사용하기 위해 SupportsLessThan을 상속하거나 str, tuple, float, set 등을 SupportsLessThan에 등록할 필요 없다. 그저 __lt__() 메서드를 구현하기만 하면 된다. 그리고 명시적으로 SupportsLessThan이 프로토콜로 정의되었으므로 자료형 검사기도 자기 할 일을 할 수 있다. 덕 타이핑에서 흔히 보는 암묵적 프로토콜을 자료형 검사기가 확인할 수 없는 것과는 대조적이다.

특별한 Protocol 클래스가 PEP 544(https://fpy.li/pep544)에 소개되었다. [예제 8-21] 을 보면 이 기능을 왜 정적 덕 타이핑이라고 하는지 알 수 있다. top()의 series 매개변수를 어노테이트하는 방식은 '__lt__() 메서드를 구현하는 한, series의 명목적 자료형은 중요하지 않다'라고 하는 것이다. 파이썬의 덕 타이핑은 늘 이런 선언을 암묵적으로 해와서 자료형 검사기가 검증할 수 없었다. 자료형 검사기는 C 언어로 작성된 CPython의 소스 코드를 읽거나, sorted() 함수 인수의 요소가 < 연산만 구현하면 되는지 콘솔 실험으로 찾아낼 수는 없다.

이제는 정적 자료형 검사기를 사용할 수 있게 덕 타이핑을 명시적으로 할 수 있다. 그래서 typing.Protocol 덕분에 **정적 덕 타이핑**[18]을 할 수 있다고 말할 수 있다.

typing.Protocol에는 조금 더 살펴볼 내용이 있다. 4부의 13장에서 구조적 타이핑, 덕 타이핑, ABC(프로토콜을 공식화하는 또 다른 방법)를 비교하면서 다시 이야기한다. 그리고 15.2절 '오버로드된 시그너처'에서는 @typing.overload로 함수 시그너처를 오버로드하는 방법을 설명하고, typing.Protocol과 바운드 TypeVar를 사용한 긴 예제를 살펴본다.

> **NOTE** typing.Protocol을 이용하면 8.4절 '지원되는 연산에 따라 정의되는 자료형'에서 설명한 double() 함수를 기능 손상 없이 어노테이트할 수 있다. __mul__() 메서드가 있는 프로토콜 클래스를 정의하는 것이 핵심이다. 한 번 직접 시도해 보길 권한다. 해결책은 13.6.1절 '자료형을 지정한 double() 함수'에 있다.

8.5.11 콜러블

콜러블 매개변수나 고위 함수에서 반환되는 콜러블 객체를 어노테이트하기 위해 collections.abc 모듈은 Callable 형을 제공한다. 아직 파이썬 3.9를 지원하지 않는 코드에서는 typing 모듈을 통해 사용할 수 있다.

```
Callable[[ParamType1, ParamType2], ReturnType]
```

매개변수 리스트 [ParamType1, ParamType2]에는 자료형이 없거나 하나 이상 올 수 있다.

다음은 repl() 함수에서 관련된 부분을 가져온 것이다. 이 함수는 간단한 대화형 인터프리터의 일부로, 18.3절 '사례 연구: lis.py에서의 패턴 매칭'에서 자세히 살펴본다.[19]

---

18 정적 덕 타이핑이라는 용어를 누가 만들어냈는지 모르지만, Go 언어와 함께 이 용어가 널리 쓰이게 되었다. Go 언어에는 자바의 명목적 인터페이스보다 파이썬 프로토콜에 가까운 인터페이스 개념이 있다.

19 REPL은 읽기-평가-출력-루프(Read-Eval-Print-Loop)의 약자로, 대화형 인터프리터의 기본 작동방식이다.

```python
def repl(input_fn: Callable[[Any], str] = input]) -> None:
```

일반적으로 사용할 때 repl() 함수는 파이썬의 input() 내장 함수를 이용해 사용자가 입력한 표현식을 읽는다. 그러나 자동화된 테스트나 다른 입력 소스와 연결해 사용할 때 repl()은 선택적 매개변수 input_fn을 통해 input과 매개변수와 반환형이 동일한 Callable을 받는다.

typeshed에서 내장 함수 input()의 시그너처는 다음과 같다.

```python
def input(__prompt: Any = ...) -> str: ...
```

input() 시그너처는 다음의 Callable 형 힌트와 일치한다.

```python
Callable[[Any], str]
```

선택적이거나 키워드 인수형을 어노테이트하는 구문은 없다. typing.Callable 문서(https://fpy.li/8-34)에서는 "그런 함수형은 콜러블형으로 거의 사용하지 않는다"라고 한다. 유연한 시그너처의 함수에 대응하는 자료형 힌트가 필요하면 전체 매개변수 리스트를 말줄임 표시(...)로 대체하라는 정도로 설명한다.

```python
Callable[..., ReturnType]
```

제네릭형 내개변수가 지료형 계층구조와 상호작용을 하다 보니 **변이성**variance이라는 새로운 타이핑 개념이 생겨났다.

콜러블형의 변이

[예제 8-24]에 있는 간단한 update() 함수가 있는 온도 제어 시스템이 있다고 생각해 보자. update() 함수는 probe() 함수를 호출해 현재 온도를 얻어오고 display() 함수를 호출해 온도를 사용자에게 보여 준다. 여기에서는 교육적인 목적으로 probe()와 display() 함수 둘 다 인수로서 update() 함수에 전달한다. 이 예제의 목적은 반환형을 가진 콜러블 어노테이션과 매개변수형을 가진 콜러블 어노테이션을 비교하는 것이다.

```python
from collections.abc import Callable

def update(            ❶
        probe: Callable[[], float],      ❷
        display: Callable[[float], None]      ❸
    ) -> None:
    temperature = probe()
    # 여기에 여러 제어 코드가 들어갈 것이다.
    display(temperature)

def probe_ok() -> int:      ❹
    return 42

def display_wrong(temperature: int) -> None:      ❺
    print(hex(temperature))

update(probe_ok, display_wrong)  # 자료형 에러      ❻

def display_ok(temperature: complex) -> None:      ❼
    print(temperature)

update(probe_ok, display_ok)  # 성공      ❽
```

❶ update()는 콜러블 두 개를 인수로 받는다.

❷ probe는 인수를 받지 않고 float를 반환하는 콜러블이어야 한다.

❸ display는 float 인수를 받고 None을 반환하는 콜러블이어야 한다.

❹ probe_ok()는 Callable[[], float]와 일치한다. int를 반환한다고 해서 float를 받는 코드를 망가트리지는 않기 때문이다.

❺ display_wrong()은 Callable[[float], None]과 일치하지 않는다. int를 받는 함수가 float를 처리할 수 있다는 보장이 없기 때문이다. 예를 들어 파이썬의 hex() 함수는 int는 받지만 float는 거부한다.

❻ Mypy는 이 줄에서 에러를 출력한다. display_wrong()이 update()의 매개변수 display에 대한 자료형 힌트와 호환되지 않기 때문이다.

❼ display_ok()는 Callable[[float], None]과 일치한다. complex를 받는 함수는 float 인수도 처리할 수 있기 때문이다.

❽ Mypy가 이 줄에서는 만족한다.

요약하면 코드가 float를 반환하는 콜백을 기다릴 때는 int를 반환하는 콜백을 제공해도 좋다. float를 받는 곳이라면 언제든 int 값을 사용할 수 있기 때문이다.

공식적으로 Callable[[], int]는 Callable[[], float]의 서브타입이라고 할 수 있다. int가 float의 서브타입이기 때문이다. 이 말은 Callable은 반환형에 공변covariant함을 의미한다. int와 float의 서브타입 관계 방향이 이들 자료형을 반환하는 Callable 형의 서브타입 관계 방향과 똑같기 때문이다. 한편 float를 처리하는 콜백이 필요한 곳에 int를 받는 콜백을 제공하면 자료형 에러가 발생한다.

공식적으로 Callable[[int], None]은 Callable[[float], None]의 서브타입이 아니다. int가 float의 서브타입이기는 하지만, 매개변수화된 콜러블형에서의 관계는 반대다. 즉, Callable[[float], None]이 Callable[[int], None]의 서브타입이다. 따라서 Callable은 선언된 매개변수형에 반변contravariant한다고 할 수 있다.

15.7절 '변이성'에서는 예제와 함께 불변, 공변, 반변형을 자세히 설명한다.

> **TIP** 일단 지금은 대부분의 매개변수화된 제네릭형이 **불변형**이라 더 간단하므로 걱정할 필요는 없다. 예를 들어 scores: list[float]로 선언하면, 이 구문은 scores에 할당할 수 있는 정확한 자료형을 지정한다. 따라서 list[int]나 list[complex]로 선언된 객체를 할당할 수 없다.
>
> - list[int] 객체는 할당할 수 없다. 코드 안에서 scores에 넣을 float 값을 저장할 수 없기 때문이다.
> - list[complex] 객체도 할당할 수 없다. 예를 들어 호출자 코드 쪽에서 중앙값을 찾아내려면 scores를 정렬해야 하는데, complex는 __lt__() 메서드를 제공하지 않으므로 list[complex]를 성렬할 수 없기 때문이다.

이제 이번 장에서 마지막으로 알아볼 특별형으로 넘어가자.

8.5.12 NoReturn

NoReturn은 절대 반환하지 않는 함수의 반환형을 어노테이트하는 데만 사용되는 특별한 자료형이다. 일반적으로 이런 함수들은 예외를 발생하고 종료한다. 표준 라이브러리에 이런 함수가 십여 개 있다.

예를 들어 sys.exit()는 SystemExit 예외를 발생시켜 파이썬 프로세스를 종료한다. typeshed에 정의된 이 함수의 시그너처는 다음과 같다.

```
def exit(__status: object = ...) -> NoReturn: ...
```

__status 매개변수는 위치 전용이며 기본값이 있다. 스텁 파일에는 기본값을 명시하는 대신 말줄임 표시로 선언되었다. __status의 자료형은 object이므로 None이 될 수 있다. 따라서 굳이 Optional[object]로 표시하지 않아도 된다.

24장의 [예제 24-6]에 나온 __flag_unknown_attrs()는 여러 에러 메시지를 사용자가 보기 좋게 출력하는 데 사용하는 메서드로, 반환형이 NoReturn이고 종료하기 위해서는 AttributeError 예외를 발생시킨다.

설명이 장황했던 이번 장의 마지막 절에서는 위치 전용 매개변수와 가변 매개변수에 관해 알아본다.

8.6 위치 전용과 가변 매개변수의 어노테이션

[예제 7-9]의 tag() 함수를 다시 생각해 보자. 7.7.1절 '위치 전용 매개변수'에서 이 함수의 시그너처를 마지막으로 보았다.

```
def tag(name, /, *content, class_=None, **attrs):
```

완전히 어노테이트해 여러 줄에 나눠진 tag()의 시그너처는 다음과 같다. 일반적으로 시그너처가 길 때 blue 포맷터(https://fpy.li/8-10)가 이렇게 여러 줄에 나누어 포맷한다.

```
from typing import Optional

def tag(
    name: str,
    /,
    *content: str,
```

```
    class_: Optional[str] = None,
    **attrs: str,
) -> str:
```

임의 위치 매개변수에 대한 *content: str 형 힌트에 주목하라. 이 힌트는 그 인수들이 모두 str 형이 되어야 함을 의미한다. 함수 본체 안에서 content 지역 변수의 자료형은 tuple[str, ...]이다.

이 예제에서 임의 키워드 인수의 자료형 힌트가 **attrs: str이므로 함수 안에서 attrs의 자료형은 dict[str, str]이다. 자료형 힌트가 **attrs: float이었다면 함수 안에서 attrs의 자료형은 dict[str, float]이 된다.

attrs 매개변수가 다양한 자료형의 값을 받아야 한다면 Union[]이나 Any 형을 사용해야 하므로, **attrs: Any와 같이 선언할 수 있다.

위치 전용 매개변수임을 나타내는 데 /를 사용하는 표기법은 파이썬 3.8 이후에만 사용할 수 있다. 파이썬 3.7 이전 버전에서 /를 사용하면 구문 에러가 된다. PEP 484 관례(https://fpy.li/8-36)에 따르면 위치 전용 매개변수명은 두 개의 언더바로 시작한다. PEP 484 관례에 따라 다음 두 줄과 같이 tag() 함수 시그너처를 선언할 수 있다.

```
from typing import Optional

def tag(__name: str, *content: str, class_: Optional[str] = None,
        **attrs: str) -> str:
```

Mypy는 위치 전용 매개변수를 선언하는 이 두 방식을 모두 이해하고 적용한다.

이번 장을 마치기 전에 자료형 힌트 및 자료형 힌트가 지원하는 정적 타이핑 시스템의 한계를 간단히 짚고 넘어가자.

8.7 불완전 타이핑과 강력한 테스팅

대형 기업 코드베이스를 유지보수하는 개발자들에 따르면 코드가 제품에서 실행된 후에 버그를 발견할 때보다 정적 자료형 검사기로 버그를 발견해 수정할 때가 훨씬 비용이 적게 든다고한다. 그러나 필자가 아는 기업들에서는 정적 타이핑을 적용하기 훨씬 전부터 자동화된 테스트를 표준 프로세스에 광범위하게 적용해 왔음을 주지해야 한다.

아주 큰 도움이 되기는 하지만, 정적 타이핑을 궁극적인 검사자로서 항상 신뢰할 수는 없다. 다음과 같은 에러가 심심치 않게 발생한다.

위양성false positive

올바른 코드에 자료형 에러가 있다고 경고하는 경우

위음성false negative

잘못된 코드에 자료형 에러가 있음을 경고하지 못하는 경우

게다가 모든 코드에 자료형 검사를 강제로 적용하다 보면 파이썬의 강력한 표현력을 활용하지못할 수 있다.

- 일부 유용한 기능은 정적으로 검사할 수 없다. 예를 들어 `config(**settings)`와 같은 인수 언패킹이그렇다.
- 프로퍼티, 디스크립터, 메타클래스, 그리고 전반적인 메타프로그래밍은 자료형 검사기가 제대로 지원하거나이해하지 못한다.
- 자료형 검사기는 파이썬 버전보다 뒤처지므로 새로운 (그러나 심지어 발표된 지 1년이 넘은) 언어 기능을사용한 코드를 거부하거나 심지어 충돌할 때도 있다.

데이터 제약은 간단한 경우조차도 자료형 검사 시스템으로 표현할 수 없다. 예를 들어 '수량을나타내는 변수는 0보다 큰 정수여야 한다'라거나 '레이블은 6개 내지 12개의 아스키 문자로 구성된 문자열이어야 한다'는 제약을 보장할 수 없다. 일반적으로 자료형 힌트는 비즈니스 논리의 에러를 찾아내는 데 도움이 되지 않는다.

이런 문제점 때문에 자료형 힌트는 소프트웨어 품질을 보장하는 대들보 역할은 할 수 없으며,자료형 힌트 사용을 예외 없이 강요하면 단점만 커진다.

정적 자료형 검사기를 테스트 러너test runner, 린터 등과 함께 지속적 통합(CI) 파이프라인에서 사용하는 도구 중 하나로 받아들이는 편이 좋다. 지속적 통합의 핵심은 소프트웨어 에러를 줄이고 자료형 힌트로 찾아낼 수 없는 버그들을 자동화된 테스트로 잡아내는 것이다. 자료형 힌트가 있건 없건, 파이썬으로 작성한 코드는 파이썬으로 테스트할 수 있다.

> **NOTE** 이번 절의 제목과 결론은 브루스 에켈Bruce Eckel의 글 '강력한 타이핑과 강력한 테스팅Strong Typing vs. Strong Testing'(`https://fpy.li/8-37`)에서 영감을 얻었다. 이 글은 조엘 스폴스키Joel Spolsky가 편집한 『조엘이 엄선한 소프트웨어 블로그 베스트 29선』(에이콘출판사, 2006)에도 실렸다. 브루스는 파이썬 팬이자 C++, 자바, 스칼라, 코틀린에 관한 책을 썼다. 파이썬을 배우기 전까지는 정적 타이핑 지지자였던 브루스는 그 글에서 "파이썬 프로그램도 충분한 유닛 테스트를 거치면, 충분한 유닛 테스트를 거친 C++, 자바, C# 프로그램만큼 견고해질 수 있다(그러나 파이썬 테스트가 작성하기 더 빠르다)"고 결론을 맺는다.

이것으로 파이썬 자료형 힌트에 관한 설명을 마친다. 자료형 힌트는 제네릭 클래스, 변이성, 오버로드된 시그너처, 자료형 캐스팅 등을 집중적으로 살펴보는 15장의 주제이기도 하다. 한편 자료형 힌트는 이 책에 나오는 여러 예제에서 손님으로 등장한다.

8.8 요약

이번 장에서는 그래듀얼 타이핑 개념을 간단히 소개하고 나서 예제로 넘어가 실습으로 개념을 이해했다. 실제 자료형 힌트를 읽는 도구 없이 그래듀얼 타이핑이 어떻게 작동하는지 개념을 잡기는 어려우므로 Mypy 에러 메시지를 보면서 어노테이트된 함수를 개발했다.

그리고 그래듀얼 타이핑 개념이 파이썬의 전통적인 덕 타이핑과 정적 타이핑 언어인 자바, C++ 등의 프로그래머에 친숙한 명목적 타이핑을 어떻게 혼합했는지 알아보았다.

이번 장의 상당 부분은 어노테이션에 사용하는 주요 자료형을 살펴보는 데 할애되었다. 설명한 여러 자료형은 컬렉션, 튜플, 콜러블 등 우리에게 친숙한 파이썬 객체형과 관련되며 Sequence[float]과 같은 제네릭 표기법을 지원하기 위해 확장되었다. 이런 자료형 대부분은 파이썬 3.9에서 제네릭 기법을 지원하기 위해 표준 자료형이 변경되기 전 **typing** 모듈에서 구현된 임시 대용품이었다.

일부 자료형은 특별한 개체다. Any, Optional, Union, NoReturn은 메모리에 있는 실제 객체와는 아무런 상관이 없으며 그저 타이핑 시스템의 추상적 영역에만 존재한다.

매개변수화된 제네릭과 자료형 변수도 알아보았는데, 이런 변수는 자료형 안전성을 희생하지 않으면서도 자료형 힌트의 융통성을 높인다.

매개변수화된 제네릭은 Protocol을 사용해 표현력이 훨씬 더 증가하게 되었다. Protocol은 파이썬 3.8이 되어서야 등장해서 아직 널리 사용되지는 않지만 아주 중요하다. Protocol이 정적 덕 타이핑을 가능하게 해주기 때문이다. 프로토콜은 파이썬의 핵심인 덕 타이핑과 자료형 검사기가 버그를 잡을 수 있게 해주는 명목적 타이핑의 핵심 가교 역할을 한다.

이런 자료형을 설명하며 Mypy로 실험하면서 자료형 검사 에러 메시지도 보고 Mypy가 제공하는 마술 같은 reveal_type() 함수가 유추한 자료형도 보았다.

마지막 절에서는 위치 전용 매개변수와 가변 매개변수를 어노테이트하는 방법을 알아보았다.

자료형 힌트는 복잡하고 아직도 변화하는 주제이며 다행히도 선택적 기능이다. 모든 파이썬 코드에 자료형 힌트가 있어야 한다고 주장하는 강연자들을 많이 봤지만, 그런 설교는 그만두고 가능한 한 폭넓은 사용자들이 파이썬에 접근할 수 있게 길을 열어주자.

우리의 자비로운 종신 독재자[20]는 파이썬에서의 자료형 힌트 도입을 선도하고 있으므로 이번 장 시작과 맺음은 그의 말을 인용하는 게 옳다고 생각한다.

> 나는 자료형 힌트를 의무적으로 추가해야 하는 파이썬 버전을 원치 않는다. 자료형 힌트가 필요할 때가 분명히 있지만, 필요 없을 때도 많다고 생각한다. 그러므로 사용 여부를 여러분이 결정할 수 있게 해주는 게 훌륭한 판단이라고 믿는다.[21]
>
> — 귀도 반 로섬

---

20 귀도 반 로섬의 글 'BDFL의 기원(Origin of BDFL)'(https://fpy.li/bdfl)을 참조하라.
　　옮긴이_ 2018년부로 자비로운 종신 독재자에서 사임한 상태이지만, 여기서는 귀도 반 로섬을 가리킨다.

21 유튜브 비디오 '귀도 반 로섬의 자료형 힌트(Type Hints by Guido van Rossum'(2015년 3월, https://fpy.li/8-39). 인용한 부분은 13분 40초(https://fpy.li/8-40)에 시작되는데, 설명의 편의상 약간 수정했다.

## CHAPTER 9

데커레이터와 클로저

> 이 기능에 '데커레이터'라는 명칭을 선택한 데 불만이 많았다. 그중 GoF 책[1]에서 사용하는 용어와 일치하지 않는다는 불만이 가장 컸다. 데커레이터라는 명칭은 구문 트리를 파싱하고 어노테이트하는 컴파일러 분야에서의 용법과 관련이 더 깊다.
>
> — PEP 318–함수 및 메서드 데커레이터Decorators for Functions and Methods

함수 데커레이터는 소스 코드의 함수에 '표시'해 함수의 작동을 개선하게 해 준다. 이는 강력한 기능이지만, 자유자재로 사용하려면 클로저를 알아야 한다. 클로저는 자신의 본체 바깥에서 정의된 변수를 함수가 포착해서 가져오는 기능이다.[1]

파이썬 3.0에 추가된 `nonlocal`은 파이썬에서 가장 알쏭달쏭한 예약 키워드다. 클래스 중심의 엄격한 객체지향 방식을 고수한다면 이 기능을 사용하지 않고도 풍요로운 파이썬 프로그래머로의 삶을 영위할 수 있다. 그러나 자기만의 데커레이터를 구현하고자 한다면 클로저를 알아야 하고, 그러고 나면 `nonlocal`의 필요성을 깨닫게 된다.

데커레이터에서 사용하는 것 외에, 클로저는 콜백을 이용한 효율적인 비동기 프로그래밍의 필수 요소이며, 함수형 프로그래밍할 때도 필요하다.

이 장의 궁극적인 목표는 아주 간단한 등록 데커레이터에서부터 매개변수를 사용하는 복잡한

---

[1] 소위 사인방(Gang of Four, GoF)이라 불리는 사람들이 쓴 바로 그 『GoF의 디자인 패턴(개정판)』(프로텍미디어, 2015)이다.

데커레이터에 이르기까지 함수 데커레이터가 정확히 어떻게 작동하는지 설명하는 것이다. 그러나 목표에 도달하려면 다음 내용을 먼저 알아야 한다.

- 파이썬이 데커레이터 구문을 평가하는 방식
- 변수가 지역 변수인지 파이썬이 판단하는 방식
- 클로저의 존재 이유와 작동 방식
- nonlocal로 해결할 수 있는 문제

이런 기반을 갖추고 나서 다음과 같은 데커레이터 주제를 심도 있게 다룰 수 있다.

- 모범적으로 작동하는 데커레이터 구현
- 표준 라이브러리에서 제공하는 막강한 데커레이터들: @cache, @lru_cache, @singledispatch
- 매개변수화된 데커레이터 구현

9.1 이번 장의 변경 사항

파이썬 3.9에 추가된 캐시 데커레이터 functools.cache()는 전통적인 functools.lru_cache()보다 단순하므로 이것부터 알아본다. 그다음에 전통적인 캐시인 functools.lru_cache()는 파이썬 3.8에 추가된 단순화된 형식과 함께 9.9.2절 'lru_cache() 사용하기'에서 설명한다. 9.9.3절 '단일 디스패치 제네릭 함수'는 내용이 추가되었고 이제는 자료형 힌트를 사용한다. 파이썬 3.7부터는 functools.singledispatch()를 사용할 때 자료형 힌트를 이용한 방식을 널리 사용한다.

9.10절 '매개변수화된 데커레이터'에는 클래스에 기반한 [예제 9-27]이 추가되었다.

10장 '일급 함수 디자인 패턴'은 책의 흐름을 자연스럽게 하려고 2부 뒤로 옮겼다. '데커레이터로 개선한 전략 패턴'과 콜러블을 이용한 여러 디자인 패턴 전략도 10장으로 옮겼다.

먼저 간단하게 데커레이터를 알아보고 이번 장을 시작하며 설명한 여러 주제로 넘어가자.

9.2 데커레이터 기본 지식

데커레이터는 다른 함수를 인수로 받는 콜러블이다.

데커레이터는 데커레이트된 함수에 어떤 처리를 수행하고, 함수를 반환하거나 함수를 다른 함수나 콜러블 객체로 대체한다.[2]

예를 들어 다음 코드에서처럼 decorate라는 이름의 데커레이터가 있다고 가정하자.

```python
@decorate
def target():
    print('running target()')
```

이 코드가 하는 일은 다음 코드와 똑같다.

```python
def target():
    print('running target()')

target = decorate(target)
```

두 코드의 결과는 똑같다. 코드를 실행한 후 target이라는 이름은 decorate(target)이 반환한 함수에 바인딩되는데, 반환된 함수가 원래의 target() 함수일 수도 있고 다른 함수일 수도 있다.

데커레이트된 함수가 대체되었는지 확인하려면 [예제 9-1]의 콘솔 세션을 보자.

예제 9-1 일반적으로 데커레이터는 함수를 다른 함수로 대체한다.

```python
>>> def deco(func):
...     def inner():
...         print('running inner()')
...     return inner    ❶
...
>>> @deco
... def target():    ❷
...     print('running target()')
```

---

2 이 문장에서 '함수'를 '클래스'로 바꾸면, 클래스 데커레이터의 간략한 설명이 된다. 클래스 데커레이터는 24장에서 설명한다.

```
...
>>> target()  ❸
running inner()
>>> target  ❹
<function deco.<locals>.inner at 0x10063b598>
```

❶ deco()는 inner() 함수 객체를 반환한다.

❷ target()을 deco()로 데커레이트한다.

❸ 데커레이트된 target()을 호출하면 실제로는 inner()를 실행한다.

❹ 조사해 보면 target이 inner()를 가리킴을 알 수 있다.

엄밀히 말해 데커레이터는 편리 구문일 뿐이다. 조금 전에 봤듯이 데커레이터는 다른 함수를 인자로 전달해 호출하는 일반적인 콜러블과 똑같다. 그렇지만 실행 시 프로그램의 행위를 변경할 때, 특히 **메타프로그래밍**할 때 데커레이터가 상당히 편리하다.

데커레이터의 핵심은 다음 세 가지 사실로 요약된다.

- 데커레이터는 함수이거나 또 다른 콜러블이다.
- 데커레이터는 함수를 다른 함수로 바꿀 수 있다.
- 데커레이터는 모듈이 로딩될 때 바로 실행된다.

이제 이 세 번째 특징에 관해 자세히 알아보자.

9.3 파이썬이 데커레이터를 실행하는 시점

데커레이터의 가장 큰 특징은 데커레이트된 함수가 정의된 직후에 실행된다는 점이다. 일반적으로 파이썬이 모듈을 로딩하는 시점, 즉 **임포트 시**에 실행된다. [예제 9-2]에 나온 registration.py를 보자.

예제 9-2 registration.py 모듈

```
registry = []  ❶

def register(func):  ❷
```

```python
        print('running register(%s)' % func)  ❸
        registry.append(func)  ❹
        return func  ❺

@register  ❻
def f1():
    print('running f1()')

@register
def f2():
    print('running f2()')

def f3():  ❼
    print('running f3()')

def main():  ❽
    print('running main()')
    print('registry ->', registry)
    f1()
    f2()
    f3()

if __name__=='__main__':
    main()  ❾
```

❶ registry 배열은 @register로 데커레이트된 함수들에 대한 참조를 담는다.

❷ register()는 함수를 인수로 받는다.

❸ 데커레이트된 함수를 출력한다(시험용).

❹ func를 registry에 추가한다.

❺ func를 반환한다. 반드시 함수를 반환해야 하며, 여기서는 인수로 받은 함수를 그대로 반환한다.

❻ f1과 f2는 @register로 데커레이트되어 있다.

❼ f3()는 데커레이트하지 않았다.

❽ main()은 registry를 출력하고 f1(), f2(), f3()를 차례로 호출한다.

❾ main()은 registration.py를 스크립트로 실행할 때만 호출된다.

registration.py를 스크립트로 실행한 결과는 다음과 같다.

```
$ python3 registration.py
running register(<function f1 at 0x100631bf8>)
running register(<function f2 at 0x100631c80>)
running main()
registry -> [<function f1 at 0x100631bf8>, <function f2 at 0x100631c80>]
running f1()
running f2()
running f3()
```

register()가 모듈 내의 다른 어떤 함수보다 먼저 두 번 실행됨에 주의하라. register()가 호출될 때 데커레이트된 함수(예: `<function f1 at 0x100631bf8>`)를 인수로 받는다.

모듈이 로딩된 후 registry는 데커레이트된 함수 f1()과 f2()에 대한 참조 두 개를 가진다. f3()는 물론 f1()과 f2() 함수는 main()에서 명시적으로 호출할 때만 실행된다.

registration.py를 (스크립트로 실행하지 않고) 임포트하면 다음과 같이 출력된다.

```
>>> import registration
running register(<function f1 at 0x10063b1e0>)
running register(<function f2 at 0x10063b268>)
```

이때 registry를 살펴보면 다음과 같은 내용이 들어 있다.

```
>>> registration.registry
[<function f1 at 0x10063b1e0>, <function f2 at 0x10063b268>]
```

함수 데커레이터는 모듈이 임포트되자마자 실행되지만, 데커레이트된 함수는 명시적으로 호출될 때만 실행됨을 [예제 9-2]에서 잘 보여 준다. 이 예제에서는 파이썬에서 임포트 타임^{import time}과 런타임의 차이를 명확히 알 수 있다.

9.4 등록 데커레이터

실제 코드에서 데커레이터를 사용하는 일반적인 방식에 비해 [예제 9-2]는 다음 두 가지 차이점이 있다.

- 데커레이터 함수가 데커레이트되는 함수와 같은 모듈에 정의되었다. 일반적으로 데커레이터를 정의하는 모듈과 데커레이터를 적용하는 부분을 별도의 모듈에 둔다.
- register() 데커레이터가 전달된 함수와 동일한 함수를 반환한다. 실제로 대부분의 데커레이터는 내부 함수를 정의해 반환한다.

[예제 9-2]의 register() 데커레이터가 데커레이트된 함수를 그대로 반환하기는 하지만, 이 기법이 쓸모없는 것은 아니다. URL 패턴을 HTTP 응답 생성 함수에 매핑하는 레지스트리처럼, 함수를 어떤 중앙의 레지스트리에 추가하는 데 이와 비슷한 데커레이터를 사용하는 파이썬 웹 프레임워크가 많다. 그런 등록 데커레이터들은 데커레이트된 함수를 변경할 수도 있고 아닐 수도 있다.

10.2.5절 '데커레이터로 개선한 전략 패턴'에서 등록 데커레이터를 응용하는 사례를 보여 준다.

대부분의 데커레이터는 데커레이트된 함수를 변경한다. 일반적으로 내부 함수를 정의해 반환함으로써 데커레이트된 함수를 대체한다. 내부 함수를 사용하는 코드가 제대로 작동하려면 거의 항상 클로저에 의존한다. 클로저를 이해하기 위해 먼저 파이썬에서 변수 범위가 어떻게 작동하는지 자세히 알아보자.

9.5 변수 범위 규칙

[예제 9-3]에서는 함수 매개변수로 정의된 지역 변수 a와 함수 내부에 정의되지 않은 변수 b, 총 두 개의 변수를 읽는 테스트 함수를 정의한다.

예제 9-3 지역 변수와 전역 변수를 읽는 함수

```
>>> def f1(a):
...     print(a)
...     print(b)
```

```
...
>>> f1(3)
3
Traceback (most recent call last):
  File "<stdin>", line 1, in <module>
  File "<stdin>", line 3, in f1
NameError: global name 'b' is not defined
```

예상한 대로 에러가 발생한다. [예제 9-3]에서 에러가 발생한 후 전역 변수 b에 값을 할당하고 f1()을 다시 호출하면 다음과 같이 제대로 작동한다.

```
>>> b = 6
>>> f1(3)
3
6
```

이제 약간 놀라운 예를 하나 살펴보자.

[예제 9-4]의 f2() 함수를 보자. 처음 두 줄은 [예제 9-3]의 f1() 함수 코드와 똑같다. 그리고 나서 b에 할당한다. 그러나 두 번째 print() 문이 변수 b에 할당하기 전에 변수에 접근하므로 에러가 발생한다.

예제 9-4 함수 본체 안에서 값을 할당하므로 지역 변수가 되는 b

```
>>> b = 6
>>> def f2(a):
...     print(a)
...     print(b)
...     b = 9
...
>>> f2(3)
3
Traceback (most recent call last):
  File "<stdin>", line 1, in <module>
  File "<stdin>", line 3, in f2
UnboundLocalError: local variable 'b' referenced before assignment
```

먼저 print(a) 문이 실행되면서 3이 출력된다. 그러나 print(b)는 실행되지 않는다. 필자가
이 예제를 처음 보았을 때 깜짝 놀랐다. 전역 변수 b가 있고 print(b) 다음에 지역 변수 b에
할당이 이루어지므로 전역 변수의 값인 6이 출력되리라고 생각했기 때문이다.

그러나 실제로는 파이썬이 함수 본체를 컴파일할 때 b가 함수 안에서 할당되므로 b를 지역 변
수로 판단한다. 생성된 바이트코드를 보면 이 판단에 의해 지역 환경에서 변수 b를 가져오려고
하는 것을 알 수 있다. 나중에 f2(3)을 호출할 때 f2의 본체는 지역 변수 a의 값을 출력하지
만, 지역 변수 b의 값을 가져오려고 할 때 b가 바인딩되어 있지 않음을 발견한다.

이 현상은 버그가 아니고 파이썬 언어를 설계할 때 정의한 사항이다. 파이썬은 변수가 선언되
어 있기를 요구하지 않지만, 함수 본체 안에서 할당한 변수는 지역 변수로 판단한다. 이런 방식
은 파이썬과 마찬가지로 변수 선언을 요구하지 않지만, var를 이용해 지역 변수로 선언하지 않
으면 암묵적으로 전역 변수를 사용하는 자바스크립트의 방식보다 훨씬 낫다.

함수 안에서 할당하는 문장이 있더라도 인터프리터가 b를 전역 변수로 다루게 하고 싶으면, 다
음과 같이 global 키워드를 이용해 선언한다.

```
>>> b = 6
>>> def f3(a):
...     global b
...     print(a)
...     print(b)
...     b = 9
...
>>> f3(3)
3
6
>>> b
9
```

앞에서 살펴본 예제들에서 두 가지 범위가 작동하는 것을 알 수 있다.

모듈 전역 범위

클래스나 함수 블록 외부에서 값이 할당된 이름들로 구성

f3() 함수 지역 범위

매개변수로 값이 할당되거나 함수 본체 안에서 직접 값이 할당된 이름들로 구성

변수가 올 수 있는 범위가 하나 더 있는데, 이를 **비지역**nonlocal 범위라고 하며 클로저의 핵심이다. 여기에 관해서는 잠시 후에 알아본다.

지금까지 파이썬에서 변수 범위가 어떻게 적용되는지 알아보았으니 다음 절에서는 클로저를 자세히 알아보자. 그러나 그 전에 [예제 9-3]과 [예제 9-4]의 함수 간의 바이트코드가 무엇이 다른지 궁금하면 다음 글상자를 참고하라.

바이트코드 비교

dis 모듈을 사용하면 파이썬 함수를 쉽게 바이트코드로 쉽게 디스어셈블할 수 있다. [예제 9-3]의 f1() 함수와 [예제 9-4]의 f2() 함수를 디스어셈블한 코드를 살펴보자.

예제 9-5 [예제 9-3] f1() 함수의 디스어셈블리

```
>>> from dis import dis
>>> dis(f1)
  2           0 LOAD_GLOBAL            0 (print)    ❶
              3 LOAD_FAST             0 (a)         ❷
              6 CALL_FUNCTION         1 (1 positional, 0 keyword pair)
              9 POP_TOP

  3          10 LOAD_GLOBAL           0 (print)
             13 LOAD_GLOBAL           1 (b)         ❸
             16 CALL_FUNCTION         1 (1 positional, 0 keyword pair)
             19 POP_TOP
             20 LOAD_CONST            0 (None)
             23 RETURN_VALUE
```

❶ print라는 전역명을 로딩한다.

❷ 지역명 a를 로딩한다.

❸ 전역명 b를 로딩한다.

[예제 9-5]의 **f1()** 바이트코드와 [예제 9-6]의 **f2()** 바이트코드를 비교해 보라.

예제 9-6 [예제 9-4] f2() 함수의 디스어셈블리

```
>>> dis(f2)
  2           0 LOAD_GLOBAL              0 (print)
              3 LOAD_FAST                0 (a)
              6 CALL_FUNCTION            1 (1 positional, 0 keyword pair)
              9 POP_TOP

  3          10 LOAD_GLOBAL              0 (print)
             13 LOAD_FAST                1 (b)  ❶
             16 CALL_FUNCTION            1 (1 positional, 0 keyword pair)
             19 POP_TOP

  4          20 LOAD_CONST               1 (9)
             23 STORE_FAST               1 (b)
             26 LOAD_CONST               0 (None)
             29 RETURN_VALUE
```

❶ 지역명 b를 로딩한다. 이 코드를 보면 b에 대한 할당이 뒤에 나오기는 하지만, 컴파일러는 b를 지역 변수로 간주함을 알 수 있다. 지역 변수이든 아니든 변수의 본질적인 성질이 함수 본체 안에서 바뀌지 않기 때문이다.

바이트코드를 실행하는 CPython 가상머신은 스택 머신이므로, **LOAD** 및 **POP** 연산은 스택을 참조한다. 파이썬 명령 코드^{opcode}를 설명하는 것은 이 책의 범위를 벗어나지만, 명령 코드가 궁금하다면 **dis** 모듈에 관한 문서 'dis–파이썬 바이트코드 디스어셈블러^{dis – Disassembler for Python bytecode}'(https://fpy.li/9-1)를 참조하라.

9.6 클로저

블로그 글을 읽다 보면 클로저를 익명 함수와 혼동하는 글을 종종 발견한다. 아마도 익명 함수를 이용하면서 함수 안에 함수를 정의하는 방식이 보편화되었기 때문으로 생각된다. 그리고 클

로저는 내포된 함수 안에서만 의미가 있다. 따라서 클로저와 익명 함수를 동일한 개념으로 생각하는 사람이 많은 것 같다.

실제로 클로저는 일종의 함수로, f()라는 함수가 있을 때 f()에 대해 전역 변수도 아니고 지역 변수도 아닌 변수를 포함하는 확장 범위를 가진 함수다. 이런 변수는 f() 함수를 에워싼 외부 함수의 지역 범위에서 온다.

함수가 익명 함수인지는 중요하지 않다. 함수 본체 외부에서 정의된 비전역nonglobal 변수에 접근할 수 있다는 점이 중요하다.

이 개념은 말로는 이해하기 어려우므로 예제를 통해 알아보자.

avg() 함수가 점차 증가하는 일련의 값의 평균을 계산한다고 가정해 보자. 예를 들어, 전체 기간을 통틀어 어떤 상품의 종가 평균을 구한다고 생각해 보자. 매일 새로운 가격이 추가되고 지금까지 누적된 모든 종가의 평균을 구한다.

처음 avg()를 실행한 후 반복 실행하면 다음과 같이 실행된다.

```
>>> avg(10)
10.0
>>> avg(11)
10.5
>>> avg(12)
11.0
```

avg()는 평균값을 어떻게 구하고 이전 값들을 어떻게 기억하는 것일까?

먼저 클래스를 이용해 구현하는 [예제 9-7]을 보자.

예제 9-7 average_oo.py: 이동 평균을 계산하는 클래스

```python
class Averager():

    def __init__(self):
        self.series = []

    def __call__(self, new_value):
        self.series.append(new_value)
```

```python
        total = sum(self.series)
        return total/len(self.series)
```

Averager 클래스는 다음과 같이 평균을 구하는 콜러블 인스턴스를 생성한다.

```python
>>> avg = Averager()
>>> avg(10)
10.0
>>> avg(11)
10.5
>>> avg(12)
11.0
```

이제 고위 함수 make_averager()를 이용해 함수형 기법으로 구현한 [예제 9-8]을 보자.

예제 9-8 average.py: 이동 평균을 계산하는 고위 함수

```python
def make_averager():
    series = []

    def averager(new_value):
        series.append(new_value)
        total = sum(series)
        return total/len(series)

    return averager
```

make_averager()는 호출되면 averager() 함수 객체를 반환한다. 호출될 때마다 averager() 함수는 받은 인수를 series 리스트에 추가하고 [예제 9-9]와 같이 현재까지의 평균을 계산해 출력한다.

예제 9-9 [예제 9-8] 테스트

```python
>>> avg = make_averager()
>>> avg(10)
10.0
>>> avg(11)
10.5
```

```
>>> avg(15)
12.0
```

클래스와 고위 함수로 구현한 두 예제가 상당히 비슷하다. Averager()나 make_averager()를 호출해 콜러블 객체인 avg를 가져오고, avg()는 series를 갱신한 후 지금까지의 평균을 계산한다. [예제 9-7]의 avg()는 Averager 클래스의 인스턴스이고, [예제 9-8]의 avg()는 내부 함수인 averager()이다. 두 방법 모두 avg(n)을 호출하기만 하면 n을 series에 추가하고 갱신된 평균을 가져온다.

Averager 클래스의 avg() 함수가 데이터를 보관하는 방법은 명확히 알 수 있다. 바로 self.series 인스턴스 속성에 저장되기 때문이다. 그렇지만 두 번째 예제의 avg() 함수는 어디에서 series를 찾을까?

make_averager() 함수 본체 안에서 series = []로 초기화하므로 series는 이 함수의 지역 변수다. 그렇지만 avg(10)을 호출할 때, make_averager() 함수는 이미 반환했으므로 지역 범위도 이미 사라진 후다.

averager() 안에 있는 series는 **자유 변수**free variable다. 자유 변수라는 말은 지역 범위에 제한되지 않는 변수를 의미한다. [그림 9-1]을 보자.

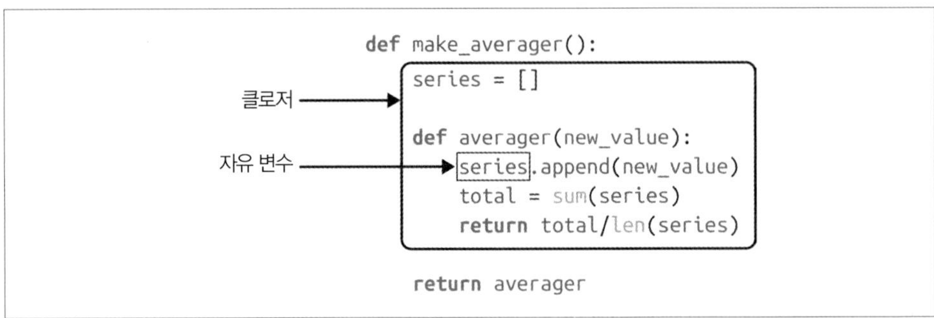

그림 9-1 averager()에 대한 클로저는 자유 변수 series를 포함하기 위해 함수 범위를 확장한다.

반환된 averager() 객체를 조사해 보면 파이썬이 컴파일된 함수 본체를 나타내는 __code__ 속성 안에 어떻게 지역 변수와 자유 변수의 이름을 저장하는지 알 수 있다. [예제 9-10]에서 살펴보자.

예제 9-10 [예제 9-8]의 make_averager()로 생성한 함수 조사하기

```
>>> avg.__code__.co_varnames
('new_value', 'total')
>>> avg.__code__.co_freevars
('series',)
```

series의 값은 반환된 avg() 함수의 __closure__ 속성에 저장된다. avg.__closure__의 각 항목은 avg.__code__.co_freevars의 이름에 대응된다. 이 항목들은 cell 객체이며, 이 객체의 cell_contents 속성에서 실젯값을 찾을 수 있다. [예제 9-11]은 이 속성들을 보여 준다.

예제 9-11 [예제 9-9]에서 이어짐

```
>>> avg.__code__.co_freevars
('series',)
>>> avg.__closure__
(<cell at 0x107a44f78: list object at 0x107a91a48>,)
>>> avg.__closure__[0].cell_contents
[10, 11, 12]
```

지금까지 설명한 내용을 정리해 보자. 클로저는 함수가 정의될 때 존재하던 자유 변수에 대한 바인딩을 유지하는 함수이다. 따라서 함수를 정의하는 범위가 사라진 후 함수를 호출해도 자유 변수에 접근할 수 있다.

함수가 비전역 외부 변수를 다루는 경우는 오로지 함수가 다른 함수 안에 정의되고 변수가 바깥쪽 함수의 지역 범위 안에 있을 때만이라는 점을 명심하자.

9.7 nonlocal 선언

앞에서 구현한 make_averager()는 그리 효율적이지 않다. [예제 9-8]에서는 모든 값을 series에 저장하고 average()가 호출될 때마다 sum을 다시 계산했다. 합계와 항목 수를 저장한 후 이 두 개의 숫자를 이용해 평균을 구하면 훨씬 더 효율적으로 계산할 수 있다.

[예제 9-12]는 잘못 구현한 코드다. 어디가 잘못되었는지 보이는가?

```python
def make_averager():
    count = 0
    total = 0

    def averager(new_value):
        count += 1
        total += new_value
        return total / count

    return averager
```

[예제 9-12]를 실행하면 다음과 같은 결과가 나온다.

```python
>>> avg = make_averager()
>>> avg(10)
Traceback (most recent call last):
  ...
UnboundLocalError: local variable 'count' referenced before assignment
>>>
```

count가 수치형이나 어떤 가변형일 때 count += 1 문이 실제로는 count = count + 1을 의미하기 때문에 문제가 발생한다. average() 본체 안에서 count 변수에 값을 할당하므로 count를 지역 변수로 만든다. total 변수에도 똑같은 문제가 발생한다.

[예제 9-8]에서는 series 변수에 할당하지 않았으므로 이런 문제가 생기지 않았다. 그저 series.append()를 호출한 후 series에 sum()과 len()을 호출했을 뿐이다. 즉, 리스트가 가변형이라는 사실을 이용했을 뿐이다.

그러나 숫자, 문자열, 튜플 등 불변형은 읽을 수만 있고 값을 갱신할 수 없다. count = count + 1과 같은 문장으로 변수를 다시 바인딩하면 암묵적으로 count라는 지역 변수를 만든다. 이제 count는 자유 변수가 아니므로 클로저에 저장되지 않는다.

이런 문제를 해결하려고 파이썬 3에 nonlocal 선언이 소개되었다. 변수를 nonlocal로 선언하면 함수 안에서 변수에 새로운 값을 할당하더라도 그 변수는 자유 변수임을 나타낸다. 새로운 값을 nonlocal 변수에 할당하면 클로저에 저장된 바인딩이 변경된다. 새로운 make_averager()를 올바로 구현한 코드는 [예제 9-13]과 같다.

```python
def make_averager():
    count = 0
    total = 0

    def averager(new_value):
        nonlocal count, total
        count += 1
        total += new_value
        return total / count

    return averager
```

nonlocal 사용법을 알아보았으니 이제 파이썬에서 변수를 어떻게 조회하는지 정리해 보자.

9.7.1 변수 조회 논리

함수를 정의할 때 파이썬 바이트코드 컴파일러는 함수 안에 나오는 변수 x를 다음 규칙에 기반해 가져온다.[3]

- global x 선언이 있으면 모듈 전역 변수 x를 가져오고 여기에 할당한다.[4]
- nonlocal x 선언이 있으면 가장 가까운 상위 함수에 정의된 지역 변수 x를 가져오고 여기에 할당한다.
- x가 매개변수이거나 함수 본체 안에서 값이 할당되면 x는 지역 변수다.
- x가 참조되지만 매개변수가 아니고 값이 할당되지 않는다면 다음과 같은 순서대로 찾는다.
    - 현재 위치를 에워싼 함수 본체의 지역 범위(비지역 범위)에서 찾는다
    - 비지역 범위에서 찾지 못하면, 모듈 전역 범위에서 찾는다.
    - 전역 범위에서 찾지 못하면, `__builtins__.__dict__`에서 찾는다.

이제 파이썬 클로저를 알아봤으므로 내포된 함수를 이용해 데커레이터를 효과적으로 구현할 수 있다.

---

[3] 이렇게 정리하도록 제안해 준 테크니컬 리뷰어 레오나르도 로챌에게 감사드린다.

[4] 파이썬에는 프로그램 전역 범위가 없고 단지 모듈 전역 범위만 있을 뿐이다.

9.8 간단한 데커레이터 구현하기

[예제 9-14]는 데커레이트된 함수를 호출할 때마다 시간을 측정해 실행에 걸린 시간, 전달된 인자, 반환값을 출력하는 데커레이터다.

예제 9-14 clockdeco0.py: 함수의 반환 시각을 출력하는 간단한 데커레이터

```python
import time

def clock(func):
    def clocked(*args):    ❶
        t0 = time.perf_counter()
        result = func(*args)    ❷
        elapsed = time.perf_counter() - t0
        name = func.__name__
        arg_str = ', '.join(repr(arg) for arg in args)
        print('[%0.8fs] %s(%s) -> %r' % (elapsed, name, arg_str, result))
        return result
    return clocked    ❸
```

❶ 내부 함수 `clocked()`가 임의 개수의 위치 인자를 받을 수 있도록 정의한다.

❷ `clocked()`에 대한 클로저에 자유 변수 `func`가 들어가야만 이 코드가 작동한다.

❸ 내부 함수를 반환해 데커레이트된 함수를 대체한다.

[예제 9-15]는 `clock()` 데커레이터를 사용하는 예를 보여 준다.

예제 9-15 `clock()` 데커레이터 사용하기

```python
# clockdeco_demo.py

import time
from clockdeco import clock

@clock
def snooze(seconds):
    time.sleep(seconds)

@clock
def factorial(n):
```

```python
        return 1 if n < 2 else n*factorial(n-1)

if __name__=='__main__':
    print('*' * 40, 'Calling snooze(.123)')
    snooze(.123)
    print('*' * 40, 'Calling factorial(6)')
    print('6! =', factorial(6))
```

[예제 9-15]를 실행한 결과는 다음과 같다.

```
$ python3 clockdeco_demo.py
**************************************** Calling snooze(.123)
[0.12363791s] snooze(0.123) -> None
**************************************** Calling factorial(6)
[0.00000095s] factorial(1) -> 1
[0.00002408s] factorial(2) -> 2
[0.00003934s] factorial(3) -> 6
[0.00005221s] factorial(4) -> 24
[0.00006390s] factorial(5) -> 120
[0.00008297s] factorial(6) -> 720
6! = 720
```

9.8.1 작동 과정

다음 코드를 보면서 앞에서 데커레이터에 관해 설명한 내용을 떠올려 보자.

```python
@clock
def factorial(n):
    return 1 if n < 2 else n*factorial(n-1)
```

앞의 코드는 실제로 다음 코드로 실행된다.

```python
def factorial(n):
    return 1 if n < 2 else n*factorial(n-1)

factorial = clock(factorial)
```

따라서 이 두 코드에서 `clock()`은 `factorial()` 함수를 `func` 인자로 받는다(예제 9-14).
그리고 나서 `clocked()` 함수를 반환하는데, 파이썬 인터프리터가 내부적으로 `clocked()`를
`factorial`에 할당했다. 실제로 `clockdeco_demo` 모듈을 임포트해 `factorial`의 `__name__`
속성을 조사해 보면 다음과 같은 결과가 나온다.

```
>>> import clockdeco_demo
>>> clockdeco_demo.factorial.__name__
'clocked'
>>>
```

따라서 이제 `factorial`은 실제로는 `clocked()` 함수를 참조한다. 이제부터 `factorial(n)`
을 호출하면 `clocked(n)`이 실행된다. 본질적으로 `clocked()` 함수는 다음과 같은 연산을 수
행한다.

1 초기 시각 t0를 기록한다.

2 원래의 `factorial()` 함수를 호출하고 결과를 저장한다.

3 흘러간 시간을 계산한다.

4 수집한 데이터를 포맷하고 출력한다.

5 2번째 단계에서 저장한 결과를 반환한다.

이 예제 코드는 전형적인 데커레이터의 작동 방식을 보여 준다. 데커레이트된 함수를 동일한
인자를 받는 함수로 교체하고, (일반적으로) 데커레이트된 함수가 반환해야 하는 값을 반환하
면서, 추가적인 처리를 수행한다.

> **TIP** 『GoF의 디자인 패턴(개정판)』에서는 '추가적인 책임을 객체에 동적으로 부여한다'는 설명으로 데커레
> 이터 패턴에 관한 간단한 설명을 시작한다. 함수 데커레이터에는 이 설명이 적합하다. 그렇지만 구현 수준에
> 서 파이썬 데커레이터는 『GoF의 디자인 패턴(개정판)』에서 설명하는 고전적인 데커레이터의 작동 방식과 닮
> 은 점이 거의 없다.

[예제 9-14]에서 구현한 `clock()` 데커레이터는 단점이 몇 가지 있다. 키워드 인자를 지원하
지 않고, 데커레이트된 함수의 `__name__`과 `__doc__` 속성을 볼 수 없게 만든다는 점이다. [예
제 9-16]은 `functools.wraps()` 데커레이터를 사용해 관련된 속성을 `func`에서 `clocked`로
복사한다. 게다가 새로운 버전에서는 키워드 인자도 제대로 처리된다.

```python
import time
import functools

def clock(func):
    @functools.wraps(func)
    def clocked(*args, **kwargs):
        t0 = time.perf_counter()
        result = func(*args, **kwargs)
        elapsed = time.perf_counter() - t0
        name = func.__name__
        arg_lst = [repr(arg) for arg in args]
        arg_lst.extend(f'{k}={v!r}' for k, v in kwargs.items())
        arg_str = ', '.join(arg_lst)
        print(f'[{elapsed:0.8f}s] {name}({arg_str}) -> {result!r}')
        return result
    return clocked
```

`functools.wraps()`는 표준 라이브러리에서 제공하는 바로 사용할 수 있는 데커레이터 중 하나일 뿐이다. 다음 절에서는 `functools`가 제공하는 가장 인상적인 데커레이터인 `cache()`를 만나보자.

9.9 표준 라이브러리에서 제공하는 데커레이터

파이썬은 메서드를 데커레이트하기 위해 `property()`, `classmethod()`, `staticmethod()`라는 총 3개의 내장 함수를 제공한다. `property()`는 22.4절 '속성을 검증하기 위해 `property()` 사용하기'에서 설명하고, 나머지 두 함수는 11.5절 '@classmethod와 @staticmethod'에서 설명한다.

[예제 9-16]에서는 또 다른 중요 데커레이터인 `functools.wraps()`를 보았는데, 이 데커레이터는 모범적으로 작동하는 데커레이터를 만들게 도와주는 헬퍼다. 표준 라이브러리에서 제공하는 데커레이터 중 `cache()`, `lru_cache()`, `singledispatch()`가 매우 흥미로운데, 이들은 모두 `functools` 모듈에서 제공하며 다음 절에서 설명한다.

9.9.1 functools.cache( )를 이용한 메모이제이션

functools.cache() 데커레이터는 메모이제이션[5]을 구현한다. 메모이제이션은 이전에 수행한 값비싼 연산의 결과를 저장해두어 동일한 연산을 반복 실행할 필요가 없게 해 주는 일종의 최적화 기법이다.

> **TIP** functools.cache()는 파이썬 3.9에 추가되었다. 이 예제를 파이썬 3.8에서 실행하려면 @cache를 @lru_cache()로 바꾸면 된다. 이전 버전의 파이썬에서는 9.9.2절 'lru_cache() 사용하기'에서 설명한 대로 @lru_cache() 형태로 작성해 데커레이터를 호출해야 한다.

[예제 9-17]과 같이 n번째 피보나치수열을 생성하는 매우 느린 재귀 함수에 @cache 데커레이터를 적용하면 진가를 발휘한다.

예제 9-17 피보나치수열에서 n번째 숫자를 아주 비효율적으로 계산하는 방식

```python
from clockdeco import clock

@clock
def fibonacci(n):
    if n < 2:
        return n
    return fibonacci(n - 2) + fibonacci(n - 1)

if __name__ == '__main__':
    print(fibonacci(6))
```

fibo_demo.py를 실행한 결과는 다음과 같다. 마지막 줄을 제외하고 모든 출력은 @clock 데커레이터가 생성했다.

```
$ python3 fibo_demo.py
[0.00000042s] fibonacci(0) -> 0
[0.00000049s] fibonacci(1) -> 1
[0.00006115s] fibonacci(2) -> 1
[0.00000031s] fibonacci(1) -> 1
```

---

[5] 분명히 말해두지만 이 용어는 오타가 아니다. **메모이제이션**(memoization, https://fpy.li/9-2)은 컴퓨터 과학 용어로서 **기억**(memorization)과 비슷하지만 철자가 다르다.

```
[0.00000035s] fibonacci(0) -> 0
[0.00000030s] fibonacci(1) -> 1
[0.00001084s] fibonacci(2) -> 1
[0.00002074s] fibonacci(3) -> 2
[0.00009189s] fibonacci(4) -> 3
[0.00000029s] fibonacci(1) -> 1
[0.00000027s] fibonacci(0) -> 0
[0.00000029s] fibonacci(1) -> 1
[0.00000959s] fibonacci(2) -> 1
[0.00001905s] fibonacci(3) -> 2
[0.00000026s] fibonacci(0) -> 0
[0.00000029s] fibonacci(1) -> 1
[0.00000997s] fibonacci(2) -> 1
[0.00000028s] fibonacci(1) -> 1
[0.00000030s] fibonacci(0) -> 0
[0.00000031s] fibonacci(1) -> 1
[0.00001019s] fibonacci(2) -> 1
[0.00001967s] fibonacci(3) -> 2
[0.00003876s] fibonacci(4) -> 3
[0.00006670s] fibonacci(5) -> 5
[0.00016852s] fibonacci(6) -> 8
8
```

fibonacci(1)은 8번, fibonacci(2)는 5번 호출되는 등 계산 낭비가 엄청나다. 그렇지만 단 두 줄만 추가해 @cache를 사용하면 성능이 상당히 개선된다. [예제 9-18]을 보자.

예제 9-18 캐시를 이용해 구현한 더 빠른 버전

```
import functools from clockdeco
import clock

@functools.cache   ❶
@clock   ❷
def fibonacci(n):
    if n < 2:
        return n
    return fibonacci(n - 2) + fibonacci(n - 1)

if __name__ == '__main__':
    print(fibonacci(6))
```

❶ 이 줄은 파이썬 3.9+에서만 실행된다. 이전 버전의 파이썬에서 캐시를 사용하려면 9.9.2절 'lru_cache() 사용하기'를 참조하라.

❷ 이 줄은 누적된 데커레이터stacked decorator의 예를 보여 준다. @clock이 반환한 함수에 @cache가 적용된다.

[예제 9-18]처럼 @cache를 이용하면 각 n에 대해 fibonacci() 함수가 한 번씩만 불린다.

```
$ python3 fibo_demo_lru.py
[0.00000043s] fibonacci(0) -> 0
[0.00000054s] fibonacci(1) -> 1
[0.00006179s] fibonacci(2) -> 1
[0.00000070s] fibonacci(3) -> 2
[0.00007366s] fibonacci(4) -> 3
[0.00000057s] fibonacci(5) -> 5
[0.00008479s] fibonacci(6) -> 8
8
```

인텔 코어 i7 랩톱 컴퓨터에서 fibonacci(30)을 계산했을 때, [예제 9-18]은 함수를 31번만 호출해 0.00017초 만에 실행을 완료했지만, 캐시를 사용하지 않는 [예제 9-17]은 fibonacci(1)을 832,040번 실행하는 등 함수를 총 2,692,537번 호출했으며 완료하는 데 12.09초 걸렸다.

데커레이트된 함수가 받는 인수는 모두 **해시 가능해야** 한다. 내부적으로 사용하는 lru_cache()가 결과를 저장하는 데 딕셔너리를 사용하는데, 이 딕셔너리의 키는 호출에 사용된 위치 인수와 키워드 인수로 만들기 때문이다.

비효율적인 재귀 알고리즘을 쓸만하게 만드는 용도 외에도 @cache는 원격 API에서 정보를 가져오는 애플리케이션에서도 진가를 발휘한다.

> **WARNING** 캐시 항목이 아주 많을 때 functools.cache() 데커레이터가 가용 메모리를 모두 잡아먹는 일이 생길 수 있다. 이 캐시 데커레이터는 명령행 스크립트에서 잠깐 사용하는 데 적합하다고 필자는 생각한다. 장기적으로 사용할 때는 다음 절에서 설명하는 대로 적당한 크기의 maxsize 인수를 받는 functools.lru_cache()를 사용하길 권장한다.

9.9.2 lru_cache() 사용하기

사실 functools.cache() 데커레이터는 파이썬 3.8 이전 버전과도 호환이 되면서 융통성이 더 뛰어난 고전적인 functools.lru_cache() 데커레이터의 간단한 래퍼^{wrapper} 함수일 뿐이다.

@lru_cache의 최대 장점은 maxsize 인수로 메모리 사용량을 제한할 수 있다는 것이다. 기본값은 다소 보수적인 128인데, 이는 한 번에 최대 128개의 캐시 항목을 보관함을 의미한다.

lru_cache()에서 'lru'는 최소 최근 사용^{least recently used}(LRU)을 나타내며, 캐시 공간이 부족할 때 가장 오랫동안 읽지 않은 항목을 제거해 공간을 확보하는 캐시 대체 알고리즘을 의미한다.

파이썬 3.8 이후 lru_cache()는 두 가지 방법으로 사용할 수 있다. 간단한 방법은 다음과 같다

```python
@lru_cache
def costly_function(a, b):
    ...
```

다른 방법은 파이썬 3.2 이후부터 사용되었는데, 괄호를 이용해 함수로서 호출한다.

```python
@lru_cache()
def costly_function(a, b):
    ...
```

두 방법 모두 다음과 같은 인수 기본값을 사용한다.

maxsize=128

저장할 최대 항목 수를 설정한다. 캐시가 가득 차면 새로운 항목이 들어올 때마다 가장 오랫동안 사용하지 않은 항목을 버려서 공간을 확보한다. 최적의 성능을 내려면 `maxsize`의 값은 2의 제곱이어야 한다. 만약 `maxsize=None`으로 설정하면 LRU 논리를 비활성화해 항목을 버리지 않으므로, 메모리를 너무 많이 사용하는 문제가 생길 수 있다. 이게 바로 `@functools.cache`가 작동하는 방식이다.

typed=False

인수의 자료형이 다르면 결과를 따로 저장할지를 결정한다. 예를 들어 기본값인 `False`로 설정되면 같은 값의 실수와 정수에 대해서 한 번만 저장하므로, `f(1)`과 `f(1.0)`을 호출한 결과를 한 항목에 저장한다. `typed=True`로 설정하면, 이 두 함수 호출에 대한 항목을 따로 저장한다.

기본값이 아닌 인수로 `@lru_cache`를 호출하는 방법은 다음과 같다.

```python
@lru_cache(maxsize=2**20, typed=True)
def costly_function(a, b):
    ...
```

이제 또 다른 강력한 데커레이터인 `functools.singledispatch()`를 알아보자.

9.9.3 단일 디스패치 제네릭 함수

웹 애플리케이션을 디버깅하는 도구를 만들고 있다고 해 보자. 파이썬 객체의 자료형에 따라 서로 다른 HTML 마크업을 생성하려고 한다.

먼저 다음과 같은 함수로 시작할 수 있다.

```python
import html
```

```python
def htmlize(obj):
    content = html.escape(repr(obj))
    return f'<pre>{content}</pre>'
```

이 코드는 모든 파이썬 자료형을 처리한다. 그런데 일부 자료형에 대해 다음과 같이 고유한 마크업을 생성하도록 코드를 개선하려고 한다.

str

안에 들어 있는 개행 문자를 '
\n'로 바꾸고 <pre> 대신 <p> 태그를 사용한다.

int

숫자를 10진수와 16진수로 보여 준다(bool 형은 별도 표시)

list

자료형에 따라 각 항목을 포맷한 HTML 리스트를 출력한다.

float와 Decimal

일반 형식으로 값을 출력하지만 분수 형태로도 멋지게 출력한다.

우리가 원하는 실행 결과는 [예제 9-19]와 같다.

예제 9-19 각 자료형에 맞는 **HTML**을 생성하는 htmlize()

```
>>> htmlize({1, 2, 3})  ❶
'<pre>{1, 2, 3}</pre>'
>>> htmlize(abs)
'<pre>&lt;built-in function abs&gt;</pre>'
>>> htmlize('Heimlich & Co.\n- a game')  ❷
'<p>Heimlich &amp; Co.<br/>\n- a game</p>'
>>> htmlize(42)  ❸
'<pre>42 (0x2a)</pre>'
>>> print(htmlize(['alpha', 66, {3, 2, 1}]))  ❹
<ul>
<li><p>alpha</p></li>
```

```
<li><pre>66 (0x42)</pre></li>
<li><pre>{1, 2, 3}</pre></li>
</ul>
>>> htmlize(True)    ❺
'<pre>True</pre>'
>>> htmlize(fractions.Fraction(2, 3))    ❻
'<pre>2/3</pre>'
>>> htmlize(2/3)     ❼
'<pre>0.6666666666666666 (2/3)</pre>'
>>> htmlize(decimal.Decimal('0.02380952'))
'<pre>0.02380952 (1/42)</pre>'
```

❶ 원래 함수는 object를 처리하도록 등록되었으므로, 다른 구현에 맞는 인수형을 처리할 수 없을 때 캐치올^{catch-all} 처리기로서 호출된다.

❷ str 객체도 HTML 이스케이프 문자를 사용하지만 <p></p> 사이에 들어가고, 각 개행 문자('\n') 앞에 개행 태그(<br/>)를 추가한다.

❸ int 형은 <pre></pre> 안에 10진수와 16진수로 보여 준다.

❹ 리스트의 각 항목은 해당 자료형에 따라 포매팅하고, 전체 시퀀스를 HTML 리스트로 만든다.

❺ bool 형은 int의 하위형이지만, 특별 처리한다.

❻ Fraction은 분수로 보여 준다.

❼ float와 Decimal은 근사한 분숫값으로 보여 준다.

singledispatch() 함수

파이썬에서는 자바에서 제공하는 메서드 오버로딩을 지원하지 않으므로 각기 다른 자료형별로 처리하는 다른 시그너처가 있는 htmlize() 버전을 만들 수 없다. 이럴 때 파이썬에서는 htmlize()를 일종의 디스패치 함수로 만들어 htmlize_str(), htmlize_int() 등의 특화된 함수를 호출하는 일련의 if/elif/...나 match/case/... 구문을 사용한다. 이렇게 하면 모듈 사용자가 확장하거나 다루기 어렵게 된다. 시간이 지남에 따라 htmlize() 디스패처가 너무 길어지고 디스패처와 특화된 함수 간의 의존도가 너무 높아진다.

functools.singledispatch() 데커레이터는 서로 다른 여러 모듈이 전체 해결책에 기여할 수 있게 각 자료형에 특화된 함수를 쉽게 제공하도록 해 준다. 심지어 여러분이 수정할 수 없는 제삼자가 만든 패키지에 정의된 자료형도 처리할 수 있다. 일반 함수를 @singledispatch로 데커레이트하면 이 함수는 **제네릭 함수**^{generic function}의 진입점^{entry point}이 된다. 제네릭 함수는 다양한 자료형의 인자를 처리할 수 있는 함수의 집합이다. **단일 디스패치**single dispatch는 첫 번째 인수의
자료형에 따라 호출할 함수를 선택한다. 여러 인수를 사용하는 방식은 **다중 디스패치**multiple dispatch
라고 한다. [예제 9-20] 단일 디스패치 사용법을 보여 준다.

> **WARNING** functools.singledispatch는 파이썬 3.4에 추가되었지만 자료형 힌트는 파이썬 3.7에
> 와서야 지원하기 시작했다. [예제 9-20]은 3.4 이후의 모든 파이썬 버전에서 작동하는 구문을 보여 준다.

예제 9-20 @signledispatch는 여러 함수를 하나의 제네릭 함수로 묶는 커스텀 @htmlize.register를 생성한다.

```python
from functools import singledispatch
from collections import abc
import fractions
import decimal
import html
import numbers

@singledispatch  ❶
def htmlize(obj: object) -> str:
    content = html.escape(repr(obj))
    return f'<pre>{content}</pre>'

@htmlize.register  ❷
def _(text: str) -> str:  ❸
    content = html.escape(text).replace('\n', '<br/>\n')
    return f'<p>{content}</p>'

@htmlize.register  ❹
def _(seq: abc.Sequence) > str:
    inner = '</li>\n<li>'.join(htmlize(item) for item in seq)
    return '<ul>\n<li>' + inner + '</li>\n</ul>'

@htmlize.register  ❺
def _(n: numbers.Integral) -> str:
    return f'<pre>{n} (0x{n:x})</pre>'

@htmlize.register  ❻
def _(n: bool) -> str:
    return f'<pre>{n}</pre>'

@htmlize.register(fractions.Fraction)  ❼
```

```python
def _(x) -> str:
    frac = fractions.Fraction(x)
    return f'<pre>{frac.numerator}/{frac.denominator}</pre>'

@htmlize.register(decimal.Decimal)    ❽
@htmlize.register(float)
def _(x) -> str:
    frac = fractions.Fraction(x).limit_denominator()
    return f'<pre>{x} ({frac.numerator}/{frac.denominator})</pre>'
```

❶ @singledispatch는 object 형을 처리하는 기반 함수에 표시한다.

❷ 특화된 함수는 @«기반_함수명».register로 데커레이트한다.

❸ 실행 시 주어진 첫 번째 인수의 자료형이 어느 특화된 함수를 사용할지 결정한다. 특화된 함수의 이름은 상관이 없지만, 언더바(_)를 사용하는 편이 좋다.[6]

❹ 특화된 처리를 수행할 각 함수에서 받을 첫 번째 인수에 맞는 자료형을 자료형 힌트로 사용해 새로운 함수를 등록한다.

❺ numbers ABC는 @singledispatch에 유용하게 사용된다.[7]

❻ bool은 numbers.Integral의 하위 자료형이지만 @singledispatch는 코드에 나타난 순서에 상관없이 가장 구체적으로 매칭되는 자료형으로 구현된 함수를 먼저 찾는다.

❼ 데커레이트된 함수에 자료형 힌트를 추가하고 싶지 않거나 추가할 수 없을 때는 @«기반_함수명».register 데커레이터에 자료형을 전달할 수 있다. 이 구문은 파이썬 3.4 이후 버전에서 작동한다.

❽ @«기반_함수명».register는 데커레이트되지 않은 함수를 반환하므로 하나의 함수 정의에 여러 개의 자료형을 누적해서 등록할 수 있다.[8]

가능하면 int나 list와 같은 구상 클래스보다 numbers.Integral이나 abc.MutableSequence 와 같은 추상 베이스 클래스를 처리하도록 특화된 함수를 등록하는 것이 좋다. 추상 베이스 클래스로 등록하면 호환되는 자료형을 폭넓게 지원할 수 있다. 예를 들어 파이썬 확장은 int 형의 대안으로 고정된 길이의 비트를 numbers.Integral의 서브클래스로 제공할 수 있다.[9]

---

6 불행히도 Mypy 0.770은 이름이 동일한 함수를 여러 개 만나면 경고 메시지를 출력한다.

7 8.5.7절의 '수치형 탑의 몰락'에서 경고하기는 했지만, 추상 베이스 클래스인 numbers는 사용 중단 안내되지 않았으며 파이썬 3 코드에서 볼 수 있다.

8 언젠가 Union 형 힌트를 이용해 @htmlize.register에 매개변수를 추가하지 않고 이를 표현할 수 있는 때가 올 수도 있겠지만, 필자가 시도해 봤을 때는 Union은 클래스가 아니라는 메시지와 함께 TypeError가 발생했다. @singledispatch가 'PEP 484 – 구문법'을 지원하지만, 아직 Union의 의미를 제대로 지원하지는 못하는 듯하다.

9 예를 들어 넘파이는 컴퓨터 구조에 특화된 여러 가지 정수형과 실수형(https://fpy.li/9-3)을 구현한다.

단일 디스패치 메커니즘은 특화된 함수를 시스템 어디에나, 어느 모듈에나 등록할 수 있다는 장점이 있다. 나중에 새로운 사용자 정의 자료형이 추가된 모듈을 추가할 때도 추가된 자료형을 처리하도록 새로운 특화된 함수를 쉽게 추가할 수 있다. 그리고 여러분이 직접 작성하지 않았거나 변경할 수 없는 클래스에 대한 특화된 함수도 추가할 수 있다.

단일 디스패치는 심사숙고 끝에 표준 라이브러리에 추가된 메커니즘으로, 여기에서 설명한 것보다 더 많은 기능을 제공한다. 자세한 내용은 'PEP 443-단일 디스패치 제네릭 함수^{Single-dispatch generic functions}' 문서(`https://fpy.li/pep443`)를 참조하면 되지만, 이 문서에는 자료형 힌트 사용을 설명하지 않는다. 자료형 힌트는 이 문서가 작성된 후에 추가되었기 때문이다. `functools` 모듈 문서는 개선되어 `singledispatch`(`https://fpy.li/9-4`) 항목에 여러 최신 예제가 있으므로, 이 문서를 참조하는 편이 좋다.

지금까지 `@lru_cache()`와 [예제 9-20]에서 `@singledispatch`로 생성된 `htmlize.register(float)`처럼 인수를 받는 데커레이터를 몇 개 보았다. 다음 절에서는 매개변수를 받는 데커레이터를 어떻게 만드는지 알아보자.

9.10 매개변수화된 데커레이터

소스 코드에서 데커레이터를 파싱할 때 파이썬은 데커레이트된 함수를 가져와서 데커레이터 함수의 첫 번째 인수로 넘겨준다. 그러면 다른 인수를 받는 데커레이터를 어떻게 만들까? 인수를 받아 데커레이터를 반환하는 데커레이터 팩토리를 만들고 나서, 데커레이트될 함수에 데커레이터 팩토리를 적용하면 된다. 설명이 복잡한가? 아마 그럴 것이다. 지금까지 우리가 본 가장 간단한 데커레이터인 [예제 9-21]의 register()를 예로 들어 알아보자.

예제 9-21 [예제 9-2]의 registration.py 모듈의 축약 버전

```python
registry = []

def register(func):
    print(f'running register({func})')
    registry.append(func)
    return func

@register
def f1():
    print('running f1()')

print('running main()')
print('registry ->', registry)
f1()
```

9.10.1 매개변수화된 등록 데커레이터

register()가 등록하는 함수를 활성화하거나 비활성화하기 쉽도록, 선택적인 인수 active를 받게 해 보자. active가 False면 데커레이트된 함수를 등록 해제한다. [예제 9-22]를 보면 어떻게 하는지 알 수 있을 것이다. 새로 만든 register() 함수는 개념적으로는 데커레이터가 아니라 데커레이터 팩토리다. 호출되면 대상 함수에 적용할 실제 데커레이터를 반환하기 때문이다.

```python
registry = set()  ❶

def register(active=True):  ❷
    def decorate(func):  ❸
        print('running register'
              f'(active={active})->decorate({func})')
        if active:  ❹
            registry.add(func)
        else:
            registry.discard(func)  ❺

        return func  ❻
    return decorate  ❼

@register(active=False)  ❽
def f1():
    print('running f1()')

@register()  ❾
def f2():
    print('running f2()')

def f3():
    print('running f3()')
```

❶ `registry`는 이제 집합형으로, 함수의 추가와 제거가 더 빨라졌다.

❷ `register()`가 선택적 키워드 인수를 받는다.

❸ `decorate()` 내부 함수가 실제 데커레이터다. 함수를 인수로 받는 방법에 주의하라.

❹ 클로저에서 읽어온 active 인수가 True일 때만 func를 등록한다.

❺ active 가 True가 아니고 func가 registry에 들어 있으면 제거한다.

❻ `decorate()` 는 데커레이터이므로 무언가 함수를 반환해야 한다.

❼ `register()`는 데커레이터 팩토리이므로 `decorate()`를 반환한다.

❽ `@register` 팩토리는 원하는 매개변수와 함께 함수로 호출해야 한다.

❾ 인수를 전달하지 않더라도 `register`는 여전히 함수로 호출해야 하므로 `@register()` 형태로 호출한다. 그러면 실제 데커레이터인 `decorate()`를 반환한다.

핵심은 `register()`가 `decorate()`를 반환하고, 데커레이트될 함수에 `decorate()`가 적용된다는 것이다.

[예제 9-22]의 코드는 registration_param.py 모듈에 들어 있다. 이 모듈을 임포트하면 다음과 같이 실행된다.

```
>>> import registration_param
running register(active=False)->decorate(<function f1 at 0x10063c1e0>)
running register(active=True)->decorate(<function f2 at 0x10063c268>)
>>> registration_param.registry
[<function f2 at 0x10063c268>]
```

f2() 함수만 registry에 남아 있음에 주의하라. register() 데커레이터 팩토리에 active=False 인수를 전달했으므로 f1()에 적용된 decorate()는 registry에 f1() 함수를 추가하지 않았다.

커머셜 앳(@) 구문을 사용하지 않고 register를 일반 함수로 사용하려면 괄호를 사용한 구문이 필요한데, f()를 registry에 추가하려면 register()(f)로, registry에서 제거하려면 register(active=False)(f)로 호출해야 한다. [예제 9-23]은 괄호 구문을 이용해서 함수를 registry에 추가하거나 제거하는 예를 보여 준다.

예제 9-23 [예제 9-22]에 나열된 registration_param 모듈 사용하기

```
>>> from registration_param import *
running register(active=False)->decorate(<function f1 at 0x10073c1e0>)
running register(active=True)->decorate(<function f2 at 0x10073c268>)
>>> registry  ❶
{<function f2 at 0x10073c268>}
>>> register()(f3)  ❷
running register(active=True)->decorate(<function f3 at 0x10073c158>)
<function f3 at 0x10073c158>
>>> registry  ❸
{<function f3 at 0x10073c158>, <function f2 at 0x10073c268>}
>>> register(active=False)(f2)  ❹
running register(active=False)->decorate(<function f2 at 0x10073c268>)
<function f2 at 0x10073c268>
>>> registry  ❺
{<function f3 at 0x10073c158>}
```

❶ 모듈을 임포트하면 f2()가 registry에 들어간다.

❷ register() 표현식은 decorate()를 반환하고, 이 데커레이터가 f3()에 적용된다.

❸ 앞에서 수행한 문장이 f3()를 registry에 추가했다.

❹ 이 문장은 f2()를 registry에서 제거한다.

❺ F3()만 registry에 남아 있는지 확인한다.

매개변수화된 데커레이터의 작동 방식은 상당히 복잡하며, 앞에서 예로 든 코드는 대부분의 실제 코드보다 상당히 간단하다. 매개변수화된 데커레이터는 일반적으로 데커레이트된 함수를 대체하며, 대체 함수를 생성하기 위해 함수를 한 단계 더 내포한다. 다음 절에서는 이렇게 복잡한 함수 구조에 관해 알아본다.

9.10.2 매개변수화된 클록 데커레이터

이 절에서는 clock() 데커레이터 예제를 이용해 기능을 추가해 본다. 사용자가 포맷 문자열을 전달해 데커레이트된 함수가 출력할 문자열을 설정한다. [예제 9-24]를 보자.

> **NOTE** 코드를 간단히 하기 위해 [예제 9-24]는 @functools.wraps()를 이용해 함수 계층을 한 단계 더 추가하는 개선된 [예제 9-16] 대신, [예제 9-14]에서 구현한 초기 clock() 예제에 기반해 구현했다.

예제 9-24 clockdeco_param.py 모듈: 매개변수화된 clock() 데커레이터

```
import time

DEFAULT_FMT = '[{elapsed:0.8f}s] {name}({args}) -> {result}'

def clock(fmt=DEFAULT_FMT):          ❶
    def decorate(func):              ❷
        def clocked(*_args):         ❸
            t0 = time.perf_counter()
            _result = func(*_args)    ❹
            elapsed = time.perf_counter() - t0
            name = func.__name__
            args = ', '.join(repr(arg) for arg in _args)   ❺
            result = repr(_result)    ❻
            print(fmt.format(**locals()))    ❼
            return _result    ❽
        return clocked    ❾
```

```python
    return decorate  ❿

if __name__ == '__main__':

    @clock()  ⓫
    def snooze(seconds):
        time.sleep(seconds)

    for i in range(3):
        snooze(.123)
```

❶ clock()은 매개변수화된 데커레이터 팩토리다.

❷ decorate()가 실제 데커레이터다.

❸ clocked()는 데커레이트된 함수를 래핑wrapping한다.

❹ 데커레이트된 함수의 실제 결과를 _result에 저장한다.

❺ 실제 clocked()의 인수는 _args에 들어 있으며, args는 출력용 문자열이다.

❻ result는 출력용으로 _result를 문자열로 표현한 것이다.

❼ 여기서 **locals()를 사용하면 fmt가 clocked()의 지역 변수를 모두 참조할 수 있게 해 준다.[10]

❽ clocked()는 데커레이트된 함수를 대체하므로, 원래 함수가 반환할 값을 반환해야 한다.

❾ decorate()는 clocked()를 반환한다.

❿ clock()은 decorate()를 반환한다.

⓫ 자체 테스트를 수행하는 이 부분에서는 인수 없이 clock()을 호출하므로 적용된 데커레이터는 기본 포맷 문자열을 사용한다.

명령행에서 [예제 9-24]를 실행하면 다음과 같은 결과가 나온다.

```
$ python3 clockdeco_param.py
[0.12412500s] snooze(0.123) -> None
[0.12411904s] snooze(0.123) -> None
[0.12410498s] snooze(0.123) -> None
```

---

10 테크니컬 리뷰어 미로슬라프 세디비는 "정적 코드 검사기들이 locals()의 사용을 무시하는 경향이 있으므로 사용되지 않는 변수에 대한 경고 메시지가 나옴을 의미한다"고 지적했다. 그렇다. 이는 바로 필자는 물론 수많은 파이썬 개발자를 매료시킨 동적 기능의 사용을 정적 검사기가 좌절시키는 또 하나의 사례다. 정적 검사기를 만족시키려면 호출할 때 fmt.format(elapsed=elapsed, name=name, args=args, result=result)와 같이 지역 변수들을 두 번씩 써주면 된다. 그러나 필자는 이렇게 번거로운 일을 하지는 않을 것이다. 정적 검사기를 사용하려면 언제 무시해야 하는지를 알아야 한다.

새로 구현한 기능을 시험하는 [예제 9-25]와 [예제 9-26]을 보자. 여기에서는 clockdeco_param을 이용해 모듈 두 개를 만들고 이들이 생성한 출력을 보여 준다.

예제 9-25 clockdeco_param_demo1.py

```python
import time from clockdeco_param
import clock

@clock('{name}: {elapsed}s')
def snooze(seconds):
    time.sleep(seconds)

for i in range(3):
    snooze(.123)
```

[예제 9-25]를 실행한 결과는 다음과 같다.

```
$ python3 clockdeco_param_demo1.py
snooze: 0.12414693832397461s
snooze: 0.1241159439086914s
snooze: 0.12412118911743164s
```

예제 9-26 clockdeco_param_demo2.py

```python
import time from clockdeco_param
import clock

@clock('{name}({args}) dt={elapsed:0.3f}s')
def snooze(seconds):
    time.sleep(seconds)

for i in range(3):
    snooze(.123)
```

[예제 9-26]을 실행한 결과는 다음과 같다.

```
$ python3 clockdeco_param_demo2.py
snooze(0.123) dt=0.124s
snooze(0.123) dt=0.124s
snooze(0.123) dt=0.124s
```

> **NOTE** 1판의 테크니컬 리뷰어인 렌나르트 레게브로Lennart Regebro는 데커레이터는 이 책의 예제와 같은 함수
> 보다는 __call__()을 구현하는 클래스로 만들 때 가장 잘 구현된다고 주장한다. 필자도 중요한 데커레이
> 터를 구현할 때는 그 방법이 더 좋다는 점에 동의하지만, 이 언어 기능의 기본 개념을 설명하기에는 함수가
> 이해하기 더 쉽다고 생각한다.

다음 절에서는 레게브로가 추천한 스타일로 구현하는 예제를 살펴본다.

9.10.3 클래스 기반 클록 데커레이터

이 장의 마지막 예인 [예제 9-27]은 매개변수를 받는 clock() 데커레이터를 __call__()을
구현한 클래스로 구현한 코드이다. [예제 9-24]와 [예제 9-27]을 비교해 보자. 어느 코드가
더 마음에 드는가?

예제 9-27 clockdeco_cls.py 모듈: 클래스로 구현한 매개변수를 받는 clock() 데커레이터

```
import time

DEFAULT_FMT = '[{elapsed:0.8f}s] {name}({args}) -> {result}'

class clock:                                  ❶

    def __init__(self, fmt=DEFAULT_FMT):      ❷
        self.fmt = fmt

    def __call__(self, func):                 ❸
        def clocked(*_args):
            t0 = time.perf_counter()
            _result = func(*_args)            ❹
```

```
            elapsed = time.perf_counter() - t0
            name = func.__name__
            args = ', '.join(repr(arg) for arg in _args)
            result = repr(_result)
            print(self.fmt.format(**locals()))
            return _result
        return clocked
```

---

❶ 바깥쪽에 있던 clock() 함수 대신 clock 클래스가 매개변수를 받는 데커레이터 팩토리가 되었다. [예제
9-24]의 데커레이터를 사용하는 코드에서 바로 쓸 수 있도록 클래스의 첫 글자를 소문자 c로 사용했다.

❷ clock(my_format)에 전달했던 인수가 여기에서는 fmt 매개변수에 할당된다. 클래스 생성자는 my_
format을 self.fmt에 저장한 clock의 인스턴스를 반환한다.

❸ __call__() 메서드는 clock 인스턴스를 콜러블로 만든다. 호출되면 인스턴스가 데커레이트할 함수를
clocked()로 치환한다.

❹ 데커레이트된 함수를 래핑한 clocked()가 원래 함수를 호출한다.

이로써 함수 데커레이터를 충분히 살펴본 것 같다. 클래스 데커레이터는 24장에서 다룬다.

9.11 요약

이 장에서는 약간 어려운 부분을 다뤘다. 되도록 순조롭게 진행하려고 노력했지만, 결국 메타
프로그래밍 영역에 들어섰다.

먼저 내부 함수가 없는 간단한 @register 데커레이터로 시작해서 두 단계의 내포된 함수를 가
진 매개변수를 사용하는 @clock() 데커레이터까지 살펴봤다.

등록 데커레이터는 본질적으로 간단한 메커니즘이지만, 고급 파이썬 프레임워크에서 실제로
사용한다. 10장에서 다룰 전략적 디자인 패턴을 구현하면서 등록 개념을 적용할 것이다.

데커레이터가 실제 작동하는 방식을 이해하려면 **임포트 타임**과 **런타임**의 차이를 알아야 하며, 변
수 범위, 클로저, 새로 소개된 nonlocal 선언도 깊이 있게 이해해야 한다. 클로저와 nonlocal
을 제대로 이해하면 데커레이터를 만들 수 있을 뿐만 아니라, GUI 방식의 이벤트 주도 프로그
램이나 콜백을 이용한 비동기 입출력을 구현하고 함수형 스타일로 프로그래밍할 때도 큰 도움
이 된다.

매개변수화된 데커레이터는 거의 늘 최소 두 단계의 내포된 함수를 가지며, 고급 기법을 지원하는 데커레이터를 구현하려고 `@functools.wraps`를 사용할 때는 세 단계 이상 내포되기도 한다. [예제 9-18]에서 본 누적된 데커레이터도 고급 기법에 속한다. 더 복잡한 데커레이터는 클래스에 기반해 구현하는 편이 읽고 유지보수하기 더 쉽다.

그리고 표준 라이브러리에서 매개변수를 사용하는 데커레이터의 사례로 `functools` 모듈에서 제공하는 `@cache`와 `@singledispatch` 등 강력한 데커레이터를 살펴보았다.

일급 함수 디자인 패턴

> 패턴에 대한 일치도가 우수성의 척도는 아니다.[1]
>
> — 랄프 존슨
> 『GoF의 디자인 패턴(개정판)』의 공저자

소프트웨어 공학에서 디자인 패턴(https://fpy.li/10-1)은 일반적인 설계 문제를 해결하는 종합적인 레시피이다. 이번 장을 이해하려고 디자인 패턴을 따로 공부할 필요는 없다. 예제에서 사용하는 패턴들은 이번 장에서 설명한다.

프로그래밍에서 디자인 패턴 사용은 소위 '갱 오브 포'라고 불리는 에리히 감마Erich Gamma, 리차드 헬름Richard Helm, 랄프 존슨Ralph Johnson, 존 블리시디스John Vlissides의 기념비적인 책 『GoF이 디자인 패턴(개정판)』으로 인기를 얻었다. 이 책은 C++ 클래스로 작성된 일련의 클래스를 이용해 23가지 패턴을 보여 주지만, 다른 객체지향 언어에도 적용할 수 있을 것이다.

디자인 패턴이 언어에 독립적이긴 하지만, 그렇다고 해서 모든 언어에 적용할 수 있는 것은 아니다. 예를 들어 17장에서는 파이썬으로 반복자(https://fpy.li/10-2) 패턴 레시피를 흉내 내는 것이 의미가 없음을 보여 준다. 반복자 패턴이 언어에 포함되어 있고 제너레이터 형태로 바로 사용할 수 있으므로 작업을 처리할 클래스가 필요 없고 고전적인 레시피보다 코드를 적게

---

1 2014년 11월 15일 상파울루 대학교 IME/CCSL에서 랄프 존슨이 발표한 '디자인 패턴의 일부 결함에 대한 근본 원인 분석(Root Cause Analysis of Some Faults in Design Patterns)' 슬라이드에서 인용했다.

사용하기 때문이다.

『GoF의 디자인 패턴(개정판)』의 저자들은 책의 서문에서 다음과 같이 구현 언어가 관련된 패턴을 결정한다고 언급한다.

1996년 '동적 언어에서의 디자인 패턴Design Patterns in Dynamic Languages' 발표(`https://fpy.li/norvigdp`)에서 피터 노빅Peter Norvig은 에리히 감마의 『GoF의 디자인 패턴(개정판)』에서 정의한 23개의 패턴 중 16개는 동적 언어에서 '보이지 않거나 더 단순하다'고 설명한다(9번째 슬라이드). 원래 리스프와 딜런Dylan 언어에 관해 설명한 부분이지만, 이와 관련된 동적 기능의 상당수가 파이썬에도 존재한다. 특히 일급 함수를 지원하는 언어에서는 전략, 명령, 템플릿 메서드, 비지터 패턴을 다시 생각해 보라고 피터 노빅은 권고한다.

이번 장에서는 클래스가 하는 일을 (어떤 경우에는) 가독성이 더 좋고 간결하게 함수로 구현하는 방법을 보여 주고자 한다. 함수를 객체로 사용하고, 판에 박힌 코드를 제거해 전략 패턴의 구현을 리팩터링한다. 그리고 비슷한 방법으로 명령 패턴을 간단히 구현하는 방법도 이야기한다.

10.1 이번 장의 변경 사항

10.2.5절 '데커레이터로 개선한 전략 패턴'에서 등록 데커레이터를 활용하고자 이번 장을 3부의 뒷부분으로 옮겼다. 그리고 예제에서 자료형 힌트도 사용한다. 이번 장에서 사용한 자료형 힌트는 복잡하지 않고 코드의 가독성을 높여준다.

---

2 『GoF의 디자인 패턴(개정판)』에서 인용했다.

10.2 사례 연구: 리팩터링 전략

전략 패턴은 파이썬에서 함수를 일급 객체로 사용하면 더 간단히 구현할 수 있는 디자인 패턴의 좋은 사례이다. 다음 절에서는 『GoF의 디자인 패턴(개정판)』에서 설명한 '고전적인' 구조를 이용해 전략 패턴을 설명하고 구현한다. 고전적인 패턴을 잘 안다면, 함수를 이용해 코드를 리팩터링하고 소스 코드를 엄청나게 줄일 수 있는 10.2.2절 '함수 지향 전략'으로 바로 넘어가도 좋다.

10.2.1 고전적인 전략

[그림 10-1]의 UML 클래스 다이어그램은 전략 패턴의 예를 보여 주는 일련의 클래스 다이어그램이다.

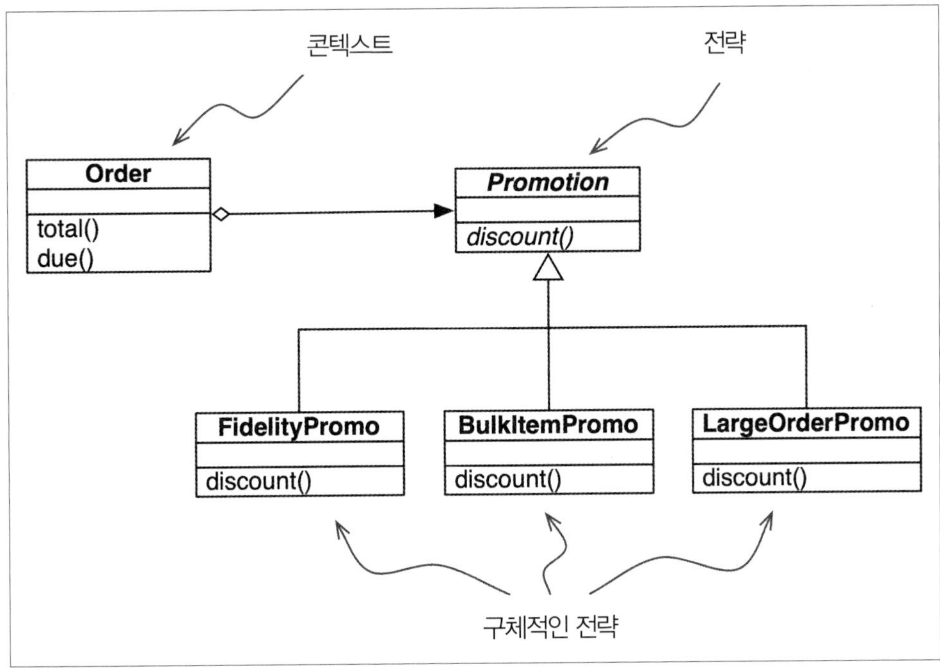

그림 10-1 전략 디자인 패턴으로 구현한 주문 할인 처리의 UML 클래스 다이어그램

『GoF의 디자인 패턴(개정판)』에서는 전략 패턴을 다음과 같이 설명한다.

> 일련의 알고리즘을 정의하고 각각을 하나의 클래스 안에 넣어서 교체하기 쉽게 만든다. 전략을 이용하면 사용하는 클라이언트에 따라 알고리즘을 독립적으로 변경할 수 있다.

전략 패턴의 예는 고객의 속성이나 주문한 상품에 따라 할인을 계산하는 전자상거래 영역에서 쉽게 볼 수 있다.

온라인 상점에 다음과 같은 할인 규칙이 있다고 가정하자.

- 단골 점수가 1,000점 이상인 고객은 전체 주문에 5% 할인을 적용한다.
- 하나의 주문에서 동일 상품을 20개 이상 구입하면 해당 상품에 10% 할인을 적용한다.
- 서로 다른 상품을 10종류 이상 주문하면 전체 주문에 7% 할인을 적용한다.

구현을 간단히 하고자 하나의 주문에는 하나의 할인 규칙만 적용된다고 가정하자.

이 전략 패턴의 UML 클래스 다이어그램은 [그림 10-1]과 같다. 구성 요소는 다음과 같다.

콘텍스트

일부 계산을 서로 다른 알고리즘을 구현하는 교환 가능한 컴포넌트에 위임함으로써 서비스를 제공한다. 전자상거래 예제에서 콘텍스트는 Order로, 여러 알고리즘 중 하나에 따라 프로모션 할인을 적용하도록 설정된다.

전략

여러 알고리즘을 구현하는 컴포넌트의 공통된 인터페이스이다. 전자상거래 예제에서는 이 역할을 Promotion이라는 추상 클래스가 담당한다.

구체적인 전략

전략의 구상 서브클래스 중 하나이다. 여기서는 FidelityPromo, BulkItemPromo, LargeOrderPromo라는 총 3개의 구체적인 전략을 구현한다.

[예제 10-1]은 [그림 10-1]의 설계를 구현한 코드다. 『GoF의 디자인 패턴(개정판)』에서 설명한 대로 구체적인 전략은 콘텍스트 클래스의 클라이언트에 따라 선택된다. 이 예제에서는 주문 객체를 생성하기 전에 시스템이 할인 전략을 선택해서 Order 생성자에 전달한다. 전략을 선택하는 방법은 패턴과 관련이 없다.

예제 10-1 플러그형 할인 전략이 있는 Order 클래스 구현

```python
from abc import ABC, abstractmethod
from collections.abc import Sequence
from decimal import Decimal
from typing import NamedTuple, Optional

class Customer(NamedTuple):
    name: str
    fidelity: int

class LineItem(NamedTuple):
    product: str
    quantity: int
    price: Decimal

    def total(self) -> Decimal:
        return self.price * self.quantity

class Order(NamedTuple):  # 콘텍스트
    customer: Customer
    cart: Sequence[LineItem]
    promotion: Optional['Promotion'] = None

    def total(self) -> Decimal:
        totals = (item.total() for item in self.cart)
        return sum(totals, start=Decimal(0))

    def due(self) -> Decimal:
        if self.promotion is None:
            discount = Decimal(0)
        else:
            discount = self.promotion.discount(self)
        return self.total() - discount

    def __repr__(self):
        return f'<Order total: {self.total():.2f} due: {self.due():.2f}>'
```

```python
class Promotion(ABC):  # 전략: 추상 베이스 클래스
    @abstractmethod
    def discount(self, order: Order) -> Decimal:
        """할인 금액을 양의 정수로 반환한다"""

class FidelityPromo(Promotion):  # 첫 번째 구체적인 전략
    """단골 점수가 1000점 이상인 고객에게 5% 할인 적용"""

    def discount(self, order: Order) -> Decimal:
        rate = Decimal('0.05')
        if order.customer.fidelity >= 1000:
            return order.total() * rate
        return Decimal(0)

class BulkItemPromo(Promotion):  # 두 번째 구체적인 전략
    """동일 상품을 20개 이상 구입하면 10% 할인 적용"""

    def discount(self, order: Order) -> Decimal:
        discount = Decimal(0)
        for item in order.cart:
            if item.quantity >= 20:
                discount += item.total() * Decimal('0.1')
        return discount

class LargeOrderPromo(Promotion):  # 세 번째 구체적인 전략
    """10종류 이상의 상품을 구입하면 전체 7% 할인 적용"""

    def discount(self, order: Order) -> Decimal:
        distinct_items = {item.product for item in order.cart}
        if len(distinct_items) >= 10:
            return order.total() * Decimal('0.07')
        return Decimal(0)
```

[예제 10-1]에서는 @abstractmethod 데커레이터를 사용하고 패턴을 더욱 잘 드러나게 하고자 Promotion을 추상 베이스 클래스로 구현했음에 유의하라.

[예제 10-2]는 앞에서 설명한 규칙을 구현하는 모듈의 연산 예를 보여 주고 검증하는 데 사용한 doctest다.

```
>>> joe = Customer('John Doe', 0) ❶
>>> ann = Customer('Ann Smith', 1100)
>>> cart = (LineItem('banana', 4, Decimal('.5')), ❷
...    LineItem('apple', 10, Decimal('1.5')),
...    LineItem('watermelon', 5, Decimal(5)))
>>> Order(joe, cart, FidelityPromo()) ❸
<Order total: 42.00 due: 42.00>
>>> Order(ann, cart, FidelityPromo()) ❹
<Order total: 42.00 due: 39.90>
>>> banana_cart = (LineItem('banana', 30, Decimal('.5')), ❺
...    LineItem('apple', 10, Decimal('1.5')))
>>> Order(joe, banana_cart, BulkItemPromo()) ❻
<Order total: 30.00 due: 28.50>
>>> long_cart = tuple(LineItem(str(sku), 1, Decimal(1)) ❼
...    for sku in range(10))
>>> Order(joe, long_cart, LargeOrderPromo()) ❽
<Order total: 10.00 due: 9.30>
>>> Order(joe, cart, LargeOrderPromo())
<Order total: 42.00 due: 42.00>
```

❶ 고객 두 명의 단골 점수. joe는 0점, ann은 1,100점이다.

❷ 한 쇼핑 카트의 항목 종류가 3가지다.

❸ FidelityPromo는 joe에게 아무런 할인도 해 주지 않는다.

❹ ann은 단골 점수가 1,000점이 넘으므로 5%를 할인받는다.

❺ banana_cart에는 banana 상품이 30개, apple 상품이 10개 있다.

❻ BulkItemPromo 덕분에 joe는 banana의 총가격에서 1.50달러를 할인받는다.

❼ long_order에는 각각 1.00달러인 10개의 서로 다른 상품이 있다.

❽ LargeOrderPromo 덕분에 joe는 전체 주문의 7%를 할인받는다.

[예제 10-1]이 제대로 작동은 하지만, 파이썬에서 함수를 객체로 사용하면 더 적은 코드로 동일한 기능을 구현할 수 있다. 다음 절에서 함수를 객체로 사용해 구현하는 방법을 알아보자.

10.2.2 함수 지향 전략

[예제 10-1]에서 각각의 구체적인 전략은 discount()라는 메서드 하나가 있는 클래스다. 게다가 전략 객체에는 상태(객체 속성)가 없다. 구체적인 전략 객체가 일반 함수처럼 보인다면, 제대로 본 것이다. [예제 10-3]은 [예제 10-1]을 리팩터링한 코드로, 구체적인 전략을 간단히 함수로 변경하고 Promotion 추상 클래스를 제거했다.[3]

예제 10-3 할인 전략을 함수로 구현한 Order 클래스

```python
from collections.abc import Sequence
from dataclasses import dataclass
from decimal import Decimal
from typing import Optional, Callable, NamedTuple


class Customer(NamedTuple):
    name: str
    fidelity: int


class LineItem(NamedTuple):
    product: str
    quantity: int
    price: Decimal

    def total(self):
        return self.price * self.quantity

@dataclass(frozen=True)
class Order:  # 콘텍스트
    customer: Customer
    cart: Sequence[LineItem]
    promotion: Optional[Callable[['Order'], Decimal]] = None  ❶

    def total(self) -> Decimal:
```

---

3 Mypy 버그 때문에 @dataclass를 이용해 Order를 다시 구현해야 했다. [예제 10-1]과 마찬가지로 NamedTuple을 이용해 이 클래스가 잘 작동하기 때문에 세부 사항은 무시해도 좋다. 다만 Order가 NamedTuple이면 promotion에 대한 자료형 힌트를 검사할 때 Mypy 0.910이 충돌되었다. 해당 줄에 # type: ignore를 추가해봤지만, Mypy는 여전히 충돌되었다. Order를 @dataclass로 만들면 자료형 힌트를 똑같이 지정해도 Mypy가 제대로 작동했다. 이 버그(이슈 #9397, https://fpy.li/10-3)는 2021년 7월 19일 현재까지 해결되지 않았다.

옮긴이_ 이 문제는 2022년 8월23일 이후에 공개된 Mypy에서 –enable-recursive-aliases 옵션을 제공해 충돌 문제를 해결했다.

```python
        totals = (item.total() for item in self.cart)
        return sum(totals, start=Decimal(0))

    def due(self) -> Decimal:
        if self.promotion is None:
            discount = Decimal(0)
        else:
            discount = self.promotion(self)   ❷
        return self.total() - discount

    def __repr__(self):
        return f'<Order total: {self.total():.2f} due: {self.due():.2f}>'
```

❸

```python
def fidelity_promo(order: Order) -> Decimal:   ❹
    """단골 점수가 1000점 이상인 고객에게 전체 5% 할인 적용"""
    if order.customer.fidelity >= 1000:
        return order.total() * Decimal('0.05')
    return Decimal(0)


def bulk_item_promo(order: Order) -> Decimal:
    """동일 상품을 20개 이상 구입하면 10% 할인 적용"""
    discount = Decimal(0)
    for item in order.cart:
        if item.quantity >= 20:
            discount += item.total() * Decimal('0.1')
    return discount


def large_order_promo(order: Order) -> Decimal:
    """10종류 이상의 상품을 구입하면 전체 7% 할인 적용"""
    distinct_items = {item.product for item in order.cart}
    if len(distinct_items) >= 10:
        return order.total() * Decimal('0.07')
    return Decimal(0)
```

---

❶ 이 자료형 힌트는 promotion이 None이거나 Order 인수를 받아 Decimal을 반환하는 콜러블이 될 수 있음을 의미한다.

❷ 할인액을 계산하려면 self를 인수로 전달해 self.promotion 콜러블을 호출하면 된다. 이유는 다음에 나오는 TIP 글상자를 참조하라.

❸ 추상 클래스가 제거되었다.

❹ 각각의 구체적인 전략은 함수로 구현되었다.

[예제 10-3]은 [예제 10-1]보다 짧다. [예제 10-4]의 doctest에서 보듯이, 새로 만든 Order를 사용하는 것도 더 간단하다.

예제 10-4 할인 전략을 함수로 정의한 Order 클래스의 사용 예

```
>>> joe = Customer('John Doe', 0)  ❶
>>> ann = Customer('Ann Smith', 1100)
>>> cart = [LineItem('banana', 4, Decimal('.5')),
...    LineItem('apple', 10, Decimal('1.5')),
...    LineItem('watermelon', 5, Decimal(5))]
>>> Order(joe, cart, fidelity_promo)  ❷
<Order total: 42.00 due: 42.00>
>>> Order(ann, cart, fidelity_promo)
<Order total: 42.00 due: 39.90>
>>> banana_cart = [LineItem('banana', 30, Decimal('.5')),
...    LineItem('apple', 10, Decimal('1.5'))]
>>> Order(joe, banana_cart, bulk_item_promo)  ❸
<Order total: 30.00 due: 28.50>
>>> long_cart = [LineItem(str(item_code), 1, Decimal(1))
...    for item_code in range(10)]
>>> Order(joe, long_cart, large_order_promo)
<Order total: 10.00 due: 9.30>
>>> Order(joe, cart, large_order_promo)
<Order total: 42.00 due: 42.00>
```

❶ [예제 10-1]과 똑같은 테스트 데이터다.

❷ Order 인스턴스에 할인 전략을 적용하려면 할인 함수를 인수로 전달하면 된다.

❸ 여기와 뒤에 나오는 테스트에서 서로 다른 할인 함수를 사용한다.

[예제 10-4]의 원숫자 설명을 잘 살펴보라. 각 주문에 대해 할인 객체를 새로 만들 필요 없다. 함수는 바로 사용할 수 있기 때문이다.

『GoF의 디자인 패턴(개정판)』의 저자가 "전략 객체는 종종 훌륭한 플라이웨이트^{flyweight}가 된다"고 설명한 점이 흥미롭다. 책의 다른 부분에서는 "플라이웨이트는 여러 콘텍스트에서 동시에 사용할 수 있는 공유 객체"라고 정의한다. 새로운 콘텍스트(앞 예제에서는 Order 인스턴스)에 동일 전략 객체를 반복해서 적용할 때는 새로 생성하는 비용을 줄이기 위해 플라이웨이트를 공유하기를 권장한다. 따라서 전략 패턴의 단점인 런타임 비용을 극복하고자 저자들은 또 다른 패턴인 플라이웨이트 패턴을 사용하도록 권장한다. 그러는 동안 소스 코드 길이와 유지보수 비용은 눈덩이처럼 불어난다.

내부 상태를 유지하는 복잡한 전략 객체를 사용할 때는 전략 패턴과 플라이웨이트 패턴의 모든 부분을 섞어 사용할 수 있다. 그렇지만 구체적인 전략 객체에 내부 상태가 없고 그저 콘텍스트에서 오는 데이터를 처리할 때도 많다. 이럴 때는 또 다른 추상 클래스에서 정의된 메서드를 하나만 구현하는 클래스를 만들기보다는 일반 함수를 만드는 편이 훨씬 좋다. 함수는 사용자 정의 클래스보다 훨씬 가볍고 파이썬이 모듈을 로딩할 때 단 한 번만 생성되므로 플라이웨이트가 필요 없다. 일반 함수도 '여러 콘텍스트에서 동시에 공유할 수 있는 공유 객체'임을 명심하자.

전략 패턴을 함수로 구현하면 더 많은 가능성이 열린다. 예를 들어 주어진 Order 객체에 적용할 가장 좋은 할인 전략을 선택하는 '메타 전략^{metastrategy}'을 만든다고 가정해 보자. 다음 절에서는 함수와 모듈을 객체로 활용해 이러한 요구사항을 구현하기 위해 리팩터링하는 방법을 알아보자.

10.2.3 최선의 전략 선택하기: 단순한 접근법

[예제 10-4]의 테스트와 동일한 고객, 쇼핑 카트가 주어졌을 때 [예제 10-5]와 같이 세 가지를 더 테스트해 보자.

예제 10-5 모든 할인을 적용해서 가장 큰 값을 반환하는 best_promo() 함수

```
>>> Order(joe, long_cart, best_promo) ❶
<Order total: 10.00 due: 9.30>
>>> Order(joe, banana_cart, best_promo) ❷
<Order total: 30.00 due: 28.50>
>>> Order(ann, cart, best_promo) ❸
<Order total: 42.00 due: 39.90>
```

❶ best_promo는 고객 joe에 대해 large_order_promo를 선택한다.

❷ 여기서 joe는 바나나를 아주 많이 샀으므로 bulk_item_promo로 할인받는다.

❸ cart에 물건이 많지 않은 충성도 높은 고객 ann에게 best_promo는 fidelity_promo를 선택한다.

[예제 10-6]에서 보듯이, best_promo()의 구현은 아주 간단하다.

예제 10-6 함수 리스트를 반복해서 최대 할인액을 찾아내는 best_promo() 함수

```
promos = [fidelity_promo, bulk_item_promo, large_order_promo] ❶

def best_promo(order: Order) -> Decimal: ❷
    """가장 많이 할인받는 금액을 반환한다"""
    return max(promo(order) for promo in promos) ❸
```

❶ promos는 함수로 구현된 전략 리스트다.

❷ best_promo는 다른 *_promo() 함수들처럼 Order 객체를 인수로 받는다.

❸ 제너레이터 표현식을 이용해서 promos에 있는 각 함수를 order에 적용하고, 가장 큰 할인액을 계산한다.

[예제 10-6]은 간단하다. promos는 함수 리스트다. 일단 함수가 일급 객체라는 개념에 익숙해지면 함수를 담는 데이터 구조체를 만드는 일도 자연스럽게 느껴진다.

[예제 10-6]은 제대로 작동하고 가독성도 좋지만, 일부 코드가 중복되어 미묘한 버그가 생길 여지가 있다. 새로운 할인 전략을 추가하려면 함수를 코딩하고 이 함수를 promos 리스트에 추가해야 한다. 아니면 새로운 할인 함수를 Order 객체에 인수로 전달해서 작동시킬 수도 있지만, 이때 best_promo()는 새로운 할인 함수를 고려하지 않는다.

이제부터 이 문제를 해결하는 방법 두 가지를 알아보자.

10.2.4 모듈에서 전략 찾기

파이썬에서는 모듈도 일급 객체이며, 모듈을 다루는 여러 함수를 표준 라이브러리에서 제공한다. 파이썬 문서에서는 globals() 내장 함수를 다음과 같이 설명한다.

> **globals()**
>
> 현재 전역 심벌 테이블을 나타내는 딕셔너리 객체를 반환한다. 이 딕셔너리는 언제나 현재 모듈에 관한 내용을 담는다(함수나 메서드 안에서 호출할 때, 함수를 호출한 모듈이 아니라 함수가 정의된 모듈을 나타낸다).

[예제 10-7]은 globals()를 이용한 꼼수를 써서 best_promo()가 자동으로 다른 *_promo() 함수들을 찾아내게 한다.

예제 10-7 모듈 전역 네임스페이스에 인트로스펙션introspection을 수행해서 만든 promos 리스트

```
from decimal import Decimal
from strategy import Order
from strategy import (
    fidelity_promo, bulk_item_promo, large_order_promo    ❶
)

promos = [promo for name, promo in globals().items()     ❷
                if name.endswith('_promo') and            ❸
                    name != 'best_promo'                  ❹
]


def best_promo(order: Order) -> Decimal:                  ❺
    """가장 많이 할인받는 금액을 반환한다"""
    return max(promo(order) for promo in promos)
```

❶ 전역 네임스페이스에서 사용할 수 있는 할인 함수들을 임포트한다.[4]

---

4 이 이름들을 임포트하지만 사용하지 않으므로 flake8과 VS 코드 모두 에러 메시지를 출력한다. 기본적으로 정적 분석 도구는 파이썬의 동적 특성을 이해하지 못하기 때문이다. 이런 도구에서 에러 메시지가 나오지 않게 하다 보면 파이썬 구문이 자바 코드처럼 엄격하고 길어질 것이다.

❷ globals()가 반환한 각 항목을 반복한다.

❸ _promo로 끝나는 이름만 선택한다.

❹ 무한 재귀 호출을 피하고자 best_promo 자신은 걸러낸다.

❺ best_promo()는 바뀌지 않았다.

별도의 모듈을 만들고 best_promo()를 제외한 모든 프로모션 할인 함수를 그 모듈에 넣어서, 적용할 수 있는 모든 할인 함수를 모아두는 방법도 있다.

[예제 10-8]에서는 promotions라는 별도 모듈에 인트로스펙션을 수행해 만든 전략 함수 리스트를 사용하도록 변경했다. [예제 10-8]은 상위 수준의 인트로스펙션 함수를 제공하는 inspect 모듈은 물론 promotions 모듈을 임포트해야 작동함에 주의하라.

예제 10-8 새로운 promotions 모듈을 인트로스펙션해서 만든 promos 리스트

```python
from decimal import Decimal
import inspect

from strategy import Order
import promotions


promos = [func for _, func in inspect.getmembers(promotions, inspect.isfunction)]


def best_promo(order: Order) -> Decimal:
    """가장 많이 할인받는 금액을 반환한다"""
    return max(promo(order) for promo in promos)
```

inspect.getmembers() 함수는 선택적 조건식predicate(불리언형 함수가 사용된다)으로 걸러낸 객체의 속성들을 반환한다. 여기서는 모듈 안에서 함수만 걸러내는 데 inspect.isfunction 조건식을 사용했다.

[예제 10-8]은 할인 함수명에 상관없이 작동한다. 다만 주어진 주문의 할인액을 계산하는 함수들만 promotions 모듈에 넣어야 한다. 물론 이것은 코드 안에서 암묵적으로 동의하는 가정이다. 누군가 promotions 모듈 안에 시그너처가 다른 함수를 추가하면, best_promo() 함수가 order에 적용하려다가 에러를 발생시킬 것이다.

예를 들어 인수를 조사하는 등 함수를 더 엄격하게 검사해 걸러낼 수 있을 것이다. [예제 10-8]은 완벽한 해결책이 아니라, 모듈 인트로스펙션을 사용할 수 있음을 보여 주는 예제다.

간단한 데커레이터를 사용해서 할인 함수들을 동적으로 수집하려는 의도를 조금 더 명백히 보여 주는 방법도 있다. 다음 절에서 알아보자.

10.2.5 데커레이터로 개선한 전략 패턴

[예제 10-6]에서 가장 큰 문제는 함수 정의와 promos 리스트(가장 많이 할인받는 함수를 알아내는 best_promo() 함수가 사용) 모두에 함수명이 나와야 한다는 점이다. 누군가 새로운 할인 전략 함수를 추가했지만, promos 리스트에 직접 추가해야 한다는 사실을 깜빡했다면 best_promo()에서는 새로운 할인 전략을 무시함으로써 미묘한 버그가 발생한다. 따라서 두 군데 모두에 함수명을 수작업으로 넣어야 하는 것은 문제가 될 수 있다. [예제 10-9]는 9.4절 '등록 데커레이터'에서 설명한 기법을 이용해 이 문제를 해결한다.

예제 10-9 @promotion 데커레이터로 채워진 promos 리스트

```python
Promotion = Callable[[Order], Decimal]

promos: list[Promotion] = []  ❶


def promotion(promo: Promotion) -> Promotion:  ❷
    promos.append(promo)
    return promo


def best_promo(order: Order) -> Decimal:
    """가장 많이 할인받는 금액을 반환한다"""
    return max(promo(order) for promo in promos)  ❸


@promotion  ❹
def fidelity(order: Order) -> Decimal:
    """충성도 점수가 1000점 이상인 고객에게 전체 5% 할인 적용"""
    if order.customer.fidelity >= 1000:
        return order.total() * Decimal('0.05')
```

```python
        return Decimal(0)


@promotion
def bulk_item(order: Order) -> Decimal:
    """동일 상품을 20개 이상 구입하면 10% 할인 적용"""
    discount = Decimal(0)
    for item in order.cart:
        if item.quantity >= 20:
            discount += item.total() * Decimal('0.1')
    return discount


@promotion
def large_order(order: Order) -> Decimal:
    """10종류 이상의 상품을 구입하면 전체 7% 할인 적용"""
    distinct_items = {item.product for item in order.cart}
    if len(distinct_items) >= 10:
        return order.total() * Decimal('0.07')
    return Decimal(0)
```

❶ promos 리스트는 모듈 전역 변수이며, 처음에는 비어있다.

❷ @promotion은 등록 데커레이터다. promo() 함수를 promos 리스트에 추가한 후 그대로 반환한다.

❸ promos 리스트를 사용하므로 best_promo() 함수는 바꿀 필요 없다.

❹ @promotion 데커레이터로 장식된 함수는 모두 promos 리스트에 추가된다.

이 해결책은 이전의 다른 방법들보다 다음과 같은 장점이 있다.

- 할인 전략 함수의 이름이 _promo로 끝날 필요가 없다.

- @promotion 데커레이터는 장식된 함수의 목적을 명확히 알려준다. 그리고 어떤 할인 전략을 임시로 비활성화하고 싶을 때는 간단히 데커레이터만 주석 처리하면 된다.

- 할인 전략을 시스템 안의 다른 곳에 있는 다른 모듈에 정의할 수 있다. 그저 @promotion 데커레이터만 지정하면 된다.

다음 절에서는 명령 패턴을 알아본다. 이 디자인 패턴은 평범한 함수로 할 수 있는 것을 메서드 하나만 있는 클래스로 구현하곤 한다.

10.3 명령 패턴

명령 패턴은 함수를 인수로 전달하는 방법을 이용해 간단히 구현할 수 있다. [그림 10-2]는 명
령 패턴에 나오는 일련의 클래스를 보여 준다.

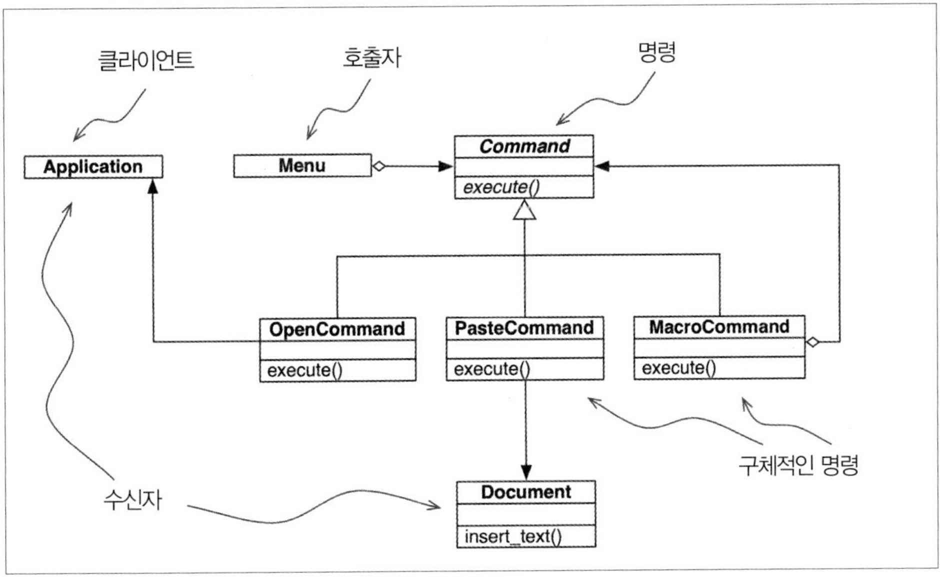

그림 10-2 명령 디자인 패턴으로 구현한 메뉴 방식 텍스트 편집기의 **UML** 클래스 다이어그램. 각 명령의 수신자
(행동을 구현하는 객체)는 서로 다를 수 있다. PasteCommand에서는 Document가 수신자며, OpenCommand에서는
Application이 수신자다.

명령 패턴의 목적은 연산을 실행하는 객체(호출자[invoker])와 연산을 구현하는 객체(수신자
[receiver])를 분리하는 것이다. 『GoF의 디자인 패턴(개정판)』 예에서는 그래픽 애플리케이션의
메뉴 항목이 호출자이고, 편집되는 문서나 애플리케이션 자신이 수신자다.

기본 개념은 명령 객체를 수신자와 호출자 사이에 놓고, 명령은 execute()라는 단 하나의
메서드로 인터페이스를 정의하는 것이다. execute()는 원하는 연산을 수행하려고 수신자
가 구현한 메서드를 호출한다. 이런 방식을 사용하면, 호출자는 수신자의 인터페이스를 알 필
요가 없고, 명령의 서브클래스를 통해 서로 다른 수신자를 추가할 수 있다. 호출자는 구체적
인 명령으로 설정되며, 연산을 실행하려고 execute() 메서드를 호출한다. [그림 10-2]에서
MacroCommand 명령 객체는 일련의 명령을 저장할 수 있다. 이때 execute() 메서드는 저장된
각 명령의 메서드를 호출한다.

『GoF의 디자인 패턴(개정판)』에서는 "명령은 콜백에 대한 객체지향식 대체물"이라고 설명한다. 그렇지만 콜백을 객체지향식 대체물로 바꿀 필요가 있을까? 때로는 그렇지만, 늘 그렇지는 않다.

호출자에 Command 인스턴스 대신 간단히 함수를 바로 지정할 수 있다. command.execute() 를 호출하는 대신, 호출자는 단지 command()를 호출하면 된다. MacroCommand는 __call__() 메서드를 구현한 클래스로 구현할 수 있다. MacroCommand 인스턴스는 콜러블이 되며, 각 인스턴스는 [예제 10-10]에서처럼 향후에 호출할 함수들의 리스트를 가진다.

예제 10-10 각 MacroCommand 인스턴스 내부에는 명령 리스트가 있다.

```
class MacroCommand:
    """명령 리스트를 실행하는 명령"""

    def init (self, commands):
        self.commands = list(commands) ❶

    def call (self):
        for command in self.commands: ❷
            command()
```

❶ commands 인수로 리스트를 만들면 명령들이 반복 가능한 객체임이 보장되며, 각 MacroCommand 인스턴스 안에 명령에 대한 참조를 복사하게 된다.

❷ MacroCommand 인스턴스가 호출되면 self.commands에 있는 명령이 순서대로 호출된다.

실행 취소 등 고급 기능의 명령 패턴을 구현하려면 단순한 콜백 함수로는 어려울 수도 있지만, 파이썬에서는 다음과 같은 두 가지 대안을 제시한다.

- [예제 10-10]의 MacroCommand와 같은 콜러블 인스턴스는 필요한 상태를 보관함으로써 __call__() 메서드 이외의 메서드도 제공할 수 있다.
- 함수가 호출된 후의 상태를 내부에 보관하는 데 클로저를 사용할 수 있다.

이것으로 명령 패턴을 일급 함수로 대체하는 방법에 대한 설명을 마치고자 한다. 상위 수준에서 보면 이 접근법은 전략 패턴에 사용한 방법과 비슷하다. 즉, 단일 메서드 인터페이스를 구현하는 클래스의 인스턴스를 콜러블로 대체하는 것이다. 모든 파이썬 콜러블이 __call__()이라는 단일 메서드 인터페이스를 구현하므로, 이런 대안이 가능하다.

10.4 요약

고전적인 『GoF의 디자인 패턴(개정판)』이 나온 2년 후, 피터 노빅이 지적한 대로 "23개의 패턴 중 16개는 적어도 어떤 유스케이스에서는 C++보다 리스프나 딜런에서 질적으로 더 간단히 구현할 수 있다".[5] 파이썬은 리스프와 딜런 언어의 동적 특성 일부를 공유한다. 특히 이번 장에서 집중적으로 설명한 일급 함수는 파이썬의 동적 특성을 잘 보여 준다.

『GoF의 디자인 패턴(개정판)』 출간 20주년 기념 발표에서 랄프 존슨은 이 책은 '각 디자인 패턴에 대한 단계가 아니라 결과 패턴을 지나치게 강조한 것'이 약점이라고 이야기했다.[6] 이 장에서는 먼저 일급 함수를 이용해 전략 패턴을 단순화할 수 있는 대안을 살펴보았다.

이 책에서 설명하는 전략이나 명령 패턴을 흉내 내기보다는, 파이썬에서 함수나 콜러블 객체를 이용해 더욱 자연스럽게 콜백을 구현할 수 있는 경우도 많다. 이 장에서 전략 패턴을 리팩터링하고 명령 패턴에 관해 설명하면서 어느 정도 식견을 넓히는 계기가 되었다. 컴포넌트가 단일 메서드 인터페이스를 구현하며, 해당 메서드의 이름이 execute, run, do_it처럼 일반적인 디자인 패턴이나 API를 종종 만날 수 있다. 이런 패턴이나 API는 일급 함수나 기타 콜러블을 사용해서 파이썬에서 더욱 간결하게 구현할 수 있다.

---

[5] 피터 노빅의 '동적 언어에서의 디자인 패턴' 발표(https://fpy.li/10-4) 중 9번째 슬라이드에서 인용했다.

[6] 랄프 존슨, '디자인 패턴 일부 결함의 근본 원인 분석(Root Cause Analysis of Some Faults in Design Patterns),' IME–USP, 2014년 11월 15일

클래스와 프로토콜

PART **3**

파이썬다운 객체

> 라이브러리나 프레임워크가 파이썬다우려면 파이썬 프로그래머가 작업을 수행하는 방법을 가능한 한 쉽고 자연스럽게 배울 수 있게 해 줘야 한다.[1]
>
> — 마르틴 파센_{Martijn Faassen}
> **파이썬과 자바스크립트 프레임워크의 창시자**

파이썬 데이터 모델 덕분에 사용자가 정의한 자료형도 내장형과 마찬가지로 자연스럽게 작동할 수 있다. 덕 타이핑의 정신에 따라 상속하지 않고도 가능하다. 단지 객체에 필요한 메서드를 구현하면 원하는 대로 작동한다.

지금까지는 여러 내장 객체의 구조와 작동에 관해 알아보았다. 이제 파이썬의 실제 객체로 작동하는 사용자 정의 클래스를 만들어 보자. 여러분이 구현하는 애플리케이션 클래스는 이번 장 예제에 나오는 클래스만큼 특별 메서드를 많이 구현할 필요는 없을 것이다. 그러나 여러분이 라이브러리나 프레임워크를 만든다면 이를 사용하는 프로그래머들은 여러분의 클래스가 파이썬이 제공하는 클래스처럼 작동하기를 기대할 것이다. 이런 기대를 충족시켜 주는 것이 '파이썬다운' 것이다.

---

1 마르틴 파센의 블로그 글 '파이썬답다는 것은?(What is Pythonic?)'(`https://fpy.li/11-1`)에서 인용했다.

이 장에서는 먼저 1장에 이어 여러 파이썬 객체에서 흔히 볼 수 있는 여러 특별 메서드를 구현하는 방법을 보여 준다.

여기서는 구체적으로 다음과 같은 방법을 설명한다.

- repr(), bytes(), complex() 등 객체를 다른 자료형으로 변환하는 내장 함수의 지원
- 대안 생성자로서 클래스 메서드를 구현
- f-문자열, format() 내장 함수, str.format() 메서드에서 사용하는 포맷 언어 확장
- 읽기 전용 접근만 허용하는 속성 제공
- 집합 및 딕셔너리 키로 사용할 수 있도록 객체를 해시 가능하게 만들기
- __slots__를 이용해 메모리 절약하기

이 장에서는 간단한 2차원 유클리드 벡터형인 Vector2d를 개발하면서 이 방법들을 살펴본다. 이 코드는 12장에서 개발할 N-차원 벡터 클래스의 기반이 된다.

클래스를 개선하다가 잠시 멈춰 다음 개념 두 가지를 설명한다.

- @classmethod와 @staticmethod 데커레이터를 사용하는 상황과 사용법
- 파이썬에서의 비공개 및 보호된 속성: 사용법, 관례, 한계

11.1 이번 장의 변경 사항

1판에서는 제일 뒤에서야 설명했던 '파이썬다움'의 개념을, 이 장의 제일 앞에서 간단히 설명했다.

11.6절 '포맷된 출력'에서는 파이썬 3.6에 소개된 f-문자열을 추가로 설명한다. f-문자열은 format() 내장 함수와 str.format() 메서드에 사용되는 포매팅 언어를 사용하므로, 이전에 구현한 __format__() 메서드는 f-문자열과도 잘 작동한다. 따라서 변경된 내용은 많지 않다.

나머지 부분은 거의 변하지 않았다. 특별 메서드는 파이썬 3.0 이후 대체로 그대로 유지되었으며, 핵심 개념은 이미 파이썬 2.2에서 정립되었기 때문이다.

먼저 객체 표현 메서드를 알아보자.

11.2 객체 표현

모든 객체지향 언어에는 객체에서 문자열 표현을 얻어내는 표준적인 방법이 하나 이상 있다.
파이썬에는 다음 두 가지 방법이 있다.

repr()

개발자에게 유용한 형태로 객체를 표현한 문자열을 반환한다. 파이썬 콘솔이나 디버거에서
객체를 표현하는 모습이다.

str()

사용자에게 유용한 형태로 객체를 표현한 문자열을 반환한다. 객체에 print() 문을 적용
할 때 나오는 모습이다.

1장에서 설명한 대로 __repr__()과 __str__() 특별 메서드는 각기 repr()과 str() 메서
드를 지원한다.

객체를 다르게 표현하는 방법을 지원하는 __bytes__()와 __format__()이라는 두 개의 특
별 메서드도 있다. __bytes__()는 __str__()과 비슷하지만 bytes() 메서드에 의해 호
출되어 객체를 바이트 시퀀스로 표현한다. __format__()은 내장 함수 format()과 str.
format() 메서드가 사용한다. 두 함수 모두 특별 포맷 코드를 이용해 obj.__format__(<포
맷_명세>)를 호출해 객체를 표현하는 문자열을 가져온다. 다음 예제에서는 __bytes__() 메
서드를, 그다음 예제에서는 __format__() 메서드를 설넝한다.

> **WARNING** 파이썬 2에서 넘어왔다면, 파이썬 3에서는 __repr__(), __str__(), __format__() 메서
> 드가 늘 유니코드 문자열(str 형)을 반환해야 함에 주의하라. __bytes__()만 바이트 시퀀스(bytes 형)를
> 반환한다.

11.3 벡터 클래스의 부활

객체 표현을 생성하려고 사용하는 여러 메서드의 예를 살펴보기 위해 1장에서 살펴본 것과 비슷한 Vector2d 클래스를 사용한다. 이 절부터 이 클래스를 계속 확장해 나간다. [예제 11-1]은 Vector2d 객체가 수행할 기본적인 작동을 보여 준다.

예제 11-1 다양하게 표현되는 Vector2d 객체

```
>>> v1 = Vector2d(3, 4)
>>> print(v1.x, v1.y) ❶
3.0 4.0
>>> x, y = v1 ❷
>>> x, y
(3.0, 4.0)
>>> v1 ❸
Vector2d(3.0, 4.0)
>>> v1_clone = eval(repr(v1)) ❹
>>> v1 == v1_clone ❺
True
>>> print(v1) ❻
(3.0, 4.0)
>>> octets = bytes(v1) ❼
>>> octets
b'd\\x00\\x00\\x00\\x00\\x00\\x00\\x08@\\x00\\x00\\x00\\x00\\x00\\x00\\x10@'
>>> abs(v1) ❽
5.0
>>> bool(v1), bool(Vector2d(0, 0)) ❾
(True, False)
```

❶ Vector2d 요소들은 게터 메서드를 호출할 필요 없이 직접 속성에 접근할 수 있다.

❷ Vector2d를 변수들의 튜플에 언패킹할 수 있다.

❸ Vector2d의 repr( )은 객체를 생성하는 소스 코드와 같은 형태를 출력한다.

❹ eval( )을 이용해 Vector2d의 repr( )이 생성자 호출을 제대로 표현했는지 확인한다.[2]

❺ Vector2d는 == 연산자를 이용한 비교를 지원한다. 이는 객체를 비교하는 데 유용하다.

❻ print( )는 str( )을 호출하며, str( )은 Vector2d 객체의 경우 순서쌍을 생성한다.

---

2 여기서는 단지 repr()을 강조하려고 eval()을 이용해서 객체를 생성했을 뿐이다. 객체는 copy.copy( ) 함수를 이용해 더 안전하고 빠르게 복사할 수 있다.

❼ bytes()는 __bytes__() 메서드를 이용해 이진 표현을 생성한다.

❽ abs()는 __abs__() 메서드를 이용해 Vector2d 객체의 크기를 반환한다.

❾ bool()은 __bool__() 메서드를 사용하며, Vector2d 객체의 크기가 0이면 False, 아니면 True를 반환한다.

[예제 11-1]에서 사용한 Vector2d 클래스는 vector2d_v0.py에 구현했다(예제 11-2). 이 코드는 [예제 1-2]에 기반하지만, +와 * 연산은 16장에서 구현할 예정이다. == 연산자는 테스트에 유용하므로 여기서 구현했다. 지금까지 구현된 Vector2d에는 잘 설계된 객체에서 파이썬 개발자가 기대하는 연산을 제공하는 여러 특별 메서드가 있다.

예제 11-2 vector2d_v0.py: 지금까지의 메서드는 모두 특별 메서드다.

```python
from array import array
import math


class Vector2d:
    typecode = 'd'    ❶

    def __init__(self, x, y):
        self.x = float(x)    ❷
        self.y = float(y)

    def __iter__(self):
        return (i for i in (self.x, self.y))    ❸

    def __repr__(self):
        class_name = type(self).__name__
        return '{}({!r}, {!r})'.format(class_name, *self)    ❹

    def __str__(self):
        return str(tuple(self))    ❺

    def __bytes__(self):
        return (bytes([ord(self.typecode)]) +    ❻
                bytes(array(self.typecode, self)))    ❼

    def __eq__(self, other):
        return tuple(self) == tuple(other)    ❽
```

```python
    def __abs__(self):
        return math.hypot(self.x, self.y)  ❾

    def __bool__(self):
        return bool(abs(self))  ❿
```

❶ typecode는 Vector2d와 bytes 간의 자료형 변환에 사용하는 클래스 속성이다.

❷ __init__() 안에서 x와 y를 float로 변환하면 부적절한 인수로 Vector2d 객체를 생성할 때 조기에 에러를 잡는 데 도움이 된다.

❸ __iter__()를 구현하면 Vector2d를 반복할 수 있게 된다. 그래서 x, y = my_vector 문장으로 언패킹할 수 있었다. 이 메서드는 제너레이터 표현식을 이용해서 요소를 차례대로 하나씩 생성한다.[3]

❹ __repr__( )은 {!r}을 각 요소에 repr()을 호출해 반환된 문자열로 치환해 문자열을 만든다. Vector2d는 반복할 수 있으므로, *self는 format()에 x와 y 속성을 공급한다.

❺ 반복형 Vector2d에서 튜플을 만들어 순서쌍으로 출력하는 것은 간단하다.

❻ bytes를 생성하기 위해 typecode를 bytes로 변환한다.

❼ ❻단계에서 변환된 값과 객체를 반복해서 생성한 배열에서 변환된 bytes를 연결한다.

❽ 모든 요소를 간단히 비교하기 위해 피연산자로부터 튜플을 생성한다. Vector2d 객체를 피연산자로 사용하면 작동은 하지만, 문제가 있다. 다음 WARNING 글상자를 참조하라.

❾ magnitude()는 x와 y로 만들어진 직삼각형 빗변의 길이다.

❿ __bool__()은 abs(self)를 사용해 빗변 길이를 계산하고 불리언형으로 변환한다. 따라서 0.0은 False, 그 외 값은 True다.

지금까지 기본적인 메서드를 거의 구현했지만 한 가지가 빠졌다. bytes()로 생성한 이진 표현에서 Vector2d 객체를 다시 만드는 메서드가 없다.

---

3 이 줄은 yield self.x; yield.self.y 문장으로 작성할 수도 있다. __iter__() 특별 메서드, 제너레이터 표현식, yield 키워드는 17장에서 자세히 설명한다.

11.4 대안 생성자

Vector2d를 bytes로 익스포트하는 메서드가 있으니, 당연히 bytes를 Vector2d로 변환하는 메서드도 있어야 할 것이다. 영감을 얻기 위해 표준 라이브러리를 살펴보면, frombytes()라는 클래스 메서드가 있는 array.array가 이 상황에 딱 맞는 것 같다(2.10.1절 '배열' 참조). 이 이름과 기능을 이용해 vector2d_v1.py 파일 안에 Vector2d의 클래스 메서드로 추가해 보자(예제 11-3).

예제 11-3 vector2d_v1.py: [예제 11-2] vector2d_v0.py의 Vector2d 정의에 추가된 frombytes() 클래스 메서드 부분

```
    @classmethod       ❶
    def frombytes(cls, octets):       ❷
        typecode = chr(octets[0])    ❸
        memv = memoryview(octets[1:]).cast(typecode)    ❹
        return cls(*memv)    ❺
```

❶ @classmethod 데커레이터는 클래스에 메서드를 직접 호출할 수 있게 메서드를 수정한다.

❷ self 매개변수가 없다. 대신 클래스 자신을 첫 번째 매개변수(일반적으로 cls라는 이름을 사용함)로 전달받는다.

❸ 첫 번째 바이트에서 typecode를 읽는다.

❹ octets 이진 시퀀스로부터 memoryview를 생성하고 typecode를 이용해 자료형을 변환한다.[4]

❺ cast()가 반환한 memoryview를 언패킹하고 생성자에 필요한 인수로 전달한다.

방금 사용한 @classmethod 데커레이터는 파이썬 고유의 기능이다. 이를 간단히 알아보자.

11.5 @classmethod와 @staticmethod

파이썬 튜토리얼에서는 @classmethod와 @staticmethod 데커레이터에 관해 설명하지 않는다. 자바 언어로 객체지향 개념을 배운 사람은 이 두 데커레이터가 파이썬에 있는 이유가 궁금할 것이다.

---

4 2.10.2절 '메모리 뷰'에서 memoryview를 간략히 소개하면서 cast() 메서드를 설명했다.

먼저 @classmethod를 살펴보자. [예제 11-3]을 보면 @classmethod 데커레이터는 인스턴스
가 아닌 클래스에 연산을 수행하는 메서드를 정의함을 알 수 있다. @classmethod는 메서드
가 호출되는 방식을 변경해 인스턴스가 아니라 클래스 자체를 첫 번째 인수로 받는다. 이 데커
레이터는 주로 [예제 11-3]에서 본 frombytes() 같은 대안 생성자를 구현하는 데 사용된다.
frombytes() 메서드의 마지막 문장에서 cls(*memv)는 객체를 생성하기 위해 cls 인수를
사용해 클래스의 실제 생성자를 호출한다.

이와 달리 @staticmethod 데커레이터는 메서드가 특별한 첫 번째 인수를 받지 않게 메서드를
변경한다. 본질적으로 정적 메서드는 모듈 대신 클래스 본체 안에 정의된 평범한 함수일 뿐이
다. [예제 11-4]는 @classmethod와 @staticmethod 데커레이터의 작동을 비교해 보여 준다.

예제 11-4 @classmethod와 @staticmethod의 작동 비교

```
>>> class Demo:
...     @classmethod
...     def klassmeth(*args):
...         return args       ❶
...     @staticmethod
...     def statmeth(*args):
...         return args       ❷
...
>>> Demo.klassmeth()       ❸
(<class '__main__.Demo'>,)
>>> Demo.klassmeth('spam')
(<class '__main__.Demo'>, 'spam')
>>> Demo.statmeth()        ❹
()
>>> Demo.statmeth('spam')
('spam',)
```

❶ klassmeth()는 모든 위치 인수를 보여 준다.

❷ statmeth()도 마찬가지다.

❸ 호출 방법에 무관하게 Demo.klassmeth()는 Demo 클래스를 첫 번째 인수로 받는다.

❹ Demo.statmeth()는 그저 평범한 함수처럼 동작할 뿐이다.

이제 @classmethod가 어디에 도움이 되는지 (그리고 @staticmethod는 그리 도움이 되지 않 는다는 점을) 살펴봤으니, 다시 객체 표현 문제로 돌아가서 출력 포맷을 지원하는 방법을 알아 보자.

11.6 포맷된 출력

f-문자열, format() 내장 함수, str.format() 메서드는 각 자료형의 __format__(format_ spec) 메서드를 호출함으로써 포매팅을 위임한다. format_spec은 포맷 명시자$^{format specifier}$로 서, 다음 두 가지 방법 중 하나를 이용해 지정한다.

- format(my_obj, format_spec)의 두 번째 인수
- f-문자열이나 fmt.str.format()의 fmt에 있는 {}로 구분한 대체 필드 안에서 콜론 뒤의 문자열

예를 들어 다음과 같이 사용한다.

```
>>> brl = 1 / 4.82   # 브라질 레알을 미국 딜러로 바꾸는 휜율
>>> brl
0.20746887966804978
>>> format(brl, '0.4f')   ❶
'0.2075'
>>> '1 BRL = {rate:0.2f} USD'.format(rate=brl)   ❷
'1 BRL = 0.21 USD'
>>> f'1 USD = {1 / brl:0.2f} BRL'   ❸
'1 USD = 4.82 BRL'
```

---

5 이 책의 테크니컬 리뷰어인 레오나르도 로챌(Leonardo Rochael)은 @staticmethod에 대한 필자의 의견에 동의하지 않으며, 줄리 앙 당주(Julien Danjou)의 블로그 글 '파이썬에서 정적, 클래스, 추상 메서드를 사용하는 최종 가이드(The Definitive Guide on How to Use Static, Class or Abstract Methods in Python)'(https://fpy.li/11-2)를 읽어보라고 권한다. 그렇지만 이 글도 @ staticmethod에 대한 필자의 생각을 바꾸지는 못했다. 독자 여러분도 읽어보고 직접 판단하기를 바란다.

❶ '0.4f'가 포맷 명시자다.

❷ '0.2f'가 포맷 명시자다. 대체 필드 안에 있는 'rate' 문자열은 포맷 명시자가 아니고, format() 메 서드의 어느 키워드 인수가 이 대체 필드에 들어갈지를 결정한다.

❸ 역시 포맷 명시자는 '0.2f'이며, 1 / brl 표현식은 포맷 명시자에 속하지 않는다.

여기서 ❷번과 ❸번 항목에 주의하라. '{0.mass:5.3e}'와 같은 포맷 문자열은 실제로는 두 가지 표기법을 사용한다. 콜론의 왼쪽에 있는 '0.mass'는 대체 필드 구문에서 필드명(field_name)에 해당하는 부분이며 f-문자열로 나타낸 어떠한 표현식도 사용할 수 있다. 콜론의 오른쪽에 있는 '5.3e'가 포맷 명시자다. 포맷 명시자에 사용된 표기법은 '포맷 명시 간이 언어^{Format Specification Mini-Language}'(https://fpy.li/11-3)라고 한다.

> **TIP** 강의 경험을 돌이켜보면, f-문자열, format(), str.format()에 익숙지 않을 때는 포맷 명시 간이 언어(https://fpy.li/fmtspec)만 사용하는 format() 내장 함수를 먼저 공부하는 편이 좋다. 어느 정도 핵심을 파악한 후에는 '포맷된 문자열 리터럴^{Formatted string literals}'(https://fpy.li/11-4)과 '포맷 문자열 구문^{Format String Syntax}'(https://fpy.li/11-5) 문서를 보고 f-문자열과 str.format() 메서드에 사용하는 {:} 형태의 대체 필드 표기법(!s, !r, !a와 같은 변환 플래그 포함)을 공부하면 좋다. f-문자열 때문에 str.format()이 사라진 것은 아니다. 대부분 f-문자열로 해결할 수 있지만, 때로는 문자열을 변환하는 곳이 아닌 다른 곳에 포맷 문자열을 지정하는 것이 편할 때도 있기 때문이다.

몇몇 내장형은 포맷 명시 간이 언어에 자신만의 고유한 표현 코드가 있다. 예를 들어 int 형은 이진수를 나타내는 b, 16진수를 나타내는 x 코드를 지원하며, float 형은 고정소수점을 나타내는 f와 백분율을 나타내는 % 코드를 지원한다.

```
>>> format(42, 'b')
'101010'
>>> format(2 / 3, '.1%')
'66.7%'
```

각 클래스는 format_spec 인수를 자신이 원하는 대로 해석해서 포맷 명시 간이 언어를 확장할 수 있다. 예를 들어 datetime 모듈의 클래스들은 자신의 __format__() 메서드에서 strftime() 함수와 동일한 포맷 코드를 사용한다. 다음 코드에서 format() 내장 함수와 str.format() 메서드를 실행하는 예를 보자.

```
>>> from datetime import datetime
>>> now = datetime.now()
>>> format(now, '%H:%M:%S')
'18:49:05'
>>> "It's now {:%I:%M %p}".format(now)
"It's now 06:49 PM"
```

클래스에서 __format__() 메서드를 정의하지 않으면, object에서 상속받은 메서드가 str(my_object)를 반환한다. Vector2d는 __str__()을 정의하므로, 다음과 같이 실행된다.

```
>>> v1 = Vector2d(3, 4)
>>> format(v1)
'(3.0, 4.0)'
```

그러나 포맷 명시자를 사용하면 object.__format__()은 TypeError를 발생시킨다.

```
>>> format(v1, '.3f')
Traceback (most recent call last):
    ...
TypeError: non-empty format string passed to object.__format__
```

Vector2d 클래스 자체의 포맷 간이 언어를 구현하면 이 문제를 해결할 수 있다. 먼저 사용자가 제공하는 포맷 명시자를 벡터의 각 float 형 요소를 포맷하기 위한 것이라고 가정하자. 즉, 다음과 같은 결과가 나오기를 원한다고 가정하자.

```
>>> v1 = Vector2d(3, 4)
>>> format(v1)
'(3.0, 4.0)'
>>> format(v1, '.2f')
'(3.00, 4.00)'
>>> format(v1, '.3e')
'(3.000e+00, 4.000e+00)'
```

[예제 11-5]는 방금 본 출력을 생성하는 __format__() 메서드를 구현한다.

```
# Vector2d 클래스 내부

def __format__(self, fmt_spec=''):
    components = (format(c, fmt_spec) for c in self)   ❶
    return '({}, {})'.format(*components)   ❷
```

❶ 벡터의 각 요소에 fmt_spec 포맷을 적용하기 위해 format() 내장 함수를 호출하고, 포맷된 문자열의 반복형을 생성한다.

❷ 포맷된 문자열을 '(x, y)' 형식으로 만든다.

이제 Vector2d의 간이 언어에 포맷 코드를 추가해 보자. 포맷 명시자가 'p'로 끝나면 벡터를 극좌표 <r, θ>로 표현한다. 여기서 r은 벡터의 크기, θ(세타)는 라디안으로 표현된 각을 나타낸다. 'p' 앞에 오는 나머지 포맷 명시자는 이전과 동일하게 사용된다.

> **TIP** 포맷 코드를 추가할 때 다른 자료형에서 사용하는 코드와 중복되는 코드를 피했다. 포맷 명시 간이 언어(https://fpy.li/11-3)를 보면, 정수형은 'bcdoxXn'을, 실수형은 'eEfFgGn%'를, 문자열은 's'를 사용함을 알 수 있다. 그래서 극좌표에 대한 포맷 코드로 'p'를 선택했다. 각 클래스에서 이 코드를 독립적으로 해석하므로 새로운 자료형에 대해 기존 포맷 코드를 재사용해도 에러가 발생하지는 않지만, 사용자가 혼동할 우려가 있기 때문이다.

이제 극좌표를 생성해 보자. 크기를 생성하는 __abs__() 메서드는 이미 있고, math.atan2() 함수를 이용해 각을 계산하는 angle() 메서드를 다음과 같이 간단히 구현할 수 있다.

```
# Vector2d 클래스 내부

def angle(self):
    return math.atan2(self.y, self.x)
```

필요한 코드를 모두 갖추었으니, 이제 __format__() 메서드가 극좌표를 생성하도록 수정해 보자(예제 11-6).

```
    def __format__(self, fmt_spec=''):
        if fmt_spec.endswith('p'):       ❶
            fmt_spec = fmt_spec[:-1]      ❷
            coords = (abs(self), self.angle())    ❸
            outer_fmt = '<{}, {}>'        ❹
        else:
            coords = self                 ❺
            outer_fmt = '({}, {})'        ❻
        components = (format(c, fmt_spec) for c in coords)    ❼
        return outer_fmt.format(*components)     ❽
```

❶ 포맷 명시자가 'p'로 끝나면 극좌표를 사용한다.

❷ fmt_spec의 마지막에 있는 'p'를 제거한다.

❸ (크기, 각)으로 극좌표 튜플을 만든다.

❹ 꺾쇠괄호를 이용해 최종 포맷을 구성한다.

❺ 그렇지 않으면 self의 x, y 요소를 이용해서 직교좌표를 만든다.

❻ 소괄호를 이용해서 최종 포맷을 구성한다.

❼ 요소들을 포맷해 반복형을 만든다.

❽ 포맷된 문자열을 최종 포맷에 적용한다.

[예제 11–6]의 Vector2d는 다음과 같이 실행된다.

```
>>> format(Vector2d(1, 1), 'p')
'<1.4142135623730951, 0.7853981633974483>'
>>> format(Vector2d(1, 1), '.3ep')
'<1.414e+00, 7.854e-01>'
>>> format(Vector2d(1, 1), '0.5fp')
'<1.41421, 0.78540>'
```

이 절에서 설명했듯이, 포맷 명시 간이 언어를 확장해서 사용자 정의 자료형을 지원하는 일은 어렵지 않다.

이제 기능적인 주제로 넘어가자. Vector2d를 해시 가능하게 만들면 Vector2d의 집합을 만들거나 Vector2d를 딕셔너리의 키로 사용할 수 있다.

11.7 해시 가능한 Vector2d

지금까지 구현한 Vector2d 인스턴스는 해시 가능하지 않으므로 집합에 넣을 수 없다.

```
>>> v1 = Vector2d(3, 4)
>>> hash(v1)
Traceback (most recent call last):
  ...
TypeError: unhashable type: 'Vector2d'
>>> set([v1])
Traceback (most recent call last):
  ...
TypeError: unhashable type: 'Vector2d'
```

Vector2d를 해시 가능하게 만들려면 __hash__() 메서드를 구현해야 한다(__eq__() 메서드도 필요하지만, 이 메서드는 이미 구현했다). 그리고 3.4.1절 '해시 가능한 객체'의 인용 글에서 설명했듯이 Vector2d 객체를 불변형으로 만들어야 한다.

현재는 어디서든 v1.x = 7과 같은 문장을 실행할 수 있으므로 Vector2d 인스턴스를 변경하는 것이 금지되어 있지 않음을 알 수 있다. 그러나 앞으로는 다음과 같이 작동하기를 원한다.

```
>>> v1.x, v1.y
(3.0, 4.0)
>>> v1.x = 7
Traceback (most recent call last):
  ...
AttributeError: can't set attribute
```

이렇게 작동하게 하려면 [예제 11-7]처럼 x와 y 요소를 읽기 전용 속성으로 만들어야 한다.

예제 11-7 vector2d_v3.py: 여기서는 Vector2d를 불변형으로 만드는 코드만 보여 주며, 전체 코드는 [예제 11-11]에 있다.

```python
class Vector2d:
    typecode = 'd'

    def __init__(self, x, y):
        self.__x = float(x)    ❶
```

```python
        self.__y = float(y)

    @property  ❷
    def x(self):  ❸
        return self.__x  ❹

    @property  ❺
    def y(self):
        return self.__y

    def __iter__(self):
        return (i for i in (self.x, self.y))  ❻

    # 나머지 메서드는 기존 Vector2d와 동일하므로 생략한다.
```

❶ 정확히 두 개의 언더바로 시작해서(뒷부분의 언더바는 없거나 하나만 사용한다) 속성을 비공개로 만든다.[6]

❷ @property 데커레이터는 프로퍼티의 게터 메서드에 표시한다.

❸ 게터 메서드의 이름이 자신이 노출하는 공개 속성명이 된다.

❹ self.x를 반환한다.

❺ y 프로퍼티도 동일하게 정의한다.

❻ x와 y의 속성을 읽기만 하는 다른 메서드들은 비공개 속성이 아니라 self.x와 self.y 공개 프로퍼티를 통해 값을 읽으므로 변경하지 않아도 된다. 따라서 클래스의 나머지 메서드 코드는 생략한다.

> **NOTE** Vector2d.x와 Vector2d.y는 읽기 전용 프로퍼티를 보여 준다. 읽고 쓸 수 있는 프로퍼티는 @property 데커레이터를 다루는 22장에서 자세히 설명한다.

실수로 Vector2d 속성을 변경하지 못하게 했으니, 이제 __hash__() 메서드를 구현해 보자. __hash__() 메서드는 int 형을 반환해야 한다. 그리고 동일하다고 판단되는 객체는 해시값이 동일해야 하므로 __eq__() 메서드가 비교하는 객체 속성을 이용해 해시를 계산하는 것이 이상적이다. __hash__() 특별 메서드 문서(https://fpy.li/11-7)에서는 요소들을 담은 튜플의 해시를 구하기를 권장하므로, 이 방법에 따라 구현하면 [예제 11-8]과 같다.

---

6 비공개 속성의 장단점은 11.10절 '파이썬에서의 비공개 속성과 보호된 속성'에서 설명한다.

```
    # Vector2d 클래스 내부

    def __hash__(self):
        return hash((self.x, self.y))
```

__hash__( ) 메서드를 추가했으므로 이제 벡터 인스턴스를 해시할 수 있다.

```
>>> v1 = Vector2d(3, 4)
>>> v2 = Vector2d(3.1, 4.2)
>>> hash(v1), hash(v2)
(1079245023883434373, 1994163070182233067)
>>> {v1, v2}
{Vector2d(3.1, 4.2), Vector2d(3.0, 4.0)}
```

TIP 해시 가능형을 만들 때 반드시 프로퍼티를 구현하거나 객체 속성을 보호해야 하는 것은 아니다. __hash__() 와 __eq__() 메서드만 제대로 구현하면 된다. 그러나 해시 가능한 객체의 값이 변하면 안 되므로 읽기 전용 프로퍼티를 설명하기에 좋은 기회이긴 하다.

적절한 스칼라값을 가진 자료형을 만들 때는 때에 따라 자료형을 강제 변환하기 위해 int( )와 float( ) 생성자가 각기 호출하는 __int__( )와 __float__( ) 메서드를 구현하는 것도 좋다. 내장된 complex( ) 생성자를 지원하는 __complex__( ) 메서드도 있다. Vector2d도 __complex__( ) 메서드를 구현해야 하지만, 이것은 연습 문제로 남겨둔다.

11.8 위치 패턴 매칭 지원

지금까지 구현한 Vector2d 인스턴스는 키워드 클래스 패턴과 호환이 된다(5.8.2절 '키워드 클래스 패턴' 참고).

[예제 11-9]를 보면 키워드 패턴들이 원하는 대로 작동함을 알 수 있다.

```python
def keyword_pattern_demo(v: Vector2d) -> None:
    match v:
        case Vector2d(x=0, y=0):
            print(f'{v!r} is null')
        case Vector2d(x=0):
            print(f'{v!r} is vertical')
        case Vector2d(y=0):
            print(f'{v!r} is horizontal')
        case Vector2d(x=x, y=y) if x==y:
            print(f'{v!r} is diagonal')
        case _:
            print(f'{v!r} is awesome')
```

그러나 다음과 같이 위치 패턴을 사용해 보자.

```python
        case Vector2d(_, 0):
            print(f'{v!r} is horizontal')
```

다음과 같은 에러 메시지가 발생한다.

```
TypeError: Vector2d() accepts 0 positional sub-patterns (1 given)
```

Vector2d에 위치 패턴을 적용하려면 다음과 같이 위치 패턴 매칭에 사용될 순서대로 인스턴스 속성을 나열하는 __match_args__ 클래스 속성을 추가해야 한다.

```python
class Vector2d:
    __match_args__ = ('x', 'y')

    # 나머지 코드는 그대로
```

이제는 Vector2d 대상에 매칭할 패턴을 작성할 때 [예제 11-10]에서 보는 것처럼 간단히 작성할 수 있다.

```python
def positional_pattern_demo(v: Vector2d) -> None:
    match v:
        case Vector2d(0, 0):
            print(f'{v!r} is null')
        case Vector2d(0):
            print(f'{v!r} is vertical')
        case Vector2d(_, 0):
            print(f'{v!r} is horizontal')
        case Vector2d(x, y) if x==y:
            print(f'{v!r} is diagonal')
        case _:
            print(f'{v!r} is awesome')
```

__match_args__ 클래스 속성에 공개 속성이 모두 들어갈 필요는 없다. 특히 인스턴스 속성에 할당될 필수 인수와 선택 인수를 __init__()가 받을 때, 필수 인수는 __match_args__에 지정하는 편이 좋지만 선택 인수까지 모두 지정할 필요는 없다.

이제 잠시 숨을 고르면서 지금까지 Vector2d에 구현한 코드를 돌아보자.

11.9 Vector2d 버전 #3: 전체 코드

지금까지 Vector2d 클래스를 개선하면서 추가된 코드 부분만 보았다. [예제 11-11]은 지금까지 수정한 내용과 클래스를 개발하면서 사용한 doctest를 포함한 vector2d_ v3.py 코드 모두를 보여 준다.

예제 11-11 vector2d_v3.py: 전체 코드

```python
"""
2차원 벡터 클래스

    >>> v1 = Vector2d(3, 4)
    >>> print(v1.x, v1.y)
    3.0 4.0
    >>> x, y = v1
    >>> x, y
```

```
(3.0, 4.0)
>>> v1
Vector2d(3.0, 4.0)
>>> v1_clone = eval(repr(v1))
>>> v1 == v1_clone
True
>>> print(v1)
(3.0, 4.0)
>>> octets = bytes(v1)
>>> octets
b'd\\x00\\x00\\x00\\x00\\x00\\x00\\x08@\\x00\\x00\\x00\\x00\\x00\\x00\\x10@'
>>> abs(v1)
5.0
>>> bool(v1), bool(Vector2d(0, 0))
(True, False)
```

``frombytes()`` 클래스 메서드 테스트:

```
>>> v1_clone = Vector2d.frombytes(bytes(v1))
>>> v1_clone
Vector2d(3.0, 4.0)
>>> v1 == v1_clone
True
```

직교 좌표를 이용한 ``format()`` 테스트:

```
>>> format(v1)
'(3.0, 4.0)'
>>> format(v1, '.2f')
'(3.00, 4.00)'
>>> format(v1, '.3e')
'(3.000e+00, 4.000e+00)'
```

``angle()`` 메서드 테스트:

```
>>> Vector2d(0, 0).angle()
0.0
>>> Vector2d(1, 0).angle()
0.0
>>> epsilon = 10**-8
>>> abs(Vector2d(0, 1).angle() - math.pi/2) < epsilon
```

```
    True
    >>> abs(Vector2d(1, 1).angle() - math.pi/4) < epsilon
    True
```

극좌표를 이용한 ``format()`` 테스트:

```
    >>> format(Vector2d(1, 1), 'p')  # doctest:+ELLIPSIS
    '<1.414213..., 0.785398...>'
    >>> format(Vector2d(1, 1), '.3ep')
    '<1.414e+00, 7.854e-01>'
    >>> format(Vector2d(1, 1), '0.5fp')
    '<1.41421, 0.78540>'
```

`x`와 `y` 읽기 전용 프로퍼티 테스트:

```
    >>> v1.x, v1.y
    (3.0, 4.0)
    >>> v1.x = 123
    Traceback (most recent call last):
      ...
    AttributeError: can't set attribute 'x'
```

해시 테스트:

```
    >>> v1 = Vector2d(3, 4)
    >>> v2 = Vector2d(3.1, 4.2)
    >>> len({v1, v2})
    2

"""

from array import array
import math


class Vector2d:
    __match_args__ = ('x', 'y')

    typecode = 'd'

    def __init__(self, x, y):
        self.__x = float(x)
```

```python
        self.__y = float(y)

    @property
    def x(self):
        return self.__x

    @property
    def y(self):
        return self.__y

    def __iter__(self):
        return (i for i in (self.x, self.y))

    def __repr__(self):
        class_name = type(self).__name__
        return '{}({!r}, {!r})'.format(class_name, *self)

    def __str__(self):
        return str(tuple(self))

    def __bytes__(self):
        return (bytes([ord(self.typecode)]) +
                bytes(array(self.typecode, self)))

    def __eq__(self, other):
        return tuple(self) == tuple(other)

    def __hash__(self):
        return hash((self.x, self.y))

    def __abs__(self):
        return math.hypot(self.x, self.y)

    def __bool__(self):
        return bool(abs(self))

    def angle(self):
        return math.atan2(self.y, self.x)

    def __format__(self, fmt_spec=''):
        if fmt_spec.endswith('p'):
            fmt_spec = fmt_spec[:-1]
            coords = (abs(self), self.angle())
            outer_fmt = '<{}, {}>'
```

```python
        else:
            coords = self
            outer_fmt = '({}, {})'
        components = (format(c, fmt_spec) for c in coords)
        return outer_fmt.format(*components)

    @classmethod
    def frombytes(cls, octets):
        typecode = chr(octets[0])
        memv = memoryview(octets[1:]).cast(typecode)
        return cls(*memv)
```

정리해 보면, 이번 절까지 오면서 완전히 갖춰진 객체를 구현하는 필요한 핵심적인 특별 메서드를 몇 가지 살펴보았다.

[예제 11-11]에서 구현한 Vector2d는 객체 표현에 관련된 특별 메서드들을 설명하려고 장황하게 구현한 예지만, 모든 사용자 정의 클래스가 따라야 하는 틀은 아니다.

다음 절에서는 Vector2d에서 잠시 벗어나, self.__x처럼 이중 언더바로 시작하는 파이썬 비공개 속성 메커니즘의 설계와 단점에 관해 알아보자.

11.10 파이썬에서의 비공개 속성과 보호된 속성

private 수정자가 있는 자바와 달리, 파이썬에는 비공개 변수를 생성하는 방법이 없다. 하지만 '비공개'하려는 속성을 서브클래스에서 실수로 변경하지 못하게 하는 간단한 메커니즘은 있다.

이런 시나리오를 생각해 보자. 클래스 외부에 노출하지 않고 내부적으로 개의 상태를 나타내는 mood 속성을 사용하는 Dog라는 클래스가 있다. 우리는 Dog를 상속해서 Beagle이라는 클래스를 정의해야 한다. 이때 Dog에 mood라는 속성이 있는지 모르고 Beagle에서 mood라는 속성을 정의하면 이름 충돌이 발생하고, Dog에서 상속된 메서드가 사용하는 mood 속성값을 엉뚱하게 변경하게 된다. 이런 상황은 디버깅하기 힘들다.

이런 상황을 예방하기 위해 인스턴스 속성명을 __mood처럼 두 개의 언더바로 시작하고 언더바가 없거나 하나의 언더바로 끝나도록 정의하면, 파이썬은 언더바와 클래스명을 변수명 앞에 붙여 인스턴스의 __dict__에 저장한다. 따라서 Dog 클래스에서 __mood는 _Dog__mood가 되고 Beagle 클래스에서는 _Beagle__mood가 된다. 이러한 파이썬 언어 기능을 **네임 맹글링**name mangling이라고 한다.

[예제 11-12]는 [예제 11-7]에서 정의한 Vector2d 클래스의 __dict__ 속성을 보여 준다.

예제 11-12 _와 클래스명을 앞에 붙여 비공개 속성명 장식하기

```
>>> v1 = Vector2d(3, 4)
>>> v1.__dict__
{'_Vector2d__y': 4.0, '_Vector2d__x': 3.0}
>>> v1._Vector2d__x
3.0
```

네임 맹글링은 안전을 위한 기능이지만, 보안 기능은 아니다. 실수로 접근하는 것을 막도록 설계되었으며, 고의적인 악용을 막지는 못한다. [그림 11-1]은 안전과 보안의 개념 차이를 보여 준다.

비공개 이름이 어떻게 만들어지는지 아는 사람은 [예제 11-12]의 마지막 명령에서처럼 비공개 속성을 직접 읽을 수 있다. 사실 이 기법은 디버깅과 직렬화에 유용하게 사용된다. 그리고 v1._Vector_x = 7과 같이 작성하면 Vector2d의 비공개 요소에 직접 값을 할당할 수도 있다. 그러나 실제 운용하는 코드에서 이렇게 조작하다 문제가 생기더라도 다른 사람을 원망할 수는 없다.

모든 파이썬 개발자가 네임 맹글링 기능과 self.__x처럼 한쪽으로 기울어진 이름을 좋아하는 것은 아니다. 이런 구문을 피하고 self._x처럼 언더바 하나만 앞에 붙여 속성을 '보호'하는 것을 좋아하는 개발자도 있다. 기계적인 이중 언더바 장식을 비판하는 사람들은 속성 충돌은 명명 관례를 통해 해결해야 한다고 주장한다. pip, virtualenv 등 프로젝트의 창시자인 이안 비킹Ian Bicking은 다음과 같이 이야기한다.

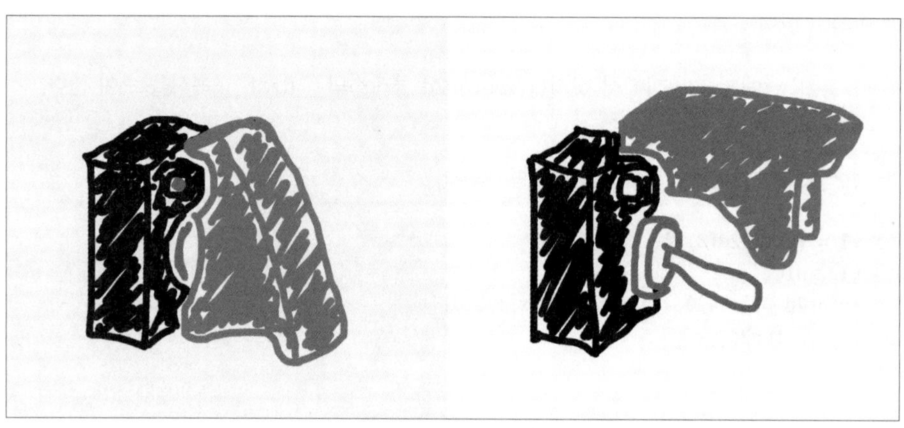

그림 11-1 스위치 커버는 안전장치지 보안장치는 아니다. 실수로 접근하는 것은 막아주지만, 악의적인 사용은 막지 못한다.

속성명 앞에 언더바 하나를 붙이더라도 파이썬 인터프리터가 별도로 특별히 처리하는 것은 없지만, 클래스 외부에서 그런 속성에 접근하지 않는 것은 파이썬 프로그래머 사이에 일종의 금기처럼 자리 잡혀 있다.[8] 언더바 하나를 앞에 붙여서 표시한 객체의 비공개성을 존중하는 것은 모든 글자를 대문자로 사용하는 상수를 존중하는 것처럼 간단한 일이다.

파이썬 문서 일부에서는 단일 언더바로 시작하는 속성을 '보호된protected' 속성이라고 부르기도 한다.[9] self._x 형태의 속성을 '보호'하는 관례는 대부분의 개발자가 보편적으로 따르지만, 이런 속성을 '보호된' 속성이라고 부르는 일은 별로 없다. 심지어 이런 속성을 '비공개' 속성이라고 부르는 개발자도 있기는 하다.

---

7 'Paste 스타일 가이드(Paste Style Guide)' 문서(https://fpy.li/11-8)에서 발췌했다.

8 모듈에서 최상위 이름 앞에 _를 하나 붙이면 특별한 처리를 한다. 예를 들어 from mymod import *로 작성하면 mymod 모듈에서 _로 시작하는 이름들은 임포트하지 않는다. 그렇지만 from mymod import _privatefunc처럼 직접 지정하면 임포트할 수 있다. 이 작동 방식에 관해서는 파이썬 튜토리얼 6.1절 '모듈에 관한 추가 설명(More on Modules)' 문서(https://fpy.li/11-9)를 참조하라.

9 gettext 모듈 문서(https://fpy.li/11-10)에서 이런 사례를 볼 수 있다.

정리하면, Vector2d 요소는 '비공개' 속성이며, Vector2d 객체는 '불변형'이다. 파이썬에는 비공개 속성과 불변 속성을 정의하는 진정한 방법이 없기 때문에, 주의가 필요하다는 의미에서 따옴표를 붙였다.

이제 다시 Vector2d 클래스로 돌아가자. 다음 절에서는 객체의 내부 저장소에 영향을 미치는 특별 속성(메서드가 아니다)인 __slots__에 관해 설명한다. __slots__는 클래스의 외부 인터페이스에는 영향을 거의 미치지 않지만, 메모리 사용량에는 엄청난 영향을 미친다.

11.11 __slots__로 메모리 절약하기

기본적으로 파이썬은 객체 속성을 각 객체 안의 __dict__라는 딕셔너리형 인스턴스 속성에 저장한다. 3.9절 'dict의 작동 방식이 미치는 영향'에서 설명했듯이, 어느 정도 최적화하고는 있지만 여전히 메모리 사용량 부담이 상당히 크다. 그러나 속성들의 이름을 담은 __slots__라는 클래스 속성을 정의하면 파이썬은 인스턴스 속성을 저장할 때 다른 저장소 모델을 사용한다. __slots__에 이름이 나온 속성들은 숨은 배열이나 참조에 저장되므로 딕셔너리보다 메모리를 적게 사용한다. [예제 11–13]의 간단한 예를 통해 어떻게 작동하는지 알아보자.

예제 11-13 __slots__를 사용하는 Pixel 클래스

```
>>> class Pixel:
...     __slots__ = ('x', 'y')   ❶
...
>>> p = Pixel()   ❷
>>> p.__dict__   ❸
Traceback (most recent call last):
  ...
AttributeError: 'Pixel' object has no attribute '__dict__'
>>> p.x = 10   ❹
>>> p.y = 20
>>> p.color = 'red'   ❺
Traceback (most recent call last):
  ...
AttributeError: 'Pixel' object has no attribute 'color'
```

❶ 클래스를 생성할 때 __slots__가 존재해야 한다. 나중에 추가하거나 변경하면 영향을 주지 못한다. 속성들의 이름은 튜플이나 리스트로 만들 수 있지만, 필자는 튜플을 선호한다. 변경하지 않을 것이라는 의도를 명확히 보여 주기 때문이다.

❷ Pixel 인스턴스를 만들어 __slots__가 인스턴스에 미치는 영향을 알아보자.

❸ 첫 번째 효과: Pixel 인스턴스는 __dict__ 속성이 없다.

❹ p.x와 p.y 속성을 기존과 동일하게 설정한다.

❺ 두 번째 효과: __slots__에 나열되지 않은 속성을 설정하려고 하면 AttributeError 예외가 발생한다.

지금까지는 간단했다. [예제 11–14]와 같이 Pixel의 서브클래스를 만들어보면 __slots__가 예상과는 다르게 작동하는 것을 볼 수 있다.

예제 11-14 Pixel의 서브클래스 OpenPixel

```
>>> class OpenPixel(Pixel):    ❶
...     pass
...
>>> op = OpenPixel()
>>> op.__dict__    ❷
{}
>>> op.x = 8    ❸
>>> op.__dict__    ❹
{}
>>> op.x    ❺
8
>>> op.color = 'green'    ❻
>>> op.__dict__    ❼
{'color': 'green'}
```

❶ OpenPixel은 자체 속성을 선언하지 않는다.

❷ OpenPixel 인스턴스는 __dict__를 갖는다.

❸ 슈퍼클래스 Pixel의 __slots__에 선언된 x 속성에 값을 할당해 보자.

❹ 이 속성은 __dict__ 인스턴스 변수에 들어가지 않는다.

❺ 그러나 인스턴스에 숨어 있는 참조 배열에 저장된다.

❻ 슈퍼클래스의 __slots__에 선언되지 않은 속성을 설정해 보자.

❼ 이 변수는 __dict__ 인스턴스 변수에 들어간다.

[예제 11-14]를 보면 __slots__가 서브클래스에서는 부분적으로만 영향을 줌을 알 수 있다. 서브클래스의 인스턴스도 __dict__를 가지지 않으려면 서브클래스에서 __slots__를 다시 정의해야 한다.

__slots__ = ( )로 선언해 빈 튜플을 할당하면 서브클래스의 인스턴스는 __dict__를 갖지 않고 슈퍼클래스의 __slots__에서 선언한 속성들만 허용한다.

서브클래스에서 속성을 더 가지려면 [예제 11-15]처럼 __slots__에 이름을 추가하면 된다.

예제 11-15 Pixel의 또 다른 서브클래스 ColorPixel

```
>>> class ColorPixel(Pixel):
...     __slots__ = ('color',)  ❶
>>> cp = ColorPixel()
>>> cp.__dict__  ❷
Traceback (most recent call last):
  ...
AttributeError: 'ColorPixel' object has no attribute '__dict__'
>>> cp.x = 2
>>> cp.color = 'blue'  ❸
>>> cp.flavor = 'banana'
Traceback (most recent call last):
  ...
AttributeError: 'ColorPixel' object has no attribute 'flavor'
```

❶ 기본적으로 슈퍼클래스의 __slots__가 현재 클래스의 __slots__에 추가된다. 튜플에 항목이 하나만 있을 때는 뒤에 쉼표가 나와야 함에 주의하라.

❷ ColorPixel 인스턴스에 __dict__가 없다.

❸ 현재 클래스와 슈퍼클래스에 선언된 속성은 값을 설정할 수 있지만, 선언되지 않은 속성은 설정할 수 없다.

'메모리를 아끼면서 동적으로 속성을 추가'할 수도 있다. '__dict__'를 __slots__ 리스트에 추가하면 __slots__에 선언된 이름의 속성들은 인스턴스마다 갖고 있는 참조 배열을 유지하지만, __dict__에 저장되는 동적으로 생성된 속성들도 지원한다. @cached_property 데커레이터를 사용하려면 이 기능이 필요하다(자세한 내용은 22.3.5절 '5단계: functools로 프로퍼티 캐싱하기'에서 설명한다).

물론 '__dict__'를 __slots__에 넣으면 각 인스턴스에 있는 정적 속성과 동적 속성의 개수에 따라 __slots__가 의도한 효과를 발휘하지 못할 수도 있다. 부주의한 최적화는 성급한 최적화보다 나쁘다. 어렵게 복잡한 기능을 추가했지만, 아무런 도움이 되지 않을 수도 있다.

인스턴스마다 하나씩 있는 특별한 속성 중에는 객체가 약한 참조를 지원하는 데 필요한 __weakref__가 있다(약한 참조는 6.6절 'del과 가비지 컬렉션'에서 간단히 설명했다). 이 속성은 사용자 정의 클래스의 인스턴스에 기본적으로 존재한다. 그러나 클래스에 __slots__가 정의되었을 때, 이 클래스의 인스턴스가 약한 참조의 대상이 되어야 한다면 __slots__에 '__weakref__'를 추가해야 한다.

이제 Vector2d에 __slots__를 추가해 어떤 일이 생기나 알아보자.

11.11.1 __slots__로 절약한 메모리의 간단한 측정

[예제 11-16]은 Vector2d에 __slots__를 추가한 코드다.

예제 11-16 vector2d_v3_slots.py: Vector2d에 __slots__ 속성만 추가

```
class Vector2d:
    __match_args__ = ('x', 'y')   ❶
    __slots__ = ('__x', '__y')   ❷

    typecode = 'd'
    # 메서드들은 기존 버전과 동일함
```

❶ __match_args__는 위치 패턴 매칭에 사용될 공개 속성명을 나열한다.
❷ 반면에 __slots__는 인스턴스 속성들(여기에서는 비공개 속성들)의 이름을 나열한다.

메모리 사용량을 측정하려고 mem_test.py 스크립트를 작성했다. 이 스크립트는 여러 버전의 Vector2d 클래스를 구현한 모듈명을 명령행 인수로 받아 지능형 리스트를 이용해 Vector2d의 인스턴스 1천만 개를 생성한다. [예제 11-17]에서 처음 실행할 때는 [예제 11-7]의 vector2d_v3.Vector2d를 사용했고, 두 번째 실행할 때는 [예제 11-16]의 __slots__를 사용한 버전을 사용했다.

```
$ time python3 mem_test.py vector2d_v3
Selected Vector2d type: vector2d_v3.Vector2d
Creating 10,000,000 Vector2d instances
Initial RAM usage:      6,983,680
  Final RAM usage:  1,666,535,424

real  0m11.990s
user  0m10.861s
sys   0m0.978s
$ time python3 mem_test.py vector2d_v3_slots
Selected Vector2d type: vector2d_v3_slots.Vector2d
Creating 10,000,000 Vector2d instances
Initial RAM usage:      6,995,968
  Final RAM usage:    577,839,104

real  0m8.381s
user  0m8.006s
sys   0m0.352s
```

[예제 11–17]에서 알 수 있듯이, 1천만 개의 Vector2d 객체를 생성하는 데 __dict__를 사용하는 스크립트는 램 사용량이 1.55GiB로 증가했지만, Vector2d가 __slots__ 속성을 사용할 때는 551MB로 줄어들었다. 게다가 __slots__을 사용한 버전이 더 빠르다. 이 테스트에서 mem_test.py는 기본적으로 모듈의 로딩, 메모리 사용량 검사, 결과를 정돈해 출력하는 간단한 스크립트다. 이는 예제 코드 온라인 리포지터리(https://fpy.li/11-11)에서 볼 수 있다.

> **TIP** 수백만 개의 숫자 데이터를 처리할 때는 넘파이를 사용하는 편이 좋다(2.10.3절 '넘파이' 참조). 넘파이는 메모리를 효율적으로 사용할 뿐만 아니라 숫자 처리에 상당히 최적화된 함수들을 가지고 있으며, 그중에는 배열 전체를 한꺼번에 처리하는 함수도 많다. 여기에서 구현한 Vector2d 클래스는 특별 메서드를 설명하기 위한 것일 뿐이며, 실제 수학 연산을 수행하기 위한 것은 아니다. 이 책에서는 foo나 bar처럼 의미 없는 이름의 예제는 사용하지 않으려고 노력했다.

11.11.2 __slots__ 문제점 정리

__slots__는 제대로 사용하면 메모리 사용량을 엄청나게 줄일 수 있지만, 다음과 같이 주의할
점이 있다.

- 서브클래스가 __dict__ 속성을 갖지 않도록 서브클래스에서도 __slots__ 속성을 정의해야 한다.
- '__dict__'를 __slots__에 추가하지 않는 한 인스턴스는 __slots__에 나열된 속성만 가질 수 있다(그러나 '__dict__'를 __slots__에 추가하면 메모리 절감 효과가 줄어들 수 있다).
- __slots__를 사용하는 클래스는 이 속성에 '__dict__'를 추가해야만 @cached_property 데커레이터를 사용할 수 있다.
- 인스턴스가 약한 참조의 대상이 되려면 __slots__에 '__weakref__'를 추가해야 한다.

이 장의 마지막 절인 다음 절에서는 인스턴스와 서브클래스에서 클래스 속성을 오버라이드하
는 방법을 살펴본다.

11.12 클래스 속성 오버라이드

클래스 속성을 객체 속성의 기본값으로 사용할 수 있다는 점은 파이썬의 독특한 특징이다.
Vector2d 클래스에는 typecode라는 클래스 속성이 있다. 이 속성은 __bytes__() 메서드
에서 두 번 사용되는데, 설계에 따라 self.typecode로 그 값을 읽었다. Vector2d 인스턴
스가 자신의 typecode 속성을 가지고 생성된 것이 아니므로, self.typecode는 기본적으로
Vector2d.typecode 클래스 속성을 가져온다.

그러나 존재하지 않는 인스턴스 속성에 값을 저장하면, 새로운 인스턴스 속성(예: typecode
인스턴스 속성)을 생성하고 동일한 이름의 클래스 속성은 변경하지 않는다. 그 후부터는 인스
턴스가 self.typecode를 읽을 때 인스턴스 자체의 typecode를 가져오므로, 동일한 이름의
클래스 속성을 가리게 된다. 그러면 각 객체가 서로 다른 typecode를 갖도록 커스터마이즈할
수 있게 된다.

Vector2d.typecode의 기본값이 'd'이므로 인스턴스를 익스포트할 때 Vector2d의 각 요소
가 8바이트 배밀도 실수로 표현된다. Vector2d 인스턴스를 익스포트하기 전에 typecode를
'f'로 설정하면, 각 요소는 4바이트 단밀도 실수로 익스포트된다. [예제 11-18]을 보자.

예제 11-18 클래스에서 상속받은 typecode 속성의 값을 설정해 인스턴스 커스터마이즈하기

```
>>> from vector2d_v3 import Vector2d
>>> v1 = Vector2d(1.1, 2.2)
>>> dumpd = bytes(v1)
>>> dumpd
b'd\x9a\x99\x99\x99\x99\x99\xf1?\x9a\x99\x99\x99\x99\x99\x01@'
>>> len(dumpd)    ❶
17
>>> v1.typecode = 'f'    ❷
>>> dumpf = bytes(v1)
>>> dumpf
b'f\xcd\xcc\x8c?\xcd\xcc\x0c@'
>>> len(dumpf)    ❸
9
>>> Vector2d.typecode    ❹
'd'
```

❶ 기본적인 bytes 표현은 17바이트 길이다.

❷ v1 인스턴스의 typecode를 'f'로 설정한다.

❸ 이제 bytes 덤프의 길이는 9바이트가 된다.

❹ Vector2d.typecode는 변경되지 않았으며, 단지 v1 인스턴스의 typecode만 'f'다.

이제 Vector2d의 bytes 익스포트 앞부분에 typecode가 오는 이유를 알 수 있을 것이다. 다양
한 익스포트 포맷을 지원하기 위해서다.

클래스의 속성을 변경하려면 클래스에 직접 설정해야 하며, 인스턴스를 통해 변경하면 안 된
다. 다음과 같이 클래스 속성을 변경하면 (자기만의 typecode가 없는) 모든 인스턴스의 기본
typecode도 바뀐다.

```
>>> Vector2d.typecode = 'f'
```

그러나 변경 의도를 명백히 보여 주고 영구적으로 효과가 지속되도록 파이썬에서 관용적으로 사용하는 방법이 있다. 클래스 속성은 공개되며 모든 서브클래스가 상속하므로, 클래스 데이터 속성을 커스터마이즈할 때는 클래스를 상속하는 것이 일반적인 방식이다. 장고 클래스 기반 뷰가 이 기법을 많이 사용한다. 어떻게 하는지 [예제 11-19]에서 살펴보자.

예제 11-19 ShortVector2d는 기본 typecode만 덮어쓴 Vector2d의 서브클래스다.

```
>>> from vector2d_v3 import Vector2d
>>> class ShortVector2d(Vector2d):    ❶
...     typecode = 'f'
...
>>> sv = ShortVector2d(1/11, 1/27)    ❷
>>> sv
ShortVector2d(0.09090909090909091, 0.037037037037037035)    ❸
>>> len(bytes(sv))    ❹
9
```

❶ ShortVector2d를 Vector2d의 서브클래스로 만들고 typecode 클래스 속성만 덮어쓴다.

❷ 사용 예를 보여 주기 위해 ShortVector2d의 인스턴스 sv를 생성한다.

❸ sv의 repr()을 조사한다.

❹ 익스포트된 bytes의 길이를 확인한다. 이전과 달리 17바이트가 아니라 9바이트다.

이 예제를 보면 Vector2d.__repr__()에서 class_name을 하드코딩하지 않고, 다음과 같이 type(self).__name__에서 읽어오는 이유를 알 수 있다.

```
    # Vector2d 클래스 내부:

    def __repr__(self):
        class_name = type(self).__name__
        return '{}({!r}, {!r})'.format(class_name, *self)
```

class_name을 하드코딩했다면 단지 class_name을 변경하기 위해 ShortVector2d와 같은 Vector2d 서브클래스의 __repr__() 메서드도 변경해야 했을 것이다. 객체의 type에서 이름을 읽어오도록 함으로써 이 클래스를 상속하더라도 __repr__()를 안전하게 사용할 수 있다.

이제 파이썬 세계와 잘 어울리는 데이터 모델을 활용하는 간단한 클래스의 구현을 마친다. 이 클래스는 다양한 객체 표현을 제공하고, 객체 고유의 포맷 코드를 구현하고, 읽기 전용 속성을 노출하며, 집합이나 매핑에 사용할 수 있도록 hash( )를 지원한다.

11.13 요약

이 장에서는 특별 메서드와 관례를 적용해서 파이썬 세계와 잘 어울리는 클래스를 생성하는 방법을 실명했다.

vector2d_v3.py(예제 11-11)은 vector2d_v0.py(예제 11-2)보다 파이썬다울까? 물론 vector2d_v3.py의 Vector2d 클래스가 파이썬 특징을 더 많이 보여 주기는 한다. 그러나 Vector2d의 첫 버전과 마지막 버전 중 무엇이 더 나은지는, 이 클래스를 사용하는 환경에 따라 달라진다. 팀 피터스의 파이썬의 선에서는 다음과 같이 이야기한다.

> 단순함이 복잡함보다 낫다.

객체는 요구사항을 만족시키는 한 가장 단순해야 하며, 언어의 기능을 모두 뽐낼 필요는 없다. 애플리케이션에 사용할 코드라면 사용자를 지원하는 데 필요한 부분에만 집중하면 된다. 다른 프로그래머가 사용할 라이브러리에 들어갈 코드라면 파이썬주의자들이 기대하는 수준을 지원하기 위한 특별 메서느들을 구현하는 편이 맞다. 예를 들어 __eq__( )는 비즈니스 요구사항을 지원하는 데는 필요 없겠지만, 클래스를 테스트하기 더 쉽게 해 준다.

이 장에서 Vector2d 코드를 계속 개선한 것은 파이썬 특별 메서드와 코딩 관례를 설명할 기반을 마련하기 위해서다. 이 장에서는 1장의 [표 1-1]에 나온 특별 메서드 중 다음 메서드들의 사용 예를 살펴봤다.

- 문자열/바이트 표현 메서드: __repr__( ), __str__( ), __format__( ), __bytes__( )
- 객체를 숫자로 변환하는 메서드: __abs__( ), __bool__( ), __hash__( )
- 비교와 해시를 지원하는 메서드: __eq__( )

bytes로 변환하는 동안 대안 생성자 Vector2d.frombytes()도 구현했다. 대안 생성자를 기반으로 @classmethod와 @staticmethod 데커레이터도 설명했다. @classmethod 데커레이터는 아주 유용하다. @staticmethod 데커레이터는 그리 유용하지 않으며, 이보다는 모듈 수준의 함수를 사용하는 편이 더 간단하다. frombytes()라는 메서드 이름은 array.array 클래스에서 영감을 얻었다.

포맷 명시 간이 언어(https://fpy.li/fmtspec)는 __format__() 메서드를 구현해서 쉽게 확장할 수 있다. __format__() 메서드는 format(obj, format_spec) 내장 함수의 format_spec이나 str.format() 메서드에 사용되는 f-문자열이나 문자열 안에 있는 '{:<format_spec>}' 치환 필드를 파싱한다.

Vector2d 인스턴스를 해시 가능하게 만들기 위해 준비하면서, x와 y 속성을 비공개로 구현하고 읽기 전용 프로퍼티로 공개함으로써 실수로 값을 변경하지 못하도록 불변형으로 만들었다.

그리고 나서 메모리 절약과 Vector2d에서 __slots__ 속성을 선언할 때 주의해야 할 점을 설명했다. __slots__는 사용하기 약간 까다로우므로 수천 개가 아니라 수백만 개의 아주 많은 객체를 다룰 때만 사용할 가치가 있다. 일반적으로는 판다스(https://fpy.li/pandas)를 사용하는 것이 제일 좋다.

마지막으로 self.typecode 등 인스턴스 속성을 이용해 클래스 속성을 오버라이드하는 방법을 알아보았다. 첫 번째는 인스턴스 속성을 생성해 오버라이드하는 방법이었고, 두 번째는 클래스를 상속해 서브클래스의 클래스 수준에서 덮어쓰는 방법이었다.

이 장 내내 표준 파이썬 객체의 API를 조사해 예제 코드를 설계했다고 설명했다. 이 장을 하나의 문장으로 요약하면 다음과 같다.

> 파이썬다운 객체를 만들려면, 실제 파이썬 객체가 어떻게 작동하는지 살펴보라.
>
> — 고대 **중국 속담**

## CHAPTER 12

시퀀스 특별 메서드

> 그것이 오리인지 조사하지 말라. 오리 같은 행동의 정확히 어떤 부분을 언어로 표현해야 하는 지에 따라 오리처럼 꽥꽥거리는지, 오리처럼 뒤뚱뒤뚱 걷는지 등을 조사하라.
>
> — 알렉스 마르텔리
>
> comp.lang.python 뉴스그룹, 2000년 7월 26일

이 장에서는 앞 장에서 구현한 2차원 Vector2d 클래스를 한 단계 올려 다차원 벡터를 나타내는 클래스를 생성한다. 벡터는 표준 파이썬의 불변 균일 시퀀스와 비슷하게 작동하고, 요소로는 실수를 사용하며, 이 장을 마칠 때는 다음과 같은 기능을 지원할 것이다.

- 기본 시퀀스 프로토콜: __len__()과 __getitem__() 메서드
- 여러 항목이 있는 객체를 안전하게 표현
- 슬라이싱을 제대로 지원해 새로운 벡터 객체를 생성
- 포함된 요소의 값을 모두 고려한 집합 해싱
- 커스터마이즈된 포맷 언어 확장

그리고 시퀀스형에 일반적으로 사용되는 기법은 아니지만, Vector2d의 읽기 전용 프로퍼티를 대체하기 위해 __getattr__() 메서드로 동적 속성 접근을 구현한다.

예제 코드를 보면서 프로토콜을 비공식 인터페이스로 사용하는 개념을 설명한다. 프로토콜이

덕 타이핑과 어떻게 연관되는지, 여러분이 직접 자료형을 만들 때 어떤 영향을 미치는지에 관해서도 설명한다.

12.1 이번 장의 변경 사항

이 장에는 1판과 달라진 점이 많지 않다. 12.4절 '프로토콜과 덕 타이핑' 뒷부분의 글상자에 `typing.Protocol`에 관한 간단한 설명을 추가했다.

12.5.2절 '슬라이스를 인식하는 `__getitem__()`'의 [예제 12-6]에서 구현한 `__getitem__()`은 덕 타이핑과 `operator.index` 덕분에 1판의 예제보다 더 간결하고 탄탄해졌다. 수정된 내용은 이번 장에 나오는 Vector 클래스의 구현과 16장에서 계속 유지된다.

이제 시작해 보자.

12.2 Vector: 사용자 정의 시퀀스형

Vector를 구현하는 우리의 전략은 상속이 아니라 구성을 이용하는 것이다. 요소들을 실수형 배열에 저장하고, Vector가 불변 균일 시퀀스처럼 작동하게 하는 데 필요한 메서드들을 구현한다.

그러나 시퀀스 메서드를 구현하기 전에, 적절한 한도 내에서 앞에서 구현한 Vector2d 클래스와 호환성이 높은 기본 Vector 클래스를 먼저 만들어 보자.

4차원 이상의 벡터 애플리케이션

차원이 1,000개나 되는 벡터가 필요한 사람은 누구일까? n 값이 상당히 큰 n 차원 벡터는 정보 검색 분야에서 널리 사용된다. 단어 하나를 하나의 차원으로 정의해서 문서와 텍스트 쿼리를 벡터로 표현한다. 이 기법을 벡터 공간 모델(https://fpy.li/12-1)이라고 부른다. 이 모델에서 핵심 연관성 척도는 코사인 유사도다. 즉, 쿼리 벡터와 문서 벡터 간 각도의 코사인 값이다. 각도가 줄어들수록 코사인값이 1에 가까워지면서 문서와 쿼리 간의 연관성도 1에 가까워진다.

그러나 이 장에서 구현할 Vector 클래스는 개념을 설명하기 위한 예제이므로, 수학 공식은 많이 사용하지 않는다. 여기서는 시퀀스형에 유용하게 사용되는 파이썬 특별 메서드의 사용법을 보여 주는 것이 목적이기 때문이다.

실제 벡터 연산을 수행하려면 넘파이와 사이파이 패키지를 사용하는 편이 좋다. 라딤 르제후르제크^{Radim Rehurek}의 gensim PyPI 패키지(`https://fpy.li/12-2`)는 넘파이와 사이파이를 이용해 자연어 처리와 정보 검색을 위한 벡터 공간 모델링을 구현한다.

12.3 Vector 버전 #1: Vector2d 호환

처음 구현할 Vector 버전은 앞에서 구현한 Vector2d 클래스와 가능한 한 호환성이 높아야 한다.

그러나 Vector 생성자는 Vector2d 생성자와 호환되지 않도록 설계되었다. `__init__()` 메서드에서 임의의 인수 `*args`를 받아 `Vector(3, 4)`나 `Vector(3, 4, 5)` 형태로 작동하게 할 수도 있지만, 시퀀스 생성자는 내장 시퀀스처럼 반복형을 인수로 받는 편이 좋다. [예제 12-1]은 우리가 구현할 Vector 클래스의 인스턴스를 생성하는 방법을 보여 준다.

예제 12-1 `Vector.__init__()`과 `Vector.__repr__()` 테스트

```
>>> Vector([3.1, 4.2])
Vector([3.1, 4.2])
>>> Vector((3, 4, 5))
Vector([3.0, 4.0, 5.0])
>>> Vector(range(10))
Vector([0.0, 1.0, 2.0, 3.0, 4.0, ...])
```

생성자 시그너처가 달라진 점 외에, 요소가 두 개인 Vector 클래스는 Vector2d로 수행했던 모든 테스트와 동일한 결과가 나오도록 만들어졌다. 예를 들어 `Vector([3, 4])`는 `Vector2d(3, 4)`와 동일한 결과를 생성한다.

[예제 12-2]는 Vector 클래스의 최초 버전을 보여 준다. 이 코드는 [예제 11-2]와 [예제 11-3]을 기반으로 구현했다.

예제 12-2 vector_v1.py: vector2d_v1.py을 수정

```python
from array import array
import reprlib
import math


class Vector:
    typecode = 'd'

    def __init__(self, components):
        self._components = array(self.typecode, components)  ❶

    def __iter__(self):
        return iter(self._components)  ❷

    def __repr__(self):
        components = reprlib.repr(self._components)  ❸
        components = components[components.find('['):-1]  ❹
        return f'Vector({components})'

    def __str__(self):
        return str(tuple(self))

    def __bytes__(self):
        return (bytes([ord(self.typecode)]) +
                bytes(self._components))  ❺

    def __eq__(self, other):
        return tuple(self) == tuple(other)
```

```python
    def __abs__(self):
        return math.hypot(*self)        ❻

    def __bool__(self):
        return bool(abs(self))

    @classmethod
    def frombytes(cls, octets):
        typecode = chr(octets[0])
        memv = memoryview(octets[1:]).cast(typecode)
        return cls(memv)        ❼
```

❶ '보호된' 객체 속성인 self._components는 벡터 요소를 배열로 저장한다.

❷ 반복할 수 있게 self._components에 대한 반복자를 반환한다.[1]

❸ self._components를 제한된 길이로 출력하려고 reprlib.repr()을 사용한다(즉, array('d', [0.0, 1.0, 2.0, 3.0, 4.0, ...]) 형태로 출력된다).

❹ 문자열을 Vector 생성자에 전달할 수 있도록 앞에 나오는 문자열 'array('d','와 마지막 닫는 괄호를 제거한다.

❺ self._components에서 바로 bytes 객체를 생성한다.

❻ 파이썬 3.8부터는 math.hypot()이 다차원 점을 받는다. 이전 버전에서는 math.sqrt(sum(x * x for x in self)) 형태로 호출했다.

❼ 이전 버전의 frombytes()에서 마지막 줄만 변경하면 된다. 이제는 앞에서처럼 *를 이용해서 언패킹할 필요 없이, memoryview를 바로 생성자에 전달한다.

reprlib.repr()을 사용한 방법에 관해서는 약간 더 설명해야 할 것 같다. 이 함수는 생략 기호를 이용해 생성한 문자열의 길이를 제한하므로 대형 구조체나 재귀적 구조체도 안전하게 표현한다. 필자는 repr()이 Vector 객체를 Vector(array('d', [3.0, 4.0, 5.0]))이 아니라 Vector([3.0, 4.0, 5.0])으로 출력하기를 원했다. Vector 내부에 배열을 사용한다는 구현 내용을 외부에 노출하고 싶지 않았기 때문이다. 이렇게 생성한 문자열로 동일한 Vector 객체를 생성할 수 있으므로, 필자는 리스트 인수를 이용한 더 간단한 구문을 선호한다.

__repr__()을 구현할 때 reprlib.repr(list(self._components)) 문장으로 components를 간략히 출력할 수도 있었다. 그러나 단지 list.repr()을 사용하려고 self._components의 항목 전체를 list에 복사하는 것은 낭비다. 대신 reprlib.repr()을 self._

---

1 iter() 함수와 __iter__() 메서드는 17장에서 설명한다.

components 배열에 직접 적용하고 나서 [] 바깥쪽에 있는 글자들을 잘라냈다. [예제 12-2]의 __repr__() 메서드 두 번째 줄이 실행하는 것이 바로 이 과정이다.

__str__(), __eq__(), __bool__() 메서드는 Vector2d에서 전혀 바뀌지 않았으며, frombytes() 메서드는 글자 하나만 바뀌었다(마지막 행에서 * 하나만 제거되었다). 원래의 Vector2d 클래스를 반복형으로 만들었기 때문에 이렇게 쉽게 바꿀 수 있었다.

한편, Vector 클래스가 Vector2d 클래스를 상속받도록 할 수도 있었지만, 두 가지 이유로 상속받지 않았다. 첫째, 생성자가 호환되지 않으므로 상속받는 것은 좋지 않다. 사실, __init__()에서 매개변수를 영리하게 처리하면 이 문제를 해결할 수 있다. 하지만 Vector 클래스가 시퀀스 프로토콜을 구현하는 독자적인 예제가 되기를 원했다는 더 중요한 이유가 있었다. 이제 프로토콜이라는 용어를 살펴보고 나서 Vector 클래스가 시퀀스 프로토콜을 구현하도록 해 보자.

12.4 프로토콜과 덕 타이핑

파이썬에서는 완전히 작동하는 시퀀스형을 만들기 위해 어떤 특별한 클래스를 상속할 필요가 없음을 이미 1장에서 설명했다. 단지 시퀀스 프로토콜에 따르는 메서드를 구현하면 된다. 그런데 지금 어떤 프로토콜에 관해 이야기하는 것일까?

객체지향 프로그래밍에서 프로토콜은 문서에만 정의되고 실제 코드에서는 정의되지 않는 비공식 인터페이스다. 예를 들어 파이썬의 시퀀스 프로토콜은 __len__()과 __getitem__() 메서드를 동반할 뿐이다. 표준 시그너처와 의미에 따라 이 메서드들을 구현한 어떠한 클래스도 시퀀스가 필요한 곳에 사용될 수 있다. 그 클래스의 슈퍼클래스가 무엇인지는 중요하지 않다. 단지 필요한 메서드만 제공하면 된다. 이런 사례는 [예제 1-1]에서 이미 보았다. 편의를 위해 [예제 1-1]의 코드를 [예제 12-3]으로 옮겨왔다.

```python
import collections

Card = collections.namedtuple('Card', ['rank', 'suit'])

class FrenchDeck:
    ranks = [str(n) for n in range(2, 11)] + list('JQKA')
    suits = 'spades diamonds clubs hearts'.split()

    def __init__(self):
        self._cards = [Card(rank, suit) for suit in self.suits
                                        for rank in self.ranks]

    def __len__(self):
        return len(self._cards)

    def __getitem__(self, position):
        return self._cards[position]
```

[예제 12-3]의 FrenchDeck 클래스는 시퀀스 프로토콜을 구현하므로 파이썬에서 제공하는 여러 기능을 활용할 수 있다. 코드 어디에도 시퀀스 프로토콜을 따른다고 정의한 곳은 없다. 이 클래스가 object를 상속하지만, 파이썬 경험이 있는 프로그래머들은 이 코드를 보고 시퀀스임을 알 수 있다. 이 클래스가 **시퀀스처럼 작동**하기 때문에 **시퀀스인 것이다.** 바로 이 점이 중요하다.

이 장을 시작할 때 인용한 알렉스 마르텔리의 글에 따라 이 메커니즘을 덕 타이핑이라고 부른다.

프로토콜이 비공식적이며 강제로 적용되는 사항이 아니므로 클래스가 사용되는 특정 환경에 따라 프로토콜의 일부만 구현할 수도 있다. 예를 들어 반복을 지원하려면 __getitem__() 메서드만 구현하면 되며, __len__() 메서드를 구현할 필요는 없다.

> **TIP** 'PEP 544 – 프로토콜: 구조적 서브타이핑(정적 덕 타이핑)'(https://fpy.li/pep544)에 따라 파이썬 3.8은 8.5.10절 '정적 프로토콜'에서 살펴본 **프로토콜 클래스**인 typing.Protocol 클래스를 지원한다. 파이썬에서 새로 사용하기 시작한 프로토콜이라는 단어가 여기에서 설명하는 것과 관련은 있지만, 의미가 다르다. 이 책에서는 이 둘을 구분해야 할 때, 프로토콜 클래스로 공식화된 프로토콜은 **정적 프로토콜**, 고전적인 의미의 프로토콜은 **동적 프로토콜**로 부른다. 이 둘의 핵심적인 차이는 정적 프로토콜 구현에서는 프로토콜 클래스에 정의된 메서드를 모두 제공해야 한다는 점이다. 자세한 내용은 13.3절 '두 가지 프로토콜'에서 설명한다.

이제 Vector 클래스 안에 시퀀스 프로토콜을 구현하자. 여기에서는 슬라이싱을 지원하지 않지만, 나중에 슬라이싱 지원 기능을 추가한다.

12.5 Vector 버전 #2: 슬라이스 가능한 시퀀스

FrenchDeck 예제에서 self._components를 사용했듯이, 객체 안에 들어 있는 시퀀스 속성에 위임하면 시퀀스 프로토콜을 구현하기 위한 __len__()과 __getitem__() 메서드를 다음과 같이 아주 쉽게 구현할 수 있다.

```python
class Vector:
    # 중략
    # ...

    def __len__(self):
        return len(self._components)

    def __getitem__(self, index):
        return self._components[index]
```

이 두 메서드가 추가되었으니, 다음과 같은 연산을 수행할 수 있다.

```python
>>> v1 = Vector([3, 4, 5])
>>> len(v1)
3
>>> v1[0], v1[-1]
(3.0, 5.0)
>>> v7 = Vector(range(7))
>>> v7[1:4]
array('d', [1.0, 2.0, 3.0])
```

보다시피 (아주 잘되지는 않지만) 슬라이싱도 지원된다. Vector의 슬라이스도 배열이 아니라 Vector 객체가 되면 더 좋을 것이다. 이전의 FrenchDeck 클래스도 똑같은 문제가 있다. FrenchDeck을 슬라이싱하면 리스트가 생성된다. Vector를 슬라이싱해서 생성된 평범한 배열은 Vector의 기능을 상실한다.

내장된 시퀀스형은 모두 슬라이싱했을 때 다른 자료형이 아니라 자신과 동일한 자료형의 객체를 생성한다.

Vector를 슬라이싱해서 Vector 객체를 생성하려면, 슬라이싱 연산을 배열에 위임하면 안 되고, __getitem__() 메서드가 받은 인수를 분석해서 제대로 처리해야 한다.

my_seq[1:3]과 같은 구문을 my_seq.__getitem__() 메서드의 인수로 어떻게 변환하는지 살펴보자.

12.5.1 슬라이싱 작동 방식

천 마디 설명보다 코드를 한 번 보는 게 더 낫다. [예제 12-4]를 보자.

예제 12-4 __getitem__()과 slice()의 작동 확인

```
>>> class MySeq:
...     def __getitem__(self, index):
...         return index        ❶
...
>>> s = MySeq()
>>> s[1]    ❷
1
>>> s[1:4]    ❸
slice(1, 4, None)
>>> s[1:4:2]    ❹
slice(1, 4, 2)
>>> s[1:4:2, 9]    ❺
(slice(1, 4, 2), 9)
>>> s[1:4:2, 7:9]    ❻
(slice(1, 4, 2), slice(7, 9, None))
```

❶ 이 예제의 __getitem__() 메서드는 전달받은 인수를 그대로 반환한다.

❷ 하나의 인덱스이고 새로운 것은 없다.

❸ 1:4 표현식이 slice(1, 4, None)이 된다.

❹ slice(1, 4, 2)는 1에서 시작해 4에서 멈추며, 2씩 증가함을 의미한다.

❺ 놀라운 일이 생긴다. [] 안에 콤마가 들어가면 __getitem__()이 튜플을 받는다.

❻ 튜플 안에 슬라이스 객체가 여러 개 들어 있을 수도 있다.

이제 [예제 12-5]에서 slice를 조금 더 자세히 살펴보자.

예제 12-5 slice 클래스의 속성 조사

```
>>> slice  ❶
<class 'slice'>
>>> dir(slice) ❷
['__class__', '__delattr__', '__dir__', '__doc__', '__eq__',
 '__format__', '__ge__', '__getattribute__', '__gt__',
 '__hash__', '__init__', '__le__', '__lt__', '__ne__',
 '__new__', '__reduce__', '__reduce_ex__', '__repr__',
 '__setattr__', '__sizeof__', '__str__', '__subclasshook__',
 'indices', 'start', 'step', 'stop']
```

❶ slice는 내장된 자료형이다(이 자료형은 2.7.2절 '슬라이스 객체'에서 처음 나왔다).

❷ slice 객체를 조사하면 start, stop, step 속성과 indices() 메서드를 볼 수 있다.

[예제 12-5]에서 dir(slice)를 호출하면 indices()라는 흥미로운 메서드가 보이는데, 여기에 관해서는 알려진 것이 별로 없다. help(slice.indices) 명령을 실행하면 다음과 같은 도움말을 볼 수 있다.

> **S.indices(len) -> (start, stop, stride)**
>
> 길이가 len인 시퀀스 S가 나타내는 확장된 슬라이스의 start와 stop 인덱스 및 stride 길이를 계산한다. 경계를 벗어난 인덱스는 일반적인 슬라이스를 처리하는 방법과 동일하게 잘라낸다.

즉, indices는 누락되거나 음수인 인덱스, 그리고 대상 시퀀스보다 긴 슬라이스를 우아하게 처리하는 내장된 시퀀스에 구현된 복잡한 논리를 보여 준다. 이 메서드는 주어진 길이의 시퀀스 경계 안에 들어가도록 조정된 0이나 양수인 start, stop, stride로 구성된 '정규화된' 튜플을 생성한다.

'ABCDE' 처럼 길이가 5인 시퀀스에 적용한 슬라이스의 예는 다음과 같다.

```
>>> slice(None, 10, 2).indices(5)    ❶
(0, 5, 2)
>>> slice(-3, None, None).indices(5)    ❷
(2, 5, 1)
```

❶ 'ABCDE'[:10:2]는 'ABCDE'[0:5:2]와 동일하다.

❷ 'ABCDE'[-3:]은 'ABCDE'[2:5:1]과 동일하다.

우리가 구현할 Vector 코드는 slice 인수를 받을 때 _components 배열에 처리를 위임할 것이므로 slice.indices() 메서드를 구현할 필요가 없다. 그렇지만 기반 시퀀스가 제공하는 서비스에 의존할 수 없을 때는 이 메서드가 큰 도움이 된다.

이제 슬라이스 처리 방법을 알았으니, 개선된 Vector.__getitem__() 메서드를 어떻게 구현할지 알아보자.

12.5.2 슬라이스를 인식하는 __getitem__()

[예제 12-6]은 Vector가 시퀀스로 작동하는 데 필요한 __len__()과 __getitem__() 메서드를 보여 준다. 이제는 __getitem__()이 슬라이싱도 제대로 처리하도록 구현되었다.

예제 12-6 vector_v2.py의 일부: [예제 12-2]의 Vector 클래스에 추가할 __len__()과 __getitem__() 메서드

```
        def __len__(self):
            return len(self._components)

        def __getitem__(self, key):
            if isinstance(key, slice):    ❶
                cls = type(self)    ❷
                return cls(self._components[key])    ❸
            index = operator.index(key)    ❹
            return self._components[index]    ❺
```

❶ key 인수가 slice 형의 인스턴스이면,

❷ 인스턴스의 클래스(즉, Vector)를 가져오고,

❸ Vector 클래스 생성자를 이용해 _components 배열의 슬라이스로부터 Vector 객체를 생성한다.

❹ key에서 index를 가져올 수 있으면,

❺ _components에서 해당 항목을 가져와 반환한다.

operator.index() 함수가 __index__() 특별 메서드를 호출한다. 이 함수와 특별 메서드는 'PEP 357 – 어떤 객체든 슬라이싱할 수 있게 만들기Allowing Any Object to be Used for Slicing'(https://fpy.li/pep357)에 설명되어 있다. PEP 357은 넘파이의 다양한 정수형을 인덱스와 슬라이스 인수로 사용하기 위해 트래비스 올리판트가 제안했다. 기본적으로 operator.index()는 특정 목적이 있다는 게 int()와 가장 큰 차이점이다. 예를 들어 int(3.14)는 3을 반환하지만, operator.index(3.14)는 TypeError 예외를 발생시킨다. float 형은 인덱스로 사용하면 안 되기 때문이다.

> **NOTE** isinstance()의 과도한 사용은 객체지향 설계가 잘못되었음을 나타내는 신호일 수도 있지만, __getitem__()에서 슬라이스를 처리하는 경우에는 정당화될 수 있다. 1판에서는 key에 isinstance()를 이용해 키가 정수형인지 검사했다. 이렇게 key를 직접 검사할 필요 없이, operator.index()를 사용하면 적절한 인덱스를 가져올 수 없을 때 자세한 정보와 함께 TypeError 예외를 발생시킨다. [예제 12-7]의 마지막 부분에 나오는 에러 메시지를 보라.

일단 [예제 12-6]의 코드를 Vector 클래스에 추가한 후에는 [예제 12-7]과 같이 제대로 슬라이싱한다.

예제 12-7 [예제 12-6]에서 개선한 Vector.__getitem__()의 테스트

```
>>> v7 = Vector(range(7))
>>> v7[-1]  ❶
6.0
>>> v7[1:4]  ❷
Vector([1.0, 2.0, 3.0])
>>> v7[-1:]  ❸
Vector([6.0])
>>> v7[1,2]  ❹
Traceback (most recent call last):
  ...
TypeError: 'tuple' object cannot be interpreted as an integer
```

❶ 정수형 인덱스는 단 한 요소의 값(여기서는 실수형)을 반환한다.

❷ 슬라이스 인덱스는 Vector를 새로 만든다.

❸ 길이가 1인 슬라이스도 Vector 객체를 생성한다.

❹ Vector는 다차원 인덱싱을 지원하지 않으므로 인덱스나 슬라이스로 구성된 튜플은 에러를 발생시킨다.

12.6 Vector 버전 #3: 동적 속성 접근

Vector2d에서 Vector로 진화하면서 v.x, v.y처럼 벡터 요소를 이름으로 접근하는 능력은 없어졌다. 이제는 벡터에 요소가 아주 많기 때문이다. 그러나 앞에 있는 요소 몇 개는 v[0], v[1], v[2] 대신 x, y, z로 접근할 수 있으면 편리할 것이다.

벡터의 앞 요소 네 개를 읽는 다음과 같은 구문을 생각해 보자.

```
>>> v = Vector(range(10))
>>> v.x
0.0
>>> v.y, v.z, v.t
(1.0, 2.0, 3.0)
```

Vector2d에서는 @property 데커레이터를 이용해서 x와 y에 읽기 전용 접근을 제공했다(예제 11-7). Vector에도 네 개의 프로퍼티를 작성할 수 있지만, 번거로울 것이다. __getattr__() 특별 메서드를 이용하면 깔끔하게 구현할 수 있다.

속성을 찾지 못하면 인터프리터는 __getattr__() 메서드를 호출한다. 간단히 말해, my_obj.x 표현식이 주어지면, 파이썬은 my_obj 인스턴스에 x 속성이 있는지 검사한다. 속성이 없으면 이 인스턴스의 클래스(my_obj.class)에서 더 찾아본다. 그리고 나서 상속 그래프를 따라 계속 올라간다.[2] 그래도 x 속성을 찾지 못하면 self와 속성명을 문자열(예: 'x')로 전달해서 my_ obj의 클래스에 정의된 __getattr__() 메서드를 호출한다.

[예제 12-8]은 우리가 구현한 __getattr__() 메서드다. 본질적으로 이 메서드는 찾고 있는 속성이 x, y, z, t 문자 중 하나인지 검사하고, 이 중 하나이면 해당 벡터 요소를 반환한다.

---

2 실제로 속성을 찾아가는 과정은 좀 더 복잡하다. 자세한 과정은 4부에서 설명하겠지만, 일단 여기서는 이렇게 간단히 알아두자.

예제 12-8 vector_v3.py의 일부 : vector_v2.py의 Vector 클래스에 추가된 __getattr__() 메서드

```python
    __match_args__ = ('x', 'y', 'z', 't')  ❶

    def __getattr__(self, name):
        cls = type(self)  ❷
        try:
            pos = cls.__match_args__.index(name)  ❸
        except ValueError:  ❹
            pos = -1
        if 0 <= pos < len(self._components):  ❺
            return self._components[pos]
        msg = f'{cls.__name__!r} object has no attribute {name!r}'  ❻
        raise AttributeError(msg)
```

❶ __getattr__()이 지원하는 동적 속성에 위치 패턴 매칭할 수 있게 __match_args__를 설정한다.[3]

❷ 나중에 사용하기 위해 Vector 클래스를 가져온다.

❸ __match_args__에서 name의 위치를 가져올 수 있는지 알아본다.

❹ name을 찾을 수 없으면 index(name) 메서드가 ValueError 예외를 발생시킨다. 찾을 수 없으면 pos를 −1로 설정한다(필자는 str.find()를 선호하지만, 튜플은 이 메서드를 구현하지 않는다).

❺ pos가 사용 가능한 요소의 범위 안에 있으면 해당 요소를 반환한다.

❻ 코드가 여기에 도달하면 표준 에러 메시지와 함께 AttributeError 예외를 발생시킨다.

__getattr__()은 구현하기 어렵지 않지만, 이것만으로는 충분치 않다. [예제 12-9]에서는 의도치 않은 방식으로 실행되는 경우를 보여 준다.

예제 12-9 부적절한 작동: v.x에 값을 할당하면 에러가 발생하지는 않지만 올바로 작동하지 않는다.

```python
>>> v = Vector(range(5))
>>> v
Vector([0.0, 1.0, 2.0, 3.0, 4.0])
>>> v.x  ❶
0.0
>>> v.x = 10  ❷
>>> v.x  ❸
```

---

3 __match_args__는 패턴 매칭을 지원하기 위해 파이썬 3.10부터 도입되었지만, 그 전 버전의 파이썬에서 이 속성을 설정해도 나쁠 것은 없다. 1판에서는 이 변수명이 shortcut_names이었다. __match_args__는 매칭할 case 문에서 위치 패턴을 지원하는 데도 사용되지만, 여기에서는 __getattr__()과 __setattr__()의 특별한 논리를 지원하기 위해 동적 속성들의 이름을 담는다.

```
10
>>> v
Vector([0.0, 1.0, 2.0, 3.0, 4.0])   ❹
```

❶ v.x 표현식으로 v[0]에 접근한다.

❷ v.x에 새로운 값을 할당한다. 이 연산에서 에러가 발생했어야 한다.

❸ v.x 값을 읽으면 새로운 값인 10이 나온다.

❹ 그러나 벡터 요소는 변경되지 않았다.

무슨 일이 벌어진 걸까? 특히 v.x 값을 두 번째 확인했을 때 왜 벡터 요소 배열에 들어 있지 않은 10을 반환할까? 바로 답이 나오지 않는다면 [예제 12-8] 바로 앞에 있는 __getattr__() 메서드에 관한 설명을 차근차근 다시 읽어보라. 약간 이해하기 힘들지만, 이 책 뒷부분에 나오는 내용을 이해하는 중요한 기반이 된다.

문제에 관해 충분히 생각해 본 후, 책을 계속 읽어나가라. 무슨 일이 생겼는지 이제부터 자세히 설명한다.

[예제 12-9]의 불일치 문제는 __getattr__() 메서드가 작동하는 방식 때문에 발생한다. 파이썬은 해당 이름의 속성을 찾지 못할 때 최후 수단으로 __getattr__() 메서드를 호출한다. 그러나 v.x = 10 문장이 실행되면서 x 속성에 값을 할당할 때 v 인스턴스에 x 속성이 추가되므로, 더 이상 v.x 값을 가져오려고 __getattr__()을 호출하지 않는다. 인터프리터는 그저 v.x에 바인딩된 값인 10을 반환할 뿐이다. 한편, 여기서 구현한 __getattr__()은 __match_args__에 나열된 '가상 속성'의 값을 가져올 때 self._components 이외의 다른 인스턴스 속성은 신경 쓰지 않는다.

이와 같은 불일치 문제를 해결하려면 Vector 클래스에서 속성값을 설정하는 부분의 논리를 수정해야 한다.

11장 마지막 Vector2d 예제에서 x나 y 객체의 속성에 값을 할당할 때 AttributeError가 발생했다. Vector에서도 소문자 하나로 된 속성명에 값을 할당할 때 동일한 예외를 발생시켜 이런 문제를 피하려고 한다. 그렇게 하려면 __setattr__() 메서드를 [예제 12-10]처럼 구현해야 한다.

```python
    def __setattr__(self, name, value):
        cls = type(self)
        if len(name) == 1:             ❶
            if name in cls.__match_args__:    ❷
                error = 'readonly attribute {attr_name!r}'
            elif name.islower():       ❸
                error = "can't set attributes 'a' to 'z' in {cls_name!r}"
            else:
                error = ''             ❹
            if error:      ❺
                msg = error.format(cls_name=cls.__name__, attr_name=name)
                raise AttributeError(msg)
        super().__setattr__(name, value)      ❻
```

❶ 단일 문자 속성명에 대해 특별한 처리를 한다.

❷ name이 x, y, z, t 중 하나면 구체적인 에러 메시지를 설정한다.

❸ name이 그 외 소문자면 단일 문자 속성명에 대한 일반적인 메시지를 설정한다.

❹ 그렇지 않으면 error를 빈 문자열로 설정한다.

❺ error 안에 메시지가 들어 있으면 AttributeError를 발생시킨다.

❻ 정상적인 경우로서, 표준 작동 방식에 따라 슈퍼클래스의 __setattr__() 메서드를 호출한다.

> **TIP** super() 함수는 슈퍼클래스의 메서드에 동적으로 접근할 방법을 제공하며, 파이썬처럼 다중 상속을 지원하는 동적 언어에서 필수 기능이다. [예제 12-10]에서 알 수 있듯이 super()는 서브클래스가 처리할 작업의 일부를 슈퍼클래스로 위임하는 데 사용된다. super() 함수는 14.4절 '다중 상속과 메서드 결정 순서'에서 자세히 설명한다.

AttributeError와 함께 출력할 에러 메시지를 선택하면서 내장된 complex 형의 작동 방식을 알아보았다. complex 형이 불변형이고 real과 imag라는 두 개의 속성이 있기 때문이다. complex 형의 두 속성 중 하나를 변경할 때 "can't set attribute(속성을 설정할 수 없습니다)"라는 메시지와 함께 AttributeError가 발생했다. 한편, 11.7절 '해시 가능한 Vector2d'에서 구현했듯이 프로퍼티로 보호한 읽기 전용 속성을 변경할 때는 "read-only attribute(읽기 전용 속성)"라는 에러 메시지가 나왔다. 이 두 메시지에서 영감을 얻어 __setattr__()에 사용할 에러 메시지를 정했지만, 필자가 정한 메시지가 속성 변경이 금지되었음을 더욱 명확히 보여 준다.

여기서는 모든 속성이 아니라, 읽기 전용 속성 x, y, z, t를 지원하면서 나머지 단일 소문자로 된 속성의 설정만 막으려 했음에 유의하라.

Vector 요소에 저장하는 기능은 지원하지 않았지만, 이 예제에서 배울 중요한 내용이 있다. 객체가 일관성 있게 작동하게 하려면 __getattr__()을 구현할 때 __setattr__()도 함께 구현해야 한다는 것이다.

벡터 요소의 변경을 허용하고 싶다면 __setitem__() 메서드를 구현해서 v[0] = 1.1의 형태로, __setattr__() 메서드를 구현해서 v.x = 1.1로 작성할 수 있다. 그러나 다음 절에서 Vector를 해시 가능하게 만들려고 하므로, 일단 Vector는 불변형으로 놔두겠다.

12.7 Vector 버전 #4: 해싱 및 더 빠른 ==

이제 __hash__() 메서드를 구현해 보자. 앞에서 구현한 __eq__() 메서드와 함께 __hash__() 메서드를 구현하면 Vector 인스턴스가 해시 가능해진다.

Vector2d(예제 11-8)의 __hash__()는 self.x와 self.y, 두 요소로 만든 튜플의 해시를 계산했다. 이제는 수천 개의 요소를 처리하게 될 수도 있으므로 튜플 연산에 비용이 너무 많이 든다. 대신 각 요소의 해시에 ^(XOR) 연산을 적용할 것이다. 즉, hash(v[0]) ^ hash(v[1]) ^ hash(v[2]) ... 형태로 계산한다. 바로 이런 곳에 사용하기 위해 functools.reduce() 함수가 있다. 앞에서 reduce()가 예전만큼 인기 있지는 않다고 설명했지만,[4] 모든 벡터 요소의 해시를 계산하는 연산은 reduce()에 딱 맞는다. [그림 12-1]은 reduce() 함수의 일반적인 개념을 보여 준다.

---

[4] sum(), any(), all()로 일반적인 reduce()를 대체할 수 있다. 7.3.1절 'map(), filter(), reduce()의 최신 대안'을 참조하라.

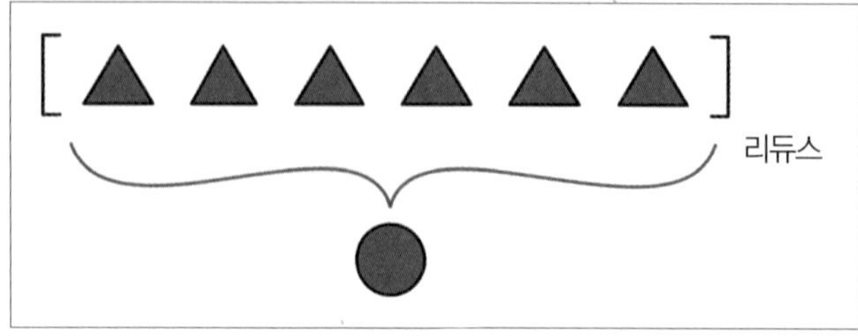

그림 12-1 시퀀스나 유한 반복형에서 하나의 집합값을 생성하는 리듀스 함수들(reduce(), sum(), any(), all())

지금까지 functools.reduce( )는 sum( )으로 바꿀 수 있다고 설명했지만, 이제 reduce( ) 메서드를 제대로 알아보자. 여러 값을 하나의 값으로 줄이는 게 핵심이다. reduce( )가 받는 첫 번째 인수는 두 개의 인수를 받는 함수, 두 번째 인수는 반복형이다. 인수 두 개를 받는 함수 fn( )과 리스트 lst가 있다고 가정하자. reduce(fn, lst)를 호출하면 첫 번째 요소 쌍에 fn( )을 적용해(즉, fn(lst[0], lst[1])) 첫 번째 결과 r1을 생성한다. 그러고 나서 r1과 다음 요소에 fn( )을 적용해(즉, fn(r1, lst[2])) 두 번째 결과 r2를 생성한다. 이제 fn(r2, lst[3])을 호출해 r3를 생성하는 등, 이 과정을 마지막 요소까지 반복하면 결국 rN이 반환된다.

다음은 reduce( )를 이용해 5!(5팩토리얼)을 계산하는 코드다.

```
>>> 2 * 3 * 4 * 5 # 원하는 결과는 5! == 120이다.
120
>>> import functools
>>> functools.reduce(lambda a,b: a*b, range(1, 6))
120
```

다시 해시 문제로 돌아가자. [예제 12-11]은 XOR을 반복해 계산하는 세 가지 방법을 보여 준다. 하나는 for 루프를 사용하고, 나머지 둘은 reduce( )를 호출한다.

예제 12-11 0에서 5까지 정수에 반복해 XOR을 계산하는 세 가지 방법

```
>>> n = 0
>>> for i in range(1, 6):  ❶
...     n ^= i
...
>>> n
```

```
1
>>> import functools
>>> functools.reduce(lambda a, b: a^b, range(6))   ❷
1
>>> import operator
>>> functools.reduce(operator.xor, range(6))   ❸
1
```

❶ for 루프와 변수를 이용해서 XOR 연산을 누적 적용한다.

❷ 익명 함수(람다)를 이용해 functools.reduce()를 호출한다.

❸ 사용자 정의 람다를 operator.xor로 대체해 functools.reduce()를 호출한다.

[예제 12-11]의 세 가지 방법 중 필자는 마지막 방법을 제일 좋아하고, 그다음으로는 for 루프를 사용하는 방법을 좋아한다. 여러분은 어느 방법이 마음에 드는가?

7.8.1절 'operator 모듈'에서 설명했듯이 operator 모듈은 모든 파이썬 중위 연산자를 함수 형태로 제공하므로 람다를 사용할 필요성을 줄여준다.

Vector.__hash__()를 필자가 좋아하는 스타일로 구현하려면 functools와 operator 모듈을 임포트해야 한다. [예제 12-12]는 관련된 변경 사항을 보여 준다.

예제 12-12 vector_v4.py의 일부 : vector_v3.py에 import 문 두 개와 __hash__() 메서드 추가

```
from array import array
import reprlib
import math
import functools   ❶
import operator   ❷


class Vector:
    typecode = 'd'

    # 중간 코드 생략

    def __eq__(self, other):   ❸
        return tuple(self) == tuple(other)

    def __hash__(self):
        hashes = (hash(x) for x in self._components)   ❹
```

```
    return functools.reduce(operator.xor, hashes, 0)  ❺
```

    # 이후 코드 생략

---

❶ reduce() 함수를 사용하기 위해 functools 모듈을 임포트한다.

❷ xor() 함수를 사용하기 위해 operator 모듈을 임포트한다.

❸ __eq__()는 바뀌지 않았다. 여기에 포함한 이유는 __eq__()와 __hash__()가 밀접히 작동해야 하므로, 소스 코드 안에서 가까이 두는 습관을 들이는 편이 좋기 때문이다.

❹ 각 요소의 해시를 느긋하게 계산하기 위해 제너레이터 표현식을 만든다.

❺ xor와 hashes 함수를 전달해 reduce() 함수를 호출함으로써 해시값들의 XOR을 구한다. 세 번째 인수인 0은 초깃값이다(다음 WARNING 글상자 참조).

> **WARNING** reduce()를 사용할 때는 세 번째 인수를 전달해 reduce(<함수>, <반복형>, <초깃값>) 형태로 호출함으로써 'TypeError: reduce() of empty sequence with no initial value' 예외가 발생하지 않게 예방하는 편이 좋다(문제를 설명하고 해결책을 제시하는 훌륭한 메시지다). **<초깃값>**은 시퀀스가 비어 있을 때 반환되는 값이며, 리듀스 루프 안에서 첫 번째 인수로 사용된다. 따라서 함수에 대한 항등원을 사용해야 한다. 예를 들어 +, |, ^ 연산은 **<초깃값>**이 0이 되어야 하지만, *, & 연산은 **<초깃값>**이 1이 되어야 한다.

코드에서 알 수 있듯이 [예제 12-12]의 __hash__() 메서드는 맵-리듀스 연산의 완벽한 예다 (그림 12-2).

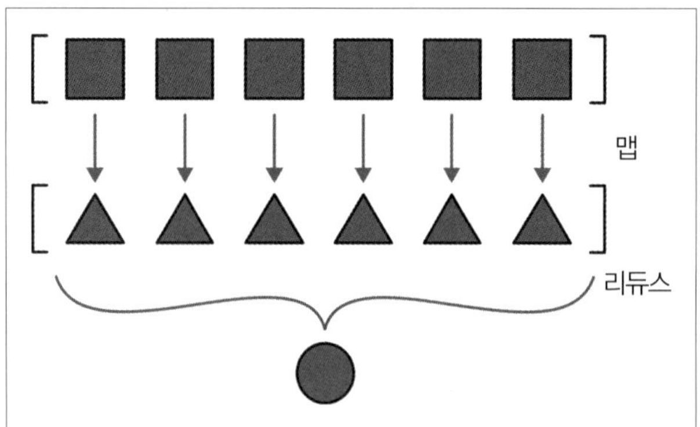

그림 12-2 맵-리듀스: 각 항목에 함수를 적용해 새로운 시퀀스를 생성하고(맵) 누적 연산을 적용한다(리듀스).

맵 단계에서는 각 요소에 대한 해시를 계산하고, 리듀스 단계에서는 모든 해시에 xor 연산자를
적용한다. **제너레이터 표현식** 대신 맵을 사용하면 매핑 단계가 훨씬 더 잘 보인다.

```python
def __hash__(self):
    hashes = map(hash, self._components)
    return functools.reduce(operator.xor, hashes)
```

> **TIP** 파이썬 2에서는 map()을 이용한 방법의 효율이 떨어진다. map() 함수가 결괏값을 가진 리스트를 새
> 로 생성하기 때문이다. 그러나 파이썬 3에서 map()은 느긋하게 실행되어 필요할 때 결과를 계산하는 제너
> 레이터를 생성한다. 따라서 [예제 12-12]이 __hash__() 메서드에서 사용한 제너레이터 표현식과 마찬가
> 지로 메모리를 절약해 준다.

지금은 리듀스 함수를 다루고 있지만, 커다란 벡터를 더 빠르고 메모리는 적게 사용하도록 __
eq__() 메서드를 간단히 수정해 보자. [예제 11-2]에서 소개했듯이 현재 __eq__() 메서드
는 다음과 같이 간단히 구현되어 있다.

```python
def __eq__(self, other):
    return tuple(self) == tuple(other)
```

이 코드는 Vector2d와 Vector 클래스 모두에 작동은 된다. 그러나 Vector([1, 2])와 (1,
2)가 같다고 판단하는 문제가 있는데, 일단 지금은 무시하자.[5] 현재 Vector 인스턴스에 요소
가 수천 개가 되면 이 코드는 아주 비효율적이다. 단지 튜플형의 __eq__() 메서드를 적용하려
고 피연산자 전체를 복사해 튜플 두 개를 만든다. 요소가 두 개밖에 없는 Vector2d라면 큰 문
제가 없지만, 아주 큰 다차원 벡터라면 얘기가 다르다. Vector 인스턴스를 다른 Vector 인스
턴스나 반복형과 비교할 때는 [예제 12-13]과 같이 구현하는 편이 좋다.

예제 12-13 비교 성능을 높이고자 for 루프 안에 zip()을 사용한 Vector.__eq__()

```python
def __eq__(self, other):
    if len(self) != len(other):  # ❶
        return False
```

---

5 Vector([1, 2]) == (1, 2) 문제는 16.2절 '연산자 오버로딩 기본 지식'에서 자세히 다룬다.

```python
        for a, b in zip(self, other):   ❷
            if a != b:   ❸
                return False
        return True   ❹
```

❶ 두 객체의 길이가 다르면, 객체가 다르다.

❷ zip() 함수는 반복형 인수의 항목으로 구성된 튜플을 생성하는 제너레이터를 만든다. zip()이 생소하다면 곧 나오는 '멋진 zip() 함수' 글상자를 참조하라. 앞에서 len() 함수로 길이를 먼저 검사해야 한다는 점에 주의하라. zip() 함수는 입력 중 하나가 소진되자마자 아무런 경고 없이 값 생성을 중단하기 때문이다.

❸ 서로 다른 두 요소를 발견하자마자 False를 반환하면서 빠져나간다.

❹ 여기에 도착하면 두 객체가 동일한 것이다.

> **TIP** zip() 함수의 이름은 지퍼 슬라이더_zipper slider_에서 따왔다. 물리적인 지퍼 슬라이더는 지퍼 양쪽의 이빨 쌍을 맞물리게 한다. zip(left, right)가 하는 일을 보면 이와 비슷하다는 것을 쉽게 떠올릴 수 있다. 이 함수는 압축 파일과는 관련이 없다.

[예제 12-13]은 효율이 높지만, all() 함수를 사용하면 for 루프로 반복 수행하는 계산을 단 한 줄에 표현할 수 있다. 대응 요소 간의 비교가 모두 True면, 결과도 True다. 비교하는 도중에 다른 요소가 나오면(즉 비교가 False면), all()은 바로 False를 반환한다. all() 함수를 이용해 구현한 __eq__() 메서드는 [예제 12-14]와 같다.

예제 12-14 zip()과 all() 함수를 이용한 Vector.__eq__() 메서드. [예제 12-13]과 같은 로직 사용

```python
    def __eq__(self, other):
        return len(self) == len(other) and all(a == b for a, b in zip(self, other))
```

zip()은 둘 중 짧은 피연산자에서 멈추므로, 먼저 피연산자의 길이를 검사하는 것을 잊지 말아야 한다.

vector_v4.py의 __eq__() 메서드는 [예제 12-14] 코드를 이용한다.

멋진 zip() 함수

인덱스 변수를 조작할 필요 없이 항목들을 반복하는 for 루프는 정말 멋지고 많은 버그를 예방하는 데 도움이 되지만, 몇 가지 특별한 유틸리티 함수가 필요하다. 그중 하나가 zip() 내장 함수다. zip()은 각 반복형에서 나온 항목을 튜플로 묶어서 두 개 이상의 반복형을 병렬로 반복하기 쉽게 해 준다. 튜플을 변수에 언패킹해서 각 변수에 병렬로 입력할 수 있다. [예제 12-15]를 보자.

예제 12-15 내장 함수 zip()의 사용 예시

```
>>> zip(range(3), 'ABC')   ❶
<zip object at 0x10063ae48>
>>> list(zip(range(3), 'ABC'))   ❷
[(0, 'A'), (1, 'B'), (2, 'C')]
>>> list(zip(range(3), 'ABC', [0.0, 1.1, 2.2, 3.3]))   ❸
[(0, 'A', 0.0), (1, 'B', 1.1), (2, 'C', 2.2)]
>>> from itertools import zip_longest   ❹
>>> list(zip_longest(range(3), 'ABC', [0.0, 1.1, 2.2, 3.3], fillvalue=-1))
[(0, 'A', 0.0), (1, 'B', 1.1), (2, 'C', 2.2), (-1, -1, 3.3)]
```

❶ zip() 함수는 필요에 따라 튜플을 생성하는 제너레이터를 반환한다.

❷ 여기서는 리스트를 생성해 출력해 본다. 일반적으로는 제너레이터를 반복한다.

❸ zip() 함수는 놀라운 성질이 있다. 입력된 반복형 중 어느 하나라도 끝나면 경고 메시지 없이 중단한다.

❹ itertools.zip_longest() 함수는 다르게 동작한다. 선택적인 fillvalue(기본값은 None이다)를 이용해 빠진 값을 채워가면서 마지막 반복형이 끝날 때까지 튜플을 생성한다.

> **NOTE** 1판을 쓸 때 가장 짧은 반복형이 끝나면 zip()의 실행이 조용히 끝난다는 사실이 놀라웠다. API로서는 좋은 작동 방식이 아니다. 입력을 조용히 무시해 버리는 부분 때문에 미묘한 버그가 생길 수 있기 때문이다. 대신 반복형을 길이가 다른 튜플에 언패킹할 때처럼, 반복형들의 길이가 똑같지 않으면 zip()이 ValueError를 발생시키는 편이 파이썬의 **조기 실패** 정책에 잘 맞는다. 'PEP 618 – zip()에 길이 검사 옵션 추가Add Optional Length-Checking To zip'(https://fpy.li/pep618)에서는 입력된 반복형의 길이가 다를 때 zip()에서 ValueError를 출력하도록 선택적 인수 strict를 추가했고, 파이썬 3.10에서 구현되었다.

다음 예에서 보듯이 zip() 함수는 내포된 반복형으로 표현된 행렬을 전치할 때도 사용할 수 있다.

```
>>> a = [(1, 2, 3),
...      (4, 5, 6)]
>>> list(zip(*a))
[(1, 4), (2, 5), (3, 6)]
>>> b = [(1, 2),
...      (3, 4),
...      (5, 6)]
>>> list(zip(*b))
[(1, 3, 5), (2, 4, 6)]
```

이 예제들이 어떻게 작동하는지 잘 살펴보면 zip()에 대해 어느 정도 감을 잡을 수 있을 것이다.

enumerate() 내장 함수도 인덱스 변수를 직접 조작할 필요 없이 for 루프 안에서 자주 사용되는 제너레이터 함수다. enumerate()가 낯설다면 반드시 '내장 함수Built-in functions' 문서(https://fpy.li/12-3)를 참조하기를 바란다. zip()과 enumerate() 내장 함수는 17.9절 '표준 라이브러리의 제너레이터 함수들'에서 여러 제너레이터 함수를 설명할 때 함께 설명한다.

이 장은 Vector2d에서 구현한 __format__() 메서드를 Vector 클래스로 가져오면서 마친다.

12.8 Vector 버전 #5: 포매팅

Vector의 __format__() 메서드는 Vector2d의 __format__()과 비슷하지만, 극좌표 대신 구면좌표spherical coordinate를 사용한다. 구면좌표는 '초구면좌표hyperspherical coordinate'라고도 하는데, 4차원 이상에서의 구를 '초구hypersphere'라고 하기 때문이다.[6] 이에 따라 뒤에 붙는 포맷 코드를 'p'에서 'h'로 변경하자.

---

6 초구에 대해서는 Wolfram Mathworld 사이트(https://fpy.li/12-4)를 참조하라. 위키백과에서는 '초구면좌표계' 문서(https://ko.wikipedia.org/wiki/초구면_좌표계)를 참조하라.

예를 들어 4차원 공간(len (v) == 4)에 있는 Vector 객체에 대해 'h' 코드는 <r, φ_1, φ_2, φ_3> 형식으로 출력한다. 이때 r은 크기(abs (v))를 나타내고, 나머지 숫자는 각좌표 Φ_1, Φ_2, Φ_3를 나타낸다.

다음은 vector_v5.py(예제 12-16)에서 가져온 4차원 구면 좌표에 대한 doctest 코드의 일부다.

```
>>> format(Vector([-1, -1, -1, -1]), 'h')
'<2.0, 2.0943951023931957, 2.186276035465284, 3.9269908169872414>'
>>> format(Vector([2, 2, 2, 2]), '.3eh')
'<4.000e+00, 1.047e+00, 9.553e-01, 7.854e-01>'
>>> format(Vector([0, 1, 0, 0]), '0.5fh')
'<1.00000, 1.57080, 0.00000, 0.00000>'
```

__format__ () 메서드를 수정하기 전에 몇 가지 지원 메서드를 구현해야 한다. angle(n)은 특정 좌표의 각좌표를 계산하고(예: Φ_1), angles ()는 모든 각좌표를 담은 반복형을 반환한다. 여기서는 구체적인 수학 공식은 설명하지 않지만, 궁금하면 위키백과의 '초구면 좌표계'(https://ko.wikipedia.org/wiki/초구면_좌표계)를 참조하라. 필자는 Vector 요소 배열에 들어 있는 직교좌표에서 구면좌표를 구하는 방법을 이용했다.

12.3절 'Vector 버전 #1: Vector2d 호환' 이후에 구현한 코드와 추가한 포맷 코드를 구현한 vector_v5.py의 전체 코드는 [예제 12-16]과 같다.

예제 12-16 vector_v5.py: Vector 클래스 최종 버전에 대한 doctest와 전체 코드. __format__() 메서드를 지원하고자 추가한 부분에는 별도 설명을 추가했다.

```
"""
다차원 ``Vector`` 클래스, 버전 #5

숫자들로 구성된 반복형에서 ``Vector``를 생성한다::

    >>> Vector([3.1, 4.2])
    Vector([3.1, 4.2])
    >>> Vector((3, 4, 5))
    Vector([3.0, 4.0, 5.0])
    >>> Vector(range(10))
    Vector([0.0, 1.0, 2.0, 3.0, 4.0, ...])


2차원 벡터 테스트 (``vector2d_v1.py``와 결과가 똑같다)::

    >>> v1 = Vector([3, 4])
    >>> x, y = v1
    >>> x, y
    (3.0, 4.0)
    >>> v1
    Vector([3.0, 4.0])
    >>> v1_clone = eval(repr(v1))
    >>> v1 == v1_clone
    True
    >>> print(v1)
    (3.0, 4.0)
    >>> octets = bytes(v1)
    >>> octets
    b'd\\x00\\x00\\x00\\x00\\x00\\x00\\x08@\\x00\\x00\\x00\\x00\\x00\\x00\\x10@'
    >>> abs(v1)
    5.0
    >>> bool(v1), bool(Vector([0, 0]))
    (True, False)


``frombytes()`` 클래스 메서드 테스트:

    >>> v1_clone = Vector.frombytes(bytes(v1))
    >>> v1_clone
    Vector([3.0, 4.0])
    >>> v1 == v1_clone
```

True

3차원 벡터 테스트::

```
>>> v1 = Vector([3, 4, 5])
>>> x, y, z = v1
>>> x, y, z
(3.0, 4.0, 5.0)
>>> v1
Vector([3.0, 4.0, 5.0])
>>> v1_clone = eval(repr(v1))
>>> v1 == v1_clone
True
>>> print(v1)
(3.0, 4.0, 5.0)
>>> abs(v1)  # doctest:+ELLIPSIS
7.071067811...
>>> bool(v1), bool(Vector([0, 0, 0]))
(True, False)
```

다차원 벡터 테스트::

```
>>> v7 = Vector(range(7))
>>> v7
Vector([0.0, 1.0, 2.0, 3.0, 4.0, ...])
>>> abs(v7)  # doctest:+ELLIPSIS
9.53939201...
```

``__bytes__``와 ``frombytes()`` 메서드 테스트::

```
>>> v1 = Vector([3, 4, 5])
>>> v1_clone = Vector.frombytes(bytes(v1))
>>> v1_clone
Vector([3.0, 4.0, 5.0])
>>> v1 == v1_clone
True
```

시퀀스 작동 테스트::

```
>>> v1 = Vector([3, 4, 5])
```

```
>>> len(v1)
3
>>> v1[0], v1[len(v1)-1], v1[-1]
(3.0, 5.0, 5.0)
```

슬라이싱 테스트::

```
>>> v7 = Vector(range(7))
>>> v7[-1]
6.0
>>> v7[1:4]
Vector([1.0, 2.0, 3.0])
>>> v7[-1:]
Vector([6.0])
>>> v7[1,2]
Traceback (most recent call last):
  ...
TypeError: 'tuple' object cannot be interpreted as an integer
```

동적 속성 접근 테스트::

```
>>> v7 = Vector(range(10))
>>> v7.x
0.0
>>> v7.y, v7.z, v7.t
(1.0, 2.0, 3.0)
```

동적 속성 조회 실패::

```
>>> v7.k
Traceback (most recent call last):
  ...
AttributeError: 'Vector' object has no attribute 'k'
>>> v3 = Vector(range(3))
>>> v3.t
Traceback (most recent call last):
  ...
AttributeError: 'Vector' object has no attribute 't'
>>> v3.spam
Traceback (most recent call last):
  ...
AttributeError: 'Vector' object has no attribute 'spam'
```

해시 테스트::

```
>>> v1 = Vector([3, 4])
>>> v2 = Vector([3.1, 4.2])
>>> v3 = Vector([3, 4, 5])
>>> v6 = Vector(range(6))
>>> hash(v1), hash(v3), hash(v6)
(7, 2, 1)
```

CPython 32비트 버전과 64비트 버전에서 생성한 비정수형 해시값은 대부분 다르다::

```
>>> import sys
>>> hash(v2) == (384307168202284039 if sys.maxsize > 2**32 else 357915986)
True
```

2차원 직교좌표에 대한 ``format()`` 테스트::

```
>>> v1 = Vector([3, 4])
>>> format(v1)
'(3.0, 4.0)'
>>> format(v1, '.2f')
'(3.00, 4.00)'
>>> format(v1, '.3e')
'(3.000e+00, 4.000e+00)'
```

3차원과 7차원 직교좌표에 대한 ``format()`` 테스트::

```
>>> v3 = Vector([3, 4, 5])
>>> format(v3)
'(3.0, 4.0, 5.0)'
>>> format(Vector(range(7)))
'(0.0, 1.0, 2.0, 3.0, 4.0, 5.0, 6.0)'
```

2차원, 3차원, 4차원 구면좌표에 대한 ``format()`` 테스트::

```
>>> format(Vector([1, 1]), 'h')  # doctest:+ELLIPSIS
'<1.414213..., 0.785398...>'
>>> format(Vector([1, 1]), '.3eh')
'<1.414e+00, 7.854e-01>'
>>> format(Vector([1, 1]), '0.5fh')
```

```python
        '<1.41421, 0.78540>'
        >>> format(Vector([1, 1, 1]), 'h')  # doctest:+ELLIPSIS
        '<1.73205..., 0.95531..., 0.78539...>'
        >>> format(Vector([2, 2, 2]), '.3eh')
        '<3.464e+00, 9.553e-01, 7.854e-01>'
        >>> format(Vector([0, 0, 0]), '0.5fh')
        '<0.00000, 0.00000, 0.00000>'
        >>> format(Vector([-1, -1, -1, -1]), 'h')  # doctest:+ELLIPSIS
        '<2.0, 2.09439..., 2.18627..., 3.92699...>'
        >>> format(Vector([2, 2, 2, 2]), '.3eh')
        '<4.000e+00, 1.047e+00, 9.553e-01, 7.854e-01>'
        >>> format(Vector([0, 1, 0, 0]), '0.5fh')
        '<1.00000, 1.57080, 0.00000, 0.00000>'
    """

    from array import array
    import reprlib
    import math
    import functools
    import operator
    import itertools  ❶


    class Vector:
        typecode = 'd'

        def __init__(self, components):
            self._components = array(self.typecode, components)

        def __iter__(self):
            return iter(self._components)

        def __repr__(self):
            components = reprlib.repr(self._components)
            components = components[components.find('['):-1]
            return f'Vector({components})'

        def __str__(self):
            return str(tuple(self))

        def __bytes__(self):
            return (bytes([ord(self.typecode)]) +
                    bytes(self._components))
```

```python
    def __eq__(self, other):
        return (len(self) == len(other) and
                all(a == b for a, b in zip(self, other)))

    def __hash__(self):
        hashes = (hash(x) for x in self)
        return functools.reduce(operator.xor, hashes, 0)

    def __abs__(self):
        return math.hypot(*self)

    def __bool__(self):
        return bool(abs(self))

    def __len__(self):
        return len(self._components)

    def __getitem__(self, key):
        if isinstance(key, slice):
            cls = type(self)
            return cls(self._components[key])
        index = operator.index(key)
        return self._components[index]

    __match_args__ = ('x', 'y', 'z', 't')

    def __getattr__(self, name):
        cls = type(self)
        try:
            pos = cls.__match_args__.index(name)
        except ValueError:
            pos = -1
        if 0 <= pos < len(self._components):
            return self._components[pos]
        msg = f'{cls.__name__!r} object has no attribute {name!r}'
        raise AttributeError(msg)

    def angle(self, n):  ❷
        r = math.hypot(*self[n:])
        a = math.atan2(r, self[n-1])
        if (n == len(self) - 1) and (self[-1] < 0):
            return math.pi * 2 - a
        else:
            return a
```

```python
    def angles(self):    ❸
        return (self.angle(n) for n in range(1, len(self)))

    def __format__(self, fmt_spec=''):
        if fmt_spec.endswith('h'):  # 초구면좌표
            fmt_spec = fmt_spec[:-1]
            coords = itertools.chain([abs(self)],
                                     self.angles())    ❹
            outer_fmt = '<{}>'    ❺
        else:
            coords = self
            outer_fmt = '({})'    ❻
        components = (format(c, fmt_spec) for c in coords)    ❼
        return outer_fmt.format(', '.join(components))    ❽

    @classmethod
    def frombytes(cls, octets):
        typecode = chr(octets[0])
        memv = memoryview(octets[1:]).cast(typecode)
        return cls(memv)
```

❶ __format__() 메서드 안에서 chain() 함수를 사용하기 위해 itertools 모듈을 임포트한다.

❷ 초구면좌표에 대한 공식(https://ko.wikipedia.org/wiki/초구면_좌표계)을 이용해 특정 좌표에 대한 각좌표를 계산한다.

❸ 필요에 따라 각좌표를 모두 계산하는 제너레이터 표현식을 생성한다.

❹ itertools.chain() 함수를 이용해 크기와 각좌표를 차례대로 반복하는 제너레이터 표현식을 만든다.

❺ 구면좌표는 꺾쇠괄호를 이용해 출력하도록 설정한다.

❻ 직교좌표는 소괄호를 이용해 출력하도록 설정한다.

❼ 좌표의 각 항목을 요청에 따라 포맷하는 제너레이터 표현식을 생성한다.

❽ 포맷된 요소들을 콤마로 분리해서 꺾쇠괄호나 소괄호 안에 넣는다.

NOTE __format__(), angle(), angles() 메서드 안에서 제너레이터 표현식을 많이 사용하지만, 여기서는 Vector2d와 같은 수준의 __format__() 메서드를 Vector 클래스에 구현하는 데 중점을 둔다. 17장에서 제너레이터를 다룰 때 Vector 클래스 코드를 이용해 제너레이터 기법을 자세히 설명한다.

이 장을 마칠 때가 되었다. 16장에서 중위 연산자를 이용해서 Vector 클래스의 기능을 개선하겠지만, 여기서는 다양한 컬렉션 클래스에 유용하게 사용되는 특별 메서드를 구현하는 기법을 알아보는 것이 목적이었다.

12.9 요약

이 장에서 구현한 Vector 클래스는 단일 반복형 인수를 받는 내장 시퀀스의 달라진 생성자 시그너처를 제외하고는 Vector2d 클래스와 호환되도록 설계되었다. `__getitem__()`과 `__len__()` 메서드를 구현하면 Vector가 내장 시퀀스처럼 동작한다는 사실을 통해 프로토콜을 설명했다. 덕 타이핑을 지원하는 파이썬 언어에서의 프로토콜은 비공식 인터페이스다.

그리고 `slice(a, b, c)` 객체를 생성하고 `__getitem__()` 메서드에서 처리함으로써 `my_seq[a:b:c]`가 내부적으로 작동하는 방식을 살펴봤다. 이 지식을 이용해 파이썬 시퀀스의 작동 방식과 유사하게 새로운 Vector 객체를 반환함으로써 Vector 클래스가 슬라이싱에 올바로 반응하도록 만들었다.

다음 단계에서는 `my_vec.x`와 같은 구문을 이용해서 처음 몇 개의 Vector 요소에 읽기 전용으로 접근할 수 있도록 `__getattr()` 메서드를 구현했다. `my_vec.x`와 같은 구문을 사용하게 해주면 사용자들은 `my_vec.x = 7`처럼 특별 요소에 값을 할당하고 싶어 하게 되므로, 버그가 발생할 수 있다. 이 문제는 `__setattr()` 메서드를 구현해서 단일 문자 속성에 값을 할당하지 못하게 함으로써 해결했다. `__getattr()` 메서드를 구현하면서 일관성 없는 작동을 피하려면 `__setattr()` 메서드도 함께 구현해야 하는 경우가 대부분이다.

`__hash__()` 메서드를 구현할 때 `functools.reduce()`를 사용할 기회를 가졌다. 전체 Vector에 대한 해시를 계산하려면 Vector의 각 요소의 해시에 XOR 연산자(^)를 연속으로 적용해야 하기 때문이다. `__hash__()` 메서드 안에서 `reduce()` 함수를 적용한 후, `__eq__()` 메서드를 더 효율적으로 개선하려고 내장된 리듀스 함수 중 하나인 `all()`을 사용했다.

마지막으로 기본적인 직교좌표 외에 구면좌표를 지원하는 Vector2d 클래스의 `__format__()` 메서드에 맞춰 Vector 클래스의 `__format__()` 메서드도 다시 구현했다. `__format__()` 및 보조 메서드를 구현하면서 약간의 수학 공식과 여러 제너레이터를 사용했다. 제너레이터는 17

장에서 자세히 다룬다. 이 장에서는 Vector2d로 할 수 있는 것을 Vector도 모두 할 수 있게 하자는 약속을 지키고자 커스텀 포맷을 지원하도록 구현했다.

11장과 마찬가지로 이 장에서도 표준 파이썬 객체가 동작하는 방식을 살펴보고 따라 함으로써 Vector 객체도 파이썬답게 만들었다.

16장에서는 Vector에 여러 중위 연산자를 구현한다. angle() 메서드에 사용된 수학 공식보다는 간단하지만, 파이썬에서 중위 연산자가 작동하는 방식을 살펴보면서 객체지향 설계에 관해 많이 배울 수 있을 것이다. 연산자 오버로딩에 들어가기 전에, 클래스 하나만 사용하는 방법에서 벗어나 인터페이스와 상속을 이용해 여러 클래스를 구조화하는 방법을 13장과 14장에서 먼저 살펴보자.

## CHAPTER 13

인터페이스, 프로토콜, 추상 베이스 클래스

> 구현이 아니라 인터페이스에 맞게 프로그래밍하라.[1]
>
> — 감마, 헬름, 존슨, 블리시디스
> 객체지향 설계의 첫 번째 원칙

객체지향 프로그래밍은 결국 인터페이스에 관한 것이다. 파이썬에서 타이핑typing을 이해하는 가장 좋은 방법은 인터페이스가 제공하는 기법을 이해하는 것이다(8.4절 '지원되는 연산에 따라 정의되는 자료형' 참조).

프로그래밍 언어에 따라 인터페이스를 정의하고 사용하는 방법이 몇 가지 있다. 파이썬 3.8부터는 [그림 13-1]과 같이 네 가지 방법을 지원하는데, 다음과 같이 요약할 수 있다.

덕 타이핑

초기 파이썬에서부터 기본적으로 적용된 기법이다. 1장부터 계속 덕 타이핑에 관해 알아보았다.

구스 타이핑goose typing

파이썬 2.6부터 추상 베이스 클래스(ABC)에서 지원하는 타이핑으로, 객체가 ABC 형인지 런타임에 검사하는 것에 기반한다. 구스 타이핑이 이 장의 핵심 주제이다.

---

1 『GoF의 디자인 패턴(개정판)』(프로텍미디어, 2015)의 '개요'에서 발췌했다.

정적 타이핑static typing

C나 자바처럼 정적으로 자료형을 검사하는 언어의 전통적인 방식으로, 파이썬에서는 버전 3.5부터 typing 모듈과 함께 'PEP 484 – 자료형 힌트'(https://fpy.li/pep484)를 따르는 외부 자료형 검사기로 검사하는 방법이다. 8장 대부분에서 정적 타이핑에 관해 설명했고, 뒤에 나오는 15장에서 다시 설명한다.

정적 덕 타이핑

Go 언어에서 인기를 얻은 방법으로, 파이썬 3.8에서는 typing.Protocol의 서브클래스를 통해 지원하며 외부 자료형 검사기가 필요하다. 8.5.10절 '정적 프로토콜'에서 처음 설명했다.

13.1 타이핑의 분류

[그림 13–1]에 있는 타이핑의 네 가지 방식은 각각 장단점이 있으며 상호 보완적이다. 그러므로 어느 하나만 고집하는 것은 옳지 않다. 그림의 위쪽은 파이썬 인터프리터만을 이용한 런타임 자료형 검사 방식들이다. 아래쪽은 외부 자료형 검사기(예: Mypy나 PyCharm 같은 IDE)가 필요하다. 왼쪽은 객체의 구조에 기반한 자료형 검사 방식이다. 즉 클래스나 슈퍼클래스의 이름에 상관없이 객체가 제공하는 메서드에 의해 자료형을 검사한다. 오른쪽은 명시한 자료형에 따라 자료형을 검사한다. 즉 객체의 클래스명이나 슈퍼클래스명을 검사한다.

네 가지 방식 모두 인터페이스에 의존하지만, 정적 타이핑은 프로토콜이나 추상 베이스 클래스 같은 인터페이스 추상화 대신 구체적인 자료형에만 의존하므로 인터페이스를 제대로 활용하지 않는다. 이 장에서는 인터페이스에 기반한 자료형 원칙을 따르는 덕 타이핑, 구스 타이핑, 정적 덕 타이핑에 관해 알아본다.

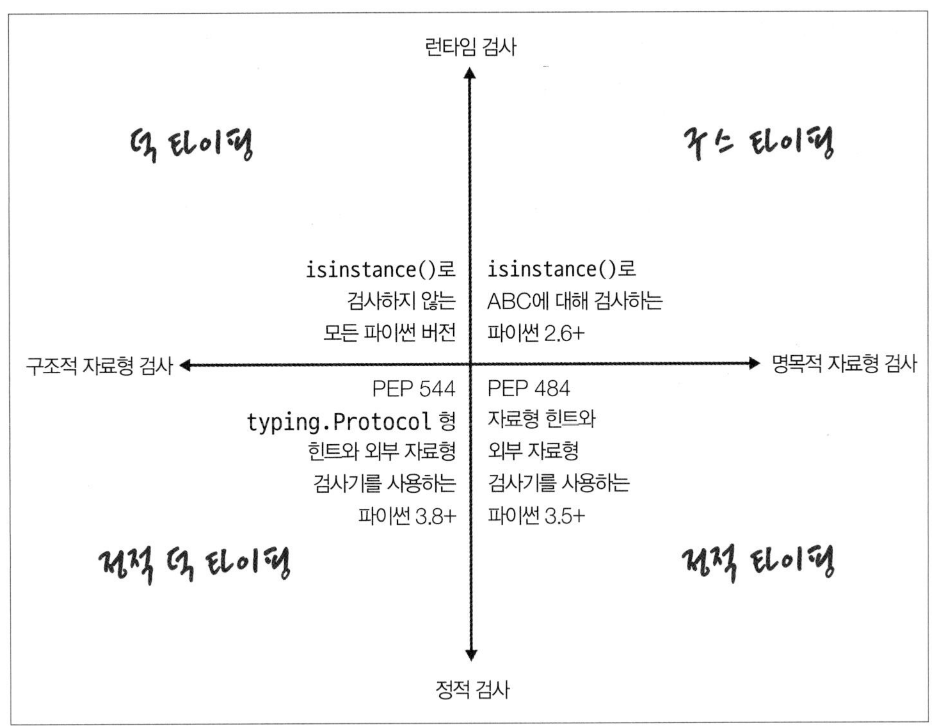

그림 13-1 타이핑 맵: 파이썬이 지원하는 네 가지 타이핑

이 장은 크게 네 부분으로 나뉘며, 타이핑 맵(그림 13-1)의 사분면 중 세 분면을 설명한다.

- 13.3절 '두 가지 프로토콜'에서는 타이핑 맵의 왼쪽에 있는 프로토콜을 사용하는 구조적 타이핑의 두 가지 형태를 비교한다.

- 13.4절 '덕 타이핑'에서는 일상적인 파이썬 덕 타이핑에 관해 깊이 있게 알아보고, 덕 타이핑의 가장 큰 장점인 융통성을 살리면서도 안전하게 프로그래밍하는 방법을 설명한다.

- 13.5절 '구스 타이핑'에서는 ABC를 이용해 런타임에 더 엄격하게 검사하는 방법을 설명한다. 이 절이 가장 긴데, 구스 타이핑이 더 중요해서가 아니라, 덕 타이핑, 정적 덕 타이핑, 정적 타이핑에 관해서는 다른 장에서도 다루기 때문이다.

- 13.6절 '정적 프로토콜'에서는 정적 및 런타임 자료형 검사에 유용하게 사용되는 typing.Protocol 서브클래스의 사용법, 구현, 설계에 관해 설명한다.

13.2 이번 장의 변경 사항

이 장은 상당히 많이 수정되었으며 1판의 11장보다 24%가량 더 길어졌다. 1판과 같은 내용도 있지만, 새로운 내용이 아주 많다. 간단히 요약하면 다음과 같다.

- 장 소개 부분과 타이핑 맵(그림 13-1)이 새로 들어갔다. 타이핑 맵은 이번 장과 파이썬 3.8+에서의 타이핑에 관련된 다른 장을 이해하는 핵심이다.
- 13.3절 '두 가지 프로토콜'은 정적 프로토콜과 동적 프로토콜 간의 유사성과 차이점을 설명한다.
- 13.4.3절 '방어적 프로그래밍과 조기 실패'는 1판의 내용을 거의 그대로 가져왔지만, 최신 버전에 맞게 내용을 수정하고 중요성을 강조하기 위해 절 제목을 붙였다.
- 13.6절 '정적 프로토콜'은 완전히 새로운 내용으로서, 8.5.10절 '정적 프로토콜'의 기본적인 설명을 확장해 나간다.
- 파이썬 3.6에 소개된 Collection ABC를 포함하도록 [그림 13-2], [그림 13-3], [그림 13-4]의 collections.abc 클래스 다이어그램을 수정했다.

1판에서는 numbers ABC를 사용해서 구스 타이핑하기를 권장했다. 13.6.8절 'numbers ABC와 수치형 프로토콜'에서는 구스 타이핑 스타일을 런타임에 검사할 뿐만 아니라 정적 자료형 검사기를 사용하고자 할 때는 numbers ABC 대신 typing 모듈에서 제공하는 수치형 정적 프로토콜을 사용해야 하는 이유를 설명한다.

13.3 두 가지 프로토콜

프로토콜protocol이라는 용어는 상황에 따라 컴퓨터 과학에서 다양한 의미를 지닌다. HTTP 등의 네트워크 프로토콜은 GET, PUT, HEAD 등과 같이 클라이언트가 서버에 내릴 수 있는 명령을 명시한다. 12.4절 '프로토콜과 덕 타이핑'에서는 객체 프로토콜은 객체가 역할을 다하기 위해 제공해야 하는 메서드를 명시한다고 설명했다. 1장 FrenchDeck 예제는 시퀀스 프로토콜이라는 객체 프로토콜의 예를 보여 준다. 시퀀스 프로토콜은 파이썬 객체가 시퀀스로 작동할 수 있게 해 준다.

프로토콜을 완전히 지원하려면 여러 메서드를 구현해야 할 수 있지만, 그중 일부만 구현해도 될 때도 많다. 다음 [예제 13-1]의 Vowels 클래스를 생각해 보자.

```
>>> class Vowels:
...     def __getitem__(self, i):
...         return 'AEIOU'[i]
...
>>> v = Vowels()
>>> v[0]
'A'
>>> v[-1]
'U'
>>> for c in v: print(c)
...
A
E
I
O
U
>>> 'E' in v
True
>>> 'Z' in v
False
```

__getitem__( ) 메서드만 구현해도 인덱스로 항목을 가져올 수 있을 뿐만 아니라, 반복과 in 연산자를 사용할 수 있게 지원해 준다. 실제로 __getitem__( ) 특별 메서드는 시퀀스 프로토콜의 핵심이다. 파이썬/C API 참조 매뉴얼 중 '시퀀스 프로토콜' 절(https://fpy.li/13-2)에서 다음 항목을 살펴보자.

int PySequence_Check(PyObject *o)

객체가 시퀀스 프로토콜을 지원하면 1을, 아니면 0을 반환한다. dict 서브클래스가 아니라면 __getitem__( ) 메서드가 있는 파이썬 클래스에 대해 1을 반환한다. (하략)

시퀀스라면 __len__( ) 메서드를 구현해 len( ) 함수도 지원해야 한다. Vowels는 __len__( ) 메서드를 구현하지 않았지만, 상황에 따라 여전히 시퀀스처럼 작동한다. 그렇지만 이 정도만으로도 우리가 원하는 것은 할 수 있다. 그래서 필자는 프로토콜이 '비공식 인터페이스'라는 설명을 좋아한다. 프로토콜이라는 용어를 처음 사용한 객체지향 프로그래밍 환경인 스몰토크에서도 프로토콜을 이렇게 받아들인다.

네트워크 프로그래밍에 대한 부분을 제외하고 파이썬 문서에서 프로토콜이라는 용어는 대부분 이러한 비공식 인터페이스를 의미한다.

파이썬 3.8에서 'PEP 544 – 프로토콜: 구조적 서브타이핑(정적 덕 타이핑)' (`https://fpy.li/pep544`)을 채택하면서, 프로토콜이라는 용어는 파이썬에서 또 다른 의미를 갖게 되었다. 기존과 관련은 있지만 다르다. 8.5.10절 '정적 프로토콜'에서 설명했듯이 PEP 544는 `typing.Protocol`의 서브클래스를 생성해 정적 자료형 검사기를 통과하려면 클래스가 구현해야 할 하나 이상의 메서드를 정의하게 해 준다.

의미를 구체적으로 구분해야 할 때 이 책에서는 다음 용어를 사용한다.

동적 프로토콜

파이썬에서 늘 사용해 온 비공식 프로토콜. 동적 프로토콜은 암묵적이며, 관례적으로 정의되고, 문서에서 설명한다. 파이썬에서 매우 중요한 동적 프로토콜들은 인터프리터 자체에서 지원되며, 파이썬 언어 참조 문서의 '데이터 모델' 장(`https://fpy.li/dtmodel`)에서 설명한다.

정적 프로토콜

파이썬 3.8부터, PEP 544에서 정의한 프로토콜. 정적 프로토콜은 명시적으로 `typing.Protocol`의 서브클래스로 정의된다.

두 프로토콜 간에는 다음과 같이 두 가지 큰 차이점이 있다.

- 객체는 동적 프로토콜의 일부만 구현해도 어느 정도 쓸만하다. 그러나 정적 프로토콜을 사용할 때는 프로그램에 필요하지 않더라도 프로토콜 클래스에 선언된 메서드를 객체가 모두 제공해야 한다.
- 정적 자료형 검사기는 정적 프로토콜은 검증할 수 있지만, 동적 프로토콜은 검증할 수 없다.

두 프로토콜 모두 클래스가 상속 등을 통해 프로토콜을 지원함을 선언할 필요는 없다는 점이 아주 중요하다.

정적 프로토콜 외에도 파이썬에서는 추상 베이스 클래스(ABC)를 이용해 코드 안에서 명시적으로 인터페이스를 정의하는 방법이 있다.

이번 장 나머지 부분에서는 동적 및 정적 프로토콜과 함께 ABC에 관해 설명한다.

13.4 덕 타이핑

일단 파이썬에서 가장 중요한 시퀀스와 반복형이라는 두 가지 프로토콜을 이용해 동적 프로토콜부터 알아보자. 다음 절에서 설명하듯이 이런 프로토콜의 최소한의 구현만 제공하는 객체를 다룰 때도 파이썬 인터프리터는 상당한 노력을 들인다.

13.4.1 시퀀스를 찾아내는 파이썬

파이썬 데이터 모델에는 핵심적이 동적 프로토콜과 가능한 한 많이 협업하겠다는 철학이 있다. 시퀀스의 경우, 파이썬은 가장 단순한 객체와도 협업하려고 최선을 다한다.

[그림 13-2]는 ABC로 공식 정의된 Sequence 인터페이스를 보여 준다. 파이썬 인터프리터와 list, str 등의 내장 시퀀스는 ABC에 전혀 의존하지 않는다. 이 그림은 그저 모든 기능을 다 갖춘 Sequence가 지원해야 할 것들을 설명하려고 가져왔다.

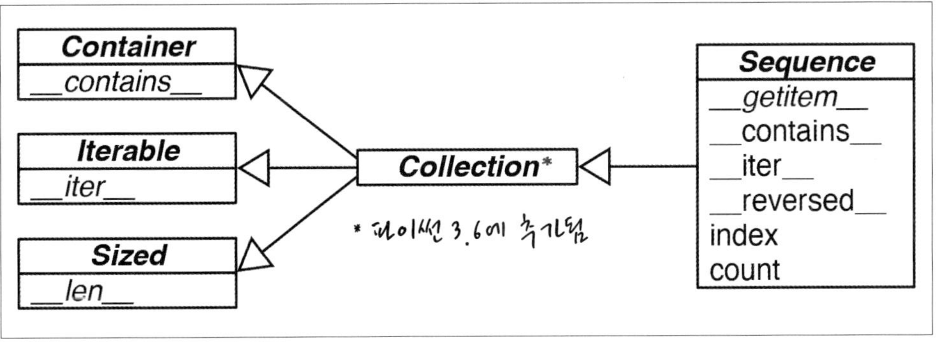

그림 13-2 collections.abc에 정의된 Sequence ABC 및 관련 추상 클래스들에 대한 UML 다이어그램. 상속 화살표는 서브클래스에서 슈퍼클래스를 가리킨다. 이탤릭체는 추상 메서드나 추상 클래스를 나타낸다. 파이썬 3.6 전에는 Collection ABC가 없었고, Sequence는 Container, Iterable, Sized를 직접 상속했다.

TIP collections.abc에 정의된 대부분의 ABC는 내장 객체가 구현하는 인터페이스를 공식적으로 명시하기 위해 존재하며 인터프리터가 암묵적으로 지원한다. ABC는 인터프리터와 내장 객체보다 나중에 만들어졌지만, 새로운 클래스를 만드는 기반으로 유용하게 사용되며, 정적 자료형 검사기가 검사하는 자료형 힌트는 물론 런타임에 명시적으로 자료형을 검사하는 구스 타이핑을 지원한다.

[그림 13-2]를 자세히 살펴보면, Sequence의 서브클래스를 제대로 구현하려면 __getitem__
()은 물론이고 Sized에 정의된 __len__() 메서드도 구현해야 함을 알 수 있다. Sequence의
나머지 메서드는 구상 메서드이므로, 서브클래스에서는 상속하거나 오버라이드할 수 있다.

이제 [예제 13-1]의 Vowels 클래스를 다시 살펴보자. 이 클래스는 abc.Sequence를 상속하지
않고 그저 __getitem__() 메서드만 구현한다.

__iter__() 메서드는 구현되지 않았지만, Vowels 인스턴스는 반복 가능하다. 파이썬이 대체
수단인 __getitem__() 메서드를 발견하면 0부터 시작하는 정수 인덱스를 이용해 이 메서드
를 호출해 객체 반복을 시도하기 때문이다. 파이썬은 제법 똑똑하므로 Vowels 인스턴스를 반
복할 수 있을 뿐만 아니라, __contains__() 메서드가 없어도 in 연산자가 작동할 수 있게 만
든다. 항목들을 순차적으로 검색해 해당 항목이 존재하는지 검사한다.

정리하면, 시퀀스 형태의 자료 구조의 중요성 때문에 __iter__()와 __contains__() 메서
드가 구현되지 않았더라도 파이썬은 __getitem__() 메서드를 호출해 인스턴스를 반복하고
in 연산자가 작동하게 한다.

1장에서 구현한 FrenchDeck 클래스도 abc.Sequence를 상속하지 않지만, 시퀀스 프로토콜의
__getitem__()과 __len__() 메서드를 둘 다 구현한다. [예제 13-2]를 보자.

예제 13-2 일련의 카드로 구성한 카드 한 벌([예제 1-1]과 동일)

```python
import collections

Card = collections.namedtuple('Card', ['rank', 'suit'])

class FrenchDeck:
    ranks = [str(n) for n in range(2, 11)] + list('JQKA')
    suits = 'spades diamonds clubs hearts'.split()

    def __init__(self):
        self._cards = [Card(rank, suit) for suit in self.suits
                                        for rank in self.ranks]

    def __len__(self):
        return len(self._cards)

    def __getitem__(self, position):
        return self._cards[position]
```

파이썬은 약간이라도 시퀀스를 닮은 객체는 모두 특별하게 처리하므로 1장에서 구현한 테스트 코드 대부분이 작동한다. 객체를 반복하고자 파이썬 인터프리터는 두 개의 방법을 시도하므로, 반복형 프로토콜은 덕 타이핑의 극단적인 예를 보여 준다.

좀 더 명확히 설명하자면, 이 절에서 설명하는 작동 방식은 파이썬 자체에서 대부분 C로 구현되었고 Sequence ABC가 선언한 메서드에 의존하지 않는다. 가령 Sequence 클래스의 __iter__()와 __contains__() 구상 메서드는 파이썬 인터프리터에 내장된 작동 방식을 흉내 낸다. 관심 있는 독자들은 Lib/_collections_abc.py(https://fpy.li/13-3)에 구현된 이 메서드들의 소스 코드를 확인해 보기 바란다.

이제 프로토콜의 동적인 성질을 잘 보여 주는 또 다른 예를 살펴보자. 이 농석인 성실 배문에 정적 자료형 검사기가 끼어들 틈이 없다.

13.4.2 멍키 패칭: 런타임에 프로토콜 구현하기

멍키 패칭monkey patching은 기능을 추가하거나 버그를 수정하고자 런타임에 모듈, 클래스, 함수를 동적으로 변경하는 것을 말한다. 예를 들어 gevent 네트워킹 라이브러리는 파이썬 표준 라이브러리의 일부를 멍키 패칭해 스레드나 async/await를 사용하지 않고도 간단히 동시성 처리를 수행하게 해준다.[2]

[예제 13-2]의 FrenchDeck 클래스는 카드를 섞을 수 없다는 커다란 결함이 있다. 몇 년 전 필자가 FrenchDeck 예제를 처음으로 작성했을 때는 shuffle() 메서드를 직접 구현했다. 그러나 파이썬에 어느 성노 눈을 뜬 후에는, 시퀀스처럼 작동하는 FrenchDeck 클래스라면 shuffle() 메서드를 직접 구현할 필요가 없음을 깨달았다. random 문서(https://fpy.li/13-6)를 보면 "시퀀스 x 안에서 항목들을 섞는다Shuffle the sequence x in place"라고 설명하는 shuffle() 함수가 이미 있기 때문이다.

표준 random.shuffle() 함수는 다음과 같이 사용한다.

```
>>> from random import shuffle
>>> l = list(range(10))
```

---

2 위키백과의 '멍키 패칭(monkey patch)' 문서(https://fpy.li/13-4)는 파이썬으로 구현한 재미있는 예를 보여 준다.

```
>>> shuffle(l)
>>> l
[5, 2, 9, 7, 8, 3, 1, 4, 0, 6]
```


그런데, FrenchDeck 인스턴스를 섞으려고 하면 [예제 13-3]처럼 예외가 발생한다.

예제 13-3 random.shuffle()이 FrenchDeck을 처리하지 못한다.

```
>>> from random import shuffle
>>> from frenchdeck import FrenchDeck
>>> deck = FrenchDeck()
>>> shuffle(deck)
Traceback (most recent call last):
  File "<stdin>", line 1, in <module>
File ".../python3.3/random.py", line 265, in shuffle
  x[i], x[j] = x[j], x[i]
TypeError: 'FrenchDeck' object does not support item assignment
```

에러 메시지는 그 이유를 명확히 설명한다. FrenchDeck 객체가 할당을 지원하지 않기 때문이다. shuffle() 함수는 컬렉션 안의 항목들을 교환함으로써 작동하는데, FrenchDeck 클래스는 불변 시퀀스 프로토콜만 구현한다. 가변 시퀀스는 __setitem__() 메서드도 구현해야 한다.

파이썬은 동적 언어이므로 코드를 대화형 콘솔에서 실행하는 동안에도 이 문제를 수정할 수 있다. [예제 13-4]에서 어떻게 하는지 알아보자.

예제 13-4 random.shuffle()을 사용할 수 있게 멍키 패칭으로 FrenchDeck을 가변형으로 만들기([예제 13-3]에서 이어짐)

```
>>> def set_card(deck, position, card):     ❶
...     deck._cards[position] = card
...
>>> FrenchDeck.__setitem__ = set_card     ❷
>>> shuffle(deck)     ❸
>>> deck[:5]
```

```
[Card(rank='3', suit='hearts'), Card(rank='4', suit='diamonds'), Card(rank='4',
suit='clubs'), Card(rank='7', suit='hearts'), Card(rank='9', suit='spades')]
```

❶ deck, position, card를 인수로 받는 함수를 생성한다.

❷ 그 함수를 FrenchDeck 클래스의 __setitem__이라는 이름의 속성에 할당한다.

❸ 이제 FrenchDeck 클래스가 가변 시퀀스 프로토콜에 필요한 메서드를 구현하므로, 카드 한 벌(deck)을 섞을 수 있다.

__setitem__() 특별 메서드의 시그너처는 파이썬 언어 참조 문서의 3.3.7절 '컨테이너 자료형 흉내 내기Emulating container types'(https://fpy.li/13-7)에 정의되어 있다. 여기서는 참조 문서에 들어 있는 self, key, value 대신 deck, position, card를 매개변수로 사용했다. 이는 파이썬 메서드는 단지 평범한 함수며, 첫 번째 매개변수로 self를 사용하는 것은 관례일 뿐임을 보여 주기 위한 것이다. 콘솔 세션에서는 이렇게 해도 괜찮지만, 파이썬 소스 파일에서는 문서화된 대로 self, key, value를 매개변수로 사용하는 편이 좋다.

deck 객체에 _cards라는 이름의 속성이 있고, set_card()가 _cards가 가변 시퀀스임을 안다는 사실이 중요하다. 그러면 set_card() 함수가 FrenchDeck 클래스의 __setitem__ 특별 메서드에 연결된다. 이 방법은 멍키 패칭의 사례다. 멍키 패칭은 소스 코드를 건드리지 않고 런타임에 클래스나 모듈을 변경하는 행위를 말한다. 멍키 패칭은 강력하지만, 비공개 속성이나 문서화되지 않은 부분을 다루는 경우가 많으므로 패치하는 코드와 패치될 프로그램이 아주 밀접하게 연관된다.

[예제 13-4]는 멍키 패칭의 사례를 보여 주는 것 외에도 동적 덕 타이핑에서 프로토콜의 동적 본질을 잘 보여 준다. random.shuffle() 함수는 자신이 받는 인수가 어느 클래스인지는 신경 쓰지 않는다. 그저 받은 객체가 일부 가변 시퀀스 프로토콜을 구현하면 될 뿐이다. 심지어 해당 객체에 필요한 메서드가 원래부터 있었는지, 아니면 나중에 얻었는지는 전혀 문제 되지 않는다.

덕 타이핑한다고 해서 코드가 아주 불안전하거나 디버깅하기 어려워지지는 않는다. 다음 절에서는 명시적으로 검사할 필요 없이 동적 프로토콜을 알아내는 유용한 코드 패턴 몇 가지를 보여 준다.

13.4.3 방어적 프로그래밍과 조기 실패

방어적 프로그래밍은 방어 운전과 비슷하다. 부주의한 프로그래머(혹은 운전자)가 있더라도
안전성을 높이는 일련의 관례를 말한다.

런타임에 가서야 나오는 버그도 많다. 심지어 널리 쓰이는 정적형 언어에서도 마찬가지다.[3] 동
적형 언어에서 프로그램을 안전하고 유지보수하기 쉽게 만드는 최고의 조언은 '조기 실패'하라
는 것이다. 조기 실패라는 말은 함수 본체 시작 부분에서 잘못된 인수를 거부하는 등 가능한 한
빨리 런타임 에러를 발생시키는 것을 의미한다.

다음은 조기 실패의 사례다. 항목들의 시퀀스를 받아 내부적으로 list로 처리하는 코드를 작
성할 때 자료형을 검사해 인수가 list 형인지 확인할 필요가 없다. 대신, 인수로 list를 바로
만들면 된다. 다음 코드는 이 장의 뒷부분에 나오는 [예제 13-10]의 __init__() 메서드에서
이 과정을 수행하는 예를 보여 준다.

```python
def __init__(self, iterable):
    self._balls = list(iterable)
```

이렇게 하면 코드의 융통성이 높아진다. list() 생성자는 메모리 안에 넣을 수 있는 어떠한
반복형도 처리할 수 있기 때문이다. 인수가 반복형이 아니면 객체를 초기화할 때 호출된 생
성자가 TypeError 예외를 발생시키면서 조기 실패한다. 에러 메시지를 정교하게 만들려면
list() 호출을 try/except 블록 안에 넣을 수 있지만, 필자는 외부에 제공하는 API를 구현
할 때만 이렇게 예외처리를 한다. 코드 유지보수하는 개발자가 문제를 쉽게 알아차릴 수 있
기 때문이다. 어쨌든 에러가 발생한 호출은 트레이스백[traceback] 마지막에 나오므로 간단히 해결
할 수 있다. 클래스 생성자에서 잘못된 인수를 잡아내지 못하면 나중에 다른 메서드가 self._
balls에 list 형이 지원하는 연산을 수행할 때 프로그램이 폭발할 것이다. 그때는 근본 원인
을 찾아내기 더 어려워진다.

물론 데이터가 너무 크거나 random.shuffle()처럼 인수의 내부를 함수가 변경해야 할 때
는 데이터를 복사하면 안 된다. 그럴 때는 인수에 list()를 호출하지 말고 isinstance(x,
abc.MutableSequence) 등의 형태로 런타임 검사할 수밖에 없다.

---

3 그래서 테스트 자동화가 필요하다.

무한 제너레이터를 받을까 봐 걱정되면(흔히 발생하는 문제는 아니다), 먼저 인수에 len()을 호출하면 된다. 그러면 반복자는 거부하고, 튜플, 배열, 그 외 Sequence 인터페이스를 완전히 구현하는 어떠한 클래스도 처리할 수 있다. 일반적으로 len()은 가볍게 실행되고 잘못된 인수에 대해서는 에러를 바로 발생시킨다.

반면, 어떠한 반복형도 사용할 수 있게 하려면 17.3절 '시퀀스가 반복형인 이유: iter() 함수'에서 설명하듯이 가능한 한 빨리 iter(x)를 호출해 반복자를 가져와야 한다. 이때도 마찬가지로 x가 반복형이 아니면 쉽게 디버깅하게 해주는 예외 메시지와 함께 조기 실패한다.

방금 설명한 예시에는 자료형 힌트로 문제를 조금 더 빨리 찾아낼 수 있지만, 모든 문제를 자료형 힌트로 해결할 수는 없다. Any 형은 다른 모든 자료형과 일치한다고 앞에서 설명한 것이 생각나는가? 자료형을 유추해 어떤 변수를 Any 형으로 태깅하게 만들 수 있다. 그러면 자료형 검사기는 처리를 할 수 없다. 게다가 자료형 힌트는 런타임에 강제로 적용되지 않는다. 조기 실패는 최후 방어선이다.

덕 타이핑을 활용한 방어적 코드는 isinstance()나 hasattr()을 사용하지 않고 여러 자료형을 처리하는 논리도 구현할 수 있다.

일례로 collections.namedtuple(https://fpy.li/13-8)에서 field_names 인수를 처리하는 방법을 흉내 낼 수 있다. field_names는 공백이나 쉼표로 구분한 식별자들을 담은 하나의 문자열을 받거나 식별자들의 시퀀스를 받을 수 있다. [예제 13-5]는 덕 타이핑을 이용해 이 논리를 구현하는 방법을 보여 준다.

예제 13-5 문자열이나 문자열들의 반복형을 처리하는 덕 타이핑

```
try:  ❶
    field_names = field_names.replace(',', ' ').split()  ❷
except AttributeError:  ❸
    pass  ❹
field_names = tuple(field_names)  ❺
if not all(s.isidentifier() for s in field_names):  ❻
    raise ValueError('field_names must all be valid identifiers')
```

❶ 문자열이라고 가정하자(EAFP = "it's **e**asier to **a**sk **f**orgiveness than **p**ermission"[4]).

❷ 쉼표를 공백으로 변환하고, 그 결과를 이름들의 리스트로 분할한다.

❸ 미안. field_names가 str처럼 꽥꽥거리지 않는다. replace() 메서드가 없거나 split()을 구현하지 않는 객체가 반환된 것이다.

❹ AttributeError 예외가 발생하면, field_names가 str이 아니므로 이미 이름들의 반복형으로 만들어졌다고 생각할 수 있다.

❺ 반복형인지 확인하고, 자체적인 사본을 유지하려고 튜플을 생성한다. 튜플은 리스트보다 메모리를 적게 사용하며 실수로 안에 있는 항목들을 변경하지 못하게 한다.

❻ str.isidentifier()을 이용해 모든 이름이 올바른지 확인한다.

[예제 13-5]는 덕 타이핑이 정적형 힌트보다 의도를 잘 보여 주는 하나의 사례다. 자료형 힌트를 이용해 'field_names가 공백이나 쉼표로 구분된 식별자들의 문자열'임을 나타낼 방법은 없다. typeshed에 있는 namedtuple의 시그너처에서 관련된 부분은 다음과 같다(전체 소스 코드는 stdlib/3/collections/__init__.pyi(https://fpy.li/13-9)에서 볼 수 있다).

```
def namedtuple(
    typename: str,
    field_names: Union[str, Iterable[str]],
    *,
    # 시그너처의 나머지 부분 생략
```

앞에서 보았듯이 field_names는 Union[str, Iterable[str]]로 어노테이트되었다. 어느 정도 만족할 만하지만, 의도한 모든 사항(공백이나 쉼표로 구분된 하나의 문자열)을 나타내기에는 부족하다.

지금까지 동적 프로토콜에 관해 알아보았으니, 이제부터 조금 더 명시적으로 런타임 자료형 검사를 수행하는 구스 타이핑을 알아보자.

---

4 **옮긴이_** 사전에 허락을 받는 것보다 문제가 생긴 후에 용서를 구하는 게 쉽다는 파이썬 코딩 스타일을 의미한다. 일단 키나 속성이 존재한다고 가정해 처리하고, 그러다 예외가 발생하면 예외를 잡아서 처리하는 코딩 스타일이다. 이와 대조적인 LBYL(Look before you leap) 스타일은 키나 속성이 존재하는지 먼저 검사하고 나서 처리하는데, 쉽게 말하면 누울 자리를 보고 다리를 뻗는 코딩 스타일이다.

13.5 구스 타이핑

> 추상 클래스는 인터페이스를 나타낸다.[5]
>
> — 비야네 스트롭스트룹Bjarne Stroustrup
>
> C++ 언어의 창시자

파이썬은 **interface**라는 키워드가 없다. 파이썬은 런타임에 명시적으로 자료형 검사할 수 있게 추상 베이스 클래스(ABC)를 이용해 인터페이스를 정의한다. 정적 자료형 검사기도 ABC를 지원한다.

파이썬 용어집에서 추상 베이스 클래스에 관한 항목(`https://fpy.li/13-10`)은 ABC가 덕 타이핑 언어에 제공하는 가치를 아주 잘 설명한다.

> `hasattr()` 같은 기법은 어색하거나 마법 메서드 등을 제대로 이해하지 못하지만, 추상 베이스 클래스는 덕 타이핑에 인터페이스를 정의할 방법을 제공한다. ABC는 가상 서브 클래스를 제공하는데, 이 클래스들은 다른 클래스를 상속받지 않지만 `isinstance()`와 `issubclass()` 함수가 제대로 인식한다. 자세한 설명은 abc 모듈 문서를 참조하라.[6]

구스 타이핑은 ABC를 활용해 런타임에 자료형을 검사하는 방법이다. 다음의 '물새와 ABC' 글 상자에 있는 알렉스 마르텔리이 설명을 보자.

> **NOTE** 내 친구 알렉스 마르텔리와 안나 레이븐스크로프트Anna Ravenscroft에게 심심한 고마움을 전한다. OSCON 2013에서 이 책의 1판 초고를 보여줬을 때, 이 친구들이 오라일리에 연락해 책을 출간하도록 용기를 주었다. 두 사람 모두 이 책의 기술 검토를 맡아주었다. 알렉스는 이 책에서 이미 많이 인용되었는데, 너그럽게도 다음의 에세이를 제공해 주었다. 그럼, 알렉스의 이야기를 들어보자.

---

5 비야네 스트롭스트룹, 『The Design and Evolution of C++』(애디슨 웨슬리, 1994), 278쪽

6 2023년 9월 2일에 파이썬 공식 웹사이트에서 가져왔다.

물새와 ABC

알렉스 마르텔리

위키백과(https://fpy.li/13-11)에서는 내가 **덕 타이핑**이라는 유행어를 퍼뜨리는 데 일조했다고 설명한다. 덕 타이핑은 객체의 실제 자료형은 무시하고, 대신 객체가 용도에 맞는 메서드 이름, 시그너처, 의미를 구현하도록 보장하는 데 주안점을 둔다.

파이썬에서는 결국 자료형 검사를 위한 `isinstance()` 함수 사용의 회피를 의미한다. `type(foo) is bar`와 같이 자료형을 검사하는 방법은 훨씬 더 나쁘다. 이 방법은 가장 간단한 형태의 상속조차도 할 수 없게 방해하므로 절대 사용하면 안 된다.

전반적으로 덕 타이핑 방법이 상당히 유용하게 사용되지만, 그렇지 않은 상황에서는 다른 방법이 발전했다. 이와 관련된 재미있는 이야기가 있다.

지난 수십 년간 기러기라고 알려진 수금류 등을 포함한 속^{genus}과 종^{species}의 분류법은 주로 표현학이 주도했다. 표현학은 형태학과 동작의 유사성, 즉 관측할 수 있는 특징에 주안점을 둔 방식이다. 덕 타이핑과 상당히 비슷하다.

그러나 평행 진화에 따라 실제로는 관련이 없지만 특이한 환경에서 우연히 비슷하게 진화한 종들이 형태학적으로나 행위적으로 비슷한 특징을 갖게 되기도 한다. 이와 비슷한 '우연한 유사성'이 프로그래밍에서도 발생한다. 예를 들어 다음과 같은 고전적인 객체지향 예제를 보자.

```python
class Artist:
    def draw(self): ...

class Gunslinger:
    def draw(self): ...

class Lottery:
    def draw(self): ...
```

단지 아무런 인수 없이 호출할 수 있는 `draw()`라는 메서드가 존재한다고 해서 `x.draw()`와 `y.draw()`로 호출할 때 x와 y 객체를 교환하거나 두 객체가 관념적으로 대등하다고 절대 보장할 수 없다. 즉, 동일한 이름의 메서드를 호출한다고 해서 의미가 비슷하다고 생각할 수 없다. 그것보다는 어느 정도 유사성을 긍정적으로 **주장**할 수 있는 프로그래머의 현명함이 필요하다!

생물학 등에서 발생한 이 문제 때문에 **분기학**cladistics이라고 알려진 표현학을 대체하는 방법이 등장했으며, 여러 측면에서 우세를 보인다. 분기학은 독자적으로 진화한 특징 대신, 공통된 조상에서 상속된 특징을 분류학적으로 선택하는 방법에 주안점을 둔다(최근 DNA 염기 서열 분석 비용이 저렴해지고 속도가 빨라지면서 분기학을 적용할 수 있는 경우가 많아지고 있다).

예를 들어 황거위[7](예전에는 거위에 가깝다고 분류되었다)와 황오리(예전에는 오리에 가깝다고 분류되었다)가 이제는 하나의 아과subfamily 안에 분류된다(즉, 황오리와 황거위가 공유하는 조상이 더 가까우므로 기러기과의 다른 종류보다 서로 더 가깝다는 의미다). 게다가 DNA 분석을 해본 결과, 모습과 행동이 비슷한 흰날개 숲오리와 모스코바오리가 실제로는 그리 가깝지 않음이 증명되었다. 따라서 숲오리는 별도이 속으로 분류되어 모스코바오리악는 전혀 다른 아과에 속하는 것으로 재분류되었다.

오리를 분류하는 게 중요한가? 상황에 따라서는 중요할 수도 있다! 예를 들어 수금류를 요리하는 방법을 결정할 때는 관찰되는 특징(이 상황에서는 깃털 같은 부분은 중요하지 않다)인 육질이나 맛(고전적인 표현학!)이 분기학보다 훨씬 더 관련 있을 것이다. 그렇지만 (수금류를 우리에서 사육하든 야생에서 보존하든 상관없이) 병원균에 대한 취약성을 분석할 때는 DNA 친밀도가 훨씬 더 중요하다.

그러면 수금류 세상에서의 분류학적 혁명과 마찬가지로, 필자는 고전적인 **덕 타이핑**을 **구스 타이핑**으로 보완하고자 한다(완전히 대체하는 것은 아니다. 상황에 따라 여전히 덕 타이핑이 적용된다)!

구스 타이핑이라는 말은 `cls`가 추상 베이스 클래스라면(즉, `cls`의 메타클래스가 `abc.ABCMeta`라면) `isinstance(obj, cls)`를 써도 좋다는 의미다.

이미 `collections.abc` 및 파이썬 표준 라이브러리의 `numbers` 모듈에서 유용한 추상 클래스를 많이 찾아볼 수 있다.[8]

---

7 옮긴이_ 공식적으로 '황거위'라는 분류명은 없지만, 설명의 흐름을 매끄럽게 하고자 sheldgeese를 '황거위'로 번역했다.

8 물론 여러분이 직접 ABC를 정의할 수도 있지만, 메타클래스에서와 마찬가지로 여러분이 초고수 파이썬 개발자가 아니라면 ABC를 직접 정의하는 일은 말리고 싶다. 파이썬 언어의 구석구석에 정통한 우리 같은 '가장 진보된 파이썬주의자'라고 불리는 사람들도 ABC를 자주 정의하지 않는다. 적절한 말인지 모르겠지만, '심도 있는 메타프로그래밍'은 수많은 다른 개발팀에서 독립적으로 확장할 수 있는 광범위한 프레임워크의 개발자를 위한 것이다. '초고수 파이썬 개발자' 중 1%도 안 되는 사람에게도 필요할까 말까 하는 것이다!

— 알렉스 마르텔리

구상 클래스에 비해 ABC가 가진 여러 개념적 장점[9] 중 파이썬의 ABC에 실제 아주 큰 도움이 되는 register()라는 클래스 메서드가 있다. 이 메서드는 어떤 클래스가 ABC의 '가상' 서브클래스임을 '선언'하게 해준다(이렇게 선언하려면 등록할 클래스가 ABC의 메서드 이름 및 시그너처 요구사항을 만족해야 하며, 특히 메서드의 의미를 지켜야 한다. 그러나 ABC를 염두에 두고 등록할 클래스를 개발할 필요는 없고, ABC를 상속할 필요는 더더욱 없다!). 이런 방식은 엄격함과 강력한 결합을 상당히 파괴하므로, 대부분의 OOP 프로그래머가 일반적으로 사용하는 상속보다 훨씬 더 많은 주의를 요구한다.

심지어 클래스를 ABC의 서브클래스로 인식시키기 위해 등록할 필요가 없는 경우도 있다!

이때 ABC는 결국 몇 가지 특별 메서드로 축약된다. 다음 예제 코드를 보자.

```
>>> class Struggle:
...     def __len__(self): return 23
...
>>> from collections import abc
>>> isinstance(Struggle(), abc.Sized)
True
```

보다시피, abc.Sized 클래스는 Struggle을 '일종의 서브클래스'로 인식한다. 단지 __len__()이라는 특별 메서드만 구현하면 되며, 등록할 필요도 없다. 다만 __len__() 메서드는 구문(인수를 받지 않는 콜러블)과 의미(객체의 '길이'를 나타내는 0이나 양의 정수를 반환)를 적절히 지켜야 한다. 어쨌든 구문과 의미를 적절히 지키지 않고 구현된 특별 메서드는 훨씬 더 많은 문제를 겪게 된다.

이제 설명을 정리할 때가 되었다. numbers, collections.abc, 혹은 여러분이 사용할 어떤 프레임워크에 있는 ABC가 표현하는 개념을 실현하는 클래스를 구현할 때는 언제나 해당 ABC를 상속하거나 해당 ABC에 등록하라. 이 과정을 빠뜨리고 클래스를 정의한 라이브러리나 프레임워크를 사용하는 프로그램에서는 언제나 코드 시작 부분에 클래스를 직접 등록하길 바란다. 그리고 나서 예를 들어 인수가 '시퀀스'인지 검사해야 할 때는 다음과 같이 한다.

---

9 예를 들어 스콧 마이어스(Scott Meyers)의 『More Effective C++』의 '33항 – 단말 노드가 아닌 클래스는 모두 추상 클래스이어야 한다(Item 33 – all non-leaf classes should be abstract)'(https://fpy.li/13-12)를 참조하라.

```
isinstance(the_arg, collections.abc.Sequence)
```

그리고 배포용 코드에서 절대로 ABC나 메타클래스를 직접 구현하지 말라. ABC를 구현하고 싶은 생각이 든다면, '멋진 망치를 새로 장만한 사람에게 모든 문제가 못으로 보이는 증세'라고 확신할 수 있다. 깊이를 억제하고, 직관적이고 단순한 코드를 고수한 덕분에 나중에 여러분 코드를 유지보수할 사람이 훨씬 더 행복해질 것이다. 그럼, 이만.

결국 **구스 타이핑**은 다음과 같이 요약할 수 있다.

- 이전에 정의된 인터페이스를 구현함을 명시하고자 ABC를 상속받는다.
- isinstance()와 issubclass()의 두 번째 인수로 구상 클래스 대신 ABC를 이용해 런타임에 자료형을 검사한다.

알렉스는 ABC를 상속하는 것은 그저 필요한 메서드를 구현하는 것보다 많은 의미가 있다고 주장한다. 게다가 상속은 개발자의 의도를 명확히 나타낸다. 가상 서브클래스를 등록하는 것도 개발자의 의도를 명확히 나타낸다.

> **NOTE** register() 사용에 관한 자세한 설명은 뒤에 나오는 13.5.6절 'ABC의 가상 서브클래스'에서 다룬다. 일단 여기서는 간단한 예를 보여 주겠다. FrenchDeck 클래스가 있을 때 issubclass(FrenchDeck, Sequence)와 같은 검사를 통과하려면 다음 코드를 이용해 FrenchDeck을 Sequence ABC의 가상 서브클래스로 만들면 된다.
>
> ```
> from collections.abc import Sequence
> Sequence.register(FrenchDeck)
> ```

구상 클래스가 아니라 ABC에 대해 검사한다면 isinstance()와 issubclass()를 사용해도 좋다. 그러나 구상 클래스에 대해 이 함수들로 자료형을 검사한다면 객체지향 프로그래밍의 핵심 기능 중 하나인 다형성을 제한하게 된다. 그러나 ABC에 대해 검사하면 이 함수들을 이용한 검사도 융통성이 있다. 결국 어떤 클래스가 상속을 통해 ABC를 구현하지 않더라도 필수 메서드만 구현하면 나중에라도 등록해 명시적인 자료형 검사를 통과할 수 있기 때문이다.

그렇지만 ABC를 사용하더라도 isinstance()를 너무 많이 사용하는 것은 코드 악취(객체지향 설계를 잘못했을 때의 증상)일 수 있음을 명심하라.

객체형에 따라 다른 행위를 수행하도록, 줄줄이 연결된 if/elif/elif 블록 안에서 계속 isinstance()를 검사하는 방식은 일반적으로 **좋지 않다**. 그럴 때는 다형성을 사용해야 한다. 즉, if/elif/elif 블록 안에서 디스패치 논리를 하드코딩하지 말고, 인터프리터가 적절한 메서드를 호출하게 구현해야 한다.

한편 API 요구사항을 강제로 적용해야 한다면 ABC에 대해 isinstance() 검사를 해도 괜찮다. 테크니컬 리뷰어인 렌나르트 레게브로에 따르면 "이봐, 나를 호출하려면 자네는 이걸 구현해야 해"라고 하는 셈이다. 이 방법은 특히 플러그인 아키텍처가 있는 시스템에서 유용하다. 그러나 프레임워크를 제외하고는 일반적으로 덕 타이핑이 자료형 검사보다 간단하고 융통성이 높다.

마지막으로 자신의 에세이에서 알렉스 마르텔리는 ABC를 만드는 것을 자제하도록 한 번 더 당부한다. ABC를 과도하게 사용하면 실용성 덕분에 인기를 얻은 언어가 격식에 구애받게 되기 때문이다. 이 책의 원고를 검토하는 과정에서 그는 다음과 같은 의견을 이메일로 전달해 왔다.

> ABC는 '시퀀스'나 '정확한 숫자'처럼 프레임워크가 제공하는 아주 폭넓은 개념인 추상성을 구현하기 위한 것이다. 아마도 독자 여러분이 새로운 ABC를 작성할 일은 거의 없을 것이다. 그저 기존 ABC만 올바로 사용해도 설계 오류의 위험에 빠지지 않고 99.9%의 작업을 해낼 수 있다.

이제 구스 타이핑을 적용하는 사례를 살펴보자.

13.5.1 ABC 상속하기

알렉스 마르텔리의 충고를 염두에 두고, 직접 ABC를 만드는 작업을 시도해 보기 전에 collections.MutableSequence라는 ABC를 활용해 보자. [예제 13-6]에서는 FrenchDeck2를 collections.MutableSequence의 서브클래스로 선언한다.

```python
from collections import namedtuple, abc

Card = namedtuple('Card', ['rank', 'suit'])

class FrenchDeck2(abc.MutableSequence):
    ranks = [str(n) for n in range(2, 11)] + list('JQKA')
    suits = 'spades diamonds clubs hearts'.split()

    def __init__(self):
        self._cards = [Card(rank, suit) for suit in self.suits
                                        for rank in self.ranks]

    def __len__(self):
        return len(self._cards)

    def __getitem__(self, position):
        return self._cards[position]

    def __setitem__(self, position, value):    ❶
        self._cards[position] = value

    def __delitem__(self, position):    ❷
        del self._cards[position]

    def insert(self, position, value):    ❸
        self._cards.insert(position, value)
```

❶ 카드를 섞는 데는 __setitem__( ) 메서드만 있으면 된다.

❷ 그러나 MutableSequence 클래스를 상속했으므로, 이 클래스의 추상 메서드인 __delitem__( )노 구
현해야 한다.

❸ 그리고 MutableSequence의 세 번째 추상 메서드인 insert( )도 구현해야 한다.

파이썬은 모듈을 로딩하거나 컴파일할 때가 아니라, 실행 중 실제로 FrenchDeck2 인스턴스
를 생성할 때 추상 메서드의 구현 여부를 확인한다. 이때 추상 메서드 중 하나라도 구현되지 않
았으면 '추상 메서드 __delitem__, insert가 있는 추상 클래스 FrenchDeck2의 인스턴스를
생성할 수 없습니다'라는 메시지와 함께 TypeError 예외가 발생한다. 그래서 우리가 구현한
FrenchDeck2 예제에서는 사용하지 않는 __delitem__( )과 insert( ) 메서드를 구현해야 했
다. MutableSequence ABC가 요구하는 사항이기 때문이다.

[그림 13-3]을 보면 Sequence와 MutableSequence ABC의 메서드가 모두 추상 메서드는 아님을 알 수 있다.

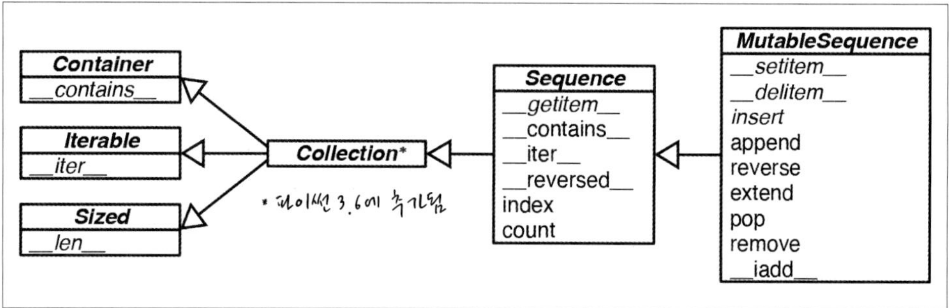

그림 13-3 collections.abc에 정의된 MutableSequence 추상 클래스 및 슈퍼클래스에 대한 **UML** 다이어그램. 상속 화살표는 서브클래스에서 슈퍼클래스를 가리킨다. 이탤릭체는 추상 메서드나 추상 클래스를 나타낸다.

FrenchDeck2를 MutableSequence의 서브클래스로 만들면서 이 예제에서는 필요치 않은 __delitem__()과 insert() 메서드를 구현하는 대가를 치러야 했다. FrenchDeck2는 Sequence로부터 __contains__(), __iter__(), __reversed__(), index(), count()라는 총 5개의 구상 메서드를 상속한다. MutableSequence 클래스로부터는 append(), reverse(), extend(), pop(), remove(), __iadd__() 메서드를 상속한다. __iadd__() 특별 메서드 덕분에 연결해서 치환하는 += 연산자를 사용할 수 있다.

collections.abc ABC의 구상 메서드는 클래스의 공개 인터페이스만 이용해 구현하므로, 클래스 내부 구조를 몰라도 제대로 작동한다.

> **TIP** 구상 서브클래스를 구현하는 여러분은 ABC로부터 상속한 메서드를 더 효율적인 메서드로 오버라이드 할 수 있다. 예를 들어 __contains__()는 시퀀스 전체를 조사하지만, 구상 클래스가 항목들을 정렬된 상태로 유지한다면 bisect() 함수(https://fpy.li/13-13)를 이용해 이진 검색함으로써 속도를 높일 수 있다. 자세한 내용은 별도 웹사이트의 '정렬된 시퀀스를 bisect로 관리하기' 문서(https://fpy.li/bisect)를 참조하라.[10]

ABC를 잘 활용하려면 어떤 것들이 제공되는지 알아야 한다. 다음 절에서는 collections에서 제공하는 ABC를 알아보자.

---

10 옮긴이_ 번역본은 역자 깃허브(https://github.com/KweonKang/fluent-python-2e-extra)에서 제공한다.

13.5.2 표준 라이브러리의 ABC

파이썬 2.6 이후 표준 라이브러리에서 여러 ABC를 제공한다. 널리 사용하는 ABC들을 포함한 대부분의 ABC는 collections.abc 모듈에 정의되어 있다. 하지만 다른 모듈(예: io와 numbers 패키지)에 정의된 ABC도 있다.

[그림 13-4]는 collections.abc에 정의된 17개의 ABC를 속성명을 생략하고 간략히 UML 클래스 다이어그램으로 보여 준다. collections.abc 공식 문서는 ABC 클래스 간의 관계, 추상 및 구상 메서드('믹스인mixin 메서드'라고 한다)를 표(https://fpy.li/13-16) 형태로 요약해서 잘 설명한다. [그림 13-4]에서는 다중 상속을 아주 많이 볼 수 있다. 다중 상속은 14장에서 자세히 설명한다. 지금은 ABC와 관련해서는 일반적으로 다중 상속이 문제 되지 않는다고만 알아두자.[11]

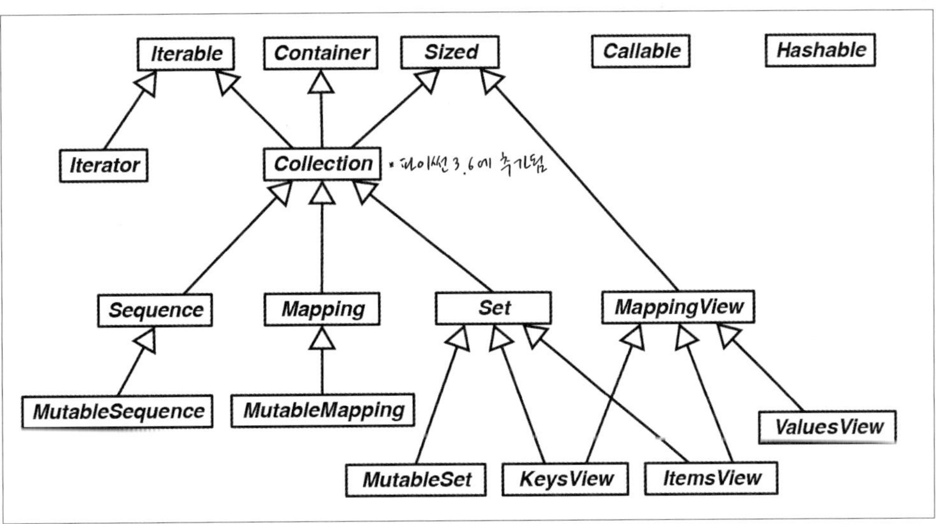

그림 13-4 collections.abc에 있는 ABC들의 UML 클래스 다이어그램

---

[11] 자바 언어에서는 다중 상속을 해롭다고 간주하고 인터페이스 외에는 다중 상속을 허용하지 않는다. 자바 인터페이스는 여러 인터페이스를 확장하고, 자바 클래스는 여러 인터페이스를 구현할 수 있다.

[그림 13-4]의 주요 부분을 간단히 정리하면 다음과 같다.

Iterable, Container, Sized

모든 컬렉션은 이 ABC를 상속하거나, 호환되는 프로토콜을 구현해야 한다. Iterable은 __iter__()를 통해 반복을, Container는 __contains__()를 통해 in 연산자를, Sized는 __len__()을 통해 len() 메서드를 지원한다.

Collection

이 ABC는 자체적으로 정의한 메서드는 없지만, 파이썬 3.6에 추가되어 Iterable, Container, Sized를 상속하기 쉽게 해준다.

Sequence, Mapping, Set

주요 불변 컬렉션형으로서, 각각 가변형 서브클래스가 있다. MutableSequence에 관한 자세한 다이어그램은 [그림 13-3]을, MutableMapping과 MutableSet에 관한 다이어그램은 [그림 3-1]과 [그림 3-2]를 참조하라.

MappingView

파이썬 3에서 items(), keys(), values() 메서드에서 반환된 객체는 각각 ItemsView, KeysView, ValuesView를 상속한다. ItemsView와 ValuesView는 풍부한 인터페이스를 제공하는 Set을 상속하므로 3.11.1절 '집합 연산'에서 설명한 연산자들이 포함된다.

Iterator

Iterator는 Iterable을 상속한다. 이에 관해서는 17장에서 자세히 설명한다.

Callable, Hashable

이 두 ABC는 컬렉션은 아니지만, collections.abc가 파이썬 표준 라이브러리 안에서 ABC를 정의한 최초의 패키지며, 이 두 모듈은 여기에 포함할 가치가 있다고 생각했다. 이 두 ABC는 객체가 호출 가능형이거나 해시 가능형인지 검사할 수 있게 해준다.

호출 가능한 객체인지 알아보려면 insinstance(obj, Callable)보다는 내장 함수 callable(obj)로 검사하는 게 더 편하다.

insinstance(obj, Hashable)가 False를 반환하면 obj가 해시 가능한 객체가 아님을 확신할 수 있지만, True를 반환하더라도 위양성일 수 있다. 다음 글상자를 참조하라.

Hashable과 Iterable 형인지 isinstance()로 검사할 때의 오해

isinstance()나 issubclass()로 Hashable과 Iterable ABC에 대해 검사한 결과를 오해하기 쉽다.

isisntance(obj, Hashable)이 True를 반환한다면, obj가 __hash__() 메서드를 구현했다는 것만을 의미한다. 그러나 obj가 해시 불가능한 항목들이 있는 튜플이면 isinstance()로 검사해서 True가 나오더라도 obj는 해시 불가능한 객체이다. 테크니컬 리뷰어 위르겐 크마흐Jürgen Gmach는 인스턴스가 해시 가능한지를 가장 정확히 판단하는 방법은 덕 타이핑임을 지적했다. 즉 hash(obj)를 호출하는 것이다. 이 함수를 호출해 TypeError 예외가 발생하면 obj가 해시 불가능함을 알 수 있다.

한편, 1장과 13.4.1절 '시퀀스를 찾아내는 파이썬'에서 설명한 대로 isinstance(obj, Iterable)가 False를 반환하더라도 파이썬은 0번부터 시작하는 인덱스와 __getitem__() 메서드를 이용해 obj를 반복할 수 있다. collections.abc.Iterable에 관한 문서 (https://fpy.li/13-17)는 다음과 같이 설명한다.

기존 ABC들을 간단히 살펴봤으니, ABC를 새로 만들고 사용해 보면서 구스 타이핑 기법을 익혀보자. 여기에서는 ABC를 새로 만들라고 장려하려는 것이 아니라 표준 라이브러리와 기타 패키지들에서 볼 수 있는 ABC의 소스 코드를 읽는 방법을 배우려고 한다.

13.5.3 ABC 정의하고 사용하기

1판의 '인터페이스' 관련 장에는 다음과 같은 경고문이 있었다.

디스크립터나 메타클래스와 같은 ABC는 프레임워크를 만들기 위한 도구다. 그러므로 동료 프로그래머에게 부당한 제한과 불필요한 작업 부담을 지우지 않고 ABC를 작성할 수 있는 파이썬 개발자는 극소수에 불과하다.

이제 ABC는 정적 타이핑을 지원하기 위해 자료형 힌트에 사용되는 경우가 많아졌다. 8.5.7절 '추상 베이스 클래스'에서 설명했듯이 함수 인수 자료형 힌트에 구상 클래스 대신 ABC를 사용하면 호출자에게 더 많은 융통성을 제공할 수 있다.

ABC를 생성하는 일을 정당화하기 위해, 프레임워크를 확장하는 방법으로서 ABC를 사용하는 상황이라고 해 보자. 여기서는 다음과 같은 상황을 가정한다.

웹사이트나 모바일 앱에서 광고를 무작위 순서로 보여 주어야 하지만, 광고 목록에 있는 광고를 모두 보여 주기 전까지는 같은 광고를 반복하면 안 된다.

이런 규칙을 따르는 ADAM이라는 광고 관리 프레임워크를 만든다고 생각해 보자. 이 프레임워크는 사용자가 제공한 무반복 무작위 선발 클래스를 지원해야 한다.[12] ADAM 사용자에게 '무반복 무작위 선택' 요소가 갖추어야 할 성질을 명시하려고 ABC를 정의한다.

자료 구조 문헌에서는 '스택'과 '큐'가 사물의 물리적 배치 관점에서 추상 인터페이스를 설명한다. 여기서도 실세계에 존재하는 것에 비유해 ABC의 이름을 정하겠다. 집합이 소진될 때까지 반복하지 않고 유한 집합에서 무작위로 항목을 골라내도록 설계된 기계를 빙고 케이지^{bingo cage}와 로터리 블로어^{lottery blower}라고 부르겠다.[13]

빙고의 이탈리아식 이름과 숫자를 혼합하는 통의 이름을 본떠 ABC의 이름을 Tombola로 하겠다.

Tombola ABC에는 네 개의 메서드가 정의된다. 그중 두 개의 추상 메서드는 다음과 같다.

- `load(...)`: 항목을 컨테이너 안에 넣는다.
- `pick()`: 컨테이너 안에서 무작위로 항목 하나를 꺼내 반환한다.

나머지 두 개의 구상 메서드는 다음과 같다.

- `loaded()`: 컨테이너 안에 항목이 하나 이상 있으면 True를 반환한다.
- `inspect()`: 내용물을 변경하지 않고 현재 컨테이너 안에 있는 항목으로부터 정렬된 튜플을 생성해 반환한다.

Tombola ABC와 세 개의 구상 클래스의 구조는 [그림 13-5]와 같다.

---

12 고객사가 무작위 번호 생성기를 감사하거나, 광고 에이전시에서 광고 감시 장치를 설치할 수 있을 것이다. 이에 대해 우리는 알 수 없다.

13 **옮긴이_** 빙고 케이지와 로터리 블로워는 둘 다 공을 섞고 추첨하는 기계지만, 전자는 주로 손으로 돌려서 섞는 전통적인 방식이고 후자는 자동으로 섞는 방식이다.

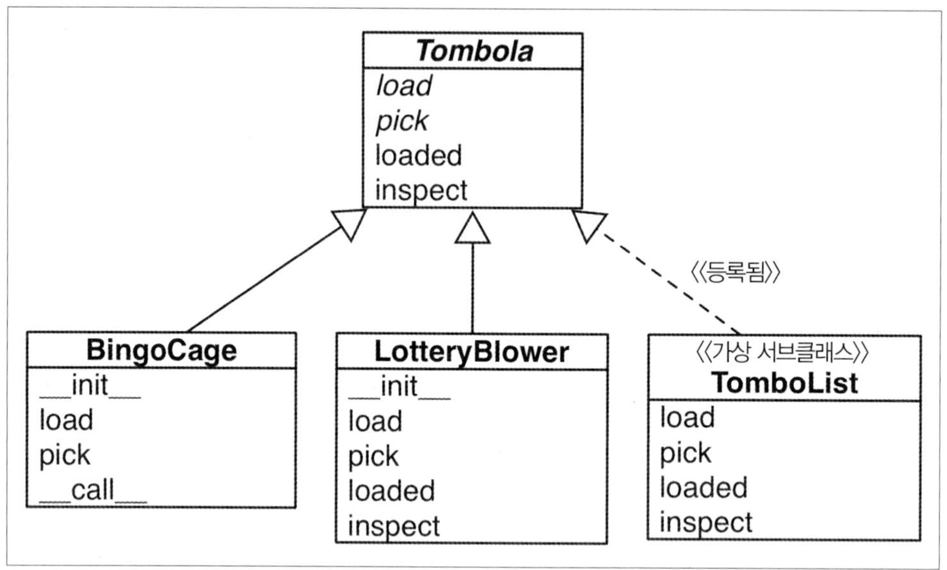

그림 13-5 ABC와 서브클래스 세 개의 UML 다이어그램. UML 관례에 따라 Tombola ABC와 이 클래스 안의 추상 메서드는 이탤릭체로 표현했다. 점선 화살표는 인터페이스 구현을 나타내며, 여기서는 TomboList가 Tombola의 가상 서브클래스임을 나타낸다. 이 장의 뒷부분에 나온 코드에서 알 수 있듯이 TomboList가 Tombola에 등록되기 때문이다.[14]

Tombola ABC의 정의는 [예제 13-7]과 같다.

예제 13-7 tombola.py: 추상 메서드 두 개와 구상 메서드 두 개를 가진 Tombola ABC

```python
import abc

class Tombola(abc.ABC):  ❶

    @abc.abstractmethod
    def load(self, iterable):  ❷
        """iterable의 항목들을 추가한다."""

    @abc.abstractmethod
    def pick(self):  ❸
        """무작위로 항목 하나를 제거하고 반환한다.

        인스턴스가 비어 있으면 `LookupError`를 발생시킨다.
```

---

14 《등록됨》과 《가상 서브클래스》는 표준 UML 용어가 아니다. 여기서는 단지 파이썬 고유의 클래스 관계를 보여 주려고 사용했을 뿐이다.

```python
        """

    def loaded(self):  ❹
        """항목이 최소 한 개 이상 있으면 `True`, 아니면 `False` 반환"""
        return bool(self.inspect())  ❺

    def inspect(self):
        """현재 항목들로 정렬된 튜플을 만들어 반환한다."""
        items = []
        while True:  ❻
            try:
                items.append(self.pick())
            except LookupError:
                break
        self.load(items)  ❼
        return tuple(items)
```

❶ ABC를 정의하려면 abc.ABC를 상속해야 한다.

❷ 추상 메서드를 @abstractmethod 데커레이터로 표시한다. 이 데커레이터에는 독스트링만 있고 비어 있는 경우가 자주 있다.[15]

❸ 골라낼 항목이 없으면 LookupError를 발생시키라고 독스트링을 통해 코드 구현자에게 알려준다.

❹ ABC에 구상 메서드도 들어갈 수 있다.

❺ ABC의 구상 메서드는 반드시 ABC에 정의된 인터페이스(즉, ABC의 다른 구상 메서드나 추상 메서드, 혹은 프로퍼티)만 사용해야 한다.

❻ 구상 서브클래스가 항목을 저장하는 방법은 알 수 없지만, pick()을 계속 호출해 Tombola 객체를 비움으로써 inspect()가 제공해야 하는 결과를 만들 수 있다.

❼ 그러고 나서 load(...)를 호출해 모두 다시 넣는다.

> **TIP** 추상 메서드도 실제 구현 코드를 가질 수 있다. 추상 메서드가 실제 구현 코드를 담고 있더라도 서브클래스는 이 메서드를 오버라이드해야 한다. 하지만 서브클래스에서는 처음부터 모든 기능을 구현하는 대신 super()를 이용해 추상 메서드가 구현한 기능을 재사용할 수 있다. @abstractmethod 사용법에 관한 자세한 설명은 abc 모듈 문서(https://fpy.li/13-18)를 참조하라.

---

15 ABC가 존재하기 전의 추상 메서드는 NotImplementedError을 발생시켜 서브클래스가 이 메서드를 구현해야 함을 알려주었다. 스몰토크 80에서 추상 메서드는 object에서 상속받은 subclassResponsibility 메서드를 호출했는데, 이 메서드는 '서브클래스는 이 메시지를 변경해야 한다(My subclass should have overridden one of my messages)'는 메시지를 출력한다.

[예제 13-7]의 inspect() 메서드는 바보 같아 보이지만, 이 코드는 pick()과 load(...) 메서드를 이용해 항목을 모두 꺼낸 후 다시 넣음으로써 실제 항목을 어떻게 저장하는지 몰라도 Tombola 내부를 조사할 수 있음을 보여 준다. 이 예제의 핵심은 인터페이스에 정의된 다른 메서드만 이용하는 한 ABC에 구상 메서드를 제공할 수도 있음을 보여 주는 것이다. 내부 데이터 구조를 아는 Tombola의 구상 서브클래스는 언제든지 더 똑똑한 방식으로 inspect()를 오버라이드할 수 있지만, 꼭 오버라이드할 필요는 없다.

[예제 13-7]의 loaded() 메서드는 코드 한 줄이지만, 값비싼 연산을 수행한다. 단지 bool() 연산을 적용하려고 inspect()를 호출해 튜플을 생성하기 때문이다. 이 코드가 작동은 하지만, 구상 서브클래스에서 더 효율적으로 구현할 수 있다(이 부분은 나중에 설명한다).

여기서 비효율적으로 구현한 inspect() 메서드는 self.pick()이 발생시키는 LookupError를 잡아서 처리해야 한다는 점에 주의하라. self.pick()이 LookupError를 발생시킨다는 것도 인터페이스의 일부이지만, 파이썬에서는 문서 외에는 이 사실을 명시할 방법이 없다([예제 13-7] pick() 추상 메서드의 독스트링을 참조하라).

LookupError 예외를 선택한 이유는 파이썬 예외 계층구조에서 IndexError 및 KeyError와 관련된 이 예외의 위치 때문이다. IndexError와 KeyError는 Tombola 구상 서브클래스를 구현하는 데 사용할 자료 구조체에서 발생할 가능성이 높다. 따라서 Tombola 구상 서브클래스는 인터페이스에 따라 LookupError나 IndexError, KeyError, LookupError의 사용자 정의 서브클래스를 발생시킬 수 있다. [그림 13-6]을 참조하라.

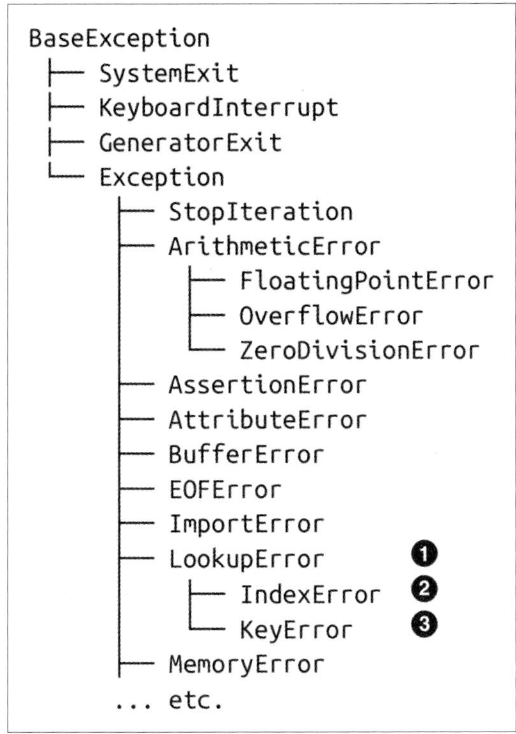

그림 13-6 Exception 클래스 계층구조 일부[16]

❶ LookupError는 우리가 Tombola.inspect() 안에서 처리하는 예외다.

❷ IndexError는 LookupError의 서브클래스이며 시퀀스에서 마지막 인덱스 뒤의 항목을 가져오려 할 때 발생한다.

❸ KeyError는 매핑에 없는 키로 항목을 가져올 때 발생한다.

이제 우리만의 Tombola ABC를 구현했다. ABC가 인터페이스 검사를 제대로 수행하는지 확인해 보기 위해 [예제 13-8]에 있는 잘못된 구현을 이용해 Tombola를 속여보자.

예제 13-8 들켜버린 가짜 Tombola

```
>>> from tombola import Tombola
>>> class Fake(Tombola):    ❶
...     def pick(self):
```

---

16 전체 트리는 파이썬 표준 라이브러리 문서의 5.4절 '예외 계층구조(Exception hierarchy)'를 참조하라.

```
...         return 13
...
>>> Fake  ❷
<class '__main__.Fake'>
>>> f = Fake()  ❸
Traceback (most recent call last):
  File "<stdin>", line 1, in <module>
TypeError: Can't instantiate abstract class Fake with abstract method load
```

❶ Fake를 Tombola의 서브클래스로 선언한다.

❷ 클래스가 생성되었고, 아직 아무런 에러가 없다.

❸ Fake의 인스턴스를 생성할 때 TypeError가 발생한다. 메시지가 알아보기 쉽다. Tombola ABC에 선언된 추상 메서드 중 하나인 load()를 구현하지 않았으므로 Fake를 추상 클래스로 간주한다는 메시지다.

이제 우리가 처음으로 정의한 ABC가 완성되었으니, 사용하면서 클래스를 검증해 보자. 그러나 Tombola ABC를 상속하기 전에, ABC 코딩 규칙을 먼저 살펴봐야 할 것 같다.

13.5.4 ABC 구문 상세 설명

ABC를 선언할 때는 abc.ABC나 다른 ABC를 상속하는 게 표준적인 방법이다.

ABC 베이스 클래스와 @abstractmethod 데커레이터 외에 abc 모듈은 @abstractclassmethod, @abstractstaticmethod, @abstractproperty라는 총 3개의 데커레이터를 정의한다. 그러나 파이썬 3.3에서 @abstractmethod에 누적된 데커레이터를 사용할 수 있게 되면서 이 3개의 데커레이터는 불필요해져서 사용 중단 안내되었다. 예를 들어 추상 클래스 메서드는 다음과 같이 선언하도록 권장된다.

```
class MyABC(abc.ABC):
    @classmethod
    @abc.abstractmethod
    def an_abstract_classmethod(cls, ...):
        pass
```

ABC 구분에 관해 알아보았으니, 이제 모든 기능을 갖춘 Tombola 구상 서브클래스를 구현하면서 Tombola를 활용해 보자.

13.5.5 ABC 상속하기

Tombola ABC를 구현했으니, 이제 이 인터페이스를 만족시키는 구상 서브클래스를 두 개 만들어 보자. 이 클래스들의 구성은 [그림 13-5]를 따른다. 가상 서브클래스는 다음 절에서 설명한다.

[예제 13-9]의 BingoCage 클래스는 더 좋은 난수 생성기를 사용하도록 [예제 7-8]을 개선한 클래스다. BingoCage는 필요한 추상 메서드 load()와 pick()을 구현한다.

예제 13-9 bingo.py: Tombola의 구상 서브클래스 BingoCage

```python
import random

from tombola import Tombola


class BingoCage(Tombola):  ❶

    def __init__(self, items):
        self._randomizer = random.SystemRandom()  ❷
        self._items = []
```

---

17 abc 모듈 문서(https://fpy.li/13-20) 중 @abc.abstractmethod 항목(https://fpy.li/13-19)에서 인용했다.

```python
        self.load(items)  ❸

    def load(self, items):
        self._items.extend(items)
        self._randomizer.shuffle(self._items)  ❹

    def pick(self):  ❺
        try:
            return self._items.pop()
        except IndexError:
            raise LookupError('pick from empty BingoCage')

    def __call__(self):  ❻
        self.pick()
```

---

❶ BingoCage 클래스는 Tombola를 명시적으로 상속한다.

❷ 이 클래스를 온라인 게임에 사용한다고 가정해 보자. `random.SystemRandom` 클래스는 `os.urandom()` 함수를 기반으로 random API를 구현한다. os 모듈 문서(https://fpy.li/13-21)에 따르면 `os.urandom()` 함수는 '암호화에 적합한' 무작위 `bytes`를 생성한다.

❸ 초기화 작업을 `load()` 메서드에 위임한다.

❹ 평범한 `random.shuffle()` 함수 대신, SystemRandom 인스턴스의 `shuffle()` 메서드를 사용한다.

❺ `pick()`은 [예제 7-8]과 동일하게 구현한다.

❻ `__call__()` 메서드도 [예제 7-8]에서 가져왔다. Tombola 인터페이스를 만족시키는 데 필요하지는 않지만, 메서드를 추가해도 해롭지는 않다.

BingoCage는 Tombola의 실행 부담이 큰 `loaded()`와 바보 같은 `inspect()` 메서드를 상속한다. 이 두 메서드는 [예제 13-10]에서처럼 훨씬 더 빠른 한 줄짜리 코드로 오버라이드할 수 있다. 이 코드에서는 ABC에 구현된 구상 메서드가 최적은 아니더라도 느긋하게 상속할 수 있음을 알 수 있다. Tombola에서 상속한 메서드들은 BingoCage에 최고의 성능을 제공하지는 않지만, `pick()`과 `load()` 메서드를 제대로 구현하는 모든 Tombola 서브클래스에서 제대로 작동한다.

[예제 13-10]은 Tombola 인터페이스를 제대로 구현하지만 아주 다른 클래스를 보여 준다. '공'을 섞고 마지막 공을 꺼내지 않고, LotteryBlower는 임의의 위치에 있는 공을 꺼낸다.

예제 13-10 lotto.py: Tombola의 `inspect()`와 `loaded()` 메서드를 오버라이드하는 LotteryBlower 구상 서브클래스

```python
import random

from tombola import Tombola


class LottoBlower(Tombola):

    def __init__(self, iterable):
        self._balls = list(iterable)      ❶

    def load(self, iterable):
        self._balls.extend(iterable)

    def pick(self):
        try:
            position = random.randrange(len(self._balls))      ❷
        except ValueError:
            raise LookupError('pick from empty LottoBlower')
        return self._balls.pop(position)      ❸

    def loaded(self):      ❹
        return bool(self._balls)

    def inspect(self):      ❺
        return tuple(self._balls)
```

❶ 이 초기화 메서드는 어떠한 반복형도 받을 수 있다. 인수를 이용해 리스트를 생성한다.

❷ `random.randrange()` 함수는 범위가 비어 있을 때 `ValueError`를 발생시키므로, `ValueError`를 잡은 후 `LookupError`를 발생시켜 Tombola 인터페이스를 따른다.

❸ 그렇지 않으면 `self._balls`에서 무작위로 선택된 항목을 꺼낸다.

❹ `inspect()`를 호출하지 않도록 `loaded()` 메서드를 오버라이드한다([예제 13-7]에서 `Tombola.loaded()`가 한 방법과 동일). `self._balls`를 직접 이용하면 속도를 높일 수 있다. 정렬된 튜플을 통째로 만들 필요가 없기 때문이다.

❺ 한 줄짜리 코드로 `inspect()`를 오버라이드한다.

[예제 13-10]에는 설명이 필요한 관용구가 있다. `__init__()` 메서드 안에서 `self._balls`는 `iterable`이 아니라 `list(iterable)`을 저장한다(즉, `self._balls`를 그저 `iterable`의

별칭으로 만들지 않는다). 13.4.3절 '방어적 프로그래밍과 조기 실패'에서 설명한 대로, 이렇게 하면 어떠한 반복형이라도 LotteryBlower 클래스를 초기화할 수 있으므로 융통성이 향상된다. 이와 동시에 항목들을 리스트에 저장하므로 항목을 꺼낼 수 있도록 보장한다. 그리고 iterable 인수로 늘 리스트를 받기는 하지만, list(iterable)을 실행하면 인수의 사본이 생성된다. 우리 클래스가 인수로 받은 반복형에서 항목을 제거하며 이 클래스의 사용자는 전달한 리스트가 변경된다는 사실을 모를 수 있음을 고려하면, 훌륭한 방법이다.[18]

이제 구스 타이핑에서 가장 중요한 동적 기능인 register() 메서드를 이용해 가상 서브클래스를 선언하는 방법을 알아보자.

13.5.6 ABC의 가상 서브클래스

구스 타이핑의 본질적인 기능은 어떤 클래스가 ABC를 상속하지 않더라도 그 클래스의 가상 서브클래스로 등록할 수 있다는 것이다. 이에 따라 덕(오리) 타이핑처럼 구스(거위)라는 물새 이름이 붙여졌다. 등록한다는 것은 이 클래스가 ABC에 정의된 인터페이스를 충실히 구현한다고 약속하는 것이다. 그러면 파이썬은 검사하지 않고 우리를 믿어준다. 그러나 우리가 거짓말을 하면 런타임 예외가 발생한다.

ABC의 register() 메서드를 호출함으로써 클래스가 등록된다. 등록된 클래스는 ABC의 가상 서브클래스가 되어 issubclass()와 isinstance() 함수에 의해 인식되지만, ABC로부터 메서드나 속성은 전혀 상속받지 않는다.

> **WARNING** 가상 서브클래스는 등록된 ABC를 상속한 것이 아니며, 심지어 객체를 생성할 때도 ABC 인터페이스를 따르는지 검사받지 않는다. 게다가 정적 자료형 검사기는 현재까지 가상 서브클래스를 처리하지 못한다. 자세한 내용은 'Mypy 이슈 2922 – ABCMeta.register 지원'(https://fpy.li/13-22)을 참조하라.

일반적으로 register() 메서드는 평범한 함수처럼 호출되지만(13.5.7절 'register()의 실제 용법' 참조), 데커레이터로 사용할 수도 있다. [예제 13-11]에서는 데커레이터 구문을 이용해 [그림 13-7]에 나온 Tombola의 가상 서브클래스인 TomboList를 구현한다.

---

[18] 여기서 우리가 피하려는 별칭 문제는 6.5.2절 '가변 매개변수에 대한 방어적 프로그래밍'에서 자세히 다뤘다.

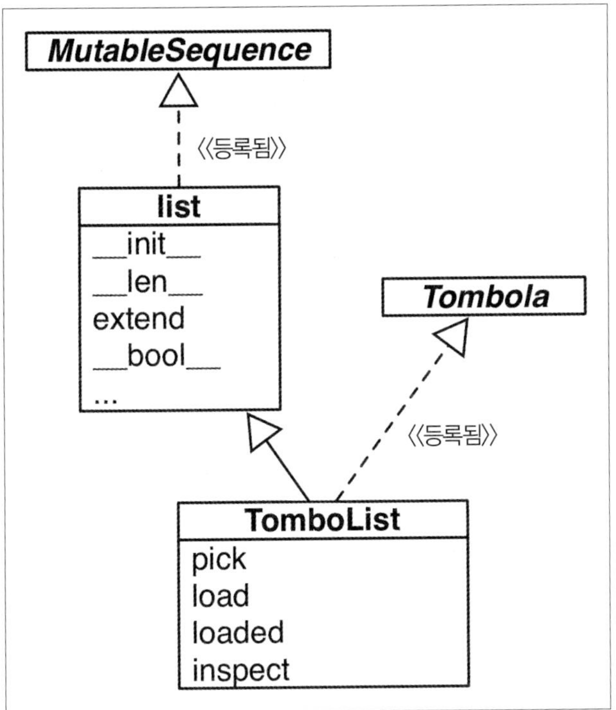

그림 13-7 list의 실제 서브클래스이자 Tombola의 가상 서브클래스인 TomboList에 대한 UML 클래스 다이어그램

예제 13-11 tombolist.py: Tombola의 가상 서브클래스 TomboList

```python
from random import randrange

from tombola import Tombola

@Tombola.register     ❶
class TomboList(list):     ❷

    def pick(self):
        if self:     ❸
            position = randrange(len(self))
            return self.pop(position)     ❹
        else:
            raise LookupError('pop from empty TomboList')

    load = list.extend     ❺
```

```python
    def loaded(self):
        return bool(self)     ❻

    def inspect(self):
        return tuple(self)

# Tombola.register(TomboList)     ❼
```

❶ TomboList는 Tombola의 가상 서브클래스로 등록된다.

❷ TomboList는 list를 상속한다.

❸ TomboList는 list로부터 불리언형처럼 작동하는 특성을 상속받는다. 리스트가 비어 있지 않으면 True
를 반환한다.

❹ pick() 메서드는 무작위 인덱스를 전달해 list에서 상속한 self.pop()을 호출한다.

❺ TomboList.load는 list.extend와 동일하다.

❻ loaded() 메서드는 bool() 함수에 위임한다.[19]

❼ register()를 이 방식으로 호출할 수 있으며, 여러분이 유지보수하지는 않지만 인터페이스를 만족시키
는 클래스를 등록할 때 이렇게 호출하는 것도 도움이 된다.

TomboList를 Tombola 클래스의 가상 서브클래스로 등록했으니 이제 issubclass()와
isinstance() 함수는 TomboList가 Tombola의 서브클래스인 것처럼 판단한다.

```python
>>> from tombola import Tombola
>>> from tombolist import TomboList
>>> issubclass(TomboList, Tombola)
True
>>> t = TomboList(range(100))
>>> isinstance(t, Tombola)
True
```

그러나 상속은 메서드 결정 순서$^{\text{method resolution order}}$(MRO)를 담은 __mro__라는 특별 클래스 속
성에 따라 운영된다. 이 속성은 기본적으로 파이썬이 메서드를 검색할 순서대로 자신과 자신의
슈퍼클래스들을 나열한다.[20] TomboList의 __mro__를 조사해 보면 이 클래스의 '진짜' 슈퍼클

---

19 load()에 사용한 기법을 loaded()에는 사용할 수 없다. loaded에 바인딩해야 하는 메서드인 __bool__()을 list 형이 구현하지
않기 때문이다. 한편 bool() 내장 함수는 __len__()도 사용할 수 있으므로 반드시 __bool__()이 필요하지는 않다. 파이썬 표준 라
이브러리의 4.1절 '참값 검사(Truth Value Testing)' 문서(https://fpy.li/13-23)를 참조하라.

20 14.4절 '다중 상속과 메서드 결정 순서'에서 __mro__ 클래스 속성을 자세히 설명한다. 지금은 이 정도만 알아두자.

래스인 list와 object만 들어 있다.

```
>>> TomboList.__mro__
(<class 'tombolist.TomboList'>, <class 'list'>, <class 'object'>)
```

Tombola가 TomboList.__mro__에 들어 있지 않으므로 TomboList는 Tombola로부터 아무런 메서드도 상속받지 않는다.

이것으로 Tombola ABC 사례 연구를 마친다. 다음 절에서는 ABC 함수 register()가 실제 어떻게 사용되는지 알아본다.

13.5.7 register()의 실제 용법

[예제 13-11]에서 Tombola.register를 클래스 데커레이터로 사용했다. 파이썬 3.3 이전에는 예제처럼 사용할 수 없었고, [예제 13-11]의 마지막 줄에 주석 처리된 문장처럼 클래스 정의 뒤에 평범한 함수로 호출해야 했다. 그러나 지금도 register()는 여전히 다른 곳에 정의된 클래스를 등록하는 함수로 널리 사용된다. 예를 들어 collections.abc 모듈의 소스 코드(https://fpy.li/13-24)에서 내장형 tuple, str, range, memoryview는 다음과 같이 Sequence의 가상 서브클래스로 등록된다.

```
Sequence.register(tuple)
Sequence.register(str)
Sequence.register(range)
Sequence.register(memoryview)
```

_collections_abc.py에는 다른 여러 내장 자료형도 등록되어 있다. 등록 과정은 모듈이 임포트될 때 일어나므로 별문제는 없다. ABC를 사용하려면 어쨌든 임포트해야 하기 때문이다. 예를 들어 isinstance(my_dict, MutableMapping)과 같은 검사를 수행하려면 collections.abc에서 MutableMapping을 임포트해야 한다.

ABC를 상속하거나 ABC에 등록하는 방법은 모두 클래스가 issubclass() 검사를 통과하게 하는 명시적인 방법이다. isinstance() 검사도 issubclass()에 의존한다. 그러나 일부 ABC는 구조적 타이핑도 지원하는데, 이를 다음 절에서 알아보자.

13.5.8 ABC를 이용한 구조적 타이핑

ABC는 대부분 명목적nominal 타이핑 방식으로 사용된다. Sub라는 이름의 클래스가 AnABC 클래스로부터 명시적으로 상속받거나 AnABC 클래스에 등록되었으면, AnABC라는 이름은 Sub 클래스에 연결된다. 그래서 런타임에 issubclass(AnABC, Sub)가 True를 반환한다.

이와 반대로 구조적structural 타이핑은 클래스의 자료형을 결정하기 위해 객체의 공개 인터페이스의 구조를 살펴본다. 객체가 자료형에 정의된 메서드를 구현하면, 그 객체는 자료형에 일치한다고 한다.[21] 구조적 타이핑에는 동적 덕 타이핑과 정적 덕 타이핑이라는 두 가지 방법이 있다.

일부 ABC도 알고 보면 구조적 타이핑을 지원한다. 13.5절 '구스 타이핑'에 있는 '물새와 ABC' 글상자에서 알렉스 마르텔리는 클래스를 ABC에 등록하지 않고도 ABC의 서브클래스로 인식될 수 있음을 설명했다. 예제를 다시 가져와 다음과 같이 issubclass()로 검사해 보자.

```
>>> class Struggle:
...     def __len__(self): return 23
...
>>> from collections import abc
>>> isinstance(Struggle(), abc.Sized)
True
>>> issubclass(Struggle, abc.Sized)
True
```

issubclass() 함수로 테스트하면(isinstance() 함수 테스트도 마찬가지) Struggle 클래스는 abc.Sized의 서브클래스로 간주한다. abc.Sized가 __subclasshook__()이라는 특별 클래스 메서드를 구현하기 때문이다.

Sized의 __subclasshook__() 메서드는 클래스 인수가 __len__이라는 이름의 속성이 있는지 검사한다. 그런 이름의 속성이 있으면 그 클래스는 Sized의 가상 서브클래스로 간주한다. [예제 13-12]를 보자.

---

21 자료형의 일치성에 관한 개념은 8.5.1절의 '서브타입과 일치하는 타입'에서 설명했다.

```python
class Sized(metaclass=ABCMeta):

    __slots__ = ()

    @abstractmethod
    def __len__(self):
        return 0

    @classmethod
    def __subclasshook__(cls, C):
        if cls is Sized:
            if any("__len__" in B.__dict__ for B in C.__mro__):  ❶
                return True  ❷
        return NotImplemented  ❸
```

❶ C.__mro__에 나열된 클래스(C와 C의 슈퍼클래스) 중 __dict__ 속성에 __len__이라는 속성이 있는 클래스가 하나라도 있는지 검사한다.

❷ 있으면 True를 반환해서 C가 Sized의 가상 서브클래스임을 알려준다.

❸ 그렇지 않으면 NotImplemented를 반환해서 서브클래스 검사를 진행할 수 있게 한다.

> **NOTE** 서브클래스 검사에 관심이 있다면 파이썬 3.6의 Lib/abc.py 파일(https://fpy.li/13-26)에서 ABCMeta.__subclasscheck__() 메서드의 소스 코드를 살펴보기를 바란다. 코드 안에 if가 아주 많고 두 번이나 재귀적 호출을 하므로 간단하지는 않을 것이다. 파이썬 3.7에서는 성능을 개선하고자 이반 레브키브스키[Ivan Levkivskyi]와 이나다 나오키[Inada Naoki]가 abc 모듈 논리의 대부분을 C 언어로 재작성했다. 자세한 내용은 파이썬 이슈 #31333(https://fpy.li/13-27)을 참조하라. 현재 ABCMeta._subclasscheck__()는 그저 _abc_subclasscheck()를 호출할 뿐이다. 관련 C 소스 코드는 cpython/Modules/_abc.c#L605(https://fpy.li/13-28)에서 볼 수 있다.

이 방법으로 __subclasshook__()은 ABC가 구조적 타이핑을 지원하게 해 준다. ABC로 인터페이스를 공식적으로 정의하고 isinstance()가 이 ABC에 대해 검사하게 함으로써 완전히 무관한 클래스도 어떤 메서드(__subclasshook__()이 보증하는 메서드라면 어떤 이름이라도 좋다)를 구현하기 때문에 issubclass() 검사를 통과하게 만든다.

우리가 만든 ABC에서 __subclasshook__()을 구현하는 게 좋을까? 아마도 아닐 것이다. 파이썬 소스 코드에서 필자가 본 __subclasshook__()을 구현하는 클래스는 모두 특별 메서드 하나만 선언한 Sized 같은 ABC며, 그 클래스들은 그러한 특별 메서드명만 검사할 뿐이다. 특별한 역할이 있으니 `__len__`이라는 이름의 메서드는 여러분이 기대하는 일을 할 것이라고 확신할 수 있다. 그렇지만 특별 메서드와 핵심 ABC 영역에서도 그런 가정을 하는 것은 위험하다. 예를 들어 매핑은 `__len__()`, `__getitem__()`, `__iter__()` 메서드를 구현하지만, 정수 오프셋이나 슬라이스로 항목을 읽을 수 없으므로 Sequence의 서브타입이라고 간주하지 않는다. 그래서 abc.Sequence(https://fpy.li/13-29)는 `__subclasshook__()`을 구현하지 않는다.

여러분이나 필자가 작성할 ABC의 경우에는 `__subclasshook__()`을 훨씬 더 믿을 수 없을 것이다. 필자는 `load()`, `pick()`, `inspect()`, `loaded()`를 구현하거나 상속한 Spam이라는 이름의 클래스가 Tombola로 작동할 것이라고 믿지 않는다. Spam을 Tombola로부터 상속하거나, 적어도 `Tombola.register(Spam)`으로 등록해 프로그래머가 그 사실을 약속하면 믿을지도 모르겠다. 물론 여러분이 작성한 `__subclasshook__()` 메서드가 메서드 시그너처 및 다른 기능을 검사할 수도 있겠지만, 그럴 가치가 있다고 생각하지는 않는다.

13.6 정적 프로토콜

이 장은 간단한 예제 두 개를 살펴보고 수치형 ABC와 프로토콜을 설명하면서 마치려 한다. 먼저 8.4절 '지원되는 연산에 따라 정의되는 자료형'에서 본 `double()` 함수를 정적 프로토콜을 이용해 어떻게 어노테이트하고 자료형 검사하는지 알아보자.

13.6.1 자료형을 지정한 double() 함수

정적 자료형 언어에 더 익숙한 프로그래머들에게 파이썬을 처음 소개할 때 필자는 다음처럼 간단한 double() 함수를 예로 들어 설명하곤 한다.

```
>>> def double(x):
...     return x * 2
...
>>> double(1.5)
3.0
>>> double('A')
'AA'
>>> double([10, 20, 30])
[10, 20, 30, 10, 20, 30]
>>> from fractions import Fraction
>>> double(Fraction(2, 5))
Fraction(4, 5)
```

정적 프로토콜을 소개하기 전에 double() 함수를 사용하는 방법을 제한하지 않고는 자료형 힌트를 추가할 방법이 없음을 먼저 말해둔다.[22]

덕 타이핑 덕분에 double()은 16.5절 '스칼라 곱셈을 위한 * 연산자 오버로딩'에서 구현할 향상된 Vector 클래스처럼 나중에 만들어질 자료형도 제대로 처리한다.

```
>>> from vector_v7 import Vector
>>> double(Vector([11.0, 12.0, 13.0]))
Vector([22.0, 24.0, 26.0])
```

파이썬에서 초기 자료형 힌트 구현은 명목적 자료형 시스템이었다. 즉, 어노테이션에 있는 자료형의 이름이 실제 인수의 자료형이나 슈퍼클래스의 이름과 일치해야 했다. 필요한 연산을 지원함으로써 프로토콜을 구현하는 모든 자료형의 이름을 지정하기는 불가능하므로, 파이썬 3.8

---

[22] 사실 double()은 예제로나 사용될 뿐, 그다지 유용한 함수는 아니다. 그러나 파이썬 3.8에 정적 프로토콜이 추가되기 전에 파이썬 표준 라이브러리에는 적절히 어노테이트할 수 없는 함수들이 많았다. 필자는 프로토콜을 이용한 자료형 힌트를 추가해 typeshed 의 버그 두 개를 수정하도록 도왔다. 예를 들어 '오류 가능성이 있는 인수를 max()에 전달할 때 Mypy가 경고해야 할까?(Should Mypy warn about potential invalid arguments to max?)'(https://fpy.li/shed4051)라는 문제를 해결한 풀 리퀘스트는 _SupportsLessThan 프로토콜을 활용했는데, 이 프로토콜을 이용해 필자가 max(), min(), sorted(), list.sort()의 어노테이션을 개선했다.

이전에는 자료형 힌트로 덕 타이핑을 표현할 수 없었다.

이제는 typing.Protocol이 있으므로 double()이 x * 2를 지원하는 인수 x를 받는다고
Mypy에 알려줄 수 있다. [예제 13-13]은 Mypy에 알려주는 방법을 보여 준다.

예제 13-13 double_protocol.py: Protocol을 이용한 double()의 정의

```python
from typing import TypeVar, Protocol

T = TypeVar('T')   ❶

class Repeatable(Protocol):
    def __mul__(self: T, repeat_count: int) -> T: ...   ❷

RT = TypeVar('RT', bound=Repeatable)   ❸

def double(x: RT) -> RT:   ❹
    return x * 2
```

❶ 이 T를 __mul__()의 시그너처에 사용한다.

❷ __mul__()이 Repeatable 프로토콜의 핵심이다. 일반적으로 self 인수는 클래스 자신이라고 가정하
  므로 어노테이트하지 않지만, 여기서는 T를 이용해 반환형이 self와 같은 자료형임을 명시한다. 그리고
  repeat_count를 int 형으로 제한했음에 주의하라.

❸ RT 형 변수는 Repeatable 프로토콜로 제한한다. 자료형 검사기는 실제 자료형이 Repeatable을 구현
  하는지 검사한다.

❹ 이제 자료형 검사기는 인수 x가 정수로 곱할 수 있고, x와 동일한 자료형을 반환하는지 검사할 수 있다.

이 예제는 PEP 544(https://fpy.li/pep544)의 제목이 '프로토콜: 구조적 서브타이핑(정적
덕 타이핑)Protocols: Structural subtyping(static duck typing)'인 이유를 잘 보여 준다. double()이 받는 실질
인수 x의 명목적 자료형은 중요하지 않다. 그저 꽥꽥 울 수만 있으면 된다. 다시 말해 __mul__
() 메서드만 구현하면 된다.

13.6.2 런타임에 검사할 수 있는 정적 프로토콜

타이핑 맵(그림 13-1)을 보면 typing.Protocol은 그림 아래쪽 정적 검사 영역에 나온다. 그러나 typing.Protocol 서브클래스를 정의할 때 @runtime_checkable 데커레이터를 사용하면 이 프로토콜을 런타임에 isinstance()/issubclass() 함수로 검사할 수 있다. typing.Protocol이 ABC이므로 13.5.8절 'ABC를 이용한 구조적 타이핑'에서 알아본 __subclasshook__()을 지원하기 때문에 런타임 검사를 할 수 있다.

파이썬 3.9부터 typing 모듈에는 런타임 검사에 바로 사용할 수 있는 프로토콜 일곱 개가 들어 있다. 다음은 typing 문서(https://fpy.li/13-30)에서 두 프로토콜에 관한 설명이다.

클래스 typing.SupportsComplex

추상 메서드 __complex__() 하나가 있는 ABC

클래스 typing.SupportsFloat

추상 메서드 __float__() 하나가 있는 ABC

이 프로토콜들은 숫자형의 '변환성convertibility'을 검사하기 위해 만들어졌다. 어떤 객체 o가 __complex__()를 구현하면 complex(o)를 실행해 complex 인스턴스를 만들 수 있다. __complex__() 특별 메서드는 complex() 내장 함수를 지원하기 위해 존재하기 때문이다.

[예제 13-14]는 typing.SupportsComplex 프로토콜의 소스 코드(https://fpy.li/13-31)이다.

예제 13-14 typing.SupportsComplex 프로토콜 소스 코드

```python
@runtime_checkable
class SupportsComplex(Protocol):
    """추상 메서드 __complex__()가 있는 ABC"""
    __slots__ = ()

    @abstractmethod
    def __complex__(self) -> complex:
        pass
```

핵심은 __complex__() 추상 메서드다.[23] 정적 자료형 검사할 때 어떤 객체가 self만 받아서 complex를 반환하는 __complex__() 메서드를 구현하면 그 객체는 SupportsComplex 프로토콜과 일치한다고 판단된다.

SupportsComplex에 적용된 @runtime_checkable 클래스 데커레이터 덕분에 SupportsComplex 프로토콜은 [예제 13-15]에서처럼 isinstance() 검사에도 사용될 수 있다.

예제 13-15 런타임에 SupportsComplex 사용하기

```
>>> from typing import SupportsComplex
>>> import numpy as np
>>> c64 = np.complex64(3+4j)       ❶
>>> isinstance(c64, complex)       ❷
False
>>> isinstance(c64, SupportsComplex)   ❸
True
>>> c = complex(c64)       ❹
>>> c
(3+4j)
>>> isinstance(c, SupportsComplex)  ❺
False
>>> complex(c)
(3+4j)
```

❶ complex64는 넘파이에서 제공하는 다섯 개의 복소수형 중 하나다.

❷ 넘파이 복소수형 서브클래스 중 내장 complex 형을 지원하는 것은 하나도 없다.

❸ 그러나 넘파이의 복소수형은 __complex__()를 구현하므로 SupportsComplex 프로토콜에 따른다.

❹ 따라서 넘파이 복소수형으로부터 내장형 complex 객체를 생성할 수 있다.

❺ c가 complex 형일 때 complex(c)가 정상적으로 작동하지만. 불행히도 complex 내장형은 __complex__()를 구현하지 않는다.

다섯 번째 항목의 결과로, 어떤 객체 c가 complex 형이거나 SupportsComplex인지 검사하려면 다음과 같이 isinstance()의 두 번째 인수로 자료형들을 담은 튜플을 제공해야 한다.

---

23 __slots__ 속성은 11.11절 '__slots__로 메모리 절약하기'에서 설명했듯이 최적화를 위한 것이며, 여기서 설명하는 내용과는 무관하다.

```
isinstance(c, (complex, SupportsComplex))
```

아니면 numbers 모듈에 정의된 Complex ABC를 사용할 수도 있다. 내장된 complex 형과 넘파이의 complex64와 complex128 형은 모두 numbers.Complex의 가상 서브클래스로 등록되었으므로, 다음과 같이 실행된다.

```
>>> import numbers
>>> isinstance(c, numbers.Complex)
True
>>> isinstance(c64, numbers.Complex)
True
```

1판에서는 numbers ABC 사용을 권장했지만, 이제 이 방법은 더는 좋은 방법이 아니다. 13.6.8절 'numbers ABC와 수치형 프로토콜'에서 설명하겠지만, numbers ABC는 정적 자료형 검사기를 지원하지 않기 때문이다.

이 절에서는 런타임에 검사할 수 있는 프로토콜이 isinstance()와 쓰이는 예를 보여 주고 싶었지만, 다음에 나오는 '덕 타이핑은 우리의 친구' 글상자에서 설명하듯이 isinstance()를 사용하는 그리 좋은 예는 아니다.

> **TIP** 외부 자료형 검사기를 사용할 때는 isinstance()로 검사하는 장점이 하나 있다. 조건이 isinstance(o, MyType)인 if 문을 작성하면, Mypy는 if 블록 안에서 객체 o의 자료형이 MyType에 일치한다고 추론한다.

덕 타이핑은 우리의 친구

자료형을 검사할 때 덕 타이핑이 가장 좋은 방법인 경우가 아주 많다. isinstance()나 hasattr()을 호출하는 대신, 객체에 수행할 연산을 시도해 보고 필요에 따라 발생한 예외를 처리한다. 구체적으로 예를 들어 보면 다음과 같다.

앞의 설명에 이어 진행하겠다. 복소수로 사용해야 할 객체 o가 주어졌을 때, 다음과 같이 처리할 수 있다.

```python
    if isinstance(o, (complex, SupportsComplex)):
        # `o`가 복소수로 변환 가능해야 할 수 있는 작업을 수행한다.
    else:
        raise TypeError('o must be convertible to complex')
```

구스 타이핑 방법에서는 다음과 같이 numbers.Complex를 사용한다.

```python
    if isinstance(o, numbers.Complex):
        # `Complex`의 인스턴스인 `o`로 작업을 수행한다.
    else:
        raise TypeError('o must be an instance of Complex')
```

그러나 필자는 덕 타이핑을 활용해 EAFP 원칙에 따르는 것을 선호한다.

```python
    try:
        c = complex(o)
    except TypeError as exc:
        raise TypeError('o must be convertible to complex') from exc
```

그리고 단지 TypeError 예외를 발생시키는 게 전부라면, 필자는 try/except/raise 문을 생략하고 다음과 같이 작성하곤 한다.

```python
    c = complex(o)
```

바로 앞의 예에서 o가 적절한 자료형이 아니면 파이썬은 아주 명확한 메시지와 함께 예외를 발생시킨다. 예를 들어 o가 튜플이면 다음과 같은 에러 메시지가 나온다.

```python
    TypeError: complex() first argument must be a string or a number, not 'tuple'
```

이 경우 덕 타이핑이 훨씬 더 좋은 방법이라고 필자는 생각한다.

complex와 numpy.complex64처럼 이미 존재하는 자료형으로 런타임에 정적 프로토콜을 이용하는 방법을 알아보았으니, 런타임에 검사할 수 있는 프로토콜의 한계를 알아보자.

13.6.3 런타임 프로토콜 검사의 한계

앞에서 자료형 힌트는 런타임에 무시된다고 설명했는데, 이것은 정적 프로토콜에 대해 isinstance()나 issubclass()를 사용하는 것에도 영향을 미친다.

예를 들어 어떤 클래스에 __float__() 메서드가 있으면, 이 메서드가 float를 반환하지 않더라도 이 클래스는 SupportsFloat의 가상 서브클래스로 간주한다.

다음의 콘솔 실행 예제를 살펴보자.

```
>>> import sys
>>> sys.version
'3.9.5 (v3.9.5:0a7dcbdb13, May  3 2021, 13:17:02) \n[Clang 6.0 (clang-600.0.57)]'
>>> c = 3+4j
>>> c.__float__
<method-wrapper '__float__' of complex object at 0x10a16c590>
>>> c.__float__()
Traceback (most recent call last):
  File "<stdin>", line 1, in <module>
TypeError: can't convert complex to float
```

파이썬 3 9에서 complex 형에는 float ()이 있지만, 이 메서드는 그저 명시적인 에러 메시지와 함께 TypeError 예외를 발생시키기 위해서 존재할 뿐이다. __float__()에 어노테이션이 있다면, 반환형은 NoReturn이 될 것이다(8.5.12절 'NoReturn' 참조).

그러나 typeshed의 complex.__float__()에 자료형 힌트를 붙여도 문제는 해결되지 않을 것이다. 파이썬의 런타임이 일반적으로 자료형 힌트를 무시하기 때문이다. 어쨌든 typeshed 스텁 파일에는 접근할 수 없다.

앞의 파이썬 3.9 세션에 이어 다음을 실행해 보자.

```
>>> from typing import SupportsFloat
```

```
>>> c = 3+4j
>>> isinstance(c, SupportsFloat)
True
>>> issubclass(complex, SupportsFloat)
True
```

이 결과는 오해하게 만든다. SupportsFloat에 대한 런타임 검사 결과를 보면 complex를 float로 변환할 수 있을 것 같지만, 실제로 변환하면 자료형 에러가 발생한다.

> **WARNING** complex 형에 관련된 이 문제는 파이썬 3.10.0b4에서 complex.__float__() 메서드를 제거함으로써 해결되었다.
>
> 그러나 전체적인 문제는 아직 남아 있다. isinstance()/issubclass() 검사는 메서드가 존재하는지만 살펴보고 시그너처는 검사하지 않기 때문이다. 자료형 힌트는 말할 것도 없다. 그리고 이 작동 방식은 바뀌지 않을 것 같다. 런타임에 시그너처와 자료형 힌트까지 검사하면 성능에 많은 영향을 줄 것이기 때문이다.[24]

이제 사용자 정의 클래스에 정적 프로토콜을 구현하는 방법을 알아보자.

13.6.4 정적 프로토콜 지원

11장에서 구현한 Vector2d 클래스를 생각해 보자. complex 숫자와 Vector2d 인스턴스 모두 한 쌍의 실수로 구성되었으므로, Vector2d에서 complex로의 변환을 지원하는 것도 의미가 있다.

[예제 13-16]은 [예제 11-11]에서 구현한 Vector2d 최종 버전에 __complex__() 메서드를 추가한 코드다. 완성도를 높이려고 complex에서 Vector2d를 만드는 fromcomplex() 클래스 메서드를 구현해 역연산을 지원한다.

예제 13-16 vector2d_v4.py: complex와 Vector2d 간 변환하는 메서드 두 개

```
    def __complex__(self):
        return complex(self.x, self.y)
```

---

24 자료형 검사는 x의 자료형이 T인지 검사하기만 하는 것이 아니라, x의 자료형이 T에 일치하는지 결정하는 것(이 과정은 비싼 연산이 될 수도 있다)이라고 지적해 준 PEP 544(https://fpy.li/pep544)의 공저자 이반 레브키브스키에게 감사드린다. 짧은 파이썬 스크립트의 자료형 검사를 수행하는 데도 Mypy가 몇 초씩 걸리는 이유가 있었다.

```
    @classmethod
    def fromcomplex(cls, datum):
        return cls(datum.real, datum.imag)    ❶
```

❶ datum에 real과 imag 속성이 있다고 가정한다. [예제 13-17]에서 이 부분을 개선한다.

앞의 코드와 [예제 11-11]에서 이미 구현한 Vector2d의 __abs__() 메서드가 있으므로 다음과 같이 실행할 수 있다.

```
>>> from typing import SupportsComplex, SupportsAbs
>>> from vector2d_v4 import Vector2d
>>> v = Vector2d(3, 4)
>>> isinstance(v, SupportsComplex)
True
>>> isinstance(v, SupportsAbs)
True
>>> complex(v)
(3+4j)
>>> abs(v)
5.0
>>> Vector2d.fromcomplex(3+4j)
Vector2d(3.0, 4.0)
```

런타임 자료형 검사를 하려면 [예제 13-16]도 괜찮지만, Mypy를 이용해 정적 검사하고 에러 메시지가 잘 나오게 하려면 [예제 13-17]과 같이 __abs__(), __complex__(), fromcomplex() 메서드에 자료형 힌트를 붙이는 편이 좋다.

예제 13-17 vector2d_v5.py: 관련 메서드에 어노테이션 추가하기

```
    def __abs__(self) -> float:    ❶
        return math.hypot(self.x, self.y)

    def __complex__(self) -> complex:    ❷
        return complex(self.x, self.y)

    @classmethod
    def fromcomplex(cls, datum: SupportsComplex) -> Vector2d:    ❸
        c = complex(datum)    ❹
        return cls(c.real, c.imag)
```

❶ `float` 반환 어노테이션이 필요하다. 반환형이 없으면 Mypy는 Any로 간주하고 메서드 본체를 들여다보지 않는다.

❷ 어노테이션이 없어도 Mypy는 이 메서드가 `complex`를 반환할 것이라고 추론할 수 있다. 설정에 따라 Mypy가 경고 메시지를 출력할 수 있는데, 이 어노테이션은 경고 메시지가 출력되지 않게 한다.

❸ 여기서 SupportsComplex는 datum을 complex로 변환할 수 있음을 보장한다.

❹ 명시적 변환이 필요하다. SupportsComplex은 바로 다음 줄에서 사용되는 `real`과 `imag` 속성을 선언하지 않기 때문이다. Vector2d는 이 속성들이 없지만, `__complex__()`를 구현한다.

모듈의 시작 부분에 `from __future__ import annotations`가 있다면 `fromcomplex()`의 반환형이 Vector2d가 될 수 있다. 이 임포트 명령은 자료형 힌트를 문자열로 저장하게 해서 함수 정의가 임포트 시에 평가되지 않게 한다. `annotations`의 `__future__` 임포트가 없으면, 아직 클래스 정의가 완료되지 않았으므로 `fromcomplex()`를 정의하는 시점까지는 Vector2d에 대한 참조가 허용되지 않는다. 따라서 전방 참조^{forward reference}와 같이 문자열 `'Vector2d'`를 사용해야 한다. `__future__` 임포트는 'PEP 563 – 어노테이션의 지연된 평가^{Postponed Evaluation of Annotations}'(`https://fpy.li/pep563`)에 제안되었으며, 파이썬 3.7에서 구현되었다. 이 작동 방식은 파이썬 3.10에서 기본 방식이 되도록 예정되었으나, 그 뒤 버전으로 연기되었다.[25] 이 작동 방식이 기본이 되면 이 `import` 문이 필요 없어지지만, 사용하더라도 문제가 되지는 않는다.

이제 정적 프로토콜을 만들고 확장하는 방법을 알아보자.

13.6.5 정적 프로토콜 설계하기

구스 타이핑을 공부할 때 13.5.3절 'ABC 정의하고 사용하기'에서 Tombola ABC를 보았다. 여기서는 정적 프로토콜을 이용해 비슷한 인터페이스를 정의하는 방법을 알아본다.

Tombola ABC는 `pick()`과 `load()`라는 두 개의 메서드를 명시한다. 이 두 메서드가 있는 정적 프로토콜을 정의할 수도 있지만, 필자는 Go 언어 커뮤니티에서 단일 메서드 프로토콜이 정적 덕 타이핑을 더 유용하고 융통성 있게 만들 수 있음을 배웠다. Go 표준 라이브러리에는 Reader 같은 인터페이스를 여러 개 정의하는데, 이 입출력 인터페이스는 `read()` 메서드 하나만 요구한다. 나중에 더 완벽한 프로토콜이 필요하게 되면 두 개 이상의 프로토콜을 혼합해 새로운 프로토콜을 정의할 수 있다.

---

[25] 자세한 내용은 python-dev 메일링 리스트에서 파이썬 운영 위원회 결정(`https://fpy.li/13-32`)을 참조하라.

무작위로 항목을 골라내는 컨테이너를 사용하려면 컨테이너를 다시 로딩해야 할 수도 있고 아닐 수도 있지만, 어쨌든 실제로 항목을 고르는 메서드는 있어야 한다. 따라서 이 메서드를 최소한의 RandomPicker 프로토콜에 사용할 것이다. 이 프로토콜 코드는 [예제 13-18]에 있고, 이를 사용하는 코드는 [예제 13-19]에 있다.

예제 13-18 randompick.py: RandomPicker의 정의

```python
from typing import Protocol, runtime_checkable, Any


@runtime_checkable
class RandomPicker(Protocol):
    def pick(self) -> Any: ...
```

> **NOTE** pick() 메서드는 Any를 반환한다. RandomPicker의 사용자가 pick() 메서드의 반환형을 지정할 수 있게 매개변수가 있는 제네릭 RandomPicker 프로토콜을 만드는 방법은 15.8절 '제네릭 정적 프로토콜의 구현'에서 설명한다.

예제 13-19 randompick_test.py: RandomPicker 사용 예

```python
import random
from typing import Any, Iterable, TYPE_CHECKING

from randompick import RandomPicker      ❶

class SimplePicker:      ❷
    def __init__(self, items: Iterable) -> None:
        self._items = list(items)
        random.shuffle(self._items)

    def pick(self) -> Any:      ❸
        return self._items.pop()

def test_isinstance() -> None:      ❹
    popper: RandomPicker = SimplePicker([1])      ❺
    assert isinstance(popper, RandomPicker)      ❻

def test_item_type() -> None:      ❼
    items = [1, 2]
```

```python
    popper = SimplePicker(items)
    item = popper.pick()
    assert item in items
    if TYPE_CHECKING:
        reveal_type(item)     ❽
    assert isinstance(item, int)
```

❶ 정적 프로토콜을 구현하는 클래스를 정의할 때, 해당 정적 프로토콜을 임포트할 필요는 없다. 여기서는 나중에 test_isinstance()에 사용하려고 RandomPicker를 임포트했다.

❷ SimplePicker 클래스가 RandomPicker 프로토콜을 구현하지만, 상속하지는 않는다. 정적 덕 타이핑은 이런 방식으로 사용된다.

❸ Any는 기본 반환형이므로 어노테이션이 꼭 필요하지는 않지만, [예제 13-18]에 정의된 RandomPicker 프로토콜을 구현함을 더욱 명확히 나타낸다.

❹ Mypy가 검사하게 하려면 -> None을 추가하는 것을 잊지 말아야 한다.

❺ SimplePicker의 자료형이 RandomPicker 형에 일치함을 Mypy가 알고 있음을 보여 주려고 popper 변수에 자료형 힌트를 추가했다.

❻ 이 검사로 SimplePicker의 인스턴스가 RandomPicker의 인스턴스이기도 함을 알 수 있다. @runtime_checkable 데커레이터가 RandomPicker에 적용되었고, SimplePicker가 pick() 메서드를 필수 메서드로 정의했기 때문에 이렇게 검사할 수 있다.

❼ 이 테스트는 SimplePicker의 pick() 메서드를 호출해 SimplePicker에 주어진 항목 중 하나가 반환되고, 반환된 항목에 정적 검사와 런타임 검사를 수행한다.

❽ 이 줄은 Mypy 출력 내용 중 note에 들어갈 내용을 만든다.

[예제 8-22]에서 봤듯이 reveal_type()은 Mypy가 인식하는 일종의 '마술' 함수다. 따라서 이 함수를 임포트하지 않고 typing.TYPE_CHECKING으로 보호된 if 블록 안에서만 호출할 수 있다. 이 블록은 정적 자료형 검사기에서는 True로 인식되지만, 사실 런타임에는 False여서 절대 실행되지 않는다.

[예제 13-19]에서 두 검사 모두 통과했다. Mypy도 코드에서 아무런 에러를 찾지 못했으며, 다만 pick()이 반환한 항목에 reveal_type()을 실행한 결과만 보여 준다.

```
$ mypy randompick_test.py
randompick_test.py:24: note: Revealed type is 'Any'
```

프로토콜을 처음으로 만들어봤으니, 프로토콜을 만들 때 주의할 점이 없는지 알아보자.

13.6.6 프로토콜 설계 모범 사례

Go 언어에서 정적 덕 타이핑을 10년간 경험한 결과, 좁은 프로토콜이 더 유용함을 확실히 느꼈다(이런 프로토콜에는 대부분 메서드 하나만 있으며, 3개 이상일 때는 거의 없다). 마틴 파울러는 **역할 인터페이스**role interface (`https://fpy.li/13-33`)를 정의하는 글을 썼는데, 프로토콜을 설계할 때 염두에 두면 좋을 것 같다.

종종 프로토콜을 사용하는 함수 부근에 프로토콜이 정의된 모습을 볼 수 있다. 즉 프로토콜이 라이브러리가 아니라 클라이언트 코드에 정의된다. 이렇게 하면 함수를 호출하는 새로운 자료형을 정의하기 쉬워지므로, 확장성과 모의 테스트에 도움이 된다.

좁은 프로토콜과 클라이언트-코드 프로토콜은 모두 인터페이스 분리 원칙interface segregation principle (`https://fpy.li/13-34`)에 따라 불필요한 결합을 피한다. 인터페이스 분리 원칙은 한마디로 '클라이언트는 사용하지 않는 인터페이스 얽매이지 않아야 한다'로 요약할 수 있다.

'typeshed에 기여하기Contributing to typeshed' 페이지(`https://fpy.li/13-35`)에서는 다음과 같은 정적 프로토콜 명명 관례를 권고한다(세 항목 모두 원문 그대로 옮겨왔다).

- 명확한 개념을 나타내는 프로토콜에는 평범한 단어를 사용한다(예: `Iterator`, `Container`).
- 호출 가능한 메서드를 제공하는 프로토콜에는 `SupportsX` 형태를 사용한다(예: `SupportsInt`, `SupportsRead`, `SupportsReadSeek`).[26]
- 읽거나 쓸 수 있는 속성이 있거나 게터/세터 메서드가 있는 프로토콜에는 `HasX` 형태를 사용한다(예: `HasItems`, `HasFileno`).

Go 언어 표준 라이브러리에는 필자가 좋아하는 명명 관례가 있다. 메서드 하나만 있는 프로토콜의 메서드 이름이 동사이면, `-er`이나 `-or`을 붙여 명사를 만든다. 예를 들어 `SupportsRead`가 아니라 `Reader`를 사용한다. 그리고 `Formatter`, `Animator`, `Scanner` 같은 인터페이스가 있다. 이 명명법에 관심이 있다면 아스카 겐지Asuka Kenji의 'Go 언어 표준 라이브러리 인터페이스(선별)Go (Golang) Standard Library Interfaces (Selected)' 글(`https://fpy.li/13-36`)을 참조하라.

최소화된 프로토콜을 만들면 나중에 필요에 따라 확장할 수 있다는 장점이 있다. 다음 절에서 알아보겠지만, 메서드를 추가해 프로토콜을 확장하는 일은 어렵지 않다.

---

[26] 메서드는 모두 호출 가능하므로 이 관례는 그리 도움이 되지 않는다. 아마도 '한두 개의 메서드를 제공한다'는 의미가 아닐까? 어쨌든 이것은 가이드라인일 뿐 엄격한 규칙은 아니다.

13.6.7 프로토콜 확장

앞 절 첫 부분에서 얘기했듯이 Go 언어 개발자들은 인터페이스(Go 언어에서 정적 프로토콜을 부르는 명칭)를 정의할 때 최소주의를 지키라고 주장한다. 널리 사용되는 Go 언어 인터페이스 상당수에는 메서드 하나만 있다.

실무에 적용해 보면서 더 많은 메서드가 있는 프로토콜이 유용하다는 점을 깨달은 후에는, 원래 프로토콜에 메서드를 추가하는 대신 기존 프로토콜에서 새로운 프로토콜을 유도하는 편이 낫다. [예제 13-20]에서 보듯이, 파이썬에서 정적 프로토콜을 확장할 때는 몇 가지 주의할 점이 있다.

예제 13-20 randompickload.py: RandomPicker 확장하기

```python
from typing import Protocol, runtime_checkable
from randompick import RandomPicker


@runtime_checkable  ❶
class LoadableRandomPicker(RandomPicker, Protocol):  ❷
    def load(self, Iterable) -> None: ...  ❸
```

❶ 확장된 프로토콜을 런타임에 검사할 수 있게 하려면 데커레이터를 다시 적용해야 한다. 이 데커레이터는 상속되지 않기 때문이다.[27]

❷ 확장할 프로토콜은 물론 모든 프로토콜은 자신의 베이스 프로토콜을 `typing.Protocol`로 명시해야 한다. 이 방식은 파이썬에서 상속이 작동하는 방식과 다르다.[28]

❸ 일반적인 객체지향 프로그래밍으로 돌아와, 확장된 프로토콜에서 새로워진 메서드만 선언하면 된다. `pick()` 메서드 선언은 `RandomPicker`로부터 상속되었다.

이로써 정적 프로토콜을 정의하고 사용하는 마지막 예를 마치고자 한다.

이 장을 마치기 전에 수치형 ABC들과 이를 대체할 수치형 프로토콜에 관해 알아보자.

---

27 이렇게 해야 하는 이유는 PEP 544에서 `@runtime_checkable`에 관한 절(https://fpy.li/13-37)을 참조하라.

28 역시 PEP 544에서 '프로토콜을 병합하고 확장하기'(Merging and extending protocols)' 절(https://fpy.li/13-38)을 참조하라.

13.6.8 numbers ABC와 수치형 프로토콜

8.5.7절의 '수치형 탑의 몰락'에서 알아봤듯이, 표준 라이브러리 numbers 패키지에 있는 ABC
들은 런타임 자료형 검사와 잘 작동한다.

정수형인지 검사하려면 isinstance(x, numbers.Integral)을 이용해 int, bool(int의 서
브클래스이다), 혹은 외부 라이브러리에서 제공하는 정수형들을 받을 수 있다. 이런 외부 라이
브러리는 자신의 정수형을 numbers ABC의 가상 서브클래스로 등록한다. 예를 들어 넘파이에
는 numbers.Real에 등록된 다양한 실수형들과 numbers.Complex에 등록된 다양한 길이의 복
소수형 외에도 21가지 정수형(https://fpy.li/13-39)이 있다.

> **TIP** 놀랍게도 decimal.Decimal은 numbers.Real의 서브클래스로 등록되지 않았다. 프로그램에서
> Decimal의 정밀도가 필요한데, 정확도가 떨어지는 실수들과 Decimal이 의도치 않게 뒤섞이는 일을 막기
> 위해서다.

안타깝게도 수치형 탑은 정적 자료형 검사를 염두에 두지 않고 설계되었다. 루트 ABC인
numbers.Number는 메서드가 없으므로 x: Number를 선언하면, Mypy는 x에 산술 연산을 수
행하거나 x의 메서드를 호출하는 것을 허용하지 않는다.

numbers ABC가 지원되지 않는다면, 다른 방법이 있을까?

자료형 검사 해결책을 찾아보기 좋은 곳은 typeshed 프로젝트다. 파이썬 표준 라이브
러리의 한 부분인 statistics 모듈은 typeshed에서 자료형 힌트를 담은 statistics.
pyi(https://fpy.li/13-40) 스텁 파일이 있다. 이 파일 안에 함수들을 어노테이트하는 데
사용되는 다음과 같은 정의를 볼 수 있다.

```
_Number = Union[float, Decimal, Fraction]
_NumberT = TypeVar('_NumberT', float, Decimal, Fraction)
```

이 방법이 옳기는 하지만, 한계가 있다. 표준 라이브러리 외의 수치형들은 지원하지 않기 때문
이다. 반면 numbers ABC는 가상 서브클래스로 등록한 수치형들을 런타임에 지원한다.

현재 추세는 13.6.2절 '런타임에 검사할 수 있는 정적 프로토콜'에서 설명한 typing 모듈에서
제공하는 수치형 프로토콜을 시용하는 것이다.

불행히도 런타임에 수치형 프로토콜 때문에 실망하는 일이 생길 수 있다. 13.6.3절 '런타임 프로토콜 검사의 한계'에서 설명했듯이 파이썬 3.9에서 complex 형은 __float__()을 구현하지만, 이 메서드는 복소수형을 실수형으로 변환할 수 없다는 메시지를 담은 TypeError 예외를 발생시키기 위해 존재할 뿐이다. 그리고 __int__()도 구현하지만 존재 이유는 똑같다. 이 메서드들이 존재하기 때문에 파이썬 3.9에서 isinstance()가 오해의 소지가 있는 결과를 반환한다. 파이썬 3.10에서는 무조건 TypeError 예외를 발생시키는 메서드들은 complex 형에서 제거되었다.[29]

한편 넘파이의 복소수형들도 __float__()과 __int__() 메서드를 구현하지만, 각 메서드가 처음 사용될 때만 경고 메시지를 출력한다.

```
>>> import numpy as np
>>> cd = np.cdouble(3+4j)
>>> cd
(3+4j)
>>> float(cd)
<stdin>:1: ComplexWarning: Casting complex values to real
discards the imaginary part
3.0
```

또한 이와 반대되는 문제도 발생한다. 내장형 complex, float, int, 그리고 numpy.float16, numpy.uint8은 __complex__() 메서드가 없으므로 isinstance(x, SupportsComplex)를 실행하면 False를 반환한다.[30] np.complex64 등의 넘파이 복소수형은 내장 complex 형으로 변환하려고 __complex__()를 구현한다.

그러나 실제로는 complex() 내장 생성자가 이런 자료형 모두를 아무런 에러나 경고 메시지 없이 처리한다.

```
>>> import numpy as np
>>> from typing import SupportsComplex
>>> sample = [1+0j, np.complex64(1+0j), 1.0, np.float16(1.0), 1, np.uint8(1)]
>>> [isinstance(x, SupportsComplex) for x in sample]
[False, True, False, False, False, False]
```

---

29 '이슈 #41947 - complex.__float__(), complex.__floordiv__(), 등의 제거'(https://fpy.li/13-41)를 참조하라.

30 넘파이에서 제공되는 나머지 실수형과 정수형은 테스트하지 않았다.

```
>>> [complex(x) for x in sample]
[(1+0j), (1+0j), (1+0j), (1+0j), (1+0j), (1+0j)]
```

이 실행 결과를 보면 isinstance()로 SupportsComplex 형에 대해 검사하면 complex로 변환할 수 없을 것 같지만, 실제로는 성공한다. typing-sig 메일링 리스트를 보면 귀도 반 로섬은 내장 complex() 생성자가 단일 인수를 받기 때문에 이런 변환이 성공한다고 지적한다.

한편 Mypy는 다음과 같이 정의된 to_complex() 함수를 호출할 때 앞에서 말한 여섯 가지 자료형의 인수를 모두 허용한다.

```
def to_complex(n: SupportsComplex) -> complex:
    return complex(n)
```

이 책을 쓰는 현재, 넘파이는 자료형 힌트가 지정되지 않았으므로 수치형들은 모두 Any 형이다.[31] 한편 typeshed에서는 내장된 complex 클래스에만 __complex__() 메서드가 있지만, Mypy는 내장 int와 float 형이 complex 형으로 변환될 수 있음을 어느 정도 '감지'한다.[32]

결론적으로 수치형들의 자료형을 검사하는 일이 어렵지 않아야 하지만, 'PEP 484 – 자료형 힌트'(https://fpy.li/cardxvi)는 수치형 탑을 회피하며 자료형 검사기는 내장 complex, float, int 간의 관계를 하드코딩하도록 암묵적으로 권장하는 게 현재 상황이다. Mypy는 int와 float가 __complex__()를 구현하지 않는데도 SupportsComplex 형에 일치한다고 판단하도록 하드코딩되었다.

> **TIP** complex 형으로, 혹은 complex 형에서 변환하는 동안 수치형 Supports* 프로토콜에 대해 isinstance()로 검사할 때만 예상외의 결과가 나왔다. 복소수를 사용하지 않는다면 numbers ABC 대신 수치형 Supports* 프로토콜을 믿을 수 있다.

이번 절의 내용을 요약하면 다음과 같다.

- numbers ABC는 런타임 자료형 검사를 제대로 수행하지만, 정적 타이핑에 대해서는 믿을 수 없다.

---

[31] 넘파이 수치형은 모두 적절한 numbers ABC에 등록되었지만, Mypy는 이를 무시한다.

[32] 이것은 typeshed에 관한 선의의 거짓말이다. 파이썬 3.9까지는 complex 형에 실제로는 __complex__() 메서드가 없다.

- 수치형 정적 프로토콜 SupportsComplex, SupportsFloat 등은 정적 타이핑에 잘 작동하지만, 복소수를 사용할 때는 런타임 자료형 검사를 믿을 수 없다.

이제 이 장에서 배운 내용을 간단히 정리할 때가 되었다.

13.7 요약

타이핑 맵(그림 13-1)은 이 장을 이해하는 핵심이다. 타이핑의 네 가지 방법을 알아본 후, 덕 타이핑을 지원하는 동적 프로토콜과 정적 덕 타이핑을 지원하는 정적 프로토콜을 비교해 설명했다. 두 프로토콜 모두 클래스가 어떤 특정한 프로토콜을 지원한다고 명시적으로 선언하는 것을 요구하지 않는다. 클래스는 그저 필요한 메서드를 구현함으로써 프로토콜을 지원한다.

13.4절 '덕 타이핑'에서는 파이썬 인터프리터가 시퀀스 및 반복형 동적 프로토콜이 작동하도록 어느 정도의 일을 하는지 알아보고, 코드 일부도 살펴보았다. 그리고 나서 멍키 패칭으로 메서드를 추가함으로써 런타임에 클래스가 프로토콜을 구현하는 방법도 알아보았다. 덕 타이핑 뒷부분에서는 try/except와 조기 실패를 이용해 isinstance()나 hasattr()로 검사하지 않고 구조적으로 자료형을 알아내는 방법과 함께 방어적 프로그래밍의 맛을 보았다.

'물새와 ABC' 글상자에서 알렉스 마르텔리가 구스 타이핑을 소개한 후, 기존 ABC를 상속하는 방법을 설명하고, 표준 라이브러리에서 중요한 ABC들을 살펴보고, ABC를 새로 만들어 전통적인 상속과 등록을 적용해 보았다. 이 절의 마지막에서는 __subclasshook__() 특별 메서드를 이용해 ABC에 정의된 인터페이스를 구현하는 메서드를 제공하는 클래스를 식별함으로써 ABC가 구조적 타이핑을 지원하는 방법을 알아보았다.

13.6절 '정적 프로토콜'에서는 8.5.10절 '정적 프로토콜'에서 간략히 언급한 정적 덕 타이핑 설명을 이어 나갔다. @runtime_checkable 데커레이터가 어떻게 __subclasshook__()을 활용해 런타임에 구조적 타이핑을 지원하는지도 살펴보았다. 그러나 정적 프로토콜은 정적 자료형 검사기에 가장 잘 맞으며, 자료형 검사기는 자료형 힌트를 고려해 구조적 타이핑을 더욱 튼튼히 해 준다. 그리고 나서 정적 프로토콜의 설계와 구현, 확장하는 방법을 알아보았다. 마지막 13.6.8절 'numbers ABC와 수치형 프로토콜'에서는 수치형 탑이 버려진 상태에 있다는 것과 제안된 대안(파이썬 3.8의 typing 모듈에 추가된 SupportsFloat 등의 수치형 정적 프로

토콜)에 몇 가지 기존 단점이 있다는 안타까운 이야기를 했다.

이 장의 핵심 내용은 최신 파이썬에서 인터페이스로 프로그래밍할 때 서로 다른 장단점이 있는 상호보완적인 네 가지 방식이 있다는 것이다. 여러분은 어느 정도 규모가 있는 최신 파이썬 코드베이스 별로 각각 잘 맞는 타이핑 체계가 있음을 알게 될 것이다. 이 방법 중 어느 하나를 거부한다면 파이썬 프로그래머로서의 작업이 필요 이상으로 어려워질 것이다.

그러나 파이썬은 덕 타이핑만을 지원하면서도 폭넓은 인기를 끌었다. 리스프, 스몰토크, 얼랭Erlang, 클로저 등 큰 영향을 미쳤지만 덜 인기 있는 언어는 물론, 자바스크립, PHP, 루비 등 인기를 끌었던 다른 언어들은 덕 타이핑의 강력함과 단순함 덕분에 지금까지 지금까지 쭉 막강한 영향을 미치고 있다.

## CHAPTER 14

상속: 득과 실

> (전략) 더 나은 상속 이론이 필요했고, 지금도 그렇다. 예를 들어 상속과 인스턴스화(일종의
> 상속임)는 공간 절약을 위한 코드 팩터링 등 실용적인 측면과 특성화, 일반화, 분화 등 너무
> 많은 용도로 사용되는 의미론적 측면을 뒤죽박죽으로 만들었다.[1]
>
> — 앨런 케이Alan Kay
> 「스몰토크의 초기 역사The Early History of Smalltalk」

이 장에서는 상속과 서브클래스에 관해 알아본다. 자바, C#, C++ 등 다른 주요 객체지향 언어
를 사용한 경험을 통해 상속의 기본 개념에는 이미 익숙하다고 가정한다. 그렇지 않다면 파이
썬 튜토리얼(`https://fpy.li/14-2`)을 참조하라. 여기서는 파이썬이 다음과 같은 네 가지 특
성을 집중해서 살펴본다.

- super( ) 함수
- 내장형 상속의 위험성
- 다중 상속과 메서드 결정 순서
- 믹스인mixin 클래스

---

[1] 앨런 케이, 「스몰토크의 초기 역사」, SIGPLAN Not. 28, 3 (March 1993). 이 논문은 온라인(`https://fpy.li/14-1`)에서도 볼 수
있다. 이 장을 쓰는 동안 이 참조를 공유해준 크리스티아노 앤더슨에게 감사드린다.

다중 상속은 클래스가 두 개 이상의 베이스 클래스를 갖게 해준다. C++는 지원하지만, 자바와 C#은 지원하지 않는다. 다중 상속은 장점보다 단점이 많다고 생각하는 사람이 많다. 초기 C++ 코드베이스에서 오용되는 것을 보고 자바는 의도적으로 다중 상속을 배제했다.

이 장에서는 다중 상속을 경험해 보지 못한 독자들을 위해 상속을 소개하고, 어쩔 수 없이 상속을 이용해야 할 때 단일 상속이나 다중 상속에 대처하는 약간의 가이드라인을 제공하고자 한다.

2021년 현재, 다중 상속뿐만 아니라 일반적인 상속이 남용되는 문제에 대한 불만이 엄청나다. 슈퍼클래스와 서브클래스가 너무 밀접히 결합되었기 때문이다. 무언가 밀접히 결합되면 하나가 바뀔 때 다른 쪽에도 광범위하게 예상치 못한 영향을 미칠 수 있다. 그리고 시스템이 불안해지고 이해하기 어려워진다.

그러나 복잡한 클래스 계층구조로 설계된 기존 시스템을 유지보수하거나, 상속(심지어 다중 상속)을 사용할 수밖에 없는 프레임워크를 이용하는 일이 생길 수밖에 없다.

이 장에서는 표준 라이브러리, 장고 웹 프레임워크, Tkinter GUI 툴킷을 실무에 사용하는 예를 보여 준다.

14.1 이번 장의 변경 사항

이 장의 주제와 관련된 파이썬 추가 기능은 없지만, 2판 테크니컬 리뷰어(특히 레오나르도 로챌과 칼렙 해팅)의 의견에 기반해 상당히 많이 수정했다.

먼저 super( ) 내장 함수를 집중적으로 살펴보는 절이 추가되었고, 14.4절 '다중 상속과 메서드 결정 순서'에서는 super( )가 **협조적 다중 상속**cooperative multiple inheritance을 지원하는 방법을 자세히 알아보기 위해 예제들을 바꿨다.

14.5절 '믹스인 클래스'도 추가되었다. 14.6절 '실세계에서의 다중 상속'도 구성을 변경해 표준 라이브러리에서 제공하는 간단한 믹스인 예제를 살펴본 후, 복잡한 장고와 Tkinter 계층구조를 알아본다.

제목에서 짐작할 수 있듯이, 이 장에서는 상속할 때 주의할 점을 늘 염두에 두고 진행한다. 그러나 점점 더 많은 개발자가 상속에 문제가 아주 많다고 생각하고 있으므로 이 장 마지막 14.8

절 '요약' 부분에서 상속을 피하는 방법을 두 문단으로 요약해 정리했다.

먼저 신비로운 super( ) 함수에 관해 알아보자.

14.2 super( ) 함수

유지보수가 용이한 객체지향 파이썬 프로그램을 만들려면 super( ) 내장 함수의 일관된 사용이 절대적으로 중요하다.

서브클래스가 슈퍼클래스의 메서드를 오버라이드할 때, 일반적으로 오버라이드한 메서드가 슈퍼클래스의 해당 메서드를 호출할 필요가 있다. collections 모듈 문서 중 'OrderedDict 예제와 비법^{OrderedDict Examples and Recipes}'(https://fpy.li/14-3)절에 나온 다음 예제는 super( )의 권장 사용법을 잘 보여 준다.[2]

```python
class LastUpdatedOrderedDict(OrderedDict):
    """최근에 갱신된 순서대로 항목들을 저장한다."""

    def __setitem__(self, key, value):
        super().__setitem__(key, value)
        self.move_to_end(key)
```

LastUpdatedOrderedDict는 작업을 수행하기 위해 __setitem__( )을 다음과 같이 오버라이드한다.

1 슈퍼클래스에 정의된 super( ).__setitem__( )을 호출해 키–값 쌍을 추가하거나 갱신하게 한다.
2 self.move_to_end( )를 호출해 갱신된 키 항목이 마지막 항목이 되도록 한다.

오버라이드된 __init__( ) 메서드를 호출하는 것은 슈퍼클래스가 인스턴스를 초기화하는 데 필요한 일을 할 수 있게 하므로 특히 중요하다.

---

2 오해의 여지가 있어서 원래 문서의 독스트링 부분만 변경했다. 원래는 '키를 추가한 순서대로 항목을 저장한다(Store items in the order the keys were last added)'이지만, LastUpdateOrderedDict라는 이름에서 알 수 있듯이 저장된 순서가 아니라 최근에 갱신된 순서로 유지되기 때문이다.

다음과 같이 super()를 사용하지 않고 슈퍼클래스의 메서드를 직접 호출하는 코드도 보았을 지 모르겠다.

```
class NotRecommended(OrderedDict):
    """이 예제를 반면교사로 삼아라!"""

    def __setitem__(self, key, value):
        OrderedDict.__setitem__(self, key, value)
        self.move_to_end(key)
```

이 코드도 특정한 경우에는 작동하지만, 다음 두 가지 이유로 권장하지 않는다. 첫째, 베이스 클래스를 하드코딩했다. OrderedDict라는 이름이 class 문에도 나오고 __setitem__() 메 서드 안에도 나온다. 나중에 다른 사람이 베이스 클래스를 변경하거나 추가하려고 class 문을 수정할 때 __setitem__() 본체를 수정하지 않으면 버그가 발생한다.

둘째, super()는 다중 상속에서의 클래스 계층구조를 처리하는 논리를 구현한다. 여기에 관 해서는 14.4절 '다중 상속과 메서드 결정 순서'에서 다시 알아본다. super()에 관한 간단한 소 개를 마치기 전에 파이썬 2에서 super()를 호출하는 방법을 돌아보면 도움이 될 것 같다.

```
class LastUpdatedOrderedDict(OrderedDict):
    """이 코드는 파이썬 2와 파이썬 3에서 작동한다."""

    def __setitem__(self, key, value):
        super(LastUpdatedOrderedDict, self).__setitem__(key, value)
        self.move_to_end(key)
```

super()의 두 인수 모두 이제는 선택적이다. 파이썬 3 바이트코드 컴파일러는 메서드 안에서 super()가 호출될 때 주변 환경을 돌아보고 인수를 자동으로 제공한다. 두 인수는 다음과 같다.

type

원하는 메서드를 구현하는 슈퍼클래스 검색 경로의 시작. 기본값으로 이는 super()를 호출한 메서드를 소유한 클래스가 된다.

object_or_type

인스턴스 메서드 호출 시에는 인스턴스, 클래스 메서드 호출 시에는 클래스가 이 메서드 호출의 수신자가 된다. 기본적으로 인스턴스 메서드 안에서 super()를 호출하면 수신자는 객체 자신인 self가 된다.

여러분이든 컴파일러든 이 인수들을 제공하면, super() 함수는 type 매개변수의 슈퍼클래스 안에 있는 메서드(이 예에서는 __setitem__())를 찾아내는 동적 프록시 객체^{dynamic proxy object} 를 반환하고 이 객체를 object_or_type에 할당하므로, 메서드를 호출할 때 수신자(self)를 전달할 필요가 없다.

파이썬 3에서도 super()를 호출할 때 첫 번째와 두 번째 인수를 명시적으로 전달할 수 있다.[3] 그러나 테스트나 디버깅을 하려고 메서드 결정 순서(MRO) 일부분을 건너뛰거나, 슈퍼클래스의 바람직하지 않은 처리를 우회하는 경우가 아니면 굳이 명시할 필요가 없다.

이제 내장형을 상속할 때 주의할 점에 관해 알아보자.

14.3 내장형 상속의 문제점

파이썬 2.2 전까지는 list나 dict 등 내장형을 상속할 수 없었다. 2.2 버전 이후부터 내장형을 상속할 수 있지만, C 언어로 작성된 내장 클래스의 코드는 사용자가 오버라이드한 코드

---

3 첫 번째 인수만 제공할 수도 있지만, 이 방법은 도움이 되지 않으며 조만간 사용 중단 안내될 예정이다. 토론 게시판의 '이제 끈이 떨어진 super() 메서드의 사용을 중단할 때가 되지 않았는가?(Is it time to deprecate unbound super methods?)'(https://fpy.li/14-4)에서 애초에 super()를 만든 귀도 반 로섬의 의견을 참조하라.

를 호출하지 않으므로 상당한 주의가 필요하다. PyPy 문서의 'PyPy와 CPython의 차이점 Differences between PyPy and CPython' 중 '내장형의 서브클래스Subclasses of built-in types' 절(`https://fpy.li/pypydif`)에서는 다음과 같이 문제를 간략히 설명한다.

> 공식적으로 CPython은 내장형의 서브클래스에서 오버라이드한 메서드가 언제 호출되는지, 혹은 호출되지 않는지에 관한 명확한 규칙을 정의하지 않는다. 일반적으로 서브클래스에서 오버라이드한 메서드는 같은 객체의 다른 내장 메서드에서 절대 호출되지 않는다. 예를 들어 `dict`의 서브클래스에서 오버라이드한 `__getitem__()` 메서드는 내장된 `get()` 메서드 등에서 호출되지 않는다.

[예제 14-1]을 보면 이 문제를 잘 알 수 있다.

예제 14-1 오버라이드한 `__setitem__()` 메서드를 무시하는 내장된 `dict`의 `__init__()`과 `update()` 메서드

```
>>> class DoppelDict(dict):
...     def __setitem__(self, key, value):
...         super().__setitem__(key, [value] * 2)  ❶
...
>>> dd = DoppelDict(one=1)  ❷
>>> dd
{'one': 1}
>>> dd['two'] = 2  ❸
>>> dd
{'one': 1, 'two': [2, 2]}
>>> dd.update(three=3)  ❹
>>> dd
{'three': 3, 'one': 1, 'two': [2, 2]}
```

❶ `DoppelDict.__setitem__()`은 저장할 때 값을 복제한다(특별한 이유는 없으며, 단지 눈에 잘 띄게 만들기 위한 것이다). 이는 슈퍼클래스를 호출해 작동한다.

❷ `dict` 클래스의 `__init__()` 메서드는 `__setitem__()`이 오버라이드되었다는 사실을 무시하므로, `'one'`의 값을 중복하지 않고 그대로 저장한다.

❸ `[]` 연산자는 오버라이드한 `__setitem__()`을 호출하므로 예상한 대로 `'two'`가 복제된 `[2, 2]`에 매핑된다.

❹ `dict` 클래스의 `update()` 메서드도 오버라이드된 `__setitem__()` 메서드를 호출하지 않으므로 `'three'`의 값은 복제되지 않는다.

내장형 작동 방식은 '슈퍼클래스에서 구현된 메서드 안에서 호출하더라도 메서드 검색은 대상 객체(self)의 클래스에서 시작해야 한다'라는 객체지향 프로그래밍의 기본 규칙을 어긴다. 이 원칙은 스몰토크의 유명인 앨런 케이가 '늦은 바인딩late binding'이라고 부르는 객체지향 프로그래밍의 핵심 기능으로서, 모든 x.method() 형태의 모든 메서드 호출에서 정확한 method()는 런타임에 수신자 x의 클래스에 기반해 결정하는 것을 말한다.[4] 내장형의 이러한 문제는 3.5.3절 '표준 라이브러리의 일관성 없는 __missing__() 사용'에서 본 문제의 원인이기도 하다.

이 문제는 self.get()이 self.__getitem__()을 호출하는 경우처럼 객체 안에서 호출할 때뿐만 아니라, 내장 메서드가 호출하는 다른 클래스의 오버라이드된 메서드에서도 발생한다. [예제 14-2]는 PyPy 문서(https://fpy.li/14-5)에서 설명한 내용을 예제 코드로 구현한 것이다.

예제 14-2 AnswerDict의 __getitem__()을 지나치는 dict.update()

```
>>> class AnswerDict(dict):
...     def __getitem__(self, key):   ❶
...         return 42
...
>>> ad = AnswerDict(a='foo')   ❷
>>> ad['a']   ❸
42
>>> d = {}
>>> d.update(ad)   ❹
>>> d['a']   ❺
'foo'
>>> d
{'a': 'foo'}
```

❶ AnswerDict.__getitem__()은 키와 무관하게 언제나 42를 반환한다.

❷ ad는 ('a', 'foo') 키-값 쌍으로 채운 AnswerDict 객체다.

❸ 예상한 대로 ad['a']는 42를 반환한다.

❹ d는 평범한 dict 객체며, 여기에서는 ad 객체를 이용해서 갱신한다.

❺ dict.update() 메서드는 오버라이드된 AnswerDict.__getitem__() 메서드를 무시한다.

---

4 C++ 언어에는 가상 멤버 함수와 비가상 멤버 함수라는 개념이 있어 흥미롭다. 가상 멤버 함수는 런타임에 바인딩되고, 비가상 멤버 함수는 컴파일타임에 바인딩된다. 파이썬에서 작성하는 모든 메서드는 가상 멤버 함수처럼 런타임에 바인딩되지만, C 언어로 작성된 내장형은 기본적으로 비가상 메서드인 듯하다(적어도 CPython에서는 그렇다).

dict 대신 collections.UserDict를 상속하면 [예제 14-1]과 [예제 14-2]에서 발생한 문제가 해결된다. [예제 14-3]을 보자.

예제 14-3 dict 대신 UserDict를 상속하므로 원하는 대로 작동하는 DoppelDict2와 AnswerDict2

```
>>> import collections
>>>
>>> class DoppelDict2(collections.UserDict):
...     def __setitem__(self, key, value):
...         super().__setitem__(key, [value] * 2)
...
>>> dd = DoppelDict2(one=1)
>>> dd
{'one': [1, 1]}
>>> dd['two'] = 2
>>> dd
{'two': [2, 2], 'one': [1, 1]}
>>> dd.update(three=3)
>>> dd
{'two': [2, 2], 'three': [3, 3], 'one': [1, 1]}
>>>
>>> class AnswerDict2(collections.UserDict):
...     def __getitem__(self, key):
...         return 42
...
>>> ad = AnswerDict2(a='foo')
>>> ad['a']
42
>>> d = {}
>>> d.update(ad)
>>> d['a']
42
>>> d
{'a': 42}
```

내장형을 상속하는 데 필요한 추가 작업량을 실험으로 알아보고자 [예제 3-9]의 StrKeyDict를 UserDict 대신 dict를 상속하도록 수정했다. 동일한 테스트를 통과하게 하려고 __init__(), get(), update() 메서드도 구현해야 했다. dict를 상속한 버전은 오버라이드된 __missing__(), __contains__(), __setitem__() 메서드를 호출하지 않기 때문이다. [예제 3-9]의 UserDict 서브클래스는 16줄이었지만, 실험용 dict 서브클래스는 결국 33줄이 되었다.[5]

정리해 보면, 이 절에서 설명한 문제는 C 언어로 구현된 내장형의 메서드에 위임할 때만 발생하므로, 이러한 내장형을 상속한 사용자 정의 클래스에만 영향을 미친다. UserDict나 MutableMapping 등 파이썬으로 구현된 클래스를 상속할 때는 이런 문제가 발생하지 않는다.[6]

이제 다중 상속할 때 발생하는 문제에 집중해 보자. 두 슈퍼클래스에서 동일한 이름의 속성을 정의할 때 super().attr을 참조하면 파이썬은 어느 속성을 사용할지 어떻게 결정할까?

14.4 다중 상속과 메서드 결정 순서

다중 상속을 구현하는 언어는 슈퍼클래스들이 동일한 이름으로 메서드를 구현할 때 발생하는 이름 충돌 문제를 해결해야 한다. [예제 14-4]와 [그림 14-1]에서 보여 주듯이, 이런 이름 충돌 문제를 '다이아몬드 문제diamond problem'라고 한다.

---

5 dict를 바로 상속한 StrKeyDict 클래스는 예제 리포지토리의 14-inheritance/strkeydict_dictsub.py 파일에 있다.

6 이런 측면에서 봤을 때 PyPy는 약간의 호환성 문제가 있지만, CPython보다 '올바로' 작동한다. 자세한 내용은 'PyPy와 CPython의 차이점(Differences between PyPy and CPython)' 문서(https://fpy.li/14-5)를 참조하라.

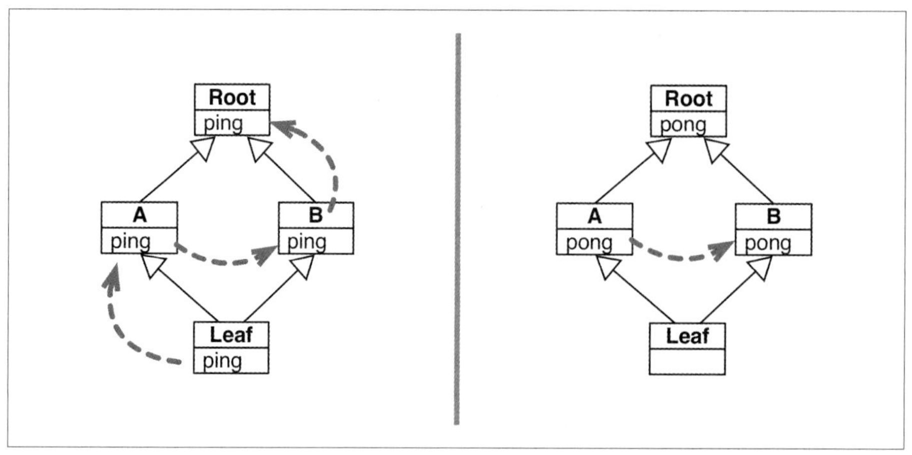

그림 14-1 왼쪽: `leaf1.ping()` 호출에 대한 활성화 순서. 오른쪽: `leaf1.pong()` 호출에 대한 활성화 순서

예제 14-4 `diamond.py`: [그림 14–1]의 그래프를 구성하는 Leaf, A, B, Root 클래스

```python
class Root:  ❶
    def ping(self):
        print(f'{self}.ping() in Root')

    def pong(self):
        print(f'{self}.pong() in Root')

    def __repr__(self):
        cls_name = type(self).__name__
        return f'<instance of {cls_name}>'


class A(Root):  ❷
    def ping(self):
        print(f'{self}.ping() in A')
        super().ping()

    def pong(self):
        print(f'{self}.pong() in A')
        super().pong()


class B(Root):  ❸
    def ping(self):
```

```python
        print(f'{self}.ping() in B')
        super().ping()

    def pong(self):
        print(f'{self}.pong() in B')


class Leaf(A, B):    ❹
    def ping(self):
        print(f'{self}.ping() in Leaf')
        super().ping()
```

❶ Root는 ping(), pong()과 함께 출력을 보기 좋게 해 주는 `__repr__()` 메시드를 제공힌다.

❷ A 클래스 안의 ping()과 pong()은 모두 super()를 호출한다.

❸ B 클래스 안의 ping()만 super()를 호출한다.

❹ Leaf는 ping()만 구현하고, 이 메서드는 super()를 호출한다.

이제 Leaf의 인스턴스에서 ping()과 pong()을 호출해 어떤 일이 생기나 보자(예제 14-5).

예제 14-5 Leaf의 인스턴스에 ping()과 pong()을 호출하는 doctest

```python
>>> leaf1 = Leaf()    ❶
>>> leaf1.ping()      ❷
<instance of Leaf>.ping() in Leaf
<instance of Leaf>.ping() in A
<instance of Leaf>.ping() in B
<instance of Leaf>.ping() in Root

>>> leaf1.pong()      ❸
<instance of Leaf>.pong() in A
<instance of Leaf>.pong() in B
```

❶ leaf1은 Leaf의 인스턴스다.

❷ leaf1.ping()을 호출하면 Leaf, A, B, Root의 ping() 메서드를 활성화한다. 앞의 세 클래스의 ping() 메서드가 super().ping()을 호출하기 때문이다.

❸ leaf1.pong()은 상속을 통해 A의 pong()을 활성화하고, 이 메서드가 호출하는 super.pong()에 의해 B.pong()이 활성화된다.

[예제 14-5]와 [그림 14-1]에 나온 **활성화 순서**^{activation sequence}는 다음 두 가지 요소에 따라 결정된다.

- Leaf 클래스의 메서드 결정 순서(MRO)
- 각 메서드 안에서 super()의 사용 여부

모든 클래스에는 현재 클래스부터 object 클래스까지 올라가는 메서드 결정 순서에 따라 슈퍼 클래스에 대한 참조를 담은 __mro__라는 튜플 속성이 있다.[7] Leaf 클래스에는 다음과 같은 __mro__가 있다.

```
>>> Leaf.__mro__   # doctest:+NORMALIZE_WHITESPACE
   (<class 'diamond1.Leaf'>, <class 'diamond1.A'>, <class 'diamond1.B'>,
    <class 'diamond1.Root'>, <class 'object'>)
```

> **NOTE** [그림 14-1]을 보면 MRO가 너비 우선 탐색(https://fpy.li/14-9) 방식으로 작동하는 것 같지만, 이는 이 클래스 계층구조에서 우연히 발생한 순서다. MRO는 C3라는 공개 알고리즘에 따라 계산된다. 파이썬에서 이 알고리즘을 적용한 방식은 미켈레 시미오나토^{Michele Simionato}의 '파이썬 2.3 메서드 결정 순서^{The Python 2.3 Method Resolution Order}'(https://fpy.li/14-10)에서 자세히 설명하는데, 내용이 상당히 어렵다. 시미오나토는 '다중 상속을 적극적으로 사용하고 계층구조가 상당히 복잡하지 않은 한 C3 알고리즘을 이해할 필요는 없고, 이 논문을 읽을 필요는 없다'고 이야기한다.

MRO는 활성화 순서만 결정할 뿐 특정 메서드의 활성화 여부는 각 클래스에서 super()를 호출하는지에 달렸다.

pong() 메서드 실험을 생각해 보자. Leaf 클래스가 이 메서드를 오버라이드하지 않으므로 leaf1.pong()은 Leaf.__mro__에 있는 다음 클래스(즉, A 클래스)의 구현을 활성화한다. A.pong()은 super().pong()을 호출하는데, B 클래스가 MRO 안에서 그다음에 나오므로 B.pong()이 활성화된다. 그러나 B.pong()은 super().pong()을 호출하지 않으므로 활성화 순서는 여기서 끝난다.

MRO는 상속 그래프뿐만 아니라 서브클래스 선언에 나열된 슈퍼클래스의 순서도 고려한다.

---

[7] 클래스에는 mro() 메서드도 있지만, 이 메서드는 24.2절 '객체로서의 클래스'에서 설명하는 메타클래스 프로그래밍이라는 고급 기능을 제공한다. 일반적으로 클래스를 사용할 때는 __mro__ 속성에 있는 내용으로 충분하다.

다시 말해 diamond.py(예제 14-4)에서 Leaf 클래스를 Leaf(B, A)로 선언했다면 Leaf.__
mro__에는 A보다 B가 앞에 들어간다. 이런 방식은 ping() 메서드의 활성화 순서에 영향을 주
고, 상속을 통해 leaf1.pong()이 B.pong()은 활성화하지만, B.pong()이 super()를 호출
하지 않으므로 A.pong()과 Root.pong()은 실행되지 않게 한다.

메서드가 super()를 호출할 때, 호출한 메서드를 **협조적 메서드**^{cooperative method}라고 한다. 협조
메서드는 **협조적 다중 상속**을 가능케 하는데, 이 용어는 '파이썬에서 다중 상속이 제대로 작동하
려면 관련된 메서드들의 협조가 필요함'을 뜻한다. B 클래스의 ping()은 협조하지만, pong()
은 그렇지 않다.

> **WARNING** 비협조적 메서드는 미묘한 버그의 원인이 될 수 있다. [예제 14-4]의 코드를 읽는 프로그래머
> 는 A.pong() 메서드가 super.pong()을 호출할 때, 궁극적으로 Root.pong()까지 활성화할 것이라고 기
> 대할 것이다. 그러나 B.pong()이 그 전에 활성화되면, 작업을 중단한다. 그렇기 때문에 모든 비루트 클래스
> 의 메서드 m()은 super().m()을 호출하라고 권장하는 것이다.

협조적 메서드들의 시그너처는 호환되어야 한다. A.ping()이 B.ping()보다 먼저 호출될지,
나중에 호출될지 모르기 때문이다. 활성화 순서는 A와 B를 모두 상속하는 각 서브클래스에서
이 두 클래스의 선언 순서에 따라 달라진다.

파이썬은 동적 언어이므로 super()와 MRO 간의 연동도 동적이다. [예제 14-6]은 동적 작동
방식에 따른 예상치 못한 결과를 보여 준다.

예제 14-6 diamond2.py: super()의 동적 성질을 보여 주는 클래스들

```
from diamond import A  ❶

class U():  ❷
    def ping(self):
        print(f'{self}.ping() in U')
        super().ping()  ❸

class LeafUA(U, A):  ❹
    def ping(self):
        print(f'{self}.ping() in LeafUA')
        super().ping()
```

❶ 클래스 A를 diamond.py(예제 14-4)에서 가져온다.

❷ 클래스 U는 diamond 모듈의 클래스 A나 Root와 무관하다.

❸ super().ping()은 어느 메서드를 호출할까? 상황에 따라 달라진다.

❹ LeafUA는 클래스 U와 A를 언급한 순서대로 상속한다.

U의 인스턴스를 만들고 ping()을 호출하면 다음과 같은 에러가 발생한다.

```
>>> u = U()
>>> u.ping()
Traceback (most recent call last):
  ...
AttributeError: 'super' object has no attribute 'ping'
```

super()가 반환한 'super' 객체에 ping이라는 속성이 없다. 클래스 U의 MRO에는 U와 object가 있는데, object 클래스에는 'ping'이라는 이름의 속성이 없기 때문이다.

그러나 U.ping() 메서드가 완전히 희망이 없는 것은 아니다. 다음 실행 예를 보자.

```
>>> leaf2 = LeafUA()
>>> leaf2.ping()
<instance of LeafUA>.ping() in LeafUA
<instance of LeafUA>.ping() in U
<instance of LeafUA>.ping() in A
<instance of LeafUA>.ping() in Root
>>> LeafUA.__mro__   # doctest:+NORMALIZE_WHITESPACE
(<class 'diamond2.LeafUA'>, <class 'diamond2.U'>,
 <class 'diamond.A'>, <class 'diamond.Root'>, <class 'object'>)
```

LeafUA에서 호출한 super().ping()은 U.ping()을 활성화하고, 이 메서드 역시 super().ping()을 활성화해 결국 Root.ping()이 호출된다.

LeafUA의 베이스 클래스가 (U, A) 순서로 선언되었음에 주의하라. 베이스 클래스를 (A, U)로 선언했다면 leaf2.ping()은 U.ping()에 도달하지 못한다. A.ping() 안의 super().ping()이 Root.ping()을 활성화하고, 이 메서드는 super()를 호출하지 않기 때문이다.

실제 프로그램에서는 U 같은 클래스는 **믹스인 클래스**mixin class가 될 수 있다. 믹스인은 다중 상속에서 다른 클래스와 함께 사용해서 추가 기능을 제공하는 클래스다. 믹스인 클래스는 잠시 후

14.5절 '믹스인 클래스'에서 알아본다.

MRO에 대한 설명을 마무리하기 전에, 파이썬 표준 라이브러리의 Tkinter GUI 툴킷 클래스의 복잡한 다중 상속 그래프의 한 부분을 보여 주는 [그림 14-2]를 보자.

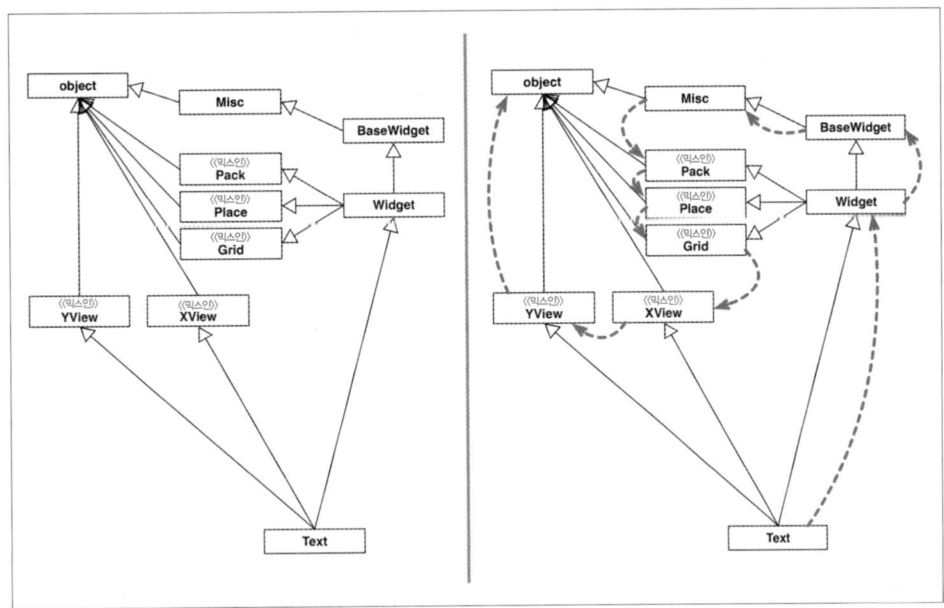

그림 14-2 Tkinter Text 위젯 클래스와 슈퍼클래스(왼쪽) 및 Text.__mro__를 보여 주는 점선 화살표(오른쪽)

먼저 아래쪽 Text 클래스부터 살펴보자. Text 클래스는 여러 줄의 텍스트를 편집할 수 있는 위젯으로서의 모든 기능을 구현한다. 자체적으로 많은 기능을 제공하지만, 다른 클래스들에서 여러 메서드도 상속받는다. 왼쪽 그림은 일반적인 UML 클래스 다이어그램이고, 오른쪽 그림은 간단히 구현한 편의 함수 print_mro()를 이용해 [예제 14-7]에 나열된 MRO를 점선 화살표로 보여 준다.

예제 14-7 tkinter.Text의 MRO

```
>>> def print_mro(cls):
...     print(', '.join(c.__name__ for c in cls.__mro__))
>>> import tkinter
>>> print_mro(tkinter.Text)
Text, Widget, BaseWidget, Misc, Pack, Place, Grid, XView, YView, object
```

이제 믹스인에 관해 알아보자.

14.5 믹스인 클래스

믹스인^{mixin} 클래스는 다중 상속 환경에서 적어도 두 개 이상의 클래스가 상속하도록 설계된다. 믹스인은 구상 클래스의 유일한 베이스 클래스가 될 필요는 없다. 구상 클래스 기능을 모두 제공하지 않고, 자식이나 형제 클래스들의 작동 방식을 추가하거나 커스터마이즈할 뿐이기 때문이다.

> **NOTE** 파이썬이나 C++에는 믹스인 클래스를 명시적으로 표현하는 키워드가 없다. 루비 언어는 믹스인(클래스에 기능을 추가하기 위해 포함할 수 있는 메서드 집합)으로 작동하는 모듈을 정의하고 사용하는 키워드가 있다. C#, PHP, 러스트는 일종의 믹스인을 명시한 트레이트^{trait}를 구현한다.

먼저 간단하지만 쉽게 이해할 수 있는 믹스인 클래스 예를 살펴보자.

14.5.1 대소문자를 구분하지 않는 매핑들

[예제 14-8]은 키를 추가하거나 조회할 때 키를 대문자로 변환해 대소문자 구분 없이 문자열 키를 사용하게 해주는 매핑을 구현한 클래스다.

예제 14-8 uppermixin.py: 대소문자 구분 없는 매핑을 지원하는 UpperCaseMixin

```python
import collections

def _upper(key):  # ❶
    try:
        return key.upper()
    except AttributeError:
        return key


class UpperCaseMixin:  # ❷
    def __setitem__(self, key, item):
        super().__setitem__(_upper(key), item)
```

```python
    def __getitem__(self, key):
        return super().__getitem__(_upper(key))

    def get(self, key, default=None):
        return super().get(_upper(key), default)

    def __contains__(self, key):
        return super().__contains__(_upper(key))
```

❶ 이 헬퍼 함수는 모든 자료형의 key를 받아 key.upper()를 반환한다. 대문자로 변환하지 못하면 변환되지 않은 원래의 key를 반환한다.

❷ 이 믹스인은 매핑의 네 가지 핵심 메서드를 구현하는데, 가능하면 대문자로 변환하고 super()를 호출한다.

UpperCaseMixin의 모든 메서드가 super()를 호출하므로, 이 믹스인은 동일한 시그너처의 메서드를 구현하거나 상속하는 형제 클래스에 의존한다. 일반적으로 믹스인이 영향을 미치려면 자신을 이용하는 서브클래스의 MRO에서 다른 클래스보다 먼저 나와야 한다. 즉, 클래스를 선언할 때 베이스 클래스를 나열하는 튜플에서 가장 먼저 나와야 한다. [예제 14-9]는 두 개의 예제 클래스 선언을 보여 준다.

예제 14-9 uppermixin.py: UpperCaseMixin을 사용하는 두 개의 클래스

```python
class UpperDict(UpperCaseMixin, collections.UserDict):  ❶
    pass

class UpperCounter(UpperCaseMixin, collections.Counter):  ❷
    """문자열 키를 대문자로 바꾸는 특화된 'Counter'"""  ❸
```

❶ UpperDict는 자신이 직접 구현할 필요는 없지만, UpperCaseMixin을 첫 번째 베이스 클래스로 지정해야 한다. 그렇지 않으면 UserDict의 메서드가 대신 호출되기 때문이다.

❷ UpperCaseMixin은 Counter와도 작동할 수 있다.

❸ pass 명령을 사용하기보다는 class 문장 안에 본체에 필요한 내용을 만족시키기 위한 독스트링을 넣어 주는 편이 더 좋다.

uppermixin.py 파일(https://fpy.li/14-11) 중, UpperDict를 테스트하는 doctest는 다음과 같다.

```
>>> d = UpperDict([('a', 'letter A'), (2, 'digit two')])
>>> list(d.keys())
['A', 2]
>>> d['b'] = 'letter B'
>>> 'b' in d
True
>>> d['a'], d.get('B')
('letter A', 'letter B')
>>> list(d.keys())
['A', 2, 'B']
```

UpperCounter의 간단한 사용법은 다음과 같다.

```
>>> c = UpperCounter('BaNanA')
>>> c.most_common()
[('A', 3), ('N', 2), ('B', 1)]
```

UpperDict와 UpperCounter가 거의 저절로 작동하는 듯하지만, UpperCaseMixin이 이 두 클래스에서 제대로 작동하게 하려고 UserDict와 Counter 코드를 꼼꼼히 연구해야 했다.

예를 들어 필자가 만든 UpperCaseMixin 첫 번째 버전은 get() 메서드를 구현하지 않았다. 그 버전은 UserDict와는 잘 작동했지만, Counter는 제대로 작동하지 않았다. UserDict 클래스가 collection.abc.Mapping으로부터 get()을 상속받고, 그 메서드는 필자가 구현한 __getitem__()을 호출했다. 그러나 UpperCounter가 __init__()으로 초기화될 때 키는 대문자로 변경되지 않았다. Counter.__init__()은 Counter.update()를 사용하는데, 이 메서드는 dict에서 상속받은 get() 메서드를 사용하기 때문이다. 그런데 dict의 get() 메서드는 __getitem__()을 호출하지 않는다. 이 문제는 3.5.3절 '표준 라이브러리의 일관성 없는 __missing__() 사용'에서 이야기한 핵심 문제이자, 아무리 작더라도 상속을 이용하는 프로그램의 다루기 어렵고 당황스러운 속성을 극명히 보여 주는 사례다.

다음 절에서는 믹스인 클래스를 활용한 다중 상속 사례를 몇 가지 다뤄본다.

14.6 실세계에서의 다중 상속

『GoF의 디자인 패턴(개정판)』 책에서는 거의 모든 코드가 C++로 작성되었지만, 다중 상속 예는 어댑터 패턴이 유일하다. 파이썬에서도 다중 상속이 널리 사용되지는 않지만, 이번 절에서 몇 가지 예를 들어 설명하고자 한다.

14.6.1 믹스인으로서의 ABC

파이썬 표준 라이브러리 중에서는 collections.abc 패키지가 다중 상속을 많이 사용하다. 그렇다고 해서 논란거리가 되지는 않는다. 심지어 자바도 인터페이스 다중 상속을 지원하며, ABC는 선택적으로 구상 메서드를 제공할 수 있는 인터페이스이기 때문이다.[8]

collections.abc에 관한 파이썬 공식 문서(https://fpy.li/14-13)는 여러 컬렉션 ABC 에서 구현된 구상 메서드들에 대해 **믹스인 메서드**mixin method라는 용어를 사용한다. 믹스인 메 서드를 제공하는 ABC는 인터페이스를 정의할 뿐만 아니라 믹스인 클래스이기도 하다. 예를 들어 collections.UserDict 구현(https://fpy.li/14-14)은 collections.abc. MutableMapping이 제공하는 여러 믹스인 메서드에 의존한다.

14.6.2 ThreadingMixIn과 ForkingMixIn

http.server(https://fpy.li/14-15) 패키지는 HTTPServer와 ThreadingHTTPServer 클 래스를 제공하는데, 파이썬 3.7에 추가된 ThreadingHTTPServer 문서는 다음과 같이 설명한다.

> ```
> class http.server.ThreadingHTTPServer(server_address, RequestHandlerClass)
> ```
> 이 클래스는 HTTPServer와 똑같지만 ThreadingMixIn으로 여러 스레드를 이용해 요 청을 처리한다. 이 클래스는 여러 소켓을 미리 여는 웹 브라우저를 구현하기에 좋다. 한편 HTTPServer는 소켓을 무한정 기다린다.

---

[8] 앞에서도 설명했듯이, 자바 8에서는 인터페이스가 메서드 구현도 제공할 수 있다. 자바 공식 튜토리얼에서는 새로 추가된 이 기능을 '기본 메서드'라고 부른다(https://fpy.li/14-12).

파이썬 3.10에서 ThreadingHTTPServer의 전체 소스 코드(https://fpy.li/14-16)는 다음
과 같다.

```python
class ThreadingHTTPServer(socketserver.ThreadingMixIn, HTTPServer):
    daemon_threads = True
```

socketserver.ThreadingMixIn의 소스 코드(https://fpy.li/14-17)는 주석과 독스트링
을 포함해 38줄이다. 구현 코드를 요약하면 [예제 14-10]과 같다.

예제 14-10 파이썬 3.10 Lib/socketserver.py의 일부

```python
class ThreadingMixIn:
    """각 요청을 새로운 스레드에서 처리하기 위한 믹스인 클래스"""

    # 8줄 생략

    def process_request_thread(self, request, client_address):    ❶
        ... # 6줄 생략

    def process_request(self, request, client_address):    ❷
        ... # 8줄 생략

    def server_close(self):    ❸
        super().server_close()
        self._threads.join()
```

❶ process_request_thread()는 새로운 메서드라서 오버라이드하지 않으므로 super()를 호출하지
   않는다. 이 메서드는 HTTPServer가 제공하거나 상속한 인스턴스 메서드 세 개를 호출한다.

❷ 이 메서드는 HTTPServer가 socketserver.BaseServer로부터 상속받은 process_request()
   메서드를 오버라이드해 스레드를 생성하고 실제 작업을 수행하는 process_request_thread()를 생
   성된 스레드에서 실행시킨다. 이 메서드도 super()를 호출하지 않는다.

❸ server_close()는 super().server_close()를 호출해 요청을 더는 받아들이지 않게 하고 나서,
   process_request()가 생성한 스레드들이 작업을 완료할 때까지 기다린다.

ThreadingMixIn은 socketserver 모듈 문서(https://fpy.li/14-18)의 ForkingMixIn 다
음에 나온다. ForkingMixIn은 POSIX 표준(https://fpy.li/14-20)을 따르는 유닉스 계열

시스템에서 자식 프로세스를 생성하는 API인 os.fork()(https://fpy.li/14-19)에 기반
해 동시성 서버를 지원하도록 설계되었다.

14.6.3 장고 제네릭 뷰 믹스인

장고의 뷰는 콜러블 객체로서 HTTP 요청을 나타내는 객체(request)를 인수로 받아서
HTTP 응답을 나타내는 객체를 반환한다. 이때 반환될 수 있는 다양한 HTTP 응답이 흥미롭
다. HTTP 응답은 본체가 없는 리다이렉션처럼 아주 간단할 수도 있고, HTML 템플릿으로 렌
더링해서 구입 버튼과 자세한 정보 페이지의 링크를 나열하는 온라인 스토어 카탈로그 페이지
처럼 복잡할 수도 있다.

원래 장고는 일반적인 용도를 구현하는 제네릭 뷰라고 하는 일련의 함수를 제공했다. 예를 들
어 인터넷 검색 엔진의 검색 결과에서는 자세한 정보 페이지에 대한 링크를 여러 페이지에 걸
쳐 나열하는데, 장고의 리스트 뷰와 상세 뷰는 서로 협력해 이러한 문제를 해결하기 위해 설계
되었다. 리스트 뷰는 검색 결과를 보여 주고, 상세 뷰는 각 항목에 대한 페이지를 생성한다.

그렇지만 원래의 제네릭 뷰는 함수였으므로 확장할 수 없었다. 제네릭 뷰와 비슷하지만 완전히
똑같지 않은 무언가를 만들려면 처음부터 시작해야 했다.

장고 1.3에서는 베이스 클래스, 믹스인, 바로 사용할 수 있는 구상 클래스로 구성된 일련의 범
용 뷰 클래스와 함께 클래스 기반의 뷰를 소개했다. 장고 3.2에서는 베이스 클래스와 믹스인이
[그림 14-3]에 나온 django.views.generic 패키지의 base 모듈에 들어 있다. 다이어그램의
꼭대기에는 서로 다른 책임을 지는 View 클래스와 TemplateResponseMixin 클래스가 있다.

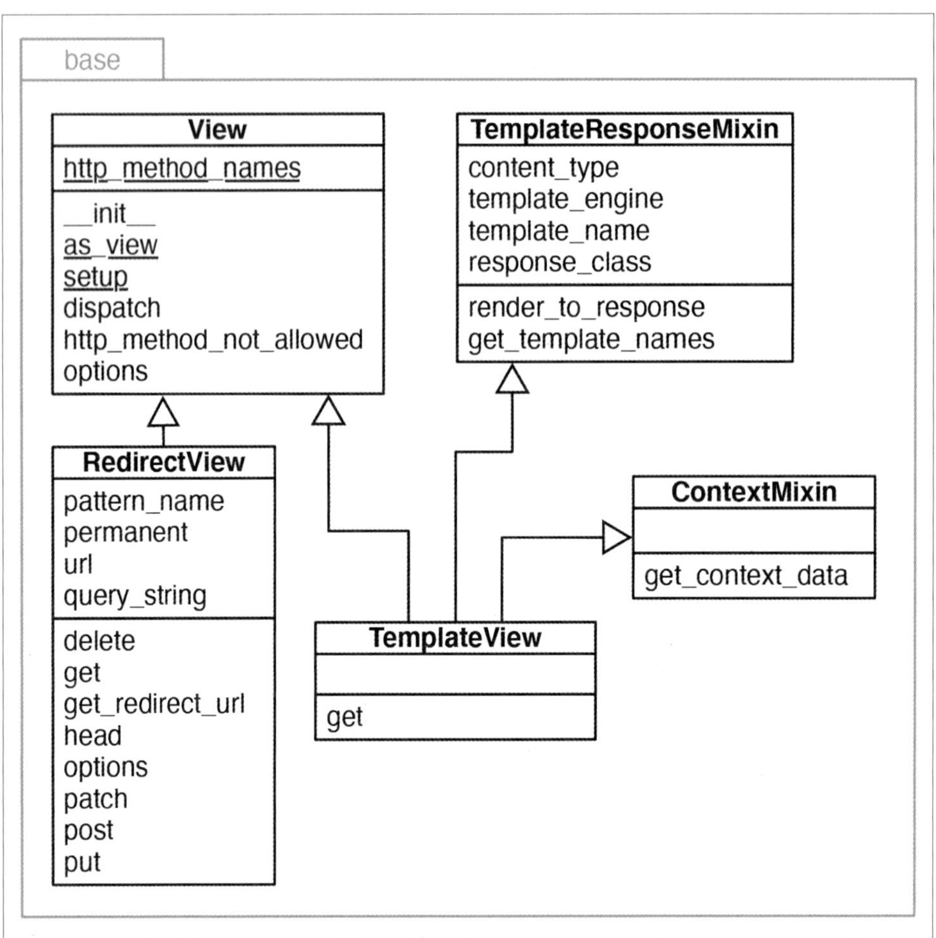

그림 14-3 `django.views.generic.base` 모듈에 대한 **UML 클래스 다이어그램**

> **TIP** 이 클래스들을 연구하는 데 'Classy Class-Based Views' 웹사이트(`https://fpy.li/14-21`)가 상당히 유용하다. 이 사이트에서는 각 클래스를 쉽게 둘러볼 수 있으며, 클래스별 모든 메서드(상속된 메서드, 오버라이드한 메서드, 추가한 메서드 등)를 볼 수 있으며, 다이어그램을 보고, 문서를 살펴보고, 깃허브의 해당 소스 코드를 바로 볼 수 있다(`https://fpy.li/14-22`).

View는 모든 뷰의 베이스 클래스로(ABC), 다양한 HTTP 동사를 처리하는 구상 서브클래스가 구현한 `get()`, `head()`, `post()` 등의 처리 메서드를 호출하는 `dispatch()` 메서드 등의 핵심 기능을 제공한다.[9] RedirectView 클래스는 View 클래스만 상속하며, get(), head(), post() 등의 메서드를 구현한다.

View의 구상 서브클래스는 처리 메서드를 구현해야 하는데, 왜 이 메서드가 View 인터페이스에 정의되지 않았을까? 이는 서브클래스가 자신이 지원하려는 처리기만 구현할 수 있도록 하기 위해서다. TemplateView는 내용을 화면에 출력하는 데 사용하므로, get() 메서드만 구현한다. HTTP POST 요청을 TemplateView에 보내면 상속된 View.dispatch() 메서드는 post() 처리기가 없음을 확인하고 'HTTP 405 Method Not Allowed' 응답을 생성한다.[10]

TemplateResponseMixin은 템플릿을 사용해야 하는 뷰에만 관련된 기능을 제공한다. 예를 들어 RedirectView는 내용 본체가 없어서 템플릿이 필요 없으므로 TemplateResponseMixin을 상속하지 않는다. TemplateResponseMixin은 TemplateView와 django.views.generic 패키지의 다른 모듈에 정의된 ListView, DetailView 등의 템플릿을 렌더링하는 뷰에 필요한 작동을 제공한다. django.views.generic.list 모듈과 일부 base 모듈의 구조는 [그림 14-4]와 같다.

[그림 14-4]에서 장고 사용자에게 가장 중요한 클래스는 ListView 클래스이며, 코드가 전혀 없는 집합 클래스다(클래스 본체에는 독스트링만 있다). 생성된 ListView 객체에는 object_list라는 속성이 있는데, 템플릿은 이 속성을 반복해서 페이지의 내용을 보여 준다. 일반적으로 여러 객체를 반환하는 데이터베이스 쿼리 결과가 object_list에 저장된다. 이렇게 반복 가능한 객체를 생성하는 것과 관련된 기능은 모두 MultipleObjectMixin이 제공한다. 이 믹스인은 결과 중 일부를 한 페이지에 출력하고 다른 페이지에 대한 링크를 걸기 위해 복잡한 페이지화 논리도 제공한다.

템플릿을 렌더링하지 않지만 JSON 형식으로 객체의 리스트를 생성하는 뷰가 필요하다고 가정해 보자. 이런 용도로 BaseListView 클래스가 제공된다. 이 클래스는 템플릿 장치의 부담 없이 View와 MultipleObjectMixin을 쉽게 사용할 수 있는 확장 지점을 제공한다.

---

9 장고 프로그래머는 View 인터페이스에서 as_view() 클래스 메서드를 가장 많이 보지만, 이 메서드는 여기에서 설명하는 내용과 관련이 없다.

10 디자인 패턴에 관심이 많다면 장고 디스패치 메커니즘이 템플릿 메서드 패턴(https://fpy.li/14-23)을 동적으로 변형한 것임을 알아차렸을 것이다. View 클래스는 서브클래스가 모든 처리기를 구현하도록 강요하지 않지만, dispatch()가 특정 요청에 대한 구상 클래스로 구현된 처리기가 있는지 런타임에 검사하므로 동적으로 작동한다.

장고의 클래스 기반 뷰 API가 Tkinter보다 다중 상속의 예를 보여 주기에 좋다. 특히 장고의 믹스인은 용도가 분명하고 클래스명이 `Mixin`으로 끝나므로 쉽게 알아볼 수 있다.

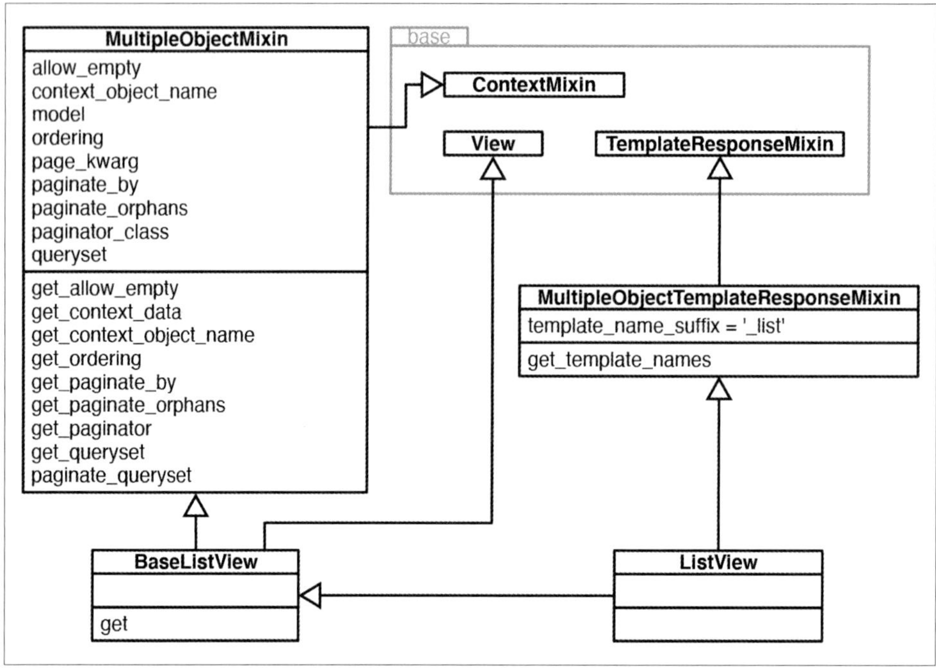

그림 14-4 `django.views.generic.list` 모듈에 대한 UML 클래스 다이어그램. 여기서 base 모듈의 클래스 세 개는 간략히 표시했다([그림 14-3] 참조). ListView 클래스는 메서드나 속성이 없는 집합 클래스다.

장고 사용자들이 클래스 기반 뷰의 모든 기능을 사용하는 것은 아니다. 일종의 블랙박스로서 일부 기능만 사용하며, 새로운 무언가가 필요할 때 기반 뷰와 믹스인을 재사용하지 않고 모든 기능을 하나의 뷰에 몰아넣어 구현하려는 사용자도 많다.

클래스 기반 뷰를 활용하고 애플리케이션의 특정 용도에 맞게 확장하는 방법을 배우려면 어느 정도 시간이 걸리지만, 배워둘 가치는 있다고 생각한다. 획일적으로 반복되는 코드를 상당히 줄일 수 있고, 해결책을 재사용하기 쉽게 해 주며, 심지어 템플릿 및 템플릿 콘텍스트에 전달되는 변수에 대한 표준적인 명칭을 정의함으로써 팀 내 의사소통도 원활히 할 수 있다. 클래스 기반 뷰는 장고 뷰 '온 레일즈'라고 할 수 있다.

14.6.4 Tkinter에서의 다중 상속

파이썬 표준 라이브러리에서 다중 상속을 극단적으로 보여 주는 예가 Tkinter GUI 툴킷 (`https://fpy.li/14-24`)이다. 여기서는 Tkinter 위젯 계층구조의 일부를 이용해 [그림 14-2]의 MRO를 예로 들어 설명하고자 한다. [그림 14-5]는 tkinter 기본 패키지(`tkinter. ttk` 서브패키지에는 더 많은 위젯이 있다(`https://fpy.li/14-25`))의 모든 위젯 클래스를 보여 준다.

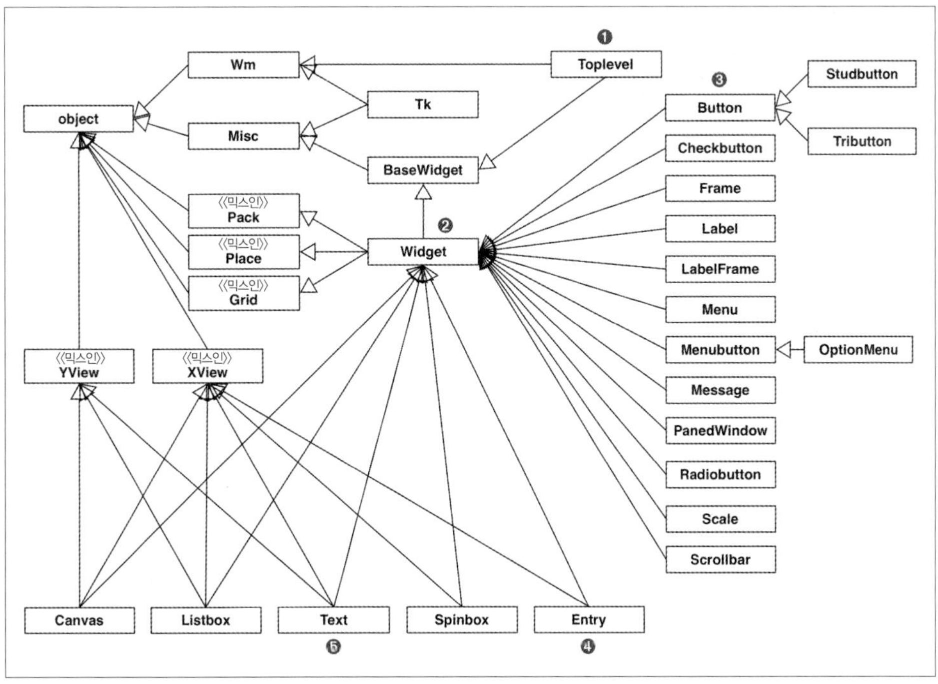

그림 14-5 TKinter GUI 클래스 계층구조를 요약한 UML 다이어그램. 《믹스인》으로 표시된 클래스들은 다중 상속을 통해 다른 클래스에 구상 메서드를 제공하고자 설계된 클래스다.

Tkinter는 25년 되었으며, 최고의 코딩 기법을 보여 주는 예는 아니다. 그러나 개발자가 다중 상속의 단점을 이해하지 못할 때 어떻게 되는지 보여 준다. 그리고 다음 절에서 설명할 좋은 관례를 설명할 때 반면교사로 사용할 것이다.

[그림 14-5]에 나온 다음과 같은 클래스를 보자.

❶ **Toplevel**: Tkinter 애플리케이션의 최상위 윈도 클래스

❷ **Widget**: 윈도에 위치시킬 수 있는 모든 시각 객체의 슈퍼클래스

❸ **Button**: 평범한 버튼 클래스

❹ **Entry**: 편집할 수 있는 한 줄짜리 텍스트 필드

❺ **Text**: 편집할 수 있는 여러 줄짜리 텍스트 필드

[예제 14-7]의 `print_mro()` 함수를 이용해 출력한 이 클래스들의 MRO는 다음과 같다.

```
>>> import tkinter
>>> print_mro(tkinter.Toplevel)
Toplevel, BaseWidget, Misc, Wm, object
>>> print_mro(tkinter.Widget)
Widget, BaseWidget, Misc, Pack, Place, Grid, object
>>> print_mro(tkinter.Button)
Button, Widget, BaseWidget, Misc, Pack, Place, Grid, object
>>> print_mro(tkinter.Entry)
Entry, Widget, BaseWidget, Misc, Pack, Place, Grid, XView, object
>>> print_mro(tkinter.Text)
Text, Widget, BaseWidget, Misc, Pack, Place, Grid, XView, YView, object
```

> **NOTE** 현대적인 관점에서 보면 Tkinter의 클래스 계층구조는 아주 깊다. 표준 라이브러리에서 구상 클래스들이 서너 단계의 층 구조인 부분은 거의 없고, 자바 클래스 라이브러리도 마찬가지다. 그러나 자바 클래스 라이브러리 중 GUI 프로그래밍에 관련된 **java.awt**(https://fpy.li/14-26)와 **javax.swing**(https://fpy.li/14-27) 라이브러리의 계층구조가 가장 깊다는 점은 흥미롭다. 스몰토크의 최신 프리 버전인 Squeak(https://fpy.li/14-28)도 강력하고 혁신적이지만 아주 깊은 클래스 계층구조로 이루어진 Morphic GUI 툴킷을 포함한다. 필자의 경험상, 상속이 가장 유용하게 사용되는 부분이 GUI 툴킷인 듯하다.

이 클래스들의 상호 연결 방식에 관한 다음 특성에 주목하라.

- **Toplevel**은 시각적 위젯 중 유일하게 **Widget**을 상속하지 않는다. **Toplevel**이 최상위 윈도이므로 다른 윈도나 프레임에 연결되는 등의 일반적인 위젯 작동 방식을 사용할 수 없기 때문이다. **Toplevel**은 **Wm**을 상속하며, **Wm**은 윈도 타이틀을 설정하고 테두리를 설정하는 등 호스트 윈도 매니저의 함수에 직접 접근하게 해준다.

- **Widget**은 **BaseWidget**, **Pack**, **Place**, **Grid**를 직접 상속한다. **Pack**, **Place**, **Grid**는 기하학적인 도형의 관리자로서 윈도나 프레임 안에 위젯을 배치하는 역할을 한다. 각 클래스는 서로 다른 배치 전략과 위젯 위치 지정 API를 담고 있다.

- 대부분의 위젯과 마찬가지로 Button은 Widget만 상속하지만, 모든 위젯에 수십 가지 메서드를 제공하는 Misc를 간접적으로 상속한다.
- Entry는 수평 스크롤 기능을 구현하는 Widget, XView 클래스를 상속한다.
- Text는 수직 스크롤 기능을 구현하는 Widget, XView, YView 클래스를 상속한다.

이제 다중 상속을 올바로 활용하는 방법을 알아보고 Tkinter가 이 방법을 따르는지 알아보자.

14.7 상속 처리

이 장의 처음에 인용한 앨런 케이의 말은 여전히 유효하다. 실무 프로그래머의 길잡이가 될 만한 상속에 대한 종합적인 이론은 아직도 없다. 우리가 가진 것이라고는 경험, 디자인 패턴, '모범 사례', 멋져 보이는 약어, 금기 등일 뿐이다. 이들 중 일부는 유용한 길잡이가 되지만, 모든 곳에 늘 적용되는 것은 없다.

다중 상속을 이용하지 않더라도 상속을 받으면 난해하고 불안정하게 설계하기 쉽다. 포괄적인 이론이 없기 때문에 복잡하게 꼬인 클래스 그래프를 피하는 데 유용한 몇 가지 팁들을 이어지는 절에서 알아본다.

14.7.1 상속을 생각하기 전에 객체 구성을 먼저 생각하라

이 절의 제목은 『GoF의 디자인 패턴(개정판)』(프로텍미디어, 2015) 책[11]에서 두 번째 객체 지향 설계 원칙으로서, 여기서 제안할 수 있는 최고의 조언이다. 일단 상속에 익숙해지고 나면 남용하기 쉽다. 객체를 깔끔한 계층구조 안에 넣으면 정돈되어 보인다. 프로그래머들은 그저 재미로 상속을 한다.

구성composition 방식을 잘 활용하면 조금 더 융통성 있는 설계가 만들어진다. 예를 들어 `tkinter.Widget` 클래스의 경우 모든 도형 관리자에서 메서드를 상속하는 대신 도형 관리자에 대한 참조를 보관하고, 메서드를 호출하는 편이 좋다. 결과적으로 Widget은 도형 관리자가

---

11 해당 책의 서문에 이 원칙이 나온다.

되어서는 안 되고, 위임을 통해 서비스를 활용할 수 있다. 그러고 나서 위젯 클래스 계층구조를 건드리거나 이름 충돌의 걱정 없이 도형 관리자를 새로 추가할 수 있다. 단일 상속에서도 이 원칙은 융통성을 높인다. 상속은 두 클래스가 밀접하게 결합하도록 하므로 깊은 상속 트리는 불안정해지기 쉽기 때문이다.

구성과 위임은 믹스인을 대체해 다른 클래스가 메서드를 사용하게 할 수 있지만, 인터페이스 상속을 대체해 클래스 계층구조를 정의할 수는 없다.

14.7.2 상속하는 이유를 명확히 이해하라

다중 상속할 때는 각 경우에 상속하는 이유를 명확히 하면 도움이 된다. 상속하는 주요 이유는 다음과 같다.

- 인터페이스 상속은 'is-a' 관계를 의미하는 서브타입을 생성한다. 이때는 ABC를 활용하면 가장 좋다.
- 구현 상속은 재사용을 통해 코드 중복을 피한다. 이때는 믹스인을 활용할 수 있다.

실제로 이 두 가지 목적을 모두 가진 경우가 많지만, 의도를 명확히 할 수 있을 때는 명백히 표현하는 편이 좋다. 코드 재사용을 위한 상속은 구현에 관련된 것이며, 구성이나 위임으로 대체할 수 있는 경우도 자주 있다. 한편 인터페이스 상속은 프레임워크에서 중추적인 역할을 수행한다. 가능하면 인터페이스 상속은 베이스 클래스로 ABC만 사용해야 한다.

14.7.3 ABC로 인터페이스임을 명시하라

최신 파이썬에서는 클래스가 인터페이스를 정의하려 할 때, 클래스를 명시적인 ABC나 `typing.Protocol`의 서브클래스로 만들어야 한다. ABC는 `abc.ABC`나 다른 ABC만 상속해야 한다. ABC의 다중 상속은 문제를 일으키지 않는다.

14.7.4 코드를 재사용하려면 믹스인을 사용하라

'is-a' 관계를 나타내지 않고 서로 관련 없는 여러 서브클래스에서 코드를 재사용하고자 설계된 클래스는 명시적으로 믹스인 클래스로 만들어야 한다. 개념적으로 믹스인 클래스는 새로운 자료형을 정의하지 않고, 단지 재사용할 메서드들을 묶어놓을 뿐이다. 믹스인 클래스로는 객체를 생성하면 안 되며, 믹스인 클래스를 상속하는 구상 클래스는 다른 클래스도 함께 상속해야 한다. 각각의 믹스인 클래스는 밀접히 연관된 메서드 몇 개를 구현해 하나의 구체적인 행위를 제공해야 한다. 믹스인은 내부 상태를 유지하지 않아야 하므로, 믹스인 클래스는 인스턴스가 없어야 한다.

파이썬에서는 클래스가 믹스인임을 나타내는 공식적인 방법이 없으므로, 이름 끝에 `Mixin`을 붙이기를 권장한다.

14.7.5 사용자에게 집합 클래스를 제공하라

> 주로 믹스인 클래스를 상속해 만들어지며 자체적인 구조나 행위를 추가하지 않는 클래스를 집합 클래스aggregate class라고 한다.[12]
>
> — 그래디 부치Grady Booch 외

ABC나 믹스인의 어떤 조합이 클라이언트 코드에 특별히 도움이 된다면, 이들을 적절히 통합하는 클래스를 제공하라.

예를 들어 [그림 14-4] 오른쪽 아래에 있는 장고 `ListView` 클래스의 전체 소스 코드(`https://fpy.li/14-29`)는 다음과 같다.

```
class ListView(MultipleObjectTemplateResponseMixin, BaseListView):
    """
    `self.model`이나 `self.queryset`으로 설정된 객체들의 리스트를 그린다.
```

---

[12] 그래디 부치 외 공저, 박현철 공역, 『UML을 활용한 객체지향 분석 설계 UML을 활용한 객체지향 분석 설계』(에이콘출판사, 2013)에서 인용했다.

```
    `self.queryset`은 queryset 뿐만 아니라, 어떠한 반복형도 사용될 수 있다.
    """
```

ListView 본체가 비어 있지만, 이 클래스는 함께 사용되어야 할 믹스인과 베이스 클래스를 통합함으로써 유용한 서비스를 제공한다.

또 다른 예로 tkinter.Widget(https://fpy.li/14-30)은 베이스 클래스가 네 개 있지만, 자체적인 메서드나 속성은 없고 그저 독스트링만 있다. Widget 집합 클래스 덕분에 제대로 작동하는 데 필요한 선언 순서를 알 필요 없이 필요한 믹스인을 가진 위젯을 새로 만들 수 있다.

집합 클래스 본체가 완전히 비어 있어야 하는 것은 아니지만, 비어 있는 경우가 많다.

14.7.6 상속하도록 설계된 클래스만 상속하라

이 장에 대한 의견으로 테크니컬 리뷰어 레오나르도 로챌은 다음과 같은 주의 사항을 남겼다.

> **WARNING** 복잡한 클래스를 상속해 메서드를 오버라이드하면 에러가 발생하기 쉽다. 슈퍼클래스 메서드가 서브클래스에서 오버라이드한 메서드를 뜻하지 않게 무시할 수 있기 때문이다. 되도록 메서드를 오버라이드하지 않거나, 적어도 쉽게 확장되도록 설계된 클래스를 의도된 방식으로만 상속하는 편이 좋다.

아주 좋은 충고지만, 클래스가 확장하도록 설계되었는지, 어떻게 확장할지 어떻게 알 수 있을까?

이 질문에 대한 첫 번째 답은 문서다. 문서는 코드 안에 독스트링이나 심지어 주석으로 제공될 수도 있다. 가령 파이썬의 socketserver 패키지(https://fpy.li/14-31)에는 '네트워크 서버를 위한 프레임워크'라는 설명이 있다. 이 클래스의 BaseServer 클래스(https://fpy.li/14-32)는 이름에서 짐작할 수 있듯이 상속을 위해 설계되었다. 게다가 이 클래스의 문서와 소스 코드에 있는 독스트링(https://fpy.li/14-33)은 서브클래스에서 어느 메서드를 오버라이드해야 하는지 명시한다.

파이썬 3.8+에서는 'PEP 591 – 타이핑에 final 지시자 추가하기Adding a final qualifier to typing'(https://fpy.li/pep591)가 이러한 설계 제약 사항을 명시하는 방법을 제공한다. PEP 591은 클래스나 개별 메서드에 적용할 수 있는 @final 데커레이터(https://fpy.li/14-34)를 도입했는데, 이에 따라 설계된 의도와 달리 클래스를 상속하거나 메서드를 오버라이드할 때

IDE나 자료형 검사기가 오류를 탐지할 수 있다.[13]

14.7.7 구상 클래스의 상속을 피하라

구상 클래스의 상속은 ABC와 믹스인의 상속보다 위험하다. 구상 클래스에는 일반적으로 내부 상태가 있는데, 이 상태에 의존하는 메서드를 오버라이드하면 내부 상태가 손상될 수 있기 때문이다. 오버라이드한 메서드가 super()를 호출해 협조한다고 해도 내부 상태는 __x 구문을 이용한 비공개 속성에 보관되기 때문에 메서드를 오버라이드해 버그를 발생시킬 방법이 무수히 많다.

13.5절 '구스 타이핑' 안에 있는 '물새와 ABC' 글상자에서 알렉스 마르텔리는 스콧 마이어스의 『More Effective C++』를 인용해 '단말 노드가 아닌 클래스는 모두 추상 클래스이어야 한다'고 했다. 다시 말해 스콧 마이어스는 추상 클래스만 상속하도록 권장한다.

코드 재사용을 위해 상속해야 한다면, 재사용하려는 코드는 ABC의 믹스인 메서드나 명시적으로 이름을 붙인 믹스인 클래스 안에 들어가야 한다.

이제부터 이 권장 사항의 관점에서 Tkinter를 분석해 보자.

14.7.8 Tkinter: 장점과 단점

14.7.5절 '사용자에게 집합 클래스를 제공하라'를 제외하고 앞 절들에서 이야기한 대부분의 권장 사항을 Tkinter는 따르지 않는다. 14.7.5절의 권장 사항은 따르더라도 그리 좋은 예는 아니다. 14.7.1절 '상속을 생각하기 전에 객체 구성을 먼저 생각하라'에서 설명했듯이 도형 관리자들을 Widget에 통합해 구성하는 편이 더 나았을 것이기 때문이다.

Tkinter는 1994년 파이썬 1.1이 공개될 때부터 표준 라이브러리에 속했음을 명심하라. Tkinter는 Tcl 언어로 구현한 멋진 Tk GUI 툴킷 위에서 작동하는 계층이다. Tcl/Tk 조합이 원래 객체지향으로 설계되지 않았으므로 Tk API는 기본적으로 아주 많은 함수로 구성된다. 그러나 원래의 Tcl 구현은 함수로 되었더라도 툴킷은 개념적으로는 상당히 객체지향적이다.

---

13 PEP 591은 재할당하거나 오버라이드하면 안 되는 변수나 속성에 대한 Final 어노테이션(https://fpy.li/14-35)도 도입했다.

tkinter.Widget의 독스트링은 '내부 클래스'라는 단어로 시작한다. 이 설명에 따르면 Widget
은 ABC여야 한다. Widget에 자체 메서드는 없지만, 실제로는 인터페이스를 정의한다. 내부의
설명을 보면 'Tkinter 위젯은 __init__(), destroy() 등 수십 개의 Tk API 함수 및 세 개
의 도형 관리자가 제공하는 메서드를 외부에 제공한다'라고 한다. Widget은 그리 좋은 인터페
이스 정의는 아니지만(그리고 너무 광범위하다), 인터페이스로서 자신의 슈퍼클래스들의 인
터페이스 합을 '정의'한다.

GUI 애플리케이션 논리를 구현하는 Tk 클래스는 Wm과 Misc를 상속하지만, 이 클래스 둘 다
추상 클래스도 아니고 믹스인도 아니다(TopLevel이 Wm만 상속하므로, Wm은 믹스인으로도 적
절치 않다). Misc 클래스는 이름에서도 코드 악취가 난다. Misc는 100여 개의 메서드로 구성
되며, 모든 위젯은 이 클래스를 상속한다. 클립보드 처리, 텍스트 선택, 타이머 관리 등의 기능
이 모든 위젯에 있어야 할 필요가 있을까? 예를 들어 복사한 것을 버튼에 붙여 넣거나 스크롤
바에서 텍스트를 선택할 일은 없다. Misc를 여러 개의 전문화된 믹스인 클래스로 분할하고 위
젯은 각각 필요한 믹스인을 상속하는 편이 좋을 것이다.

다행히도 Tkinter 사용자는 다중 상속을 이해하거나 사용할 필요가 전혀 없다. 세부적인 구현
내용이 위젯 클래스 뒤에 감춰졌으므로, 코드에서는 단지 객체를 생성하거나 상속하면 된다.
그러나 이렇게 과도한 다중 상속 때문에 dir(tkinter.Button) 코드를 실행해서 나온 214개
의 속성 중에서 원하는 속성을 찾아내기는 힘들 것이다. 그리고 새로운 Tk 위젯을 구현하려면
이 복잡한 상황을 헤쳐 나가야 한다.

> **TIP** 이런 문제점이 있지만, Tkinter는 안정적이며, 융통성 있고, tkinter.ttk와 이 패키지의 테마 위젯을
> 사용하면 현대적인 룩 앤 필을 제공한다. 게다가 Canvas와 Text 같은 원래 위젯은 놀라울 정도로 강력하
> 다. 몇 시간만 코딩하면 Canvas 객체를 드래그 앤 드롭이 지원되는 그림 애플리케이션으로 만들 수도 있
> 다. GUI 프로그래밍에 관심이 있다면 반드시 Tkinter와 Tcl/Tk를 살펴봐라.

이로써 상속이라는 미로 탐험을 마치고자 한다.

14.8 요약

이 장에서는 먼저 단일 상속 환경에서 super() 함수를 돌아봤다. 그러고 나서 내장형을 상속할 때 발생하는 문제를 이야기했다. 즉, C 언어로 구현된 내장 메서드들은 아주 특별한 경우를 제외하고는 서브클래스에서 오버라이드된 메서드를 호출하지 않는다. 따라서 list, dict, str 형을 커스터마이즈해야 할 때는 UserList, UserDict, UserString을 상속하는 편이 낫다. 이 세 클래스는 모두 collections 모듈(https://fpy.li/collec)에 정의되어 있는데, 실제로 해당 내장형을 내부에 갖고 있으면서 연산을 위임한다. 표준 라이브러리에서 상속보다 구성을 선호하는 사례라고 할 수 있다. 원하는 작동 방식이 내장형의 작동 방식과 아주 많이 다르면 collections.abc(https://fpy.li/14-13)에서 적절한 ABC를 상속해 직접 구현하는 편이 더 쉽다.

이 장의 나머지 부분에서는 양날의 검인 다중 상속을 다뤘다. 먼저 클래스 속성 __mro__에 저장된 메서드 결정 순서가 상속된 메서드에서 발생할 수 있는 이름 충돌을 해결하는 방법을 살펴봤다. 그러고 나서 super() 내장 함수가 다중 상속 계층구조에서 예기치 않게 작동하는 문제를 알아봤다. super()의 작동 방식은 믹스인 클래스를 지원하도록 설계되었는데, 대소문자 구분 없는 매핑형 UpperCaseMixin을 간단한 예제를 통해 믹스인을 지원하는 방법을 이야기했다.

믹스인을 스레드화하고 포킹^{forking}하는 socketserver는 물론, 파이썬 ABC가 다중 상속과 믹스인 메서드를 사용하는 방법도 알아보았다. 다중 상속을 이용하는 조금 더 복잡한 예로서 장고의 클래스 기반 뷰와 Tkinter GUI 툴킷도 알아보았다. Tkinter는 최신 모범 사례는 아니지만, 레거시 시스템에서 볼 수 있는 지나치게 복잡한 클래스 계층구조를 잘 보여 주는 예다.

이 장을 마치기 전에 상속 문제에 대처하는 일곱 가지 권장 사항을 이야기하고, 이 중 일부를 Tkinter 클래스 계층구조를 설명하면서 적용해 보았다.

상속이라면 단일 상속이라도 거부하는 게 최신 경향이다. 21세기에 만들어진 가장 성공적인 언어 중 하나가 Go 언어다. Go 언어에는 class라는 구조체는 없지만, 캡슐화된 필드로 구성된 구조체인 타입^{type}을 만들고 이 구조체에 메서드를 연결할 수 있다. Go 언어는 구조적 타이핑을 이용해 컴파일러가 검사할 수 있는 인터페이스를 정의하게 해 주는데, 구조적 타이핑은 **정적 덕 타이핑**이라고도 하며, 파이썬 3.8+에서 제공하는 프로토콜과 매우 비슷하다. Go 언어는 구성을 통해 타입과 인터페이스를 정의하는 특별 구문을 제공하지만, 심지어 인터페이스 간에도 상속을 지원하지 않는다.

따라서 상속과 관련한 최고의 조언은 아마도 '피할 수 있으면 피하라'는 것이다. 그러나 선택의
여지가 없는 경우도 자주 있다. 우리가 사용하는 프레임워크의 설계 결정에 따를 수밖에 없기
때문이다.

## CHAPTER 15

자료형 힌트 조금 더 알아보기

> 소형 프로그램에는 동적 타이핑이 대단하다는 뼈저린 교훈을 얻었습니다. 대형 프로그램에는
> 조금 더 엄격한 규율이 필요합니다. 그리고 언어가 '하고 싶은 건 다 하라'고 얘기하기보다는
> 그런 규율을 제공한다면 도움이 됩니다.[1]
>
> — 귀도 반 로섬
> 몬티 파이튼의 팬

이 장은 8장에 이어 파이썬의 그래듀얼 타이핑 시스템을 설명한다. 핵심 주제는 다음과 같다.

- 오버로드된 함수 시그너처
- 레코드로 사용되는 dict에 자료형 힌트를 추가하기 위한 typing.TypedDict
- 타입 캐스팅
- 자료형 힌트에 런타임 접근
- 제네릭형
  - 제네릭 클래스의 선언
  - 가변성: 불변, 공변, 반변
  - 제네릭 정적 프로토콜

---

1 2019년 4월 2일 스트리밍된 유튜브 비디오 '언어 창조자의 대화 : 귀도 반 로섬, 제임스 고슬링, 래리 월, 아네르스 하일스베르(A Language Creators' Conversation: Guido van Rossum, James Gosling, Larry Wall, and Anders Hejlsberg)'에서 발췌했다. 인용문은 1:32:05에 시작되며(https://fpy.li/15-1) 내용을 간단히 정리하려고 편집했다. 전체 자막은 https://github.com/fluentpython/language-creators에서 볼 수 있다.

15.1 이번 장의 변경 사항

이 장은 2판에 새로 추가되었다. 먼저 오버로드에 관해 알아보자.

15.2 오버로드된 시그너처

파이썬 함수가 다양하게 조합된 인수들을 받을 수 있다. @typing.overload 데커레이터는 이렇게 다양하게 조합된 인수를 어노테이트하게 해준다. 함수의 반환형이 두 개 이상의 매개변수의 자료형에 따라 달라질 때 특히 중요하다.

내장 함수 sum()에 관해 알아보자. help(sum)이 출력한 도움말은 다음과 같다.

```
>>> help(sum)
sum(iterable, /, start=0)
    Return the sum of a 'start' value (default: 0) plus an iterable of numbers

    When the iterable is empty, return the start value.
    This function is intended specifically for use with numeric values and may
    reject non-numeric types.
```

내장 함수 sum()은 C 언어로 작성되었지만, typeshed는 builtins.pyi에 이 함수에 대해 다음과 같은 오버로드된 자료형 힌트를 정의한다.

```
@overload
def sum(__iterable: Iterable[_T]) -> Union[_T, int]: ...
@overload
def sum(__iterable: Iterable[_T], start: _S) -> Union[_T, _S]: ...
```

먼저 오버로드의 전체적인 구문을 살펴보자. 이게 스텁 파일(.pyi)에서 볼 수 있는 sum() 코드 전부다. 구현은 다른 파일에 있을 것이다. 줄임표(...)는 pass와 마찬가지로 함수 본체 안에 구문적 요구사항을 충족시키기 위한 것일 뿐 아무런 기능이 없다. 따라서 .pyi 파일은 정상적인 파이썬 파일이다.

8.6절 '위치 전용과 가변 매개변수의 어노테이션'에서 이야기했듯이 `__iterable` 앞에 있는 두 개의 언더바는 Mypy가 검사하는 위치 전용 인수에 대한 PEP 484의 관례다. 이것은 `sum(my_list)`는 호출할 수 있지만, `sum(__iterable = my_list)`으로는 호출할 수 없음을 의미한다.

자료형 검사기는 주어진 인수를 각각의 오버로드된 시그너처에 차례대로 매칭한다. `sum(range(100), 1000)`은 매개변수가 하나밖에 없는 첫 번째 시그너처에 매칭되지 않지만, 두 번째 시그너처에는 매칭된다.

함수의 실제 시그너처와 구현 바로 앞에 오버로드된 시그너처를 작성함으로써 일반 파이썬 모듈에도 `@overload`를 사용할 수 있다. [예제 15-1]에서 파이썬 모듈에서 `sum()`에 어노테이션을 붙이고 구현하는 방법을 볼 수 있다.

예제 15-1 mysum.py: 오버로드된 시그너처로 sum() 함수 정의하기

```python
import functools
import operator
from collections.abc import Iterable
from typing import overload, Union, TypeVar

T = TypeVar('T')
S = TypeVar('S')  ❶

@overload
def sum(it: Iterable[T]) -> Union[T, int]: ...  ❷
@overload
def sum(it: Iterable[T], /, start: S) -> Union[T, S]: ...  ❸
def sum(it, /, start=0):  ❹
    return functools.reduce(operator.add, it, start)
```

❶ 두 번째 오버로드에 이 두 번째 TypeVar가 필요하다.

❷ 이 시그너처는 간단한 경우인 `sum(my_iterable)`에 대한 것이다. 반환형은 `my_iterable`이 생성하는 요소들의 자료형인 T이거나, 반복형이 비어 있을 때는 `start` 매개변수의 기본값이 0이므로 정수형이 될 수 있다.

❸ S 형의 `start` 값이 주어졌다면, 반환값이 S 형이 될 수도 있으므로, 반환형은 `Union[T, S]`가 된다. 그래서 S 형에 대한 TypeVar가 필요했다. 여기에 T를 사용했다면, `start`의 자료형은 `Iterable[T]`의 요소와 동일한 자료형인 T이어야 한다.

❹ 실제 함수 구현의 시그너처에는 자료형 힌트가 없다.

한 줄 길이의 함수를 어노테이트하는 데 아주 많은 코드가 사용되었다. 너무 과도한 것일지도 모른다. 그러나 적어도 이 함수는 foo()처럼 쓸모없는 함수는 아니다.

@overload가 사용되는 예를 코드를 보며 배우고 싶으면, typeshed에서 수백 가지 예를 찾아볼 수 있다. 이 책을 쓰는 현재, 파이썬 내장형에 대한 typeshed 스텁 파일(https://fpy.li/15-3)에는 186개의 오버로드가 선언되었는데, 다른 어떤 표준 라이브러리보다 많다.

> **TIP** **그래듀얼 타이핑의 적절한 활용**
>
> 코드에 100% 어노테이션을 붙이다 보면 도움은 거의 되지 않고 자료형 힌트만 덕지덕지 붙는 상황이 발생할 수 있다. 자료형 힌트를 단순화하려고 리팩터링하면 자질구레한 API들이 만들어질 수 있다. 때로는 코드에 자료형 힌트를 붙이지 않고 놔두는 편이 실용적인 측면에서 더 낫다.

파이썬답다고 부르는 편리한 API들은 어노테이트하기 어려울 때가 많다. 다음 절에서는 그런 예를 알아보는데, 융통성이 뛰어난 내장 함수 max()를 제대로 어노테이트하려면 오버로드 여섯 개가 필요하다.

15.2.1 max() 오버로딩

파이썬의 강력한 동적 기능을 활용하는 함수들에 자료형 힌트를 추가하는 일은 어렵다.

typeshed를 살펴보던 중에 버그 리포트 #4051(https://fpy.li/shed4051)을 발견했다. 내장 함수 max()의 인수로 None을 생성하는 반복형이나 None을 전달하면 안 된다는 점을 Mypy가 경고하지 못하는 버그다. None을 생성하는 반복형이나 None을 전달하면 런타임에 다음과 같은 에러가 발생한다.

```
TypeError: '>' not supported between instances of 'int' and 'NoneType'
```

max()에 대한 문서는 다음과 같은 문장으로 시작한다.

> 반복형 안에서 가장 큰 항목이나 두 개 이상의 인수에서 가장 큰 항목을 반환한다.

이 설명은 직관적으로 이해하기 쉽다. 그러나 이 설명에 따라 함수를 어노테이트할 때, 반복형과 두 개 이상의 인수 중 무엇을 어노테이트해야 할까?

그런데 실제로는 더 복잡하다. max()가 key, default라는 2개의 선택적 키워드 인수도 받기 때문이다.

max()가 작동하는 방식과 오버로드된 어노테이션 간의 관계를 쉽게 알아볼 수 있게 max()를 파이썬으로 작성했다(내장 함수 max()는 C 언어로 작성되었다). [예제 15-2]를 보자.

예제 15-2 mymax.py: 파이썬으로 작성한 max() 함수

```python
# 임포트와 정의 생략. 다음 코드를 보라.

MISSING = object()
EMPTY_MSG = 'max() arg is an empty sequence'

# 오버로드된 자료형 힌트 생략. 다음 코드를 보라.

def max(first, *args, key=None, default=MISSING):
    if args:
        series = args
        candidate = first
    else:
        series = iter(first)
        try:
            candidate = next(series)
        except StopIteration:
            if default is not MISSING:
                return default
            raise ValueError(EMPTY_MSG) from None
    if key is None:
        for current in series:
            if candidate < current:
                candidate = current
    else:
        candidate_key = key(candidate)
        for current in series:
            current_key = key(current)
            if candidate_key < current_key:
                candidate = current
                candidate_key = current_key
    return candidate
```

이 예제에서 주목할 부분이 max()의 논리가 아니므로, MISSING 외의 다른 구현 부분은 설명하지 않을 것이다. MISSING 상수는 센티넬로 사용되는 유일한 object 인스턴스다. MISSING은 default 키워드의 기본값이므로 max()는 default=None을 받으면, 다음 두 상황을 구분할 수 있다.

1 사용자가 default 값을 제공하지 않으면, default 값은 MISSING이 되고 max()는 first가 빈 반복형이면 ValueError를 발생시킨다.

2 사용자가 default에 None 등의 값을 제공하면, first가 빈 반복형일 때 default 값을 반환한다.

버그 리포트 #4051(https://fpy.li/shed4051) 문제를 해결하고자 필자는 [예제 15-3]의 코드를 작성했다.[2]

예제 15-3 mymax.py: 임포트, 정의, 오버로드가 있는 모듈 앞부분

```python
from collections.abc import Callable, Iterable
from typing import Protocol, Any, TypeVar, overload, Union

class SupportsLessThan(Protocol):
    def __lt__(self, other: Any) -> bool: ...

T = TypeVar('T')
LT = TypeVar('LT', bound=SupportsLessThan)
DT = TypeVar('DT')

MISSING = object()
EMPTY_MSG = 'max() arg is an empty sequence'

@overload
def max(__arg1: LT, __arg2: LT, *args: LT, key: None = ...) -> LT:
    ...
@overload
def max(__arg1: T, __arg2: T, *args: T, key: Callable[[T], LT]) -> T:
    ...
@overload
def max(__iterable: Iterable[LT], *, key: None = ...) -> LT:
    ...
@overload
```

---

[2] 필자가 원래 아홉 개의 오버로드로 작성한 코드를 여섯 개로 줄여주는 등 여러 가지를 가르쳐준 typeshed의 유지보수자 엘러 제일스트라(Jelle Zijlstra)에게 감사드린다.

```python
def max(__iterable: Iterable[T], *, key: Callable[[T], LT]) -> T:
    ...
@overload
def max(__iterable: Iterable[LT], *, key: None = ...,
        default: DT) -> Union[LT, DT]:
    ...
@overload
def max(__iterable: Iterable[T], *, key: Callable[[T], LT],
        default: DT) -> Union[T, DT]:
    ...
```

필자가 파이썬으로 구현한 max()는 typing 임포트와 함수와 변수의 선언 정도의 길이다. 덕 타이핑 덕분에 isinstance()로 검사할 필요 없이 선언된 자료형 힌트와 동일하게 에러를 검사한다. 물론 런타임에 말이다.

@overload의 가장 큰 장점은 주어진 인수의 자료형에 따라 가능한 한 정확히 반환형을 지정할 수 있다는 것이다. 다음 절에서는 max()의 오버로드를 한두 개씩 묶어 살펴보면서 이 장점을 알아보자.

인수가 SupportsLessThan을 구현하지만, 키와 기본값을 제공하지 않는 경우

```python
@overload
def max(__arg1: LT, __arg2: LT, *_args: LT, key: None = ...) -> LT:
    ...
# ... 중략 ...
@overload
def max(__iterable: Iterable[LT], *, key: None = ...) -> LT:
    ...
```

이 경우 입력으로 SupportsLessThan을 구현하는 LT 형의 인수들을 따로 받거나, LT 형의 Iterable을 받는다. 8.5.9절의 '바운드 TypeVar'에서 설명했듯이 max()의 반환형은 실제 인수나 항목의 자료형과 동일하다.

다음 호출들은 이 오버로드에 매칭된다.

```python
max(1, 2, -3)  # 2를 반환
max(['Go', 'Python', 'Rust'])  # 'Rust'를 반환
```

인수 키가 제공되었지만, 기본값이 없는 경우

```
@overload
def max(__arg1: T, __arg2: T, *_args: T, key: Callable[[T], LT]) -> T:
    ...
# ... 중략 ...
@overload
def max(__iterable: Iterable[T], *, key: Callable[[T], LT]) -> T:
    ...
```

입력은 임의의 T 형 항목들을 개별 인수로 받거나 Iterable[T] 하나를 인수로 받으며, key는 동일한 T 형의 인수 하나를 받고 SupportsLessThan을 구현하는 값을 반환한다. max()의 반환형은 실제 인수와 동일한 자료형이다.

다음 호출들은 이 오버로드에 매칭된다.

```
max(1, 2, -3, key=abs) # -3을 반환
max(['Go', 'Python', 'Rust'], key=len) # 'Python'을 반환
```

인수 기본값이 제공되었지만, 키가 없는 경우

```
@overload
def max(__iterable: Iterable[LT], *, key: None = ...,
        default: DT) -> Union[LT, DT]:
    ...
```

입력은 SupportsLessThan을 구현하는 LT 형 항목들의 반복형을 받는다. default 인수는 Iterable이 비어 있을 때의 반환값이다. 따라서 max()의 반환형은 default 인수의 자료형과 LT의 Union이다.

다음 호출들은 이 오버로드에 매칭된다.

```
max([1, 2, -3], default=0) # 2를 반환
max([], default=None) # None을 반환
```

인수 키와 기본값이 제공되는 경우

```
@overload
def max(__iterable: Iterable[T], *, key: Callable[[T], LT],
        default: DT) -> Union[T, DT]:
    ...
```

입력은 임의의 T 형 항목들의 Iterable을 받고, key 인수는 임의의 T 형 인수를 하나 받아 SupprotsLessThan을 구현하는 LT 형의 값을 반환하는 콜러블을, default 인수는 임의의 DT 형을 받는다.

max()의 반환형은 T 형과 default 인수의 자료형의 Union이어야 한다.

```
max([1, 2, -3], key=abs, default=None)  # -3을 반환
max([], key=abs, default=None)  # None을 반환
```

15.2.2 max() 오버로딩으로 배운 교훈

자료형 힌트 덕분에 Mypy는 max([None, None])과 같은 형태의 호출에 대해 다음과 같은 에러 메시지를 출력할 수 있다.

```
mymax_demo.py:109: error: Value of type variable "_LT" of "max"
    cannot be "None"
```

한편, 자료형 검사기를 지원하려면 많은 줄의 코드를 작성해야 하므로 개발자들이 max()처럼 편리하고 융통성있는 함수를 작성하는 것을 꺼릴 수 있다. 필자가 min() 함수도 다시 구현해야 했다면, max() 코드를 리팩터링하고 재사용했을 것이다. 그러나 함수명을 제외하고 min()과 거의 동일함에도, 오버로드된 선언은 전체를 복사해 붙여 넣어야 한다.

필자의 친구이자 매우 똑똑한 파이썬 개발자인 주앙 부에노João S. O. Bueno는 다음과 같은 메시지를 트위터에 올렸다(https://fpy.li/15-4).

> max()의 시그너처를 표현하는 일이 어렵기는 하지만, 시그너처가 잘 와 닿기는 한다. 파이썬의 표현력에 비해 어노테이션 표기의 표현력은 매우 제한적이라고 알고 있다.

이제 타이핑 구조체 TypedDict를 알아보자. 필자가 처음 생각했던 것보다 유용하지는 않지만, 쓸모는 있다. TypedDict로 실험해 보니 JSON 데이터와 같은 동적 구조체를 정적 타이핑이 다루는 데 한계가 있었다.

15.3 TypedDict

> **WARNING** JSON API 응답과 같은 동적 자료 구조를 다룰 때 에러를 예방하고자 TypedDict를 사용하고 싶을지도 모르겠다. 그러나 여기 예제에서 알 수 있듯이, JSON을 올바로 다루려면 정적 자료형 검사가 아니라 런타임에 에러를 처리해야 한다. 자료형 힌트를 이용해 JSON 같은 구조를 런타임에 검사하려면 PyPI의 pydantic 패키지(https://fpy.li/15-5)를 살펴보기를 바란다.

파이썬 딕셔너리는 레코드로 종종 사용되는데, 키를 필드명으로 사용하고 다양한 종류의 필드 값을 담는다.

예를 들어 JSON이나 파이썬에서 책을 설명하는 다음 레코드를 생각해 보자.

```
{"isbn": "0134757599",
 "title": "Refactoring, 2e",
 "authors": ["Martin Fowler", "Kent Beck"],
 "pagecount": 478}
```

파이썬 3.8 이전에는 이런 레코드를 어노테이트할 마땅한 방법이 없었다. 8.5.6절 '제네릭 매핑'에서 설명했듯이 매핑형은 모든 값을 동일한 자료형으로 제한하기 때문이다.

앞에 나온 JSON 객체와 같은 레코드를 어노테이트할 때 다음의 두 가지 서투른 방법을 시도해 볼 수 있다.

Dict[str, Any]

값이 어떤 자료형이든 될 수 있다.

Dict[str, Union[str, int, List[str]]]

읽기 어렵고, 필드명과 해당 필드형 간의 관계를 유지하지 않는다. 예를 들어 title은 str 형이어야 하며, int나 List[str]이 될 수 없다.

'PEP 589 – TypedDict: 일정한 키 집합이 있는 딕셔너리를 위한 자료형 힌트^{TypedDict: Type Hints for Dictionaries with a Fixed Set of Keys}'(https://fpy.li/pep589)가 이 문제를 해결한다. [예제 15-4]의 간단한 TypedDict를 보자.

예제 15-4 books.py: BookDict 정의

```python
from typing import TypedDict

class BookDict(TypedDict):
    isbn: str
    title: str
    authors: list[str]
    pagecount: int
```

얼핏 보기에 typing.TypedDict는 5장에서 설명한 typing.NamedTuple과 비슷한 데이터 클래스 빌더처럼 보인다.

구문이 비슷해서 오해하기 쉽지만, TypedDict는 아주 다르다. TypedDict는 자료형 검사기를 위해 존재할 뿐, 런타임에는 아무런 영향을 주지 않는다.

TypedDict는 다음과 같이 두 가지 기능을 제공한다.

- dict 형의 각 '필드'값에 자료형 힌트를 어노테이트하는 클래스 선언과 비슷한 구문
- 지정된 키와 값이 있는 dict 형을 선언한다고 자료형 검사기에 알려주는 생성자

런타임에 BookDict 같은 TypedDict 생성자는 허상일 뿐이고, 실제로는 동일한 인수로 dict 생성자를 호출하는 것과 똑같이 작동한다.

BookDict가 평범한 dict를 생성한다는 사실은 다음을 의미한다.

- 의사 클래스 정의에 들어 있는 '필드'는 인스턴스 속성을 생성하지 않는다.
- '필드'에 기본값을 할당하는 초기화 메서드를 만들 수 없다.
- 메서드 정의는 허용되지 않는다.

런타임에 BookDict가 어떻게 작동하는지 알아보자(예제 15-5).

예제 15-5 의도하지 않은 방식으로 BookDict 사용하기

```
>>> from books import BookDict
>>> pp = BookDict(title='Programming Pearls',   ❶
...               authors='Jon Bentley',   ❷
...               isbn='0201657880',
...               pagecount=256)
>>> pp   ❸
{'title': 'Programming Pearls', 'authors': 'Jon Bentley', 'isbn': '0201657880',
 'pagecount': 256}
>>> type(pp)
<class 'dict'>
>>> pp.title   ❹
Traceback (most recent call last):
  File "<stdin>", line 1, in <module>
AttributeError: 'dict' object has no attribute 'title'
>>> pp['title']
'Programming Pearls'
>>> BookDict.__annotations__   ❺
{'isbn': <class 'str'>, 'title': <class 'str'>, 'authors': typing.List[str],
 'pagecount': <class 'int'>}
```

❶ 키워드 인수나 dict 리터럴 등의 딕셔너리 객체를 인수로 전달해 dict 생성자를 호출하듯이 BookDict 를 호출할 수 있다.

❷ 아차. authors는 리스트를 받는다는 것을 깜빡했다. 그러나 그래듀얼 타이핑하므로 런타임에 자료형을 검사하지 않는다.

❸ BookDict를 호출한 결과로 평범한 dict가 생성된다.

❹ 따라서 object.field 형식으로 데이터를 읽을 수 없다.

❺ 자료형 힌트는 BookDict.__annotations__에 있고, pp에는 없다.

자료형 검사기를 사용하지 않는다면 **TypedDict**는 그저 주석일 뿐이다. 개발자가 코드를 읽는데는 도움이 되지만, 그게 전부다. 반면 5장에서 설명한 클래스 빌더는 자료형 검사기를 사용하지 않더라도 유용하다. 런타임에 인스턴스를 만들 수 있는 클래스를 생성하고 개선할 수 있기 때문이다. 게다가 [표 5-1]에 나열된 유용한 메서드나 함수를 여러 가지 제공한다.

[예제 15-6]에서는 올바른 **BookDict** 인스턴스를 만들어 몇 가지 연산을 시도한다. [예제 15-7]에서는 Mypy가 **TypedDict**를 이용해 에러를 찾아내는 방법을 보여 준다.

예제 15-6 demo_books.py: BookDict에 호출할 수 있는 올바른 연산과 잘못된 연산들

```python
from books import BookDict
from typing import TYPE_CHECKING


def demo() -> None:      ❶
    book = BookDict(     ❷
        isbn='0134757599',
        title='Refactoring, 2e',
        authors=['Martin Fowler', 'Kent Beck'],
        pagecount=478
    )
    authors = book['authors']  ❸
    if TYPE_CHECKING:          ❹
        reveal_type(authors)   ❺
    authors = 'Bob'   ❻
    book['weight'] = 4.2
    del book['title']


if __name__ == '__main__':
    demo()
```

❶ 반환형을 추가해야 Mypy가 함수를 무시하지 않는다.

❷ 올바른 BookDict 인스턴스다. 모든 키가 존재하고, 값의 자료형도 올바르다.

❸ Mypy가 BookDict의 'authors' 키에 대한 어노테이션에서 authors의 자료형을 추론한다.

❹ typing.TYPE_CHECKING은 자료형 검사할 때만 True다. 런타임에는 언제나 False다.

❺ 바로 위의 if 문 때문에 reveal_type(authors)가 호출되지 않는다. reveal_type()은 파이썬 런타임 함수가 아니고, Mypy가 제공하는 디버깅 장치이다. 그래서 이 함수에 대한 임포트문이 없다. 이 함수가 출력하는 내용은 [예제 15-7]을 참조하라.

❻ demo() 함수의 마지막 세 줄은 잘못된 문장이다. 이 세 줄 때문에 [예제 15-7]의 에러 메시지가 출력된다.

[예제 15-6]의 demo_books.py에 자료형 검사를 실행한 결과는 [예제 15-7]과 같다.

예제 15-7 demo_books.py의 자료형 검사

```
.../typeddict/ $ mypy demo_books.py
demo_books.py:13: note: Revealed type is 'built-ins.list[built-ins.str]'   ❶
demo_books.py:14: error: Incompatible types in assignment
                  (expression has type "str", variable has type "List[str]")   ❷
demo_books.py:15: error: TypedDict "BookDict" has no key 'weight'   ❸
demo_books.py:16: error: Key 'title' of TypedDict "BookDict" cannot be deleted   ❹
Found 3 errors in 1 file (checked 1 source file)
```

❶ reveal_type(authors)이 이 메시지를 출력했다.

❷ authors 변수의 자료형은 초기화된 book['authors']의 표현식을 보고 추론된다. List[str] 형의 변수에 str을 할당할 수 없다. 일반적으로 자료형 검사기는 변수의 자료형 변경을 허용하지 않는다.[3]

❸ BookDict 정의에 들어 있지 않은 키에 할당할 수 없다.

❹ BookDict 정의에 들어 있는 키를 삭제할 수 없다.

이제 BookDict를 함수 시그너처에 사용해서 함수 호출의 자료형을 검사해 보자.

도서 레코드에서 다음과 같은 XML을 생성해야 한다고 하자.

```
<BOOK>
  <ISBN>0134757599</ISBN>
  <TITLE>Refactoring, 2e</TITLE>
  <AUTHOR>Martin Fowler</AUTHOR>
  <AUTHOR>Kent Beck</AUTHOR>
  <PAGECOUNT>478</PAGECOUNT>
</BOOK>
```

---

[3] 2020년 5월 기준 pytype 분석기는 자료형 변경을 허용하지만, 이 패키지의 FAQ 문서(https://fpy.li/15-6)를 보면 향후에 허용하지 않을 것이라고 한다. pytype FAQ 중 '어노테이트된 변수의 자료형을 바꾼 것을 pytype이 잡지 못하는 이유는?(Why didn't pytype catch that I changed the type of an annotated variable?)' 항목을 참조하라.
옮긴이_ 2024년 9월8일 현재, 최신 pytype 버전(2024.04.11 버전)으로 확인했을 때도 이 에러는 잡지 못했다. 참고로, 2021년부터 pytype은 마이크로소프트 윈도우 버전은 지원하지 않는다.

작은 마이크로컨트롤러에 들어가는 마이크로 파이썬 코드를 작성한다면, 아마도 [예제 15-8] 코드와 비슷한 함수를 작성하게 될 것이다.[4]

예제 15-8 books.py: to_xml() 함수

```python
AUTHOR_ELEMENT = '<AUTHOR>{}</AUTHOR>'


def to_xml(book: BookDict) -> str:          ❶
    elements: list[str] = []                ❷
    for key, value in book.items():
        if isinstance(value, list):         ❸
            elements.extend(
                AUTHOR_ELEMENT.format(n) for n in value)    ❹
        else:
            tag = key.upper()
            elements.append(f'<{tag}>{value}</{tag}>')
    xml = '\n\t'.join(elements)
    return f'<BOOK>\n\t{xml}\n</BOOK>'
```

❶ 이 예제의 핵심은 BookDict를 함수 시그너처에 사용하는 것을 보여 주는 것이다.

❷ 공집합으로 시작하는 컬렉션도 어노테이트해야 한다. 그렇지 않으면 Mypy는 요소의 자료형을 추론할 수 없다.[5]

❸ Mypy는 isinstance() 검사를 이해하며, 이 블록 안에서 value를 list로 다룬다.

❹ 이 블록의 if 조건식으로 key == 'authors'를 사용했을 때, Mypy가 이 줄에서 에러를 발견해 "object" has no attribute "__iter__" 메시지를 출력했다. Mypy는 book.items()가 반환한 value의 자료형을 object로 추론하고, object는 제너레이터 표현식이 요구하는 __iter__() 메서드를 지원하지 않기 때문이다. isinstance()로 검사하는 덕분에 Mypy는 이 블록 안에서 value가 list 형임을 알게 되므로 이 코드는 제대로 작동한다.

[예제 15-9]는 JSON 문자열을 파싱해 BookDict를 반환하는 함수를 보여 준다.

---

4 XML을 생성하고 파싱하는 데 필자는 lxml 패키지(https://fpy.li/15-8)를 주로 사용한다. 시작하기 쉽고, 모든 기능이 다 있으면서 빠르다. 그러나 불행히도 lxml과 파이썬 자체의 ElementTree(https://fpy.li/15-9)가 필자의 가상 마이크로컨트롤러의 제한된 RAM 용량을 초과한다.

5 이점에 관해서는 Mypy 문서의 '공통적인 문제와 해결책(Common issues and solutions)' 페이지(https://fpy.li/15-10)의 '빈 컬렉션의 자료형(Types of empty collections)' 절(https://fpy.li/15-11)에서 설명한다.

예제 15-9 books_any.py: from_json() 함수

```python
def from_json(data: str) -> BookDict:
    whatever = json.loads(data)    ❶
    return whatever    ❷
```

❶ json.loads()의 반환형은 Any다.[6]

❷ Any는 선언된 반환형인 BookDict는 물론 모든 자료형과 일치하므로 Any 형인 whatever를 반환할 수 있다.

[예제 15–9]의 두 번째 설명 항목은 아주 중요하므로 잘 기억해 두길 바란다. Mypy는 이 코드에서 아무런 문제도 발견하지 못하지만, 런타임에 whatever의 값은 BookDict 구조에 일치하지 않을 수 있고, 심지어 dict 형이 아닐 수도 있다.

Mypy를 실행할 때 --disallow-any-expr 옵션을 주면 from_json()의 본체 두 줄에 대해 다음과 같은 에러 메시지를 출력한다.

```
.../typeddict/ $ mypy books_any.py --disallow-any-expr
books_any.py:30: error: Expression has type "Any"
books_any.py:31: error: Expression has type "Any"
Found 2 errors in 1 file (checked 1 source file)
```

앞 에러 메시지에서 언급된 30줄과 31줄은 from_json() 함수의 본체다. [예제 15–10]처럼 변수 whatever 초기화에 자료형 힌트를 추가하면 에러 메시지가 나오지 않게 할 수 있다.

예제 15-10 books.py: 변수를 어노테이트한 from_json() 함수

```python
def from_json(data: str) -> BookDict:
    whatever: BookDict = json.loads(data)    ❶
    return whatever    ❷
```

❶ Any 형 변수에 자료형 힌트가 있는 변수를 바로 할당하면 --disallow-any-expr 옵션을 주어도 Mypy 에러 메시지가 발생하지 않는다.

❷ 이제 whatever는 선언된 반환형인 BookDict 형이다.

---

6 브렛 캐논(Brett Cannon), 귀도 반 로섬 등은 'Mypy 이슈 #182 – JSON 형을 정의하라(Define a JSON type)'(https://fpy.li/15-12)에서 json.loads()에 자료형 힌트를 붙이는 방법을 2016년부터 논의했다.

정적 자료형 검사로는 런타임에 다양한 자료형의 파이썬 객체를 만드는 `json.loads()`처럼 본질적으로 동적인 코드의 에러를 예방할 수 없다. [예제 15-11], [예제 15-12], [예제 15-13]을 보자.

예제 15-11 `demo_not_book.py`: `from_json()`은 잘못된 BookDict 객체를 반환하고 `to_xml()`은 이 객체를 빋아들임

```python
from books import to_xml, from_json
from typing import TYPE_CHECKING


def demo() -> None:
    NOT_BOOK_JSON = """
        {"title": "Andromeda Strain",
         "flavor": "pistachio",
         "authors": true}
    """
    not_book = from_json(NOT_BOOK_JSON)    ❶
    if TYPE_CHECKING:    ❷
        reveal_type(not_book)
        reveal_type(not_book['authors'])

    print(not_book)    ❸
    print(not_book['flavor'])    ❹

    xml = to_xml(not_book)    ❺
    print(xml)    ❻


if __name__ == '__main__':
    demo()
```

❶ 이 줄에서는 올바른 BookDict 객체를 생성하지 않는다. NOT_BOOK_JSON의 내용을 보라.

❷ Mypy가 두 개의 자료형을 출력하도록 하자.

❸ 이 줄은 문제가 없다. `print()`는 object 및 모든 자료형의 데이터를 처리할 수 있다.

❹ BookDict에는 'flavor' 키가 없지만, JSON 소스에는 있다. 무슨 일이 생길까?

❺ def to_xml(book: BookDict) -> str: 시그너처를 기억하라.

❻ 어떤 XML이 출력될까?

이제 Mypy로 demo_not_book.py를 검사해 보자(예제 15-12).

예제 15-12 demo_not_book.py에 대한 Mypy 리포트(알아보기 쉽게 포맷을 변경함)

```
.../typeddict/ $ mypy demo_not_book.py
demo_not_book.py:12: note: Revealed type is
    'TypedDict('books.BookDict', {'isbn': built-ins.str,
                                  'title': built-ins.str,
                                  'authors': built-ins.list[built-ins.str],
                                  'pagecount': built-ins.int})'   ❶
demo_not_book.py:13: note: Revealed type is 'built-ins.list[built-ins.str]'   ❷
demo_not_book.py:16: error: TypedDict "BookDict" has no key 'flavor'   ❸
Found 1 error in 1 file (checked 1 source file)
```

❶ 출력된 자료형은 명목적 자료형이며, not_book의 런타임 내용은 아니다.

❷ 이것 역시 BookDict에 정의된 not_book['authors']의 명목적 자료형이며, 런타임 자료형은 아니다.

❸ 이 에러는 print(not_book['flavor']) 줄에 해당한다. 이 키는 명목적 자료형에는 존재하지 않기 때문이다.

이제 demo_not_book.py를 실행해 보자. 출력된 결과는 [예제 15-13]과 같다.

예제 15-13 demo_not_book.py를 실행한 결과

```
.../typeddict/ $ python3 demo_not_book.py
{'title': 'Andromeda Strain', 'flavor': 'pistachio', 'authors': True}   ❶
pistachio   ❷
<BOOK>   ❸
        <TITLE>Andromeda Strain</TITLE>
        <FLAVOR>pistachio</FLAVOR>
        <AUTHORS>True</AUTHORS>
</BOOK>
```

❶ 제대로 된 BookDict가 아니다.

❷ not_book['flavor']의 값이다.

❸ to_xml()이 BookDict 객체를 인수로 받지만, 런타임에 자료형을 검사하지 않는다. 따라서 잘못된 입력이 들어가도 그대로 처리되어 잘못된 출력이 나온다.

[예제 15-13]을 보면 demo_not_book.py의 출력이 엉망이지만, 런타임 에러는 없다. JSON 데이터를 처리할 때 TypedDict를 사용하면 자료형 안전을 제공하지 않는다.

[예제 15-8]에 있는 to_xml() 코드를 덕 타이핑 관점에서 보면, book 인수는 다음 조건을 만족하는 (key, value) 튜플의 반복형을 반환하는 items() 메서드를 제공해야 한다.

- key에 upper() 메서드가 있다.
- value는 어떠한 값도 될 수 있다.

앞의 예제들을 살펴보며 JSON이나 XML 등 동적 구조의 데이터를 처리할 때는 절대로 TypedDict가 런타임 데이터 검증을 대체할 수 없음을 잘 알 수 있었다. 동적 데이터를 검증하려면 pydantic 라이브러리(https://fpy.li/15-5)를 사용하라.

TypedDict는 선택적 키, 제한된 형태의 상속, 편리 선언 구문 등 기능이 다양하다. 자세한 내용은 PEP 589(https://fpy.li/pep589)를 참조하라.

이제부터 피하는 게 상책이지만, 때로는 피할 수 없는 함수인 typing.cast()에 관해 알아보자.

15.4 자료형 변환

이띠한 타이핑 시스템노 완벽하지 않다. 정적 검사기, typeshed 프로젝트에 정의된 자료형 힌트, 서드파티 패키지에 있는 자료형 힌트도 마찬가지다.

typing.cast() 특별 함수는 우리가 수정할 수 없는 자료형 검사 오작동이나 잘못된 자료형 힌트를 해결할 방법을 제공한다. Mypy 0.930 문서(https://fpy.li/15-14)는 다음과 같이 설명한다.

> 자료형을 변환하면 잘못된 자료형 검사기 경고 메시지를 억제하고, 자료형 검사기가 제대로 이해하지 못할 때 어느 정도 도와줄 수 있다.

런타임에 typing.cast()는 아무것도 하지 않는다. 이 함수의 구현 코드는 다음과 같다
(https://fpy.li/15-15).

```
def cast(typ, val):
    """값을 어떤 자료형으로 변환한다.
    값을 바꾸지 않고 반환한다. 자료형 검사기에 반환된 값이 지정된 자료형이라고
    알려주지만, 런타임에 아무런 검사도 하지 않는다(실행 성능에 미치는
    영향을 최소화하고자 했다).
    """
    return val
```

PEP 484는 cast()가 명시한 자료형을 자료형 검사기가 '무조건 믿어야 한다'고 규정한다.
PEP 484 중 '캐스트Casts' 절(https://fpy.li/15-16)에서는 자료형 검사기에 cast의 안내가
필요한 다음과 같은 예를 보여 준다.

```
from typing import cast

def find_first_str(a: list[object]) -> str:
    index = next(i for i, x in enumerate(a) if isinstance(x, str))
    # 문자열이 적어도 하나 이상 있어야 여기에 도달한다.
    return cast(str, a[index])
```

제너레이터 표현식에 next()를 호출하면 str 항목의 인덱스를 반환하거나 StopIteration
예외를 발생시킨다. 따라서 예외가 발생하지 않는 한 find_first_str()은 언제나 str을 반
환하며, str은 선언된 반환형이다.

그러나 마지막 줄이 return a[index]였다면, a 인수가 list[object]로 선언되었으므로
Mypy는 반환형이 object라고 추론한다. 따라서 Mypy를 안내하는 cast()가 필요하다.[7]

cast()를 이용한 또 다른 예를 보자. 이번에는 파이썬 표준 라이브러리의 구식 자료형 힌트를
바로잡는다. [예제 21-12]에서 asyncio 서버 객체를 구현했는데, 서버가 리스닝하는 주소를
가져오고자 필자는 다음과 같이 코딩했다.

---

7 예제에서는 자료형 검사기가 혼동하게 만들려고 일부러 enumerate()를 사용했다. 인덱스와 enumerate()를 사용하지 않고 바로 문자
열을 생성하면 구현도 더 간단하고 cast() 없이도 Mypy가 제대로 분석할 수 있다.

```
addr = server.sockets[0].getsockname()
```

그런데 Mypy는 다음과 같은 에러 메시지를 출력했다.

```
Value of type "Optional[List[socket]]" is not indexable
```

2021년 5월 현재, typeshed에 정의된 `Server.sockets`에 대한 자료형 힌트는 `sockets` 속성이 `None`이 될 수 있는 파이썬 3.6에서는 올바르다. 그러나 파이썬 3.7에서 `sockets`는 언제나 `list`를 반환하는 게터를 가진 프로퍼티가 되었고, 서버가 소켓을 열지 않았을 때는 빈 리스트가 될 수 있다. 그리고 파이썬 3.8에서 게터는 불변형 시퀀스로 사용되는 `tuple`을 반환한다.

필자가 typeshed를 변경할 수 없으므로[8], 대신 다음과 같이 `cast`를 추가했다.

```
from asyncio.trsock import TransportSocket
from typing import cast

# ... 중략 ...

    socket_list = cast(tuple[TransportSocket, ...], server.sockets)
    addr = socket_list[0].getsockname()
```

여기서 `cast()`를 사용하는 데는 몇 시간이 걸렸다. 문제를 파악하고 소켓의 올바른 자료형을 알아내려고 `asyncio` 소스 코드를 들여다봐야 했기 때문이다. 소켓은 `asyncio.trsock` 모듈의 `TransportSocket` 클래스인데, 문서화되지는 않았다. 그리고 코드의 가독성을 높이려고 `import` 문 두 개와 코드 한 줄을 추가했는데[9], 코드는 더 안전해졌다.

코드를 주의 깊게 살펴본 독자라면 `sockets`가 비어 있을 때 `sockets[0]`이 `IndexError`를 발생시킬 수 있음을 눈치챘겠지만, 필자가 `asyncio`를 이해하기로는 [예제 21-12]에서 그

---

8 필자가 'typeshed 이슈 #5535(https://fpy.li/15-17)—asyncio.base_events.Server의 sockets 속성에 대한 잘못된 자료형 힌트(Wrong type hint for asyncio.base_events.Server sockets attribute)'를 리포팅한 후 제바스티안 리타우(Sebastian Rittau)가 신속히 문제를 보고했다. 그러나 이 예제는 cast()가 널리 사용되는 용법을 보여 주고, 코드가 문제없이 작동하므로 예제를 그대로 두기로 했다.

9 사실 원래는 server.sockets[0]가 있는 줄에 `# type: ignore` 주석을 추가했었다. 어느 정도 코드를 분석해 본 후 asyncio 문서(https://fpy.li/15-18)와 테스트 케이스(https://fpy.li/15-19)에서 비슷한 줄을 발견했으므로 필자 코드에 문제가 없을 것으로 생각했기 때문이다.

런 일은 발생하지 않는다. sockets 속성을 읽을 때는 이미 server가 연결된 상태이므로 빈 리스트가 될 수 없기 때문이다. 어쨌든 IndexError는 런타임에 발생하는 에러다. Mypy는 print([][0])처럼 간단한 문제도 찾아낼 수 없다.

> **WARNING** 단지 Mypy의 에러 메시지를 피하려고 cast()를 남용하지 않기를 바란다. Mypy가 에러를 출력할 때는 대체로 문제가 있기 때문이다. cast()를 너무 많이 사용한다면, 코드 악취(https://fpy.li/15-20)일 수 있다. 이는 개발팀이 자료형 힌트를 오용하거나, 코드 안에서의 의존성이 깔끔하지 않음을 나타낸다.

부정적인 측면이 있지만, cast()를 사용할 만한 타당한 이유도 있다. 귀도 반 로섬은 다음과 같은 글을 작성했다.

> 가끔 필요할 때만 cast()를 호출하거나 # type: ignore 주석을 붙이는 게 무슨 문제인 가?[10]

다음과 같은 다른 대안이 더 나쁘기 때문에 cast() 사용을 완전히 금지하는 것은 현명하지 못하다.

- # type: ignore는 제공하는 정보가 적다.[11]
- Any를 사용하는 것은 전염성이 있다. Any는 모든 자료형과 일치하므로 Any를 남용하면 낙수효과를 일으켜 자료형 검사기의 자료형 추론 능력을 훼손해서 다른 부분의 코드에서 발생한 에러를 탐지하지 못한다.

물론 모든 자료형 에러를 cast()로 해결할 수는 없다. 때로는 # type: ignore나 Any 형이 필요하고, 때로는 함수에 자료형 힌트를 지정하지 않는 편이 낫다.

이제 런타임에 어노테이션을 활용하는 방법을 알아보자.

---

10 2020년 5월 19일, typing-sig 메일링 리스트에 올린 메시지(https://fpy.li/15-21)다.

11 # type: ignore[code] 구문은 해당 에러 코드를 탐지하지 않도록 Mypy에 지시한다. 그러나 에러 코드를 해석하는 게 늘 쉬운 것은 아니다. Mypy 문서 중 '에러 코드(Error codes)' 절(https://fpy.li/15-22)을 참조하라.

15.5 런타임에 자료형 힌트 읽기

임포트 타임에 파이썬은 함수, 클래스, 모듈의 자료형 힌트를 읽어 __annotations__라는 속
성에 저장한다. 다음 [예제 15-14]의 clip() 함수를 생각해 보자.[12]

예제 15-14 clipannot.py: clip() 함수에 어노테이트한 시그너처

```
def clip(text: str, max_len: int = 80) -> str:
```

함수의 __annotations__ 속성에 dict 형으로 저장된 자료형 힌트는 다음과 같다.

```
>>> from clip_annot import clip
>>> clip.__annotations__
{'text': <class 'str'>, 'max_len': <class 'int'>, 'return': <class 'str'>}
```

[예제 15-14]에서 'return' 키는 -> 기호 다음에 나오는 반환형 힌트에 매핑된다.

매개변수 기본값을 평가하는 것과 동일하게 인터프리터는 어노테이션을 임포트 타임에 평가한
다. 따라서 어노테이션 안에 있는 값은 문자열 'str'과 'int'가 아니라 파이썬 클래스 str과
int다. 현재 파이썬 버전 3.10까지는 어노테이션을 임포트 타임에 평가하는 게 표준 방식이지
만, PEP 563(https://fpy.li/pep563)이나 'PEP 649 - 디스크립터를 이용한 지연된 어노
테이션 평가^{Deferred Evaluation Of Annotations Using Descriptors}'(https://fpy.li/pep649)가 표준이 되면
이 작동 방식이 바뀔 수도 있다.

15.5.1 런타임에서의 어노테이션 문제

자료형 힌트 사용이 증가함에 따라 두 가지 문제가 발생한다.

- 자료형 힌트를 많이 사용하면 모듈 임포트할 때 CPU와 메모리를 더 많이 사용한다.
- 아직 정의되지 않은 자료형을 참조하려면 실제형 대신 문자열을 사용해야 한다.

---

12 여기서는 clip() 함수의 구현은 살펴보지 않지만, clip_annot.py 모듈의 전체 코드는 https://fpy.li/15-23에서 볼 수 있다.

두 문제는 서로 관련이 있다. 첫 번째 문제는 방금 살펴본 것 때문이다. 즉, 인터프리터가 임포트 타임에 어노테이션을 평가하고 __annotations__ 속성에 저장하기 때문이다. 이제 두 번째 문제에 관해 알아보자.

자료형 힌트가 동일 모듈의 뒷부분에 정의된 클래스를 참조하는 '전방 참조' 때문에 종종 어노테이션을 문자열로 저장해야 한다. 그러나 어떤 메서드가 자신이 속한 동일 클래스의 새로운 인스턴스를 반환하는 경우처럼, 소스 코드 안에서 흔히 발생하는 이 문제는 전혀 전방 참조처럼 보이지 않는다. 파이썬이 클래스 본체를 완전히 평가하기 전까지는 클래스 객체가 정의되지 않으므로, 자료형 힌트는 클래스명을 문자열로 사용해야 한다. 다음 예를 보자.

```
class Rectangle:
    # ... 중략 ...
    def stretch(self, factor: float) -> 'Rectangle':
        return Rectangle(width=self.width * factor)
```

파이썬 버전 3.10까지는 전방 참조하는 자료형 힌트를 문자열로 작성하는 게 표준이며 반드시 지켜져야 한다. 애초부터 정적 자료형 검사기는 이 문제를 해결하도록 설계되었다.

그러나 런타임에 stretch()의 return 어노테이션을 읽는 코드를 작성한다면, 실제형인 Rectangle 클래스를 참조하는 대신 문자열 'Rectangle'을 가져오게 된다. 이 문자열의 의미를 여러분이 작성하는 코드에서 알아내야 한다.

typing 모듈에는 인트로스펙션 헬퍼(https://fpy.li/15-24)로 분류된 함수 세 개와 클래스 하나가 포함된다. 그중 typing.get_type_hints() 함수가 중요한데, 이 함수의 문서에서는 다음과 같이 설명한다.

> **get_type_hints(obj, globals=None, locals=None, include_extras=False)**
>
> [전략] 이것은 obj.__annotations__와 동일할 때가 많다. 게다가 문자열 리터럴로 인코딩된 전방 참조는 globlas와 locals 네임스페이스에서 값을 평가해 처리된다. [후략]

어노테이션을 문자열로 작성할 필요가 없게 하고, 자료형 힌트의 런타임 비용을 줄이고자 PEP 563(https://fpy.li/pep563)이 승인되었다. 핵심 개념은 '개요[Abstract]'(https://fpy.li/15-26)에 두 문장으로 잘 요약되었다.

이 PEP는 함수 어노테이션과 변수 어노테이션이 더는 함수를 정의할 때 평가되지 않도록 변경할 것을 제안한다. 대신 이 어노테이션들은 annotations에 문자열 형태로 보존된다.

파이썬 3.7부터 다음과 같은 import 문으로 시작하는 모든 모듈에서 이 방식에 따라 어노테이션이 처리된다.

```
from __future__ import annotations
```

이 PEP의 영향을 보여 주고자 제일 위에 __future를 임포트하는 줄을 추가하고 clip_annot_post.py 모듈의 일부인 [예제 15-14]에서 가져온 동일한 clip() 함수를 복사했다.

콘솔에서 그 모듈을 임포트하고 clip()의 어노테이션을 읽었을 때 다음과 같은 결과가 나왔다.

```
>>> from clip_annot_post import clip
>>> clip.__annotations__
{'text': 'str', 'max_len': 'int', 'return': 'str'}
```

실행 결과에서 알 수 있듯이, clip()를 정의할 때(예제 15-14) 따옴표가 붙은 문자열로 작성하지 않았는데도 모든 자료형 힌트가 이제는 평범한 문자열이다.

typing.get_type_hints() 함수는 clip()에 있는 것들을 포함한 여러 자료형 힌트를 해결할 수 있다.

```
>>> from clip_annot_post import clip
>>> from typing import get_type_hints
>>> get_type_hints(clip)
{'text': <class 'str'>, 'max_len': <class 'int'>, 'return': <class 'str'>}
```

get_type_hints()를 호출하면 원래 자료형 힌트를 따옴표가 붙은 문자열로 작성했더라도
실제형이 나온다. 런타임에 자료형 힌트를 읽을 때는 이 방법을 권장한다.

PEP 563의 작동 방식은 __future__를 임포트하는 줄을 사용할 필요 없이 파이썬 3.10에서
기본 방식이 될 예정이다. 그러나 FastAPI와 pydantic의 유지보수자는 이런 변화가 런타임에
자료형 힌트에 의존하는 자신의 코드에 문제를 일으키며 get_type_hints() 함수를 믿을 수
없게 된다고 경고했다.

python-dev 메일링 리스트에서 계속된 토론에서 PEP 563의 제안자인 우카시 란가는 이 함
수의 한계를 다음과 같이 설명했다.

> [전략] typing.get_type_hints()는 런타임에 대체로 실행 비용이 높다. 더욱 중요한 한
> 계는 모든 자료형을 처리하기에 부족하다는 점이다. 가장 일반적인 예는 내부 클래스나 함수
> 안에 정의된 클래스 등 자료형이 생성되는 비전역 환경과 관련이 있다. 그러나 핵심적인 예는
> 자신의 자료형 객체를 받거나 반환하는 메서드가 있는 클래스처럼 전방 참조할 때도 클래스
> 제너레이터가 사용되면 typing.get_type_hints()가 제대로 처리하지 못하는 경우다. 이
> 문제를 피해 가는 기법들이 있기는 하지만, 썩 좋지는 못하다.[13]

파이썬 운영 위원회는 PEP 563을 기본 작동 방식으로 지정하는 것을 파이썬 3.11이나 그
뒤로 미루기로 했다. 런타임에 자료형 힌트를 사용하는 데 널리 사용되는 방식을 망가뜨
리지 않고 PEP 563이 해결하려는 문제를 개발자들이 해결할 시간을 벌기 위해서다. PEP
649(https://fpy.li/pep649)가 해결책으로 고려되지만, 다른 절충안에 도달할 수도 있다.

---

13 2021년 4월 16일에 게시된 'PEP 649 측면에서 본 PEP 563(PEP 563 in light of PEP 649)' 메시지(https://fpy.li/15-27)에서 발췌했다.

요약하자면, 파이썬 3.10을 기준으로 런타임에 자료형 힌트를 읽는 것은 100% 신뢰성을 장담하지 못하며, 2022년에 변경될 것 같다.[14]

15.5.2 문제 해결

현재의 상황이 불안정하므로, 런타임에 어노테이션을 읽어야 한다면 필자는 다음과 같은 방법을 권장한다.

- `__annotations__`를 직접 읽지 말라. 대신 파이썬 3.10+에서는 `inspect.get_annotations()`를, 파이썬 3.5+에서는 `typing.get_type_hints()`를 사용하라.
- `inspect.get_annotations()`나 `typing.get_type_hints()`를 래핑한 커스텀 함수를 작성하고, 코드의 다른 부분에서는 커스텀 함수를 호출하게 하라. 그러면 향후에 어떤 변경 사항이 있을 때 함수 하나만 변경하면 된다.

다음 코드에서 Checked 클래스의 첫 번째 줄은 앞에서 권고한 두 번째 방법의 사례를 보여 준다. 이 클래스는 24장에서 알아볼 [예제 24-5]에 정의되어 있다.

```
class Checked:
    @classmethod
    def _fields(cls) -> dict[str, type]:
        return get_type_hints(cls)
    # ... 후략 ...
```

---

14 **옮긴이**_ 2024년 기준으로 뚜렷한 대안은 없는 것으로 보인다. PEP 696에서 제안한 `__annotate__` 속성을 지원하는 파이썬 3.14가 출시될 2025년 10월까지 기다려야 할 것 같다.

Checked._fields() 클래스 메서드는 모듈의 다른 부분에서 typing.get_type_hints() 에 직접 접근할 필요가 없게 해준다. 향후에 get_type_hints()가 변경되거나, 추가 논리가 필요해지거나, 이 함수를 inspect.get_annotations()로 바꾸고 싶어지는 일이 발생하면 Checked._fields()만 변경하면 되고 프로그램의 나머지 부분은 영향을 받지 않는다.

> **WARNING** 자료형 힌트의 런타임 검사에 관한 토론이 진행되고 변경 사항들이 제안되고 있으므로, 공식 문서인 '어노테이션 모범 사례Annotations Best Practices'(https://fpy.li/15-28)를 반드시 읽어보길 바란다. 아마 파이썬 3.11로 올라가면서 변경될 수도 있다. 이 가이드 문서는 PEP 563 (https://fpy.li/pep563)이 제기한 런타임 문제를 해결하기 위한 대안 제안서이며, PEP 649(https://fpy.li/pep649)를 작성한 래리 해이스팅스Larry Hastings가 작성했다.

이 장의 나머지 절에서는 사용자가 매개변수화할 수 있는 제네릭 클래스를 정의하는 방법으로 시작해 제네릭에 관해 알아본다.

15.6 제네릭 클래스 구현하기

[예제 13-7]에서 BingoCage와 비슷하게 작동하는 클래스에 대한 인터페이스인 Tombola ABC를 정의했다. [예제 13-10]의 LottoBlower 클래스는 이 인터페이스를 구현한 구상 클래스이다. 이제 [예제 15-15]에서처럼 사용되는 LottoBlower의 제네릭 버전을 살펴볼 것이다.

예제 15-15 generic_lotto_demo.py: 제네릭 LottoBlower 버전의 사용

```
from generic_lotto import LottoBlower

machine = LottoBlower[int](range(1, 11))   ❶

first = machine.pick()     ❷
remain = machine.inspect()   ❸
```

❶ 제네릭 클래스의 인스턴스를 생성하려면 여기에서의 int처럼 실제형 매개변수를 전달해야 한다.

❷ first가 int 형임을 Mypy가 제대로 추론한다.

❸ 그리고 remain이 int의 튜플인 것도 제대로 추론한다.

게다가 [예제 15-16]에서처럼 매개변수화된 자료형을 잘못 사용하면 Mypy는 유용한 메시지와 함께 에러 메시지를 출력한다.

예제 15-16 generic_lotto_error.py: Mypy가 보고한 에러

```
from generic_lotto import LottoBlower

machine = LottoBlower[int]([1, .2])
## error: List item 1 has incompatible type "float";   ❶
##        expected "int"

machine = LottoBlower[int](range(1, 11))

machine.load('ABC')
## error: Argument 1 to "load" of "LottoBlower"   ❷
##        has incompatible type "str";
##        expected "Iterable[int]"
## note:  Following member(s) of "str" have conflicts:
## note:     Expected:
## note:         def __iter__(self) -> Iterator[int]
## note:     Got:
## note:         def __iter__(self) -> Iterator[str]
```

❶ LottoBlower[int]의 인스턴스를 만들 때 Mypy는 float 에러를 찾아낸다.

❷ load('ABC')를 호출할 때 str을 사용하지 못하는 이유를 Mypy가 설명한다. str.__iter__()는 Iterator[str]을 반환하지만, LottoBlower[int]는 Iterator[int]가 필요하다.

[예제 15-17]은 제네릭 버전 구현 코드다.

예제 15-17 generic_lotto.py: LottoBlower 클래스의 제네릭 버전

```
import random

from collections.abc import Iterable
from typing import TypeVar, Generic

from tombola import Tombola

T = TypeVar('T')
```

```python
class LottoBlower(Tombola, Generic[T]):    ❶

    def __init__(self, items: Iterable[T]) -> None:    ❷
        self._balls = list[T](items)

    def load(self, items: Iterable[T]) -> None:    ❸
        self._balls.extend(items)

    def pick(self) -> T:    ❹
        try:
            position = random.randrange(len(self._balls))
        except ValueError:
            raise LookupError('pick from empty LottoBlower')
        return self._balls.pop(position)

    def loaded(self) -> bool:    ❺
        return bool(self._balls)

    def inspect(self) -> tuple[T, ...]:    ❻
        return tuple(self._balls)
```

❶ 제네릭 클래스는 다중 상속하는 경우가 많은데, 형식형 매개변수(여기서는 T)를 선언하려면 Generic을 상속해야 하기 때문이다.

❷ __init__()의 items 인수의 자료형은 Iterable[T]다. 따라서 인스턴스를 LottoBlower[int] 형으로 선언하면 items의 자료형은 Iterable[int]가 된다.

❸ load() 메서드에도 똑같이 적용된다.

❹ 반환형 T는 이제 LottoBlower[int] 안의 int가 된다.

❺ 여기에는 자료형 변수가 없다.

❻ 마지막으로 T는 반환된 튜플 안 항목들의 자료형을 설정한다.

> **TIP** typing 모듈 문서 중 '사용자 정의 제네릭형User-defined generic types'(https://fpy.li/15-29) 절은 간단하면서도 좋은 예제들을 보여 주고, 여기에서 설명하지 않는 세부 사항 몇 가지를 더 설명한다.

제네릭 클래스 구현하는 방법을 알아봤으니, 이제 제네릭을 설명할 때 사용되는 용어를 정리해 보자.

15.6.1 제네릭형 기본 용어

다음과 같은 용어 정의는 제네릭을 공부할 때 도움이 될 것이다.[15]

제네릭형generic type

하나 이상의 자료형 변수로 선언된 자료형

예: `LottoBlower[T]`, `abc.Mapping[KT, VT]`

형식형 매개변수formal type parameter

제네릭형 선언에 나오는 자료형 변수들

예: 앞에 나온 `abc.Mapping[KT, VT]`에서 KT와 VT

매개변수화된 자료형parameterized type

실제형 변수를 이용해 선언된 자료형

예: `LottoBlower[int]`, `abc.Mapping[str, float]`

실제형 매개변수actual type parameter

매개변수화된 자료형을 선언할 때 매개변수로 전달된 실제형

예: `LottoBlower[int]`에서 int

다음 절에서는 공변성covariance, 반변성contravariance, 불변성invariance 개념을 소개하고, 이를 이용해 제네릭형의 융통성을 높이는 방법을 설명한다.

---

[15] 이 용어들은 고전적인 조슈아 블로크(Joshua Bloch) 저, 개앞맵시 역, 『이펙티브 자바 Effective Java 3/E』(인사이트, 2018)에서 가져왔다. 정의와 예는 필자가 작성했다.

15.7 변이성

변이성variance 개념은 매개변수화된 제네릭 Callable 형에 적용하면서 8.5.11절의 '콜러블형의 변이'에서 처음 접했다. 여기서는 '실세계'에 비유해 추상적인 개념을 조금 더 구체화시키면서 이 개념을 확장해 제네릭 컬렉션형을 설명한다.

예를 들어 학교 구내식당에 주스 디스펜서를 하나만 설치할 수 있다는 규정이 있다고 생각해 보자. 범용 음료 디스펜서는 설치할 수 없다.[16] 범용 디스펜서는 탄산음료도 제공할 수 있는데, 학교 이사회에서 탄산음료를 금지했기 때문이다.[17]

15.7.1 불변적 디스펜서

음료수 종류를 매개변수화한 제네릭 BeverageDispenser 클래스를 이용해 구내식당 시나리오를 모델링해 보자. [예제 15-18]을 살펴보라.

예제 15-18 invariant.py: 자료형 정의와 install() 함수

```python
from typing import TypeVar, Generic

class Beverage:  ❶
    """모든 음료수"""

class Juice(Beverage):
```

---

16 변이성을 구내식당에 비유한 예는 길라드 브라차(Gilad Bracha)의 책 『The Dart Programming Language』(애디슨 웨슬리, 2015) 중 에릭 메이여르(Erik Meijer)가 작성한 서문에서 처음 보았다.

17 책을 금지하는 것보다는 낫다!

```python
        """모든 과일 주스"""

class OrangeJuice(Juice):
    """브라질 오렌지로 만든 맛있는 주스"""

T = TypeVar('T')  ❷

class BeverageDispenser(Generic[T]):  ❸
    """음료 종류를 매개변수로 받는 디스펜서"""
    def __init__(self, beverage: T) -> None:
        self.beverage = beverage

    def dispense(self) -> T:
        return self.beverage

def install(dispenser: BeverageDispenser[Juice]) -> None:  ❹
    """주스 디스펜서 설치"""
```

❶ Beverage, Juice, OrangeJuice가 자료형 계층구조를 만든다.

❷ 간단한 TypeVar 선언

❸ BeverageDispenser는 음료 종류를 매개변수로 받는다.

❹ install()은 모듈 전역 함수다. 이 함수의 자료형 힌트는 주스 디스펜서만 받도록 규정한다.

[예제 15-18]의 정의에 따라 다음 코드는 올바르다.

```python
juice_dispenser = BeverageDispenser(Juice())
install(juice_dispenser)
```

그러나 다음 코드는 잘못되었다.

```python
beverage_dispenser = BeverageDispenser(Beverage())
install(beverage_dispenser)
## mypy: Argument 1 to "install" has
## incompatible type "BeverageDispenser[Beverage]"
##          expected "BeverageDispenser[Juice]"
```

모든 Beverage를 제공할 수 있는 디스펜서는 받아들여지지 않는다. 구내식당에서는 Juice만 제공하는 디스펜서가 필요하기 때문이다.

약간 놀랍겠지만, 다음 코드도 잘못된 코드다.

```
orange_juice_dispenser = BeverageDispenser(OrangeJuice())
install(orange_juice_dispenser)
## mypy: Argument 1 to "install" has
## incompatible type "BeverageDispenser[OrangeJuice]"
##          expected "BeverageDispenser[Juice]"
```

OrangeJuice를 제공하는 디스펜서도 허용되지 않는다. BeverageDispenser[Juice] 형의 디스펜서만 허용된다. 타이핑 용어로 설명하면 OrangeJuice가 Juice의 서브클래스임에도 BeverageDispenser[OrangeJuice]가 BeverageDispenser[Juice]와 호환되지 않을 때 BeverageDispenser(Generic[T])를 불변적^{invariant}이라고 한다.

list와 set 등의 파이썬의 가변 컬렉션형은 불변적[18]이다. [예제 15-17]의 LottoBlower도 불변적이다.

15.7.2 공변적 디스펜서

디스펜서가 일부 서브클래스형의 음료수도 융통성 있게 받는 제네릭 클래스로 모델링하려면 디스펜서를 공변성 있게 만들어야 한다. [예제 15-19]는 조금 더 융통성 있는 BeverageDispenser를 선언한다.

예제 15-19 covariant.py: 자료형 정의와 install() 함수

```
T_co = TypeVar('T_co', covariant=True)   ❶


class BeverageDispenser(Generic[T_co]):   ❷
    def __init__(self, beverage: T_co) -> None:
        self.beverage = beverage

    def dispense(self) -> T_co:
```

---

18 **옮긴이**_ 일반적으로 자료형의 가변성(mutability)을 말할 때는 변수의 값이 바뀔 수 있는 성질을 의미하지만, 자료형 힌트의 변이성을 말할 때는 선언된 자료형 이외의 자료형을 받을 수 있는 성질을 의미한다. 설명 대상이 변수인지, 자료형 힌트인지에 따라 의미가 다르므로 혼동하지 않도록 주의하길 바란다.

```python
        return self.beverage

    def install(dispenser: BeverageDispenser[Juice]) -> None:   ❸
        """과일 주스 디스펜서 설치"""
```

❶ 자료형 변수를 선언할 때 covariant=True를 설정한다. typeshed에서는 공변형 매개변수를 선언할 때 관례적으로 _co를 뒤에 붙인다.

❷ Generic 클래스의 매개변수에 T_co를 사용한다.

❸ install() 함수의 자료형 힌트는 [예제 15-18]과 똑같다.

Juice 디스펜서와 OrangeJuice 디스펜서 모두 정당한 공변 BeverageDispenser이므로 다음 코드는 올바로 작동한다.

```python
juice_dispenser = BeverageDispenser(Juice())
install(juice_dispenser)

orange_juice_dispenser = BeverageDispenser(OrangeJuice())
install(orange_juice_dispenser)
```

그러나 임의의 Beverage 디스펜서는 받아들여지지 않는다.

```python
beverage_dispenser = BeverageDispenser(Beverage())
install(beverage_dispenser)
## mypy: Argument 1 to "install" has
## incompatible type "BeverageDispenser[Beverage]"
##           expected "BeverageDispenser[Juice]"
```

이게 공변성이다. 매개변수화된 디스펜서 간의 서브타입 관계는 자료형 매개변수의 서브타입 관계와 동일한 방향으로 나간다.

15.7.3 공변적 쓰레기통

이제 쓰레기통을 배치하는 구내식당 규칙을 모델링해 보자. 음식과 음료는 생분해성 포장지에 제공되며, 남은 음식과 일회용 식기도 생분해된다. 쓰레기통은 생분해성 쓰레기에 적합해야 한다.

구내식당에서 사용할 수 있는 쓰레기통 규정을 모델링하려면 [예제 15-20]에서처럼 '반변성' 개념을 도입해야 한다.

예제 15-20 contravariant.py: 자료형 정의와 install() 함수

```python
from typing import TypeVar, Generic

class Refuse:            ❶
    """폐기물"""

class Biodegradable(Refuse):
    """생분해 쓰레기"""

class Compostable(Biodegradable):
    """퇴비 쓰레기"""

T_contra = TypeVar('T_contra', contravariant=True)   ❷

class TrashCan(Generic[T_contra]):    ❸
    def put(self, refuse: T_contra) -> None:
        """통을 비우기 전까지 쓰레기를 저장한다. """

def deploy(trash_can: TrashCan[Biodegradable]):
    """생분해되는 쓰레기를 위한 쓰레기통을 배치한다."""
```

❶ 폐기물의 자료형 계층구조. Refuse가 가장 포괄적인 자료형이며, Compostable은 가장 세부적인 자료형이다.

❷ T_contra는 관례적으로 반변성 자료형 변수명에 사용된다.

❸ TrashCan은 폐기물의 자료형에 대해 반변적이다.

이와 같이 정의되면, 다음과 같은 쓰레기통들은 받아들여진다.

```
bio_can: TrashCan[Biodegradable] = TrashCan()
deploy(bio_can)

trash_can: TrashCan[Refuse] = TrashCan()
deploy(trash_can)
```

가장 포괄적인 TrashCan[Refuse]는 받아들여진다. Biodegradable은 물론 모든 폐기물을 받을 수 있기 때문이다. 그러나 TrashCan[Compostable]은 받아들여지지 않는다. 퇴비 쓰레기통에 모든 생분해 쓰레기가 다 들어가지는 못하기 때문이다.

```
compost_can: TrashCan[Compostable] = TrashCan()
deploy(compost_can)
## mypy: Argument 1 to "deploy" has
## incompatible type "TrashCan[Compostable]"
##          expected "TrashCan[Biodegradable]"
```

이제 지금까지 본 개념을 정리해 보자.

15.7.4 변이성 정리

변이성은 미묘한 속성이다. 다음 절에서는 불변성, 공변성, 반변성 자료형 개념을 다시 한번 더 정리하고, 원리를 이해할 수 있는 몇 가지 경험적인 규칙을 이야기한다.

불변성

실제 매개변수 간에는 어떤 관계가 있더라도, 두 개의 매개변수화된 자료형에 서브타입이나 슈퍼타입 관계가 없을 때, 제네릭형 L은 불변적이다. 기호로 정리하면, L이 불변적이면 L[A]는 L[B]의 서브타입이나 슈퍼타입이 아니다. L[A]와 L[B]는 어떠한 방향으로도 일치하지 않는다.

앞에서도 얘기했지만, 파이썬의 가변 컬렉션들은 기본적으로 불변적이다. list 형이 좋은 예인데, list[int]는 list[float]와 일치하지 않으며, 반대 방향으로도 마찬가지다.

일반적으로 형식형 매개변수가 메서드 인수의 자료형 힌트에 나타나고, 동일한 매개변수가 메서드 반환형에도 나타나면, 컬렉션을 읽거나 갱신할 때 자료형 안전을 보장하기 위해 매개변수가 불변적이어야 한다.

예를 들어 다음은 typeshed에 있는 내장형 list에 대한 자료형 힌트(https://fpy.li/15-30)의 일부다.

```
class list(MutableSequence[_T], Generic[_T]):
    @overload
    def __init__(self) -> None: ...
    @overload
    def __init__(self, iterable: Iterable[_T]) -> None: ...
    # ... 중략 ...
    def append(self, __object: _T) -> None: ...
    def extend(self, __iterable: Iterable[_T]) -> None: ...
    def pop(self, __index: int = ...) -> _T: ...
    # 후략...
```

__init__(), append(), extend() 메서드의 인수와 pop()의 반환형으로 _T가 나온다는 점에 주목하라. _T가 공변적이거나 반변적이면 이런 클래스를 자료형 안전하게 만들 수 없다.

공변성

B가 A에 일치하고 둘 다 Any가 아닌 A와 B 형이 있다고 하자. 어떤 저자들은 다음과 같은 자료형 관계를 표현할 때 <:와 :> 기호를 사용한다.

A :> B

A가 B의 슈퍼클래스이거나 B와 같다.

B <: A

B가 A의 서브클래스이거나 A와 같다.

A :> B일 때, C[A] :> C[B]이면 제네릭형 C는 공변적이다.

A가 B의 왼쪽에 있는 두 경우 모두 :> 기호의 방향이 똑같음에 주의하라. 공변적인 제네릭형은 실제형 매개변수의 상속 관계를 따른다.

불변 컨테이너도 공변적일 수 있다. 예를 들어 `typing.FrozenSet` 클래스는 관례적인 명칭인 `T_co`를 이용한 자료형 변수에 공변적임을 의미하기 위해 다음과 같이 문서화되었다 (https://fpy.li/15-31).

```
class FrozenSet(frozenset, AbstractSet[T_co]):
```

:> 기호를 매개변수화된 자료형에 적용하면 다음과 같이 표현할 수 있다.

```
        float :> int
frozenset[float] :> frozenset[int]
```

반복자도 공변적 제네릭형의 또 다른 예다. `frozenset` 같은 읽기 전용 컬렉션은 아니고, 출력을 생성하기만 한다. 실수형을 생성하는 `abc.Iterator[float]` 형을 받는 코드는 어디서든 정수형을 생성하는 `abc.Iterator[int]`를 안전하게 사용할 수 있다. `Callable` 형도 이와 동일한 이유로 반환형에 있어서 공변적이다.

반변성

A :> B일 때, K[A] <: K[B]이면 제네릭형 K는 반변적이다.

반변석 제네릭형은 실세형 매개변수의 상속 관계를 역으로 뒤집는다.

`TrashCan` 클래스가 이런 대표적인 예다.

```
           Refuse :> Biodegradable
TrashCan[Refuse] <: TrashCan[Biodegradable]
```

반변적 컨테이너는 일반적으로 쓰기 전용 자료 구조이며, '싱크sink'라고도 알려졌다. 표준 라이브러리에는 이런 컬렉션 예가 없지만, 반변적 자료형 매개변수를 사용한 클래스가 몇 개 있다.

8.5.11절의 '콜러블형의 변이'에서 봤듯이, `Callable[[ParamType, …], ReturnType]`은 매개변수형에 대해서는 반변적이지만, `ReturnType`에 대해서는 공변적이다. 그리

고 Generator(https://fpy.li/15-32), Coroutine(https://fpy.li/typecoro),
AsyncGenerator(https://fpy.li/15-33)에는 반변적 자료형 매개변수가 하나씩 있
다. Generator 형은 17.13.3절 '고전적 코루틴에 대한 제네릭형 힌트'에서, Coroutine과
AsyncGenerator는 21장에서 설명한다.

변이성에 관한 현재 설명에서 핵심 내용은, 반변적 형식 매개변수는 객체를 실행하거나 객체에
자료를 전송하는 데 사용되는 인수의 자료형을 정의하지만, 여러 공변적 형식 매개변수는 객체
에 의해 생성되는 출력의 자료형(생성된 자료형이나 반환된 자료형으로서, 객체에 따라 다르
다)을 정의한다는 것이다. '전송하는 것'과 '생성하는 것'의 의미는 17.13절 '고전적 코루틴'에서
설명한다.

이렇게 공변적 출력과 반변적 입력을 관찰해서 몇 가지 유용한 가이드라인을 유도할 수 있다.

변이성 규칙 요약

마지막으로, 변이성을 고려할 때 생각해야 할 몇 가지 법칙은 다음과 같다.

- 형식형 매개변수가 객체에서 나오는 데이터의 자료형을 정의한다면, 이 매개변수는 공변적일 가능성이 높다.
- 형식형 매개변수가 초기 생성 후 객체에 들어가는 데이터의 자료형을 정의한다면, 이 매개변수는 반변적일 가능성이 높다.
- 형식형 매개변수가 객체로부터 나오는 데이터와 객체로 들어가는 데이터의 자료형을 모두 정의한다면, 이 매개변수는 불변적일 가능성이 높다.
- 안전성에 주안점을 두려면, 형식형 매개변수를 불변적으로 만들라.

Callable[[ParamType, …], ReturnType]은 첫 번째와 두 번째 규칙의 예를 보여 준다.
ReturnType은 공변적이고, 각각의 ParamType은 반변적이다.

기본적으로 TypeVar는 불변적 형식 매개변수를 생성하는데, 그래서 표준 라이브러리의 가변
형 컬렉션들에 불변적인 자료형 힌트가 붙어 있다.

여기서 설명한 변이성은 17.13.3절 '고전적 코루틴에 대한 제네릭형 힌트'에서 이어 설명한다.

다음으로 공변성 개념을 두 가지 새로운 예제에 적용하면서 제네릭 정적 프로토콜을 정의하는
방법을 알아보자.

15.8 제네릭 정적 프로토콜의 구현

파이썬 3.10 표준 라이브러리에서는 몇 가지 제네릭 정적 프로토콜을 제공한다. 그중 하나가 SupportsAbs인데, typing 모듈에 다음과 같이 구현되었다(https://fpy.li/15-34).

```python
@runtime_checkable
class SupportsAbs(Protocol[T_co]):
    """반환형에 있어서 공변적인 __abs__() 추상 메서드 하나가 있는 ABC"""
    __slots__ = ()

    @abstractmethod
    def __abs__(self) -> T_co:
        pass
```

T_co는 명명 관례에 따라 다음과 같이 선언되었다.

```python
T_co = TypeVar('T_co', covariant=True)
```

[예제 15-21]에서 보듯이, SupportsAbs 덕분에 Mypy는 이 코드가 올바르다고 판단한다.

예제 15-21 abs_demo.py: 제네릭 SupportsAbs 프로토콜의 사용

```python
import math
from typing import NamedTuple, SupportsAbs

class Vector2d(NamedTuple):
    x: float
    y: float

    def __abs__(self) -> float:  ❶
        return math.hypot(self.x, self.y)

def is_unit(v: SupportsAbs[float]) -> bool:  ❷
    """'v'의 크기가 1에 가까우면 'True'가 된다."""
    return math.isclose(abs(v), 1.0)  ❸

assert issubclass(Vector2d, SupportsAbs)  ❹

v0 = Vector2d(0, 1)  ❺
```

```python
sqrt2 = math.sqrt(2)
v1 = Vector2d(sqrt2 / 2, sqrt2 / 2)
v2 = Vector2d(1, 1)
v3 = complex(.5, math.sqrt(3) / 2)
v4 = 1  ❻

assert is_unit(v0)
assert is_unit(v1)
assert not is_unit(v2)
assert is_unit(v3)
assert is_unit(v4)

print('OK')
```

❶ `__abs__()`를 정의함으로써 Vector2d를 SupportsAbs에 일치하게 만든다.

❷ SupportsAbs에 `float` 매개변수를 사용한다.

❸ 그러면, Mypy는 `abs(v)`를 `math.isclose()`의 첫 번째 인수로 허용한다.

❹ SupportsAbs 정의의 `@runtime_checkable` 데커레이터 덕분에, 이 코드는 런타임에 올바로 확인한다.

❺ 나머지 코드는 모두 Mypy 검사와 런타임 검사를 통과한다.

❻ `int` 형도 SupportsAbs와 일치한다. typeshed에 따르면(https://fpy.li/15-35), `int.__abs__()`는 `int` 형을 반환하는데, `int` 형은 `is_unit()`에서 v 인수에 대한 자료형 힌트로 선언된 `float` 형 매개변수와 일치하기 때문이다.

이와 마찬가지로 [예제 13-18]에 정의된 RandomPicker 프로토콜의 제네릭 버전을 작성할 수 있다. RandomPicker는 Any를 반환하는 `pick()` 메서드를 한 개 정의한다.

[예제 15-22]는 `pick()`의 반환형에 대해 제네릭 RandomPicker를 공변적으로 만드는 방법을 보여 준다.

예제 15-22 generic_randompick.py: 제네릭 RandomPicker의 정의

```python
from typing import Protocol, runtime_checkable, TypeVar

T_co = TypeVar('T_co', covariant=True)  ❶

@runtime_checkable
class RandomPicker(Protocol[T_co]):  ❷
    def pick(self) -> T_co: ...  ❸
```

❶ T_co를 공변적으로 선언한다.

❷ 이렇게 함으로써 RandomPicker를 공변적 형식형 매개변수가 있는 제네릭형으로 만든다.

❸ T_co를 반환형으로 사용한다.

제네릭 RandomPicker 프로토콜은 단 하나 있는 형식 매개변수가 반환형으로 사용되므로 공변적이다.

이것으로 이 장을 마치고자 한다.

15.9 요약

이 장은 @overload를 사용한 간단한 예제로 시작해 더욱 복잡한 예제들을 만들어가며 자세히 살펴보았다. 내장 함수 max()를 제대로 어노테이트하려면 오버로드된 시그너처가 필요했다.

typing.TypedDict 특별 구조체가 그 뒤에 이어졌다. typing.NamedTuple을 다룬 5장이 아니라 여기에서 설명하기로 한 이유는 TypedDict가 클래스 빌더가 아니기 때문이다. TypedDict는 특정한 일련의 문자열 키와 각 키에 대한 특정한 자료형을 가진 dict 형을 요구하는 변수나 인수에 자료형 힌트를 붙이는 방법이다. TypedDict는 JSON 데이터를 처리하는 경우처럼 dict를 일종의 레코드로 사용할 때 도움이 된다. 이 절은 다소 길었다. TypedDict를 사용하는 게 안전하다는 잘못된 생각을 갖기 쉬운데, 본질적으로 동적인 매핑형으로부터 정적으로 구조화된 레코드를 생성할 때 필수인 런타임 검사와 에러 처리하는 방법을 보여 주고자 했기 때문이다.

다음으로 typing.cast() 함수를 설명했는데, 이 함수는 자료형 검사기의 작동 방식을 조정할 수 있도록 만들어졌다. cast()를 남용하면 자료형 검사기가 제 기능을 발휘하지 못하기 때문에 신중하게 사용해야 한다.

런타임에 자료형 힌트 정보를 가져오는 방법을 그다음에 설명했다. 핵심은 __annotations__ 속성을 직접 읽지 말고 typing.get_type_hints() 함수를 사용하라는 것이다. 그러나 어떤 어노테이션에 대해서는 이 함수를 믿을 수 없고, 파이썬 핵심 개발자들은 CPU와 메모리 사용량에 대한 영향력을 줄이면서 자료형 힌트를 런타임에 사용할 수 있게 하려고 아직도 작업하고 있다.

마지막 절에서는 제네릭에 관해 설명했는데, 먼저 `LottoBlower`의 제네릭 클래스를 만들었다. 나중에 설명한 대로 이 클래스는 불변적 제네릭 클래스다. 이 예제에 이어 네 가지 용어(제네릭형, 형식형 매개변수, 매개변수화된 자료형, 실제형 매개변수)를 간략히 정의했다.

그리고 불변성, 공변성, 반변성의 실생활 예(구내식당 음료수 디스펜서와 쓰레기통)를 이용해 변이성을 알아보았다. 그다음에는 파이썬 표준 라이브러리 예제에 이 개념들을 적용해서 살펴보고, 공식화하고, 조금 더 응용해 보았다.

마지막으로 제네릭 정적 프로토콜의 정의하는 방법을 알아보았다. 먼저 `typing.SupportsAbs` 프로토콜을 살펴보고 나서, 이와 동일한 개념을 `RandomPicker` 예제에 적용해 13장에서 만들었던 원래 프로토콜보다 더욱 튼튼하게 만들었다.

> **NOTE** 파이썬의 자료형 시스템은 아주 크고도 빠르게 변화하는 분야다. 이 장에서 모든 것을 다 설명하지는 못했다. 대신 널리 적용할 수 있거나, 특히 어렵거나, 개념적으로 아주 중요해서 장기적으로도 유효한 주제에 집중해 설명했다.

## CHAPTER 16

연산자 오버로딩

> 내가 결정을 내리기 어려운 것 중 하나가 연산자 오버로딩이다. C++에서 연산자 오버로딩을
> 남용하는 사람을 너무 많이 봤기에, 연산자 오버로딩은 완전히 개인적인 선택으로 남겨 놓는다.[1]
>
> — 제임스 고슬링
> 자바의 창시자

파이썬에서는 복리 이자를 다음과 같은 공식으로 계산할 수 있다.

```
interest = principal * ((1 + rate) ** periods - 1)
```

`1 + rate`처럼 피연산자 사이에 나오는 연산자는 **중위 연산자**infix operator다. 파이썬에서 중위 연산자는 모든 자료형을 처리할 수 있다. 따라서 실제 돈을 다룬다면 앞 문장에서 `principal`, `rate`, `periods`가 정확한 숫자(파이썬 `decimal.Decimal` 클래스의 인스턴스)이고, 작성된 대로 작동해 공식이 정확한 결과를 출력하는지 확인할 수 있다.

그러나 자바에서는 정확한 결과를 얻으려고 `float`에서 `BigDecimal`로 변환하면 중위 연

---

1 'C 계열 언어: 데니스 리치, 비야네 스트롭스트룹, 제임스 고슬링과의 인터뷰(The C Family of Languages : Interview with Dennis Ritchie, Bjarne Stroustrup, and James Gosling)'(`https://fpy.li/16-1`)에서 발췌했다.

산자를 사용할 수 없다. 중위 연산자는 기본형에만 사용할 수 있기 때문이다. 자바에서
BigDecimal을 이용한 코드는 다음과 같다.

```
BigDecimal interest = principal.multiply(BigDecimal.ONE.add(rate)
                        .pow(periods).subtract(BigDecimal.ONE));
```

이 코드를 보면 중위 연산자를 사용하면 공식을 읽기 좋아진다는 것을 잘 알 수 있다. 사용자
정의형이나 넘파이 배열 같은 확장형에 중위 연산자 표기법을 사용하게 하려면 연산자를 오버
로드해야 한다. 파이썬이 금융과 과학 애플리케이션 등 데이터 과학에서 엄청난 성공을 거둔
것은 아마도 개념적인 수준에서 사용하기 쉽게 연산자를 오버로드하도록 해 주었기 때문일 것
이다.

1.3.1절 '수치형 흉내 내기'에서 뼈대만 갖춘 Vector 클래스에서 몇 가지 간단한 구현을 보았
다. [예제 1-2]에서 __add__()와 __mul__() 메서드는 특별 메서드가 연산자 오버로딩을 지
원하는 방법을 설명하려고 작성했지만, 이 코드에는 우리가 간과한 미묘한 문제가 있다. 그리
고 [예제 11-2]에서 Vector2d.__eq__() 메서드가 Vector(3, 4) == [3, 4]를 True로 평
가하는 것을 보았다. 이것은 상황에 따라 문제가 될 수도 있고 아닐 수도 있다. 이 장에서는 이
런 문제와 함께 다음 주제들을 살펴본다.

- 자신이 처리할 수 없는 피연산자를 중위 연산자 메서드가 처리할 수 없다는 신호를 보내는 방법
- 덕 타이핑이나 구스 타이핑을 이용해서 다양한 자료형의 피연산자를 처리하는 방법
- ==, >, <= 등 풍부한 비교 연산자들의 특별한 작동 방식
- +=과 같은 복합 할당자를 처리하는 기본 작동 방식과 오버로딩 방법

16.1 이번 장의 변경 사항

구스 타이핑이 파이썬의 핵심인데, numbers ABC는 정적 타이핑이 지원되지 않는다. 따라서
numbers.Real에 대해 isinstance()로 명시적으로 검사하는 대신 덕 타이핑을 사용하도록
[예제 16-11]을 변경했다.[2]

---

2 파이썬 표준 라이브러리에 있는 다른 ABC들은 여전히 구스 타이핑과 정적 타이핑을 지원한다. numbers ABC에 대한 문제는 13.6.8절
  'numbers ABC와 수치형 프로토콜'에서 설명했다.

1판에서는 @ 행렬곱 연산자를 별도의 글상자에서 다뤘다. 당시에는 파이썬 3.5가 알파 테스트 단계였기 때문이다. 하지만 2판에서는 이 연산자에 관한 설명을 16.6절 '@를 중위 연산자로 사용하기'에 자연스럽게 통합했다. 구스 타이핑을 이용했기 때문에 `__matmul__()` 구현이 1판보다 안전해지고, 융통성은 여전히 유지되었다.

16.2 연산자 오버로딩 기본 지식

연산자 오버로딩은 사용자 정의 객체가 중위 연산자(예: +, |)나 단항 연산자(예: -, ~)를 사용할 수 있게 해준다. 파이썬에서는 여기에서 더 나아가 함수 호출(()), 속성 접근(.), 항목 접근/슬라이싱([])도 연산자로 구현되었지만, 이 장에서는 단항 연산자와 중위 연산자만 다룬다.

연산자 오버로딩을 혐오하는 사람도 많다. 이 언어 기능은 남용되기 쉬워서(사실 많이 남용되어 왔다), 프로그래머를 혼란스럽게 하거나, 버그를 만들거나, 예상치 못한 성능상의 병목이 될 수도 있다. 그렇지만 잘 사용하면 코드의 가독성이 좋아지고 만족스러운 API를 구현할 수 있다. 파이썬은 다음과 같은 제한을 두어 융통성, 사용성, 안전성을 적절히 유지한다.

- 내장형의 연산자는 오버로드할 수 없다.
- 새로운 연산자를 만들 수 없으며, 기존 연산자를 오버로드할 수만 있다.
- is, and, or, not 연산자는 오버로드할 수 없다(그러나 &, |, ~ 비트 연산자는 오버로드할 수 있다).

12장에서 이미 `__eq__()` 메서드가 지원하는 중위 연산자 ==를 Vector 클래스에 구현했다. 이 장에서는 `__eq__()` 메서드를 개선해 Vector 이외의 자료형인 피연산자도 처리할 수 있게 한다. 그러나 풍부한 비교 연산자(==, !=, >, <, >=, <=)는 연산자를 오버로드하려면 특별한 처리가 필요하므로, Vector 클래스에 4개의 산술 연산자부터 구현하자. 먼저 가장 쉬운 단항 연산자 -와 +를 구현하고, 다음으로 중위 연산자 +와 *를 구현한다.

이제 가장 간단한 주제인 단항 연산자부터 시작해 보자.

16.3 단항 연산자

파이썬 언어 참조 문서의 6.5절 '단항 산술 및 비트 연산^{Unary arithmetic and bitwise operations}'(https://fpy.li/16-2)에서는 세 개의 단항 연산자를 나열하는데, 이 연산자 및 연관된 특별 메서드는 다음 과 같다.

__neg__()가 구현하는 -

단항 산술 부정. x가 -2면, -x는 2다.

__pos__()가 구현하는 +

단항 산술 덧셈. 일반적으로 x와 +x는 동일하지만, 그렇지 않은 경우도 있다. 이 절 마지막에 나오는 'x 와 +x가 동일하지 않은 경우' 글상자에서 자세히 설명한다.

__invert__()가 구현하는 ~

정수형의 비트 반전. ~x는 -(x+1)로 정의된다(~x == -(x+1)). x가 2면, ~x는 -3이다.[3]

파이썬 언어 참조 문서의 '데이터 모델' 장(https://fpy.li/16-3)에서는 내장 함수인 abs()도 단항 연산자로 나열한다. 1.3.1절 '수치형 흉내 내기'에서 설명했듯이 abs() 내장 함수는 __abs__() 특별 메서드와 연관된다.

단항 연산자는 구현하기 쉽다. 단지 self 인수 하나를 받는 적절한 특별 메서드를 구현하면 된다. 클래스에 논리적으로 합당한 연산을 수행해야 하지만, 특히 '언제나 새로운 인스턴스를 반환해야 한다'는 연산자 핵심 규칙을 지켜야 한다. 즉, self를 수정하지 말고 적절한 자료형의 인스턴스를 새로 생성해 반환해야 한다.

-와 +의 결과는 아마도 self와 같은 클래스의 인스턴스일 것이다. 단항 연산자 +는 수신자가 불변형이면 반드시 self를 반환해야 한다. 가변형일 때는 self를 복사한 인스턴스를 반환해야 한다. abs()에서는 스칼라형 숫자가 결과로 나온다.

~는 정수 이외의 피연산자에 적용한다면 어떤 값이 타당한 결과인지 확답하기 어려울 것이다.

---

[3] 비트 단위 반전에 관해서는 https://en.wikipedia.org/wiki/Bitwise_operation#NOT 를 참조하라.

예를 들어 판다스 데이터 분석 패키지(https://fpy.li/pandas)에서 ~는 불리언형 필터링 조건을 반전시킨다. 자세한 내용은 판다스 문서에서 '불리언형 인덱싱^{Boolean indexing}'(https://fpy.li/16-4)을 참조하라.

앞에서 약속한 대로, 12장에서 구현한 Vector 클래스에 새로운 연산자 여러 개를 구현할 것이다. [예제 16-1]은 [예제 12-16]에서 이미 구현한 __abs__() 메서드에 __neg__()와 __pos__() 단항 연산자 메서드를 추가한 코드다.

예제 16-1 vector_v6.py: [예제 12-16]에 단항 연산자 -와 + 추가

```
    def __abs__(self):
        return math.hypot(*self)

    def __neg__(self):
        return Vector(-x for x in self)   ❶

    def __pos__(self):
        return Vector(self)   ❷
```

❶ -v를 계산하기 위해 새로운 Vector 객체를 만들고 self의 모든 요소를 반댓값으로 채운다.

❷ +v를 계산하기 위해 새로운 Vector 객체를 만들고 self의 모든 요소로 채운다.

Vector 인스턴스는 반복 가능하고 Vector.__init__()이 반복형 인수를 받으므로 __neg__()와 __pos__()는 짧고 깔끔하게 구현되었다.

__invert__() 메서드는 구현하지 않을 것이므로 Vector 인스턴스에 ~v 연산을 실행하면 파이썬은 단항 연산자 ~에 맞지 않는 피연산자임을 의미하는 'bad operand type for unary ~: 'Vector'.' 메시지와 함께 TypeErrorr를 발생시킨다.

다음 글상자는 여러분이 단항 연산자 +로 내기를 한다면 도움이 될 내용을 설명한다.

---

x와 +x가 동일하지 않은 경우

누구나 x와 +x가 같을 것이라고 생각한다(x == +x). 사실 파이썬에서는 거의 항상 똑같다. 그러나 표준 라이브러리 안에서 x와 +x가 다른(x != +x) 두 가지 사례를 발견했다.

첫 번째 사례는 `decimal.Decimal` 클래스와 관련이 있다. 어떤 산술 콘텍스트에서 `Decimal` 객체 x를 생성하고 나서 다르게 설정된 콘텍스트에서 +x를 평가하면 x와 +x가 달라질 수 있다. 예를 들어 x를 특정 정밀도로 계산하고 나서 정밀도를 변경한 후 +x를 평가하면 달라질 수 있다. [예제 16-2]를 보자.

예제 16-2 산술 콘텍스트의 정밀도를 변경하면 x와 +x가 달라질 수 있다.

```
>>> import decimal
>>> ctx = decimal.getcontext()    ❶
>>> ctx.prec = 40    ❷
>>> one_third = decimal.Decimal('1') / decimal.Decimal('3')    ❸
>>> one_third    ❹
Decimal('0.3333333333333333333333333333333333333333')
>>> one_third == +one_third    ❺
True
>>> ctx.prec = 28    ❻
>>> one_third == +one_third    ❼
False
>>> +one_third    ❽
Decimal('0.3333333333333333333333333333')
```

❶ 현재 산술 콘텍스트 전역 설정에 대한 참조를 가져온다.

❷ 산술 콘텍스트의 정밀도를 40으로 설정한다.

❸ 현재 정밀도를 이용해 1/3을 계산한다.

❹ 결과를 보면 소수점 이하 40자리까지 표현된다.

❺ 이때 `one_third`와 `+one_third`가 같다.

❻ 정밀도를 `Decimal` 산술의 기본값인 28로 낮춘다.

❼ 이제는 `one_third`와 `+one_third`가 다르다.

❽ `+one_third`를 조사해 보면 소수점 이하 28자리 숫자까지 표시된다.

`+one_third` 표현식이 나타날 때마다 `one_third`의 값을 이용해서 `Decimal` 인스턴스를 새로 만드는데, 이때 현재의 산술 콘텍스트를 사용해서 이런 문제가 생긴다.

x와 +x가 달라지는 두 번째 사례는 collections.Counter 문서(https://fpy.li/16-5)에서 찾아볼 수 있다. Counter 클래스는 두 Counter 인스턴스의 합계를 구하는 중위 연산자 + 등 여러 산술 연산자를 구현한다. 그러나 실제로 카운터는 음수가 될 수 없으므로, Counter의 덧셈은 음수나 0인 카운터를 버린다. 그리고 객체 앞에 붙은 +는 빈 Counter를 더하는 연산이므로 0보다 큰 값만 유지하는 Counter 인스턴스를 새로 생성한다. [예제 16-3]을 보자.

예제 16-3 단항 연산자 +는 개수가 0이거나 음수인 항목을 제외하고 Counter 인스턴스를 새로 생성한다.

```
>>> ct = Counter('abracadabra')
>>> ct
Counter({'a': 5, 'r': 2, 'b': 2, 'd': 1, 'c': 1})
>>> ct['r'] = -3
>>> ct['d'] = 0
>>> ct
Counter({'a': 5, 'b': 2, 'c': 1, 'd': 0, 'r': -3})
>>> +ct
Counter({'a': 5, 'b': 2, 'c': 1})
```

이처럼 +ct는 개수가 0보다 큰 항목만 반환한다.

이제 다시 본론으로 돌아가서 나머지 연산자를 구현하자.

16.4 벡터 덧셈을 위한 + 연산자 오버로딩

Vector 클래스는 시퀀스형이며, 파이썬 공식 문서 중 '데이터 모델' 장의 3.3.6절 '컨테이너형 열거하기' 문서(https://fpy.li/16-6)에서는 시퀀스는 결합을 위한 + 연산자와 반복을 위한 * 연산자를 지원해야 한다고 규정한다. 그러나 여기서는 +와 * 연산자로 수학적인 벡터 연산을 구현한다. 구현은 약간 더 어렵지만, Vector 형을 조금 더 수학적으로 지원한다.

유클리드 벡터 두 개를 더하면 양쪽 벡터 각 요소의 합으로 구성된 새로운 벡터가 생성된다. 다음 예를 보자.

```
>>> v1 = Vector([3, 4, 5])
>>> v2 = Vector([6, 7, 8])
>>> v1 + v2
Vector([9.0, 11.0, 13.0])
>>> v1 + v2 == Vector([3 + 6, 4 + 7, 5 + 8])
True
```

길이가 다른 두 개의 Vector 객체를 더하면 어떻게 될까? 에러를 발생시킬 수도 있지만, 정보 검색 등에서 활용되는 사례를 보면, 짧은 쪽 벡터의 빈 공간을 0으로 채워서 더하는 편이 낫다. 즉, 다음과 같이 작동해야 한다.

```
>>> v1 = Vector([3, 4, 5, 6])
>>> v3 = Vector([1, 2])
>>> v1 + v3
Vector([4.0, 6.0, 5.0, 6.0])
```

이러한 요구사항에 기반해 [예제 16-4]와 같이 __add__() 메서드를 멋지게 구현할 수 있다.

예제 16-4 Vector.__add__() 메서드 버전 #1

```
# Vector 클래스 내부

def __add__(self, other):
    pairs = itertools.zip_longest(self, other, fillvalue=0.0)   ❶
    return Vector(a + b for a, b in pairs)   ❷
```

❶ pairs는 self에서 a를, other에서 b를 가져와 (a, b) 튜플을 생성하는 제너레이터다. self와 other의 길이가 다를 때는 짧은 쪽 반복형의 빠진 값을 fillvalue로 채운다.

❷ pairs 양쪽 항목의 합을 생성하는 제너레이터 표현식을 이용해 새로운 Vector 인스턴스를 생성한다.

__add__() 메서드는 self나 other의 값을 변경하지 않고 새로운 Vector 인스턴스를 반환한다는 사실에 주의하라.

> **WARNING** 단항 연산자나 중위 연산자를 구현하는 특별 메서드는 절대 피연산자를 변경하면 안 되며, 이 연산자를 사용한 표현식은 새로운 객체를 생성해야 한다. 16.9절 '복합 할당 연산자'에서 설명하겠지만, 복합 할당 연산자만 첫 번째 피연산자인 self를 변경할 수 있다.
> [예제 16-5]에서 검증했듯이, [예제 16-4]에서 구현한 Vector 클래스를 사용하면 Vector 객체를 Vector2d 객체, 튜플, 그리고 숫자를 생성하는 어떤 반복형에도 더할 수 있다.

예제 16-5 Vector.__add__() 버전 #1은 Vector가 아닌 객체도 지원한다.

```
>>> v1 = Vector([3, 4, 5])
>>> v1 + (10, 20, 30)
Vector([13.0, 24.0, 35.0])
>>> from vector2d_v3 import Vector2d
>>> v2d = Vector2d(1, 2)
>>> v1 + v2d
Vector([4.0, 6.0, 5.0])
```

[예제 16-5]의 +기 두 번 모두 올바르게 작동하는 이유는 __add__() 메서드가 zip_longest()를 사용하기 때문이다. 어떤 반복형 객체도 소비할 수 있는 zip_longest()가 생성한 쌍에 a + b 연산을 수행해 새로운 Vector 인스턴스를 생성하므로, Vector 인스턴스와 다양한 반복형의 합을 구할 수 있다.

그러나 [예제 16-6]처럼 피연산자의 순서를 바꾸면 혼합형 덧셈 연산이 실패한다.

예제 16-6 왼쪽 피연산자가 Vector 객체가 아니면 실패하는 Vector.__add__() 버전 #1

```
>>> v1 = Vector([3, 4, 5])
>>> (10, 20, 30) + v1
Traceback (most recent call last):
  File "<stdin>", line 1, in <module>
```

```
TypeError: can only concatenate tuple (not "Vector") to tuple
>>> from vector2d_v3 import Vector2d
>>> v2d = Vector2d(1, 2)
>>> v2d + v1
Traceback (most recent call last):
  File "<stdin>", line 1, in <module>
TypeError: unsupported operand type(s) for +: 'Vector2d' and 'Vector'
```

서로 다른 객체형을 포함하는 연산을 지원하고자 파이썬은 중위 연산자의 특별 메서드에 특별한 디스패치 메커니즘을 구현한다. 파이썬은 a + b 표현식을 다음과 같은 절차에 따라 처리한다(그림 16-1).

1 a에 __add__() 메서드가 정의되었고 NotImplemented를 반환하지 않으면 a.__add__(b)를 호출한 결과를 반환한다.

2 a에 __add__() 메서드가 정의되지 않았거나, 정의되었더라도 호출 후 NotImplemented가 반환되면, b에 __radd__() 메서드가 정의되었는지 확인하고 b.__add__(a)를 호출하고, 결과가 NotImplemented가 아니면 반환한다.

3 b에 __radd__()가 정의되지 않았거나, 정의되었더라도 호출 후 NotImplemented가 반환되면, '지원하지 않는 피연산자형'이라는 메시지와 함께 TypeError가 발생한다.

> **TIP** __radd__() 메서드는 __add__() 메서드의 '반사' 또는 '역방향' 버전이라고 하는데, 필자는 '역방향' 특별 메서드라고 부르는 것을 선호한다.[4]

따라서 [예제 16-6]의 혼합형 덧셈을 제대로 실행하려면 Vector.__radd__() 메서드를 구현해야 한다. 왼쪽 피연산자가 __add__()를 구현하지 않거나, 구현하더라도 오른쪽 피연산자를 처리할 수 없어서 NotImplemented를 반환하면, 파이썬 인터프리터는 최후의 수단으로 오른쪽 피연산자의 __radd__() 메서드를 호출한다.

---

4 파이썬 문서에서는 이 용어를 둘 다 사용한다. '데이터 모델' 장(https://fpy.li/dtmodel)에서는 '반사'라고 하지만, numbers 모듈을 설명하는 9.1.2.2절 '산술 연산의 구현(Implementing the arithmetic operations)'(https://fpy.li/16-7)에서는 '정방향'과 '역방향' 메서드라는 용어를 사용한다. '반사'라는 용어와 달리 '정방향'과 '역방향'은 연산의 방향을 명확히 알려주므로, 필자는 이 용어를 더 좋아한다.

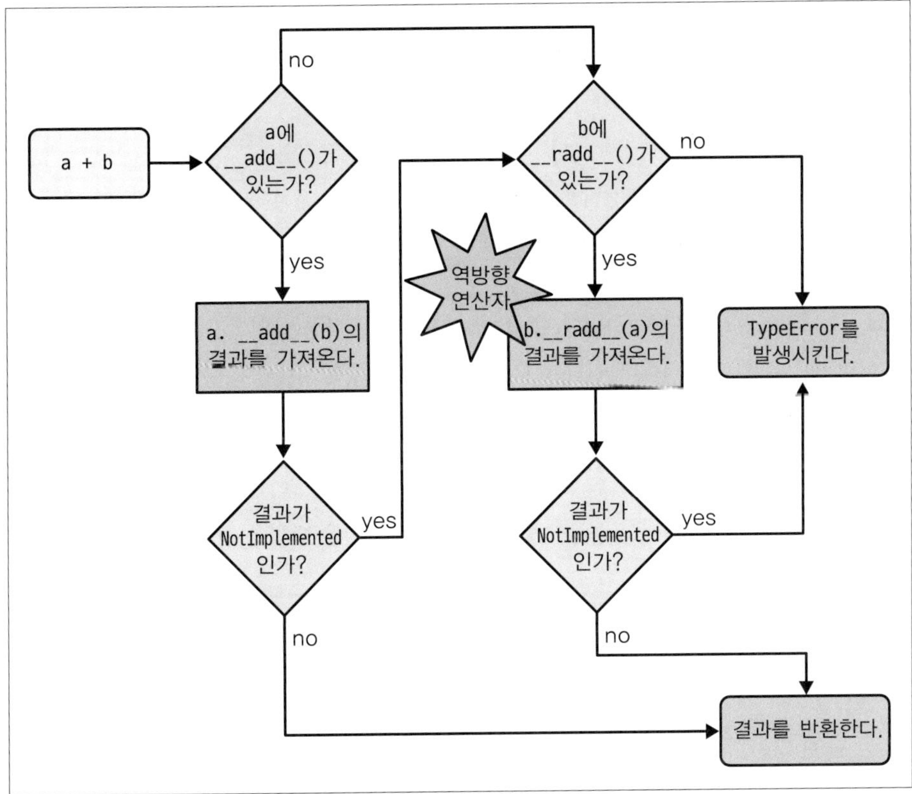

그림 16-1 __add__()와 __radd__()로 a + b를 계산하는 순서도

WARNING NotImplemented와 NotImplementedError를 혼동하지 않아야 한다. NotImplemented 는 중위 연산자가 주어진 피연산자를 처리할 수 없을 때 파이썬 인터프리터에 '반환'하는 특별한 싱글턴값이 다. 반면 NotImplementedError는 서브클래스에서 반드시 오버라이드해야 함을 알려주고자 추상 클래스 의 메서드 스텁method stub에서 발생시키는 예외다.

__radd__()를 가장 간단히 구현하는 방법은 [예제 16-7]과 같다.

예제 16-7 Vector의 __add__()와 __radd__() 메서드

```
# Vector 클래스 내부

def __add__(self, other):  ❶
    pairs = itertools.zip_longest(self, other, fillvalue=0.0)
```

```python
        return Vector(a + b for a, b in pairs)

    def __radd__(self, other):    ❷
        return self + other
```

❶ [예제 16-4]의 __add__()와 동일하다. __radd__() 메서드가 사용하므로 여기에 포함했다.

❷ __radd__()는 단지 __add__() 메서드에 처리를 위임한다.

__radd__()를 이렇게 간단히 구현할 수 있을 때가 많다. 적절한 연산자를 호출하기만 하면 된다. 이런 방식은 교환 법칙이 성립하는 모든 연산자에 적용할 수 있다. 숫자나 여기서 구현하는 Vector 클래스를 다룰 때는 + 연산자의 교환 법칙이 성립하지만, 파이썬에서 시퀀스를 연결할 때는 해당 교환 법칙이 성립하지 않는다.

__radd__()가 단순히 __add__()를 호출할 때는 다음과 같은 방법을 사용할 수도 있다.

```python
    def __add__(self, other):
        pairs = itertools.zip_longest(self, other, fillvalue=0.0)
        return Vector(a + b for a, b in pairs)

    __radd__ = __add__
```

[예제 16-7]에서 구현한 메서드들은 Vector 객체나 Vector2d, 정수들의 튜플, 실수들의 배열 등 숫자 항목으로 구성된 어떠한 반복형에도 사용할 수 있다. 그러나 비반복형 객체에 적용하면 __add__()는 [예제 16-8]과 같이 별로 도움이 되지 않는 메시지와 함께 에러가 발생한다.

예제 16-8 Vector.__add__()는 반복형 피연산자가 필요하다.

```
>>> v1 + 1
Traceback (most recent call last):
  File "<stdin>", line 1, in <module>
  File "vector_v6.py", line 328, in __add__
    pairs = itertools.zip_longest(self, other, fillvalue=0.0)
TypeError: zip_longest argument #2 must support iteration
```

게다가 피연산자가 반복형이지만 이 반복형 안의 항목과 Vector 안의 실수형 항목이 덧셈을 수행할 수 없을 때는 [예제 16-9]와 같이 잘못된 메시지와 함께 에러가 발생한다.

```
>>> v1 + 'ABC'
Traceback (most recent call last):
  File "<stdin>", line 1, in <module>
  File "vector_v6.py", line 329, in __add__
    return Vector(a + b for a, b in pairs)
  File "vector_v6.py", line 243, in __init__
    self._components = array(self.typecode, components)
  File "vector_v6.py", line 329, in <genexpr>
    return Vector(a + b for a, b in pairs)
TypeError: unsupported operand type(s) for +: 'float' and 'str'
```

Vector와 str을 더하려고 했는데, float와 str에 대한 문제를 제기하는 메시지가 나온다.

[예제 16-8]과 [예제 16-9]는 도움이 되지 않는 에러 메시지보다 더 큰 문제가 있다. 연산자 특별 메서드가 자료형의 비호환성 문제 때문에 적절한 결과를 반환할 수 없을 때는 NotImplemented 값을 반환해야 하며 TypeError 예외를 발생시키면 안 된다. NotImplemented를 반환해야 파이썬이 다른 피연산자의 역방향 메서드를 호출할 기회를 줄 수 있기 때문이다.

덕 타이핑 정신으로, other 피연산자의 자료형이나 그 안에 있는 요소의 자료형을 검사하지 않을 것이다. 대신 예외를 잡은 후 NotImplemented를 반환한다. 아직 파이썬 인터프리터가 역방향 연산자를 시도하지 않았다면 이때 역방향 연산자를 시도한다. 역방향 연산자 메서드 호출도 NotImplemented를 반환하면 그때서야 파이썬 인터프리터가 'unsupported operand type(s) for +: Vector and str.' 과 같은 표준 에러 메시지와 힘께 TypeError를 발생시킨다.

Vector 덧셈을 수행하는 특별 메서드의 최종 버전은 [예제 16-10]과 같다.

예제 16-10 vector_v6.py: vector_v5.py(예제 12-16)에 + 연산자 메서드 추가

```python
    def __add__(self, other):
        try:
            pairs = itertools.zip_longest(self, other, fillvalue=0.0)
            return Vector(a + b for a, b in pairs)
        except TypeError:
            return NotImplemented
```

```python
    def __radd__(self, other):
        return self + other
```

이제 `__add__()`는 TypeError 예외를 잡아 NotImplemented를 반환한다.

지금까지 `__add__()`와 `__radd__()` 메서드를 구현해 + 연산자를 안전하게 오버로드했다. 이제부터 또 다른 중위 연산자인 * 연산자를 구현해보자.

16.5 스칼라 곱셈을 위한 * 연산자 오버로딩

Vector([1, 2, 3]) * x가 뜻하는 것은 무엇일까? x가 숫자면 이 문장은 스칼라 곱셈이 되며, 그 결과로 벡터의 각 항목에 x를 곱해서 새로운 Vector 객체가 생성된다. 이를 요소별 곱elementwise multiplication이라고도 한다.

```python
>>> v1 = Vector([1, 2, 3])
>>> v1 * 10
Vector([10.0, 20.0, 30.0])
>>> 11 * v1
Vector([11.0, 22.0, 33.0])
```


스칼라 곱셈에서도 마찬가지로 간단히 `__mul__()`과 `__rmul__()` 메서드를 구현해 작동하게 할 수 있다.

```python
# Vector 클래스 내부

def __mul__(self, scalar):
    return Vector(n * scalar for n in self)

def __rmul__(self, scalar):
    return self * scalar
```

이 메서드들은 호환되는 피연산자를 사용하는 한 제대로 작동한다. scalar 인수는 float 형을
곱했을 때 float 형 결과가 나오는 숫자여야 한다(Vector 클래스가 내부적으로 float의 배열
을 사용하기 때문이다). 따라서 complex 숫자는 사용할 수 없지만, int, bool(bool은 int의
서브클래스다)은 물론 fractions.Fraction 인스턴스도 사용할 수 있다. [예제 16-11]에서
__mul__() 메서드는 scalar에 대해 명시적으로 자료형을 검사하지 않고, 대신 인수를 float
로 변환하고, 실패하면 NotImplemented를 반환한다. 이 방식은 덕 타이핑을 잘 보여 주는 사례다.

예제 16-11 vector_v7.py: 연산자 *에 대한 메서드 추가

```python
class Vector:
    typecode = 'd'

    def __init__(self, components):
        self._components = array(self.typecode, components)

    # 지면 관계상 여러 메서드를 생략했다. 전체 코드는 역자 번역
    # 사이트(https://github.com/KwconKang/fluent-python-2e-example-code)에서
    # vector_v7.py를 참조하라.

    def __mul__(self, scalar):
        try:
            factor = float(scalar)
        except TypeError:          ❶
            return NotImplemented  ❷
        return Vector(n * factor for n in self)

    def __rmul__(self, scalar):
        return self * scalar       ❸
```

❶ scalar를 float로 변환할 수 없는지 검사한다.

❷ 변환할 수 없으면 처리할 방법을 모르므로, NotImplemented를 반환해 파이썬이 피연산자 scalar에 __rmul__() 메서드를 시도하게 한다.

❸ 이 예제에서는 self * scalar 연산을 수행해 __mul__() 메서드에 위임함으로써 __rmul__()이 정상적으로 작동한다.

[예제 16-11]에서 구현한 메서드를 이용하면 일반적인 수치형뿐만 아니라 보기 드문 수치형의 스칼라값으로도 Vector 객체를 곱할 수 있다.

```
>>> v1 = Vector([1.0, 2.0, 3.0])
>>> 14 * v1
Vector([14.0, 28.0, 42.0])
>>> v1 * True
Vector([1.0, 2.0, 3.0])
>>> from fractions import Fraction
>>> v1 * Fraction(1, 3)
Vector([0.3333333333333333, 0.6666666666666666, 1.0])
```

이제 Vector를 스칼라로 곱할 수 있게 되었으니, Vector와 Vector를 곱하는 연산을 어떻게 구현하는지 알아보자.

16.6 @를 중위 연산자로 사용하기

@ 기호는 함수 데커레이터 앞에 붙이는 기호로 잘 알려졌지만, 2015년 이후 중위 연산자로도 사용할 수 있게 되었다. 지난 수년 간 넘파이에서 벡터의 점곱은 numpy.dot(a, b) 형태

로 작성되었다. 그러나 함수 호출 형태로 표기하면 긴 수식을 파이썬 형태로 바꾸기 어려워지므로, 수치 컴퓨팅 관계자들은 'PEP 465 – 행렬곱 전용 중위 연산자A dedicated infix operator for matrix multiplication'(https://fpy.li/pep465) 로비 활동을 벌여, 이 연산자가 파이썬 3.5에 구현되었다. 현재는 두 개의 넘파이 배열의 점곱을 계산할 때 a @ b로 작성할 수 있다.

@ 연산자는 '행렬곱'을 의미하는 이름의 __matmul__(), __rmatmul__(), __imatmul__() 특별 함수가 지원한다. 아직 표준 라이브러리에서는 이 메서드들을 사용하지 않지만, 파이썬 3.5 이후부터 인터프리터가 인식하므로, 넘파이팀과 나머지 파이썬 개발자들은 사용자 정의형에 @ 연산자를 지원할 수 있다. 파서도 새로운 연산자를 처리하도록 변경되었다(그러나 파이썬 3.4에서 a @ b는 구문 에러를 일으킨다).

다음의 간단한 테스트는 Vector 인스턴스에 @ 연산자를 사용하는 방법을 보여 준다.

```
>>> va = Vector([1, 2, 3])
>>> vz = Vector([5, 6, 7])
>>> va @ vz == 38.0  # 1*5 + 2*6 + 3*7
True
>>> [10, 20, 30] @ vz
380.0
>>> va @ 3
Traceback (most recent call last):
...
TypeError: unsupported operand type(s) for @: 'Vector' and 'int'
```

관련된 특별 메서드들은 [예제 16-12]에서 정의한다.

예제 16-12 vector_v7.py: @ 연산자 메서드들

```
class Vector:
    # 지면 관계상 여러 메서드를 생략했다.

    def __matmul__(self, other):
        if (isinstance(other, abc.Sized) and        ❶
            isinstance(other, abc.Iterable)):
            if len(self) == len(other):        ❷
                return sum(a * b for a, b in zip(self, other))        ❸
            else:
                raise ValueError('@ requires vectors of equal length.')
```

```
        else:
            return NotImplemented

    def __rmatmul__(self, other):
        return self @ other
```

❶ 두 피연산자는 모두 `__len__()`과 `__iter__()`를 구현해야 한다.

❷ 그리고 길이가 같아야 한다.

❸ 그래야 `sum()`, `zip()`, 제너레이터 표현식을 멋지게 적용할 수 있다.

> **NOTE 파이썬 3.10에 추가된 zip()의 기능**
>
> 파이썬 3.10부터 `zip()` 내장 함수는 키워드 전용 선택적 인수인 `strict`를 받는다. `strict=True`이면 두 반복형의 길이가 다를 때 `ValueError` 예외가 발생한다. 기본값은 `False`다. 이 새로운 작동 방식은 파이썬의 조기 실패(https://fpy.li/16-8) 철학에 부합한다. [예제 16-12]에서 안에 있는 `if` 대신, `zip()`을 호출할 때 `strict=True` 인수를 전달하고, `ValueError` 예외를 처리하도록 구현할 수도 있다.

[예제 16-12]는 실전에 적용된 구스 타이핑의 좋은 사례다. `other` 피연산자가 Vector 형인지 검사했다면, 사용자가 `@`에 대한 피연산자로 리스트나 배열을 사용하지 못하게 했을 것이다. 두 피연산자 중 하나라도 Vector 형이라면, 우리가 구현한 `@` 연산자는 `abc.Sized`와 `abc.Iterable`의 인스턴스를 나머지 피연산자로 쓰게 해 준다. 두 ABC는 `__subclasshook__`를 지원하므로, `__len__()`과 `__iter__()` 메서드를 제공하는 어떠한 객체도 테스트를 통과한다. 13.5.8절 'ABC를 이용한 구조적 타이핑'에서 설명했듯이, 이 객체들은 이 ABC들의 서브클래스이거나 이 ABC에 등록할 필요 없이 두 메서드만 제공하면 된다. 사실 우리가 구현한 Vector 클래스도 `abc.Sized`나 `abc.Iterable`을 상속하지 않지만, 필요한 메서드들을 구현하므로 이 ABC들에 대한 `isinstance()` 검사를 통과한다.

16.8절 '풍부한 비교 연산자'로 넘어가기 전에, 파이썬이 지원하는 산술 연산자를 한 번 더 짚고 넘어가자.

16.7 산술 연산자 요약

+, *, @ 연산자를 구현하면서 중위 연산자를 구현하는 일반적인 형태를 보았다. 지금까지 설명한 기법은 [표 16-1]에 나온 모든 연산자에 적용할 수 있다(인플레이스$^{in-place}$ 연산자는 16.9절 '복합 할당 연산자'에서 설명한다).

표 16-1 중위 연산자 메서드명(인플레이스 연산자는 복합 할당에 사용된다. 비교 연산자는 [표 16-2]에 있다.)

연산자	전방향	역방향	인플레이스	설명
+	__add__()	__radd__()	__iadd__()	덧셈이나 연결
-	__sub__()	__rsub__()	__isub__()	뺄셈
*	__mul__()	__rmul__()	__imul__()	곱셈이나 반복
/	__truediv__()	__rtruediv__()	__itruediv__()	참 나눗셈
//	__floordiv__()	__rfloordiv__()	__ifloordiv__()	버림 나눗셈
%	__mod__()	__rmod__()	__imod__()	모듈로
divmod()	__divmod__()	__rdivmod__()	__idivmod__()	버림 나눗셈의 몫과 나머지를 튜플로 반환
**, pow()	__pow__()	__rpow__()	__ipow__()	누승*
@	__matmul__()	__rmatmul__()	__imatmul__()	행렬곱
&	__and__()	__rand__()	__iand__()	비트 단위 곱
		__or__()	__ror__()	__ior__()	비트 단위 합
^	__xor__()	__rxor__()	__ixor__()	비트 단위 배타합
<<	__lshift__()	__rlshift__()	__ilshift__()	비트 단위 왼쪽 쉬프트
>>	__rshift__()	__rrshift__()	__irshift__()	비트 단위 오른쪽 쉬프트

* pow()는 선택적으로 modulo를 세 번째 인수로 전달해, pow(a, b, modulo)로 호출하거나, a.__pow__(b, modulo)로 특별 메서드를 직접 호출할 수 있다.

풍부한 비교 연산자는 다른 규칙이 적용된다.

16.8 풍부한 비교 연산자

파이썬 인터프리터가 ==, !=, >, <, >=, <= 비교 연산자를 다루는 방법은 앞에서 설명한 방법과 비슷하지만, 다음과 같이 중요한 차이점 두 가지가 있다.

- [표 16-2]의 동일한 행에 있는 메서드가 정방향과 역방향 연산자 호출에 사용된다. 예를 들어 == 연산자는 정방향과 역방향 모두 인수만 바꿔서 __eq__()를 호출하는데, 정방향으로 __gt__()를 호출하면 역방향으로는 인수를 바꿔서 __lt__()를 호출한다.
- ==와 != 연산자는 역방향 메서드가 없거나 NotImplemented를 반환하면, 파이썬은 TypeError 예외를 발생시키는 대신 객체의 ID를 비교한다.

표 16-2 풍부한 비교 연산자(처음 메서드가 NotImplemented를 반환하면 역방향 메서드가 호출된다.)

종류	중위 연산자	정방향	역방향	기본 처리
동치성	a == b	a.__eq__(b)	b.__eq__(a)	id(a) == id(b)를 반환한다.
	a != b	a.__ne__(b)	b.__ne__(a)	not (a == b) 를 반환한다.
순서	a > b	a.__gt__(b)	b.__lt__(a)	TypeError를 발생시킨다.
	a < b	a.__lt__(b)	b.__gt__(a)	TypeError를 발생시킨다.
	a >= b	a.__ge__(b)	b.__le__(a)	TypeError를 발생시킨다.
	a <= b	a.__le__(b)	b.__ge__(a)	TypeError를 발생시킨다.

지금까지 설명한 규칙에 따라 vector_v5.py(예제 12-16)의 Vector.__eq__() 메서드의 작동을 검토하고 개선해 다음과 같이 구현해 보자.

```python
class Vector:
    # 지면 관계상 여러 메서드를 생략했다.

    def __eq__(self, other):
        return (len(self) == len(other) and
                all(a == b for a, b in zip(self, other)))
```

이 메서드는 [예제 16-13]과 같이 실행된다.

```
>>> va = Vector([1.0, 2.0, 3.0])
>>> vb = Vector(range(1, 4))
>>> va == vb     ❶
True
>>> vc = Vector([1, 2])
>>> from vector2d_v3 import Vector2d
>>> v2d = Vector2d(1, 2)
>>> vc == v2d    ❷
True
>>> t3 = (1, 2, 3)
>>> va == t3     ❸
True
```

❶ 동일한 숫자 요소가 있는 두 Vector 인스턴스를 똑같다고 판단한다.

❷ 요소의 값이 같다면, Vector와 Vector2d도 똑같다고 판단한다.

❸ Vector가 동일한 값의 동일한 숫자 항목이 있는 튜플이나 여타 반복형과도 동일하다고 판단한다.

[예제 16-13]과 같이 실행되는 것을 원치 않을 수도 있다. 똑같은 숫자를 담고 있으면 Vector를 튜플과 동일하다고 간주할 것인가? 이에 대한 엄격한 규칙은 없으며, 적용할 상황에 따라 다르다. '파이썬의 선'에서는 다음과 같이 이야기한다.

> 모호한 상황에서는 가정하려는 유혹을 거부하라.

피연산자를 평가할 때 지나친 자유분방함은 예기치 않은 결과를 낳을 수 있으며, 프로그래머는 예기치 않은 결과를 싫어한다.

파이썬 자체에서 힌트를 얻어보면 [1,2] == (1, 2)는 거짓이다. 따라서 보수적인 입장을 취해 어느 정도 자료형을 검사하도록 변경해 보자. 두 번째 피연산자가 Vector나 Vector 서브클래스의 인스턴스인지 검사하고, 그렇다면 기존 __eq__() 메서드와 동일하게 처리한다. 그렇지 않으면 NotImplemented를 반환해 파이썬 인터프리터가 처리하게 하자(예제 16-14).

```python
    def __eq__(self, other):
        if isinstance(other, Vector):  ❶
            return (len(self) == len(other) and
                    all(a == b for a, b in zip(self, other)))
        else:
            return NotImplemented  ❷
```

❶ 피연산자 other가 Vector나 Vector 서브클래스의 인스턴스면 기존과 동일하게 비교한다.

❷ 그렇지 않으면 NotImplemented를 반환한다.

예제 16-15 [예제 16-13]과 똑같이 비교하지만, 마지막 결과가 다르다.

```python
>>> va = Vector([1.0, 2.0, 3.0])
>>> vb = Vector(range(1, 4))
>>> va == vb  ❶
True
>>> vc = Vector([1, 2])
>>> from vector2d_v3 import Vector2d
>>> v2d = Vector2d(1, 2)
>>> vc == v2d  ❷
True
>>> t3 = (1, 2, 3)
>>> va == t3  ❸
False
```

❶ 예상대로 이전과 똑같은 결과가 나온다.

❷ 이전과 똑같은 결과가 나오는데, 왜 그럴까?

❸ 원하는 대로 다른 결과가 나온다. 왜 이렇게 되었을까?

[예제 16-15]의 세 결과 중 첫 번째는 당연하지만, 나머지 두 개는 [예제 16-14]에서 NotImplemented를 반환하는 __eq__() 메서드 때문에 이런 결과가 나온다. Vector와 Vector2d 객체 간의 비교인 vc == v2d 표현식에 일어난 일을 단계별로 설명하면 다음과 같다.

1 vc == v2d를 평가하려고 파이썬은 Vector.__eq__(vc, v2d)를 호출한다.

2 Vector.__eq__(vc, v2d)는 v2d가 Vector 객체가 아님을 확인하고 NotImplemented를 반환한다.

3 NotImplemented가 반환되었으므로 파이썬은 Vector2d.__eq__(v2d, vc)를 실행한다.

4 Vector2d.__eq__(v2d, vc)는 피연산자 두 개를 모두 튜플로 변환해 비교한다. 따라서 결과가True가 된다(Vector2d.__eq__() 코드는 [예제 11-11]을 참조하라).

[예제 16-15]에서 Vector와 튜플 간의 비교인 va == t3는 다음과 같은 단계로 처리된다.

1 va == t3를 평가하려고 파이썬 인터프리터가 Vector.__eq__(va, t3)를 호출한다.

2 Vector.__eq__(va, t3)는 t3가 Vector 형이 아님을 확인하고 NotImplemented를 반환한다.

3 NotImplemented를 받은 파이썬 인터프리터는 tuple.__eq__(t3, va)를 시도한다.

4 tuple.__eq__(t3, va)는 Vector 형에 대해 알지 못하므로 NotImplemented를 반환한다.

5 == 연산자에서 역방향 메서드가 NotImplemented를 반환하면, 파이썬 인터프리터는 최후의 수단으로 두 객체의 ID를 비교한다.

object 클래스에서 상속한 __ne__() 메서드의 기본 작동 방식이 우리 목적에 맞으므로 != 연산자를 구현할 필요는 없다. 즉, __eq__() 메서드가 구현되었고 NotImplemented를 반환하지 않으면, __ne__()는 __eq__()가 반환한 값의 반댓값을 반환한다.

실제로 [예제 16-15]에서 사용한 객체들을 이용할 때 != 연산자는 다음과 같이 일관성 있는 결과를 반환한다.

```
>>> va != vb
False
>>> vc != v2d
False
>>> va != (1, 2, 3)
True
```

object에서 상속한 __ne__() 메서드는 원본이 C 언어로 구현되었다는 점을 제외하고는 다음 코드와 동일하게 작동한다.[5]

```
def __ne__(self, other):
    eq_result = self == other
    if eq_result is NotImplemented:
```

---

[5] CPython 소스 코드의 Objects/typeobject.c 파일(https://fpy.li/16-9)에서 object_richcompare()함수를 보면 object.__eq__()와 object.__ne__()에 대한 논리를 볼 수 있다.

```
            return NotImplemented
    else:
        return not eq_result
```

중위 연산자 오버로딩에서 가장 중요한 부분을 알아봤으니, 이제 복합 할당 연산자를 살펴보자.

16.9 복합 할당 연산자

우리가 구현한 Vector 클래스는 이미 +=과 *= 복합 할당 연산자augmented assignment operator를 지원한다. 불변형 수신 객체에 적용할 때 복합 할당 연산자는 인스턴스를 새로 만들어 왼쪽 변수에 다시 바인딩하기 때문이다.

실제 어떻게 작동하는지 [예제 16-16]에서 알아보자.

예제 16-16 Vector 인스턴스에 +=과 *= 사용하기

```
>>> v1 = Vector([1, 2, 3])
>>> v1_alias = v1   ❶
>>> id(v1)   ❷
4302860128
>>> v1 += Vector([4, 5, 6])   ❸
>>> v1   ❹
Vector([5.0, 7.0, 9.0])
>>> id(v1)   ❺
4302859904
>>> v1_alias   ❻
Vector([1.0, 2.0, 3.0])
>>> v1 *= 11   ❼
>>> v1   ❽
Vector([55.0, 77.0, 99.0])
>>> id(v1)
4302858336
```

❶ 별명을 생성해 Vector([1, 2, 3]) 인스턴스를 나중에 다시 조사할 수 있게 한다.

❷ 원래 Vector 인스턴스의 ID는 v1에 바인딩되었다.

❸ 덧셈 할당자를 실행한다.

❹ 예상한 대로 실행된다.

❺ 그러나 Vector 인스턴스가 새로 생성되었다.

❻ v1_alias를 조사해 원래 Vector 인스턴스가 변경되지 않았음을 확인한다.

❼ 곱셈 할당자를 실행한다.

❽ 역시 예상한 대로 결과가 나오지만, Vector 인스턴스가 새로 생성되었다.

클래스가 [표 16-1]에 나열된 인플레이스 연산자를 구현하지 않으면, 복합 할당 연산자는 단지 편의 구문으로 작동하여 a += b를 a = a + b와 완전히 똑같이 평가한다. 가변형에서는 이런 작동이 타당하며, __add__() 메서드가 구현되었으면 아무런 코드를 추가하지 않고도 += 연산자가 작동한다.

그러나 __iadd__() 등의 인플레이스 연산자 메서드가 구현되었다면, 해당 메서드가 a += b를 계산하기 위해 호출된다. 이름에서도 알 수 있듯이, 이런 연산자는 새로운 객체를 생성하지 않고 왼쪽에 나온 피연산자를 직접 변경한다.

> **WARNING** 인플레이스 연산자처럼 피연산자를 변경하는 특별 메서드는 우리가 구현한 Vector 클래스 같은 불변 자료형에서는 구현하면 안 된다. 당연한 말인 것 같지만, 확인해 둘 필요는 있다.

인플레이스 연산자의 코드 사례로, [예제 13-9]의 BingoCage 클래스를 확장해 __add__()와 __iadd__()를 구현해 보자.

새로운 서브클래스를 AddableBingoCage라고 하자. [예제 16-17]은 우리가 원하는 + 연산자의 작동 방식이다.

예제 16-17 + 연산자는 AddableBingoCage 인스턴스를 새로 생성한다.

```
>>> vowels = 'AEIOU'
>>> globe = AddableBingoCage(vowels)    ❶
>>> globe.inspect()
('A', 'E', 'I', 'O', 'U')
>>> globe.pick() in vowels    ❷
True
>>> len(globe.inspect())    ❸
4
>>> globe2 = AddableBingoCage('XYZ')    ❹
>>> globe3 = globe + globe2
```

```
>>> len(globe3.inspect())   ❺
7
>>> void = globe + [10, 20]   ❻
Traceback (most recent call last):
  ...
TypeError: unsupported operand type(s) for +: 'AddableBingoCage' and 'list'
```

❶ 각각 하나의 모음인 항목이 다섯 개 있는 globe 인스턴스를 생성한다.

❷ 항목 하나를 꺼내 모음들(vowels) 중 하나인지 확인한다.

❸ globe의 항목이 네 개로 줄었는지 확인한다.

❹ 항목 세 개가 있는 두 번째 인스턴스를 생성한다.

❺ 앞의 객체 두 개를 더해 세 번째 객체를 생성한다. 이 객체에는 항목 일곱 개가 있다.

❻ AddableBingoCage를 list에 더하려고 시도하면 TypeError가 발생하면서 실패한다. 이 에러 메시지는 __add__() 메서드가 NotImplemented를 반환할 때 파이썬 인터프리터가 생성한다.

AddableBingoCage는 가변형이므로 [예제 16-18]는 __iadd__()를 직접 구현했을 때 어떻게 작동하는지 보여 준다.

예제 16-18 += 연산자를 사용해 기존 AddableBingoCage 인스턴스에 항목 추가하기([예제 16-17]에서 이어짐)

```
>>> globe_orig = globe   ❶
>>> len(globe.inspect())   ❷
4
>>> globe += globe2   ❸
>>> len(globe.inspect())
7
>>> globe += ['M', 'N']   ❹
>>> len(globe.inspect())
9
>>> globe is globe_orig   ❺
True
>>> globe += 1   ❻
Traceback (most recent call last):
  ...
TypeError: right operand in += must be 'Tombola' or an iterable
```

❶ 나중에 객체의 정체성을 확인할 수 있도록 별명을 생성한다.

❷ globe에는 항목 네 개가 있다.

❸ AddableBingoCage 인스턴스는 동일한 클래스의 다른 인스턴스에서 항목을 받을 수 있다.

❹ += 연산자의 오른쪽 피연산자에는 어떠한 반복형이라도 올 수 있다.

❺ 이 예제 내내 globe는 globe_orig 인스턴스를 참조한다.

❻ 비반복형을 AddableBingoCage에 추가하면 적절한 에러 메시지와 함께 실패한다.

두 번째 피연산자의 측면에서 보면 += 연산자가 + 연산자보다 자유롭다. + 연산자는 서로 다른 자료형을 받으면 결과가 어떤 자료형이 되어야 하는지 혼란스러울 수 있으므로, 양쪽 피연산자가 동일한 자료형(여기서는 AddableBingoCage)이기를 원한다. += 연산자는 더 깔끔하다. 왼쪽 객체의 내용이 갱신되므로, 연산 결과 자료형이 명확하기 때문이다.

AddableBingoCage의 바람직한 작동 방식을 명확히 정리했으므로, [예제 16-19]에 구현된 클래스를 살펴보자. [예제 13-9]에서 가져온 BingoCage는 [예제 13-7]의 Tombola ABC의 구상 서브클래스임에 주의하라.

예제 16-19 bingoaddable.py: +와 +=을 지원하고자 BingoCage를 확장한 AddableBingoCage 클래스

```python
from tombola import Tombola
from bingo import BingoCage


class AddableBingoCage(BingoCage):  ❶

    def __add__(self, other):
        if isinstance(other, Tombola):  ❷
            return AddableBingoCage(self.inspect() + other.inspect())
        else:
            return NotImplemented

    def __iadd__(self, other):
        if isinstance(other, Tombola):
            other_iterable = other.inspect()  ❸
        else:
```

```
        try:
            other_iterable = iter(other)   ❹
        except TypeError:   ❺
            msg = ('right operand in += must be '
                       "'Tombola' or an iterable")
            raise TypeError(msg)
    self.load(other_iterable)   ❻
    return self   ❼
```

❶ AddableBingoCage는 BingoCage 클래스를 확장한다.

❷ __add__() 메서드는 두번째 피연산자가 Tombola 인스턴스일 때만 작동한다.

❸ Tombola 인스턴스라면 other 객체에서 항목을 가져온다.

❹ Tombola 인스턴스가 아닐 때는 other의 반복자를 가져온다.[6]

❺ 실패하면 메시지와 함께 예외를 발생시킨다. 가능하면 에러 메시지에 사용자가 문제를 해결할 방법을 자세히 알려주는 편이 좋다.

❻ 여기까지 왔다면 other_iterable을 self에 로딩할 수 있다.

❼ 이 부분이 정말 중요하다. 복합 할당 특별 메서드는 반드시 self를 반환해야 한다.

[예제 16-19]의 __add__()와 __iadd__() 메서드에서 결과를 생성하는 return 문을 비교해 인플레이스 연산자의 특징을 다음과 같이 정리할 수 있다.

__add__()

AddableBingoCage() 생성자를 호출해 만들어진 새로운 인스턴스를 반환한다.

__iadd__()

객체 자신을 변경한 후 self를 반환한다.

[예제 16-19]를 마지막으로 살펴보면서 이 예제를 마친다. AddableBingoCage에는 __radd__()가 구현되지 않았다. 필요가 없기 때문이다. 정방향 메서드 __add__()는 오른쪽에도 동일한 자료형의 객체가 와야 작동하므로, AddableBingoCage인 a와 AddableBingoCage가 아닌 b를 이용해 a + b를 계산하면 파이썬은 NotImplemented를 반환한다. b의 클래스에서 이 연산

---

6 iter() 내장함수는 다음 절에서 설명한다. 여기서 tuple(other)로 작성해도 작동은 하겠지만, load() 메서드가 자신의 인수를 나열하기만 하면 되는 상황에서 튜플 객체를 새로 만드는 것은 비용이 너무 많이 든다.

을 처리할 수 있을 것이다. 그러나 표현식이 b + a이고, b가 AddableBingoCage가 아니면서 NotImplemented를 반환하면, 파이썬이 TypeError를 발생시키고 포기하는 편이 낫다. b 객체를 처리할 수 없기 때문이다.

> **TIP** 일반적으로 __mul__()과 같은 정방향 중위 연산자는 self와 동일한 자료형만 처리할 수 있게 설계되었다. __rmul__()과 같이 대응하는 역방향 메서드를 구현할 수도 있지만, 역방향 메서드는 피연산자의 자료형이 다를 때만 호출되도록 설계되었다.

이것으로 파이썬에서의 연산자 오버로딩에 관한 설명을 마친다.

16.10 요약

이 장에서는 먼저 파이썬 연산자 오버로딩에서의 제한을 살펴보았다. 내장형의 연산자는 오버로드하지 말아야 하며, is, and, or, not을 제외한 기존 연산자만 오버로드할 수 있다.

먼저 __neg__()과 __pos__() 메서드를 구현하면서 단항 연산자를 살펴보았다. 다음으로 __add__() 메서드가 지원하는 + 중위 연산자를 살펴보았다. 이때 단항 연산자와 중위 연산자는 절대 피연산자를 변경하면 안 되며, 새로운 객체를 생성해서 결과를 반환해야 함을 보았다. 다른 자료형과의 연산을 지원할 때는 예외를 발생시키지 않고 NotImplemented 특별값을 반환함으로써 파이썬 인터프리터가 그 연산자의 역방향 메서드(즉, __radd__())를 호출해 볼 수 있게 해줘야 한다. 파이썬이 중위 연산자를 처리하는 알고리즘은 [그림 16-1]의 순서도로 정리했다.

서로 다른 자료형의 피연산자를 혼합해서 사용하도록 허용하려면, 처리할 수 없는 자료형을 탐지해야 한다. 이 장에서는 덕 타이핑과 명시적인 자료형 검사 방법을 사용했다. 덕 타이핑은 일단 연산을 수행한 후 TypeError 예외가 발생하면 이 예외를 잡아서 처리한다. 명시적인 자료형 검사 방법은 isinstance() 함수를 사용하며, 나중에 __mul__() 메서드를 구현할 때 사용했다. 이 두 방법에는 장단점이 있다. 덕 타이핑은 융통성이 높지만, 명시적인 자료형 검사는 코드의 의도를 명확히 알 게 해 준다.

일반적으로 라이브러리는 덕 타이핑을 활용해야 한다. 즉, 필요한 연산을 지원하는 한 실제 자료형에 상관없이 객체를 사용하게 해줘야 한다. 덕 타이핑을 사용할 때 파이썬의 연산자 디스패치 알고리즘이 오해할 수 있거나 예상치 못한 결과를 가져올 수 있다. 따라서 연산자를 오버로드하는 특별 메서드를 작성할 때는 ABC에 대해 `isinstance()`를 이용해 자료형을 검사하는 방법이 도움이 된다. 이 방법이 바로 알렉스 마르텔리가 이야기한 구스 타이핑이다(13.5절 '구스 타이핑' 참조). 기존 자료형이나 앞으로 만들 자료형을 ABC의 실제 서브클래스나 가상 서브클래스로 선언하게 해 주므로, 구스 타이핑은 융통성과 안전성을 적절히 절충한 방안이다. 게다가 ABC가 `__subclasshook__`을 구현하면 상속이나 등록할 필요 없이 필요한 메서드만 제공함으로써 객체가 그 ABC에 대한 `isinstance()` 테스트를 통과한다.

다음으로 풍부한 비교 연산자의 오버로딩에 관해 살펴보았다. == 연산자는 `__eq__()` 메서드로 지원하며, 파이썬은 `object` 베이스 클래스에서 상속한 `__ne__()` 메서드를 이용해 != 연산자를 적절히 지원한다는 사실을 알게 되었다. 파이썬이 >, <, >=, <=의 역방향 연산자들을 평가하는 논리는 약간 다르며, 특히 ==와 != 연산자는 최후의 수단으로 객체의 ID를 비교하므로 에러가 절대 발생하지 않는다.

마지막 부분에서는 복합 할당 연산자를 집중적으로 살펴보았다. 파이썬에서는 기본적으로 이들을 일반적인 연산자로 처리하고 나서 할당한다. 즉, a += b를 a = a + b로 평가한다. 이 방식은 새로운 객체를 생성하므로 가변형과 불변형 모두에 사용할 수 있다. 가변 객체에서는 += 연산자에 대한 `__iadd__()` 특별 메서드를 직접 구현함으로써 왼쪽에 나오는 피연산자의 값을 직접 변경할 수 있다(인플레이스). 이를 실제로 보여 주고자 불변 객체인 `Vector` 클래스 대신 `BingoCage` 서브클래스를 구현했고, `list` 내장형이 `list.extend()` 메서드의 단축 형태로 += 연산자를 지원하는 방식과 동일하게 무작위 풀에 항목을 추가하는 += 연산자를 지원했다. 이 메서드를 구현하면서 일반적으로 + 연산자가 += 연산자보다 사용할 수 있는 피연산자의 종류에 더 엄격함을 설명했다. 시퀀스형에서 + 연산자는 일반적으로 동일한 자료형의 객체 두 개를 요구하지만, += 연산자는 모든 반복형을 오른쪽 피연산자로 사용할 수 있다.

제어 흐름

PART **4**

## CHAPTER 17

반복자, 제너레이터, 고전적인 코루틴

> 나는 프로그램에서 패턴이 보이면 문제의 징조라고 생각한다. 프로그램의 형태는 해결해야 할 문제만 반영해야 한다. 코드에 그 외의 규칙성이 있다면, 그래서 작성해야 하는 어떤 매크로 확장을 수작업으로 생성하는 일이 잦아진다면, 충분히 강력하지 못한 추상화를 사용하고 있다는 신호다(적어도 나는 그렇게 생각한다).
>
> — 폴 그레이엄
> **리스프 해커이자 벤처 캐피탈리스트**

데이터 처리의 핵심은 반복이다. 프로그램은 픽셀에서 핵산에 이르기까지 일련의 데이터에 연산을 적용한다. 만약 데이터가 메모리에 다 들어가지 않으면, 데이터 항목들을 느긋하게^{lazily} 가져와야 한다. 즉, 필요할 때 한 번에 하나씩 가져와야 한다. 이게 바로 반복자 패턴이 하는 일이다. 이 장에서는 반복자 패턴이 파이썬 언어에 어떻게 구현되었는지 설명하므로, 여러분이 반복자를 직접 구현할 필요는 없다.

파이썬의 컬렉션은 모두 반복형이다. 반복형은 반복자를 제공하는 객체로, 파이썬은 다음과 같은 연산을 지원하는 데 내부적으로 반복자를 사용한다.

- for 루프
- 리스트, 딕셔너리, 지능형 집합
- 언패킹 할당
- 컬렉션 인스턴스의 생성

이 장에서는 다음과 같은 내용을 다룬다.

- 반복형 객체를 처리할 때 내부적으로 `iter()` 내장 함수를 사용하는 방법
- 파이썬에서 고전적인 반복자 패턴을 구현하는 방법
- 고전적인 반복자를 제너레이터 함수나 제너레이터 표현식으로 바꾸는 방법
- 제너레이터가 작동하는 방식(한 줄씩 자세히 설명함)
- 표준 라이브러리에서의 범용 제너레이터 함수의 활용
- 제너레이터를 결합하는 데 `yield from` 표현식을 사용하는 방법
- 제너레이터와 고전적인 코루틴이 비슷해 보이지만 아주 다른 방식으로 사용되며, 혼동하면 안 되는 이유

17.1 이번 장의 변경 사항

17.11절 'yield from을 이용한 서브제너레이터'는 다루는 분량을 소폭 늘렸다. 2판에서는 `yield from`을 사용한 제너레이터 작동 방식을 보여 주는 간단한 실험을 추가하고 트리 자료 구조를 순회하는 예제를 단계별로 개발한다.

새로운 절에서는 `Iterable`, `Iterator`, `Generator` 형에 대한 자료형 힌트를 설명한다.

이 장의 마지막 소절인 17.13절 '고전적 코루틴'은 1판에서 약 40쪽에 걸쳐 설명했던 내용을 12쪽 분량으로 소개한다. '고전적 코루틴' 절은 최신 내용으로 갱신하고 별도의 웹사이트 (`https://fpy.li/oldcoro`)로 옮겼다.[1] 독자 여러분에게 몹시 어려운 내용이지만, 네이티브 코루틴(21장에서 다룬다)이 소개된 파이썬 3.5 이후부터는 내용의 중요성이 다소 떨어졌기 때문이다.

먼저 `iter()` 내장 함수가 어떻게 시퀀스를 반복하게 해 주는지 알아보자.

---

1 옮긴이_ 번역본은 역자 깃허브(https://github.com/KweonKang/fluent-python-2e-extra)에서 제공한다.

17.2 단어의 시퀀스

먼저 Sentence라는 클래스를 구현하면서 반복형을 알아보자. 이 클래스의 생성자는 텍스트로 구성된 문자열을 받은 후 단어별로 반복할 수 있다. 첫 번째 버전은 시퀀스 프로토콜을 구현하며 반복할 것이다. 1장부터 줄곧 보아왔듯이, 모든 시퀀스는 반복할 수 있기 때문이다. 그러나 여기서는 왜 그렇게 되는지 알아볼 것이다.

[예제 17-1]은 인덱스를 사용해서 텍스트에서 단어를 추출하는 Sentence 클래스다.

예제 17-1 sentence.py: 단어 시퀀스로서의 Sentence 클래스

```python
import re
import reprlib

RE_WORD = re.compile(r'\w+')


class Sentence:

    def __init__(self, text):
        self.text = text
        self.words = RE_WORD.findall(text)    ❶

    def __getitem__(self, index):
        return self.words[index]    ❷

    def __len__(self):    ❸
        return len(self.words)

    def __repr__(self):
        return 'Sentence(%s)' % reprlib.repr(self.text)    ❹
```

❶ findall()은 중복을 제거하고 정규 표현식에 매칭되는 문자열의 리스트를 반환한다.

❷ self.words가 findall()의 결과를 담고 있으므로, 주어진 인덱스에 해당하는 단어를 반환한다.

❸ 반복형 객체는 이 메서드를 구현할 필요가 없지만, 시퀀스 프로토콜을 완전히 구현하려면 __len__() 메서드도 구현해야 한다.

❹ reprlib.repr()은 유틸리티 함수로, 매우 큰 데이터 구조체를 표현하는 문자열을 축약해 생성한다.[2]

---

[2] reprlib은 12.3절 'Vector 버전 #1: Vector2d 호환'에서 처음으로 사용했다.

기본적으로 reprlib.repr()은 생성할 문자열을 30자로 제한한다. [예제 17-2] 콘솔 세션에서 Sentence를 사용하는 방법을 살펴보자.

예제 17-2 Sentence 인스턴스의 반복 테스트

```
>>> s = Sentence('"The time has come," the Walrus said,')  ❶
>>> s
Sentence('"The time ha... Walrus said,')  ❷
>>> for word in s:  ❸
...     print(word)
The
time
has
come
the
Walrus
said
>>> list(s)  ❹
['The', 'time', 'has', 'come', 'the', 'Walrus', 'said']
```

❶ 문자열을 이용해 Sentence 객체를 생성한다.

❷ __repr__()이 줄임표(...)를 이용해 출력한 메시지는 실제로는 reprlib.repr()이 생성한 것이다.

❸ Sentence 인스턴스는 반복할 수 있다. 이유는 잠시 후에 설명한다.

❹ 반복할 수 있으므로 Sentence 인스턴스는 리스트나 다른 반복형을 생성하기 위한 입력으로 사용할 수 있다.

이제부터 [예제 17-2]의 테스트를 통과하는 버전의 Sentence 클래스를 구현한다. 그러나 [예제 17-1]의 구현은 시퀀스로서 다음과 같이 인덱스를 이용해 단어를 가져올 수 있으므로, 나머지 버전과는 다르다.

```
>>> s[0]
'The'
>>> s[5]
'Walrus'
>>> s[-1]
'said'
```

파이썬 프로그래머라면 시퀀스는 반복형임을 누구나 안다. 이제부터 왜 그렇게 되는지를 알아보자.

17.3 시퀀스가 반복형인 이유: iter( ) 함수

파이썬이 객체 x를 반복해야 할 때는 언제나 iter(x)를 자동으로 호출한다. iter( ) 내장 함수는 다음 과정을 수행한다.

1 객체가 __iter__( ) 메서드를 구현하는지 확인하고, 이 메서드를 호출해 반복자를 가져온다.

2 __iter__( ) 메서드가 구현되지 않았지만 __getitem__( )이 구현되었으면, 파이썬은 인덱스 0에서 시작해 항목을 순서대로 가져오는 반복자를 생성한다.

3 이 과정이 실패하면 파이썬은 "'C' object is not iterable'"이라는 메시지와 함께 TypeError를 발생시킨다. 여기서 C는 대상 객체의 클래스다.

따라서 모든 파이썬 시퀀스는 반복형이다. 시퀀스는 __getitem__( )을 구현하도록 정의되었기 때문이다. 사실 표준 시퀀스는 __iter__( ) 메서드도 구현하므로 여러분이 정의한 시퀀스도 이 메서드를 구현해야 한다. __getitem__( )을 사용한 반복은 하위 버전과의 호환성을 유지하기 위해서 존재하며, 이런 특별한 대우는 언젠가는 사라질 수 있다(파이썬 3.10까지는 사용 중단 안내되지 않았으며, 제거될 날이 올지는 의문이다).

13.4.1절 '시퀀스를 찾아내는 파이썬'에서 설명했듯이, __iter__( ) 특별 메서드를 구현하는 객체뿐만 아니라 __getitem__( ) 메서드를 구현하는 객체도 반복형으로 간수하는 것은 넉 타이핑의 극단적인 사례다. 다음 예를 보자.

```
>>> class Spam:
...     def __getitem__(self, i):
...         print('->', i)
...         raise IndexError()
...
>>> spam_can = Spam()
>>> iter(spam_can)
<iterator object at 0x10a878f70>
>>> list(spam_can)
```

```
-> 0
[]
>>> from collections import abc
>>> isinstance(spam_can, abc.Iterable)
False
```

클래스가 __getitem__() 특별 메서드를 제공하면, iter() 내장 함수는 그 클래스의 인스턴스를 반복 가능하다고 판단하고 인스턴스로부터 반복자를 만든다. 파이썬의 반복 메커니즘은 0에서 시작하는 인덱스를 이용해 __getitem__()을 호출하고, IndexError 예외는 항목이 더는 없다는 신호로 간주한다.

__getitem__()이 항목을 제공할 수 있으므로 spam_can은 반복 가능하지만, isinstance()는 이 인스턴스를 abc.Iterable 형으로 인식하지 않음에 주의하라.

구스 타이핑 방식으로 접근하면 반복형은 더 간단히 정의되지만 융통성은 떨어진다. __iter__() 메서드를 구현하는 객체는 반복 가능하다고 간주한다. 상속이나 등록이 필요 없다. 13.5.8절 'ABC를 이용한 구조적 타이핑'에서 설명했듯이, abc.Iterable이 __subclasshook__()를 구현하기 때문이다. 다음 예를 보자.

```
>>> class GooseSpam:
...     def __iter__(self):
...         pass
...
>>> from collections import abc
>>> issubclass(GooseSpam, abc.Iterable)
True
>>> goose_spam_can = GooseSpam()
>>> isinstance(goose_spam_can, abc.Iterable)
True
```

검사한 직후에 객체를 반복할 때는 반복할 수 있는 객체인지 명시적으로 검사할 가치가 없다. 어쨌든 반복할 수 없는 객체에 반복을 시도하면 파이썬이 `"'TypeError: 'C' object is not iterable'"`이라는 명료한 메시지를 담은 예외를 발생시키기 때문이다. 더 깔끔하게 처리하려면 try/except 블록으로 처리하는 편이 명시적으로 검사하는 것보다 좋다. 나중에 반복하려고 객체에 저장해두는 경우에는 미리 명시적으로 검사하는 것도 좋다. 에러를 가능한 한 빨리 잡아야 디버깅이 수월해지기 때문이다.

iter() 내장 함수는 우리가 작성하는 코드보다 파이썬 자체에서 더 자주 사용한다. 이 함수를 사용하는 또 다른 방법이 있지만, 널리 알려지지는 않았다.

17.3.1 콜러블에 iter() 사용하기

인수 두 개를 전달해 iter()를 호출해서 함수나 모든 콜러블 객체로부터 반복자를 생성할 수 있다. 이 방법을 사용하려면 인수 없이 반복 호출해 값을 생성할 수 있는 콜러블이 첫 번째 인수로, 센티넬(https://fpy.li/17-2)이 두 번째 인수로 와야 한다. 센티넬은 일종의 표싯값으로, 콜러블이 이 값을 반환하면 반복자는 센티넬값을 생성하지 않고, 대신 반복자가 StopIteration 예외를 발생시키게 한다.

다음 예제 코드는 iter()를 이용해 육면체 주사위가 1을 반환할 때까지 굴리는 방법을 보여 준다.

```
>>> def d6():
...     return randint(1, 6)
...
>>> d6_iter = iter(d6, 1)
>>> d6_iter
<callable_iterator object at 0x10a245270>
>>> for roll in d6_iter:
...     print(roll)
...
4
3
6
3
```

여기서 iter() 함수가 callable_iterator를 반환함에 주의하라. 예제에서 for 루프는 아주 오래 실행될 수도 있지만, 절대 1을 출력하지 않는다. 이 값은 센티넬값이기 때문이다. 일반적인 반복자가 그렇듯, 예제에서의 d6_iter 객체는 일단 소모되고 나면 더는 사용할 수가 없다. 다시 반복하려면 iter()를 한 번 더 호출해 반복자를 새로 만들어야 한다.

iter()에 대한 문서(https://fpy.li/17-3)에는 다음과 같은 설명과 예제 코드가 나온다.

> iter()의 두 번째 용법은 블록을 읽을 때 유용하게 사용된다. 예를 들어 이진 데이터베이스에서 파일이 끝날 때까지 고정 폭 블록을 읽으려면 다음과 같이 작성할 수 있다.
>
> ```python
> from functools import partial
>
> with open('mydata.db', 'rb') as f:
>     read64 = partial(f.read, 64)
>     for block in iter(read64, b''):
>         process_block(block)
> ```

원래 예제(https://fpy.li/17-3)에는 없지만, 코드를 깔끔하게 만들고자 read64 할당문을 추가했다. iter()에 전달할 콜러블 객체는 인수를 요구하지 않아야 하므로 partial() 함수가 필요하다. 예제 코드에서 빈 bytes 객체가 센티넬값이다. f.read()는 더 읽을 바이트가 없을 때 이 값을 반환하기 때문이다.

다음 절에서는 반복형과 반복자 간의 관계를 자세히 알아본다.

17.4 반복형과 반복자

17.3절 '시퀀스가 반복형인 이유: iter() 함수'의 설명에서 다음과 같은 정의를 유도할 수 있다.

반복형

iter() 내장 함수가 반복자를 얻어낼 수 있는 모든 객체. 반복자를 반환하는 __iter__() 메서드를 구현하는 객체는 반복형이다. 시퀀스는 언제나 반복형이며, 0에서 시작하는 인덱스를 받는 __getitem__() 메서드를 구현하는 객체도 반복형이다.

반복형과 반복자 간의 관계를 명확히 파악하는 게 중요하다. 다시 말하면, 파이썬은 반복형으로부터 반복자를 가져온다.

다음은 str을 반복하는 간단한 for 루프다. 여기서 문자열 'ABC'는 반복형이다. 보이지는 않지만 내부적으로 반복자가 있다.

```
>>> s = 'ABC'
>>> for char in s:
...     print(char)
...
A
B
C
```

for 문을 사용하지 않고 while 루프로 for 문을 흉내 내려면 다음과 같이 작성한다.

```
>>> s = 'ABC'
>>> it = iter(s)        ❶
>>> while True:
...     try:
...         print(next(it))      ❷
...     except StopIteration:     ❸
...         del it       ❹
...         break        ❺
...
A
B
C
```

❶ 반복형으로부터 반복자 it를 만든다.

❷ 반복자에 next()를 계속 호출해 다음 항목을 가져온다.

❸ 항목이 더 없으면 반복자는 StopIteration 예외를 발생시킨다.

❹ it에 대한 참조를 해제해 반복자 객체를 제거한다.

❺ 루프를 빠져나온다.

StopIteration은 반복자가 소진되었음을 알린다. 이 예외는 for 루프 논리와 지능형 리스트, 반복형 언패킹 등의 반복 과정의 한 부분인 iter() 내장 함수에 의해 내부적으로 처리된다.

반복자에 대한 파이썬 표준 인터페이스는 다음과 같이 메서드 두 개를 제공한다.

__next__()

차례대로 다음 항목을 반환하며, 항목이 더는 없으면 StopIteration을 발생시킨다.

__iter__()

self를 반환한다. 이렇게 함으로써 for 루프 등 반복형이 필요한 곳에 반복자를 사용하게 해준다.

이 인터페이스는 collections.abc.Iterator ABC에 공식적으로 정의되었는데, 여기에서 __next__() 추상 메서드를 선언하고, 추상 메서드 __iter__()가 선언된 Iterable을 상속한다. [그림 17-1]을 참조하라.

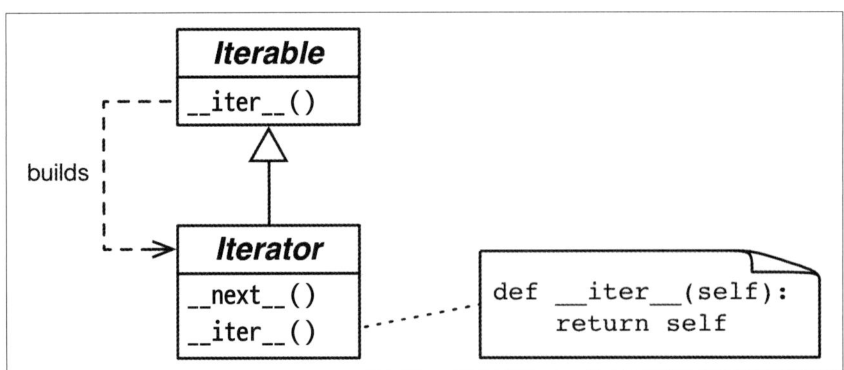

그림 17-1 Iterable과 Iterator ABC. 이탤릭체는 추상 메서드를 나타낸다. Iterable의 구상 서브클래스의 __iter__() 메서드는 Iterator 인스턴스를 생성하고 반환해야 한다. Iterator의 구상 서브클래스는 __next__() 메서드를 구현해야 한다. Iterator.__iter__() 메서드는 자신을 반환해야 한다.

collections.abc.Iterator의 소스 코드는 [예제 17-3]에 있다.

예제 17-3 abc.Iterator 클래스. Lib/_collections_abc.py(https://fpy.li/17-5)에서 발췌함

```python
class Iterator(Iterable):

    __slots__ = ()
```

```python
    @abstractmethod
    def __next__(self):
        '반복자에서 항목을 반환한다. 소진되면 StopIteration을 발생시킨다.'
        raise StopIteration

    def __iter__(self):
        return self

    @classmethod
    def __subclasshook__(cls, C):      ❶
        if cls is Iterator:
            return _check_methods(C, '__iter__', '__next__')      ❷
        return NotImplemented
```

❶ `__subclasshook__()`은 `isinstance()`와 `issubclass()`를 이용한 구조적 자료형 검사를 지원한다. 13.5.8절 'ABC를 이용한 구조적 타이핑'을 참조하라.

❷ `_check_methods()`는 클래스의 `__mro__`를 순회해 해당 메서드가 그 클래스의 베이스 클래스에 정의되었는지 검사한다. 코드는 동일한 `Lib/_collections_abc.py`에 정의되었다. 메서드가 정의되었으면 `C` 클래스는 `Iterator`의 가상 서브클래스로 인식된다. 즉, `issubclass(C, Iterable)`이 `True`가 된다.

> **WARNING** Iterator ABC 추상 메서드가 파이썬 3에서는 `it.__next__()`이고, 파이썬 2에서는 `it.next()`다. 언제나 그렇듯 특별 메서드를 직접 호출하면 안 되고, 파이썬 2와 3에서 내장 함수인 `next()`를 이용해 `next(it)` 형태로 호출해야 코드 기반을 파이썬 2에서 파이썬 3로 옮길 때 문제가 생기지 않는다.

파이썬 3.9의 `Lib/types.py` 모듈 소스 코드(`https://fpy.li/17-6`)에는 다음과 같은 주석이 있다.

```python
# 파이썬의 Iterator는 자료형이 아니라 프로토콜이다.
# 상당히 많은 유동적인 수의 내장형이 반복자의 *일부*를 구현한다.
# 자료형을 검사하면 안 된다! 대신 hasattr()을 이용해
# '__iter__'와 '__next__' 속성이 있는지 검사하라.
```

사실 이것이 바로 `abc.Iterator` ABC의 `__subclasshook__()` 메서드가 수행하는 작업이다.

다시 [예제 17-1]의 Sentence 클래스로 돌아가자. 이제는 파이썬 콘솔 세션에서 iter()로 반복자를 생성하고 next()로 항목을 소비하는 방법을 명확히 이해할 수 있을 것이다.

```
>>> s3 = Sentence('Life of Brian')  ❶
>>> it = iter(s3)  ❷
>>> it  # doctest: +ELLIPSIS
<iterator object at 0x...>
>>> next(it)  ❸
'Life'
>>> next(it)
'of'
>>> next(it)
'Brian'
>>> next(it)  ❹
Traceback (most recent call last):
  ...
StopIteration
>>> list(it)  ❺
[]
>>> list(iter(s3))  ❻
['Life', 'of', 'Brian']
```

❶ 세 단어로 구성된 Sentence 인스턴스 s3를 생성한다.

❷ s3에서 반복자를 가져온다.

❸ next(it)는 다음 단어를 가져온다.

❹ 다음 단어가 없으므로 반복자가 StopIteration 예외를 발생시킨다.

❺ 일단 소진된 후에는 반복자가 필요 없다.

❻ Sentence 인스턴스를 다시 반복하려면 생성자를 새로 만들어야 한다.

반복자가 필수로 구현해야 하는 메서드는 __next__()와 __iter__()밖에 없으므로, next()를 호출하고 StopIteration 예외를 잡는 방법 외에는 항목이 소진되었는지 확인할 방법이 없다. 그리고 반복자는 '재설정'할 수 없다. 다시 반복하려면 처음 반복자를 생성했던 반복형에 iter()를 호출해야 한다. 반복자 자체에 iter()를 호출하는 것은 소용이 없다. 앞에서 설명했듯이, Iterator.__iter__()는 단지 self를 반환하도록 구현되었으므로 소진된 반복자를 재설정하지 못한다.

이러한 최소한의 인터페이스가 타당하다. 실제로 모든 반복자를 재설정할 수는 없기 때문이다. 가령 반복자가 네트워크에서 패킷을 읽고 있다면, 다시 되돌릴 방법이 없다.[3]

내장 함수 iter()가 시퀀스를 특별히 우대해 주는 덕분에 [예제 17-1]의 Sentence 클래스의 첫 번째 버전은 반복형이었다. 이제 반복자를 반환하는 __iter__()를 구현하는 Sentence 클래스의 변형을 구현해 보자.

17.5 __iter__()가 있는 Sentence 클래스

다음 버전의 Sentence 클래스는 표준 반복자 프로토콜을 구현한다. 먼저 Iterator 디자인 패턴을 구현하고 나서 제너레이터 함수를 구현해 보자.

17.5.1 Sentence 버전 #2: 고전적인 반복자

Sentence 클래스의 다음 버전은 『GoF의 디자인 패턴(개정판)』의 청사진에 따라 고전적인 반복자 패턴에 맞춰 구현한다. 나중에 리팩터링하면서 명확해지지만, 이 코드는 파이썬의 관용적인 방법은 아니다. 그렇지만 반복형 컬렉션과 반복자 객체 간의 관계를 명확히 보여 준다.

[예제 17-4]를 보면 Sentence 클래스가 반복형이다. __iter__() 특별 메서드를 구현하고, 이 메서드가 SentenceIterator를 생성해 반환하기 때문이다. 이런 형태는 반복형과 반복자의 관계를 잘 보여 준다.

---

[3] 이런 훌륭한 예를 알려준 테크니컬 리뷰어 레오나르도 로챌에게 감사드린다.

```python
import re
import reprlib

RE_WORD = re.compile(r'\w+')


class Sentence:

    def __init__(self, text):
        self.text = text
        self.words = RE_WORD.findall(text)

    def __repr__(self):
        return f'Sentence({reprlib.repr(self.text)})'

    def __iter__(self):        ❶
        return SentenceIterator(self.words)        ❷


class SentenceIterator:

    def __init__(self, words):
        self.words = words        ❸
        self.index = 0        ❹

    def __next__(self):
        try:
            word = self.words[self.index]        ❺
        except IndexError:
            raise StopIteration()        ❻
        self.index += 1        ❼
        return word        ❽

    def __iter__(self):        ❾
        return self
```

❶ 앞에서 구현한 Sentence 클래스에 `__iter__()` 메서드만 추가했다. 여기서는 `__getitem__()` 메서
드가 정의되지 않았다. `__iter__()`를 구현함으로써 반복형이 된다는 점을 명확히 보여 주기 위해서다.

❷ `__iter__()`가 반복자 객체를 생성해 반환함으로써 반복형 프로토콜을 완전히 구현한다.

❸ SentenceIterator는 단어 리스트에 대한 참조를 담는다.

❹ 다음에 가져올 단어를 결정하는 데 self.index를 사용한다.

❺ self.index에 있는 단어를 가져온다.

❻ self.index에 단어가 없으면 StopIteration 예외를 발생시킨다.

❼ self.index를 증가시킨다.

❽ 단어를 반환한다.

❾ self.__iter__() 메서드를 구현한다.

[예제 17-4]의 코드는 [예제 17-2]의 테스트를 통과한다.

사실 단순히 이 예제를 작동시키려면 SentenceIterator에서 __iter__()를 구현할 필요가 없지만, 이것이 올바른 구현이다. 반복자는 __next__()와 __iter__() 메서드를 모두 구현해야 하며, 둘 다 구현하면 issubclass(SentenceIterator, abc.Iterator) 테스트를 통과할 수 있다. SentenceIterator를 abc.Iterator에서 상속했다면 구상 메서드인 abc.Iterator.__iter__()를 상속받았을 것이다.

정말 많은 일을 했다(게으른 파이썬 프로그래머치고는 일을 많이 한 셈이다). SentenceIterator 클래스 안의 코드 대부분이 어떻게 반복자의 내부 상태를 관리하는지에 주목하라. 잠시 후 이 코드를 더 짧게 만드는 방법을 설명한다. 그러나 먼저, 빠지기 쉬운 잘못된 방법을 살펴보고 넘어가자.

17.5.2 반복형 자체를 반복자로 만들면 안 되는 이유

반복형과 반복자를 만들 때 흔히 발생하는 에러는 둘을 혼동하기 때문에 발생한다. 간단히 정리하면, 반복형에는 호출될 때마다 반복자를 새로 생성하는 __iter__() 메서드가 있다. 반복자에는 개별 항목을 반환하는 __next__() 메서드와 self를 반환하는 __iter__() 메서드가 있다.

따라서 반복자는 반복형이지만, 반복형은 반복자가 아니다.

Sentence 클래스 안에 __iter__() 외에 __next__()도 구현해서 Sentence 객체를 반복형이자 반복자로 만들고 싶을 수도 있다. 그러나 그것은 좋은 생각이 아니다. 그리고 구글에서 파이썬 코드를 엄청나게 많이 검토해 본 알렉스 마르텔리에 따르면 전형적인 안티패턴이기도 하다.

『GoF의 디자인 패턴(개정판)』에서 반복자 패턴에 관한 '응용 분야^{Applicability}' 절에서는 다음과
같이 설명한다.

> 반복자 패턴은 다음과 같은 용도에 사용하라.
>
> - 집합 객체의 내부 표현을 노출하지 않고 내용에 접근하려는 경우
> - 집합 객체의 다중 순회를 지원하려는 경우
> - 다양한 객체로 구성된 집합 구조체를 반복하기 위한 통일된 인터페이스를 제공하려는 경우 (다형
>   성 반복의 지원 등)

'다중 순회를 지원'하려면 동일한 반복형 인스턴스로부터 여러 개의 독립적인 반복자를 생성할
수 있어야 하며, 각 반복자는 각각 고유한 내부 상태를 유지해야 한다. 따라서 이 패턴을 제대
로 구현하려면 `iter(my_iterable)`을 호출할 때마다 독립적인 반복자가 새로 만들어져야 한
다. 그래서 이 예제에 `SentenceIterator` 클래스가 필요한 것이다.

이것으로 고전적인 반복자 패턴을 적절히 구현하는 방법에 관한 설명을 마친다. 파이썬은 바바
라 리스코프의 CLU 언어(`https://fpy.li/17-7`)에서 제공하는 `yield` 키워드를 채택했으므
로 반복자를 구현하는 코드를 '수작업'으로 작성할 필요가 없다.

다음 절에서는 Sentence 클래스를 좀 더 관용적인 방식으로 구현하는 방법을 설명한다.

17.5.3 Sentence 버전 #3: 제너레이터 함수

`SequenceIterator` 클래스를 구현하는 수고를 하지 않고 동일한 기능을 파이썬답게 구현하려
면 제너레이터를 사용한다. [예제 17-5]를 살펴본 후, 제너레이터를 제대로 설명한다.

예제 17-5 sentence_gen.py: 제너레이터를 사용해 구현한 Sentence

```python
import re
import reprlib

RE_WORD = re.compile(r'\w+')
```

```python
class Sentence:

    def __init__(self, text):
        self.text = text
        self.words = RE_WORD.findall(text)

    def __repr__(self):
        return 'Sentence(%s)' % reprlib.repr(self.text)

    def __iter__(self):
        for word in self.words:  ❶
            yield word  ❷
        ❸

# 완료! ❹
```

❶ self.words를 반복한다.

❷ 현재 단어(word)를 생성한다.

❸ 함수가 끝에 도달하면 값을 자동으로 반환하므로, 명시적인 return 문은 필요 없다. 그리고 제너레이터 함수는 StopIteration도 발생시키지 않는다. 값을 모두 생산한 후 그냥 빠져나간다.[4]

❹ 별도의 반복자 클래스가 필요 없다!

이로써 [예제 17-2]의 테스트를 통과하는 또 다른 버전의 Sentence 클래스를 구현했다.

[예제 17-4]의 Sentence 코드에서 __iter__()는 SentenceIterator() 생성자를 호출해 반복자를 생성하고 반환했다. [예제 17-5]의 반복자는 사실 제너레이터 객체로, __iter__() 메서드를 호출할 때 자동으로 생성된다. 여기서 __iter__()는 제너레이터 함수이기 때문이다.

다음 절에서는 제너레이터 함수를 자세히 설명한다.

---

4 이 코드를 검토한 후, 알렉스 마르텔리는 이 메서드를 return iter(self.words)로 끝내는 편이 좋다는 의견을 주었다. self.words.__iter__()를 호출한 결과로 생성자가 반환되므로 그가 옳다. 그러나 여기서는 제너레이터의 구문을 소개하려고 yield와 함께 for 루프를 사용했다. 제너레이터는 yield 키워드가 필요하기 때문이다. 이에 관해서는 다음 절에서 설명한다. 2판을 검토하면서 레오나르도 로챌은 __iter__() 본체를 구현하는 또 다른 간단한 방법으로 yield from self.worlds를 제안했다. 이번 장의 뒷부분에서 yield from도 설명한다.

17.5.4 제너레이터의 작동 방식

본체 안에 `yield` 키워드가 있는 함수는 모두 제너레이터 함수다. 제너레이터 함수는 호출되면 제너레이터 객체를 반환한다. 즉, 제너레이터 함수는 제너레이터 팩토리라고 할 수 있다.

> **TIP** 일반 함수와 제너레이터 함수의 유일한 구문 차이는 제너레이터 함수가 본체 안 어디에선가 `yield` 키워드를 사용한다는 점밖에 없다. 제너레이터 함수는 **def**가 아니라 **gen**과 같은 새로운 키워드를 사용해야 한다고 주장하는 사람도 있었지만, 귀도 반 로섬은 동의하지 않았다. 그는 'PEP 255 – 간단한 제너레이터Simple Generators' 제안서(`https://fpy.li/pep255`)에 자신의 의견을 피력했다.[5]

제너레이터의 작동을 잘 보여 주는 간단한 예는 다음과 같다.[6]

예제 17-6 숫자 세 개를 생성하는 제너레이터 함수

```
>>> def gen_123():
...     yield 1    ❶
...     yield 2
...     yield 3
...
>>> gen_123  # doctest: +ELLIPSIS
<function gen_123 at 0x...>    ❷
>>> gen_123()   # doctest: +ELLIPSIS
<generator object gen_123 at 0x...>    ❸
>>> for i in gen_123():    ❹
...     print(i)
1
2
3
>>> g = gen_123()    ❺
>>> next(g)    ❻
1
>>> next(g)
2
>>> next(g)
3
>>> next(g)    ❼
```

---

[5] 제너레이터 함수의 이름을 정할 때 필자는 종종 앞이나 뒤에 `'gen'`이라는 단어를 붙이지만, 이는 널리 사용되는 방식은 아니다. 물론 반복형을 구현할 때는 그렇게 할 수 없다. 필요한 특별 메서드명이 `__iter__`로 고정되기 때문이다.

[6] 이 예제를 제안해 준 데이비드 콰스트(David Kwast)에게 감사드린다.

```
Traceback (most recent call last):
  ...
StopIteration
```

❶ 제너레이터 함수 본체에는 루프 안에 yield가 있을 때가 많지만, 반드시 그럴 필요는 없다. 여기서는 단순히 yield를 세 번 반복했다.

❷ 조사해 보면 gen_123()이 함수 객체임을 알 수 있다.

❸ 그러나 호출하면 gen_123()은 제너레이터 객체를 반환한다.

❹ 제너레이터 객체는 Iterator 인터페이스를 구현하므로 제너레이터 객체도 반복할 수 있다.

❺ 자세히 살펴보기 위해 제너레이터 객체를 g에 할당한다.

❻ g가 반복자이므로 next(g)를 호출하면 yield가 생성한 다음 항목을 가져온다.

❼ 제너레이터 함수가 반환될 때 제너레이터 객체는 StopIteration을 발생시킨다.

제너레이터 함수는 함수 본체를 래핑한 제너레이터 객체를 생성한다. next()를 제너레이터 객체에 호출하면 함수 본체에 있는 다음 yield로 진행하며, next()는 함수 본체가 중단된 곳에서 생성된 값을 평가한다. 마지막으로, 파이썬이 함수 본체를 래핑해 생성한 제너레이터 객체는 함수가 반환될 때 Iterator 프로토콜에 따라 StopIteration 예외를 발생시킨다.

> **TIP** 제너레이터에서 가져온 결과에 관해 이야기할 때는 좀 더 엄격히 하는 편이 좋을 것 같다. 제너레이터가 값을 '반환'한다고 하면 혼란스럽다. 함수가 값을 반환하기 때문이다. 제너레이터 함수를 호출하면 제너레이터 객체가 '반환'된다. 제너레이터 객체는 값을 생성한다. 제너레이터 객체는 일반적인 방식으로 값을 '반환'하지 않는다. 제너레이터 함수 안에 있는 return 문은 제너레이터 객체가 StopIteration 예외를 발생시키게 한다. 제너레이터 안에서 return x를 실행하면, 호출자는 StopIteration 예외를 잡아 x 값을 가져올 수 있다. 그러나 이 과정은 yield from 구문을 이용해 자동으로 수행될 수 있다. 자세한 내용은 17.13.2절 '코루틴에서 값 반환하기'에서 설명한다.

[예제 17-7]은 for 루프와 함수 본체 간의 상호작용을 좀 더 명확히 보여 준다.

예제 17-7 실행할 때 메시지를 출력하는 제너레이터 함수

```
>>> def gen_AB():
...     print('start')
...     yield 'A'          ❶
...     print('continue')
...     yield 'B'          ❷
```

```
...      print('end.')      ❸
...
>>> for c in gen_AB():       ❹
...      print('-->', c)      ❺
...
start       ❻
--> A       ❼
continue    ❽
--> B       ❾
end.        ❿
>>>         ⓫
```

❶ ❹에 있는 for 루프에서 처음 next()를 암묵적으로 호출하면 'start'를 출력하고, 첫 번째 yield 문에서 멈춰 값 'A'를 생성한다.

❷ for 루프에서 두 번째 next()를 암묵적으로 호출하면 'continue'를 출력하고, 두 번째 yield 문에서 멈춰 값 'B'를 생성한다.

❸ 세 번째 next()를 호출하면 'end.'를 출력하고 함수 본체의 끝까지 실행되어, 제너레이터 객체가 StopIteration 예외를 발생시킨다.

❹ 반복하기 위해 for 루프는 g = iter(gen_AB())와 대등한 문장을 실행해 제너레이터 객체를 가져오고, 반복할 때마다 매번 next(g)를 호출한다.

❺ 루프 안에서는 '-->' 문자열 다음에 next(g)가 반환한 값을 출력한다. 그러나 이 출력은 제너레이터 함수 안의 print() 문 다음에서야 나온다.

❻ 'start' 문자열은 제너레이터 함수 본체에 있는 print('start') 문이 출력한 것이다.

❼ 제너레이터 함수 본체 안에 있는 yield 'A'문은 for 루프가 소비할 값 'A'를 생성하며, 이 값은 변수 c에 할당되어 '--> A'를 출력하게 한다.

❽ 두 번째 next(g)까지 반복이 진행되어 제너레이터 함수 본체는 yield 'A'에서 yield 'B'까지 진행한다. 'continue'는 제너레이터 함수 본체의 두 번째 print() 문이 출력한 것이다.

❾ yield 'B'는 for 루프가 소비할 값 'B'를 생성하고, 이 값은 루프 변수 c에 할당되어 '--> B'를 출력한다.

❿ 세 번째 next(g)가 호출되면 함수 본체의 끝까지 실행하게 된다. 'end.'는 제너레이터 함수 본체의 세 번째 print() 문이 출력한 것이다.

⓫ 제너레이터 함수의 끝까지 실행되면 제너레이터 객체는 StopIteration 예외를 발생시킨다. for 루프는 이 예외를 잡은 후 깔끔하게 루프를 종료한다.

이제 [예제 17-5]의 Sentence.__iter__()가 어떻게 작동하는지 명확히 알 수 있을 것이다. __iter__()는 제너레이터 함수로, 호출되면 반복자 인터페이스를 구현하는 제너레이터 객체를 생성한다. 그러므로 SentenceIterator 클래스는 더는 필요 없다.

두 번째 Sentence 버전은 첫 번째 버전보다 훨씬 짧지만, 그리 느긋하지는 않다. 요즘에는 게으른 듯한 느긋함이 적어도 프로그래밍 언어와 API에서만큼은 좋은 성질이라고 여겨진다. 느긋한 구현은 가능한 한 최후의 순간까지 값 생산을 미룬다. 느긋하게 계산함으로써 메모리를 줄일 수 있을 뿐만 아니라 불필요한 CPU 자원 낭비도 피할 수 있다.

다음 절에서는 느긋하게 작동하는 Sentence 클래스를 만들어 보자.

17.6 느긋한 Sentence

Sentence의 마지막 버전은 re 모듈의 느긋한 함수를 활용해 느긋하게 작동한다.

17.6.1 Sentence 버전 #4: 느긋한 제너레이터

Iterator 인터페이스는 느긋하게 처리하도록 설계되었다. next(my_iterator)는 한 번에 한 항목만 생성한다. 느긋한 계산법의 반대는 조급한 계산법^{eager evaluation}이며, 둘 다 프로그래밍 언어 이론에서 실제로 사용되는 기술 용어다.

지금까지 구현한 Sentence는 느긋한 버전이 아니었다. __init__()에서 텍스트 안에 있는 단어들의 리스트를 조급하게 생성해서 self.words 속성에 바인딩하기 때문이다. 그러므로 전체 텍스트를 처리해야 하며, 리스트는 거의 텍스트와 맞먹는 양의 메모리를 소비한다(텍스트 안에 비단어 문자가 얼마나 있느냐에 따라 메모리를 더 많이 소비할 수도 있다). 사용자가 처음 몇 단어만 반복한다면, 이런 연산의 대부분은 필요 없다. '파이썬으로 프로그래밍할 때 이것을 느긋하게 처리할 방법은 없을까?'라는 생각이 떠오른다면 '그렇다'고 대답할 수 있을 때가 많다.

re.finditer() 함수는 re.findall()의 느긋한 버전으로, 리스트 대신 필요에 따라 re.MatchObject 인스턴스를 생성하는 제너레이터를 반환한다. 매칭되는 항목이 많으면 re.finditer()가 메모리를 많이 절약해 준다. re.finditer()를 사용하는 세 번째 버전의 Sentence 클래스는 느긋하게 처리한다. 필요할 때만 다음 단어를 생성하기 때문이다. 코드는 [예제 17-8]과 같다.

```python
import re
import reprlib

RE_WORD = re.compile(r'\w+')


class Sentence:

    def __init__(self, text):
        self.text = text  ❶

    def __repr__(self):
        return f'Sentence({reprlib.repr(self.text)})'

    def __iter__(self):
        for match in RE_WORD.finditer(self.text):  ❷
            yield match.group()  ❸
```

❶ 단어 리스트를 미리 만들 필요가 없다.

❷ finditer()는 self.text에서 RE_WORD에 대응하는 단어들의 반복자인 MatchObject 인스턴스를
생성한다.

❸ match.group() 메서드는 MatchObject 인스턴스에서 매칭되는 텍스트를 추출한다.

제너레이터 함수도 멋진 방법이지만, 제너레이터 표현식을 사용하면 코드를 훨씬 더 짧게 만들
수 있다.

17.6.2 Sentence 버전 #5: 느긋한 제너레이터 표현식

앞 절에서 구현한 Sentence 클래스(예제 17-8)에서 사용한 간단한 제너레이터 함수는 제너
레이터 표현식으로 바꿀 수 있다. 지능형 리스트가 리스트를 만들듯이, 제너레이터 표현식은
제너레이터 객체를 만든다. [예제 17-9]는 제너레이터 표현식을 지능형 리스트와 간단히 비교
해 보여 준다.

```
>>> def gen_AB():  ❶
...     print('start')
...     yield 'A'
...     print('continue')
...     yield 'B'
...     print('end.')
...
>>> res1 = [x*3 for x in gen_AB()]  ❷
start
continue
end.
>>> for i in res1:  ❸
...     print('-->', i)
...
--> AAA
--> BBB
>>> res2 = (x*3 for x in gen_AB())  ❹
>>> res2
<generator object <genexpr> at 0x10063c240>
>>> for i in res2:  ❺
...     print('-->', i)
...
start       ❻
--> AAA
continue
--> BBB
end.
```

❶ 이 함수는 [예제 17-7]의 gen_AB() 함수와 똑같다.

❷ 지능형 리스트는 gen_AB()를 호출해 생성된 제너레이터 객체가 생성한 항목(A와 B)을 조급하게 반복한다. 다음 줄에 'start', 'continue', 'end.' 메시지가 모두 출력되었음에 주목하라.

❸ 이 for 루프는 지능형 리스트가 생성한 res1 리스트를 반복한다.

❹ 제너레이터 표현식은 제너레이터 객체인 res2를 반환한다. 제너레이터 객체는 여기에서 소비되지 않는다.

❺ for 루프가 res2를 반복해야 이 제너레이터가 gen_AB()에서 항목을 가져온다. for 루프가 반복될 때마다 암묵적으로 next(res2)를 호출하고, next(res2)는 gen_AB()가 반환한 제너레이터 객체에 next()를 호출해 다음 yield까지 진행하게 한다.

❻ gen_AB()가 출력한 메시지가 for 루프 안에서 print()로 출력한 메시지와 어떻게 섞여 있는지 꼼꼼히 살펴보라.

제너레이터 표현식을 사용하면 Sentence 클래스의 코드를 더 간단히 만들 수 있다. [예제 17-10]을 보자.

예제 17-10 sentence_genexp.py: 제너레이터 표현식을 사용한 Sentence

```python
import re
import reprlib

RE_WORD = re.compile(r'\w+')


class Sentence:

    def __init__(self, text):
        self.text = text

    def __repr__(self):
        return f'Sentence({reprlib.repr(self.text)})'

    def __iter__(self):
        return (match.group() for match in RE_WORD.finditer(self.text))
```

[예제 17-8]과 __iter__() 메서드만 다르다. 여기서는 제너레이터 함수가 아니라(yield 문이 없다), 제너레이터를 생성해 반환하는 제너레이터 표현식을 사용한다. 실행 결과는 [예제 17-8]과 똑같다. __iter__() 메서드의 호출자가 제너레이터 객체를 받는다.

제너레이터 표현식은 편리 구문이다. 제너레이터 함수로 대체할 수 있지만, 때로는 제너레이터 표현식이 더 편리하다. 다음 절에서는 제너레이터 표현식을 사용하는 방법을 알아보자.

17.7 제너레이터 표현식 사용이 적합한 상황

[예제 12-16]에서 Vector 클래스를 구현할 때 제너레이터 표현식을 여러 번 사용했다. __eq__(), __hash__(), __abs__(), angle(), angles(), format(), __add__(), __mul__() 메서드에서 각각 제너레이터 표현식을 사용했다. 이들 메서드에서 지능형 리스트를 사용해도 제대로 작동하겠지만, 그러면 중간의 리스트값을 저장하는 데 메모리를 더 많이 사용한다.

[예제 17–10]에서 함수를 정의하고 호출할 필요 없이 제너레이터를 생성하는 편리 구문으로 제너레이터 표현식을 사용했다. 그러나 제너레이터 함수는 융통성이 훨씬 더 뛰어나다. 여러 문장으로 구성된 복잡한 논리를 구현할 수 있고, **코루틴**^{coroutine} (17.13절 '고전적 코루틴' 참고)으로 사용할 수도 있다.

논리가 간단한 경우에는 Vector 예제에서와 같이 제너레이터 표현식이 한눈에 잘 들어온다.

이 두 가지 방식 중 하나를 선택하는 필자의 규칙은 간단하다. 제너레이터 표현식이 여러 줄에 걸쳐 있을 때는 가독성을 위해 제너레이터 함수를 사용한다.

> **TIP 구문 팁**
>
> 제너레이터 표현식을 함수나 생성자에 단일 인수로 전달할 때는, 함수를 호출하는 괄호 안에 제너레이터 표현식을 괄호로 에워쌀 필요 없다. [예제 12–16]의 `__mul__()` 메서드에서 `Vector()` 생성자를 호출할 때처럼 한 쌍의 괄호만 사용하면 된다(다음 코드를 복사해 왔다).
>
> ```python
> def __mul__(self, scalar):
>     if isinstance(scalar, numbers.Real):
>         return Vector(n * scalar for n in self)
>     else:
>         return NotImplemented
> ```
>
> 그러나 제너레이터 표현식 다음에 함수 인수가 더 있다면, 제너레이터 표현식을 괄호로 에워싸서 구문 에러를 피해야 한다.

지금까지 본 Sentence 예제는 전통적인 반복자 역할을 하는 제너레이터의 예를 보여 주었다. 즉, 컬렉션에서 항목들을 꺼내오는 것이다. 그러나 제너레이터는 데이터 출처에 무관하게 값을 생성하는 데 사용할 수도 있다. 다음 절에서 그런 사례를 설명한다.

그 전에 먼저 반복자와 제너레이터의 중복된 개념을 간단히 알아보자.

반복자와 제너레이터의 비교

공식 파이썬 문서와 코드베이스에서 반복자와 제너레이터에 관한 용어는 일관성 없이 사용되며, 뜻이 변하고 있다. 공식 문서의 정의를 가져와 설명을 보충하면 다음과 같다.

반복자

`__next__()` 메서드를 구현하는 모든 객체에 대한 일반적인 용어. 반복자는 클라이언트 코드에서 소비되는 데이터를 생성하도록 설계되었다. 즉 코드가 `for` 루프 등의 반복 기능을 이용하거나 반복자에 `next(it)`를 명시적으로 호출해 반복자를 작동시킨다 (그러나 명시적으로 호출하는 경우는 많지 않다). 사실 우리가 파이썬에서 사용하는 대부분의 반복자는 제너레이터이다.

제너레이터

파이썬 컴파일러가 생성한 반복자. 제너레이터를 생성할 때는 `__next__()`를 구현하지 않고, `yield` 키워드를 이용해 **제너레이터 함수**를 만든다. 제너레이터 함수는 제너레이터 객체의 팩토리이다. **제너레이터 표현식**으로도 제너레이터 객체를 만들 수 있다. 제너레이터 객체는 `__next__()` 메서드를 제공하므로 반복자이다. 파이썬 3.5부터는 `async def` 구문을 이용한 **비동기 제너레이터**가 제공되는데, 여기에 관해서는 21장 '비동기 프로그래밍'에서 설명한다.

최근 **파이썬 용어집**(https://fpy.li/17-8)에서는 제너레이터 함수가 생성한 제너레이터 객체를 언급하는 데 **제너레이터 반복자**(https://fpy.li/17-9)라는 용어를 사용하는데, 제너레이터 표현식(https://fpy.li/17-10)에 관한 설명에서는 제너레이터 함수가 반복자를 반환한다고 설명한다.

어쨌든 파이썬 콘솔에서 실행해 보면 다음과 같이 두 경우 모두 반환된 객체가 제너레이터 객체임을 알 수 있다.

```
>>> def g():
...     yield 0
...
>>> g()
<generator object g at 0x10e6fb290>
```

```
>>> ge = (c for c in 'XYZ')
>>> ge
<generator object <genexpr> at 0x10e936ce0>
>>> type(g()), type(ge)
(<class 'generator'>, <class 'generator'>)
```

17.8 등차수열 제너레이터

전통적인 반복자 패턴은 모두 데이터 구조체를 뒤져서 항목들을 나열하기 위한 것이다. 그러나 수열에서 다음 항목을 가져오는 메서드에 기반한 표준 인터페이스는 컬렉션에서 항목을 가져오는 대신 실행 도중에 항목을 생성하는 경우에도 유용하게 사용할 수 있다. 예를 들어 내장 함수 range()는 정수로 구성된 유한^{bounded} 등차수열^{arithmetic progression}(AP)을 생성하며, itertools.count() 함수는 무한^{boundless} 등차수열을 생성한다. 그런데 정수만 아니라 임의 자료형의 숫자로 구성된 등차수열을 생성해야 한다면 어떻게 해야 할까?

[예제 17-11]은 잠시 후에 설명할 ArithmeticProgression 클래스를 콘솔에서 테스트한 결과를 보여 준다. 이 예제에서 사용한 생성자 시그너처는 ArithmeticProgression(begin, step[, end])다. range() 함수가 여기에서 사용한 ArithmeticProgression 클래스와 비슷하지만, range() 함수의 전체 시그너처는 range(start, stop[, step])이다. 등차수열에서는 step이 필수고, end가 선택이므로 여기서는 다른 시그너처를 사용하기로 했다. 그리고 start와 stop 인수명도 begin과 end로 바꿔서 시그너처가 다름을 명백히 보여 주고자 했다. [예제 17-11]에서는 테스트할 때마다 생성된 값들을 조사하려고 반환된 결과에 list() 생성자를 호출했다.

예제 17-11 ArithmeticProgression 사용 예

```
>>> ap = ArithmeticProgression(0, 1, 3)
>>> list(ap)
[0, 1, 2]
>>> ap = ArithmeticProgression(1, .5, 3)
```

```
>>> list(ap)
[1.0, 1.5, 2.0, 2.5]
>>> ap = ArithmeticProgression(0, 1/3, 1)
>>> list(ap)
[0.0, 0.3333333333333333, 0.6666666666666666]
>>> from fractions import Fraction
>>> ap = ArithmeticProgression(0, Fraction(1, 3), 1)
>>> list(ap)
[Fraction(0, 1), Fraction(1, 3), Fraction(2, 3)]
>>> from decimal import Decimal
>>> ap = ArithmeticProgression(0, Decimal('.1'), .3)
>>> list(ap)
[Decimal('0'), Decimal('0.1'), Decimal('0.2')]
```

파이썬의 산술 수치형 강제 변환 규칙에 따라 생성된 등차수열 각 숫자의 자료형은 `begin + step`의 자료형을 따름에 주의하라. [예제 17-11]에서는 `int`, `float`, `Fraction`, `Decimal` 형 숫자 리스트를 보았다. [예제 17-12]는 `ArithmeticProgression` 클래스를 구현한 코드다.

예제 17-12 ArithmeticProgression 클래스

```
class ArithmeticProgression:

    def __init__(self, begin, step, end=None):          ❶
        self.begin = begin
        self.step = step
        self.end = end  # None -> "infinite" series

    def __iter__(self):
        result_type = type(self.begin + self.step)      ❷
        result = result_type(self.begin)                ❸
        forever = self.end is None                      ❹
        index = 0
        while forever or result < self.end:             ❺
            yield result                                ❻
            index += 1
            result = self.begin + self.step * index     ❼
```

❶ `__init__()` 메서드에서 begin과 step은 필수 인수이고, end는 선택 인수이다. end가 None이면 무한수열이다.

❷ self.begin과 self.step을 더해 자료형을 가져온다. 예를 들어 하나가 int 형이고, 다른 하나가 float 형이면 result_type은 float가 된다.

❸ 이번 줄에서 result와 self.begin의 숫잣값은 같지만, 이후 덧셈 결과의 자료형을 강제로 변환하게 만든다.[7]

❹ 가독성을 높이기 위해 self.end 속성이 None이면 forever 플래그를 True로 설정하고, 무한 등차수열을 생성한다.

❺ forever 값에 따르거나 result가 self.end보다 작은 동안 루프를 실행한다. 이 루프를 빠져나가면 함수도 빠져나가게 된다.

❻ 현재 result를 생성한다.

❼ 다음에 반환할 result 값을 미리 계산한다. while 루프를 빠져나가서 이 값이 반환되지 않을 수도 있다.

[예제 17-12]의 마지막 줄에서는 result 값을 self.step만큼 증가시키지 않고, 대신 index 값을 self.step에 곱하고 self.begin에 더했다. 이렇게 함으로써 실수를 계속 더할 때 생기는 오차의 누적을 피할 수 있는데, 누적된 실수 연산의 오차는 다음 실험을 보면 잘 알 수 있다.

```
>>> 100 * 1.1
110.00000000000001
>>> sum(1.1 for _ in range(100))
109.99999999999982
>>> 1000 * 1.1
1100.0
>>> sum(1.1 for _ in range(1000))
1100.0000000000086
```

[예제 17-12]의 ArithmeticProgression 클래스는 원하는 대로 작동하며, __iter__() 특별 메서드를 구현하는 제너레이터 함수를 사용하는 예를 잘 보여 준다. 그러나 이 클래스의 목적이 단지 __iter__()를 구현해 제너레이터를 생성하는 것이었다면, 클래스를 만들지 않고 단 하나의 제너레이터 함수로 구현할 수도 있다. 제너레이터 함수도 결국 일종의 제너레이터 팩토리이기 때문이다.

---

7 파이썬 2에는 coerce()라는 내장 함수가 있었지만, 파이썬 3에서는 제거되었다. 산술 연산자 메서드에서 암묵적으로 수치형을 변환하므로 불필요하다고 여겨졌기 때문이다. 그래서 초깃값을 나머지 값들과 동일한 자료형으로 만드는 가장 좋은 방법은 덧셈을 실행한 결과의 자료형으로 변환하는 것으로 생각했다. 이 문제에 대해 파이썬 메일링 리스트에 물어봤을 때, 이런 멋진 방법을 알려준 스티븐 다프라노(Steven D'Aprano)에게 감사드린다(https://fpy.li/17-11).

[예제 17-13]에서는 더 적은 양의 코드로 ArithmeticProgression 클래스와 동일한 작업을 수행하는 aritprog_gen()이라는 제너레이터 함수를 구현한다. ArithmeticProgression() 대신 aritprog_gen()을 호출하면 [예제 17-11]의 테스트를 모두 통과한다.[8]

예제 17-13 aritprog_gen() 제너레이터 함수

```python
def aritprog_gen(begin, step, end=None):
    result = type(begin + step)(begin)
    forever = end is None
    index = 0
    while forever or result < end:
        yield result
        index += 1
        result = begin + step * index
```

[예제 17-13]의 코드는 상당히 멋있지만, 표준 라이브러리에는 바로 사용할 수 있는 제너레이터가 아주 많음을 잊지 말자. 다음 절에서는 itertools 모듈을 이용해 훨씬 더 간단히 구현하는 방법을 설명한다.

17.8.1 itertools를 이용한 등차수열

파이썬 3.10의 itertools 모듈에는 다양하고 재미있게 조합할 수 있는 제너레이터 함수가 20개나 있다.

예를 들어 itertools.count() 함수는 숫자를 생성하는 제너레이터를 반환한다. 인수를 지정하지 않으면 0에서 시작하는 수열을 생성한다. 그러나 start와 stop 인수를 지정하면 앞에서 구현한 aritprog_gen() 함수와 아주 비슷하게 작동한다.

```python
>>> import itertools
>>> gen = itertools.count(1, .5)
>>> next(gen)
1
```

---

[8] 내려받은 예제 코드(https://fpy.li/code) 안의 17-it-generator/ 디렉터리에는 doctest 파일과 모든 aritprog*.py 스크립트를 테스트하는 aritprog_runner.py 스크립트가 있다.

```
>>> next(gen)
1.5
>>> next(gen)
2.0
>>> next(gen)
2.5
```


한편, itertools.takewhile()이라는 함수도 있다. 이 함수는 다른 제너레이터를 소비하면서 주어진 조건식이 False가 되면 중단하는 제너레이터를 생성한다. 이 두 개의 제너레이터를 결합해 다음과 같이 구현할 수 있다.

```
>>> gen = itertools.takewhile(lambda n: n < 3, itertools.count(1, .5))
>>> list(gen)
[1, 1.5, 2.0, 2.5]
```

takewhile()과 count()를 활용해 [예제 17-14]는 aritprog_gen()을 훨씬 더 간단히 구현한다.

예제 17-14 aritprog_v3.py: 이전 aritprog_gen() 함수와 똑같이 작동한다.

```python
import itertools


def aritprog_gen(begin, step, end=None):
    first = type(begin + step)(begin)
    ap_gen = itertools.count(first, step)
    if end is None:
        return ap_gen
    return itertools.takewhile(lambda n: n < end, ap_gen)
```

[예제 17-14]의 aritprog_gen()은 본체 안에 yield 문이 없으므로 제너레이터 함수가 아님에 주의하라. 그러나 제너레이터 함수가 하는 것과 똑같이 제너레이터를 반환한다.

하지만 itertools.count()는 step을 반복해서 더하므로, 이 함수가 생성하는 실수형 수열은 [예제 17-13]만큼 정확하지 않다.

[예제 17-14]에서 설명하려는 것은 제너레이터를 구현할 때 표준 라이브러리에서 무엇이 제공되는지 확인하라는 것이다. 표준 라이브러리를 확인하지 않으면 이미 구현된 것을 다시 구현하는 일이 생긴다. 그래서 다음 절에서는 바로 사용할 수 있는 여러 제너레이터 함수를 살펴본다.

17.9 표준 라이브러리의 제너레이터 함수들

텍스트를 한 줄씩 반복하게 해 주는 텍스트 파일 객체에서부터 디렉터리 안에 있는 파일들의 이름을 생성해 for 루프 안에서 재귀적으로 간단히 파일을 검색하게 해 주는 os.walk() 함수 (https://fpy.li/17-12)에 이르기까지, 표준 라이브러리에는 많은 제너레이터가 있다.

os.walk() 제너레이터 함수가 멋지기는 하지만, 이 절에서는 반복형 객체를 인수로 받아 선택되거나, 계산되거나, 재정렬된 항목을 생성하는 제너레이터를 반환하는 제네릭 함수를 위주로 살펴본다. 잠시 후에 나오는 표에서는 내장 모듈 및 itertools와 functools 모듈에서 제공하는 제너레이터 함수 20개를 간략히 설명한다. 편의상 함수가 정의된 위치와 상관없이 개념적인 기능별로 묶었다.

첫 번째 표에는 필터링하는 제너레이터 함수들을 모았다. 이 함수들은 입력된 반복형의 항목을 바꾸지 않고 항목들의 일부를 생성한다. takewhile() 함수처럼 [표 17-1]에 나열된 대부분의 함수는 조건식을 받는다. 조건식은 인수 하나를 받는 불리언형 함수로, 입력된 반복형 항목마다 적용해 해당 항목을 출력에 포함할지 결정한다.

표 17-1 필터링 제너레이터 함수들

모듈	함수	설명
itertools	compress(it, selector_it)	두 개의 반복형을 병렬로 소비한다. selector_it의 항목이 참된 값일 때마다 it에서 대응하는 항목을 생성한다.
itertools	dropwhile(predicate, it)	predicate이 참된 값인 동안 항목들을 지나가면서 it를 소비한 후, 추가 검사 없이 남은 항목을 모두 생성한다.

모듈	함수	설명
내장	filter(predicate, it)	predicate를 it의 각 항목에 적용해 predicate(it)가 참된 값이면 해당 항목을 생성한다. predicate가 None이면 참된 항목을 모두 생성한다.
itertools	filterfalse(predicate, it)	filter()와 같지만 반대 논리를 적용한다. predicate로 거짓된 값이 나오는 항목을 모두 생성한다.
itertools	islice(it.stop)이나 islice(it, start, stop, step=1)	s[:stop]이나 s[start:stop:step]과 비슷하게, 반복할 수 있는 모든 객체에 느긋하게 연산을 적용해 it의 슬라이스 항목을 생성한다.
itertools	takewhile(predicate, it)	predicate가 참된 값으로 계산되는 동안 모든 항목을 생성하고, 추가 검사 없이 멈춘다.

[예제 17-15]는 [표 17-1]에 나열된 함수들의 사용 예를 보여 준다.

예제 17-15 필터링 제너레이터 함수 예

```
>>> def vowel(c):
...     return c.lower() in 'aeiou'
...
>>> list(filter(vowel, 'Aardvark'))
['A', 'a', 'a']
>>> import itertools
>>> list(itertools.filterfalse(vowel, 'Aardvark'))
['r', 'd', 'v', 'r', 'k']
>>> list(itertools.dropwhile(vowel, 'Aardvark'))
['r', 'd', 'v', 'a', 'r', 'k']
>>> list(itertools.takewhile(vowel, 'Aardvark'))
['A', 'a']
>>> list(itertools.compress('Aardvark', (1, 0, 1, 1, 0, 1)))
['A', 'r', 'd', 'a']
>>> list(itertools.islice('Aardvark', 4))
['A', 'a', 'r', 'd']
>>> list(itertools.islice('Aardvark', 4, 7))
['v', 'a', 'r']
>>> list(itertools.islice('Aardvark', 1, 7, 2))
['a', 'd', 'a']
```

다음 그룹은 매핑[9] 제너레이터로, 입력된 반복형(map()과 starmap()에서는 하나 이상의 반복형) 안의 각 항목에 연산을 수행한 결과를 생성한다. [표 17-2]의 제너레이터들은 입력된 반복형 안의 항목마다 값 하나를 생성한다. 두 개 이상의 반복형을 입력받을 때는 반복형 중 하나라도 소진되면 바로 출력을 중단한다.

표 17-2 매핑 제너레이터 함수

모듈	함수	설명
itertools	accumulate(it, [func])	누적 합계를 생성한다. func를 제공하면, 처음 두 개의 항목에 func를 적용한 결과를 첫 번째 값으로 생성하며 it를 반복한다.
내장	enumerate(it, start=0)	(인덱스,항목) 형태의 튜플을 생성한다. 인덱스는 start부터 세며, 항목은 it에서 가져온다.
내장	map(func, it1, [it2, ..., itN])	func를 각 it에 적용한 결과를 생성한다. N개의 반복형이 주어지면, func는 N개의 인수를 받아야 하며, N개의 반복형을 병렬로 소비한다.
itertools	starmap(func, it)	it의 각 항목에 func를 적용해 결과를 생성한다. 입력된 it는 iit 항목을 생성하고 func는 func(*iit) 형태로 호출된다.

[예제 17-16]은 itertools.accumulate()의 사용 예를 보여 준다.

예제 17-16 itertools.accumulate() 제너레이터 함수 예

```
>>> sample = [5, 4, 2, 8, 7, 6, 3, 0, 9, 1]
>>> import itertools
>>> list(itertools.accumulate(sample))            ❶
[5, 9, 11, 19, 26, 32, 35, 35, 44, 45]
>>> list(itertools.accumulate(sample, min))       ❷
[5, 4, 2, 2, 2, 2, 2, 0, 0, 0]
>>> list(itertools.accumulate(sample, max))       ❸
[5, 5, 5, 8, 8, 8, 8, 8, 9, 9]
>>> import operator
>>> list(itertools.accumulate(sample, operator.mul))   ❹
[5, 20, 40, 320, 2240, 13440, 40320, 0, 0, 0]
>>> list(itertools.accumulate(range(1, 11), operator.mul))   ❺
[1, 2, 6, 24, 120, 720, 5040, 40320, 362880, 3628800]
```

---

9 여기서 '매핑'이라는 용어는 딕셔너리와는 관련이 없으며, 내장된 map() 함수와 관련이 있다.

❶ 합계를 구한다.

❷ 최솟값을 구한다.

❸ 최댓값을 구한다.

❹ 곱셈을 수행한다.

❺ 1에서 10까지 팩토리얼을 구한다.

[표 17-2]의 나머지 함수의 사용 예는 [예제 17-17]과 같다.

예제 17-17 매핑 제너레이터 함수 예

```
>>> list(enumerate('albatroz', 1))  ❶
[(1, 'a'), (2, 'l'), (3, 'b'), (4, 'a'), (5, 't'), (6, 'r'), (7, 'o'), (8, 'z')]
>>> import operator
>>> list(map(operator.mul, range(11), range(11)))  ❷
[0, 1, 4, 9, 16, 25, 36, 49, 64, 81, 100]
>>> list(map(operator.mul, range(11), [2, 4, 8]))  ❸
[0, 4, 16]
>>> list(map(lambda a, b: (a, b), range(11), [2, 4, 8]))  ❹
[(0, 2), (1, 4), (2, 8)]
>>> import itertools
>>> list(itertools.starmap(operator.mul, enumerate('albatroz', 1)))  ❺
['a', 'll', 'bbb', 'aaaa', 'ttttt', 'rrrrrr', 'ooooooo', 'zzzzzzzz']
>>> sample = [5, 4, 2, 8, 7, 6, 3, 0, 9, 1]
>>> list(itertools.starmap(lambda a, b: b / a,
...     enumerate(itertools.accumulate(sample), 1)))  ❻
[5.0, 4.5, 3.6666666666666665, 4.75, 5.2, 5.333333333333333,
5.0, 4.375, 4.888888888888889, 4.5]
```

❶ 단어 안에 있는 글자에 1부터 숫자를 매긴다.

❷ 0에서 10까지 정수의 제곱을 구한다.

❸ 두 반복형에서 나란히 가져온 숫자를 곱한다. 둘 중 짧은 반복형이 끝나자마자 생성을 중단한다.

❹ zip ( ) 내장 함수의 연산을 모방한다.

❺ 1에서 시작해 단어 안의 각 글자를 인덱스만큼 반복한다.

❻ 이동평균을 구한다.

다음 그룹은 병합 제너레이터다. 여기에 속한 함수는 여러 반복형을 입력받아 항목을 생성한다. `chain()`과 `chain.from_iterable()` 제너레이터는 입력받은 양쪽 반복형을 번갈아 가며 차례대로 소비하지만, `product()`, `zip()`, `zip_longest()` 제너레이터는 입력받은 반복형을 병렬로 소비한다. [표 17-3]을 보자.

표 17-3 입력된 여러 반복형을 병합하는 제너레이터 함수

모듈	함수	설명
itertools	chain(it1, ..., itN)	it1의 모든 항목을 생성한 후, it2, it3,... 나머지 반복형의 항목을 차례대로 생성한다.
itertools	chain.from_iterable(it)	it에서 생성된 반복형 객체의 모든 항목을 생성한다. it가 생성한 항목은 반복할 수 있어야 한다(예: 튜플의 리스트).
itertools	product(it1, ..., itN, repeat=1)	데카르트 곱을 계산한다. 각 it의 항목을 이용해 중첩된 for 루프가 생성하듯 N-튜플을 생성한다. repeat는 it가 두 번 이상 소비되도록 허용한다.
내장	zip(it1, ..., itN, strict=False)	각 it의 항목을 병렬로 소비해서 N-튜플을 생성한다. strict=True를 지정하지 않으면 어느 하나의 it가 소모되면 조용히 중단한다.*
itertools	zip_longest(it1, ..., itN, fillvalue=None)	각 it의 항목을 병렬로 소비해 N-튜플을 생성한다. 최종 it가 소모될 때까지 빈칸을 fillvalue로 채워가며 생성한다.

* `strict` 키워드 전용 인수는 파이썬 3.10에 추가되었다. `strict=True`일 때, 두 반복형의 길이가 다르면 ValueError가 발생한다. 하위 호환성을 위해 기본값은 False이다.

[예제 17-18]은 `itertools.chain()`과 `zip()` 및 이와 유사한 제너레이터의 사용 예를 보여 준다. `zip()`은 압축 알고리즘과 상관이 없으며 옷에 달린 지퍼를 연상하면 된다. `zip()`과 `itertools.zip_longest()`는 12.7절에 있는 '멋진 `zip()` 함수' 글상자에서 설명했다.

예제 17-18 병합 제너레이터 함수 예

```
>>> list(itertools.chain('ABC', range(2)))  ❶
['A', 'B', 'C', 0, 1]
>>> list(itertools.chain(enumerate('ABC')))  ❷
[(0, 'A'), (1, 'B'), (2, 'C')]
>>> list(itertools.chain.from_iterable(enumerate('ABC')))  ❸
[0, 'A', 1, 'B', 2, 'C']
>>> list(zip('ABC', range(5), [10, 20, 30, 40]))  ❹
[('A', 0, 10), ('B', 1, 20), ('C', 2, 30)]
```

```
>>> list(itertools.zip_longest('ABC', range(5)))  ❺
[('A', 0), ('B', 1), ('C', 2), (None, 3), (None, 4)]
>>> list(itertools.zip_longest('ABC', range(5), fillvalue='?'))  ❻
[('A', 0), ('B', 1), ('C', 2), ('?', 3), ('?', 4)]
```

❶ 일반적으로 chain()은 두 개 이상의 반복형을 전달해 호출한다.

❷ 반복형을 하나만 입력받으면, chain()은 별로 유용한 작업을 수행하지 않는다.

❸ 그러나 chain.from_iterable()은 반복형에서 항목을 하나씩 가져와, 각 항목이 반복형이면 시퀀스 안에 연결한다.

❹ zip()은 여러 개의 반복형도 병렬로 소비할 수 있지만, 가장 짧은 반복형이 끝나자마자 생성을 중단한다. 파이썬 3.10부터는 struct=True 인수를 지정하면, 어떤 반복형이 다른 반복형보다 먼저 끝날 때 ValueError 예외를 발생시킨다.

❺ itertools.zip_longest()는 zip()과 비슷하지만, 필요에 따라 항목을 None으로 채워가며 모든 반복형을 소진할 때까지 튜플을 생성한다.

❻ fillvalue 키워드 인수는 빈 항목을 채우는 값을 지정한다.

itertools.product()는 데카르트 곱을 느긋하게 계산한다. 이 연산은 2.3.3절 '데카르트 곱'에서 지능형 리스트 안에 여러 for 구문을 넣어 구현했다. 여러 for 구문을 사용한 제너레이터 표현식도 데카르트 곱을 느긋하게 계산하는 데 사용할 수 있다. [예제 17-19]는 itertools.product()의 사용 예를 보여 준다.

예제 17-19 itertools.product() 제너레이터 함수 예

```
>>> list(itertools.product('ABC', range(2)))  ❶
[('A', 0), ('A', 1), ('B', 0), ('B', 1), ('C', 0), ('C', 1)]
>>> suits = 'spades hearts diamonds clubs'.split()
>>> list(itertools.product('AK', suits))  ❷
[('A', 'spades'), ('A', 'hearts'), ('A', 'diamonds'), ('A', 'clubs'),
 ('K', 'spades'), ('K', 'hearts'), ('K', 'diamonds'), ('K', 'clubs')]
>>> list(itertools.product('ABC'))  ❸
[('A',), ('B',), ('C',)]
>>> list(itertools.product('ABC', repeat=2))  ❹
[('A', 'A'), ('A', 'B'), ('A', 'C'), ('B', 'A'), ('B', 'B'),
 ('B', 'C'), ('C', 'A'), ('C', 'B'), ('C', 'C')]
>>> list(itertools.product(range(2), repeat=3))
[(0, 0, 0), (0, 0, 1), (0, 1, 0), (0, 1, 1), (1, 0, 0),
 (1, 0, 1), (1, 1, 0), (1, 1, 1)]
>>> rows = itertools.product('AB', range(2), repeat=2)
```

```
>>> for row in rows: print(row)
...
('A', 0, 'A', 0)
('A', 0, 'A', 1)
('A', 0, 'B', 0)
('A', 0, 'B', 1)
('A', 1, 'A', 0)
('A', 1, 'A', 1)
('A', 1, 'B', 0)
('A', 1, 'B', 1)
('B', 0, 'A', 0)
('B', 0, 'A', 1)
('B', 0, 'B', 0)
('B', 0, 'B', 1)
('B', 1, 'A', 0)
('B', 1, 'A', 1)
('B', 1, 'B', 0)
('B', 1, 'B', 1)
```

❶ 글자가 3개인 str과 정수가 2개인 range의 데카르트 곱은 6개의 튜플을 생성한다.

❷ 2개의 카드 등급('AK')과 4가지 카드 종류를 곱하면 8개의 튜플이 생성된다.

❸ 반복형을 하나만 입력하면, product( )가 항목이 하나인 튜플을 생성하므로 그리 유용하지 않다.

❹ repeat=N 키워드 인수는 입력된 각 반복형을 N번 소비하라고 product( )에 알려준다.

입력된 항목 하나마다 하나 이상의 값을 생성하는 제너레이터 함수도 있다. 이런 함수는 [표 17-4]에 정리했다.

표 17-4 입력된 항목 하나를 여러 개로 확장하는 제너레이터 함수

모듈	함수	설명
itertools	combinations(it, out_len)	it로 생성된 항목에서 out_len 개의 조합을 생성한다.
itertools	combinations_with_replacement(it, out_len)	반복된 항목들의 조합을 포함해, it로 생성된 항목에서 out_len 개의 조합을 생성한다.
itertools	count(start=0, step=1)	start에서 시작해 step만큼 증가시키며 숫자를 무한히 생성한다.
itertools	cycle(it)	it에서 생성된 각 항목의 사본을 저장한 후, 시퀀스 전체를 무한히 반복한다.
itertools	pairwise(it)*	it로 생성된 항목을 이용해 겹친 중복 쌍을 차례대로 생성한다.

모듈	함수	설명
itertools	permutations(it, out_len=None)	it로 생성된 항목에서 out_len 개 항목의 조합을 생성한다. 기본적으로 out_len은 len(list(it))다.
itertools	repeat(item, [times])	times를 지정하면 times만큼, 지정하지 않으면 무한히 입력된 item을 반복해 생성한다.

* itertools.pairwise()는 파이썬 3.10부터 추가되었다.

itertools의 count()와 repeat() 함수는 아무것도 입력받지 않고 항목을 생성하는 제너레이터를 반환한다. 둘 다 반복형을 입력받지 않는다. itertools.count()는 17.8.1절 'itertools를 이용한 등차수열'에서 사용했다. cycle() 제너레이터는 입력받은 반복형의 사본을 저장해서 항목을 무한히 반복한다. [예제 17-20]은 count(), cycle(), pairwise(), repeat()의 사용 예를 보여 준다.

예제 17-20 count(), cycle(), pairwise(), repeat() 사용 예

```
>>> ct = itertools.count()  ❶
>>> next(ct)  ❷
0
>>> next(ct), next(ct), next(ct)  ❸
(1, 2, 3)
>>> list(itertools.islice(itertools.count(1, .3), 3))  ❹
[1, 1.3, 1.6]
>>> cy = itertools.cycle('ABC')  ❺
>>> next(cy)
'A'
>>> list(itertools.islice(cy, 7))  ❻
['B', 'C', 'A', 'B', 'C', 'A', 'B']
>>> list(itertools.pairwise(range(7)))  ❼
[(0, 1), (1, 2), (2, 3), (3, 4), (4, 5), (5, 6)]
>>> rp = itertools.repeat(7)  ❽
>>> next(rp), next(rp)
(7, 7)
>>> list(itertools.repeat(8, 4))  ❾
[8, 8, 8, 8]
>>> list(map(operator.mul, range(11), itertools.repeat(5)))  ❿
[0, 5, 10, 15, 20, 25, 30, 35, 40, 45, 50]
```

❶ count() 제너레이터 ct를 생성한다.

❷ ct에서 첫 번째 항목을 가져온다.

❸ ct는 끝이 없으므로 ct에서 리스트를 생성할 수 없다. 그래서 다음 세 개 항목만 가져왔다.

❹ islice()나 takewhile()로 제한하면 count() 제너레이터에서 리스트를 생성할 수 있다.

❺ 'ABC'에서 cycle() 제너레이터를 생성해 첫 번째 항목인 'A'를 가져온다.

❻ islice()로 제한하면 리스트를 생성할 수 있으므로, 여기서는 다음 7개 항목을 가져온다.

❼ 입력의 각 항목에 대해 pairwise()는 다음 항목이 있을 때, 해당 항목과 다음 항목으로 구성된 2-튜플을 생성한다. 파이썬 3.10부터 사용할 수 있다.

❽ 숫자 7을 무한히 생성하는 repeat() 제너레이터를 생성한다.

❾ times 인수를 전달해 repeat() 제너레이터를 제한할 수 있다. 여기서는 8을 네 번 생성한다.

❿ repeat()가 널리 사용되는 형태로, map()에 고정된 인수를 제공한다. 여기서는 각 항목에 5를 곱하게 했다.

itertools 문서 페이지(https://fpy.li/17-13)에서 combinations(), combinations_with_replacement(), permutations() 제너레이터 함수는 product()와 함께 순열 조합 제너레이터combinatorics generator라고 부른다. [예제 17-21]에서 보듯이, itertools.product()와 나머지 순열 조합 함수는 밀접히 연관된다.

예제 17-21 입력 항목마다 값을 여러 개 생성하는 순열 조합 제너레이터 함수

```
>>> list(itertools.combinations('ABC', 2))    ❶
[('A', 'B'), ('A', 'C'), ('B', 'C')]
>>> list(itertools.combinations_with_replacement('ABC', 2))    ❷
[('A', 'A'), ('A', 'B'), ('A', 'C'), ('B', 'B'), ('B', 'C'), ('C', 'C')]
>>> list(itertools.permutations('ABC', 2))    ❸
[('A', 'B'), ('A', 'C'), ('B', 'A'), ('B', 'C'), ('C', 'A'), ('C', 'B')]
>>> list(itertools.product('ABC', repeat=2))    ❹
[('A', 'A'), ('A', 'B'), ('A', 'C'), ('B', 'A'), ('B', 'B'), ('B', 'C'),
 ('C', 'A'), ('C', 'B'), ('C', 'C')]
```

❶ 'ABC'에 있는 항목으로부터 길이가 2인 조합을 모두 생성한다. 집합처럼 생성된 튜플 안의 항목 간에 순서가 없다.

❷ 'ABC'에 있는 항목으로부터 길이가 2인 조합을 모두 생성한다. 항목이 반복될 수 있다.

❸ 'ABC'에 있는 항목으로부터 길이가 2인 순열을 모두 생성한다. 생성된 튜플 안의 항목 간에 순서가 있다.

❹ 'ABC'와 'ABC'의 데카르트 곱을 구한다(repeat=2로 지정한 효과).

이 절에서 설명할 마지막 제너레이터 함수 그룹은 입력받은 반복형 안의 항목의 순서를 변경해 모든 항목을 생성한다. `itertools.groupby()`와 `itertools.tee()` 함수는 여러 개의 제너 레이터를 생성한다. 이 그룹에서 `reversed()` 내장 함수는 이 절에서 설명하는 제너레이터 중 유일하게 반복형이 아니라 시퀀스만 입력받는다. `reversed()`가 뒤에서부터 항목을 생성하므 로 길이를 아는 시퀀스에서만 작동하기 때문이다. 그러나 필요에 따라 항목을 생성하므로 역순 시퀀스는 생성하지 않는다. [표 17–5]에 있는 제너레이터는 모두 최대 하나의 반복형을 받으 며, 하나 이상의 반복형을 받을 수 있는 `itertools.product()` 함수는 [표 17–3]의 병합 제 너레이터에 포함했다.

표 17-5 재배치 제너레이터 함수

모듈	함수	설명
itertools	groupby(it, key=None)	(⟨키⟩, ⟨그룹⟩)의 튜플을 생성한다. 이때 ⟨키⟩는 그룹화하는 기준, ⟨그룹⟩은 그룹 안의 항목을 생성하는 제너레이터다.
내장	reversed(seq)	seq 안의 항목을 뒤에서부터 역순으로 생성한다. seq는 시퀀스이거나 __reversed__() 특별 메서드를 구현해야 한다.
itertools	tee(it, n=2)	n개의 제너레이터로 구성된 튜플을 하나 생성한다. 각 제너레이터는 입력된 it를 독립적으로 생성한다.

[예제 17–22]는 `itertools.groupby()`와 내장 함수 `reversed()`의 사용 예를 보여 준다. `itertools.groupby()`는 입력받은 반복형이 그룹화 기준에 따라 정렬되었거나, 정렬되지 않 았더라도 군집화되었다고 가정한다. 테크니컬 리뷰어 미로슬라프 셰디비는 이러한 사용 예를 제시해 주었다. `datetime` 객체를 시간순으로 정렬하고 나서, `groupby()`로 월요일 데이터를 그룹으로 묶고, 화요일, 수요일, … 그리고 다음 주 월요일 등의 순으로 묶는 사례였다.

예제 17-22 itertools.groupby() 사용 예

```
>>> list(itertools.groupby('LLLLLAAGGG'))  ❶
[('L', <itertools._grouper object at 0x102227cc0>),
 ('A', <itertools._grouper object at 0x102227b38>),
 ('G', <itertools._grouper object at 0x102227b70>)]
>>> for char, group in itertools.groupby('LLLLLAAAGG'):  ❷
...     print(char, '->', list(group))
...
L -> ['L', 'L', 'L', 'L']
```

```
A -> ['A', 'A',]
G -> ['G', 'G', 'G']
>>> animals = ['duck', 'eagle', 'rat', 'giraffe', 'bear',
...            'bat', 'dolphin', 'shark', 'lion']
>>> animals.sort(key=len)   ❸
>>> animals
['rat', 'bat', 'duck', 'bear', 'lion', 'eagle', 'shark',
'giraffe', 'dolphin']
>>> for length, group in itertools.groupby(animals, len):   ❹
...     print(length, '->', list(group))
...
3 -> ['rat', 'bat']
4 -> ['duck', 'bear', 'lion']
5 -> ['eagle', 'shark']
7 -> ['giraffe', 'dolphin']
>>> for length, group in itertools.groupby(reversed(animals), len): ❺
...     print(length, '->', list(group))
...
7 -> ['dolphin', 'giraffe']
5 -> ['shark', 'eagle']
4 -> ['lion', 'bear', 'duck']
3 -> ['bat', 'rat']
>>>
```

---

❶ groupby( )는 (<키>, <그룹_제너레이터>) 튜플을 생성한다.

❷ groupby( ) 제너레이터를 처리하려면 중첩 반복해야 한다. 여기서는 for 루프가 바깥쪽 반복을, list( ) 생성자가 안쪽 반복을 처리한다.

❸ groupby( )를 사용하려면 입력이 정렬되어야 한다. 여기서는 문자열 배열을 길이에 따라 정렬한다.

❹ 또다시 키-그룹 쌍을 반복해 키를 출력하고 그룹을 리스트로 확장한다.

❺ 여기서는 reversed( ) 제너레이터를 사용해 animals를 뒤에서부터 앞으로 반복한다.

이 그룹에서 마지막으로 설명할 제너레이터 함수는 iterator.tee( )이며 독특하게 작동한다. iterator.tee( )는 입력된 하나의 반복형에서 여러 제너레이터를 생성하고, 각 제너레이터는 입력된 항목을 모두 반복한다. [예제 17–23]에서 보듯이, 각 제너레이터는 독립적으로 소비할 수 있다.

```
>>> list(itertools.tee('ABC'))
[<itertools._tee object at 0x10222abc8>, <itertools._tee object at 0x10222ac08>]
>>> g1, g2 = itertools.tee('ABC')
>>> next(g1)
'A'
>>> next(g2)
'A'
>>> next(g2)
'B'
>>> list(g1)
['B', 'C']
>>> list(g2)
['C']
>>> list(zip(*itertools.tee('ABC')))
[('A', 'A'), ('B', 'B'), ('C', 'C')]
```

이 절의 여러 예제에서 제너레이터 함수를 조합해 사용했다. 조합해 사용할 수 있다는 점은 이 함수들의 큰 장점이다. 이 함수들이 제너레이터를 인수로 받아 제너레이터를 생성하므로, 다양한 방식으로 조합할 수 있다.

이제 표준 라이브러리 중 반복형을 멋지게 활용하는 또 다른 함수들을 알아보자.

17.10 반복형을 리듀스하는 함수들

[표 17-6]의 함수는 모두 반복형을 입력받아 값 하나를 반환한다. 이 함수는 흔히 '리듀스', '폴딩', '누적' 함수라고 한다. 사실 여기에 나열된 함수는 모두 functools.reduce() 함수로 구현할 수 있지만, 자주 발생하는 특정 문제를 쉽게 처리하기 때문에 별도의 내장형 함수로 존재한다. functools.reduce() 함수는 12.7절 'Vector 버전 #4: 해싱 및 더 빠른 =='에서 자세히 설명했다.

그리고 all()과 any()는 functools.reduce()가 지원하지 못하는 최적화를 구현한다. all()과 any()는 단락 함수short-circuit로, 결과가 확정되는 순간 반복자 소비를 중단한다. [예제 17-24]에서 마지막 any()를 이용한 마지막 테스트를 살펴보라.

모듈	함수	설명
내장	all(it)	it의 모든 항목이 참된 값이면 True를, 아니면 False를 반환한다. all([]) 은 True를 반환한다.
내장	any(it)	it의 항목 중 하나라도 참된 값이면 True를, 아니면 False를 반환한다. any([])는 False를 반환한다.
내장	max(it, [key=,] [default=])	it의 항목 중 최댓값을 반환한다. key는 sorted()에서 사용하는 정렬 함수 와 동일한 함수며, it가 비어 있을 때는 default가 반환된다.*
내장	min(it, [key=,] [default=])	it의 항목 중 최솟값을 반환한다. key는 sorted()에서 사용하는 정렬 함수 와 동일한 함수며, it가 비어 있을 때는 default가 반환된다.**
functools	reduce(func, it, [initial])	처음 두 개의 항목에 func()를 적용하고, 그 결과와 세 번째 항목에 또 func()를 적용하는 과정을 반복한 결과를 반환한다. initial이 주어지면 initial과 첫 항목에 func()를 적용하면서 시작한다.
내장	sum(it, start=0)	it 항목의 합계에 선택적인 start 값을 더한 값을 반환한다. 실수형에서는 math.fsum()을 사용하면 정밀도가 향상된다.

* max(arg1, arg2, ..., [key=?]) 형태로 호출할 수도 있으며, 이때 인수 중 최댓값이 반환된다.

** min(arg1, arg2, ..., [key=?]) 형태로 호출할 수도 있으며, 이때 인수 중 최솟값이 반환된다.

[예제 17-24]는 all( )과 any( )의 사용 예를 보여 준다.

예제 17-24 어떤 시퀀스에 all()과 any()를 적용한 결과

```
>>> all([1, 2, 3])
True
>>> all([1, 0, 3])
False
>>> all([])
True
>>> any([1, 2, 3])
True
>>> any([1, 0, 3])
True
>>> any([0, 0.0])
False
>>> any([])
False
>>> g = (n for n in [0, 0.0, 7, 8])
>>> any(g)   ❶
```

```
True
>>> next(g)    ❷
8
```

❶ any ( )는 g가 7을 생성할 때까지 반복하다가 멈추고 True를 반환한다.

❷ 그래서 8이 남아 있었다.

반복형을 입력받아 다른 것을 반환하는 내장 함수에는 sorted ( )도 있다. sorted ( )는 제너레이터 함수인 reversed ( )와 달리 실제 리스트를 만들어서 반환한다. 어쨌든 입력된 반복형의 항목을 모두 읽어야 정렬할 수 있고, 리스트 안에서 정렬이 이루어지므로, sorted ( )는 정렬을 완료한 후 그 리스트를 바로 반환한다. sorted ( ) 함수가 임의의 반복형을 소비할 수 있으므로 여기에서 이야기해 두었다.

물론 sorted ( )와 리듀스 함수는 언젠가는 끝이 나는 유한 반복형에만 사용할 수 있다. 그렇지 않으면 항목을 계속 수집만 하고 결과를 반환하지 못한다.

> **NOTE** 지금까지의 설명으로 이번 장에서 다루어야 할 중요한 내용은 모두 다루었다. 나머지 부분은 yield from 구조체와 고전적인 코루틴 등 자주 보거나 사용할 일이 없는 제너레이터의 고급 기능을 다룬다. 몇몇 절에서는 반복형, 반복자, 고전적 코루틴에 자료형 힌트를 붙이는 방법을 설명한다.

yield from은 제너레이터를 조합하는 새로운 방식을 제공한다. 다음 절에서 알아보자.

17.11 yield from을 이용한 서브제너레이터

제너레이터가 서브제너레이터subgenerator에 작업을 위임하게 해 주는 yield from 표현식 구문이 파이썬 3.3에 소개되었다.

yield from 구문이 제공되기 전에는 제너레이터가 다른 제너레이터에서 생성된 값을 반환하려면 다음과 같이 for 루프를 사용했다.

```
>>> def sub_gen():
...     yield 1.1
```

```
...         yield 1.2
...
>>> def gen():
...         yield 1
...         for i in sub_gen():
...             yield i
...         yield 2
...
>>> for x in gen():
...         print(x)
...
1
1.1
1.2
2
```

[예제 17-25]에서처럼 yield from을 이용해 동일한 결과를 가져올 수 있다.

예제 17-25 yield from 실험

```
>>> def sub_gen():
...         yield 1.1
...         yield 1.2
...
>>> def gen():
...         yield 1
...         yield from sub_gen()
...         yield 2
...
>>> for x in gen():
...         print(x)
...
1
1.1
1.2
2
```

[예제 17-25]에서 for 루프는 클라이언트 코드, gen()은 위임하는 제너레이터^{delegating generator}, sub_gen()은 서브제너레이터다. yield from은 gen()을 중단시키고, sub_gen()이 위임받아 자신을 소진할 때까지 값을 생성함에 주의하라. sub_gen()이 생성한 값들은 gen()을 통과해 클라이언트 코드인 for 루프에 직접 전달된다. 이 동안 gen()은 중단되며 자신을 통과하

는 값을 볼 수 없다. sub_gen()이 소진된 후에야 gen()이 다시 진행된다.

서브제너레이터에 값이 있는 return 문이 있다면, 그 값은 위임하는 제너레이터의 yield from 표현식의 값으로 평가된다. [예제 17-26]을 보자.

예제 17-26 서브제너레이터의 반환값을 받는 yield from

```
>>> def sub_gen():
...     yield 1.1
...     yield 1.2
...     return 'Done!'
...
>>> def gen():
...     yield 1
...     result = yield from sub_gen()
...     print('<--', result)
...     yield 2
...
>>> for x in gen():
...     print(x)
...
1
1.1
1.2
<-- Done!
2
```

yield from의 기본 용법을 알아보았으니, 이제 간단하면서도 실용적인 사용 예를 두 가지 알아보자.

17.11.1 체인 재구현

[표 17-3]에서 itertools는 인수로 받은 첫 번째 반복형을 반복하고, 두 번째, 그리고 계속해서 마지막의 반복형까지 여러 개의 반복형에서 항목들을 생성하는 chain() 제너레이터가 제공되는 것을 봤다. 이 제너레이터는 파이썬의 내포된 for 루프를 이용해 다음과 같이 구현할 수 있다.[10]

---

[10] chain()을 포함한 대부분의 itertools 함수는 C 언어로 구현되었다.

```
>>> def chain(*iterables):
...     for it in iterables:
...         for i in it:
...             yield i
...
>>> s = 'ABC'
>>> r = range(3)
>>> list(chain(s, r))
['A', 'B', 'C', 0, 1, 2]
```

이 코드에서 chain() 제너레이터는 각 it 반복형에 위임하고, 각 it 반복형은 내부 for 루프에서 반복한다. 내부 루프는 다음 콘솔 코드처럼 yield from 표현식으로 바꿀 수 있다.

```
>>> def chain(*iterables):
...     for i in iterables:
...         yield from i
...
>>> list(chain(s, t))
['A', 'B', 'C', 0, 1, 2]
```

이 예제에서는 yield from을 올바로 사용하며 가독성도 좋아졌지만, 그저 편리 구문일 뿐 실제 장점은 보이지 않는다. 이제 조금 더 흥미로운 예제를 만들어 보자.

17.11.2 트리 순회

이번 절에서는 yield from으로 트리를 순회하는 예제를 만들어 보자. 코드를 단계적으로 조금씩 구현해 나간다.

이 예제에서는 파이썬 예외 계층구조(https://fpy.li/17-14)를 트리 구조로 만들었다. 그렇지만 디렉터리나 여타 트리 구조에도 이 패턴을 응용할 수 있다.

현재 파이썬 3.10의 예외 계층구조에는 레벨 0의 BaseException부터 시작해서 다섯 계층의 레벨이 있다. 우선 레벨 0을 살펴보자.

루트 클래스를 받아 [예제 17-27]의 tree() 제너레이터는 클래스명을 생성하고 멈춘다.

```python
def tree(cls):
    yield cls.__name__


def display(cls):
    for cls_name in tree(cls):
        print(cls_name)


if __name__ == '__main__':
    display(BaseException)
```

[예제 17-27]을 실행하면 다음과 같이 단 한 줄만 출력한다.

```
BaseException
```

다음으로는 레벨 1까지 내려간다. tree() 제너레이터는 루트 클래스 및 바로 아래 서브클래스들의 이름을 생성한다. 서브클래스들의 이름은 들여 써서 계층구조를 보여 준다. 원하는 출력은 다음과 같다.

```
$ python3 tree.py
BaseException
    Exception
    GeneratorExit
    SystemExit
    KeyboardInterrupt
```

[예제 17-28]은 이런 출력을 만들어 낸다.

예제 **17-28 tree/step1/tree.py**: 루트 클래스 및 바로 아래 서브클래스들의 이름 생성

```python
def tree(cls):
    yield cls.__name__, 0                        ❶
    for sub_cls in cls.__subclasses__():         ❷
        yield sub_cls.__name__, 1                ❸
```

```python
def display(cls):
    for cls_name, level in tree(cls):
        indent = ' ' * 4 * level                    ❹
        print(f'{indent}{cls_name}')


if __name__ == '__main__':
    display(BaseException)
```

❶ 원하는 출력 결과를 만들기 위해 클래스 이름과 각 계층의 레벨을 생성한다.

❷ __subclasses__() 특별 메서드를 이용해 서브클래스의 리스트를 가져온다.

❸ 서브클래스 이름과 레벨 1을 출력한다.

❹ level 값의 4배만큼 공백을 넣어 들여 쓴다. 레벨이 0이면 들여 쓰지 않는다.

[예제 17-29]에서는 tree()를 리팩터링해 루트 클래스와 서브클래스를 분리해서 처리한다.
이제 서브클래스는 sub_tree() 제너레이터에서 처리한다. yield from에 도달하면 tree()
제너레이터가 실행을 중단하고 sub_tree()가 값을 계속 생성한다.

예제 17-29 tree/step2/tree.py: tree()는 루트 클래스의 이름을 생성하고 나서 sub_tree()에 위임한다.

```python
def tree(cls):
    yield cls.__name__, 0
    yield from sub_tree(cls)                         ❶


def sub_tree(cls):
    for sub_cls in cls.__subclasses__():
        yield sub_cls.__name__, 1                    ❷


def display(cls):
    for cls_name, level in tree(cls):                ❸
        indent = ' ' * 4 * level
        print(f'{indent}{cls_name}')


if __name__ == '__main__':
    display(BaseException)
```

❶ sub_tree()에 위임해 서브클래스들의 이름을 생성한다.

❷ 각 서브클래스의 이름과 레벨 1을 생성한다. tree() 안에서 yield from sub_tree(cls)를 실행하므로, 이 값들은 tree() 제너레이터를 완전히 지나친다.

❸ 그리고 나서 바로 여기에 도달한다.

단계적으로 구현하는 전략에 따라 이제 레벨 2에 도달하는 가장 간단한 코드를 작성할 것이다. 깊이 우선^{depth-first} 트리 순회(https://fpy.li/17-15) 방식으로 순회하려면, 레벨 1에 있는 노드 하나를 생성한 후 이 노드의 레벨 2에 있는 자식 노드들을 생성하고 나서 레벨 1의 나머지 노드를 생성해야 한다. [예제 17-30]과 같이 내포된 for 루프를 이용하면 원하는 결과를 얻을 수 있다.

예제 17-30 tree/step3/tree.py: 레벨 1과 2를 깊이 우선 순회하는 sub_tree()

```python
def tree(cls):
    yield cls.__name__, 0
    yield from sub_tree(cls)


def sub_tree(cls):
    for sub_cls in cls.__subclasses__():
        yield sub_cls.__name__, 1
        for sub_sub_cls in sub_cls.__subclasses__():
            yield sub_sub_cls.__name__, 2


def display(cls):
    for cls_name, level in tree(cls):
        indent = ' ' * 4 * level
        print(f'{indent}{cls_name}')


if __name__ == '__main__':
    display(BaseException)
```

[예제 17-30]의 step3/tree.py를 실행한 결과는 다음과 같다.

```
$ python3 tree.py
BaseException
    Exception
```

```
                TypeError
                StopAsyncIteration
                StopIteration
                ImportError
                OSError
                EOFError
                RuntimeError
                NameError
                AttributeError
                SyntaxError
                LookupError
                ValueError
                AssertionError
                ArithmeticError
                SystemError
                ReferenceError
                MemoryError
                BufferError
                Warning
        GeneratorExit
        SystemExit
        KeyboardInterrupt
```

코드가 앞으로 어떻게 확장될지 이미 눈치를 챘겠지만, 단계별로 접근하는 방법을 한 번 더 사용해 보겠다. 내포된 for 루프를 하나 더 추가해 레벨 3까지 똑같은 방법으로 해 보자. 코드의 나머지 부분은 바뀌지 않았으니, [예제 17-31]에는 바뀐 sub_tree() 제너레이터만 나열했다.

예제 17-31 tree/step4/tree.py의 sub_tree() 제너레이터

```
def sub_tree(cls):
    for sub_cls in cls.__subclasses__():
        yield sub_cls.__name__, 1
        for sub_sub_cls in sub_cls.__subclasses__():
            yield sub_sub_cls.__name__, 2
            for sub_sub_sub_cls in sub_sub_cls.__subclasses__():
                yield sub_sub_sub_cls.__name__, 3
```

[예제 17-31]을 보면 반복되는 패턴이 명확히 보인다. 레벨 N의 서브클래스를 가져오려고 for 루프를 실행한다. 루프를 반복할 때마다 레벨 N의 서브클래스를 생성하고 N+1 레벨의 항목들을 가져오려고 또 다른 for 루프를 실행한다.

앞서 17.11.1절 '체인 재구현'에서 제네레이터를 구동하는 내포된 for 루프를 동일한 제너레이터를 구동하는 yield from으로 바꾸는 방법을 설명했다. sub_tree()가 level을 인수로 받고, 여기에 yield from을 재귀적으로 적용하고, 레벨 숫자와 함께 현재의 서브클래스를 새로운 루트 클래스로 전달함으로써 그 개념을 여기에 적용할 수 있다.

예제 17-32 tree/step5/tree.py: 메모리가 허용하는 한 sub_tree()를 재귀적으로 호출한다.

```python
def tree(cls):
    yield cls.__name__, 0
    yield from sub_tree(cls, 1)


def sub_tree(cls, level):
    for sub_cls in cls.__subclasses__():
        yield sub_cls.__name__, level
        yield from sub_tree(sub_cls, level+1)


def display(cls):
    for cls_name, level in tree(cls):
        indent = ' ' * 4 * level
        print(f'{indent}{cls_name}')


if __name__ == '__main__':
    display(BaseException)
```

[예제 17-32]의 코드는 파이썬이 재귀를 허용하는 한 어떤 깊이의 트리노 순회할 수 있다. 기본 한도는 1,000개의 함수가 대기할 수 있게 허용한다.

재귀를 설명하는 제대로 된 문서들은 모두 무한 재귀를 피하기 위한 기본 케이스의 중요성을 강조한다. 기본 케이스는 재귀적으로 호출하지 않고 반환하게 하는 조건이다. 기본 케이스는 대개 if 문으로 구현된다. [예제 17-32]의 sub_tree()에는 if 문이 없지만, for 루프가 암묵적으로 조건을 명시한다. cls.__subclasses__()가 빈 리스트를 반환하면 루프 본체가 실행되지 않으므로 더는 재귀적으로 호출하지 않기 때문이다. 빈 리스트가 반환되면 sub_tree()는 아무것도 생성하지 않고 반환할 뿐이다.

[예제 17-32]는 원하는 대로 작동한다. 그러나 [예제 17-31]에서 레벨 3에 도달했을 때 본 패턴을 생각해 보면 더 간단히 만들 수 있다. 즉 레벨 N의 서브클래스를 생성하고 나서 내포된 for 루프를 시작해 N+1 레벨을 순회하는 것이다. [예제 17-32]에서 내포된 루프를 yield from으로 바꾸었다. 그리고 이제는 tree()와 sub_tree()를 하나의 제너레이터로 통합할 수 있다. [예제 17-33]은 이 변경 사항들을 적용한 최종 코드다.

예제 17-33 tree/step6/tree.py: 증가된 level 인수를 전달해 tree()를 재귀적으로 호출하기

```python
def tree(cls, level=0):
    yield cls.__name__, level
    for sub_cls in cls.__subclasses__():
        yield from tree(sub_cls, level+1)


def display(cls):
    for cls_name, level in tree(cls):
        indent = ' ' * 4 * level
        print(f'{indent}{cls_name}')


if __name__ == '__main__':
    display(BaseException)
```

17.11절 'yield from을 이용한 서브제너레이터'의 앞부분에서 봤듯이, yield from은 위임하는 제너레이터를 지나치고 서브제너레이터를 클라이언트 코드에 직접 연결한다. 이 연결은 제너레이터를 코루틴으로 사용하고 값을 생성할 뿐만 아니라 클라이언트 코드의 값을 소비할 때 특히 중요한 개념이 된다. 자세한 내용은 17.13절 '고전적 코루틴'에서 알아본다.

yield from을 처음으로 접해보았으니, 이제 반복형과 반복자에 자료형 힌트 추가하는 문제를 알아보자.

17.12 제네릭 반복형

파이썬 표준 라이브러리에는 반복형 인수를 받는 함수가 아주 많다. 우리가 작성한 코드에서는 [예제 8-15]에서 본 `zip_replace()` 함수처럼 `collections.abc.Iterable`을 이용해 자료형 힌트를 추가할 수 있다. 파이썬 3.8이나 이전 버전을 지원해야 할 때는 `collections.abc.Iterable` 대신 `typing.Iterable`을 이용하면 된다(8.5절 '제네릭 컬렉션'의 '레거시 지원과 사용이 억제된 컬렉션형들' 글상자 참고). [예제 17-34]를 보자.

예제 17-34 문자열의 일부를 다른 문자열로 치환해 반환하는 `zip_replace()`

```python
from collections.abc import Iterable

FromTo = tuple[str, str]  ❶

def zip_replace(text: str, changes: Iterable[FromTo]) -> str:  ❷
    for from_, to in changes:
        text = text.replace(from_, to)
    return text
```

❶ 자료형 별칭을 정의한다. 필수는 아니지만, 뒤에 나오는 자료형 힌트를 읽기 좋게 해 준다. 파이썬 3.10부터는 자료형 별칭을 정의함을 명시할 때 `typing.TypeAlias`라는 자료형 힌트를 지정해야 하므로, `FromTo: TypeAlias = tuple[str, str]`로 작성해야 한다.

❷ `changes`가 FromTo 튜플의 반복형을 받음을 알려주는 자료형 힌트를 붙인다.

반복자는 반복형만큼 자주 등장하지는 않지만, 반복자도 작성하기는 간단하다. [예제 17-35]에서는 우리에게 친숙한 피보나치수열 제너레이터에 자료형 힌트를 붙였다.

예제 17-35 `fibo_gen.py`: `fibonacci()`는 정수의 제너레이터를 반환한다.

```python
from collections.abc import Iterator

def fibonacci() -> Iterator[int]:
    a, b = 0, 1
    while True:
        yield a
        a, b = b, a + b
```

`Iterator` 형은 `__next__()`를 '수작업으로' 구현한 클래스 형태로 구현된 반복자는 물론 `yield`를 이용해 함수 형태로 구현한 제너레이터에도 사용됨에 주의하라. 제너레이터 객체의 자료형 힌트에 사용할 수 있는 `collections.abc.Generator`(그리고 이에 대응하는 사용 중단 안내된 `typing.Generator`)도 있지만, 반복자로 사용하는 제너레이터에는 불필요하게 번거롭다.

[예제 17-36]을 Mypy로 검사해 보면 `Iterator` 형은 실제로는 `Generator` 형의 단순화된 특별 사례임을 알 수 있다.

예제 17-36 `itergentype.py`: 반복자를 어노테이트하는 두 가지 방법

```
from collections.abc import Iterator
from keyword import kwlist
from typing import TYPE_CHECKING

short_kw = (k for k in kwlist if len(k) < 5)     ❶

if TYPE_CHECKING:
    reveal_type(short_kw)     ❷

long_kw: Iterator[str] = (k for k in kwlist if len(k) >= 4)     ❸

if TYPE_CHECKING:     ❹
    reveal_type(long_kw)
```

❶ 파이썬 키워드에서 다섯 글자 미만의 키워드를 생성하는 제너레이터 표현식이다.

❷ Mypy는 `typing.Generator[builtins.str*, None, None]` 형으로 추론한다.[11]

❸ 이 문장도 문자열들을 생성하지만, 자료형 힌트를 명시적으로 추가했다.

❹ 자료형 검사를 실행하면 `typing.Iterator[builtins.str]` 형이 나온다.

`abc.Iterator[str]` 형이 `abc.Generator[str, None, None]` 형에 일치하므로 Mypy로 [예제 17-36]을 검사하면 아무런 에러가 나오지 않는다.

`Iterator[T]`는 `Generator[T, None, None]`의 단축형이다. 두 어노테이션 모두 'T 형의 항목들을 생성하지만 값을 소비하거나 반환하지 않는 제너레이터'를 의미한다. 값을 소비하거나 반환할 수 있는 제너레이터를 코루틴이라고 하는데, 다음 절에서 설명한다.

---

11 버전 0.910까지 Mypy는 사용 중단 안내된 `typing` 형을 사용한다.

17.13 고전적 코루틴

파이썬의 고전적 코루틴을 이해하는 데 혼란이 있을 수 있다. 고전적 코루틴은 사실 다른 방식으로 사용되는 제너레이터이기 때문이다. 그래서 잠시 호흡을 가다듬고 두 가지 방식으로 사용할 수 있는 또 다른 파이썬 기능을 알아보자.

2.4절 '불변 리스트를 뛰어넘는 튜플'에서는 튜플 인스턴스를 레코드나 불변 시퀀스로 사용할 수 있다고 설명했다. 레코드로 사용할 때는 튜플에 일정한 개수의 항목이 있어야 하지만, 각 항목은 서로 다른 자료형일 수 있다. 불변 리스트로 사용할 때는 튜플이 어떠한 길이도 될 수 있지만, 모든 항목의 자료형이 똑같아야 한다. 그래서 튜플에 자료형 힌트를 붙일 때 서로 다른 두 가지 형태가 존재한다.

```python
# 도시명, 국가, 인구 수가 있는 도시 레코드
city: tuple[str, str, int]

# 도메인 이름을 담은 불변 시퀀스
domains: tuple[str, ...]
```

제너레이터에도 비슷한 일이 생긴다. 제너레이터는 반복자로 사용되지만 코루틴으로도 사용할 수 있다. **코루틴**은 사실 제너레이터 함수로, 본체 안에 `yield` 키워드를 가진다. **코루틴 객체**는 외형적으로는 제너레이터 객체다. 내부적으로는 C 언어로 동일하게 구현되었지만 파이썬에서의 제너레이터와 코루틴의 사용 방식이 매우 다르므로 자료형 힌트도 용도에 따라 두 가지 방식으로 붙인다.

```
# `readings` 변수는 `float` 항목을 생성하는 반복자나
# 제너레이터 객체에 바인딩될 수 있다.
readings: Iterator[float]

# `sim_taxi` 변수는 이산 이벤트 시뮬레이션에서 택시를 나타내는
# 코루틴에 바인딩될 수 있다.
# 이 변수는 이벤트를 생성하고, `float` 타임스탬프를 받고,
# 시뮬레이션 동안 수행한 운행 횟수를 반환한다.
sim_taxi: Generator[Event, float, int]
```

설상가상으로 typing 모듈의 제작자는 그 자료형의 이름을 Generator로 정했다. 사실 이 자료형은 코루틴으로 사용할 제너레이터 객체의 API를 설명하지만, 제너레이터는 보통 단순한 반복자라는 의미로 사용한다.

typing 모듈 문서(https://fpy.li/17-17)는 Generator의 형식 인자를 다음과 같이 설명한다.

```
Generator[YieldType, SendType, ReturnType]
```

형식 인수 SendType은 제너레이터를 코루틴으로 사용할 때만 유효하며, gen.send(x)를 호출할 때 x의 자료형을 명시한다. 코루틴이 아니라 반복자로 작동하도록 구현된 제너레이터에 send()를 호출하면 에러가 발생한다. 마찬가지로 ReturnType도 코루틴을 어노테이트할 때만 유효하다. 반복자는 일반 함수처럼 값을 반환하지 않기 때문이다. 반복자로 사용되는 제너레이터에는 next(it)로 직접 호출하거나 for 루프 등의 반복 구조체에서 간접적으로 호출하는 연산만 의미가 있다. YieldType은 next(it)를 호출해 반환된 데이터의 자료형이다.

Generator 형의 자료형 매개변수는 typing.Coroutine(https://fpy.li/typecoro)과 똑같다.

```
Coroutine[YieldType, SendType, ReturnType]
```

typing.Coroutine 문서(https://fpy.li/typecoro)에서는 "자료형 변수의 분산과 순서가 Generator와 일치한다"라고 설명하지만, 사용 중단 안내된 typing.Coroutine과 파이썬 3.9에 소개된 제네릭형인 collections.abc.Coroutine은 고전적 코루틴이 아니라 네이티브 코루틴만 어노테이트하기 위해 만들어진 것이다. 고전적 코루틴에 자료형 힌트를 사용하려면 혼란스럽지만 Generator[YieldType, SendType, ReturnType]로 어노테이트해야 한다.

파이썬 커뮤니티에서 고전적 코루틴에 관한 가장 포괄적인 최고의 발표를 해온 데이비드 비즐리David Beazley는 파이콘PyCon 2009 코스에서 발표한 자료 중 '제대로 사용하기Keeping It Straight' 슬라이드(https://fpy.li/17-18)에서 다음과 같은 내용을 정리했다.

- 제너레이터는 반복하기 위한 데이터를 생성한다.
- 코루틴은 데이터의 소비자다.
- 머리가 터지지 않으려면 이 두 개념을 뒤섞지 마라.
- 코루틴은 반복과 관련이 없다.
- 주의: 코루틴 안에서 yield가 값을 생성하도록 할 때가 있지만, 이것은 반복과 상관이 없다.[12]

이제 고전적 코루틴이 어떻게 작동하는지 알아보자.

17.13.1 사례: 이동 평균을 계산하는 코루틴

9장에서 클로저를 설명하면서 이동 평균을 구하는 객체를 살펴보았다. [예제 9-7]에서는 클래스를, [예제 9-13]에서는 호출될 때마다 total과 count 변수를 클로저 안에 보관하는 함수를 반환하는 고위 함수를 보았다. [예제 17-37]은 코루틴을 이용해 이와 똑같이 작동하는 방법을 보여 준다.[13]

예제 17-37 coroaverager.py: 이동평균을 계산하는 코루틴

```python
from collections.abc import Generator

def averager() -> Generator[float, float, None]:    ❶
    total = 0.0
    count = 0
```

---

12 '코루틴과 동시성에 대한 흥미로운 코스(A Curious Course on Coroutines and Concurrency)'(https://fpy.li/17-18) 중 33번째 슬라이드 '제대로 사용하기(Keeping It Straight)'에서 인용했다.

13 이 예제는 제이콥 홀름(Jacob Holm)이 Python-ideas 리스트에 올린 'yield from: 완료를 보장한다(Yield-From : Finalization guarantees)' 메시지(https://fpy.li/17-20)에서 힌트를 얻었다. 메시지 003912(https://fpy.li/17-21)에서 제이콥 홀름은 자기 생각을 더 자세히 설명한다.

```python
    average = 0.0
    while True:  ❷
        term = yield average   ❸
        total += term
        count += 1
        average = total/count
```

❶ 이 함수는 send()를 통해 float 값을 받고 float 값을 생성하지만, 의미 있는 값은 반환하지 않는 제너레이터를 반환한다.[14]

❷ 무한 루프이므로 이 코루틴은 호출자가 값을 보내는 한 계속해서 값을 받고 결과를 생성한다.

❸ 이 yield 문은 코루틴을 중단하고, 지금까지의 평균을 생성하는 데 사용된다. 나중에 호출자가 이 코루틴에 값을 보내면 루프를 한 번 더 실행한다.

코루틴 안에서 total과 count는 지역 변수처럼 작동한다. 코루틴이 다음 send()를 기다리면서 멈춰있는 동안 콘텍스트를 유지하려고 인스턴스 속성이나 클로저를 사용할 필요가 없다. 따라서 비동기 프로그래밍할 때 콜백 대신 코루틴을 사용할 수 있다. 다음에 호출될 때까지 로컬 상태를 유지할 수 있기 때문이다.

[예제 17-38]은 averager() 코루틴을 사용하는 방법을 보여 주는 doctest이다.

예제 17-38 coroaverager.py: [예제 17-37]의 이동 평균 코루틴에 대한 doctest

```python
>>> coro_avg = averager()   ❶
>>> next(coro_avg)   ❷
0.0
>>> coro_avg.send(10)   ❸
10.0
>>> coro_avg.send(30)
20.0
>>> coro_avg.send(5)
15.0
```

❶ 코루틴 객체를 생성한다.

❷ next()를 호출해 코루틴을 기동한다. 초기 평균값인 0.0을 생성한다.

❸ 이제 본업이 시작된다. send()를 호출할 때마다 현재 이동 평균이 생성된다.

---

[14] 사실 이 제너레이터는 루프를 깨뜨리는 예외가 발생하지 않는 한 절대 반환되지 않는다. Mypy 0.910은 제너레이터 반환형 인수로 None과 typing.NoReturn을 모두 허용하지만, str도 허용한다. 따라서 현재로서는 코루틴을 제대로 분석하지 못하는 것 같다.

[예제 17-38]의 doctest에서 next(coro_avg)를 호출하면 코루틴이 yield 문까지 실행되고 average의 초깃값을 생성한다. coro_avg.send(None)을 호출해 코루틴을 시작할 수도 있는데, 실제로 내장 함수 next()는 이 메서드를 호출한다. 그러나 None 이외의 값은 보낼 수 없다. 코루틴은 yield 문에서 멈췄을 때 뒤에 나온 값만 받을 수 있기 때문이다. next()나 send(None)을 호출해 첫 yield 문까지 진행하는 것을 '코루틴을 기동한다priming the coroutine'라고 표현한다.

활성화된 코루틴은 정확히 yield 키워드에서 멈추고 호출자가 값을 보내기를 기다린다. coro_avg.send(10)은 필요한 값을 전달해 코루틴이 활성화되게 한다. yield 표현식의 값은 10으로 평가되고, 이 값을 변수 term에 할당한다. 루프의 나머지 부분에서 변수 total, count, average의 값을 갱신한다. while 루프가 반복되면서 average 값을 생성하고, 코루틴은 yield 키워드에서 다시 멈춘다.

세심한 독자라면 코루틴의 본체가 무한 루프인데 averager의 인스턴스(예제에서 coro_avg)의 실행을 어떻게 중단시킬지 걱정될 수도 있을 것이다. 일반적으로 제너레이터를 종료시킬 필요는 없다. 참조하는 변수가 사라지는 순간 자동으로 가비지 컬렉트되기 때문이다. 그러나 명시적으로 종료시키고 싶다면 [예제 17-39]에서처럼 close() 메서드를 호출하면 된다.

예제 17-39 coroaverager.py: [예제 17-38]에서 이어짐

```
>>> coro_avg.send(20)   ❶
16.25
>>> coro_avg.close()   ❷
>>> coro_avg.close()   ❸
>>> coro_avg.send(5)   ❹
Traceback (most recent call last):
  ...
StopIteration
```

❶ coro_avg는 [예제 17-38]에서 생성한 인스턴스이다.

❷ close() 메서드는 실행이 멈춘 yield 표현식에서 GeneratorExit 예외를 발생시킨다. 코루틴 함수 안에서 처리하지 않으면 이 예외가 코루틴을 종료시킨다. GeneratorExit 예외는 코루틴을 에워싸는 제너레이터 객체가 잡으므로 우리에게 보이지 않는다.

❸ 이미 종료된 코루틴에 close()를 호출해 봤자 아무런 영향이 없다.

❹ 종료된 코루틴에 send()를 호출하면 StopIteration 예외가 발생한다.

send() 메서드 외에도 'PEP 342 – 향상된 제너레이터를 통한 코루틴(https://fpy.li/pep342)'은 코루틴이 값을 반환하는 방법을 소개했다. 다음 절에서 알아보자.

17.13.2 코루틴에서 값 반환하기

여기서는 평균을 계산하는 또 다른 코루틴을 살펴본다. 이 버전은 중간 결과를 생성하지 않는다. 대신 항목 개수와 평균을 담은 튜플을 반환한다. 코드는 [예제 17-40]과 [예제 17-41]의 두 부분으로 나누었다.

예제 17-40 coroaverager2.py: 파일 앞부분

```
from collections.abc import Generator
from typing import Union, NamedTuple

class Result(NamedTuple):      ❶
    count: int  # type: ignore      ❷
    average: float

class Sentinel:      ❸
    def __repr__(self):
        return f'<Sentinel>'

STOP = Sentinel()      ❹

SendType = Union[float, Sentinel]      ❺
```

❶ [예제 17-41]의 averager2 코루틴은 Result 형의 인스턴스를 반환한다.

❷ Result는 사실 tuple의 서브클래스로, count() 메서드가 있지만 우리에겐 필요 없다. # type : ignore 주석은 count 필드 때문에 Mypy가 에러 메시지를 출력하는 것을 막는다.[15]

❸ __repr__()을 이용해 읽을 수 있는 센티넬값을 만드는 클래스

❹ 코루틴이 값 수집을 중단하고 결과를 반환하게 하는 센티넬값

❺ SendType이라는 자료형 별칭을 Generator 코루틴의 반환형을 지정하는 두 번째 자료형 인수로 사용하고자 한다.

---

[15] 필드명을 다른 이름으로 바꿀 수도 있지만, 코루틴의 지역 변수로 count라는 이름이 가장 적절하다. 이 책의 비슷한 다른 예제에서도 이 이름을 사용하고 있기 때문에 Result도 count 필드를 갖는 것이 마땅하다. 필자는 도구에 굴복해 코드를 불필요하게 복잡하게 만들기보다 가차 없이 # type: ignore를 사용해 정적 자료형 검사기의 한계와 번거로움을 피하는 편을 선택한다.

이렇게 정의한 SendType은 파이썬 3.10에서도 작동하지만, 이전 버전을 지원할 필요가 없다면 typing 모듈에서 TypeAlias를 임포트하고 다음과 같이 작성하는 편이 더 좋다.

```python
SendType: TypeAlias = float | Sentinel
```

typing.Union 대신 파이프 연산자(|)을 사용하는 편이 훨씬 더 간단하고 읽기도 좋다. 따라서 자료형 별칭을 따로 정의하는 대신 필자는 averager2의 시그너처를 다음과 같이 작성하는 것을 선호한다.

```python
def averager2(verbose: bool=False) -> Generator[None, float | Sentinel, Result]:
```

이제 코루틴 코드 본체(예제 17-41)를 알아보자.

예제 17-41 coroaverager2.py: 결괏값을 반환하는 코루틴

```python
def averager2(verbose: bool = False) -> Generator[None, SendType, Result]:    ❶
    total = 0.0
    count = 0
    average = 0.0
    while True:
        term = yield  ❷
        if verbose:
            print('received:', term)
        if isinstance(term, Sentinel):    ❸
            break
        total += term  ❹
        count += 1
        average = total / count
    return Result(count, average)    ❺
```

❶ 이 코루틴은 데이터를 생성하지 않으므로 생성형이 None이다. SendType 형의 데이터를 입력받아 실행이 완료되면 Return 형의 튜플을 반환한다.

❷ 데이터를 소비하도록 설계된 코루틴에서는 이런 형태의 yield 문이 타당하다. 이 문장은 None을 생성하지만 send(term)에서 term을 받는다.

❸ isinstance()로 검사해 term이 Sentinel이면 루프를 빠져나온다.

❹ isinstance()로 검사하므로 float 형이거나 Sentinel 형인 객체를 float 형에 더할 수 없다는 Mypy의 에러 메시지 없이 term을 total에 더할 수 있다.

❺ Sentinel을 코루틴에 보냈을 때만 이 줄에 도달한다.

이제 이 코루틴을 사용하는 방법을 알아보자. 먼저 결과를 생성하지 않는 간단한 예부터 시작하자(예제 17-42).

예제 17-42 coroaverager2.py: close()를 이용해 클로저를 취소하는 doctest

```
>>> coro_avg = averager2()
>>> next(coro_avg)
>>> coro_avg.send(10)    ❶
>>> coro_avg.send(30)
>>> coro_avg.send(6.5)
>>> coro_avg.close()    ❷
```

❶ averager2는 중간 결과를 생성하지 않는다고 앞에서 설명했다. 여기서는 None을 생성하는데, 파이썬 콘솔은 이 값을 출력하지 않는다.

❷ close()를 호출하면 코루틴을 종료시키지만 결과를 반환하지 않는다. 코루틴에서 yield 명령이 있는 줄에서 GeneratorExit 예외가 발생하므로 return 문에 도달하지 못하기 때문이다.

이제 [예제 17-43]에서 코루틴을 제대로 작동해 보자.

예제 17-43 coroaverager.py: StopIteration과 함께 Result를 반환하는 doctest

```
>>> coro_avg = averager2()
>>> next(coro_avg)
>>> coro_avg.send(10)
>>> coro_avg.send(30)
>>> coro_avg.send(6.5)
>>> try:
...     coro_avg.send(STOP)    ❶
... except StopIteration as exc:
...     result = exc.value    ❷
...
>>> result    ❸
Result(count=3, average=15.5)
```

❶ STOP 센티넬값을 보내면 코루틴이 루프를 빠져나와 Result를 반환하게 한다. 그러면 코루틴을 에워싸는 제너레이터 객체가 StopIteration 예외를 발생시킨다.

❷ StopIteration 인스턴스에는 코루틴을 종료시킨 return 문의 값에 연결된 value 속성이 있다.

❸ 반환값이 들어있다!

코루틴이 반환하는 값을 StopIteration 예외에 넣어 '밀반입'하는 개념은 기괴하지만, 이 개념은 'PEP342 – 향상된 제너레이터를 통한 코루틴'(https://fpy.li/pep342)에서 정의되었고, 파이썬 언어 참조 문서(https://fpy.li/17-24)의 6장 중 'StopIteration 예외' 절(https://fpy.li/17-22)과 'Yield 표현식' 절(https://fpy.li/17-23)에 문서화되었다.

[예제 17-44]는 위임하는 제너레이터가 yield from 구문을 통해 코루틴으로부터 바로 값을 가져오는 예를 보여 준다.

예제 17-44 coroaverager2.py: StopIteration을 통해 Result를 가져오는 doctest

```
>>> def compute():
...     res = yield from averager2(True)   ❶
...     print('computed:', res)   ❷
...     return res   ❸
...
>>> comp = compute()   ❹
>>> for v in [None, 10, 20, 30, STOP]:   ❺
...     try:
...         comp.send(v)   ❻
...     except StopIteration as exc:   ❼
...         result = exc.value
received: 10
received: 20
received: 30
received: <Sentinel>
computed: Result(count=3, average=20.0)
>>> result   ❽
Result(count=3, average=20.0)
```

❶ averager2의 반환값을 res가 모은다. yield from 장치는 코루틴의 종료를 알리는 StopIteration 예외를 처리할 때 반환값을 가져온다. verbose 인수의 값이 True이면 코루틴은 받은 값을 출력하고, 내부에서 진행되는 상태를 보여 준다.

❷ 제너레이터가 실행될 때 이 줄에서 출력하는 내용을 자세히 살펴보라.

❸ 결괏값을 반환한다. 이 값은 StopIteration 예외 안에 들어간다.

❹ 위임할 코루틴 객체를 생성한다.

❺ 위임한 코루틴을 이 루프에서 작동시킨다.

❻ 코루틴을 기동시키는 첫 번째 값은 None이다. 마지막은 코루틴을 정지시킬 센티넬값이다.

❼ compute의 반환값을 가져오려고 StopIteration 예외를 잡는다.

❽ averager2와 compute가 출력한 줄 다음에 Result 인스턴스를 가져온다.

여기 예제들이 하는 일은 많지 않지만, 이해하기 쉽지 않다. yield from을 제외하고 send( )를 호출해 코루틴을 작동시키고 결과를 가져오는 것은 복잡하지만, 위임할 제너레이터/코루틴 안에서는 그 구문만 사용할 수 있다. [예제 17-44]에서 보듯이, 코루틴을 구동하는 코드는 어느 정도 복잡할 수밖에 없다.

예제들을 살펴보며 코루틴을 직접 사용하는 일이 얼마나 번거롭고 혼란스러운지 알아보았다. 예외 처리와 코루틴의 throw( ) 메서드를 추가하면 예제는 훨씬 더 복잡해진다. 이 책에서는 throw( ) 메서드를 다루지 않는다. send( ) 메서드와 마찬가지로 수작업으로 코루틴을 기동할 때만 쓸모 있기 때문이다. 그러나 코루틴 기반의 프레임워크를 밑바닥부터 만드는 일을 하지 않는 한 이 메서드를 직접 사용하는 것은 권장하지 않는다.

> **NOTE** throw() 메서드 등 고전적 코루틴에 관해 더 깊이 알고 싶으면 이 책의 자매 웹사이트에서 '고전적 코루틴' 문서(https://fpy.li/oldcoro)를 참조하라.[16] 해당 문서에서는 yield from이 제너레이터와 코루틴을 구동하는 방법을 설명하는 파이썬 의사코드뿐만 아니라 비동기 프로그래밍 프레임워크를 사용하지 않고 코루틴을 이용해 일종의 동시성 처리를 수행하는 간단한 이산 이벤트 시뮬레이션 예제도 다룬다.

사실 코루틴을 이용해 실무에 적용할 만한 코드를 작성하려면 특별한 프레임워크의 지원이 필요하다. 그게 바로 파이썬 3.3부터 asyncio가 고전적 코루틴에 제공해 온 기능이다. 파이썬 3.5부터 네이티브 코루틴이 등장하면서 파이썬 핵심 개발자들은 asyncio에서 고전적 코루틴에 대한 지원을 점차 제거해 나갔다. 그러나 기반 메커니즘은 아주 비슷하다. async def 구문 덕분에 코드 안에서 네이티브 코루틴을 찾아내기가 훨씬 쉬워졌다. 내부적으로 네이티브 코루틴은 다른 코루틴에 위임하는 데 yield from이 아니라 await를 사용한다. 구체적인 내용은 21장에서 설명한다.

---

16 **옮긴이_** 번역본은 역자 깃허브(https://github.com/KweonKang/fluent-python-2e-extra)에서 제공한다.

이제 이번 장을 마치기 전에 코루틴의 자료형 힌트에서 공변성과 반변성이라는 이해하기 어려운 주제를 살펴보자.

17.13.3 고전적 코루틴에 대한 제네릭형 힌트

15.7.4절의 '반변성'에서 typing.Generator를 반변성 자료형 인수가 있는 몇 안 되는 표준 라이브러리 함수라고 설명했다. 지금까지 고전적 코루틴에 관해 알아보았으니 이제 제네릭형을 이해할 준비가 되있다.

파이썬 3.6의 typing.py 모듈에는 typing.Generator(https://fpy.li/17-25)가 다음과 같이 선언되었다.[17]

```python
T_co = TypeVar('T_co', covariant=True)
V_co = TypeVar('V_co', covariant=True)
T_contra = TypeVar('T_contra', contravariant=True)

# 중략

class Generator(Iterator[T_co], Generic[T_co, T_contra, V_co],
                extra=_G_base):
```

이 제네릭형 선언은 Generator 형 힌트 선언에 앞에서 본 자료형 인수 세 개가 필요함을 의미한다.

```python
my_coro : Generator[YieldType, SendType, ReturnType]
```

형식 인수의 자료형 변수 중 YieldType과 ReturnType은 공변성이지만, SendType은 반변성임을 알 수 있다. YieldType과 ReturnType이 '출력'임을 고려하면 그 이유를 이해할 수 있다. 두 변수 모두 코루틴 객체(즉, 코루틴 객체로 사용되는 제너레이터 객체)에서 나오는 데이터를 나타낸다.

---

[17] 파이썬 3.7부터 collections.abc의 추상 베이스 클래스에 대응하는 typing.Generator와 기타 자료형들이 리팩터링되어 해당 추상 베이스 클래스로 래핑되었으므로 typing.py 소스 파일에서 제네릭 인수를 볼 수 없다. 그래서 여기에서는 파이썬 3.6 소스 코드를 참조했다.

따라서 두 변수가 모두 공변성인 게 당연하다. 실수를 생성하는 코루틴을 받는 코드는 정수를 생성하는 코루틴을 사용할 수 있기 때문이다. 따라서 Generator는 YieldType 인수에 있어서 공변적이다. 이 개념은 공변적인 ReturnType 인수에도 똑같이 적용된다.

15.7.4절의 '반변성'에서 소개한 표기법을 이용해 첫 번째와 세 번째 인수의 공변성은 동일한 방향을 가리키는 :> 기호로 표시할 수 있다.

```
                    float :> int
    Generator[float, Any, float] :> Generator[int, Any, int]
```

YieldType과 ReturnType은 15.7.4절의 '변이성 규칙 요약'에서 설명한 첫 번째 규칙의 사례다.

> 1. 형식형 매개변수가 객체에서 나오는 데이터의 자료형을 정의한다면, 이 매개변수는 공변적일 가능성이 높다.

한편 SendType은 '입력' 인수다. 이 인수는 코루틴 객체의 send(value) 메서드를 호출할 때 value 인수의 자료형이다. 코루틴에 실수를 보내야 하는 클라이언트 코드는 int 형을 받는 코루틴을 사용할 수 없다. float가 int의 서브타입이 아니기 때문이다. 다시 말해 float는 int에 일치하는 자료형이 아니다. 그러나 클라이언트 코드는 complex를 받는 코루틴을 SendType에 사용할 수 있다. float는 complex의 서브타입이므로, float는 complex에 일치하기 때문이다.

:> 표기법을 이용해 두 번째 인수의 반변성을 보여줄 수 있다.

```
                    float :> int
    Generator[Any, float, Any] <: Generator[Any, int, Any]
```

이 예제는 변이성 규칙 요약에서 설명한 두 번째 사례다.

> 2. 형식형 매개변수가 초기 생성 후 객체에 들어가는 데이터의 자료형을 정의한다면, 이 매개변수는 반변적일 가능성이 높다.

변이성에 관한 이야기로 이 책에서 가장 긴 장을 마치고자 한다.

17.14 요약

반복은 언어에 아주 깊이 파고들어서 파이썬은 반복자를 내재화한다^{grok}고 할 수 있다.[18] 파이썬 언어의 의미론적 측면에서 보면 반복자 패턴과의 통합은 디자인 패턴이 모든 언어에서 똑같을 수 없는 이유를 잘 보여 주는 사례다. 파이썬에서 [예제 17-4]에서 '수작업으로' 구현한 고전적 반복자는 교과서를 벗어난 실용적인 측면에서는 아무런 쓸모가 없다.

이번 장에서는 매우 길어질 수 있는 텍스트 파일에서 개별 단어를 반복하는 클래스의 여러 버전을 만들었다. 유사 시퀀스 객체로부터 반복자를 생성할 때 파이썬이 내장 메서드 iter()를 사용하는 것을 보았다. 고전적 반복자를 만들고자 __next__() 메서드가 있는 클래스를 구현하고 나서, 제너레이터를 사용해 Sentence 클래스를 점점 더 간결하고 가독성 좋게 개선해 나갔다.

그리고 나서 등차수열을 생성하는 제너레이터를 구현하고 itertools 모듈을 활용해서 코드를 더 간결하게 만드는 방법을 알아보았다. 이어서 표준 라이브러리에 있는 매우 널리 사용되는 제너레이터 함수들을 간략히 살펴보았다.

그리고 chain과 tree 예제를 사용한 간단한 제너레이터에서 yield from 구문을 공부했다.

마지막 부분에서는 고전적 코루틴을 설명했는데, 파이썬 3.5에 네이티브 코루틴이 추가되면서 중요성은 줄어들었다. 실무에 사용하기는 어렵지만, 고전적 코루틴은 네이티브 코루틴의 기반이며 yield from 표현식은 await로 진화했다.

Iterable, Iterator, Generator 형에 대한 자료형 힌트도 알아보았는데, 그중 Generator 형은 보기 드물게 반변적 자료형 인수의 사례를 구체적으로 보여 준다.

---

[18] 용어 파일(https://fpy.li/17-26)에 따르면 'grok'이라는 단어는 단순히 무엇인가를 배운다는 의미가 아니라, 흡수해서 '우리의 일부, 우리 정체성의 일부가 되는 것(it becomes part of you, part of your identity)'을 의미한다.
   옮긴이_ 따라서 여기서는 '이해한다'는 표현 대신 '내재화한다'는 표현으로 옮겼다.

CHAPTER 18

with, match, else 블록

> 콘텍스트 관리자는 서브루틴 자체만큼 중요해질지도 모른다. 우리는 단지 빙산의 일각만 보았을 뿐이다. [중략] 베이직 언어에는 `with` 문이 있다. `with` 문이 있는 언어가 많지만, 파이썬의 `with` 문과는 다르다. 다른 언어에서의 `with` 문은 단지 피상적인 작업을 수행하고 점으로 명시한 속성을 반복해서 검색할 필요가 없게 해주지만, 준비와 마무리 과정은 처리하지 않는다. 이름이 똑같다고 해서 똑같은 것으로 생각하면 안 된다. 파이썬의 `with` 문은 정말 대단하다.[1]
>
> — 레이먼드 헤팅거
> **파이썬 에반젤리스트**

이 장에서는 다른 언어에서 흔히 볼 수 없어서 파이썬에서도 잘 사용되지 않는 다음과 같은 흐름 제어 기능을 살펴본다.

- `with` 문과 콘텍스트 관리자 프로토콜
- `match/case`를 이용한 패턴 매칭
- `for`, `while`, `try` 문에서의 `else` 블록

---

1 PyConUS 2013 키노트: '파이썬이 멋진 이유(What Makes Python Awesome)'(`https://fpy.li/18-1`), 23분부터 26분 15초에 걸친 부분에서 인용했다.

with 문은 콘텍스트 관리자 객체의 제어를 받아 임시로 콘텍스트를 생성하고 신뢰성 있게 해제한다. with 문은 에러를 예방하고 반복되는 코드를 줄여주며, API를 안전하고 편리하게 사용하게 해 준다. 파이썬 프로그래머는 파일 자동 닫기 외에도 with 블록을 다양한 용도로 사용한다.

앞에 나온 여러 장에서 패턴 매칭을 보았지만, 이 장에서는 언어 문법을 시퀀스 패턴으로 표현하는 방법을 알아본다. 그리고 나면 이해하고 확장하기 쉬운 언어 처리기를 만드는 데 match/case가 얼마나 효율적인 도구인지 알게 될 것이다. 여기서는 작지만 스킴 언어의 함수형 부분을 처리하는 완전한 인터프리터를 구현하고 살펴본다. 이 개념은 대형 시스템의 비즈니스 규칙을 정의하는 템플릿 언어template language나 도메인 특화 언어domain-specific language (DSL)를 개발하는 데 동일하게 적용할 수 있다.

else 절은 그리 대단하지 않지만 for, while, try와 함께 적절히 사용하면 개발자의 의도를 전달하는 데 도움이 된다.

18.1 이번 장의 변경 사항

18.3절 '사례 연구: lis.py에서의 패턴 매칭'이 새로 추가되었다.

18.2.1절 'contextlib 유틸리티'에는 파이썬 3.6에서 contextlib 모듈에 추가된 기능 몇 가지와 파이썬 3.10에 새로 추가된 괄호를 이용한 콘텍스트 관리자 구문에 관한 내용을 추가했다.

자, 이제 강력한 with 문부터 알아보자.

18.2 콘텍스트 관리자와 with 블록

반복자가 for 문을 제어하기 위해 존재하듯이, 콘텍스트 관리자 객체는 with 문을 제어하기 위해 존재한다.

with 문은 흔히 사용되는 try/finally 패턴을 단순화하기 위해 설계되었다. try/finally 패턴은 return, 예외, sys.exit() 호출 등의 이유로 어떤 블록의 실행이 중단되더라도 이후의 일정한 코드를 반드시 실행하도록 보장한다. 일반적으로 `finally` 절 안에 있는 코드는 중요한 리소스를 해제하거나 임시로 변경된 상태를 복원하는 데 사용된다.

파이썬 커뮤니티에서는 콘텍스트 관리자를 창의적인 방법으로 사용하는 예를 볼 수 있는데, 표준 라이브러리에서 다음과 같은 사례를 볼 수 있다.

- sqlite3 모듈에서 트랜잭션을 관리하는 방법: '연결을 콘텍스트 관리자로 사용하기Using the connection as a context manager' 문서(https://fpy.li/18-2)를 참조하라.
- 록, 조건 세마포어semaphore 안전하게 다루기: threading 모듈 문서(https://fpy.li/18-3)를 참조하라.
- Decimal 객체를 이용한 산술 연산에 대한 커스텀 환경 설정하기: decimal.localcontext 문서 (https://fpy.li/18-4)를 참조하라.
- 테스트하기 위해 객체 조작하기: unittest.mock.patch() 함수 설명(https://fpy.li/18-5)을 참조하라.

콘텍스트 관리자 프로토콜은 `__enter__()`와 `__exit__()` 메서드로 구성된다. `with` 문이 시작될 때 콘텍스트 관리자 객체의 `__enter__()` 메서드가 호출된다. `with` 블록이 완료되거나 어떤 이유로 종료될 때 파이썬은 콘텍스트 관리자의 `__exit__()`을 호출한다.

이 메서드는 주로 파일 객체를 닫을 때 사용된다. [예제 18-1]은 `with`를 사용해 파일을 닫는 예를 자세히 보여 준다.

예제 18-1 파일 객체를 콘텍스트 관리자로 사용하는 예

```
>>> with open('mirror.py') as fp:   ❶
...     src = fp.read(60)   ❷
...
>>> len(src)
60
>>> fp   ❸
<_io.TextIOWrapper name='mirror.py' mode='r' encoding='UTF-8'>
>>> fp.closed, fp.encoding   ❹
(True, 'UTF-8')
>>> fp.read(60)   ❺
Traceback (most recent call last):
  File "<stdin>", line 1, in <module>
ValueError: I/O operation on closed file.
```

❶ 파일의 __enter__() 메서드가 self를 반환하므로 fp는 열린 파일에 바인딩된다.

❷ fp에서 유니코드 문자 60개를 읽는다.

❸ fp변수가 여전히 살아 있다. 함수와 달리 with 블록은 범위를 새로 정의하지 않는다.

❹ fp 객체의 속성을 읽을 수 있다.

❺ 그러나 with 블록이 끝날 때 TextIOWrapper.__exit__() 메서드가 호출되어 파일을 닫았으므로, fp를 이용해 파일 입출력을 할 수 없다.

[예제 18-1]의 ❶은 미묘하지만 중요하다. 콘텍스트 관리자 객체는 with 다음에 나오는 표현식을 평가한 결과지만, as 구에 있는 타깃 변수에 바인딩된 값은 콘텍스트 관리자 객체의 __enter__() 메서드가 반환한 값이다.

여기서는 어쩌다 open() 함수가 TextIOWrapper 인스턴스를 반환하고, 이 인스턴스의 __enter__() 메서드가 self를 반환했지만, 다른 클래스에서는 __enter__() 메서드가 콘텍스트 관리자 인스턴스 대신 다른 객체를 반환할 수도 있다.

제어 흐름이 with 블록을 빠져나올 때는 __enter__()가 반환한 객체가 아니라 콘텍스트 관리자 객체의 __exit__() 메서드가 호출된다.

with 문의 as 절은 선택적이다. open()은 파일을 참조하기 위해 as가 늘 필요하지만, 사용자에게 반환할 적절한 객체가 없어서 None을 반환하는 콘텍스트 관리자도 있다.

[예제 18-2]는 콘텍스트 관리자와 __enter__() 메서드가 반환하는 객체의 차이를 잘 보여주도록 만들어진 아주 간단한 콘텍스트 관리자의 연산을 보여 준다.

예제 18-2 LookingGlass 콘텍스트 관리자 클래스의 시험 주행

```
>>> from mirror import LookingGlass
>>> with LookingGlass() as what:      ❶
...         print('Alice, Kitty and Snowdrop')    ❷
...         print(what)
...
pordwonS dna yttiK ,ecilA
YKCOWREBBAJ
>>> what      ❸
'JABBERWOCKY'
>>> print('Back to normal.')      ❹
Back to normal.
```

❶ LookingGlass 인스턴스가 콘텍스트 관리자다. 파이썬은 콘텍스트 관리자의 __enter__() 메서드를 호출하고 반환된 값을 what에 바인딩한다.

❷ 문자열을 출력하고 나서 타깃 변수 what의 값을 출력한다. print()가 출력한 문자열을 역순으로 출력한다.

❸ 이제 with 블록이 끝났으니, __enter__()가 반환해 what에 저장한 문자열 'JABBERWOCKY'를 제대로 출력할 수 있다.

❹ 프로그램이 이제 역순으로 출력하지 않는다.

LookingGlass 클래스의 구현은 [예제 18-3]과 같다.

예제 18-3 mirror.py: LookingGlass 콘텍스트 관리자 클래스 코드

```
import sys

class LookingGlass:

    def __enter__(self):         ❶
        self.original_write = sys.stdout.write   ❷
        sys.stdout.write = self.reverse_write    ❸
        return 'JABBERWOCKY'     ❹

    def reverse_write(self, text):    ❺
        self.original_write(text[::-1])

    def __exit__(self, exc_type, exc_value, traceback):    ❻
        sys.stdout.write = self.original_write    ❼
        if exc_type is ZeroDivisionError:    ❽
            print('Please DO NOT divide by zero!')
            return True    ❾
            ❿
```

❶ 파이썬은 self 인수만으로 __enter__() 메서드를 호출한다.

❷ 나중에 사용하기 위해 객체 속성에 원래 sys.stdout.write() 메서드 객체를 저장한다.

❸ sys.stdout.write()를 멍키 패칭해 직접 만든 메서드로 변경한다.

❹ 타깃 변수 what에 무언가를 저장하기 위해 'JABBERWOCKY' 문자열을 반환한다.

❺ 우리가 바꿀 sys.stdout.write() 함수는 text 인수를 거꾸로 뒤집고 나서 원래 sys.stdout.write() 함수를 호출한다.

❻ 정상적으로 수행이 완료되면 파이썬은 None, None, None 인수로 __exit__() 메서드를 호출한다. 예외가 발생하면 이 세 개의 인수에 예외 데이터(잠시 후에 설명한다)가 전달된다.

❼ sys.stdout.write()를 원래 함수로 변경한다.

❽ exception 인수가 None이 아니고 ZeroDivisionError 형이면 메시지를 출력한다.

❾ 그리고 나서 True를 반환해 예외가 처리되었음을 파이썬 인터프리터에 알려준다.

❿ __exit__()가 None이나 거짓된 값을 반환하면, with 블록에서 발생한 모든 예외를 상위 블록으로 전달한다.

> **TIP** 실제 애플리케이션에서 표준 출력을 가로챌 때는 sys.stdout을 다른 파일 객체로 잠시 교체하고 작업을 수행한 후 다시 원래 sys.stdout으로 교체한다. contextlib.redirect_stdout (https://fpy.li/18-6) 콘텍스트 관리자는 이 방법을 잘 보여 준다. 단지 sys.stdout 대신 사용할 파일 객체를 전달하면 된다.

파이썬 인터프리터는 __enter__() 메서드를 호출할 때 self 이외의 인수는 전달하지 않는다. 그러나 __exit__() 메서드를 호출할 때는 다음 세 인수를 전달한다.

exc_type

ZeroDivisionError 등의 예외 클래스

exc_value

예외 인스턴스. 예외 메시지 등 exception() 생성자에 전달된 인수는 exc_value.args 속성을 통해 볼 수 있다.

traceback

traceback 인스턴스[2]

[예제 18-4]는 콘텍스트 관리자가 작동하는 방식을 자세히 보여 주는데, 여기서는 __enter__()와 __exit__() 메서드를 직접 호출하고자 with 문 바깥에서 LookingGlass 클래스를 사용한다.

---

[2] self가 받는 세 개의 인수는 try/finally 문의 finally 블록에서 sys.exc_info()(https://fpy.li/18-7)를 호출해 받는 정보와 동일하다. with 문이 try/finally를 대체하는 것임을 고려하면 타당하다. 그리고 필요한 뒤처리 작업을 정하려면 sys.exc_info()를 호출해야 하는 경우가 자주 있다.

```
>>> from mirror import LookingGlass
>>> manager = LookingGlass()   ❶
>>> manager  # doctest: +ELLIPSIS
<mirror.LookingGlass object at 0x...>
>>> monster = manager.__enter__()   ❷
>>> monster == 'JABBERWOCKY'   ❸
eurT
>>> monster
'YKCOWREBBAJ'
>>> manager  # doctest: +ELLIPSIS
>... ta tcejbo ssalGgnikooL.rorrim<
>>> manager.__exit__(None, None, None)   ❹
>>> monster
'JABBERWOCKY'
```

❶ manager 인스턴스를 생성하고 조사한다.

❷ 콘텍스트 관리자의 __enter__() 메서드를 호출하고 결과를 monster에 저장한다.

❸ monster에는 'JABBERWOCKY' 문자열이 저장되었다. __enter__() 메서드에서 stdout.write()를 reverse_write() 메서드로 패칭했으므로, 출력 메시지 True가 역순으로 출력되었다.

❹ manager.__exit__() 메서드를 호출해 stdout.write() 메서드를 복원한다.

TIP 파이썬 3.10에서 괄호로 에워싼 콘텍스트 관리자

파이썬 3.10은 더 강력하고 새로워진 파서(https://fpy.li/pep617)를 채택해 구형 LL(1) 파서 (https://fpy.li/18-8)에서는 불가능했던 새로운 구문을 사용할 수 있게 되었다. 일례로 다음과 같이 콘텍스트 관리자들을 괄호 안에 넣는 구문을 지원한다.

```
with (
    CtxManager1() as example1,
    CtxManager2() as example2,
    CtxManager3() as example3,
):
    ...
```

파이썬 3.10 전에는 이런 논리를 구현하려면 내포된 **with** 블록을 사용해야 했다.

표준 라이브러리에는 콘텍스트 관리자를 생성, 결합, 사용하게 해 주는 유용한 함수, 클래스, 데커레이터를 제공하는 contextlib 패키지가 있다.

18.2.1 contextlib 유틸리티

콘텍스트 관리자를 직접 만들어 보기 전에 파이썬 문서에서 'contextlib-with 문 콘텍스트를 위한 유틸리티^{Utilities for with-statement contexts}'(https://fpy.li/18-9)를 살펴보라. 만들려고 하는 유틸리티가 이미 있을 수도 있고, 그렇지 않더라도 작업을 훨씬 수월하게 해 줄 클래스나 콜러블이 있을 것이다.

[예제 18-3] 바로 다음에 설명한 redirect_stdout 콘텍스트 관리자 외에도 파이썬 3.5에 redirect_stderr가 추가되었다. redirect_stdout과 똑같은 일을 하지만, stderr로 가는 출력을 처리한다.

contextlib 패키지는 다음과 같은 기능도 제공한다.

closing()

__enter__()/__exit__() 메서드는 구현하지 않지만, close() 메서드를 제공하는 객체로부터 콘텍스트 관리자를 생성하는 함수

suppress

인수로 전달된 예외를 임시로 무시하는 콘텍스트 관리자

nullcontext

적절한 콘텍스트 관리자를 구현하지 않는 객체에 대한 조건적인 논리 처리를 단순화하고자 아무 처리도 수행하지 않는 콘텍스트 관리자. with 블록 앞의 조건 코드가 with 문에 대한 콘텍스트 관리자를 제공하지 않을 때 대체물로 사용된다. 파이썬 3.7에 추가되었다.

contextlib 모듈은 방금 이야기한 데커레이터들보다 폭넓게 사용할 수 있는 다음과 같은 클래스와 데커레이터를 제공한다.

@contextmanager

클래스를 생성하고 구현하는 대신 간단한 제너레이터 함수로부터 콘텍스트 관리자를 생성하게 해 주는 데커레이터. 18.2.2절 '@contextmanager 사용하기'를 참조하라.

AbstractContextManager

콘텍스트 관리자 인터페이스를 공식적으로 정의한 추상 베이스 클래스로, 상속을 통해 쉽게 콘텍스트 관리자 클래스를 생성하게 해 준다. 파이썬 3.6에 추가되었다.

ContextDecorator

콘텍스트 관리자를 함수 데커레이터로도 사용하게 해 주는 베이스 클래스. 함수 전체를 관리 대상 콘텍스트 안에서 실행한다.

ExitStack

여러 콘텍스트 관리자를 입력하게 해 주는 콘텍스트 관리자. with 블록이 끝날 때 ExitStack은 누적된 콘텍스트 관리자들의 __exit__() 메서드를 후입 선출[last in first out](LIFO) 순서로 호출한다. 예를 들어 임의의 파일 리스트에 있는 파일을 한꺼번에 여는 경우처럼, with 블록 안에 들어가기 전에 얼마나 많은 콘텍스트 관리자가 필요한지 사전에 알 수 없을 때 이 클래스를 사용하라.

파이썬 3.7부터 contextlib에 AbstractAsyncContextManager, @asynccontextmanager, AsyncExitStack이 추가되었다. 이 클래스들은 async라는 말이 들어가지 않은 대응 유틸리티들과 비슷하지만, 새로 추가된 async with 문에 사용하도록 만들어졌다. async with는 21장에서 설명한다.

이 유틸리티 중 @contextmanager 데커레이터가 가장 널리 사용되므로, 이 데커레이터를 자세히 살펴볼 필요가 있다. @contextmanager는 반복과는 상관없는 yield 문에도 사용할 수 있으므로 흥미롭다.

18.2.2 @contextmanager 사용하기

@contextmanager 데커레이터는 파이썬의 세 가지 기능인 함수 데커레이터, 제너레이터, with
문을 하나로 합친 멋지고 실용적인 도구다.

이 데커레이터는 콘텍스트 관리자를 생성할 때 작성하는 틀에 박힌 코드를 줄여 준다. __
enter__()와 __exit__() 메서드가 있는 클래스 전체를 작성하는 대신 __enter__() 메서
드가 반환할 것을 생성하는 yield 문 하나가 있는 제너레이터만 구현하면 된다.

@contextmanager로 데커레이트된 제너레이터에서 yield는 함수 본체를 두 부분으로 나누는
데 사용된다. yield 문 앞에 있는 모든 코드는 with 블록 앞에서 인터프리터가 __enter__()
를 호출할 때 실행되고, yield 문 뒤에 있는 코드는 블록의 마지막에서 __exit__()가 호출될
때 실행된다.

[예제 18-5]는 [예제 18-3]의 LookingGlass 클래스를 제너레이터 함수로 바꾼 것이다.

예제 18-5 mirror_gen.py: 제너레이터로 구현한 콘텍스트 관리자

```
import contextlib
import sys

@contextlib.contextmanager        ❶
def looking_glass():
    original_write = sys.stdout.write        ❷

    def reverse_write(text):        ❸
        original_write(text[::-1])

    sys.stdout.write = reverse_write        ❹
    yield 'JABBERWOCKY'        ❺
    sys.stdout.write = original_write        ❻
```

❶ @contextmanager 데커레이터를 적용한다.

❷ 원래의 sys.stdout.write() 메서드를 보관한다.

❸ reverse_write() 함수를 정의한다. original_write()는 클로저를 통해 접근할 수 있다.

❹ sys.stdout.write()를 reverse_write()로 교체한다.

❺ with 문의 as 절에 있는 타깃 변수에 바인딩될 값을 생성한다. with 문의 본체가 실행되는 동안, 이 함수
는 여기에서 실행을 일시 중단한다.

❻ 제어 흐름이 with 블록을 빠져나오면 yield 문 이후의 코드가 실행된다. 여기서는 원래의 sys.
stdout.write() 메서드를 복원한다.

[예제 18-6]은 looking_glass() 함수의 사용 예를 보여 준다.

예제 18-6 looking_glass() 콘텍스트 관리자 함수 사용 예

```
>>> from mirror_gen import looking_glass
>>> with looking_glass() as what:    ❶
...         print('Alice, Kitty and Snowdrop')
...         print(what)
...
pordwonS dna yttiK ,ecilA
YKCOWREBBAJ
>>> what
'JABBERWOCKY'
>>> print('back to normal')
back to normal
```

❶ [예제 18-2]에서 콘텍스트 관리자의 이름이 LookingGlass에서 looking_glass로 바뀌었을 뿐이다.

@contextlib.contextmanager 데커레이터는 함수를 __enter__()와 __exit__() 메서드
를 구현하는 클래스 안에 넣는다.[3]

그 클래스의 __enter__() 메서드는 다음과 같은 단계를 실행한다.

1 제너레이터 함수를 호출해 제너레이터 개체를 보관한다(여기서는 이 개체를 gen이라고 부르자).

2 next(gen)을 호출해 yield 키워드까지 실행한다.

3 next(gen)이 생성한 값을 반환하고 이 값이 with/as 절의 타깃 변수에 바인딩되게 한다.

with 블록이 실행을 마칠 때 __exit__() 메서드는 다음과 같은 단계를 실행한다.

1 exc_type에 예외가 전달되었는지 확인한다. 전달되었다면 gen.throw(exception)를 실행해 제너레
이터 함수 본체 안에 있는 yield 행에서 예외가 발생하게 한다.

2 전달되지 않았다면 next(gen)을 호출해 제너레이터 함수 본체 안의 yield 다음의 코드를 계속 실행한다.

---

3 실제 클래스의 이름은 _GeneratorContextManager다. 실제 작동 상태를 보려면 파이썬 3.10 배포판의 Lib/contextlib.py 소스
코드(https://fpy.li/18-10)를 참조하라.

[예제 18-5]에는 문제가 있다. `with` 블록 안에서 예외가 발생하면 파이썬 인터프리터가 이 예외를 잡고, `looking_glass()` 안에 있는 `yield` 표현식에서 다시 예외를 발생시킨다. 그러나 그곳에는 예외 처리 코드가 없어서 `looking_glass()` 함수는 원래의 `sys.stdout.write()` 메서드를 복원하지 않고 중단하므로, 시스템이 잘못된 상태로 남게 된다.

[예제 18-7]은 `ZeroDivisionError` 예외를 특별 처리해 클래스 기반의 [예제 18-3]과 기능이 똑같게 만든다.

예제 18-7 mirror_gen_exc.py: 예외 처리를 구현한 제너레이터 기반 콘텍스트 관리자. 외부에서 볼 때 [예제 18-3]과 똑같이 작동한다.

```python
import contextlib
import sys


@contextlib.contextmanager
def looking_glass():
    original_write = sys.stdout.write

    def reverse_write(text):
        original_write(text[::-1])

    sys.stdout.write = reverse_write
    msg = ''              ❶
    try:
        yield 'JABBERWOCKY'
    except ZeroDivisionError:    ❷
        msg = 'Please DO NOT divide by zero!'
    finally:
        sys.stdout.write = original_write    ❸
        if msg:
            print(msg)    ❹
```

❶ 에러 메시지 변수를 생성한다. [예제 18-5]에서 바뀐 첫 번째 부분이다.

❷ 에러 메시지를 설정해 `ZeroDivisionError`를 처리한다.

❸ 멍키 패칭한 `sys.stdout.write()`를 원래대로 복원한다.

❹ 에러 메시지가 설정되었으면 출력한다.

__exit__() 메서드는 예외 처리를 완료했음을 인터프리터에 알려주려고 참된 값을 반환한다. 참된 값이 반환되면 인터프리터는 예외를 전파하지 않고 억제한다. 한편 __exit__()가 명시적으로 값을 반환하지 않으면 인터프리터가 None을 받으므로 예외를 전파한다. @contextmanager 데커레이터를 사용할 때는 기본 작동이 반대로 된다. 데커레이터가 제공하는 __exit__() 메서드는 제너레이터에 전달된 예외가 모두 처리되었으므로 억제해야 한다고 생각한다.

@contextmanager의 잘 알려지지 않은 기능 중 하나는, 이 데커레이트가 적용된 제너레이터 자신도 데커레이터로 사용될 수 있다는 것이다.[5] @contextmanager가 contextlib.ContextDecorator 클래스로 구현되어서 이런 현상이 발생한다.

[예제 18-8]은 [예제 18-5]의 looking_glass 콘텍스트 관리자를 데커레이터로 사용하는 예를 보여 준다.

예제 18-8 데커레이터로도 작동하는 looking_glass 콘텍스트 관리자

```
>>> @looking_glass()
... def verse():
...     print('The time has come')
...
>>> verse()  ❶
emoc sah emit ehT
>>> print('back to normal')  ❷
back to normal
```

❶ looking_glass는 verse() 본체가 실행되기 전후에 작동한다.

❷ 원래의 sys.write()가 복구되었음을 확인한다.

[예제 18-8]을 looking_glass를 콘텍스트 관리자로 사용하는 [예제 18-6]과 비교해 보라.

---

4 이 팁은 테크니컬 리뷰어인 레오나르도 로챌의 말을 그대로 옮긴 것이다. 훌륭한 설명이다.

5 칼렙 해팅이 이야기하기 전까지는 필자는 물론 다른 테크니컬 리뷰어들도 몰랐다. 칼렙에게 감사드린다.

표준 라이브러리 외에 @contextmanager의 재미있는 실제 사례는 마르틴 피터스의 '파일 덮어쓰기 콘텍스트 관리자in-place file rewriting context manager'(https://fpy.li/18-11)에서 볼 수 있다. [예제 18-9]는 이 콘텍스트 관리자를 사용하는 방법을 보여 준다.

예제 18-9 파일을 덮어쓰는 콘텍스트 관리자

```
import csv

with inplace(csvfilename, 'r', newline='') as (infh, outfh):
    reader = csv.reader(infh)
    writer = csv.writer(outfh)

    for row in reader:
        row += ['new', 'columns']
        writer.writerow(row)
```

inplace() 함수가 콘텍스트 관리자며, 동일한 파일에 대해 두 개의 핸들(예제에서는 infh과 outfh)을 반환함으로써 파일을 읽고 쓰는 작업을 동시에 하게 해 준다. 이 함수는 표준 라이브러리에서 제공하는 fileinput.input() 함수(https://fpy.li/18-12)(이 함수도 콘텍스트 관리자를 제공한다)보다 사용하기 쉽다.

마르틴이 만든 inplace() 함수의 소스 코드(https://fpy.li/18-11)를 분석하고 싶으면 yield 키워드를 찾아라. yield 앞의 모든 코드는 콘텍스트를 설정하고, 백업 파일을 생성하고, 파일을 연 후 __enter__()가 호출되면 반환할 읽기/쓰기용 파일 핸들에 대한 참조를 생성한다. __exit__()가 수행하는 yield 뒤의 코드는 파일을 닫고, 어떤 문제가 생겼을 때는 백업 파일로 복구하는 작업을 수행한다.

이로써 with 문과 콘텍스트 관리자에 관한 간략한 설명을 마친다. 이제 하나의 완전한 예제 코드에서 match/case의 사용법을 알아보자.

18.3 사례 연구: lis.py에서의 패턴 매칭

2.6.1절 '인터프리터에서 시퀀스의 패턴 매칭'에서 피터 노빅이 만든 lis.py 인터프리터 중 파이썬 3.10으로 포팅한 evaluate() 함수에서 발췌한 시퀀스 패턴의 사례를 보았다. 이 절에서는 lis.py가 작동하는 방식을 전체적으로 살펴보고, evaluate() 함수 안의 case 절을 모두 살펴보면서 패턴뿐만 아니라 각 case 문 안에서 인터프리터가 어떤 일을 하는지 설명한다.

더 많은 패턴 매칭 사례를 보여 주는 것 외에도, 다음과 같은 세 가지 이유에서 이 절을 추가했다.

1 피터 노빅의 lis.py는 파이썬 상용구들을 멋지게 활용한다.

2 스킴 언어의 단순성은 언어 설계의 극치를 보여 준다.

3 인터프리터가 작동하는 방법을 알아두면 파이썬은 물론 모든 인터프리터와 컴파일러 언어를 더욱 깊이 있게 이해할 수 있다.

파이썬 코드를 살펴보기 전에 스킴이나 리스프 언어를 접해보지 못한 독자를 위해 이 사례 연구에서 구현할 스킴 언어를 간략히 알아보자.

18.3.1 스킴 구문법

스킴에서는 파이썬과 달리 표현식과 문장 간의 차이가 없다. 그리고 중위 연산자도 없다. 표현식은 모두 x + 13이 아니라 (+ x 13)처럼 전위 표기법을 사용한다. 전위 표기법은 (gcd x 13)처럼 함수 호출에도 사용되고, 파이썬에서의 x = 13 할당문은 (define x 13)과 같은 특별 형식special form의 중위 표기법으로 나타낸다. 스킴과 리스프 방언들에서 사용되는 표기법은 S−표현식S-expression이라고 한다.[6]

[예제 18-10]은 스킴으로 작성한 간단한 예제 코드를 보여 준다.

---

6 괄호가 너무 많아서 사람들의 불만이 많은데, 들여쓰기를 신중히 하고 좋은 편집기를 사용하면 문제가 줄어든다. 가독성 문제는 함수 호출에 (f ...) 표기법을 함수 호출과는 전혀 다르게 작동하는 (define ...), (if ...), (quote ...) 등의 특별 형식에도 사용하기 때문에 주로 발생한다.

```scheme
(define (mod m n)
    (- m (* n (quotient m n))))

(define (gcd m n)
    (if (= n 0)
        m
        (gcd n (mod m n))))

(display (gcd 18 45))
```

[예제 18-10]은 세 개의 스킴 표현식을 보여 주는데, 그중 두 개는 mod와 gcd 함수 정의이고, 나머지 하나는 (gcd 18 45)의 결과인 9를 출력하는 display 함수다. [예제 18-11]은 파이썬으로 작성한 동일한 코드인데, 일반적인 말로 재귀적 유클리드 호제법(https://fpy.li/18-14)을 설명한 것보다 간단하다.

예제 18-11 파이썬으로 작성한 [예제 18-10]과 동일한 코드

```python
def mod(m, n):
    return m - (m // n * n)

def gcd(m, n):
    if n == 0:
        return m
    else:
        return gcd(n, mod(m, n))

print(gcd(18, 45))
```

파이썬에서는 mod() 함수를 직접 정의하는 대신 % 연산자를 사용하고, 재귀적 호출 대신 while 루프를 사용하면 훨씬 효율적으로 실행될 것이다. 그러나 스킴 코드를 읽는 데 도움을 주기 위해 가능한 한 똑같은 구조로 함수 두 개를 정의해 보여 주고 싶었다.

스킴에는 while이나 for 같은 반복 제어 흐름 명령이 없다. 반복은 재귀를 이용해야 한다. 앞에서 스킴과 파이썬으로 작성한 코드에 할당문이 없음에 주의하라. 재귀를 많이 사용하고 할당

문이 없는 게 함수형 스타일 프로그래밍의 특징이다.[7]

이제 lis.py의 파이썬 3.10 코드를 살펴보자. 전체 코드 및 테스트 코드는 소스 코드 리포지토리(https://fpy.li/code)의 18-with-match/lispy/py3.10/ 디렉터리에 있다.

18.3.2 임포트와 자료형

[예제 18-12]는 lis.py의 제일 앞부분을 보여 준다. TypeAlias와 자료형 교집합 연산자(¦)를 사용하려면 파이썬 3.10이 필요하다.

예제 18-12 lis.py: 파일 앞부분

```python
import math
import operator as op
from collections import ChainMap
from itertools import chain
from typing import Any, TypeAlias, NoReturn

Symbol: TypeAlias = str
Atom: TypeAlias = float ¦ int ¦ Symbol
Expression: TypeAlias = Atom ¦ list
```

여기에는 다음과 같은 자료형 세 가지가 정의되어 있다.

Symbol

str의 별칭일 뿐이다. lis.py에서 기호(Symbol)는 식별자에 사용된다. 슬라이싱이나 분할 등의 연산을 지원하는 문자열 자료형은 없다.[8]

---

7 재귀를 효율적으로 구현하기 위해 스킴이나 여러 함수형 언어에서는 꼬리 호출 최적화(proper tail call, PTC)를 구현한다.

8 그러나 피터 노빅의 두 번째 인터프리터 lispy.py(https://fpy.li/18-16)는 문자열을 자료형으로 사용하도록 해 줄 뿐만 아니라 구문 매크로, 연속, 꼬리 호출 최적화 등 고급 기능을 지원한다. 하지만 lispy.py는 lis.py보다 거의 세 배나 길고 이해하기 훨씬 더 어렵다.

Atom

숫자나 기호 등 간단한 구문 요소. 리스트처럼 구분 가능한 요소로 구성된 복합 구조체가 아니다.

Expression

스킴 프로그램은 원자(Atom)와 (아마도 내포된 구조의) 리스트로 구성된 표현식(Expression)들로 구성된다.

18.3.3 파서

피터 노빅의 파서는 문자열 데이터, 주석, 매크로 등 파싱을 더욱 복잡하게 만드는 스킴의 표준 기능을 지원하지는 않지만, S-표현식의 간단한 재귀적 구문을 처리하는 파이썬의 강력한 기능을 보여 준다(예제 18-13).

예제 18-13 `lis.py`: 주요 파싱 함수들

```python
def parse(program: str) -> Expression:
    "문자열에서 스킴 표현식을 읽는다."
    return read_from_tokens(tokenize(program))

def tokenize(s: str) -> list[str]:
    "문자열을 토큰의 리스트로 변환한다."
    return s.replace('(', ' ( ').replace(')', ' ) ').split()

def read_from_tokens(tokens: list[str]) -> Expression:
    "토큰의 시퀀스에서 표현식을 읽는다."
    # 책에서는 나머지 파싱 코드들을 생략했다.
```

이 부분에서 핵심 함수는 `parse()`다. S-표현식을 문자열로 받고 [예제 18-12]에 정의된 Expression 객체를 반환한다. 이 객체는 Atom일 수도 있고 아니면 여러 원자와 내포된 리스트를 가진 `list`일 수도 있다.

피터 노빅은 `tokenize()`에서 잔꾀를 부렸다. 입력 문자열에서 모든 괄호 앞뒤에 공백을 넣

고 분리해 '('와 ')'를 별도의 토큰으로 사용해 구문 토큰의 리스트를 만든다. lis.py가 파싱하는 꼬마 버전의 스킴에 문자열형이 없어서 모든 '('와 ')'가 표현식 구분 기호가 되므로 이런 잔꾀가 통한다. 재귀적으로 파싱하는 코드는 리포지토리의 14줄짜리 함수 read_from_tokens()에 있다. 인터프리터의 다른 부분에 집중할 것이므로 이 코드에 관한 자세한 설명은 생략한다.

lispy/py3.10/examples_test.py(https://fpy.li/18-18)의 doctest 일부는 다음과 같다.

```
>>> from lis import parse
>>> parse('1.5')
1.5
>>> parse('ni!')
'ni!'
>>> parse('(gcd 18 45)')
['gcd', 18, 45]
>>> parse('''
... (define double
...     (lambda (n)
...         (* n 2)))
... ''')
['define', 'double', ['lambda', ['n'], ['*', 'n', 2]]]
```

꼬마 스킴 언어의 파싱 규칙은 간단하다.

1 숫자처럼 보이는 토큰은 float나 int로 파싱한다.

2 '('와 ')'를 제외한 모든 문자열은 식별자로 사용될 Symbol로 파싱한다. 즉, +, set!, make-counter처럼 파이썬에서는 아니지만, 스킴에서는 정상적인 식별자가 모두 Symbol이 된다.

3 '('와 ')' 안에 있는 표현식은 원자나 내포된 리스트로 파싱되는데, 내포된 리스트 안에는 원자나 또 다른 내포된 리스트가 있을 수 있다.

parse()는 파이썬 인터프리터 용어를 빌어 이른바 추상 구문 트리Abstract Syntax Tree(AST)를 출력한다. 추상 구문 트리는 스킴 프로그램을 트리와 비슷한 구조를 형성하는 내포된 리스트로 표현되는데, 여기서 리스트의 가장 바깥쪽은 트렁크trunk, 내부 리스트는 브랜치branch, 원자는 잎leaf으로 표현된다(그림 18-1).

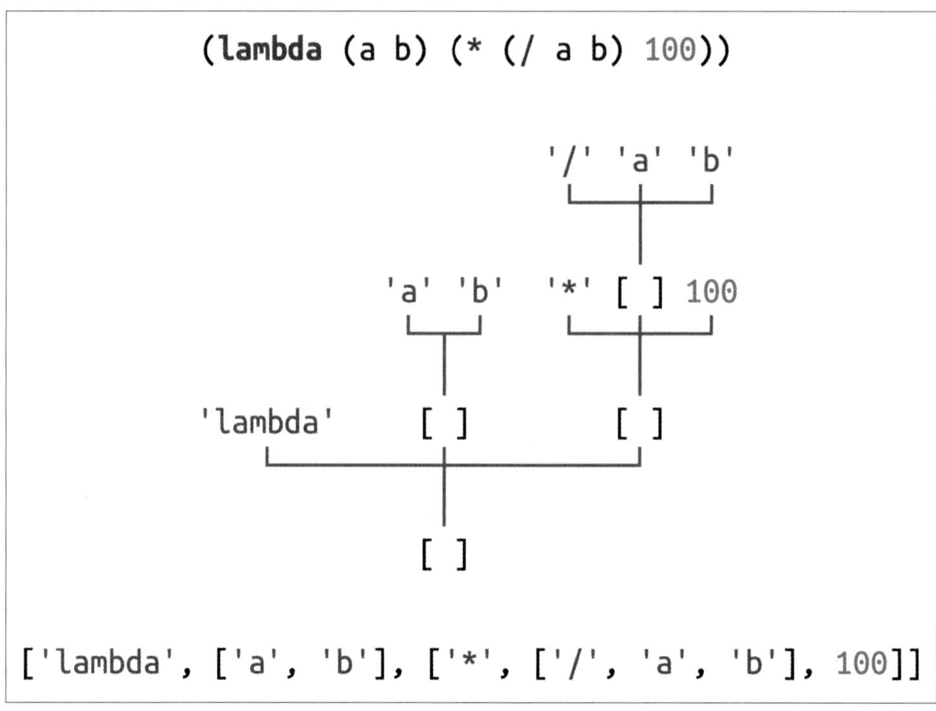

그림 18-1 소스 코드(구상 구문), 트리, 파이썬 객체의 시퀀스(추상 구문)으로 표현된 스킴 lambda 표현식

18.3.4 환경

Environment 클래스는 collections.ChainMap 클래스를 상속해 change() 메서드를 추가한다. self.maps 속성은 ChainMap 인스턴스를 매핑의 리스트로 보관하는데, change() 메서드는 ChainMap 속에 들어 있는 딕셔너리의 값을 갱신한다. change() 메서드는 스킴의 (set! ...) 형식을 지원하기 위해 필요하다. [예제 18-14]를 참조하라.

예제 18-14 lis.py: Environment 클래스

```python
class Environment(ChainMap[Symbol, Any]):
    "항목을 인플레이스 변경하게 해 주는 ChainMap"

    def change(self, key: Symbol, value: Any) -> None:
        "키가 정의된 위치를 찾고 그곳의 값을 변경한다."
        for map in self.maps:
```

```
        if key in map:
            map[key] = value   # type: ignore[index]
            return
    raise KeyError(key)
```

change() 메서드는 키가 이미 있을 때만 값을 갱신함에 주의하라.[9] 없는 키의 값을 갱신하려
고 하면 KeyError 예외가 발생한다.

doctest는 Environment가 어떻게 작동하는지 잘 보여 준다.

```
>>> from lis import Environment
>>> inner_env = {'a': 2}
>>> outer_env = {'a': 0, 'b': 1}
>>> env = Environment(inner_env, outer_env)
>>> env['a']   ❶
2
>>> env['a'] = 111   ❷
>>> env['c'] = 222
>>> env
Environment({'a': 111, 'c': 222}, {'a': 0, 'b': 1})
>>> env.change('b', 333)   ❸
>>> env
Environment({'a': 111, 'c': 222}, {'a': 0, 'b': 333})
```

❶ 값을 읽을 때 Environment는 ChainMap으로 작동한다. 키를 검색할 때 내포된 매핑형들의 왼쪽에서 오
른쪽으로 검색한다. 그래서 inner_env의 a가 outer_env의 a 값을 가린다.

❷ [] 연산자를 이용해 값을 할당하면 첫 번째 매핑 안의 값을 덮어쓰거나 새로운 항목을 추가한다. 이 예제
에서 첫 번째 매핑은 inner_env다.

❸ env.change('b', 333)은 outer_env에서 'b' 키를 찾아 새로운 값을 할당한다.

다음은 미리 정의된 함수들로 채워진 Environment를 만들어 반환하는 standard_env() 함
수인데, 파이썬에서 언제나 사용할 수 있는 __builtins__ 모듈과 비슷하다(예제 18-15).

---

9 # type: ignore[index] 주석은 typeshed 이슈 #6042(https://fpy.li/18-19) 때문에 넣었는데, 이 책을 검토하는 현재까지
이 문제는 해결되지 않았다. ChainMap은 MutableMapping으로 어노테이트되었지만, maps 속성의 자료형 힌트는 Mapping의 리스트
라고 표시되어서 Mypy 입장에서 보면 전체 ChainMap을 불변형으로 판단하기 때문이다.

```python
def standard_env() -> Environment:
    "스킴 표준 프로시저들을 가진 환경"
    env = Environment()
    env.update(vars(math))    # sin, cos, sqrt, pi, ...
    env.update({
            '+': op.add,
            '-': op.sub,
            '*': op.mul,
            '/': op.truediv,
            # 중략 : 여기에 더 많은 연산자가 정의되어 있다.
            'abs': abs,
            'append': lambda *args: list(chain(*args)),
            'apply': lambda proc, args: proc(*args),
            'begin': lambda *x: x[-1],
            'car': lambda x: x[0],
            'cdr': lambda x: x[1:],
            # 중략 : 여기에 더 많은 함수가 정의되어 있다.
            'number?': lambda x: isinstance(x, (int, float)),
            'procedure?': callable,
            'round': round,
            'symbol?': lambda x: isinstance(x, Symbol),
    })
    return env
```

요약하면 **env** 매핑에 다음과 같은 것들이 들어 있다.

- 파이썬의 math 모듈에 있는 모든 함수

- 파이썬의 op 모듈에 있는 일부 연산자

- 파이썬의 lambda로 만든 간단하지만 강력한 함수들

- 이름을 바꾸거나 그대로 매핑한 파이썬 내장 함수들. 예를 들어, callable은 procedure?로 변경하고, round는 그대로 매핑했다.

18.3.5 REPL

피터 노빅의 REPL(읽기-평가-출력 루프)은 가독성이 좋지만, 사용자 친화적이지는 않다 ([예제 18-16] 참조). lis.py에 아무런 명령행 인수도 전달하지 않으면 모듈의 끝에 있는

main() 함수가 repl() 함수를 호출한다. lis.py> 프롬프트에는 올바르고 완전한 표현식을 입력해야 한다. 만약 닫는 괄호를 빼먹는다면 lis.py가 충돌한다.[10]

예제 18-16 repl() 함수

```python
def repl(prompt: str = 'lis.py> ') -> NoReturn:
    "프롬프트-읽기-평가-출력 루프"
    global_env = Environment({}, standard_env())
    while True:
        ast = parse(input(prompt))
        val = evaluate(ast, global_env)
        if val is not None:
            print(lispstr(val))


def lispstr(exp: object) -> str:
    "파이썬 객체를 리스프가 읽을 수 있는 문자열로 변환한다."
    if isinstance(exp, list):
        return '(' + ' '.join(map(lispstr, exp)) + ')'
    else:
        return str(exp)
```

두 함수를 간략히 설명하면 다음과 같다.

repl(prompt: str = 'lis.py> ') -> NoReturn

전역 환경에 대한 내장 함수를 제공하기 위해 standard_env()를 호출하고, 무한 루프에 들어가 입력된 내용을 읽고, 파싱하고, 전역 환경에서 평가하고, 결과가 None이 아니면 출력한다. global_env는 evaluate()에 의해 변경될 수 있다. 예를 들어 사용자가 전역 변수나 함수를 새로 정의할 때, 그 이름이 환경의 첫 번째 매핑에 저장된다. 첫 번째 매핑은 repl()의 첫 번째 줄에서 Environment 생성자를 호출할 때 빈 딕셔너리로 만들어진다.

lispstr(exp: object) -> str

parse() 함수의 역함수다. 표현식을 나타내는 파이썬 객체를 받고 이에 대응하는 스킴 소스 코드를 반환한다. 예를 들어 ['+', 2, 3]을 입력받으면 '(+ 2 3)'를 출력한다.

---

10 필자가 피터 노빅의 lis.py와 lispy.py를 공부할 때, mylis라는 이름으로 포크하고 몇 가지 기능을 추가했다(https://fpy.li/18-20). 예를 들어 파이썬의 REPL이 완료되지 않은 표현식을 입력받았을 때 보조 프롬프트(...)를 출력해 표현식이나 문장을 완료하게 해 주듯이, S-표현식이 끝나지 않았을 때 보조 프롬프트를 출력해 계속해서 입력할 수 있게 했다. 그리고 몇 가지 에러도 깔끔하게 처리했지만, 파이썬의 REPL 만큼 완벽하지는 않아서 여전히 충돌하기 쉽다.

18.3.6 평가자

이제 피터 노빅의 표현식 평가자가 얼마나 훌륭하게 만들어졌는지 살펴보자(match/case 로 약간 더 멋있게 만들어 놓았다). [예제 18-17]의 evaluate() 함수는 parse()가 만든 Expression과 Environment를 인수로 받는다.

evaluate()의 본체는 대상으로 exp 표현식을 받는 하나의 match 문으로 구성된다. case 패턴은 아주 깔끔하게 스킴 구문과 의미를 표현한다.

예제 18-17 evalute()는 표현식을 받아 값을 계산한다.

```python
KEYWORDS = ['quote', 'if', 'lambda', 'define', 'set!']

def evaluate(exp: Expression, env: Environment) -> Any:
    "환경 안에서 표현식을 평가한다."
    match exp:
        case int(x) | float(x):
            return x
        case Symbol(var):
            return env[var]
        case ['quote', x]:
            return x
        case ['if', test, consequence, alternative]:
            if evaluate(test, env):
                return evaluate(consequence, env)
            else:
                return evaluate(alternative, env)
        case ['lambda', [*parms], *body] if body:
            return Procedure(parms, body, env)
        case ['define', Symbol(name), value_exp]:
            env[name] = evaluate(value_exp, env)
        case ['define', [Symbol(name), *parms], *body] if body:
            env[name] = Procedure(parms, body, env)
        case ['set!', Symbol(name), value_exp]:
            env.change(name, evaluate(value_exp, env))
        case [func_exp, *args] if func_exp not in KEYWORDS:
            proc = evaluate(func_exp, env)
            values = [evaluate(arg, env) for arg in args]
            return proc(*values)
        case _:
            raise SyntaxError(lispstr(exp))
```

각 case 절이 무슨 일을 하는지 알아보자. 일부 case 문에는 파이썬 리스트로 파싱되었을 때 대응하는 패턴을 S-표현식으로 주석을 달았다. examples_test.py(https://fpy.li/18-21)에서 발췌한 doctest는 각 case의 처리 예를 보여 준다.

숫자 평가

```
case int(x) | float(x):
    return x
```

대상

int나 float 인스턴스

처리

값을 그대로 반환한다.

예제

```
>>> from lis import parse, evaluate, standard_env
>>> evaluate(parse('1.5'), {})
1.5
```

기호 평가

```
case Symbol(var):
    return env[var]
```

대상

Symbol 인스턴스(예: 식별자로 사용되는 str)

처리

env에서 var를 검색해 값을 반환한다.

예제

```
>>> evaluate(parse('+'), standard_env())
<built-in function add>
>>> evaluate(parse('ni!'), standard_env())
Traceback (most recent call last):
    ...
KeyError: 'ni!'
```

(quote ...)

quote 특별 형식은 원자나 리스트를 평가할 표현식이 아니라 데이터로 처리한다.

```
# (quote (99 bottles of beer))
case ['quote', x]:
    return x
```

대상

'quote' 기호로 시작하고 뒤에 하나의 표현식 x가 나오는 리스트

처리

x의 값을 평가하지 않고 그대로 반환한다.

예제

```
>>> evaluate(parse('(quote no-such-name)'), standard_env())
'no-such-name'
>>> evaluate(parse('(quote (99 bottles of beer))'), standard_env())
[99, 'bottles', 'of', 'beer']
>>> evaluate(parse('(quote (/ 10 0))'), standard_env())
['/', 10, 0]
```

앞 예제에서 quote를 사용하지 않으면 표현식들이 다음과 같은 에러를 발생시켰을 것이다.

- no-such-name을 환경에서 검색하고 KeyError를 발생시킨다.
- 숫자 99가 특별 형식, 연산자, 혹은 함수의 이름을 나타내는 Symbol이 아니므로 (99 bottles of beer)을 평가할 수 없다.
- (/ 10 0)는 ZeroDivisionError를 발생시킨다.

왜 언어에는 키워드 예약어가 있을까?

간단하긴 하지만 quote는 스킴에서 함수로 구현할 수 없다. (quote (f 10)) 표현식에서 인터프리터가 (f 10)을 평가하지 않게 하는 특별한 능력이 있다. 결과는 단순히 Symbol과 int가 있는 리스트가 된다. 이와 반대로 (abs (f 10))과 같은 함수 호출에서는 인터프리터가 abs를 호출하기 전에 (f 10)을 평가한다. 그래서 quote는 키워드 예약어로 만들어졌고, 일종의 특별 형식으로 처리되어야 한다.

일반적으로 키워드 예약어가 필요한 이유는 다음과 같다.

- quote와 lambda처럼 뒤에 나오는 표현식을 평가하지 않는 특별한 평가 규칙이 필요하다.
- if와 함수 호출처럼 제어 흐름을 변경하는 특별한 평가 규칙이 필요하다.
- define과 set처럼 환경을 설정할 수 있어야 한다.

따라서 파이썬은 물론 모든 프로그래밍 언어에 키워드 예약어가 필요하다. 파이썬에서 def, if, yield, import, del이 하는 역할을 생각해 보라.

(if ...)

```
# (if (< x 0) 0 x)
case ['if', test, consequence, alternative]:
    if evaluate(test, env):
        return evaluate(consequence, env)
    else:
        return evaluate(alternative, env)
```

대상

if로 시작해 test, consequence, alternative라는 총 3개의 표현식이 있는 리스트

처리

test를 평가하고 나서 다음과 같이 처리한다.

- 값이 참이면, consequence를 평가하고 그 값을 반환한다.
- 그렇지 않으면, alternative를 평가하고 그 값을 반환한다.

예제

```
>>> evaluate(parse('(if (= 3 3) 1 0))'), standard_env())
1
>>> evaluate(parse('(if (= 3 4) 1 0))'), standard_env())
0
```

consequence와 alternative 부분은 하나의 표현식이어야 한다. 이 부분에 두 개 이상의 표현식이 필요하면 lis.py에서 함수로 제공된 (begin exp1 exp2 ...) 형태로 만들어야 한다 (예제 18-15).

(lambda ...)

스킴의 lambda 형식은 익명 함수를 정의한다. 그러나 파이썬 lambda와 달리 제약이 없다. 스킴으로 작성할 수 있는 함수는 무엇이든 (lambda ...) 구문으로 작성할 수 있다.

```python
# (lambda (a b) (/ (+ a b) 2))
case ['lambda' [*parms], *body] if body:
    return Procedure(parms, body, env)
```

대상

'lambda'로 시작하고 다음 둘 중 하나가 뒤에 오는 리스트

- 0개 이상의 인수(parameter) 이름의 리스트
- 1개 이상의 표현식이 들어 있는 body(body 안이 비어 있지 않음을 guard가 보장한다)

처리

인수들의 이름, 본체 안의 표현식 리스트, 현재 환경을 담은 Procedure 인스턴스를 생성해 반환한다.

예제

```
>>> expr = '(lambda (a b) (* (/ a b) 100))'
>>> f = evaluate(parse(expr), standard_env())
>>> f  # doctest: +ELLIPSIS
<lis.Procedure object at 0x...>
>>> f(15, 20)
75.0
```

Procedure 클래스는 클로저 개념을 구현한다. 클로저는 인수들의 이름, 함수 본체, 함수가 정의된 환경에 대한 참조를 보관하는 일종의 콜러블 객체다. Procedure 코드는 잠시 후 다시 살펴본다.

(define ...)

define 키워드는 두 가지 구문 형식으로 사용된다. 그중 가장 간단한 것은 다음과 같다.

```python
# (define half (/ 1 2))
case ['define', Symbol(name), value_exp]:
    env[name] = evaluate(value_exp, env)
```

대상

'define'으로 시작해 Symbol과 표현식이 뒤에 나오는 리스트

name을 키로 사용하고 표현식을 평가한 값을 env에 저장한다.

예제

```
>>> global_env = standard_env()
>>> evaluate(parse('(define answer (* 7 6))'), global_env)
>>> global_env['answer']
42
```

이 case에 대한 doctest는 global_env를 생성해 evaluate()가 answer를 Environment에 저장하는지 검증한다.

이 간단한 define 형식을 이용하면 변수를 생성하거나 (lambda ...)를 value_exp로 사용해 익명 함수를 이름에 바인딩할 수 있다.

표준 스킴은 명명된 함수를 정의하는 단축 구문을 제공하는데, 이것이 define의 두 번째 형식이다.

```
# (define (average a b) (/ (+ a b) 2))
case ['define', [Symbol(name), *parms], *body] if body:
    env[name] = Procedure(parms, body, env)
```

대상

'define'으로 시작하고 뒤에 다음 중 하나가 오는 리스트

- Symbol(name)으로 시작하고 0개 이상의 parms 이름들의 리스트
- 1개 이상의 표현식이 들어 있는 body(body 안이 비어 있지 않음을 가드가 보장한다)

처리

- 인수들의 이름, 표현식의 리스트가 들어 있는 본체, 현재 환경을 가진 Procedure 인스턴스를 생성한다.
- name을 키로 사용하고 표현식을 평가한 값을 env에 저장한다.

예제

[예제 18-18]의 doctest는 백분율을 계산하는 **%**라는 이름의 함수를 정의하고 `global_env`에 추가한다.

예제 18-18 백분율을 계산하는 %라는 이름의 함수 정의하기

```
>>> global_env = standard_env()
>>> percent = '(define (% a b) (* (/ a b) 100))'
>>> evaluate(parse(percent), global_env)
>>> global_env['%']  # doctest: +ELLIPSIS
<lis.Procedure object at 0x...>
>>> global_env['%'](170, 200)
85.0
```

`evaluate()`를 호출한 후 숫자형 인수 두 개를 받아 백분율을 반환하는 Procedure가 **%**에 바인딩되었음을 확인한다.

두 번째 `define`에 대한 패턴은 parms 안에 있는 항목이 모두 Symbol 인스턴스인지 확인하지 않는다. Procedure를 만들기 전에 확인하는 것이 안전하지만, 피터 노빅의 코드만큼 코드를 간단히 하려고 확인하는 부분은 생략했다.

(set! ...)

set! 형식은 기존에 정의된 변수의 값을 변경한다.[11]

```
# (set! n (+ n 1))
case ['set!', Symbol(name), value_exp]:
    env.change(name, evaluate(value_exp, env))
```

대상

'set!'으로 시작해 Symbol과 표현식이 뒤에 나오는 리스트

---

[11] 할당은 대부분의 프로그래밍 튜토리얼 제일 앞부분에서 가르치는 기능이지만, set!은 SICP, 혹은 '마법사 책'으로도 불리며 스킴 프로그래밍에서 가장 많이 알려진 책인 해럴드 에빌슨 공저, 김재우 공역, 『컴퓨터 프로그램의 구조와 해석』(인사이트, 2016)의 220쪽에 가서야 나온다. 명령형과 객체지향 프로그래밍에서 전형적으로 처리하는 상태 변화 없이 함수형 스타일로 코딩할 때 알아야 할 것이 얼마나 많은지 잘 보여 준다.

처리

env에 들어 있는 name의 값을 평가된 표현식의 값으로 갱신한다.

Environment.change() 메서드는 지역에서 시작해 전역으로 연결된 환경들을 순회하고, 처음 발견된 name의 값을 갱신한다. 'set!' 키워드를 구현하지 않았다면 인터프리터의 곳곳에 파이썬의 ChainMap을 Environment 형으로 사용할 수도 있다.

동일한 문제를 해결하는 파이썬의 nonlocal과 스킴의 set!

set! 형식의 사용은 파이썬에서 nonlocal 키워드의 사용과 관련이 있다. nonlocal x로 선언하면 x = 10은 이전에 지역 범위 바깥에서 정의된 x 변수의 값을 갱신한다. nonlocal x 선언을 하지 않으면 파이썬에서는 지역 변수를 만들어버린다(9.7절 'nonlocal 선언' 참조).

마찬가지로 (set! x 10)은 함수의 지역 환경 바깥에서 정의되었을지 모르는 기존의 x 값을 갱신한다. 이와 반대로 (define x 10)에서의 x는 언제나 지역 변수로, 지역 환경 안에서 생성되거나 갱신된다.

nonlocal과 (set! ...)은 둘 다 클로저 안에 있는 프로그램 상태를 갱신하기 위해 필요하다. [예제 9-13]은 클로저 안에 count와 total 항목을 보관하면서 이동 평균을 계산하기 위해 nonlocal을 사용하는 방법을 보여 주었다. 똑같은 개념을 lis.py의 꼬마 스킴으로 작성하면 다음과 같다.

```
(define (make-averager)
    (define count 0)
    (define total 0)
    (lambda (new-value)
        (set! count (+ count 1))
        (set! total (+ total new-value))
        (/ total count)
    )
)
(define avg (make-averager))  ❶
(avg 10)  ❷
(avg 11)  ❸
(avg 15)  ❹
```

---

❶ lambda로 정의한 내부 함수와 0으로 초기화된 변수 count와 total이 있는 클로저를 생성하고, 이 클로저를 avg에 바인딩한다.

❷ 10.0을 반환한다.

❸ 10.5를 반환한다.

❹ 12.0을 반환한다.

앞 코드는 lispy/py3.10/examples_test.py(https://fpy.li/18-18) 테스트 중의 하나다.

이제 함수 호출에 관해 알아보자.

함수 호출

```
# (gcd (* 2 105) 84)
case [func_exp, *args] if func_exp not in KEYWORDS:
    proc = evaluate(func_exp, env)
    values = [evaluate(arg, env) for arg in args]
    return proc(*values)
```

대상

하나 이상의 항목이 있는 리스트.

이 가드는 func_exp가 [예제 18-17]에 있는 evaluate() 바로 앞에 나온 ['quote', 'if', 'define', 'lambda', 'set!'] 중 하나가 아님을 보장한다.

이 패턴은 하나 이상의 표현식을 가진 어떠한 리스트에도 매칭될 수 있는데, 첫 번째 표현식은 func_exp에, 나머지는 args에 리스트로 바인딩된다. args는 빈 리스트일 수도 있다.

처리

- func_exp를 평가해 proc() 함수를 가져온다.
- args의 항목을 모두 평가해 인숫값의 리스트를 만든다.
- 인숫값 리스트를 분할해 proc()을 호출하고 결과를 반환한다.

예제

```
>>> evaluate(parse('(% (* 12 14) (- 500 100))'), global_env)
42.0
```

이 doctest는 [예제 18-18]에서 이어진다. global_env에 %라는 이름의 함수가 있다고 가정한다. %에 주어진 인수들은 산술 표현식으로, 함수를 호출하기 전에 인수들이 평가되어야 함을 잘 보여 준다.

[func_exp, *args]는 하나 이상의 항목이 있는 어떤 시퀀스 대상에도 매칭이 되므로, 이 case 절에서는 키워드를 먼저 확인하는 가드가 필요하다. 만약 func_exp가 키워드이고 대상이 그 앞에 있는 case 절에 매칭되지 않는다면, 구문 에러다.

구문 에러 잡기

대상 exp가 앞에 있는 case들에 매칭되지 않으면, 마지막에 있는 모두에 매칭되는 case 문에서 SyntaxError를 발생시킨다.

```
case _:
    raise SyntaxError(lispstr(exp))
```

예를 들어 다음과 같이 잘못된 (lambda ...) 형식을 평가하면 다음과 같이 SyntaxError가 발생한다.

```
>>> evaluate(parse('(lambda is not like this)'), standard_env())
Traceback (most recent call last):
  ...
SyntaxError: (lambda is not like this)
```

만약 함수 호출에 대한 case 절에서 키워드를 거부하는 가드가 없다면 (lambda is not like this) 표현식은 함수 호출로 처리되어, KeyError를 발생시킬 것이다. lambda가 파이썬의 내장 함수가 아닌 것과 마찬가지로 'lambda'가 환경에 속하지 않기 때문이다.

18.3.7 Procedure: 클로저를 구현하는 클래스

Procedure 클래스는 Closure라는 이름이 붙었으면 더 좋았을 것이다. 사실 이 클래스는 함수 정의와 함께 환경을 담기 때문이다. 함수 정의는 인수명과 함수 본체를 구성하는 표현식을 담는다. 환경은 함수가 호출될 때 자유 변수(함수 본체 안에 나오지만, 인수도, 지역 변수도, 전역 변수도 아닌 변수)를 제공하는 데 사용되기 때문이다. 클로저와 자유 변수의 개념은 9.6절 '클로저'에서 설명했다.

파이썬에서 클로저를 사용하는 방법은 배웠지만, lis.py에서 클로저가 어떻게 구현되었는지 깊이 있게 살펴보자.

```
class Procedure:
    "사용자 정의 스킴 프로시저"

    def __init__(  ❶
        self, parms: list[Symbol], body: list[Expression], env: Environment
    ):
        self.parms = parms  ❷
        self.body = body
        self.env = env

    def __call__(self, *args: Expression) -> Any:  ❸
        local_env = dict(zip(self.parms, args))  ❹
        env = Environment(local_env, self.env)  ❺
        for exp in self.body:  ❻
            result = evaluate(exp, env)
        return result  ❼
```

❶ 함수가 lambda나 define 형식으로 정의되었을 때 호출된다.

❷ 나중에 사용하기 위해 인수명, 본체 표현식, 환경을 저장한다.

❸ case [func_exp, *args]절의 마지막 줄에서 proc (*values)에 의해 호출된다.

❹ self.parms를 지역 변수명으로, 주어진 args를 값으로 사용해 local_env를 만든다.

❺ local_env를 앞에 넣고, 함수를 정의할 때 저장된 환경인 self.env를 그다음에 넣어 합쳐진 env를 새로 만든다.

❻ self.body에 있는 모든 표현식을 반복해 합쳐진 env에서 값을 평가한다.

❼ 평가된 마지막 표현식의 결과를 반환한다.

lis.py(https://fpy.li/18-24) 안에는 evaluate() 다음에 간단한 함수 두 개가 나온다.
run()은 스킴 프로그램 전체를 읽어 실행하고, main()은 파이썬과 비슷하게 명령행에서 받
은 인수에 따라 run()이나 repl()을 호출한다. 이 함수들은 별로 특이한 점이 없으므로 여기
서 설명하지는 않는다. 필자의 목표는 피터 노빅이 만든 조그만 인터프리터의 우아함을 공유하
고, 클로저가 작동하는 방식을 깊이 있게 알아보고, 파이썬에 추가된 match/case가 얼마나 멋
진지 보여 주는 것이었다.

패턴 매칭을 장황하게 설명한 부분을 정리하기 위해 OR 패턴의 개념을 공식적으로 정리해 보자.

18.3.8 OR 패턴의 사용

¦으로 분리된 일련의 패턴이 OR 패턴(https://fpy.li/18-25)이다. 하위 패턴 중 하나라도
성공하면 성공한다. 18.3.6절의 '숫자 평가'에 나온 패턴이 OR 패턴이다.

```
case int(x) ¦ float(x):
    return x
```

OR 패턴 안의 모든 하위 패턴은 동일한 변수를 사용해야 한다. 매칭된 하위 패턴에 무관하게
가드 표현식과 case 본체에서 변수를 사용하게 하는 데 이 제약이 필요하다.

> **WARNING** case 절 안에서 ¦ 연산자는 특별한 의미가 있다. 다른 곳에서는 피연산자에 따라 합집합을 구
> 하거나 비트 or 연산을 수행하기 위해 __or__() 특별 메서드가 오버로드 되고 a ¦ b 같은 표현식을 처리
> 하기 위해 __or__() 특별 메서드가 호출된다. 그러나 case 절 안에서는 __or__()가 호출되지 않는다.

OR 패턴은 최상위 패턴에 제한되지 않으며 하위 패턴에도 사용할 수 있다. 예를 들어 lis.py
가 lambda 키워드뿐만 아니라 그리스 람다 문자(λ)[12]도 처리하게 하려면 패턴을 다음과 같이
작성할 수 있다.

---

12 λ(U+03BB) 문자의 공식 명칭은 GREEK SMALL LETTER LAMDA이다. 이는 오타가 아니며, 유니코드 데이터베이스에서는 'b'가
  없는 'lamda'를 사용한다. 'lambda'에 관한 영문판 위키백과(https://fpy.li/18-26)에 따르면 그리스 국가 단체에서 표명한 선호
  도 때문에 유니코드 컨소시엄에서 이 철자를 채택했다고 한다.

```
#  (λ (a b) (/ (+ a b) 2) )
case ['lambda' ¦ 'λ', [*parms], *body] if body:
    return Procedure(parms, body, env)
```

이제 이 장의 세 번째이자 마지막 주제로 넘어갈 차례다. 파이썬에서 else 절이 나타나는 특이한 곳에 관해 알아보자.

18.4 if 문 뒤의 else 블록

이 기능은 비밀은 아니지만 파이썬에서 잘 쓰이지 않는다. else 절은 if 문뿐만 아니라 for, while, try 문에서도 사용할 수 있다.

for/else, while/else, try/else의 의미는 서로 밀접한 연관이 있지만, if/else와는 확연히 다르다. 필자는 처음에 else라는 단어 때문에 이 기능을 제대로 이해하지 못했지만, 결국은 익숙해지게 되었다.

규칙은 다음과 같다.

for

break 문으로 중단되지 않고 for 루프가 끝까지 실행될 때만 else 블록이 실행된다.

while

break 문으로 중단되지 않고 조건이 거짓이 되어 while 루프가 종료될 때만 else 블록이 실행된다.

try

try 블록 안에서 예외가 발생하지 않을 때만 else 블록이 실행된다. 공식 문서(https://fpy.li/18-27)에서는 "else 절 안에서 발생하는 예외는 바로 앞의 except 절로 처리되지 않는다"라고도 이야기한다.

이 세 경우 모두, 예외나 return, break, continue 문이 제어 흐름을 복합문의 주요 블록에서 빠져나오게 하면 else 절은 지나치게 된다.

이런 문장에서 else를 사용하면 코드의 가독성이 좋아지고 제어 플래그를 설정하거나 if 문을 추가하는 수고를 덜 수 있다.

일반적으로 루프에서의 else는 다음 코드 조각과 같은 형태를 따른다.

```python
for item in my_list:
    if item.flavor == 'banana':
        break
else:
    raise ValueError('No banana flavor found!')
```

try/except 블록은 얼핏 보면 else가 불필요한 것으로 보인다. 결국 다음 코드 조각에서 after_call()은 dangerous_call()이 예외를 발생시키지 않을 때만 실행되지 않는가?

```python
try:
    dangerous_call()
    after_call()
except OSError:
    log('OSError...')
```

그러나 그렇게 되면 정당한 이유 없이 try 블록 안에 after_call()이 들어가게 된다. 코드의 정확성과 가독성을 위해서는 try 블록의 본체에는 예상된 예외를 발생시키는 문장만 들어가야 한다. 따라서 다음과 같은 코드가 더 깔끔하다.

```
try:
    dangerous_call()
except OSError:
    log('OSError...')
else:
    after_call()
```

이제는 after_call()이 아니라 dangerous_call()에서 발생할 수 있는 에러에 대처하고자
try 블록을 사용한다는 것이 명확히 보인다. 그리고 after_call()은 try 블록 안에서 예외
가 발생하지 않을 때만 실행하려는 의도가 명확히 보인다.

파이썬에서 try/except는 에러 처리뿐만 아니라 흐름 제어에도 널리 사용된다. 파이썬 공식
용어집(https://fpy.li/18-28)에는 다음과 같은 슬로건이 문서화되었을 정도다.

> **EAFP**
>
> 허락보다는 용서를 구하는 게 쉽다Easier to Ask for Forgiveness than Permission. 파이썬에서 널리 사용되는
> 이 코딩 스타일은 키나 속성이 존재한다고 가정하고 이 가정이 틀렸을 때 예외를 처리하는 방
> 식이다. 이 깔끔하고 빠른 스타일은 try와 except 문을 많이 사용하는 특징이 있다. 이 기법
> 은 C 언어 등 다른 언어에서 통용되는 LBYL 스타일과 대비된다.

그러고 나서 용어집은 LBYL도 정의한다.

> **LBYL**
>
> 누울 자리를 보고 다리를 뻗어라Look Before You Leap. 이 코딩 스타일은 호출하거나 조회하기 전
> 에 사전 조건을 명시적으로 검사한다. EAFP 스타일과 대비되는 스타일이며, if 문을 많
> 이 사용하는 특징이 있다. 다중 스레드 환경에서 LBYL 방식은 '보기'와 '뻗기'를 하는 중간
> 에 경쟁 상태race condition를 일으킬 위험이 있다. 예를 들어 if key in mapping: return
> mapping[key]는 현재 스레드에서 키를 테스트하고 나서 값을 조회하기 전에 다른 스레드
> 에서 키를 제거하면 실패한다. 록을 이용하거나 EAFP 방식을 사용하면 이 문제를 해결할 수
> 있다.

EAFP 스타일을 따른다면 try/except 문에서 else 블록을 알고 제대로 사용하는 편이 훨씬 더 자연스럽다.

> **NOTE** match 문에 관해 이야기할 때, 필자를 포함한 일부 사람들은 여기에도 else 절이 있어야 한다고 생각했다. 그러나 결국 필요 없다는 결론이 나왔다. case _: 문이 바로 그 일을 하기 때문이다.[13]

이제 이 장을 마무리할 때가 되었다.

18.5 요약

이 장은 콘텍스트 관리자와 with 문의 의미에서 시작해 열린 파일을 자동으로 닫는 일반적인 용법보다 고차원적인 용법을 알아보았다. 그러고 나서 __enter__()/__exit__() 메서드가 있는 커스텀 콘텍스트 관리자 LookingGlass 클래스를 구현하고 __exit__() 메서드 안에서 예외를 처리하는 방법을 살펴보았다. 레이먼드 해팅거가 파이콘 US 2013 키노트에서 발표한 내용의 핵심은 with 문이 단지 리소스 관리용이 아니라, 공통적인 준비와 마무리 작업 또는 다른 프로시저의 앞과 뒤에서 수행해야 할 연산을 인수분해하는 도구라는 것이다.[14]

그리고 contextlib 표준 라이브러리 모듈에 있는 함수들을 살펴보았다. 그중 하나인 @contextmanager 데커레이터는 하나의 yield 문이 있는 간단한 제너레이터를 이용해 콘텍스트 관리자를 구현하게 해 준다(제너레이터를 사용하면 2개 이상의 메서드가 있는 클래스를 정의하는 것보다 가볍게 콘텍스트 관리자를 만들 수 있다). 그러고 나서 LookingGlass 클래스를 looking_glass() 제너레이터 함수로 다시 구현하고, @contextmanager 데커레이터를 사용할 때 예외를 처리하는 방법에 관해 이야기했다.

마지막으로 피터 노빅의 멋진 lis.py를 살펴보았다. 이 프로그램은 파이썬의 관용구로 작성된 스킴 언어의 인터프리터로, 모든 인터프리터 언어의 핵심인 evaluate()에서 match/case를

---

13 python-dev 메일링 리스트를 보면서 필자는 else가 거절된 이유 중 하나가 match 블록에서 else를 들여 쓰는 방법(else를 match 레벨에 놓을 것인가? 아니면 case 레벨에 놓을 것인가?)에 대한 의견 일치를 보지 못했기 때문이라고 생각했다.

14 '파이썬이 멋진 이유(What Makes Python Awesome?)'(https://fpy.li/18-29)의 21번 슬라이드를 참조하라.

사용하도록 필자가 리팩터링했다. evaluate()가 작동하는 방식을 이해하기 위해 스킴 언어를 간략히 살펴보았고, S-표현식의 파서, 간단한 REPL, collection.ChainMap의 서브클래스인 Environment를 통해 내포된 범위를 만들었다. 결국 lis.py는 패턴 매칭보다 더 많은 것을 탐구하게 해 준 도구였다. 이 프로그램을 통해 인터프리터의 여러 부분이 어떻게 작동하는지 보여 주고, 왜 키워드 예약어가 필요한지, 범위 규칙이 어떻게 작동하는지, 클로저를 어떻게 만들고 사용하는지 알아보면서 파이썬 자체의 핵심 기능도 더 많이 이해하게 되었다.

## CHAPTER 19

파이썬 동시성 모델

> 동시성은 한 번에 여러 일을 처리하는 것이다. 병렬성은 한 번에 여러 일을 하는 것이다. 똑같지는 않지만, 서로 관련은 있다. 동시성은 구조의 문제이고, 병렬성은 실행의 문제다. 동시성은 (병렬화가 꼭 필요하지는 않지만) 병렬화할 수 있는 문제를 해결하는 데 필요한 구조를 제공한다.[1]
>
> — **롭 파이크**Rob Pike
> **Go 언어의 공동 창시자**

이 장은 파이썬이 '한 번에 여러 가지 일을' 처리하게 하는 방법을 설명한다. 그러려면 동시성 혹은 병렬 프로그래밍을 해야 한다(학자들도 동시성과 병렬성 용어에 관해서는 의견이 분분하다). 이 장에서는 롭 파이크의 비공식 정의를 머리글로 채택했지만, 필자가 본 대부분의 논문과 책은 병렬 컴퓨팅에 관한 책이라고 주장하면서 사실 대부분 동시성을 다루었다.[2]

롭 파이크의 견해에 따르면 병렬성은 동시성의 특수한 한 가지 경우다. 모든 병렬 시스템은 동시적이지만, 모든 동시성 시스템이 병렬은 아니다. 2000년대 초에 우리는 그누 리눅스에서 동

---

1 '동시성은 병렬성이 아니다(Concurrency Is Not Parallelism)' 발표 자료의 8번째 슬라이드(`https://fpy.li/19-1`)에서 인용했다.

2 필자는 임레 시몬(Imre Simon) 교수와 함께 연구하고 작업했는데, 임레 교수는 과학에는 두 가지 죄악이 있다고 말하곤 했다. 하나는 동일한 것을 의미하는 데 다른 단어를 사용하는 것이고, 다른 하나는 다른 것들을 의미하는 데 하나의 단어를 사용하는 것이다. 임레 시몬 교수(1943–2009)는 브라질의 저명한 컴퓨터 과학 개척자로, 자동화 이론을 태동시켰으며 열대 수학(Tropical Mathematics)이라는 분야를 창시했다. 그리고 자유 소프트웨어와 자유 문화의 지지자였다.

시에 100개의 프로세스를 처리하는 단일 코어 시스템을 사용했다. CPU 코어가 4개인 랩톱 컴퓨터는 일반적인 운용 환경에서 200개 이상의 프로세스를 일상적으로 실행한다. 200개의 작업을 병렬로 처리하려면 200개의 코어가 필요하다. 따라서 대부분의 컴퓨팅은 동시적이지만 병렬은 아니다. CPU 자체는 4가지 이상의 작업을 한 번에 처리할 수 없지만, OS가 수백 개의 프로세스를 관리하면서 각 프로세스에 진행할 기회를 준다.

이 장은 여러분이 동시성이나 병렬 프로그래밍에 관한 사전 지식이 없다고 가정한다. 간략히 개념을 소개한 후, 파이썬에서 동시성 프로그래밍을 지원하기 위해 제공하는 핵심 패키지인 `threading`, `multiprocessing`, `asyncio`를 소개하고 비교하는 간단한 예제들을 살펴볼 것이다.

이 장 마지막 30%에서는 서드파티 도구, 라이브러리, 애플리케이션 서버, 분산 태스크 큐를 간략히 살펴볼 것이다. 이들 모두 파이썬 애플리케이션의 성능과 규모 확장성을 향상한다. 모두 중요한 주제이긴 하지만, 파이썬 언어 핵심 기능에 주력하는 책에서 다룰 범위를 벗어난다. 그렇지만 2판에서 이 주제들을 다뤄야 한다고 생각했다. 동시성 및 병렬 컴퓨팅에 대한 파이썬의 적합성은 파이썬 표준 라이브러리가 제공하는 기능에 국한되지 않기 때문이다. 따라서 '파이썬은 규모 확장성이 떨어진다'는 끊임없는 비판이 있음에도 유튜브, 드롭박스, 인스타그램, 레딧 등이 파이썬을 핵심 언어로 사용해 시작하고도 대규모 웹 서비스를 제공할 수 있는 것이다.

19.1 이번 장의 변경 사항

이 장은 2판에 새로 추가되었다. 19.4절 '헬로 월드 동시성 버전'의 스피너 예제는 1판의 `asyncio` 장에서 가져왔다. 2판에서 이 예제들은 개선되어 파이썬이 제공하는 세 가지 동시성 방식(스레드, 프로세스, 코루틴)의 예를 보여 준다.

`concurrent.futures`와 `asyncio`를 다루는 장에 있던 문단 몇 개를 제외한 그 외 내용은 새롭게 작성되었다.

19.7절 '멀티코어 세상의 파이썬'은 이 책의 나머지 부분과 다르게 예제 코드가 없다. 파이썬 표준 라이브러리로는 제공할 수 없는 고성능 동시성과 병렬성에 도달하기 위해 연구할 필요가 있는 중요 도구들을 소개하는 절이기 때문이다.

19.2 개요

동시성 프로그래밍을 어렵게 만드는 요소는 많지만, 그중 가장 기본적인 요소를 간략히 알아보자. 스레드나 프로세스는 쉽게 시작할 수 있지만, 그것들을 어떻게 추적해야 할까?[3]

함수를 호출할 때, 호출한 코드는 함수가 반환될 때까지 멈춘다. 그래서 함수가 언제 완료되었는지 알고 함수가 반환한 값을 간단히 가져올 수 있다. 함수가 예외를 발생시키면, 호출한 코드는 try/except로 호출 부분 주위를 에워싸 에러를 잡을 수 있다.

그러나 스레드나 프로세스를 시작할 때는 이런 친숙한 방법을 사용할 수 없다. 스레드나 프로세스가 언제 완료되었는지 자동으로 알 수 없고, 결과나 에러를 가져오려면 메시지 큐 등의 통신 채널을 설정해야 한다.

게다가 스레드나 프로세스를 시작하려면 비싼 연산이 소요되므로, 단순히 간단한 하나의 연산을 수행하고 끝내려고 스레드나 프로세스를 만들지는 않는다. 흔히 루프에 들어가 처리할 입력을 기다리는 스레드나 프로세스를 '작업자worker'로 만들어 시작 비용을 상쇄할 수는 있다. 그러려면 통신이 복잡해지고 더 많은 질문을 야기한다. 작업자가 더는 필요하지 않으면 어떻게 종료해야 할까? 그리고 처리 중이던 데이터와 열린 파일 같은 해제되지 않은 리소스를 놔둔 채 중단하지 않고 어떻게 깔끔하게 작업을 종료할 수 있을까? 역시나 일반적인 답은 메시지와 큐다.

코루틴은 시작하는 데 비용이 적게 든다. await 키워드로 코루틴을 시작하면, 반환된 값을 쉽게 가져오고, 안전하게 취소하고, 깔끔하게 예외를 잡을 수 있다. 그러나 흔히 코루틴은 비동기 프레임워크에 의해 시작되는데, 그러면 스레드나 프로세스로 감시하기 어려워진다.

마지막으로, 파이썬 코루틴과 스레드는 CPU 위주의 작업에 적합하지 않은데, 이유는 잠시 후에 설명한다.

그래서 동시성 프로그래밍을 하려면 새로운 개념과 코딩 패턴을 익혀야 한다. 그러기 전에 먼저 몇 가지 핵심 개념을 잡아보자.

---

3 필자의 친구이자 코틀린, 스칼라, 자바, C++에 관한 책을 쓴 브루스 에켈이 이 절의 작성을 제안했다.

19.3 간단한 용어 정리

이 장부터 21장까지 사용할 용어 몇 가지를 정리하면 다음과 같다.

동시성

대기 중인 여러 태스크를 한 번에 하나씩 (혹은 가능하다면 병렬로) 진행해 결국 모든 태스크가 성공하거나 실패할 때까지 처리하는 능력. 단일 코어 CPU도 대기 중인 태스크의 실행을 상호 배치하는 OS 스케줄러에서 실행된다면 동시성을 처리할 수 있다. 멀티태스킹이라고도 한다.

병렬성

여러 계산을 동시에 실행하는 능력. 다중 코어, 다중 CPU, GPU, 혹은 클러스터로 묶인 다중 컴퓨터가 필요하다.

실행 유닛execution unit

코드를 동시에 실행하는 객체를 일컫는 포괄적인 용어로, 각각 독립적인 상태와 콜 스택을 갖는다. 파이썬은 기본적으로 세 종류의 실행 유닛(프로세스, 스레드, 코루틴)을 지원한다.

프로세스

실행 중인 컴퓨터 프로그램의 인스턴스이며, 메모리와 CPU 시간 슬라이스를 사용한다. 최신 데스크톱 운영체제는 일반적으로 수백 개의 프로세스를 동시에 관리하는데, 각 프로세스는 자신의 메모리 공간에 격리된다. 프로세스는 파이프, 소켓, 혹은 메모리맵 파일을 통해 통신하는데, 이들 모두 원시 바이트 몇 개를 전달할 수 있을 뿐이다. 파이썬 객체를 하나의 프로세스에서 다른 프로세스로 전달하려면 원시 바이트로 직렬화(변환)해야 한다. 이것은 비싼 연산이며, 모든 파이썬 객체가 직렬화될 수 있는 것은 아니다. 프로세스는 자식 프로세스라고 불리는 서브프로세스를 생성할 수 있다. 자식 프로세스도 부모 프로세스와 다른 자식 프로세스들로부터 격리된다. 프로세스는 **선점형 멀티태스킹**preemptive multitasking을 허용한다. 이 말은 OS 스케줄러가 각 실행 프로세스를 주기적으로 선점(중단시킨다는 의미다)해 다른 프로세스를 실행할 수 있음을 의미한다. 따라서 (적어도 이론적으로는) 프로세스 하나가 멈췄다고 해서 시스템 전체가 멈추지 않는다.

스레드

프로세스 안에 있는 하나의 실행 유닛. 프로세스가 시작될 때 하나의 스레드(메인 스레드)를 시작한다. 프로세스는 운영체제 API를 호출해 동시에 실행되는 스레드를 더 만들 수 있다. 프로세스 안에 있는 스레드들은 실행 중인 파이썬 객체가 있는 동일한 메모리 공간을 공유한다. 그래서 스레드 간에는 쉽게 데이터를 공유할 수 있지만, 하나 이상의 스레드가 동일 객체를 동시에 갱신함으로써 데이터가 손상될 수도 있다. 프로세스와 마찬가지로 OS 스케줄러의 감독하에 선점형 멀티태스킹을 지원한다. 스레드는 프로세스와 똑같은 일을 하면서도 자원을 덜 사용한다.

코루틴

멈췄다가 나중에 다시 실행을 재개할 수 있는 함수. 파이썬에서는 제너레이터가 **고전적 코루틴**을 만들고, async def로 **네이티브 코루틴**을 정의할 수 있다. 17.13절 '고전적 코루틴'에서 개념을 소개했고, 21장에서는 네이티브 코루틴의 사용법을 다룬다. 파이썬 코루틴은 일반적으로 **이벤트 루프**의 관리하에 하나의 스레드 안에서 작동한다. 코루틴과 이벤트 루프는 동일한 스레드에서 실행된다. asyncio, Curio, Trio 등 비동기 프로그래밍 프레임워크는 논블로킹 코루틴 기반 I/O를 지원하는 이벤트 루프와 지원 라이브러리를 제공한다. 코루틴은 **협업형 멀티태스킹**cooperative multitasking을 지원한다. 즉, 각 코루틴이 yield나 await 키워드로 제어권을 양보해야 다른 코루틴이 (병렬은 아니지만) 동시에 진행할 수 있다. 다시 말하면 하나의 코루틴에서의 블로킹 코드는 이벤트 루프와 다른 모든 코루틴의 실행을 중단시킨다. 이것은 프로세스와 스레드가 지원하는 선점형 멀티태스킹과 대비된다. 한편 각각의 코루틴은 동일한 작업을 수행하는 스레드나 프로세스보다 자원을 덜 소비한다.

큐

선입 선출(FIFO) 방식으로 항목들을 넣고 꺼낼 수 있는 데이터 구조체. 큐를 이용하면 실행 유닛이 애플리케이션 데이터를 교환하고, 에러 코드와 종료 신호 등의 제어 메시지를 교환할 수 있다. 하위의 동시성 모델에 따라 큐의 구현 방법이 달라질 수 있다. 파이썬 표준 라이브러리에 있는 queue 패키지는 스레드를 지원하는 큐 클래스를 제공하지만, multiprocessing과 asyncio 패키지는 자체 큐 클래스를 구현한다. queue와 asyncio 패키지는 선입 선출 방식이 아닌 큐(LifoQueue와 PriorityQueue)도 포함한다.

록

실행 유닛이 작업을 동기화하고 데이터 훼손을 방지하는 데 사용할 수 있는 객체. 공유 데이터 구조체를 갱신하기 전에 실행 코드는 연관된 록을 걸어야 한다. 그러면 프로그램의 다른 부분이 동일 공유 데이터 구조체에 접근하기 전에 록이 해제될 때까지 기다리도록 신호를 보낸다. 가장 단순한 형태의 록은 뮤텍스^{mutex}(상호 배제)라고도 한다. 록의 구현은 기반 동시성 모델에 따라 달라진다.

경쟁

제한된 자원에 대한 다툼. 여러 개의 실행 유닛이 공유 자원(록이나 저장소)에 접근하려고 할 때 자원 경쟁이 발생한다. OS 스케줄러가 CPU 시간을 할당해 줄 때까지 계산 위주 프로세스나 스레드가 대기해야 할 때 발생하는 CPU 경쟁도 있다.

이제 이 용어들을 이용해 파이썬에서 지원하는 동시성을 알아보자.

19.3.1 프로세스, 스레드 그리고 파이썬의 악명 높은 GIL

지금까지 설명한 개념을 파이썬 프로그래밍에 적용하면 다음과 10가지로 요약할 수 있다.

1 각각의 파이썬 인터프리터 인스턴스는 하나의 프로세스다. `multiprocessing`이나 `concurrent.futures` 라이브러리를 사용하면 파이썬 프로세스를 더 만들 수 있다. 파이썬의 `subprocess` 라이브러리는 어떤 언어로 작성된 외부 프로그램도 하나의 프로세스로 실행할 수 있다.

2 파이썬 인터프리터는 사용자 프로그램과 메모리 가비지 컬렉터를 실행하는 데 스레드 하나를 사용한다. `threading`이나 `concurrent.futures` 라이브러리를 사용하면 파이썬 스레드를 더 만들 수 있다.

3 객체 참조 수와 기타 인터프리터 내부 상태에 대한 접근은 전역 인터프리터 록(GIL)이라고 하는 록이 제어한다. 언제나 단 하나의 파이썬 스레드만 GIL을 잡을 수 있다. 즉, CPU 코어 수에 무관하게 늘 단 하나의 스레드만 파이썬 코드를 실행할 수 있다는 의미다.

4 어떤 파이썬 스레드가 GIL을 무한히 잡는 것을 방지하고자, 파이썬의 바이트코드 인터프리터는 기본적으로 현재 파이썬 스레드를 5밀리초마다 중단하고 GIL을 해제한다.[4] 그 스레드가 GIL을 다시 얻으려고 시도할 수 있지만, 다른 스레드가 GIL을 기다리고 있었다면 OS 스케줄러는 그중 하나를 골라 계속 진행한다.

---

4 이 간격을 알아내려면 sys.getswitchinterval()(https://fpy.li/19-3)을, 간격을 변경하려면 sys.setswitchinterval(s) (https://fpy.li/19-4)를 호출한다.

5 파이썬 코드를 작성할 때 GIL을 제어할 수 없다. 그러나 C 언어(혹은 파이썬/C API를 호출할 수 있는 언어)로 작성된 내장 함수나 확장 모듈에서는 시간이 오래 걸리는 태스크를 실행할 때 GIL을 해제할 수 있다.

6 시스템을 호출하는 모든 파이썬 표준 라이브러리 함수는 GIL을 해제한다.[5] 디스크 I/O, 네트워크 I/O, `time.sleep()`을 수행하는 모든 함수가 여기에 속한다. `zlib`과 `bz2` 모듈의 압축/해제 함수들은 물론, 넘파이/사이파이 라이브러리에서 CPU를 많이 사용하는 함수들도 GIL을 해제한다.[6]

7 파이썬/C API 수준에 통합된 확장 모듈들도 GIL의 영향을 받지 않는 비파이썬 스레드를 생성할 수 있다. 이렇게 GIL과 무관한 스레드들은 일반적으로 파이썬 객체를 변경할 수는 없지만, `bytearray`, `array.array`, 넘파이 배열 등 버퍼 프로토콜(https://fpy.li/pep3118)을 지원하는 객체의 메모리 영역을 읽거나 쓸 수 있다.

8 파이썬 스레드로 구현한 네트워크 프로그램에서는 GIL의 영향이 상대적으로 적다. I/O 함수들은 GIL을 해제하고, 네트워크에서 읽거나 쓰는 작업은 메모리에 읽고 쓰는 작업보다 아주 오래 걸리기 때문이다. 정리하면, 어쨌든 대부분의 스레드가 기다리면서 많은 시간을 보내므로 스레드를 서로 꿰맞춰 실행해도 전체적인 성능에 미치는 영향은 크지 않다. 그래서 데이비드 비즐리는 "파이썬 스레드는 아무것도 안 하는 데 능숙하다"[7]라고 했다.

9 GIL을 얻기 위한 경쟁은 계산 위주인 파이썬 스레드의 속도를 떨어뜨린다. 그런 연산은 순차적인 단일 스레드 코드가 더 간단하고 빠르게 처리한다.

10 다중 코어 시스템에서 CPU 위주의 파이썬 코드를 실행하려면 여러 개의 파이썬 프로세스를 사용해야 한다.

다음은 `threading` 모듈 문서에 잘 정리된 부분을 가져온 것이다.[8]

> **CPython 구현 세부 사항**: CPython에서는 GIL 때문에 한 번에 한 스레드만 파이썬 코드를 실행할 수 있다(일부 성능이 중요한 라이브러리에서는 이 제한을 극복할 수 있기는 하다). 여러분이 작성할 애플리케이션이 다중 코어 컴퓨터의 계산 자원을 더 효율적으로 사용하게 하려면 `multiprocessing`이나 `concurrent.futures.ProcessPoolExecutor` 모듈을 사용하길 권장한다. 그러나 여러 I/O 위주의 태스크를 동시에 실행할 때는 스레드가 여전히 적절한 모델이다.

---

5 시스템 호출은 사용자 코드에서 운영체제 커널, I/O, 타이머 함수를 호출하는 인터페이스이며, 록도 시스템 호출을 통해 사용할 수 있는 커널 서비스다. 자세한 내용은 위키 백과 'System call' 문서(https://fpy.li/19-5)를 참조하라.

6 `zlib`과 `bz2` 모듈은 파이썬 3.2의 시분할 GIL 논리에 기여한 앙투안 피트루가 python-dev 메시지 리스트에서 명시적으로 언급했다 (https://fpy.li/19-6).

7 데이비드 비즐리의 '제너레이터: 최후의 개척자(Generators: The Final Frontier)' 튜토리얼(https://fpy.li/19-7) 106번째 슬라이드에서 발췌했다.

8 파이썬 공식 문서의 '스레드 객체(Thread Objects)' 절(https://fpy.li/19-8)의 마지막 문단에서 발췌했다.

앞에 인용한 문단은 'CPython 구현 세부 사항'이라는 말로 시작하는데, GIL이 파이썬 언어 정의에 속하지 않기 때문이다. Jython이나 IronPython 구현은 GIL이 없다. 불행히도 두 구현은 모두 상당히 뒤처졌는데, 현재 파이썬 2.7까지 오고 있다. 성능 좋은 PyPy 인터프리터 (https://fpy.li/19-9)도 2021년 6월 현재 가장 최신 버전인 2.7과 3.7에서 GIL을 사용한다.[9]

> **NOTE** 이 절에서는 코루틴에 대해 이야기하지 않았다. 기본적으로 모든 코루틴은 비동기 프레임워크가 제공하는 관리자 이벤트 루프와 동일한 파이썬 스레드를 공유하므로 GIL의 영향을 받지 않기 때문이다. 비동기 프로그램에서 여러 스레드를 사용할 수 있지만, 스레드 하나가 이벤트 루프와 모든 코루틴을 실행하고 나머지 스레드는 특정 작업만 수행하게 하는 편이 좋은 프로그래밍 방식이다. 여기에 관해서는 21.8절 '태스크를 실행자에 위임하기'에서 설명한다.

개념은 충분히 설명했으니, 이제 코드를 살펴보자.

19.4 헬로 월드 동시성 버전

GIL을 피하는 방법과 스레드에 관해 이야기하면서 파이썬 기여자인 미켈레 시미오나토는 동시성 '헬로 월드' 버전에 해당하는 예제(https://fpy.li/19-10)를 게시했다. 파이썬이 여러 작업을 동시에 처리하는 방법을 보여 주는 가장 간단한 프로그램이다.

시미오나토의 프로그램은 `multiprocessing` 모듈을 사용하지만, `threading`과 `asyncio`도 소개하고자 필자가 코드를 수정했다. 먼저 `threading`을 사용하는 버전을 알아보자. 자바나 C 언어에서 스레드를 공부했다면 친숙하게 느껴질 것이다.

19.4.1 스레드를 이용한 스피너

이제부터 나오는 몇 가지 예제의 개념은 간단하다. 프로그램이 '생각 중'이며 멈추지 않았음을 사용자에게 알려주기 위해 문자를 애니메이트하는 3초 동안 멈추는 함수를 실행하는 것이다.

---

9 **옮긴이_** 2024년 9월 기준 PyPy는 버전 3.10까지 나왔으며, 여전히 GIL을 유지하고 있다.

이 코드는 "\¦/-" 문자열의 각 문자를 동일한 화면 위치에 출력하면서 스피너 애니메이션을 구현한다.[10] 느린 계산이 완료되면 스피너가 있던 줄에 결과인 'Answer: 42'를 출력한다.

[그림 19-1]은 스피닝 예제 두 버전의 출력을 보여 준다. 첫 번째는 스레드를, 두 번째는 코루틴을 사용했다. 컴퓨터 없이 종이책만 보고 있다면 마지막 줄에 나온 '-' 글자가 스피닝한다고 생각하면 된다.

```
$ python3 spinner_thread.py
spinner object: <Thread(Thread-1 (spin), initial)>
Answer: 42
$ python3 spinner_async.py
spinner object: <Task pending name='Task-2' coro=<spin() running at /Users/luciano/flupy
/example-code-2e/19-concurrency/spinner_async.py:11>>
- thinking!
```

그림 19-1 비슷하게 스피너 객체와 'Answer: 42'라는 텍스트를 출력하는 spinner_thread.py와 spinner_asyncio.py 스크립트. 현재 spinner_asyncio.py가 실행 중이며, '- thinking!'이라는 스피너 메시지가 보인다. 이 줄은 3초 후에 'Answer: 42'로 바뀐다.

먼저 spinner_thread.py 스크립트를 살펴보자. [예제 19-1]은 스크립트 앞의 두 함수를, [예제 19-2]는 나머지를 보여 준다.

예제 19-1 spinner_thread.py: spin()과 slow() 함수

```
import itertools
import time
from threading import Thread, Event

def spin(msg: str, done: Event) -> None:  ❶
    for char in itertools.cycle(r'\¦/-'):  ❷
        status = f'\r{char} {msg}'  ❸
        print(status, end='', flush=True)
        if done.wait(.1):  ❹
            break  ❺
    blanks = ' ' * len(status)
    print(f'\r{blanks}\r', end='')  ❻

def slow() -> int:
```

---

10 유니코드에는 점자 패턴(https://fpy.li/19-11) 등 간단한 애니메이션에 유용하게 사용할 수 있는 문자가 많지만, 여기서는 예제를 간단히 하고자 아스키 문자 "\¦/-"를 사용했다.

```
        time.sleep(3)    ❼
        return 42
```

---

❶ 이 함수는 별도의 스레드에서 실행된다. done 인수는 스레드를 동기화하기 위한 threading.Event 인스턴스이다.

❷ itertools.cycle()이 한 글자씩 생성하면서 문자열을 무한 반복하므로 이 루프는 무한 루프다.

❸ 텍스트 모드 애니메이션을 위한 기법이다. 아스키 제어문자인 캐리지 리턴('\r')으로 줄의 맨 앞으로 커서를 이동한다.

❹ 다른 스레드에서 이벤트를 설정했을 때 Event.wait(timeout=None) 메서드는 True를 반환한다. timeout만큼 시간이 지나면 False를 반환한다. timeout 값을 0.1초로 설정했으므로 애니메이션의 '프레임 레이트'가 10 FPS로 설정된다. 스피너가 더 빨리 움직이게 하려면 더 작은 timeout 값을 사용하면 된다.

❺ 무한 루프를 빠져나온다.

❻ 상태 줄을 공백 문자로 덮어쓰고 커서를 다시 맨 앞으로 이동한다.

❼ slow()는 메인 스레드에서 호출한다. 이 함수를 네트워크에서 실행되는 느린 API 호출로 생각하라. sleep()을 호출하면 메인 스레드가 멈추지만 GIL이 해제되므로 스피너 스레드가 계속 진행할 수 있다.

> **TIP** 이 예제에서 배워야 할 점은 time.sleep()은 호출한 스레드를 멈추지만 GIL을 해제하므로 다른 파이썬 스레드가 실행할 수 있다는 것이다.

spin()과 slow() 함수는 동시에 실행된다. 프로그램이 시작될 때 유일한 스레드인 메인 스레드가 spin()을 실행하고 나서 slow()를 호출하려고 스레드를 새로 시작한다. 구조적으로 파이썬에는 스레드를 종료하는 API가 없다. 스레드를 종료하려면 반드시 메시지를 보내야 한다.

threading.Event 클래스는 파이썬에서 스레드를 제어하는 신호를 보내는 가장 간단한 메커니즘이다. Event 인스턴스에는 시작할 때 False 값으로 설정되는 불리언형 플래그가 내부에 있다. Event.set()를 호출해 플래그를 True로 설정한다. 플래그가 거짓인 동안에 어떤 스레드가 Event.wait()를 호출하면, 다른 스레드가 Event.set()을 호출할 때까지 멈췄다가 True를 반환하면서 실행이 계속된다. 초 단위의 값을 전달해 Event.wait(s)를 호출하면 지정된 시간이 지난 후에 False를 반환하거나, 다른 스레드에서 Event.set()를 호출하는 즉시 True를 반환한다.

[예제 19-2]의 supervisor() 함수는 Event를 이용해 spin() 함수가 빠져오도록 신호를 보내다.

예제 19-2 `spinner_thread.py`: supervisor()와 main() 함수

```python
def supervisor() -> int:       ❶
    done = Event()      ❷
    spinner = Thread(target=spin, args=('thinking!', done))    ❸
    print(f'spinner object: {spinner}')      ❹
    spinner.start()      ❺
    result = slow()      ❻
    done.set()      ❼
    spinner.join()      ❽
    return result

def main() -> None:
    result = supervisor()      ❾
    print(f'Answer: {result}')

if __name__ == '__main__':
    main()
```

❶ supervisor()는 slow()의 결과를 반환한다.

❷ threading.Event 인스턴스가 main 스레드와 spinner 스레드의 활동을 제어하는 핵심이다. 이어지는 설명을 참조하라.

❸ Thread 인스턴스를 생성하고자 target 키워드 인수에는 함수를 전달하고, target에 전달할 위치 인수는 args 인수에 튜플을 설정해 전달한다.

❹ spinner 인스턴스를 출력한다. 출력은 `<Thread(Thread-1, initial)>` 형태로 나오는데, 여기서 initial은 스레드가 아직 시작되지 않은 상태를 나타낸다.

❺ spinner 스레드를 시작한다.

❻ slow()를 호출하면 메인 스레드가 중단된다. 그러는 동안 두 번째 스레드가 스피너 애니메이션을 실행한다.

❼ Event 플래그를 True로 설정한다. 그러면 spin() 함수 내부의 for 루프가 종료된다.

❽ spinner 스레드가 종료될 때까지 기다린다.

❾ supervisor() 함수를 실행한다. 예제 코드를 [예제 19-4]에 있는 asyncio 버전과 비슷하게 보이도록 main()과 supervisor() 함수로 분리해 작성했다.

main 스레드가 done 이벤트를 설정하면 spinner 스레드가 결국 메시지를 받고 깔끔하게 종료
된다.

이제 multiprocessing 패키지를 이용해 비슷하게 만든 예제를 살펴보자.

19.4.2 프로세스를 이용한 스피너

multiprocessing 패키지는 스레드가 아니라 별도의 파이썬 프로세스에서 태스크들을 동시에
실행하도록 지원한다. multiprocessing.Process 인스턴스를 생성할 때 완전히 새로운 파이
썬 인터프리터가 백그라운드의 자식 프로세스로 시작된다. 각 파이썬 프로세스에 고유한 GIL
이 있으므로 운영체제 스케줄러가 지원하는 한 가용한 모든 CPU 코어를 프로그램이 사용할
수 있다. 실제 내부적으로 일어나는 일은 19.6절 '직접 만든 프로세스 풀'에서 설명하겠지만,
이렇게 간단한 예제에서는 별 차이가 없다.

이 절에서는 multiprocessing을 소개하고, 이 패키지가 제공하는 API를 이용해 spinner_
proc.py에서처럼 스레드 기반의 간단한 프로그램을 프로세스 기반으로 변환하는 방법을 보여
주고자 한다.

예제 19-3 spinner_proc.py: 여기서는 바뀐 부분만 설명한다. 나머지는 spinner_thread.py와 똑같다.

```
import itertools
import time
from multiprocessing import Process, Event      ❶
from multiprocessing import synchronize          ❷

def spin(msg: str, done: synchronize.Event) -> None:      ❸

# [중략] 나머지 spin()과 slow() 함수는 spinner_thread.py과 똑같다.

def supervisor() -> int:
    done = Event()
    spinner = Process(target=spin,                          ❹
                      args=('thinking!', done))
    print(f'spinner object: {spinner}')                     ❺
    spinner.start()
    result = slow()
```

```
        done.set()
        spinner.join()
        return result

# [하략] main() 함수도 변경되지 않았다.
```

❶ 기본적인 multiprocessing API들은 threading API를 따라 하지만, 자료형 힌트와 Mypy를 통해 보면 다르다. 예를 들어 threading.Event는 클래스이지만, multiprocessing.Event()는 함수이 며 synchronize.Event 인스턴스를 반환한다.

❷ 따라서 myltiprocessing.synchronize를 임포트해야 한다.

❸ 그리고 이렇게 자료형 힌트를 작성해야 한나.

❹ 기본적으로 Process 클래스의 사용법은 Thread와 비슷하다.

❺ spinner 객체는 <Process name='Process-1' parent=14868 initial>과 같이 출력하는데, 여기서 14868은 spinner_proc.py를 실행하는 파이썬 인스턴스의 프로세스 ID이다.

threading과 multiprocessing 패키지의 기본 API는 비슷하지만, 구현은 아주 다르다. 게다 가 multiprocessing은 복잡한 멀티프로세스 프로그래밍을 처리하기 위해 더 많은 API를 갖 고 있다. 예를 들어 스레드를 프로세스로 변환하려면 운영체제에 의해 격리되고 파이썬 객체를 공유할 수 없는 프로세스 간에 통신할 방법을 만들어야 한다. 따라서 프로세스 경계를 넘어가 는 객체는 직렬화/역직렬화해야 하는데, 그러다 보면 처리할 게 늘어난다. [예제 19–3]에서 프 로세스 경계를 넘어가는 데이터는 Event 상태인데, 이 객체는 multiprocessing 모듈의 밑바 닥에서 C 언어로 구현된 저수준 OS 세마포어로 구현되었다.[11]

> **TIP** 파이썬 3.8부터 multiprocessing.shared_memory 패키지(https://fpy.li/19-12)가 표준 라 이브러리에 들어갔지만, 이 패키지는 사용자 정의 클래스의 인스턴스를 지원하지 않는다. 이 패키지는 프로 세스가 원시 바이트 외에 ShareableList를 공유할 수 있게 해 준다. ShareableList는 가변 시퀀스형으 로, 항목당 최대 10MB 크기의 str과 bytes는 물론 고정된 개수의 int, float, bool, None 형의 항목을 보관할 수 있다. 자세한 내용은 ShareableList 문서(https://fpy.li/19-13)를 참조하라.

이제 스레드나 프로세스 대신 코루틴을 이용해 어떻게 이와 똑같이 작동하게 하는지 알아보자.

---

11 세마포어는 다른 동기화 메커니즘들을 구현하는 데 사용되는 기반 메커니즘이다. 파이썬은 스레드, 프로세스, 코루틴에 사용할 여러 세 마포어 클래스를 제공한다. 21.7.1절 'asyncio.as_completed()와 스레드의 사용'에서 asyncio.Semaphore를 설명한다.

19.4.3 코루틴을 이용한 스피너

스레드와 프로세스에 CPU 시간을 할당하는 것은 OS 스케줄러의 몫이다. 이와 반대로 코루틴은 대기하는 코루틴의 큐를 관리하는 애플리케이션 수준 이벤트 루프가 실행한다. 이벤트 루프는 코루틴을 하나씩 구동하고, 코루틴이 실행한 I/O 연산이 발생시킨 이벤트를 감시하고, 각 이벤트가 발생했을 때 해당 코루틴에 제어권을 전달한다. 이벤트 루프, 라이브러리 코루틴, 사용자 코루틴은 모두 하나의 스레드에서 실행된다. 따라서 하나의 코루틴에서 소비하는 시간은 이벤트 루프 및 다른 모든 코루틴의 속도를 떨어뜨린다.

코루틴 버전의 스피너 프로그램은 먼저 main() 함수를 보고 나서 supervisor() 함수를 살펴보면 이해하기 쉽다. 이제 [예제 19-4]를 살펴보자.

예제 19-4 spinner_async.py: main() 함수와 supervisor() 코루틴

```python
def main() -> None:        ❶
    result = asyncio.run(supervisor())     ❷
    print(f'Answer: {result}')

async def supervisor() -> int:      ❸
    spinner = asyncio.create_task(spin('thinking!'))     ❹
    print(f'spinner object: {spinner}')      ❺
    result = await slow()      ❻
    spinner.cancel()        ❼
    return result

if __name__ == '__main__':
    main()
```

❶ main()은 이 프로그램에서 정의된 유일한 일반 함수다. 나머지는 모두 코루틴이다.

❷ asyncio.run() 함수는 코루틴을 작동시키는 이벤트 루프를 시작하는데, 결국 이 이벤트 루프가 다른 코루틴들도 실행하게 된다. main() 함수는 supervisor()가 반환될 때까지 실행을 중단한다. supervisor()가 반환한 값을 결국 asyncio.run()이 반환하게 된다.

❸ 네이티브 코루틴은 async def로 정의한다.

❹ asyncio.create_task()는 spin()을 실행하도록 스케줄링하고 나서 asyncio.Task 인스턴스를 반환한다.

❺ spinner 객체를 repr()로 출력하면 `<Task pending name='Task-2' coro=<spin() running at /path/to/spinner_async.py:11>>`과 같은 메시지가 출력된다.

❻ await 키워드가 slow()를 호출하고, slow()가 반환될 때까지 supervisor() 실행을 중단시킨다. slow()의 반환값이 result에 할당된다.

❼ Task.cancel() 메서드는 [예제 19-5]에서 보듯이 spin() 코루틴 안에서 CancelledError 예외가 발생하게 한다.

[예제 19-4]는 코루틴을 실행하는 세 가지 주요 방법을 보여 준다. 세 가지 방법은 다음과 같다.

asyncio.run(coro())

코루틴 객체를 실행하기 위해 일반 함수에서 호출된다. 이 예제에서의 supervisor()처럼 일반적으로 이 코루틴 객체는 프로그램에서 모든 비동기 코드에 대한 진입점이 된다. 이 호출은 coro() 본체가 반환될 때까지 중단되는데, coro()가 반환한 값이 run()의 반환값이 된다.

asyncio.create_task(coro())

또 다른 코루틴을 스케줄링하기 위해 코루틴 안에서 호출된다. 이 메서드는 현재 코루틴을 중단시키지 않고 Task 인스턴스를 바로 반환한다. Task 인스턴스는 코루틴 객체를 에워싼 객체로, 코루틴을 제어하고 코루틴의 상태를 알아내는 메서드를 제공한다.

await coro()

코루틴 안에서 호출되어 coro()가 반환한 코루틴 객체로 제어권을 넘겨준다. await는 coro()가 반환될 때까지 현재 코루틴을 정지시킨다. coro() 본체에서 반환한 값이 await 표현식의 값이 된다.

> **NOTE** 코루틴을 coro() 형태로 호출하면 코루틴 객체가 반환되지만, coro() 함수의 본체를 실행시키지는 않음을 기억해 두자. 코루틴 본체를 실행하는 것은 이벤트 루프의 일이다.

이제 [예제 19-5]에서 spin()과 slow() 코루틴을 살펴보자.

예제 19-5 spinner_async.py: spin()과 slow() 코루틴

```python
import asyncio
import itertools

async def spin(msg: str) -> None:      ❶
    for char in itertools.cycle(r'\|/-'):
        status = f'\r{char} {msg}'
        print(status, flush=True, end='')
        try:
            await asyncio.sleep(.1)      ❷
        except asyncio.CancelledError:      ❸
            break
    blanks = ' ' * len(status)
    print(f'\r{blanks}\r', end='')

async def slow() -> int:
    await asyncio.sleep(3)      ❹
    return 42
```

❶ spinner_thread.py(예제 19-1)에서 slow()가 작업을 완료했음을 알려주는 데 사용했던 Event 인수는 필요 없다.

❷ time.sleep(.1) 대신 await asyncio.sleep(.1)를 사용하면 다른 코루틴을 막지 않고 현재 코루틴을 정지시킬 수 있다. 다음에 나오는 실험 내용을 참조하라.

❸ 코루틴을 제어하는 Task 인스턴스에 cancel() 메서드가 호출되면 asyncio.CancelledError 예외가 발생한다. 이때 루프를 빠져나가면 된다.

❹ slow() 코루틴도 time.sleep() 대신 await asyncio.sleep()을 사용한다.

실험: 스피너 뜯어보기

spinner_async.py가 어떻게 작동하는지 이해하는 데 도움이 되는 실험을 해 보자. time 모듈을 임포트하고 나서 slow() 코루틴으로 가서 [예제 19-6]처럼 await asyncio.sleep(3)을 time.sleep(3)으로 변경하라.

```python
async def slow() -> int:
    time.sleep(3)
    return 42
```

코드를 읽는 것보다 실행되는 것을 관찰하는 게 더 기억에 남으니 직접 실행해 보라. 그러면 다음과 같은 것을 볼 수 있다.

1 spinner 객체는 `<Task pending name='Task-2' coro=<spin() running at /path/to/spinner async.py:12>>`과 비슷한 형태로 보인다.

2 스피너가 보이지 않고 프로그램이 3초 동안 정지한다.

3 Answer: 42가 출력되고 프로그램이 종료된다.

무슨 일이 일어나는지 이해하려면, asyncio를 사용하는 파이썬 코드는 명시적으로 별도의 스레드나 프로세스를 실행하지 않는 한 하나의 실행 흐름만 가진다는 점을 기억해야 한다. 즉, 언제나 특정 시점에는 코루틴 하나만 실행된다. 동시성을 얻으려면 제어를 한 코루틴에서 다른 코루틴으로 넘겨줘야 한다. [예제 19-7]에서는 이 실험에서 supervisor()와 slow() 코루틴에 무슨 일이 생겼는지 자세히 살펴본다.

예제 19-7 spinner_async_experiment.py: supervisor()와 slow() 코루틴

```python
async def slow() -> int:
    time.sleep(3)    ❹
    return 42

async def supervisor() -> int:
    spinner = asyncio.create_task(spin('thinking!'))    ❶
    print(f'spinner object: {spinner}')    ❷
    result = await slow()    ❸
    spinner.cancel()    ❺
    return result
```

❶ spinner 태스크가 생성되고, 궁극적으로 이 태스크가 spin()을 실행한다.

❷ 'pending'이 출력되어 Task가 대기 중임을 보여 준다.

❸ await 표현식이 제어 흐름을 slow() 코루틴으로 넘긴다.

❹ time.sleep(3)에 따라 3초 동안 실행이 정지된다. 메인 스레드가 정지되었으므로 프로그램에 아무런 일도 생기지 않는다. 운영체제는 다른 작업을 수행한다. 3초 후에 sleep()이 완료되고 slow()가 반환된다.

❺ slow()가 반환된 직후 spinner 태스크가 취소된다. 제어 흐름은 절대 spin() 코루틴의 본체에 도달하지 못한다.

spinner_async_experiment.py 덕분에 다음에 나오는 WARNING 글상자에서 설명한 중요한 교훈을 얻었다.

> **WARNING** 프로그램 전체를 멈추고 싶은 게 아니라면, asyncio 코루틴 안에서 절대로 time.sleep(...)을 사용하면 안 된다. 코루틴에서 아무 일도 하지 않고 약간의 시간을 보내고 싶으면 await asyncio.sleep()을 사용해야 한다. 이 표현식은 제어권을 asyncio 이벤트 루프로 돌려주기 때문에, 이벤트 루프가 대기 중인 다른 코루틴을 실행할 수 있다.

---

greenlet과 gevent

코루틴을 이용한 동시성을 이야기하고 있으니 greenlet 패키지(https://fpy.li/19-14)를 언급하고 넘어가야 할 것 같다. 이 패키지는 수년간 대규모로 사용되어 왔다.[12] 이 패키지는 그린렛greenlet이라고 하는 경량 코루틴을 사용해 협업적 멀티태스킹을 지원한다. yield나 await 같은 특별한 구문이 필요 없으므로 기존에 구현된 순차 코드베이스에 통합하기도 쉽다. SQL Alchemy 1.4 ORM은 asyncio와 호환되는 새로운 비동기 API(https://fpy.li/19-16)를 구현하고자 내부적으로 그린렛(https://fpy.li/19-15)을 사용한다.

gevent 네트워킹 라이브러리(https://fpy.li/19-17)는 파이썬의 표준 socket 모듈을 멍키 패칭해 코드를 그린렛으로 교체함으로써 논블로킹 방식으로 작동하게 한다. 대체로 gevent는 주변 코드에 영향을 주지 않으므로 순차적으로 구현된 애플리케이션과 라이브러리(데이터베이스 드라이버 등)를 네트워크 I/O를 동시적으로 수행하도록 조정하기 쉽게 해준다. 널리 사용되는 Gunicorn(https://fpy.li/gunicorn)(19.7.4절 'WSGI 애플리케이션 서버' 참고) 등 수많은 오픈소스 프로젝트(https://fpy.li/19-18)에서 gevent를 사용한다.

---

[12] greenlet과 gevent를 간과하지 않게 해 준 테크니컬 리뷰어 칼렙 해팅과 위르겐 크마흐에게 감사드린다.

19.4.4 supervisor( )와 동시 실행

spinner_thread.py와 spinner_async.py의 소스 코드 길이는 거의 같다. supervisor( ) 함수가 이 예제 코드들에서 핵심이다. 이제 두 함수를 자세히 비교해 보자. [예제 19-8]은 [예제 19-2]에서 supervisor( )만 추려온 것이다.

예제 19-8 spinner_thread.py: 스레드화한 supervisor() 함수

```python
def supervisor() -> int:
    done = Event()
    spinner = Thread(target=spin,
                     args=('thinking!', done))
    print('spinner object:', spinner)
    spinner.start()
    result = slow()
    done.set()
    spinner.join()
    return result
```

비교하기 좋게 [예제 19-9]에는 [예제 19-4]의 supervisor( ) 코루틴을 가져왔다.

예제 19-9 spinner_async.py: 비동기 supervisor() 코루틴

```python
async def supervisor() -> int:
    spinner = asyncio.create_task(spin('thinking!'))
    print('spinner object:', spinner)
    result = await slow()
    spinner.cancel()
    return result
```

이 두 supervisor( ) 구현에서 주목할 만한 차이점과 유사점을 정리하면 다음과 같다.

- asyncio.Task는 대체로 threading.Thread에 대응한다.
- Task는 코루틴 객체를 실행하고 Thread는 콜러블을 호출한다.
- 코루틴은 await 키워드를 이용해 명시적으로 제어권을 양보한다.
- Task 인스턴스는 사용자가 직접 생성하지 않고 asyncio.create_task(...)에 코루틴을 전달해 가져온다.

- asyncio.create_task(...)가 Task 인스턴스를 반환할 때 태스크는 이미 실행하도록 스케줄링되었지만, Thread 인스턴스는 start() 메서드를 호출해 명시적으로 시작해야 실행된다.
- 스레드 버전의 supervisor()에서 slow()는 일반 함수이며 메인 스레드에서 직접 호출한다. 비동기 버전의 supervisor()에서 slow()는 await가 실행하는 코루틴이다.
- 외부에서 스레드를 종료할 수 있는 API는 없다. 대신 done Event 객체를 설정한 것처럼 신호를 보내야 한다. 태스크에는 Task.cancel() 인스턴스 메서드가 있는데, 이 메서드는 코루틴 본체가 현재 정지된 곳의 await 표현식에 CancelledError 예외를 발생시킨다.
- supervisor() 코루틴은 main() 함수 안에서 asyncio.run()으로 실행해야 한다.

이 비교는 asyncio가 동시성 작업을 어떻게 관리하는지, 그리고 여러분에게 더 친숙한 Threading 모듈과 무엇이 다른지를 이해하는 데 도움이 되었으리라 생각한다.

스레드와 코루틴을 비교하면서 마지막으로 짚고 넘어갈 점이 있다. 스레드로 어느 정도 규모 있는 프로그래밍을 해봤다면 OS 스케줄러가 언제든 스레드를 인터럽트^{interrupt}할 수 있으므로 프로그램의 구조를 이해하는 게 얼마나 어려운지 잘 알 것이다. 프로그램의 임계 구역^{critical section}을 보호하기 위해 록을 잡고, 다단계 연산을 수행하는 도중에 인터럽트되는 일을 피해야 한다. 그렇지 않으면 데이터 상태가 훼손되기 때문이다.

코루틴을 사용하면 기본적으로 코드가 인터럽트되는 것을 피할 수 있다. 프로그램의 다른 부분이 실행되도록 하려면 명시적으로 await 표현식을 실행해야 한다. 여러 스레드의 연산을 동기화하려고 록을 사용할 필요 없이 코루틴은 그 자체로 '동기화'된다. 어느 순간에든 여러 코루틴 중 하나만 실행되기 때문이다. 제어권을 넘겨주려면 await 명령으로 스케줄러에 제어권을 양보한다. 그래서 코루틴을 안전하게 취소할 수 있다. 코루틴은 await 표현식에서 중단되었을 때만 취소될 수 있으므로, CancelledError 예외를 처리해 뒷마무리할 수 있다.

time.sleep()은 코드를 멈추지만 아무것도 하지 않는다. 이제 CPU 위주의 함수를 호출하는 실험을 하며 비동기 코드에서 CPU 위주의 함수를 호출한 영향과 함께 GIL을 조금 더 깊이 있게 알아보자.

19.5 GIL의 실제 영향

스레드 버전 코드(예제 19-1)에서 slow() 함수에 있는 time.sleep(3)을 여러분이 원하는
라이브러리의 HTTP 클라이언트 요청으로 바꾸고 스피너가 여전히 돌아가게 할 수 있다. 제대
로 설계된 네트워크 라이브러리라면 네트워크 응답을 기다리는 동안 GIL을 해제하기 때문이다.

slow() 코루틴 안의 asyncio.sleep(3)도 잘 설계된 비동기 네트워크 라이브러리 요청 함
수와 await로 바꿀 수 있다. 잘 설계된 라이브러리라면 네트워크 응답을 기다리는 동안 이벤트
루프로 제어권을 양보하는 코루틴을 제공하기 때문이다. 그러는 동안 스피너는 계속 돌아갈 것
이다.

CPU 위주 코드에서는 이야기가 달라진다. [예제 19-10]에 있는 is_prime() 함수를 보자.
이 함수는 인수가 소수이면 True를, 아니면 False를 반환한다.

예제 19-10 primes.py: 읽기 좋은 소수 확인 프로그램. 파이썬의 ProcessPoolExecutor 예제(https://fpy.
li/19-19)에서 가져옴

```python
def is_prime(n: int) -> bool:
    if n < 2:
        return False
    if n == 2:
        return True
    if n % 2 == 0:
        return False

    root = math.isqrt(n)
    for i in range(3, root + 1, 2):
        if n % i == 0:
            return False
    return True
```

필자가 현재 사용하는 랩톱 컴퓨터에서 is_prime(5_000_111_000_222_021)를 호출하면 대
략 3.3초가 걸린다.[13]

---

[13] 필자는 6-코어 2.2GHz 인텔 코어 i7 CPU를 탑재한 15인치 맥북 프로 2018년식을 사용한다.

19.5.1 간단한 퀴즈

지금까지의 설명을 염두에 두면서 다음 세 개의 질문을 차근히 생각해 보라. 세 개 중 하나는 까다롭다(적어도 필자에게는 그랬다).

> n = 5_000_111_000_222_021이라고 가정하고(필자의 랩톱에서 3.3초 걸린 그 소수다), 다음과 같이 변경하면 스피너 애니메이션이 어떻게 될까?
>
> - spinner_proc.py에서 time.sleep(3)을 is_prime(n)으로 바꾸면?
> - spinner_thread.py에서 time.sleep(3)을 is_prime(n)으로 바꾸면?
> - spinner_async.py에서 await asyncio.sleep(3)을 is_prime(n)으로 바꾸면?

코드를 실행해 보거나 다음 설명을 보기 전에, 직접 머릿속으로 해결해 보길 바란다. 그리고 나서 제안한 대로 spinner_*.py 예제를 수정하고 실행해 보자.

그럼, 이제 쉬운 답부터 살펴보자.

멀티프로세스에 대한 답

자식 프로세스가 스피너를 제어하므로 부모 프로세스가 숫자가 소수인지 확인하는 동안 스피너가 계속 돌아간다.[14]

스레드에 대한 답

보조 스레드가 스피너를 제어하므로 메인 스레드에서 소수인지 확인하는 동안 스피너가 계속 돌아간다.

필자는 처음에는 이 답을 제대로 맞히지 못했다. GIL의 영향을 과대평가해서 스피너가 멈출 것으로 생각했다.

---

[14] 여러분이 선점형 멀티태스킹을 수행하는 최신 OS를 사용하므로 이 답이 맞다. NT 이전의 윈도우나 OSX 이전의 맥OS는 '선점형'이 아니었기 때문에, 어떠한 프로세스든 CPU를 100% 점유해 시스템을 얼어버리게 할 수 있었다. 오늘날 이런 문제가 전혀 없지는 않지만 필자를 믿어주길 바란다. 이런 문제는 1990년대까지 모든 사용자를 귀찮게 했고, 하드 리셋만이 유일한 해결책이었다.

이 예제에서는 스피너가 계속 돌아간다. 파이썬이 실행 중인 스레드를 5밀리초(기본값)마다 중단시키고, 대기 중인 다른 스레드에 GIL을 제공하기 때문이다. 따라서 is_prime()을 실행하는 메인 스레드는 5밀리초마다 중단되고, 자식 스레드가 깨어나 for 루프를 한 번 반복하면서 done 이벤트의 wait() 메서드를 호출해 GIL을 해제한다. 그러고 나면 메인 스레드가 다시 GIL을 잡고, is_prime()이 5밀리초 동안 더 진행한다.

이렇게 작동하므로 이 예제에서는 실행 시간에 눈에 띄는 영향을 주지 않는다. spin() 함수가 짧게 한 번 반복하고 done 이벤트를 기다리기 위해 GIL을 해제하므로 GIL을 얻으려는 경쟁이 많지 않기 때문이다. 결국 is_prime()을 실행하는 메인 스레드가 대부분의 시간 동안 GIL을 갖게 된다.

이 간단한 실험에서는 스레드를 사용하는 계산 위주 작업에 문제가 없었다. 스레드가 단 두 개밖에 없기 때문이다. 한 스레드는 CPU를 잡아먹고, 다른 스레드는 고작해야 1초에 10번 깨어서 스피너를 돌린다.

그러나 두 개 이상의 스레드가 CPU 시간을 많이 사용하려고 경쟁할 때는 프로그램을 순차적으로 구현할 때보다 시간이 오래 걸릴 것이다.

asyncio에 대한 답

spinner_async.py 예제에서는 slow() 코루틴에서 is_prime(5_000_111_000_222_021)을 호출하면 스피너가 아예 보이지 않는다. await asyncio.sleep(3)를 time.sleep(3)으로 바꾼 [예제 19-6]과 똑같은 일이 생긴다. 제어 흐름이 supervisor()에서 slow()로, 그다음에는 is_prime()으로 넘어간다. is_prime()이 반환될 때 slow()도 반환되고, supervisor()가 실행을 재개하면서 spinner 작업을 시작하기도 전에 취소한다. 이 프로그램은 3초 정도 멈춘 것처럼 보이다가 답을 출력한다.

sleep(0)를 이용한 파워 냅

[예제 19-11]처럼 is_prime()에서 주기적으로 asyncio.sleep(0)를 await 표현식에서
호출해 이벤트 루프에 제어권을 넘겨주는 코루틴으로 변경하면 스피너를 움직이게 할 수 있다.

예제 19-11 spinner_async_nap.py: 코루틴이 된 is_prime()

```python
async def is_prime(n):
    if n < 2:
        return False
    if n == 2:
        return True
    if n % 2 == 0:
        return False

    root = math.isqrt(n)
    for i in range(3, root + 1, 2):
        if n % i == 0:
            return False
        if i % 100_000 == 1:
            await asyncio.sleep(0)     ❶
    return True
```

❶ 5만 번 반복할 때마다 sleep( )을 호출한다(range로 2씩 건너뛰도록 설정했기 때문이다).

asyncio 리포지토리 이슈 #284(https://fpy.li/19-20)에서 asyncio.sleep(0)의 사
용에 관한 상세한 토론을 볼 수 있다.

그렇지만 이렇게 하면 is_prime()의 속도를 떨어뜨려 결국 이벤트 루프와 프로그램 전체의
속도가 느려질 수 있음에 주의하라. 10만 번 반복할 때마다 await asyncio.sleep(0)를
호출할 때 스피너가 부드럽게 움직였지만, 필자의 랩톱에서 프로그램을 실행하는 데는 4.9초
가 걸렸다. 동일한 인수(5_000_111_000_222_021)로 원래 is_prime() 함수를 호출할 때
보다 거의 50% 더 오래 걸린 것이다.

await asyncio.sleep(0)를 호출하는 것은 CPU 위주의 계산을 다른 프로세스에 위
임하는 비동기 코드를 리팩터링하기 전에 임시방편으로 사용하는 편이 좋다. 21장에서는
asyncio.loop.run_in_executor()를 사용해 리팩터링하는 방법을 설명한다. 또 다른 방
법으로 태스크 큐를 사용하는 방법은 19.7.5절 '분산 태스크 큐'에서 간단히 설명한다.

지금까지는 CPU 위주의 함수를 하나만 호출하는 실험을 했는데, 다음 절에서는 CPU 위주의 함수 여러 개를 호출하는 방법을 살펴보자.

19.6 직접 만든 프로세스 풀

NOTE 이 절은 여러 개의 CPU 위주 프로세스를 사용해 태스크를 분산하고 결과를 취합하는 데 큐를 사용하는 일반적인 패턴을 보여 주고자 작성했다. 20장에서는 내부적으로 큐를 사용하는 `concurrent.futures` 패키지의 `ProcessPoolExecutor`를 이용해 태스크를 여러 프로세스에 분배하는 더 간단한 방법을 설명한다.

이 절에서는 2부터 9,999,999,999,999,999(즉, $10^{16}-1$. 2^{53}보다 크다) 사이에서 20개의 정수를 샘플로 뽑아 소수인지 검사하는 프로그램을 작성한다. 작은 소수와 큰 소수의 곱으로 만들어진 숫자는 물론, 작은 소수, 큰 소수가 샘플에 들어간다.

`sequential.py` 프로그램을 성능 기준선으로 삼는다. 샘플로 실행한 결과는 다음과 같다.

```
$ python3 sequential.py
                2  P  0.000001s
 142702110479723  P  0.568328s
 299593572317531  P  0.796773s
3333333333333301  P  2.648625s
3333333333333333     0.000007s
3333335652092209     2.672323s
4444444444444423  P  3.052667s
4444444444444444     0.000001s
4444444488888889     3.061083s
5555553133149889     3.451833s
5555555555555503  P  3.556867s
5555555555555555     0.000007s
6666666666666666     0.000001s
6666666666666719  P  3.781064s
6666667141414921     3.778166s
7777777536340681     4.120069s
7777777777777753  P  4.141530s
7777777777777777     0.000007s
```

```
9999999999999917  P  4.678164s
9999999999999999     0.000007s
Total time: 40.31
```

결과는 세 개의 열로 구성된다.

- 검사할 숫자

- 소수 여부(소수이면 P, 아니면 아무것도 출력하지 않음)

- 해당 숫자가 소수인지 검사하는 데 걸린 시간

이 예제에서 전체 시간은 각 숫자를 검사한 시간의 합과 거의 비슷하지만, [예제 19-12]에서 보듯이 각 숫자의 계산을 별도로 수행했다.

예제 19-12 sequential.py: 적은 데이터셋을 순차적으로 실행한 소수 검사

```python
#!/usr/bin/env python3

"""
sequential.py: CPU 위주의 작업을 순차, 멀티프로세스, 스레드로 실행할 때
비교용으로 사용할 기준선
"""

from time import perf_counter
from typing import NamedTuple

from primes import is_prime, NUMBERS

class Result(NamedTuple):  ❶
    prime: bool
    elapsed: float

def check(n: int) -> Result:  ❷
    t0 = perf_counter()
    prime = is_prime(n)
    return Result(prime, perf_counter() - t0)

def main() -> None:
    print(f'Checking {len(NUMBERS)} numbers sequentially:')
    t0 = perf_counter()
    for n in NUMBERS:  ❸
        prime, elapsed = check(n)
```

```python
        label = 'P' if prime else ' '
        print(f'{n:16}  {label} {elapsed:9.6f}s')

    elapsed = perf_counter() - t0  ❹
    print(f'Total time: {elapsed:.2f}s')

if __name__ == '__main__':
    main()
```

❶ check() 함수는 is_prime()이 반환한 불리언값과 실행 시간을 담은 Result 튜플을 반환한다.

❷ check()는 is_prime(n)을 호출하고 Result를 반환하려고 실행 시간을 계산한다.

❸ 샘플에 있는 각 숫자에 대해 check()를 호출하고 결과를 출력한다.

❹ 전체 실행 시간을 계산하고 출력한다.

19.6.1 프로세스 기반 해결책

다음 예제 procs.py는 소수 검사를 여러 CPU 코어에 분산시키는 데 여러 프로세스를 사용하는 예를 보여 준다. 필자가 procs.py를 실행한 결과는 다음과 같다.

```
$ python3 procs.py
Checking 20 numbers with 12 processes:
               2  P  0.000002s
3333333333333333     0.000021s
4444444444444444     0.000002s
5555555555555555     0.000018s
6666666666666666     0.000002s
 142702110479723  P  1.350982s
7777777777777777     0.000009s
 299593572317531  P  1.981411s
9999999999999999     0.000008s
3333333333333301  P  6.328173s
3333335652092209     6.419249s
4444444488888889     7.051267s
4444444444444423  P  7.122004s
5555553133149889     7.412735s
5555555555555503  P  7.603327s
6666666666666719  P  7.934670s
```

```
6666667141414921       8.017599s
7777777536340681       8.339623s
777777777777753   P   8.388859s
9999999999999917  P   8.117313s
20 checks in 9.58s
```

출력의 마지막 줄을 보면 procs.py가 sequential.py보다 4.2배 빠름을 알 수 있다.

19.6.2 실행 시간 분석

세 번째 열에 있는 시간은 해당 숫자를 검사하는 데 걸린 시간이다. 예를 들어 is_prime(777777777777753)은 거의 8.4초가 지난 후에 True를 반환했다. 그러는 동안 다른 프로세스들은 다른 숫자들을 병행해 검사했다.

검사할 숫자가 20개다. procs.py는 multiprocessing.cpu_count()가 반환한 CPU 코어 수만큼의 작업자 프로세스를 실행시키도록 작성되었다.

이 경우 실행 시간은 개별적으로 검사하는 데 걸린 시간의 합계보다 훨씬 짧다. 프로세스를 바꾸고 프로세스 간 통신하는 오버헤드가 약간 있으므로 멀티프로세스 버전이 순차적으로 처리하는 것보다 4.2배밖에 빠르지 않다는 결과가 나왔다. 이 정도면 훌륭하지만, 필자의 랩톱 컴퓨터에 있는 12개의 코어를 모두 사용하려고 프로세스 12개를 실행한 것치고는 다소 실망스럽다.

NOTE 필자의 맥북 프로에서 multiprocessing.cpu_count() 함수가 12를 반환했다. 사실 6개의 코어가 있는 i7 CPU이지만, OS에서는 하이퍼스레딩hyperthreading 덕분에 12라고 알려준다. 하이퍼스레딩은 하나의 코어에서 2개의 스레드를 실행하는 기술이다. 그러나 하이퍼스레딩은 스레드가 동일 코어에서 실행되는 다른 스레드만큼 열심히 실행하지 않을 때 잘 작동한다. 즉 메모리 캐시에 없는 주소의 메모리를 읽어올 때까지 기다리는 동안 다른 스레드는 열심히 숫자를 계산할 때 잘 작동한다. 어쨌든 세상에 공짜는 없다. 필자의 랩톱은 간단한 소수 검사처럼 메모리는 많이 사용하지 않고 계산 위주의 작업을 수행할 때 코어 6개짜리 컴퓨터처럼 작동한다.

19.6.3 멀티코어 소수 검사기 코드

스레드나 프로세스에 연산을 위임할 때는 작업자 함수를 직접 호출하는 게 아니므로 반환값을 간단히 가져올 수 없다. 대신 작업자는 스레드나 프로세스 라이브러리에 의해 구동되고, 결국 결과를 생성하는데, 이 결과는 어딘가에 저장되어야 한다. 동시성 프로그래밍과 분산 시스템에서는 일반적으로 큐를 사용해서 작업자를 관리하고 결과를 취합한다.

procs.py에 새로 들어간 대부분의 코드는 큐를 설정하고 사용하는 작업을 수행한다. [예제 19-13]은 이 프로그램의 앞부분이다.

> **WARNING** SimpleQueue는 파이썬 3.9부터 multiprocessing 패키지에 추가되었다. 그 전 버전의 파이썬을 사용할 때는 [예제 19-13]의 SimpleQueue를 Queue로 바꾸면 된다.

예제 19-13 procs.py: 멀티프로세스 소수 검사하기 위한 임포트, 자료형, 함수

```
import sys
from time import perf_counter
from typing import NamedTuple
from multiprocessing import Process, SimpleQueue, cpu_count   ❶
from multiprocessing import queues   ❷

from primes import is_prime, NUMBERS

class PrimeResult(NamedTuple):   ❸
    n: int
    prime: bool
    elapsed: float

JobQueue = queues.SimpleQueue[int]   ❹
ResultQueue = queues.SimpleQueue[PrimeResult]   ❺

def check(n: int) -> PrimeResult:   ❻
    t0 = perf_counter()
    res = is_prime(n)
    return PrimeResult(n, res, perf_counter() - t0)

def worker(jobs: JobQueue, results: ResultQueue) -> None:   ❼
    while n := jobs.get():   ❽
        results.put(check(n))   ❾
```

```python
        results.put(PrimeResult(0, False, 0.0))     ❿

def start_jobs(
    procs: int, jobs: JobQueue, results: ResultQueue     ⓫
) -> None:
    for n in NUMBERS:
        jobs.put(n)     ⓬
    for _ in range(procs):
        proc = Process(target=worker, args=(jobs, results))     ⓭
        proc.start()     ⓮
        jobs.put(0)     ⓯
```

❶ threading을 모방하기 위해 multiprocessing은 multiprocessing.SimpleQueue를 제공하지만, 이 메서드는 더 하위 수준인 BaseContext 클래스에 미리 정의된 인스턴스에 바인딩되었다. 우리는 SimpleQueue를 호출해야 하지만, 자료형 힌트에는 사용할 수 없다.

❷ 자료형 힌트에 필요한 SimpleQueue는 multiprocessing.queues에 있다.

❸ 소수인지 검사할 숫자는 PrimeResult에 있다. n과 여러 결과 필드를 함께 모아 놓으면 나중에 결과를 간단히 출력할 수 있다.

❹ 작업을 수행할 프로세스들에 main() 함수(예제 19-14)가 숫자를 전달하는 데 사용할 SimpleQueue의 별칭이다.

❺ main() 안에서 결과를 수집할 두 번째 SimpleQueue의 별칭이다.

❻ 이 함수는 sequential.py와 비슷하다.

❼ worker()는 검사할 숫자를 담은 큐와 결과를 저장할 또 다른 큐를 받는다.

❽ 이 코드에서는 숫자 0을 포이즌 필poison pill로 사용했다. 작업자 프로세스에 보내는 중단 신호다. n이 0이 아니면 루프를 계속 반복한다.[15]

❾ 소수 검사하는 함수를 호출하고 PrimeResult 큐에 넣는다.

❿ PrimeResult(0, False, 0.0)을 반환해 작업자가 완료되었음을 메인 루프에 알려준다.

⓫ procs는 병렬로 소수 검사를 진행할 프로세스의 개수다.

⓬ 검사할 숫자들을 jobs 큐에 넣는다.

⓭ 자식 프로세스를 작업자마다 만든다. 각 자식 프로세스는 자신의 worker() 함수 인스턴스 안에서 루프를 실행하다가 jobs 큐에서 0을 가져올 때 멈춘다.

⓮ 각각의 자식 프로세스를 실행한다.

⓯ 프로세스마다 0을 하나씩 큐에 넣어, 자식 프로세스가 종료되게 한다.

---

15 이 예제에서는 0이 편리한 센티넬값이다. 일반적으로 None도 많이 사용하지만, 0을 사용하면 PrimeResult에 대한 자료형 힌트와 worker() 코드가 더 간단해진다.

루프, 센티넬, 포이즌 필

[예제 19-13]의 `worker()` 함수는 동시성 프로그래밍의 전형적인 패턴을 따른다. 큐에서 항목을 가져와 실제 작업을 수행하는 함수를 이용해 해당 항목을 처리하면서 무한 루프를 돌다가 큐에서 센티넬값이 나오면 루프를 종료한다. 이 패턴에서 작업자를 종료시키는 센티넬값을 흔히 '포이즌 필'이라고 부른다.

`None`은 센티넬값으로 널리 사용되지만, 데이터 스트림 안에 `None`이 있을 때는 `None`을 센티넬로 사용할 수 없다. 센티넬로 사용할 값을 구하는 데는 `object()`를 호출하는 방법도 널리 사용된다. 그러나 여러 프로세스에 걸쳐 실행할 때는 이 방법을 사용할 수 없다. 프로세스 간에 통신하려면 파이썬 객체가 직렬화되어야 하는데, `object`의 인스턴스에 `pickle.dump()`와 `pickle.load()`를 호출할 때 언피클한 인스턴스는 원래 인스턴스와 정체성이 달라서 동일한 객체가 아니기 때문이다. `None` 외에 `Ellipsis` 내장 객체(`...`로 쓴다)를 사용할 수 있는데, `Ellipsis`는 직렬화한 후에도 정체성을 잃어버리지 않는다.[16]

파이썬 표준 라이브러리는 다양한 값(https://fpy.li/19-22)을 센티넬로 사용한다. 'PEP 661 – 센티넬값Sentinel Values'(https://fpy.li/pep661)은 표준 센티넬을 제안하는데, 2021년 9월까지는 초안 상태였다.[17]

이제 [예제 19-14]에서 `procs.py`의 `main()` 함수를 살펴보자.

예제 19-14 procs.py: 멀티프로세스 소수 검사. main() 함수

```
def main() -> None:
    if len(sys.argv) < 2:      ❶
        procs = cpu_count()
    else:
        procs = int(sys.argv[1])

    print(f'Checking {len(NUMBERS)} numbers with {procs} processes:')
    t0 = perf_counter()
    jobs: JobQueue = SimpleQueue()      ❷
    results: ResultQueue = SimpleQueue()
    start_jobs(procs, jobs, results)      ❸
```

---

16 정체성을 잃지 않고 직렬화를 이겨내는 것은 인생의 아주 멋진 목표다.

17 **옮긴이_** 2024년 9월 기준으로도 초안 상태로 남아 있다.

```python
        checked = report(procs, results)    ❹
        elapsed = perf_counter() - t0
        print(f'{checked} checks in {elapsed:.2f}s')    ❺

    def report(procs: int, results: ResultQueue) -> int:    ❻
        checked = 0
        procs_done = 0
        while procs_done < procs:    ❼
            n, prime, elapsed = results.get()    ❽
            if n == 0:    ❾
                procs_done += 1
            else:
                checked += 1    ❿
                label = 'P' if prime else ' '
                print(f'{n:16}  {label} {elapsed:9.6f}s')
        return checked

if __name__ == '__main__':
    main()
```

❶ 명령행 인수를 주지 않으면 프로세스 수를 CPU 코어 수로 설정한다. 그렇지 않으면 첫 번째 인수로 지정한 개수의 프로세스를 생성한다.

❷ jobs와 results는 [예제 19-13]에서 설명한 큐다.

❸ jobs와 results를 소비하는 proc 프로세스를 시작한다.

❹ 결과를 가져와 출력한다. report는 ❻에서 정의한다.

❺ 검사한 숫자들의 개수와 전체 실행 시간을 출력한다.

❻ 프로세스 개수와 결과를 저장할 큐를 인수로 받는다.

❼ 프로세스들이 모두 완료될 때까지 루프를 반복한다.

❽ PrimeResult 하나를 가져온다. 큐에 get()을 호출하면 큐 안에 항목이 들어갈 때까지 중단된다. 이 부분은 논블로킹 코드로 만들거나 타임아웃을 설정할 수 있다. 자세한 내용은 SimpleQueue.get() 문서 (https://fpy.li/19-23)를 참조하라.

❾ n이 0이면 프로세스 하나가 종료된 것이다. procs_done 카운트를 하나 증가시킨다.

❿ n이 0이 아니면 검사한 숫자의 개수를 의미하는 checked 카운트를 하나 증가시키고 결과를 출력한다.

작업을 시작한 순서대로 결과가 나오지 않을 수 있다. 그래서 PrimeResult 튜플에 n을 넣었다. n이 없으면 어느 숫자에 대한 결과인지 알 수 없다.

서브프로세스들이 모두 종료되기 전에 메인 프로세스가 종료되면 `multiprocessing` 패키지의 내부 록에서 발생시키는 `FileNotFoundError` 예외에 관한 혼란스러운 트레이스백 메시지가 출력된다. 동시성 코드를 디버깅하는 것은 언제나 까다로운데, `multiprocessing`을 디버깅하는 것은 스레드와 비슷하게 만든 구조 뒤에 숨겨진 복잡한 코드들 때문에 훨씬 더 어렵다. 다행히도 20장에서 설명할 `ProcessPoolExecutor`는 사용하기 더 쉽고 탄탄하다.

> **NOTE** 1판을 출간했을 때 [예제 19-14]에 경쟁 상태(https://fpy.li/19-24)가 발생함을 알려준 독자 마이클 앨버트Michael Albert에게 감사드린다. 경쟁 상태는 동시 실행 유닛들이 수행하는 작업 순서에 따라 발생할 수 있는 버그다. 예를 들어 A가 B보다 먼저 실행되면 정상이지만, B가 A보다 먼저 실행되면 에러가 발생하는 상황이 바로 경쟁 상태다.
>
> 경쟁 상태에 관해 궁금하다면 버그가 있는 코드와 수정한 코드의 diff(https://fpy.li/19-25)를 보면 필자가 example-code-2e/commit/2c123057에서 어떻게 수정했는지 알 수 있다. 그러나 나중에 `main()` 함수의 일부를 `start_jobs()`와 `report()` 함수에 위임하도록 리팩터링했다. 해당 디렉터리의 `README. md` 파일(https://fpy.li/19-26)에서 문제와 해결책을 설명하니 참조하라.

19.6.4 프로세스 수를 변경한 실험

작업자 프로세스 개수를 지정하는 인수를 전달해 procs.py를 실행해 보고 싶을지도 모르겠다. 예를 들어 다음과 같이 실행할 수 있다.

```
$ python3 procs.py 2
```

그러면 작업자 프로세스를 두 개 생성하게 되고, CPU 코어가 두 개 이상이고 다른 프로그램들이 바쁘게 돌아가고 있지 않다면 sequential.py보다 거의 두 배 빨리 결과를 출력한다.

필자는 1에서 20까지 프로세스 개수를 바꿔가면서 procs.py를 12번씩, 총 240번 실행했다. 그러고 나서 각 프로세스 개수별로 실행한 시간의 중앙값을 계산해 [그림 19-2]의 그래프와 같은 결과를 얻었다.

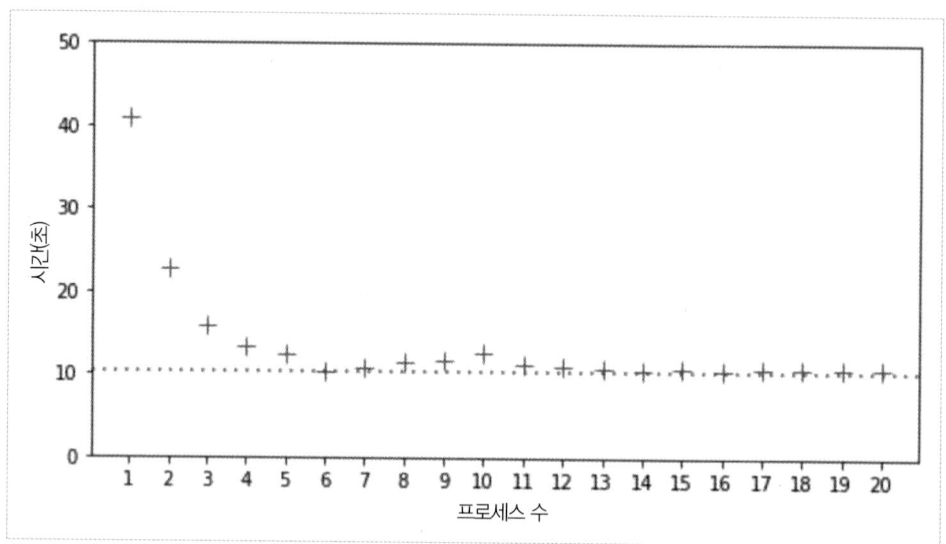

그림 19-2 프로세스를 1에서 20개 생성했을 때 실행 시간의 중앙값. 가장 긴 중앙값은 **40.81**초로, 프로세스를 한 개만 생성할 때였다. 가장 짧은 중앙값은 점선으로 표시한 **10.39**초로, 프로세스를 6개 실행할 때였다.

CPU 코어가 6개인 필자의 랩톱에서 가장 작은 중앙값은 [그림 19-2]에서 점선으로 표시한 10.39초였으며, 프로세스를 6개 생성할 때였다. 프로세스 개수가 6개보다 많아지면 프로세스 간 CPU 경쟁 때문에 실행 시간이 느려질 것으로 예상했는데, 프로세스가 10개일 때 지역 최댓값인 12.51초 걸렸다. 프로세스 수가 11개일 때 성능이 향상되고, 프로세스 수가 13에서 20일 때 중앙값이 프로세스 6개를 실행할 때보다 약간 더 걸렸다. 필자는 이렇게 될 것을 예상하지 못했는데, 이유는 모르겠다.

19.6.5 스레드 기반 잘못된 해결책

필자는 `multiprocessing` 대신 `threading` 패키지를 이용해 `procs.py`의 스레드 버전인 `threads.py`도 작성했다.[18] 이 두 API를 사용하는 간단한 예제 간의 변환이 그렇듯 두 코드가 아주 비슷하다. GIL과 `is_prime()`의 계산 위주 특성 때문에 스레드 버전은 [예제 19-12]의 순차 버전보다 느리다. 그리고 스레드 수를 늘릴수록 더 느려진다. CPU 경쟁과 문맥 교환context switch 비용 때문이다. 다른 스레드로 전환하려면 OS는 CPU 레지스터를 보관하고 프로그램 카

---

18 이 책 예제 코드 중 19-concurrency/primes/threads.py(https://fpy.li/19-27)를 참조하라.

운터와 스택 포인터를 갱신해야 하는데, 그러면서 CPU 캐시가 무효화되거나 메모리 페이지를 스와핑하는 등 값비싼 부작용을 일으킬 수 있다.[19]

20장과 21장에서는 파이썬에서의 동시성 프로그래밍을 더 자세히 다룬다. 20장에서는 고수준 `concurrent.futures` 라이브러리를 사용해서 스레드와 프로세스를 관리하는 방법을, 21장에서는 `asyncio` 라이브러리 사용해서 비동기 프로그래밍하는 방법을 다룬다.

이 장의 나머지 부분에서는 다음 질문에 대한 답을 하고자 한다.

> 지금까지 설명한 제약 사항들이 있는데, 어떻게 파이썬은 다중코어 세상에서 번창하고 있는가?

19.7 멀티코어 세상의 파이썬

널리 인용되는 허브 서터^{Herb Sutter}의 글 '공짜 점심은 없다: 소프트웨어에서 동시성으로의 근본적인 전환^{The Free Lunch Is Over: A Fundamental Turn Toward Concurrency in Software}'(`https://fpy.li/19-29`)을 생각해 보자.

> 인텔에서 AMD, Sparc, PowerPC에 이르기까지, 주요 프로세서 설계 및 제조업체들은 CPU 성능을 향상하는 고전적인 접근 방식의 한계에 다다랐다. 클럭 속도와 순차 명령 실행 성능을 더 끌어올리는 대신, 하이퍼스레드와 다중 코어 아키텍처로 대거 돌아서고 있다. (2005년 3월)

서터가 '공짜 점심'이라고 불렀던 것은 CPU가 순차 코드를 실행하는 속도가 점점 더 빨라지면서 개발자가 아무런 노력을 들이지 않고도 소프트웨어가 더 빨라지는 현상을 말한다. 그러나 2004년부터 상황이 달라졌다. 클럭 속도와 실행 최적화가 정점에 도달했고 성능을 비약적으로 향상하려면 다중 코어나 하이퍼스레드를 활용할 수밖에 없었다. 이 기술들은 동시 실행하기 위해 작성된 코드에만 도움이 된다.

---

[19] 자세한 내용은 위키백과의 '문맥 교환(context switch)' 문서(`https://fpy.li/19-28`)를 참조하라.

파이썬의 역사는 1990년 초반으로 거슬러 올라간다. 당시 CPU들은 해가 지날수록 순차 코드 실행 성능이 기하급수적으로 향상되었다. 멀티코어 CPU는 슈퍼컴퓨터에서만 다뤄지는 이야기였다. 시대가 그러했으므로 GIL을 사용하는 것이 당연했다. 단일 코어에서 GIL은 인터프리터 실행을 더 빠르게 해 주었고, 구현도 더 간단했다.[20] 그리고 GIL은 파이썬/C API를 통해 간단한 확장 모듈을 작성하는 일도 더 쉽게 하도록 해 주었다.

> **NOTE** 앞에서 '간단한 확장 모듈'이라고 했는데, 사실 확장 모듈은 GIL을 다룰 일이 전혀 없기 때문이다. C나 포트란 언어로 작성한 함수는 파이썬에서 구현한 동일한 함수보다 몇백 배 빠르다.[21] 따라서 대부분 다중 코어 CPU를 활용하려고 GIL을 해제하는 복잡한 작업을 추가할 필요가 없다. 그러니 파이썬에서 사용하는 여러 확장 모듈이 있게 해 준 GIL에 감사해야 한다. 확장 모듈은 오늘날 파이썬이 인기를 얻게 된 중요한 이유 중 하나이기 때문이다.

GIL 문제가 있음에도 파이썬은 동시성이나 병렬 실행을 요구하는 애플리케이션에서 번창하고 있다. CPython의 한계를 피해 가는 라이브러리들과 소프트웨어 아키텍처 덕분이다.

이제 현재와 같은 다중 코어, 분산 컴퓨팅 세계에서 시스템 관리, 데이터 과학, 서버 측 애플리케이션 개발에 파이썬이 어떻게 사용되는지 알아보자.

19.7.1 시스템 관리

파이썬은 서버, 라우터, 로드 밸런서, 네트워크 결합 스토리지network-attached storage (NAS) 등으로 구성된 대형 네트워크를 관리하는 데 널리 사용된다. 그리고 소프트웨어 정의 네트워킹software-defined networking (SDN)과 윤리적 해킹ethical hacking에서도 가장 많이 사용된다. 주요 클라우드 서비스 제공자들도 직접 제작하거나 파이썬 사용자 그룹에서 제작한 라이브러리와 튜토리얼을 통해 파이썬을 지원한다.

이 분야에서 파이썬 스크립트는 원격 장비에서 실행할 명령을 호출해 형상관리 작업을 자동화하므로 CPU 연산이 많이 필요한 작업은 거의 없다. 그런 작업에 스레드나 코루틴이 잘 맞는다. 특히 20장에서 설명할 `concurrent.futures` 패키지는 여러 원격 장비에서 동시에 똑같은

---

20 루비 언어의 창시자 유키히로 마츠모토(Yukihiro Matsumoto)가 자신의 인터프리터에서 GIL을 사용한 것도 같은 이유였으리라.

21 대학교에서 실습 시간에 필자는 LZW 압축 알고리즘을 C 언어로 구현해야 했다. 알고리즘을 제대로 파악했는지 확인하기 위해 먼저 파이썬으로 작성했다. C 언어로 작성한 버전은 900배 빨랐다.

작업을 수행하는 일을 간단하게 해 준다.

표준 라이브러리 외에도 앤서블^Ansible (`https://fpy.li/19-30`)과 Salt (`https://fpy.li/19-31`) 등의 도구는 물론 Fabric (`https://fpy.li/19-32`) 등의 라이브러리처럼 서버 클러스터를 관리하기 위한 파이썬 기반 프로젝트들이 있다.

그리고 코루틴과 `asyncio`를 지원하는 시스템 관리 라이브러리들도 늘어나고 있다. 2016년 페이스북의 제품 엔지니어링팀은 "우리는 파이썬 3.4에 소개된 AsyncIO에 점점 더 많이 의존하며, 코드베이스가 파이썬 2에서 벗어나면서 엄청난 성능 향상을 경험하고 있다"는 내용의 보고서(`https://fpy.li/19-33`)를 제출했다.

19.7.2 데이터 과학

인공지능을 포함한 데이터 과학 및 과학 컴퓨팅은 파이썬의 지원을 잘 받고 있다. 이 분야의 애플리케이션들은 계산 위주이기는 하지만, 파이썬 사용자들은 C, C++, 포트란, Cython 등으로 작성된 수치 계산 라이브러리의 거대한 생태계의 도움을 받는다. 다중 코어 시스템, GPU, 그리고 이기종 클러스터에서의 분산 병렬 컴퓨팅을 활용할 수 있는 라이브러리도 많다.

2021년을 기준으로, 파이썬의 데이터 과학 생태계에는 다음과 같은 멋진 도구들이 있다.

프로젝트 주피터(`https://fpy.li/19-34`)

사용자가 네트워크에 연결된 원격 장비에서 분석 코드를 실행하고 문서화하게 해 주는 두 개의 웹 기반 인터페이스 주피터 노트북과 주피터랩으로 구성된다. 둘 다 하이브리드 파이썬/자바스크립트 애플리케이션이며, 다른 언어로 작성된 계산 커널을 지원하고, 분산 애플리케이션을 위한 비동기 메시지 라이브러리인 ZeroMQ를 통해 통합되었다. 주피터^Jupyter라는 이름은 노트북이 지원한 최초의 언어 세 가지(줄리아^Julia, 파이썬, R)에서 따왔다. 주피터 툴에 기반해 형성된 풍부한 생태계에는 Bokeh 라이브러리(`https://fpy.li/19-35`)가 있는데, 이는 최신 자바스크립트 엔진과 브라우저의 성능 덕분에 대형 데이터셋이나 지속적으로 갱신되는 스트리밍 데이터를 순회하고 상호작용을 하게 해 주는 강력한 대화형 시각화 라이브러리다.

텐서플로(https://fpy.li/19-36)와 파이토치(https://fpy.li/19-37)

2020년 학습 자료 활용에 관한 오라일리 2021 리포트(https://fpy.li/19-38)에 따르면, 딥 러닝에 가장 많이 사용되는 두 개의 프레임워크다. 두 프로젝트 모두 C++로 작성되었으며, 다중 코어, GPU, 클러스터를 활용할 수 있다. 다른 언어들도 잘 지원하지만, 특히 이 두 프로젝트의 주요 사용자인 파이썬에 초점을 둔다. 텐서플로는 구글에서 만들어 내부적으로 사용했으며, 파이토치는 페이스북에서 개발되었다.

대스크(https://fpy.li/dask)

작업을 지역 프로세스나 클러스터 컴퓨터에 임대해 주는 병렬 컴퓨팅 라이브러리로, 대스크 홈페이지(https://fpy.li/dask)에 따르면 "세계에서 가장 큰 슈퍼컴퓨터에서 테스트"했다고 한다. 대스크^{Dask}는 현재 데이터 과학에서 가장 인기 있는 라이브러리인 넘파이, 판다스, 사이킷런을 밀접히 에뮬레이트해 주는 API를 제공한다. 대스크는 주피터랩이나 주피터 노트북에서 사용할 수도 있으며, Bokeh를 활용해 데이터를 시각화할 뿐만 아니라 여러 프로세스/컴퓨터에 걸친 데이터 흐름과 계산을 거의 실시간으로 보여 주는 대화형 대시보드로도 사용할 수 있다. 대스크는 아주 감명적이라 필자는 15분짜리 데모 동영상(https://fpy.li/19-39)을 보도록 추천한다. 이 영상에서 이 프로젝트의 유지보수자인 매튜 록클린$^{Matthew\ Rocklin}$은 AWS에 있는 8개의 EC2 컴퓨터에 분산된 64코어 가상 컴퓨터에서 대스크로 데이터를 처리하는 데모를 보여 준다.

이 사례들은 데이터 과학 커뮤니티에서 CPython 런타임의 한계를 극복하고 파이썬의 장점을 잘 활용한 해결책을 어떻게 만들어왔는지 잘 보여 준다.

19.7.3 서버 측 웹/모바일 개발

파이썬은 웹 애플리케이션과 모바일 애플리케이션을 지원하는 백엔드 API에도 널리 사용된다. 구글, 유튜브, 드롭박스, 인스타그램, 쿼라, 레딧 등의 기업에서 수억 명의 사용자를 24시간 지원하는 서버 측 애플리케이션을 파이썬으로 개발했다고 하면 어떤 생각이 드는가? 역시 답은 기본적인 파이썬이 지원하는 것을 훨씬 넘어서는 곳에 있다.

대규모 파이썬을 지원하는 도구들을 설명하기에 앞서, 소트웍스의 테크놀로지 레이다^{Technology} _{Radar}에 나온 충고를 인용하고자 한다.

> ### 고성능에 대한 동경/웹 스케일^{web scale}에 대한 동경
> '규모를 확장할 필요가 있을 것'이라는 전망 때문에 복잡한 도구, 프레임워크, 아키텍처를 선택해서 난관에 빠진 팀을 많이 본다. 트위터나 넷플릭스 등의 기업들은 엄청난 부하를 감당해야 하므로 그런 아키텍처가 필요하지만, 이런 기업에는 복잡성을 다룰 수 있는 엄청난 기술력의 개발팀이 있다. 대부분은 이런 대단한 엔지니어링이 필요 없다. 웹 스케일을 동경하기 전에 제대로 작동하는 더 간단한 기술이 있는지 먼저 확인해야 한다.[22]

웹 스케일에서 핵심은 수평 스케일링을 가능하게 하는 아키텍처다. 수평적으로 확장할 때 모든 시스템은 분산 시스템이 되고 더는 단 하나의 언어로 해결책의 모든 부분을 구현할 수 없게 된다.

분산 시스템은 학문적인 연구 분야지만, 다행히도 일부 실무자가 탄탄한 연구와 실무 경험에 기반한 이해하기 쉬운 책을 썼다. 그중 한 사람이 『Designing Data-Intensive Applications』(오라일리, 2016)를 쓴 마틴 클레프만^{Martin Kleppmann}이다.

클레프만의 책에 나오는 여러 아키텍처 그림 중 첫 번째인 [그림 19-3]을 보자. 필자가 참여했거나 밀접하게 연관된 파이썬 프로젝트에 서 본 컴포넌트들은 다음과 같다.

- **애플리케이션 캐시**[23]: memcached, Redis, Varnish
- **관계형 데이터베이스**: PostgreSQL, MySQL
- **문서 데이터베이스**: Apache CouchDB, MongoDB
- **풀-텍스트**^{full-text} **인덱스**: Elasticsearch, Apache Solr
- **메시지 큐**: RabbitMQ, Redis

---

22 출처: 소트웍스 기술 자문 위원회, 테크놀로지 레이다, 2015년 11월(`https://fpy.li/19-40`)

23 애플리케이션 캐시와 HTTP 캐시를 비교해 보라. 애플리케이션 캐시는 애플리케이션 코드에서 직접 사용하지만, HTTP 캐시는 [그림 19-3]의 꼭대기 부분에 위치해 이미지, CSS, JS 파일 등 정적인 에셋을 제공한다. 콘텐츠 제공 네트워크(Content Delivery Network, CDN)도 HTTP 캐시의 일종으로, 애플리케이션 사용자와 가까운 데이터 센터에 배치된다.

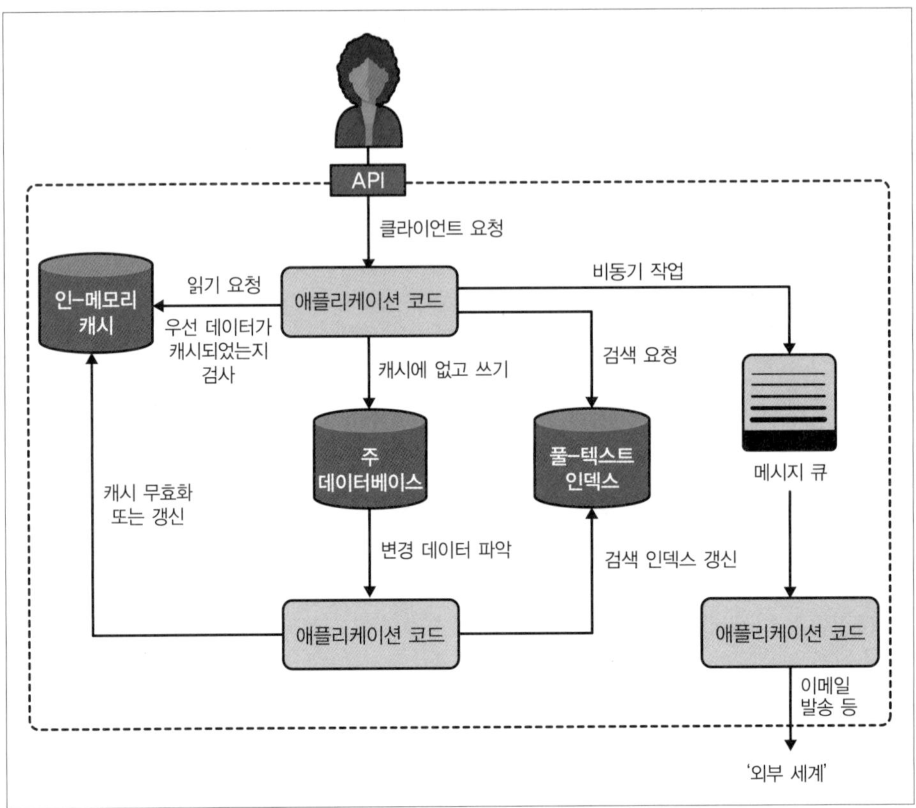

그림 19-3 여러 컴포넌트를 결합한 시스템 아키텍처 중 하나[24]

각 부류에는 업계에서 주목받는 또 다른 오픈소스 제품들이 있다. 주요 클라우드 제공자들은 자체 개발 제품을 제공하기도 한다.

클레프만의 그림은 보편적이며 특정 언어에 구애받지 않는다(그의 책도 마찬가지다). 파이썬 서버 측 애플리케이션에서는 두 개의 특정 컴포넌트가 배치되기도 한다.

- 여러 파이썬 애플리케이션 인스턴스 간의 부하를 분산하기 위한 애플리케이션 서버. 애플리케이션 서버는 [그림 19-3]의 꼭대기에 위치하며, 클라이언트 요청을 애플리케이션 코드에 도달하기 전에 처리한다.

- [그림 19-3]의 오른쪽에 있는 메시지 큐 주의에 배치한 태스크 큐. 작업을 다른 컴퓨터에서 실행되는 프로세스에 배포하기 위해 상위 수준의 사용하기 쉬운 API를 제공한다.

---

24 마틴 클레프만 저, 『Designing Data-Intensive Applications』(오라일리, 2016)의 [그림 1-1]에서 발췌했다.

다음 두 절에서는 파이썬 서버 측 배치에 있어서 모범사례로 권장되는 이 두 컴포넌트에 관해 알아본다.

19.7.4 WSGI 애플리케이션 서버

웹 서버 게이트웨이 인터페이스^{Web Server Gateway Interface}(WSGI, `https://fpy.li/pep3333`)는 파이썬 프레임워크나 애플리케이션이 HTTP 서버로부터 요청을 받고 응답을 보내는 표준 API 이다.[25] WSGI 애플리케이션 서버는 애플리케이션에서 실행되는 하나 이상의 프로세스를 관리하며 가용 CPU를 최대로 활용하게 해 준다.

[그림 19-4]는 전형적인 WSGI 배치를 보여 준다.

> **TIP** [그림 19-4]에서 점선으로 에워싼 사각형은 [그림 19-3]의 꼭대기에 있는 '애플리케이션' 사각형에 해당한다.

파이썬 웹 프로젝트에서 널리 알려진 애플리케이션 서버들은 다음과 같다.

- mod_wsgi(`https://fpy.li/19-41`)
- uWSGI(`https://fpy.li/19-42`)[26]
- Gunicorn(`https://fpy.li/gunicorn`)
- NGINX Unit(`https://fpy.li/19-43`)

아파치 HTTP 서버 사용자에게는 mod_wsgi가 최고의 선택이다. mod_wsgi는 WSGI 자체 만큼이나 오래되었지만 활발히 유지보수되며, 현재는 `mod_wsgi-express`라는 명령행 실행 프 로그램도 제공하므로 환경설정하기 쉽고 도커 컨테이너에서 사용하기에 좋다.

---

25 WSGI를 철자 하나하나 읽는 사람도 있고, '위스기'라고 읽는 사람도 있다.
26 uWSGI의 첫글자는 영소문자 'u'이지만, 실제로는 그리스 문자 '뮤(μ)'이므로, '마이크로-위스기'로 읽는다.

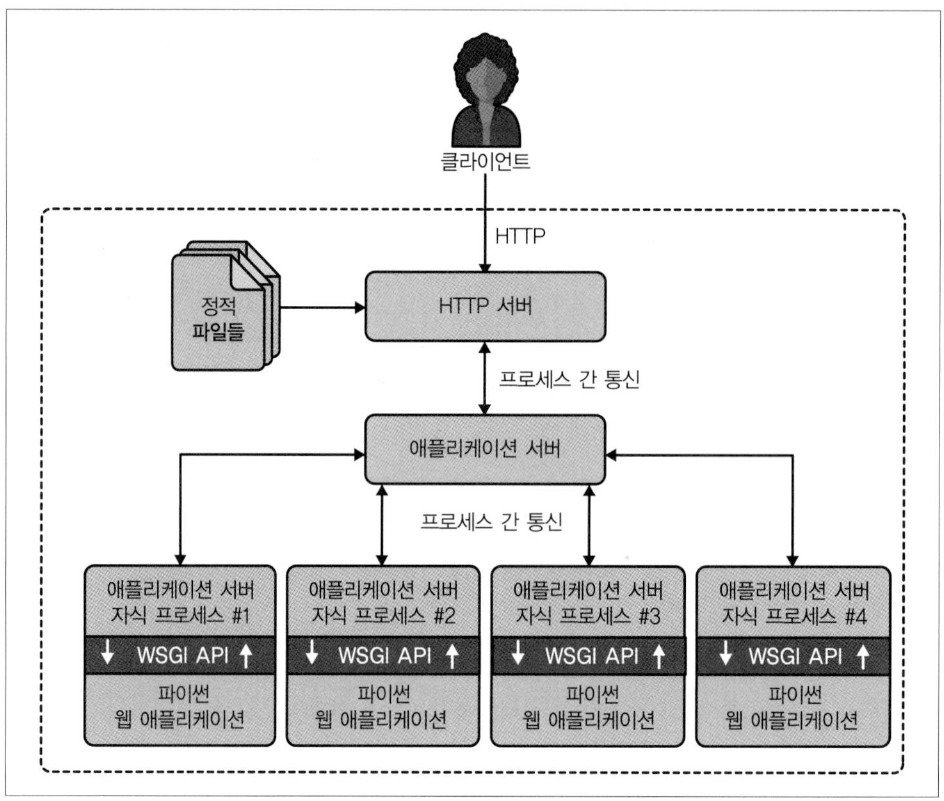

그림 19-4 클라이언트가 **HTTP** 서버에 연결하면, **HTTP** 서버는 정적 파일은 전송하고 나머지 요청은 애플리케이션 서버에 전송한다. 애플리케이션 서버는 자식 프로세스를 포크해 애플리케이션 코드를 실행해 다중 **CPU** 코어를 활용한다. **WSGI API**는 애플리케이션 서버와 파이썬 애플리케이션 코드 간의 연결고리 역할을 한다.

uWSGI와 Gunicorn은 필자가 아는 최신 프로젝트 중 최고의 선택이다. 둘 다 NGINX HTTP 서버와 사용되곤 한다. uWSGI는 애플리케이션 캐시, 태스크 큐, cron과 비슷한 주기적 작업 등 아주 많은 기능을 제공한다. 반면 uWSGI는 Gunicorn보다 제대로 설정하기 훨씬 어렵다.[27]

2018년에 발표된 NGIX Unit은 널리 알려진 NGINX HTTP 서버와 역방향 프록시의 제작자가 만든 신제품이다.

---

[27] 블룸버그 엔지니어인 피터 스펄(Peter Sperl)과 벤 그린(Ben Green)은 '제품 배포를 위한 uWSGI 환경설정(Configuring uWSGI for Production Deployment)'(`https://fpy.li/19-44`)이라는 글을 작성했다. 이 글은 uWSGI 기본 설정 중 얼마나 많은 설정이 일반적인 배포 환경과 맞지 않는지를 설명한다. 피터 스펄은 EuroPython 2019에서 자신들이 권고하는 설정(`https://fpy.li/19-45`)을 발표했다. uWSGI 사용자라면 반드시 보기를 권한다.

mod_wsgi와 Gunicorn은 파이썬 웹 애플리케이션만 지원하지만, uWSGI와 NGINX Unit
은 다른 언어와도 잘 작동한다. 자세한 내용은 각 제품의 문서를 참조하기를 바란다.

요점은 이렇다. 이 모든 애플리케이션 서버는 여러 개의 파이썬 프로세스를 생성해 장고, 플라
스크Flask, 피라미드Pyramid 등 고전적인 프레임워크를 이용한 순차 코드로 작성된 웹 애플리케이
션들을 실행하므로, 서버에 있는 CPU 코어를 모두 사용하게 해 준다. 그 덕분에 `threading`,
`multiprocessing`, `asyncio` 등을 공부하지 않았더라도 파이썬 웹 개발로 먹고 살 수 있는 것
이다. 애플리케이션 서버가 동시성을 투명하게 처리해 주기 때문이다.

> **NOTE** 비동기 서버 게이트웨이 인터페이스Asynchronous Server Gateway Interface**(ASGI)**
> WSGI는 동기식 API로, 파이썬에서 웹소켓WebSocket이나 HTTP 롱 폴링long polling을 가장 효율적으로 구현하
> 게 해 주는 `async/await`를 이용한 코루틴을 지원하지 않는다. ASGI 명세(`https://fpy.li/19-46`)는
> WSGI의 후속 버전이며, 장고와 플라스크는 물론 aiohttp, Sanic, FastAPI 등과 같은 비동기 파이썬 웹 프
> 레임워크를 위해 설계되었다. 장고와 플라스크도 비동기 기능을 점차 추가하고 있다.

이제 서버 측 파이썬 애플리케이션의 고성능화를 위해 GIL을 우회하는 또 다른 방법을 알아보자.

19.7.5 분산 태스크 큐

애플리케이션 서버가 여러분의 코드를 실행하는 파이썬 프로세스 중 하나에 요청을 전달하면,
여러분의 앱은 신속히 응답해야 한다. 프로세스가 가능한 한 빨리 다음 요청을 처리해야 하기
때문이다. 그러나 메일을 발송하거나 PDF 파일을 생성하는 등 처리 시간이 오래 걸리는 요청
이 들어올 수도 있다. 태스크 큐는 이런 문제를 해결하도록 만들어졌다.

Celery(`https://fpy.li/19-47`)와 RQ(`https://fpy.li/19-48`)는 파이썬 API를 제공하
는 오픈소스 태스크 큐 중에 가장 많이 알려졌다. 클라우드 제공자들은 자기들만의 고유한 태
스크 큐를 제공하기도 한다.

이 제품들은 메시지 큐를 포장해 태스크를 작업자들에 위임하는 상위 수준 API를 제공한다. 작
업자들은 다른 컴퓨터에서 실행될 수도 있다.

Celery의 FAQ 페이지(https://fpy.li/19-49)에서는 다음과 같은 전형적인 사용 예를 볼 수 있다.

- 백그라운드에서 무엇인가 실행하기. 예를 들어 웹 요청을 가능한 한 빨리 완료하고 나서 사용자 페이지를 점차 갱신한다. 이렇게 하면 실제 작업은 시간이 조금 걸리더라도 사용자에게 성능이 좋고 처리가 빠르다는 인상을 준다.
- 웹 요청이 완료된 후 무엇인가 실행하기
- 비동기로 실행하고 재시도해서 작업 완료 확인하기
- 주기적 작업을 스케줄링하기

당면한 이런 문제를 해결하는 것 외에도, 태스크 큐는 수평적 규모 확장성을 지원한다. 생산자와 소비자는 분리된다. 생산자는 큐에 요청을 넣을 뿐 소비자를 호출하지 않는다. 소비자는 생산자에 관해 알 필요가 없다(다만 어떤 승인이 필요하다면 요청에 생산자의 정보를 넣을 수는 있다). 중요한 점은 수요가 증가하면 태스크를 소비하는 데 더 많은 작업자를 간단히 추가할 수 있다는 것이다. 그래서 Celery와 RQ를 분산 태스크 큐라고 한다.

우리가 구현한 간단한 `procs.py`(예제 19-13)는 두 개의 큐(작업 요청용과 결과 수집용)를 사용했다. Celery와 RQ의 분산 아키텍처도 이와 비슷한 패턴을 사용한다. 둘 다 메시지 큐와 결과 저장소로서 Redis(https://fpy.li/19-50) NoSQL 데이터베이스 사용을 지원한다. Celery는 RabbitMQ나 Amazon SQS와 같은 다른 메시지 큐의 사용도 지원하고, 결과를 저장하기 위해 다른 데이터베이스의 사용도 지원한다.

이것으로 파이썬에서의 동시성에 관한 소개를 마치고자 한다. 20장과 21장에서는 이 주제를 이어 표준 라이브러리의 `concurrent.futures`와 `asyncio` 패키지를 집중적으로 살펴본다.

19.8 요약

이론을 조금 설명한 후, 이 장에서는 파이썬이 기본적으로 지원하는 다음과 같은 3대 동시성 프로그래밍 모델을 이용해 스피너를 구현했다.

- 스레드. threading 패키지
- 프로세스. multiprocessing 패키지
- 비동기 코루틴. asyncio 패키지

그러고 나서 실험을 통해 GIL이 미치는 실제 영향을 조사했다. 스피너 예제를 변경해서 커다란 정수의 소수 여부를 계산하고, 작동 특성을 관찰했다. 이 실험에서 CPU 위주의 함수는 이벤트 루프를 중단시키므로 반드시 피해야 함을 알았다. GIL 문제가 있음에도 스레드 버전은 잘 작동했다. 파이썬이 주기적으로 스레드를 중단시키고, 예제에서는 스레드가 두 개만 있었기 때문이다. 한 스레드는 계산 위주의 작업을 수행하고 다른 하나는 단순히 초당 10번의 애니메이션을 수행했다. multiprocessing 버전은 GIL 문제없이 잘 작동했다. 애니메이션만 수행하는 프로세스를 새로 만들고 메인 프로세스에서는 소수 검사를 수행했다.

소수 검사를 여러 번 수행하는 다음 예제는 multiprocessing과 threading의 차이를 잘 보여주었는데, 프로세스를 사용해야만 다중코어 CPU를 파이썬이 제대로 활용할 수 있음을 알았다. 파이썬의 GIL 때문에 계산 부하가 많을 때는 스레드 방식이 순차 방식보다 성능이 떨어진다.

파이썬에서 동시성 및 병렬 프로그래밍에 관해 이야기할 때는 GIL에 관한 얘기가 대부분이지만, GIL의 영향을 과내평가할 필요는 없다. 이것이 19.7절 '멀디코어 세상의 파이썬'의 핵심이다. 예를 들어 시스템 관리할 때 파이썬이 영향을 미치는 사례는 많지 않다. 한편 데이터 과학과 서버 측 개발 커뮤니티에서는 자신의 고유한 요구에 맞는 해결책을 통해 GIL 문제를 피해왔다. 마지막 두 개의 절에서는 서버 측 파이썬 애플리케이션을 대규모로 지원하는 두 가지 요소인 WSGI 애플리케이션 서버와 분산 태스크 큐에 관해 알아보았다.

## CHAPTER 20

동시 실행자

> 스레드를 무시하는 사람은 대부분 일반적인 애플리케이션 프로그래머가 평생 보지도 못할 유
> 스케이스를 염두에 두는 시스템 프로그래머. [중략] 애플리케이션 프로그래머가 마주칠 가
> 능성이 있는 유스케이스의 99%에서는 독립적인 스레드를 여러 개 생성하고 결과를 큐에 수
> 집하는 방법만 알면 된다.[1]
>
> — 미켈레 시미오나토
> **파이썬 철학자**

이 장에서는 미켈레 시미오나토가 설명한 '한 무리의 독립적인 스레드를 생성하고 결과를 큐에 수집하는' 패턴을 수용한 `concurrent.futures.Executor` 클래스를 집중적으로 알아본다. 동시 실행자executor는 스레드는 물론 프로세스를 이용해 이 패턴을 사용하기 아주 쉽게 해 주며 계산 위주의 작업에 유용하다.

여기에서는 futures 개념도 소개하는데, `futures`는 연산의 비동기 실행을 나타내는 객체이며 자바스크립트의 프로미스promise와 비슷하다. 이 기본 개념은 `concurrent.futures`뿐만 아니라 `asyncio` 패키지의 기반인데, `asyncio`는 21장에서 심도 있게 다룬다.

---

1 미켈레 시미오나토의 '파이썬에서의 스레드, 프로세스, 동시성에 대한 소고(Threads, processes and concurrency in Python: some thoughts)'(`https://fpy.li/20-1`)에서 발췌했다. '다중 코어 혁명에 대한 과대광고의 제거 및 스레드와 여러 동시성 방식에 대한 타당성 있는(희망 사항) 이야기'로 요약된다.

20.1 이번 장의 변경 사항

이 장의 제목은 1판에서는 'futures를 이용한 동시성'이었지만 2판에서는 '동시 실행자'로 바꾸었다. 실행자가 이 장에서 다루는 가장 중요한 상위 수준 기능이기 때문이다. futures는 저수준 객체이며 20.2.3절 'Future 클래스 찾아보기'에서 집중적으로 살펴보겠지만, 이 장의 다른 부분에서는 거의 나오지 않는다.

이제 모든 HTTP 클라이언트 예제는 새로운 HTTPX 라이브러리(https://fpy.li/httpx)를 사용하는데, 이 라이브러리는 동기 및 비동기 API를 모두 제공한다.

파이썬 3.7에서 http.server 패키지(https://fpy.li/20-2)에 추가된 멀티스레드화된 서버 덕분에 20.5절 '진행 상황을 출력하고 에러를 처리하면서 내려받기' 실험에 필요한 준비 과정이 이제는 더 간단해졌다. 이전 표준 라이브러리의 BaseHttpServer는 단일 스레드만 지원했으므로 동시에 여러 클라이언트를 실행하는 실험에는 도움이 안 되었고, 1판에서는 별도의 외부 도구를 사용해야 했다.

20.3절 'concurrent.futures로 프로세스 실행하기'에서는 실행자를 이용하면 19.6.3절 '멀티코어 소수 검사기 코드'의 예제가 얼마나 간단해지는지 보여 준다.

마지막으로 대부분의 이론 설명은 19장 '파이썬 동시성 모델'로 옮겼다.

20.2 동시에 웹 내려받기

효율적인 네트워크 I/O에는 동시성이 필수다. 원격 컴퓨터의 응답을 빈둥거리며 기다리기보다는 애플리케이션은 응답이 오기 전에 무언가 해야 한다.[2]

동시성을 활용하는 방법을 코드로 보여 주고자 여기서는 웹에서 20개 국가의 국기 이미지를 내려받는 간단한 프로그램을 3개 작성했다. 첫 번째 flags.py는 순차적으로 실행되므로 이미지 하나를 내려받아 디스크에 저장한 후에야 다음번 이미지를 내려받는다. 나머지 프로그램 두 개는 동시에 내려받는다. 즉, 모든 이미지를 동시에 요청한 후 도착하는 대로 파일에 저장한

다. `flags_threadpool.py` 스크립트는 `concurrent.futures` 패키지를 사용하지만, `flags_asyncio.py` 스크립트는 `asyncio`를 사용한다.

[예제 20-1]은 스크립트 세 개를 각각 세 번 실행한 결과를 보여 준다. 이 프로그램은 fluentpython.com에서 이미지를 내려받는데, 이 서버가 CDN 서비스를 받고 있으므로, 처음 실행할 때는 약간 느릴 수 있다. [예제 20-1]은 프로그램을 여러 번 실행해 CDN 캐시에 이미지가 올라간 후에 얻은 결과다.

예제 20-1 flags.py, flags_threadpool.py, flags_asyncio.py 스크립트를 3번씩 실행힌 결과

```
$ python3 flags.py
BD BR CD CN DE EG ET FR ID IN IR JP MX NG PH PK RU TR US VN  ❶
20 flags downloaded in 7.26s  ❷
$ python3 flags.py
BD BR CD CN DE EG ET FR ID IN IR JP MX NG PH PK RU TR US VN
20 flags downloaded in 7.20s
$ python3 flags.py
BD BR CD CN DE EG ET FR ID IN IR JP MX NG PH PK RU TR US VN
20 flags downloaded in 7.09s
$ python3 flags_threadpool.py
DE BD CN JP ID EG NG BR RU CD IR MX US PH FR PK VN IN ET TR
20 flags downloaded in 1.37s  ❸
$ python3 flags_threadpool.py
EG BR FR IN BD JP DE RU PK PH CD MX ID US NG TR CN VN ET IR
20 flags downloaded in 1.60s
$ python3 flags_threadpool.py
BD DE EG CN ID RU IN VN ET MX FR CD NG US JP TR PK BR IR PH
20 flags downloaded in 1.22s
$ python3 flags_asyncio.py  ❹
BD BR IN ID TR DE CN US IR PK PH FR RU NG VN ET MX EG JP CD
20 flags downloaded in 1.36s
$ python3 flags_asyncio.py
RU CN BR IN FR BD TR EG VN IR PH CD ET ID NG DE JP PK MX US
20 flags downloaded in 1.27s
$ python3 flags_asyncio.py
RU IN ID DE BR VN PK MX US IR ET EG NG BD FR CN JP PH CD TR  ❺
20 flags downloaded in 1.42s
```

❶ 실행하면 국기를 내려받은 순서대로 국가 코드와 실행에 걸린 시간을 출력한다.

❷ `flags.py`가 20개의 이미지를 내려받는 데 평균 7.18초 걸렸다.

❸ flags_threadpool.py의 평균 실행 시간은 1.40초다.

❹ flags_asyncio.py의 평균 실행 시간은 1.35초다.

❺ 국가 코드의 순서에 주의하라. 동시성을 지원하는 스크립트를 실행하면 이미지를 내려받는 순서가 매번 달라진다.

여기서 동시성 스크립트 간의 성능 차이는 크지 않지만, 둘 다 순차적인 스크립트보다 5배 빠르다. 각각 몇 킬로바이트밖에 안 되는 파일 20개를 내려받는 이런 간단한 작업에서 이만큼 차이가 난다. 만약 수백 개의 이미지를 내려받았다면, 동시성 스크립트는 순차적 스크립트보다 20배 이상 빨랐을 것이다.

> **WARNING** 공개된 웹 서버에 동시에 수많은 HTTP 요청을 보내 테스트하면, 뜻하지 않게 일종의 서비스 거부 공격denial-of-service(DoS)을 하는 셈이 된다. [예제 20-1]은 단지 20개의 요청만 보내도록 하드코딩되었으므로 문제가 없다. 이 장의 뒷부분에서는 파이썬의 `http.server` 패키지를 이용해 테스트를 실행할 것이다.

이제부터 [예제 20-1]에서 테스트한 스크립트 중 `flags.py`와 `flags_threadpool.py`의 소스 코드를 들여다보자. 세 번째 스크립트 `flags_asyncio.py`는 asyncio를 사용하므로 21장에서 설명한다. 여기에서는 다음 두 가지 점을 보여 주려고 이 세 개의 스크립트를 모두 테스트한다.

1 스레드를 사용하든 코루틴를 사용하든 사용하는 동시성 방식에 상관없이, 제대로 구현하면 입출력 위주의 작업을 순차적으로 처리하는 것보다는 성능이 엄청나게 향상된다.

2 요청 수를 조절할 수 있는 HTTP 클라이언트를 사용할 때 스레드와 코루틴 간의 성능 차이는 크지 않다.[3]

이제 코드를 살펴보자.

20.2.1 순차 내려받기 스크립트

[예제 20-2]는 [예제 20-1]에서 실행한 첫 번째 스크립트인 `flags.py` 구현 코드다. 그리 흥미롭지는 않지만, 이 코드 대부분을 동시성 스크립트를 구현하는 데 다시 사용하므로, 자세히 봐둬야 한다.

---

3 수많은 클라이언트를 상대해야 하는 서버에서는 차이가 있다. 19.6.5절 '스레드 기반 잘못된 해결책'에서 설명했듯이, 코루틴은 스레드보다 메모리를 적게 사용하므로 문맥 전환 비용이 적고 규모확장성이 좋다.

예제 20-2 `flags.py`: 순차 내려받기 스크립트. 몇몇 함수는 다른 스크립트에서 재사용한다.

```python
import time
from pathlib import Path
from typing import Callable

import httpx  ❶

POP20_CC = ('CN IN US ID BR PK NG BD RU JP '
            'MX PH VN ET EG DE IR TR CD FR').split()  ❷

BASE_URL = 'https://www.fluentpython.com/data/flags'  ❸
DEST_DIR = Path('downloaded')  ❹

def save_flag(img: bytes, filename: str) -> None:  ❺
    (DEST_DIR / filename).write_bytes(img)

def get_flag(cc: str) -> bytes:  ❻
    url = f'{BASE_URL}/{cc}/{cc}.gif'.lower()
    resp = httpx.get(url, timeout=6.1,  ❼
                     follow_redirects=True)  ❽
    resp.raise_for_status()  ❾
    return resp.content

def download_many(cc_list: list[str]) -> int:  ❿
    for cc in sorted(cc_list):  ⓫
        image = get_flag(cc)
        save_flag(image, f'{cc}.gif')
        print(cc, end=' ', flush=True)  ⓬
    return len(cc_list)

def main(downloader: Callable[[list[str]], int]) -> None:  ⓭
    DEST_DIR.mkdir(exist_ok=True)  ⓮
    t0 = time.perf_counter()  ⓯
    count = downloader(POP20_CC)
    elapsed = time.perf_counter() - t0
    print(f'\n{count} downloads in {elapsed:.2f}s')
```

```python
if __name__ == '__main__':
    main(download_many)        ⓰
```

---

❶ httpx 라이브러리를 임포트한다. 표준 라이브러리에 속하지 않으므로 관례에 따라 표준 라이브러리 모듈을 먼저 임포트하고 한 줄 건너 임포트한다.

❷ 인구가 많은 상위 20개 국가의 ISO 3166 국가 코드를 리스트에 넣는다.

❸ 국기 이미지가 있는 디렉터리[4]

❹ 국기 이미지를 저장할 디렉터리

❺ `img` 바이트를 DEST_DIR에 `filename`으로 저장한다.

❻ 국가 코드를 받아 URL을 만들고 이미지를 내려받은 후 응답으로 받은 이진 콘텐츠를 반환한다.

❼ 특별한 이유 없이 오랫동안 블로킹되는 것을 피하려면 네트워크 연산을 수행할 때는 적절한 타임아웃을 설정하는 편이 좋다.

❽ 기본적으로 HTTPX는 리다이렉션을 허용하지 않는다.[5]

❾ 이 스크립트에서는 에러를 처리하지 않지만, HTTP 상태가 200번 대가 아니면 이 메서드를 호출할 때 예외가 발생할 수 있다. 조용한 실패는 가능하면 피해야 한다.

❿ `download_many()`가 동시성 버전과 비교할 핵심 함수다.

⓫ 알파벳 순서로 국가 코드 리스트를 반복함으로써 출력된 국가의 순서가 유지됨을 쉽게 알 수 있다. 내려받은 국가 코드 수를 반환한다.

⓬ 내려받는 과정이 진행되고 있음을 볼 수 있도록 동일한 줄에 국가 코드를 출력한다. `end=' '` 인수는 일반적으로 출력되는 문자열의 끝에 오는 줄넘김 문자를 공백 문자로 바꾸므로 차례대로 내려받는 국가 코드를 모두 한 줄에 출력하게 한다. `flush=True` 인수를 꼭 지정해야 한다. 기본적으로 파이썬 출력은 줄 단위로 버퍼링되어 줄넘김 문자를 출력할 때가 되어서야 문자들을 출력하기 때문이다.

⓭ `main()`은 내려받는 함수를 인수로 받아야 한다. 이렇게 하면 `main()` 함수를 threadpool과 asyncio 예제에서 구현한 `download_many()`를 호출하는 일종의 라이브러리 함수로 사용할 수 있다.

⓮ 필요하면 DEST_DIR을 생성한다. 기존에 디렉터리가 있더라도 에러를 발생시키지 않는다.

⓯ `donwloader()` 함수를 실행하는 데 걸린 시간을 기록하고 출력한다.

⓰ `download_many()`를 인수로 전달해 `main()`을 호출한다.

---

4 원래 이미지는 미국 정부 공개 간행물인 CIA 월드 팩트북(CIA World Factbook, `https://fpy.li/20-4`)에서 가져왔다. cia.gov에 서비스 거부 공격을 하지 않도록 필자의 사이트에 복사해 놓았다.

5 이 예제에서는 `follow_redirects=True`를 설정할 필요는 없지만, HTTPX와 `requests` 라이브러리의 차이를 보여 주고 싶었다. 그리고 `follow_redirects=True`를 설정하면 나중에 이미지를 다른 곳에서 호스팅할 수 있게 해준다. 그러나 HTTPX의 기본값인 `follow_redirects=False`가 타당하다고 생각한다. 예상치 못한 리다이렉션 때문에 불필요하게 요청하고 에러 진단을 복잡하게 만드는 일을 피할 수 있기 때문이다.

사실 flags.py에 새로운 것은 없다. 단지 다른 스크립트와 비교할 때 사용할 기준선이며, 필자는 동시성 버전을 구현할 때 중복을 피하고자 이 코드를 하나의 라이브러리로 사용했다. 이제 concurrent.futures를 이용해서 다시 구현해 보자.

20.2.2 concurrent.futures로 내려받기

concurrent.futures 패키지의 가장 큰 특징은 ThreadPoolExecutor와 ProcessPoolExecutor 클래스다. 이 클래스들은 콜러블 객체를 서로 다른 스레드나 프로세스에서 실행하게 해 주는 API를 구현한다. 이 클래스들은 작업자 스레드나 작업자 프로세스 풀과 실행할 작업을 분배하고 결과를 수집할 큐를 투명하게 관리한다. 그러나 아주 고수준의 인터페이스를 구현하므로 국기를 내려받는 간단한 프로그램을 구현할 때는 내부의 작동 과정을 알 필요 없다.

[예제 20-3]은 ThreadPoolExecutor.map() 메서드를 이용해 동시에 내려받는 작업을 아주 간단히 구현한다.

예제 20-3 flags_threadpool.py: futures.ThreadPoolExecutor를 이용한 스레드화된 내려받기 스크립트

```python
from concurrent import futures

from flags import save_flag, get_flag, main  ❶

def download_one(cc: str):  ❷
    image = get_flag(cc)
    save_flag(image, f'{cc}.gif')
    print(cc, end=' ', flush=True)
    return cc

def download_many(cc_list: list[str]) -> int:
```

```python
    with futures.ThreadPoolExecutor() as executor:        ❸
        res = executor.map(download_one, sorted(cc_list))    ❹

    return len(list(res))                                  ❺

if __name__ == '__main__':
    main(download_many)  ❻
```

❶ flags 모듈(예제 20-2)의 함수들을 재사용한다.

❷ 이미지 하나를 내려받는 함수다. 각 작업자가 이 함수를 실행한다.

❸ ThreadPoolExecutor의 인스턴스를 만들어 하나의 콘텍스트 관리자로 사용한다. executor.__exit__() 메서드는 executor.shutdown(wait=True)를 호출하는데, 이 메서드는 모든 스레드가 완료될 때까지 블로킹된다.

❹ map() 메서드는 map() 내장 함수와 비슷하지만, 여기서는 여러 스레드에서 동시에 download_one() 함수를 호출한다. 이 메서드는 제너레이터를 반환하는데, 반복하면서 각 함수가 반환한 값(여기서는 download_one()이 반환한 국가 코드)을 가져오게 해 준다.

❺ 획득한 결과의 수를 반환한다. 호출된 스레드 중 하나라도 예외를 발생시키면 executor.map()이 반환한 반복자의 해당 반환값을 읽으려 할 때 list 생성자가 암묵적으로 호출하는 next()에서 해당 예외를 발생시킨다.

❻ download_many()의 동시성 버전을 인수로 전달해 flags 모듈의 main() 함수를 호출한다.

[예제 20-3]의 download_one() 함수는 [예제 20-2]의 download_many() 함수의 for 루프 본체와 본질적으로 동일하다. 동시성 코드를 작성할 때 일반적으로 이렇게 리팩터링한다. 순차적으로 실행되는 for 루프 본체를 동시에 호출할 함수로 바꾸는 것이다.

> **TIP** [예제 20-3]은 상당히 짧다. 순차 버전인 **flags.py** 스크립트의 함수 대부분을 재사용할 수 있기 때문이다. concurrent.futures의 장점 중 하나는 과거에 만든 순차 코드 위에 동시성 실행자를 추가하는 일이 아주 간단하다는 것이다.

ThreadPoolExecutor 생성자는 여기에 나오지 않은 여러 인수를 받는데, 그중 제일 중요한 것은 동시에 실행할 최대 작업자 스레드 수를 설정하는 max_workers이다. max_workers가 기본값인 None이면, ThreadPoolExecutor는 다음과 같은 표현식으로 이 값을 설정한다(파이썬 3.8 이후).

```
max_workers = min(32, os.cpu_count() + 4)
```

이유는 ThreadPoolExecutor 문서(https://fpy.li/20-6)에서 다음과 같이 설명한다.

> 이 기본값은 적어도 5개의 작업자를 I/O 위주 작업에 할당하도록 보장하며, GIL을 해제하는 CPU 위주 작업에 최대 32개의 CPU 코어를 활용한다. 그리고 코어 수가 많은 컴퓨터에서 암묵적으로 많은 자원을 소비하는 것을 피한다.
>
> 그리고 이제는 ThreadPoolExecutor가 max_workers 개수의 작업자 스레드를 시작하기 전에 유휴 작업자 스레드를 재사용한다.

요약하면 계산된 max_workers 기본값은 적절하며, ThreadPoolExecutor는 불필요하게 작업자를 새로 만들지 않는다. max_workers의 배경 논리를 이해하면 이 값을 언제 어떻게 설정해야 할지 정하는 데 도움이 된다.

라이브러리는 concurrent.futures인데, [예제 20-3] 어디에도 futures는 나오지 않는다. 어디에 있는지 궁금할 것이다. 다음 절의 설명을 들어보자.

20.2.3 Future 클래스 찾아보기

Future는 concurrent.futures와 asyncio의 핵심 요소이지만, 이 라이브러리의 사용자는 이를 직접 볼 수 없다. [예제 20-3]은 내부적으로 Future에 의존하는데, 우리가 작성한 코드는 이를 직접 건드리지 않는다. 이번 절에서는 Future를 사용하는 예를 보며 Future에 관해 간략히 알아본다.

파이썬 3.4 표준 라이브러리에서 Future라는 이름의 클래스는 concurrent.futures.Future와 asyncio.Future가 있다. 이 두 Future 클래스의 인스턴스는 완료되었을 수도 있고 아닐 수도 있는 지연된 계산을 표현하는 데 사용된다. Future 클래스는 Twisted의 Deferred 클래스, Tornado의 Future 클래스, 자바스크립트 라이브러리의 Promise 객체와 비슷하다.

Future는 대기 중인 작업을 큐에 넣고, 완료 상태를 조사하고, 실행된 후에는 결과(혹은 예외)

를 가져올 수 있도록 지연된 작업을 캡슐화한다.

일반적으로 Future에 관해 알아야 할 중요한 점은 여러분이나 나 같은 사람이 인스턴스를 직접 생성하면 안 된다는 것이다. Future 객체는 concurrent.futures나 asyncio 같은 동시성 프레임워크에서만 생성해야 한다. 이유는 간단하다. Future는 앞으로 일어날 일을 나타내고, Future의 실행을 스케줄링하는 프레임워크만이 어떤 일이 일어날지 확실히 알기 때문이다. 따라서 concurrent.futures.Future 객체는 concurrent.futures.Executor의 서브클래스로 실행을 스케줄링한 후에만 생성된다. 예를 들어 Executor.submit() 메서드는 콜러블을 받아서, 이 콜러블의 실행을 스케줄링하고, Future 객체를 반환한다.

클라이언트 코드는 Future 객체의 상태를 직접 변경하면 안 된다. Future 객체가 나타내는 연산이 완료되었을 때, 동시성 프레임워크가 Future 객체의 상태를 변경하기 때문이다. 우리는 이 인스턴스의 상태가 언제 바뀔지 제어할 수 없다.

두 프레임워크의 Future 클래스 모두 논블로킹이며 이 객체에 연결된 콜러블의 실행 여부를 불리언값으로 반환하는 done() 메서드가 있다. 그러나 일반적으로 클라이언트 코드는 Future가 완료되었는지 직접 물어보지 않고, 통지해달라고 요청한다. 그래서 이 두 Future 클래스 모두에 add_done_callback() 메서드가 있다. 이 메서드에 인수 하나를 받는 콜러블을 전달하면, Future 객체의 작업이 완료되었을 때 Future 객체를 인수로 전달해 콜러블을 호출한다. 콜백 콜러블은 Future 안에 래핑된 함수를 실행하는 작업자와 동일한 스레드나 프로세스에서 실행됨에 주의하라.

그리고 두 프레임워크 모두 Future 클래스에 result() 메서드도 있는데, 완료 시 둘 다 콜러블의 결과를 반환하거나, 콜러블이 실행될 때 발생한 예외를 다시 발생시킨다. 그러나 Future 객체의 실행이 완료되지 않았을 때는 이 두 프레임워크의 result() 메서드 작동이 완전히 다르다. concurrent.futures.Future 객체에서 f.result()는 결과가 나올 때까지 호출자의 스레드를 블로킹한다. 선택적으로 timeout 인수를 전달할 수 있으며, 지정한 시간까지 Future 객체의 작업이 완료되지 않으면, TimeoutError 예외가 발생한다. asyncio.Future. result()는 시간초과를 지원하지 않으며 await를 이용해 Future의 결과를 가져오는 것을 선호한다. 그러나 await는 concurrent.futures.Future 객체에는 사용할 수 없다.

두 라이브러리에는 Future 객체를 반환하는 함수가 많다. 나머지 함수들은 사용자에게 보이지 않도록 자기 내부에서 Future 객체를 사용한다. [예제 20-3]에서 본 Executor.map() 메서드는 내부에서 Future 객체를 사용하는 예다. Executor.map()이 반환하는 반복형 객체는 __next__() 메서드가 호출될 때마다 각 Future 객체의 result() 메서드를 호출하므로, Future 객체 자체가 아니라 Future 객체의 결과를 가져온다.

Future를 실제로 보기 위해 concurrent.futures.as_completed() 함수(https://fpy.li/20-7)를 사용하도록 [예제 20-3]을 수정해 보자. as_completed() 함수는 Future 객체를 담은 반복형을 인수로 받아, 완료된 Future 객체를 생성하는 반복자를 반환한다.

futures.as_completed()를 사용하려면 download_many()만 변경하면 된다. 상위 수준의 executor.map() 메서드는 Future 객체를 생성하고 스케줄링하는 루프와 Future 객체의 결과를 가져오는 루프로 분할된다. 코드를 수정하면서 print() 문을 추가해 완료 전후의 Future 객체를 출력한다. 수정한 download_many() 함수는 [예제 20-4]와 같다. 5줄이었던 download_many() 함수가 17줄이 되었지만, 이제는 신비에 싸인 Future 객체를 볼 수 있다. 나머지 함수는 [예제 20-3]과 동일하다.

예제 20-4 flags_threadpool_futures.py: download_many() 함수 안의 executor.map()을 executor.submit()과 futures.as_completed()로 바꾸기

```python
def download_many(cc_list: list[str]) -> int:
    cc_list = cc_list[:5]  ❶
    with futures.ThreadPoolExecutor(max_workers=3) as executor:  ❷
        to_do: list[futures.Future] = []
        for cc in sorted(cc_list):  ❸
            future = executor.submit(download_one, cc)  ❹
            to_do.append(future)  ❺
            print(f'Scheduled for {cc}: {future}')  ❻

        for count, future in enumerate(futures.as_completed(to_do), 1):  ❼
            res: str = future.result()  ❽
            print(f'{future} result: {res!r}')  ❾

    return count
```

❶ 이 예제에서는 인구가 많은 다섯 나라만 사용한다.

❷ 대기 중인 Future 객체를 출력해 살펴보려고 max_workers를 3으로 하드코딩한다.

❸ 결과의 순서가 뒤바뀐다는 것을 확인하고자 국가 코드를 알파벳순으로 반복한다.

❹ executor.submit()은 콜러블이 실행되도록 스케줄링하고 이 작업을 나타내는 Future 객체를 반환한다.

❺ 나중에 as_completed()로 가져올 수 있도록 Future 객체를 모두 저장한다.

❻ 국가 코드와 해당 Future 객체를 메시지로 출력한다.

❼ as_completed()는 Future가 완료될 때 해당 Future 객체를 생성한다.

❽ 이 Future 객체의 결과를 가져온다.

❾ Future 객체와 이 객체의 결과를 출력한다.

여기서는 as_completed()가 반환한 완료된 Future 객체를 사용하므로 future.result()가 절대 블로킹되지 않는다. [예제 20-4]를 한 번 실행하면 [예제 20-5]와 같은 결과가 나온다.

예제 20-5 flags_threadpool_futures.py의 출력

```
$ python3 flags_threadpool_futures.py
Scheduled for BR: <Future at 0x100791518 state=running>    ❶
Scheduled for CN: <Future at 0x100791710 state=running>
Scheduled for ID: <Future at 0x100791a90 state=running>
Scheduled for IN: <Future at 0x101807080 state=pending>    ❷
Scheduled for US: <Future at 0x101807128 state=pending>
CN <Future at 0x100791710 state=finished returned str> result: 'CN'    ❸
BR ID <Future at 0x100791518 state=finished returned str> result: 'BR'    ❹
<Future at 0x100791a90 state=finished returned str> result: 'ID'
IN <Future at 0x101807080 state=finished returned str> result: 'IN'
US <Future at 0x101807128 state=finished returned str> result: 'US'

5 downloads in 0.70s
```

❶ Future 객체가 알파벳순으로 스케줄링되었다. Future 객체의 repr() 메서드가 상태를 보여 주는데, 처음 세 개만 실행 중이다. 작업자 스레드 수를 3으로 설정했기 때문이다.

❷ 마지막 두 개의 Future 객체는 대기 중이며, 작업자 스레드를 기다린다.

❸ 제일 앞 두 글자 'CN'은 작업자 스레드에 있는 download_one()이 출력한 메시지다. 나머지는 모두 download_many()가 출력한다.

❹ 메인 스레드의 download_many()에서 첫 스레드가 결과를 출력하기 전에 두 스레드가 국가 코드를 먼저 출력한다.

ThreadPoolExecutor.map()을 사용하는 [예제 20-3]과 futures.as_completed()를 사용하는 [예제 20-4]에서 concurrent.futures를 사용하는 두 가지 버전의 내려받기 스크립트를 살펴보았다. flags_asyncio.py 코드가 궁금하면 21장에 있는 [예제 21-3]을 살짝 들여다봐도 좋다.

이제 concurrent.futures를 이용해 CPU 위주의 작업에서 GIL 문제를 피해 가는 간단한 방법을 알아보자.

20.3 concurrent.futures로 프로세스 실행하기

concurrent.futures 문서 페이지(https://fpy.li/20-8)의 부제목은 '병렬 작업의 실행 Launching parallel tasks'이다. 이 패키지는 ProcessPoolExecutor 클래스를 사용해 작업을 여러 파이썬 프로세스에 분산하게 해 주므로, 다중 코어 컴퓨터에서 병렬 컴퓨팅하게 해 준다.

ProcessPoolExecutor와 ThreadPoolExecutor는 모두 Executor 인터페이스(https://fpy.li/20-9)를 구현하므로, concurrent.futures를 이용해 스레드 기반의 프로그램을 프로세스 기반의 프로그램으로 변환하는 게 아주 간단하다.

국기를 내려받는 프로그램처럼 입출력 위주의 작업에서는 ProcessPoolExecutor를 사용해도 별로 도움이 안 된다. [예제 20-3]의 다음 코드를 변경하면 쉽게 이 사실을 알 수 있다.

```python
def download_many(cc_list: list[str]) -> int:
    with futures.ThreadPoolExecutor() as executor:
```

앞 코드를 다음과 같이 변경해 테스트해 보라.

```python
def download_many(cc_list: list[str]) -> int:
    with futures.ProcessPoolExecutor() as executor:
```

ProcessPoolExecutor의 생성자도 기본값이 None인 max_workers 인수를 받는다. 기본값으로 설정하면 실행자는 작업자 수를 os.cpu_count()가 반환한 값으로 제한한다.

프로세스는 스레드보다 메모리를 더 많이 사용하고 시작하는 데 더 오래 걸리므로 CPU 위주의 작업에서 ProcessPoolExecutor의 진가가 발휘된다. 이제 19.6절 '직접 만든 프로세스 풀'의 소수 검사 예제를 가져와 concurrent.futures를 사용하도록 바꿔보자.

20.3.1 멀티코어 프라임 검사기 리덕스

19.6.3절 '멀티코어 소수 검사기 코드'에서 multiprocessing 패키지를 이용해 아주 큰 숫자들의 소수 여부를 검사하는 procs.py 스크립트를 살펴봤다. [예제 20-6]에서는 ProcesssPoolExecutor를 사용한 proc_pool.py 프로그램으로 똑같은 문제를 해결한다. 첫 번째 임포트문에서부터 마지막 main()을 호출하는 줄까지 procs.py는 빈 줄을 제외하고 43줄의 코드로 구성된다. procs_pool.py는 31줄에 구현되어 28% 더 짧다.

예제 20-6 proc_pool.py: ProcessPoolExecutor를 이용해 수정한 procs.py

```python
import sys
from concurrent import futures    ❶
from time import perf_counter
from typing import NamedTuple

from primes import is_prime, NUMBERS

class PrimeResult(NamedTuple):    ❷
    n: int
    flag: bool
    elapsed: float

def check(n: int) -> PrimeResult:
```

```python
        t0 = perf_counter()
        res = is_prime(n)
        return PrimeResult(n, res, perf_counter() - t0)

def main() -> None:
    if len(sys.argv) < 2:
        workers = None          ❸
    else:
        workers = int(sys.argv[1])

    executor = futures.ProcessPoolExecutor(workers)   ❹
    actual_workers = executor._max_workers  # type: ignore   ❺

    print(f'Checking {len(NUMBERS)} numbers with {actual_workers} processes:')

    t0 = perf_counter()

    numbers = sorted(NUMBERS, reverse=True)   ❻
    with executor:   ❼
        for n, prime, elapsed in executor.map(check, numbers):   ❽
            label = 'P' if prime else ' '
            print(f'{n:16}  {label} {elapsed:9.6f}s')

    time = perf_counter() - t0
    print(f'Total time: {time:.2f}s')

if __name__ == '__main__':
    main()
```

---

❶ multiprocessing, SimpleQueue 등을 임포트할 필요가 없다. concurrent.futures가 내부적으로 처리한다.

❷ PrimeResult 튜플과 check() 함수는 procs.py에서 본 것과 똑같지만, 여기에서는 큐와 worker() 함수가 필요 없다.

❸ 명령행 인수가 주어지지 않았을 때 작업자 수를 우리가 직접 결정할 필요 없이 workers를 None으로 설정해 ProcessPoolExecutor가 결정하게 한다.

❹ 다음 줄에서 실제 작업자 수를 출력할 수 있도록 ❼의 with 블록 앞에서 ProcessPoolExecutor를 생성한다.

❺ _max_workers는 ProcessPoolExecutor의 문서화되지 않은 속성이다. workers 변수가 None일 때 작업자 수를 보여 주는 데 사용했다. 이 속성에 접근할 때 Mypy에서 에러 메시지가 나오므로, 이 메시지를 억제하려고 type: ignore 주석을 추가했다.

❻ 검사할 숫자들을 내림차순으로 정렬한다. procs.py와 비교했을 때 proc_pool.py 작동에 차이가 나는
부분이다. 이 예제 뒤에 나오는 설명을 참조하라.

❼ executor를 콘텍스트 관리자로 사용한다.

❽ executor.map()을 호출하면서 numbers 인수의 순서대로 check() 함수가 반환한 PrimeResult
인스턴스들이 반환된다.

[예제 20-6]을 실행하면 [예제 20-7]에서처럼 완전히 내림차순으로 결과가 나오는 것을 볼
수 있다. 이와 반대로 procs.py가 출력한 순서는 숫자가 소수인지 검사하는 난이도에 따라 달
라지는 것을 볼 수 있다(19.6.1절 '프로세스 기반 해결책' 참조). 예를 들어 procs.py에서는
7777777777777777이 위쪽에 나온다. 작은 수인 7로 나누어떨어지므로 is_prime()이 이 숫
자가 소수가 아님을 금방 알 수 있기 때문이다.

이와 반대로 7777777536340681은 88191709의 제곱이므로 이 숫자가 소수가 아님을 is_
prime()이 판단하기까지 오래 걸리고, 7777777777777753이 소수임을 판단하는 데는 더 오
래 걸린다. 따라서 이 두 숫자는 procs.py 실행 결과의 뒷부분에 나온다.

proc_pool.py를 실행하면 결과가 내림차순으로 나오며, 9999999999999999의 결과를 출력
한 후 프로그램이 멈춘 것처럼 보인다.

예제 20-7 proc_pool.py의 실행 결과

```
$ ./proc_pool.py
Checking 20 numbers with 12 processes:
9999999999999999       0.000024s  ❶
9999999999999917   P   9.500677s  ❷
7777777777777777       0.000022s  ❸
7777777777777753   P   8.976933s
7777777536340681       8.896149s
6666667141414921       8.537621s
6666666666666719   P   8.548641s
6666666666666666       0.000002s
5555555555555555       0.000017s
5555555555555503   P   8.214086s
5555553133149889       8.067247s
4444444488888889       7.546234s
4444444444444444       0.000002s
4444444444444423   P   7.622370s
3333335652092209       6.724649s
```

```
3333333333333333        0.000018s
3333333333333301   P    6.655039s
 299593572317531   P    2.072723s
 142702110479723   P    1.461840s
               2   P    0.000001s
Total time: 9.65s
```

❶ 이 줄은 아주 빨리 출력된다.

❷ 이 줄은 9.5초가 지나서야 나타난다.

❸ 나머지 줄은 모두 바로 나타난다.

`proc_pool.py`가 이렇게 실행되는 이유는 다음과 같다.

- 앞에서 이야기했듯이, `executor.map(check, numbers)`는 주어진 `numbers` 안의 숫자 순서대로 결과를 반환한다.

- 기본적으로 `proc_pool.py`는 CPU 코어 수만큼의 작업자 프로세스를 생성한다(`max_workers` 인수가 `None`일 때 `ProcessPoolExecutor`의 기본 작동 방식이다). 필자가 실행한 랩톱에서는 12개의 프로세스가 생성되었다.

- `numbers` 안의 숫자를 내림차순으로 넣어 호출했는데, 9999999999999999는 9로 나누어떨어지므로 빨리 반환된다.

- 두 번째 숫자 9999999999999917은 예제 중 가장 큰 소수이다. 검사하는 데 시간이 가장 오래 걸린다.

- 그러는 동안 나머지 11개의 프로세스는 다른 숫자들을 검사하는데, 소수이거나 아주 큰 수나 아주 작은 수로 나누어지는 합성수이다.

- 9999999999999917을 담당하는 작업자가 이 숫자가 소수임을 알아냈을 때 다른 프로세스들은 이미 검사 작업을 완료한 상태이므로 결과가 바로 나온다.

> **NOTE** `proc_pool.py`의 진행 과정은 `procs.py`처럼 잘 보이지는 않지만, 작업자 수와 CPU 코어 수가 같을 때 실행 시간은 [그림 19-2]와 거의 같다.

동시성 프로그램이 작동하는 방식을 이해하기는 쉽지 않으므로 `Executor.map()` 연산을 시각적으로 잘 보여 주는 두 번째 실험을 해 보자.

20.4 Executor.map( ) 실험

이제 Executor.map( )을 살펴보자. 여기서는 타임스탬프 메시지를 출력하는 콜러블 다섯 개를 실행하는 작업자 세 개가 있는 ThreadPoolExecutor로 실험한다. 코드는 [예제 20-8]이고, 실행 결과는 [예제 20-9]와 같다.

예제 20-8 demo_executor_map.py: ThreadPoolExecutor의 map() 메서드를 보여 주는 간단한 예

```python
from time import sleep, strftime
from concurrent import futures

def display(*args):     ❶
    print(strftime('[%H:%M:%S]'), end=' ')
    print(*args)

def loiter(n):     ❷
    msg = '{}loiter({}): doing nothing for {}s...'
    display(msg.format('\t'*n, n, n))
    sleep(n)
    msg = '{}loiter({}): done.'
    display(msg.format('\t'*n, n))
    return n * 10     ❸

def main():
    display('Script starting.')
    executor = futures.ThreadPoolExecutor(max_workers=3)     ❹
    results = executor.map(loiter, range(5))     ❺
    display('results:', results)     ❻
    display('Waiting for individual results:')
    for i, result in enumerate(results):     ❼
        display(f'result {i}: {result}')

if __name__ == '__main__':
    main()
```

❶ 이 함수는 자신이 받은 인수 앞에 [HH:MM:SS] 포맷의 타임스탬프를 출력한다.

❷ loiter( ) 함수는 단지 시작할 때 메시지를 출력하고, 인수로 받은 n초 동안 잠자고, 마지막 메시지를 출력한다. 메시지 앞에 n개의 탭을 붙여 메시지를 들여 쓴다.

❸ 결과를 가져오는 방법을 보여 주려고 loiter( )는 n * 10을 반환한다.

❹ 스레드 세 개가 있는 ThreadPoolExecutor 객체를 생성한다.

❺ executor에 다섯 개의 작업을 요청한다. 작업자 스레드가 세 개밖에 없으므로, 일단은 loiter(0), loiter(1), loiter(2) 작업만 먼저 실행된다. map() 메서드는 논블로킹 메서드다.

❻ executor.map()이 반환한 값을 바로 출력한다. [예제 20-9]에서 보듯이 제너레이터가 반환된다.

❼ for 루프 안에서 enumerate()를 호출하면 암묵적으로 next(results)를 호출하는데, next(results)는 먼저 내부적으로 첫 번째 호출한 loiter(0)을 나타내는 Future 객체 _f의 result() 메서드를 호출한다. _f.result() 메서드는 _f가 완료될 때까지 블로킹되므로, 다음번 결과가 나올 때까지 이 루프는 블로킹된다.

[예제 20-8]을 실행해 하나씩 나오는 결과를 직접 확인하기 바란다. ThreadPoolExecutor에 대한 max_workers 인수도 변경해 보고 executor.map()에 사용할 인수를 생성하는 range() 함수도 변경해 보면서 달라지는 결과를 확인해 보라. range() 함수 대신 직접 원하는 숫자를 골라서 리스트를 만들어도 좋다.

[예제 20-9]는 [예제 20-8]을 실행한 예를 보여 준다.

예제 20-9 [예제 20-8]의 demo_executor_map.py를 실행한 예

```
$ python3 demo_executor_map.py
[15:56:50] Script starting.  ❶
[15:56:50] loiter(0): doing nothing for 0s...  ❷
[15:56:50] loiter(0): done.
[15:56:50]        loiter(1): doing nothing for 1s...  ❸
[15:56:50]                loiter(2): doing nothing for 2s...
[15:56:50] results: <generator object result_iterator at 0x106517168>  ❹
[15:56:50]                        loiter(3): doing nothing for 3s...  ❺
[15:56:50] Waiting for individual results:
[15:56:50] result 0: 0  ❻
[15:56:51]        loiter(1): done.❼
[15:56:51]                                loiter(4): doing nothing for 4s...
[15:56:51] result 1: 10  ❽
[15:56:52]                loiter(2): done.  ❾
[15:56:52] result 2: 20
[15:56:53]                        loiter(3): done.
[15:56:53] result 3: 30
[15:56:55]                                loiter(4): done.  ❿
[15:56:55] result 4: 40
```

❶ 이 코드가 15:56:50에 실행되었다.

❷ 첫 번째 스레드가 loiter(0)을 실행하면, 이 함수는 0초간 자고 두 번째 스레드가 시작되기 전에 반환할 수도 있지만 경우에 따라 달라질 수도 있다.[6]

❸ loiter(1)과 loiter(2)는 바로 시작된다. 스레드 풀에 작업자 스레드가 세 개 있으므로, 함수 세 개를 동시에 실행할 수 있기 때문이다.

❹ executor.map() 메서드가 반환한 값이 제너레이터임을 알 수 있다. 작업 수와 max_workers 설정에 상관없이 여기까지는 전혀 블로킹되지 않고 실행된다.

❺ loiter(0)이 완료되었으므로, 첫 번째 작업자 스레드가 이제 네 번째 스레드인 loiter(3)을 실행할 수 있다.

❻ 여기서는 loiter()를 호출할 때 전달한 인수에 따라 실행이 블로킹될 수 있다. results 제너레이터의 __next__() 메서드는 첫 번째 Future 객체가 완료될 때까지 대기해야 한다. 여기서는 이 루프를 시작하기 전에 loiter(0)이 완료되었으므로 블록되지 않는다. 여기까지는 모두 15:56:50에 발생한다.

❼ loiter(1)은 1초 후인 15:56:51에 완료된다. 이 스레드는 이제 loiter(4)를 실행하게 된다.

❽ loiter(1)의 결과인 10이 출력된다. for 루프는 loiter(2)의 결과를 기다리면서 블로킹된다.

❾ 이러한 형태가 반복된다. 이제 loiter(2)가 완료되어 결과를 출력한다. loiter(3)도 마찬가지다.

❿ loiter(4)가 완료되기까지 2초 걸린다. 이 함수가 15:56:51에 시작되어 4초간 잤기 때문이다.

Executor.map() 메서드는 사용하기 쉽지만, 제출한 작업 순서에 상관없이 완료되는 대로 결과를 가져오고 싶을 때도 있다. 그렇게 하려면 [예제 20-4]에서처럼 Executor.submit() 메서드와 futures.as_completed() 메서드를 조합해야 한다. 이 기법은 20.5.2절 'futures.as_completed() 사용하기'에서 설명한다.

TIP submit()은 다양한 콜러블과 인수를 제출할 수 있지만, executor.map()은 여러 인수에 동일한 콜러블을 실행하도록 설계되었으므로, executor.submit()과 futures.as_completed() 조합이 executor.map()보다 융통성이 높다. 게다가 일부는 ThreadPoolExecutor 객체에서, 다른 일부는 ProcessPoolExecutor 객체에서 가져오는 등 여러 실행자에서 가져온 Future 객체의 집합을 futures.as_completed()에 전달할 수 있다.

다음 절에서는 executor.map()를 사용하는 대신 futures.as_completed()가 반환한 결과를 반복할 수밖에 없게 하는 요구사항에 따라 국기를 내려받는 예제를 수정해 본다.

---

[6] 스레드에서는 동시에 일어날 이벤트들이 실제 어떤 순서로 발생하는지 정확히 예측할 수 없다. 다른 컴퓨터에서 실행하면 loiter(0)이 끝나기 전에 loiter(1)이 시작할 수도 있다. sleep() 함수가 GIL을 해제하므로, 0초간 잠자기 전에 파이썬이 다른 스레드를 실행하도록 바꿀 수 있기 때문이다.

20.5 진행 상황을 출력하고 에러를 처리하면서 내려받기

앞에서 얘기했듯이, 20.2절 '동시에 웹 내려받기'에서 구현한 스크립트는 읽기 쉽고, 순차, 스레드, 비동기 방식의 구조를 비교하기 쉽게 하려고 예외를 처리하지 않았다.

다양한 에러 조건의 처리를 테스트하기 위해 다음과 같은 flags2 예제들을 만들었다.

flags2_common.py

이 모듈은 명령행 인수를 처리하고, 시간을 측정하고, 결과를 출력하는 main() 함수를 포함해 모든 flags2 스크립트가 공통으로 사용할 함수와 설정을 담는다. 이는 테스트 지원용 코드이며, 이 장에서 설명하는 내용과 직접적인 연관성은 없으므로, 소스 코드는 본문에 나열하지 않지만, 이 책 예제 코드 리포지토리의 20-executors/getflags/flags2_common.py(https://fpy.li/20-10)에 있다.

flags2_sequential.py

에러를 적절히 처리하며 진행 막대를 보여 주는 순차 HTTP 클라이언트다. 여기에서 구현하는 download_one() 함수는 flags2_threadpool.py에서도 사용된다.

flags2_threadpool.py

futures.ThreadPoolExecutor에 기반해 에러 처리와 진행 막대 통합을 보여 주는 동시성 HTTP 클라이언트다.

flags2_asyncio.py

앞의 스레드 예제와 기능상으로 동일하지만, asyncio와 httpx를 이용해 구현한다. 이 스크립트는 21.7절 'asyncio 내려받기 프로그램 개선'에서 설명한다.

flags2 예제들의 가장 큰 특징은 tqdm 패키지(https://fpy.li/20-11)를 이용해 텍스트 기반의 진행 막대를 애니메이트한다는 점이다. 진행 막대를 보여 주고 세 가지 flags2 버전의 속도를 비교해 보았다. 676개의 URL을 통해 194개의 국기 이미지를 차례대로 내려받으려면 5분이 넘게 걸린다. 그러고 나서 스레드 버전과 비동기 버전을 세 번씩 실행했는데, 한 번 실행하는 데 채 6초가 걸리지 않았다(즉, 순차 버전보다 60배 이상 빠르다). [그림 20-1]은 flags2_threadpool.py를 실행하는 도중의 모습과 실행이 완료된 후의 모습이다.

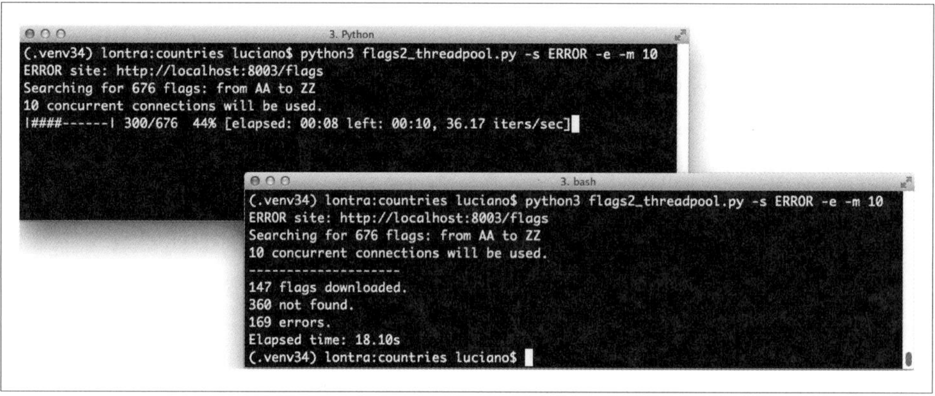

그림 20-1 왼쪽 위: tqdm으로 생성한 진행 막대와 함께 실행 중인 flags2_threadpool.py. 오른쪽 아래: 스크립트가 완료되고 난 후의 동일한 터미널 창

tqdm은 사용하기 아주 쉬우며, 프로젝트의 README.md 페이지(https://fpy.li/20-13)에서는 간단한 예제를 애니메이션 .gif 파일을 이용해 보여 준다. tqdm 패키지를 설치한 후 다음 코드를 입력하면 주석이 있는 위치에 진행 막대가 애니메이트되는 모습을 볼 수 있다.

```
>>> import time
>>> from tqdm import tqdm
>>> for i in tqdm(range(1000)):
```

```
...     time.sleep(.01)
...
>>> # -> 진행 막대가 여기에 나타난다. <-
```

깔끔한 효과 외에도, `tqdm()` 함수는 개념적으로 흥미롭다. 모든 형태의 반복형을 인수로 받아 항목들을 처리하면서 진행 막대를 보여 주며, 완료되기까지 남은 시간을 추정해 보여 준다. 남은 시간을 추정하고자 `tqdm()`은 `len()`을 지원하는 반복형을 받거나, 예상 항목 수를 두 번째 인수로 받는다. `tqdm`과 `flags2` 예제를 통합하려면 각 Future 객체가 완료되면서 `tqdm()`이 출력할 수 있게 `futures.as_completed()` 함수(https://fpy.li/20-7)와 `asyncio.as_completed()` 함수(https://fpy.li/20-15)를 사용해야 하므로 동시성 스크립트가 작동하는 방식을 들여다보는 좋은 기회가 된다.

`flags2` 예제는 명령행 인터페이스도 제공한다. 스크립트 세 개가 동일한 옵션을 받으며, 어느 스크립트든 -h 옵션을 이용해 스크립트를 호출하면 도움말을 볼 수 있다(예제 20-10).

예제 20-10 `flags2` 예제 스크립트들의 도움말 화면

```
$ python3 flags2_threadpool.py -h
usage: flags2_threadpool.py [-h] [-a] [-e] [-l N] [-m CONCURRENT] [-s LABEL]
                            [-v]
                            [CC [CC ...]]

Download flags for country codes. Default: top 20 countries by population.

positional arguments:
  CC                    country code or 1st letter (eg. B for BA...BZ)

optional arguments:
  -h, --help            show this help message and exit
  -a, --all             get all available flags (AD to ZW)
  -e, --every           get flags for every possible code (AA...ZZ)
  -l N, --limit N       limit to N first codes
  -m CONCURRENT, --max_req CONCURRENT
                        maximum concurrent requests (default=30)
  -s LABEL, --server LABEL
                        Server to hit; one of DELAY, ERROR, LOCAL, REMOTE
                        (default=LOCAL)
  -v, --verbose         output detailed progress info
```

모든 인수는 선택적이지만, 테스트하려면 -s/--server 옵션을 반드시 지정해야 한다. 이 옵션은 테스트에 사용할 HTTP 서버와 포트를 선택하게 해 준다. 다음 네 개의 문자열 중 하나를 전달해 어디에서 국기 이미지를 가져올지 지정한다(문자열은 소문자로 입력해도 상관없다).

LOCAL

기본값이며, `http://localhost:8000/flags`를 사용한다. 지역 HTTP 서버가 8000번 포트에서 응답하도록 설정해야 한다. 지역에서 서버를 실행하는 방법은 잠시 후에 나오는 글상자를 참조하라.

REMOTE

`http://fluentpython.com/data/flags`를 사용한다. 이것은 필자가 소유한 공개 웹 서버이며 공유 서버에 호스팅되어 있다. 이 서버에 너무 많은 요청을 동시에 보내지 않았으면 한다. flupy.org 도메인은 클라우드플레어Cloudflare 콘텐츠 전송 네트워크content delivery network (CDN) (`https://fpy.li/20-16`)에서 제공되므로 처음 내려받을 때는 약간 느리지만, 파일이 CDN 캐시에 올라가면 빨라진다.

DELAY

`http://localhost:8001/flags`를 사용한다. HTTP 응답을 지연시키는 프록시는 8001번 포트에서 처리해야 한다. 실험하기 쉽도록 `slow_server.py` 스크립트를 작성했다. 이 스크립트는 예제 코드 리포지토리(`https://fpy.li/code`)의 `20-futures/getflags/` 디렉터리에 있다. 실행 방법은 다음 TIP 글상자를 참조하라.

ERROR

`http://localhost:8002/flags`를 사용한다. HTTP 에러를 발생시키는 프록시는 8002 포트에서 응답해야 한다. 실행 방법은 다음 글상자를 참조하라.

> **TIP** 테스트 서버 설정하기
>
> 테스트용 HTTP 서버가 로컬 컴퓨터에 설치되지 않았고 파이썬 3.9 이상을 사용한다면, 예제 코드 리포지토리(https://fpy.li/code)의 20-executors/getflags/README.adoc 파일(https://fpy.li/20-17)을 참조하라. 여기서 간단히 설명하면, 명령창을 하나 더 열어 다음 명령을 실행하면 된다.
>
> - `python3 -m http.server`: 로컬 컴퓨터의 8000/tcp 포트에 HTTP LOCAL 서버를 실행한다.
> - `python3 slow_server.py`: 로컬 컴퓨터의 8001/tcp 포트에 DELAY 서버를 실행한다. 응답하기 전에 0.5초에서 5초 사이의 무작위 시간 동안 지연시킨다.
> - `python3 slow_server.py 8002 --error-rate .25`: 로컬 컴퓨터의 8002/tcp 포트에 ERROR 서버를 실행한다. 무작위로 응답을 지연시키는 깃 외에, 25%의 확률로 "418 I'm a teapot" 에러 응답(https://fpy.li/20-18)을 보낸다.

기본적으로 각 `flags2*.py` 스크립트는 LOCAL 서버(http://localhost:8000/flags)에서 인구가 많은 20개 나라의 국기를 가져온다. 기본 동시 연결 수는 스크립트마다 다르다. [예제 20-11]은 모두 기본값을 사용해 `flags2_sequential.py`를 실행한 예다. 이 예제를 실행하려면 앞에 나온 '테스트 서버 설정하기' TIP 글상자에 따라 로컬 컴퓨터에서 서버를 실행해야 한다.

예제 20-11 모두 기본값(LOCAL 사이트, 상위 20개 국기, 1개의 동시 연결)으로 flags2_sequential.py 실행하기

```
$ python3 flags2_sequential.py
LOCAL site: http://localhost:8000/flags
Searching for 20 flags: from BD to VN
1 concurrent connection will be used.
--------------------
20 flags downloaded.
Elapsed time: 0.10s
```

어느 국기를 내려받을지는 여러 방법으로 지정할 수 있다. [예제 20-12]는 국가 코드가 A나 B, C로 시작하는 국기를 모두 내려받는 방법을 보여 준다.

예제 20-12 flags2_threadpool.py를 실행해 국가 코드가 A나 B, C로 시작하는 국기를 DELAY 서버에서 모두 내려받기

```
$ python3 flags2_threadpool.py -s DELAY a b c
DELAY site: http://localhost:8001/flags
Searching for 78 flags: from AA to CZ
```

```
30 concurrent connections will be used.
--------------------
43 flags downloaded.
35 not found.
Elapsed time: 1.72s
```

국가 코드를 선택하는 방법과 무관하게 가져올 국기 이미지의 수를 -l/--limit 옵션으로 제한
할 수 있다. [예제 20-13]은 -l 100 옵션을 -a 옵션과 함께 사용해 ERROR 서버에서 정확히 국
기 100개를 요청하는 방법을 보여 준다.

예제 20-13 flags2_asyncio.py를 실행해 ERROR 서버에서 100개의 동시 요청(-m 100)을 이용해 100개의 국기
(-al 100) 내려받기

```
$ python3 flags2_asyncio.py -s ERROR -al 100 -m 100
ERROR site: http://localhost:8002/flags
Searching for 100 flags: from AD to LK
100 concurrent connections will be used.
--------------------
73 flags downloaded.
27 errors.
Elapsed time: 0.64s
```

지금까지 flags2 예제를 실행하는 방법을 알아보았다. 이제 이 스크립트들이 어떻게 구현되었
는지 알아보자.

20.5.1 flags2 예제의 에러 처리

이 세 스크립트에서는 모두 파일을 실제로 내려받는 download_one() 함수가 404 에러(Not
Found)를 처리한다. 그 외 다른 에러는 위로 전달되어 download_many() 함수에서 처리한
다. asyncio 예제의 경우 supervisor() 코루틴이 404 이외의 에러를 처리한다.

여기서도 순차 코드부터 분석한다. 이해하기 더 쉬우며, 이 코드 대부분을 스레드 버전에서 다
시 쓰기 때문이다. [예제 20-14]는 flags2_sequential.py와 flags2_threadpool.py 스크
립트에서 실제로 내려받는 작업을 수행하는 함수를 보여 준다.

```python
from collections import Counter
from http import HTTPStatus

import httpx
import tqdm  # type: ignore  ❶

from flags2_common import main, save_flag, DownloadStatus  ❷

DEFAULT_CONCUR_REQ = 1
MAX_CONCUR_REQ = 1

def get_flag(base_url: str, cc: str) -> bytes:
    url = f'{base_url}/{cc}/{cc}.gif'.lower()
    resp = httpx.get(url, timeout=3.1, follow_redirects=True)
    resp.raise_for_status()  ❸
    return resp.content

def download_one(cc: str, base_url: str, verbose: bool = False) -> DownloadStatus:
    try:
        image = get_flag(base_url, cc)
    except httpx.HTTPStatusError as exc:  ❹
        res = exc.response
        if res.status_code == HTTPStatus.NOT_FOUND:
            status = DownloadStatus.NOT_FOUND  ❺
            msg = f'not found: {res.url}'
        else:
            raise  ❻
    else:
        save_flag(image, f'{cc}.gif')
        status = DownloadStatus.OK
        msg = 'OK'

    if verbose:  ❼
        print(cc, msg)

    return status
```

❶ tqdm 진행 막대 표시 라이브러리를 임포트하고, Mypy에는 검사하지 말라고 지시한다.[7]

❷ flags2_common 모듈에서 함수 두 개와 Enum을 임포트한다.

❸ HTTP 상태 코드가 range(200, 300) 안에 들어가지 않으면 HTTPStatusError 예외를 발생시킨다.

❹ download_one() 함수는 HTTP 코드 404인 경우 HTTPStatusError 예외를 잡는다.

❺ 그리고 status 지역 변수를 DownloadStatus.NOT_FOUND로 설정한다. DownloadStatus는 flags2_common.py에서 임포트한 Enum이다.

❻ 그 외의 HTTPStatusError 예외는 다시 발생시켜 호출자에 전달한다.

❼ 명령행 옵션 중 상세 메시지 모드(-v/--verbose)가 설정되었으면, 국가 코드와 상태 메시지를 출력한다. 이 옵션을 사용해 진행 상태를 볼 수 있다.

[예제 20-15]는 순차 버전 스크립트의 download_many() 함수를 보여 준다. 이 코드는 간단하지만 나중에 설명할 동시 버전과 비교하기 위해 공부해 둘 필요가 있다. 진행 상황을 보여 주고, 에러를 처리하고, 내려받은 항목의 합계를 구하는 방법을 자세히 살펴보라.

예제 20-15 flags2_sequential.py: download_many()의 순차 버전

```python
def download_many(cc_list: list[str],
                  base_url: str,
                  verbose: bool,
                  _unused_concur_req: int) -> Counter[DownloadStatus]:
    counter: Counter[DownloadStatus] = Counter()     ❶
    cc_iter = sorted(cc_list)     ❷
    if not verbose:
        cc_iter = tqdm.tqdm(cc_iter)     ❸
    for cc in cc_iter:
        try:
            status = download_one(cc, base_url, verbose)     ❹
        except httpx.HTTPStatusError as exc:     ❺
            error_msg = 'HTTP error {resp.status_code} - {resp.reason_phrase}'
            error_msg = error_msg.format(resp=exc.response)
        except httpx.RequestError as exc:     ❻
            error_msg = f'{exc} {type(exc)}'.strip()
        except KeyboardInterrupt:     ❼
            break
        else:     ❽
```

---

7 2021년까지 tqdm 패키지에는 자료형 힌트가 포함되지 않았다. 그래도 문제없다. 이것 때문에 세상에 종말이 오지는 않는다. 자료형 힌트를 선택 사항으로 만들어준 귀도 반 로섬에게 감사드린다!

```python
        error_msg = ''

    if error_msg:
        status = DownloadStatus.ERROR      ❾
    counter[status] += 1                   ❿
    if verbose and error_msg:              ⓫
        print(f'{cc} error: {error_msg}')

return counter   ⓬
```

❶ 이 Counter는 내려받기 결과(DownloadStatus.OK, DownloadStatus.NOT_FOUND, DownloadStatus.ERROR)별로 합계를 구한다.

❷ cc_iter는 인수로 받은 국가 코드 목록을 알파벳순으로 보관한다.

❸ 상세 메시지 모드가 설정되지 않았으면 cc_iter를 tqdm()에 전달해 호출하는데, 그러면 tqdm()은 진행 막대의 애니메이션을 진행하면서 cc_iter에 있는 항목들을 생성하는 반복자를 반환한다.

❹ download_one()을 연속해 호출한다.

❺ get_flag()에서 발생했지만 download_one()에서 처리되지 않은 HTTP 상태 코드 예외는 여기서 처리된다.

❻ 그 외 네트워크에 관련된 예외는 여기서 처리된다. 그 외 예외는 스크립트 실행을 중단시킨다. download_many()를 호출한 flags2_common.main() 함수에 try/except 처리가 되어 있지 않기 때문이다.

❼ 사용자가 〈CTRL〉–〈C〉를 누르면 루프를 빠져나간다.

❽ download_one()을 빠져나간 예외가 없으며, 에러 메시지를 지운다.

❾ 에러가 있었다면 status 지역 변수를 이에 따라 설정한다.

❿ 해당 status의 카운터를 증가시킨다.

⓫ 상세 메시지 모드가 설정되있고 에러 메시지가 있나면, 현재 국가 코느에 관한 에러 메시지를 줄력한다.

⓬ counter를 반환해 main() 함수가 최종 보고하게 해 준다.

이제 이 코드를 리팩터링해 스레드 풀 버전으로 만든 예제 코드 flags2_threadpool.py를 살펴보자.

20.5.2 futures.as_completed() 사용하기

flags2_threadpool.py 스크립트는 이미 살펴본 futures.as_completed() 함수와 함께 futures.Thread PoolExecutor 클래스를 사용해서 요청마다 tqdm 진행 막대를 표시하고

에러를 처리한다. [예제 20-16]은 flags2_threadpool.py의 전체 소스 코드다. download_many() 함수만 직접 구현하며, 나머지 함수는 flags2_common.py와 flags2_sequential.py 모듈에서 가져와 재사용한다.

예제 20-16 flags2_threadpool.py: 전체 소스 코드

```python
from collections import Counter
from concurrent.futures import ThreadPoolExecutor, as_completed

import httpx
import tqdm  # type: ignore

from flags2_common import main, DownloadStatus
from flags2_sequential import download_one         ❶

DEFAULT_CONCUR_REQ = 30     ❷
MAX_CONCUR_REQ = 1000       ❸


def download_many(cc_list: list[str],
                  base_url: str,
                  verbose: bool,
                  concur_req: int) -> Counter[DownloadStatus]:
    counter: Counter[DownloadStatus] = Counter()
    with ThreadPoolExecutor(max_workers=concur_req) as executor:      ❹
        to_do_map = {}      ❺
        for cc in sorted(cc_list):      ❻
            future = executor.submit(download_one, cc,
                                     base_url, verbose)      ❼
            to_do_map[future] = cc      ❽
        done_iter = as_completed(to_do_map)      ❾
        if not verbose:
            done_iter = tqdm.tqdm(done_iter, total=len(cc_list))      ❿
        for future in done_iter:      ⓫
            try:
                status = future.result()      ⓬
            except httpx.HTTPStatusError as exc:      ⓭
                error_msg = 'HTTP error {resp.status_code} - {resp.reason_phrase}'
                error_msg = error_msg.format(resp=exc.response)
            except httpx.RequestError as exc:
                error_msg = f'{exc} {type(exc)}'.strip()
            except KeyboardInterrupt:
```

```python
                break
            else:
                error_msg = ''

            if error_msg:
                status = DownloadStatus.ERROR
            counter[status] += 1
            if verbose and error_msg:
                cc = to_do_map[future]    ⓮
                print(f'{cc} error: {error_msg}')

    return counter


if __name__ == '__main__':
    main(download_many, DEFAULT_CONCUR_REQ, MAX_CONCUR_REQ)
```

❶ flags2_sequential 모듈(예제 20-14)에서 가져온 download_one() 함수를 재사용한다.

❷ -m/--max_req 명령행 옵션을 지정하지 않으면 이 숫자가 최대 동시 요청 수가 되며, 스레드 풀의 크기로 사용된다. 내려받는 국기의 숫자가 더 적으면, 실제 숫자가 더 적어질 수 있다.

❸ MAX_CONCUR_REQ는 내려받을 국기의 숫자나 명령행 옵션 -m/--max_req에 상관없이 동시 요청 수를 제한한다. 스레드를 너무 많이 실행해 메모리에 과부하가 걸리는 일을 막는 일종의 안전장치다.

❹ MAX_CONCUR_REQ, cc_list 길이, -m/--max_req 인숫값 중에서 main()이 찾아낸 가장 작은 값인 concur_req 값으로 max_workers를 설정해서 executor 객체를 생성한다. 이렇게 하면 필요 이상의 스레드를 만들지 않게 할 수 있다.

❺ 이 딕셔너리는 각각의 국가 코드에 Future 객체(하나의 내려받기 작업을 나타낸다)를 매핑하며, 오류 보고에 사용된다.

❻ 국가 코드를 알파벳순으로 반복한다. 결과가 나오는 순서는 무엇보다도 HTTP 응답시간에 따라 결정되지만, concur_req로 지정한 스레드 풀의 크기가 len(cc_list)의 항목 수보다 훨씬 작으면 군데군데 알파벳순으로 나오는 것을 볼 수도 있다.

❼ executor.submit()을 호출할 때마다 한 콜러블의 실행을 스케줄링하며 Future 객체를 반환한다. 첫 번째 인수는 콜러블이며, 나머지 인수는 이 콜러블에 전달된다.

❽ 국가 코드와 Future 객체를 딕셔너리에 저장한다.

❾ futures.as_completed()는 완료된 순서대로 Future 객체를 생성하는 반복자를 반환한다.

❿ 상세 메시지 모드가 아닌 경우 as_completed()의 결과를 tqdm() 함수에 전달해 진행 막대를 출력한다. done_iter에 len() 메서드가 없으므로, tqdm()에 total 인수로 예상 항목 수를 알려줘야 tqdm()이 예상 시간을 계산할 수 있다.

⓫ 완료되는 순서대로 Future 객체를 반복한다.

❷ Future 객체의 result() 메서드를 호출하면 콜러블이 반환한 값이 반환되거나 콜러블을 실행하는 동안 잡은 예외가 발생한다. result() 메서드는 Future가 완료될 때까지 블로킹될 수 있지만, as_completed()는 완료된 Future 객체만 반환하므로 여기에서는 result() 메서드가 블로킹되지 않는다.

❸ 발생할 수 있는 예외를 처리한다. 이 함수의 나머지 부분은 ❹번 부분을 제외하고 순차 버전의 download_many() 함수(예제 20-15)와 동일하다.

❹ 에러 메시지에 관한 정보를 제공하고자 현재의 Future 객체를 키로 사용해 to_do_map에서 국가 코드를 가져온다. 순차 버전에서는 국가 코드를 반복하므로 루프의 현재 국가 코드를 사용하면 돼서 이 과정이 필요 없지만, 여기에서는 Future 객체를 반복하므로 국가 코드를 검색해야 한다.

> **TIP** [예제 20-16]은 futures.as_completed()에 관련된 아주 유용한 관용구를 사용한다. Future가 완료되었을 때 필요한 다른 데이터와 Future 객체를 매핑하는 딕셔너리를 만드는 것이다. 이 관용구에 따라 여기에서는 do_do_map 딕셔너리가 Future 객체를 해당 국가 코드에 매핑한다. 이렇게 하면 Future가 어떤 순서대로 완료되더라도 Future 객체의 결과를 가져와 처리하기 쉬워진다.

파이썬 스레드는 입출력 위주의 애플리케이션에 잘 맞으며, 때로는 concurrent.futures 패키지를 이용하면 아주 간단히 처리할 수 있다. ProcessPoolExecutor를 사용하면 CPU 위주의 '처리 곤란 병렬^{embarrassingly parallel}(https://fpy.li/20-19)' 문제를 다중 코어 컴퓨터에서 해결할 수 있다. 이것으로 concurrent.futures에 관한 설명을 마친다.

20.6 요약

이 장의 앞부분에서는 두 개의 동시 HTTP 클라이언트와 순차 HTTP 클라이언트를 비교해 순차 버전보다 동시 버전이 훨씬 빠름을 보여 주었다.

concurrent.futures에 기반한 예제 코드를 살펴본 후, concurrent.futures.Future와 asyncio.Future 객체를 자세히 알아보았다. 여기서는 이 두 클래스의 공통점을 강조했는데, 21장에서는 이 둘의 차이점을 자세히 알아본다. 그리고 Executor.submit() 메서드로 Future 객체를 생성하고 concurrent.futures.as_completed()로 실행이 완료된 Future 객체를 반복하는 방법을 설명했다.

그리고 나서 concurrent.futures.ProcessPoolExecutor 클래스를 이용해 다중 프로세스를

사용하는 방법을 설명했다. 이 클래스를 이용하면 GIL을 우회하고 여러 CPU 코어를 사용하므로 19장에서 본 다중 코어 소수 검사기를 더 간단히 구현할 수 있었다.

그다음 절에서는 단지 상태와 타임스탬프를 출력하며 몇 초 동안 아무런 작업을 수행하지 않는 여러 스레드를 실행하는 기본적인 예제 코드를 이용해 `concurrent.futures.ThreadPoolExecutor` 클래스가 작동하는 방식을 자세히 들여다보았다.

다음으로 국기 이미지를 내려받는 예제 코드로 돌아갔다. 진행 막대와 에러 처리 기능을 보강하면서 `future.as_completed()` 제너레이터 함수가 제공하는 공통 패턴을 살펴보았다. 이 패턴에서는 Future 객체와 Future 객체에 관련된 정보를 딕셔너리에 저장하고, 실행이 완료되어 `as_completed()` 반복자를 통해 반환되는 Future 객체에 관한 정보를 이 딕셔너리에서 가져온다.

## CHAPTER 21

비동기 프로그래밍

> 일반적인 비동기 프로그래밍 접근 방식의 문제는 모 아니면 도라는 명제다. 어떤 코드도 블로
> 킹되지 않도록 수정하지 않을 것이라면 그저 시간 낭비일 뿐이다.[1]
>
> — **알바로 비델라**^{Alvaro Videla}, **제이슨 J. W. 윌리엄스**^{Jason J. W. Williams}
>
> 『RabbitMQ in Action』

이 장은 서로 연관성이 많은 주제 세 가지를 다룬다.

- 파이썬의 `async def`, `await`, `async with`, `async for` 구성자
- 이 구성자들을 지원하는 객체: 네이티브 코루틴 및 콘텍스트 관리자, 반복형, 제너레이터, 지능형이 비동기 버전
- `asyncio` 및 여러 비동기 라이브러리

이 장은 반복형과 제너레이터(17장, 특히 17.13절 '고전적 코루틴'), 콘텍스트 관리자(18장), 동시성 프로그래밍의 일반 개념(19장)에 기반한다.

여기서는 20장에서 본 것과 비슷한 동시성 HTTP 클라이언트를 공부한다. 네이티브 코루틴과 비동기 콘텍스트 관리자를 이용해 수정하고, 앞에서 본 HTTPX 라이브러리를 비동기 API를

---

1 출처: 알바로 비델라, 제이슨 윌리엄스 공저, 『RabbitMQ in Action』(매닝, 2022), 4장 'Rabbit을 이용한 문제 해결 : 코딩과 패턴 (Solving Problems with Rabbit: coding and patterns)', 61쪽

통해 사용한다. 그리고 느린 연산을 스레드나 프로세스 실행자에 위임해서 이벤트 루프가 블로 킹되지 않게 하는 방법도 알아본다.

HTTP 클라이언트 예제를 보고 난 후에는 간단한 비동기 서버 측 애플리케이션 두 개를 살 펴보는데, 그중 하나는 점점 인기를 끌고 있는 FastAPI 프레임워크를 사용한다. 그러고 나서 async/await 키워드가 지원하는 언어 구성자들(비동기 제너레이터 함수, 비동기 지능형, 비 동기 제너레이터 표현식)을 알아본다. 이 언어 기능들은 asyncio와 연관되지 않음을 강조하고 자 Curio를 사용해 수정한 예제 하나를 살펴볼 예정이다. Curio는 데이비드 비즐리가 창안한 우아하고 혁신적인 비동기 프레임워크다.

이 장을 마무리하며 비동기 프로그래밍의 장점과 주의할 점을 간략히 정리했다.

설명할 내용이 아주 많다. 기본 예제만 다룰 정도의 지면밖에 없지만, 이 예제들은 각 개념의 중요한 특징을 잘 보여줄 것이다.

> **TIP** 유리 셸리바노프Yury Selivanov[2]가 애플리케이션에 유용한 함수들과 웹 프레임워크 및 데이터베이스 드라 이버 등의 패키지 제작자를 위한 저수준 API를 분리해 정리한 후 asyncio 문서(https://fpy.li/21-1) 가 아주 좋아졌다.
> asyncio를 책으로 공부하고 싶다면 칼렙 해팅이 쓴 『Using Asyncio in Python』(오라일리, 2020)를 추천 한다. 사실, 칼렙은 이 책의 테크니컬 리뷰어 중 한 명이다.

21.1 이 장의 변경 사항

필자가 1판을 쓸 때까지는 asyncio 라이브러리가 초기 버전이었고 파이썬 언어에 async/ await 키워드는 존재하지 않았다. 따라서 이 장에 나오는 기존 예제를 모두 다시 작성해야 했 다. 그리고 도메인 검색 스크립트, FastAPI 웹 서비스, 파이썬의 새로운 비동기 콘솔 모드 실 험에 관한 예제들은 새로 작성했다.

네이티브 코루틴, async with, async for와 이 구성자들을 지원하는 객체 등 당시에 존재하 지 않던 언어 기능에 관한 절이 추가되었다.

---

2 셸리바노프는 파이썬의 async/await를 구현하고, 이와 연관된 PEP 492(https://fpy.li/pep492), PEP 525(https://fpy. li/pep525), PEP 530(https://fpy.li/pep530)을 작성했다.

21.13절 '비동기 방식에 대한 진실과 오해'는 필자의 뼈저린 경험으로 배운 개념을 반영하며, 비동기 프로그래밍을 하는 누구나 꼭 읽어야 할 내용이라고 생각한다. 파이썬을 사용하든 Node.js를 사용하든 시행착오를 많이 줄여줄 것이다.

마지막으로 `asyncio.Futures`에 관한 설명에서 문단 몇 개를 제거했는데, 이제는 저수준 asyncio API에 해당하는 내용이라고 판단되기 때문이다.

21.2 몇 가지 정의

17.13절 '고전적 코루틴' 앞부분에서 파이썬 3.5 이후부터 제공하는 코루틴 세 가지을 간략히 설명했다.

네이티브 코루틴

`async def`로 정의된 코루틴 함수. 고전적 코루틴이 `yield from`을 사용하는 방법과 비슷하게 네이티브 코루틴은 `await` 키워드를 사용해 다른 네이티브 코루틴에 위임할 수 있다. 본체 안에 `await` 키워드가 없더라도 `async def` 문은 언제나 네이티브 코루틴을 정의한다. `await` 키워드는 네이티브 코루틴 밖에서는 사용할 수 없다.[3]

고전적 코루틴

`my_coro.send(data)` 호출을 통해 전송된 데이터를 소비하는 제너레이터 함수. 표현식 안에서 `yield` 키워드를 이용해 데이터를 읽는다. 고전적 코루틴은 `yield from`을 사용해 다른 고전적 코루틴에 위임할 수 있다. 고전적 코루틴은 `await`로 실행할 수 없으며, asyncio는 더는 고전적 코루틴을 지원하지 않는다.

제너레이터 기반 코루틴

파이썬 3.5 이후에서 `@types.coroutine`으로 데커레이트된 제너레이터 함수. 이 데커레이터가 적용되면 제너레이터는 새로운 `await` 키워드와 사용할 수 있다.

---

3 이 규칙에는 한 가지 예외가 있다. `-m asyncio` 옵션을 주고 파이썬을 실행하면 >>> 프롬프트에서 `await`를 사용해 네이티브 코루틴을 바로 실행할 수 있다. 여기에 관해서는 21.10.1절의 '파이썬 비동기 콘솔을 이용한 실험'에서 설명한다.

이 장에서는 네이티브 코루틴과 함께 비동기 제너레이터를 집중적으로 살펴본다.

비동기 제너레이터

async def로 정의된 제너레이터 함수이며 본체 안에서 yield를 사용한다. 이 yield는 __
anext__() 메서드를 제공하는 비동기 제너레이터 객체를 반환하는데, 이 메서드는 코루틴
에서 다음 항목을 가져올 때 사용한다.

> **WARNING** **미래가 없는 @asyncio.coroutine**
>
> 고전적 코루틴과 제너레이터 기반 코루틴에 사용되던 @asyncio.coroutine 데커레이터는 파이썬 3.8에
> 서 사용 중단 안내되었으며, 이슈 43216(https://fpy.li/21-2)에 따르면 버전 3.11에서 제거될 예정
> 이다. 이와 반대로 이슈 36921(https://fpy.li/21-3)에 따라 @types.coroutine은 남을 예정이다.
> **asyncio**에서는 더 지원하지 않지만, **Curio**와 **Trio** 비동기 프레임워크의 저수준 코드에서는 사용된다.

21.3 asyncio 예제: 도메인 검색

파이썬에 관한 블로그를 시작하면서, 예를 들어 await.dev처럼 .dev로 끝나면서 파이썬 키워
드를 사용한 도메인을 등록하려 한다고 생각해 보자. [예제 21-1]은 asyncio를 이용해 여러
도메인을 동시에 검색하는 스크립트다. 스크립트를 실행하면 다음과 같이 출력된다.

```
$ python3 blogdom.py
  with.dev
+ elif.dev
+ def.dev
  from.dev
  else.dev
  or.dev
  if.dev
  del.dev
+ as.dev
  none.dev
  pass.dev
  true.dev
```

```
  + in.dev
  + for.dev
  + is.dev
  + and.dev
  + try.dev
  + not.dev
```

도메인이 순서 없이 나타남에 주의하라. 여러분이 스크립트를 직접 실행하면 화면에 나타나는 항목 간의 시간 차이가 서로 다름을 알 수 있다. +는 DNS로 도메인 이름을 찾았다는 표시다. 찾을 수 없는 도메인 이름들을 여러분이 사용할 수 있는 것이다.[4]

blogdom.py에서 DNS 검색은 네이티브 코루틴 객체를 이용해 수행한다. 비동기 연산들은 인터리브interleave되어 실행되므로, 18개의 도메인을 검사하는 데 걸린 시간이 각각을 순차적으로 실행하는 데 걸린 시간의 합보다 훨씬 적다. 사실 전체 실행 시간이 가장 느린 하나의 DNS 응답 시간과 거의 같았다.

[예제 21-1]은 blogodm.py 소스 코드다.

예제 21-1 blogdom.py: 파이썬 블로그에 사용할 도메인 검색

```python
#!/usr/bin/env python3
import asyncio
import socket
from keyword import import kwlist

MAX_KEYWORD_LEN = 4   ❶


async def probe(domain: str) -> tuple[str, bool]:   ❷
    loop = asyncio.get_running_loop()   ❸
    try:
        await loop.getaddrinfo(domain, None)   ❹
    except socket.gaierror:
        return (domain, False)
    return (domain, True)
```

---

4 이 원고를 작성하는 현재, true.dev는 360달러/년에 임대할 수 있다. for.dev는 실제로는 등록되었지만, DNS에 설정되지 않았다.

```python
async def main() -> None:               ❺
    names = (kw for kw in kwlist if len(kw) <= MAX_KEYWORD_LEN)  ❻
    domains = (f'{name}.dev'.lower() for name in names)   ❼
    coros = [probe(domain) for domain in domains]   ❽
    for coro in asyncio.as_completed(coros):   ❾
        domain, found = await coro   ❿
        mark = '+' if found else ' '
        print(f'{mark} {domain}')


if __name__ == '__main__':
    asyncio.run(main())   ⓫
```

---

❶ 도메인 이름은 짧을수록 좋으므로 도메인에 사용할 키워드의 최대 길이를 설정한다.

❷ probe()는 도메인 이름과 불리언을 담은 튜플을 반환한다. True는 도메인 이름을 검색할 수 있음을 나타낸다. 도메인 이름을 반환하면 결과를 출력하기 더 쉽다.

❸ 다음에 사용할 수 있도록 asyncio 이벤트 루프에 대한 참조를 가져온다.

❹ loop.getaddrinfo() 코루틴 메서드(https://fpy.li/21-4)는 소켓을 이용해 주어진 주소에 연결하고자 다섯 개의 매개변수로 구성된 튜플(https://fpy.li/21-5)을 반환한다. 이 예제에서는 결과가 필요 없다. 반환되면 도메인이 검색된 것이고, 아니면 도메인이 없는 것이다.

❺ main()이 코루틴이어야 그 안에서 await를 사용할 수 있다.

❻ 길이가 MAX_KEYWORD_LEN 이하인 파이썬 키워드를 생성하는 제너레이터다.

❼ 키워드에 .dev를 붙여 도메인 이름을 생성하는 제너레이터다.

❽ 각 domain 인수에 probe() 코루틴을 호출해 코루틴 객체 리스트를 생성한다.

❾ asyncio.as_completed()는 자신에게 전달된 코루틴의 결과를 제출된 순서가 아니라 완료된 순서대로 반환하는 코루틴을 생성하는 제너레이터다. 이 제너레이터는 20장의 [예제 20-4]에서 본 futures.as_completed()와 비슷하다.

❿ as_completed() 작동 방식 때문에 여기에 도착하면 코루틴이 완료된 것이다. 따라서 여기에서 coro의 결과를 가져오는 데 사용한 await 표현식은 블록되지 않는다. coro 안에서 처리되지 않은 예외가 발생했다면 여기에서 다시 발생한다.

⓫ asyncio.run()은 이벤트 루프를 시작하고 이벤트 루프가 종료되어야 반환된다. asyncio를 사용하는 스크립트는 이 패턴을 널리 따른다. main()을 코루틴으로 작성하고, if   name   == ' main ': 블록 안에서 asyncio.run()으로 main()을 구동시킨다.

21.3.1 비동기 코드를 읽는 귀도의 비법

asyncio에는 새로운 개념이 아주 많지만, [예제 21-1]의 전체적인 논리는 귀도 반 로섬이 제안한 트릭을 이용하면 쉽게 이해할 수 있다. 코드를 멍하니 바라보며 async와 await 키워드가 없는 것처럼 생각하면 된다. 이렇게 하면 코루틴이 고전적이고 평범한 순차 함수처럼 읽힌다.

예를 들어 코루틴의 본체가 다음과 같다고 하자.

```python
async def probe(domain: str) -> tuple[str, bool]:
    loop = asyncio.get_running_loop()
    try:
        await loop.getaddrinfo(domain, None)
    except socket.gaierror:
        return (domain, False)
    return (domain, True)
```

이 코루틴은 블록되지 않는다는 점을 제외하면 다음 함수와 똑같이 작동한다.

```python
def probe(domain: str) -> tuple[str, bool]:  # async가 없다.
    loop = asyncio.get_running_loop()
    try:
        loop.getaddrinfo(domain, None)  # await가 없다.
    except socket.gaierror:
        return (domain, False)
    return (domain, True)
```

await loop.getaddrinfo(...) 구문을 사용하면 블록되지 않는다. await가 현재 코루

틴 객체를 일시 정지시키기 때문이다. 예를 들어 probe('if.dev') 코루틴을 실행하는 동안 getaddrinfo('if.dev', None)에 따라 새로운 코루틴 객체가 생성되기 때문이다. 이 함수에 await를 적용하면 저수준 addrinfo() 쿼리를 시작하고 제어권을 일시 정지된 probe('if.dev')가 아니라 이벤트 루프로 넘긴다. 그러면 이벤트 루프는 probe('or.dev') 등 대기하던 다른 코루틴 객체를 시작할 수 있다.

이벤트 루프가 getaddrinfo('if.dev', None) 쿼리에 대한 응답을 받으면, 해당 코루틴 객체는 다시 실행되고 await로 일시 정지되었던 probe('if.dev')에 제어권을 넘겨 예외 처리를 하거나 결과 튜플을 반환할 수 있다.

지금까지 asyncio.as_completed()와 코루틴에 적용되는 await에 관해서만 살펴봤지만, 사실 이 방법은 어떤 **대기형**awaitable 객체도 처리할 수 있다. 다음 절에서 대기형의 개념을 알아보자.

21.4 새로운 개념: 대기형

for 키워드가 **반복형**iterable과 함께 작업하듯이 await 키워드는 **대기형**awaitable과 함께 작업한다. asyncio의 사용자로서 우리는 다음과 같은 대기형 객체들을 일상적으로 접하게 된다.

- 네이티브 코루틴 객체: 네이티브 코루틴 함수를 호출해 얻어진다.
- asyncio.Task: 코루틴 객체를 asyncio.create_task()에 전달해 얻어지는 객체다.

그러나 사용자 코드가 언제나 Task에 대해 await를 호출해야 하는 것은 아니다. asyncio.create_task(one_coro())로 호출하면 one_coro가 반환될 때까지 기다리지 않고 동시에 실행할 수 있다. spinner_async.py(예제 19-4)에서 spinner() 코루틴을 호출할 때 사용한 방법이다. 작업을 취소하거나 작업을 기다릴 필요가 없더라도 create_task()가 반환한 Task 객체를 보관해야 한다. 이벤트 루프는 Task 객체에 대해 약참조만 유지하므로 이벤트 루프 외부에서 참조되지 않는 Task 객체는 실행이 완료되기 전이라도 언제든 가비지 컬렉트될 수 있기 때문이다. 백그라운드 작업을 '실행하고 나서 잊어버리는' 가장 좋은 방법은 컬렉션에 Task 객체를 추가하는 것이다.

이와 반대로 await other_coro()를 실행하면 other_coro()를 바로 실행하고 이 코루틴이 결과를 반환해야 진행할 수 있으므로 코루틴 실행이 완료될 때까지 기다린다. spinner_ async.py에서 supervisor() 코루틴은 res = await slow()를 실행해 slow()가 실행을 마치고 결과를 반환할 때까지 기다렸다.

비동기 라이브러리를 구현하거나 asyncio에 기여하려면 다음과 같은 저수준 대기형을 다뤄야 할지도 모른다.

- 반복자를 반환하는 __await__() 메서드가 있는 객체(예: asyncio.Future 인스턴스. asyncio. Task는 asyncio.Future의 서브클래스다.)
- 파이썬/C API를 이용해 tp_as_async->am_await() 함수를 구현한 C 언어 객체(이 함수는 __await__() 메서드와 비슷하다.)

기존 코드베이스에는 또 다른 대기형(제너레이터 기반 코루틴 객체)이 있을 수 있는데, 이 객체들은 사용 중단 안내 예정이다.[5]

> **NOTE** PEP 492(https://fpy.li/21-7)에서는 await 표현식이 "추가로 인수를 검증하는 단계를 추가로 적용한 yield from을 사용"하고 "await는 대기형만 받는다"라고 설명한다. PEP 492는 구현에 대해 자세히 설명하지는 않지만, yield from을 소개하는 PEP 380(https://fpy.li/pep380)을 언급한다. 이 책의 자매 웹사이트 '고전적 코루틴'(https://fpy.li/oldcoro)의 'yield from의 의미' 절(https://fpy.li/21-8)에 자세한 설명을 올렸다.

이제 고정된 국기 집합을 내려받는 스크립트의 asyncio 버전을 알아보자.

21.5 asyncio와 HTTPX로 내려받기

flags_asyncio.py 스크립트는 고정된 20개의 국기를 fluentpython.com에서 내려받는다. 20.2절 '동시에 웹 내려받기'에서 처음 언급했지만, 이제 지금까지 설명한 개념을 적용해 코드를 자세히 알아보자.

파이썬 3.10을 기준으로, asyncio는 TCP와 UDP만 직접 지원하고 표준 라이브러리에 비동기 HTTP 클라이언트나 서버 패키지는 없다. 모든 HTTP 클라이언트 예제에서는 HTTPX 패키지(https://fpy.li/httpx)를 사용한다.

---

5 @asyncio.coroutine은 파이썬 3.7에서 사용 중단 안내되었고, 파이썬 3.10에서 제거되었다.

flags_asyncio.py를 밑에서부터 둘러볼 것이다. 먼저 [예제 21-2]에서 작업을 준비하는 함수부터 살펴보자.

예제 21-2 flags_asyncio.py: 시작 함수들

```
def download_many(cc_list: list[str]) -> int:      ❶
    return asyncio.run(supervisor(cc_list))        ❷

async def supervisor(cc_list: list[str]) -> int:
    async with AsyncClient() as client:            ❸
        to_do = [download_one(client, cc)
                    for cc in sorted(cc_list)]      ❹
        res = await asyncio.gather(*to_do)          ❺

    return len(res)                                 ❻

if __name__ == '__main__':
    main(download_many)
```

❶ 이 함수는 코루틴이 아니라 평범한 함수여야 한다. 그래야 flags.py 모듈(예제 20-2)의 main() 함수에 전달해 호출할 수 있기 때문이다.

❷ supervisor(cc_list) 코루틴 객체가 반환할 때까지 구동시키는 이벤트 루프를 실행한다. 이 코드는 이벤트 루프가 실행되는 동안 블록된다. 이 줄에서 반환하는 결과는 supervisor()가 반환한 값이다.

❸ httpx의 비동기 HTTP 클라이언트 연산은 AsyncClient의 메서드다. AsyncClient는 비동기 콘텍스트 관리자이기도 하며, 설정과 분할teardown 메서드가 있다(21.6절 '비동기 콘텍스트 관리자' 참조).

❹ 내려받을 각 국기에 대해 download_one()을 한 번씩 호출함으로써 코루틴 객체의 리스트를 만든다.

❺ asyncio.gather() 코루틴을 기다린다. asyncio.gather()는 하나 이상의 대기형 인수를 받고, 모든 대기형이 완료될 때까지 기다린 후, 제출한 순서대로 대기형들의 결과를 리스트로 반환한다.

❻ supervisor()는 asyncio.gather()가 반환한 리스트의 길이를 반환한다.

이제 flags_asyncio.py의 앞부분(예제 21-3)을 살펴보자. 이벤트 루프가 기동시키는 순서
대로 읽을 수 있도록 코루틴의 순서를 바꿨다.

예제 21-3 flags_asyncio.py: 임포트와 내려받기 함수들

```python
import asyncio

from httpx import AsyncClient  ❶

from flags import BASE_URL, save_flag, main  ❷

async def download_one(client: AsyncClient, cc: str):  ❸
    image = await get_flag(client, cc)
    save_flag(image, f'{cc}.gif')
    print(cc, end=' ', flush=True)
    return cc

async def get_flag(client: AsyncClient, cc: str) -> bytes:  ❹
    url = f'{BASE_URL}/{cc}/{cc}.gif'.lower()
    resp = await client.get(url, timeout=6.1,
                            follow_redirects=True)  ❺
    return resp.read()  ❻
```

❶ httpx는 표준 라이브러리에 없으므로 별도 설치해야 한다.

❷ flags.py 코드(예제 20-2)를 재사용한다.

❸ download_one()이 네이티브 코루틴이어야 실제 HTTP 요청을 보내는 get_flag() 코루틴에
await를 적용할 수 있다

❹ get_flag()은 요청하기 위해 AsyncClient를 받아야 한다.

❺ httpx.AsyncClient 인스턴스의 get() 메서드는 비동기 콘텍스트 관리자인 ClientResponse 인
스턴스를 반환한다.

❻ 네트워크 I/O 연산을 코루틴 메서드로 구현해야 asyncio 이벤트 루프에 의해 비동기로 실행될 수 있다.

> **NOTE** 성능 향상을 위해 get_flag() 안의 save_flag()을 비동기 방식으로 구현해야 이벤트 루프가 블
> 록되지 않는다. 그러나 asyncio는 현재 Node.js와 달리 비동기 파일 시스템 API를 제공하지 않는다.
> save_flag()을 스레드에 위임하는 방법은 21.7.1절 'asyncio.as_completed()와 스레드의 사용'에서
> 설명한다.

우리가 작성한 코드는 await를 통해 명시적으로, 또는 비동기 콘텍스트 관리자(예: AsyncClient와 ClientResponse)를 통해 암묵적으로 작업을 httpx 코루틴들에 위임한다. 자세한 내용은 21.6절 '비동기 콘텍스트 관리자'를 참조하라.

21.5.1 네이티브 코루틴의 비밀: 원시적인 장치

17.13절 '고전적 코루틴'에서 본 고전적 코루틴 예제들과 flags_asyncio.py의 차이점은 asyncio에서는 send()를 호출하고 yield 표현식을 사용하는 부분을 볼 수 없다는 것이다. 우리가 작성하는 코드는 asyncio 라이브러리와 HTTPX 같은 비동기 라이브러리의 중간에 위치하기 때문이다. [그림 21-1]에서 보여 주는 구조를 참고하라.

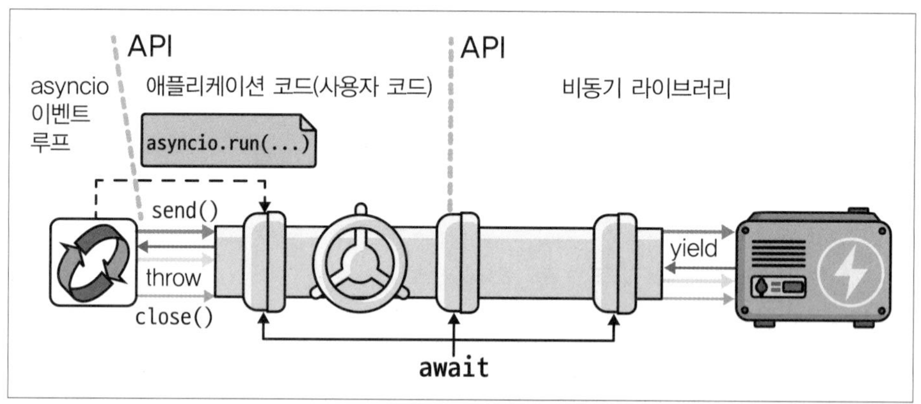

그림 21-1 비동기 프로그램에서는 사용자 프로그램이 이벤트 루프를 기동하고 asyncio.run()을 통해 초기 코루틴의 실행을 스케줄링한다. 각각의 사용자 코루틴은 await 표현식을 통해 그다음 연산을 실행함으로써 HTTPX 등의 라이브러리와 이벤트 루프 사이에 통신할 수 있게 한다.

내부를 들여다보면 asyncio 이벤트 루프가 코루틴을 구동시키는 send() 메서드를 호출하고, 코루틴은 라이브러리 코루틴이나 다른 코루틴을 await한다. 앞에서 설명했듯이, await는 대부분의 구현을 yield from에서 가져오고 yield from도 코루틴을 구동하려고 send() 메서드를 호출한다.

await 체인은 결국 저수준 대기형 객체에 도달하는데, 저수준 객체는 이벤트 루프가 타이머나 네트워크 I/O 등의 이벤트에 응답해 실행시키는 제너레이터를 반환한다. await 체인 마지막

에 있는 저수준 대기형과 제너레이터는 라이브러리 속 내부 깊은 곳에 구현되어서 API로 드러
나지 않고 종종 파이썬/C 확장으로 구현된다.

asyncio.gather()나 asyncio.create_task() 등의 함수를 이용해 동시에 여러 개의
await 채널을 만들 수 있는데, 그러면 하나의 스레드 안에 하나의 이벤트 루프가 여러 개의 I/O
연산을 동시에 수행할 수 있다.

21.5.2 모 아니면 도 문제

[예제 21-3]에서 flags.py(예제 20-2)의 get_flag() 함수를 재사용할 수 없음에 주의하
라. httpx의 비동기 API를 사용하려면 코루틴으로 변경해야 하기 때문이다. asyncio로 성능
을 최대한 끌어올리려면 I/O를 수행하는 모든 함수를 await나 asyncio.create_task()로
활성화되는 비동기 버전으로 바꿔야 한다. 그래야 I/O가 완료될 때까지 함수가 기다리는 제어
권을 이벤트 루프에 돌려주기 때문이다. 블록되는 함수를 코루틴으로 바꿀 수 없을 때는 21.8
절 '태스크를 실행자에 위임하기'에서 설명하듯이 별도의 스레드나 프로세스에서 실행해야 한다.

따라서 이 장 앞에 "어떤 코드도 블로킹되지 않도록 수정하지 않을 것이라면 그저 시간 낭비일
뿐"이라는 조언을 포함한 인용문을 넣었다.

같은 이유로 flags_threadpool.py(예제 20-3)의 download_one() 함수도 재사용하지 않
았다. [예제 21-3]의 코드는 get_flag()을 await로 실행하므로 download_one()도 코루틴
이어야 하기 때문이다. 각 요청에 대해 supervisor() 안에서 download_one() 코루틴 객체
가 생성되고, 각 코루틴은 모두 asyncio.gather() 코루틴이 실행한다.

이제 supervisor()(예제 21-2)와 get_flag()(예제 21-3) 안에 나오는 async with 문
에 관해 알아보자.

21.6 비동기 콘텍스트 관리자

18.2절 '콘텍스트 관리자와 with 블록'에서 __enter__()와 __exit__() 메서드를 제공하는
클래스의 인스턴스가 with 블록 본체의 앞과 뒤에서 실행되는지 살펴보았다.

이제 asyncpg 패키지(https://fpy.li/21-10) 중 asyncio와 호환되는 PostgreSQL 드라
이버 트랜잭션 문서(https://fpy.li/21-11)에서 가져온 [예제 21-4]를 살펴보자.

예제 21-4 asyncpg PostgreSQL 드라이버 문서의 예제 코드

```
tr = connection.transaction()
await tr.start()
try:
    await connection.execute("INSERT INTO mytable VALUES (1, 2, 3)")
except:
    await tr.rollback()
    raise
else:
    await tr.commit()
```

데이터베이스 트랜잭션은 콘텍스트 프로토콜에 자연스럽게 들어맞는다. 트랜잭션을 시작하고,
connection.execute()로 데이터를 변경하고, 변경 결과에 따라 롤백^{rollback}하거나 커밋^{commit}
해야 한다.

asyncpg 같은 비동기 드라이버에서 준비하고 마무리하는 작업을 코루틴으로 만들어야 다른
연산을 동시에 실행할 수 있다. 그러나 고전적 with 문은 __enter__()나 __exit__() 작업
을 수행하는 코루틴을 지원하지 않는다.

그래서 'PEP 492-async와 await 구문과 함께 코루틴 사용하기<sup>Coroutines with async and await
syntax</sup>'(https://fpy.li/pep492)에서 async with 문을 소개했다. async with는 __
aenter__()와 __aexit__() 메서드를 코루틴으로 구현하는 객체인 비동기 콘텍스트 관리자
와 함께 사용된다.

async with를 사용하면 [예제 21-4]는 asyncpg 문서(https://fpy.li/21-11)의 다른 예
제 부분처럼 작성할 수 있다.

```
async with connection.transaction():
    await connection.execute("INSERT INTO mytable VALUES (1, 2, 3)")
```

asyncpg.Transaction 클래스(https://fpy.li/21-13)에서 `__aenter__()` 코루틴 메서드는 `self.start()`를 `await`하고, `__aexit__()` 코루틴은 예외 발생 여부에 따라 비공개 `rollback()`이나 `__commit__()` 코루틴 메서드에 대해 `await`한다. 코루틴을 이용해 Transaction을 비동기 콘텍스트 관리자로 구현하면 asyncpg는 여러 트랜잭션을 동시에 처리할 수 있다.

> **TIP** asyncpg에 관한 칼렙 해팅의 조언
>
> `asyncpg`의 또 하나 대단한 점은 Postgres 자체에 대한 내부 연결에 대한 연결 풀을 구현해서 PostgresSQL의 고도 동시성 지원에 대한 부족 문제도 피하게 해 준다는 것이다(PostgreSQL은 하나의 연결에 하나의 서버 측 프로세스를 사용한다).
>
> 이 말은 `asyncpg` 문서에 설명된 **PgBouncer**(https://fpy.li/21-14) 같은 부가 도구를 사용하지 않아도 됨을 의미한다.[6]

`flags_asyncio.py`로 돌아가자. `AsyncClient` 클래스는 비동기 콘텍스트 관리자이므로 `__aenter__()`와 `__aexit__()` 특별 코루틴 메서드 안에서 대기형을 사용할 수 있다.

> **NOTE** 21.10.1절의 '콘텍스트 관리자로서의 비동기 제너레이터'에서는 파이썬의 `contextlib`을 이용해 클래스를 작성하지 않고도 비동기 콘텍스트 관리자를 만드는 방법을 보여 준다. 21.10.1절 '비동기 제너레이터 함수'를 먼저 알아야 하므로 설명을 나중으로 미루었다.

이제 asyncio 국기 내려받기 예제에 진행 막대를 추가해 보자. 그러면서 asyncio API를 조금 더 둘러보게 된다.

---

[6] 이 팁은 테크니컬 리뷰어 칼렙 해팅의 말을 그대로 인용했다. 칼렙에게 감사드린다.

21.7 asyncio 내려받기 프로그램 개선

20.5절 '진행 상황을 출력하고 에러를 처리하면서 내려받기'에서 flags2 예제들은 똑같은 명령행 인터페이스를 사용하고 내려받는 동안 진행 막대를 출력했다. 그리고 에러도 처리했다.

예를 들어 [예제 21-5]는 100개의 동시 요청(-m 100)으로 100개의 국기(-al 100)를 ERROR 서버에서 가져오는 예를 보여 준다. 결과 화면의 에러 48개는 HTTP 418이나 타임아웃 에러인데, slow_server.py가 예상한 대로 (오)작동한 결과다.

예제 21-5 flags2_asyncio.py의 실행

```
$ python3 flags2_asyncio.py -s ERROR -al 100 -m 100
ERROR site: http://localhost:8002/flags
Searching for 100 flags: from AD to LK
100 concurrent connections will be used.
100%|██████████████████████████████| 100/100 [00:03<00:00, 30.48it/s]
--------------------
 52 flags downloaded.
 48 errors.
Elapsed time: 3.31s
```


이제 flags2_asyncio.py가 어떻게 구현되었는지 살펴보자.

21.7.1 asyncio.as_completed()와 스레드의 사용

[예제 21-3]에서는 여러 코루틴을 asyncio.gather()에 전달했는데, asyncio.gather()는 전달한 순서대로 코루틴의 결과를 리스트로 반환한다. 즉, asyncio.gather()는 모든 대기형이 완료된 후에야 반환된다. 그러나 진행 막대를 갱신하려면 코루틴이 완료될 때마다 결과를 가져와야 한다.

다행히도 진행 막대를 보여 주는 스레드 풀 예제(예제 21-6)에서 사용한 as_completed() 제너레이터 함수의 asyncio 버전이 있다.

[예제 21-6]은 get_flag()와 download_one() 코루틴이 정의된 flags2_asyncio.py 스크립트의 앞부분을 보여 준다. [예제 21-7]은 supervisor()와 download_many() 등 소스 코드의 나머지 부분을 보여 준다. 이 스크립트는 에러 처리 때문에 flags_asyncio.py보다 길다.

예제 21-6 flags2_asyncio.py: 스크립트의 앞부분

```python
import asyncio
from collections import Counter
from http import HTTPStatus
from pathlib import Path

import httpx
import tqdm  # type: ignore

from flags2_common import main, DownloadStatus, save_flag

# 503 - Service Temporarily Unavailable 등
# 원격 사이트에서 에러 발생을 피하려고 기본 동시성값을 낮게 설정한다.
DEFAULT_CONCUR_REQ = 5
MAX_CONCUR_REQ = 1000

async def get_flag(client: httpx.AsyncClient,         ❶
                   base_url: str,
                   cc: str) -> bytes:
    url = f'{base_url}/{cc}/{cc}.gif'.lower()
    resp = await client.get(url, timeout=3.1, follow_redirects=True)    ❷
    resp.raise_for_status()
    return resp.content

async def download_one(client: httpx.AsyncClient,
```

```python
                    cc: str,
                    base_url: str,
                    semaphore: asyncio.Semaphore,
                    verbose: bool) -> DownloadStatus:
    try:
        async with semaphore:            ❸
            image = await get_flag(client, base_url, cc)
    except httpx.HTTPStatusError as exc:            ❹
        res = exc.response
        if res.status_code == HTTPStatus.NOT_FOUND:
            status = DownloadStatus.NOT_FOUND
            msg = f'not found: {res.url}'
        else:
            raise
    else:
        await asyncio.to_thread(save_flag, image, f'{cc}.gif')            ❺
        status = DownloadStatus.OK
        msg = 'OK'
    if verbose and msg:
        print(cc, msg)
    return status
```

❶ get_flag()는 [예제 20-14]의 순차 버전과 아주 비슷하다. 첫 번째 차이점은 client 인수가 필요하다는 점이다.

❷ 두 번째와 세 번째 차이점은 get()이 AsyncClient의 메서드이며, 코루틴이므로 await 표현식을 사용해야 한다는 점이다.

❸ semaphore를 비동기 콘텍스트 관리자로 사용해 프로그램 전체적으로 블록되지 않게 한다. semaphore 카운터가 0일 때만 이 코루틴이 일시 정지된다. 자세한 내용은 다음 절에 있는 '파이썬의 세마포어' 글상자를 참조하라.

❹ 에러 처리 논리는 [예제 20-14]의 download_one()과 똑같다.

❺ 이미지를 저장하는 것은 I/O 연산이다. 이벤트 루프가 블록되지 않게 save_flag()을 스레드로 실행한다.

모든 네트워크 I/O는 asyncio의 코루틴들로 처리되지만, 파일 I/O는 아니다. 그러나 파일 I/O 연산도 블로킹 연산이다. 파일을 읽고 쓰는 연산이 RAM을 읽고 쓰는 연산보다 수천 배 오래 걸리기 때문이다(https://fpy.li/21-15). 네트워크 결합 스토리지(https://fpy.li/21-16)를 사용한다면 보이지 않게 네트워크 I/O도 수행한다.

파이썬 3.9부터는 asyncio.to_thread() 코루틴을 이용해 파일 I/O를 asyncio가 제공하는 스레드 풀에 간단히 위임할 수 있게 되었다. 파이썬 3.7이나 3.8을 지원해야 한다면 21.8절 '태스크를 실행자에 위임하기'에서 단 두 줄로 해결하는 방법을 보여 준다. 그러나 일단 HTTP 클라이언트 코드를 모두 살펴보자.

21.7.2 세마포어로 요청 억제하기

우리가 보고 있는 소스 코드와 같은 네트워크 클라이언트는 너무 많은 요청을 동시에 보내 서버를 공격하지 않도록 요청을 조절할 수 있어야 한다.

세마포어(https://fpy.li/21-17)는 기본적인 동기화 메커니즘으로, 록보다 융통성이 높다. 세마포어에는 설정할 수 있는 최대 숫자가 있으며 여러 코루틴이 잡을 수 있다. 이 방식은 동시에 활성화된 코루틴의 개수를 제한하는 데 이상적이다. 자세한 내용은 조금 뒤에 나오는 '파이썬의 세마포어' 글상자를 참조하라.

`flags2_threadpool.py`(예제 20-16)에서는 `download_many()` 함수 안에서 `max_workers` 인수를 `concur_req`으로 설정해 `ThreadPoolExecutor` 인수를 생성해서 동시 요청 수를 제한했다. `flags2_asyncio.py`에서는 `supervisor()` 함수(예제 21-7) 안에서 `asyncio.Semaphore`를 생성해 [예제 21-6]의 `download_one()` 함수의 `semaphore` 인수에 전달한다.

파이썬의 세마포어

컴퓨터 과학자 에츠허르 데이크스트라는 1960년대 초반에 세마포어(https://fpy.li/21-17)를 만들었다. 개념은 간단하지만 융통성이 높아서 세마포어를 이용해 록이나 배리어[barrier] 같은 다른 동기화 객체를 만들 수 있다. 파이썬 표준 라이브러리에는 세 개의 `Semaphore` 클래스가 있는데, 하나는 `threading`에, 다른 하나는 `multiprocessing`에, 마지막은 `asyncio`에 정의되었다. 여기서는 `asyncio`에 정의된 세마포어를 살펴본다.

`asyncio.Semaphore` 내부에는 카운터가 있는데, `acquire()` 코루틴 메서드에 `await`하면 하나 감소하고, `release()` 메서드를 호출하면 증가한다. `release()` 메서드는 절대 블록되지 않으므로 코루틴으로 구현하지 않는다. 카운터 초깃값은 `Semaphore` 인스턴스를 생성할 때 설정한다.

```python
semaphore = asyncio.Semaphore(concur_req)
```

acquire()에 await할 때 카운터가 0보다 크면 지연되지 않는다. 그러나 카운터가 0이면 acquire()는 다른 코루틴이 동일 Semaphore 인스턴스에 release()를 호출해 카운터를 증가시킬 때까지 코루틴을 대기시킨다. 그렇지만, 이렇게 메서드를 직접 사용하는 대신 [예제 21-6] download_one() 함수에서처럼 세마포어를 콘텍스트 관리자로 사용하는 편이 더 안전하다.

```python
async with semaphore:
    image = await get_flag(client, base_url, cc)
```

Semaphore.__aenter__() 코루틴 메서드는 acquire() 코루틴을 기다리고, __aexit__() 코루틴 메서드는 release()를 호출한다. 앞 코드는 늘 concur_req 값 이하의 get_flags() 코루틴들이 활성화되도록 보장한다.

표준 라이브러리 안에 있는 Semaphore 클래스는 모두 BoundedSemaphore 서브클래스가 있는데, acquire()보다 release()를 더 많이 호출해도 내부 카운터값이 초깃값보다 커지지 않게 한다.[7]

이제 스크립트의 나머지 부분인 [예제 21-7]을 살펴보자.

예제 21-7 flags2_asyncio.py: [예제 21-6]에서 이어짐

```python
async def supervisor(cc_list: list[str],
                     base_url: str,
                     verbose: bool,
                     concur_req: int) -> Counter[DownloadStatus]:    ❶
    counter: Counter[DownloadStatus] = Counter()
    semaphore = asyncio.Semaphore(concur_req)    ❷
    async with httpx.AsyncClient() as client:
        to_do = [download_one(client, cc, base_url, semaphore, verbose)
                 for cc in sorted(cc_list)]    ❸
```

---

7 이 장 초고에서 세마포어 개념에 관한 설명이 없음을 지적해 준 구토 마이아(Guto Maia)에게 감사드린다.

```python
        to_do_iter = asyncio.as_completed(to_do)  ❹
        if not verbose:
            to_do_iter = tqdm.tqdm(to_do_iter, total=len(cc_list))  ❺
        error: httpx.HTTPError | None = None  ❻
        for coro in to_do_iter:  ❼
            try:
                status = await coro  ❽
            except httpx.HTTPStatusError as exc:
                error_msg = 'HTTP error {resp.status_code} - {resp.reason_phrase}'
                error_msg = error_msg.format(resp=exc.response)
                error = exc  ❾
            except httpx.RequestError as exc:
                error_msg = f'{exc} {type(exc)}'.strip()
                error = exc  ❿
            except KeyboardInterrupt:
                break

            if error:
                status = DownloadStatus.ERROR  ⓫
                if verbose:
                    url = str(error.request.url)  ⓬
                    cc = Path(url).stem.upper()  ⓭
                    print(f'{cc} error: {error_msg}')
            counter[status] += 1

    return counter

def download_many(cc_list: list[str],
                  base_url: str,
                  verbose: bool,
                  concur_req: int) -> Counter[DownloadStatus]:
    coro = supervisor(cc_list, base_url, verbose, concur_req)
    counts = asyncio.run(coro)  ⓮

    return counts

if __name__ == '__main__':
    main(download_many, DEFAULT_CONCUR_REQ, MAX_CONCUR_REQ)
```

---

❶ supervisor()는 download_many() 함수와 똑같은 인수를 받지만, 일반 함수인 download_many()와 달리 코루틴이므로 main()에서 직접 호출할 수 없다.

❷ concur_req보다 많은 코루틴을 동시에 활성화하지 않도록 asyncio.Semaphore 인스턴스를 생성한다. concur_req의 값은 명령행 옵션과 이 예제에서 설정한 상수에 기반해 flags2_common.py 파일

안의 main() 함수에서 계산된다.

❸ 코루틴 객체들의 리스트를 생성한다. 각 코루틴은 download_one() 코루틴을 호출한다.

❹ 실행이 완료된 코루틴 객체를 반환하는 반복자를 생성한다. 여기서는 바로 아래에 나오는 for 루프 안에 as_competed() 호출하는 코드를 넣지 않았다. 사용자가 지정한 상세 메시지 옵션에 따라 진행 상황을 보여줄 막대를 출력하려면 tqdm 반복자에 넣어야 하기 때문이다.

❺ 진행 상황을 보여 주기 위해 as_completed() 반복자를 tqdm() 제너레이터 함수 안에 넣는다.

❻ error를 선언하고 None으로 초기화한다. 이 변수는 발생한 예외를 try/except 문이 종료된 후에도 알 수 있도록 예외를 보관하는 데 사용된다.

❼ 완료된 코루틴 객체를 반복한다. 이 루프는 [예제 20-16]의 download_many()와 비슷하다.

❽ 결과를 가져오기 위해 await를 적용한다. as_completed()가 완료된 코루틴만 생성하므로 이 코드는 블록되지 않는다.

❾ 이 할당문이 필요하다. exc 변수의 범위가 except 절에 제한되지만, 나중에 이 값이 필요하기 때문이다.

❿ ❾와 같다.

⓫ 에러가 발생했다면 status에 저장한다.

⓬ 상세 메시지 모드에서는 발생한 예외에서 URL을 추출한다.

⓭ 그리고 뒤에는 국가 코드를 출력하기 위해 파일명을 추출한다.

⓮ download_many()는 supervisor() 코루틴의 인스턴스를 생성해 asyncio.run()으로 이벤트 루프에 전달한다. 그리고 이벤트 루프가 종료될 때 supervisor()가 반환하는 카운터를 가져온다.

[예제 21-7]에서는 [예제 20-16]에서 본 국가 코드로 매핑한 future를 사용할 수 없다. asyncio.as_completed()가 반환한 대기형들이 asyncio.as_completed()를 호출할 때 전달한 대기형들과 같기 때문이다. 내부적으로 asyncio 장치는 우리가 전달한 대기형을 동일한 결과를 생성하는 다른 대기형으로 바꾸는 것 같다.[8]

> **TIP** 실패했을 때는 대기형을 키로 사용해 dict에서 국가 코드를 가져올 수 없으므로 예외에서 국가 코드를 추출해야 했다. 따라서 try/except 문 바깥에서 사용할 수 있게 error 변수에 예외를 보관했다. 파이썬은 블록 범위 언어가 아니다. 루프나 try/except 문 등은 블록 안의 지역 범위를 생성하지 않는다. 그러나 except 문이 우리가 사용한 exc 변수처럼 예외를 어떤 변수에 바인딩하면 해당 바인딩은 해당 except 문 블록 안에서만 존재한다.

---

[8] 여기에 관한 자세한 토론은 python-tulip 그룹에서 필자가 시작한 '다른 어떤 future들이 asyncio.as_completed()로부터 나올 수 있는가?(Which other futures may come out of asyncio.as_completed?)' 스레드(https://fpy.li/21-19)에서 볼 수 있다. 귀도는 asyncio에서 future와 코루틴 간의 밀접한 관계뿐만 아니라 as_completed()의 구현에 관한 통찰력 있는 설명을 해주었다.

이로써 앞 장에서 본 `flags2_threadpool.py` 스크립트와 기능이 똑같은 `asyncio` 버전에 관한 설명을 마친다.

다음 예제는 코루틴을 이용해 비동기 태스크들을 차례대로 실행하는 간단한 패턴의 사례를 보여 준다. 자바스크립트 지식이 있는 사람들은 비동기 함수를 차례대로 실행하는 것이 파멸의 피라미드pyramid of doom (`https://fpy.li/21-20`)라고 알려진 내포된 코딩 패턴의 원인이 된다는 것을 잘 알기 때문에, 파이썬에서도 생각해 볼 필요가 있다. `await` 키워드로 이 저주를 물리칠 수 있다. 그래서 현재의 파이썬과 자바스크립트가 `await`를 갖게 되었다.

21.7.3 각 내려받기에서 여러 번 요청하기

국기 이미지를 국가 코드만이 아니라 국가명과 국가 코드로 구성된 파일명으로 저장하려 한다고 생각해 보자. 이제는 국기마다 HTTP 요청을 두 번 보내야 한다. 한 번은 이미지 파일 자체를 가져오고, 한 번은 이미지와 같은 디렉터리에서 국가명이 저장된 `metadata.json` 파일을 가져와야 하기 때문이다.

하나의 태스크 안에서 여러 요청을 조정하는 것은 스레드 버전 스크립트에서는 간단하다. 요청 하나를 보내고 나서 다음 요청을 보내고, 스레드를 두 번 블로킹하고, 두 데이터(국가 코드와 국가명)를 지역 변수에 저장하고, 파일에 저장할 때 바로 사용할 수 있다. 콜백을 사용하는 비동기 스크립트로 동일한 작업을 수행하려면, 파일을 저장하기 전에 클로저에 국기와 국가명이 들어가도록 내포된 함수들이 필요하다. 각 콜백이 서로 다른 지역 범위에서 실행되기 때문이다. `await` 키워드는 비동기 요청을 차례대로 보내고, 코루틴을 실행하는 지역 범위를 공유하게 해 주므로 이 문제를 쉽게 해결해 준다.

> **TIP** 최신 파이썬에서 비동기 애플리케이션 프로그래밍을 아주 많은 콜백을 이용해 구현하고 있다면, 최신 파이썬답지 않은 구식 패턴을 적용하고 있는지도 모른다. 코루틴을 지원하지 않는 레거시 코드나 저수준 코드와 연동해야 하는 라이브러리를 작성하는 경우에는 그럴 수도 있다. 어쨌든 스택오버플로 Q&A의 '`future.add_done_callback()`의 유스케이스는?What is the use case for future.add_done_callback()?' 질문(`https://fpy.li/21-21`)은 저수준 코드에서 콜백이 필요하지만 최신 파이썬 애플리케이션 수준 코드에서는 그리 유용하지 않은 이유를 설명한다.

`asyncio` 국기 내려받기 스크립트 세 번째 버전에서는 몇 가지가 바뀌었다.

get_country()

새로 추가된 코루틴이며 국가 코드에 대한 `metadata.json` 파일을 가져와 파일 안에서 국가명을 읽어온다.

download_one()

이 코루틴은 `await`를 이용해 `get_flag()`와 새로 추가된 `get_country()`에 위임하고, `get_country()`에서 가져온 국가명을 이용해 저장할 파일명을 만든다.

먼저 `get_country()` 코루틴(예제 21-8)을 살펴보자. 이 코루틴은 [예제 21-6]의 `get_flag()` 코루틴과 아주 비슷하다.

예제 21-8 flags3_asyncio.py: get_country() 코루틴

```python
async def get_country(client: httpx.AsyncClient,
                      base_url: str,
                      cc: str) -> str:      ❶
    url = f'{base_url}/{cc}/metadata.json'.lower()
    resp = await client.get(url, timeout=3.1, follow_redirects=True)
    resp.raise_for_status()
    metadata = resp.json()    ❷
    return metadata['country']    ❸
```

❶ 정상적으로 수행되면 이 코루틴은 국가명을 담은 문자열을 반환한다.

❷ `metadata`는 응답으로 받은 JSON으로부터 만들어진 파이썬 `dict`가 바인딩된다.

❸ 국가명을 반환한다.

이제 [예제 21-9]에서 수정된 `download_one()`을 보자. 이 코루틴은 [예제 21-6]의 코루틴에서 몇 줄만 바뀌었다.

예제 21-9 flags3_asyncio.p: download_one() 코루틴

```python
async def download_one(client: httpx.AsyncClient,
                       cc: str,
                       base_url: str,
                       semaphore: asyncio.Semaphore,
```

```python
                    verbose: bool) -> DownloadStatus:
    try:
        async with semaphore:  ❶
            image = await get_flag(client, base_url, cc)
        async with semaphore:  ❷
            country = await get_country(client, base_url, cc)
    except httpx.HTTPStatusError as exc:
        res = exc.response
        if res.status_code == HTTPStatus.NOT_FOUND:
            status = DownloadStatus.NOT_FOUND
            msg = f'not found: {res.url}'
        else:
            raise
    else:
        filename = country.replace(' ', '_')  ❸
        await asyncio.to_thread(save_flag, image, f'{filename}.gif')
        status = DownloadStatus.OK
        msg = 'OK'
    if verbose and msg:
        print(cc, msg)
    return status
```

❶ get_flag( )에 대해 await하기 위해 semaphore를 잡는다.

❷ 그리고 get_country( )에 대해서도 동일하게 수행한다.

❸ 국가명을 이용해 파일명을 생성한다. 필자는 명령행을 주로 사용하므로 파일명 안에 공백이 들어가는 것을 좋아하지 않는다.

내포된 콜백들보다 훨씬 낫다!

get_flag( )과 get_country( )에 대한 호출을 semaphore이 제어하는 별도의 with 블록에 넣었다. 세마포어와 록은 가능하면 짧게 잡고 있는 것이 좋은 관례이기 때문이다.

asyncio.gather( )를 이용해 get_flag( )과 get_country( )를 병행처리하도록 스케줄링할 수도 있었지만, 만약 get_flag( )이 예외를 발생시켜 저장할 이미지가 없다면 get_country( )를 호출하는 것은 의미가 없다. 그러나 응답을 받고 나서 다음 요청을 하는 것보다 asyncio.gather( )로 여러 API를 동시에 호출하는 게 적절한 경우도 있다.

flags3_asyncio.py에서 await 구문은 여섯 번, async with는 세 번 나온다. 아마도 지금은 파이썬에서 비동기 프로그래밍하는 감을 잡았을 것이다. 다만 await를 언제 써야 하고 언제 쓸 수 없는지 판단하는 데 어려움이 있을지 모르겠다. 답은 원칙적으로는 간단하다. await는 코루틴과 asyncio.Task 인스턴스 등 대기형에 사용할 수 있다. 그러나 [예제 21-14]에서 사용할 StreamWriter 클래스처럼 코루틴과 일반 함수를 무작위로 섞어서 사용하는 것처럼 보이는 일부 API는 까다롭다.

[예제 21-9]로 flags 예제들에 관한 설명을 마친다. 이제 비동기 프로그래밍할 때 스레드나 프로세스 실행자를 사용하는 방법을 알아보자.

21.8 태스크를 실행자에 위임하기

비동기 프로그래밍할 때 파이썬보다 Node.js가 우월한 부분은 Node.js 표준 라이브러리가 네트워크 I/O뿐만 아니라 모든 I/O에 대해 비동기 API를 제공한다는 점이다. 파이썬에서는 조심하지 않으면 파일 I/O가 비동기 애플리케이션의 성능을 상당히 떨어뜨릴 수 있다. 메인 스레드에서 저장소를 읽거나 쓰면 이벤트 루프를 블록할 수 있기 때문이다.

[예제 21-6]의 download_one() 코루틴에서 내려받은 이미지를 디스크에 저장하는 데 다음 코드를 사용했다.

```
await asyncio.to_thread(save_flag, image, f'{cc}.gif')
```

앞에서도 이야기했지만, asyncio.to_thread()는 파이썬 3.9에 추가되었다. 따라서 파이썬 3.7이나 3.8을 지원해야 한다면 앞의 한 줄을 [예제 21-10]과 같이 바꿔야 한다.

예제 21-10 await asyncio.to_thread() 대신 사용할 코드

```
loop = asyncio.get_running_loop()            ❶
loop.run_in_executor(None, save_flag,        ❷
                      image, f'{cc}.gif')     ❸
```

❶ 이벤트 루프에 대한 참조를 가져온다.

❷ 첫 번째 인수는 사용할 실행자다. None을 전달하면 기본 ThreadPoolExecutor를 선택하는데, 이 실행자는 asyncio 이벤트 루프에서 언제나 사용할 수 있다.

❸ 실행할 함수에 위치 인수를 전달할 수 있다. 키워드 인수를 전달해야 할 때는 run_in_executor() 문서(https://fpy.li/21-22)의 설명처럼 functools.partial()을 사용해야 한다.

asyncio.to_thread() 함수는 사용하기 쉽고, 키워드 인수도 받을 수 있어서 융통성이 높다.

asyncio 자체도 안에서 몇 군데 run_in_executor()를 사용해 구현되었다. 예를 들어 loop.getaddrinfo() 코루틴은 socket 모듈의 getaddrinfo() 함수를 호출해 구현하는데, 이 함수는 블로킹 함수이며 DNS 이름을 주소로 변환하는 데 걸리는 시간에 따라 몇 초 걸릴 수 있다.

실제 작업을 처리하는 블로킹 호출을 내부적으로 run_in_executor()를 이용해 코루틴 안에 넣는 게 비동기 API의 일반적인 패턴이다. 이렇게 함으로써 await에 의해 구동되는 일관된 코루틴 인터페이스를 제공하고, 실제 작업을 처리하는 데 사용해야 할 스레드는 감춘다. 몽고DB에 대한 Motor 비동기 드라이버(https://fpy.li/21-23)는 데이터베이스 서버와 통신하는 스레드화된 핵심 코드를 에워싼 퍼사드^{façade}이며 async/await와 호환된다. Motor의 개발팀장인 제시 지류 데이비스는 '비동기 파이썬과 데이터베이스에 대한 답변^{Response to "Asynchronous Python and Databases"} 문서(https://fpy.li/21-24)에서 자신의 이유를 설명한다. 간단히 이야기하면, 네트워크 I/O에 있어서는 스레드보다 비동기 방식이 언제나 더 빠르다는 미신이 있지만, 데이터베이스 드라이버의 특정 유스케이스에서는 스레드 풀이 더 중요함을 데이비스가 알아냈다.

loop.run_in_executor()에 명시적으로 실행자를 전달하는 주요한 이유는 실행할 함수가 CPU 위주일 때 ProcessPoolExecutor를 사용하기 위해서다. 다른 프로세스에서 실행하므로 GIL을 잡기 위한 경쟁을 피할 수 있다. 프로세스의 구동 비용이 높으므로 ProcessPoolExecutor를 supervisor()에서 실행하고 이 실행자가 필요한 코루틴에 이 실행자를 전달하는 편이 더 낫다.

이 책의 테크니컬 리뷰어이자 『Using Asyncio in Python』(오라일리, 2020)의 저자인 칼렙 해팅은 실행자와 asyncio에 다음과 같은 주의 사항을 추가하기를 권했다.

이제 asyncio를 이용한 클라이언트 스크립트에서 서버를 작성하는 방법으로 넘어가자.

21.9 asyncio 서버 작성

TCP 서버의 고전적 장난감 예제는 에코 서버echo server (https://fpy.li/21-25)다. 그러나 우리는 조금 더 재미있는 장난감을 만들 것이다. 서버 측 유니코드 검색 유틸리티인데, 먼저 FastAPI로 HTTP 프로토콜을 사용해 구현하고 나서 asyncio만으로 순수 TCP 프로토콜을 사용해 구현한다.

이 서버들은 4.9절 '유니코드 데이터베이스'에서 설명한 unicodedata 모듈에서 가져온 표준 명칭에 들어 있는 단어에 기반해 사용자들이 유니코드 문자를 검색하게 해 준다. [그림 21-2]는 처음으로 구현할 서버인 web_mojifinder.py를 사용하는 화면이다.

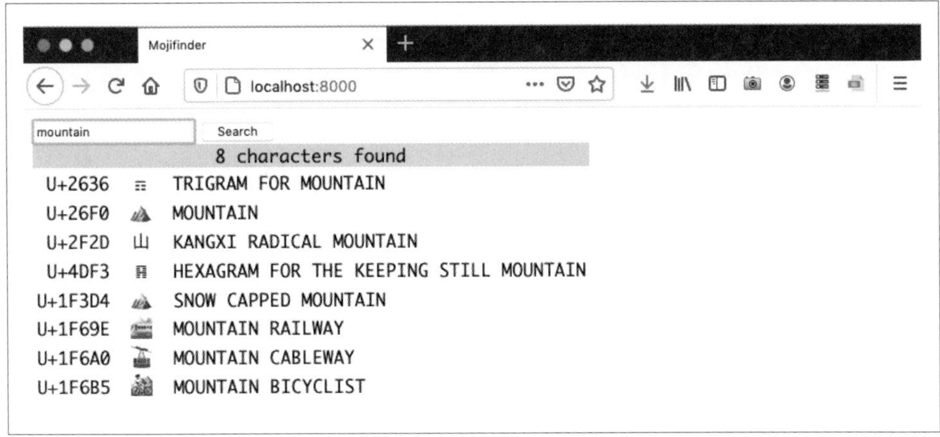

그림 21-2 `web_mojifinder.py` 서비스에서 'mountain'을 검색한 결과를 보여 주는 브라우저 창

이 예제에서 유니코드 검색 논리는 이 책 소스 코드 리포지토리(`https://fpy.li/code`)의 `charindex.py` 모듈에 있는 `InvertedIndex` 클래스에서 구현한다. 이 작은 모듈에는 동시성에 관련된 부분이 전혀 없으므로 다음에 나오는 글상자에서 간단히 설명한다. 그러나 선택적인 내용이므로 21.9.1절 'FastAPI 웹 서비스'에서 설명하는 HTTP 서버 구현으로 바로 넘어가도 좋다.

역인덱스를 알아보자

일반적으로 역인덱스^{inverted index}는 단어를 그 단어가 들어 있는 문서에 매핑한다. `mojifinder` 예제에서 각 '문서'는 유니코드 문자 하나다. `charindex.InvertedIndex` 클래스는 유니코드 데이터베이스에 정의된 각 문사 이름에 나오는 각 단어를 인덱싱하고 역인덱스를 생성해 `defaultindex` 안에 저장한다. 예를 들어 U+0037-DIGIT SEVEN 문자를 인덱싱하려고 `InvertedIndex` 초기화 메서드는 문자 `'7'`을 `'DIGIT'`과 `'SEVEN'` 키의 항목에 추가한다. 파이썬 3.9.1에 묶음으로 제공되는 유니코드 13.0.0 데이터를 인덱싱한 후 `'DIGIT'`은 868개의 문자, `'SEVEN'`은 U+1F556-CLOCK FACE SEVEN OCLOCK(🕖)과 U+2790-DINGBAT NEGATIVE CIRCLED SANS-SERIF DIGIT SEVEN(❼)을 포함한 143개의 문자에 매핑된다.

[그림 21-3]은 'CAT'과 'FACE'에 대한 항목을 사용하는 예를 보여 준다.[9]

```
>>> from charindex import InvertedIndex
>>> idx.entries['CAT']
{'🐱', '🐈', '찹', '▨', '🐱', '🐱', '🐱', '🐱', '🐱', '🐱', '🐈', '@', '🐱', '🐱'}
>>> len(idx.entries['FACE'])
171
>>> idx.entries['FACE'] & idx.entries['CAT']
{'🐱', '🐈', '🐱', '🐱', '🐱', '🐱', '🐱', '🐱', '🐱', '🐱'}
>>> idx.search('cat face')
{'🐱', '🐈', '🐱', '🐱', '🐱', '🐱', '🐱', '🐱', '🐱', '🐱'}
>>>
```

그림 21-3 파이썬 콘솔에서 InvertedIndex의 entries 속성과 search() 메서드의 사용 예

InvertedIndex.search() 메서드는 쿼리를 단어 단위로 분해하고 각 단어 항목의 교집합을 반환한다. 그래서 'FACE'를 검색하면 171개, 'CAT'은 14개, 'cat face'는 10개 항목을 반환한 것이다.

지금까지 역인덱스의 멋진 개념을 간단히 살펴보았다. 정보 검색의 주춧돌이자 검색 엔진의 기반 이론이다. 자세한 내용은 위키백과의 '역인덱스Inverted Index'(https://fpy.li/21-27) 항목을 참조하라.

21.9.1 FastAPI 웹 서비스

다음 예제 web_mojifinder.py는 FastAPI(https://fpy.li/21-28)를 이용해 작성했다. FastAPI는 19.7.4절의 '비동기 서버 게이트웨이 인터페이스(ASGI)' NOTE 글상자에서 설명한 파이썬 ASGI 웹 프레임워크 중 하나다. [그림 21-2]는 프런트엔드 화면이다. web_mojifinder.py는 간단한 싱글 페이지 애플리케이션single page application(SPA)으로, 초기 HTML을 내려받은 후 서버와 통신하는 클라이언트 측 자바스크립트가 UI를 갱신한다.

FastAPI는 서버에서 HTML을 렌더링하는 대신 JSON 응답을 반환하는 웹 API 엔드포인트로 구성된 SPA와 모바일 앱의 백엔드를 구현하려고 만들어졌다. FastAPI는 웹 API에서 볼 수

---

9 화면 중 상자 안에 들어 있는 물음표는 인쇄 오류가 아니다. 이 문자는 U+101EC-PHAISTOS DISC SIGN CAT 문자이며, 필자가 사용한 터미널에서 폰트가 없어서 나타난 현상이다. 문자 이름에 나오는 파이스토스 원반(Phaistos disc, https://fpy.li/21-26)은 상형문자가 새겨진 고대 유물이며 크레타섬에서 발견되었다.

있는 틀에 박힌 수많은 코드를 제거하는 데 데커레이터, 자료형 힌트, 코드 인트로스펙션을 사용하고, 우리가 생성한 API에 대한 대화형 OpenAPI(스웨거[Swagger]라고도 함, `https://fpy.li/21-29`) 문서를 자동으로 퍼블리시한다. [그림 21-4]는 `web_mojifinder.py`에 대해 자동으로 생성된 페이지를 보여 준다.

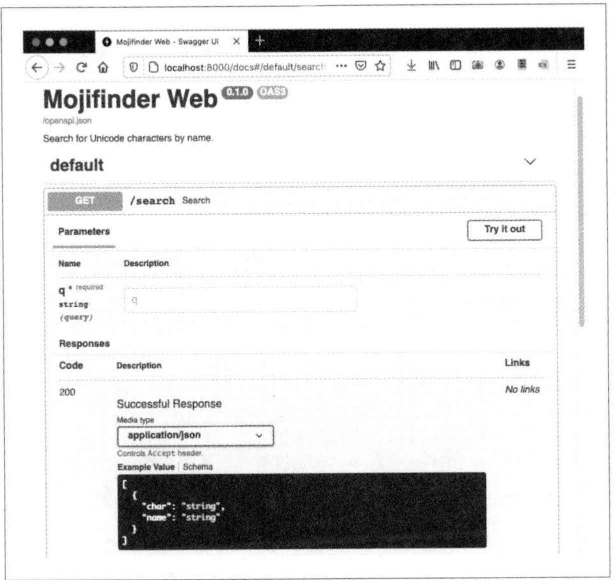

그림 21-4 `/search` 엔드포인트에 대해 자동으로 생성된 OpenAPI 스키마

[예제 21-11]은 `web_mojifinder.py` 코드인데, 이것은 백엔드 코드일 뿐이다. 루트 URL에 접근하면 서버는 `form.html` 파일을 보내주는네, 이 파일은 서버와 통신하고 결과를 표에 채워 주는 자바스크립트 54줄을 포함해 총 81줄로 구성된다. 프레임워크 없이 평범한 자바스크립트를 보고 싶으면 이 책의 예제 코드 리포지토리(`https://fpy.li/code`)에 있는 `21-async/mojifinder/static/form.html` 파일을 참조하라.

`web_mojifinder.py`를 실행하려면 총 두 개의 패키지(FastAPI와 `uvicorn`)를 설치해야 한다.[10] 개발 모드에서 `uvicorn`으로 [예제 21-11]을 실행하려면 다음 명령을 실행해야 한다.

---

10 uvicorn 대신 hypercorn이나 Daphne 등의 다른 ASGI 서버를 사용할 수도 있다. 구현에 관한 자세한 정보는 공식 ASGI 문서 페이지(`https://fpy.li/21-30`)를 참조하라.

```
$ uvicorn web_mojifinder:app --reload
```

매개변수는 다음과 같다.

web_mojifinder:app

패키지 이름과 콜론, 그리고 패키지 안에 정의된 ASGI 애플리케이션의 이름. 일반적으로
app이라는 이름을 사용한다.

--reload

uvicorn이 애플리케이션 소스 코드에 변경이 생겼는지 감시하고 자동으로 다시 로딩하게
한다. 개발 중일 때만 유용하다.

이제 web_mojifinder.py의 소스 코드를 들여다보자.

예제 21-11 web_mojifinder.py: 전체 소스 코드

```python
from pathlib import Path
from unicodedata import name

from fastapi import FastAPI
from fastapi.responses import HTMLResponse
from pydantic import BaseModel

from charindex import InvertedIndex

STATIC_PATH = Path(__file__).parent.absolute() / 'static'    ❶

app = FastAPI(    ❷
    title='Mojifinder Web',
    description='Search for Unicode characters by name.',
)

class CharName(BaseModel):    ❸
    char: str
    name: str

def init(app):    ❹
```

```python
    app.state.index = InvertedIndex()
    app.state.form = (STATIC_PATH / 'form.html').read_text()

init(app)  ❺

@app.get('/search', response_model=list[CharName])  ❻
async def search(q: str):  ❼
    chars = sorted(app.state.index.search(q))
    return ({'char': c, 'name': name(c)} for c in chars)  ❽

@app.get('/', response_class=HTMLResponse, include_in_schema=False)
def form():  ❾
    return app.state.form

# main() 함수는 없다.  ❿
```

❶ 이 장의 주제와는 관련이 없지만, 주목할 필요가 있다. pathlib에 의해 오버로드된 / 연산자를 멋지게 사용하고 있다.[11]

❷ 이 줄은 ASGI 앱을 정의한다. 간단히 app = FastAPI()로 쓸 수도 있다. 지정한 매개변수들은 자동으로 생성될 문서에 대한 메타데이터이다.

❸ char와 name 필드로 구성된 JSON 응답에 대한 pydantic 스키마다.[12]

❹ index를 생성하고 정적 HTML 폼을 로딩한 후 나중에 사용하려고 이 둘을 app.state에 연결한다.

❺ ASGI 서버가 모듈을 로딩할 때 init()이 실행된다.

❻ /search 엔드포인트로 이동한다. response_model은 응답 형식을 설명하는 CharName pydantic 모델을 사용한다.

❼ FastAPI는 경로명에 나오지 않는 함수나 코루틴 시그너처에 나타나는 매개변수가 HTTP 쿼리 문자열(예: /search?q=cat)에 나올 것이리고 가정한다. q에 기본값이 없으므로, FastAPI는 상태 코드 422(처리할 수 없는 개체Unprocessable Entity)를 반환한다.

❽ response_model 스키마와 호환되는 dicts의 반복형을 반환하면 FastAPI가 @app.get() 데커레이터의 response_model 인수에 일치하는 JSON 응답을 만들게 해 준다.

❾ 동기형이 아닌 일반 함수도 응답을 생성하는 데 사용할 수 있다.

❿ 이 모듈에는 main() 함수가 없다. 이 코드는 ASGI 서버(여기서는 uvicorn)가 로딩하고 실행한다.

---

11 pathlib 예제를 활용할 적절한 곳을 알려준 테크니컬 리뷰어 미로슬라프 셰디비에게 고마움을 전한다.

12 8장에서 이야기했지만, pydantic 라이브러리(https://fpy.li/21-31)는 데이터를 검증하기 위해 자료형 힌트를 실행 시에 적용한다.

[예제 21-11]에서는 asyncio를 직접 호출하지 않는다. FastAPI는 Starlette ASGI 툴킷에 기반해 만들어졌는데, 이 툴킷이 asyncio를 사용한다.

그리고 search() 함수 본체 안에서 await, async with, async for 등을 사용하지 않으므로 이 함수를 일반 함수로 만들어도 된다. 여기서는 단지 FastAPI가 어떻게 처리할지 알고 있음을 보여 주려고 search()를 코루틴으로 정의했다. 실제 앱에서 대부분의 엔드포인트는 데이터베이스에 쿼리를 보내거나 다른 원격 서버를 호출하므로, 네트워크 I/O를 수행하기 위해 비동기 라이브러리를 활용하는 코루틴을 지원하는 것은 FastAPI(그리고 일반적으로 ASGI 프레임워크)의 큰 장점이 된다.

> **TIP** 정적 HTML 폼을 로딩하고 처리하려고 필자가 작성한 init()과 form() 함수는 짧고 간단히 실행하기 위해 일종의 편법을 이용했다. ASGI 서버 앞에 프록시/로드밸런서를 설치해서 모든 정적 자산을 처리하고, 가능하면 콘텐츠 전송 네트워크(CDN)도 사용하는 모범 사례가 권장된다. 그런 프록시/로드밸런서 솔루션 중에 Traefik(https://fpy.li/21-32)이 있는데, '여러분의 시스템 대신 요청을 받고 해당 요청을 어느 컴포넌트가 담당하는지 알아내는 엣지 라우터^{edge router}'라고 자신을 설명한다. FastAPI는 이렇게 처리하는 코드를 준비해 주는 프로젝트 생성 스크립트(https://fpy.li/21-33)를 제공한다.

자료형 힌트에 열광하는 독자들은 search()와 form()에 반환형 힌트가 없음을 눈치챘을 것이다. 대신 FastAPI는 라우트 데커레이터에 있는 response_model 키워드 인수에 의존한다. FastAPI의 '응답 모델^{Response Model}' 페이지(https://fpy.li/21-34)는 다음과 같이 설명한다.

> 응답 모델은 함수 반환형 어노테이션이 아니라 이 매개변수에 선언된다. 사실 경로 연산 함수가 응답 모델을 반환하는 게 아니라, dict, 데이터베이스 객체, 혹은 다른 모델을 반환하고 나서 필드 제한과 직렬화를 수행하는 데 response_model을 사용하기 때문이다.

예를 들어 search()에서 CharName 객체들의 리스트가 아니라 dict 항목들의 제너레이터를 반환했지만, 그것으로 FastAPI와 pydantic이 데이터를 검증하고 response_model=list[CharName]과 호환되는 적절한 JSON 응답을 만들기에는 충분하다.

이제 [그림 21-5]에서 쿼리에 응답하는 tcp_mojifinder.py 스크립트를 자세히 살펴보자.

21.9.2 asyncio TCP 서버

tcp_mojifinder.py 프로그램은 평범한 TCP 세션을 이용해 텔넷이나 Netcat과 같은 클라이언트와 통신하므로 다른 패키지를 사용하지 않으며, HTTP를 다시 구현하지 않고 asyncio를 이용해 작성할 수 있다. 텍스트 기반의 UI는 [그림 21-5]와 같다.

```
●●●                    ⤒ luciano — telnet localhost 2323 — 83×30
TW-LR-MBP:~ luciano$ telnet localhost 2323
Trying 127.0.0.1...
Connected to localhost.
Escape character is '^]'.
?> fire
U+2632   ☲       TRIGRAM FOR FIRE
U+2EA3   ⺣       CJK RADICAL FIRE
U+2F55   火       KANGXI RADICAL FIRE
U+322B   ㈫       PARENTHESIZED IDEOGRAPH FIRE
U+328B   ㊋       CIRCLED IDEOGRAPH FIRE
U+4DDD   ䷝       HEXAGRAM FOR THE CLINGING FIRE
U+1F525  🔥       FIRE
U+1F692  🚒       FIRE ENGINE
U+1F6F1  🛱       ONCOMING FIRE ENGINE
U+1F702  🜂       ALCHEMICAL SYMBOL FOR FIRE
U+1F9EF  🧯       FIRE EXTINGUISHER
───────────────────────────────────────────────────────── 11 found
```

그림 21-5 tcp_mojifinder.py 서버로의 텔넷 세션: 'fire'를 쿼리함

이 프로그램은 web_mojifinder.py보다 두 배나 길어서 소스 코드를 총 세 부분([예제 21-12], [예제 21-14], [예제 21-15])으로 나누었다. import 문을 포함한 tcp_mojifinder.py의 앞부분은 [예제 21-14]에 있지만, 먼저 프로그램을 구동시키는 supervisor() 코루틴과 main() 함수부터 살펴보자.

예제 21-12 tcp_mojifinder.py: 간단한 TCP 서버. [예제 21-14]에서 이어진다.

```python
async def supervisor(index: InvertedIndex, host: str, port: int) -> None:
    server = await asyncio.start_server(          ❶
        functools.partial(finder, index),         ❷
        host, port)                               ❸

    socket_list = cast(tuple[TransportSocket, ...], server.sockets)   ❹
    addr = socket_list[0].getsockname()
    print(f'Serving on {addr}. Hit CTRL-C to stop.')   ❺
    await server.serve_forever()                  ❻
```

```python
def main(host: str = '127.0.0.1', port_arg: str = '2323'):
    port = int(port_arg)
    print('Building index.')
    index = InvertedIndex()                                    ❼
    try:
        asyncio.run(supervisor(index, host, port))             ❽
    except KeyboardInterrupt:                                   ❾
        print('\nServer shut down.')


if __name__ == '__main__':
    main(*sys.argv[1:])
```

---

❶ await는 TCP 소켓 서버인 asyncio.Server 인스턴스를 바로 가져온다. 기본적으로 start_
server()는 서버를 생성하고 시작하므로 연결 요청을 받을 준비가 된다.

❷ start_server()의 첫 번째 인수는 클라이언트 연결 요청이 들어올 때 실행되는 콜백인 client_
connected_cb이다. 콜백은 함수도 될 수 있고 코루틴도 될 수 있지만, 인수를 정확히 두 개(asyncio.
StreamReader와 asyncio.StreamWriter) 받아야 한다. 그러나 필자가 작성한 finder() 코루틴
은 index도 받아야 하므로 functools.partial()을 이용해 그 매개변수에 바인딩하고 읽기와 쓰기
콜백을 받는 콜러블을 가져온다. functools.partial()은 사용자 함수를 콜백 API에 대응시키는 데
널리 사용된다.

❸ host와 port는 start_server()의 두 번째와 세 번째 인수다. 전체 시그너처는 asyncio 문서
(https://fpy.li/21-35)를 참조하라.

❹ 2021년 5월 현재까지 typeshed에 정의된 Server 클래스의 sockets 프로퍼티에 대한 자료형 힌트가
예전 자료형 힌트이므로 cast()가 필요하다. typeshed의 이슈 #5535(https://fpy.li/21-36)
를 참조하라.[13]

❺ 서버의 첫 번째 소켓의 주소와 포트를 출력한다.

❻ start_server()가 이미 서버를 동시 태스크로 시작했지만, supervisor()가 여기서 멈춰 있게 하려
고 serve_forever() 메서드에 대해 await를 실행한다. 이 줄이 없으면 supervisor()가 바로 반
환되어 asyncio.run(supervisor())로 실행된 이벤트 루프가 종료되고 프로그램이 빠져나오게 된
다. Server.serve_forever() 문서(https://fpy.li/21-37)에서는 '서버가 이미 연결을 받고
있으면 이 메서드를 호출할 수 있다'고 설명한다.

❼ 역인덱스를 만든다.[14]

❽ supervisor()를 실행하는 이벤트 루프를 시작한다.

---

13 이슈 #5535는 2021년 10월에 종료되었지만, Mypy가 그 이후에 업데이트되지 않았으므로 에러가 계속 발생한다.
옮긴이_ cast()로 자료형을 변환하지 않아도, 2024년 7월에 배포된 최신 Mypy 1.11으로 검사할 때 에러를 출력하지 않는다.

14 테크니컬 리뷰어 레오나르도 로챌은 supervisor() 코루틴 안에서 loop.run_with_executor()를 이용해 인덱스 생성을 다른 스
레드에 위임하면 인덱스를 생성하는 동안에도 서버가 요청을 받을 수 있다고 지적했다. 이 지적은 올바르지만, 이 예제의 서버는 인덱스
에 쿼리하는 일만 하므로 다른 스레드에 위임해도 큰 이득이 없다.

❾ 서버를 실행하는 터미널에서 〈CTRL〉-〈C〉를 눌러 서버를 종료할 때 불필요한 트레이스백 메시지가 출력
되지 않도록 KeyboardInterrupt 예외를 잡는다.

[예제 21-13]에 열거된 서버 콘솔에서 출력된 메시지를 자세히 살펴보면 tcp_mojifinder.
py의 제어 흐름을 이해하기 더 쉬울 것이다.

예제 21-13 tcp_mojifinder.py: [그림 21-5] 세션이 실행되는 동안 서버 콘솔에 출력된 메시지

```
$ python3 tcp_mojifinder.py
Building index.  ❶
Serving on ('127.0.0.1', 2323). Hit Ctrl-C to stop.  ❷
 From ('127.0.0.1', 58192): 'cat face'   ❸
   To ('127.0.0.1', 58192): 10 results.
 From ('127.0.0.1', 58192): 'fire'       ❹
   To ('127.0.0.1', 58192): 11 results.
 From ('127.0.0.1', 58192): '\x00'       ❺
Close ('127.0.0.1', 58192).              ❻
^C ❼
Server shut down.  ❽
$
```

❶ main( )에서 출력한 메시지다. 필자의 랩톱에서 인덱스를 생성하고 다음 줄을 출력하는 데 0.6초가 걸렸다.

❷ supervisor( )가 출력한 메시지다.

❸ finder( ) 안에서 while 루프의 첫 번째 반복이다. TCP/IP 스택이 텔넷 클라이언트에 포트 58192를
할당했다.

❹ finder( ) 안에서 while 루프이 두 번째 반복이다.

❺ 클라이언트 터미널에서 〈CTRL〉-〈C〉를 눌렀다. finder( ) 안의 while 루프를 빠져나온다.

❻ finder( ) 코루틴이 이 메시지를 출력하고 나서 빠져나온다. 반면 서버는 계속 실행되면서 다른 클라이
언트의 접속을 기다린다.

❼ 서버 터미널에서 〈CTRL〉-〈C〉를 눌렀다. server.serve_forever( )가 취소되고 supervisor( )
와 이벤트 루프를 종료시킨다.

❽ main( )에서 출력한 메시지다.

main( )이 인덱스를 생성하고 이벤트 루프를 시작한 후 supervisor( )가 Serving on... 메
시지를 출력한 후 await server.serve_forever( ) 줄에서 멈춘다. 이때 제어 흐름이 이벤
트 루프 안으로 들어간 후 거기에서 계속 머무르면서 이따금 finder( ) 코루틴으로 들어가는

데, 이 코루틴은 네트워크에서 데이터를 보내거나 받으려고 기다려야 할 때마다 제어권을 다시 이벤트 루프로 돌려준다.

이벤트 루프가 살아있는 동안에는 서버에 연결하는 클라이언트마다 finder() 코루틴의 새로운 인스턴스가 실행된다. 이렇게 함으로써 이 간단한 서버가 여러 클라이언트를 동시에 처리할 수 있게 된다. 이 과정은 서버에서 KeyboardInterrupt 예외가 발생하거나 OS가 서버 프로세스를 종료할 때까지 계속된다.

이제 finder() 코루틴이 있는 tcp_mojifinder.py의 앞부분을 살펴보자.

예제 21-14 tcp_mojifinder.py: [예제 21-12]에서 이어짐

```python
import asyncio
import functools
import sys
from asyncio.trsock import TransportSocket
from typing import cast

from charindex import InvertedIndex, format_results  ❶

CRLF = b'\r\n'
PROMPT = b'?> '

async def finder(index: InvertedIndex,                    ❷
                 reader: asyncio.StreamReader,
                 writer: asyncio.StreamWriter) -> None:
    client = writer.get_extra_info('peername')  ❸
    while True:  ❹
        writer.write(PROMPT)  # await할 수 없다!  ❺
        await writer.drain()  # await해야 한다!  ❻
        data = await reader.readline()  ❼
        if not data:  ❽
            break
        try:
            query = data.decode().strip()  ❾
        except UnicodeDecodeError:  ❿
            query = '\x00'
        print(f' From {client}: {query!r}')  ⓫
        if query:
            if ord(query[:1]) < 32:  ⓬
                break
```

```python
        results = await search(query, index, writer)   ⓭
        print(f'   To {client}: {results} results.')   ⓮

    writer.close()   ⓯
    await writer.wait_closed()   ⓰
    print(f'Close {client}.')   ⓱
```

❶ 명령행이나 텔넷 세션 등 텍스트 기반의 UI에서 `InvertedIndex.search()`의 결과를 출력할 때 `format_results()`가 유용하게 사용된다.

❷ `finder()`를 `asyncio.start_server()`에 전달하려고 `functools.partial()`에 래핑했다. 서버가 `reader`와 `writer` 인수만 받는 코루틴이나 함수를 기대하기 때문이다.

❸ 소켓이 연결된 원격 클라이언트 주소를 가져온다.

❹ 클라이언트로부터 제어 문자를 받을 때까지 계속되는 다이얼로그를 이 루프가 처리한다.

❺ `StreamWriter.write()` 메서드는 코루틴이 아니라 일반 함수다. 이 줄에서 `?>` 프롬프트를 전송한다.

❻ `StreamWriter.drain()`은 `writer` 버퍼에 있는 내용을 플러시한다. 코루틴이므로 `await`로 실행해야 한다.

❼ `StreamReader.readline()`은 `bytes`를 반환하는 코루틴이다.

❽ 아무런 데이터도 받지 못했다면 클라이언트가 연결을 끊은 것이므로 루프를 빠져나간다.

❾ 기본 UTF-8 인코딩을 이용해 `bytes`를 `str`로 디코딩한다.

❿ 사용자가 〈CTRL〉-〈C〉를 누르거나, 텔넷 클라이언트가 제어 문자를 보내면 `UnicodeDecodeError` 예외가 발생할 수 있다. 그런 경우에는 간단히 쿼리를 널 문자로 바꾼다.

⓫ 쿼리를 서버 콘솔에 남긴다.

⓬ 제어 문자나 널 문자를 받았다면 루프를 빠져나간다.

⓭ 실제 `search()`를 실행한다. 이 코드는 다음 예제에서 설명한다.

⓮ 응답을 서버 콘솔에 출력한다.

⓯ `StreamWriter`를 닫는다.

⓰ `StreamWriter`가 닫힐 때까지 기다린다. `close()` 메서드 문서(https://fpy.li/21-38)는 이 방법을 권장한다.

⓱ 클라이언트 세션이 끝났음을 알리는 메시지를 서버 콘솔에 출력한다.

[예제 21-15]는 이 예제 코드의 마지막 부분인 `search()` 코루틴을 보여 준다.

```python
async def search(query: str,        ❶
                 index: InvertedIndex,
                 writer: asyncio.StreamWriter) -> int:
    chars = index.search(query)     ❷
    lines = (line.encode() + CRLF for line     ❸
                in format_results(chars))
    writer.writelines(lines)        ❹
    await writer.drain()            ❺
    status_line = f'{"─" * 66} {len(chars)} found'     ❻
    writer.write(status_line.encode() + CRLF)
    await writer.drain()
    return len(chars)
```

❶ search()는 코루틴이어야 한다. StreamWriter에 출력하고 이 클래스의 drain() 코루틴 메서드를 사용하기 때문이다.

❷ 역인덱스를 쿼리한다.

❸ 이 제너레이터 표현식은 유니코드 코드포인트, 실제 문자, 문자의 명칭, CRLF 문자를 UTF-8로 인코딩한 바이트 문자열을 생성한다(예: `b'U+0039\t9\tDIGIT NINE\r\n'`).

❹ lines를 전송한다. 놀랍게도 writer.writelines()는 코루틴이 아니다.

❺ 그러나 writer.drain()은 코루틴이므로 await를 잊어서는 안 된다!

❻ 상태 표시줄을 만들고 전송한다.

tcp_mojifinder.py에서 모든 네트워크 I/O는 bytes로 수행함에 주의하라. 네트워크에서 받은 bytes는 디코딩하고, 네트워크로 전송하기 전에 str을 인코딩해야 한다. 파이썬 3에서 기본 인코딩이 UTF-8이므로, 이 예제에서 모든 encode()와 decode()는 암묵적으로 UTF-8을 사용한다.

> **WARNING** 일부 I/O 메서드는 코루틴이므로 await로 실행해야 하고, 다른 메서드들은 일반 함수다. 예를 들어 StreamWriter.write()는 일반 함수다. 버퍼에 쓰기 때문이다. 한편 버퍼를 플러시하고 네트워크 I/O를 수행하는 StreamWriter.drain()은 StreamReader.readline()과 마찬가지로 코루틴이다. 그러나 StreamWriter.writelines()는 코루틴이 아니다! 1판 원고를 작성할 때 asyncio API 문서들은 코루틴을 명확하게 표시하도록 개선되었다(https://fpy.li/21-39).

`tcp_mojifinder.py` 코드는 바로 사용할 수 있는 서버를 제공하는 고수준의 `asyncio` 스트림 API(https://fpy.li/21-40)를 사용하므로 사용자는 처리기 함수만 구현하면 되는데, 처리기는 평범한 콜백이나 코루틴이 될 수 있다. Twisted 프레임워크의 전송과 프로토콜의 영향을 받은 저수준 전송 및 프로토콜Transports and Protocols API(https://fpy.li/21-41)도 있다. 자세한 내용은 `asyncio` 문서와 이 저수준 API를 이용해 구현한 TCP 및 UDP 에코 서버와 클라이언트 예제(https://fpy.li/21-42)를 참조하라.

다음으로 `async for`과 이 구문이 작동하게 만드는 객체를 알아보자.

21.10 비동기 반복과 비동기 반복형

21.6절 '비동기 콘텍스트 관리자'에서 `__aenter__()`와 `__aexit__()` 메서드를 구현하면서 코루틴 객체의 형태로 반복형을 반환하는 객체와 `async with`가 어떻게 작동하는지 살펴보았다.

이와 비슷하게 `async for`는 비동기 반복형asynchronous iterable과 함께 작동한다. 비동기 반복형은 `__aiter__()` 메서드를 구현한다. 그러나 `__aiter__()`는 코루틴 메서드가 아니라 일반 메서드이며 비동기 반복자를 반환해야 한다.

비동기 반복자는 대기형(주로 코루틴 객체)을 반환하는 `__anext__()` 코루틴 메서드를 제공한다. 그리고 `__aiter__()`도 구현해야 하는데, 이 메서드는 일반적으로 `self`를 반환한다. 이 모습은 17 5 2절 '반복형 자체를 반복자로 만들면 안 되는 이유'에서 설명한 반복형과 반복자의 중요한 차이와 비슷하다.

`aiopg` 비동기 PostgreSQL 드라이버 문서(https://fpy.li/21-43)에는 데이터베이스 커서의 레코드를 반복하기 위한 `async for`의 용법을 보여 주는 다음과 같은 예제가 있다.

```python
async def go():
    pool = await aiopg.create_pool(dsn)
    async with pool.acquire() as conn:
        async with conn.cursor() as cur:
            await cur.execute("SELECT 1")
            ret = []
            async for row in cur:
```

```
        ret.append(row)
    assert ret == [(1,)]
```

이 예제에서 쿼리는 단 하나의 레코드만 반환하지만 실제로 사용하다 보면 SELECT 쿼리 하나의 응답으로 수천 레코드가 나올 수도 있다. 응답이 클 때 커서에 한 번에 모든 레코드가 로딩되지는 않을 것이다. 따라서 커서가 레코드가 더 나올 때까지 기다리는 동안 async for row in cur:가 이벤트 루프를 블록하지 않게 하는 게 중요하다. 커서를 비동기 반복자로 구현함으로써 aiopg는 __anext__()가 호출될 때마다 이벤트 루프에 제어권을 넘기고 PostgreSQL에서 레코드가 더 나오면 나중에 실행을 재개할 수 있다.

21.10.1 비동기 제너레이터 함수

__anext__()와 __aiter__() 메서드가 있는 클래스를 작성해서 비동기 반복자를 구현할 수도 있지만, 더 간단한 방법이 있다. 함수를 async def로 선언하고 본체 안에서 yield를 사용하면 된다. 이 방법은 제너레이터 함수로 간단히 고전적 반복자 패턴을 구현하는 것과 비슷하다.

async for를 사용하고 비동기 제너레이터를 구현하는 간단한 예제를 살펴보자. [예제 21-1]에서 도메인명을 조회하는 스크립트인 blogdom.py를 보았다. 이제 거기에 정의된 probe() 코루틴을 사용할 다른 곳을 찾았다고 가정해 보자. 도메인명 리스트를 받아서 조회가 되는 대로 결과를 생성하는 multi_probe() 비동기 제너레이터와 함께 domainlib.py라는 새로운 모듈에 넣기로 했다.

domainlib.py의 구현을 살펴보기 전에, 먼저 파이썬의 새로운 비동기 콘솔에서 이 모듈이 어떻게 사용되는지 보자.

파이썬 비동기 콘솔을 이용한 실험

파이썬 3.8(https://fpy.li/21-44) 이후부터는 -m asyncio 명령행 옵션을 주고 인터프리터를 실행하면 '비동기 REPL'을 볼 수 있다. 비동기 REPL은 asyncio를 임포트하고, 실행 중인 이벤트 루프를 제공하고, 최상위 프롬프트에서 await, async for, async with 구문을 바로 쓸 수 있다. 이 구문들을 네이티브 코루틴 바깥에서 사용하면 구문 에러가 발생한다.[15]

---

15 Node.js 콘솔과 마찬가지로 이 기능은 실험용으로 아주 훌륭하다. 비동기 파이썬을 설명하는 장에 또 하나의 멋진 기여를 해준 유리 셀리바노프에게 고마움을 전한다.

domainlib.py로 실험하려면 이 책의 소스 코드 리포지토리(https://fpy.li/code)를 복사
한 곳의 21-async/domains/asyncio/ 디렉터리로 이동해 다음 명령을 실행하라.

```
$ python -m asyncio
```

다음과 비슷하게 콘솔이 시작될 것이다.

```
asyncio REPL 3.9.1 (v3.9.1:1e5d33e9b9, Dec  7 2020, 12:10:52)
[Clang 6.0 (clang-600.0.57)] on darwin
Use "await" directly instead of "asyncio.run()".
Type "help", "copyright", "credits" or "license" for more information.
>>> import asyncio
>>>
```

코루틴이나 다른 대기형들을 구동시키는 데 asyncio.run() 대신 await를 사용할 수 있다는
설명이 앞에 나온다. 게다가 import asyncio는 필자가 입력한 부분이 아니다. asyncio 모듈
이 자동으로 임포트되는데, 이 줄에서 사용자에게 이 사실을 명백히 알려준다.

이제 domainlib.py를 임포트하고 probe()와 multi_probe(), 두 개의 코루틴을 갖고 놀아
보자.

예제 21-16 python3 -m asyncio를 실행한 후 domainlib.py를 이용한 실험

```
>>> await asyncio.sleep(3, 'Rise and shine!')   ❶
'Rise and shine!'
>>> from domainlib import *
>>> await probe('python.org')   ❷
Result(domain='python.org', found=True)   ❸
>>> names = 'python.org rust-lang.org golang.org no-lang.invalid'.split()   ❹
>>> async for result in multi_probe(names):   ❺
...     print(*result, sep='\t')
...
golang.org      True   ❻
no-lang.invalid False
python.org      True
rust-lang.org   True
>>>
```

❶ 간단한 await를 실행해 비동기 콘솔이 작동하는 것을 보자. asyncio.sleep()은 await로 호출했을 때 반환하는 두 번째 인수를 선택적으로 받는다.

❷ probe() 코루틴을 작동시켜 보자.

❸ domainlib 버전의 probe()는 명명된 튜플인 Result를 반환한다.

❹ 도메인의 리스트를 생성한다. 최상위 도메인 invalid는 테스트용으로 예약된 도메인이다. 이 도메인에 대한 DNS 쿼리는 DNS 서버로부터 언제나 NXDOMAIN 응답을 받는데, '해당 도메인은 존재하지 않음'을 의미한다.[16]

❺ 결과를 출력하기 위해 multi_probe() 비동기 제너레이터에 async for 구문을 사용해 반복한다.

❻ 결과 순서가 multi_probe()에 전달한 도메인 순서와 다름에 주의하라. 각 DNS 응답이 돌아온 순서대로 출력된다.

[예제 21-16]은 multi_probe()가 비동기 제너레이터임을 보여 준다. async for와 호환되기 때문이다. 계속해서 [예제 21-17]에서 실험을 약간 더 해 보자.

예제 21-17 [예제 21-16]에서 이어지는 추가 실험

```
>>> probe('python.org')   ❶
<coroutine object probe at 0x10e313740>
>>> multi_probe(names)   ❷
<async_generator object multi_probe at 0x10e246b80>
>>> for r in multi_probe(names):   ❸
...     print(r)
...
Traceback (most recent call last):
  ...
TypeError: 'async_generator' object is not iterable
```

❶ 네이티브 코루틴을 호출하면 코루틴 객체가 반환된다.

❷ 비동기 제너레이터를 호출하면 async_generator 객체가 반환된다.

❸ 비동기 제너레이터는 __iter__()가 아니라 __aiter__()를 구현하므로 일반 for 루프를 사용할 수 없다.

비동기 제너레이터는 async for로 구동되며 [예제 21-16]에서처럼 하나의 블록을 형성할 수 있다. 그리고 비동기 지능형에도 나타나는데, 여기에 관해서는 잠시 후에 설명한다.

---

16 'RFC 6761 – 특별 용도의 도메인명(Special-Use Domain Names)'을 참조하라(https://fpy.li/21-45).

비동기 제너레이터 구현

이제 multi_probe ( )를 포함해 domainlib.py의 소스 코드를 살펴보자(예제 21-18).

예제 21-18 domainlib.py: 도메인 조회용 함수들

```python
import asyncio
import socket
from collections.abc import Iterable, AsyncIterator
from typing import NamedTuple, Optional


class Result(NamedTuple):      ❶
    domain: str
    found: bool


OptionalLoop = Optional[asyncio.AbstractEventLoop]      ❷


async def probe(domain: str, loop: OptionalLoop = None) -> Result:      ❸
    if loop is None:
        loop = asyncio.get_running_loop()
    try:
        await loop.getaddrinfo(domain, None)
    except socket.gaierror:
        return Result(domain, False)
    return Result(domain, True)


async def multi_probe(domains: Iterable[str]) -> AsyncIterator[Result]:      ❹
    loop = asyncio.get_running_loop()
    coros = [probe(domain, loop) for domain in domains]      ❺
    for coro in asyncio.as_completed(coros):      ❻
        result = await coro      ❼
        yield result      ❽
```

❶ NamedTuple은 probe ( ) 결과를 읽고 디버깅하기 쉽게 해 준다.

❷ 이 자료형 별칭은 다음 줄이 너무 길어지지 않게 해 준다.

❸ probe ( )는 이제 선택적으로 loop 인수를 받는데, multi_probe ( )가 이 코루틴을 실행할 때 get_running_loop ( )를 계속 호출하지 않도록 해 준다.

❹ 비동기 제너레이터 함수는 비동기 제너레이터 객체를 생성하며, 이 객체는 AsyncIterator[SomeType] 형으로 어노테이트할 수 있다.

❺ probe() 코루틴 객체들의 리스트를 만든다. 각 객체에는 서로 다른 도메인이 있다.

❻ asyncio.as_completed()는 고전적 제너레이터이므로 async for를 사용하지 않는다.

❼ 결과를 가져오려고 코루틴 객체에 await 구문을 적용한다.

❽ 결과를 생성한다. 이 줄에 따라 multi_probe()는 비동기 제너레이터가 된다.

> **NOTE** [예제 21-18]의 for 루프를 다음과 같이 더 간략하게 만들 수 있다.
>
> ```python
> for coro in asyncio.as_completed(coros):
>     yield await coro
> ```
>
> 파이썬이 이 코드를 yield (await coro)로 파싱하므로 제대로 작동한다.
> 이 책에 나온 첫 번째 비동기 제너레이터 예제로 이렇게 단축 표현을 쓰면 혼란스러울 것으로 생각되어 두 줄로 나누었다.

domainlib.py 모듈이 있으니 domaincheck.py에서 multi_probe() 비동기 제너레이터를 사용해 볼 수 있다. 이 스크립트는 도메인 접미사를 받아 짧은 파이썬 키워드로 만든 도메인명을 검색한다.

domaincheck.py를 실행한 결과는 다음과 같다.

```
$ ./domaincheck.py net
FOUND           NOT FOUND
=====           =========
in.net
del.net
true.net
for.net
is.net
                none.net
try.net
                from.net
and.net
or.net
else.net
```

```
with.net
if.net
as.net
                elif.net
                pass.net
                not.net
                def.net
```

domainlib 덕분에 [예제 21-19]와 같이 domaincheck.py의 소스 코드가 간단하다.

예제 21-19 domaincheck.py: domainlib을 이용한 도메인 검사 유틸리티

```python
#!/usr/bin/env python3
import asyncio
import sys
from keyword import kwlist

from domainlib import multi_probe


async def main(tld: str) -> None:
    tld = tld.strip('.')
    names = (kw for kw in kwlist if len(kw) <= 4)    ❶
    domains = (f'{name}.{tld}'.lower() for name in names)    ❷
    print('FOUND\t\tNOT FOUND')    ❸
    print('=====\t\t=========')
    async for domain, found in multi_probe(domains):    ❹
        indent = '' if found else '\t\t'    ❺
        print(f'{indent}{domain}')


if __name__ == '__main__':
    if len(sys.argv) == 2:
        asyncio.run(main(sys.argv[1]))    ❻
    else:
        print('Please provide a TLD.', f'Example: {sys.argv[0]} COM.BR')
```

❶ 최대 길이 네 글자까지의 키워드를 생성한다.

❷ 주어진 도메인 접미사를 최상위 도메인(TLD)으로 사용하여 도메인명을 만든다.

❸ 표 형식 출력에 사용할 테이블 헤더를 만든다.

❹ multi_probe(domains)를 비동기 방식으로 반복한다.

❺ 적절한 열에 넣기 위해 `indent`를 0이나 두 개의 탭으로 설정한다.

❻ 주어진 명령행 인수를 전달해 `main()` 코루틴을 실행한다.

제너레이터는 반복과 상관없이 쓸 수 있는 곳이 하나 더 있다. 즉, 콘텍스트 관리자가 될 수 있다. 이것은 비동기 제너레이터에도 똑같이 적용된다.

콘텍스트 관리자로서의 비동기 제너레이터

프로그래밍할 때 자체적인 비동기 콘텍스트 관리자를 만드는 일은 많지 않지만, 만들어야 한다면 파이썬 3.7의 `contextlib` 모듈에 추가된 `@asynccontextmanager` 데커레이터(https://fpy.li/21-46)의 사용을 고려해 보라. 18.2.2절 '@contextmanager 사용하기'에서 살펴본 @contextmanager 데커레이터와 아주 비슷하다.

`@asynccontextmanager`와 `loop.run_in_executor()`를 결합한 재미있는 예제가 칼렙 해팅이 쓴 『Using Asyncio in Python』(오라일리, 2020)에 나온다. [예제 21-20]은 칼렙 해팅의 코드인데, 한 줄 바꾸고 설명을 추가했다.

예제 21-20 `@asynccontextmanager`와 `loop.run_in_executor()`를 사용하는 예

```
from contextlib import asynccontextmanager

@asynccontextmanager
async def web_page(url):        ❶
    loop = asyncio.get_running_loop()        ❷
    data = await loop.run_in_executor(        ❸
        None, download_webpage, url)
    yield data                              ❹
    await loop.run_in_executor(None, update_stats, url)        ❺

async with web_page('google.com') as data:        ❻
    process(data)
```

❶ 데커레이트된 함수는 비동기 제너레이터여야 한다.

❷ 칼렙의 코드를 약간 수정했다. `get_event_loop()` 대신 가벼운 `get_running_loop()`를 사용했다.

❸ `download_webpage()`가 `requests` 라이브러리를 사용한 블로킹 함수라고 생각해 보자. 이벤트 루프가 블로킹되는 것을 피하려면 별도의 스레드에서 실행해야 한다.

❹ 이 yield 표현식 앞에 나오는 모든 코드는 데커레이터가 생성하는 비동기 콘텍스트 관리자의 __aenter__() 코루틴 메서드가 된다. data는 아래에 나온 async with 문의 as 절 뒤에 나오는 data가 바인딩된다.

❺ yield 다음에 나오는 줄들은 __aexit__() 코루틴 메서드가 된다. 여기서는 또 하나의 블로킹 호출을 스레드 실행자에 위임했다.

❻ web_page()를 async with 구문과 함께 사용한다.

이 코드는 순차 버전의 @contextmanager 데커레이터와 아주 비슷하다. yield 구문에서의 에러 처리 및 자세한 내용은 18.2.2절 '@contextmanager 사용하기'를 참조하라. @contextmanager의 또 다른 예제는 contextlib 문서(https://fpy.li/21-46)를 참조하라.

이제 네이티브 코루틴과 비교하면서 비동기 제너레이터 함수에 관한 설명을 마치고자 한다.

비동기 제너레이터와 기본 코루틴

네이티브 코루틴과 비동기 제너레이터 함수의 비슷한 점과 다른 점을 정리하면 다음과 같다.

- 둘 다 async def로 선언된다.
- 비동기 제너레이터는 언제나 본체 안에 yield 표현식이 있다. 그래서 제너레이터가 된다. 네이티브 코루틴에는 yield가 절대 들어가지 않는다.
- 네이티브 코루틴은 None 이외의 값을 반환할 수 있다. 비동기 제너레이터는 빈 return 문만 사용할 수 있다.
- 네이티브 코루틴은 대기형이다. await 표현식으로 구동하거나 create_task() 등 대기형 인수를 받는 asyncio 함수에 전달할 수 있다. 비동기 제너레이터는 대기형이 아니다. 비동기 반복형이며, async for나 비동기 지능형으로 구동한다.

이제 비동기 지능형에 관해 설명할 때가 되었다.

21.10.2 비동기 지능형과 비동기 제너레이터 표현식

'PEP 530 – 비동기 지능형Asynchronous Comprehensions'(https://fpy.li/pep530)은 파이썬 3.6부터 지능형과 제너레이터 표현식에서 async for와 await를 도입했다.

PEP 530에서 정의된 구조체 중 async def 본체 외부에서 나타날 수 있는 유일한 구조체는 비동기 제너레이터 표현식이다.

비동기 제너레이터 표현식의 정의와 사용

[예제 21-18]의 multi_probe() 비동기 제너레이터가 주어졌을 때 발견된 도메인명만 반환하는 비동기 제너레이터를 또 다르게 작성할 수 있다. 다음과 같이 하면 된다. 한 번 더 -m asyncio 옵션으로 비동기 파이썬 콘솔을 실행해 다음과 같이 작성해 보자.

```
>>> from domainlib import multi_probe
>>> names = 'python.org rust-lang.org golang.org no-lang.invalid'.split()
>>> gen_found = (name async for name, found in multi_probe(names) if found)   ❶
>>> gen_found
<async_generator object <genexpr> at 0x10a8f9700>   ❷
>>> async for name in gen_found:   ❸
...     print(name)
...
golang.org
python.org
rust-lang.org
```

❶ async for를 사용하면 비동기 제너레이터 표현식을 만든다. 이 코드는 파이썬 모듈 어디에서든 정의될 수 있다.

❷ 비동기 제너레이터 표현식은 multi_probe()와 같은 비동기 제너레이터가 반환하는 객체와 정확히 동일한 자료형인 async_generator 객체를 만든다.

❸ 비동기 제너레이터 객체는 async for 문으로 구동하는데, 이 객체는 async def 본체 안이나 이 예제에서 사용하고 있는 비동기 콘솔에만 나올 수 있다.

요약하면, 비동기 제너레이터 표현식은 프로그램 어디에서든 정의할 수 있지만, 네이티브 코루틴이나 비동기 제너레이터 함수 안에서만 사용할 수 있다.

PEP 530에서 소개한 다른 구성자들은 네이티브 코루틴이나 비동기 제너레이터 함수 안에서만 정의하고 사용할 수 있다.

비동기 지능형

PEP 530의 저자인 유리 셀리바노프는 다음에 나오는 짧은 코드 조각으로 비동기 지능형의 필요성을 정당화했다.

다음 코드를 보자.

```
result = []
async for i in aiter():
    if i % 2:
        result.append(i)
```

앞 코드는 다음과 같이 바꿀 수 있어야 한다고 누구나 생각한다.

```
result = [i async for i in aiter() if i % 2]
```

게다가 네이티브 코루틴 fun()이 있을 때 다음과 같이 작성할 수 있어야 한다.

```
result = [await fun() for fun in funcs]
```

> **TIP** 지능형 리스트에서 await를 사용하는 것은 asyncio.gather()를 사용하는 것과 비슷하다. 그러나 선택적인 인수 return_exceptions 덕분에 gather()를 사용하면 예외를 더 잘 처리할 수 있다. 칼렙 해팅은 언제나 return_exceptions=True로 설정하기를 권장한다(기본값은 False다). 자세한 내용은 asyncio.gather() 문서(https://fpy.li/21-48)를 참조하라.

마술과도 같은 비동기 콘솔로 다시 돌아가 보자.

```
>>> names = 'python.org rust-lang.org golang.org no-lang.invalid'.split()
>>> names = sorted(names)
>>> coros = [probe(name) for name in names]
>>> await asyncio.gather(*coros)
[Result(domain='golang.org', found=True),
Result(domain='no-lang.invalid', found=False),
Result(domain='python.org', found=True),
Result(domain='rust-lang.org', found=True)]
>>> [await probe(name) for name in names]
[Result(domain='golang.org', found=True),
Result(domain='no-lang.invalid', found=False),
Result(domain='python.org', found=True),
Result(domain='rust-lang.org', found=True)]
>>>
```

두 경우 모두 제출한 순서대로 결과가 나오는 것을 보여 주려고 도메인명 리스트를 정렬했음에 주의하라.

PEP 530은 async for와 await를 지능형 리스트뿐만 아니라 지능형 딕셔너리 및 지능형 집합에서도 사용할 수 있게 한다. 예를 들어 비동기 콘솔에서 multi_probe()의 결과를 저장할 지능형 딕셔너리는 다음과 같다.

```
>>> {name: found async for name, found in multi_probe(names)}
{'golang.org': True, 'python.org': True, 'no-lang.invalid': False,
 'rust-lang.org': True}
```

await 키워드를 for나 async for 절 앞에 있는 표현식에 사용할 수 있고, 또한 if 절 뒤에 나오는 표현식에도 사용할 수 있다. 비동기 콘솔에서 찾아낸 도메인만 모은 지능형 집합을 정의하면 다음과 같다.

```
>>> {name for name in names if (await probe(name)).found}
{'rust-lang.org', 'python.org', 'golang.org'}
```

__getattr__() 연산자인 .(점)의 우선순위가 높으므로 await 표현식 앞뒤를 괄호로 에워싸야 했다.

이 모든 지능형은 async def 본체 안이나 비동기 콘솔에만 나올 수 있다.

이제 async 문, async 표현식, 이들이 생성하는 객체들의 아주 중요한 특징에 관해 이야기해 보자. 이 구성자들은 asyncio와 자주 사용되지만 사실 라이브러리와는 별개다.

21.11 asyncio 너머의 비동기: Curio

파이썬의 async/await 언어 구성자는 특정 이벤트 루프나 라이브러리에 묶여 있지 않다.[17] 특별 메서드가 제공하는 확장 가능한 API 덕분에 충분한 의지가 있는 사람은 누구나 네이티브 코루틴, 비동기 제너레이터 등을 구동시키는 자신만의 비동기 런타임 환경과 프레임워크를 만들 수 있다.

---

[17] 이와 달리 자바스크립트에서는 async/await가 내장 이벤트 루프 및 브라우저, Node.js, Deno 등의 런타임 환경에 묶여 있다.

이게 바로 데이비드 비즐리가 Curio 프로젝트(https://fpy.li/21-49)에서 한 일이다. 비즐리는 밑바닥부터 새로 만들어진 프레임워크에서 이런 새로운 언어 기능을 사용할 수 있을지에 관심이 있었다. asyncio는 파이썬 3.4에서 배포되었는데, await 대신 yield from을 사용하므로 asyncio의 API는 비동기 콘텍스트 관리자, 비동기 반복자, 그리고 async/await 키워드가 가능하게 하는 다른 모든 것을 활용할 수 없었다. 결과적으로 Curio는 asyncio보다 깔끔한 API를 제공하고 더 간단히 구현되었다.

[예제 21-21]은 Curio를 사용하도록 blogdom.py 스크립트(예제 21-1)를 수정한 코드다.

예제 21-21 blogdom.py: Curio를 사용하도록 [예제 21-1] 수정

```python
#!/usr/bin/env python3
from curio import run, TaskGroup
import curio.socket as socket
from keyword import kwlist

MAX_KEYWORD_LEN = 4


async def probe(domain: str) -> tuple[str, bool]:    ❶
    try:
        await socket.getaddrinfo(domain, None)    ❷
    except socket.gaierror:
        return (domain, False)
    return (domain, True)

async def main() -> None:
    names = (kw for kw in kwlist if len(kw) <= MAX_KEYWORD_LEN)
    domains = (f'{name}.dev'.lower() for name in names)
    async with TaskGroup() as group:    ❸
        for domain in domains:
            await group.spawn(probe, domain)    ❹
        async for task in group:    ❺
            domain, found = task.result
            mark = '+' if found else ' '
            print(f'{mark} {domain}')

if __name__ == '__main__':
    run(main())    ❻
```

❶ probe()가 이벤트 루프를 가져올 필요가 없다.

❷ getaddrinfo()가 curio.socket의 최상위 함수이기 때문이다. asyncio에서는 getaddrinfo()가 루프 객체의 메서드이다.

❸ TaskGroup은 Curio의 핵심 개념으로, 여러 코루틴을 감시 및 제어하고 모든 코루틴이 실행되고 마무리되었는지 확인한다.

❹ TaskGroup.spawn()은 특정 TaskGroup 인스턴스가 관리하는 코루틴을 시작한다. 코루틴은 Task 안에 있다.

❺ async for로 TaskGroup을 반복하면 태스크가 완료되면서 Task 인스턴스가 생성된다. 이 줄은 [예제 21-1]의 for ... as_completed(...):에 해당한다.

❻ Curio는 파이썬에서 비동기 프로그램을 실행하는 합리적인 방법을 개척했다.

❻번 항목에 설명을 덧붙이면, 1판의 **asyncio** 예제들에서는 다음과 같은 코드가 계속 반복되는 모습을 볼 수 있다.

```
loop = asyncio.get_event_loop()
loop.run_until_complete(main())
loop.close()
```

Curio TaskGroup은 비동기 콘텍스트 관리자이며 asyncio에서의 여러 무작위 API와 코딩 패턴을 대체한다. 방금 본 것처럼 TaskGroup을 반복하면 asyncio.as_completed() 함수를 사용할 필요가 없다. 또 다른 사례로, 특수한 gather() 함수를 사용할 필요 없이 '태스크 그룹 Task Groups' 문서(https://fpy.li/21-50)의 다음 코드는 그룹 안에 있는 모든 태스크의 결과를 수집한다.

```
async with TaskGroup(wait=all) as g:
    await g.spawn(coro1)
    await g.spawn(coro2)
    await g.spawn(coro3)
print('Results:', g.results)
```

태스크 그룹은 **구조화된 동시성**structured concurrency(https://fpy.li/21-51)을 지원한다. 구조화된 동시성은 비동기 태스크 그룹의 모든 활동을 하나의 진입점과 진출점 안에 가두는 일종의 동시성 프로그래밍 기법이다. 이것은 GOTO 문을 없애고 블록문을 추가해 루프와 서브루틴의 진입점과 진출점을 제한한 구조화 프로그래밍 기법과 비슷하다. 비동기 콘텍스트 관리자로 사용할 때 TaskGroup은 실행된 모든 태스크가 완료되거나 취소되었음을 보장하고, 내포된 블록을 빠져나올 때 발생한 모든 예외가 전달되도록 보장한다.

Curio의 또 다른 중요한 특징은 동일 코드베이스에서 코루틴과 스레드를 이용한 프로그래밍을 잘 지원한다는 점이다(대부분의 작지 않은 비동기 프로그램에서는 필수 요소다). await spawn_thread(func, ...)로 스레드를 실행하면 Task와 인터페이스가 비슷한 AsyncThread 인스턴스가 반환된다. 스레드는 AWAIT(coro) 함수(https://fpy.li/21-54) 덕분에 코루틴을 호출할 수 있다(await가 키워드이므로 함수 이름이 모두 대문자로 구성되었다).

Curio는 스레드, Curio 코루틴, asyncio 코루틴 간의 작업을 중재하는 데 사용되는 UniversalQueue도 제공한다. Curio는 하나의 프로세스 안에서 UniversalQueue와 UniversalEvent를 통해 통신하는 스레드와 함께 다른 스레드에서 asyncio를 실행하는 기능을 제공한다. 이 '공통적인' API는 코루틴 안팎으로 동일하지만, 코루틴에서는 호출하는 코드 앞에 await를 붙여야 한다.

이 글을 작성하는 2021년 10월 현재, HTTPX 라이브러리(https://fpy.li/21-55)는 Curio와 호환되는 첫 번째 HTTP 클라이언트 라이브러리이지만, 아직 이를 지원하는 비동기 데이터베이스 라이브러리는 보지 못했다.[19] Curio 리포지토리에는 멋진 네트워크 프로그래밍 예제들(https://fpy.li/21-56)이 있다. WebSocket을 사용한 예제도 있고, 필요에 따라 IPv4로 신속 폴백 fast fallback하는 기능을 갖고 IPv6 엔드포인트에 접속하는 동시성 알고리즘인 'RFC 8305 – 행복한 안구 Happy Eyeballs'(https://fpy.li/21-57)를 구현한 예제도 있다.

Curio의 설계는 영향력이 크다. Trio 프레임워크(https://fpy.li/21-58)는 나다니엘 J. 스

---

18 옮긴이_ 파이썬 3.11에 asyncio.TaskGroup()이 추가되어 구조화된 동시성을 지원한다.

19 옮긴이_ 2024년 9월 기준으로 Curio를 지원하는 데이터베이스 드라이버는 존재하지 않는다.

미스[Nathaniel J. Smith]가 Curio에 깊은 감명을 받아 시작했다. Curio는 파이썬 기여자들이 asyncio API의 사용성을 개선하도록 자극했다. 예를 들어 초기 asyncio 사용자들은 일부 핵심 함수가 loop의 메서드이거나 인수에 loop가 필요해서 자주 loop 객체를 얻거나 전달해야 했다. 최신 버전의 파이썬에서는 루프에 접근하는 일이 자주 필요하지 않고, 사실 선택적으로 loop를 받던 여러 함수가 이제는 해당 인수의 사용을 중단하도록 안내하고 있다.

다음으로 비동기형에 대한 어노테이션을 알아보자.

21.12 비동기 객체의 자료형 힌트 지정하기

네이티브 코루틴의 반환형은 코루틴에 await할 때 어떤 객체를 얻을지 설명한다. 이 객체의 자료형은 네이티브 코루틴 함수 본체의 return 문에 나온다.[20]

이 장에서는 [예제 21-21]의 probe()처럼 어노테이트된 네이티브 코루틴 사례를 많이 보여 줬다.

```python
async def probe(domain: str) -> tuple[str, bool]:
    try:
        await socket.getaddrinfo(domain, None)
    except socket.gaierror:
        return (domain, False)
    return (domain, True)
```

코루틴 객체를 받는 매개변수를 어노테이트하려면 다음과 같이 제네릭형을 사용한다.

```python
class typing.Coroutine(Awaitable[V_co], Generic[T_co, T_contra, V_co]):
    ...
```

비동기 객체를 어노테이트하기 위해 파이썬 3.5와 3.6에 앞의 제네릭형과 다음의 자료형들이 소개되었다.

---

20 이것은 17.13.3절 '고전적 코루틴에 대한 제네릭형 힌트'에서 설명한 고전적 코루틴의 어노테이션과는 다르다.

```
class typing.AsyncContextManager(Generic[T_co]):
    ...
class typing.AsyncIterable(Generic[T_co]):
    ...
class typing.AsyncIterator(AsyncIterable[T_co]):
    ...
class typing.AsyncGenerator(AsyncIterator[T_co], Generic[T_co, T_contra]):
    ...
class typing.Awaitable(Generic[T_co]):
    ...
```

파이썬 3.9+에서는 이 자료형들의 **collections.abc** 대응형을 사용하라.

이 제네릭형의 세 가지 측면을 강조하고 싶다.

1 이 자료형들은 모두 첫 번째 매개변수에 공변한다. 첫 번째 매개변수는 이 객체들에서 생성되는 항목이다. 15.7.4절의 '변이성 규칙 요약'의 첫 번째 규칙을 생각하라.

> 형식형 매개변수가 객체에서 나오는 데이터의 자료형을 정의한다면, 이 매개변수는 공변적일 가능성이 높다.

2 AsyncGenerator와 Coroutine은 두 번째부터 마지막 매개변수에 공변한다. 이것은 이벤트 루프가 비동기 제너레이터와 코루틴을 구동하려고 호출하는 저수준 send() 메서드에 보내는 인수의 자료형이다. 그러므로 '입력' 자료형이다. 따라서 15.7.4절의 '변이성 규칙 요약'의 두 번째 규칙에 따라 이 자료형은 반변적이다.

> 형식형 매개변수가 초기 생성 후 객체에 들어가는 데이터의 자료형을 정의한다면, 이 매개변수는 반변적일 가능성이 높다.

3 17.13.3절 '고전적 코루틴에 대한 제네릭형 힌트'에서 설명한 typing.Generator와 달리 AsyncGenerator는 반환형이 없다. 17.13절 '고전적 코루틴'에서 설명했듯이, StopIteration(value) 예외를 발생시켜 값을 반환하는 것은 제너레이터를 코루틴처럼 작동시켜 yield from을 지원하는 편법이다. 그러나 비동기 객체에서는 이와 비슷한 방법이 없다. AsyncGenerator 객체는 값을 반환하지 않으며, typing.Coroutine으로 어노테이트되는 네이티브 코루틴 객체와는 완전히 별개다.

마지막으로 비동기 프로그래밍의 장점과 어려운 점에 관해 간략히 이야기해 보자.

21.13 비동기 방식에 대한 진실과 오해

이 장을 마감하는 이 절에서는 사용하는 언어나 라이브러리에 무관하게 비동기 프로그래밍에 대한 고차원적 개념을 이야기하려고 한다.

먼저 비동기 프로그래밍이 매력적인 가장 큰 이유를 설명하고 나서, 흔히 하는 오해와 이 오해에 대처하는 방법을 알아보자.

21.13.1 블로킹 호출에 연관된 실행 주기

Node.js의 창시자 라이언 달$^{Ryan\ Dahl}$은 "우리는 I/O를 완전히 잘못하고 있다"라고 하면서 자신의 프로젝트의 철학을 소개한다.[21] 그는 **블로킹 함수**$^{blocking\ function}$를 파일이나 네트워크 I/O를 수행하는 것으로 정의하며, 이 함수들을 논블로킹 함수처럼 다룰 수는 없다고 주장한다. 이유를 설명하면서 그는 [표 21-1]의 두 번째 열의 숫자들을 보여 준다.

표 21-1 최신 컴퓨터의 여러 장치에서 데이터를 읽는 데 걸리는 시간. 세 번째 열은 사람이 이해하기 쉽게 시간을 비례해 늘린 것이다.

장치	CPU 사이클	'사람용' 비례 척도
L1 캐시	3	3초
L2 캐시	14	14초
RAM	250	250초
디스크	41,000,000	1.3년
네트워크	240,000,000	7.6년

[표 21-1]을 볼 때, 최신 GHz 단위의 클럭을 가진 CPU들은 초당 수십억 사이클을 실행함을 명심하라. CPU가 초당 10억 사이클을 실행한다고 가정해 보자. 이 CPU는 L1 캐시를 1초에 3억 3천3백만 번 넘게 읽지만, 네트워크에서는 4번(그렇다. 네 번이다!) 읽을 수 있다. [표 21-1]의 세 번째 열은 두 번째 열에 일정한 상숫값을 곱해 계산한 값이다. 쉽게 말해서 L1 캐시를 읽는 데 3초 걸린다고 하면, 네트워크에서 읽을 때는 7.6년이 걸리는 셈이다!

---

[21] 'Node.js 소개(Introduction to Node.js)' 비디오(`https://fpy.li/21-59`), 4분 55초

[표 21-1]은 비동기 프로그래밍으로 고성능 서버를 만들려면 훈련된 방식으로 접근해야 하는 이유를 잘 보여 준다. 도전 과제는 그 훈련을 받는 것이다. 이 훈련의 첫 번째 단계는 'I/O 위주 의 시스템'은 착각임을 이해하는 것이다.

21.13.2 I/O 위주 시스템에 대한 오해

'I/O 위주 시스템'에 비동기 프로그래밍이 좋다는 소리를 많이 듣는다. 그러나 필자는 'I/O 위 주 시스템'이라는 것은 없음을 어렵게 배웠다. I/O 위수 **함수**는 있을 수 있다. 아마노 여러분 시 스템에 있는 대부분의 함수가 I/O 위주일지도 모른다. 즉 데이터를 처리하기보다는 I/O를 기 다리는 데 시간을 더 많이 쓴다. 기다리는 동안 제어권을 이벤트 루프에 넘기고, 이벤트 루프는 대기 중인 다른 작업을 실행한다. 그러나 적지 않은 일을 하는 시스템이라면 CPU 위주의 부분 도 어느 정도 있다. 아무리 사소한 시스템이라도 부하가 걸리면 그렇다. 필자가 아는 비동기 프 로그램 두 개는 CPU 위주 작업이 이벤트 루프를 느려지게 만들어 시스템 성능에 큰 지장을 주 었다.

중요 시스템에는 CPU 위주의 함수들이 있으므로, 이 함수들을 처리하는 것이 비동기 프로그 래밍 성공의 비결이다.

21.13.3 CPU 위주 함정 피하기

파이썬을 대규모로 사용한다면 성능 회기 문제가 발생하자마자 바로 탐지할 수 있는 자동화된 테스트 스크립트가 있어야 한다. 이는 비동기 코드에서 아주 중요하며, 스레드를 사용하는 파 이썬 코드와도 연관이 있다. GIL 때문이다. 속도 저하가 개발팀을 방해할 때까지 기다린다면 너무 늦는다. 문제를 해결하려면 상당 부분을 바꿔야 할 수도 있기 때문이다.

CPU를 잡아먹는 병목을 알아내는 방법은 다음과 같다.

- 작업을 파이썬 프로세스 풀에 위임한다.
- 작업을 외부 태스크 큐에 위임한다.
- 관련 코드를 Cython, C, Rust 등 기계어로 컴파일되는 다른 언어로 다시 작성한 후 GIL을 해제하면서 파 이썬/C API를 통해 인터페이스한다.

- 성능 저하를 수용할 수 있다고 판단되면 아무것도 하지 않아도 된다. 그러나 나중에 결정을 쉽게 되돌릴 수 있도록 기록을 남겨놓으면 좋다.

외부 태스크 큐는 가능한 한 프로젝트 초기에 선택하고 통합하는 편이 좋다. 그래야 프로젝트 개발팀원 중 누구도 필요할 때 그 태스크 큐 사용을 주저하지 않을 것이기 때문이다.

마지막 옵션(아무것도 하지 않는다)은 기술 부채technical debt(`https://fpy.li/21-60`) 범주에 들어간다.

동시성 프로그래밍은 아주 흥미로운 주제이며, 여기에 관한 설명을 많이 했다. 그러나 동시성 프로그래밍이 이 책의 핵심은 아니며, 이 장은 이미 이 책에서 가장 긴 장이 되었다. 이제 이 장을 마무리할 때가 되었다.

21.14 요약

> 일반적인 비동기 프로그래밍 접근 방식의 문제는 모 아니면 도라는 명제다. 어떤 코드도 블로킹되지 않도록 수정하지 않을 것이라면 그저 시간 낭비일 뿐이다.
>
> — **알바로 비델라, 제이슨 J. W. 윌리엄스**
> 『RabbitMQ in Action』

이 장에서 이 인용문을 채택한 이유는 두 가지다. 높은 차원에서 보면 간단한 스레드에서 분산 태스크 큐에 이르기까지 느린 작업을 다른 처리 단위에 위임함으로써 이벤트 루프를 블록하지 않아야 함을 상기시켜 준다. 낮은 차원에서 보면 일단 첫 번째 `async def`를 작성하고 나면 프로그램에는 어쩔 수 없이 `async def`, `await`, `async with`, `async for`가 더 많아진다. 그러고 나면 동기성을 지원하지 않는 라이브러리 사용이 어려워진다.

19장의 간단한 스피너 예제 이후로 여기서 주요 관심사는 `blogdom.py` DNS 조회 예제와 대기형이라는 개념 등 네이티브 코루틴을 이용한 비동기 프로그래밍이었다. `flags_asyncio.py` 소스 코드를 읽는 동안 **비동기 콘텍스트 관리자**의 첫 번째 사례를 보았다.

국기를 내려받는 프로그램의 고급 버전에서는 asyncio.as_completed() 제너레이터와 loop.run_in_executor() 코루틴이라는 두 개의 강력한 함수를 소개했다. 그리고 동시에 내려받는 횟수를 제한(좋은 HTTP 클라이언트라면 이런 기능이 있어야 한다)하고자 세마포어 개념을 애플리케이션에 적용했다.

mojifinder 예제들을 살펴보며 서버 측 비동기 프로그래밍도 소개했다. FastAPI 웹 서비스도 사용하고, asyncio와 TCP 프로토콜만 사용하는 tcp_mojifinder.py도 구현했다.

그리고 나서 비동기 반복과 비동기 반복형에 관해 설명하면서 async for, 파이썬의 비동기 콘솔, 비동기 제너레이터, 비동기 제너레이터 표현식, 비동기 지능형을 알아보았다.

이 장 마지막 예제로는 blogdom.py를 Curio 프레임워크를 사용하도록 수정하고, 파이썬의 비동기 기능이 asyncio 패키지에 제한되지 않음을 보여 주었다. Curio는 구조화된 동기성 개념을 보여 주었는데, 이 개념은 동시성 코드에 명료성을 가져와 업계 전반에 큰 영향을 미쳤다.

마지막으로 21.13절 '비동기 방식에 대한 진실과 오해'에서는 비동기 프로그래밍의 장점, 'I/O 위주 시스템'에 대한 오해, 그리고 주요한 프로그램에는 반드시 존재하는 CPU 위주 부분을 처리하는 방법에 관해 이야기했다.

메타프로그래밍

PART **5**

## CHAPTER 22

동적 속성과 프로퍼티

> 프로퍼티의 존재 덕분에 클래스의 공개 인터페이스로 공개 데이터 속성을 노출하는 것이 완전히 안전해지고, 실제로 이런 속성 노출이 권장된다는 점에서 프로퍼티는 절대적으로 중요하다.[1]
>
> – 알렉스 마르텔리, 안나 레이븐스크로프트, 스티브 홀덴
> '프로퍼티가 중요한 이유'

파이썬에서는 데이터 속성과 메서드를 통틀어 속성이라고 한다. 메서드는 단지 호출할 수 있는 속성일 뿐이다. 동적 속성은 데이터 속성과 같은 인터페이스(예: `obj.attr`)를 제공하지만, 필요에 따라 계산된다. 이것은 버트랜드 메이어가 말하는 다음과 같은 통일 접근 원칙에도 부합한다.

> 모듈이 제공하는 모든 서비스는 통일된 표기법을 이용해 접근할 수 있어야 한다. 통일된 표기법은 저장소를 이용해 구현하거나 계산을 통해 구현하는 경우에도 모두 동일하게 적용된다.[2]

---

1 알렉스 마르텔리, 안나 레이븐스크로프트, 스티브 홀덴 공저, 『Python in a Nutshell: A Desktop Quick Reference, 3rd Ed.』(오라일리, 2017), 123쪽

2 버트랜드 메이어(Bertrand Meyer) 저, 『Object-Oriented Software Construction, 2E』(프렌티스 홀, 1997)

파이썬에는 동적 속성을 구현하는 방법이 여러 가지 있다. 이 장에서는 가장 간단한 방법인 @property 데커레이터와 __getattr__() 특별 메서드를 설명한다.

__getattr__()을 구현하는 사용자 클래스는 **가상 속성**virtual attribute이라고 할 수 있는 일종의 동적 속성을 구현할 수 있다. 가상 속성은 클래스의 소스 코드에서 정의하지 않고 인스턴스의 __dict__에도 존재하지 않지만, obj.no_such_attr처럼 존재하지 않는 속성을 읽으려 할 때 다른 곳에서 가져오거나 즉석에서 계산할 수 있다.

동적인 가상 속성을 구현하는 것은 프레임워크 개발자들이 하는 일종의 메타프로그래밍이다. 그러나 파이썬에서는 기본 기술이 직관적이므로 일상적으로 데이터 조작하는 작업에 이 기법을 사용할 수 있다. 이 장도 데이터 조작에서 시작한다.

22.1 이 장의 변경 사항

이 장의 변경 사항은 주로 파이썬 3.8에 소개된 @functools.cached_property와 파이썬 3.9에 소개된 @property와 @functools.cache 조합을 사용하는 데서 비롯되었다. 이에 따라 22.3절 '계산된 속성'에 나오는 Record와 Event 클래스 코드가 영향을 받았다. 그리고 'PEP 412 – 키 공유 딕셔너리'(https://fpy.li/pep412) 최적화를 활용해 코드를 리팩터링했다.

예제 코드의 가독성을 높이면서 관련된 기능을 강조하고자 중요하지 않은 코드는 제거했다. 구식 DbRecord 클래스는 Record로 통합하고, shelve.Shelve는 dict로 바꿨다. OSCON 데이터셋을 내려받는 논리는 제거했고, 이제는 이 책의 예제 코드 리포지토리(https://fpy.li/code)에 있는 지역 파일을 읽는다.

22.2 동적 속성을 이용한 데이터 랭글링

다음에 나오는 몇 가지 예제에서는 오라일리가 OSCON 2014 콘퍼런스에서 공개한 JSON 데이터셋을 이용해 동적 속성을 활용한다. [예제 22-1]에서는 해당 데이터셋에서 레코드 네 개를 가져왔다.[3]

---

3 오라일리 오픈소스 콘퍼런스(O'Reilly Open Source Conference, OSCON)는 코로나-19 팬데믹의 희생자였다. 이 예제에 사용한 744KB 크기의 원래 JSON 파일은 2021년 1월 10일 이후 온라인에 존재하지 않는다. 이 책의 예제 코드 리포지토리(https://fpy.li/22-1)에서 osconfeed.json 파일의 사본을 볼 수 있다.

```
{ "Schedule":
  { "conferences": [{"serial": 115 }],
    "events": [
      { "serial": 34505,
        "name": "Why Schools Don´t Use Open Source to Teach Programming",
        "event_type": "40-minute conference session",
        "time_start": "2014-07-23 11:30:00",
        "time_stop": "2014-07-23 12:10:00",
        "venue_serial": 1462,
        "description": "Aside from the fact that high school programming...",
        "website_url": "http://oscon.com/oscon2014/public/schedule/detail/34505",
        "speakers": [157509],
        "categories": ["Education"] }
    ],
    "speakers": [
      { "serial": 157509,
        "name": "Robert Lefkowitz",
        "photo": null,
        "url": "http://sharewave.com/",
        "position": "CTO",
        "affiliation": "Sharewave",
        "twitter": "sharewaveteam",
        "bio": "Robert ´r0ml´ Lefkowitz is the CTO at Sharewave, a startup..." }
    ],
    "venues": [
      { "serial": 1462,
        "name": "F151",
        "category". "Conference Venues" }
    ]
  }
}
```

[예제 22–1]은 JSON 파일에 있는 895개 레코드 중 4개를 보여 준다. 전체 데이터셋은 하나의 JSON 객체로, 키는 "Schedule"이며, 값은 "conferences", "events", "speakers", "venues"인 총 4개의 키를 가진 매핑이다. 이 4개의 키는 각각 레코드의 리스트에 매핑된다. 전체 데이터셋에서 "events", "speakers", "venues" 리스트에는 수십에서 수백 개의 레코드가 있지만, "conferences"에는 [예제 22–1]에 있는 레코드 하나만 있다. 각 레코드에는 "serial" 필드가 있는데, 이 필드는 리스트 안에 있는 레코드의 고유 식별자다.

[예제 22-2]는 파이썬 콘솔에서 이 데이터셋을 둘러보는 모습이다.

예제 22-2 osconfeed.json 파일을 대화형으로 탐구하기

```
>>> import json
>>> with open('data/osconfeed.json') as fp:
...     feed = json.load(fp)     ❶
>>> sorted(feed['Schedule'].keys())     ❷
['conferences', 'events', 'speakers', 'venues']
>>> for key, value in sorted(feed['Schedule'].items()):
...     print(f'{len(value):3} {key}')     ❸
...
  1 conferences
484 events
357 speakers
 53 venues
>>> feed['Schedule']['speakers'][-1]['name']     ❹
'Carina C. Zona'
>>> feed['Schedule']['speakers'][-1]['serial']     ❺
141590
>>> feed['Schedule']['events'][40]['name']
'There *Will* Be Bugs'
>>> feed['Schedule']['events'][40]['speakers']     ❻
[3471, 5199]
```

❶ feed는 문자열과 정숫값으로 구성된 내포된 딕셔너리와 리스트가 있는 dict 형이다.

❷ 'Schedule' 안의 레코드 컬렉션 4개를 나열한다.

❸ 각 컬렉션의 레코드 수를 출력한다.

❹ 내포된 딕셔너리와 리스트를 순회하고 마지막 연설자의 이름을 출력한다.

❺ 해당 연설자의 일련번호를 가져온다.

❻ 각 이벤트에는 0개 이상의 연설자 일련번호가 있는 'speakers' 리스트가 있다.

22.2.1 동적 속성을 이용해 JSON과 유사한 데이터 둘러보기

[예제 22-2]는 간단하지만, feed['Schedule']['events'][40]['name']과 같은 구문은 번거롭다. 자바스크립트에서는 feed.Schedule.events[40].name으로 작성해 동일한 값을 가

져올 수 있다. 파이썬으로 똑같은 일을 수행하는 딕셔너리와 비슷한 클래스를 구현하는 일은 간단하며, 구현 코드를 인터넷에서 많이 볼 수 있다.[4] 필자는 FrozenJSON을 만들었다. 데이터를 탐구하기만 하면 되므로 읽기만 지원하는 구현이라서 대부분의 다른 코드보다 간단하다. FrozenJSON은 재귀적이므로 내포된 매핑과 리스트를 자동으로 처리한다.

[예제 22-3]은 FrozenJSON을 사용하는 방법을, [예제 22-4]는 소스 코드를 보여 준다.

예제 22-3 [예제 22-4]의 FrozenJSON은 name 등의 속성을 읽고, keys()와 items() 등의 메서드를 호출하게 해 준다.

```
>>> import json
>>> raw_feed = json.load(open('data/osconfeed.json'))
>>> feed = FrozenJSON(raw_feed)  ❶
>>> len(feed.Schedule.speakers)  ❷
357
>>> feed.keys()
dict_keys(['Schedule'])
>>> sorted(feed.Schedule.keys())  ❸
['conferences', 'events', 'speakers', 'venues']
>>> for key, value in sorted(feed.Schedule.items()):❹
...     print(f'{len(value):3} {key}')
...
  1 conferences
484 events
357 speakers
 53 venues
>>> feed.Schedule.speakers[-1].name  ❺
'Carina C. Zona'
>>> talk = feed.Schedule.events[40]
>>> type(talk)  ❻
<class 'explore0.FrozenJSON'>
>>> talk.name
'There *Will* Be Bugs'
>>> talk.speakers  ❼
[3471, 5199]
>>> talk.flavor  ❽
Traceback (most recent call last):
  ...
KeyError: 'flavor'
```

---

[4] 대표적인 사례로 AttrDict(https://fpy.li/22-2)와 addict(https://fpy.li/22-3)가 있다.

❶ 내포된 딕셔너리와 리스트로 구성된 raw_feed로부터 FrozenJSON 인스턴스를 생성한다.

❷ FrozenJSON은 속성 표기법을 이용해 내포된 딕셔너리를 순회하게 해 준다. 여기서는 연설자 리스트의 길이를 보여 준다.

❸ keys()를 이용해 레코드 컬렉션 이름을 가져오는 것처럼, 안에 들어 있는 딕셔너리의 메서드도 사용할 수 있다.

❹ items()를 사용해 레코드 컬렉션 이름과 내용을 가져오고 각 항목의 len()도 출력할 수 있다.

❺ feed.Schedule.speakers 등의 리스트는 리스트로 유지되지만, 매핑형은 안의 항목들이 FrozenJSON 으로 변환된다.

❻ events 리스트의 40번 항목은 JSON 객체였는데, 이제는 FrozenJSON 인스턴스가 되었다.

❼ 이벤트 리스트에는 연설자 일련번호가 들어 있는 speakers 리스트가 있다.

❽ 없는 속성을 읽으려고 하면 일반적으로 발생하는 AttributeError가 아니라 KeyError 예외가 발생한다.

FrozenJSON 클래스의 기반은 __getattr__() 메서드인데, 이 메서드는 12.6절 'Vector 버전 #3: 동적 속성 접근'에서 v.x, v.y, v.z 등과 같은 문자를 이용해 Vector 요소를 가져오는 데 사용했다. __getattr__() 특별 메서드는 일반적으로, 과정으로 속성을 가져오지 못했을 때 만(즉, 해당 이름의 속성을 인스턴스, 클래스, 슈퍼클래스에서 찾을 수 없을 때만) 인터프리터 에서 호출됨을 명심하라.

[예제 22-3]의 마지막 줄에서는 필자가 작성한 코드의 사소한 문제를 보여 준다. 존재하지 않 는 속성을 읽으려고 할 때는 예제에 나온 KeyError가 아니라 AtrributeError 예외가 발생해 야 한다. 이렇게 작동하도록 예외 처리를 구현하면 __getattr__() 메서드의 길이가 두 배나 길어져 여기서 보여 주려는 핵심 논리가 흐려졌다. FrozenJSON이 매핑과 리스트로 만들어졌 음을 사용자가 알기 때문에 KeyError는 그리 혼란스럽지 않다고 생각한다.

예제 22-4 explore0.py: JSON 데이터셋을 내포된 FrozenJSON 객체, 리스트, 단순형을 포함하는 FrozenJSON으로 변환

```python
from collections import abc


class FrozenJSON:
    """속성 표기법을 이용해 JSON과 비슷한 객체를 순회하는
       읽기 전용 퍼사드
    """
```

```python
    def __init__(self, mapping):
        self.__data = dict(mapping)  ❶

    def __getattr__(self, name):  ❷
        try:
            return getattr(self.__data, name)  ❸
        except AttributeError:
            return FrozenJSON.build(self.__data[name])  ❹

    def __dir__(self):  ❺
        return self.__data.keys()

    @classmethod
    def build(cls, obj):  ❻
        if isinstance(obj, abc.Mapping):  ❼
            return cls(obj)
        elif isinstance(obj, abc.MutableSequence):  ❽
            return [cls.build(item) for item in obj]
        else:  ❾
            return obj
```

❶ mapping 인수로부터 dict 객체를 만든다. 이렇게 자료형 변환함으로써 매핑형이나 매핑으로 변환할 수 있는 자료형이 되도록 보장한다. __data 앞에 붙은 이중 언더바는 이를 **비공개 속성**private attribute으로 만든다.

❷ __getattr__() 메서드는 해당 name의 속성이 없을 때만 호출된다.

❸ name이 __data 딕셔너리 인스턴스의 속성에 일치하면 해당 값을 반환한다. 이 코드는 feed.keys() 호출을 처리한다. keys() 메서드가 딕셔너리의 속성이기 때문이다.

❹ 그렇지 않으면 self.__data에서 name이 키인 항목을 가져와 FrozenJSON.build()를 호출해 반환된 값을 반환한다.[5]

❺ __dir__()을 구현하면 dir() 내장 함수를 지원한다. 그러면 표준 파이썬 콘솔은 물론이고 IPython, 주피터 노트북 등에서도 자동완성 기능을 지원하게 된다. 이 간단한 코드는 self.__data에 있는 키에 기반해 자동완성 기능을 지원한다. __getattr__()이 FrozenJSON 인스턴스를 실행 중에 만들기 때문이다. 대화형으로 데이터를 둘러보기에 좋은 기능이다.

❻ @classmethod 데커레이터의 일반적인 용법이며, 대안 생성자를 만든다.

❼ obj가 매핑형이면 obj로 FrozenJSON 인스턴스를 만든다. 이 코드는 구스 타이핑의 사례로, 복습이 필요하면 13.5절 '구스 타이핑'을 다시 둘러봐도 좋다.

---

5 self.__data[name]이 KeyError 예외가 발생할 수 있는 곳이다. 이상적으로는 이 예외를 처리하고 AttrbiuteError 예외를 발생시켜야 한다. __getattr__()은 AttributeError 예외를 발생시켜야 하기 때문이다. 관심이 있다면 연습 삼아 예외 처리 코드를 추가해 보기 바란다.

❽ obj가 MutableSequence이면 리스트인 것이 확실하므로[6], obj의 각 항목을 build()에 재귀적으로
보내 리스트를 만든다.

❾ obj가 딕셔너리나 리스트가 아니면 그대로 반환한다.

11.10절 '파이썬에서의 비공개 속성과 보호된 속성'에서 설명한 대로 FrozenJSON 인스턴스
에는 _FrozenJSON__data라는 이름의 비공개 인스턴스 속성 __data가 있다. 다른 이름으
로 속성을 가져오려고 시도하면 __getattr__() 메서드가 실행되게 한다. 이 메서드는 먼
저 self.__data 딕셔너리에 그런 이름의 속성(키가 아님!)이 있는지 검색한다. 이 때문에
FrozenJSON 인스턴스가 self.__data.items() 메서드에 위임해 items() 등의 dict 메
서드를 처리하게 해 준다. 주어진 name 속성이 self.__data에 없으면 __getattr__()은
self.__data에서 name을 키로 사용해 항목을 가져오고, 그 항목을 FrozenJSON.build()에
전달한다. 내포된 매핑들이 build() 클래스 메서드에서 FrozenJSON 인스턴스로 변환되므로
JSON 데이터 안에 있는 내포된 구조체를 순회할 수 있게 된다.

FrozenJSON이 원래 데이터셋을 변환하거나 캐시에 보관하지 않음에 주의하라. 데이터를 순회
할 때 __getattr__()이 FrozenJSON 인스턴스를 생성하고 또 생성한다. 이런 크기의 데이터
셋에서 단순히 데이터를 순회하거나 변환하는 스크립트에서라면 이 방식도 문제는 없다.

임의의 데이터 원천에서 동적으로 속성명을 생성하거나 흉내 내는 스크립트라면 해결해야 할
문제가 있다. 원래 데이터에서의 키가 적절한 속성명이 될 수 없는 경우다. 다음 절에서 이 문
제를 해결해 보자.

22.2.2 잘못된 속성명 문제

FrozenJSON 코드는 속성명이 파이썬 키워드일 때의 문제를 처리하지 않는다. 예를 들어 다음
과 같은 객체를 만든다고 해 보자.

```
>>> student = FrozenJSON({'name': 'Jim Bo', 'class': 1982})
```

파이썬은 student.class를 읽지 못한다. class가 파이썬에 예약된 키워드이기 때문이다.

---

6 데이터 원천이 JSON이며, JSON에는 dict와 list 컬렉션만 있다.

```
>>> student.class
  File "<stdin>", line 1
    student.class
                ^
SyntaxError: invalid syntax
```

물론 다음과 같이 문제를 피해 갈 수는 있다.

```
>>> getattr(student, 'class')
1982
```

그러나 FrozenJSON은 데이터에 쉽게 접근하는 개념을 구현하기 위한 것이므로, FrozenJSON.__init__()에 전달된 매핑의 키가 키워드인지 검사하고 키워드일 때는 언더바를 뒤에 붙여 다음과 같이 속성을 만드는 편이 더 낫다.

```
>>> student.class_
1982
```

이렇게 작동하게 하려면 [예제 22-4]의 한 줄짜리 __init__() 메서드를 [예제 22-5]와 같이 바꾸면 된다.

예제 22-5 explore1.py: 파이썬 키워드인 속성명 뒤에 언더바 붙이기

```
    def __init__(self, mapping):
        self.__data = {}
        for key, value in mapping.items():
            if keyword.iskeyword(key):    ❶
                key += '_'
            self.__data[key] = value
```

❶ 우리에게 필요한 게 바로 keyword.iskeyword() 함수다. 이 함수를 사용하려면 (이 코드에는 안 나오지만) keyword 모듈을 임포트해야 한다.

JSON 레코드의 키가 파이썬에서 올바른 식별자가 아닐 때도 비슷한 문제가 발생한다.

```
>>> x = FrozenJSON({'2be':'or not'})
>>> x.2be
  File "<stdin>", line 1
    x.2be
       ^
SyntaxError: invalid syntax
```

str 클래스는 s가 파이썬 언어 문법에 따라 올바른 식별자인지 알려주는 s.isidentifier() 메서드를 제공하므로 파이썬 3에서는 이 문제를 쉽게 알아낼 수 있다. 그렇지만 잘못된 식별자를 올바른 이름으로 바꾸는 일은 간단치 않다. __getitem__()이 x['2be'] 같은 표기를 이용해 속성에 접근하도록 구현하면 문제를 해결할 수 있다. 일단 코드를 간결히 유지하고자 이 문제는 처리하지 않기로 한다.

동적 속성명에 관련된 문제를 어느 정도 알아봤으니, 이제 FrozenJSON의 또 다른 핵심 기능인 build() 클래스 메서드로 넘어가자. FrozenJSON.build() 클래스 메서드는 접근할 속성의 값에 따라 다양한 자료형의 객체를 반환하는 __getattr__() 메서드에서 사용한다. 내포된 구조체는 FrozenJSON 인스턴스나 FrozenJSON 인스턴스의 리스트로 변환된다.

다음 절에서 설명하듯이, 이 논리는 클래스 메서드 대신 __new__() 특별 메서드로 구현할 수도 있다.

22.2.3 __new__()를 이용해 융통성 있게 객체 생성하기

흔히 __init__()을 생성자 메서드라고 부르지만, '생성자'는 다른 언어에서 빌려온 용어일 뿐이다. 파이썬에서 __init__()은 self를 첫 번째 인수로 받으므로 인터프리터가 __init__()을 호출했을 때는 객체가 이미 존재한다. 게다가 __init__()은 아무것도 반환할 수 없다. 따라서 실제로는 초기화 메서드일 뿐, 생성자가 아니다.

클래스가 인스턴스를 생성하도록 요청받을 때 파이썬이 인스턴스를 생성하려고 호출하는 특별 메서드는 __new__()다. __new__()는 클래스 메서드지만 특별 대우를 받으므로 @classmethod 데커레이터가 적용되지 않는다. 파이썬은 __new__()가 반환한 인스턴스를 받아 __init__()의 첫 번째 인수 self로 전달한다. __new__()를 구현해야 하는 일은 거의 없다. object에서 상속받은 구현은 대부분 그대로 쓰기에 충분하기 때문이다.

필요하다면 __new__() 메서드는 다른 클래스의 인스턴스를 반환할 수도 있다. 이런 경우에는
인터프리터가 __init__()을 호출하지 않는다. 정리하면 파이썬에서 객체를 만드는 논리는
다음 의사코드와 비슷하다.

```python
# 객체를 생성하는 의사코드
def make(the_class, some_arg):
    new_object = the_class.__new__(some_arg)
    if isinstance(new_object, thc_class):
        the_class.__init__(new_object, some_arg)
    return new_object

# 다음 두 문장은 거의 동일하다.
x = Foo('bar')
x = make(Foo, 'bar')
```

[예제 22-6]은 이전에 build() 클래스 메서드에서 처리하던 논리를 __new__() 메서드로 옮
긴 새로운 버전의 FrozenJSON이다.

**예제 22-6 explore2.py: FrozenJSON 인스턴스든 아니든 새로운 객체를 생성하는 데 build() 대신 __new__()
사용하기**

```python
from collections import abc
import keyword


class FrozenJSON:
    """점 표기법을 이용해서 JSON과 유사한 객체를 둘러보기 위한
       읽기 전용 퍼사드 클래스
    """

    def __new__(cls, arg):  ❶
        if isinstance(arg, abc.Mapping):
            return super().__new__(cls)  ❷
        elif isinstance(arg, abc.MutableSequence):  ❸
            return [cls(item) for item in arg]
        else:
            return arg

    def __init__(self, mapping):
```

```python
        self.__data = {}
        for key, value in mapping.items():
            if keyword.iskeyword(key):
                key += '_'
            self.__data[key] = value

    def __getattr__(self, name):
        try:
            return getattr(self.__data, name)
        except AttributeError:
            return FrozenJSON(self.__data[name])    ❹

    def __dir__(self):
        return self.__data.keys()
```

❶ 클래스 메서드로서 __new__()가 첫 번째로 받는 인수는 클래스 자신이다. 그리고 나머지 인수는 self를 제외하고 __init__()이 받는 인수와 동일하다.

❷ 기본적으로 슈퍼클래스의 __new__() 메서드에 위임한다. 이 경우 FrozenJSON을 유일한 인수로 전달해 object 클래스의 __new__() 메서드를 호출한다.

❸ __new__() 메서드의 나머지 코드는 기존 build() 메서드와 완전히 동일하다.

❹ 이전 코드는 FrozenJSON.build() 메서드를 호출했지만, 이제는 단순히 FrozenJSON()을 호출하면 파이썬이 FrozenJSON.__new__()를 호출해 처리한다.

__new__() 메서드는 일반적으로 해당 클래스의 인스턴스를 생성하므로 클래스를 첫 번째 인수로 받는다. 따라서 FrozenJSON.__new__() 안에서 super().__new__(cls)는 object.__new__(FrozenJSON)을 호출하는 셈이 되어 object 클래스가 실제로는 FrozenJSON 인스턴스를 생성한다. 즉, 실제로는 파이썬 인터프리터 내부에서 C 언어로 구현된 object.__new__()가 객체를 생성하지만, 생성된 객체의 __class__ 속성은 FrozenJSON을 가리키게 된다.

OSCON JSON 데이터셋은 대화형으로 탐구하기 좋지 않은 구조다. 예를 들어 'There *Will* Be Bugs'라는 제목이 붙은 인덱스 40번에 있는 이벤트는 3471과 5199, 두 명의 연설자가 있다. 그러나 이 연설자들을 찾기 쉽지 않다. 이 숫자들은 일련번호지만, Schedule. speakers 리스트가 일련번호로 인덱싱되지 않았기 때문이다. 연설자를 찾으려면 해당 일련번호에 대응하는 레코드를 찾을 때까지 리스트를 반복해야 한다. 다음으로 할 일은 연결된 레코드를 자동으로 읽어올 수 있게 데이터를 다시 구조화하는 것이다.

22.3 계산된 프로퍼티

11.7절 '해시 가능한 Vector2d'에서 @property 데커레이터를 처음 보았다. [예제 11-7]에서
는 단순히 x와 y 속성을 읽기 전용으로 만들려고 Vector2d 안에 프로퍼티 두 개를 사용했다.
여기에서는 값을 계산하는 프로퍼티를 보여 주고, 그 값을 캐시하는 방법을 설명한다.

OSCON JSON 데이터셋의 'events' 리스트에 있는 레코드들에는 'speakers'와 'venues'
리스트의 레코드를 가리키는 정수 일련번호가 있다. 예를 들어 콘퍼런스 발표에 대한 레코드는
다음과 같다('description' 내용은 줄임표로 축약했다).

```
{ "serial": 33950,
  "name": "There *Will* Be Bugs",
  "event_type": "40-minute conference session",
  "time_start": "2014-07-23 14:30:00",
  "time_stop": "2014-07-23 15:10:00",
  "venue_serial": 1449,
  "description": "If you're pushing the envelope of programming...",
  "website_url": "http://oscon.com/oscon2014/public/schedule/detail/33950",
  "speakers": [3471, 5199],
  "categories": ["Python"] }
```

연결된 데이터를 자동으로 반환하도록(즉, 일련번호를 '역참조^{dereference}'하도록) Event 클래스
안에 venue와 speakers 프로퍼티를 구현할 것이다. [예제 22-7]은 우리가 원하는 Event 인
스턴스의 작동 방식을 보여 준다.

예제 22-7 venue와 speakers를 읽으면 Record 객체들이 반환된다.

```
>>> event            ❶
<Event 'There *Will* Be Bugs'>
>>> event.venue      ❷
<Record serial=1449>
>>> event.venue.name    ❸
'Portland 251'
>>> for spkr in event.speakers:    ❹
...     print(f'{spkr.serial}: {spkr.name}')
...
3471: Anna Martelli Ravenscroft
5199: Alex Martelli
```

❶ Event 인스턴스가 있다.

❷ event.venue를 읽으면 일련번호가 아니라 Record 인스턴스가 반환된다.

❸ 이제 venue의 이름을 쉽게 가져올 수 있다.

❹ event.speakers 프로퍼티는 Record 인스턴스의 리스트를 반환한다.

지금까지 해오던 방식대로 코드를 단계별로 구현한다. 먼저 Record 클래스와 JSON 데이터를 읽고 Record 인스턴스들을 포함한 dict를 반환하는 함수를 만들어 보자.

22.3.1 1단계: 데이터 주도 속성의 생성

[예제 22-8]은 첫 번째 단계를 안내할 doctest이다.

예제 22-8 schedule_v1.py(예제 22-9)의 시험 주행

```
>>> records = load(JSON_PATH)    ❶
>>> speaker = records['speaker.3471']    ❷
>>> speaker    ❸
<Record serial=3471>
>>> speaker.name, speaker.twitter    ❹
('Anna Martelli Ravenscroft', 'annaraven')
```

❶ JSON 데이터를 dict에 로딩한다.

❷ records의 키는 레코드의 자료형과 일련번호로 만들어진 문자열이다.

❸ speaker는 [예제 22-9]에 정의된 Record 클래스의 인스턴스다.

❹ 원래 JSON에서의 필드를 Record 인스턴스의 속성으로 가져올 수 있다.

이제 [예제 22-9]의 소스 코드를 살펴보자.

예제 22-9 schedule_v1.py: OSCON 스케줄 데이터의 재구조화

```
import json

JSON_PATH = 'data/osconfeed.json'

class Record:
```

```python
    def __init__(self, **kwargs):
        self.__dict__.update(kwargs)   ❶

    def __repr__(self):
        return f'<{self.__class__.__name__} serial={self.serial!r}>'   ❷

def load(path=JSON_PATH):
    records = {}   ❸
    with open(path) as fp:
        raw_data = json.load(fp)   ❹
    for collection, raw_records in raw_data['Schedule'].items():   ❺
        record_type = collection[:-1]   ❻
        for raw_record in raw_records:
            key = f'{record_type}.{raw_record["serial"]}'   ❼
            records[key] = Record(**raw_record)   ❽
    return records
```

❶ 키워드 인수로 생성된 속성으로 인스턴스를 만드는 간단한 방법이다(자세한 설명은 뒤에 나온다).

❷ [예제 22-8]에 나온 사용자 정의 Record 표현을 만드는 데 serial 필드를 사용한다.

❸ load()는 결국 Record 인스턴스들의 dict를 반환한다.

❹ JSON을 파싱하고 리스트, 딕셔너리, 문자열, 숫자 등 파이썬 고유 객체들을 반환한다.

❺ 'conferences', 'events', 'speakers', 'venues'라는 이름의 최상위 리스트 네 개를 반복한다.

❻ record_type은 마지막 글자를 제외한 리스트 이름이다. 따라서 speakers는 speaker가 된다. 파이썬 3.9+에서는 collection.removesuffix('s')를 이용해 더욱 명시적으로 작성할 수 있다. 자세한 내용은 'PEP 616 – 전치부와 후치부를 제거하는 문자열 메서드String methods to remove prefixes and suffixes'(https://fpy.li/pep616)를 참조하라.

❼ 'speaker.3471' 형식의 키를 만든다.

❽ Record 인스턴스를 만들어 키와 함께 records에 저장한다.

Record.__init__() 메서드는 고전적인 파이썬 트릭을 보여 준다. 11.11절 '__slots__로 메모리 절약하기'에서 설명했듯이, 클래스에 __slots__가 선언되지 않으면 객체의 속성들은 __dict__에 보관된다. 따라서 인스턴스 __dict__를 매핑으로 갱신하면 그 인스턴스 안에 많은 속성을 빠르게 만들 수 있다.[7]

---

7 알렉스 마르텔리는 2001년도에 작성한 "간단하면서도 유용한 '이름이 있는 많은 것을 모으는' 클래스(The simple but handy 'collector of a bunch of named stuff' class)" 레시피(https://fpy.li/22-4)에서 이 팁을 공유했다. 이때 Bunch라는 이름의 클래스를 사용했는데, 중의적으로 레시피 제목의 'a bunch of(많은)'를 의미하는 이름이기도 하다.

[예제 22-9]의 Record 클래스의 정의는 아주 간단하다. 복잡한 FrozenJSON 대신 왜 이 클래스를 처음부터 사용하지 않았을까 궁금할 것이다. 두 가지 이유가 있다. 첫 번째 이유는 FrozenJSON은 내포된 매핑과 리스트를 재귀적으로 변환함으로써 작동하는데, 우리가 변환한 데이터셋에는 내포된 매핑이나 리스트가 없으니 재귀적으로 처리할 필요가 없기 때문이다. 레코드 안에는 문자열, 정수, 문자열의 리스트, 정수의 리스트만 들어간다. 두 번째 이유는 FrozenJSON은 keys ( )와 같은 메서드를 호출할 때 사용되는 내장된 딕셔너리 속성 __data에 접근하게 해 주지만, 이제 우리는 그 기능도 필요 없기 때문이다.

스케줄 데이터셋의 구조를 바꾼 후 event 레코드 안에서 참조되는 venue와 speaker 레코드를 자동으로 가져오도록 Record 클래스를 개선할 수 있다. 다음 예제에서는 프로퍼티를 이용해 개선한다.

22.3.2 2단계: 연결된 레코드를 가져오기 위한 프로퍼티

여기서 구현할 예제의 목표는 event 레코드가 있을 때 venue 프로퍼티를 읽으면 Record를 반환하는 것이다. 이것은 ForeignKey 필드에 접근할 때 장고 ORM이 하는 것과 비슷하다. 즉, 키 대신에 연결된 모델 객체를 가져온다.

먼저 venue 프로퍼티부터 보자. [예제 22-10]과 같이 작동하게 하고자 한다.

예제 22-10 schedule_v2.py doctest의 일부

```
>>> event = Record.fetch('event.33950')   ❶
>>> event   ❷
<Event 'There *Will* Be Bugs'>
>>> event.venue   ❸
<Record serial=1449>
>>> event.venue.name   ❹
'Portland 251'
>>> event.venue_serial   ❺
1449
```

❶ Record.fetch() 정적 메서드는 데이터셋에서 Record나 Event 인스턴스를 가져온다.

❷ event는 Event 클래스의 인스턴스다.

❸ event.venue에 접근하면 Record 인스턴스가 반환된다.

❹ 이제 event.venue의 이름을 찾기 쉬워졌다.

❺ Event 인스턴스는 JSON 데이터에서 가져온 venue_serial 속성도 있다.

Event는 Record의 서브클래스로, 연결된 레코드를 읽기 위한 venue가 추가되었고 특화된 __repr__() 메서드가 있다.

이 절에서 설명하는 코드는 이 책의 예제 코드 리포지토리(https://fpy.li/code) 안의 schedule_v2.py 모듈(https://fpy.li/22-8)에 있다. 예제 코드가 거의 60줄이므로, 먼저 개선된 Record 클래스에서 시작해 부분적으로 나누어 살펴보겠다.

예제 22-11 schedule_v2.py: fetch() 메서드가 추가된 Record 클래스

```
import inspect   ❶
import json

JSON_PATH = 'data/osconfeed.json'

class Record:

    __index = None   ❷

    def __init__(self, **kwargs):
        self.__dict__.update(kwargs)
```

```python
    def __repr__(self):
        return f'<{self.__class__.__name__} serial={self.serial!r}>'

    @staticmethod      ❸
    def fetch(key):
        if Record.__index is None:     ❹
            Record.__index = load()
        return Record.__index[key]     ❺
```

❶ inspect 모듈은 [예제 22-13]에 나오는 load( )에서 사용한다.

❷ __index 비공개 클래스 속성이 결국 load( )가 반환하는 딕셔너리를 참조하게 된다.

❸ fetch( )는 정적 메서드로, 이 메서드의 효과가 인스턴스나 이 메서드가 호출된 클래스의 영향을 받지 않음을 명시적으로 표시한다.

❹ 필요하면 Record.__index에 데이터를 채운다.

❺ 주어진 키로 레코드를 가져오는 데 사용한다.

> **TIP** 이 예제는 @staticmethod를 적절하게 사용하는 하나의 사례다. fetch() 메서드가 잠시 후에 알아볼 Event.fetch() 같은 서브클래스에서 호출되더라도 클래스 속성 Record.__index에만 영향을 미친다. 클래스 메서드로 구현하려면 첫 번째 인수로 cls를 받아야하는데, 여기서는 cls를 사용할 일이 없다. 따라서 정적 메서드로 구현했다.

이제 [예제 22-12]에서 Event 클래스의 프로퍼티 사용에 관해 살펴보자.

예제 22-12 schedule_v2.py: Event 클래스

```python
class Event(Record):      ❶

    def __repr__(self):
        try:
            return f'<{self.__class__.__name__} {self.name!r}>'      ❷
        except AttributeError:
            return super().__repr__()

    @property
    def venue(self):
        key = f'venue.{self.venue_serial}'
        return self.__class__.fetch(key)      ❸
```

❶ Event는 Record를 상속한다.

❷ 인스턴스에 name 속성이 있으면 이 속성을 이용해 이에 맞게 표현한다. 그렇지 않으면 Record의 __repr__() 메서드에 위임한다.

❸ venue 프로퍼티는 venue_serial 속성을 이용해 키를 만들고 Record에서 상속받은 fetch() 클래스 메서드에 전달한다(self.__class__를 사용하는 이유는 잠시 후에 설명한다).

[예제 22-12]의 venue() 메서드 두 번째 줄은 self.__class__.fetch(key)를 반환한다. 왜 간단히 self.fetch(key)를 호출하지 않았을까? 간단한 형식은 특정 OSCON 데이터셋에 대해서는 작동한다. 'fetch' 키에 대한 이벤트 레코드가 없기 때문이다. 그러나 'fetch'라는 이름의 키를 가진 이벤트 레코드가 있으면, 그 Event 인스턴스에 대해서 self.fetch는 Event가 Record로부터 상속한 fetch() 클래스 메서드를 호출하지 않고 'fetch'라는 이름을 가진 필드의 값을 가져온다. 이것은 미묘한 버그이며 데이터셋에 따라 다른 결과가 나오므로 테스트에서 쉽게 걸러지지 않는다.

> **WARNING** 데이터로부터 인스턴스 속성명을 만들 때는 클래스 속성을 가릴 수 있으므로 버그가 생길 가능성이 늘 있다. 즉 기존 인스턴스 속성을 실수로 덮어써서 메서드나 데이터를 잃어버리는 것이다. 애초부터 파이썬 딕셔너리가 자바스크립트 객체와 다른 이유를 이런 문제에서 찾을 수 있다.

Record 클래스가 동적 __getattr__()이 아니라 동적 __getitem__()을 구현해 매핑처럼 작동했다면 속성을 덮어써서 발생하는 버그 위험은 없을 것이다. 아마도 사용자 정의 매핑이 Record를 구현하는 파이썬다운 방식일 것이다. 그러나 그 방법을 택했다면 동적 속성 프로그래밍 기법의 장단점을 알아볼 기회가 없었을 것이다.

[예제 22-13]은 이 예제의 마지막 부분으로, 수정된 load() 함수를 보여 준다.

예제 22-13 schedule_v2.py: load() 함수

```python
def load(path=JSON_PATH):
    records = {}
    with open(path) as fp:
        raw_data = json.load(fp)
    for collection, raw_records in raw_data['Schedule'].items():
        record_type = collection[:-1]          ❶
        cls_name = record_type.capitalize()    ❷
        cls = globals().get(cls_name, Record)  ❸
```

```python
        if inspect.isclass(cls) and issubclass(cls, Record):  ❹
            factory = cls  ❺
        else:
            factory = Record  ❻
        for raw_record in raw_records:  ❼
            key = f'{record_type}.{raw_record["serial"]}'
            records[key] = factory(**raw_record)  ❽
    return records
```

❶ 여기까지는 schedule_v1.py(예제 22-9)의 load()에서 바뀐 게 없다.

❷ 클래스명으로 사용될 수도 있으므로 record_type을 대문자로 바꾼다. 예를 들어 'event'를 'Event' 로 바꾼다.

❸ 모듈 전역 범위에서 해당 이름의 객체를 가져온다. 그런 객체가 없으면 Record 클래스를 가져온다.

❹ 찾은 객체가 클래스이며 Record의 서브클래스인지 검사한다.

❺ 검사를 통과했다면 factory 이름을 여기에 바인딩한다. 즉 factory는 record_type에 따라 Record 서브클래스 중 하나가 된다.

❻ 검사를 통과하지 못했다면 factory 이름을 Record에 바인딩한다.

❼ 키를 생성하고 레코드를 저장하는 for 루프는 이전 버전과 같다.

❽ 다만 records에 저장되는 객체는 factory가 만든다. factory는 record_type에 따라 Record일 수도 있고 Event 같은 서브클래스일 수도 있다.

record_type에 사용자 정의 클래스는 Event가 유일하지만, Speaker나 Venue라는 이름의 클래스가 구현되었다면 load()는 기본값인 Record 클래스 대신 해당 클래스를 사용해 레코드를 만들고 저장할 것이다.

이제 동일한 개념을 Event 클래스의 speakers 프로퍼티에 적용해 보자.

22.3.3 3단계: 기존 속성보다 우선하는 프로퍼티

[예제 22-12]의 venue 프로퍼티는 events 컬렉션의 레코드들에 있는 필드명과 일치하지 않는다. 이 프로퍼티의 데이터는 venue_serial 필드명에서 온다. 이와 반대로 events 컬렉션의 각 레코드에는 일련번호 리스트를 가진 speakers 필드가 있다. 그 정보를 Event 인스턴스의 speakers 프로퍼티로 노출해 Record 인스턴스의 리스트를 반환하고자 한다. [예제 22-14]에서 보듯이, 이 이름 충돌은 특별히 주의해야 한다.

```
@property
def speakers(self):
    spkr_serials = self.__dict__['speakers']   ❶
    fetch = self.__class__.fetch
    return [fetch(f'speaker.{key}')
            for key in spkr_serials]   ❷
```

❶ 원하는 데이터는 speakers 속성이지만, speakers 프로퍼티를 재귀적으로 호출하는 것을 피하려면 인스턴스의 __dict__에서 바로 가져와야 한다.

❷ spkr_serials에 있는 숫자에 일치하는 키를 가진 레코드들의 리스트를 반환한다.

speakers() 메서드 안에서 self.speakers를 읽으려고 하면 또다시 프로퍼티 메서드를 호출하므로 금세 RecursionError가 발생한다. 그러나 self.__dict__['speakers']에서 동일 데이터를 읽으면 파이썬이 속성을 가져오는 알고리즘을 피하므로 프로퍼티를 호출하지 않고 재귀를 피할 수 있다. 이런 이유로 객체의 __dict__에 데이터를 직접 읽고 쓰는 기법이 파이썬 메타프로그래밍에서 흔히 사용된다.

> **WARNING** obj.my_attr을 평가하기 위해 인터프리터는 먼저 obj의 클래스를 찾는다. 그 클래스에 my_attr이라는 이름의 프로퍼티가 있으면 동일한 이름의 인스턴스 속성을 가린다. 22.5.1절 '인스턴스 속성을 가리는 프로퍼티'의 예제에서 이 문제 사례를 보여 주고, 23장에서는 프로퍼티가 디스크립터descriptor로서 구현된다는 사실을 알려준다. 디스크립터는 더욱 강력하고 포괄적인 개념이다.

[예제 22-14]에서 프로퍼티를 지능형 리스트로 구현하면서 직감적으로 '이 연산은 비쌀지도 몰라'하는 생각이 들었다. 사실 그렇지는 않다. OSCON 데이터셋의 이벤트들에는 연설자가 많지 않으므로 코드를 더 복잡하게 만드는 것은 성급한 최적화일 것이다. 그러나 프로퍼티는 캐싱caching하는 게 보통이다. 캐싱할 때는 주의할 점도 있다. 이 문제를 어떻게 다룰지 다음 예제를 통해 알아보자.

22.3.4 4단계: 맞춤형 프로퍼티 캐싱

프로퍼티는 캐싱하는 게 보통이다. 예를 들어 event.venue 같은 표현식은 비싸지 않게 수행될 것이라고 기대하기 때문이다.[8] Event의 프로퍼티들 뒤에 숨어 있는 Record.fetch() 메서드가 데이터베이스를 쿼리하거나 웹 API에 접근해야 한다면 적절한 형태의 캐싱이 필요할 것이다.

1판에서는 speakers() 메서드에 대한 사용자 정의 캐싱 논리를 [예제 22-15]와 같이 구현했다.

예제 22-15 hasattr()을 이용한 맞춤형 캐싱 로직은 키 공유 최적화를 비활성화한다.

```
@property
def speakers(self):
    if not hasattr(self, '__speaker_objs'):    ❶
        spkr_serials = self.__dict__['speakers']
        fetch = self.__class__.fetch
        self.__speaker_objs = [fetch(f'speaker.{key}')
                for key in spkr_serials]
    return self.__speaker_objs    ❷
```

❶ 인스턴스에 __speaker_objs라는 이름의 속성이 없으면 speaker 객체를 가져와 이 속성에 저장한다.

❷ self.__speaker_objs를 반환한다.

[예제 22-15]에서 구현한 캐시 논리는 간단하지만 인스턴스가 초기화된 후에 속성을 생성하는 것은 3.9절 'dict의 작동 방식이 미치는 영향'에서 설명했듯이 'PEP 412 - 키 공유 딕셔너리'(https://fpy.li/pep412)를 무용지물로 만든다. 그리고 데이터셋의 크기에 따라 메모리 사용량의 차이가 중요할 수도 있다.

키 공유 최적화를 유지하면서 비슷하게 캐싱을 구현하려면 필요한 speaker_objs를 None으로 초기화하고 speakers() 메서드에서 연설자를 확인하도록 Event 클래스의 __init__() 메서드를 구현해야 한다. [예제 22-16]을 보자.

---

[8] 이게 바로 이 장의 앞부분에 나온 메이어의 통일 접근 원칙의 문제점이다.

```python
class Event(Record):

    def __init__(self, **kwargs):
        self.__speaker_objs = None
        super().__init__(**kwargs)

# 중간의 15줄 생략...
    @property
    def speakers(self):
        if self.__speaker_objs is None:
            spkr_serials = self.__dict__['speakers']
            fetch = self.__class__.fetch
            self.__speaker_objs = [fetch(f'speaker.{key}')
                        for key in spkr_serials]
        return self.__speaker_objs
```

[예제 22-15]와 [예제 22-16]은 레거시 파이썬 코드베이스에서 상당히 자주 볼 수 있는 간단한 캐싱 기법을 보여 준다. 그러나 멀티스레드 프로그램에서는 이렇게 직접 구현한 캐싱 코드가 경쟁 조건을 일으켜 데이터를 훼손할 수 있다. 이전에 캐시되지 않은 프로퍼티를 두 스레드가 동시에 읽으려 할 때, 첫 번째 스레드가 캐시 속성(이 예제에서의 __speaker_objs)을 계산하고 두 번째 스레드는 아직 완성되지 않은 캐시된 값을 읽게 될 수도 있다.

다행히도 파이썬 3.8에서 @functools.cached_property 데커레이터가 소개되었는데, 이 데커레이터는 스레드 안전하다. 그러나 불행히도 이 데커레이터는 다음 절에서 설명하는 것처럼 주의할 점이 두 가지 있다.

22.3.5 5단계: functools로 프로퍼티 캐싱하기

functools 모듈은 캐싱을 위한 데커레이터 세 개를 제공한다. 9.9.1절 'functools.cache()를 이용한 메모이제이션'에서 @cache와 @lru_cache를 보았다. 파이썬 3.8은 @cached_property 데커레이터를 소개했다.

@functools.cached_property 데커레이터는 메서드 결과를 동일한 이름의 인스턴스 속성에 캐싱한다. 예를 들어 [예제 22-17]에서 venue() 메서드로 계산된 값은 self의 venue 속성에

저장된다. 그 후에 클라이언트 코드에서 venue를 읽으려고 하면 venue( ) 메서드를 호출하는
대신 새로 생성된 venue 인스턴스 속성을 사용한다.

예제 22-17 @cached_property의 간단한 사용 예

```
@cached_property
def venue(self):
    key = f'venue.{self.venue_serial}'
    return self.__class__.fetch(key)
```

22.3.3절 '3단계: 기존 속성보다 우선하는 프로퍼티'에서 프로퍼티가 동일 이름의 인스턴스 속
성을 가리는 것을 보았다. 이게 사실이라면 @cache_property는 어떻게 작동하는 걸까? 프로
퍼티가 인스턴스 속성을 가리면 venue 속성은 무시되고 언제나 venue( ) 메서드가 호출되어
key를 계산하고 fetch( )를 매번 실행할 것이다!

답은 다소 우울하다. cached_property라는 명칭이 잘못되었다. @cached_property 데커레
이터는 완전히 갖추어진 프로퍼티를 만들지 않고, **논오버라이딩 디스크립터**^{nonoverriding descriptor}를
생성한다. 디스크립터는 다른 클래스의 속성에 대한 접근을 관리하는 객체다. 디스크립터는
23장에서 자세히 다룬다. @property 데커레이터는 **오버라이딩 디스크립터**^{overriding descriptor}를 생성
하는 고수준 API다. 오버라이딩과 논오버라이딩 디스크립터의 차이는 23장에서 설명한다.

일단 지금은 내부 구현은 뒤로 하고 사용자 관점에서 @cached_property와 @property의 차
이를 알아보자. 레이먼드 헤팅거는 파이썬 문서(https://fpy.li/22-9)에서 이 차이를 아주
잘 설명한다.

---

9 출처: @functools.cached_property 문서(https://fpy.li/22-9). 필자는 레이먼드 헤팅거가 이 설명을 작성했음을 안
   다. 필자가 제기한 이슈(bpo42781—functools.cached_property 문서는 이 데커레이터가 논오버라이딩임을 명시해야 한다
   (functools.cached_property docs should explain that it is non-overriding)(https://fpy.li/22-11))에 대한 응답으로
   헤팅거가 이 설명서를 작성했기 때문이다. 레이먼드 헤팅거는 파이썬 문서와 표준 라이브러리의 주요 기여자이다. 그리고 이 책 23장의
   핵심 참고 문헌인 '디스크립터 사용 안내서(Descriptor HowTo Guide)'(https://fpy.li/22-12)의 저자이기도 하다.

cached_property()의 작동 방식은 property()와 약간 다르다. 일반적인 프로퍼티는 세
터 메서드를 정의하지 않는 한 속성에 쓰지 못하게 한다. 이와 반대로 cached_property()
는 쓰기를 허용한다.

cached_property() 데커레이터는 동일 이름의 속성이 존재하지 않을 때 읽기에 대해서만
실행된다. 실행되면 cached_property()는 동일 이름의 속성에 저장한다. 이다음부터 속성
에 대한 읽기와 쓰기는 cached_property() 메서드에 우선하고 일반 속성처럼 작동한다.

캐시된 값은 속성을 제거함으로써 지울 수 있다. 지우고 나면 cached_property() 메서드
가 다시 실행될 수 있다.[9]

이제 Event 클래스로 돌아가자. @cached_property의 작동 방식은 speakers를 데커레이트하
기에 부적합하다. 이 메서드가 이벤트 연설자의 일련번호가 있는 speakers라는 이름의 속성의
존재에 의존하기 때문이다.

> **WARNING** @cached_property는 다음과 같은 큰 제약이 있다.
>
> - 데커레이트할 메서드가 같은 이름의 인스턴스 속성에 이미 의존한다면 @property 대신 사용할 수
>   없다.
> - __slots__를 정의한 클래스에 사용할 수 없다.
> - 인스턴스 __dict__의 키 공유 최적화를 무용지물로 만든다. __init__()이 호출된 후에 인스턴스
>   속성을 만들기 때문이다.

이런 제약이 있지만, @cached_property는 공통적인 요구사항을 간단히 해결하며, 스
레드 안전하다. 이 프로퍼티의 파이선 코드(https://fpy.li/22-13)는 **재진입 록**reentrant
lock(https://fpy.li/22-14)을 사용하는 예를 보여 준다.

@cached_property 문서(https://fpy.li/22-15)는 speakers에 사용할 수 있는 또 다
른 방법을 권장한다. 즉, [예제 22-18]처럼 @property와 @cache 데커레이터를 누적(스태킹
stacking)해 사용하는 방법이다.

```
@property  ❶
@cache  ❷
def speakers(self):
    spkr_serials = self.__dict__['speakers']
    fetch = self.__class__.fetch
    return [fetch(f'speaker.{key}')
            for key in spkr_serials]
```

❶ 순서가 중요하다 @property가 위에 올라간다.

❷ 그 밑에 @cache가 온다.

9.9.1절 'functools.cache()를 이용한 메모이제이션'에서 '누적된 데커레이터' TIP 글상자를 확인해 이 구문의 의미를 상기해 보자. [예제 22-18]의 위쪽 세 줄은 다음과 같다.

```
speakers = property(cache(speakers))
```

@cache가 speakers에 적용되어 새로운 함수를 반환한다. 그 함수는 다시 @property로 데커레이트되어 새로 만들어진 프로퍼티로 교체된다.

이것으로 OSCON 데이터셋을 둘러보고, 읽기 전용 프로퍼티와 캐싱 데커레이터에 관한 설명을 마친다. 다음 절에서는 새로운 예제들을 통해 읽기/쓰기 프로퍼티를 만들어본다.

22.4 속성을 검증하기 위해 프로퍼티 사용하기

속성값을 계산하는 일 외에도, 프로퍼티는 클라이언트 코드에 영향을 끼치지 않으면서 공개 속성을 게터와 세터로 보호하는 속성으로 변경함으로써 비즈니스 논리를 적용하는 데도 사용된다. 이제 또 하나의 긴 예제를 알아보자.

22.4.1 LineItem 버전 #1: 주문 항목 클래스

유기농산물을 대량으로 판매하는 상점 앱을 생각해 보자. 이 상점에서 고객은 땅콩, 견과류, 시리얼을 무게별로 주문할 수 있다. 이 시스템에서 각 주문에는 일련의 품목^{line item}이 들어가며, 각 품목은 [예제 22-19]에 정의된 클래스의 인스턴스로 표현된다.

예제 22-19 bulkfood_v1.py: 기본적인 LineItem 클래스

```python
class LineItem:

    def __init__(self, description, weight, price):
        self.description = description
        self.weight = weight
        self.price = price

    def subtotal(self):
        return self.weight * self.price
```

깔끔하고 간단하지만, 너무 간단한 것 같다. 그래서인지 [예제 22-20]에 문제가 생겼다.

예제 22-20 무게가 음수면 합계가 음수가 된다.

```python
>>> raisins = LineItem('Golden raisins', 10, 6.95)
>>> raisins.subtotal()
69.5
>>> raisins.weight = -20     # 쓰레깃값이 들어가니
>>> raisins.subtotal()       # 쓰레깃값이 나온다...
-139.0
```

아주 간단한 예제지만, 생각만큼 멋지게 작동하지 않는다. 실제로 예전에 아마존닷컴^{Amazon.com}에서는 다음과 같은 일이 있었다고 한다.

---

10 월스트리트 저널 '세일즈맨의 탄생(Birth of a Salesman)' 기사(https://fpy.li/22-16, 2011년 10월 15일)에서 제프 베조스의 말을 직접 인용했다.

이 문제를 어떻게 고쳐야 할까? LineItem의 인터페이스를 변경해 weight 속성에 게터와 세터를 사용할 수 있다. 이는 자바 언어의 방식이며, 잘못된 것은 아니다.

하지만 weight에 값을 직접 할당해 항목의 무게를 설정하게 하는 방법이 더 자연스럽다. 그리고 이 시스템의 다른 부분에서 이미 item.weight 속성에 직접 접근하고 있을지도 모른다. 이럴 때는 데이터 속성을 프로퍼티로 변경하는 게 파이썬다운 방식이다.

22.4.2 LineItem 버전 #2: 검증하는 프로퍼티

프로퍼티를 구현하면 게터와 세터 메서드를 사용할 수 있지만, LineItem의 인터페이스는 바뀌지 않는다(즉, 프로퍼티를 구현해도 LineItem의 weight 속성을 설정할 때 여전히 raisins.weight = 12와 같이 작성한다).

[예제 22-21]은 읽기/쓰기 가능한 weight 프로퍼티 코드를 보여 준다.

예제 22-21 bulkfood_v2.py: weight 프로퍼티가 있는 LineItem

```python
class LineItem:

    def __init__(self, description, weight, price):
        self.description = description
        self.weight = weight        ❶
        self.price = price

    def subtotal(self):
        return self.weight * self.price
```

```python
    @property  ❷
    def weight(self):  ❸
        return self.__weight  ❹

    @weight.setter  ❺
    def weight(self, value):
        if value > 0:
            self.__weight = value  ❻
        else:
            raise ValueError('value must be > 0')  ❼
```

❶ 여기에서 이미 프로퍼티 세터가 사용되어 weight가 0이나 음수인 객체가 생성되지 않게 한다.

❷ @property로 게터 메서드를 데커레이트한다.

❸ 프로퍼티를 구현하는 메서드는 모두 공개 속성의 이름(여기서는 weight)으로 되어 있다.

❹ 실젯값은 비공개 속성인 __weight에 저장된다.

❺ 데커레이트된 게터 메서드에는 setter라는 속성이 있으며, 이것 또한 데커레이터다. 이렇게 해서 게터와 세터를 연결한다.

❻ 값이 0보다 크면 비공개 속성인 __weight를 그 값으로 설정한다.

❼ 그렇지 않으면 ValueError를 발생시킨다.

이제 잘못된 무게의 LineItem 객체를 생성하면 어떻게 되는지 살펴보자.

```python
>>> walnuts = LineItem('walnuts', 0, 10.00)
Traceback (most recent call last):
    ...
ValueError: value must be > 0
```

이제 사용자가 음수인 무게(weight)를 지정하지 못하도록 보호했다. 그런데 일반적으로 구매자가 항목의 단가(price)를 설정할 수 없지만, 데이터 입력자의 실수나 버그 때문에 LineItem의 단가가 음수가 될 수도 있다. 이 문제를 방지하려고 price도 프로퍼티로 만들 수 있지만, 그러면 비슷한 코드를 반복하게 된다.

17장에서 폴 그레이엄이 '내 프로그램에서 패턴이 보이면, 나는 이것을 문제의 징조라고 생각한다'라고 한 말을 상기해 보라. 반복을 치료하는 방법은 추상화다. 프로퍼티 정의를 추상화하려면 프로퍼티 팩토리나 디스크립터 클래스를 사용한다. 디스크립터 클래스는 융통성이 뛰어나며, 23장에서 자세히 설명한다. 프로퍼티 자체도 사실은 디스크립터 클래스로 구현된다. 그렇지만 여기서는 프로퍼티 팩토리를 함수로 구현함으로써 프로퍼티 사용법을 계속 알아본다.

그러나 프로퍼티 팩토리를 구현하기 전에, 프로퍼티를 좀 더 심도 있게 이해해야 한다.

22.5 프로퍼티 제대로 알아보기

내장된 property()는 비록 데커레이터로 사용되는 경우가 많지만, 사실상 클래스다. 파이썬에서 함수와 클래스는 서로 교환할 수 있을 때가 많다. 함수와 클래스는 모두 콜러블이고 객체를 생성하기 위한 new 연산자가 없으므로, 생성자를 호출하는 것은 팩토리 함수를 호출하는 것과 차이가 없다. 그리고 데커레이트된 함수를 적절히 대체할 수 있는 콜러블을 생성한다면 둘 다 데커레이터로 사용할 수 있다.

property() 생성자의 전체 시그너처는 다음과 같다.

```
property(fget=None, fset=None, fdel=None, doc=None)
```

모든 인수는 선택적이며, 인수에 함수를 제공하지 않으면 생성된 프로퍼티 객체가 해당 연산을 지원하지 않는다.

property 형은 파이썬 2.2에 추가되었지만, @ 기호를 사용한 데커레이터 구문은 파이썬 2.4에서 등장했다. 따라서 수년간 접근자 함수를 앞의 두 인수로 전달함으로써 프로퍼티를 정의했다.

[예제 22-22]는 데커레이터를 사용하지 않고 프로퍼티를 정의하는 '고전적인' 구문을 보여 준다.

예제 22-22 bulkfood_v2b.py: [예제 22-21]과 동일하지만 데커레이터를 사용하지 않는 LineItem

```python
class LineItem:

    def __init__(self, description, weight, price):
        self.description = description
        self.weight = weight
        self.price = price
```

```python
    def subtotal(self):
        return self.weight * self.price

    def get_weight(self):        ❶
        return self.__weight

    def set_weight(self, value):        ❷
        if value > 0:
            self.__weight = value
        else:
            raise ValueError('value must be > 0')

    weight = property(get_weight, set_weight)        ❸
```

❶ 평범한 게터

❷ 평범한 세터

❸ property 객체를 생성하고 클래스의 공개 속성에 할당한다.

고전적인 형식이 데커레이터 구문보다 나을 때도 있다. 잠시 후에 설명할 프로퍼티 팩토리가 그 사례다. 한편 메서드가 많은 클래스 본체 안에서 프로퍼티는 메서드명 앞에 **get**과 **set**을 사용하는 관례에 의존하지 않고도 무엇이 게터고, 무엇이 세터인지 명확히 보여 준다.

클래스 안에 프로퍼티가 존재하면 그 클래스 인스턴스 안에 있는 속성을 찾는 방식에 영향을 준다. 처음에는 다소 놀랄 수도 있다. 다음 절에서 자세히 알아보자.

22.5.1 인스턴스 속성을 가리는 프로퍼티

프로퍼티는 언제나 클래스 속성이지만, 실제로는 클래스의 인스턴스에 들어 있는 속성에 대한 접근을 관리한다.

11.12절 '클래스 속성 오버라이드'에서 설명했듯이, 인스턴스와 클래스에 모두 동일한 이름의 속성이 있으면, 인스턴스를 통해 속성에 접근할 때 인스턴스 속성이 클래스 속성을 가린다(즉, 오버라이드한다). [예제 22-23]은 이 현상을 잘 보여 준다.

예제 22-23 인스턴스 속성이 클래스 data 속성을 가린다.

```
>>> class Class:      ❶
...     data = 'the class data attr'
...     @property
...     def prop(self):
...         return 'the prop value'
...
>>> obj = Class()
>>> vars(obj)  ❷
{}
>>> obj.data  ❸
'the class data attr'
>>> obj.data = 'bar'  ❹
>>> vars(obj)  ❺
{'data': 'bar'}
>>> obj.data  ❻
'bar'
>>> Class.data   ❼
'the class data attr'
```

❶ data 속성과 prop 프로퍼티라는 두 개의 클래스 속성이 있는 Class를 정의한다.

❷ vars()는 인수의 __dict__를 반환하므로, 인스턴스에 아무런 속성이 없음을 보여 준다.

❸ obj.data를 읽으면 Class.data의 값을 가져온다.

❹ obj.data에 값을 저장하면 인스턴스 속성이 생성된다.

❺ 인스턴스 속성이 만들어졌는지 확인한다.

❻ 이제 obj.data를 읽으면 인스턴스 속성의 값을 가져온다. obj 인스턴스에서 값을 읽을 때, 인스턴스의 data가 클래스의 data를 가린다.

❼ Class.data 속성은 그대로다.

이제 obj 인스턴스의 prop 속성을 덮어써 보자. 앞 예제의 콘솔 세션에 이어 [예제 22-24]와 같이 실행된다.

예제 22-24 인스턴스 속성은 클래스 프로퍼티를 가리지 않는다([예제 22-23]에서 이어짐).

```
>>> Class.prop   ❶
<property object at 0x1072b7408>
>>> obj.prop   ❷
'the prop value'
```

```
>>> obj.prop = 'foo'   ❸
Traceback (most recent call last):
  ...
AttributeError: can't set attribute
>>> obj.__dict__['prop'] = 'foo'   ❹
>>> vars(obj)   ❺
{'data': 'bar', 'prop': 'foo'}
>>> obj.prop   ❻
'the prop value'
>>> Class.prop = 'baz'   ❼
>>> obj.prop   ❽
'foo'
```

❶ Class에서 prop을 직접 읽으면 게터 메서드를 통하지 않고 프로퍼티 객체 자체를 가져온다.

❷ obj.prop을 읽으면 프로퍼티 게터를 실행한다.

❸ 인스턴스의 prop 속성에 값을 할당하면 에러가 발생한다.

❹ obj.__dict__에 'prop'을 직접 넣으면 제대로 작동한다.

❺ 이제 obj에는 두 개의 인스턴스 속성(data와 prop)이 있는 것을 볼 수 있다.

❻ 그러나 obj.prop을 읽으면 여전히 프로퍼티 게터가 실행된다. 프로퍼티는 인스턴스 속성에 가려지지 않는다.

❼ Class.prop을 덮어쓰면 프로퍼티 객체가 제거된다.

❽ 이제 obj.prop은 인스턴스 속성을 가져온다. Class.prop은 더는 프로퍼티가 아니므로 obj.prop을 가리지 않는다.

마지막 예제로 Class에 새로운 프로퍼티를 추가하고, 이 프로퍼티가 인스턴스 속성을 가리는 것을 확인한다. [예제 22-25]는 [예제 22 24]에 이어 수행힌 콘솔 세션이다.

예제 22-25 새로운 클래스 프로퍼티는 기존 인스턴스 속성을 가린다([예제 22-24]에서 이어짐).

```
>>> obj.data   ❶
'bar'
>>> Class.data   ❷
'the class data attr'
>>> Class.data = property(lambda self: 'the "data" prop value')   ❸
>>> obj.data   ❹
'the "data" prop value'
>>> del Class.data   ❺
>>> obj.data   ❻
'bar'
```

❶ obj.data는 인스턴스의 data 속성을 가져온다.

❷ Class.data는 클래스의 data 속성을 가져온다.

❸ Class.data를 새로운 프로퍼티로 덮어쓴다.

❹ obj.data는 이제 Class.data 프로퍼티로 가려진다.

❺ 프로퍼티를 제거한다.

❻ 이제 다시 obj.data가 인스턴스의 data 속성을 가져온다.

이 절에서 설명하려는 핵심은 obj.data 같은 표현식이 obj 안에서 data를 찾기 시작하는 게 아니라는 점이다. 실제로 검색은 obj.__class__에서 시작하고, 클래스 안에 attr이라는 이름의 프로퍼티가 없을 때만 파이썬이 obj 인스턴스를 살펴본다. 이 규칙은 오버라이딩 디스크립터에 전체적으로 적용되며, 프로퍼티는 디스크립터의 한 예일 뿐이다. 디스크립터에 관한 자세한 설명은 23장으로 미룬다.

이제 다시 프로퍼티로 돌아가자. 모듈, 함수, 클래스, 메서드 등 파이썬 코드의 모든 유닛은 독스트링을 가질 수 있다. 다음 절에서는 프로퍼티에 문서를 연결하는 방법을 설명한다.

22.5.2 프로퍼티 문서화

콘솔의 help() 함수나 IDE 같은 도구가 프로퍼티에 대한 문서를 보여 주어야 할 때 프로퍼티의 __doc__ 속성에서 정보를 가져온다.

고전적인 호출 구문을 사용하는 경우에는 property()가 doc 인수로 전달된 문자열을 받는다.

```
weight = property(get_weight, set_weight, doc='weight in kilograms')
```

게터 메서드(@property 데커레이터가 붙은 메서드)의 독스트링은 프로퍼티 전체의 문서로 사용된다. [그림 22-1]은 [예제 22-26]의 코드로 생성한 도움말 화면이다.

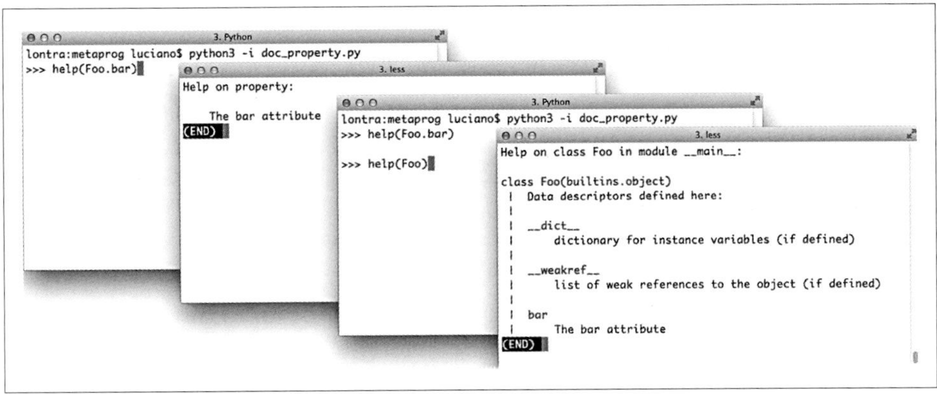

그림 22-1 help(Foo.bar)와 Help(Foo) 명령을 실행한 파이썬 콘솔 화면. 소스 코드는 [예제 22-26]에 있다.

예제 22-26 프로퍼티에 대한 문서

```python
class Foo:

    @property
    def bar(self):
        """The bar attribute"""
        return self.__dict__['bar']

    @bar.setter
    def bar(self, value):
        self.__dict__['bar'] = value
```

프로퍼티의 핵심 사항을 살펴봤으니, 이제 두 개의 거의 동일한 세터/게터를 직접 구현하지 않고도 LineItem의 weight와 price 속성이 0보다 큰 값만 받을 수 있도록 보호하는 문제로 돌아가자.

22.6 프로퍼티 팩토리 구현하기

여기서는 quantity()라는 프로퍼티 팩토리를 만든다. 이 팩토리가 관리하는 속성은 0보다 큰 값만 가져야 한다는 의미에서 quantity라는 이름을 붙였다. [예제 22-27]은 두 개의

quantity 프로퍼티 객체를 이용해 정의한 깔끔한 LineItem 클래스를 보여 준다. 프로퍼티 객체 하나는 weight 속성을, 다른 하나는 price 속성을 관리한다.

예제 22-27 bulkfood_v2prop.py: quantity() 프로퍼티 팩토리의 사용

```
class LineItem:
    weight = quantity('weight')   ❶
    price = quantity('price')   ❷

    def __init__(self, description, weight, price):
        self.description = description
        self.weight = weight   ❸
        self.price = price

    def subtotal(self):
        return self.weight * self.price   ❹
```

❶ 팩토리를 이용해 첫 번째 프로퍼티 weight를 클래스 속성으로 정의한다.

❷ 두 번째 호출할 때는 또 다른 프로퍼티 price가 정의된다.

❸ 이미 프로퍼티가 활성화되었으므로 weight가 0이나 음수가 되지 않게 보장한다.

❹ 이미 프로퍼티가 사용되었으므로 객체에 저장된 값을 가져온다.

프로퍼티는 클래스 속성이라는 점을 주의하라. quantity() 프로퍼티를 생성할 때 해당 프로 퍼티로 관리되는 LineItem 속성의 이름을 전달해야 한다. 다음 코드에서 weight라는 단어를 두 번이나 입력하는 것은 좋지 않아 보인다.

```
    weight = quantity('weight')
```

그러나 프로퍼티가 어느 클래스 속성명에 바인딩해야 할지 알 방법이 없으므로, 이렇게 반복하지 않으면 복잡해진다. 할당문의 오른쪽이 먼저 평가되므로 quantity()가 호출될 때 weight 클래스 속성은 존재하지 않음에 주의하라.

> **NOTE** 속성명을 두 번 입력하지 않도록 quantity() 프로퍼티를 개선하려면 아주 복잡한 메타프로그래 밍 기법이 요구된다. 23장에서 이 문제를 해결할 것이다.

[예제 22-28]은 quantity() 프로퍼티 팩토리의 소스 코드를 보여 준다.[11]

예제 22-28 bulkfood_v2prop.py: quantity() 프로퍼티 팩토리

```python
def quantity(storage_name):        ❶

    def qty_getter(instance):      ❷
        return instance.__dict__[storage_name]        ❸

    def qty_setter(instance, value):      ❹
        if value > 0:
            instance.__dict__[storage_name] = value        ❺
        else:
            raise ValueError('value must be > 0')

    return property(qty_getter, qty_setter)        ❻
```

❶ storage_name 인수는 각 프로퍼티를 어디에 저장할지 결정한다. weight 속성의 storage_name은 'weight'가 된다.

❷ qty_getter()의 첫 번째 인수명을 self로 할 수도 있지만, 이 메서드가 클래스 본체에 있는 것이 아니므로 저장할 객체를 가리키게 된다. 즉, instance는 속성을 저장할 LineItem 인스턴스를 가리킨다.

❸ qty_getter()가 storage_name을 참조하므로, storage_name은 이 함수의 클로저에 보관된다. 프로퍼티를 사용하면 무한히 재귀적으로 호출되므로, 프로퍼티를 우회하려고 instance.__dict__에서 직접 속성을 가져온다.

❹ qty_setter()도 첫 번째 인수로 instance를 받도록 정의한다.

❺ 여기에서도 프로퍼티를 우회해서 instance.__dict__에 직접 value를 저장한다.

❻ 사용자 정의 프로퍼티 객체를 생성해 반환한다.

[예제 22-28]에서 storage_name 변수 주변 코드는 주의 깊게 살펴볼 필요가 있다. 프로퍼티를 전통적인 방식으로 구현하는 경우에는 값을 저장할 속성명이 게터와 세터 메서드 안에 하드코딩된다. 그러나 여기서 qty_getter()와 qty_setter()는 제네릭 함수이며, 객체의 __dict__ 안에 있는 어느 속성에서 값을 가져오고 어느 속성에 값을 저장할지 판단할 때 storage_name에 의존한다. quantity() 팩토리 함수가 호출될 때마다 프로퍼티를 생성하므로, storage_name 은 고유한 값으로 설정되어야 한다.

---

11 이 코드는 데이비드 비즐리, 브라이언 K. 존스의 『Python Cookbook, 3E』(오라일리, 2013)의 9.21절 '프로퍼티 메서드 반복하지 않기'의 예제 코드를 적당히 수정한 것이다.

qty_getter( )와 qty_setter( ) 함수는 팩토리 함수 마지막 행에서 생성된 property 객체에 의해 래핑된다. 나중에 호출될 때 이 함수들은 자신의 클로저에서 storage_name을 가져와 어느 속성을 읽고, 어느 속성에 저장할지 결정한다.

[예제 22-29]에서는 LineItem 객체를 생성하고 조사해 값을 저장하는 속성을 보여 준다.

예제 22-29 bulkfood_v2prop.py: 프로퍼티와 스토리지 속성 살펴보기

```
>>> nutmeg = LineItem('Moluccan nutmeg', 8, 13.95)
>>> nutmeg.weight, nutmeg.price     ❶
(8, 13.95)
>>> nutmeg.__dict__     ❷
{'description': 'Moluccan nutmeg', 'weight': 8, 'price': 13.95}
```

❶ 프로퍼티를 통해 weight와 price를 읽으므로 동일한 이름의 인스턴스 속성을 가린다.

❷ vars( )를 이용해 nutmeg 객체를 조사한다. 여기서는 값을 저장하는 데 사용되는 실제 인스턴스 속성을 보여 준다.

팩토리가 만든 프로퍼티가 22.5.1절 '인스턴스 속성을 가리는 프로퍼티'에서 설명한 대로 작동함을 명심하라. weight 프로퍼티는 weight 인스턴스 속성을 가리므로 self.weight나 nutmeg.weight로 참조하는 것은 모두 프로퍼티 함수에서 처리되며, 인스턴스의 __dict__에 접근하는 방법을 이용해야 프로퍼티 논리를 피해 갈 수 있다.

[예제 22-28]의 코드는 약간 어렵지만, 아주 간단하다. 길이로 보면 [예제 22-21]에서 정의한 weight 프로퍼티의 게터와 세터 메서드와 똑같다. [예제 22-27]의 LineItem 정의는 게터와 세터로 어지럽혀지지 않아서 훨씬 더 보기 좋다.

실제 시스템에서는 이런 형태의 검증을 여러 필드와 클래스에서 볼 수 있으며, quantity( ) 프로퍼티 팩토리는 유틸리티 모듈에 넣어 계속 사용할 수 있다. 결국 이 간단한 팩토리는 리팩터링을 통해 확장성이 향상된 디스크립터 클래스가 되며, 특화된 서브클래스는 여러 가지 다른 형태의 검증을 수행한다. 23장에서는 이와 같은 예제를 만들어본다.

이제 속성 제거 문제를 알아보면서 프로퍼티에 대한 설명을 마치고자 한다.

22.7 속성 제거 처리하기

`del` 문을 사용하면 변수뿐만 아니라 인스턴스 속성도 제거할 수 있다.

```
>>> class Demo:
...     pass
...
>>> d = Demo()
>>> d.color = 'green'
>>> d.color
'green'
>>> del d.color
>>> d.color
Traceback (most recent call last):
  File "<stdin>", line 1, in <module>
AttributeError: 'Demo' object has no attribute 'color'
```

실제로 속성을 제거하는 연산은 파이썬에서 자주 수행하지 않으며, 프로퍼티로 처리해야 하는 경우는 더더욱 드물다. 그러나 프로퍼티로 속성을 제거하는 연산이 지원되며, 필자는 이 기능을 보여줄 우스꽝스러운 예제를 생각해 낼 수 있다.

프로퍼티 정의에서 `@my_propety.deleter`로 데커레이트된 데커레이터는 이 프로퍼티에 의해 관리되는 속성을 제거하는 책임을 진다. [예제 22-30]은 프로퍼티 제거자를 구현하는 방법을 보여 주는 우스꽝스러운 예제다. 이 예제는 〈몬티 파이튼의 성배^{Monty Python and the Holy Grail}〉의 흑기사에서 영감을 얻었다.[12]

예제 22-30 blackknight.py

```
class BlackKnight:

    def __init__(self):
        self.phrases = [
            ('an arm', "'Tis but a scratch."),
            ('another arm', "It's just a flesh wound."),
            ('a leg', "I'm invincible!"),
            ('another leg', "All right, we'll call it a draw.")
```

---

[12] 이 기괴한 장면은 유튜브 영상(https://fpy.li/22-17)에서 볼 수 있다.

```python
    ]

@property
def member(self):
    print('next member is:')
    return self.phrases[0][0]

@member.deleter
def member(self):
    member, text = self.phrases.pop(0)
    print(f'BLACK KNIGHT (loses {member}) -- {text}')
```

blackknight.py에 있는 doctest는 [예제 22-31]과 같다.

예제 22-31 blackknight.py: [예제 22-30]의 doctest(흑기사는 절대 패배를 인정하지 않는다.)

```python
>>> knight = BlackKnight()
>>> knight.member
next member is:
'an arm'
>>> del knight.member
BLACK KNIGHT (loses an arm) -- 'Tis but a scratch.
>>> del knight.member
BLACK KNIGHT (loses another arm) -- It's just a flesh wound.
>>> del knight.member
BLACK KNIGHT (loses a leg) -- I'm invincible!
>>> del knight.member
BLACK KNIGHT (loses another leg) -- All right, we'll call it a draw.
```

데커레이터 대신 고전적인 호출 구문을 사용할 때는 fdel 인수를 사용해서 제거 함수를 설정한다. 예를 들어 BlackKnight 클래스의 본체에서는 다음과 같이 member 프로퍼티를 구현할수 있다.

```python
member = property(member_getter, fdel=member_deleter)
```

프로퍼티를 사용하지 않을 때는 22.8.3절 '속성을 처리하는 특별 메서드'에서 설명하는 __delattr__() 저수준 특별 메서드를 구현해 속성을 제거할 수 있다. __delattr__() 특별 메서드를 이용해 이 우스꽝스러운 클래스를 구현하는 것은 여러분을 위한 연습 문제로 남겨둔다.

프로퍼티는 강력한 기능이지만, 더 간단하거나 저수준의 다른 방법이 좋을 때도 있다. 이 장의 마지막 절에서는 동적 속성 프로그래밍을 위해 파이썬이 제공하는 핵심 API 몇 가지를 살펴본다.

22.8 속성 처리를 위한 핵심 속성과 함수

이 장 내내, 그리고 앞에 나온 여러 장에서도 동적 속성을 처리하기 위해 파이썬이 제공하는 몇 가지 내장 함수와 특별 메서드를 사용했다. 이 절에서는 이 속성과 메서드를 한데 모아 간략히 정리해 본다. 공식 문서에서는 이들 속성과 메서드에 관한 문서가 여기저기 흩어져 있기 때문이다.

22.8.1 속성 처리에 영향을 주는 특별 속성

앞으로 설명할 함수와 특별 메서드의 작동은 다음과 같은 세 가지 특별 속성에 의존한다.

`__class__`

객체의 클래스에 대한 참조(즉, `obj.__class__`는 `type(obj)`와 동일하다). 파이썬은 `__getattr__()`과 같은 특별 메서드를 객체 자체가 아니라 인스턴스의 클래스에서만 검색한다.

`__dict__`

객체나 클래스의 쓰기 가능 속성을 저장하는 매핑. `__dict__`가 있는 객체는 임의의 새로운 속성을 언제든지 설정할 수 있다. 클래스에 `__slots__` 속성이 있으면, 이 클래스의 인스턴스에는 `__dict__`가 없을 수도 있다. 다음의 `__slots__` 설명을 참조하라.

`__slots__`

메모리 사용량을 줄이기 위해 클래스 안에 정의할 수 있는 속성. `__slots__`는 허용된 속성명을 담은 일종의 튜플이다.[13] `__dict__`가 `__slots__`에 들어 있지 않으면, 이 클래스의

---

[13] 알렉스 마르텔리가 지적했듯이, `__slots__`를 리스트로 구현할 수도 있지만, 이 속성의 의도를 명백히 보여 주는 튜플이 더 바람직하다. 클래스 본체가 실행된 후 `__slots__`에 들어 있는 리스트를 변경해도 아무런 영향이 없으므로, 가변형인 리스트를 사용하면 사용자가 오해할 여지가 있다.

인스턴스는 자체적인 __dict__를 가질 수 없고, 여기에 나열된 속성만 만들 수 있다. 자세한 내용은 11.11절 '__slots__로 메모리 절약하기'를 참조하라.

22.8.2 속성을 처리하는 내장 함수

다음 다섯 개의 내장 함수는 읽기, 쓰기, 인트로스펙션(내부 조사)을 할 수 있다.

dir([object])

대부분의 객체 속성을 나열한다. 공식 문서(https://fpy.li/22-18)에 따르면 dir()은 대화형 세션에서 사용하기 위한 것으로서 전체 속성의 리스트를 제공하지 않지만 '흥미로운' 속성명을 나열한다. 객체에 __dict__가 있든 없든 dir()은 객체 내부를 조사할 수 있다. __dict__ 자체는 dir()이 나열하지 않지만, __dict__에 들어 있는 키들은 나열한다. __mro__(), __bases__(), __name__() 등의 특별 메서드도 dir()이 나열하지 않는다. [예제 22-4]에서처럼 __dir__() 특별 메서드를 구현하면 dir()의 출력을 커스터마이즈할 수 있다. dir()의 object는 선택적 인수로, 이 인수를 지정하지 않으면 현재 범위에 있는 이름을 나열한다.

getattr(object, name[, default])

object에서 name 문자열로 식별된 속성을 가져온다. 이 함수는 우리가 이전에 이름을 모르던 속성이나 메서드를 가져오는 데 주로 사용한다. 가져올 속성이 존재하지 않을 때 getattr()은 default 값을 반환하는데, default 값이 없으면 AttributeError를 발생시킨다. gettattr()을 사용하는 멋진 사례는 표준 라이브러리의 cmd 패키지에서 사용자 정의 명령을 가져와 실행하기 위한 Cmd.onecmd() 메서드(https://fpy.li/22-19)에서 볼 수 있다.

hasattr(object, name)

해당 이름의 속성이 object에 있거나 상속 등의 메커니즘으로 가져올 수 있으면 True를 반환한다. 공식 문서(https://fpy.li/22-20)에 따르면 이 함수는 getattr(object, name)을 호출하고 `AttributeError` 예외가 발생하는지 확인한다.

setattr(object, name, value)

`object`가 허용하면 `name` 속성에 `value`를 할당한다. 이 함수는 새로운 속성을 생성하거나 기존 속성의 값을 변경한다.

vars([object])

`object`의 `__dict__`를 반환한다. `dir()` 함수와 달리 `__slots__`는 있고 `__dict__`는 없는 클래스의 인스턴스는 처리할 수 없다(`dir()`은 `__dict__`가 없는 인스턴스도 처리할 수 있다). 인수를 전달하지 않으면 `vars()`는 현재 범위의 `__dict__`를 가져오므로 `locals()`와 동일하게 작동한다.

22.8.3 속성을 처리하는 특별 메서드

이 절에 나열된 특별 메서드를 사용자 정의 클래스에서 구현하면, 속성을 가져오고, 설정하고, 삭제하고, 나열한다.

점 표기법이나 `getattr()`, `hasattr()`, `setattr()` 내장 함수를 이용해서 속성에 접근하면, 실제로 여기에 나열된 특별 메서드를 호출한다. `__dict__`에 직접 속성을 쓰거나 읽으면 특별 메서드를 호출하지 않는데, 이는 특별 메서드를 우회하려고 일반적으로 사용하는 방법이다.

파이썬 공식 문서의 3.3.9절 '특별 메서드 조회Special method lookup'(https://fpy.li/22-21)에서는 다음과 같이 주의를 준다.

> 사용자 정의 클래스에서는 객체의 인스턴스 딕셔너리가 아니라 객체의 클래스에 정의되어야 암묵적으로 호출하는 특별 메서드가 제대로 작동한다.

즉, 실제 행동의 대상이 인스턴스인 경우에도 특별 메서드를 클래스 자체에서 가져온다고 생각할 수 있다. 따라서 특별 메서드는 동일한 이름의 속성이 인스턴스에 있더라도 가려지지 않는다.

다음 예제들에서 Class라는 이름의 클래스, Class의 인스턴스인 obj, obj의 속성인 attr이 있다고 가정하자.

여기에 나열된 특별 메서드들은 22.8.2절 '속성을 처리하는 내장 함수'에서 설명한 내장 함수를 사용하든, 점 표기법을 사용하든, 속성에 접근하면 호출된다. 예를 들어 obj.attr과 getattr(obj, 'attr', 42)는 모두 Class.__getattribute__(obj, 'attr')이 호출되게 한다.

__delattr__(self, name)

del 문을 이용해 속성을 제거하려고 할 때 늘 호출된다. 즉, del obj.attr은 Class.__delattr__(obj, 'attr')이 실행되게 한다. attr이 프로퍼티이고 클래스에 __delattr__() 메서드가 구현되었다면, 제거 메서드가 절대 호출되지 않는다.

__dir__(self)

속성을 나열하려고 객체에 dir()을 호출할 때 호출된다. 즉, dir(obj)는 Class.__dir__(obj)가 실행되게 만든다. 그리고 최신 파이썬 콘솔에서 탭 완성 기능을 이용할 때도 호출된다.

__getattr__(self, name)

obj, Class, Class의 슈퍼클래스를 검색해 명명된 속성을 가져오려고 시도하다 실패할 때 호출된다. obj.no_such_attr, get attr(obj, 'no_such_attr'), hasattr(obj, 'no_such_attr')도 Class.__getattr__(obj, 'no_such_attr')가 실행되게 할 수 있지만, obj, Class, Class의 슈퍼클래스에 그 이름의 속성이 없을 때만 호출된다.

__getattribute__(self, name)

특별 속성이나 메서드가 아닌 속성을 가져올 때 늘 호출된다(__repr__() 메서드를 가져올 때 등 일부 경우에 인터프리터가 호출하지 않을 수도 있다). 점 표기법 및 geattr()과 hasattr() 내장 함수에 의해 실행된다. __getattr__()은 __getattribute__()이 AttributeError 예외를 발생시킬 때만 호출된다. 인스턴스 obj의 속성을 가져올 때 무한히 재귀 호출하는 것을 피하려면 __getattribute__()는 super().__getattribute__(obj, name)을 호출해야 한다.

__setattr__(self, name, value)

지정한 속성에 값을 설정할 때 늘 호출된다. 점 표기법과 setattr() 내장 함수에 의해 이 메서드가 호출된다. 예를 들어 obj.attr = 42와 setattr(obj, 'attr', 42), 둘 다 Class.__setattr__(obj, 'attr', 42)가 호출되게 한다.

> **WARNING** 사실 모든 속성 접근에 무조건 호출되므로 __getattribute__()와 __setattr__()은 존재하지 않는 속성명만 처리하는 __getattr__()보다 제대로 구현하기 어렵다. 이런 특별 메서드를 정의하는 것보다 프로퍼티나 디스크립터를 이용하는 편이 에러를 줄이는 데 도움이 된다.

이것으로 프로퍼티, 특별 메서드, 그 외 동적 속성 구현 기법에 관한 설명을 마친다.

22.9 요약

먼저 JSON 데이터셋을 처리하기 쉽게 해 주는 간단한 실용적인 예제를 살펴보면서 동적 속성에 관한 설명을 시작했다. 첫 번째로 구현한 FrozenJSON 클래스는 내포된 딕셔너리와 리스트를 내포된 FrozenJSON 인스턴스 및 이 인스턴스의 리스트로 변환한다. FrozenJSON 클래스는 __getattr__() 특별 메서드를 이용해 속성을 읽을 때마다 즉석에서 데이터 구조체를 변환하는 방법을 보여 준다. FrozenJSON의 마지막 버전은 클래스를 객체 팩토리로 만들어주는 __new__() 생성자 메서드의 사용법을 보여 준나. __new__()는 자기 클래스의 인스턴스뿐만 아니라 어떠한 객체도 생성할 수 있다.

그리고 나서 JSON 데이터셋을 Record 인스턴스를 담은 딕셔너리로 변환했다. Record의 첫 번째 버전은 단지 몇 줄짜리 코드지만, __init__()에 전달된 임의의 키워드 인수로부터 속성을 생성하는 데 사용하는 self.__dict__.update(**kwargs) 등 아주 많은 관용구를 보여주었다. 이 예제의 두 번째 버전에서는 프로퍼티를 이용해 연결된 레코드를 자동으로 가져오는 Event 클래스를 추가했다. 계산된 프로퍼티값은 종종 캐싱이 필요하며, 캐싱하는 몇 가지 기법을 설명했다.

@functools.cached_property를 늘 사용할 수는 없음을 깨달은 후에는 @functools.cache 위에 @property를 결합하는 또 다른 방법도 배웠다.

프로퍼티에 관한 설명은 LineItem 클래스로 이어졌다. 여기에서는 프로퍼티를 활용해 weight 속성이 음수나 0이 되지 않게 보호했다. 프로퍼티 구문과 의미를 자세히 살펴본 후, 게터와 세터를 중복해서 구현할 필요 없이 weight와 price를 동일하게 검증하기 위해 프로퍼티 팩토리를 만들었다. 프로퍼티 팩토리는 클로저 개념 및 프로퍼티에 의해 가려지는 객체 속성 개념을 활용해 하드코딩된 프로퍼티 정도의 코드양으로 세련된 범용 프로퍼티를 만들게 해 준다.

마지막으로 프로퍼티를 이용해 속성을 제거하는 방법과 핵심 파이썬 언어에서 속성 메타프로그래밍을 지원하는 핵심적인 특별 속성, 내장 함수, 특별 메서드를 간략히 살펴봤다.

## CHAPTER 23

속성 디스크립터

> 디스크립터를 배우면 더욱 다양한 도구에 접근할 수 있을 뿐만 아니라, 파이썬의 작동 방식과 멋진 설계도 깊이 이해할 수 있게 된다.[1]
>
> — 레이먼드 헤팅거
> **파이썬 핵심 개발자이자 구루 개발자**

디스크립터를 이용하면 여러 속성에 대한 동일한 접근 논리를 재사용할 수 있다. 예를 들어 장고 ORM과 SQLAlchemy의 ORM^{object–relational mapping}(객체 관계 매핑)에 있는 필드의 자료형들은 디스크립터로 구현되어서, 데이터베이스 레코드의 필드에 들어 있는 데이터와 파이썬 객체 속성 간에 상호 변환하게 해 준다.

디스크립터는 `__get__()`, `__set__()`, `__delete__()` 메서드로 구성된 동적 프로토콜을 구현하는 클래스다. `property` 클래스는 디스크립터 프로토콜을 완벽히 구현한다. 동적 프로토콜이 그렇듯이, 메서드 중 일부만 구현해도 된다. 사실 실제로 보는 대부분의 디스크립터는 `__get__()`과 `__set__()` 메서드만 구현하며, 이 중 하나만 구현하는 디스크립터도 많다.

디스크립터는 파이썬의 독특한 특징으로, 애플리케이션 수준뿐만 아니라 언어의 기반 구조에도 적용되었다. 사용자 정의 함수는 디스크립터다. 호출 방법에 따라 디스크립터 프로토콜이

---

1 레이먼드 헤팅거의 '디스크립터 사용 안내서' 문서(https://fpy.li/descrhow)에서 인용했다.

메서드가 바운드 메서드bound method나 언바운드 메서드unbound method로 작동하게 해 주는 방법도 알아볼 것이다.

파이썬을 정복하려면 디스크립터를 알아야 한다. 이 장에서는 디스크립터를 집중적으로 알아본다.

이 장에서는 22.4절 '속성을 검증하기 위해 프로퍼티 사용하기'에서 본 bulkfood 예제들의 프로퍼티를 디스크립터로 바꾸도록 리팩터링한다. 이렇게 하면 여러 클래스에서 속성 검증하는 논리를 재사용하기도 쉬워진다. 오버라이딩 디스크립터와 논오버라이딩 디스크립터 개념을 파악하고 파이썬 함수가 디스크립터라는 사실도 깨닫게 된다. 마지막으로 디스크립터를 구현하는 몇 가지 팁도 알아본다.

23.1 이 장의 변경 사항

23.2.2절 'LineItem 버전 #4: 저장소 속성명 자동으로 붙이기'의 Quantity() 디스크립터 예제가 파이썬 3.6 디스크립터 프로토콜에 추가된 __set_name__() 특별 메서드 덕분에 극적으로 단순해졌다.

23.2.2절 'LineItem 버전 #4: 저장소 속성명 자동으로 붙이기'에 있던 프로퍼티 팩토리 예제는 의미가 없어졌기 때문에 제거했다. Quantity() 문제를 해결하는 다른 방법을 보여 주는 예제였는데, __set_name__() 메서드가 추가되면서 디스크립터 해결책이 훨씬 더 간단해졌기 때문이다.

23.2.3절 'LineItem 버전 #5: 새로운 디스크립터형'에 있던 AutoStorage 클래스도 __set_name__() 때문에 필요 없어져서 제거했다.

23.2 디스크립터 예: 속성 검증

22.6절 '프로퍼티 팩토리 구현하기'에서 설명했듯이, 프로퍼티 팩토리를 사용하면 함수형 프로그래밍 스타일을 적용함으로써 똑같은 게터와 세터를 반복해서 구현할 필요가 없어진다. 프로

퍼티 함수는 고위 함수로서 일련의 접근자 함수를 매개변수화하고 storage_name과 같은 환경 변수를 클로저에 담아서 사용자 정의 프로퍼티 객체를 생성한다. 이와 동일한 문제를 객체지향 방식으로 해결한 것이 디스크립터 클래스다.

여기서는 22.6절 '프로퍼티 팩토리 구현하기'의 LineItem 예제를 계속 이용해 quantity() 프로퍼티 팩토리를 Quantity 디스크립터 클래스로 리팩터링한다. 디스크립터로 만들면 사용하기 더 쉬워진다.

23.2.1 LineItem 버전 #3: 간단한 디스크립터

이 장 서두에서 얘기했듯이, __get__(), __set__(), __delete__() 메서드를 구현하는 클래스가 디스크립터다. 디스크립터의 인스턴스를 다른 클래스의 클래스 속성으로 정의함으로써 디스크립터를 사용한다.

Quantity 디스크립터 클래스를 생성하고, LineItem 클래스는 두 개의 Quantity 인스턴스를 사용할 것이다. 하나는 weight 속성을, 다른 하나는 price 속성을 관리하는 데 사용한다. 그림으로 보면 이해하기 쉬우니 [그림 23-1]을 보자.

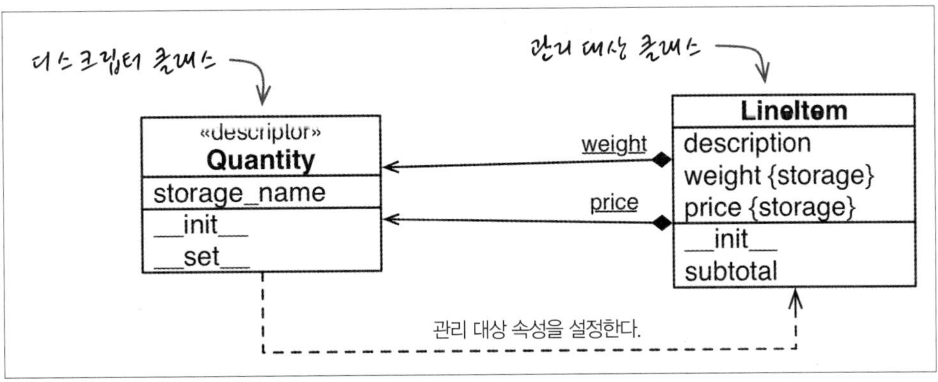

그림 23-1 Quantity 디스크립터 클래스를 사용하는 LineItem 클래스의 UML 클래스 다이어그램. 밑줄 친 속성은 클래스 속성이다. weight와 price는 LineItem 클래스에 연결된 Quantity 인스턴스이지만, LineItem 인스턴스도 값을 저장하는 자신의 weight와 price 속성이 있다.

[그림 23-1]에 weight라는 단어가 두 번 나옴에 주의하라. 실제로 weight라는 이름의 속성이 두 개 따로 존재한다. 하나는 LineItem의 클래스 속성이며, 다른 하나는 각각의 LineItem 인스턴스에 존재하는 인스턴스 속성이다. 이것은 price도 마찬가지다.

디스크립터 관련 용어

디스크립터를 구현하고 사용하는 데 여러 요소가 필요하므로, 각 요소의 명칭을 명확히 해두는 편이 좋다. 이 장 예제를 설명할 때 다음 용어와 정의를 사용한다. 일단 코드를 보고 나면 이해하기 더 쉽겠지만, 미리 정의해두고 진행하면 나중에 필요할 때 참조하기 좋을 것이다.

디스크립터 클래스descriptor class

디스크립터 프로토콜을 구현하는 클래스. [예제 23-1]의 Quantity 클래스가 디스크립터 클래스다.

관리 대상 클래스managed class

디스크립터 객체를 클래스 속성으로 선언하는 클래스. [예제 23-1]의 LineItem 클래스가 관리 대상 클래스다.

디스크립터 인스턴스descriptor instance

관리 대상 클래스의 클래스 속성으로 선언된, 디스크립터 클래스의 인스턴스. [그림 23-1] 에서 각각의 디스크립터 인스턴스는 밑줄 친 이름이 있는 구성 화살표로 표현된다(UML에서 밑줄 친 속성은 클래스 속성을 나타낸다). 디스크립터 인스턴스가 있는 LineItem 클래스 쪽에 검은 마름모가 온다.

관리 대상 인스턴스managed instance

관리 대상 클래스의 인스턴스. 이 예제에서는 LineItem 인스턴스들이 관리 대상 인스턴스가 된다(클래스 다이어그램에는 나오지 않았다).

저장소 속성storage attribute

특정 인스턴스의 관리 대상 속성값을 보관할 관리 대상 인스턴스의 속성. [그림 23-1]에서 LineItem 인스턴스의 weight와 price가 저장소 속성이다. 이들은 언제나 클래스 속성인 디스크립터 인스턴스와는 별개다.

관리 대상 속성managed attribute

디스크립터 인스턴스가 관리하는 관리 대상 클래스의 공개 속성. 이 속성값은 저장소 속성에 저장된다. 정리하면, 디스크립터 인스턴스와 저장소 속성이 관리 대상 속성의 기반을 제공한다.

Quantity 인스턴스는 LineItem의 클래스 속성이라는 점에 주의해야 한다. [그림 23-2]에 공장과 장치 표기법Mills & Gizmos Notation (MGN)을 이용해서 이 점을 강조했다.

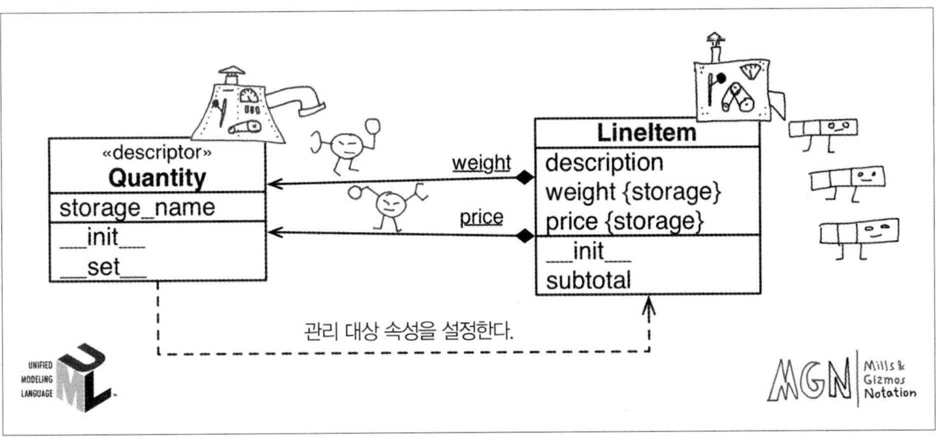

그림 23-2 공장과 장치 표기법(MGN)으로 설명을 붙인 UML 클래스 다이어그램. 클래스는 장치(인스턴스)를 생산하는 공장이다. Quantity 공장은 두 개의 빨간 장치를 생산하는데, 이 장치는 LineItem 공장의 weight와 price에 연결된다. LineItem 공장은 파란 장치들을 생산하는데, 파란 장치들에는 각각 고유한 weight와 price 속성이 있으며, 이 속성에 값이 저장된다.

공장과 장치 표기법 소개

디스크립터에 관한 설명을 자주 하다 보니 UML은 관리 대상 클래스와 디스크립터 인스턴스 간의 관계처럼 클래스와 인스턴스 간의 관계를 표현하기에 별로 좋지 않음을 깨달았다.[2] 그래서 필자는 UML 다이어그램에 설명을 붙이는 데 사용할 '공장과 장치 표기법(MGN)'이라는 나만의 '언어'를 만들어냈다.

---

[2] UML에서 클래스와 인스턴스는 사각형으로 그린다. 시각적인 차이가 있지만, 클래스 다이어그램에서 인스턴스를 보여 주는 일은 거의 없으므로, 인스턴스를 인스턴스로 인식하지 못할 수도 있다.

MGN은 클래스와 인스턴스를 아주 분명히 구분하기 위해 만들어졌다. [그림 23-3]을 보자. MGN에서 클래스는 장치를 생산하는 복잡한 기계인 '공장'으로 나타난다. 공장(클래스)은 다양한 조작 장치가 있는 기계다. 장치는 인스턴스이며 훨씬 더 간단하다. 장치는 자신을 생산한 공장과 동일한 색상이다.

그림 23-3 세 개의 인스턴스를 만드는 LineItem 클래스와 두 개의 인스턴스를 만드는 Quantity 클래스를 보여 주는 공장과 장치 그림. Quantity의 인스턴스 하나가 LineItem 인스턴스에 저장된 값을 가져오고 있다.

이 예제에서 LineItem 인스턴스는 세 개의 속성(설명, 무게, 가격)을 표현하려고 셀이 세 개인 한 줄의 표로 그렸다. 디스크립터인 Quantity 인스턴스는 값을 가져와서 살펴보는 __get__()이라는 돋보기와 값을 설정하는 __set__()이라는 집게가 있다. 메타클래스를 설명할 때, 이런 그림을 고안해 낸 필자에게 감사할 것이다.

그림은 충분히 본 것 같다. 이제 코드를 살펴보자. [예제 23-1]은 Quantity 디스크립터 클래스이고, [예제 23-2]는 Quantity 인스턴스 두 개를 사용하는 새로운 LineItem 클래스를 보여 준다.

예제 23-1 bulkfood_v3.py: Quantity 디스크립터는 음의 값을 허용하지 않는다.

```
class Quantity:      ❶

    def __init__(self, storage_name):
        self.storage_name = storage_name      ❷

    def __set__(self, instance, value):      ❸
        if value > 0:
```

```python
            instance.__dict__[self.storage_name] = value  ❹
        else:
            msg = f'{self.storage_name} must be > 0'
            raise ValueError(msg)

    def __get__(self, instance, owner):  ❺
        return instance.__dict__[self.storage_name]
```

❶ 디스크립터는 프로토콜에 기반한 기능이다. 구현하기 위해 상속할 필요 없다.

❷ 각각의 Quantity 인스턴스는 storage_name 속성을 갖는다. 이것이 바로 관리 대상 인스턴스에서 값을 보관할 속성의 이름이다.

❸ 관리 대상 속성에 값을 할당할 때 __set__()이 호출된다. 여기서 self는 디스크립터 인스턴스(즉, LineItem.weight나 LineItem.price), instance는 관리 대상 인스턴스(LineItem 인스턴스), value는 할당할 값이다.

❹ 속성값을 직접 __dict__에 저장해야 한다. setattr(instance, self.storage_name)을 호출하면 __set__() 메서드가 다시 호출되어, 무한히 재귀적으로 호출된다.

❺ __get__()을 구현해야 한다. 관리 대상 속성이 storage_name과 똑같지 않을 수 있기 때문이다. owner 인수는 잠시 후에 설명한다.

__get__() 메서드를 구현해야 한다. 사용자가 다음과 같이 코드를 작성할 수 있기 때문이다.

```python
class House:
    rooms = Quantity('number_of_rooms')
```

House 클래스의 관리 대상 속성은 rooms지만, 저장 속성은 number_of_rooms다. chaos_manor라는 이름의 House 인스턴스에서 chaos_manor.rooms를 읽거나 쓰는 연산은 rooms에 연결된 Quantity 디스크립터 인스턴스를 통하지만, chaos_manor.number_of_rooms를 읽거나 쓰는 연산은 디스크립터 인스턴스를 통하지 않는다.

__get__()이 self, instance, owner라는 3개의 인수를 받음에 주의하라. owner 인수는 관리 대상 클래스(예: LineItem)에 대한 참조이며, 디스크립터가 클래스 속성을 가져와야 할 때 도움이 된다. 이는 인스턴스에서 속성을 찾을 수 없을 때 클래스에서 속성을 가져오는 파이썬의 기본 작동 방식을 흉내 낸다.

LineItem.weight처럼 클래스를 통해 관리 대상 속성(예: weight)을 읽을 때는 디스크립터의 __get__() 메서드가 instance 인수에 None을 받는다.

사용자가 인트로스펙션 등의 메타프로그래밍 기법을 사용하는 것을 지원하려면, 클래스를 통해 관리 대상 속성을 접근할 때 __get__()이 디스크립터 인스턴스를 반환하는 것이 좋은 관례다. 이렇게 하려면 관례에 따라 __get__()을 다음과 같이 구현하면 된다.

```python
def __get__(self, instance, owner):
    if instance is None:
        return self
    else:
        return instance.__dict__[self.storage_name]
```

[예제 23-2]는 LineItem에서 Quantity를 사용하는 예를 보여 준다.

예제 23-2 bulkfood_v3.py: Quantity 디스크립터가 LineItem의 속성을 관리한다.

```python
class LineItem:
    weight = Quantity('weight')   ❶
    price = Quantity('price')     ❷

    def __init__(self, description, weight, price):   ❸
        self.description = description
        self.weight = weight
        self.price = price

    def subtotal(self):
        return self.weight * self.price
```

❶ 첫 번째 디스크립터 인스턴스는 weight 속성을 관리한다.

❷ 두 번째 디스크립터 인스턴스는 price 속성을 관리한다.

❸ 클래스 본체의 나머지 코드는 bulkfood_v1.py(예제 22-19)에 있는 원래 코드만큼 간단하고 깔끔하다.

[예제 23-2]의 코드는 의도한 대로 작동하며 흰 송로버섯이 0달러에 팔리지 않게 한다.[3]

---

[3] 흰 송로버섯은 킬로그램당 수천 달러씩 한다. 송로버섯을 1센트에 팔지 못하게 하는 작업은 관심 있는 독자 여러분의 연습 문제로 남겨놓는다. 필자는 실제로 1,800달러짜리 통계학 백과사전을 온라인 상점(아마존닷컴은 아니다)에서 18달러에 산 사람을 안다.

```
>>> truffle = LineItem('White truffle', 100, 0)
Traceback (most recent call last):
    ...
ValueError: value must be > 0
```


관리 대상 속성의 값을 디스크립터 인스턴스 자체에 저장하고 싶은 생각이 들 수도 있지만, 틀린 생각이다. 다시 말해 __set__() 메서드 안에서 다음 코드는 틀렸다.

```
instance. dict [self.storage_name] = value
```

다음 코드도 좋은 방법은 아니다.

```
self. dict [self.storage_name] = value
```

이 코드가 잘못된 이유를 알려면, __set__() 메서드의 앞에 나오는 두 인수 self와 instance의 의미를 이해해야 한다. self는 디스크립터 인스턴스이며 실제로는 관리 대상 클래스의 클래스 속성이다. 메모리에 LineItem 인스턴스가 수천 개 있더라도, 디스크립터 인스턴스는 총 2개(LineItem.weight와 LineItem.price)만 있으면 된다. 따라서 디스크립터 인스턴스 자체에 저장하는 것은 LineItem 클래스 속성이 되므로 모든 LineItem 인스턴스가 공유한다.

[예제 23-2]의 단점은 관리 대상 클래스 안에서 디스크립터 인스턴스를 생성할 때 속성명을 두 번 써야 한다는 것이다. LineItem 클래스를 다음과 같이 선언할 수 있으면 좋을 것이다.

```
class LineItem:
    weight = Quantity()
    price = Quantity()

    # 나머지는 이전과 똑같다.
```

[예제 23-2] 코드 상태로는 각각의 Quantity 객체에 속성명을 명시적으로 지정할 수밖에 없다. 이는 불편할 뿐만 아니라 위험하기도 하다. 프로그래머가 코드를 복사해서 붙여 넣고 변수명을 바꾸지 않아서, price = Quantity('weight')와 같이 되었다고 해 보자. 이 프로그램은 엉뚱하게도 price의 값을 설정할 때마다 weight의 값을 변경한다.

6장에서 봤듯이, 문제는 변수가 존재하기도 전에 할당문의 오른쪽이 실행된다는 점이다. 디스크립터 인스턴스를 생성하기 위해 Quantity() 표현식이 평가되고, Quantity 클래스의 코드는 디스크립터가 바인딩될 변수의 이름(예: weight나 price)을 추측할 방법이 없다.

다행히도 이제 디스크립터 프로토콜은 적절한 이름의 __set_name__() 특별 메서드를 지원한다. 사용하는 방법은 다음 절에서 설명한다.

> **NOTE** 디스크립터 속성의 이름을 자동으로 설정하는 것은 골치 아픈 문제였다. 1판에서는 클래스 데커레이터와 다음 장에서 설명할 메타클래스를 이용해 여러 쪽에 걸친 코드를 사용해 다른 방법으로 구현했다. 그러나 파이썬 3.6부터는 이 문제는 아주 간단히 처리할 수 있게 되었다.

23.2.2 LineItem 버전 #4: 저장소 속성명 자동으로 붙이기

디스크립터 인스턴스를 선언할 때 속성명을 반복 입력하지 않도록, 각 Quantity 인스턴스의 storage_name을 설정하는 __set_name__() 메서드를 구현할 것이다. __set_name__()은 파이썬 3.6에 추가되었다. 디스크립터가 __set_name__() 메서드를 구현하면, 인터프리터는 클래스 본체 안에서 발견된 디스크립터의 이 메서드를 호출한다.[4]

[예제 23-3]에서 Quantity 디스크립터 클래스는 __init__()이 필요 없다. 대신 __set_item__()이 저장소 속성명을 저장한다.

예제 23-3 bulkfood_v4.py: __set_name__()이 각 Quantity 디스크립터 인스턴스의 이름을 설정한다.

```
class Quantity:
```

---

[4] 엄밀히 말해 클래스를 나타내는 객체의 생성자인 type.__new__()가 __set_name__()을 호출한다. type 내장형은 사실 메타클래스로, 사용자가 정의한 클래스의 베이스 클래스다. 처음에는 이 말이 잘 이해가 안 되겠지만 걱정할 필요는 없다. 24장은 메타클래스 개념은 물론 클래스를 동적으로 설정하는 방법을 다룬다.

```python
    def __set_name__(self, owner, name):          ❶
        self.storage_name = name                   ❷

    def __set__(self, instance, value):            ❸
        if value > 0:
            instance.__dict__[self.storage_name] = value
        else:
            msg = f'{self.storage_name} must be > 0'
            raise ValueError(msg)

    # __get__()을 구현할 필요가 없다.   ❹

class LineItem:
    weight = Quantity()     ❺
    price = Quantity()

    def __init__(self, description, weight, price):
        self.description = description
        self.weight = weight
        self.price = price

    def subtotal(self):
        return self.weight * self.price
```

❶ self는 디스크립터 인스턴스이고(관리 대상 인스턴스가 아니다), owner는 관리 대상 클래스이며, name은 owner의 클래스 본체 안에서 이 디스크립터 인스턴스가 할당될 owner의 속성명이다.

❷ [예제 23-1]의 __init__()이 했던 일이다.

❸ 여기 있는 __set__() 메서드는 [예제 23-1]과 똑같다.

❹ 저장 속성명이 관리 대상 속성명과 일치하므로 __get__()을 구현할 필요는 없다. product.price는 LineItem 인스턴스에서 price 속성을 바로 가져온다.

❺ 이제 Quantity() 생성자에 관리 대상 속성명을 전달할 필요가 없어졌다. 이게 바로 이 버전의 목표다.

[예제 23-3]을 보면 속성 두 개를 관리하기 위한 것 치고는 코드가 너무 많다는 생각이 들 수도 있지만, 디스크립터 논리가 이제는 별도의 코드 단위인 Quantity 클래스로 떨어져 나간 사실을 이해하는 게 중요하다. 일반적으로 디스크립터는 사용할 모듈에 정의하지 않고 애플리케이션 전체에, 혹은 라이브러리나 프레임워크를 개발한다면 여러 애플리케이션에 사용할 수 있게 별도의 유틸리티 모듈에 둔다.

이점을 염두에 두고, [예제 23-4]에서 디스크립터를 사용하는 전형적인 방법을 살펴보자.

예제 23-4 **bulkfood_v4c.py**: 깔끔해진 LineItem 정의. Quantity 디스크립터 클래스는 이제 임포트된 model_v4c 모듈에 들어간다.

```python
import model_v4c as model  ❶


class LineItem:
    weight = model.Quantity()  ❷
    price = model.Quantity()

    def __init__(self, description, weight, price):
        self.description = description
        self.weight = weight
        self.price = price

    def subtotal(self):
        return self.weight * self.price
```

❶ Quantity()가 구현된 model_v4c 모듈을 임포트한다.

❷ model.Quantity()를 사용한다.

장고 사용자들은 [예제 23-4]가 모델 정의와 아주 비슷하다고 생각할 것이다. 이것은 우연이 아니다. 장고 모델 필드가 디스크립터이기 때문이다.

디스크립터가 클래스로서 구현되기 때문에 새로운 디스크립터를 정의할 때 상속을 통해 코드를 재사용할 수 있다. 다음 절에서 이 방법을 알아보자.

23.2.3 LineItem 버전 #5: 새로운 디스크립터형

가상의 유기농 식료품점에 예상치 못한 문제가 생겼다. 어떤 경로인지 모르겠지만 설명이 없는 LineItem 인스턴스가 생겨 주문을 완료할 수 없었다. 이 문제를 예방하고자 새로운 디스크립터 NonBlank()를 만들려고 한다. NonBlank()를 설계하는 동안, 이 디스크립터는 검증 논리를 제외하고는 Quantity() 디스크립터와 아주 닮았다는 것을 깨달았다.

이리하여 코드를 리팩터링하고, __set__() 메서드를 오버라이드하는 추상 클래스 Validated 클래스를 만들고, 서브클래스에서 반드시 구현해야 하는 validate() 메서드를 호출하도록 설계했다.

그리고 나서 `Validated` 클래스를 상속하고 `validate()` 메서드를 정의하도록 `Quantity`를 수정하고, 새로운 `NonBlank`를 구현할 것이다.

`Validated`, `Quantity`, `NonBlank` 간의 관계는 고전적인 『GoF의 디자인 패턴(개정판)』에서 다음과 같이 설명하는 템플릿 메서드 패턴을 응용한 것이다.

> 템플릿 메서드 패턴은 서브클래스가 구체적인 연산을 제공하기 위해 오버라이드하는 추상 연산의 관점에서 알고리즘을 정의한다.[5]

[예제 23-5]에서 `Validated.__set__()`은 템플릿 메서드이고 `self.validate()`은 추상 연산이다.

예제 23-5 model_v5.py: Validated 추상 베이스 클래스

```python
import abc

class Validated(abc.ABC):

    def __set_name__(self, owner, name):
        self.storage_name = name

    def __set__(self, instance, value):
        value = self.validate(self.storage_name, value)    ❶
        instance.__dict__[self.storage_name] = value    ❷

    @abc.abstractmethod
    def validate(self, name, value):    ❸
        """검증된 값을 반환하거나 ValueError 예외를 발생시킨다"""
```

❶ `__set__()`은 검증을 `validate()` 메서드에 위임한다.

❷ 그리고 나서 반환된 `value`로 저장값을 갱신한다.

❸ `validate()`은 추상 메서드로서 템플릿 메서드이다.

---

5 에리히 감마 공저, 김정아 역, 『GoF의 디자인 패턴(개정판)』(프로텍미디어, 2015)에서 발췌했다.

알렉스 마르텔리는 이 설계 패턴을 자가 위임Self-Delegation이라고 부르는데, 필자도 이 용어가 설명을 더 잘한다고 생각한다. __set__()의 첫 번째 줄은 validate()에 자가 위임한다.[6]

[예제 23-6]에서 Quantity와 NonBlank가 Validated의 구상 서브클래스 사례다.

예제 23-6 model_v5.py: Validated의 구상 서브클래스 Quantity와 NonBlank

```python
class Quantity(Validated):
    """0보다 큰 숫자"""

    def validate(self, name, value):  ❶
        if value <= 0:
            raise ValueError(f'{name} must be > 0')
        return value


class NonBlank(Validated):
    """비공백 문자가 적어도 하나 이상인 문자열"""

    def validate(self, name, value):
        value = value.strip()
        if not value:  ❷
            raise ValueError(f'{name} cannot be blank')
        return value  ❸
```

❶ Validated.validate() 추상 메서드가 요구하는 템플릿 메서드의 구현

❷ 앞뒤 공백 문자들을 제거한 뒤 아무것도 남지 않았으면, 값을 거부한다.

❸ 검증된 값을 반환하도록 요청받은 validate() 구상 메서드는 받은 데이터를 다듬거나, 변환하거나, 정규화할 수 있다. 여기서는 앞뒤 공백 문자들이 제거된 value가 반환된다.

model_v5.py의 사용자는 자세한 내막을 알 필요가 없다. 그저 인스턴스 속성의 검증을 자동화하기 위해 Quantity와 NonBlank를 사용하면 된다. [예제 23-7]에 나온 LineItem 최신 버전을 보자.

---

[6] 알렉스 마르텔리의 '파이썬 디자인 패턴' 발표 자료(https://fpy.li/23-1), 슬라이드 #50. 강력히 추천한다.

```python
import model_v5 as model   ❶

class LineItem:
    description = model.NonBlank()   ❷
    weight = model.Quantity()
    price = model.Quantity()

    def __init__(self, description, weight, price):
        self.description = description
        self.weight = weight
        self.price = price

    def subtotal(self):
        return self.weight * self.price
```

❶ 더 간결한 이름으로 model_v5 모듈을 임포트한다.

❷ model.NonBlank()를 사용한다. 나머지 코드는 바뀐 게 없다.

이 장에서 지금까지 보아온 LineItem 예제들은 데이터 속성을 관리하는 데 디스크립터를 사용하는 전형적인 방법을 보여 준다. Quantity() 같은 디스크립터는 오버라이딩 디스크립터라고 부른다. __set__() 메서드가 관리 대상 인스턴스에 있는 같은 이름의 인스턴스 속성의 설정하는 것을 오버라이드(즉, 가로채고 뒤엎기)하기 때문이다. 그러나 논오버라이딩 디스크립터도 있다. 다음 절에서 이 둘의 차이를 알아본다.

23.3 오버라이딩 디스크립터와 논오버라이딩 디스크립터

파이선이 속성을 다루는 방식이 비대칭적임을 상기하자. 인스턴스를 통해 속성을 읽으면 일반적으로 인스턴스에 정의된 속성을 반환한다. 그러나 인스턴스에 그 속성이 없으면 클래스 속성을 읽는다. 반면에 인스턴스 속성에 값을 할당하면 보통 클래스에는 전혀 영향을 주지 않고 인스턴스의 속성을 생성한다.

이러한 비대칭성은 디스크립터에도 영향을 주어서 __set__() 메서드의 구현 여부에 따라 디스크립터의 두 가지 범주를 만든다. __set__()이 있으면 클래스는 오버라이딩 디스크립터가 되고, 아니면 논오버라이딩 디스크립터가 된다. 다음에 나오는 예제들에서 디스크립터의 작동 방식을 보면 이 두 용어가 적절하다는 생각이 들 것이다.

두 가지 디스크립터를 살펴보려면 클래스 몇 개가 필요하므로 [예제 23-8]의 코드를 기반으로 설명을 이어 나가겠다.

예제 23-8 descriptorkinds.py: 디스크립터의 오버라이딩 작동 방식을 알아보기 위한 간단한 클래스들

```python
### 출력용 보조 함수들 ###

def cls_name(obj_or_cls):
    cls = type(obj_or_cls)
    if cls is type:
        cls = obj_or_cls
    return cls.__name__.split('.')[-1]

def display(obj):
    cls = type(obj)
    if cls is type:
        return f'<class {obj.__name__}>'
    elif cls in [type(None), int]:
        return repr(obj)
    else:
        return f'<{cls_name(obj)} object>'

def print_args(name, *args):
    pseudo_args = ', '.join(display(x) for x in args)
    print(f'-> {cls_name(args[0])}.__{name}__({pseudo_args})')


### 이 예제의 핵심 클래스들 ###

class Overriding:  ❶
    """데이터 디스크립터, 혹은 강제된 디스크립터라고도 한다."""
```

```python
    def __get__(self, instance, owner):
        print_args('get', self, instance, owner)   ❷

    def __set__(self, instance, value):
        print_args('set', self, instance, value)


class OverridingNoGet:   ❸
    """``__get__``이 없는 오버라이딩 디스크립터"""

    def __set__(self, instance, value):
        print_args('set', self, instance, value)


class NonOverriding:   ❹
    """논데이터, 혹은 가릴 수 있는 디스크립터라고도 한다."""

    def __get__(self, instance, owner):
        print_args('get', self, instance, owner)


class Managed:   ❺
    over = Overriding()
    over_no_get = OverridingNoGet()
    non_over = NonOverriding()

    def spam(self):   ❻
        print(f'-> Managed.spam({display(self)})')
```

❶ __get__( )과 __set__( ) 메서드가 있는 오버라이딩 디스크립터 클래스

❷ print_args( ) 함수는 이 예제의 모든 디스크립터 메서드가 호출한다.

❸ __get__( ) 메서드가 있는 오버라이딩 디스크립터

❹ 여기에는 __set__( ) 메서드가 없으므로 논오버라이딩 디스크립터다.

❺ 각 디스크립터 클래스의 인스턴스 하나씩을 사용하는 관리 대상 클래스

❻ 메서드도 디스크립터이므로 비교를 위해 여기 spam( ) 메서드를 둔다.

이후에 나오는 여러 절에서는 Managed 클래스와 이 클래스의 인스턴스에 정의된 각 디스크립
터를 살펴보면서 속성 읽기와 쓰기 작동 방식을 알아본다.

23.3.1 오버라이딩 디스크립터

__set__() 메서드를 구현하는 디스크립터는 **오버라이딩 디스크립터**다. 비록 클래스 속성이
지만, __set__()을 구현하는 디스크립터는 인스턴스 속성에 할당하는 연산을 오버라이
드하기 때문이다. 이게 바로 [예제 23-3]이 구현된 방법이다. 프로퍼티도 오버라이딩 디
스크립터다. 세터 함수를 제공하지 않으면 property 클래스의 기본 __set__() 메서드가
AttributeError 예외를 발생시켜 이 속성이 읽기 전용임을 알려준다. [예제 23-9]는 [예제
23-8]의 코드를 이용해 오버라이딩 디스크립터로 실험한 결과다.

> **WARNING** 파이썬 기여자와 저자들은 이 개념들을 설명할 때 서로 다른 용어를 사용한다. 필자는 알
> 렉스 마르텔리, 안나 레이븐스크로프트, 스티브 홀덴이 쓴 『Python in a Nutshell: A Desktop Quick
> Reference, 3rd Ed.』(오라일리, 2017)에서 '오버라이딩 디스크립터'라는 용어를 채택했다. 파이썬 공식 문
> 서는 '데이터 디스크립터'라는 용어를 사용하지만, '오버라이딩 디스크립터'는 특별한 작동 특성을 강조한다.
> 오버라이딩 디스크립터는 '강제된 디스크립터enforced descriptor'라고도 한다. 논오버라이딩 디스크립터는 '논데이
> 터 디스크립터' 혹은 '가릴 수 있는 디스크립터shadowable descriptor'라고도 한다.

예제 23-9 오버라이딩 디스크립터의 작동

```
>>> obj = Managed()    ❶
>>> obj.over    ❷
-> Overriding.__get__(<Overriding object>, <Managed object>, <class Managed>)
>>> Managed.over    ❸
-> Overriding.__get__(<Overriding object>, None, <class Managed>)
>>> obj.over = 7    ❹
-> Overriding.__set__(<Overriding object>, <Managed object>, 7)
>>> obj.over    ❺
-> Overriding.__get__(<Overriding object>, <Managed object>, <class Managed>)
>>> obj.__dict__['over'] = 8    ❻
>>> vars(obj)    ❼
{'over': 8}
>>> obj.over    ❽
-> Overriding.__get__(<Overriding object>, <Managed object>, <class Managed>)
```

❶ 테스트를 위해 Managed 인스턴스를 생성한다.

❷ obj.over는 관리 대상 인스턴스를 두 번째 인수로 전달해 디스크립터 __get__() 메서드가 호출되게
한다.

❸ Managed.over는 None을 두 번째 인수(instance)로 전달해 디스크립터 __get__() 메서드가 호출
되게 한다.

❹ obj.over에 값을 할당하면 값 7을 마지막 인수로 전달해 디스크립터 __set__() 메서드가 호출되게 한다.

❺ obj.over를 읽으면 여전히 디스크립터 __get__() 메서드가 호출된다.

❻ 디스크립터를 우회해 obj.__dict__에 직접 값을 설정한다.

❼ obj.__dict__ 안에 'over' 키에 값이 있음을 확인한다.

❽ 그러나 obj에 over라는 이름의 인스턴스 속성이 있는데도 Managed.over 디스크립터는 여전히 obj.
over를 읽는 연산을 오버라이드한다.

23.3.2 __get__()이 없는 오버라이딩 디스크립터

프로퍼티 및 장고 모델 필드 등의 오버라이딩 디스크립터들은 __set__()과 __get__()을 모
두 구현하지만, [예제 23-2]에서처럼 __set__()만 구현할 수도 있다. 이때는 쓰는 연산만 디
스크립터가 처리한다. 인스턴스를 통해 디스크립터를 읽으면 디스크립터 객체 자체가 반환된
다. 이 접근을 처리할 __get__()이 없기 때문이다. 인스턴스의 __dict__에 직접 접근해 인
스턴스 새로운 값의 속성이 생성되더라도 이 속성의 값을 나중에 설정할 때 __set__() 메서
드가 개입한다. 그러나 속성을 읽으면 디스크립터 객체가 아니라 인스턴스의 새로운 값이 그냥
반환된다. 즉, 인스턴스 속성이 디스크립터를 가리지만, 읽을 때만 가린다. [예제 23-10]을 보자.

예제 23-10 __get__()이 없는 오버라이딩 디스크립터

```
>>> obj.over_no_get    ❶
<__main__.OverridingNoGet object at 0x665bcc>
>>> Managed.over_no_get    ❷
<__main__.OverridingNoGet object at 0x665bcc>
>>> obj.over_no_get = 7    ❸
-> OverridingNoGet.__set__(<OverridingNoGet object>, <Managed object>, 7)
>>> obj.over_no_get    ❹
<__main__.OverridingNoGet object at 0x665bcc>
>>> obj.__dict__['over_no_get'] = 9    ❺
>>> obj.over_no_get    ❻
9
>>> obj.over_no_get = 7    ❼
-> OverridingNoGet.__set__(<OverridingNoGet object>, <Managed object>, 7)
```

```
>>> obj.over_no_get   ❽
9
```

---

❶ 이 오버라이딩 디스크립터에는 `__get__()` 메서드가 정의되지 않았으므로, `obj.over_no_get`을 읽으면 클래스의 디스크립터 인스턴스 자체가 반환된다.

❷ 관리 대상 클래스를 통해 디스크립터 인스턴스를 읽을 때도 마찬가지다.

❸ `obj.over_no_get`에 값을 설정하면 `__set__()` 디스크립터 메서드가 호출된다.

❹ 여기에서 구현한 `__set__()` 메서드는 값을 변경하지 않으므로, `obj.over_no_get`을 다시 읽을 때 여전히 관리 대상 클래스의 디스크립터 인스턴스가 반환된다.

❺ 인스턴스의 `__dict__`를 통해 over_no_get이라는 인스턴스 속성을 설정한다.

❻ 이제 over_no_get 인스턴스 속성이 디스크립터를 가리지만, 읽기 연산만 가린다.

❼ `obj.over_no_get`에 값을 할당하려 하면 여전히 디스크립터의 `__set__()` 메서드를 거친다.

❽ 그러나 읽기 연산에서는 동일한 이름의 인스턴스 속성이 있으므로 디스크립터가 가려진다.

23.3.3 논오버라이딩 디스크립터

`__set__()` 메서드를 구현하지 않는 디스크립터는 논오버라이딩 디스크립터다. 동일한 이름의 인스턴스 속성을 설정하면 디스크립터를 가리므로, 그 인스턴스에는 디스크립터가 작동하지 않는다. 메서드와 `@functools.cached_property`는 논오버라이딩 디스크립터로 구현된다. [예제 23-11]은 논오버라이딩 디스크립터의 작동을 보여 준다.

예제 23-11 논오버라이딩 디스크립터의 작동

```
>>> obj = Managed()
>>> obj.non_over   ❶
-> NonOverriding.__get__(<NonOverriding object>, <Managed object>, <class
Managed>)
>>> obj.non_over = 7   ❷
>>> obj.non_over   ❸
7
>>> Managed.non_over   ❹
-> NonOverriding.__get__(<NonOverriding object>, None, <class Managed>)
>>> del obj.non_over   ❺
>>> obj.non_over   ❻
-> NonOverriding.__get__(<NonOverriding object>, <Managed object>, <class Managed>)
```

❶ obj.non_over를 읽을 때 obj를 두 번째 인수로 전달해 디스크립터의 __get__() 메서드를 호출한다.

❷ Managed.non_over는 논오버라이딩 디스크립터이므로, 할당에 개입하는 __set__() 메서드가 없다.

❸ 이제 obj에는 non_over라는 인스턴스 속성이 생겼으므로, 이 속성이 Managed 클래스에 있는 동일한 이름의 디스크립터 속성을 가린다.

❹ Managed.non_over 디스크립터가 여전히 존재하므로, 읽기 연산을 가로챈다.

❺ non_over 인스턴스 속성을 제거한다.

❻ 그러면 obj.non_over를 읽을 때 클래스 안에 있는 디스크립터의 __get__() 메서드가 호출된다. 여기서는 인스턴스를 통해 접근하므로 두 번째 인수가 관리 대상 인스턴스임에 주의하라.

앞에 나온 여러 예제에서, 디스크립터와 동일한 이름의 인스턴스 속성에 값을 할당하는 여러 연산이 디스크립터의 __set__() 메서드 존재 여부에 따라 결과가 달라짐을 알 수 있다.

클래스 안의 속성을 설정하는 것은 이 클래스에 연결된 디스크립터가 통제할 수 없다. 특히 다음 절에서 설명하겠지만, 클래스에 값을 할당함으로써 디스크립터 속성 자신이 무용지물이 될 수도 있다.

23.3.4 클래스 안에서 디스크립터 덮어쓰기

오버라이딩 디스크립터든 논오버라이딩 디스크립터든 클래스의 속성에 값을 할당하면 덮어써진다. 이런 기법을 멍키 패칭이라고 부르지만, [예제 23-12]에서는 디스크립터가 정수로 바뀌므로, 제대로 작동하기 위해 디스크립터에 의존하는 모든 클래스를 사실상 무용지물로 만든다.

예제 23-12 어떠한 디스크립터도 클래스에서 덮어써질 수 있다.

```
>>> obj = Managed()    ❶
>>> Managed.over = 1    ❷
>>> Managed.over_no_get = 2
>>> Managed.non_over = 3
>>> obj.over, obj.over_no_get, obj.non_over    ❸
(1, 2, 3)
```

❶ 나중에 테스트하기 위해 인스턴스를 새로 생성한다.

❷ 클래스에서 디스크립터 속성을 덮어쓴다.

❸ 실제로 디스크립터가 사라져 버렸다.

[예제 23-12]는 속성의 읽기와 쓰기에 관련된 또 다른 비대칭성을 보여 준다. 클래스 속성을 읽는 것은 관리 대상 클래스에 연결된 디스크립터의 __get__() 메서드가 통제하지만, 클래스 속성에 쓰는 연산은 관리 대상 클래스에 연결된 디스크립터의 __set__() 메서드가 통제할 수 없다.

이제 파이썬에서 디스크립터를 사용해서 메서드를 구현하는 방법을 알아보자.

23.4 메서드는 디스크립터

모든 사용자 정의 함수는 __get__() 메서드를 갖고 있기 때문에 인스턴스를 통해 호출하면 클래스 안의 함수는 바운드 메서드[bound method]가 된다. 따라서 클래스에 연결된 사용자 정의 함수는 디스크립터로 작동한다. [예제 23-13]에서는 [예제 23-8]에서 만든 Managed 클래스의 spam() 메서드를 읽는 예를 보여 준다.

예제 23-13 메서드는 논오버라이딩 디스크립터

```
>>> obj = Managed()
>>> obj.spam    ❶
<bound method Managed.spam of <descriptorkinds.Managed object at 0x74c80c>>
>>> Managed.spam    ❷
<function Managed.spam at 0x734734>
>>> obj.spam = 7    ❸
>>> obj.spam
7
```

❶ obj.spam을 읽으면 바인딩된 메서드 객체가 나온다.

❷ 그러나 Managed.spam을 읽으면 함수가 나온다.

❸ obj.spam에 값을 할당하면 클래스 속성을 가리므로 obj 인스턴스에서는 spam() 메서드에 접근할 수 없게 된다.

함수는 `__set__()` 메서드를 구현하지 않으므로, [예제 23-13]의 마지막 행에서 보듯이 함수는 논오버라이딩 디스크립터다.

[예제 23-13]에서 `obj.spam`과 `Managed.spam`이 서로 다른 객체를 반환함을 눈여겨보기를 바란다. 디스크립터가 그러하듯이, 관리 대상 클래스를 통해 접근할 때 함수의 `__get__()` 메서드는 자기 자신을 반환한다. 그러나 인스턴스를 통해 함수에 접근할 때는 함수의 `__get__()` 함수가 바인딩된 메서드 객체를 반환한다. 메서드는 7.8.2절 'functools 모듈: partial()로 인수 고정하기'에서 본 `functools.partial()` 함수처럼 관리 대상 인스턴스(obj)를 함수의 첫 번째 인수(self)에 바인딩하는 콜러블 객체다. [예제 23-14]를 살펴보며 이 메커니즘을 자세히 알아보자.

예제 23-14 `method_is_descriptor.py`: UserString를 상속한 Text 클래스

```
import collections


class Text(collections.UserString):

    def __repr__(self):
        return 'Text({!r})'.format(self.data)

    def reverse(self):
        return self[::-1]
```

이제 실험을 통해 `Text.reverse()` 메서드를 조사해 보자(예제 23-15).

예제 23-15 메서드를 이용한 실험

```
>>> word = Text('forward')
>>> word                                                      ❶
Text('forward')
>>> word.reverse()                                            ❷
Text('drawrof')
>>> Text.reverse(Text('backward'))                            ❸
Text('drawkcab')
>>> type(Text.reverse), type(word.reverse)                    ❹
(<class 'function'>, <class 'method'>)
>>> list(map(Text.reverse, ['repaid', (10, 20, 30), Text('stressed')]))    ❺
```

```
['diaper', (30, 20, 10), Text('desserts')]
>>> Text.reverse.__get__(word)  ❻
<bound method Text.reverse of Text('forward')>
>>> Text.reverse.__get__(None, Text)  ❼
<function Text.reverse at 0x101244e18>
>>> word.reverse  ❽
<bound method Text.reverse of Text('forward')>
>>> word.reverse.__self__  ❾
Text('forward')
>>> word.reverse.__func__ is Text.reverse  ❿
True
```

❶ Text 인스턴스의 표현은 동일한 인스턴스를 생성하는 Text( ) 생성자 호출과 동일하게 보인다.

❷ reverse( ) 메서드는 텍스트의 순서를 거꾸로 한 문자열을 반환한다.

❸ 클래스에 호출한 메서드는 함수로 작동한다.

❹ 자료형이 각각 function과 method라서 서로 다르다.

❺ Text.reverse( )는 Text 이외의 인스턴스에 대해서도 하나의 함수로 작동한다.

❻ 모든 함수는 논오버라이딩 디스크립터다. 인스턴스를 전달해 함수의 __get__( ) 메서드를 호출하면 그 인스턴스에 바인딩된 메서드가 반환된다.

❼ instance 매개변수에 None을 전달해 함수의 __get__( ) 메서드를 호출하면 함수 자신이 반환된다.

❽ word.reverse 표현식은 실제로는 Text.reverse.__get__(word)를 호출하므로 바인딩된 메서드를 반환한다.

❾ 바인딩된 메서드 객체는 __self__ 속성에 호출된 인스턴스에 대한 참조를 담고 있다.

❿ 바인딩된 메서드의 __func__ 속성은 관리 대상 클래스에 연결된 원래 함수에 대한 참조다.

바인딩된 메서드 객체에는 호출을 실제로 처리하는 __call__( ) 메서드도 있다. __call__( )은 메서드의 __self__ 속성을 첫 번째 인수로 전달해 __func__ 속성이 참조하는 원래 함수를 호출한다. 전형적인 self 인자는 이렇게 암묵적으로 바인딩된다.

함수가 바운드 메서드로 변환되는 과정은 파이썬 언어의 인프라로 디스크립터가 사용되는 방식을 잘 보여 준다.

디스크립터와 메서드가 어떻게 작동하는지 자세히 살펴보았으니, 이제 메서드 사용과 관련해 도움이 되는 조언을 살펴보자.

23.5 디스크립터 사용 팁

지금까지 설명한 디스크립터의 특징을 정리해 보자. 디스크립터를 사용할 때 고려해야 할 사항
은 다음과 같다.

코드를 간결하게 유지하기 위해 property()를 사용하라.

property() 내장 함수는 세터 메서드를 정의하지 않는 경우에도 __set__()과 __get__
() 메서드를 모두 구현하는 오버라이딩 디스크립터를 생성한다.[7] 프로퍼티의 기본 __
set__() 메서드는 'AttributeError: can't set attribute' 예외를 발생시키므로, 프
로퍼티는 읽기 전용 속성을 만드는 가장 간단한 방법이다(디스크립터는 다음 항목에서 설
명하는 문제가 있다).

읽기 전용 디스크립터는 __set__()을 구현해야 한다.

디스크립터 클래스를 이용해 읽기 전용 속성을 구현하려면 __get__()과 __set__() 메
서드를 모두 구현해야 한다. 그렇지 않으면 인스턴스에 동일한 이름의 속성이 있을 때 디
스크립터가 가려진다. 읽기 전용 속성의 __set__() 메서드는 적절한 메시지를 담아
AttributeError를 발생시켜야 한다.[8]

검증 디스크립터는 __set__()만 사용할 수 있다.

검증용으로 만들어진 디스크립터는 __set__() 메서드만 이용해 값의 정당성을 검증하고,
값이 정당하다면 디스크립터 인스턴스명을 키로 사용해 동일한 이름의 속성을 __dict__에
직접 설정해야 한다. 이렇게 하면 디스크립터 인스턴스명과 동일한 이름의 속성을 읽을 때
__get__()을 거치지 않으므로 인스턴스의 속성을 더 빨리 읽을 수 있다. [예제 23-3]을
참조하라.

---

7 제거 메서드를 우리가 정의하지 않더라도 delete() 메서드도 property() 데커레이터가 제공한다.

8 파이썬은 에러 메시지에 일관성이 없다. 복소수의 c.real 속성을 변경하면 "AttributeError: readonly attribute" 메시지가
나오지만, 복소수의 메서드인 c.conjugate를 변경하면 "AttributeError: 'complex' object attribute 'conjugate'
is read-only" 메시지가 나온다. 심지어 'read-only'의 철자도 서로 다르다.

캐싱은 __get__()으로만 효율적으로 구현할 수 있다.

__get__() 메서드만 구현하면 논오버라이딩 디스크립터가 된다. 논오버라이딩 디스크립터는 값비싼 연산을 수행하고 객체에 있는 동일한 이름의 속성에 결과를 저장해 캐싱할 때 유용하게 사용할 수 있다.[9] 동일한 이름의 인스턴스 속성이 디스크립터를 가리므로, 이후에 이 속성을 읽을 때는 디스크립터의 __get__() 메서드를 더 이상 사용하지 않고 __dict__ 에서 바로 가져온다. @functools.cached_property 데커레이터도 실제로는 논오버라이딩 디스크립터를 생성한다.

특별 메서드 이외의 메서드는 인스턴스 속성에 가려질 수 있다.

함수와 메서드는 __get__()만 구현하므로 동일한 이름의 인스턴스 속성에 저장하는 연산은 간섭하지 않는다. 따라서 my_obj.the_method = 7과 같이 할당하면, 클래스와 다른 인스턴스에는 영향을 미치지 않고 이후에 my_object의 the_method를 읽을 때 7을 반환한다. 그러나 이런 방식이 특별 메서드에 대해서는 작동하지 않는다. 파이썬 인터프리터는 클래스 자체에 있는 특별 메서드를 먼저 검색한다. 예를 들어 repr(x)는 x.__class__.__repr__ (x)를 호출하므로 x에 정의된 __repr__ 속성은 repr(x)에 영향을 미치지 않는다. 따라서 객체에 __getattr__이라는 이름의 속성이 존재하더라도 속성에 접근하는 알고리즘에 전혀 영향을 끼치지 못한다.

특별 메서드 이외의 메서드가 인스턴스 안에서 쉽게 오버라이드될 수 있다는 사실 때문에 불안정하고 에러가 발생하기 쉬울 것 같지만, 20년 넘게 파이썬으로 코딩하면서 필자는 이런 문제를 겪은 적이 없다. 오히려 이 장 앞에서 구현했던 예제처럼 직접 통제하지 않는 데이터를 가져와 속성명으로 사용하면서 동적 속성을 많이 생성하는 경우, 이런 문제를 예상하고 코드에 문제를 야기할 수 있는 동적 속성명을 걸러 내거나 피해 가는 방법을 구현해야 한다.

---

9 그러나 __init__() 메서드가 실행된 후에 인스턴스 속성을 추가하면 키 공유 메모리 최적화가 작동하지 않음에 주의하라(3.9절 'dict의 작동 방식이 미치는 영향' 참조).

이 장을 마치기 전에, 프로퍼티에서는 설명했지만 디스크립터 관점에서는 설명하지 않았던 두 가지 특징, 즉 디스크립터의 문서화 및 관리 대상 속성의 삭제 시도에 대처하는 방법을 알아보자.

23.6 디스크립터 독스트링과 삭제 오버라이딩

디스크립터 클래스의 독스트링은 관리 대상 클래스에 있는 모든 디스크립터 객체를 문서화하는 데 사용된다. [그림 23–4]는 [예제 23–6]과 [예제 23–7]의 Quantity와 NonBlank 디스크립터가 있는 LineItem 클래스에 대한 도움말 화면이다.

이 도움말은 다소 만족스럽지 않다. 예를 들어 LineItem에서 weight는 킬로그램 단위로 입력해야 한다는 정보가 있으면 좋을 것이다. 각각의 프로퍼티는 특정 관리 대상 속성을 처리하므로, 프로퍼티에 이런 도움말을 추가하는 작업은 간단할 것이다. 그러나 디스크립터의 경우, 동일한 Quantity 클래스가 weight에도 사용되고 price에도 사용된다.[10]

프로퍼티에 관해서는 설명했지만, 디스크립터와 관련해서는 설명하지 않았던 두 번째 내용은 관리 대상 속성의 삭제를 처리하는 것이다. 디스크립터 클래스에 일반적으로 구현하는 __get__()과 __set__() 메서드 외에 __delete__() 메서드를 구현하면 관리 대상 속성의 삭제를 처리할 수 있다. __delete__()는 실세계에서 드물게 사용한다고 판단되어 설명은 생략했다. 그러나 이 메서드가 정말로 필요하면 파이썬 데이터 모델 문서(https://fpy.li/dtmodel)의 '디스크립터 구현하기Implementing Descriptors' 절(https://fpy.li/23-2)을 참조하기를 바란다. 우스꽝스러운 디스크립터 클래스에 __delete__() 메서드를 구현하는 것은 시간이 있는 독자들에게 연습 문제로 남겨둔다.

---

10 디스크립터 인스턴스별로 도움말을 만드는 일은 정말 어렵다. 각 디스크립터 인스턴스에 대한 래퍼 클래스를 동적으로 생성하면 디스크립터 인스턴스마다 고유한 도움말을 가질 수 있다.

그림 23-4 help(LineItem.weight)와 help(LineItem) 명령을 실행했을 때의 파이썬 콘솔 화면

23.7 요약

이 장의 첫 번째 예제는 22장에서 구현했던 LineItem 클래스에서 이어졌다. [예제 23-2]에서 프로퍼티를 디스크립터로 교체했다. 디스크립터는 일종의 클래스로, 디스크립터 인스턴스는 관리 대상 클래스의 속성으로 사용된다. 이런 메커니즘을 설명하려면 특별한 용어가 필요했기에 **관리 대상 인스턴스**와 **저장소 속성** 등의 용어를 정의했다.

23.2.2절 'LineItem 버전 #4: 저장소 속성명 자동으로 붙이기'에서는 storage_name을 명시하지 않고 Quantity 디스크립터를 선언할 수 있게 변경했다. 저장소 이름을 명시할 때 중복되고 에러가 발생하기 쉽기 때문이다. 이 문제를 해결하고자 Quantity 안에 __set_name__() 특별 클래스를 구현하고 관리 대상 프로퍼티를 self.storage_name에 저장했다.

23.2.3절 '`LineItem` 버전 #5: 새로운 디스크립터형'에서는 추상 디스크립터 클래스를 상속해 공통된 기능 코드를 공유하면서 특화된 디스크립터들을 생성하는 방법을 설명했다.

그리고 나서 `__set__`() 메서드의 제공 여부에 따라 달라지는 디스크립터의 작동을 살펴보면서 오버라이딩 디스크립터(데이터 디스크립터)와 논오버라이딩 디스크립터(논데이터 디스크립터)의 커다란 차이점을 설명했다. 꼼꼼히 테스트하면서, 디스크립터가 제어권을 가지는 경우와 디스크립터 인스턴스를 가리거나, 우회하거나, 덮어쓰는 경우에 관해 알아보았다.

그리고 일종의 논오버라이딩 디스크립터인 메서드를 살펴보았다. 클래스에 연결된 함수가 디스크립터 프로토콜을 활용해 인스턴스를 통해 접근할 때 어떻게 메서드가 되는지 콘솔 세션을 통해 알아보았다.

이 장을 마무리하며 23.5절 '디스크립터 사용 팁'에서는 실용적인 도움말을 제공했고, 23.6절 '디스크립터 독스트링과 삭제 오버라이딩'에서는 디스크립터를 문서화하는 방법을 간략히 살펴보았다.

> **NOTE** 23.1절 '이 장의 변경 사항'에서 이야기했듯이, 파이썬 3.6에서 디스크립터 프로토콜에 추가된 `__set_name__`() 특별 메서드 덕분에 이 장에 나온 여러 예제가 아주 간결해졌다. 이게 바로 언어의 진화 아니겠는가?

## CHAPTER 24

클래스 메타프로그래밍

> 애초에 디버깅이 프로그램 작성보다 두 배는 어렵다는 것을 누구나 안다. 그런데 프로그램을 작성할 때 프로그래머가 가장 똑똑했다면, 도대체 어떻게 프로그램을 그 프로그래머가 디버깅할 수 있을까?[1]
>
> – 브라이언 커니핸Brian Kernighan, P. J. 플로거P. J. Plauger
> 『The Elements of Programming Style, 2nd Ed.』

클래스 메타프로그래밍은 실행 도중에 클래스를 생성하거나 커스터마이즈하는 기술을 말한다. 클래스는 파이썬의 일급 객체이므로, class라는 키워드를 사용하지 않고도 언제든 함수를 사용해 생성할 수 있다. 클래스 데커레이터도 함수지만, 장식된 클래스를 조사하고, 변경하고, 심지어 다른 클래스로 대체할 수 있다. 끝으로, 메타클래스는 클래스 메타프로그래밍을 하기 위한 최첨단 도구로, 이미 살펴본 추상 베이스 클래스처럼 특별한 기질이 있는 완전히 새로운 부류의 클래스를 만들 수 있게 해 준다.

메타클래스는 강력하지만, 제대로 사용하기는 어렵다. 클래스 데커레이터는 이와 같은 문제를 상당 부분 해결해 주며 이해하기도 더 쉽다. 게다가 파이썬 3.6은 'PEP 487 – 클래스 생성의 더 간단한 커스터마이징Simpler customization of class creation'(https://fpy.li/pep487)을 구현하므로

---

1 브라이언 커니핸, P. J. 플로거 공저, 『The Elements of Programming Style, 2nd Ed.』(맥그로힐, 1978), 2장 '표현식(Expression)'에서 인용했다.

이전에는 메타클래스나 클래스 데커레이터가 필요했던 작업을 지원하는 특별 메서드를 제공한다.[2]

이 장에서는 클래스 메타프로그래밍 기법을 간단한 것부터 설명한다.

> **WARNING** 메타프로그래밍은 흥미로운 주제며, 정신없이 빠져들기도 쉽다. 그러므로 다음과 같은 충고를 해야 하겠다.
>
> 가독성과 유지보수성을 고려해서 애플리케이션 코드에서는 이 장에서 설명하는 기법을 피하는 편이 좋다.
>
> 그러나 나중에 멋진 파이썬 프레임워크를 작성하고 싶다면 여기서 설명하는 도구가 답이다.

24.1 이 장의 변경 사항

1판의 '클래스 메타프로그래밍'에 있는 모든 코드는 여전히 제대로 작동한다. 그러나 파이썬 3.6에 추가된 기능에서 보면 일부 예제는 더 이상은 가장 단순한 해결책이 아니다.

파이썬의 새로운 메타프로그래밍 기능을 강조하고 이런 고급 기능의 사용을 정당화하는 요구사항을 추가해 그런 예제들을 수정했다. 일부 예제는 `@dataclass` 데커레이터 및 `typing.NamedTuple`과 비슷한 클래스 빌더를 제공하는 데 자료형 힌트를 활용한다.

24.10절 '메타클래스 고려 사항'은 메타클래스를 적용할 때 상위 수준에서 고려해야 할 내용을 이야기하고자 추가했다.

> **TIP** 똑같은 문제를 더 간단한 최신 기법으로 해결함으로써 불필요해진 코드를 제거하는 것도 최고의 리팩터링 중 하나다. 이 말은 책은 물론 제품 코드에도 적용된다.

먼저 모든 클래스에 적용되는 파이썬 데이터 모델에 정의된 속성과 메서드를 검토해 보자.

---

2 그렇다고 해서 PEP 487이 메타클래스를 사용하는 코드를 못 쓰게 했다는 의미는 아니다. 파이썬 3.6 이전에 클래스 데커레이터나 메타클래스를 사용했던 코드를 이제는 평범한 클래스로 리팩터링해 더 간단하고 효율적인 코드로 만들 수 있음을 의미한다.

24.2 객체로서의 클래스

파이썬 프로그램 요소의 대부분이 그렇듯이 클래스도 객체다. 파이썬 표준 라이브러리의 '내장형Built-in Types' 장 안에 있는 4.13절 '특별 메서드Special Attributes'(https://fpy.li/24-1)에 문서화된 것처럼, 모든 클래스에는 파이썬 데이터 모델이 정의한 수많은 속성이 있다. 그중 지금까지 __mro__, __class__, __name__을 여러 번 보았다. 그 외 다음과 같은 클래스 속성이 있다.

cls.__bases__

클래스의 슈퍼클래스들을 담은 튜플이다.

cls.__qualname__

클래스나 함수의 정규화된 이름qualified name으로서, 모듈의 전역 범위에서부터 클래스 정의까지의 경로를 점으로 구분한다. 클래스가 다른 클래스 안에 정의되었을 때 의미가 있다. 예를 들어 Ox 클래스(https://fpy.li/24-2)와 같은 장고 모델 클래스 안에 Meta라는 내부 클래스가 있다. Meta의 __qualname__은 Ox.Meta지만, __name__은 Meta다. 이 속성은 'PEP 3155 – 클래스와 함수의 자격명Qualified name for classes and functions'(https://fpy.li/24-3)에서 명시하고 있다.

cls.__subclasses__()

이 메서드는 현재 메모리에 존재하는 클래스의 바로 아래 서브클래스들의 리스트를 반환한다. 이 메서드는 __bases__ 속성에서 슈퍼클래스에 대한 강한 참조를 담은 서브클래스와 슈퍼클래스 간의 순환 참조를 방지하고자 약한 참조를 이용해 구현한다.

cls.mro()

인터프리터는 이 메서드를 클래스의 __mro__ 속성에 담긴 슈퍼클래스의 튜플을 가져와 클래스를 생성할 때 호출한다. 메타클래스는 이 메서드를 오버라이드해 현재 생성 중인 클래스의 메서드 결정 순서를 커스터마이즈할 수 있다.

> **TIP** 이 절에서 설명한 속성들은 dir() 함수로 나열되지 않는다.

이제부터 시작이다. 클래스가 객체라면, 클래스의 클래스는 무엇일까?

24.3 type: 내장된 클래스 팩토리

type(my_object)가 객체의 클래스를 반환하므로 type을 함수로 생각하기 쉽다. 사실
type()은 my_object.__class__를 반환한다.

그러나 type은 인수 세 개로 호출하면 새로운 클래스를 생성하는 클래스다. 다음의 간단한 클
래스를 보자.

```
class MyClass(MySuperClass, MyMixin):
    x = 42

    def x2(self):
        return self.x * 2
```

type() 생성자를 이용하면 다음과 같이 MyClass를 런타임에 생성할 수 있다.

```
MyClass = type('MyClass',
               (MySuperClass, MyMixin),
               {'x': 42, 'x2': lambda self: self.x * 2},
          )
```

이렇게 type()을 호출하는 것은 앞에서 클래스를 생성한 class MyClass ... 블록과 기능적
으로 똑같다.

파이썬이 class 문을 만나면 다음의 인수로 type()을 호출해 클래스 객체를 생성한다.

name

MyClass처럼 class 키워드 다음에 나오는 식별자.

bases

클래스 식별자 다음의 괄호 안에 슈퍼클래스들을 담은 튜플. 혹은 class 문에 슈퍼클래스가 언급되지 않았으면 (object).

dict

속성명과 값의 매핑. 23.4절 '메서드는 디스크립터'에서 봤듯이 콜러블은 메서드가 된다. 나머지 값들은 클래스 속성이 된다.

> **NOTE** type() 생성자는 선택적으로 키워드 인수도 받는데, type 자체에서는 무시하지만 그대로 __init_subclass__()에 전달한다. 이 특별 메서드는 24.5절 '__init_subclass__() 소개'에서 설명하지만, 키워드 인수의 사용에 관해서는 설명하지 않는다. 자세한 내용은 'PEP 487 – 클래스 생성의 더 간단한 커스터마이징'(https://fpy.li/pep487)을 참조하라.

type 클래스는 **메타클래스**다. 클래스를 생성하는 클래스다. 달리 말하면, type 클래스의 인스턴스는 클래스다. 표준 라이브러리에는 다른 메타클래스가 몇 개 있지만, type이 기본이다.

```
>>> type(7)
<class 'int'>
>>> type(int)
<class 'type'>
>>> type(OSError)
<class 'type'>
>>> class Whatever:
...     pass
...
>>> type(Whatever)
<class 'type'>
```

커스텀 메타클래스는 24.8절 '메타클래스 기본 지식'에서 만든다. 다음 절에서는 type()을 이용해 클래스를 만드는 함수를 만든다.

24.4 클래스 팩토리 함수

이미 여러 번 나왔지만, 표준 라이브러리에는 `collections.namedtuple()`이라는 클래스 팩토리가 있다. 5장에서는 `typing.NamedTuple`과 `@dataclass`도 보았다. 이 클래스 생성자는 모두 이 장에서 설명하는 기법을 활용한다.

먼저 가변 객체의 클래스를 만드는 초간단 팩토리에서 시작한다. 아마도 `@dataclass`를 대체할 가장 간단한 팩토리일 것이다.

예를 들어 애완동물 가게 애플리케이션을 만들면서 개에 관한 데이터를 간단한 레코드로 처리한다고 가정해 보자. 다음과 같은 식상한 코드는 피하고 싶다.

```python
class Dog:
    def __init__(self, name, weight, owner):
        self.name = name
        self.weight = weight
        self.owner = owner
```

똑같은 필드명이 세 번씩 나와서 따분하다. 이렇게 따분한 코드는 `repr()`로 출력한 내용도 마음에 들지 않는다.

```python
>>> rex = Dog('Rex', 30, 'Bob')
>>> rex
<__main__.Dog object at 0x2865bac>
```

`collections.namedtuple()`에서 힌트를 얻어 `Dog` 같은 간단한 클래스를 즉석에서 생성하는 `record_factory()`를 만들어 보자. [예제 24-1]은 이 팩토리를 사용하는 예를 보여 준다.

예제 24-1 간단한 클래스 팩토리인 record_factory()의 테스트

```python
>>> Dog = record_factory('Dog', 'name weight owner')    ❶
>>> rex = Dog('Rex', 30, 'Bob')
>>> rex    ❷
Dog(name='Rex', weight=30, owner='Bob')
>>> name, weight, _ = rex    ❸
>>> name, weight
```

```
('Rex', 30)
>>> "{2}'s dog weighs {1}kg".format(*rex)  ❹
"Bob's dog weighs 30kg"
>>> rex.weight = 32  ❺
>>> rex
Dog(name='Rex', weight=32, owner='Bob')
>>> Dog.__mro__  ❻
(<class 'factories.Dog'>, <class 'object'>)
```

❶ 이 팩토리 함수의 시그너처는 namedtuple()의 시그너처와 비슷하게, 클래스명과 속성명을 공백이나 콤마로 구분해 만든 문자열 하나를 받는다.

❷ repr()도 멋지게 출력한다.

❸ 인스턴스가 반복 가능하므로 할당문에서 간편하게 언패킹할 수 있다.

❹ 그리고 format()과 같은 함수에도 쉽게 사용할 수 있다.

❺ record 인스턴스는 가변형이다.

❻ 새로 생성된 클래스는 object를 상속하며, 팩토리와는 아무 관련이 없다.

[예제 24-2]는 record_factory() 함수의 코드다.[3]

예제 24-2 record_factory.py: 간단한 클래스 팩토리

```python
from typing import Union, Any
from collections.abc import Iterable, Iterator

FieldNames = Union[str, Iterable[str]]  ❶

def record_factory(cls_name: str, field_names: FieldNames) -> type[tuple]:  ❷

    slots = parse_identifiers(field_names)  ❸

    def __init__(self, *args, **kwargs) -> None:  ❹
        attrs = dict(zip(self.__slots__, args))
        attrs.update(kwargs)
        for name, value in attrs.items():
            setattr(self, name, value)

    def __iter__(self) -> Iterator[Any]:  ❺
```

---

3 코드를 제공해 준 친구 J. S. O. 부에노에게 감사한다.

```python
        for name in self.__slots__:
            yield getattr(self, name)

    def __repr__(self):  ❻
        values = ', '.join(f'{name}={value!r}'
            for name, value in zip(self.__slots__, self))
        cls_name = self.__class__.__name__
        return f'{cls_name}({values})'

    cls_attrs = dict(  ❼
        __slots__=slots,
        __init__=__init__,
        __iter__=__iter__,
        __repr__=__repr__,
    )

    return type(cls_name, (object,), cls_attrs)  ❽


def parse_identifiers(names: FieldNames) -> tuple[str, ...]:
    if isinstance(names, str):
        names = names.replace(',', ' ').split()  ❾
    if not all(s.isidentifier() for s in names):
        raise ValueError('names must all be valid identifiers')
    return tuple(names)
```

❶ 사용자는 하나의 문자열이나 문자열들의 반복형으로 필드명들을 제공한다.

❷ collections.namedtuple()의 처음 두 인수와 같은 인수들을 받고, tuple처럼 작동하는 클래스 type을 반환한다.

❸ 속성명들의 튜플을 만든다. 이 튜플은 새로운 클래스의 __slots__ 속성이 된다.

❹ 이 함수는 위치와 키워드 인수를 받으며, 새로운 클래스의 __init__() 메서드가 된다.[4]

❺ __slots__가 제공하는 순서대로 필드값들을 생성한다.

❻ __slots__와 self를 반복해 멋지게 출력하는 __repr__() 메서드를 생성한다.

❼ 클래스 속성들의 딕셔너리를 만든다.

❽ type() 생성자를 호출해 새로운 클래스를 만들고 반환한다.

❾ 쉼표로 구분된 names 문자열을 str의 리스트로 변환한다.

---

4 인수들의 실제 자료형이 Any라서 인수에는 자료형 힌트를 붙이지 않았다. 반환형 힌트는 추가했는데, 그렇지 않으면 Mypy가 메서드 내부를 검사하지 않기 때문이다.

자료형 힌트에 사용되는 type을 [예제 24-2]에서 처음으로 보았다. 어노테이션이 단순히 ->
type이라면 record_factory()가 클래스를 반환함을 의미하는데, 이것도 맞기는 하다. 그러
나 -> type[tuple]로 어노테이트하는 것이 더 정확하다. 반환된 클래스가 tuple의 서브클래
스임을 의미하기 때문이다.

[예제 24-2] record_factory()의 마지막 행은 cls_name 값을 이름으로 사용하고, object
를 단 하나의 직속 슈퍼클래스로 사용하며, 네임스페이스에 __slots__, __init__, __
iter__, __repr__이 들어 있는 클래스를 생성한다. 이 중 마지막 세 개 __init__, __iter__,
__repr__은 인스턴스 메서드다.

__slots__ 클래스 속성에 다른 이름을 붙일 수도 있었지만, 그러면 할당할 속성명을 검증하기
위해 __setattr__() 메서드를 구현해야 한다. 레코드와 같은 구조의 클래스에서 속성들의
이름이 언제나 동일하고 같은 순서로 유지되기를 원하기 때문이다. 그러나 __slots__를 사용
하면 수백만 객체를 사용할 때 메모리를 절약하는 장점도 있지만, 11.11절 '__slots__로 메모
리 절약하기'에서 설명한 단점도 있음을 명심하라.

> **WARNING** record_factory()로 생성한 클래스의 객체들은 직렬화할 수 없다는 제한이 있다. 즉,
> pickle 모듈의 dump(), load() 함수와 함께 사용할 수 없다. 이 절의 목표는 간단한 사례를 이용해 type
> 클래스의 사용법을 보여 주는 것이므로, 이 문제를 해결하는 것은 이 예제의 범위를 벗어난다. 직렬화 문제를
> 해결하려면 collections.nameduple 소스 코드(https://fpy.li/24-4)를 공부하고 단어 'pickling'을
> 검색하기를 바란다.

이제부터 class 문으로 작성된 사용자 정의 클래스를 받아서 더 많은 기능을 자동으로 추가하
는 typing.NamedTuple과 같은 최신 클래스 빌더를 어떻게 흉내 낼 수 있는지 알아보자.

24.5 __init_subclass__() 소개

__init_subclass__()와 __set_name__() 둘 다 'PEP 487 – 클래스 생성의 더 간단한 커
스터마이징'(https://fpy.li/pep487)에서 제안되었다. __set_name__() 특별 메서드는
23.2.2절 'LineItem 버전 #4: 저장소 속성명 자동으로 붙이기'에서 보았으니, 이제 __init_
subclass__()에 관해 알아보자.

5장에서 프로그래머가 class 문을 이용해 새로운 클래스의 속성을 지정하면 typing.
NamedTuple과 @dataclass 클래스 빌더가 __init__(), __repr__(), __eq__() 등 핵심
메서드들을 자동으로 추가하는 것을 보았다.

이 클래스 빌더 둘 다 class 문에서 자료형 힌트를 읽어 클래스를 향상시킨다. 게다가 이 자료
형 힌트들은 코드에서 속성을 읽거나 설정하는 코드를 정적형 검사기가 검사하게 해 준다. 그
러나 NamedTuple과 @dataclass는 자료형 힌트를 이용해 런타임에 속성을 검증하지 않는다.
다음 예제에 나오는 Checked 클래스는 런타임에 속성을 검증한다.

> **NOTE** 모든 정적형 힌트를 런타임에 검사하도록 지원할 수는 없다. 그래서 typing.NamedTuple과 @
> dataclass는 시도조차 하지 않은 것 같다. 그러나 구상 클래스들은 Checked로 검사할 수 있다. Checked
> 는 str, int, float, bool 등 필드 내용에 사용되는 단순형 및 이들로 구성된 리스트를 검사할 수 있다.

[예제 24-3]은 Checked를 사용해 Movie 클래스를 만드는 방법을 보여 준다.

예제 24-3 initsub/checkedlib.py: Checked의 서브클래스 Movie 생성에 대한 doctest

```
>>> class Movie(Checked):    ❶
...     title: str    ❷
...     year: int
...     box_office: float
...
>>> movie = Movie(title='The Godfather', year=1972, box_office=137)    ❸
>>> movie.title
'The Godfather'
>>> movie    ❹
Movie(title='The Godfather', year=1972, box_office=137.0)
```

❶ Movie는 Checked를 상속한다. Checked 클래스는 뒤에 나오는 [예제 24-5]에서 정의한다.

❷ 각 속성은 생성자로 어노테이트된다. 여기서는 내장형을 사용했다.

❸ Movie 인스턴스는 키워드 인수를 이용해 생성해야 한다.

❹ 대신 멋진 __repr__()이 따라온다.

속성의 자료형 힌트에 사용되는 생성자는 어떠한 콜러블도 될 수 있다. 선택적으로 하나의 인
수를 받고 의도한 필드의 자료형에 맞는 값을 반환하거나, 잘못된 값을 받을 때 TypeError나

ValueError 예외를 발생시킬 수 있으면 된다.

[예제 24-3]의 어노테이션에 내장형을 사용했다는 것은 그 자료형의 생성자가 받을 수 있는 값을 사용해야 함을 의미한다. 즉, int의 경우 int(x)가 int를 반환하는 어떠한 x도 올 수 있다는 의미다. str의 경우 어떠한 자료형도 올 수 있다. str(x)는 파이썬의 어떠한 x에도 작동하기 때문이다.[5]

아무 인수도 없이 호출될 때 생성자는 그 자료형의 기본값을 반환해야 한다.[6]

파이썬 내장형 생성자의 표준 작동 방식은 다음과 같다.

```
>>> int(), float(), bool(), str(), list(), dict(), set()
(0, 0.0, False, '', [], {}, set())
```

Movie와 같은 Checked의 서브클래스의 생성자에서 인수를 전달하지 않으면 다음과 같이 해당 필드의 생성자가 반환한 기본값으로 채워진 인스턴스가 생성된다.

```
>>> Movie(title='Life of Brian')
Movie(title='Life of Brian', year=0, box_office=0.0)
```

생성자들은 인스턴스를 생성할 때와 인스턴스 속성에 직접 값을 설정할 때 검증하는 데 사용된다.

```
>>> blockbuster = Movie(title='Avatar', year=2009, box office='billions')
Traceback (most recent call last):
  ...
TypeError: 'billions' is not compatible with box_office:float
>>> movie.year = 'MCMLXXII'
Traceback (most recent call last):
  ...
TypeError: 'MCMLXXII' is not compatible with year:int
```

---

[5] 모든 객체가 올 수 있다. 다만 그 객체의 클래스가 object에서 상속받은 __str__()이나 __repr__()을 망가뜨리지 않아야 한다.

[6] 이 해결책은 None을 기본값으로 사용하지 않는다. 널값을 피하는 것이 상책이다(https://fpy.li/24-5). 일반적으로는 피하기 어렵지만, 쉬울 때도 있다. 파이썬은 물론 SQL에서 필자는 텍스트 필드 안에 값이 없을 때 None이나 NULL 대신 빈 문자열을 사용한다. Go 언어를 배우면서 이 생각은 더 확고해졌다. Go 언어에서 원시 자료형의 변수나 구조체 필드는 기본적으로 '0 값'으로 초기화된다. 관심 있는 독자는 온라인 'A Tour of Go' 사이트에서 '0 값'(https://fpy.li/24-6)을 참조하라.

이제 checkedlib.py 코드를 살펴보자. 첫 번째 클래스는 [예제 24-4]에서 보듯이 Field 디스크립터다.

예제 24-4 initsub/checkedlib.py: Field 디스크립터 클래스

```
from collections.abc import Callable      ❶
from typing import Any, NoReturn, get_type_hints


class Field:
    def __init__(self, name: str, constructor: Callable) -> None:      ❷
        if not callable(constructor) or constructor is type(None):      ❸
            raise TypeError(f'{name!r} type hint must be callable')
        self.name = name
        self.constructor = constructor

    def __set__(self, instance: Any, value: Any) -> None:
        if value is ...:      ❹
            value = self.constructor()
        else:
            try:
```

```
        value = self.constructor(value)  ❺
    except (TypeError, ValueError) as e:  ❻
        type_name = self.constructor.__name__
        msg = f'{value!r} is not compatible with {self.name}:{type_name}'
        raise TypeError(msg) from e
    instance.__dict__[self.name] = value  ❼
```

❶ 파이썬 3.9 이후로 어노테이션에 사용하는 Callable은 collections.abc에 있는 추상 베이스 클래스이며, 사용 중단 안내된 typing.Callable이 아니다.

❷ 이것은 최소화된 Callable 형 힌트다. constructor의 매개변수형과 반환형은 둘 다 암묵적으로 Any 형이다.

❸ 런타임 검사에 callable() 내장 함수를 사용한다.[7] type(None)인지 검사해야 하는데, 파이썬이 자료형에 들어 있는 None을 NoneType으로 간주하기 때문이다. NoneType은 None의 클래스라서 호출할 수 있지만, None만 반환하는 쓸모없는 생성자다.

❹ Checked.__init__()이 value를 ...(내장된 Ellipsis 객체)로 설정하면, 인수 없이 constructor()를 호출한다.

❺ 그렇지 않으면 value를 전달해 constructor()를 호출한다.

❻ constructor()가 이 두 예외 중 하나를 일으키면 필드명과 생성자를 포함한 유용한 메시지(예를 들어, 'MMIX' is not compatible with year:int)와 함께 TypeError 예외를 발생시킨다.

❼ 예외가 발생하지 않으면 value를 instance.__dict__에 저장한다.

__set__() 메서드 안에서 TypeError와 ValueError 예외를 잡아야 한다. 내장형의 생성자가 인수에 따라 둘 중 하나를 발생시킬 수 있기 때문이다. 예를 들어 float(None)은 TypeError를, float('A')는 ValueError를 발생시킨다. 한편, float('8')은 예외를 발생시키지 않고 8.0을 반환한다. 이것은 버그가 아니라 기능이라고 생각한다.

TIP 23.2.2절 'LineItem 버전 #4: 저장소 속성명 자동으로 붙이기'에서는 디스크립터를 위한 편리한 __set_name__() 특별 메서드를 보았다. 그러나 Field 클래스에는 필요 없다. 디스크립터 인스턴스가 클라이언트 소스 코드에서 만들어지지 않기 때문이다. Movie 클래스(예제 24-3)에서 봤듯이, 사용자는 생성자인 자료형을 선언한다. 대신 Field 디스크립터 인스턴스는 [예제 24-5]에서처럼 Checked.__init_subclass__() 메서드에서 런타임에 생성된다.

---

[7] 필자는 callable이 자료형 힌트에 적합하게 만들어져야 한다고 생각한다. 2021년 기준, 공개 이슈(https://fpy.li/24-7)로 남아 있다.

이제 Checked 클래스를 살펴보자. 소스 코드를 두 부분으로 나누었다. [예제 24-5]는 클래스의 앞부분을 보여 주는데, 이 예제에서 가장 중요한 메서드들이 포함된다. 나머지 메서드는 [예제 24-6]에 있다.

예제 24-5 initsub/checkedlib.py: Checked 클래스의 가장 중요한 메서드들

```python
class Checked:
    @classmethod
    def _fields(cls) -> dict[str, type]:      ❶
        return get_type_hints(cls)

    def __init_subclass__(subclass) -> None:      ❷
        super().__init_subclass__()                   ❸
        for name, constructor in subclass._fields().items():      ❹
            setattr(subclass, name, Field(name, constructor))      ❺

    def __init__(self, **kwargs: Any) -> None:
        for name in self._fields():                   ❻
            value = kwargs.pop(name, ...)             ❼
            setattr(self, name, value)                ❽
        if kwargs:                                    ❾
            self.__flag_unknown_attrs(*kwargs)        ❿
```

❶ 클래스 나머지 부분에서 typing.get_type_hints() 호출하는 것을 숨기려고 이 클래스 메서드를 작성했다. 파이썬 3.10+만 지원해도 된다면 inspect.get_annotations()을 대신 호출했을 것이다. 이 함수들의 문제는 15.5.1절 '런타임에서의 어노테이션 문제'를 참조하라.

❷ __init_subclass__()는 현재 클래스의 서브클래스가 정의될 때 호출된다. 이 메서드는 새로운 클래스를 첫 번째 인수로 받으므로 매개변수명을 일반적으로 사용하는 cls 대신 subclass로 했다. 자세한 내용은 잠시 후에 나오는 '전형적인 클래스 메서드가 아닌 __init_subclass__()' 글상자를 참조하라.

❸ super().__init_subclass__()는 꼭 필요하지는 않지만, 동일한 상속 계층에서 __init_subclass__()를 구현하는 다른 클래스와 조화롭게 작동하려면 호출해야 한다. 14.4절 '다중 상속과 메서드 결정 순서'를 참조하라.

❹ 각 필드의 name과 constructor를 반복한다.

❺ name과 constructor 매개변수가 있는 Field 디스크립터에 바인딩된 name을 이용해 subclass에 속성을 생성한다.

❻ 클래스의 필드 안의 각 name에 대해 ❼의 작업을 반복한다.

❼ kwargs에서 해당 value를 가져오고, kwargs에서 제거한다. ...(Ellipsis 객체)를 기본값으로 하면 None 값을 가진 인수와 그렇지 않은 인수를 구분할 수 있다.[8]

❽ setattr()을 호출하면 [예제 24-6]에 나온 Checked.__setattr__()이 호출되게 한다.

❾ kwargs에 남은 항목들의 이름은 선언된 필드에 맞지 않으므로 __init__()이 실패한다.

❿ [예제 24-6]에 나온 __flag_unknown_attrs()가 에러를 보고한다. 이 메서드는 알려지지 않은 속성 명들을 담은 *names를 인수로 받는다. 키들을 인수 시퀀스로 전달하려고 별표를 하나만 붙인 *kwargs를 사용했다.

전형적인 클래스 메서드가 아닌 __init_subclass__()

__init_subclass__()에 @classmethod 데커레이터가 사용되지 않았지만, 특별한 의미가 있는 것은 아니다. __new__() 특별 메서드가 @classmethod 없이도 클래스 메서드로 작동하기 때문이다. 파이썬이 __init__subclass__()에 첫 번째 인수로 전달하는 것은 클래스다. 그러나 그 클래스는 __init_subclass__()가 속한 클래스가 아니고, 그 클래스의 새로 정의된 서브클래스다. 이것은 __new__()나 다른 클래스 메서드와 다르다. 따라서 필자가 생각하기에 __init_subclass__()는 일반적인 의미의 클래스 메서드가 아니며, 첫 인수 이름을 cls로 하는 것은 오해의 소지가 있다. __init_suclass__() 문서(https://fpy.li/24-8)에서는 "...속한 클래스가 상속될 때 호출된다. 이때의 cls는 새로운 서브클래스"라고 설명한다.

이제 [예제 24-5]에 이어 Checked 클래스의 나머지 메서드들을 알아보자. collections.namedtuple API에서처럼, 사용자 정의 필드명과의 충돌을 피하고자 _fields()와 _asdict() 메서드 이름 앞에 언더바를 붙였다.

예제 24-6 initsub/checkedlib.py: Checked 클래스의 나머지 메서드들

```python
def __setattr__(self, name: str, value: Any) -> None:   ❶
    if name in self._fields():                          ❷
        cls = self.__class__
        descriptor = getattr(cls, name)
        descriptor.__set__(self, value)                 ❸
```

---

8 19.6.3절에 있는 '루프, 센티넬, 포이즌 필' 글상자에서 설명한 대로 Ellipsis 객체는 편리하고도 안전한 센티넬값이다. 오래전부터 있었지만, 자료형 힌트와 넘파이 등 최근에서야 사람들이 더 많이 사용하게 되었다.

```python
        else:                                            ❹
            self.__flag_unknown_attrs(name)

    def __flag_unknown_attrs(self, *names: str) -> NoReturn:    ❺
        plural = 's' if len(names) > 1 else ''
        extra = ', '.join(f'{name!r}' for name in names)
        cls_name = repr(self.__class__.__name__)
        raise AttributeError(f'{cls_name} object has no attribute{plural} {extra}')

    def _asdict(self) -> dict[str, Any]:    ❻
        return {
            name: getattr(self, name)
            for name, attr in self.__class__.__dict__.items()
            if isinstance(attr, Field)
        }

    def __repr__(self) -> str:    ❼
        kwargs = ', '.join(
            f'{key}={value!r}' for key, value in self._asdict().items()
        )
        return f'{self.__class__.__name__}({kwargs})'
```

❶ 인스턴스 속성을 바꾸려는 모든 시도를 가로챈다. 알려지지 않은 속성을 설정하지 못하게 막는 데 필요하다.

❷ 속성 name을 안다면 해당 descriptor를 가져온다.

❸ 일반적으로 디스크립터의 __set__()을 명시적으로 호출할 필요가 없다. 여기서는 Field 등의 오버라이딩 디스크립터를 포함해 인스턴스 속성을 설정하는 모든 시도를 __setattr__()이 가로채기 때문에 필요하다.[9]

❹ 그렇지 않으면 name은 모르는 속성이므로 __flag_unknown_attrs()가 예외를 발생시킨다.

❺ 기대치 않은 인수를 모두 나열하는 유용한 에러 메시지를 만들고 AttributeError 예외를 발생시킨다. NoReturn이라는 특별 자료형을 사용하는 보기 드문 예인데, 자세한 설명은 8.5.12절 'NoReturn'을 참조하라.

❻ Movie 객체의 속성들로 dict를 생성한다. 이 메서드를 _as_dict()로 이름 짓고 싶었지만, collections.namedtuple에 _asdict() 메서드가 있으므로, 이 관례를 따랐다.

❼ 멋진 __repr__()을 구현하는 게 이 예제에 _asdict()를 둔 가장 큰 이유다.

Checked 예제는 인스턴스를 생성한 후 임의의 속성을 설정하지 못하게 하기 위해 __setattr__()을 구현할 때 오버라이딩 디스크립터를 다루는 방법을 보여 준다. 이 예제에서

---

9 오버라이딩 디스크립터의 미묘한 개념은 23.3.1절 '오버라이딩 디스크립터'에서 설명했다.

__setattr__()을 구현할 가치가 있는지는 논란의 여지가 있다. 이 메서드가 없으면 movie.director = 'Greta Gerwig' 문장이 성공하지만, director 속성은 어떤 방법으로도 검사되지 않고, [예제 24-6]에서 구현한 __repr__()에도 나오지 않고, _asdict()가 반환한 dict에도 포함되지 않을 것이다.

record_factory.py(예제 24-2)에서는 이 문제를 __slots__ 클래스 속성을 이용해 해결했다. 그러나 다음 절에서 설명하듯이 이 경우에는 이 방법을 사용하지 못한다.

24.5.1 __init_subclass__()가 __slots__를 설정하지 못하는 이유

__slots__ 속성은 type.__new__()에 전달된 클래스 네임스페이스 안의 항목에 들어갈 때만 유효하다. 기존 클래스에 __slots__ 속성을 추가하는 것은 효과가 없다. 파이썬은 클래스가 생성된 후에야 __init_subclass__()를 호출하기 때문에, 이때는 __slots__를 설정하기에 이미 늦었다. 클래스 데커레이터도 __slots__를 설정할 수 없다. 클래스 데커레이터는 심지어 __init_subclass__()가 호출된 후에 적용되기 때문이다. 시점에 관련된 문제는 24.7절 '임포트 타임과 런타임 비교'에서 다룬다.

런타임에 __slots__를 설정하려면 type.__new__()의 마지막 인수로 전달되는 클래스 네임스페이스를 코드에서 직접 생성해야 한다. 이렇게 하려면 record_factory.py처럼 클래스 팩토리를 작성하거나, 메타클래스라는 핵폭탄을 건드려야 한다. __slots__를 동적으로 설정하는 방법은 24.8절 '메타클래스 기본 지식'에서 다룬다.

PEP 487(https://fpy.li/pep487)이 파이썬 3.7에서 __init_subclass__()로 클래스 생성의 커스터마이징을 간단하게 해 주기 전까지는 클래스 데커레이터를 이용해 비슷한 기능을 구현해야 했다. 이 방법을 다음 절에서 알아보자.

24.6 클래스 데커레이터를 이용한 클래스 개선

클래스 데커레이터는 함수 데커레이터와 비슷하게 작동하는 콜러블이다. 데커레이트할 클래스를 인수로 받고, 이 클래스를 대체할 새로운 클래스를 반환한다. 클래스 데커레이터는 속성 할당을 통해 메서드를 추가한 원래 클래스를 반환하기도 한다.

더 간단한 __init_subclass__() 대신 클래스 데커레이터를 선택하는 일반적인 이유는 아마도 상속이나 메타클래스 등 다른 클래스 기능과의 간섭을 피하기 위해서일 것이다.[10]

이 절에서는 checkedlib.py와 똑같은 서비스를 제공하지만 클래스 데커레이터를 사용하는 checkeddeco.py를 알아본다. 늘 그래왔듯이 먼저 checkeddeco.py(예제 24-7)의 doctest에서 발췌한 사용 예를 보자.

예제 24-7 checkeddeco.py: @checked로 데커레이트한 Movie 클래스의 생성

```
>>> @checked
... class Movie:
...     title: str
...     year: int
...     box_office: float
...
>>> movie = Movie(title='The Godfather', year=1972, box_office=137)
>>> movie.title
'The Godfather'
>>> movie
Movie(title='The Godfather', year=1972, box_office=137.0)
```

[예제 24-7]은 [예제 24-3]과 Movie 클래스를 선언한 방법만 다르다. Checked를 상속하는 대신 @checked로 데커레이트했다. 그 외 24.5절 '__init_subclass__() 소개'의 [예제 24-3] 이후에 보여 준 자료형 검증과 기본값 할당 등 외적인 작동은 똑같다.

이제 checkeddeco.py의 구현을 살펴보자. 임포트문과 Field 클래스는 [예제 24-4]에 나온 checkedlib.py와 똑같다. checkeddeco.py에는 다른 클래스는 없고 함수만 있다.

__init_subclass__()에 구현했던 논리가 이제는 [예제 24-8]에 나온 클래스 데커레이터인 checked() 함수 안에 들어간다.

예제 24-8 checkeddeco.py: 클래스 데커레이터

```
def checked(cls: type) -> type:            ❶
    for name, constructor in _fields(cls).items():    ❷
        setattr(cls, name, Field(name, constructor))    ❸
```

---

10 이 근거는 'PEP 557 – 데이터 클래스'(https://fpy.li/24-9)의 요약문에서 클래스 데커레이터로 구현한 이유를 설명하면서 나온다.

```python
        cls._fields = classmethod(_fields)  # type: ignore  ❹

        instance_methods = (  ❺
            __init__,
            __repr__,
            __setattr__,
            _asdict,
            __flag_unknown_attrs,
        )
        for method in instance_methods:  ❻
            setattr(cls, method.__name__, method)

        return cls  ❼
```

❶ 클래스는 type의 인스턴스임을 명심하자. 이 자료형 힌트는 이 함수가 클래스 데커레이터임을 확실히 보여 준다. 클래스를 받아서 클래스를 반환하기 때문이다.

❷ _fields()는 이 모듈 뒷부분에 정의된 최상위 수준 함수다(예제 24-9).

❸ _fields()가 반환한 각 속성을 Field 디스크립터 인스턴스로 교체하는 것은 [예제 24-5]에서 __init_subclass__()가 했던 일이다. 다만 여기에서는 할 일이 조금 더 있다.

❹ _fields()로 클래스 메서드를 만들어 데커레이트할 클래스에 추가한다. type에 _fields라는 속성이 없다고 Mypy에서 에러 메시지를 출력하므로 type: ignore 주석이 필요하다.

❺ 데커레이트된 클래스의 인스턴스 메서드가 될 모듈 수준 함수다.

❻ instance_methods의 모든 항목을 cls에 추가한다.

❼ 데커레이트된 cls를 반환함으로써 클래스 데커레이터의 임무를 완수한다.

checkeddeco.py에서 checked() 데커레이터를 제외한 모든 최상위 함수의 이름이 언더바로 시작한다. 이렇게 이름을 부여하는 것은 다음의 두 가지 이유에서다.

- checked()는 checkeddeco.py 모듈의 공개 인터페이스지만, 다른 함수들은 아니다.
- [예제 24-9]의 함수들이 데커레이트된 클래스 안에 주입되므로, 언더바를 앞에 붙여 데커레이트된 클래스 안에 사용자가 정의한 속성과 메서드와 이름 충돌이 일어날 위험성을 줄인다.

checkeddeco.py의 나머지는 [예제 24-9]에 있다. 이 모듈 수준 함수들은 checkedlib.py의 Checked 클래스의 해당 메서드와 동일한 코드다. 이 함수들은 [예제 24-5]와 [예제 24-6]에서 설명했다.

그러나 checkeddeco.py의 _fields() 함수에는 두 가지 임무가 있음에 주의하라. 이 함수는

checked() 데커레이터 첫 번째 줄에서 일반 함수로 사용되고, 데커레이트된 클래스의 클래스 메서드로도 들어간다.

예제 24-9 checkeddeco.py: 데커레이트된 클래스에 주입될 메서드들

```python
def _fields(cls: type) -> dict[str, type]:
    return get_type_hints(cls)

def __init__(self: Any, **kwargs: Any) -> None:
    for name in self._fields():
        value = kwargs.pop(name, ...)
        setattr(self, name, value)
    if kwargs:
        self.__flag_unknown_attrs(*kwargs)

def __setattr__(self: Any, name: str, value: Any) -> None:
    if name in self._fields():
        cls = self.__class__
        descriptor = getattr(cls, name)
        descriptor.__set__(self, value)
    else:
        self.__flag_unknown_attrs(name)

def __flag_unknown_attrs(self: Any, *names: str) -> NoReturn:
    plural = 's' if len(names) > 1 else ''
    extra = ', '.join(f'{name!r}' for name in names)
    cls_name = repr(self.__class__.__name__)
    raise AttributeError(f'{cls_name} has no attribute{plural} {extra}')

def _asdict(self: Any) -> dict[str, Any]:
    return {
        name: getattr(self, name)
        for name, attr in self.__class__.__dict__.items()
        if isinstance(attr, Field)
    }

def __repr__(self: Any) -> str:
    kwargs = ', '.join(
        f'{key}={value!r}' for key, value in self._asdict().items()
    )
    return f'{self.__class__.__name__}({kwargs})'
```

checkeddeco.py 모듈은 간단하지만 유용한 클래스 데커레이터를 만든다. 파이썬의 @dataclass는 훨씬 더 많은 일을 한다. 다양한 설정 옵션을 제공하고, 데커레이트된 클래스에 더 많은 메서드를 추가하고, 데커레이트된 클래스 안에서 사용자 정의 메서드와 충돌하는 것을 경고하고 처리한다. 심지어는 __mro__를 순회해 데커레이트된 클래스의 슈퍼클래스에 선언된 사용자 정의 속성들도 가져온다. 파이썬 3.9의 dataclasses 패키지의 소스 코드(https://fpy.li/24-10)는 1,200줄이 넘는다.

클래스 메타프로그래밍을 하려면 클래스를 생성하는 동안 각 코드 블록을 파이썬 인터프리터가 언제 평가하는지 알아야 한다. 이것이 바로 다음 절의 주제다.

24.7 임포트 타임과 런타임 비교

파이썬 프로그래머들은 '임포트 타임'과 '런타임'을 구분하지만, 이 용어들은 엄격히 정의되지 않았으며 구분이 모호한 경우도 있다.

임포트 타임에 인터프리터는 다음과 같은 일을 한다.

1 .py 모듈의 소스 코드를 위에서부터 한 번 파싱한다. SyntaxError는 이 단계에서 발생할 수 있다.

2 실행할 바이트코드를 생성한다.

3 컴파일된 모듈의 최상위 코드를 실행한다.

만일 지역 __pycache__ 디렉터리에 최신 .pyc 파일이 있으면 바이트코드를 실행할 준비가 된 것이므로 이 과정을 생략한다.

파싱과 컴파일 작업은 확실히 '임포트 타임'의 활동이긴 하지만, 이때 다른 일도 일어난다. 파이썬 소스 코드에 있는 대부분의 문장이 사용자 코드를 실행하고 사용자 프로그램의 상태를 변경한다는 의미에서 실행문이기 때문이다.

특히 import 문은 그저 단순한 선언이 아니며[11], 처음 임포트되는 모듈의 모든 최상위 수준 코드를 실제로 실행한다. 이후에 다시 임포트될 때는 동일 모듈의 캐시를 사용해 임포트된 객체

---

11 이와 반대로 자바의 import 문은 단순한 선언으로, 어떠한 패키지가 필요함을 컴파일러에 알려준다.

들을 클라이언트 모듈에 있는 이름들에 바인딩만 한다. 최상위 수준 코드에는 로그에 저장하거나 데이터베이스에 연결하는 등 일반적으로 '런타임'에 수행하는 모든 작업이 들어갈 수 있다.[12] import 문이 각종 '런타임'의 동작을 유발하므로 '임포트 타임'과 '런타임'의 구분이 모호해진다. 역으로 한참 '런타임' 작동을 하는 도중에 '임포트 타임'이 작동할 수도 있다. import 문과 __import__() 내장 함수가 일반 함수 안에서 사용될 수 있기 때문이다.

이 설명 모두 추상적이고 모호하므로 언제 어떤 일이 생기는지 실험으로 알아보자.

24.7.1 평가 시점 실험

builderlib.py 모듈에 정의된 클래스 데커레이터, 디스크립터, __init_subclass__()에 기반한 클래스 빌더를 사용하는 evaldemo.py 스크립트가 있다고 해 보자. 모듈에는 안에서 어떤 일이 생기는지 보여 주는 여러 개의 print() 문이 있다. 이 실험의 목적은 이 print()문이 어떤 순서로 실행되는지 관찰하는 것이다.

> **WARNING** 하나의 클래스 안에서 클래스 데커레이터와 __init_subclass__()를 가진 클래스 빌더를 함께 사용하는 것은 과도한 엔지니어링이나 절망을 나타내는 신호일 것이다. 이런 특이한 조합은 클래스 데커레이터와 __init_subclass__()가 클래스에 적용되는 시점을 보여 주는 이 실험에서는 유용하다.

먼저 builderlib.py를 [예제 24-10]과 [예제 24-11]에서 두 부분으로 나누어 알아보자.

예제 24-10 builderlib.py: 모듈의 앞부분

```
print('@ builderlib module start')

class Builder:            ❶
    print('@ Builder body')

    def __init_subclass__(cls):        ❷
        print(f'@ Builder.__init_subclass__({cls!r})')

        def inner_0(self):        ❸
            print(f'@ SuperA.__init_subclass__:inner_0({self!r})')
```

---

[12] 모듈이 임포트될 때 데이터베이스를 연결하는 것이 좋다는 의미가 아니라, 이런 작업도 할 수 있음을 이야기하려고 예를 들었다.

```python
        cls.method_a = inner_0

    def __init__(self):
        super().__init__()
        print(f'@ Builder.__init__({self!r})')


def deco(cls):    ❹
    print(f'@ deco({cls!r})')

    def inner_1(self):    ❺
        print(f'@ deco:inner_1({self!r})')

    cls.method_b = inner_1
    return cls    ❻
```

❶ 구현할 클래스 빌더다.

❷ __init_subclass__() 메서드가 정의된다.

❸ 아래 할당문에서 서브클래스에 추가할 함수를 정의한다.

❹ 클래스 데커레이터다.

❺ 데커레이트된 클래스에 추가할 함수다.

❻ 인수로 받은 클래스를 반환한다.

[예제 24-11]에서 **builderlib.py**가 이어진다.

예제 24-11 builderlib.py: 모듈의 뒷부분

```python
class Descriptor:    ❶
    print('@ Descriptor body')

    def __init__(self):    ❷
        print(f'@ Descriptor.__init__({self!r})')

    def __set_name__(self, owner, name):    ❸
        args = (self, owner, name)
        print(f'@ Descriptor.__set_name__{args!r}')

    def __set__(self, instance, value):    ❹
        args = (self, instance, value)
        print(f'@ Descriptor.__set__{args!r}')
```

```python
    def __repr__(self):
        return '<Descriptor instance>'


print('@ builderlib module end')
```

❶ 각 시점을 보여 주는 디스크립터 클래스다.

❷ 디스크립터 인스턴스가 생성되는 시점을 보여 준다.

❸ owner 클래스 생성 도중 언제 __set_name__( )이 호출되는지 보여 준다.

❹ 다른 메서드와 마찬가지로 __set__( ) 메서드는 인수를 출력하기만 한다.

파이썬 콘솔에서 builderlib.py를 임포트하면 다음과 같이 실행된다.

```
>>> import builderlib
@ builderlib module start
@ Builder body
@ Descriptor body
@ builderlib module end
```

builderlib.py가 출력하는 줄은 앞에 @이 붙는다. 이제 evaldemo.py로 넘어가
builderlib.py에 있는 특별 메서드들이 실행되게 해 보자(예제 24-12).

예제 24-12 evaldemo.py: builderlib.py를 실험하는 스크립트

```python
#!/usr/bin/env python3

from builderlib import Builder, deco, Descriptor

print('# evaldemo module start')

@deco                          ❶
class Klass(Builder):          ❷
    print('# Klass body')

    attr = Descriptor()        ❸

    def __init__(self):
        super().__init__()
        print(f'# Klass.__init__({self!r})')
```

```python
    def __repr__(self):
        return '<Klass instance>'


def main():  ❹
    obj = Klass()
    obj.method_a()
    obj.method_b()
    obj.attr = 999

if __name__ == '__main__':
    main()


print('# evaldemo module end')
```

❶ 데커레이터를 적용한다.

❷ Builder를 상속해 __init_subclass__() 메서드가 실행되게 한다.

❸ 디스크립터의 인스턴스를 생성한다.

❹ 이 함수는 모듈을 메인 프로그램으로 실행할 때만 호출된다.

evaldemo.py의 print() 함수들은 앞에 #을 붙여 출력하게 했다. 콘솔을 다시 열고
evaldemo.py를 임포트하면 [예제 24-13]과 같이 실행된다.

예제 24-13 evaldemo.py를 이용한 콘솔 실험

```
>>> import evaldemo
@ builderlib module start  ❶
@ Builder body
@ Descriptor body
@ builderlib module end
# evaldemo module start
# Klass body  ❷
@ Descriptor.__init__(<Descriptor instance>)  ❸
@ Descriptor.__set_name__(<Descriptor instance>,
      <class 'evaldemo.Klass'>, 'attr')           ❹
@ Builder.__init_subclass__(<class 'evaldemo.Klass'>)  ❺
@ deco(<class 'evaldemo.Klass'>)  ❻
# evaldemo module end
```

❶ 위의 네 줄은 builderlib을 임포트해 출력된 결과다. 앞 예제를 실행한 후 콘솔을 닫지 않았다면 이 메시지는 출력되지 않는다. builderlib.py가 이미 로드되었기 때문이다.

❷ 파이썬이 Klass의 본체를 읽기 시작했음을 알려준다. 이 시점까지는 클래스 객체가 아직 존재하지 않는다.

❸ 파이썬이 디스크립터 인스턴스를 생성하고 기본 클래스 객체 생성자인 type.__new__()에 전달할 네임스페이스 안의 attr에 바인딩한다.

❹ 이 시점에 파이썬에 내장된 type.__new__()가 Klass 객체를 생성하고 Klass를 owner 인수로 전달해 디스크립터 클래스의 각 인스턴스의 __set_name__()을 호출한다.

❺ 그리고 나서 type.__new__()는 Klass를 유일한 인수로 전달해 Klass 슈퍼클래스의 __init_subclass__()를 호출한다.

❻ type.__new__()가 클래스 객체를 반환할 때 파이썬이 데커레이터를 적용한다. 이 예제에서는 deco()가 반환한 클래스는 모듈 네임스페이스에 있는 Klass에 바인딩된다.

type.__new__()는 C 언어로 구현되었다. 필자가 여기에서 설명한 작동 방식은 파이썬 '데이터 모델' 레퍼런스(https://fpy.li/dtmodel)의 '클래스 객체 생성하기^{Creating the class object}' 절(https://fpy.li/24-11)에 문서화되어 있다.

evaldemo.py(예제 24-12)의 main() 함수는 콘솔 세션(예제 24-13)에서 실행되지 않았으므로 Klass 인스턴스가 생성되지 않았음에 주의하라. 우리가 본 모든 작동은 '임포트 타임' 작업으로 수행한 것이다. 여기서는 builderlib을 임포트하고 Klass를 정의했다.

evaldemo.py를 스크립트로 실행하면 [예제 24-13]과 동일하게 출력하고 나서 몇 줄을 더 출력한다. 더 출력된 메시지들은 main()을 실행했기 때문에 발생한 것이다(예제 24-14).

예제 24-14 evaldemo.py를 프로그램으로서 실행하기

```
$ ./evaldemo.py
[... 9줄 생략 ...]
@ deco(<class '__main__.Klass'>)   ❶
@ Builder.__init__(<Klass instance>)   ❷
# Klass.__init__(<Klass instance>)
@ SuperA.__init_subclass__:inner_0(<Klass instance>)   ❸
@ deco:inner_1(<Klass instance>)   ❹
@ Descriptor.__set__(<Descriptor instance>, <Klass instance>, 999)   ❺
# evaldemo module end
```

❶ 이 줄을 포함한 상단 10줄은 [예제 24-13]과 똑같다.

❷ Klass.__init__() 안의 super().__init__()가 실행했다.

❸ main() 안의 obj.method_a()가 실행했다. method_a()는 SuperA.__init_subclass__()가
삽입했다.

❹ main() 안의 obj.method_b()가 실행했다. method_b()는 deco()가 삽입했다.

❺ main() 안의 obj.attr = 999가 실행했다.

__init_subclass__()가 있는 베이스 클래스와 클래스 데커레이터는 강력한 도구지만
type.__new__()가 물밑에서 이미 생성한 클래스에만 작동한다는 제한이 있다. type.__
ncw__()에 전달되는 인수를 수정하는 보기 드문 상황에서는 메타클래스가 필요하다. 다음 절
에서 설명하는 메타클래스는 이 장(결국 이 책)의 종착역이다.

24.8 메타클래스 기본 지식

> 메타클래스는 99%의 사용자가 신경 쓰지 않아도 되는 매우 깊이 있는 마술이다. 메타클래스
> 가 필요할까 하는 의문이 든다면, 여러분에게는 메타클래스가 필요 없는 것이다(실제로 메타
> 클래스가 필요한 사람은 자신에게 메타클래스가 필요하다는 사실을 명확히 알며, 왜 필요한
> 지를 설명할 필요가 없다).[13]
>
> — 팀 피터스
> **팀성렬 알고리즘의 고안자, 다수의 파이썬 프로젝트 기여자**

메타클래스는 클래스 팩토리다. [예제 24-2]의 record_factory()와 달리 메타클래스는 클
래스로서 작성된다. 다시 말해 메타클래스는 자신의 인스턴스가 클래스인 클래스다. [그림
24-1]은 MGN 표기법을 이용해 메타클래스를 표현한 것이다. 공장이 다른 공장을 만든다.

---

[13] comp.lang.python에 올라온 'C 언어 프로그래밍에 대한 통렬한 비판(Acrimony in c.l.p.)' 메시지(https://fpy.li/24-12)에서
발췌했다. 서문에서 인용한 동일한 메시지의 다른 부분이다. 그날 팀봇(TimBot)이라는 말이 만들어졌다.

그림 24-1 메타클래스는 클래스를 생성하는 클래스다.

파이썬 객체 모델을 생각해 보자. 클래스는 객체이므로 각 클래스는 다른 어떤 클래스의 인스턴스다. 기본적으로 파이썬 클래스는 type의 인스턴스다. 즉, type은 대부분의 내장 클래스와 사용자 클래스의 메타클래스다.

```
>>> str.__class__
<class 'type'>
>>> from bulkfood_v5 import LineItem
>>> LineItem.__class__
<class 'type'>
>>> type.__class__
<class 'type'>
```

마지막 줄에서 보듯이 type의 클래스는 type인데, 이는 무한 재귀를 피하기 위해서다.

여기서는 str과 LineItem이 type의 서브클래스라는 것이 아니라, type의 인스턴스라고 말하는 것임을 명심하라. str, type, LineItem은 object의 서브클래스다. [그림 24-2]를 보면 이 이상한 현실을 직시하는 데 도움이 될 것이다.

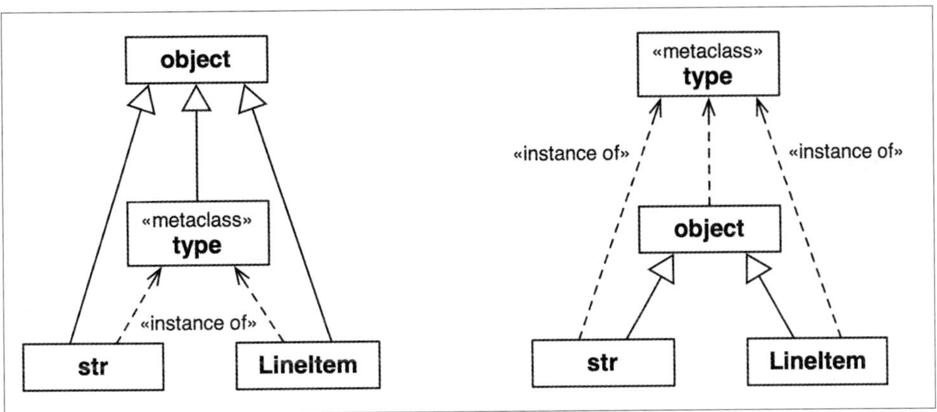

그림 24-2 두 다이어그램 모두 참이다. 왼쪽 그림은 str, type, LineItem이 object의 서브클래스임을 나타낸다. 오른쪽 그림은 str, object, LineItem이 클래스이므로 type의 인스턴스임을 나타낸다.

NOTE object 클래스와 type 클래스의 관계는 특별하다. object는 type의 인스턴스이고, type은 object의 서브클래스다. 이 관계는 신비롭다. 두 클래스 모두 상대방이 정의되기 전에 존재해야 하는 관계에 있으므로 파이썬으로 이 관계를 표현할 수 없다. type이 type의 인스턴스라는 사실도 신비롭다.

다음 예제는 collections.Iterable의 클래스가 abc.ABCMeta임을 보여 준다. Iterable은 추상 클래스지만 ABCMeta는 구상 클래스며, 결국 Iterable은 ABCMeta의 인스턴스임에 주의하라.

```
>>> from collections.abc import Iterable
>>> Iterable.__class__
<class 'abc.ABCMeta'>
>>> import abc
>>> from abc import ABCMeta
>>> ABCMeta.__class__
<class 'type'>
```

궁극적으로 ABCMeta의 클래스도 type이다. 모든 클래스는 직간접적으로 type의 인스턴스지만, 메타클래스만 type의 서브클래스다. 메타클래스를 이해하려면 이점에 주의해야 한다. ABCMeta 등의 메타클래스는 type으로부터 클래스 생성 능력을 상속받는다. [그림 24-3]은 중요한 이 관계를 잘 보여 준다.

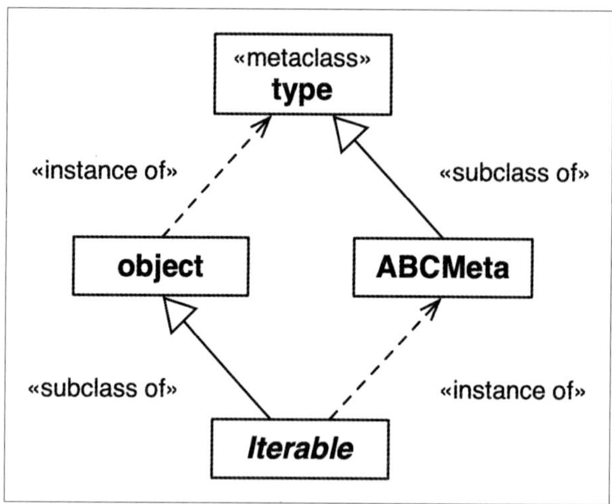

그림 24-3 object의 서브클래스이자 ABCMeta의 인스턴스인 Iterable. object와 ABCMeta는 type의 인스턴스지만, 여기서 핵심 관계는 ABCMeta가 메타클래스이므로 type의 서브클래스이기도 하다는 점이다. 이 다이어그램에서 Iterable은 추상 클래스일 뿐이다.

여기서 가장 중요한 점은 메타클래스는 type의 서브클래스이며, 그렇기 때문에 클래스 팩토리로서 작동할 수 있다는 것이다. 다음 절에서 보여 주듯이, 메타클래스는 특별 메서드를 구현함으로써 자신의 인스턴스를 커스터마이즈할 수 있다.

24.8.1 메타클래스가 클래스를 커스터마이즈하는 방법

메타클래스를 사용하려면 __new__()가 클래스에 어떻게 작동하는지 알아야 한다. 여기에 관해서는 22.2.3절 '__new__()를 이용해 융통성 있게 객체 생성하기'에서 설명했다.

메타클래스가 자신의 인스턴스인 클래스를 생성할 때도 동일한 메커니즘이 '메타' 수준에서 일어난다. 다음 선언을 보자.

```python
class Klass(SuperKlass, metaclass=MetaKlass):
    x = 42
    def __init__(self, y):
        self.y = y
```

이 클래스 정의를 처리할 때 파이썬은 다음 인수들을 전달해 MetaKlass.__new__()를 호출한다.

meta_cls

메타클래스 자체(MetaKlass). __new__()가 클래스 메서드로서 작동하기 때문이다.

cls_name

문자열 Klass.

bases

요소가 하나인 튜플 (SuperKlass,). 다중 상속일 때는 요소를 더 많이 포함한다.

cls_dict

{x: 42, ` init `: <function init at 0x1009c4040>}과 같은 형식의 매핑

MetaKlass.__new__()를 구현할 때 super().__new__()를 호출하기 전에 전달할 인수를 조사하고 변경할 수 있다. 이 메서드는 결국에는 type.__new__()를 호출해서 새 클래스 객체를 생성한다.

super().__new__()가 반환된 후에는 파이썬에 반환하기 전에 새로 생성된 클래스에 약간의 처리를 더 할 수 있다. 그리고 나서 파이썬은 생성된 클래스를 인수로 전달해 SuperKlass.__init_subclass__()를 호출한 후, 클래스 데커레이터가 존재하면 적용한다. 마지막으로 파이썬은 클래스 객체를 주변 네임스페이스(class 문이 최상위 수준에 있으면 일반적으로 모듈의 전역 네임스페이스)에 있는 이름에 바인딩한다.

메타클래스 __new__()가 일반적으로 하는 일은 cls_dict에 항목을 추가하거나 변경하는 것이다. cls_dict는 생성 중인 클래스의 네임스페이스를 나타내는 매핑이다. 예를 들어 super().__new__()를 호출하기 전에 cls_dict에 함수를 추가함으로써 생성 중인 클래스에 메서드를 추가할 수 있다. 그러나 클래스가 만들어지고 난 후에도 메서드를 추가할 수 있음을 기억하라. __init_subclass__()나 클래스 데커레이터에서 클래스 메서드를 추가할 수 있기 때문이다.

type.__new__()를 실행하기 전에 cls_dict에 추가해야 하는 속성 중의 하나가 __slots__다(24.5.1절 '__init_subclass__()가 __slots__를 설정하지 못하는 이유' 참조). 메타클래스의 __new__() 메서드는 __slots__를 설정하는 이상적인 곳이다. 다음 절에서 이를 설정하는 방법을 설명한다.

24.8.2 멋진 메타클래스 사례

여기에 나온 MetaBunch 메타클래스는 파이썬 2.7과 3.5에서 실행되도록 만들어진 『Python in a Nutshell: A Desktop Quick Reference, 3rd Ed.』(오라일리, 2017)의 4장에 나오는 마지막 예제를 변형한 것이다.[14] 파이썬 3.6+에서 실행한다고 가정해 코드를 더 간단하게 만들 수 있었다.

먼저 베이스 클래스 Bunch가 제공하는 기능을 보자.

```
>>> class Point(Bunch):
...     x = 0.0
...     y = 0.0
...     color = 'gray'
...
>>> Point(x=1.2, y=3, color='green')
Point(x=1.2, y=3, color='green')
>>> p = Point()
>>> p.x, p.y, p.color
(0.0, 0.0, 'gray')
>>> p
Point()
```

클래스 변수 자료형 힌트에 기반한 서브클래스에서 Checked()가 Field 디스크립터에 이름을 할당함에 주의하라. 값이 없으므로 실제 클래스 속성이 되지 않기 때문이다.

---

14 이 책의 저자들(알렉스 마르텔리, 안나 레이븐스크로프트, 스티브 홀덴)은 친절하게도 예제를 활용하도록 허락해 주었다. MetaBunch는 2002년 7월 7일, 마르텔리가 comp.lang.python 그룹에 게시한 메시지에서 처음 등장했다. 마르텔리는 파이썬에서 레코드 형태의 자료 구조에 관한 논의 후, '멋진 메타클래스 예제(a nice metaclass example(was Re: structs in python))' 메시지(https://fpy.li/24-13)를 작성했다. 파이썬 2.2용으로 작성한 마르텔리의 원래 코드는 한 줄만 바꾸면 아직도 작동한다. 파이썬 3에서 메타클래스를 사용하려면 클래스 수준 속성 metaclass를 추가하는 낡은 방식 대신 metaclass 키워드 인수를 이용해 클래스를 선언해야 한다(예: Bunch(metaclass=MetaBunch)).

이와 달리 Bunch의 서브클래스는 실제 클래스 속성에 값을 사용하는데, 이렇게 함으로써 인스턴스 속성의 기본값이 된다. 생성된 __repr__()은 기본값과 동일한 속성 할당은 출력하지 않는다.

Bunch의 메타클래스인 MetaBunch는 사용자 클래스에 선언된 클래스 속성을 이용해 새로운 클래스에 대한 __slots__를 생성한다. 이로써 인스턴스를 생성할 때와 생성한 후에 선언되지 않은 속성에 대한 할당을 막는다.

```
>>> Point(x=1, y=2, z=3)
Traceback (most recent call last):
  ...
AttributeError: No slots left for: 'z'
>>> p = Point(x=21)
>>> p.y = 42
>>> p
Point(x=21, y=42)
>>> p.flavor = 'banana'
Traceback (most recent call last):
  ...
AttributeError: 'Point' object has no attribute 'flavor'
```

이제 [예제 24-15]에 있는 MetaBunch의 멋진 코드를 살펴보자.

예제 24-15 metabunch/from3.6/bunch.py: MetaBunch 메타클래스와 Bunch 클래스

```
class MetaBunch(type):  ❶
    def __new__(meta_cls, cls_name, bases, cls_dict):  ❷

        defaults = {}  ❸

        def __init__(self, **kwargs):  ❹
            for name, default in defaults.items():  ❺
                setattr(self, name, kwargs.pop(name, default))
            if kwargs:  ❻
                extra = ', '.join(kwargs)
                raise AttributeError(f'No slots left for: {extra!r}')

        def __repr__(self):  ❼
            rep = ', '.join(f'{name}={value!r}'
                            for name, default in defaults.items()
```

```python
                    if (value := getattr(self, name)) != default)
            return f'{cls_name}({rep})'

        new_dict = dict(__slots__=[], __init__=__init__, __repr__=__repr__)    ❽

        for name, value in cls_dict.items():    ❾
            if name.startswith('__') and name.endswith('__'):    ❿
                if name in new_dict:
                    raise AttributeError(f"Can't set {name!r} in {cls_name!r}")
                new_dict[name] = value
            else:    ⓫
                new_dict['__slots__'].append(name)
                defaults[name] = value
        return super().__new__(meta_cls, cls_name, bases, new_dict)    ⓬


class Bunch(metaclass=MetaBunch):    ⓭
    pass
```

❶ type를 상속해서 새로운 메타클래스를 생성한다.

❷ `__new__()`는 클래스 메서드로 작동하지만, 클래스가 메타클래스이므로 첫 번째 인수명을 `meta_cls`(mcs로도 많이 쓴다)로 한다. 나머지 인수 세 개는 클래스를 생성하기 위해 `type()`를 호출하는 인수 시그너처와 똑같다.

❸ `defaults`는 속성명과 기본값의 매핑을 보관한다.

❹ 이 메서드가 새로운 클래스에 추가될 것이다.

❺ `defaults`를 읽고 kwargs나 기본값에서 가져온 값으로 해당 인스턴스 속성을 설정한다.

❻ kwargs에 아직 항목이 남아 있다면 이 항목들을 넣을 슬롯이 남아 있지 않음을 의미한다. 우리는 **조기 실패**가 좋은 관례라고 믿으므로 남은 항목들을 조용히 무시하지 않을 것이다. 가장 간단하고 효과적인 방법은 kwargs에서 항목 하나를 꺼내 인스턴스에 설정함으로써 `AttributeError`를 고의로 발생시키는 것이다.

❼ `__repr__()`은 생성자 호출과 같은 모양의 문자열을 반환한다. 예를 들어 기본값이 있는 키워드 인수를 제거하고 `'Point(x=3)'`와 같은 문자열을 만든다.

❽ 새로운 클래스에 대한 네임스페이스를 초기화한다.

❾ 사용자 클래스의 네임스페이스를 반복한다.

❿ 앞뒤에 언더바가 두 개씩 있는 던더^{dunder} name을 발견하면 이미 존재하지 않는 한 그 항목을 새로운 클래스 네임스페이스에 복사한다. 이미 존재하는지 확인하는 것은 `__init__()`, `__repr__()`, 그리고 파이썬이 설정한 여타 속성(예: `__qualname__`, `__module__`)을 사용자가 덮어쓰지 못하게 하기 위함이다.

⓫ 던더 name이 아니면 `__slots__`에 추가하고 `defaults`에 기본값을 저장한다.

❷ 새로운 클래스를 생성해 반환한다.

❸ 베이스 클래스를 제공하므로 사용자는 MetaBunch를 볼 필요가 없다.

MetaBunch는 최종 클래스를 생성하려고 super().__new__()를 호출하기 전에 __slots__
를 설정할 수 있으므로 제대로 작동한다. 메타프로그래밍에서 늘 그렇듯 행위가 일어나는 순서
를 이해하는 게 아주 중요하다. 이제 메타클래스를 이용해 평가 시점 실험을 하나 더 해 보자.

24.8.3 메타클래스 평가 시점 실험

다음 예제는 메타클래스를 추가해서 24.7.1절 '평가 시점 실험'을 변형한 것이다. builderlib.
py 모듈은 이전과 똑같지만, 주요 스크립트는 [예제 24-16]에 나온 evaldemo_meta.py다.

예제 24-16 evaldemo_meta.py: 메타클래스로 실험하기

```python
#!/usr/bin/env python3

from builderlib import Builder, deco, Descriptor
from metalib import MetaKlass            ❶

print('# evaldemo_meta module start')

@deco
class Klass(Builder, metaclass=MetaKlass):    ❷
    print('# Klass body')

    attr = Descriptor()

    def __init__(self):
        super().__init__()
        print(f'# Klass.__init__({self!r})')

    def __repr__(self):
        return '<Klass instance>'


def main():
    obj = Klass()
    obj.method_a()
```

```python
        obj.method_b()
        obj.method_c()   ❸
        obj.attr = 999


if __name__ == '__main__':
    main()

print('# evaldemo_meta module end')
```

❶ metalib.py의 MetaKlass를 임포트한다. 이 클래스는 [예제 24-18]에서 정의한다.

❷ Klass를 Builder의 서브클래스이자 MetaKlass의 인스턴스로 선언한다.

❸ 잠시 후에 보겠지만, 이 메서드는 MetaKlass.__new__()가 삽입한다.

> **WARNING** 논리적으로 봤을 때 [예제 24-16]과 같은 코드는 어떤 이유에서든 피해야 한다. 데커레이터,
> __init_subclass__()를 사용하는 베이스 클래스, 커스텀 메타클래스라는 총 세 가지 메타프로그래밍 기
> 법이 Klass에 한꺼번에 적용되었다. 실제 코드에서 이렇게 했다가 문제가 생겨도 필자를 욕하지 마라. 이 코
> 드의 목적은 클래스 생성 과정에서 이 세 가지 기법이 어떻게 서로 영향을 미치는지 관찰하는 것이다.

앞서 평가 시점 실험에서 이 예제는 그저 메시지만 출력해 실행 흐름을 보여 주었다. [예제 24-17]은 metalib.py의 앞부분이고 [예제 24-18]은 나머지 코드다.

예제 24-17 metalib.py: NosyDict 클래스

```python
print('% metalib module start')

import collections

class NosyDict(collections.UserDict):
    def __setitem__(self, key, value):
        args = (self, key, value)
        print(f'% NosyDict.__setitem__{args!r}')
        super().__setitem__(key, value)

    def __repr__(self):
        return '<NosyDict instance>'
```

NosyDict 클래스의 __setitem__()을 변경해 항목을 설정할 때 키와 값을 출력하도록 작성했다. 메타클래스는 NosyDict 인스턴스를 사용해 생성 중인 클래스의 네임스페이스를 보관함으로써 파이썬의 내부 작동을 더 많이 보여줄 것이다.

metalib.py에서 주요 관심사는 [예제 24-18]에 나오는 메타클래스다. 이 메타클래스는 파이썬이 메타클래스에만 호출하는 클래스 메서드인 __prepare__() 특별 메서드를 구현한다. __prepare__()는 새로운 클래스를 생성하는 과정 초기에 영향을 미칠 기회를 제공한다.

예제 24-18 `metalib.py`: MetaKlass 클래스

```python
class MetaKlass(type):
    print('% MetaKlass body')

    @classmethod             ❶
    def __prepare__(meta_cls, cls_name, bases):    ❷
        args = (meta_cls, cls_name, bases)
        print(f'% MetaKlass.__prepare__{args!r}')
        return NosyDict()    ❸

    def __new__(meta_cls, cls_name, bases, cls_dict):    ❹
        args = (meta_cls, cls_name, bases, cls_dict)
        print(f'% MetaKlass.__new__{args!r}')
        def inner_2(self):
            print(f'% MetaKlass.__new__:inner_2({self!r})')

        cls = super().__new__(meta_cls, cls_name, bases, cls_dict.data)    ❺

        cls.method_c = inner_2    ❻

        return cls    ❼

    def __repr__(cls):    ❽
        cls_name = cls.__name__
```

```
        return f"<class {cls_name!r} built by MetaKlass>"

print('% metalib module end')
```

---

❶ `__prepare__()`는 클래스 메서드로 선언되어야 한다. 파이썬이 `__prepare__()`를 호출할 때 생성 중인 클래스가 아직 존재하지 않기 때문에 인스턴스 메서드가 아니다.

❷ 파이썬이 메타클래스의 `__prepare__()`를 호출해서 생성 중인 클래스의 네임스페이스를 보관하는 매핑을 가져온다.

❸ 네임스페이스로 사용할 NosyDict 인스턴스를 반환한다.

❹ `cls_dict`는 `__prepare__()`가 반환한 NosyDict 인스턴스다.

❺ `type.__new__()`는 마지막 인수에 진짜 딕셔너리가 필요하므로, UserDict에서 상속받은 NosyDict 의 data 속성을 전달했다.

❻ 새로 생성된 클래스에 메서드를 추가한다.

❼ 늘 그렇듯 `__new__()`는 방금 생성된 객체를 반환해야 한다. 여기서는 새로 만들어진 클래스다.

❽ 메타클래스의 `__repr__()`을 정의하면 클래스 객체의 `repr()` 메서드를 커스터마이즈할 수 있다.

파이썬 3.6 이전에는 생성 중인 클래스의 속성을 보관하기 위해 OrderedDict를 제공하는 데 `__prepare__()`를 주로 사용했다. 이렇게 하면 메타클래스의 `__new__()` 메서드가 사용자 클래스 정의 소스 코드에 나타난 순서대로 속성을 처리할 수 있었다. 그러나 이제는 dict가 삽입 순서를 유지하므로 `__prepare__()`가 거의 필요 없다. 그러나 이 메서드를 사용하는 독창적인 방법 하나를 24.11절 '`__prepare__()`로 메타클래스 파헤치기'에서 볼 수 있다.

이제 파이썬 콘솔에 `metalib.py`를 임포트하는 부분은 그리 흥미롭지 않다. 이 모듈이 출력하는 줄 앞에는 `%`를 사용했다.

```
>>> import metalib
% metalib module start
% MetaKlass body
% metalib module end
```

그러나 [예제 24-19]와 같이 `evaldemo_meta.py`를 임포트하면 많은 일이 일어난다.

```
>>> import evaldemo_meta
@ builderlib module start
@ Builder body
@ Descriptor body
@ builderlib module end
% metalib module start
% MetaKlass body
% metalib module end
# evaldemo_meta module start  ❶
% MetaKlass.__prepare__(<class 'metalib.MetaKlass'>, 'Klass',  ❷
                        (<class 'builderlib.Builder'>,))
% NosyDict.__setitem__(<NosyDict instance>, '__module__', 'evaldemo_meta')  ❸
% NosyDict.__setitem__(<NosyDict instance>, '__qualname__', 'Klass')
# Klass body
@ Descriptor.__init__(<Descriptor instance>)  ❹
% NosyDict.__setitem__(<NosyDict instance>, 'attr', <Descriptor instance>)  ❺
% NosyDict.__setitem__(<NosyDict instance>, '__init__',
                       <function Klass.__init__ at …>)  ❻
% NosyDict.__setitem__(<NosyDict instance>, '__repr__',
                       <function Klass.__repr__ at …>)
% NosyDict.__setitem__(<NosyDict instance>, '__classcell__', <cell at …: empty>)
% MetaKlass.__new__(<class 'metalib.MetaKlass'>, 'Klass',
                    (<class 'builderlib.Builder'>,), <NosyDict instance>)  ❼
@ Descriptor.__set_name__(<Descriptor instance>,
                          <class 'Klass' built by MetaKlass>, 'attr')  ❽
@ Builder.__init_subclass__(<class 'Klass' built by MetaKlass>)
@ deco(<class 'Klass' built by MetaKlass>)
# evaldemo_meta module end
```

❶ 이 앞에 나온 메시지들은 builderlib.py와 metalib.py를 임포트한 결과다.

❷ 파이썬이 __prepare__()를 호출해서 class 문의 처리에 들어간다.

❸ 클래스 본체를 파싱하기 전에 생성 중인 클래스의 네임스페이스에 파이썬이 __module__과 __qualname__을 추가한다.

❹ 디스크립터 인스턴스가 생성된다.

❺ 그리고 클래스 네임스페이스의 attr에 바인딩된다.

❻ __init__()과 __repr__() 메서드가 정의되고 네임스페이스에 추가된다.

❼ 파이썬이 클래스 본체의 생성을 끝내고 나서 MetaKlass.__new__()를 호출한다.

❽ 메타클래스의 __new__() 메서드가 새로 만들어진 클래스를 반환한 후 __set_name__(), __init_subclass__(), 데커레이터가 차례대로 호출된다.

evaldemo.py를 스크립트로 실행하면 main()이 호출되고 몇 가지 일이 더 일어난다(예제 24-20).

예제 24-20 evaldemo_meta.py를 프로그램으로서 실행하기

```
$ ./evaldemo_meta.py
[... 20줄 생략 ...]
@ deco(<class 'Klass' built by MetaKlass>)    ❶
@ Builder.__init__(<Klass instance>)
# Klass.__init__(<Klass instance>)
@ SuperA.__init_subclass__:inner_0(<Klass instance>)
@ deco:inner_1(<Klass instance>)
% MetaKlass.__new__:inner_2(<Klass instance>)    ❷
@ Descriptor.__set__(<Descriptor instance>, <Klass instance>, 999)
# evaldemo_meta module end
```

❶ 이 줄을 포함한 상단 21줄은 [예제 24-19]와 똑같다.

❷ main()에서 obj.method_c()를 호출한다. method_c()는 MetaKlass.__new__()가 추가한 메서드다.

이제 런타임에 자료형 검사하는 Field 디스크립터가 있는 Checked 클래스 개념으로 돌아가서, 메타클래스로 어떻게 런타임에 자료형을 검사하는지 알아보자.

24.9 Checked를 위한 메타클래스 해결책

성급한 최적화와 과도한 엔지니어링을 지양하는 필자의 입장으로서는 __slots__를 이용해 checkedlib.py를 수정하는 시나리오가 마음에 들지는 않는다. 메타클래스를 응용해야 하기 때문이다. 이번 절은 그냥 넘어가도 좋다.

다음으로 알아볼 metaclass/checkedlib.py 모듈은 initsub/checkedlib.py를 대체하는 코드다. 그 안에 들어 있는 doctest도 동일하고, pytest를 위한 checkedlib_test.py 파일도 동일하게 사용할 수 있다.

checkedlib.py 안에 있는 복잡성은 사용자에게는 보이지 않는다. 이 패키지를 사용하는 코드는 다음과 같다.

```python
from checkedlib import Checked

class Movie(Checked):
    title: str
    year: int
    box_office: float

if __name__ == '__main__':
    movie = Movie(title='The Godfather', year=1972, box_office=137)
    print(movie)
    print(movie.title)
```

이 간단한 Movie 클래스 정의에는 속성을 검증하는 Field 디스크립터 인스턴스 세 개, __slots__ 설정, Checked로부터 상속받은 메서드 다섯 개, 그리고 메타클래스가 모두 한데 모였다. 외부에서 보이는 checkedlib 부분은 Checked 베이스 클래스뿐이다.

[그림 24-4]를 보자. 공장과 장치 표기법(MGN)은 클래스와 인스턴스 간의 관계를 잘 보이게 해서 UML 클래스 다이어그램을 보완해 준다.

예를 들어 새로운 checkedlib.py를 사용하는 Movie 클래스는 CheckedMeta의 인스턴스이자 Checked의 서브클래스다. 그리고 Movie의 클래스 속성 title, year, box_office는 각각 Field의 인스턴스다. 각 Movie 인스턴스에는 해당 필드의 값을 보관하는 _title, _year, _box_office 속성이 있다.

이제 [예제 24-21]의 Field 클래스에서 시작해 전체 코드를 살펴보자.

Field 디스크립터 클래스는 이제 조금 달라졌다. 앞 예제에서 Field 디스크립터 인스턴스는 동일한 이름의 속성을 이용해 관리 대상 인스턴스 안에 값을 저장했다. 예를 들어 Movie 클래스의 title 디스크립터는 관리 대상 인스턴스의 title 속성에 필드값을 저장했다. 이에 따라 Field가 __get__() 메서드를 제공할 필요가 없어졌다.

그러나 Movie 같은 클래스는 동일한 이름의 클래스 속성과 인스턴스 속성을 가질 수 없다. 각 디스크립터 인스턴스가 클래스 속성이므로 인스턴스마다 저장 속성이 따로 있어야 한다. 코드에서는 디스크립터 이름 앞에 언더바 하나를 붙였다. Field 인스턴스에는 name과 storage_name 속성이 따로 있으며, 우리는 Field.__get__()을 구현했다.

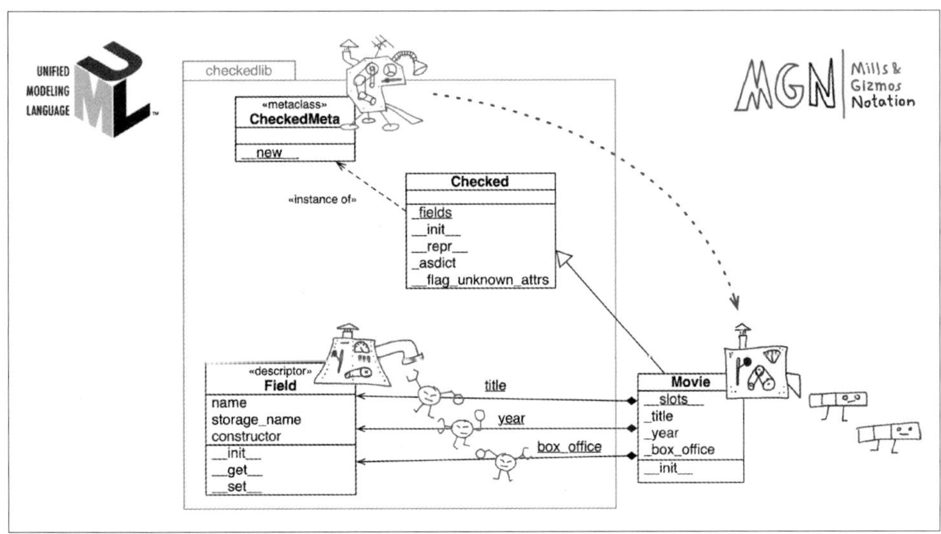

그림 24-4 MGN으로 설명을 덧붙인 UML 클래스 다이어그램. CheckedMeta 메타공장이 Movie 공장을 만든다. Field 공장은 title, year, box_office 디스크립터를 만드는데, 이 인스턴스들은 Movie의 클래스 속성이 된다. 필드의 인스턴스별 데이터는 Movie의 인스턴스 속성 _title, _year, _box_office에 저장된다. checkedlib의 패키지 경계를 주목하라. Movie의 개발자는 checkedlib.py 안에 있는 모든 장치를 이해할 필요가 없다.

[예제 24–21]은 Field의 소스 코드를 보여 준다. 여기에서는 바뀐 부분에만 설명을 달았다.

예제 24-21 metaclass/checkedlib.py: storage_name과 __get__()이 있는 Field 디스크립터

```python
class Field:
    def __init__(self, name: str, constructor: Callable) -> None:
        if not callable(constructor) or constructor is type(None):
            raise TypeError(f'{name!r} type hint must be callable')
        self.name = name
        self.storage_name = '_' + name  ❶
        self.constructor = constructor

    def __get__(self, instance, owner=None):
        if instance is None:  ❷
            return self
        return getattr(instance, self.storage_name)  ❸

    def __set__(self, instance: Any, value: Any) -> None:
        if value is ...:
            value = self.constructor()
```

```python
        else:
            try:
                value = self.constructor(value)
            except (TypeError, ValueError) as e:
                type_name = self.constructor.__name__
                msg = f'{value!r} is not compatible with {self.name}:{type_name}'
                raise TypeError(msg) from e
        setattr(instance, self.storage_name, value)   ❹
```

❶ name 인수로부터 storage_name을 계산한다.

❷ __get__()이 instance 인수로 None을 받으면 관리 대상 인스턴스가 아니라 관리 대상 클래스에서 디스크립터를 읽는다. 따라서 디스크립터를 반환한다.

❸ 그렇지 않으면 storage_name 이름의 속성에 저장된 값을 반환한다.

❹ 이제 __set__()은 setattr()을 사용해서 관리 대상 속성을 설정하거나 갱신한다.

[예제 24-22]는 이 디스크립터를 이용하는 메타클래스 코드를 보여 준다.

예제 24-22 `metaclass/checkedlib.py`: CheckedMeta 메타클래스

```python
class CheckedMeta(type):

    def __new__(meta_cls, cls_name, bases, cls_dict):   ❶
        if '__slots__' not in cls_dict:   ❷
            slots = []
            type_hints = cls_dict.get('__annotations__', {})   ❸
            for name, constructor in type_hints.items():   ❹
                field = Field(name, constructor)   ❺
                cls_dict[name] = field   ❻
                slots.append(field.storage_name)   ❼

            cls_dict['__slots__'] = slots   ❽

        return super().__new__(
                meta_cls, cls_name, bases, cls_dict)   ❾
```

❶ __new__()는 CheckedMeta에서 구현하는 유일한 메서드다.

❷ cls_dict에 __slots__이 포함되지 않았을 때만 클래스를 향상시킨다. __slots__가 이미 존재하면 이 클래스가 사용자 정의 클래스가 아니라 Checked 베이스 클래스라고 가정하고 그대로 클래스를 만든다.

❸ 이전 예제들에서는 자료형 힌트를 가져오는 데 typing.get_type_hints()를 사용했지만, 그러려면 기존 클래스를 첫 번째 인수로 지정해야 한다. 우리가 설정하는 클래스는 아직 존재하지 않으므로 생성 중인 클래스의 네임스페이스인 cls_dict에서 직접 __annotations__를 가져와야 한다. cls_dict는 메타클래스의 __new__()에 마지막 인수로 전달된다.

❹ type_hints를 반복한다.

❺ 자료형 힌트가 붙은 각 속성에 대해 Field 인스턴스를 생성한다.

❻ cls_dict 안에 있는 해당 항목을 Field 인스턴스로 덮어쓴다.

❼ 우리가 사용할 리스트 안에 있는 필드의 storage_name을 추가한다.

❽ 현재 생성 중인 클래스의 네임스페이스인 cls_dict 안에 있는 __slots__를 채운다.

❾ 마지막으로 super().__new__()를 호출한다.

metaclass/checkedlib.py의 마지막 부분은 이 라이브러리의 사용자가 상속해서 Movie 같은 클래스를 만드는 Checked 베이스 클래스다.

이 버전의 Checked 클래스 코드는 [예제 24-5]와 [예제 24-6]에 나온 initsub/checkedlib.py 버전의 Checked 클래스와 다음 세 가지 사항만 빼고 똑같다.

1 빈 __slots__를 추가해 이 클래스는 특별한 처리가 필요 없음을 CheckedMeta.__new__() 메서드에 알려준다.

2 __init_subclass__()를 제거했다. 이 메서드의 작업은 이제 CheckedMeta.__new__()에서 수행한다.

3 __setattr__()을 제거했다. __slots__를 사용자 정의 클래스에 추가함으로써 선언되지 않은 속성을 설정할 수 없게 돼서 이 메서드가 필요 없어졌기 때문이다.

[예제 24-23]은 완성된 Checked의 최종 버전이다.

예제 24-23 metaclass/checkedlib.py: Checked 베이스 클래스

```python
class Checked(metaclass=CheckedMeta):
    __slots__ = ()  # CheckedMeta.__new__() 처리는 생략한다.

    @classmethod
    def _fields(cls) -> dict[str, type]:
        return get_type_hints(cls)

    def __init__(self, **kwargs: Any) -> None:
        for name in self._fields():
```

```python
            value = kwargs.pop(name, ...)
            setattr(self, name, value)
        if kwargs:
            self.__flag_unknown_attrs(*kwargs)

    def __flag_unknown_attrs(self, *names: str) -> NoReturn:
        plural = 's' if len(names) > 1 else ''
        extra = ', '.join(f'{name!r}' for name in names)
        cls_name = repr(self.__class__.__name__)
        raise AttributeError(f'{cls_name} object has no attribute{plural} {extra}')

    def _asdict(self) -> dict[str, Any]:
        return {
            name: getattr(self, name)
            for name, attr in self.__class__.__dict__.items()
            if isinstance(attr, Field)
        }

    def __repr__(self) -> str:
        kwargs = ', '.join(
            f'{key}={value!r}' for key, value in self._asdict().items()
        )
        return f'{self.__class__.__name__}({kwargs})'
```

이로써 값을 검증하는 디스크립터가 있는 클래스 빌더의 세 번째 버전에 관한 설명을 마친다.
다음 절에서는 메타클래스에 관련된 일반적인 문제를 다룬다.

24.10 메타클래스 고려 사항

메타클래스는 강력하지만 까다롭다. 메타클래스를 구현하기 전에 다음 사항들을 고려해야 한다.

24.10.1 최신 기능은 메타클래스를 간단하게 만들거나 대체한다

시간이 지나면서 다음과 같은 언어 기능 때문에 메타클래스가 필요 없어졌다.

클래스 데커레이터

메타클래스보다 이해하기 쉽고 베이스 클래스와 메타클래스 간의 충돌 가능성이 줄었다.

__set_name__()

디스크립터의 이름을 사용자가 원하는 이름으로 자동 설정하는 논리를 구현할 필요가 없어졌다.[15]

__init_subclass__()

최종 사용자에게 보이지 않고 데커레이터보다 더 간단하게 클래스 생성을 커스터마이즈하는 방법을 제공한다. 그러나 클래스 계층구조가 복잡해지면 충돌 문제가 생길 수 있다.

키 삽입 순서가 유지되는 내장 dict

생성 중인 클래스의 네임스페이스를 저장할 OrderedDict를 제공하는 __prepare__()를 사용하는 이유를 근본적으로 제거했다. 파이썬이 메타클래스에 대해서만 __prepare__() 를 호출하므로, 클래스 네임스페이스를 소스 코드에 나온 순서대로 처리하려면 버전 3.6 전의 파이썬에서는 메타클래스를 사용해야 했다.

2021년 현재, 유지보수가 활발히 진행되는 CPython 버전은 지금까지 나열한 기능을 모두 지원한다.

지금까지 불필요하게 복잡한 코드를 너무 많이 접해왔으므로 필자는 이 기능들을 적극적으로 지지한다. 메타클래스는 복잡성으로 들어가는 관문이다.

24.10.2 메타클래스는 안정적인 언어 기능이다

메타클래스는 2002년 파이썬 2.2에서 소위 '새로운 스타일의 클래스', 디스크립터, 프로퍼티와 함께 소개되었다.

---

15 1판의 LineItem 클래스 고급 버전에서는 단순히 속성의 저장소 이름을 설정하는 데 메타클래스를 사용했다. 1판 코드 저장소 (https://fpy.li/24-14)에서 bulkfood의 메타클래스 코드를 참조하라.

2002년에 알렉스 마르텔리가 처음으로 게시한 MetaBunch 예제가 파이썬 3.9에서도 그대로 작동한다는 것은 놀라운 일이다. 사용할 메타클래스를 파이썬 3에서는 class Bunch(metaclass=Meta Bunch): 구문으로 지정한다는 점만 바뀌었을 뿐이다.

24.10.1절 '최신 기능은 메타클래스를 간단하게 만들거나 대체한다'에서 이야기한 어떠한 기능도 메타클래스를 사용하는 기존 코드를 못 쓰게 하지 않는다. 그러나 그 기능들을 활용하면 메타클래스를 사용하는 레거시 코드를 더 간단하게 만들 수 있을 때가 있다. 특히나 현재는 유지보수되지 않는 버전 3.6 전의 파이썬을 지원하지 않아도 된다면 더더욱 그렇다.

24.10.3 클래스는 단 하나의 메타클래스만 가질 수 있다

여러분의 클래스가 하나 이상의 메타클래스를 사용한다면 다음과 같은 난해한 에러 메시지를 보게 될 것이다.

```
TypeError: metaclass conflict: the metaclass of a derived class
must be a (non-strict) subclass of the metaclasses of all its bases
```

다중 상속을 하지 않는 경우에도 이런 문제가 생길 수 있다. 예를 들어 다음과 같은 선언은 TypeError를 발생시킬 수 있다.

```
class Record(abc.ABC, metaclass=PersistentMeta):
    pass
```

abc.ABC는 abc.ABCMeta 메타클래스의 인스턴스임을 안다. 그 PersistentMeta 메타클래스가 abc.ABCMeta의 서브클래스가 아니면 메타클래스 충돌이 발생한다.

이 에러는 다음과 같은 두 가지 방법으로 해결할 수 있다.

- 관련된 메타클래스 중 하나 이상을 피하면서 원하는 일을 할 수 있는 다른 방법을 찾아낸다.
- 다중 상속을 이용해 PersistentABCMeta 메타클래스를 abc.ABCMeta와 PersistentMeta, 두 클래스의 서브클래스로 만들고, Record의 메타클래스로 PersistentABCMeta만 사용한다.[16]

---

[16] 메타클래스의 다중 상속 의미 때문에 머리가 아프다면 오히려 잘된 일일 수도 있다. 필자라도 이 해결책은 피하고 싶다.

24.10.4 메타클래스는 세부 구현 방식이다

파이썬 3.9 표준 라이브러리에는 type 외에 단 여섯 개의 메타클래스만 있다. 아마도 abc.ABCMeta, typing.NamedTupleMeta, enum.EnumMeta가 더 많이 알려졌을 것이다. 그러나 이 클래스 중 어느 것도 사용자 코드에 명시적으로 등장하도록 만들어지지 않았다. 메타클래스는 하나의 세부 구현 방식으로 생각하는 편이 좋다.

메타클래스를 이용한 정말 기발한 메타프로그래밍을 할 수 있더라도 대부분의 사용자가 메타클래스를 하나의 세부 구현 방식으로 생각할 수 있도록 놀람 최소화 원칙(https://fpy.li/24-15)을 존중하는 편이 좋다.[17]

최근 파이썬 표준 라이브러리의 일부 메타클래스는 패키지의 공개 API를 유지하면서 다른 메커니즘으로 대체되었다. 이런 API가 미래에도 인기를 유지하기 위한 가장 간단한 방법은 (우리가 예제에서 했던 것처럼) 사용자가 상속을 통해 메타클래스가 제공하는 기능을 활용할 수 있는 일반 클래스를 제공하는 것이다.

클래스 메타프로그래밍에 관한 설명을 마치며, 이 장을 준비하며 연구하다 발견한 짧고 멋진 예제를 소개하고자 한다.

---

17 장고의 모델 필드가 어떻게 구현되었는지 연구할 마음을 먹기 전까지 몇 년 동안 필자는 장고 코딩으로 먹고 살아왔다. 그런 후에야 디스크립터와 메타클래스를 발견했다.

24.11 __prepare__( )로 메타클래스 파헤치기

2판을 준비하면서 파이썬 3.6 이후 더는 메타클래스가 필요 없어진 bulkfood 예제의
LineItem 코드를 대체할 간단하고 이해하기 좋은 예제를 찾아야 했다.

가장 간단하고 흥미로운 메타클래스 아이디어는 주앙 부에노(브라질 파이썬 커뮤니티에서는
JS로 잘 알려졌다)가 제안해 주었다. 부에노의 아이디어는 수치형 상수를 자동으로 생성하는
클래스를 만드는 것이다.

```
>>> class Flavor(AutoConst):
...     banana
...     coconut
...     vanilla
...
>>> Flavor.vanilla
2
>>> Flavor.banana, Flavor.coconut
(0, 1)
```

그렇다. 이 코드는 보이는 그대로 작동한다! 이 예제는 실제로 autoconst_demo.py의 doctest다.

autoconst.py에 구현된 사용자 친화적인 AutoConst 베이스 클래스와 그 뒤에 있는 메타클래
스는 다음과 같다.

```
class AutoConstMeta(type):
    def __prepare__(name, bases, **kwargs):
        return WilyDict()

class AutoConst(metaclass=AutoConstMeta):
    pass
```

이게 전부다.

재주는 WilyDict가 부리는 게 확실하다.

파이선이 사용자 클래스의 네임스페이스를 처리하고 banana를 읽을 때, __prepare__( )가 제
공하는 매핑(WilyDict 인스턴스) 안에서 이름을 찾는다. WilyDict는 3.5.2절 '__missing__

() 메서드'에서 설명한 __missing__() 메서드를 구현한다. 처음에는 WilyDict 인스턴스에 'banana' 키가 없으므로 __missing__() 메서드가 호출된다. 이 메서드는 즉석에서 'banana'를 키로, 0을 값으로 하는 항목을 만들고 값을 반환한다. 파이썬은 이에 만족하고 나서 'coconut'의 값을 가져오려고 한다. WilyDict는 바로 값을 1로 설정한 그 항목을 만들어 반환한다. 이와 같은 과정이 'vanilla'에서도 일어나 2에 매핑된다.

__prepare__()와 __missing__()은 이미 앞에서 보았다. 진짜 혁신은 JS가 이 둘을 합친 방법에 있다.

WilyDict의 소스 코드도 autoconst.py에 있는데, 다음과 같다.

```python
class WilyDict(dict):
    def __init__(self, *args, **kwargs):
        super().__init__(*args, **kwargs)
        self.__next_value = 0

    def __missing__(self, key):
        if key.startswith('__') and key.endswith('__'):
            raise KeyError(key)
        self[key] = value = self.__next_value
        self.__next_value += 1
        return value
```

실험하는 동안 필자는 파이썬이 생성 중인 클래스의 네임스페이스에서 __name__을 검색함으로써 WilyDict가 __name__ 항목을 추가하고 __next_value를 증가시키는 것을 발견했다. 그래서 __missing__() 안에 if 문을 추가해 던더 속성과 비슷한 키를 검색할 때 KeyError를 발생시키도록 했다.

autoconst.py 패키지는 파이썬의 동적 클래스 생성 메커니즘이 필요하며 이 메커니즘의 지극한 경지를 보여 준다.

필자는 AutoConstMeta와 AutoConst에 기능을 추가하면서 즐거웠지만, 이를 바로 공유하기보다는 여러분이 직접 JS의 멋진 작품을 갖고 놀아볼 기회를 주고자 한다.

몇 가지 힌트를 주면 다음과 같다.

- 값이 있으면 상수명을 읽을 수 있게 하라. 예를 들어 Flavor[2]는 'vanilla'를 반환할 수 있어야 한다. AutoConstMeta에 __getitem__()을 구현하면 이렇게 만들 수 있다. 파이썬 3.9부터는 AutoConst 자체에 __class_getitem__() 메서드를 구현할 수 있다.

- 메타클래스에 __iter__()를 구현함으로써 클래스를 반복할 수 있게 하라. 필자라면 __iter__()가 상수를 (name, value) 쌍으로 생성할 수 있게 하겠다.

- 새로운 Enum 변형을 구현하라. 이는 큰 작업이 될 것이다. 수백 줄의 코드와 복잡한 __prepare__() 메서드가 있는 EnumMeta 클래스를 포함하는 enum 패키지는 갖가지 기법으로 가득 차 있다.

즐거운 시간이 되길 바란다!

> **NOTE** __class_getitem__() 특별 메서드는 'PEP 585 - 표준 컬렉션의 제너릭에 자료형 힌트주기'(https://fpy.li/pep585)의 일환으로 제너릭형을 지원하고자 파이썬 3.9에 추가되었다. __class_getitem__() 덕분에 파이썬 핵심 개발자들은 사용자가 list[int]와 같은 제너릭형 힌트를 작성할 수 있도록 내장형들이 __getitem__()을 구현하게 해 주는 메타클래스를 새로 만들 필요가 없어졌다. 이것은 큰 기능은 아니지만, 메타클래스의 폭넓은 사용 사례를 잘 보여 준다. 여기에서는 Enum 서브클래스와 같은 클래스 자체를 반복할 수 있게 하기 위해 클래스 수준에서 작동하는 연산자와 여러 특별 메서드를 구현했다.

24.12 메타클래스 핵심 정리

메타클래스와 클래스 데커레이터, __init_subclass__()는 다음 용도에 유용하게 사용된다.

- 서브클래스 등록

- 서브클래스 구조 검증

- 한꺼번에 여러 개의 메서드에 데커레이터 적용

- 객체 직렬화

- 객체–관계 매핑

- 객체 기반 영속성

- 클래스 수준에서 특별 메서드의 구현

- 트레이트(https://fpy.li/24-17)와 관점 지향 프로그래밍aspect-oriented programming(https://fpy.li/24-18) 등 다른 언어에서 볼 수 있는 클래스 기능 구현

런타임에 반복 실행하는 대신 임포트 타임에 수행함으로써 때에 따라 클래스 메타프로그래밍은 성능 문제 해결에도 도움이 된다.

정리하면서 13.5절 안에 있는 알렉스 마르텔리의 '물새와 ABC' 글상자의 마지막 충고를 상기해 보자.

> 그리고 배포용 코드에서 절대로 ABC나 메타클래스를 직접 구현하지 말라. ABC를 구현하고 싶은 생각이 든다면, '멋진 망치를 새로 장만한 사람에게 모든 문제가 못으로 보이는 증세'라고 확신할 수 있다. 깊이를 억제하고, 직관적이고 단순한 코드를 고수한 덕분에 나중에 여러분 코드를 유지보수할 사람이 훨씬 더 행복해질 것이다.

마르텔리의 충고는 ABC와 메타클래스뿐만 아니라 클래스 계층구조, 연산자 오버로딩, 함수 데커레이터, 디스크립터, 클래스 데커레이터, 그리고 `__init_subclass__()`를 이용한 클래스 빌더에도 적용된다고 믿는다.

이 강력한 도구들은 라이브러리와 프레임워크 개발을 지원하기 위해 존재한다. 애플리케이션들도 파이썬 표준 라이브러리와 외부 패키지에서 제공되는 기능을 통해 이 도구들을 **사용**한다. 그러나 이 도구들을 애플리케이션 코드에서 **구현**하는 것은 성급한 추상화일 가능성이 크다.

> 좋은 프레임워크는 추출되는 것이지, 발명되는 것이 아니다.[18]
>
> — 데이비드 하이네마이어 핸슨David Heinemeier Hansson
>
> **루비 온 레일즈의 창시자**

---

[18] 이 말은 널리 인용되지만, 2005년 데이비드 하이네마이어 핸슨의 블로그의 글(https://fpy.li/24-19)을 찾았다.

24.13 요약

이 장은 __qualname__과 __subclasses__() 메서드 등 클래스 객체에서 볼 수 있는 속성들을 살펴보면서 시작했다. 그리고 런타임에 클래스를 생성하는 데 사용되는 내장형인 type을 사용하는 방법을 알아보았다.

__init_subclass__() 특별 메서드와 함께 Checked 베이스 클래스의 첫 번째 버전을 소개했다. 해당 버전은 사용자 정의 서브클래스에서 속성 자료형 힌트를 Field 인스턴스로 대체한다. Field 인스턴스는 런타임에 속성들의 자료형을 보장하기 위해 생성자를 사용한다.

동일한 개념을 사용자 정의 클래스에 기능을 추가하는 @checked 클래스 데커레이터로 구현해 __init_subclass__()가 허용하는 것과 비슷한 기능을 구현했다. __init_subclass__()와 클래스 데커레이터는 __slots__를 동적으로 설정할 수 없음을 확인했다. 이 기능들은 클래스가 생성된 후에만 작동하기 때문이다.

모듈, 디스크립터, 클래스 데커레이터, __init_subclass__()를 사용할 때 파이썬 코드가 실행되는 순서를 보여 주는 실험을 하며 '임포트 타임'과 '런타임'의 개념을 정립했다.

메타클래스에 관한 설명은 메타클래스로서의 type을 간략히 살펴보며 시작했으며, 사용자 정의 메타클래스가 __new__()를 구현해서 자신이 생성하는 클래스를 커스터마이즈하는 방법을 알아보았다. 그리고 나서 처음으로 사용자 정의 메타클래스를 구현해 보았다. __slots__를 이용하는 고전적인 MetaBunch 예제였다. 다음으로 새로운 실행 시점 실험을 하며 메타클래스의 __prepare__()와 __new__() 메서드가 __init_subclass__()와 클래스 데커레이터보다 먼저 실행되므로, 클래스를 더 많이 커스터마이즈하게 해 준다는 사실을 알았다.

Checked 클래스 빌더의 세 번째 버전에서는 Field 디스크립터와 사용자 정의 __slots__ 설정을 사용했고, 이어 실무에 메타클래스를 적용할 때의 일반적인 문제점을 생각해 보았다.

마지막으로 __missing__()을 구현하는 매핑을 반환하는 __prepare__()를 사용하는 메타클래스라는 멋진 아이디어에 기반해 주앙 부에노가 만든 AutoConst를 살펴보았다. 20줄도 안 되는 코드이지만, autoconst.py는 메타프로그래밍 기법을 조합해 파이썬에서 할 수 있는 강력한 코드 사례를 보여 주었다. 파이썬만큼 초보자에게 쉽고, 전문가에게 실용적이며, 해커를 흥분시키는 언어는 아직 보지 못했다. 귀도 반 로섬과 파이썬을 이렇게 만들어온 모든 사람에게 감사를 전한다.